BREMERHAVENER PERSÖNLICHKEITEN
AUS VIER JAHRHUNDERTEN

**Veröffentlichungen
des Stadtarchivs Bremerhaven**

Herausgegeben von Hartmut Bickelmann

Bd. 16

Hartmut Bickelmann (Hrsg.)

Bremerhavener Persönlichkeiten aus vier Jahrhunderten

Ein biographisches Lexikon

Zweite, erweiterte und korrigierte Auflage

Bremerhaven 2003

Der Herausgeber dankt der Städtischen Sparkasse Bremerhaven
für die finanzielle Unterstützung der Drucklegung.

Umschlag (Hintergrund): Bremerhaven mit den in Ausführung begriffenen neuen Hafenanlagen, hrsg. z. besten Hilfsbedürftiger v. Baurat J. J. van Ronzelen, 1849 (Ausschnitt).

Umschlagfotos: Entnommen den im folgenden genannten Einzelbeiträgen (von links oben nach rechts unten): Waldemar Becké, Rudolf Dahmen, Kurt Ehlers, Helmut Fellmer, Hermann Gebhard, Clara Griebeling, Elise Jensen, Wilhelm Kaisen, Ella Kappenberg, Otto Oellerich, Hermann Raschke, Jeanette Schocken, Johann Smidt, Franz Tecklenborg, Sophie Wencke-Meinken, Paul Ernst Wilke, Heinrich Wolf, Leopold Ziegenbein, Wilhelm Zitzlaff.

Die Verantwortung für den Inhalt der Artikel tragen die jeweiligen Verfasser.

© 2003 by Stadtarchiv Bremerhaven
Redaktion und Bearbeitung: Hartmut Bickelmann
Satz und Lithos: Adrian Wackernah, Wackernah Design, Bremerhaven
Umschlaggestaltung: Ilona Weinhold-Wackernah, Wackernah Design, Bremerhaven
Druck: Druckerei Ditzen GmbH & Co. KG, Bremerhaven
Printed in Germany
ISBN 3-923851-25-1

Inhalt

Vorwort 7

Vorwort zur zweiten Auflage 11

Hinweise zur Gestaltung des Bandes 12

Biographien A – Z 13

Amtsträger und verdiente Persönlichkeiten 389

Verzeichnis der abgekürzt zitierten Literatur 421

Verzeichnis der sonstigen Abkürzungen 425

Abbildungsnachweis 427

Siglen der Autorinnen und Autoren 432

Index der beruflichen und außerberuflichen Zuordnungen 433

Ortsindex 440

Vorwort

Historische Biographien erfreuen sich gegenwärtig großer Beliebtheit, erlauben sie dem Leser doch, geschichtliche Abläufe im Handeln, Fühlen und Denken einzelner Menschen konkret und anschaulich nachzuvollziehen. Was für das Einzelschicksal gilt, trifft um so mehr für den biographischen Zugang insgesamt zu. Und so kann ein biographisches Lexikon, das sämtliche Lebensbereiche abdeckt, Spiegelbild der politischen, sozialen, kulturellen und wirtschaftlichen Entwicklungen sein, die sich in einem bestimmten Raum vollzogen haben. Zugleich ist auch das Bedürfnis nach zuverlässigen, leicht greifbaren historischen Informationen gewachsen, wie sie vor allem lexikalische Darstellungen bieten.

In den letzten Jahren hat daher die Zahl der orts- und regionalgeschichtlich bezogenen wie auch der speziell biographisch ausgerichteten Nachschlagewerke einen erheblichen Zuwachs erfahren, wobei für die Elbe-Weser-Region vor allem das »Biographische Handbuch zur Geschichte des Landes Oldenburg« (1992), das »Biographische Lexikon für Ostfriesland« (seit 1993), das »Stader Stadtlexikon« (1994) und das »Hamburg Lexikon« (1998) zu nennen sind. Wie schnell die Produktion solcher Grundlagenwerke inzwischen voranschreitet, zeigt die Tatsache, daß in unserem regionalen Umkreis in der kurzen Entstehungszeit des vorliegenden Bandes vier weitere Vorhaben zum Abschluß gekommen sind: das »Große Bremen-Lexikon« von Herbert Schwarzwälder (2001), der jeweils erste Band der »Hamburgischen Biographie« (Frühjahr 2002) und der »Lebensläufe zwischen Elbe und Weser« (Frühjahr 2002) sowie das von Peter Bussler herausgegebene »Historische Stadtlexikon für Cuxhaven« (August 2002). Die vorliegende Veröffentlichung fügt sich nahtlos in diese Reihe ein.

Wenngleich es für Bremerhaven bisher an einem biographischen Nachschlagewerk fehlte, so standen der Forschung doch immerhin mehrere Veröffentlichungen anderen räumlichen Schwerpunkts zur Verfügung, in denen Bremerhaven zumindest berücksichtigt war, so vor allem die »Bremische Biographie des 19. Jahrhunderts« und die »Bremische Biographie 1912-1962«, die allerdings nur das bremische Bremerhaven abdeckten. Darüber hinaus boten – insbesondere für die ehemals hannoverschen Gebiete, die heute Teil des Stadtgebiets sind – die von dem aus Bremerhaven gebürtigen Bibliotheksdirektor Otto Heinrich May (→ biographischer Teil) herausgegebenen »Niedersächsischen Lebensbilder« einschlägige Veröffentlichungsmöglichkeiten. Diese hat der Geestemünder Heimatforscher Benno Eide Siebs (→ biographischer Teil) für seine stadt- und regionalgeschichtlichen biographischen Forschungen ausgiebig genutzt und damit sowie mit einer Reihe weiterer Publikationen – insbesondere mit dem Sammelband »Lebensbilder von der Elb- und Wesermündung« und mit seinen beiden, durch vielfältige biographische Informationen angereicherten Erinnerungsbände »Am Grauen Strand« und »Land meiner Jugend« – eine wichtige Grundlage für die Personengeschichtsschreibung Bremerhavens und seines Umlandes gelegt. Auf ihr konnte die vorliegende Publikation aufbauen. Für den Bereich der bildenden Kunst steht seit 1991 zudem das auch in biographischer Hinsicht umfassende Werk »Künstler und Künstlerinnen in Bremerhaven und Umgebung 1827-1990« von Elke Grapenthin zur Verfügung. Insgesamt aber bedurfte es eines völlig neuen, umfassenden Zugriffs, der durch die mittlerweile vorliegenden übergreifenden biographischen Nachweise wie die »Deutsche Biographische Enzyklopädie«, den »Deutschen Biographischen Index« und das »Deutsche Biographische Archiv« wesentlich erleichtert wurde.

Die Idee zu diesem Vorhaben wurde vor mehreren Jahren erstmals in dem von dem Herausgeber geleiteten Arbeitskreis »Bremerhavener Stadtgeschichte« diskutiert, einer 1992 begründeten Gemeinschaftsunternehmung des Stadtarchivs Bremerhaven und des Heimatbundes der »Männer vom Morgenstern«; dort wurde auch mit den Vorarbeiten, insbesondere mit der Vorauswahl geeigneter Persönlichkeiten begonnen. Den endgültigen Ausschlag, das Projekt in Angriff zu nehmen, gab dann das bevorstehende 175jährige Jubiläum der Gründung Bremerhavens durch den bremischen Bürgermeister Johann Smidt im Jahre 1827. Für diesen offiziellen Beitrag des Stadtarchivs Bremerhaven zum diesjährigen Stadtjubiläum konnten seit dem Herbst 2000 die dem Archiv zur Verfügung stehenden Ressourcen eingesetzt werden, wie es auch gelang, von außerhalb des Arbeitskreises zahlreiche weitere Autorinnen und Autoren zu gewinnen.

Der Hinweis auf das 175jährige Jubiläum der Gründung Bremerhavens mag den Außenstehenden zunächst erstaunen, wird doch im Titel dieser Veröffentlichung auf einen Bezugszeitraum von 400 Jahren hingewiesen. Es sei daher an dieser Stelle erlaubt, kurz auf die Besonderheiten der Bremerhavener Stadtgeschichte und auf die bis weit ins 20. Jahrhundert währende kommunal- und territorialpolitische Gemengelage an der Unterweser hinzuweisen. Dies vor allem auch deshalb, weil deren Kenntnis zum Verständnis der in den biographischen Artikeln und Zusammenstellungen gewählten Ortsbezeichnungen unerläßlich ist.

Der Name Bremerhaven bezeichnet zunächst den 1827 am nördlichen Ufer der Geestemündung, auf ehemals hannoverschem Territorium, von der Freien Hansestadt Bremen gegründeten Vorhafen, dem sich eine ständig wachsende städtische Siedlung anschloß. Diese kleine, von hannoverschem, seit 1866 preußischem Territorium umschlossene Exklave hatte bis 1939 Bestand. Im unmittelbaren Umkreis Bremerhavens bestanden bereits seit dem frühen Mittelalter mehrere Ansiedlungen: der Marktflecken Lehe nördlich der Geeste und die Kirchdörfer Geestendorf und Wulsdorf südlich der Geeste. 1845/47 gründete das Königreich Hannover am südlichen Ufer der Geestemündung zudem den Hafenort Geestemünde, der sich in Konkurrenz zu Bremerhaven zu einem eigenständigen Seehafen und städtischen Ballungsraum entwickelte. In wirtschaftlicher Hinsicht profitierte Bremerhaven überwiegend vom bremischen Überseehandel und Passagier-, insbesondere Auswandererverkehr; Geestemünde hingegen entwickelte sich nach anfänglichen Erfolgen im Hafenumschlag vornehmlich zum Standort der Industrie – namentlich der Werftindustrie – und der Hochseefischerei. Ausgehend von den prosperierenden Zentren Bremerhaven und Geestemünde entstand im Laufe des 19. Jahrhunderts an der Mündung der Geeste ein zusammenhängender Wirtschafts- und Siedlungsraum, der auch die genannten älteren Ortschaften einbezog.

Ein politischer Zusammenschluß der Unterweserorte bzw. -städte – eine Bezeichnung, die sich für die Vorgängergemeinden der heutigen Stadt Bremerhaven eingebürgert hat – kam aufgrund der territorialen Gegebenheiten jedoch erst spät zustande. Nachdem 1889 bereits Geestendorf und 1920 Wulsdorf nach Geestemünde eingemeindet worden waren, wurden die preußischen Städte Geestemünde und Lehe 1924 unter der Bezeichnung Wesermünde vereinigt; 1927 wurde das Gebiet der neuen Stadt noch durch die Ortschaft Weddewarden (Land Wursten) und den zur Gemeinde Schiffdorf gehörigen Schiffdorfer Damm arrondiert. Das von Wesermünde seither völlig umschlossene Gebiet des bremischen Bremerhaven wurde schließlich 1939 eingegliedert, allerdings ohne die bremischen Häfen, die im Jahr zuvor der Stadtgemeinde Bremen zugeschlagen worden waren. Damit hatte Wesermünde zu Beginn des Zweiten Weltkrieges den räumlichen Umfang der heutigen Stadt Bremerhaven erreicht. Als 1947 das Bundesland Bremen entstand, wurde das bisher noch zu Preußen gehörige Wesermünde Teil des Zweistädtestaates Freie und Hansestadt Bremen und erhielt nun – als Gesamtstadt – die Bezeichnung Bremerhaven, die bis heute gültig ist.

Bremerhaven bezeichnet daher zu unterschiedlichen Zeiten – von 1827 bis 1939 die bremische Stadt- und Hafengründung, seit 1939 offiziell Bremerhaven-Mitte genannt, und von 1947 bis heute die Gesamtstadt –

zwei unterschiedliche räumliche und politische Gebilde, die in dieser Veröffentlichung in ihrer jeweiligen zeitgenössischen Bedeutung angesprochen werden. Ebenso wird auf die Vorgängergemeinden, heute Stadtteile Bremerhavens, in ihrer jeweiligen historischen Bezeichnung Bezug genommen.

Gemäß der räumlichen Definition Bremerhavens und seiner Vorgängergemeinden umfaßt dieses Lexikon Biographien von nicht mehr lebenden Männern und Frauen örtlicher und überregionaler Bedeutung, die vom 17. bis zum Ende des 20. Jahrhunderts in den Unterweserorten geboren oder verstorben sind oder die dort in nennenswertem Umfang gewirkt haben. Der Begriff der Bedeutung ist dabei durchaus weit aufzufassen. Daß herausragende Persönlichkeiten aus allen Lebensbereichen dazugehören, versteht sich von selbst. So sind neben Politikern, Verwaltungsbeamten, Künstlern, Schriftstellern und anderen Kulturschaffenden, Wissenschaftlern, Geistlichen, Militärpersonen oder im Bildungs-, Sozial- und Gesundheitswesen tätigen Menschen auch Angehörige zahlreicher, für eine Hafen- und Industriestadt typischer, wirtschafts- und technikbezogener Berufe wie Ingenieure, Schiffbauer, Reeder, Kapitäne und Fabrikanten vertreten. Eine Anzahl von Frauenporträts zeigt darüber hinaus, daß dem weiblichen Geschlecht außer in frauenspezifischen Berufen zuweilen auch eine Karriere in einer Männerdomäne möglich war.

Persönliche und berufliche Leistung oder gesellschaftliche Reputation einer Person waren aber nicht der alleinige Maßstab für die Aufnahme in dieses Lexikon. Geschichte wird auch von Menschen geprägt, die in irgendeiner – und nicht immer angenehmer – Weise Bekanntheit errungen oder in der kollektiven Erinnerung einen Platz gefunden haben, beispielsweise Attentäter oder Funktionsträger des Nationalsozialismus. Auf diese Weise geraten auch Menschen ins Blickfeld, die, unabhängig von Sympathie und moralischer Wertung, untrennbar mit der Geschichte Bremerhavens verbunden sind. Da Menschen Geschichte nicht nur gestalten, sondern auch erleiden, schien es nur konsequent, wenn in einem biographischen Lexikon Menschen Platz finden, die weniger durch individuelle Leistungen als durch ein ungewöhnliches oder auch zeittypisches Schicksal hervorragen und die exemplarisch für verschiedene Lebensbereiche stehen, weil sich Geschichte in ihnen sozusagen verdichtet. In diesem Sinne wird in einer Reihe von Artikeln vor allem Opfern des Nationalsozialismus gedacht.

Ausdrücklich aufgenommen wurden auch Persönlichkeiten, die zwar im Gebiet des heutigen Bremerhaven geboren wurden, die ihren eigentlichen Wirkungskreis, der ihre Bedeutung ausmacht, jedoch andernorts gefunden haben. Auf diese Weise werden bisher wenig bekannte und durchaus aufschlußreiche Bezüge zu anderen Regionen deutlich.

Die insgesamt 426 Personenartikel, darunter etwa 80 Biographien aus dem Bereich der Wirtschaft, sind nach einem vorgegebenem Muster aufgebaut und redaktionell aufeinander abgestimmt. Als Kurzbiographien folgen sie in etwa dem Vorbild der »Neuen Deutschen Biographie«, sind in der Regel aber etwas kürzer gehalten und entbehren eines familiengeschichtlichen Vorspanns. Hingegen wurde bei dem Nachspann der Literatur-, Quellen- und sonstigen Nachweise (siehe hierzu die anschließenden Hinweise zur Gestaltung) Vollständigkeit angestrebt: eine Notwendigkeit angesichts des Fehlens einer auf dem laufenden gehaltenen Bremerhaven-Bibliographie und eine Hilfe für den Leser, der die Lektüre anhand weiterer Informationen vertiefen möchte. Durch Verweise sind die Artikel inhaltlich miteinander verzahnt. Wert wurde auch auf die Bebilderung der Beiträge gelegt, die allerdings nur in etwa der Hälfte der Fälle möglich oder sinnvoll war. Die Entscheidung darüber war abhängig zunächst von der Existenz entsprechenden Bildmaterials und von dem Bezug der betreffenden Person zu Bremerhaven. Die Auswahl der Porträts richtete sich aber auch nach Kriterien wie Verfügbarkeit, Aussagekraft und technische Qualität der Vorlagen.

Eine Großstadt wie Bremerhaven verfügt über eine breite Infrastruktur öffentlicher Ämter. Nicht alle Träger solcher herausragenden Positionen können in einem biographischen Lexikon durch eigene Artikel gewürdigt werden. Den Einzelbiographien folgt daher ein zweiter Teil, in denen die wichtigsten öffentlichen Funktionen und deren Inhaber in chronologischer Reihenfolge aufgeführt sind; in gleicher Weise sind Träger wichtiger öffentlicher Auszeichnungen erfaßt. In diesen Zusammenstellungen erschließen sich nicht nur die Amtszeiten und teilweise auch die äußeren Lebensdaten der aufgeführten Personen, sondern auch die Kontinuität und die spezifische Struktur zahlreicher für Bremerhaven wichtiger öffentlicher Ämter. Mit diesen Informationen wird sich manche häufig gestellte Frage leicht beantworten lassen.

Jeder der Einzelbiographien werden charakteristische berufliche und außerberufliche Tätigkeits- und Funktionsangaben zugeordnet, die in der Kopfzeile des jeweiligen Artikels ausgewiesen sind. Ein Index solcher Zuordnungen ermöglicht, Personen aufgrund ihres Tätigkeitsspektrums zu identifizieren und entsprechende Verknüpfungen zwischen den einzelnen Biographien herzustellen.

Der Herausgeber eines in sich geschlossenen Lexikons hat sich immer mit dem Problem auseinanderzusetzen, daß bei der Auswahl der Artikel nicht alle möglicherweise in Frage kommenden Stichworte – in diesem Falle also Namen biographiewürdiger Persönlichkeiten – berücksichtigt werden können. So wird mancher Leser die eine oder andere Person vermissen, während er sich andererseits vielleicht fragt, warum Personen, die er für weniger wichtig hält, Aufnahme in diese Veröffentlichung gefunden haben. Neben dem grundsätzlichen Problem der notwendigerweise zu einem gewissen Grade immer subjektiven Bewertung und Auswahl sind hierfür auch praktische Gründe geltend zu machen. Zum einen liegen nicht immer Informationen vor, die auf die Existenz oder die Bedeutung einer möglicherweise in Frage kommenden Person schließen lassen, so daß mancher Name schon von vornherein nicht zur Auswahl stand. Zum anderen fehlte es bei einigen bereits ins Auge gefaßten Persönlichkeiten an Material, aus dem sich eine fundierte Biographie in dem zur Verfügung stehenden Zeitrahmen hätte schreiben lassen. Und schließlich standen nicht immer entsprechende fachkundige Autorinnen und Autoren zur Verfügung. Sollte sich daher der Bedarf und die Notwendigkeit zu weiteren Bremerhavener Porträts einstellen, so können diese bei einer späteren Neuauflage oder in einem Nachtrag Berücksichtigung finden. Der Herausgeber würde sich über entsprechende Hinweise, Anregungen oder Beiträge freuen.

Allen, die das Projekt von Anfang an begleitet und mit Rat und Tat unterstützt haben, sei herzlich gedankt: zunächst den zahlreichen öffentlichen Dienststellen, Archiven, Museen, Bibliotheken, Unternehmen und privaten Einrichtungen sowie auch Privatpersonen, die bei den vielfältigen Recherchen behilflich waren, für die unbürokratische Erteilung von Auskünften, für die Bereitstellung von Abbildungsvorlagen und für die Gewährung von Bildrechten; hierbei seien namentlich die Staats- und Universitätsbibliothek Bremen, die Staatsarchive in Bremen und Stade, das Archiv der Nordsee-Zeitung Bremerhaven und das Deutsche Schiffahrtsmuseum erwähnt. Besonderer Dank gilt sodann der Städtischen Sparkasse Bremerhaven für die großzügige finanzielle Unterstützung der Drucklegung, den Mitarbeiterinnen und Mitarbeitern des Stadtarchivs Bremerhaven für vielfältige Zuarbeit und Entlastung des Herausgebers von anderen Aufgaben, der Fa. Wackernah Design und der Druckerei Müller für die enge Kooperation bei Druckvorbereitung und Druck, vor allem aber den Autorinnen und Autoren der Einzelbiographien für die durch keinerlei Honorar entschädigte Mühe und die vertrauensvolle und kollegiale Zusammenarbeit.

Bremerhaven, im Oktober 2002
Hartmut Bickelmann

Vorwort zur zweiten Auflage

Schneller als angenommen war die erste Auflage vergriffen. Da weiterhin eine rege Nachfrage besteht, hat sich der Herausgeber dazu entschlossen, die Interessenten nicht allzu lange auf eine zweite Auflage warten zu lassen.

Diese Gelegenheit wurde dazu genutzt, den Band, bei unverändertem Layout, hinsichtlich Umfang und Ausstattung zu erweitern. Inzwischen waren, wie erhofft, aus dem Kreis der Autoren und der Leser Hinweise auf weitere biographiewürdige Personen eingegangen, denen der Herausgeber nachgegangen ist. Des weiteren standen für eine Reihe schon von Anfang an ins Auge gefaßter Persönlichkeiten substantielle neue Informationen zur Verfügung, die es erlaubten, diese nun endgültig in das Lexikon aufzunehmen. Und schließlich konnten mehrere in der Zeit zwischen dem für die erste Auflage gewählten Stichtag (31.12.2000) und dem Herbst 2003 verstorbene Persönlichkeiten Berücksichtigung finden. Auf diese Weise kamen weitere 30 Personenartikel hinzu, so daß das Lexikon nunmehr insgesamt 456 Biographien umfaßt, von denen sechs wegen ihrer Komplexität als Familienartikel (Blumenthal, Hinsch, Kämpf, Rattay, Schlüter, Thiele) angelegt sind, sich also auf mehrere Personen gleichen Nachnamens beziehen.

Zugleich wurden mehrere Biographien gegenüber der ersten Auflage erweitert. Die Zahl der Abbildungen wurde erheblich vermehrt, wobei des öfteren auch auf qualitativ bessere Vorlagen zurückgegriffen werden konnte; angesichts einer Gesamtzahl von 255 Abbildungen verfügt jetzt mehr als die Hälfte aller dargestellten Personen über ein visuelles Porträt.

Darüber hinaus wurden die im Anhang veröffentlichten Aufstellungen aktualisiert und um zwei weitere ergänzt. Der leichteren Ermittlung der vielfältigen geographischen Bezüge, gerade auch außerhalb Bremerhavens, dient nun zusätzlich ein Ortsindex. Schließlich konnten im Zuge dieses Revirements eine Reihe offenkundiger Fehler beseitigt sowie kleinere Korrekturen und Ergänzungen vorgenommen werden.

Allen Mitwirkenden sei wiederum herzlich gedankt, den Autoren und den an der Drucklegung beteiligten Kräften, namentlich der Fa. Wackernah Design und der Druckerei Ditzen, ebenso wie den zahlreichen öffentlichen und privaten Einrichtungen sowie auch den Privatpersonen, die das Vorhaben erneut in entgegenkommender und unbürokratischer Weise, insbesondere durch Auskünfte, Abbildungsvorlagen und Gewährung von Bildrechten, unterstützt haben. Ein besonderer Dank gebührt Frau Beate Borkowski M. A., Bremerhaven, für die kritische Durchsicht der Korrekturfahnen. Nicht zuletzt ist den Lesern für ihre Aufmerksamkeit und für manch hilfreiche Information zu danken.

Bremerhaven, im November 2003
Hartmut Bickelmann

Hinweise zur Gestaltung des Bandes

Der vorliegende Band enthält wissenschaftliche Kurzbiographien über nicht mehr lebende Personen der Bremerhavener Geschichte. Einzugsbereich ist die Stadt Bremerhaven in den heutigen Grenzen.

In den biographischen Artikeln werden die betreffenden Personen in ihrem beruflichen und persönlichen Lebensverlauf, mit ihren Leistungen und mit ihrer allgemeinen und orts- bzw. regionalspezifischen Bedeutung sowie in ihrer Persönlichkeit vorgestellt.

Der Umfang der Beiträge richtet sich nach der Bedeutung der Person, der Intensität, der Breite und der Art ihres Wirkens sowie den in einschlägigen Veröffentlichungen bereits vorliegenden Informationen. Sofern ausführliche Biographien bereits vorliegen, wird für nähere Einzelheiten in der Regel auf die im Nachspann verzeichnete Literatur verwiesen.

Auf einen familienkundlichen Vorspann wie etwa in der »Neuen Deutschen Biographie« oder in der »Bremischen Biographie 1912-1962« wird verzichtet. Sofern familienbezogene Angaben zum Verständnis erforderlich oder sinnvoll sind (etwa soziale Herkunft, enger Bezug zur Familie, Hinweis auf bedeutende oder bekannte Vor- bzw. Nachfahren), fließen diese in den Textteil ein. Die Kopfzeile enthält lediglich Name, Vorname, Titel, Kurzbezeichnung der beruflichen und außerberuflichen Tätigkeiten und Funktionen sowie Geburts/Sterbedatum und -ort (auch Bestattungsort, wenn abweichend) und, soweit feststellbar, Konfession.

Hingegen folgt jedem Artikel ein ausführlicher Nachspann, der insbesondere grundlegende und weiterführende Literatur (Lit.), Quellennachweise (Qu.), Hinweise zu Veröffentlichungen oder künstlerischen Werken der betreffenden Person (Werke) sowie (unter E.) Angaben über Ehrungen (Orden, Ehrenmitgliedschaften u. ä.) und/oder Erinnerungsstätten (Grabstätten, Straßennamen, Denkmäler) enthält. Unter der Sigle P. werden Porträts der betreffenden Person nachgewiesen, wobei darunter auch Abbildungen ohne künstlerischen Anspruch und von geringer technischer Qualität zu verstehen sind, sofern sie eine visuelle Vorstellung von der betreffenden Person zu vermitteln in der Lage sind. Soweit ein wie auch immer beschaffener Nachlaß ermittelt werden konnte, wurde dieser unter der entsprechenden Rubrik nachgewiesen; diesbezügliche Recherchen erstreckten sich allerdings in der Regel nur auf öffentliche Institutionen und auf die Konsultation einschlägiger Veröffentlichungen.

Die in der Kopfzeile und im Nachspann aus Platzgründen verwendeten Abkürzungen lassen sich über zwei Abkürzungsverzeichnisse, eines für mehrfach verwendete Literaturtitel und eines für allgemeine Abkürzungen, erschließen.

Die Beiträge sind mit den Namenskürzeln der Verfasser gekennzeichnet, die in einem gesonderten Verzeichnis am Schluß des Bandes aufgelöst werden.

Für den Index der beruflichen und außerberuflichen Zuordnungen gilt das auf S. 10 gesagte. Der Ortsindex umfaßt Geburts-, Sterbe- und Begräbnisorte der dargestellten Personen sowie weitere wesentliche Stationen ihres Lebens und Wirkens. Ausbildungs- und Studienorte sowie Orte nur kurzzeitigen Aufenthalts werden nicht ausgeworfen. Aufgeführt sind die ursprünglichen, zur jeweiligen Zeit gültigen Ortsnamen. Spätere Eingemeindungen werden im Index nicht berücksichtigt; jedoch finden sich im Text meist entsprechende Hinweise. Die nahezu auf jeden Artikel bezogenen Bezeichnungen Bremerhaven, Geestemünde, Lehe und Wesermünde sind verständlicherweise nicht erfaßt, hingegen jedoch die weniger häufig auftretenden Namen Geestendorf, Leherheide, Schiffdorferdamm, Weddewarden und Wulsdorf, so daß eine gewisse Binnendifferenzierung im Gebiet der heutigen Stadt Bremerhaven möglich ist. In einer Reihe von Fällen wurden, da auf konkrete Ortsbezeichnungen nicht zurückgegriffen werden konnte, größere geographische Einheiten gewählt.

Achgelis, Heinrich; *Ingenieur, Fabrikant. * 2.6.1845 Sandstedt (Weser), † 5.9.1913 Geestemünde (ev.-luth.).* A. war der älteste Sohn des Hof- und Ziegeleibesitzers Martin A. aus Sandstedt, der 1865 die 1854 gegründete Eisengießerei Grütter in Geestendorf übernommen hatte. 1870 stieg A., der auf dem Polytechnikum in Hannover studiert hatte und anschließend in Berlin und Hildesheim bei verschiedenen Maschinenbaufirmen tätig gewesen war, in das väterliche Unternehmen ein. Zusammen mit seinem Vater, der 1881 gestorben war und mit seinem jüngeren Bruder Gustav (*25.10.1849, † 28.4.1927), der in Amerika gearbeitet hatte und der für die kaufmännische Seite des Unternehmens verantwortlich zeichnete, baute er die Firma »M. Achgelis Söhne Maschinenfabrik und Eisengießerei« auf. A. galt als der eigentliche Motor des Unternehmens, der die bis dahin ausschließlich in Großbritannien produzierten Anker- und Schiffswinden als erster in Deutschland konstruieren und in seiner Fabrik herstellen konnte. Vor allem für die prosperierende Hochseefischerei entwickelte sich die Firma zu einem im In- und Ausland gefragten Spezialbetrieb für Fischnetzwinden, Rudermaschinen, Gangspille und Schiffshilfsmaschinen aller Art. 1883 erfolgte die räumliche Trennung zwischen Arbeits- und Wohnbereich, indem die Brüder A. ein Wohnhaus in der heutigen Claussenstraße (damals Dockstraße) bezogen. A., ein Neffe des Marschendichters → Hermann Allmers, trat nicht nur als erfolgreicher Konstrukteur und Geschäftsmann in Erscheinung, sondern machte sich auch als Mäzen und Förderer in Geestemünde einen Namen. Er gehörte ferner dem Unterweser-Bezirksverein des Vereins Deutscher Ingenieure an. 1909 ließ er sich in der Hohenstaufenstraße ein repräsentatives Wohnhaus errichten, das beim alliierten Bombenangriff im Sept. 1944 zerstört wurde. Als A. 1913 starb, wurde das Unternehmen von seinem Bruder Gustav weitergeführt, der es 1918 in eine Aktiengesellschaft umwandelte. Der Betrieb mußte 1966 schließen und wurde 1969 endgültig stillgelegt. Die Montagehalle und die Fabrikgebäude an der Elbestraße haben sich bis heute erhalten.

Lit.: Heimatchronik, S. 267-268; D. J. Peters, Maschinenfabrik M. Achgelis Söhne A.G. Eisengießerei, in: Ndt. Hbl. 553 (Jan. 1996); H. Wittje-Lorenzen, Hermann Allmers und seine Verwandtschaft Achgelis, in: Jb. M.v.M. 64 (1985), S. 173-215.
Qu.: NZ, 15.9.1966; WNN, 29.4.1927; StadtA Brhv., Meldekartei Gmde.
E.: Grabstein Friedhof Gmde.

D. J. P.

Adickes, Ernst Friedrich; *Gutsbesitzer, Unternehmer, Parlamentarier. * 7.3.1811 Gut Rosengarten bei Midlum, † 26.1.1878 Hannover (ev.).* Der im Lande Wursten aufgewachsene, einer alteingesessenen Familie entstammende Besitzer des Rittergutes Heuhausen (heute zu Dorum), Onkel des bekannten Altonaer, späteren Frankfurter Oberbürgermeisters Franz A., war schon früh politisch engagiert, bevor er sich unternehmerisch betätigte. Seit 1840 Mitglied der II. hannoverschen Kammer sowie der Provinziallandschaft der Herzogtümer Bremen und Verden, dann (1867-78) des hannoverschen Provinziallandtages, bekleidete der Nationalliberale Abgeordnetenmandate im preußischen Abgeordnetenhaus (1867-1870), im Reichstag des Norddeutschen Bundes (1869-1871) und im Deutschen Reichstag (1871-74). Zeitweilig war er auch Präsident der Landesversammlung des Landes Wursten. A. gehörte zu den Mitbegründern des Wurster Schiffahrtsvereins, der mehrere in Geestemünde beheimatete Schiffe bereederte (WURSATA, GEESTEMÜNDE). Darüber hinaus zählt er zu den Geestemünder Wirtschaftspionieren, wobei er sich v. a. im Schiffbau (1855 Präsident der Geestemünder Dockkompagnie, vormals → Schau & → Oltmanns), im Holzhandel und in der Holzbearbeitung sowie in der Versicherungsbranche engagierte.

Lit.: DBI, S. 16; Allg. Hann. Biogr., Bd. 2, S. 518; B. Haunfelder u. K. E. Pollmann, Reichstag des Norddt. Bundes, Düsseld. 1989, S. 369; Bickelmann, Geestendorf, S. 157, 159, 162; Peters, Seeschiffbau, S. 111; G. Schlechtriem, Große Wurster Segelschiffe, Ihre Reeder und Kapitäne, in: Land Wursten. Bilder aus der Geschichte einer Marsch, Brhv. 1988, S. 333-348, hier S. 336-342; Schwarz, M.d.R., S. 252.
Qu.: PZ, 29.1.1878 (Todesanz.).
P.: Foto in Haunfelder/Pollmann (s. Lit.), S. 32.

H. Bi.

Adolf, Hilde; *Juristin, Rechtsanwältin, Frauenrechtlerin, Parlamentarierin, Politikerin.* * 13.5.1953 Bremerhaven, † 16.1.2002 Schwanewede, ☐ Bremerhaven. A. wurde als Tochter eines Verwaltungsangestellten in einem Teil Bremerhavens geboren, der bis 1977 noch zum Stadtbremischen Überseehafengebiet gehörte. Nach der frühzeitigen Trennung der Eltern bei ihrer alleinerziehenden Mutter bzw. bei ihren Großeltern in einfachen Verhältnissen aufgewachsen, absolvierte A. nach der Schulzeit (Abitur 1972 an der Körnerschule) ein freiwilliges soziales Jahr, bevor sie 1974 ein Jurastudium an der Univ. Bremen und Göttingen aufnahm. Dieses schloß sie nach dem Referendariat 1985 mit der zweiten juristischen Staatsprüfung ab. Danach arbeitete sie in einer Bremerhavener Anwaltskanzlei. 1988 übernahm sie die Leitung des neu eingerichteten Bremerhavener Büros der »Bremischen Zentralstelle zur Verwirklichung der Gleichberechtigung der Frau«, das sie zu einem Zentrum umfangreicher frauenpolitischer Aktivitäten ausbaute. Schon von der Schulzeit an politisch engagiert, wechselte sie 1995 in die Landespolitik; in die Bremische Bürgerschaft gewählt, vertrat sie dort bis 1999 die SPD vor allem in der Deputation für Soziales und Jugend sowie im Ausschuß »Förderung der Gleichberechtigung der Frau«. Parallel dazu eröffnete sie eine eigene Anwaltspraxis. Nach der Bürgerschaftswahl im Mai 1999 wurde sie im Rahmen der neuaufgelegten Großen Koalition zur Sozialsenatorin des Landes Bremen berufen, einem Amt, das die Ressorts Frauen, Jugend, Gesundheit, Soziales und Arbeit umfaßte. Zugleich blieb sie weiterhin in Bremerhaven parteipolitisch aktiv, wo sie, die auch dem Landesvorstand der SPD angehörte, 1996 die Führung des SPD-Unterbezirks übernahm. A., die als politische Hoffnungsträgerin der Bremerhavener SPD galt, verunglückte im Jan. 2002 auf der täglichen Rückfahrt von ihrem Bremer Dienstsitz auf der Autobahn Bremen-Bremerhaven. Ihr Tod löste eine Welle der Betroffenheit unter allen gesellschaftlichen Gruppierungen aus. In den wenigen Jahren ihres beruflichen, ehrenamtlichen und politischen

beit und Ausbildung im Lande Bremen sowie eine Reihe von Sozialzentren – und dabei auch gesellschaftspolitische Kontrahenten an einen Tisch zu bringen. Auch in der Bremerhavener Kommunalpolitik und in ihrer eigenen Partei war ihre Handschrift auf vielen Feldern deutlich zu spüren. Zu ihrem Ansehen trug vor allem bei, daß sie, jenseits herkömmlicher Parteikarrieren und politischer Machtspiele, in einer Zeit zunehmender Politikverdrossenheit einen neuen, glaubhaften Politikertyp verkörperte, der seine Stärke aus einer inneren Handlungsfreiheit gewinnt.

Lit.: Hdb. Br. Bgsch., 14. Wahlper., Personenteil, S. 1; Hilde Adolf. Die Stimme. 10 Jahre Frauenzentrum Bremerhaven, Brhv. 2003; Skizzen u. Porträts, S. 14.
Qu.: NZ, 11.4.1995, 17.-23.1.2002, 16. u. 27.1.2003; Bremerhaven-Magazin, Febr. 1993, S. 22; Auskunft Wolfgang Lunter-Adolf im Herbst 2003.
P.: Fotos in Archiv NZ (zahlr. Abb. in NZ sowie in Skizzen u. Porträts, Hdb. Br. Bgsch. u. Hilde Adolf, s. Lit.).
E.: Frauenzentrum Hilde Adolf (2003).

H. Bi.

Wirkens hatte sie sich durch Fachkompetenz, Geradlinigkeit und Warmherzigkeit sowie durch Tatkraft, Durchsetzungsvermögen und zugleich Integrationsfähigkeit eine außerordentliche Reputation in breiten Bevölkerungskreisen erworben. Selbst unter schwierigen sozialen Bedingungen aufgewachsen, hatte sie stets ein offenes Ohr für die Notleidenden der Gesellschaft und verstand es, Menschen zu überzeugen und ihnen Mut zu machen. Zupackend, pragmatisch orientiert und auch Konflikte nicht scheuend, stritt sie für individuelle und unkonventionelle Problemlösungen. Konsequent setzte sie sich auf allen gesellschaftlichen Ebenen sowie in zahlreichen örtlichen und regionalen, aber auch nationalen und internationalen Institutionen und Gremien für die Gleichstellung von Frauen ein, wozu für sie vorrangig die Veränderung gesellschaftlicher Strukturen gehörte. Besondere Anliegen waren ihr die Verbesserung der Berufs- und Arbeitsmarktsituation von Frauen und Mädchen sowie der Kampf gegen die Gewalt gegenüber Frauen und Kindern. Es gelang ihr, zahlreiche richtungsweisende Projekte zu initiieren – u. a. ein Bündnis für Ar-

Agatz, Ernst Georg Eduard **Arnold,** Dr.-Ing., Dr.-Ing. h. c.; *Bauingenieur, Hochschullehrer, Hafenbaudirektor.* * 23.8.1891 Hannover, † 27.3.1980 Bremen (ev.). A. studierte an der TH Hannover Bauingenieurwesen, war Assistent bei dem Wasserbauer Otto Franzius und promovierte 1919 mit einer Arbeit über die technische und wirtschaftliche Entwicklung der deutschen Hochseefischereihäfen, nachdem er seine ersten beruflichen Erfahrungen bei der Fischereihafendirektion in Bremerhaven gewonnen hatte. Als Oberbauleiter der Firma Siemens-Bauunion in Berlin, die für die Grundwasserabsenkung und Trockenhaltung beim Bau der Fischereihafendoppelschleuse in Geestemünde verantwortlich zeichnete, erlangte A. wichtige Grundlagenkenntnisse im Seeschleusenbau. Anschließend arbeitete er bei der Hafenbauverwaltung in Bremen. 1927 übertrug man dem jungen Baurat die Sanierungsarbeiten für die einsturzgefährdete Columbuskaje in Bremerhaven, die er erfolgreich abschloß. Von 1927 bis 1931 leitete A. in Bremerhaven die Planung und den Bau der riesigen

Nordschleusenanlage mit Vorhafen, Kammer, Betriebsgebäuden, Wendebecken und Drehbrücke für den Eisenbahn- und Straßenverkehr. Aufgrund seiner Verdienste wurde er 1931 in Nachfolge von → Federico Claussen zum Hafenbaudirektor in Bremerhaven ernannt. Im selben Jahr erhielt A. die ehrenvolle Berufung auf den Lehrstuhl für Grundbau, Wasser- und Hafenbau an der TH Berlin, den er bis zum Ende des II. Weltkriegs innehatte. Seit 1934 war er Vorsitzender der Hafenbautechnischen Gesellschaft, die ihn 1964 zu ihrem Ehrenpräsidenten ernannte. Neben seiner Professur wirkte A. als Planungsingenieur an vielen Hafenbauprojekten im Ausland mit und errichtete im Auftrag des Oberkommandos der Deutschen Kriegsmarine diverse Schleusen- und Marineanlagen, wie z.B. den U-Boot-Bunker Valentin in Bremen-Farge. 1945 ernannte ihn die amerikanische Besatzungsmacht zum Berater für den Wiederaufbau der Häfen in Bremen und Bremerhaven. Seit 1947 war A. wieder im

Dienst der bremischen Hafenbauverwaltung und leitete ab 1949 als deren Präsident diese Behörde. Nach seiner Pensionierung 1953 übte er bis 1969 für den Senator für Häfen, Schiffahrt und Verkehr noch eine beratende Funktion aus. Als es beim Bau der Containerkaje in Bremerhaven 1970 zu Schwierigkeiten kam, konnte A. als Sonderbeauftragter des Senats auch diese Aufgabe erfolgreich bewältigen. Als Hafenbauer erwarb er sich nicht nur in Deutschland, sondern auch im Ausland, wo er als beratender Ingenieur bei zahlreichen internationalen Projekten mitwirkte, großes Ansehen. Aufgrund seiner Verdienste wurden ihm in Deutschland wie im Ausland zahlreiche hohe Auszeichnungen zuteil. Ferner gehörte A. vielen wissenschaftlichen Vereinigungen an. Sein Name bleibt untrennbar mit dem Ausbau der bremischen Seehäfen verbunden.

Lit.: H. Flügel, Das Wirken von Prof. Agatz in Verbindung mit der Entwicklung der bremischen Häfen, in: Jb. Hafenbautechn. Ges. 39 (1982), S. 229-237; Gr. Bremen-Lexikon, S. 13-14; Körtge, Straßennamen, S. 41; E. Lackner, In memoriam Prof. Dr. A. Agatz, in: Jb. Hafenbautechn. Ges. 39 (1982), S. 239-241; ders., Arnold Agatz, in: Wortmann, S. 80-81; K. Löbe, Ein erfülltes Ingenieurleben, in: Jb. Hafenbautechn. Ges. 36 (1975/76), S. 17-60; D. J. Peters, 100 Jahre Kaiserschleuse Bremerhaven, in: Ndt. Hbl. 572 (Sept. 1997); ders., Von der Lloydhalle zum Columbusbahnhof. Die Geschichte der Fahrgastanlagen in Bremerhaven, in: Hoffnung Amerika, S. 71-80; ders., Spezialhafen, S. 27.

Werke (Auswahl): *Die technische und wirtschaftliche Entwickelung der deutschen Hochseefischereihäfen* (Diss., 1919); *Der Bau der Nordschleusenanlage in Bremerhaven in den Jahren 1928-1931* (1931); *Der Kampf des Ingenieurs gegen Wasser und Erde im Grundbau* (1936); *Europäische Wasserstraßen und deutsche Seehäfen* (1949); *Berechnung und konstruktive Gestaltung von Trockendocks und Seeschleusen*, in: Jb. Hafenbautechn. Ges. 19 (1941-49), S. 58-91; *Der Seehafen Bangkok*, in: Jb. Hafenbautechn. Ges. 22 (1952-54), S. 98-179; *Hundertjährige Entwicklung der Hafenumschlagsanlagen in Bremen und Bremerhaven*, in: 100 Jahre Schiffahrt, Schiffbau, Häfen (1964), S. 121-142; *Erfahrungen mit Grundbauwerken* (1977).

P.: Ölgemälde im Hist. Mus. Brhv.; Fotos in zahlr. Veröff., u. a. in Wortmann, S. 80.

E.: Ehrendoktor TH Hannover (1951), Ehrensenator TU Berlin (1958); Bundesverdienstkreuz (1961 u. 1964), Gold. Ehrenring des Deutschen Museums (1962); Ehrenvorsitz Hafenbautechn. Ges. (1964); Straßenbenennung Brhv.-Überseehäfen (1983).

D. J. P.

Ahrens, Adolf; *Nautiker, Kapitän, Parlamentarier. * 17.9.1879 Geestemünde, † 21.1.1957 Bremen, □ Bremerhaven (ev.).* Aufgewachsen auf dem Gelände der Rickmers-Werft in Geestemünde, wo sein Vater als Gärtner tätig war, wurde A. früh von seiner Umgebung geprägt. Bereits im Alter von 14 Jahren fuhr er als Schiffsjunge auf dem Vollschiff RENÉE RICKMERS zur See. Seine erste Reise führte ihn um das Kap der Guten Hoffnung nach Singapur. Insgesamt fuhr er fünf Jahre auf Segelschiffen in weltweiter Fahrt, die meiste Zeit davon als Matrose, bevor er 1899 die Seefahrtschule in Elsfleth besuchte und das Patent zum Seesteuermann auf großer Fahrt erwarb. Nach zwei Jahren Fahrtzeit als Steuermann auf der in Brake beheimateten Bark AMAZONE bestand er, wiederum in Elsfleth, die Prüfung zum Schiffer auf Großer Fahrt. 1901 trat er in die Dienste des Norddeutschen Lloyd, für den er – unterbrochen durch eine einjährige Dienstzeit bei der Kaiserlichen Marine (1902) – in wechselnden Dienstgraden in der Ostasienfahrt, auf Küstenschiffen im indischen Archipel und schließlich auch in der Australien- und Südamerikafahrt Dienst tat. Bei Ausbruch des I. Weltkrieges befand er sich auf dem Dampfer DERFFLINGER im Roten Meer. Vor Port Said wurde das Schiff aufgebracht und die Besatzung auf Malta interniert. Nach seiner Rückkehr 1919 nahm er wegen des Verlustes der deutschen Handelsflotte bis 1923 eine kaufmännische Tätigkeit auf. Dann erfolgte seine Wiedereinstellung beim NDL auf dem Dampfer BREMEN, später umbenannt in KARLSRUHE. Kurze Zeit als 1. Offizier auf dem Dampfer PFALZ in der Ostasienfahrt eingesetzt, wurde er 1924 Leitender 1. Offizier auf dem Fahrgastschiff COLUMBUS. 1927 erhielt A. sein erstes Kommando als Kapitän auf dem Dampfer EISENACH, anschließend auf der WERRA. 1928 übernahm er in Nachfolge von → Nicolaus Johnsen die COLUMBUS als Kapitän. Außer den klassischen Nordatlantikreisen nach New York führte das Schiff unter seinem Kommando erfolgreich zwei Weltreisen mit der Passage des Suez- und Panama-Kanals als damals größtes Schiff durch. 1936 wurde ihm als Nachfolger von Kommodore → Leopold Ziegenbein bis 1941 das Kommando über den Schnelldampfer BREMEN übertragen. Nachdem er auf seiner letzten Reise vor

dem kurz bevorstehenden II. Weltkrieg 1.200 Amerikaner sicher nach New York gebracht hatte, lief A. mit der BREMEN am 30.8.1939 ohne Passagiere von New York aus. Trotz Blockade der Seegewässer gelang ihm der Durchbruch entlang der Eismeergrenze zunächst nach Murmansk. Von dort erfolgte am 12. Dez. 1939 die endgültige Rückkehr des Schiffes nach Bremerhaven. Für diese seemännische Leistung verlieh ihm der NDL den Titel eines Kommodore und der Senat in Bremen die Goldene Preismedaille. 1941 trat A. in den Ruhestand. Nach dem II. Weltkrieg übernahm er 1945 für viele Jahre die Aufgaben des Verwaltenden Kapitäns der Stiftung »Haus Seefahrt« und bemühte sich erfolgreich um den Wiederaufbau des Seefahrthofes in Bremen-Grohn. Als Mitglied der Deutschen Partei wurde er von 1949 bis 1953 in den Bundestag gewählt, wo er sich insbesondere Fragen des Handels und der Schiffahrt widmete. Seine Erfahrungen und Erlebnisse hat er in mehreren Büchern niedergelegt.

Lit.: DBI, S. 28; Gr. Bremen-Lexikon, S. 14; Biogr. Hdb. Bundestag, S. 7; G. Lohmnitz, Adolf Ahrens, in: Br. Biogr. 1912-62, S. 10-11; Hdb. d. dt. Bundestages 1949; Köpfe d. Politik, Wirtschaft, Kunst u. Wiss., 1953; Wer ist wer? 1955, S. 7.
Qu.: NZ, 22.1.1957, 1.8.2001; WK, 22.1.1957.
Werke: *Die Siegesfahrt der BREMEN* (1940); *Lebensfahrt über Ozeane* (1942); *Männer, Schiffe, Ozeane* (1949); *Die BREMEN* (1956).
P.: Foto in StA Bremen (abgeb. u. a. in *Die BREMEN*, S. 16 u. NZ, 22.1.1957) sowie Hdb. d. dt. Bundestages u. Köpfe (s. Lit.).
E.: Kommodore (1939); Gold. Preismed. d. Br. Senats (1939); Straßenbenennung Brhv.-Lehe 2001.

E. N.

Albert, Otto Wilhelm; *Musiker, Musikdirektor. * 8.5.1871 Weida (Thür.), † 8.4.1956 Bremerhaven (ev.).* Nach Absolvierung des Leipziger Konservatoriums (1890-1894) bekleidete A. eine Stelle als städtischer Musikdirektor in Bad Lausigk, wo er auch die Kurkonzerte leitete. Im Januar 1906 übernahm er in Bremerhaven gegen Ablösung die sog. »Roland-Kapelle«, die er in den folgenden Jahren zu einem ansehnlichen, zuletzt (1928) 45 Musiker umfassenden Orchester ausbaute. Mit den noch im selben Jahr eingerichteten philharmonischen Konzerten begründete er eine bis heute prägende musikalische Tradition. Seit der Eröffnung des neuen Stadttheaters 1911 war das »Albert-Orchester« von Anfang an auch integraler Teil des Bremerhavener Musiktheaters, das insbesondere in der Ära des ersten Intendanten → Gustav Burchard einen bemerkenswerten Aufschwung nahm. A., der neben musikalischer Begabung auch über großes organisatorisches und geschäftliches Geschick verfügte, richtete 1911 das Nordwestdeutsche Musikfest aus, veranstaltete 1914-18 im Park Speckenbüttel eine Freilichtoper und verstand es immer wieder, namhafte Künstler als Gastdirigenten und -solisten zu verpflichten. Der zusätzliche Einsatz bei Tanz- und Unterhaltungsveranstaltungen in Bremerhaven und Umgebung sowie, während der Sommermonate, in Kurorten verschaffte dem Privatensemble die notwendige finanzielle Basis für seine zahlreichen Aktivitäten. 1928 wurde das Orchester, das für die Theateraufführungen bereits öffentliche Zuschüsse erhielt, vollständig in städtische Regie übernommen. A., der zunächst noch an der Leitung der Sinfoniekonzerte beteiligt war und hier später verschiedentlich auch als Gastdirigent auftrat, übernahm danach das Kurorchester in Bad Wildungen; von dort kehrte er 1952 wieder nach Bremerhaven zurück, wo sein ältester Sohn Georg als Konzertmeister beim Städt. Orchester tätig war. Sein jüngster Sohn Herbert (1903-1973) wurde u. a. als Generalmusikdirektor (zuletzt 1952 in Mannheim) und Chefdirigent der Bamberger Symphoniker bekannt.

Lit.: DBI, S. 34; DBA II, 16, 258-261, 299; A. Bierwirth, Das Musikleben in Brhv., in: NWZ, Jub.-Ausg. 30.4.1927, Bl. 20; Ernst, Theater, S. 40-56; E. Kindervater, Musikalisches Schaffen, in: WNN, Jub.-Ausg., 28.4.1927, Beil. 25; Linder, S. 24-26; Wer ist wer? 15 (1967), S. 14; DBE, Bd. 1, S. 69 (Herbert A.).
Qu.: NZ, 10.4.1956; StadtA Brhv., Meldekartei Brhv. nach 1945 I.
P.: Foto in NZ, 10.4.1956, u. Linder (s. Lit.), vor S. 17.

H. Bi.

Allers, Johann; *Hof- und Ziegeleibesitzer, Unternehmer. * 8.10.1857 Wulsdorf, † 7.7. 1928 Wesermünde (-Wulsdorf) (ev.-luth.).* Die Familie Allers wird bereits in den ältesten Wulsdorfer Verzeichnissen aufgeführt. Sie zählte stets zu den Erbexen bzw. zu den Hausmännern, also den Vollbauern. Die Familie verfügte über umfangreichen Grundbesitz und stellte Eidgeschworene, Deichgeschworene und Kirchjuraten. A.s Großvater Claus A. betrieb bereits vor 1828 neben der Landwirtschaft eine Ziegelei an der Lune bei der späteren Lanhauser Brücke. Nach dem Tode seines Vaters Otto A. übernahm A. 1893 die Produktionsstätte und stattete sie von 1898 an mit einem leistungsfähigen Ringofen sowie mit Maschinenkraft aus. Der Betrieb mußte allerdings 1911 in der nachlassenden Baukonjunktur und wegen der starken Konkurrenz von Kalksandsteinprodukten eingestellt werden. A. war, ähnlich wie → Eduard Schroeder, einer derjenigen, die um 1900 Wulsdorf in wirtschaftlicher, verkehrsstrategischer und politischer Hinsicht zu einer eigenständigen kleinstädtischen Stadtrandgemeinde Geestemündes zu entwickeln trachteten. Wie dieser gehörte er zu den Gründungsmitgliedern des Spar- und Darlehensvereins (seit 1909 Wulsdorfer Bank), und mit ihm war er von 1902 bis 1914 Teilhaber einer Torfstreufabrik. Ein wichtiges, dann allerdings nur in Ansätzen realisiertes Projekt der Wirtschaftsförderung war der Ausbau eines Wohn-, Gewerbe- und Freizeitviertels im Umfeld der östlich des Ortskerns mit großem Enthusiasmus 1899 eröffneten Bahnstation. Das in diesem Zusammenhang 1899 errichtete »Bahnhofshotel«, zu dem bis ca. 1918 ein Freizeitpark gehörte (Jördens Garten), stand in A.s Eigentum und war an Gastronomen verpachtet. Darüber hinaus war A. als Ausschußmitglied der Gemeindeverwaltung in mehreren Kommissionen tätig. Als Gründungsmitglied und erster Vorsitzender des Reitclubs Wulsdorf (1898-1922) erwarb er sich Verdienste als Förderer des Reitsports.

Lit.: Bickelmann, Lune, S. 126, 130-132, 159-162; 100 Jahre Reitclub Wulsdorf, Brhv. 1998, S. 7; Wulsdorf, älter als 850 Jahre, Brhv. 1989, S. 73-76.
Qu.: WNN, 9.7.1928; NZ, 23.4.1998; Adreßbuch Wulsdorf, 1903-1920; StA Stade, 72/172 Geeste Nr. 12859 u. 13047 (Nr. 127); StadtA Brhv., Wesermünde 021/134/1.
P.: Foto in 100 Jahre Reitclub (s. Lit.).

E. St.

Allmers, **Hermann** Ludwig, Dr. phil. h.c.; *Hofbesitzer, Schriftsteller, Zeichner, Förderer von Kunst, Bildung und Heimatkunde.* * 11.2.1821 Rechtenfleth (Weser), † 9.3. 1902 Rechtenfleth (ev.-luth.). A. wuchs als einziges überlebendes Kind auf dem wohlhabenden elterlichen Hof in Rechtenfleth auf. Seine Mutter war Pastorentochter aus Sandstedt, sein Vater Sproß eines angesehenen Osterstader Bauerngeschlechtes. Während seiner glücklichen Kindheit und Jugend wurde er insbesondere von seiner Mutter um so liebevoller umhegt, als er unter einer angeborenen Lippen-Gaumenspalte litt, deretwegen er sich schon im Knabenalter zwei schmerzvollen Operationen unterziehen mußte. Entsprechend seiner Gesinnung als Freimaurer erzog ihn der Vater in großer Freiheit und früher Verantwortung. Diese Erziehung war politisch antirestaurativ und nationalliberal geprägt; sie begründete die Phantasie, den Enthusiasmus und die Interessenvielfalt des erwachsenen Mannes. Bis zum Alter von 16 Jahren genoß A. Unterweisung durch mehrere Hauslehrer. Während der Sommermonate betätigte er sich in der väterlichen Landwirtschaft, die Winter verbrachte er bis zu seinem 21. Lebensjahr zumeist als Pensionär in Bremen, wo er seine Bildung durch privaten Unterricht in den Fremdsprachen, den Wissenschaften und im Zeichnen zu vervollständigen suchte. Aus dieser Zeit stammen seine ersten poetischen Veröffentlichungen und auch die Freundschaften, die ihn zeitlebens mit der Hansestadt verbinden sollten. In den 1840er Jahren wirkte A. auf dem Gebiet der Volksbildung. Nach der Gründung eines Gesangvereines gelang es ihm, 1846 eine Volksbibliothek in Sandstedt einzurichten. Dabei war sein Tun auch politisch motiviert, indem er sich als Verfechter eines konstitutionellen deutschen Nationalstaates um Reformen bemühte. 1848/49 gehörte er zu einem Kreis in Bremerhaven und Umgebung beheimateter Demokraten, die u. a. einen »Verein zur Unterstützung politisch Verfolgter« gründeten. Den Vormärz in seiner »städtischen Heimat« Bremen hat A. später im Lebensbild des Hauptmann Böse literarisch verarbeitet. Mit einem Geldgeschenk seines Vaters konnte A. im Juli 1845 zu seiner ersten Bildungsreise aufbrechen, die ihn u. a. zu Friedrich Jahn in Freyburg an der Unstrut und bis an Winckelmanns Grab in Triest führte. Nach dem Ableben des Vaters hatte A. 1849 nicht nur die Landwirtschaft zu übernehmen, sondern in seines Vaters Nachfolge auch das Amt des Gemeindevogtes. Der Umfang der Geschäfte band ihn dermaßen, daß er nur einige kleinere Arbeiten in Bremer Zeitungen veröffentlichen konnte, die indes den Grundstock seines »Marschenbuches« bilden sollten. Den Herbst und Winter 1855/56 verbrachte A. in Litauen und in Berlin. Dort wurde er mit Carl Ritter bekannt, dem Begründer der vergleichenden Geographie, und mit Franz Kugler, der, genau wie A., als Dichter eines Studentenliedes auf die thüringische Rudelsburg bekannt wurde. Während Kugler sich besonders für A.' Schilderungen der nordwestdeutschen Kunstgeschichte interessierte, bestärkte ihn Ritter in der Vertiefung seiner »Norddeutschen Vegetationsbilder«. Im Jahr darauf lernte A. in München W. H. Riehl, den Begründer der Volkskunde kennen. Riehl wanderte später mit A. von Rechtenfleth über Bremerhaven bis in das Land Wursten und interessierte sich sehr für das nunmehr druckreife »Marschenbuch«, das u. a. eine der frühen Beschreibungen Bremerhavens enthält. Durch Riehl wiederum wurde A. in die königliche Tafelrunde eingeführt, die sich aus Münchner Größen wie Geibel, Heyse, Kaulbach und Moritz von Schwind zusammensetzte. In München traf er 1857 auch die damals noch unbekannten Maler Otto Knille und Heinrich von Dörnberg, mit denen er eine lebenslange Freundschaft knüpfte. Gerade im Umgang mit den »noch Namenlosen« bewies A., der lebenslang unverheiratet blieb, seine größte Gemüts- und Geistesgabe, denn bis in seine letzten Lebensjahre, als er mit den jungen Worpswedern umging, war er seinen »Wahlneffen« gegenüber ein väterlicher Freund und Inspirator. Dabei zog sein anregendes Wirken in seiner engeren Heimat die weitesten Kreise. Als Initiator einer liberal verstandenen Heimatbewegung wurde er zum Gründer des Heimatbundes der »Männer vom Morgenstern« (1882) mit Sitz in Bremerhaven und des Rüstringer Heimatbundes (1892) mit Sitz in Nordenham. 1858 brach A. zu seiner wichtigsten und längsten Reise auf. Diese nachklassische italienische Reise währte bis Ende 1859 und führte ihn mit zwei längeren römischen Aufenthalten bis nach Sizilien. In Neapel lernte er den jungen Ernst Haeckel kennen, unter dessen Anleitung er seine geologischen und botanischen Interessen vertiefte. Die literarische Essenz dieser Reise bildet das Bändchen »Römische Schlendertage«, das zwölf Auflagen erlebte und seinen Autor zu einem berühmten Mann machte. In Inhalt und Komposition tragen diese Aufzeichnungen unverkennbar die Handschrift des Marschenbuch-Autors, indem sie eine subjektive Na-

turauffassung mit Schilderungen der Sitten und Gebräuche und kunsthistorischen Reflexionen von einem Standpunkt der romantischen Zusammenschau vereinen. Durch seine große italienische Reise erreichte A. den Gipfel seiner Schaffenskraft. Mit Hilfe seiner Freunde ließ er ab 1860 sein elterliches Wohnhaus mitsamt dem Garten zu einem baulichen Spiegel seines Denkens und Fühlens gestalten. Als ein kostbares Künstlerhaus ist A.s Tusculum bis heute – unter der Betreuung der 1930 gegründeten Hermann-Allmers-Gesellschaft – in Rechtenfleth zu besichtigen, so wie er es hinterließ.

Lit.: DBI, S. 49; DBE, Bd. 1, S. 92; Br. Biogr. 19. Jh., S. 10-16 (H. Tardel); Th. Siebs, Hermann Allmers. Sein Leben und Dichten mit Benutzung seines Nachlasses dargestellt, 2. Aufl. Brhv. 1982; B. U. Hucker, Hermann Allmers und sein Marschenhof, Oldbg. 1981; Mensch sein und den Menschen nützen. H. A. und seine Künstlerfreunde, hrsg. v. A. Behne u. O. Gradel, Otterndorf 2002; K. Schulz, Hermann Allmers, in: NDB, Bd. 1, S. 203-204; zahlr. Beitr. zu Einzelaspekten im Jb. M.v.M.
Werke: *Sämtliche Werke*, I-VI (1891-1896); *Werke in Auswahl*, Ndr. der Ausg. v. 1965 (2000); in Einzelausgaben: *Marschenbuch* (1858 u.ö.; Ndr. 1979), *Dichtungen* (1860), *Römische Schlendertage* (1869, 12. Aufl. 1913), *Elektra* (1872), *Harro Harresen* (1882), *Hauptmann Böse* (1884), *Herz und Politik* (1895).
Nachlaß: Depositum im Archiv des Landkreises Cuxhaven in Otterndorf (Eigentum der Hermann-Allmers-Gesellschaft e. V.).
P.: Mehrere Werke, u. a. Ölporträt von F. von Lenbach, im Allmershaus; zahlr. Repr. u. Fotos im Nachlaß (s.o.) sowie in der Lit.
E.: Ehrendoktor Univ. Heidelberg (1901); Hermann-Allmers-Preis (seit 1959 alle zwei Jahre vergeben); Straßenbenennungen in Brhv. (-Gmde., ca. 1904), Bremen, Hamburg, Oldenburg, Emden, Cuxhaven u. v. a. Orten mehr.

A. B.

Alpers, Ludwig Friedrich Johannes; *Pädagoge, Politiker. * 15.12.1866 Drochtersen, † 15.8.1959 Bremervörde (ev.-luth.).* Der in einem frommen Lehrerelternhaus aufgewachsene A. trat, nach Absolvierung des Lehrerseminars in Stade, 1887 seine erste Lehrerstelle in Geestendorf an; zum Schuljahr 1888/89 wechselte er an die Deichschule in Lehe. In dieser Zeit bildete sich seine politische Einstellung aus, die für sein weiteres Leben als führende Kraft der Welfenbewegung im Elbe-Weser-Dreieck bestimmend wurde. Von Haus aus heimatverbundener Monarchist und überzeugter Christ, schloß er sich der junghannoverschen Bewegung an, die gegenüber der alles erfassenden und vereinheitlichenden preußischen Verwaltung die regionale Identität des ehemaligen Königreichs Hannovers zu stärken suchte. Um seine politische Arbeit frei von preußischen Pressionen fortsetzen zu können, bewarb er sich 1892 um eine Stellung im hamburgischen Schuldienst. Von dort aus, wo er auch intensive historische und volkswirtschaftliche Studien betrieb, widmete er sich verstärkt der politischen Arbeit im Hannoverschen, wo er seit 1907 im Wahlkreis 17 (Harburg-Rotenburg-Zeven) die Deutsch-Hannoversche Partei aufbaute. 1912 erlangte er nach jahrelangen Anläufen für die DHP ein Reichstagsmandat, das er bis 1931 ausübte. Hier profilierte er sich in den Auseinandersetzungen um die Reichsreform als einer der führenden Vertreter der föderalistischen Bewegung; dabei gingen seine Aktivitäten weit über die engeren welfischen Bestrebungen hinaus und schlossen Überlegungen zu einem mitteleuropäischen Staatenbund ein. Zur Zeit des Nationalsozialismus zurückgezogen lebend und in Kontakt zu Oppositionellen stehend, gehörte A. nach 1945 im Kreis um Heinrich Hellwege als Mitbegründer der Niedersächsischen Landespartei (seit 1947 Deutsche Partei) wieder zu den Förderern des Föderalismus und des europäischen Gedankens, den er auch publizistisch vertrat.

Lit.: DBI, S. 50; DBA II, 22, 165-173; DBE, Bd. 1, S. 93; H.-G. Aschoff, Die Deutsche Partei. Aufstieg u. Niedergang einer Regionalpartei, in: H. Obenaus u. H. D. Schmid (Hrsg.), Nachkriegszeit in Niedersachsen, Bielefeld 1999, S. 73-85; ders., Ludwig Alpers, in: Lebensläufe, Bd. 1, S. 31-34; A. Beste, Ludwig Alpers, in: Nds. Lbb., Bd. 7, S. 1-14; ders., Ludwig Alpers. Ein Kämpfer für Heimat und Recht, in: Althann. Volkskalender 98 (1970), S. 60-64; M. d. R. Die Reichstagsabgeordneten d. Weim. Rep. i. d. Zeit d. Nationalsozialismus, Düsseldorf 1991, S. 20-21; Reichshandbuch, Bd. 1, S. 18; Wer ist wer? 1951, S. 6, 1955, S. 12.
Qu.: StadtA Brhv., Meldewesen 118 (Nr. 10662), u. Chronik der Deichschule, Bd. 1.
Werke: u. a. *Welfenliederbuch f. dt. hann. Clubs u. Vereine* (1892); *Was wollen die Welfen?* (1913); Mitarbeit an zahlreichen Zeitungen und Zeitschriften.
Nachlaß: Kreisarchiv Bremervörde, Privatarchiv Heinz Alpers, Hamburg.
P.: Foto u. a. in (s. Lit.) Aschoff, L. Alpers, S. 32, Beste, Nds. Lbb., vor S. 1, Beste, S. 61 u. Reichshdb.
E.: Bundesverdienstkr. (1951), Ehrenpräs. Nds. LP u. DP.

H. Bi.

Andersen, Lale (Pseud.), eigentl. Liese-Lotte Helene Berta Bunnenberg, weitere Pseud. (als Texterin): Nicola Wilke, Crohn u. Krohn; *Sängerin, Schauspielerin, Texterin, Autorin. * 23.3.1905 Lehe, † 29.8.1972*

Wien, ☐ *Langeoog (ev.-luth.).* Als Tochter des Schiffsstewards Adolf Georg Bunnenberg und seiner Ehefrau Berta, geb. Czerwinski wuchs A. in einem kleinbürgerlichen hafennahen Wohnviertel in Lehe auf, wo sie eine Höhere Töchterschule besuchte. Der im Alter von 17 Jahren mit dem Bremerhavener Maler → Paul Ernst Wilke geschlossenen Ehe, der drei Kinder entstammen, entfloh sie 1929, um in Berlin als Künstlerin Karriere zu machen. Nach ersten Auftritten im »Kabarett der Komiker« von Willi Schaeffers entdeckt, wurde sie bald zu Bühnenauftritten in Berlin und als Kabarettistin zu Gastspielen in ganz Deutschland verpflichtet. Zu ihrem Repertoire gehörten Texte u. a. von Ringelnatz, Mehring, Tucholsky und Kästner in der Vertonung von K. Weill und F. Hollaender sowie Hafen- und Seemannslieder und Balladen. Nach ihrer Scheidung von P. E. Wilke (1931) und dann besonders seit 1933 erhielt sie attraktive Engagements auch in Zürich, die sie jedoch beenden mußte, als sie 1935 von den schweizerischen Behörden wegen Schulden und ihrer Liebesbeziehung zu dem Komponisten Rolf Liebermann ein Einreiseverbot erhielt. Als sie 1936 im überregional bekannten Münchener »Simpl« auftrat, lernte sie dort den Komponisten Rudolf Zink kennen, der für sie Texte von Hans Leip, u. a. auch »Lili Marleen« vertonte. Angesichts der politischen Vorgaben der Nationalsozialisten bestand ihr damaliges Repertoire allerdings überwiegend aus isländischen und skandinavischen Volksliedern. Nachdem sie 1939 das »Lied eines jungen Wachtpostens« (»Lili Marleen«) in der Vertonung von Norbert Schultze auf Schallplatte bei Electrola eingespielt hatte, wurde sie schlagartig berühmt, als das Lied von April 1942 an über den Soldatensender Belgrad verbreitet wurde und zur »Internationalen« der Soldaten des II. Weltkriegs avancierte. Im Spätsommer 1942 wurde sie mit der Begründung, Kontakte zu in der Schweiz lebenden Juden unterhalten zu haben, von den Nationalsozialisten auf der Rückreise von Italien festgenommen, nach Berlin überführt und mit einem Auftrittsverbot belegt. Nach einem gescheiterten Selbstmordversuch wurde ihr 1943 die künstlerische Betätigung unter strengen Auflagen wieder gestattet; so durfte sie sich u. a. mit dem Lied »Lili Marleen« oder mit dem Sender Belgrad nicht in Verbindung bringen. Im Frühjahr 1945 vor dem Bombenkrieg auf die Insel Langeoog geflüchtet, konnte sie im Herbst bereits wieder auftreten, u. a. beim Nordwestdeutschen Rundfunk in Hamburg. Nach ihrer Eheschließung (1949) mit dem Schweizer Komponisten Artur Beul (* 1915) lebte sie zunächst in Zürich, dann in München und auf der Insel Langeoog. Von 1950 bis 1965 führten zahlreiche Tourneen sie in europäische Länder und nach Übersee. 1952 erreichte sie mit dem Schlager »Blaue Nacht am Hafen« ein Comeback als Interpretin von Chansons und Seefahrtsliedern, das 1959 mit dem »Silbernen Löwen« von Radio Luxemburg für »Ein Schiff wird kommen« und der Vorentscheidung für den »Grand Prix« gekrönt wurde. Nachdem sie

Anfang der 1960er Jahre plattdeutsche Lieder eingespielt hatte, gelang ihr 1963 mit dem Fernsehfilm »Porträt in Musik« von Truck Branss ein internationaler Erfolg. Zu dieser Zeit war A. in zahlreichen Fernsehshows und im Rundfunk regelmäßig vertreten. Ihre Abschiedstournee »Good Bye, Memories« führte sie 1966/67 durch mehrere deutschsprachige Länder. Danach trat sie durch Buchveröffentlichungen hervor, u. a. durch die 1972 in Bremerhaven vorgestellte Autobiographie »Der Himmel hat viele Farben«, die 1981 von Rainer Werner Fassbinder unter dem Titel »Lili Marleen« verfilmt wurde. A. starb auf einer Lesereise in Wien.

Lit.: DBE, Bd. 1, S. 125; G. Lehrke, Wie einst Lili Marleen. Das Leben der Lale Andersen, Bln. 2002; L. Magnus-Andersen, Lale Andersen. Die Lili Marleen. Das Lebensbild einer Künstlerin, Mchn. 1981; Chr. Peters, Lili Marleen. Ein Schlager macht Geschichte, Kat. z. gleichn. Sonderausst. d. Hauses d. Geschichte, Bonn 2001; N. Schwabe u. H. Weber, Paul Ernst Wilke 1894-1971. Maler und Zeichner, Br. 1997.
Werke: u. a. *Wie werde ich Haifisch* (1969), *Der Himmel hat viele Farben* (Autobiogr.,1972).
Nachlaß: Kulturamt der Stadt Brhv.
P.: Ölgemälde v. G. Hillmann (1966) im Kurhaus Langeoog (abgeb. in Lehrke, s. Lit., Vorsatz); Fotos im Nachlaß u. zahlr. Veröff.
E.: Silberner Löwe Radio Luxemburg (1979); Grabstätte Friedhof Langeoog, Gedenktafel Brhv., Theodor-Heuss-Platz; Lale-Andersen-Preis d. Städt. Sparkasse Brhv. (seit 2000 vergeben).

G. L.

Arp, Dietrich; *Bauingenieur, Ministerialrat.* * *17.1.1880 Gaarden (heute zu Kiel),* † *19.6.1966 Kiel (ev.-luth.).* Nach dem Studium des Bauingenieurwesens an den TH in München und Berlin-Charlottenburg erhielt A. eine Ausbildung als Regierungsbauführer für den Wasser- und Straßenbau im Preußischen Staatsdienst. 1908 legte er die zweite Staatsprüfung ab und war anschließend als Regierungsbaumeister beim Erweiterungsbau des Nord-Ostsee-Kanals und hier insbesondere an der Konstruktion der neuen Schleusen in Brunsbüttelkoog beteiligt. Bis 1920 war A. beim Wasserbauamt in Emden mit Hafen-, Schleusen- sowie Deichbauarbeiten beschäftigt. Wegen der außerordentlichen Bedeutung des Projektes über die Erweiterung, Eindeichung und Einschleusung des Geestemünder bzw. Wesermünder Fischereihafens wurde neben dem bestehenden Wasserbauamt 1920 eine eigene Neubaubehörde geschaffen, der er bis 1927 vorstand. Nach einer Tätigkeit als Dezernent bei der Wasserbaudirektion in Münster (Westf.) wurde A. in das Reichsverkehrsministerium nach Berlin berufen, wo er u. a. mit der Niedrigwasserregulierung der Elbe, der Kanalisierung der unteren Saale sowie der Fortführung des Mittellandkanals von Peine bis Magdeburg befaßt war. 1928 erfolgte die Ernennung zum Ministerialrat. 1936 wurde A. als ordentliches Mitglied in die Akademie des Bauwesens gewählt. Nach seiner Pensionierung 1944 zog er nach Geversdorf/Oste (Kr. Cuxhaven) um. Seit 1952 lebte er in Kiel.

Lit.: Höver, Hochseefischerei, S. 126-130, 138-146; Peters, Spezialhafen, S. 27; ders., Ein Jahrhundertbauwerk im Wandel, in: Jb. M.v.M. 80 (2001), S. 139-158, hier S. 141-143; W. Sauermilch, 75 Jahre Seefischmarkt Bremerhaven, Brhv. 1971; E. Vogel, Die Entwicklung des Wesermünder Fischereihafens, in: Die Weser, 8. Jg. (1929), S. 37-49.
Werke: *Die Erweiterung des Wesermünder Hafens,* in: Dt. Wasserwirtschaft 21 (1926), Nr. 2, S. 22-29 u. Nr. 3, S. 33-38; *Der Fischereihafen in Wesermünde und seine Erweiterung,* in: Werft, Reederei, Hafen 7 (1926), S. 231-234; *Die Grundwasserabsenkung beim Bau der Doppelschleuse in Wesermünde-G.,* in: Zschr. f. Bauwesen 76 (1926), S. 77-85 und 105-113 (zus. m. Dettmers); *Das Gußbetonverfahren beim Bau der Doppelschleuse in Geestemünde und die Erfahrungen mit Gußbeton,* in: Ztrbl. d. Bauverwaltung 44 (1924), S. 319-324, 339-343 u. 349-352 (zus. m. Gave).
P.: Foto in Privatbesitz.

D. J. P.

Aust, Hans Georg, Dr. phil.; *Lehrer, Archäologe, Museumsleiter.* * 27.1.1926 Barnkrug, Kr. Kehdingen (Niederelbe), † 5.10.1984 Bederkesa (ev-luth.). A., dessen Eltern gebürtige Leher waren, wuchs zunächst in der Elbmarsch und dann in Wesermünde auf, wohin sich sein als Lehrer tätiger Vater 1936 hatte versetzen lassen, um seinem Sohn den Besuch der Leher Oberrealschule (heute Lessing-Schule) zu ermöglichen. Nach Kriegsabitur, Frontdienst und Kriegsgefangenschaft wiederholte er das Abitur und absolvierte an dem von → Walter Zimmermann geleiteten Pädagogischen Seminar eine Ausbildung zum Volksschullehrer, die er 1947 abschloß. Einer Verwendung an der Bremerhavener Körnerschule (1947-1951) sowie in Langen und Dorum folgte, nach einer weiteren Ausbildung für das Lehramt an Mittelschulen an der PH Oldenburg, 1958 die Versetzung an die Realschule in Bederkesa, wo er bis 1962 unterrichtete. Angeregt durch → Dr. Johann Bohls, → Johann Jacob Cordes und vor allem den Cuxhavener Vorgeschichtsforscher und Museumsleiter Karl Waller, hatte sich A. schon zu Beginn seiner Lehrertätigkeit intensiv mit archäologischen Fragen befaßt und 1952 die ehrenamtliche Bodendenkmalpflege des Kreises Wesermünde übernommen, die er unter Einbeziehung weiterer ehrenamtlicher Mitarbeiter, insbesondere von Ortsheimatpflegern, systematisch ausbaute. Weitere fachliche Impulse gewann er seither aus der engen Zusammenarbeit mit dem Niedersächsischen Landesinstitut für Marschen- und Wurtenforschung (heute Nds. Institut für Küstenforschung) unter Dr. Werner Haarnagel in Wilhelmshaven, für das er wertvolle Grundlagenarbeit leistete, so namentlich für die international bekannten Grabungsprojekte des Wurtendorfes „Feddersen Wierde" im Land Wursten und der „Siedlungskammer Flögeln" bei Bederkesa. Seine fachlichen Verdienste und sein organisatorisches Geschick prädestinierten ihn, der für seine archäologischen Aufgaben bereits 1962 vom Schuldienst freigestellt war, dafür, 1966 das auf Betreiben von Haarnagel und dem damaligen Oberkreisdirektor → Ernst Klemeyer neugeschaffene Amt des

hauptamtlichen Kreisarchäologen, das erste in der Bundesrepublik, im Landkreis Wesermünde zu übernehmen. Sein Dienstsitz war bis zur Kreisreform, durch die der Landkreis Wesermünde 1977 im neugeschaffenen Landkreis Cuxhaven aufging, das Kreishaus in Bremerhaven-Geestemünde. Parallel dazu nahm A. in Hamburg verpflichtungsgemäß ein Studium der Vor- und Frühgeschichte und der Volkskunde auf, das er 1972 mit einer Dissertation über den Kreis Wesermünde, abschloß; mit dieser Arbeit, einer Archäologischen Landesaufnahme, legte er die Grundlage für weitere Forschungen im Elbe-Weser-Dreieck. Mit Zähigkeit und Ausdauer beteiligte er sich seit 1975 auch an der Sanierung der denkmalgeschützten Burg Bederkesa sowie an ihrem Ausbau zum Museum und zum Sitz der archäologischen Denkmalpflege des Landkreises Cuxhaven (Eröffnung 1982). Im Heimatbund der Männer vom Morgenstern engagierte sich A. für mehrere Jahre in verantwortlicher Funktion, so als stellv. Vorsitzender (1972-75) sowie (1971-75) als Mitglied des Herausgabeausschusses und des Redaktionsausschusses für das Niederdeutsche Heimatblatt. A. verfügte über die

Fähigkeit, qualifizierte Kräfte für seine archäologische Arbeit zu gewinnen, zu motivieren und zielgerichtet einzusetzen. Darüber hinaus verstand er es, in unzähligen Zeitungsartikeln, kleineren Beiträgen und Vorträgen der interessierten Öffentlichkeit seine Forschungsergebnisse nahezubringen und somit im Elbe-Weser-Dreieck ein breites Bewußtsein für archäologische Belange zu schaffen. Die Zahl seiner im engeren Sinne wissenschaftlichen Veröffentlichungen ist hingegen relativ gering. A., der sich und andere nicht schonte, starb in Ausübung seines Dienstes während des von ihm selbst ausgerichteten 35. internationalen Sachsensymposium an einem Herzinfarkt.

Lit.: G. Aust, Verzeichnis der Schriften von Dr. Hans Aust (1926-1984), in: Jb. M.v.M. 74 (1995), S. 271-282; H. E. Hansen, Ein nimmermüder Anwalt der Heimatpflege, in: Ndt. Hbl. 418 (Okt. 1984); P. Schmid, Hans Aust. Ein Leben für die Archäologie im Elbe-Weser-Dreieck, in: Jb. M.v.M. 63 (1984), S. 265-268; W. Haio Zimmermann, Hans Aust, in: Mus.verband Nieders. u. Bremen, Mitt.bl. Nr. 28 (März 1985).

Qu.: NZ, 6.10.1984; StadtA Brhv., Meldekartei Brhv nach 1945 I (Hans u. Anton A.).

Werke: Verz. in G. Aust (s. Lit.), u.a. *Studien zur Frühgeschichte der Hohen Lieth* (1957, Prüfungsarbeit PH Oldenburg); *Fünf Jahre urgeschichtl. Denkmalpflege im Landkreis Wesermünde* (1957); *Die Vor- und Frühgeschichte des Landkreises Cuxhaven. Teil 1 Altkreis Wesermünde* (1971, Diss. Univ. Hamburg); *Burg Bederkesa. Über das Schicksal eines Bauwerks* (1976, archäolog. Teil); *Burg Bederkesa. Geschichte des Hauses und seiner Bewohner* (1984); zahlr. archäolog. u. heimatkundl. Beitr. sowie Fundberichte in Fachzschr. u. anderen Organen, v. a. im Jb. M.v.M., im Ndt. Hbl. u. in der Tagespresse.

P.: Foto in (s. Lit.), G. Aust, S. 272, u. Schmid S. 267.

H. Bi.

B

Bacmeister, Adolf H. L. W. Th., Dr. med. habil.; *Mediziner, Chefarzt.* * *15.7.1883 Geestemünde,* † *7.9.1945 St. Blasien (Baden) (ev.).* B., dessen Vater Georg B. sich kurzzeitig (1880-1884) in Geestemünde als Amtsrichter aufhielt, wuchs überwiegend in Göttingen auf, wo sein Vater seit 1884 die Funktion eines Universitätsrichters und Landgerichtsrats bzw. -direktors ausübte. Nach dem Besuch des Gymnasiums studierte er Medizin in München und Göttingen (dort 1906 Promotion). Anschließend als Assistent in Berlin, Wien, Bonn und Freiburg i. Br. tätig, habilitierte er sich 1909 in Freiburg im Fach Innere Medizin. 1914 wurde er zum leitenden Arzt des Sanatoriums für Lungenkranke in St. Blasien berufen und 1915/1933 zum außerord. bzw. ord. Professor an der Univ. Freiburg ernannt. Aus seiner Feder stammt eine Reihe von wegweisenden Veröffentlichungen über die Behandlung von Lungenkrankheiten. Darüber hinaus war er im wissenschaftlichen Beirat des Landesverkehrsverbandes Baden tätig.

Lit.: DBI, S. 136; DBE, Bd. 1, S. 250; DBA II 55, 386-389; Reichshandbuch, Bd. 1, S. 50-51.
Qu.: Hdb. f. d. Prov. Hannover, 1880-1906.
Werke: Verz. d. Veröff. in Reichshdb. u. DBA (s. Lit.), u. a. *Lehrbuch der Lungenkrankheiten* (1917, 3. Aufl. 1922*), Therapeutisches Taschenbuch der Lungenkrankheiten* (1920, 3. Aufl. 1930); *Bacmeister-Rickmann, Die Röntgenbehandlung der Lungen- und Kehlkopftuberkulose* (1924); *Die Strahlentherapie der inneren Tuberkulose* (1931).
P.: Foto in Reichshdb. (s. Lit.), S. 50.
E.: u. a. Rote-Kreuz-Med.

H. Bi.

Bade, Heinrich August **Wilhelm**; *Kaufmann, Fischhändler, Reeder.* * *6.2.1836 Harpstedt bei Bassum (Kr. Syke),* † *11.8. 1907 Geestemünde.* B., der nicht identisch ist mit dem gleichnamigen Rostocker Kapitän und Nordpolfahrer, gilt neben → Friedrich Busse als einer der Pioniere der deutschen Hochseefischerei. Der Sohn eines Rentmeisters betrieb seit Anfang der 1860er Jahre zunächst einen Fischhandel in Bremen, von wo aus er schon mit Busse in Verbindung trat, und kam 1870 nach Geestemünde. Ebenso wie Busse und zum Teil gemeinsam mit ihm stellte er den Fischhandel auf eine neue Grundlage, indem er durch

Abkommen mit den Fischern die Fänge schon vor der Anlandung aufkaufte, eine Vertriebsorganisation aufbaute und das Binnenland allmählich für den Konsum von Seefisch erschloß. Er betrieb u. a. eine Lachsräucherei und war ab 1888 an der »Geestemünder Fischräucherei«, ab 1887 an der Fischguanofabrik beteiligt; letztere ging 1898 in den neuen Fischereihafen und wurde dort zur »Ersten Deutschen Fischmehlfabrik Lüllich & Co.«. 1887 gründete B. eine Fischdampferreederei an der südlichen Geestekaje, wo er auch im Hause Am Deich 14 seinen Wohnsitz hatte; der Fischdampfer AMALIE war nach Busses SAGITTA das zweite an der Geeste beheimatete und das dritte deutsche maschinengetriebene Hochseefischereifahrzeug. 1896 verlegte B. seine inzwischen auf drei Schiffe gewachsene Flotte in den neueröffneten Fischereihafen I, verkaufte diese aber vier Jahre später und setzte seither nur noch gecharterte Schiffe ein. 1908 wurde die Reederei im Handelsregister gelöscht. Die Seefischhandlung Wilhelm Bade & Co. bestand noch lange nach B.s Tod; sie war zuletzt im Besitz von Friedrich Carl Busse und wurde 1982 im Bremerhavener Handelsregister gelöscht. B. betätigte sich auch kommunal- und wirtschaftspolitisch. Von 1889 bis zu seinem Tode war er als Senator ehrenamtliches Magistratsmitglied des vereinigten Geestemünde, von 1898 bis 1907 Präsident der Handelskammer Geestemünde.

Lit.: DBI, S. 136; Beckmann, Reedereien, S. 41-42, 79; Biogr. Jb. u. dt. Nekr. 12 (1907), Totenliste, Sp. 8.; Heimatchronik, S. 117-120, 128-129; Höver, Hochseefischerei, S. 40-45; H. Körtge, Wilhelm Bade, ein bedeutender Pionier der Geestemünder Fischwirtschaft, in: Ndt. Hbl. 440 (Aug. 1986); Siebs, Grauer Strand, S. 94-95; M. Stahmer, Fischhandel u. Fischindustrie, Hbg. 1943, S. 164.
Qu.: StA Stade, Rep. 72/172 Geeste Nr. 13047.
P.: Foto in StadtA Brhv. (abgeb. u. a. in Körtge u. Heimatchronik, S. 118).
E.: Grabstätte Brhv. Friedhof Wulsdorf.

W. B.

Ballehr, Diedrich Johann; *Nautiker, Kapitän. * 24.4.1874 Vegesack, † 4.12.1959 Bremerhaven (ev.).* Nach Besuch des Realgymnasiums in Bremen begann der Sohn eines Kapitäns und späteren Kaufmanns seine seemännische Laufbahn 1889 im Alter von 15 Jahren auf der Bark BREMA. Bis 1896 fuhr er auf drei weiteren Rahseglern, besuchte dann die Navigationsschule in Geestemünde und erhielt das Patent zum Seesteuermann auf großer Fahrt. Anschließend fuhr er bei der Deutsch-Amerikanischen-Petroleum-Gesellschaft auf dem Dampfer WILLKOMMEN. Er diente als »Einjähriger« bei der Kaiserlichen Marine in Kiel und wurde Reserveoffizier. Nach Erwerb des Schifferpatentes trat er 1900 in die Dienste des Norddeutschen Lloyd (NDL) und wurde als 1. Offizier auf den Segler GROSSHERZOGIN ELISABETH des Deutschen Schulschiff-Vereins abgeordnet. Hier erwies sich seine besondere Qualifikation für die Ausbildung des seemännischen Nachwuchses der Handelsmarine. 1903 wurde B. auf eines der Küstenschiffe des NDL in der Südsee versetzt. Nach weiteren Fahrtzeiten auf den Dampfern BARBAROSSA, KRONPRINZESSIN CECILIE und MAIN übernahm er 1911 das Kommando auf dem Segelschulschiff HER-

ZOGIN SOPHIE CHARLOTTE. 1913 wurde er Kapitän auf der Viermastbark HERZOGIN CECILIE, einem weiteren frachtfahrenden Segelschulschiff des NDL, erbaut 1902 auf der Rickmers-Werft. Nach Ausbruch des I. Weltkrieges wurde das Schiff mit der gesamten Besatzung 1914 in Chile interniert. Erst 1921 segelte die HERZOGIN CECILIE unter B.s Kommando mit einer Salpeterladung zurück nach Europa, wo der Segler in Ostende als Reparationsleistung an Frankreich übergeben werden mußte. Nach dem Kriege erfolgten verschiedene Einsätze auf kleineren Schiffen, bevor B. 1923 Kapitän auf dem Segelschulschiff OLDENBURG wurde. Ab 1924 bis zu seiner Pensionierung 1934 übertrug ihm der NDL das Kommando über Passagierschiffe in der Südamerika-Fahrt, darunter die SIERRA VENTANA und CAP NORTE. B., der mit einer gebürtigen Geestemünderin verheiratet war, nahm seinen Ruhesitz in Geestemünde. Nach der aktiven Seefahrtzeit engagierte sich B. noch mehr als zwei Jahrzehnte in vielen der Seeschiffahrt nahestehenden Organisationen und übernahm eine Reihe von Ehrenämtern. Der Aufbau der Bezirksgruppe Unterweser der Deutschen Gesellschaft zur Rettung Schiffbrüchiger (DGzRS) war sein Verdienst. Er wirkte als Beisitzer bei den Prüfungen der Seefahrtschule in Bremerhaven zum Seesteuermann und Kapitän sowie als Beisitzer beim Seeamt mit. Von seinen Erfahrungen profitierte eine Zahl weiterer Vereinigungen wie das »Haus Seefahrt« in Bremen, wo er zum Gremium der zwölf Oberalten gehörte, der Nautische Verein Bremerhaven, der Club der Navigationsschüler von 1886 in Bremerhaven (Ehrenmitglied), der Ostasiatische Verein Bremen und der Seeschifferverein in Hamburg. Schließlich war er Ehrenpräsident der »Amicale Internationale des Capitaines au Long Cours Cap Horniers«, eines weltweiten Freundschaftsbundes von Kapitänen, die das Kap Horn umsegelt haben. Seine Tochter Elisabeth (* 1910), die auch die Geschichte der HERZOGIN CECILIE schrieb, war mit dem Bremerhavener Unternehmer → Dr.-Ing. Gustav W. Rogge verheiratet.

Lit.: E. Rogge-Ballehr, Schule der See. Viermastbark HERZOGIN CECILIE, Gräfelfing 1987, S. 152-190; B. Greenhill a. J. Hackman, The HERZOGIN CECILIE, London 1991, S. 54-57.
Qu.: NZ, 24.5.1956, 11.7.2001; StadtA Brhv., Hauptamt I Nr. 287, Slg. Körtge 1, Meldekartei Brhv. nach 1945 I; Archiv NDL.
P.: Foto in Rogge (s. Lit.), S. 121, u. NZ, 11.7.2001.
E.: u. a. Gold. Ehrennadel der DGzRS; Bundesverdienstkreuz (1956); Ehrenmitgliedschaften; Straßenbenennung Brhv.-Lehe (2001).

E. N.

Ballin, Arthur L(eon), Dr. jur.; *Rechtsanwalt, Besatzungsoffizier, Förderer der dt.-amerik. Beziehungen.* * *13.5.1906 Wien, †19.8.1993 New Orleans, Louisiana (USA) (isr.).* B., der sich als Strafverteidiger der politischen Linken Wiens einen Namen gemacht hatte, war als Jude und als Mitglied der SPÖ Verfolgungen durch die Geheime Staatspolizei ausgesetzt und emigrierte 1938 über die Schweiz in die USA, wo er sich in New Orleans als Rechtsanwalt niederließ. Im II. Weltkrieg als Gerichtsoffizier der US-Army eingesetzt und als solcher nach dem Einmarsch der Truppen in Bremen Anfang Mai 1945 dort tätig, wurde er noch im Mai zur amerikanischen Militärregierung Wesermünde versetzt, wo er bis Aug. 1946 Dienst tat. Als Fachoffizier mit dem Dienstgrad eines Leutnants, später eines Oberleutnants, oblag ihm die Zuständigkeit für die Zivilverwaltung der Stadt. Er war der wichtigste Ansprechpartner für die deutsche Verwaltung, beeinflußte die Entnazifizierung des städtischen Personals anfangs wesentlich und gab die entscheidenden Impulse für den Neuaufbau demokratischer Institutionen nach dem Zusammenbruch. Dies galt insbesondere für die am 6.6.1946 von der Stadtvertretung beschlossene neue Stadtverfassung. Am 2.7.1946 führte er → Gerhard van Heukelum als Oberbürgermeister und → Hermann Gullasch als Oberstadtdirektor in ihre Ämter ein. Kurz darauf schied er aus dem Militärdienst aus und kehrte in seine Rechtsanwaltspraxis in New Orleans zurück. Dort machte er sich seither als Vertrauensanwalt des 1952 eröffneten deutschen Generalkonsulats, namentlich auch innerhalb der jüdischen Gemeinde und der Anwaltschaft der Stadt, um die Förderung der deutsch-amerikanischen Beziehungen verdient.

Lit.: H. Brandt, Arthur L. Ballin, »You must learn democracy«, in: Jb. M.v.M. 72 (1993), S. 149-169; A. Röpcke, Office of Mil. Gov. for Bremen, in: OMGUS-Handbuch, Mchn. 1994, S. 559-670, hier S. 650, 663-664.
Qu.: Bundesarchiv Koblenz, B 122/38765; Auskunft Generalkonsulat d. BRD in Houston, Texas (USA) im Juli 2002.
E.: Bundesverdienstkr. (1970).

H. Br.

Ballof, Ernst **Walter**; *Lehrer, Parlamentarier, Kommunalpolitiker.* * 10.9.1893 Tondern (Nordschlesw.), † 8.10.1957 Bremerhaven. Der Sohn eines mehrfach versetzten preußischen Zollbeamten besuchte das Gymnasium in Spandau, Berlin und Königsberg (Abitur 1913). Anschließend studierte er dort, mit Unterbrechung durch den I. Weltkrieg, Geschichte, Philosophie und Französisch, legte 1920 die Lehramtsprüfung für höhere Schulen ab und setzte seine Studien bis 1923 an der Handelshochschule Königsberg fort. 1924 trat er als Diplom-Handelslehrer eine Stelle bei den kaufmänn. und gewerbl. Unterrichtsanstalten in Bremerhaven an. Als Mitglied der SPD 1933 von den Nationalsozialisten in den Ruhestand versetzt, übernahm B. 1935 die angeschlagene Sauerkrautfabrik D. G. Kimme, der er wieder zu wirtschaftlichem Erfolg verhalf. Seit 1945 wieder politisch aktiv, gehörte er zu der im März 1946 ernannten Stadtvertretung sowie zu der ersten, 1947 gewählten Stadtverordnetenversammlung, aus der heraus er bis 1951 die Funktion des Vorsitzenden des Schulausschusses und seit 1948 zugleich die eines ehrenamtlichen Stadtrats für Schule ausübte. Am 11.2.1947 zusammen mit → Gerhard van Heukelum als Vertreter Bremerhavens zum Mitglied des bremischen Senats ernannt (und am 24.10.1947 ausgeschieden), nahm er darüber hinaus von 1947 bis 1951 ein Mandat in der bremischen Bürgerschaft wahr; von dort wurde er in Nachfolge des in den bremischen Senat gewählten van Heukelum im Juni 1948 in den Wirtschaftsrat, das parlamentarische Gremium der Bizone, entsandt. Seine schulpolitischen Aufgaben in Bremerhaven brachten B. bald in Konflikt mit dem seit 1946 als Schulaufsichtsbeamten amtierenden Schulrat → Walter Zimmermann, der am 17. Mai 1949 in seiner Amtsenthebung durch die amerikanische Militärregierung resultierte. Ursache hierfür waren neben persönlichen und politischen Differenzen, die z. T. in unterschiedlichen (preußischen bzw. bremischen) Verwaltungstraditionen begründet waren, vor allem die ungeklärten schulrechtlichen Verhältnisse der ersten Nachkriegsjahre, die Kompetenzüberschneidungen zwischen innerer und äußerer Schulverwaltung unvermeidlich machten. Der »Fall Ballof«, der zu einer ernsthaften Belastung des Verhältnisses zwischen der Militärregierung und des auf seine Selbstverwaltungsrechte bedachten Bremerhavener Magistrats führte, endete mit der Wiedereinsetzung B.s am 19. Nov. 1949, der vorausgegangenen Beurlaubung Zimmermanns durch den bremischen Senat und dem Erlaß eines Schulverwaltungsgesetzes am 1. Febr. 1950. Nachdem B. im März 1951 zum Leiter der Pestalozzi-Oberschule ernannt worden war, bei der er die erste Wirtschaftsoberschule Bremerhavens einrichtete, wurde er am 1.10.1951 zum hauptamtlichen Stadtrat für Schule und Jugendpflege gewählt. Dieses Amt füllte er bis zu seinem überraschenden Tode aus.

Lit.: Aufbauarbeit, S. 36, 216; H. Bickelmann, Fisch, Kohl, Gemüse und Obst aus der Region, in: Ndt. Hbl. 608 (Aug. 2000); Peters, Herkunft, Nr. 123 u. 124; H. Schulte am Hülse, Ballof und Zimmermann, in: Verfassung, Verwaltung u. Demokratie, Brhv. 1997, S. 87-120; Schumacher, M.d.B., Nr. 198.
Qu.: StadtA Brhv., P 3 Nr. 1, Personalakte W. B.

H. Bi.

Barkhausen, Carl Georg, Dr. jur., Dr.-Ing. h. c.; *Rechtsanwalt, Senator, Bürgermeister.* * 14.2.1848 Bremen, † 5.11.1917 Bremen (ev.). Der aus einem niedersächsischen Bauern- und Beamtengeschlecht stammende B. ließ sich nach einem Jurastudium 1871 in Bremen als Rechtsanwalt nieder. Seit 1875 Mitglied der Brem. Bürgerschaft, wurde er 1879 in den Senat gewählt, wo er bald zum verantwortlichen Gestalter der bremischen Schiffahrts- und Hafenpolitik

emporstieg. Insbesondere als Vorsitzender der Deputation für Häfen und Eisenbahnen (seit 1891) widmete er sich nach Abschluß der Weserkorrektion dem Ausbau der bremischen Häfen, wobei er die stadtbremischen Hafenanlagen ebenso förderte wie die für den Passagierdienst wichtigen Überseehäfen in Bremerhaven. Unter seiner Ägide entstand in Zusammenarbeit mit dem damals von → Dr. Heinrich Wiegand geleiteten Norddeutschen Lloyd (NDL) in Bremerhaven zunächst die neue Kaiserschleuse mit der Lloydhalle (1891-97). In zähen Verhandlungen mit Preußen konnte B. 1905 im bremisch-preußischen Staatsvertrag den für den weiteren Ausbau Bremerhavens und der Überseehäfen unverzichtbaren Gebietszuwachs erwirken, der noch zu seiner Amtszeit die Erweiterung der Hafenbecken (Kaiserhäfen II und III, Verbindungshafen) und der dazugehörigen Anlagen (Kaiserdocks I und II, Schuppen, Reparaturbetrieb des NDL) ermöglichte. Für die Jahre 1903-07, 1910-13 und 1916-19 wurde B. zum Bürgermeister der Stadt Bremen gewählt.

Lit.: Gr. Bremen-Lexikon, S. 51-52; R. Duckwitz, Aufstieg u. Blüte einer Handelsstadt. Bgm. Barkhausen u. seine Zeit, Br. 1951; ders.: C. G. Barkhausen, in: Br. Biogr. 1912-62, S. 25-26; Körtge, Straßennamen, S. 58; Fr. Prüser, C. G. Barkhausen, in: NDB, Bd. 1, S. 591; Riensberg, S. 6.
P.: Ölgemälde (Fr. Mackensen) im Neuen Rathaus, Bremen; Foto in Duckwitz (s. Lit.), S. 202.
E.: Straßenbenennung Brhv.-Mitte (1922); Grabstätte Friedhof Riensberg, Bremen.

H. Bi.

Bartel, Gustav Adolf; *Kaufmann, Auswanderer, Mäzen.* * 1.3.1869 Geestendorf, † 21.10.1950 Bremerhaven (ev.). Der Sohn eines auf der Geestemünder Tecklenborg-Werft tätigen Schmiedemeisters ging auf Anraten von in Amerika lebenden Verwandten mit 14 Jahren in die Vereinigten Staaten, wo er den Kaufmannsberuf erlernte und zu Wohlstand gelangte. 1914 nach Deutschland zurückgekehrt, zeichnete er eine Kriegsanleihe, begab sich aber während des Krieges zur Regelung des Geldtransfers noch einmal in die USA, die er dann nach deren Kriegseintritt aber zunächst nicht verlassen durfte. Nach Kriegsende wieder in Geestemünde ansässig, zwangen ihn der Vermögensverlust und die Inflation 1921 erneut auszuwandern. Nachdem ihm wiederum ein geschäftlicher Aufstieg gelungen war, kehrte der zeitlebens unverheiratet Gebliebene 1935 endgültig in seine Geburtsstadt zurück, der er dann sein Vermögen auf Leibrentenbasis für den Bau von 24 Kleinwohnungen an der Friedrich-Ebert-Straße (Bartelhaus) in Geestemünde zur Verfügung stellte.

Lit.: H. Bickelmann, Zwischen Erwartung und Wirklichkeit, in: K. Schulz (Hrsg.), Hoffnung Amerika, Brhv. 1994, S. 163-174, hier S. 170; Körtge, Straßennamen, S. 58.
Qu.: WNN, 10.12.1935; NZ, 10.10.1986; StadtA Brhv, Wesermünde 914/2-3, Meldekartei Brhv. nach 1945 I.
E.: »Bartelhaus«, Fr.-Ebert-Str. 9-13 (1936); Straßenbenennung Brhv.-Gmde. (1936).

H. Bi.

Bartz, Wilhelm; *Buchdrucker, Journalist, Parlamentarier.* * 10.12.1881 Tangermünde (Kr. Stendal), † 18.3.1929 Berlin (o. Konf.). B. lernte von 1896 bis 1900 in seiner Heimatstadt das Buchdruckerhandwerk und schloß sich 1900 der Gewerkschaft und der SPD an. Nach Wanderjahren kam er u. a. über Marne (Dithm.) und Bant (heute Stadtteil von Wilhelmshaven) 1907 als technischer Betriebsleiter zur »Unterweserzeitung« nach Lehe. Noch im selben Jahr wurde er neben → Fritz Thienst politischer Redakteur der SPD-eigenen Tageszeitung »Norddeutsche Volksstimme« in Bremerhaven. Von 1910 bis 1911 absolvierte er die zentrale Parteischule in Berlin, an der damals u. a. Rosa Luxemburg, Franz Mehring und August Bebel lehrten. Im I. Weltkrieg gehörte B. von Anfang an der Parteiopposition an, die gegen die Kriegskreditbewilligung durch die SPD eintrat. Bei der SPD-Reichskonferenz im Sept. 1916 stimmte er auf Seiten der Minderheit aus Sozialdemokratischer Arbeitsgemeinschaft (Vorgänger der USPD) und Gruppe Internationale (Vorläufer der KPD) ab. Von 1916 bis 1918 diente er als Soldat an der Westfront. Nach seiner Rückkehr im Dez. 1918 avancierte B. zum führenden politischen Kopf der USPD in den Unterweserorten. Als Folge seiner Entlassung bei der »Volksstimme« im Febr. 1919 gründete er die »Arbeiter-Zeitung für das Unterwesergebiet – Organ der Unabhängigen Sozialdemokratischen Partei in Bremerhaven«. Es handelte sich hierbei um ein sog. Kopfblatt der Bremer USPD-Zeitung. Auf dem Revolutionsparteitag der USPD in Halle im Frühjahr 1919 trat er als Delegierter und Redner in Erscheinung. Von 1919 bis 1921 gehörte B. dem Stadtverordnetenparlament in Lehe an und war Mitglied des Kreistages Lehe. Bei der ersten Reichstagswahl der Weimarer Republik am 6.6.1920 errang die USPD in den Unterweserorten mit 24,1 Prozent einen großen Wahlerfolg, gekrönt durch das Reichstagsmandat für B. im Wahlkreis 17 (Osthannover). Bei der Spaltung der USPD im Herbst 1920 – es ging um die Frage, ob man der Kommunistischen Internationale beitreten sollte oder nicht – schloß sich B. der KPD an. In Berlin machte B., der über ein beachtliches rednerisches Talent verfügte, in den 1920er Jahren noch eine Parteikarriere. So war er 1922 Mitvorsitzender der KPD-Reichstagsfraktion und in dieser Funktion im Juli 1922 Teilnehmer an der zweiten erweiterten Exekutivsitzung der Komintern in Moskau, bei der auch Stalin und Trotzki anwesend waren. Nach seinem Abgang von der parlamentarischen Bühne 1924 übernahm er die Stelle des Geschäftsführers des Zentralorgans der KPD »Die Rote Fahne«; danach war er Verlagsleiter der »Volkswacht Stettin« bzw. der »Arbeiterzeitung Mecklenburg« (beides Kopfblätter der »Roten Fahne«) sowie stellv. Mitglied des Preußischen Staatsrates in Berlin.

Lit.: DBI, S. 173; J. Berlin, Die Arbeiterbewegung i. d. Küstenstädten zw. Ems u. Elbe am Vorabend des I. Weltkrieges bis z. Ausbruch d. Revolution 1918/1919, Diss. Hbg. 1981, S. 474-475; S. Hansen, Vorgeschichte u. Entwicklung d. USPD i. d. Unterweserorten, schr. Hausarb. z. Prüf. f. d. Lehramt an Gymn., Univ. Oldbg.1993; ders.: Wilhelm Bartz. Ein vergessener Parteigründer, Reichstagsabgeordneter u. Zeitungsgründer a. d. Unterweser, in: Jb. M.v.M. 73 (1994), S. 377-390; W. Hemker, Die Geschichte d. Sozialdemokratie a. d. Unterweser, unveröff. Mskr., Brhv. 1985, S. 141ff.; Reichstags-Hdb. I, Wahlper. 1920; Schröder, Parlamentarier, S. 355; H. Weber, Die Wandlung des deutschen Kommunismus, Ffm. 1969, Bd. 2, S. 67; Wer ist's? 1922, S. 61.
Qu.: Die Rote Fahne, Nr. 66, 19.3.1929.
P.: Foto in Hansen, Jb. M.v.M., S. 378, u. Reichstagshdb. (s. Lit.).

S. H.

Baumgarten, Heinrich Ernst August; *Kaufmann, Fischindustrieller, Reeder. * 10.2.1884 Jever, † 18.11.1964 Hamburg-Nord, ☐ Bremerhaven (ev.-luth.).* B. kam 1908 nach Geestemünde, wo er im Fischereihafen ein Fischversandgeschäft mit Konservenfabrikation gründete; später richtete er zusätzlich eine Räucherei und einen Marinierbetrieb ein. Nach dem I. Weltkrieg stieg er in den Heringsimport ein; außerdem bereederte er bis 1924 insgesamt fünf Fischdampfer. Ende der 1920er Jahre entstand eine Heringssalzerei, und Anfang der 1930er Jahre nahm B. die Vollkonservenfabrikation auf. Das Unternehmen, das sich aus kleinen Anfängen zu einem der größten dieser Branche in Deutschland entwickelte, beschäftigte zeitweise 500 Menschen. Nach der weitgehenden Zerstörung der Betriebsanlagen während des II. Weltkrieges konnte B. mit einem 1950 fertiggestellten repräsentativen Neubau eine Erweiterung des Tätigkeitsfeldes, u. a. mit einer Fischmehlfabrik und einer Fischölaufbereitungsanlage, in Angriff nehmen. Das Unternehmen spielte,

auch in sozialer Hinsicht, eine Vorreiterrolle für die im Wiederaufbau begriffene Fischindustrie. Am 1.1.1956 wurde die Firma als »Heinrich Baumgarten Fischindustrie GmbH« von der »Nordsee« Deutsche Hochseefischerei AG übernommen und ging 1967 als »Nordsee«-Tochter in der »Fischindustrie Bremerhaven« auf. B., der bis Mitte 1959 in der Geschäftsleitung verblieb, war Inhaber und Mitgesellschafter weiterer Unternehmen der Fischindustrie, nahm mehrere Aufsichtsratsmandate wahr (u. a. Geestemünder Bank, Norddt. Hochseefischerei, Hochseefischerei »Nordstern«) und gehörte 10 Jahre lang dem Präsidium der IHK Bremerhaven an. Er starb in einem Hamburger Krankenhaus.

Lit.: Beckmann, Reedereien, S. 45-46; »Nordsee«-Nachr., H. 10/1960, S. 6-8; Logbuch 1896-1971. 75 Jahre »Nordsee«, Brhv. 1971, S. 52-54.
Qu.: NZ, 10.2. u. 11.2.1954, 21.11.1964; Jber. der Wirtschaftl. Verein. d. Fischgroßhandels u. d. Fischindustrie zu Geestemünde, 1925, 1929; StadtA Brhv., Meldekartei Brhv. nach 1945 I, Hauptamt I Nr. 285.

P.: Foto in Archiv NZ sowie in »Nordsee«-Nachr. (s. Lit.), S. 6, u. NZ, 10.2.1954 u. 21.11.1964.
E.: Bundesverdienstkreuz (1954); Grabstätte Friedhof Gmde.

W. B.

Bautze, Herbert; *Werftdirektor, Schiffbauingenieur.* * 11.2.1906 Marienburg (Westpr.), † 22.1.2000 Langen (Kr. Cuxhaven). Nach der mittleren Reife absolvierte B. eine dreijährige Volontärzeit (1925-1928) bei der Schichau-Werft in Elbing. Anschließend studierte er Schiffbau in Hamburg. Nach dem Examen mußte er wegen der in Deutschland herrschenden großen Arbeitslosigkeit bei seinen Eltern auf dem bäuerlichen Hof arbeiten. Erst 1934 konnte B. bei der Marinewerft in Wilhelmshaven eine Schiffbautätigkeit als Konstrukteur und Spezialist für Sperrwaffen aufnehmen. Hier war er u. a. am Bau des Schlachtschiffes SCHARNHORST beteiligt. Im Krieg war B. in seiner Funktion als Marinebaubeamter auf Werften in den Niederlanden und in Belgien beschäftigt. Nach der Entlassung aus englischer Kriegsgefangenschaft arbeitete er in Nienburg (Weser) von 1947 bis 1950 als Vertreter für Maschinen. 1950 fing er bei

den Nordseewerken in Emden wieder als Schiffbaukonstrukteur an. Von 1954 bis 1963 übte B. hier die Position eines Betriebsleiters aus. Seit dem 1.2.1964 war er in gleicher Funktion bei der Schiffbaugesellschaft Unterweser in Bremerhaven tätig. Vom 1.4.1964 bis zum 30.9.1975 führte er als Schiffbauvorstand diese Werft und nach der 1972 erfolgten Fusion mit der Schichau-Werft die Schichau-Unterweser AG. Ihm gebührt das Verdienst, den ehemaligen Schiffbaubetrieb für Fischdampfer in eine moderne Werft mit einem auf hohem Niveau stehenden Konstruktionsbüro umgerüstet zu haben, die in der Lage war, hochwertige Fährschiffe, Frachter und Spezialfahrzeuge zu bauen.

Qu.: NZ, 10.12.1971, 26.1.2000.
P.: Foto in Archiv NZ (abgeb. in NZ, 10.12.1971).
E.: Grabstein Friedhof Langen.

D. J. P.

Becké, Karl Alfred **Waldemar**; *Jurist, Beamter, Oberbürgermeister, Parlamentarier.*
* 15.12.1878 Harburg *(1937 zu Hamburg)*, † 16.5.1947 Bremerhaven *(ev.).* B. entstammte einer im 18. Jh. aus dem Elsaß zugewanderten Familie, vermutlich hugenottischer Herkunft. Sein Vater Karl Albert B. war unter anderem in Harburg und Rostock im Eisenbahndienst tätig und lebte seit 1892 in Hannover. B. besuchte Schulen in Harburg, Rostock und Hannover. Anschließend studierte er Rechts- und Staatswissenschaften in Leipzig und Göttingen. Nach der Referendarzeit in Norden und Achim und einer kurzen Tätigkeit bei der Stadtverwaltung Hannover-Linden kam er nach Bremerhaven. Hier wurde er 1908 Ratsassessor, 1909 Stadtsyndikus und 1911 Stadtrat. 1912 heiratete er Gertrud Brüel, eine Urenkelin von → J. J. van Ronzelen. Im selben Jahr schied er aus den städtischen Diensten aus. Mit seiner Ernennung zum bremischen Amtmann in Bremerhaven widmete er sich nunmehr staatlich-bremischen Aufgaben. Doch bereits ein Jahr später erfolgte seine Wahl zum Bremerhavener Stadtdirektor in der Nachfolge von → Erich Koch-Weser. Von 1913 bis 1933 gehörte er ohne Unterbrechung der Bremischen Bürgerschaft an. Er war Abgeordneter der Deutschen Demokratischen Partei, die er in Bremerhaven mitbegründet hatte. Ebenso wie sein ehemaliger Mitarbeiter und nunmehriger Gegenspieler → Dr. Walter Delius setzte er sich für eine Vereinigung der drei Unterweserstädte Bremerhaven, Geestemünde und Lehe ein, allerdings unter Aufrechterhaltung der 1827 begründeten Verbindung mit Bremen. Aufgrund der Bremerhavener Stadtverfassung von 1922 wurde B. 1923 Oberbürgermeister der Stadt Bremerhaven und erhielt das Recht, an den Sitzungen des Senats in Bremen teilzunehmen. Dort bemühte er sich in besonderem Maße um ein partnerschaftliches Verhältnis zwischen Bremen und dessen ehemaliger »Kolonie« Bremerhaven. Vor allem anderen ging es ihm darum, die Stellung Bremerhavens als wirtschaftlichem und kulturellem Mittelpunkt der Region an der Unterweser zu behaupten. Dies wurde zunehmend schwieriger. Denn seit 1927 waren die Landgemeinde Weddewarden und Teile der Gemeinden Langen und Schiffdorf in das

1924 aus Geestemünde und Lehe gebildete Wesermünde eingemeindet worden. Die bremische Enklave Bremerhaven war somit völlig von der preußischen Stadt Wesermünde umklammert und wurde durch die von deren Oberbürgermeister Delius betriebene Eingemeindungspolitik bedroht. Es gelang B. dennoch, u. a. mit dem von ihm geförderten Stadttheater unter → Gustav Burchard, dem Neubau der Stadthalle (1927) und mit dem von Stadtbaurat → Julius Hagedorn realisierten Programm des sozialen Wohnungsbaus kommunalpolitische Akzente zu setzen. B. war überzeugter Demokrat und leidenschaftlicher Republikaner. Seine feste demokratische Haltung bewies er sowohl anläßlich der Ermordung des Reichsaußenministers Walter Rathenau im Juni 1922 als auch im Juli 1924 bei der Gründung des Reichsbanners Schwarz-Rot-Gold, dem Bund deutscher Kriegsteilnehmer und Republikaner. Den Rassenhaß der Nationalsozialisten lehnte er scharf ab. 1933 entfernten ihn die Nationalsozialisten unter entwürdigenden Umständen aus seinem Amt. Er lebte danach in Hannover, kehrte aber nach dem Zusammenbruch nach Wesermünde zurück. Die von ihm angestrebte Vereinigung der Unterweserstädte mit Bremen und die Umbenennung Wesermündes in »Bremerhaven« überlebte er nur um wenige Monate.

Lit.: DBI, S. 306; DBE, Bd. 1, S. 374; G. Bessel, Waldemar Becké, in: Nds. Lbb., Bd. 5, S. 40-52; H. Gabcke, Waldemar Becké, Bremerhaven o.J.; Gr. Bremen-Lexikon, S. 55; Körtge, Straßennamen, S. 180-181; Schwemer, S. 13; H. Wenhold, Waldemar Becké, in: Br. Biogr. 1912-62, S. 28-29.
Nachlaß: Mat. im StadtA Brhv.
P.: Kohlezeichnung (abgeb. in Bessel, S. 40, Abl. in StadtA Brhv.); Foto in Gabcke u. Gr. Br.-Lex.
E.: Straßenbenennung Brhv.-Mitte (1949), Grabstätte Brhv. Friedhof Wulsdorf.

H. Br.

Becker, Käthe, Dr. med.; *Kinderärztin, Chefärztin.* * 10.3.1899 Ahlen (Westf.), † 23.9.1975 Bremerhaven (ev.-luth.).* Die Pfarrerstochter wurde nach dem Besuch des Lyzeums in Hamm und Düsseldorf sowie dem Studium der Medizin in Marburg, Bonn und Kiel 1925 promoviert. Es schloß sich eine mehrjährige Assistentenzeit in Hamm sowie die Ausbildung zur Fachärztin für Kinderheilkunde in Essen und danach in Bethel an, wo sie Oberarztfunktionen ausübte. 1936 eröffnete sie eine eigene Kassen- und Privatpraxis in Bremerhaven. 1940 übernahm sie zusätzlich nebenamtlich die Leitung der neueröffneten Kinderabteilung des Städt. Krankenhauses Geestemünde, die 1943 nach Drangstedt verlegt und erst 1963 wieder nach Geestemünde in das »Krankenhaus am Bürgerpark« zurückverlegt wurde. Die Funktion als Chefärztin wurde ihr dann im Juli 1950 auf hauptamtlicher Basis übertragen. 1959 folgte die Berufung zur leitenden Chefärztin des Waldkrankenhauses der Stadt Bremerhaven in Drangstedt. Nach dem Eintritt in den offiziellen Ruhestand (1964) und Vertragsverlängerung bis Anfang 1966 eröffnete sie aus Gründen einer fehlenden Altersversorgung wieder eine eigene Praxis, die sie bis zu ihrem Tode weiterführte. Daneben übernahm sie die ärztliche Betreuung der im städtischen Säuglingsheim untergebrachten Kinder. Die unverheiratet gebliebene Ärztin ist vielen Bremerhavenern als aufopferungsvolle Frau von unermüdlicher Schaffenskraft in Erinnerung, die vollständig in ihrem Beruf aufging.

Qu.: NZ, 25.9.1975; StadtA Brhv., Personalakte K. B.
P.: Foto in Archiv NZ (abgeb. in NZ, 25.9.1975).

H. Bi.

Bellmer, Dietrich; *Journalist, Chefredakteur. * 6.11.1879 Platjenwerbe b. Bremen, † 26.4.1954 Ritterhude.* B. war Sohn eines Kapitäns und erlernte den Beruf des Journalisten von der Pike auf. Im Alter von 20 Jahren arbeitete er in Leer als Schriftsetzer. Später ergriff er den Beruf des Redakteurs, den er an verschiedenen Orten ausübte. 1906 trat er bei der Geestemünder »Provinzial-Zeitung« eine Stelle als Lokalredakteur an. Dieses zunehmend an Bedeutung gewinnende Ressort ermöglichte in dieser Zeit immer mehr Nicht-Akademikern den Einstieg in den Journalismus. B. leitete dann von 1913 bis 1941 die »Provinzial-Zeitung«, die von 1926 an den Namen »Wesermünder Neueste Nachrichten« trug. Nachdem die Zeitung 1941 eingestellt worden war, ging B. als politischer Redakteur und stellv. Hauptschriftleiter zur »Nordwestdeutschen Zeitung« (NWZ). Schon seit 1936 erschienen beide Blätter im selben Verlag. Nach dem Tode Max Plewkas, der beim Bombenangriff auf Wesermünde am 18.9.1944 ums Leben gekommen war, bekleidete er die Position des Hauptschriftleiters. Als letzter Chefredakteur der NWZ schied er am 30.6.1945 im Alter von 65 Jahren aus dem Unternehmen aus. B. galt als belesener und gebildeter Mann. Neben der lokalen Berichterstattung zählten auch politische Nachrichten sowie Theater- und Musikkritiken zu seinen Interessen- und Aufgabengebieten. Politisch stand der als menschenfreundlich und liebenswürdig geschilderte B. weit rechts (vor 1933 Mitglied der Deutschnationalen Volkspartei, später Eintritt in die NSDAP). Unter seiner Leitung versuchten sich die ohnehin weit rechtsstehenden »Wesermünder Neuesten Nachrichten« ab 1933 vergeblich als Parteiblatt zu etablieren. B. war heimatgeschichtlich interessiert – so gab er den »Heimats-Kalender für das Unterwesergebiet« heraus – sowie Mitglied in zahlreichen Verbänden und Vereinigungen, u. a. einer Freimaurerloge. Zudem zeigte er eine nicht geringe schriftstellerische Aktivität.

Lit.: DBI, S. 229; Lübben, S. 78-81; Reichshandbuch, Bd. 1, S. 99-100.
Werke: Verz. in Reichshdb. (s. Lit.), u. a. *Heimats-Kalender für das Unterwesergebiet* (Hrsg., 1910-1914); *Der Weltkrieg* (1914, zus. m. G. Wieja), *Deutsche Meisterbriefe aus fünf Jahrhunderten* (1925); mehrere Roman- u. Schauspielmanuskripte sowie zahlr. Beitr. in Zeitschriften.
Nachlaß: in Privatbesitz.
P.: Foto in Verlagsarchiv Ditzen (abgeb. in Lübben, S. 80), u. Reichshdb.

J. L.

Bemmer, Klaus; *Maler, Zeichner, Illustrator. * 15.7.1921 Gaggenau (Baden), gest. 17.11.1979 Lunestedt (Kr. Cuxhaven).* Nach dem Besuch des Realgymnasiums in Rastatt und dem Studium der Malerei an der Akademie der Bildenden Künste Karlsruhe (1937-41) verschlug der Kriegsdienst den jungen Maler u. a. nach Bremerhaven, wo er Anni Wöller, die Tochter eines Stellmachermeisters, kennenlernte. Am 1.9.1945 heirateten sie und lebten zunächst im Hause ihrer Eltern, seit 1968 in Lunestedt. Als freier Künstler skizzierte und malte B. häufig die Landschaft der Umgebung Bremerhavens oder Stadt- und Hafenansichten von Bremerhaven, u. a. die Bürgermeister-Smidt-Straße, die Goethestraße und die Lloydstraße sowie Schiffe in den Werften oder im Kaiserhafen und an der Columbuskaje. Doch seiner Neigung zu Karikaturen, für kuriose Typen und Begebenheiten aus dem Alltag, dem geschulten Blick für Situationskomik und Skurriles verdankte er später zahlreiche Anstellungen bzw. Aufträge als Illustrator, u. a. von 1959 bis 1961 Restaurator und Illustrator bei der Einrichtung der neuen Ausstellungsräume des Morgenstern-Museums in der Kaistraße und als freier Mitarbeiter der Nordsee-Zeitung, der er Illustrationen für Kurzgeschichten und Bildergeschichten lieferte. An der Bremerhavener Volkshochschule leitete er zahlreiche Mal- und Zeichenkurse. Des weiteren schuf er Sgraffiti an je einem Haus an der Schiller- und Spadener Straße sowie an einer Halle im Fischereihafen. Noch heute gehört B. in Bremerhaven und Umgebung zu den bekanntesten und beliebtesten Kunstmalern der Nachkriegszeit, u. a. durch seine beiden veröffentlichten Bremerhaven-Mappen mit 12 bzw. 19 Pinselzeichnungen.

Lit.: Grapenthin, S. 346-353, 481.
Werke: u. a. Bremerhaven-Mappe, hrsg. vom Verkehrsamt (1965), desgl. hrsg. von IHK u. Magistrat (1968).

N. Schw.

Bernartz, Hanswilly, Dr. jur.; *Rechtsanwalt, Kunstsammler, Mitbegründer des Deutschen Schiffahrtsmuseums.* ** 1.1.1912 Düren (Rheinl.), † 11.2.1989 Köln.* Erste Eindrücke von Schiff und See erhielt der rheinische Fabrikantensohn auf den alljährlichen Ferienreisen mit seinen Eltern auf die Nordseeinsel Borkum. Nach Lektüre von Graf → Luckners Buch »Seeteufel« ließ ihn die Begeisterung für die Seefahrt nicht wieder los. Als 15jähriger heuerte er auf einem Altonaer Fischdampfer an und nutzte seine künstlerische Begabung, sich in Hafenkneipen durch Schiffsbilder etwas hinzu zu verdienen. Sein Vater holte ihn in Cuxhaven wieder auf den festen Boden zurück, knüpfte klug an das Zeichentalent an und lenkte die Liebe zur See durch einen gemeinsamen Besuch bei dem Marinemaler Hans Bohrdt in neue Bahnen. Dieser wurde der Mentor B.s, der künftig sein Leben lang die Schiffahrt in Graphiken darstellte. Nach dem Jurastudium an in- und ausländischen Universitäten ließ sich B. als erfolgreicher Industrieanwalt in Köln nieder und setzte die Tradition seiner Familie in der Begründung einer eigenen Kunstsammlung fort, deren Sujet bei ihm die Seefahrt war. Seit 1946 widmete er sich intensiv auch der detailgetreuen Anfertigung von historischen Schiffsmodellen. Als Mitte der 1960er Jahre die Möglichkeiten seines Kölner Hauses zur Unterbringung der Gemälde, Graphiken und Modelle erschöpft waren, propagierte er 1965 den Gedanken, seine Sammlung als Grundstock in ein zu gründendes deutsches Schiffahrtsmuseum einzubringen. Davon angeregt, verstand es der Bremerhavener Museumsdirektor → Gert Schlechtriem, B. für die Realisierung seiner Vorstellungen in Bremerhaven zu gewinnen. Nachdem auf dieser Basis mit Unterstützung durch → Dr. August Dierks und den Kulturdezernenten Alfons Tallert das Deutsche Schiffahrtsmuseum (DSM) aus der Taufe gehoben war, übernahm das Land Bremen den mit B. ausgehandelten Kaufpreis für die Sammlung, die so Bestandteil der im Febr. 1971 unterzeichneten Stiftungsurkunde wurde als Grundlage für künftige Forschungen zur Marinemalerei und einer repräsentativen Ausstellung insbesondere der Marine. B. erhielt im neuen Museumsgebäude ein Arbeitszimmer, das er bis zu seinem Tode immer wieder aufsuchte. Er förderte die Weiterentwicklung des DSM durch Zustiftung weiterer Werke der Marinemalerei und Mitarbeit im Beirat des Museums, dessen stellv. Vorsitzender er viele Jahre war, sowie durch Vermittlung von Kontakten, Unterstützung von Sonderausstellungen und Kongressen und nicht zuletzt durch eigene wissenschaftliche Beiträge. Die Hochschule Bremerhaven würdigte seine Verdienste um die Erforschung der Schiffahrtsgeschichte und die Gründung des DSM durch seine Ernennung zum Honorarprofessor.

Lit.: Die Bernartz-Sammlung, in: Das Werden des Deutschen Schiffahrtsmuseums, hrsg. v. Kuratorium Schiffahrtsmuseum Alter Hafen e.V., Brhv. 1970, S. 20-22; D. Ellmers, Gert Schlechtriem zum Gedenken, in: Dt. Schiffahrt 21 (1999), H. 1, S. 10-12; DSA 12 (1989), S. 125; Dt. Schiffahrt 12 (1989), H. 1, S. 47-48 (Nachruf); H. Schadewaldt, Nachruf, in: Schiff u. Zeit 29 (1989), S. 43; Schiffahrtssammlung Dr. Bernartz, Köln, ausgestellt in Bremerhaven vom 12. bis 18. Mai 1967.

Qu.: StadtA Brhv., Hauptamt, Abl. 2000, 10-29-65.

Werke: *Berühmte Schiffe* (1973); *Gedanken zu einer maritimen Sammlung*, in: Schiff und Zeit 1 (1973), S. 37-40; *Marinemaler aus der Bernartz-Sammlung des DSM Bremerhaven* (1977); *Gedanken zum Buch von Bodo Herzog »Claus Bergen. Sein Leben und sein Werk«*, in: Schiff u. Zeit 29 (1989), S. 37-43; *Die Toten der BISMARCK*, in: DSA 12 (1989), S. 125-132.

P.: Gruppenfoto im DSM (abgeb. in Schiff u. Zeit 29, 1989, S. 40) u. NZ, 3.2.1988.

E.: Bundesverdienstkreuz (1978); Honorarprof. Hochschule Brhv. (1981).

D. E.

Bessell, Georg Otto Adolf, Dr. phil; *Pädagoge, Historiker, Schriftsteller.* * 27.11. 1891 Magdeburg, † 13.9.1976 Bremen (ev.). Seit dem ausgehenden 18. Jh. waren die väterlichen Vorfahren B.s Mathematiker (Lehrer) gewesen. Über die Mutter Emma B., Tochter des Orchestermusikers und Musikalienhändlers Georg König in Hannover, gelangte das musische Element in die Familie. B. wuchs in Magdeburg auf, wo er das Domgymnasium besuchte, und studierte von 1910 bis 1914 an den Universitäten Freiburg, Berlin und Bonn Geschichte, Germanistik und klassische Philologie. Als Kriegsfreiwilliger 1914 verwundet und aus dem Militärdienst entlassen, schloß er 1916 das Studium mit dem Staatsexamen in Bonn ab. Nach seiner Lehrerausbildung in Schleswig-Holstein kam B. am 1.10.1918 als wissenschaftlicher Hilfslehrer an das Bremerhavener Gymnasium und erhielt dort zum 1.4.1919 eine feste Anstellung als Oberlehrer. Ab 1911 begann B., Aufsätze mit literarisch-historischem bzw. philosophischem Inhalt zu veröffentlichen, zunächst in Bremerhavener und Bremer Tageszeitungen, dann aber auch in den renommierten Preußischen Jahrbüchern. Er erregte damit die Aufmerksamkeit des Oberbürgermeisters → Waldemar Becké, der ihn 1925 damit beauftragte, zum 100. Stadtjubiläum eine »Geschichte Bremerhavens« zu schreiben. Mit den vorbereitenden Arbeiten hatte bereits der Stadtbibliothekar Prof. Werner begonnen, der indessen aus gesundheitlichen Gründen das Werk hatte abbrechen müssen. B. wurde bei vollem Gehalt vom Schuldienst freigestellt und konnte pünktlich zur Hundertjahrfeier die erste Gesamtdarstellung der Geschichte Bremerhavens vorlegen. Mit den ersten sechs Kapiteln dieses Werks wurde B. 1927 in Kiel promoviert. Der Erfolg und die Qualität dieser Arbeit führten zur Erfüllung eines seit langem gehegten Wunsches: B. wurde zum 1.4.1929 als Studienrat nach Bremen berufen. Neben seiner Lehrtätigkeit (Deutsche Aufbauschule, Neues Gymnasium, Hermann-Böse-Schule) ging er hier seinen literarisch-historischen Neigungen weiter nach. Mit seiner Pensionierung am 31.3.1954 begann für B. »das Jahrzehnt der Bücher«. Schon im folgenden Jahr erschien die »Heimatchronik der Stadt Bremerhaven«, und in Bremen wurde B. zu einem renommierten Verfasser von Firmenfestschriften, u. a. für den Bremer Vulkan und den Norddeutschen Lloyd. Daneben veröffentlichte er eine Reihe kleinerer Arbeiten biographischen und historischen Inhaltes zur Bremer und Bremerhavener Geschichte. Seinen Förderer Becké würdigte B. mit einer Biographie in den »Niedersächsischen Lebensbildern«. B.s Werke zeichnen sich nicht nur durch eine lebendige, historisch genaue Darstellung aus, sondern auch durch eine eigene stilistische Qualität, die an seinen literarischen Vorbildern, Goethe und Thomas Mann, zwar nicht orientiert, aber doch geschult war. Den Leistungen → Johann Smidts hat B. in seinen Arbeiten großen Respekt entgegengebracht. In ihm sah er den Staatsmann, dessen geistige Wurzeln im deutschen Idealismus lagen, der mit der Nüchternheit und dem Mut des Hanseaten handelte und mit dem Pragmatismus des Realpolitikers und dem klugen Blick des Philosophen seine Entscheidungen traf.

Lit.: H. Kuke, Um Bremerhaven verdient gemacht, in: Brhv. Bürgerztg., 7.10.1976; B. Scheper, In Memoriam Georg Bessell, in: Ndt. Hbl. 322 (Okt. 1976); H. E. Hansen, Geleitwort zur Neuauflage der »Geschichte

Bremerhavens«, 1989; ders., Ein Standardwerk zur Geschichte Bremerhavens, in: Ndt. Hbl. 478 (Okt. 1989); M. Ernst, Georg Bessell. Verfasser der ersten Stadtgeschichte, in: Brhv. Sonntagsjournal, 19.11.1989.
Qu.: Die Entstehung der »Geschichte Bremerhavens« im Hause Kaiserstraße 19, hdschr. Mskr. G. Bessell 1972 (Fotokopie i. Bes. d. Verf.); Stammbaum der Familie Bessell, aufgestellt n. d. Angaben G. Bessells von H. Kuke, maschschr. Mskr. i. Bes. d. Verf.; div. Glückwunschschreiben zum 80. Geburtstag B.s, in Kopie i. Bes. d. Verf.; sämtl. Aufsätze B.s in Ztgn. u. Zschr. i. Bes. d. Verf.; StadtA Brhv., Personalakte G. B.
Werke: *Geschichte Bremerhavens* (1927, Nachdr. 1991); *Ein bremischer Staatsvertrag vor Hundert Jahren* (1930); *Bremen. Die Geschichte einer deutschen Stadt* (1935); *100 Jahre Innere Mission in Bremen* (1949); *Bremer Vulkan. 150 Jahre Schiffbau in Vegesack* (1955); *Heimatchronik der Stadt Bremerhaven* (1955); *150 Jahre Gebrüder Kuhlenkampff* (1956); *Norddeutscher Lloyd. Geschichte einer bremischen Reederei* (1957); *Pastor Constantin Frick. Ein Lebensbild* (1957); *100 Jahre Kippenberg-Schule* (1959); *Waldemar Becké*, in: Nds. Lbb., Bd. 5, S. 40-52; *150 Jahre Carl Schünemann* (1960); *Heinrich Bömers* (1964); *125 Jahre AG Weser* (1968); *50 Jahre Verlagsbuchhandlung Döll* (1969); zahlr. kl. Beitr. in Ztgn. u. Zschr.
P.: Gruppenfoto in Hansen, Ndt. Hbl. (s. Lit.).

M. E.

Biehl, Diedrich Christoffer **Anton**; *Hofbesitzer, Freiheitskämpfer. * 12.5.1788 Dingen (Land Wursten), † 20.12.1835 Dingen.* B., der über große Körperkraft und geistige Regsamkeit verfügte, entstammte einer eingesessenen Wurster Beamten- und Hofbesitzerfamilie und wuchs auf dem väterlichen Hof auf. Obwohl 1812 durch den französischen Unterpräfekten in Lehe zum Munizipalrat der Commune Wremen berufen, gehörte er von Anfang an zu den erklärten Gegnern der französischen Herrschaft, die sich zu einem Geheimbund zusammenschlossen. Nach der Vertreibung der Franzosen aus Hamburg organisierte B. zusammen mit dem Leher Zimmermann Johann Rickweg (Jan Grön) am 14.3.1813 einen Volksaufstand, der zum Rückzug der Franzosen aus Lehe und Geestendorf sowie zur Übergabe der französischen Batterie an der Geestemündung führte. Angesichts unzureichender Vorbereitung, die u. a. nur die Unterstützung durch wenige englische Soldaten ermöglichte, war der Bewegung lediglich ein Anfangserfolg beschieden. Bei dem legendären Gefecht an der Franzosenbrücke in Lehe am 25.3.1813 konnten die Aufständischen der militärischen Überlegenheit der zurückgekehrten Franzosen nicht standhalten; B. gelang es aber zu fliehen. Nachdem er von einer englischen Brigg aufgenommen worden war, tat er als Leutnant der hannoverschen Landwehr auf Helgoland Dienst. Nach der endgültigen Niederlage Napoleons Ende 1813 zurückgekehrt, hatte er in den folgenden Jahren, u. a. wegen Mißernten und den Auswirkungen der Sturmflut von 1825, mit zunehmender wirtschaftlicher Not zu kämpfen, in deren Gefolge er 1830 seinen Hof verkaufen mußte. Er starb verarmt an einer Lungenentzündung.

Lit.: K. Dede, Zehn deutsche Männer, Fischerhude 2001, S. 87-93, 142-143; R. Hey, Diedrich Christoffer Anton Biehl. Ein Wurster Bauernführer der Franzosenzeit, in: Das Land Wursten, Brhv. 1939, S. 44-48; Körtge, Straßennamen, S. 52; W. Lenz, Ein Beitrag zur Lebensgeschichte des Wurster Freiheitskämpfers Anton Biehl, in: Festschrift Robert Wiebalck, Brhv. 1954, S. 40-41; H. Schröder, Aus unserer Franzosenzeit, Hann. 1913, insbes. S. 64-104; Siebs, Lebensbilder, S. 58-60; ders.: Die Verschwörung der Wurster und die Schlacht an der Franzosenbrücke, Brhv. 1956.
E.: Gedenkstein Friedhof Imsum (1883); Straßenbenennung Brhv.-Lehe (1925) sowie Imsum.

H. Bi.

Blum, Lisa-Marie, geb. Koch; *Schriftstellerin, Malerin. * 3.10.1911 Geestemünde, † 16.3.1993 Hamburg.* Die Tochter des Fischgroßhändlers Georg Koch verbrachte in Geestemünde zusammen mit ihren drei Geschwistern unbeschwerte Kindheits- und Jugendjahre. 1929 ging sie nach Berlin, um Malerei und Graphik zu studieren. Dort lernte sie den Maler und Graphiker Fritz Paul Blum kennen, den sie 1934 heiratete. Der Nationalsozialismus und vor allem der II. Weltkrieg trafen den Lebensnerv ihrer beider künstlerischen Aktivitäten. Fritz Paul B. verlor sein Staatsatelier in Berlin, und bei einem Bombenangriff 1943 wurden alle Werke des Künstlerehepaares vernichtet. Lisa-Marie B. rettete sich 1943 zunächst mit ihren zwei kleinen Kindern in ein Dorf an der Oder. Im März 1945 floh sie schließlich mit ihnen zu ihren Eltern nach Wesermünde-Geestemünde. Dorthin folgte nach Kriegsende auch ihr Mann nach. Während dieser nun im Hafengebiet maritime Motive

fand, zeichnete seine Frau Märchen- und Kinderbilder. 1950 zog die inzwischen fünfköpfige Familie der besseren Auftragslage wegen nach Hamburg-Winterhude um. B. betätigte sich nun vor allem als freie Schriftstellerin. In den folgenden Jahrzehnten veröffentlichte sie zahlreiche meist selbst illustrierte Kinder- und Jugendbücher, Lyrik und Prosa in Zeitungen und Zeitschriften (u. a. in »die horen«) sowie Beiträge in Anthologien. Auch im in- und ausländischen Rundfunk fanden ihre Werke ein Publikum. Viele ihrer Kinderbücher erschienen in mehreren Auflagen. Für die Erzählung »Das Sternbild der Zwillinge« erhielt sie 1957 den Literaturpreis des Süddeutschen Rundfunks. Die 1959 erschienene Erzählung »Das geheimnisvolle Karussell«, die auf die Auswahlliste zum Deutschen Jugendbuchpreis kam, wurde sogar in mehrere Sprachen übersetzt. Daß sie trotz ihrer enormen Produktivität, die ihr als dreifacher Mutter nur mit der absoluten Unterstützung ihres Ehemannes möglich war, keine große Karriere gemacht hat, liegt wohl auch mit an ihrer zurückhaltenden und bescheidenen Art. Prägend für den Stil ihrer Kinderbücher, die ge-

kennzeichnet sind von Humor, Phantasie, Spannung und lustigen märchenhaften Figuren, ist ihre eigene Kindheit gewesen, die sie ohne Zwänge, Verbote und Ängste erlebt hat. Ein Jahr vor ihrem Tod kam sie noch einmal in ihre Geburtsstadt zurück, um auf Einladung des Kulturamtes in der Reihe »Literatur in der Stadt« im Morgenstern-Museum aus ihren Werken zu lesen. Eine von ihr in Angriff genommene Biographie ihres Mannes blieb unvollendet. Ihre jüngere Schwester, Gerda Marie Scheidl (* 1913), machte sich ebenfalls als Kinder- und Märchenbuchautorin einen Namen.

Lit.: DBI, S. 330; Grapentin, S. 242-245, 482, 534; H. Höcker, in: Das Jugendbuch, 1949; R.-E. Geiger, Leben und entdecken, 1980; Kürschner L 1988, S. 102; Vollmer, Bd. 1, S. 237.
Qu.: NZ, 2.10.1991, 20.3.1992, 24.3.1993, 26.3.1993; StadtA Brhv., Meldekartei Gmde. (Georg und Lissy Koch) u. Brhv. nach 1945 I (Fritz Blum).
Werke: Verz. in Kürschner (s. Lit.), u. a.: *Das bunte Buch und neue Reime für liebe Kinder*. Bilder und Verse. Flechsig-Bilderbuch (1944); *Ringelblume – Nickkopf. Ein Wiesenbuch für Kinder, die Blumen und Tiere liebhaben*. Geschr. und gemalt (1949); *Der Wanderklaus. Ein Jahrbuch für unsere Jugend zur Pflege der Heimatliebe und der Freude an der Natur, der Liebe zu Pflanze und Tier bei frohem Wandern und Weilen*. Erz. u. gez. v. Lisa-Marie Blum, hrsg. v. Dt. Jugendherbergswerk (1951-1959); *Der liebe gute Spielzeugmann*. Erz. u. gemalt. (Bilderbuch) (1953); *Das Sternbild der Zwillinge* (1957); *Das geheimnisvolle Karussell*. Mit zahlr. Textzeichn. der Verf. (1959); *Gruselchen* (1971, Neuausg. 1989); *Der geheimnisvolle Computer* (Kinderroman) (1980); *Der Dosenöffner schneidet glatt*. Gedichte. (1988); *Das Tigerauge*. Ill. v. Krautmann, Milada (1991).
P.: Foto in Archiv NZ (abgeb. in NZ, 20.3.1992 u. 24.3.1993).
E.: Literaturpr. Süddt. Rundfunk (1957).

D. D.

Blumenthal, Clara und **Lilly**; *Geschäftsfrau bzw. Haushälterin, Opfer des Nationalsozialismus.* * 25.2.1872 (Clara) bzw. * 2.7.1868 (Lilly) Barsinghausen b. Hannover, beide † vermutl. 1942 Auschwitz (isr.). Clara B. war im April 1901 nach Bremerhaven gekommen und betrieb dort bis Aug. 1935 gemeinsam mit Marie Peckmann ein Modeartikel- und Kurzwarengeschäft in der Bürgermeister-Smidt-Straße. Die beiden Geschäftsinhaberinnen lebten auch privat zusammen. Die Haushaltsführung übernahm Lilly B., die Ende Juli 1911 ihrer Schwester Clara nach Bremerhaven gefolgt war. Angesichts der zunehmenden Pressionen, die die Nationalsozialisten auf Geschäfte mit jüdischen Inhabern ausübten, schied Clara B. 1935 aus der Geschäftsführung aus, und der jüdische Name verschwand umgehend aus dem Firmenschild. Auch die langjährige Wohngemeinschaft mit Marie Peckmann, mit der sie allerdings weiterhin verkehrten, wurde beendet; die Geschwister Clara und Lilly zogen in die Yorckstr. 1 im Stadtteil Geestemünde. Die dortige großzügige Wohnung mußten sie im November 1940 mit beengten Räumlichkeiten im »Judenhaus« Lange Str. 143 in Wesermünde-Lehe tauschen. Mitte Jan. 1942 wurden sie nach Bremen transportiert und wohnten dort bis zu ihrer Deportation nach Theresienstadt am 25.7.1942 im »Judenhaus« Löningstr. 3. Clara und Lilly B. wurden wahrscheinlich in Auschwitz-Birkenau ermordet.

Lit.: K. Hoffmann, Zwischen Opfer- und Täterrolle, in: Brhv. Beitr. III, S. 135-170, hier S. 142-147.

K. H.

Börger, Carsten Heinrich; *Landwirt, Kommunalpolitiker.* * 11.10.1880 Wulsdorf, † 24.3.1964 Bremerhaven (-Wulsdorf) (ev.). B. entstammte einer alteingesessenen Wulsdorfer Hausmannsfamilie, deren Mitglieder in mehreren Ehrenämtern der Gemeinde tätig waren. Sein Vater war Johann B. Er selbst, der unverheiratet blieb, wurde nach der Eingemeindung Wulsdorfs 1920 als einer von sechs Wulsdorfern zum Bürgervorsteher (Stadtverordneten) in Geestemünde (bis 1924) gewählt und war dann wieder von 1929 bis 1933 für die bürgerlichen Parteien als Bürgervorsteher in Wesermünde kommunalpolitisch tätig. 1951 zog er als Mitglied der Deutschen Partei in die Stadtverordnetenversammlung der Stadt Bremerhaven ein; das Mandat endete am 29.9.1963. B. zeichnete sich durch eine gemeinnützige und soziale Einstellung aus. Die unentgeltliche Abtretung von Grundstücken zum Bau einer Straße war der äußere Anlaß, diese nach ihm zu benennen. Darüber hinaus erwarb sich B. als Förderer der Pferdezucht hohe Verdienste.

Lit.: Aufbauarbeit, S. 39-40; 100 Jahre Reitclub Wulsdorf und Umgebung, Brhv. 1998, S. 23; Körtge, Straßennamen, S. 71.
Qu.: Adreßbuch Wmde. 1925, 1928, 1930; StadtA Brhv., Reg. 41A-22-57, Wmde. 004/20/4 u. 004/25/1. E.: Stadtältester (1964), Straßenbenenn. Brhv.-Wulsd. (1964); Grabstein Friedhof Alt-Wulsdorf.

E. St.

Bohls, Johann (Jan) Friedrich Wilhelm, Dr. phil.; *Naturwissenschaftler, Privatgelehrter, Heimatforscher.* * 19.6.1863 (!) Lehe, † 3.4.1950 Bremerhaven (-Lehe) (ev.). Der aus einer alteingesessenen Leher Familie stammende Sohn des Landwirts, Kalkbrenners und Fleckenvorstehers von Lehe, Johann B. (1831-1898), wuchs in Lehe auf, besuchte das Realgymnasium Andreaneum in Hildesheim und studierte in Göttingen, München und Berlin Zoologie, Botanik, Geologie und Paläontologie. Nach Abschluß seiner Dissertation in Göttingen 1891 über »Die Mundwerkzeuge der Physopoden« hielt B. sich drei Jahre als Hauslehrer bei einer aus Lehe ausgewanderten Familie in Paraguay auf. Seinen Aufenthalt nutzte er, um sich mit den Sprachdenkmälern der Indianer im Gran Chaco zu befassen. Außerdem entdeckte er in den dortigen Sumpfgebieten einen seltenen Schuppenmolch, dessen Vorkommen bis dahin für diese Gegend nicht bekannt war. Nach seiner Rückkehr arbeitete B. von Okt. 1894 bis Juni 1895 als Assistent am Naturhistorischen Museum in Hamburg. Von dort kehrte er wieder nach Lehe zurück, wo er bis zu seinem Tode als Privatgelehrter und Junggeselle zusammen mit seiner ebenfalls unverheirateten Schwester Frieda (1872-1956) im elterlichen Haus von seinem ererbten Vermögen lebte. Engagierte er sich zunächst kommunalpolitisch als Vorsitzender des Bürgervereins, so vergrößerte sich sein Bekanntheitsgrad beträchtlich, als er, der sich besonders für die regionale Ur- und Frühgeschichte interessierte, dem Heimatbund der »Männer vom Morgenstern« beitrat. Von dessen Begründer → Hermann Allmers geschätzt und gefördert, wurde B.

einer der führenden Köpfe des Heimatbundes, dem er als Schriftführer (1896-1900, 1904-05), Kassenwart (1896-97) und Herausgeber der Jahrbücher (1898-1905) diente. Unter seinem Einfluß entwickelte sich die lockere gesellige Vereinigung geschichtsinteressierter Männer zu einem Verein, der sich die wissenschaftlich fundierte Erforschung der Geschichte des Elbe-Weser-Dreiecks zum Ziel setzte. B.s Arbeitsschwerpunkt lag in der prähistorischen Forschung der Elbe-Weser Region. Bei seinen vielen Ausgrabungen waren die sog. Barbotine-Gefäße aus provinzial-römischer Zeit aus einem Urnenfriedhof in Dingen bei Weddewarden wohl sein spektakulärster, überregional beachteter Fund. Sie waren Teil seiner ur- und frühgeschichtlichen Sammlung, die, 1902 von der Stadt Geestemünde angekauft, 1906 den Grundstock zum Aufbau des Morgenstern-Museums bildete. Für wenige Monate – Juni 1906 bis Mai 1907 – war B. Konservator der Sammlung und damit der erste Leiter des Morgenstern-Museums. Sein Lebenswerk war das Freilichtmuseum Speckenbüttel, ein Projekt, zu dessen Verwirklichung er 1908 den Bauernhausverein Lehe gründete, dem er als »Buernhusvadder« bis 1942 vorstand. Vereinsziel war, die Bautechniken der aus dem 17. und 18. Jh. stammenden Häuser aus den Landschaften Geest, Moor und Marsch vor dem Vergessen zu bewahren sowie ländliches Leben und Arbeiten zu dokumentieren. Charakteristisch für B., der als eigenwillig galt, war seine Wertschätzung der plattdeutschen Sprache, der er sich stets, sogar in wissenschaftlichen Zusammenhängen, bediente. Er förderte auch die Gründung der Niederdeutschen Bühne »Waterkant«, der er 1920 eine Dönz im Rauchhaus der Geesthofanlage des Freilichtmuseums Speckenbüttel zur Verfügung stellte.

Lit.: B. Borkowski, Erinnerung an Jan Bohls, in: Der Rauchfang. Zschr. d. Bauernhausvereins Lehe, Nr. 10 (März 2000); J. J. Cordes, Dr. Jan Bohls gestorben, in: Die Truhe, Jg. 1, Nr. 4, 6. Mai 1950; ders., Erinnerungen an Dr. Jan Bohls aus Anlaß seines 100. Geburtstages, in: Ndt. Hbl. 167 (Nov. 1963); F. Juchter, Vorsitzende u. andere Persönlichkeiten der Männer v. Morgenstern, in: Jb. M.v.M. 79 (2000), S. 207-210; Körtge, Straßennamen, S. 114; ders., Morgenstern-Museum, S. 252; Ndt. Hbl. 6/1933 (Ausgabe zum 70. Geb. v. J. Bohls); B. E. Siebs, Bohls, in: Br. Biogr. 1912-62, S. 65-66 (dort weitere Lit.nachw.); R. Wiebalck, Dr. Johann Bohls z. Gedächtnis, in: Jb. M.v.M. 32 (1951), S. 189-192; Wolff, Friedhöfe, S. 54.
Qu.: NZ, 5.4.1950, 10.4.1950, 4.4.1952, 20.3.1964; WK, 8.4.1950; StadtA Brhv., Wesermünde 044/4a/4.
Werke: Verz. d. Veröff. in Siebs (s. Lit.).
Nachlaß: mehrere Nachlaßteile unterschiedlicher Herkunft im StadtA Brhv.
P.: Ölgemälde (B. Winter, 1931) im Freilichtmuseum Speckenbüttel; zahlr. Fotos im StadtA Brhv.; Abb. u. a. in Jb. M.v.M. 38 (1957), S. 32.
E.: Straßenbenennung im Speckenbütteler Park (1933); Gold. Ehrenmed. für das allgemeine Wohl (1943); Grabstein Friedhof Lehe I (unrichtiges Geb.datum).

B. Bo.

Bohnsack, Harry; *Kommunalpolitiker. * 3.6.1930 Bremerhaven, † 2.7.1993 Bremerhaven.* Der gelernte Einzelhandelskaufmann, der zuletzt als Pharmaziereferent tätig war, gehört zu den Gründungsmitgliedern der Partei »Die Grünen« in Bremerhaven. In seinem Haus fanden Ende der 1970er Jahre die ersten Versammlungen des späteren Kreisverbandes statt. Der Wertkonservative war durch seine Kinder im Zusammenhang mit den Auseinandersetzungen um das Kernkraftwerk Brokdorf zur Politik gekommen. Im Sept. 1983 gehörte er zu den ersten drei Stadtverordneten der jungen Partei; das Mandat mußte er aber 1985 aufgrund des Rotationsbeschlusses der »Grünen« niederlegen. Mit ihm als Spitzenkandidat konnten die »Grünen« bei den Kommunalwahlen 1987 die Zahl ihrer Mandate in der Stadtverordnetenversammlung verdoppeln. Als Stadtverordneter, der er dann bis zu seinem Tode blieb, widmete er sich vor allem umwelt- und energiepolitischen Fragen. Sein Fachwissen, seine Integrität und sein unermüdlicher Einsatz für die Belange der Ökologie verschafften ihm auch außerhalb der eigenen Partei hohen Respekt. 1998 wurde von den »Grünen« der »Harry-Bohnsack-Gedächtnispreis« gestiftet, der jährlich an Personen oder Initiativ-Gruppen vergeben wird, die sich um »Belange der ökologischen und demokratischen Entwicklung in Bremerhaven besondere Verdienste erworben haben«.

Qu.: Brhv. Sonntagsjournal, 31.7.1994; Faltblatt Harry-Bohnsack-Preis 2001; »Grüne Welle«, Okt. 1993, S. 2; NZ, 5. u. 6.7.1993.
P.: Foto in Brhv. Sonntagsj. u. NZ (s. Qu.).
E.: Harry-Bohnsack-Preis.

H. H.

Brakhahn, Johann Nicolaus; *Landwirt, Mühlenbesitzer, Ziegeleibesitzer, Gemeindevorsteher.* * 1.12.1819 Wulsdorf, † 4.6. 1906 Wulsdorf (ev.). Die Familie Brakhahn ist durch Kriegswirren Mitte des 17. Jhs. nach Wulsdorf gekommen und hat in die Familie Allers eingeheiratet. Seitdem gehört sie den Hausmannsfamilien an. B., verheiratet mit Hebbel Börger, Tochter des Hausmanns Carsten B., nutzte die Zeit der boomenden Unterweserorte, um sich vom Landwirt zum erfolgreichen Gewerbetreibenden zu entwickeln. Nach dem Tode seines Vaters Honne B. (1778-1839) hatte er bereits in jungen Jahren dessen bei der Luneschleuse befindliche Ziegelei übernommen, deren Betrieb er 1904 einstellte. 1860 erwarb er die 1856 errichtete Mühle von Hinrich Jantzen; diese war fortan bis zu ihrem Abbruch (1966) im Besitz der Familie und gemeinhin als »Brakhahnsche Mühle« bekannt. B. wurde 1851 nach Erlaß der hann. Landgemeindeordnung zum ersten Gemeindevorsteher Wulsdorfs gewählt, ein Amt, das er, ebenso wie seit 1876 das des Standesbeamten, bis 1892 ausübte. Auf B.s Betreiben wurde 1866 die erste kommunale Schule an der Sandbredenstraße errichtet, die zu der alten Küsterschule hinzutrat. Er war Begründer (1861) und bis 1872 Vorsitzender des Wulsdorfer Schützenvereins. Als Anerkennung für seine Arbeit in der Gemeinde, die in seiner Amtszeit einen großen wirtschaftlichen Aufschwung nahm, und im Staate wurde B. der Kronenorden IV. Klasse verliehen.

Lit.: Bickelmann, Lune, S. 132; 125 Jahre Wulsdorfer Schützenverein, Brhv. 1986, S. 8, 39; Körtge, Straßennamen, S. 64; Wulsdorf, älter als 850 Jahre, Brhv. 1989, S. 84-86.
E.: Kronenorden IV. Kl; Straßenben. Brhv.-Wulsdorf (1961).

E. St.

Brandes, Wilhelm; *Gewerkschafter, Parteifunktionär, Parlamentarier.* * 8.2.1874 Bodenburg (Kr. Gandersheim), † 19.3.1944 Wesermünde (ev.-luth.). Nach Volksschule und Schuhmacherlehre arbeitete B., der 1898 nach Geestemünde kam, zunächst in seinem erlernten Beruf sowie als Hafenarbeiter. Seit 1894 Partei- (SPD) und seit 1898 Gewerkschaftsmitglied, war er von 1911 bis 1933 zunächst als Kassierer, dann als Geschäftsführer des Transportarbeiterverbandes bzw. des Verkehrsverbunds an der Unterweser tätig. Von 1903 bis 1923 war er Vorsitzender der SPD in Geestemünde und von 1910 bis 1933 Vorsitzender der SPD-Wahlkreisorganisation Hannover 18 bzw. des SPD-Unterbezirks. Dabei setzte er gegen starke Widerstände vor allem der Bremerhavener Genossen die Reorganisation der Partei durch, die 1908 nach Inkrafttreten des Vereinsgesetzes in drei selbständige, aber durch gemeinsame Aufgaben verzahnte Ortsvereine gegliedert wurde. Als Führer der Mehrheitssozialdemokraten und als Mitglied der Pressekommission, die die Aufsicht über das Parteiorgan »Norddeutsche

Volksstimme« führte, verhinderte er 1918 das von → Wilhelm Bartz betriebene Überschwenken der Zeitung zur USPD. B. bekleidete daneben eine Reihe politischer Ämter, zunächst von 1918 bis 1919 als Mitglied des Arbeiterrats der Unterweserorte – zugleich als dessen ständiger Vertreter im Soldatenrat –, wobei er mit den Mehrheitssozialdemokraten schon bald auf die parlamentarische Demokratie setzte. Von 1919 bis 1933 übte er das Amt eines Bürgervorstehers (Stadtverordneten) in Geestemünde bzw. seit 1924 Wesermünde (zeitweise als Worthalter, d. h. Stadtverordnetenvorsteher) aus. Von 1921 bis 1933 war er in Nachfolge von → Otto Oellerich auch Mitglied des preußischen Abgeordnetenhauses sowie von 1925 bis 1928 des Provinziallandtages in Hannover. Er gehörte zu den Befürwortern der Vereinigung von Geestemünde und Lehe zu Wesermünde, auf die er die SPD der Unterweserorte einschwor, und unterstützte in dieser Hinsicht, aber auch in anderen kommunalpolitischen Angelegenheiten, nachhaltig die Politik von Oberbürgermeister → Dr. Walter Delius. B., Vater von 7 Kindern, war ein vielseitig interessierter, praktisch und organisatorisch befähigter Mann von rascher Entschlußkraft. 1933 wurde er nach Auflösung der Gewerkschaften durch die Nationalsozialisten arbeitslos und im KZ Esterwegen für zweieinhalb Jahre in »Schutzhaft« gehalten.

Lit.: M.d.L, Nr. 126; Schöder, Parlamentarier, S. 384; Scheper, Jüngere Geschichte, S. 118, 126-127, 136, 139, 147-153, 161, 215, 233, 238, 265; Thienst, S. 42, 49, 60-65, 138, 146-148, 163, 179, 257.
Qu.: StadtA Brhv., Meldekartei Gmde.
Nachlaß: StadtA Brhv. (polit. Tätigk. 1919-33).
P.: Foto in Thienst, vor S. 49.
E.: Straßenbenennung Brhv.-Geestemünde (1948).

H. Bi.

Braun, Reinhard, Dr. med. habil.; *Augenarzt, Medizinwissenschaftler.* * 5.1.1902 Berlin, † 7.11.1981 Bremerhaven (ev., später kath.). Der Sohn des Direktors einer Chirurgischen Klinik in Berlin erhielt nach Medizinstudium, Assistenzzeit und Fachausbildung 1933 in Berlin die Habilitation für das Fach Augenheilkunde. Von 1935 bis 1939 war er Oberarzt an der Universitätsaugenklinik in Rostock und wurde dort 1939 zum außerplanmäßigen Professor ernannt.

Nachdem er im II. Weltkrieg die Augenabteilung des Luftwaffenlazaretts in Wismar geleitet hatte, rief er 1945 in Timmendorfer Strand, wohin das Lazarett verlegt worden war, ein Kriegsblindenausbildungsheim ins Leben, das er, neben einer Zulassung als Kassenarzt am Orte und seit 1947 in Lübeck, bis 1949 leitete. 1950 siedelte er nach Bremerhaven über. Dort übte er neben seiner Praxis, die er bis zu seinem Tode weiterführte, eine Tätigkeit als leitender Arzt der Augenabteilung des Städt. Krankenhauses aus (Verabschiedung 1972). In zahlreichen Veröffentlichungen befaßte er sich vor allem mit der Beziehung des Auges zur inneren Medizin. Darüber hinaus zeichnete er sich durch langjähriges und vielseitiges ehrenamtliches Engagement aus. So setzte er sich nicht nur im Vorstand der »Lebenshilfe« für geistig behinderte Kinder ein, sondern stärkte in mehreren Funktionen auch die Institutionen und Gemeinden der kath. Kirche in Bremerhaven: als Mitglied des Stadtkatholikenausschusses und des Vereins St. Joseph-Hospital, als Elternvertreter der kath. Schulen sowie im Vorstand der St. Marien-Gemeinde Bremerhaven-Mitte.

Lit.: DBI, S. 417; Kürschner G 1970, S. 316-317.
Qu.: NZ, 5.1.1972, 2.11.1972, 5.1.1977, 10.11.1981, 11.11.1981; StadtA Brhv., Personalakte R. B.
Werke: Auswahlverz. in Kürschner (s. Lit.), S. 316.
P.: Foto in Archiv NZ (abgeb. in NZ, 5.1.1972).

H. Bi.

Brinkama, Johann Friedrich; *Hofbesitzer, Pferdezüchter.* * 17.12.1831 Weddewarden, † 10.9.1898 Weddewarden. B. entstammt einer alten Wurster Familie, die über großen Grundbesitz in Weddewarden verfügte und nach der auch die ehemaligen Forts Brinkamahof I und II im Stadtbremischen Überseehafengebiet Bremerhaven benannt sind. B., der als Autorität auf dem Gebiet der Pferdezucht galt, war Mitglied der Körungskommission und des Zentralausschusses der Kgl. Landwirtschafts-Gesellschaft. Er trug den Titel Ökonomierat.

Lit.: DBI, S. 439; Allg. Hann. Biogr., Bd. 1, S. 333.

H. Bi.

Brinkmann, Christian **Georg** Johann; *Gärtner, Kommunalpolitiker.* * 10.12.1822 Delmenhorst, † 10.05.1896 Lehe (ev.-luth.). Als Soldat aus dem Schleswig-holsteinischen Krieg zurückgekehrt, ließ sich Georg Brinkmann 1851 als Kunst- und Handelsgärtner in Lehe nieder. Hinter seinem Wohnhaus in der Poststr. 90 (heute Stresemannstraße) legte er im Laufe der Jahre einen großen Garten, »Brinkmanns Garten« genannt, mit einigen Gewächshäusern an. Der Betrieb wuchs zu einer der bedeutendsten Gärtnereien der Unterweserorte heran. So wurde B. auch 1871 nach der Planung des Bremerhavener Friedhofs in Wulsdorf durch den bremischen Landschaftsarchitekten Fr. W. Benque mit der gärtnerischen Ausgestaltung und Pflege dieser Anlagen beauftragt. Sein Lebenswerk war der Ausbau eines auf sumpfigem Grund stehenden alten Gehölzes zum Stadtpark Speckenbüttel (vorderer Teil), den er ab 1880 zusammen mit anderen Leher Bürgern, u. a. → Dr. Johann Bohls, mit großer Energie in Angriff nahm und nach fast zehn Jahren vollendete. Für die Verdienste, die er sich mit diesem Naherholungsgebiet für die gesamten Unterweserorte erworben hatte, wurde ihm

1903 ein vom Verschönerungsverein für die Unterweserorte gestiftetes Denkmal am Eingang des Speckenbütteler Parks an der Parkstraße gesetzt. Die von dem Bremerhavener Bildhauer F. Feldermann modellierte Büste B.s wurde 1944 eingeschmolzen und der Sockel entfernt. Außerberuflich engagierte sich B. auch in hohem Maße für das Gemeinwesen. Lange Jahre gehörte er dem Gemeindeausschuß an, ab 1879 war er im Bürgervorsteherkollegium vertreten, und 1880 wurde er als Senator in den Leher Magistrat gewählt. Darüber hinaus war B. Kreistagsdeputierter, Vertrauensmann der nationalliberalen Partei sowie Kirchenvorsteher. Des weiteren fand der vierfache Vater Zeit, sich in zahlreichen Vereinen, deren Mitbegründer er war, zu betätigen. Davon zeugen mehrere Ehrenmitgliedschaften, so beim Kampfgenossenverein an der Wesermündung, beim Kriegerverein Lehe, beim Leher Schützenverein sowie bei der Leher Liedertafel. Auch war er Senior im Club Speckenbüttel. Die Brinkmannschen Ländereien wurden Ende des 19. Jhs. dem Wohnungsbau zugeführt; heute verläuft dort die Straße »Am Klushof«.

Lit.: J. J. Cordes, Unser schöner Park in Speckenbüttel, in: Jb. M.v.M. 54 (1974), S. 249-278, hier S. 251-252; Körtge, Straßennamen, S. 46 u. 65; Schröder, Geschichte der Stadt Lehe, S. 38 u. 230; W. Wolff, Im Speckenbütteler Park, Brhv. 1985, S. 5 u. 22; K. Zisenis, Speckenbüttel um die Jahrhundertwende, in: Jb. M.v.M. 72 (1993), S. 117-129, hier S. 117, 127-129.
Qu.: NWZ, 12. u. 13.5.1896, 13.5.1903, 19.11.1937; PZ, 12. und 13.5.1896; Leher Tageblatt, 13.5.1903; Adreßbuch Lehe 1895; StadtA Brhv., Bildarchiv, Abt. Denkmäler, Slg. Kuke I, Personen B, Wesermünde 004/5/1, 353/2/5, u. Alt-Brhv. F 131/1/1; Archiv d. Ev.-luth. Oberkirchenrates in Oldenburg, Kirchenbuch Delmenhorst 1822.
P.: Porträtfoto sowie Foto der ehem. Büste in StadtA Brhv.
E.: Straßenbenennung, Georgstr. (ab 1925 Am Klushof), Brinkmannstr., Brhv.-Lehe (ca. 1930); Denkmal im Speckenbütteler Park (1903-1944).

D. D.

Brockmann, Joachim **Christoph,** Dr. h.c.; *Lehrer, Planktonforscher.* * *16.3.1878 Fintel (Kr. Rotenburg/Wümme),* † *14.10.1962 Bremerhaven (ev.).* Der in einem Heidedorf aufgewachsene Sohn eines Landwirts entwickelte schon früh enge Beziehungen zur heimischen Natur. Nach dem Besuch des Lehrerseminars in Stade war er seit 1898 zunächst als Lehrer in Wilstedt (Kr. Zeven) tätig, bevor er 1904 an die luth. Schule in Lehe (1929 in die Marktschule überführt) versetzt wurde. 1937 wurde er aus gesundheitlichen Gründen pensioniert. Schon als junger Lehrer hatte er mit mikroskopischen Untersuchungen begonnen und sich 1905 in der Biologischen Anstalt Helgoland erstmals wissenschaftlich mit dem Verhalten von Plankton befaßt. In Lehe, wo er zu dem engagierten Kreis naturforschender Lehrer um → Friedrich Plettke und dem von diesem initiierten »Verein für Naturkunde an der Unterweser« gehörte, wandte er sich dann vollständig dem Spezialgebiet der Brackwasserdiatomeen (Kieselalgen) zu, deren Ablagerungen die Bodenbildung in den Watt- und Marschgebieten beeinflussen. Im Verein für Naturkunde, zu dem auch → Johannes Mattfeld und → Walter Klie gehörten, führte er seit 1926 den Vorsitz. Seine Forschungen und Veröffentlichungen resultierten bald in einem regen Erfahrungsaustausch mit der internationalen Fachwelt, für die er des öfteren mikrobiologische Analysen und Untersuchungen durchführte. Darüber hinaus war er für eine Reihe deutscher Behörden, vor allem Wasserbaubehörden und die Marine tätig. Seine Erkenntnisse bildeten die Voraussetzungen für eine Reihe praxisbezogener Vorhaben, insbesondere für Landgewinnungsmaßnahmen, u. a. in Schleswig-Holstein und am Kurischen Haff. Ebenso legte er für den Elbe-Weser-Raum und speziell für Bremerhaven entsprechende Untersuchungen vor. Seine Forschungen zur Bodenbildung in der Marsch standen zudem in engem Zusammenhang mit Heinrich Schüttes Untersuchungen zur Senkung der Nordseeküste. 1950 wurde er aufgrund seiner Verdienste zum Ehrendoktor der Univ. Kiel ernannt. Von Natur aus zurückhaltend und schon seit 1919 verwitwet, lebte B. in den letzten Lebensjahren zurückgezogen.

Lit.: J. J. Cordes, Dr. h.c. Christian (!) Brockmann, in: Ndt. Hbl. 4 (April 1950); ders.: Dr. h.c. Chr. B. z. Gedenken, in: Ndt. Hbl. 155 (Nov. 1962); U. Körber-Grohne, Christoph Brockmann zum Gedenken, in: Abh. d. naturwiss. Vereins Bremen 36 (1964), S. 193-196; Körtge, Straßennamen, S. 66; Siebs, Grauer Strand, S. 107-109.
Qu.: NZ, 15.10.1962; StadtA Brhv., Meldekartei nach 1945 I, Personalakte C. B.
Werke: Verzeichnis bei Körber-Grohne (s. Lit.), u.a. *Über das Plankton des Kaiserhafens in Bremerhaven*, in: Aus der Heimat, für die Heimat, Jg. 1903/1904, S. 45-49; *Über das Verhalten der Planktondiatomeen bei Herabsetzung der Konzentration des Meerwassers*, 1906 (Wiss. Meeresuntersuchungen d. Biolog. Anstalt auf Helgoland, H. 1); *Das Plankton im Wasser der Wesermündung*, in: Aus der Heimat, für die Heimat, N. F., H. 1 (1908), S. 32-57; *Geologische Aufschlüsse im neuen Hafengelände zu Bremerhaven*, in: Aus der Heimat, für die Heimat N. F., H. 2 (1912), S. 52-59; *Brackwasserstudien*, 1914 (Separatschr. d. Vereins f. Naturkunde a. d. Unterweser, Bd. IV, darin speziell auch zu Brhv.); *Die Diatomeen im marinen Quartär Hollands*, 1928 (Abh. d. Senckenbergschen Naturforschenden Gesellschaft, Bd. 41); *Diatomeen und Schlick im Jadegebiet*, 1935 (Abh. d. Senkenbergschen Ges., Bd. 430); *Über den oberen Darg im Hafengebiet von Bremerhaven*, in: Jb. d. Reichsstelle für Bodenuntersuchungen 60 (1941), S. 341-349; *Die Watt-Diatomeen der schleswig-holsteinischen Westküste*, 1950 (Abh. d. Senckenbergschen Ges., Bd. 478); *Etwas über Kieselalgen und Wattforschung*, in: Ndt. Hbl. 24 (Dez. 1951); *Die Wesermündung im Wandel der Zeiten*, in: Ndt. Hbl. 39 (März 1953); *Die Diatomeen in den Ablagerungen der ostpreußischen Haffe* (1954).
P.: Foto in Ndt.Hbl. 4 u. Körber-Grohne (s. Lit.).

E.: Ehrendoktor Univ. Kiel (1950); Straßenbenennung Brhv.-Lehe (1969).

H. Bi.

Brokgertken, Clemens; *Theologe, Pastor. * 15.5.1834 Groß-Dohren (Kr. Meppen), † 23.3.1898 Bremerhaven (kath.).* Der Sohn eines Hofbesitzers erhielt nach dem Abitur in Meppen und philosophischen und theologischen Studien in Münster und Bonn 1859 in Osnabrück die Priesterweihe. Zunächst in Nordhorn als Kaplan und Schulvikar tätig, wurde er im Sept. 1867 in Nachfolge von Friedr. Goltermann als Missionspastor nach Bremerhaven in die seit 1850 im Aufbau befindliche katholische Kirchengemeinde Bremerhaven berufen, zugleich mit dem Auftrag, auch die Katholiken in Geestendorf, Geestemünde, Lehe und darüber hinaus zu betreuen. Über 30 Jahre lang setzte sich B. in einer Zeit rasanten Wachstums für die Ausgestaltung und Konsolidierung dieser jungen Gemeinde mit Erfolg ein – ein Bemühen, das zugleich dem Aufbau der Unterweserorte zugute kam. Er fand dabei vielfältigen ideellen und materiellen Rückhalt durch den Geestemünder Großkaufmann → Wilhelm A. Riedemann, dem er durch Alter und emsländische Herkunft nahestand. So

konnte die Schuldenlast, entstanden durch den Bau der 1867 eingeweihten St.-Marien-Kirche, bald abgetragen werden. Die kath. Volksschule, deren Ausbau B. als Lokalschulinspektor besonders am Herzen lag, wuchs in seiner Dienstzeit von 30 auf fast 500 Schüler an. 1880 rief er den kath. Gesellenverein (urspr. für reisende Handwerksgesellen, heute Kolpingsfamilie) in Bremerhaven erneut ins Leben und sorgte für Einrichtung und Ausbau des Vereinshauses. Ebenso geht die Wiederbelebung der unter seinem Vorgänger eingestellten Vinzenzkonferenz (Armenfürsorge) im Jahre 1885 auf seine Initiative zurück. Seit spätestens 1887 war er auch als Militärseelsorger für die Matrosenartillerieabteilung in Lehe tätig. Gemeinsam mit Riedemann gehörte B. seit 1874 zu den Gründern einer kath. Krankenstation, aus der später das St. Joseph-Hospital hervorging.

Lit.: J. Esders, Die katholische Gemeinde, in: NWZ, Jubiläumsausg. 30.4.1927, Bl. 15; A. Twiehaus, 95 Jahre Kolpingwerk a. d. Unterweser, Brhv. o.J. (1972), S. 24-31; P. Werner, 75 Jahre »Herz-Jesu« Geestemünde Bremerhaven, Brhv. o.J. (1986), S. 19-34.
Qu.: NWZ, 29.3.1898.
P.: Foto in StadtA Brhv. (abgeb. in NWZ 1927 u. Werner, S. 19, s. Lit.).
E.: Grabstein Brhv. Friedhof Wulsdorf.

B. W.

Brommy, Carl Rudolf, eigentl. Bromme (Pseudon. R. Termo); *Marineoffizier, Gründer der ersten deutschen Flotte.* * 10.9.1804 Anger b. Leipzig, † 9.1.1860 St. Magnus b. Vegesack (heute zu Bremen), ☐ Kirchhammelwarden. Nach dem Tode seines Vaters, eines Gutsbesitzers und Gerichtsschöffen, verließ B. 1819 seinen Heimatort, um zur See zu fahren. Er besuchte die Navigationsschule in Hamburg und fuhr ab Herbst 1820 »vor dem Mast« und als Steuermann auf Schiffen vornehmlich der US-amerikanischen Handelsflotte. In jenen Jahren anglisierte er seinen Familiennamen. Von 1820 bis 1826 diente er als Midshipman und Lieutenant unter dem britischen Admiral Thomas Cochrane in der im Aufbau befindlichen chilenischen Marine. Aus Hellenenbegeisterung folgte er diesem 1827 zum Aufbau einer griechischen Flotte im Freiheitskampf gegen die Türkei. Er diente als Kommandant einer Fregatte, wurde nach dem Frieden von Adrianopel (1829) ins Marineministerium berufen, verließ aber 1831 Griechenland. 1832 erschienen seine »Skizzen aus dem Leben eines Seemanns«. Nach der Thronbesteigung Ottos von Wittelsbach kehrte er nach Griechenland zurück und beteiligte sich an der Reorganisation der Flotte. In den folgenden elf Jahren war er Hafenpräfekt in Piräus, Leiter des Marinearsenals und stellv. Direktor der Marineschule in Piräus. Dort verfaßte er Dienstanweisungen und Lehrbücher für junge Offiziere und Seejunker. Seit 1843 wieder in Deutschland lebend, versuchte er 1845 erfolglos, im preußischen Seedienst eine Anstellung zu bekommen. 1848 veröffentlichte er in Berlin das Sammelwerk »Die Marine«, mit dem er zu einem Zeitpunkt auf sich aufmerksam machte, als wegen der Auseinandersetzung um dänische Ansprüche auf die Herzogtümer Schleswig und Holstein der Aufbau einer deutschen Flotte diskutiert wurde. Auf Vermittlung des bayerischen Gesandten in Athen und auf Empfehlung von Cochrane ließ er sich für den Dienst in der neuen Flotte des Deutschen Bundes gewinnen. Reichshandels- und Marineminister Arnold Duckwitz berief ihn im Sept. 1848 in die von der Frankfurter Nationalversammlung eingesetzte »Technische Marine Commission«. Nach Abberufung des Prinzen Adalbert aus der Kommissionsleitung wurde B. am 25. Februar 1849 zum »Reichskommissar für die Marine« in Bremerhaven ernannt, das nach einem Vortrag von Hafenbaudirektor → J. J. van Ronzelen in Frankfurt zum Kriegshafen bestimmt worden war. Am 5. April 1849 wurde ihm im Range eines Kapitäns zur See der Oberbefehl über die Nordseeflotte und die Seezeugmeisterei übertragen. Somit vereinigte er das militärische Kommando und die Verwaltungsleitung in einer Person. Im oldenburgischen Brake, als einer provisorischen Marinestation, wo er sich häufig aufhielt, wurde ein Trockendock errichtet. Trotz beschränkter Mittel gelang es ihm in kürzester Zeit, eine kleine Flotte von 9 Kriegsschiffen und 27 Ruderkanonenbooten aufzustellen. Am 4. Juni 1849 verließ B. an Bord des Flaggschiffes BARBAROSSA Bremerhaven, um die dänische Weserblockade zu verhindern. Bei Helgoland kam es zu einem Gefecht, das B. jedoch abbrach, als die Briten von Helgoland aus per Kanonenschuß auf ihre Hoheitsgewässer aufmerksam machten. Die dänische Flotte zog sich aus der Nordsee zurück. B. wurde ob dieses Erfolges ein gefeierter Held und schnell zum Kommodore und Konteradmiral befördert. Nach dem Ende der provisorischen Zentralgewalt und nachdem mit dem Friedensvertrag vom Juli 1850 die dänische Blockade beendet war, gab es keinen Bedarf für eine Reichsflotte mehr. Im April 1852 beschloß der Bundestag in Frankfurt, die Flotte aufzulösen und zu versteigern. B., der 1852 Caroline Groß (1825-1910), die Tochter eines Braker Kaufmanns, geheiratet hatte, verblieb noch eine zeitlang nach seiner Entlassung (30.6.1853) in Bremerhaven. Kurzfristig trat er 1857 als Chef der technischen Abteilung in die österreichische Marine ein, zog sich aber bald in sein Haus an die Lesum zurück. Die von B. für die erste deutsche Flotte ausgearbeitete Dienstvorschrift wurde später größtenteils von der Kaiserlichen Marine übernommen. Sein Bruder Traugott Bromme wurde als Verfasser von Auswanderungsschriften bekannt.

Lit.: ADB, Bd. 3, S. 352; DBE, Bd. 2, S. 144-145; K. Demeter, K. R. Brommy, in: NDB, Bd. 2, S. 633; Deutsche Marine. Die erste deutsche Flotte, Brhv. 1979; A. Eckhardt u. a. (Hrsg.), Brake. Geschichte der Seehafenstadt an der Unterweser, Oldenburg 1981, S. 156-175; E. Eilers, Rudolf Brommy, in: Sächsische Lebensbilder, Bd. 2, 1938, S. 23-37; H. Friedl, Brommy, in: Biogr. Hbd. Oldb., S. 95-97; R. Güth, Gedenk des Wackeren u. gedenkt der Tage, in: Schiff+Zeit/Panorama maritim 53 (2001), S. 17-21; I. Sax (Szenenfolge), Brommy. Die Freiheit der Meere, 1998; W. Hubatsch, Die erste deutsche Flotte 1848-1853, Herford 1981; Körtge, Straßennamen, S. 66; Mitteldeutsche Köpfe, Frankf. 1959, S. 33; K. M. Reichert (Hrsg.), Marine an der Unterweser, Brhv. 1990, S. 9-38; B. E. Siebs, Karl Rudolf Brommy, in: Nds. Lbb., Bd. 1, S. 28-40; ders., Lebensbilder, S. 66-69; C. Uhlrich, Carl Rudolf Brommy. Der Admiral der ersten deutschen Flotte, Bln. 2000; H. Bei der Wieden, Brommy, in: Lebensläufe, Bd. 1, S. 68-71; H. J. Witthöft, Lexikon zur deutschen Marinegeschichte, Bd. 1, Herford 1977, S. 44.
Werke: (R. Termo), *Skizzen aus dem Leben eines Seemanns* (1832); *Die Marine. Eine gemeinfassliche Darstellung des gesamten Seewesens* (1848, 3. Aufl. hrsg. m. H. v. Littrow 1878, Repr. 1982); *Marine-Dienstreglements* (1848); D. G. Gross (Hrsg.), *Gedichte von Admiral Brommy* (1994).
P.: Bronzebüste Marineschule Mürwik; Holzschnitte in: Leipz. Illustr. Ztg. 14 (1850), S. 8, u. 109 (1897), S. 435, sowie Kupferstiche (abgeb. in zahlr. Veröff., u. a. in Eckhardt, Eilers, Reichert, Siebs, Uhlrich, Witthöft, s. Lit.).
E.: Erinnerungsstücke an B. im Museum der oldbg. Weserhäfen in Brake sowie im Hist. Museum Brhv. u. im Dt. Schiffahrtsmuseum in Brhv.; Grabstätte Friedhof Kirchhammelwarden; Gedenkstein in Leipzig; Bundesmarine: Schulfregatte BROMMY (1959-1967); Straßenbenennung Brhv.-Gmde. (1925).

L. U. S.

Brust, Herbert Otto Waldemar; *Musiker, Komponist, Musikerzieher.* * 17.4.1900 Königsberg, † 26.6. 1968 Bremerhaven (ev.). Als 14jähriger begann B. mit dem Orgelunterricht und versah schon als Schüler in seiner Geburtsstadt vertretungsweise den Orgeldienst am Dom und an der Löbenichtschen Kirche. Dem Besuch des Löbenicht-Realgymnasiums in Königsberg folgten von 1919 bis 1922 ein Studium an der Akademischen Hochschule für Musik (Domorganist Walter Fischer) und am Institut für Kirchen- und Schulmusik in Berlin sowie die Teilnahme an der Meisterklasse für Komposition unter Friedrich E. Koch (1922-1923). Danach war er für kurze Zeit als Organist in

Berlin und als Chordirigent in Königsberg tätig. Anschließend zog er sich, seit 1924 mit der Musiklehrerin Edith B., geb. Böhme verheiratet, nach Neukuhren (Samland) zurück, wo er sich als Kirchenmusiker seinem kompositorischen Schaffen widmete. Seit 1928 war er auch Mitarbeiter des Ostmarkenrundfunks; in diesem Zusammenhang erhielt er 1940 eine Professur an der Univ. Königsberg. 1941 zum Wehrdienst eingezogen, kam B. nach Entlassung aus kurzer Kriegsgefangenschaft im August 1945 als Flüchtling nach Bremerhaven. Hier übte er sogleich im Auftrag des ev.-luth. Gesamtverbandes die Tätigkeit eines Organisten an der Schiffdorfer Kirche aus, bevor er 1947, zunächst vertretungsweise zusammen mit seiner Frau und mit eingeschränkter Stundenzahl, in den Schuldienst des Magistrats eingestellt wurde. Als Musiklehrer entfaltete er an der Wilhelm-Raabe-Schule und von 1950 bis zu seiner Pensionierung 1965 an der Humboldtschule eine umfangreiche und allgemein anerkannte musikpädagogische und künstlerische Tätigkeit. Daneben nahm er weiterhin die Aufgabe des Organisten in der Schiffdorfer Kirche wahr. Als Komponist wurde er vor allem durch seine heimatverbundenen Werke bekannt, die z. T. in Zusammenarbeit mit dem Sender Königsberg entstanden, darunter auch durch das Ostpreußenlied »Land der dunklen Wälder« (aus der »Ostpreußenkantate«), das zum Stammlied der ostpreußischen Landsmannschaften wurde. Darüber hinaus komponierte er in den 1950er Jahren feinsinnige Kammermusikwerke und Lieder. 1949 gründete er den Romowe-Verlag, in dem vor allem seine eigenen Kompositionen erschienen.

Lit.: DBI, S. 466; DBA II 190, 58-61; DBE, Bd. 2, S. 176; Dt. Musiker-Lexikon, S. 167; Linder, S. 30; Riemann, 12. Aufl. 1959, S. 243; H. Brust, Aus meinem Leben, in: Ostpreußische Musik. Mitt.bl. d. ostpr. Musikges. 1937, S. 5-7.
Qu.: NZ, 28.6.1968; StadtA Brhv., Personalakte H. B.
Werke: Verz. bis 1937 in: *Aus meinem Leben* (s. Lit., S. 6-7), zahlr. Lieder, Kantaten, Orchesterstücke und Kammermusik, u. a. *Ostpreußenkantate*.
P.: Foto (ca. 1954) in StadtA Brhv. (Pers.akte).

H. Bi.

Buchholz, Georg Heinrich **Adolf**; *Wasserbauingenieur, Baurat und Admiralitätsrat.* * 13.12.1803 Hameln, † 15.7.1877 Berlin *(ev.).* Nach einer Fachausbildung war B. im Bereich der kgl. hann. Generaldirektion des Wasserbaus tätig. Um 1835 wurde er Leiter der Wasserbauinspektion Oberweser in Hameln, wo er maßgeblich am Ausbau der Weser und am Bau der Hamelner Westbahn beteiligt war und wo nach seinen Entwürfen 1843 der Georgsturm auf dem Klütberg errichtet wurde. Seit etwa 1847 Wasserbauinspektor in Emden, führte er dort umfangreiche Deich- und Schleusenarbeiten sowie die Erweiterung der Hafenanlagen durch. 1847 heiratete er Katharina Magdalena Oltmanns, die Tochter eines Emder Rechtsanwalts und Notars. 1857 wurde er, inzwischen Wasserbaudirektor mit dem Titel eines Baurats, mit dem weitaus anspruchsvolleren und umfangreicheren Projekt des Geestemünder Handelshafens betraut. Für das bei der Generaldirektion der Eisenbahnen ressortierende Vorhaben – wie zuvor schon in Emden eine kombinierte Hafen- und Eisenbahnanlage – kamen B. die Planung, technische Ausführung und Gesamtverantwortung zu, während für spezielle Wasserbaumaßnahmen der örtlich zuständige Wasserbauinspektor → August Dinklage herangezo-

gen und zur Abstimmung mit der Verwaltung der Leher Amtmann → Adolph Schönian beteiligt wurde. Von B. stammt der 1859 entworfene und danach mehrfach leicht veränderte bzw. in andere Zeichnungen als Vorlage übernommene »Plan des Seehafens Geestemünde«, der eine Gesamtbestandsaufnahme der räumlichen Situation in Bremerhaven, Geestemünde und Geestendorf enthält. Nach der offiziellen Eröffnung der Anlagen (Eisenbahn und Bahnhof Juni 1862, Hafen Juli 1863) übernahm B. in Hannover wieder Aufgaben für die Generaldirektion des Wasserbaus und betreute dann auch in preußischer Zeit als Oberbaurat eine Reihe von wichtigen Bauvorhaben, so u. a. Planung und Leitung der ersten Bauabschnitte der Weserschleuse in Hameln (1868-1870). 1870 noch im Alter von 67 Jahren als Geh. Admiralitätsrat und Vortr. Rat nach Berlin berufen, beendete er dort seine Laufbahn mit den Planungen für die Kriegshäfen in Kiel und Wilhelmshaven.

Lit.: Behrens, S. 55-60; Dt. Geschlechterbuch, Bd. 180 (Nds. Geschlechterbuch, Bd. 16), S. 164-165; Geschichte der Stadt Hameln, hrsg. von H. Spanuth u. R. Feige, Hameln 1983, S. 224, 225 u. 310; A. Janowitz, Der Geestemünder Handelshafen 1850-1930, in: Brhv. Beitr. III, S. 9-90, hier S. 21-49; Körtge, Straßennamen, S. 67; Schwarzwälder, Vorgängergemeinden, S. 102-105.

Qu.: StadtA Brhv., Reg. (Hahn); Auskunft StadtA Hameln Febr. 2001.

Werke: u. a. *Der Hafenbau zu Geestemünde*, in: Zschr. d. Architecten- u. Ingenieurvereins f. d. Kgr. Hannover 11 (1865), Sp. 45-58, 212-225.

P.: Foto (Repr. von Glasplatte, ca. 1860) in StadtA Brhv. (Orig. in Privatbes.); Foto in Spanuth/Feige (s. Lit.), Tafel 18.

E.: Ehrenbürger Hameln (1870); Straßenbenennung Brhv.-Gmde. (1963 aufgeh.).

H. Bi.

Buchholz, Oltmann; *Marineoffizier. * 27. 3.1862 Geestemünde, † 22.6.1900 Chiku-Arsenal vor Tientsin (China) (ev.).* Der einzige Sohn des Wasserbauingenieurs → Adolf Buchholz wuchs, nachdem die Familie berufsbedingt Geestemünde bald nach seiner Geburt verlassen hatte, in Hannover und Berlin auf. 1879 trat er in die Kaiserliche Marine ein. Nach Ausbildung zum Seeoffizier bewährte er sich in zahlreichen Bord- und Landkommandos u. a. als Kommandant, Erster Offizier und Kompanieführer. Seit 1898 beim Ostasiengeschwader stationiert und für den Sommer 1900 zur Rückkehr nach Deutschland bestimmt, nahm er im Juni 1900 als Korvettenkapitän und I. Offizier des großen Kreuzers SMS KAISERIN AUGUSTA an den durch den »Boxeraufstand« ausgelösten Kampfhandlungen in China teil. Er gehörte zu der 2.000 Marinesoldaten umfassenden internationalen, unter Führung des britischen Admirals Edward H. Seymour stehenden Expedition, die für den Entsatz der in Peking eingeschlossenen ausländischen Diplomaten sorgen sollte, die ihr Ziel jedoch nicht erreichte. Auf dem verlustreichen Rückzug nach Tientsin fand B., der die Kompanie der KAISERIN AUGUSTA befehligte, in der durch den berühmten Befehl »The Germans to the Front« eingeleiteten Aktion als einer der wenigen deutschen Offiziere den Tod. Er wurde an Ort und Stelle bestattet; eine offizielle militärische Beisetzungszeremonie fand später in Berlin statt. Die Umstände von B.s Tod waren zudem Gegenstand der Berichterstattung in der zeitgenössischen deutschen Unterhaltungspresse. Der Fehlschlag der Seymour-Expedition bildete zusammen mit der gleichzeitigen Ermordung des deutschen Botschafters Clemens v. Ketteler in Peking den Auslöser für die mit Kaiser Wilhelms II. berüchtigter »Hunnenrede« verbundene militärische Expedition, für die im Juli und August 1900 an der Bremerhavener Kaiserschleuse deutsche Truppen nach China eingeschifft wurden.

Lit.: DBI, S. 470; Biogr. Jb. u. Dt. Nekr., Bd. 5 (1903), Totenliste; S. Kuß u. B. Martin (Hrsg.), Das Deutsche Reich und der Boxeraufstand, Mchn. 2002; J. Scheibert, Der Krieg in China 1900-1901, Bln. 1909, S. 292-300; H. Sieberg, China im Zeitalter des Imperialismus, in: ders. u. H. Mainzer (Hrsg.), Der Boxerkrieg in China 1900-1901. Tagebuchaufzeichn. d. spät. Hildesheimer Polizeioffiziers Gustav Paul, Hildesh. 2001, S. 13-54, hier S. 43-57; E. Wilhelmy, China. Land und Leute. Illustrierte Geschichte d. Reiches u. seiner Wirren, Bln 1904, S. 558-576; Lübben, S. 128-149 (Hunnenrede).
Qu.: Gartenlaube 1900, Nr. 29, Beil. 2, S. 2; Illustr. Unterhaltungs-Blatt (Beilage z. PZ) 1900, S. 260, 262; StadtA Brhv., Reg. (Hahn).
P.: Foto in (s. Lit.) Gartenlaube, Ill. Unterh.-Bl. u. Wilhelmy, S. 572.

H. Bi

Bucksath, Jacobus Johannes; *Dekorationsmaler.* * 19.7.1829 Bremerhaven, † 19.5.1890 Bremen (ev.). Es gehört zu den unausrottbaren Legenden, daß B. das erste in Bremerhaven geborene Kind gewesen sei. Sie geht zurück auf eine mißverstandene Bemerkung → Theodor Sachaus, der B. als den ersten sozusagen »waschechten«, d. h. von ständig in Bremerhaven lebenden Eltern geborenen Bremerhavener Jungen bezeichnete, denn die Mehrzahl der in der Anfangszeit Geborenen stammte von vorübergehend beim Hafenbau beschäftigten, meist holländischen Eltern ab. Tatsächlich firmiert B. in der Reihenfolge als das 15. in Bremerhaven geborene Kind und als der 8. Junge. Das erste Kind war allerdings ein Mädchen: Louise Deetjen, verh. → Hasse. Sie wurde schon mehr als ein Jahr zuvor geboren und hat daher, auch in der Definition Sachaus, ebenso als eine »waschechte« Bremerhavenerin zu gelten.

B. wurde als Sohn des nach der Übernahme des Bremerhaven-Distrikts 1827 von Bremen abgeordneten Polizeidragoners und späteren Gastwirts Joh. Heinr. B. geboren. Nach der Schulzeit besuchte er, der vom Bremer Senat aufgrund seiner Begabung ein Stipendium erhielt, von 1848 bis 1852 die Akademie der bildenden Künste in München, von deren Direktor, dem bayrischen Hofmaler Wilhelm von Kaulbach, er gefördert wurde. So durfte er in Aschaffenburg, wo er sich während des Studiums mehrfach aufhielt, bei der künstlerischen Ausgestaltung des Pompeianeums sowie in Berchtesgaden an den Fresken der »königlichen Villa« mitwirken. 1854, nach seiner Eheschließung mit einer gebürtigen Aschaffenburgerin, zog er nach Bremen, wo er ein offenbar florierendes Geschäft für Kunst- und Dekorationsmalerei betrieb. In seiner Geburtsstadt Bremerhaven, die er verschiedentlich aufsuchte, beteiligte er sich 1869/70 am Bau zweier repräsentativer Wohn- und Geschäftshäuser; an der Außenfassade des einen ließ er eine von dem Bremer Bildhauer Diedrich Kropp gemeißelte Sandsteinstatue → Johann Smidts aufstellen. Seine Dekorationsmalereien beruhten oft auf fremden Entwürfen; eigene Gemälde sind nur selten, meist in Privatbesitz, anzutreffen. Sein Sohn Max B. wirkte später in München und Bayreuth als Opernsänger.

Lit.: Grapenthin, S. 105-108, 483, 527; M. Ernst, Der Marktplatz, Brhv. 1988, S. 25; Sachau, S. 57, 157-160.
Qu.: NWZ, 29.4.1927 (Jub.ausg.); NZ, 22.10.1948, 10.6.1988, 13.2.1995; StadtA Brhv., Zivilst.reg., Geb. 1828-1830.
P.: Gemälde im Hist. Mus. Brhv. (Foto u. a. in Grapenthin, S. 106).

H. Bi.

Bülken, Boetius; *Fuhrhalter, Grundeigentümer, Gastwirt;* * *15.4.1794 Geestendorf,* † *6.3.1857 Geestendorf (ev.).* B.s Name ist eng mit den Anfängen Bremerhavens und Geestemündes sowie des Straßenverkehrs nach Bremen verbunden. Der aus einer Geestendorfer Familie stammende Landwirt machte sich den Waren- und Reiseverkehr geschäftlich zunutze, der mit dem Ausbau Bremerhavens und der Anlage der durch Geestendorf nach Bremen führenden Chaussee ständig im Wachsen begriffen war. Er begründete ein Fuhrgeschäft und eröffnete 1840 neben dem 1829 am Ausgangspunkt der Chaussee (heute Elbestr., Ecke Ludwigstr.) errichteten Posthaus eine Gastwirtschaft. Er verfügte außerdem über Grundbesitz im sog. Pasch, wo er seit Ende der 1840er Jahre einen Flurstreifen für den Bau von kleinen Wohnhäusern zur Verfügung stellte. Die dort nach ihm benannte Straße war eine der ersten im späteren »Paschviertel«, das die zunehmende Arbeiter- und Handwerkerbevölkerung Bremerhavens und Geestemündes aufnahm und mit dessen Ausdehnung sich das räumliche Zusammenwachsen Geestendorfs und Geestemündes in den 1850er und 1860er Jahren beschleunigte.

Lit.: Bickelmann, Geestendorf, S. 173-183; Körtge, Straßennamen, S. 68; B. E. Siebs, Der Name »Geestendorfer Pasch«, in: Ndt. Hbl. 93 (Sept. 1957).
Qu.: Ev.-luth. Gesamtverband Brhv., Kirchenbuch Geestendorf, 1794 Geb. Nr. 2, 1857 Todesfälle Nr. 18; StadtA Brhv., Häuserliste Geestendorf, Nr. 184.
E.: Straßenbenennung Brhv.-Gmde.

H. Bi.

Bunnenberg, Lieselotte → Andersen, Lale

Burchard, Gerson Gustav; *Schauspieler, Regisseur, Schriftsteller, Theaterintendant.* * *13.12.1859 Neu-Buckow (Meckl.-Schw.),* † *15.12.1937 Berlin,* ☐ *München (isr., spä-*

ter ev.-luth.). B. entstammte einer jüdischen Kaufmannsfamilie und wuchs überwiegend in Hamburg auf. Dort erlernte er zunächst den Kaufmannsberuf und debütierte nach seiner Schauspielausbildung 1881 am Stadttheater Altona. Es folgten zahlreiche weitere Engagements als Charakterdarsteller in Deutschland, Österreich und der Schweiz, wobei er klassische Rollen bevorzugte. Zunehmend verschrieb er sich auch der Regie. In dieser Zeit verfaßte er neben Novellen und Feuilletonbeiträgen eine Reihe von Dramen und dramaturgischen Arbeiten, darunter auch Bearbeitungen Hans Sachsscher Dichtungen. 1898 am Stadttheater Bremen engagiert, wurde er 1901 als Regisseur an das Prager Landestheater abgeworben, kehrte aber 1903 als Oberregisseur für Oper und Schauspiel nach Bremen zurück. Seit 1901 war er mit der Opernsängerin Olga Hubenia (1871-1964) verheiratet; mit ihr teilte er die Wagner-Verehrung, die später in seine Spielplangestaltung einfloß. 1911 wurde er zum Direktor des neuerbauten Bremerhavener Stadttheaters berufen. Dieses Amt übte er zunächst als Generalpächter aus, bis die Stadt Bremerhaven das Theater 1919 in eigene Regie übernahm und B. in Form eines Privatdienstvertrages mit Pensionsberechtigung beschäftigte. Er trug aber weiterhin, seit 1927 unter dem Titel »Intendant«, sowohl die künstlerische als auch die geschäftliche Verantwortung. Dazu gehörte auch, daß er von Anfang an das Orchester des Musikdirektors → Otto Albert an sein Haus zu binden verstand. In der 1919 durch den I. Weltkrieg hervorgerufenen Theaterkrise durch Stadtdirektor → Waldemar Beckè gestützt, gelang es ihm, da er auch über kaufmännische und organisatorische Begabung verfügte, in den 1920er Jahren, das Theater trotz aller unvermeidlichen Einschränkungen in eine glanzvolle Ära zu führen. Indem er zahlreiche renommierte Künstler, die auf ihrer Reise in die USA in Bremerhaven Station machten, zu Gastspielen verpflichtete, gewann das Haus überregionales Profil, wie es auch als Sprungbrett für talentierte Schauspieler und Sänger diente. Ferner konnte B. dem Theater durch enge Zusammenarbeit mit der 1921 gegründeten Besucherorganisation »Volksbühne« breitere Schichten zuführen. Am 31.7.1931 trat B., kurz nach seinem 50jährigen Bühnenjubiläum, in den Ruhestand. Seitdem lebte er in Berlin. Nach seinem Tode verzog seine Frau zu Verwandten nach München und ließ ihn dort bestatten.

Lit.: DBI, S. 496; DBA I 165, 341-342, II 202, 132-134; DBE, Bd. 2, S. 229; 100 jüdische Persönlichkeiten aus Mecklenburg-Vorpommern, Rostock 2003, S. 31-32; Ernst, Theater, S. 40-57; A. Meyer, Gustav Burchard, in: Br. Biogr. 1912-62, S. 85-86; Scheper, Jüngere Geschichte, S. 95, 179, 216.
Qu.: NWZ, NVSt., u. PZ, 12.12.1929; Weser-Zeitung, 12.12.1929; StadtA Brhv., Personalakte G. B., Meldekartei Alt-Brhv.
Werke: Verz. in Wer ist's, 1908, S. 198, u. DBA (s. Lit.), u. a. *Lützows wilde Jagd*, *Hans Sachs*, *Friede auf Erden*, *Columbus* (Dramen).
Nachlaß: in Privatbesitz Inge Brandl, München.
P.: Foto in Ernst, Theater, S. 85, u. Scheper, Jüngere Geschichte, S. 95, sowie mehreren Programmheften.

H. Bi.

Busse, Johann **Friedrich** Christoph, eigentl. Wolter, bis 1872 meist Oppermann-Busse; *Fischgroßhändler, Reeder, Unternehmer, Begründer der deutschen Hochseefischerei.* * 24.5.1835 Sibbesse bei Alfeld a. d. Leine, † 31.12.1898 Berlin, ☐ Bremerhaven. Der uneheliche Sohn eines Färbers, dessen Namen er später annahm, kam als 14jähriger nach Bremerhaven, lernte auf der Rickmers-Werft das Handwerk des Schiffszimmermanns und fuhr danach auf Segelschiffen zur See. Beeindruckt von den großen Fischmärkten in New York und Baltimore, gründete er am 1.5.1868 in Geestemünde eine Fischgroßhandlung. B., der zunächst den lokalen Markt bediente, erkannte frühzeitig, daß es zur Vermarktung des Seefisches darauf ankam, eine effiziente Absatzorganisation vor allem ins Binnenland zu schaffen und dort für den Fischkonsum zu werben. Dies gelang ihm nach langen und schwierigen, von mancherlei Rückschlägen begleiteten Jahren intensiver Aufbauarbeit. Verträge mit Finkenwerder, Helgoländer und Norderneyer Fischern sicherten ihm – ebenso wie → Wilhelm Bade, mit dem er zeitweise zusammenarbeitete – eine regelmäßige Anlieferung von frischem Fisch an die südliche Geestekaje, wo andere dann seinem Beispiel folgten. Nach englischem Vorbild stellte er 1885 mit der bei der Bremerhavener Wencke-Werft gebauten SAGITTA den ersten deutschen Fischdampfer in Dienst und läutete damit eine neue Ära der

Hochseefischerei ein, wobei er von dem Präsidenten des Deutschen Seefischerei-Vereins, Dr. Walther Herwig, nachhaltig unterstützt wurde. Trotz mancher Anlaufschwierigkeiten nahm die Geestemünder Hochseefischerei bald einen großen Aufschwung, vor allem nachdem 1888 unter → Daniel Eilert Müller mit der Fischauktion eine dem Fischhandel adäquate Verkaufsorganisation gefunden worden war. 1891 sandte B. den Fischdampfer PRÄSIDENT HERWIG nach Island und erschloß damit ein zukunftsträchtiges Fanggebiet. Parallel dazu schuf er als erster konsequent Einrichtungen zur Verarbeitung und Konservierung des Frischfischs sowie zur logistischen Unterstützung der Reederei. Neben einer Fischräucherei, einer Netzmacherei und einer kurzlebigen Tranfabrik galt seine Sorge vor allem der Eisversorgung, die er durch Nutzung der Gewässer rund um Bremerhaven, durch Eistransporte aus Norwegen sowie durch Anlegung von Eisteichen und Eishäusern sicherstellte. Die Erzeugung von Kunsteis lag damals noch nicht in Reichweite. 1896/97 verlegte er als einer der ersten Geestemünder Reeder seine mittlerweile ansehnliche Flotte sowie seinen Geschäfts- und Wohnsitz von dem angestammten Standort an der Geestekaje bzw. der Straße Am Deich (heute Bussestr.) zu dem neueröffneten Fischereihafen I, wo er auch mehrere Eislagerschuppen errichtete, die erstmals über maschinenbetriebene Transporteinrichtungen aus einem eigenen großflächigen Eisteich versorgt wurden. Seine nahegelegene Villa an der Weserstraße, die später in den Besitz von → Conrad Schlotterhose überging, steht als einziger Überrest dieses Ensembles heute unter Denkmalschutz. In Erinnerung an den Begründer der deutschen Hochseefischerei ließ die Stadt Wesermünde von dem Hamburger Architekten Fritz Höger 1935/36 an der alten Geestebrücke das sog. »Busse-Denkmal« errichten. Nach B.s Tode 1898 führte die Familie das sich ständig vergrößernde Unternehmen weiter. Auf seinen gleichnamigen Sohn (* 3.6.1866, † 25.2.1930) folgten dessen Sohn Fritz (* 23.9.1894, † 11.6.1939) und dessen Schwiegersohn Dr. Walter Wilhelmi (bis 1972). Die Aktivitäten beschränkten sich bei weitem nicht auf den Reedereibetrieb; erwähnt seien beispielhaft die 1906 gegründeten, durch Übernahmen ständig expandierenden Geestemünder Eiswerke sowie 1926/27 die Beteiligung an der Gründung der Atlantic Fischvertriebs-GmbH, einem Zusammenschluß größerer Reedereien zur Steigerung des Fischkonsums. Die Firma Busse entwickelte sich zu einem der größten deutschen Fischereibetriebe. Sie überdauerte die beiden Weltkriege und behauptete sich auch in der Nachkriegszeit unter wesentlicher Beteiligung des Herforder Textilfabrikanten Adolf Ahlers und des Hertener Fleischwarenfabrikanten Karl Schweisfurth. Unter der Leitung des Urenkels Friedrich C. Busse (* 1924) entstand durch zahlreiche neue Firmengründungen eine stark expandierende Unternehmensgruppe, bis 1982 das Busse-Imperium zusammenbrach, wobei die Geschäftsführung wegen Konkursvergehen gerichtlich belangt wurde. Das Konkursverfahren wurde erst im Dez. 1991 abgeschlossen.

Lit.: DBI, S. 515; DBE, Bd. 2, S. 255; Gr. Bremen-Lexikon, S. 131; Beckmann, Reedereien, S. 59-63; H. Bickelmann, Ein Denkmal der Industriekultur. Die »Busse-Villa« und ihr Umfeld in Bremerhaven-Wulsdorf, in: Ndt. Hbl. 601 (Jan. 2000); Busse Fischdampferreederei 1868-1885-1961, Firmenchronik (1961); Heimatchronik, S. 115-126; Höver, Hochseefischerei, S. 25-69; E. Hoffmann, Fischdampfer SAGITTA im Wandel der Zeiten, in: Jb. M.v.M. 64 (1985), S. 217-249; ders., Fr. Busse u. d. erste dt. Fischdampfer SAGITTA, in: Ndt. Hbl. 421 (Jan. 1985); ders.: Fischdampfer SAGITTA in Fahrt, in: Ndt. Hbl. 422 (Febr. 1985); ders., Die ersten Anläufe z. Begründung d. dt. Hochseefischerei, in: Jb. M.v.M. 73 (1994), S. 199-219; Körtge, Straßennamen, S. 70; A. Dierks (Hrsg.), Männer, Trawler, Meere, Brhv. 1961, S. 124-132; G. Rohdenburg, Hochseefischerei an der Unterweser, Br. 1975, S. 83-97; B. Scheper, Busse-Denkmal, in: Bremerhaven, ein hafengeschichtlicher Führer, hrsg. v. L. U. Scholl, Brhv. 1984, S. 43-44; W. Schnakenbeck, Seefischerei: Friedrich Busse u. Walter Herwig, in: Männer die Nahrung schufen, hrsg. v. O. Keune, Hann. 1953, S. 449-474; W. Sauermilch, Friedrich Carl Busse, in: Bremer Profile, hrsg. v. H. Adamietz, Br. 1972, S. 63-74; Schwemer, S. 13; Siebs, Grauer Strand, S. 72-77; ders., Friedrich Busse, in: Nds. Lbb., Bd. 1, S. 39-48; ders., Friedrich Busse, in: NDB, Bd. 3, S. 75.
P.: Gemälde v. K. Becker im Besitz d. Nordsee-Museums Brhv.; Abb. in zahlr. Veröff., u. a. in (s. Lit.) Dierks, S. 125, Höver, S. 35, u. Siebs, Nds. Lbb., S. 39.
E.: Straßenbennung Brhv.-Gmde. (1936), Busse-

Denkmal Brhv.-Gmde. (1936); »Busse«-Villa Brhv.-Wulsdorf, Weserstr., Familiengrabstätte Brhv. Friedhof Wulsdorf.

W. B.

Busse, Margarete Lina Henny, geb. Woltemas; *Förderin der Völkerverständigung.* * 2.2.1899 Bremerhaven, † 14.7.1991 Rottach-Egern (Bayern) (ev.-luth.), ☐ Bremerhaven. Die Ehefrau von Fritz B. (1894-1939, Enkel von → Friedrich Busse), und Mutter des Unternehmers Friedrich C. B. war eine Nachfahrin des Rechtsanwalts → Dr. Carl Jacob Philippi und Enkelin des Musikdirektors Ernst Woltemas. In der Aufbauphase nach dem II. Weltkrieg setzte sie sich drei Jahrzehnte lang für die Verständigung zwischen Deutschland und den Vereinigten Staaten ein. Sie war Mitbegründerin und Vorstandsmitglied (1954-56 Vizepräsidentin, 1957-58 Präsidentin) des deutsch-amerikanischen Frauenclubs in Bremerhaven, dessen Tätigkeit sie prägte, und vertrat anschließend bis 1966 auch die Interessen der norddeutschen Region innerhalb des Verbandes Deutsch-amerikanischer Clubs. Darüber hinaus engagierte sie sich an verantwortlicher Stelle beim Studentenaustausch mit den Vereinigten Staaten. Seit 1983 lebte sie in einem Seniorenheim am Tegernsee.

Qu.: NZ, 17.10.1981, 27.7.1991; StadtA Brhv., Meldekarteiauszug; Magistrat Brhv., Pers.- u. Org.amt, 10-29-73.
P.: Foto in NZ, 17.10.1981.
E.: Bundesverdienstkr. (1981).

H. Bi.

Butenandt, Adolf Friedrich Johann, Dr. phil. habil., Dr. mult. h. c.; *Biochemiker, Hormonforscher, Hochschullehrer, Institutsleiter, Wissenschaftspolitiker.* * 24.3. 1903 Lehe, † 18.1.1995 München (ev.-luth.). Einer väterlicherseits im Hamburger Raum beheimateten Handwerkerfamilie und mütterlicherseits in Beverstedt ansässigen Landwirtsfamilie entstammend, wuchs B. in Lehe auf, von wo aus sein Vater als Handlungsreisender für ein Lüneburger Unternehmen tätig war. B. besuchte die Oberrealschule (heute Lessing-Schule), an der er u. a. durch → Dr. Richard Cappelle in Geschichte unterrichtet wurde. Nach dem Abitur (1921) studierte er Chemie, Physik und Biologie zunächst in Marburg, um dann 1924 zur Univ. Göttingen zu wechseln (Promotion 1927). Als Mitarbeiter des dortigen Chemischen Universitäts-Instituts wurde er 1931 Abteilungsleiter, nachdem er sich zuvor – in enger Zusammenarbeit mit der Schering-Kahlbaum AG in Berlin – mit Forschungen zur Isolierung und Strukturbestimmung von Sexualhormonen habilitiert hatte. 1933 wurde er zum Ordinarius für Organische Chemie an die TH Danzig berufen, an der er seine theoretischen und praktischen Hormonforschungen in die entscheidende Phase führte. 1935 reiste er auf Einladung der Rockefeller-Foundation zu einer Forschungsreise in die USA und nach Kanada; eine ihm angebotene Professur an der Harvard-University in Boston schlug er jedoch aus. Statt dessen übernahm er 1936 die Leitung des Kaiser-Wilhelm-Instituts für Biochemie in Berlin-Dahlem, dessen Direktor Carl Neuberg als Jude von den Nationalsozialisten entlassen worden war. Dieser Einrichtung (seit 1949 Max-Planck-Institut), die kriegsbedingt 1943/44 nach Tübingen und 1956 nach München verlegt wurde, stand er bis 1960 vor. In Verbindung damit nahm er eine Professur für Physiologische Chemie an der Univ. Tübingen und seit 1956 an der Univ. München wahr. In Nachfolge des Atomwissenschaftlers Otto Hahn übte B. von 1960 bis 1972 erfolgreich das Amt des Präsidenten der Max-Planck-Gesellschaft (MPG) mit Sitz in München aus. B.s Name ist vor allem mit seinen bahnbrechenden Erkenntnissen über Aufbau und Wirkungsweise von Sexualhormonen verbunden, für die ihm 1939 der Nobelpreis für Chemie zugesprochen wurde; dieser konnte ihm, da er ihn damals nicht annehmen durfte, allerdings erst 1949 ausgehändigt werden. In Verbindung mit der Analyse biochemischer Prozesse wandte er sich auch der Entstehung von Krebserkrankungen, der Schädlingsbekämpfung, der Genforschung und der Virologie zu. B. stand stets ein umfangreicher institutioneller und personeller wissenschaftlicher Apparat zur Verfügung, dessen er sich in seinen vielfältigen Funktionen als Institutsleiter, Hochschullehrer und Förderer der Wissenschaft virtuos bediente. Er war Mitherausgeber einer Reihe von anerkannten wissenschaftlichen Zeitschriften, u.a. der Zeitschrift für Naturforschung und der Münchener Medizinischen Wochenschrift. Als Präsident der MPG setzte B. wissenschaftspolitische Akzente und festigte deren internationales Ansehen. So führte er in der Phase der Hochkonjunktur der 1960er Jahre nicht nur zahlreiche Institutsgründungen, Umstrukturierungen und zukunftsträchtige personelle Weichenstellungen einschließlich der Nachwuchsförderung herbei; durch enge Verbindung zu Regierungskreisen und durch seine wissenschaftliche Reputation gelang es ihm auch, eine Allianz zwischen den großen Wissenschaftsorganisationen der Bundesrepublik zu schmieden, die insbesondere dazu beitrug, das Verhältnis zwischen den Universitäten und den Max-Planck-Instituten wesentlich zu verbessern. Eine Fülle von ehrenamtlichen Aufgaben in wissenschaftlichen Gremien sowie von z. T. höchsten Ehrungen und Auszeichnungen zeugt von der außerordentlichen Anerkennung, die B. national und international erfuhr. Sein – trotz Eintretens für jüdische Bürger – durchaus ambivalentes Verhältnis zum Nationalsozialismus, sein späteres, der Aufarbeitung des Nationalsozialismus wenig förderliches Agieren und die von ihm geförderte Konzeption eines »politikfreien« Wissenschaftsverständnisses werden von der Forschung in letzter Zeit allerdings auch kritisch gesehen.

Lit.: DBI, S. 516; DBE, Bd. 2, S. 257; Brockhaus, Bd. 4, S. 241; Adolf Butenandt. Das Werk eines Lebens, hrsg. v. d. Max-Planck-Ges., Göttingen 1981, 2 Bde.; C. Böddeker, Adolf Butenandt, in: Lebensläufe, S. 73-75; Dt. Führerlexikon, S. 82; Geschichte der Kaiser-Wilhelm-Gesellschaft im Nationalsozialismus. Bestandsaufnahme u. Perspektiven der Forschung, Göttingen 2000, insbes. S. 189-227, 667-698; Peter Karlson, Adolf Butenandt. Biochemiker, Hormonforscher, Stuttgart 1990; E. Klee, Deutsche Medizin im Dritten Reich, Ffm. 2001, insbes. S. 349-394; Körtge, Straßennamen, S. 40; Kürschner G 1970, S. 398-399; R. N. Proctor, Adolf Butenandt (1903-1995). Nobelpreisträger, Nationalsozialist und MPG-Präsident. Ein erster Blick in den Nachlaß, Berlin 2000; Siebs, Lebensbilder, S. 98-100; Wer ist wer? 1955, S. 160.
Werke: Chronolog. Verz. der Veröff. in Karlson, S. 281-293; Textausgaben d. wichtigsten Veröff. u. Reden in Werk meines Lebens (s. Lit.); Mithrsg. wiss. Zschrn., u.a. Zschr.f. Naturforschung, Münchener Medizinische Wochenschrift, Naturwissenschaften.
Nachlaß: Archiv Max-Planck-Ges., Berlin.
P.: Ölgemälde von I. Henkel (Max-Planck-Ges. München); Fotos u.a. in Lebensläufe, S. 73, Siebs, S. 98, u. Karlson (s. Lit.).
E.: Auflistung in (s. Lit.): Werk meines Lebens, Bd. 2, S. 6-8, Karlson, S. 278-280, u. Böddeker, u. a. Gold. Rienäcker-Med. Univ. Würzburg (1935), Scheele-Med. Univ. Stockholm (1937), Nobelpreis für Chemie (1939), Gold. Med. d. Stadt Wesermünde (1941), Paul-Ehrlich-Preis (1953), Großkr. d. Verdienstordens d. BRD (1985); Straßenbenennung Brhv.-Lehe (1949) u. viele and. Orte, Ehrenbürger Brhv. (1960); zahlr. Ehrendoktorate u. Ehrenmitgliedschaften.

H. Bi.

C

Callenius, Johann Eibe; *Wasserbauingenieur, Oberdeichgräfe.* * 4.7.1786 Alsum (Land Wursten), † 1859 Neu-Fähr (Amt Blumenthal). Der älteste Sohn von Otto Ludwig C., Quartiermeister im Regiment des Generals v. Bremer, wuchs im Lande Wursten auf und befaßte sich schon in früher Jugend mit dem Deichwesen. Der mathematisch begabte Schüler erhielt zunächst Privatunterricht bei Rektor Repsold in Dorum, bevor er von 1800 bis 1804 das Gymnasium academicum in Bremen besuchte. Nach einem Studium der Mathematik und Naturwissenschaften an der Univ. Göttingen nahm er zunächst eine Stelle als Hauslehrer bei dem hamburgischen Amtmann in Ritzebüttel (Cuxhaven), Abendroth, an, was ihm eine zusätzliche praktische Ausbildung bei dem dortigen hamburgischen Wasserbaudirektor Woltmann ermöglichte. Aufgrund seiner außergewöhnlichen Befähigung wurde er zwei Jahre später, zur Franzosenzeit, zum Assistenten des Vorstandes des Deich- und Sielwesens im Herzogtum Oldenburg berufen und nach wenigen Monaten zum Wasserbauconducteur ernannt. 1814 wechselte er zur hannoverschen Regierung, von der ihm das Amt des Oberdeichgräfen für den Weser- und Allerdistrikt der Herzogtümer Bremen und Verden übertragen wurde, ein Gebiet, das von Nienburg bis zum Land Wursten reichte. Dieses Amt bekleidete er unter dem Titel eines Wasserbaudirektors bis 1856. In dieser Eigenschaft hatte er u. a. die Auswirkungen der Sturmflut von 1825 zu meistern, die auch im Bereich des heutigen Bremerhaven große Schäden anrichtete. In deren Gefolge fanden unter seiner Leitung die erforderliche umfassende Deichverstärkung sowie die Verbesserung der Entwässerung durch neue Schleusenanlagen (u. a. auch die Luneschleuse an der Südgrenze Bremerhavens) statt. Ferner war C. mit dem Bau des hannoverschen Nothafens an der Geestemündung und mit dem ersten Ausbau des Hafenortes Geestemünde befaßt. 1848 gingen die Wasserbauaufgaben an der Unterweser weitgehend auf den von ihm geförderten → August Dinklage über. C. nahm seit etwa 1820 mit behördlicher Erlaubnis seinen Wohnsitz im bremischen Vegesack, bis er 1847 ins benachbarte hannoversche Neu-Fähr übersiedelte, wo er sich einen Landsitz errichtet hatte.

Lit.: Behrens, S. 8-40; R. Wiebalck, Johann Eibe Callenius, ein Oberdeichgräfe aus Land Wursten, in: Ndt. Hbl. 30 (Juni 1952).
Qu.: StA Stade, Rep. 80 Wb Tit. 13 Nr. 18.
E.: Großkr. d. kgl. (hann.) Guelphenordens (1843).

H. Bi.

Cappelle, Richard Heinrich August, Dr. phil.; *Pädagoge, Historiker.* * 16.12.1886 Weberkuhle (Kr. Nienburg/Weser), † 16.7.1954 Bremerhaven (ev.). C., der in einem Forsthaus aufwuchs, genoß eine humanistische Schulbildung auf dem Andreaneum in Hildesheim, an die sich von 1906 bis 1910 ein Studium der klassischen Philologie, Geschichte und Germanistik in Göttingen und Innsbruck anschloß. Nach einer pädagogischen Ausbildung und der Promotion er-

folgte 1913 die Berufung an die Oberrealschule in Lehe (heute: Lessing-Schule), wo er eine 40jährige fruchtbare Lehrtätigkeit ausübte. 1949 zum komiss. Direktor der Schule ernannt, übernahm er nach deren Umwandlung in eine Volksoberschule 1950 als Oberstudienrat die Leitung des wissenschaftlichen Zweiges D. Zum 1.4.1953 trat er in den Ruhestand. C. war als Lehrer wegen seiner fachlichen, menschlichen und pädagogischen Qualitäten geschätzt, die er auch in der Zeit des Nationalsozialismus nicht preisgab. Einer seiner Schüler war der spätere Nobelpreisträger → Adolf Butenandt. Als Historiker widmete er sich besonders der Geschichte des Landes zwischen Niederelbe und Niederweser; unter seinen Veröffentlichungen ragen die Edition des Güterverzeichnisses der bremischen Kirche (»Johann Roden Bok«) und der historische Teil der »Kunstdenkmale des Kreises Geestemünde« hervor. Er war Mitglied der Historischen Kommission für Niedersachen. Seit 1913 bei den »Männern vom Morgenstern« aktiv, steuerte er den Heimatbund als Vorsitzender (1941-1945) zusammen mit → Johann Jakob Cordes durch die schwierige Zeit des II. Weltkrieges.

Lit.: Gr. Bremen-Lexikon, S. 133-134; Körtge, Straßennamen, S. 154; B. Scheper, »...you must learn democracy«, Brhv. 1995, S. 24-26; B. E. Siebs, Richard Cappelle und Theodor Schröter zum Gedächtnis, in: Jb. M.v.M. 35 (1954), S. 18-23; P. Torp, Richard Cappelle, in: Br. Biogr. 1912-62, S. 89-90.
Werke: Verz. bei Torp (s. Lit.), S. 90, u. a. *Wissensch. Beitr. z. Geschichte d. Erbentage, namentl. derjenigen d. Grafsch. Mark* (Diss. Göttingen 1913); *Die Stände d. Erzstifts Bremen im 16. Jh.*, in: Jb. M.v.M. 18 (1920), S. 41-61; *Johanis Rode Archiepiscopi Registrum Bonorum et Jurium Ecclesiae Bremensis* (1926); *Die Kunstdenkmale des Kreises Wesermünde, II. Der frühere Kreis Geestemünde* (zus. m. O. Kiecker, 1939).
Nachlaß: StadtA Brhv. (unverz.).
P.: Foto in StadtA Brhv., sowie (s. Lit.) Scheper, S. 24, u. Siebs, S. 18.
E.: Straßenbenennung Brhv.-Leherheide (1971).

G. R.

Castendyk, Johann Heinrich, Dr. jur.; *Rechtsanwalt, Amtmann.* * 29.12.1795 Bremen, † 31.12.1833 Baden-Baden (ev.). C. war ein Neffe des Bürgermeisters → Johann Smidt. Sein Vater, Senator Dr. Gerhard C., war bereits 1801 verstorben, die Mutter, Smidts Schwester, aber offenbar vermögend genug, um den Sohn eine akademische Laufbahn ergreifen zu lassen. C. studierte von 1816 bis 1821 Jura an den Universitäten Göttingen, Heidelberg und Tübingen. Am 12.6.1821 schloß C. das Studium mit der Promotion ab; die Staatsprüfung bestand er am Oberappellationsgericht in Lübeck am 8.9.1821. Seine Zulassung als Anwalt in Bremen erhielt er am 25.9.1821 mit dem Hinweis, er habe seine Rechtskenntnisse auf »alle Weise zu vervollständigen«. Am gesellschaftlichen Leben Bremens nahm C. regen Anteil. Gemeinsam mit seinem jüngeren Bruder und seinem Kollegen → Dr. Johann Daniel Thulesius führte er den jungen, aber schon sehr erfolgreichen Wilhelm Hauff bei Smidt ein, als jener im Spätsommer 1826 Bremen besuchte. Hauff war mit dem jüngeren C. und Thulesius während der gemeinsamen Studienzeit in Tübingen bekannt geworden. Sein 14tägiger Besuch war für C. geprägt durch Ausflüge, Yachtpartien und Diners in Smidts Haus an der Contrescarpe. Für die Nachwelt entstand aus dieser Zeit Hauffs Erzählung »Phantasien im Bremer Ratskeller«. Mit drei anderen Juristen bewarb C. sich beim bremischen Senat um die Stelle des »Beamten zu Bremerhaven«, deren Einrichtung Smidt bereits im April

1827, noch vor der Übernahme des von Hannover erworbenen Hafengeländes, angeregt hatte. C. wurde am 18.5.1827 gewählt und trat am 21.6.1827 sein Amt in Bremerhaven an. Seine Aufgabe war es, eine Großbaustelle – den Hafenbau – zu verwalten und erste Ordnungsstrukturen zu schaffen. Als Amtmann war C. Verwaltungs- und Ordnungspolizei, Strafverfolgungsbehörde und Richter in einer Person. Er schuf eine Krankenversorgung für die Arbeiter des Hafenbaus, griff energisch beim ersten Streik der Bauarbeiter durch, organisierte die Quarantäne auf der Weser, regelte den Zuzug der Neuansiedler und wachte über die Respektierung der Hoheitsrechte Bremens durch die Nachbargemeinden. C. erwies sich als ein loyaler, zupackender Beamter, der auch den Konflikt mit dem sparsamen Senat in Bremen nicht scheute, wenn dies die Situation in Bremerhaven erforderte. Selbstbewußt, mit persönlichem Mut und mit Diplomatie wußte er die Interessen Bremens strikt wahrzunehmen. Mit peinlicher Genauigkeit erstattete er über die Ausübung seines Amtes zweimal wöchentlich seine Berichte nach Bremen. C. blieb unvermählt. Die rauhe Witterung und auch die im Küstengebiet noch herrschende Malaria (»kaltes Fieber«) setzten seiner schwachen Gesundheit zu. Ende 1830 mußte er um Genesungsurlaub bitten, aus dem er infolge eines Lungenleidens nicht zurückkehrte. Auf sein Gesuch entließ ihn der Senat am 18.4.1832 ehrenvoll aus seinem Amt. Nachfolger wurde Joh. Daniel Thulesius, der ihn bereits während seiner häufigen Krankheiten regelmäßig vertreten hatte.

Lit.: Bessell, S. 208 f., 216-218, 220 f., 238, 242, 264, 285; Ernst, Colonie, S. 22-58, 60, 67, 71, 88, 128; F. Pfäfflin (Bearb.), Wilhelm Hauff und der Lichtenstein, in: Marbacher Magazin 18 (1981), S. 41f.; Sachau, S. 54, 55, 144, 211.
Qu.: StABr., Q g s 10.A.3.b.2.a., u. 2-Q 9 Nr. 157 u. 162; Die Maus, Ges. f. Fam.forschung, Bremen, Akte Castendyk.

A. W. u. M. E.

Claas, Gustav; *Architekt.* * 28.5.1876 Detmold, † 23.3.1932 Wesermünde *(ev.).* C., dessen Vater ein Baugeschäft betrieb, besuchte die Baugewerkschulen in Detmold und Bielefeld. Anschließend arbeitete er in Bielefeld, Hof und Hildesheim und kam 1903 nach Geestemünde, wo er eine Anstellung bei der kommunalen Bauverwaltung fand. Nachdem er sich 1905 als Architekt selbständig gemacht hatte, zeichnete er für zahlreiche Wohn-, Geschäfts- und Industriebauten verantwortlich. Sein erstes größeres öffentliches Projekt in den Unterweserorten war 1913 das Seemannsheim im Fischereihafen. Während des I. Weltkrieges wurde C. aufgrund einer Verletzung zu Fortifikationsarbeiten in Wremen eingesetzt. Nach Kriegsende avancierte er zum Hausarchitekten des Geestemünder Bauvereins und der Eisenbahner Spar- und Baugenossenschaft. Mit der Siedlung Geestemünde-Süd (1919-1924), die weitgehend nach seinen Entwürfen entstand, sowie mit den Wohnblöcken des Geestemünder Bauvereins im Bereich des Hauptbahnhofs (Elsässer Str., 1926-29) setzte er in Geestemünde architektonische Maßstäbe, die er auch auf andere Stadtteile übertrug (u. a. Genossenschaftswohnungen an der Langener Landstr. in Lehe). Unter dem Einfluß von → Friedrich Ostermeyer konzipierte und errichtete er nach einem Modellwettbewerb 1929/30 den damals aufsehenerregenden Neubau des Druck- und Verlagsgebäudes der sozialdemokratischen »Norddeutschen Volksstimme«, mit dem er die Formensprache des »Neuen Bauens« aufgriff. Ansonsten vertrat C. eine gemäßigte, z. T. expressionistisch gefärbte Moderne, wobei er hartgebrannten (Bockhorner) Klinker, wie auch im Falle der »Norddeutschen Volksstimme«, bevorzugte. Besonderes Augenmerk legte er auf die Harmonisierung von Fassade und Innenarchitektur, insbesondere auf die funktionale Gestaltung der Grundrisse im Sinne moderner Nutzungsanforderungen bei Wohnungen (Kleinküche, Bäder, Belichtung) und Gewerbebauten (rationelle Betriebsabläufe wie etwa bei der »Norddt. Volksstimme«).

Lit.: U. Weiher, Architektur und Wohnungsbau der 20er Jahre, Brhv. 1995, S. 25-27; K. Kähler, Historische Stadtrundgänge Bremerhaven, Brhv. 1993, Bl. Geestemünde, Nr. 10, Bl. Fischereihafen, Nr. 4, Bl. Rund um den Fisch, Nr. 10.
Qu.: StadtA Brhv., Chronik der Familie Claas sowie Lebenserinnerungen von Elfriede Pitzner (Tochter von G. C.)
P.: Foto in Weiher (s. Lit.), S. 25.
E.: Preuß. Kronenorden IV. Kl.

U. W.

Claussen, Federico Wilhelm Eusebio; *Bauingenieur, Hafenbaudirektor, Parlamentarier; * 14.8.1865 Mexico City, † 17.5.1940 Bremerhaven (ev.).* Der Sohn eines in Gravenstein (Nordschleswig) beheimateten, zeitweise in Mexiko tätigen Kaufmanns besuchte das Realgymnasium in Flensburg und studierte von 1884 bis 1889 an der TH Hannover Bauingenieurwesen. Seine ersten beruflichen Stationen waren die Eisenbahndirektion Hannover (Hauptbahnhof Bremen und Eisenbahnbrücke über die Lesum) und das Bauamt in Gießen. Seit 1892 war C. im bremischen Staatsdienst tätig, und zwei Jahre später begann in der Deputation für Häfen und Eisenbahn sein beruflicher Aufstieg vom Abteilungsingenieur zum Hafenbaudirektor in Bremerhaven. Als örtlicher Bauleiter hatte er unter Hafenbaudirektor → Rudolf Rudloff maßgeblichen Anteil an der großen Kaiserhafenerweiterung mit dem Bau der Großen Kaiserschleuse, dem Kaiserdock I, dem Dockvorbassin und dem Reparaturbecken. Nach kurzer Abwesenheit, in der er als Bauleiter für die Unterweserkorrektion Verantwortung trug, wurde C. 1905 wieder nach Bremerhaven delegiert, wo er die neue Stelle der Bauinspektion für die Hafenerweiterung antrat. Nach der Pensionierung Rudloffs 1912 übernahm Baurat C. als Hafenbaudirektor bis zu seiner Pensionierung 1930 die Leitung des Hafenbauamts Bremerhaven. In seine Amtszeit fielen der Bau der Kaiserhäfen II und III, die Errichtung des Verbindungshafens und des Kaiserdocks II sowie die Fertigstellung der Columbuskaje mit dem Columbusbahnhof und schließlich der Bau des eindrucksvollen Nordschleusenensembles. Sein Nachfolger wurde → Arnold Agatz, der Konstrukteur der Nordschleuse. C. betätigte sich auch politisch, indem er von 1912 bis 1918 Bremerhaven als Abgeordneter in der bremischen Bürgerschaft vertrat.

Lit.: D. J. Peters, Von der Lloydhalle zum Columbusbahnhof, in: K. Schulz (Hrsg.), Hoffnung Amerika, Brhv. 1994, S. 71-80; ders., Bewegliche Brücken in Bremerhaven, in: Jb. M.v.M. 74 (1995), S. 177-214, hier S. 181-184, 194-196, 201-203; ders., 100 Jahre Kaiserschleuse Bremerhaven, in: Ndt. Hbl. 572 (Sept. 1997); ders., Kaiserdock I mit Maschinenhaus 100 Jahre in Betrieb, in: Ndt. Hbl. 596 (Aug. 1999); C. Thalenhorst, F. W. E. Claussen, in: Br. Biogr. 1912-62, S. 93-

94; C. H. Tillmann, Der Bau der Nordschleusenanlage in Bremerhaven, in: Die Bautechnik 9 (1931), S. 730-31. Qu.: StadtA Brhv., Meldekartei Alt-Brhv., Nachlaß F. Claussen.
Werke: *Die Bremerhavener Hafen- und Dock-Anlagen u. d. Erweit. i. d. Jahren 1892-1899* (1903, zus. m. R. Rudloff u. O. Günther); *Die bremischen Häfen*, in: Werft, Reederei, Hafen 7 (1926), S. 222-258 (zus. m. Hacker); *Hundert Jahre Bremerhavener Häfen*, in: Die Weser 6 (1927), S. 299-311; *Neuere Verkehrsanlagen im Bremerhavener Hafengebiet*, in: Dt. Bauwesen 3 (1927), S. 278-280.
Nachlaß: Mat. im StadtA Brhv.
P.: Foto im StABr.

D. J. P.

Claussen, Georg Wilhelm, Dr.-Ing. h.c.; *Schiffbauer, Werftdirektor.* * 23.1.1845 Bremerhaven, † 19.6.1919 Bremerhaven (ev.).
C., Sohn eines aus Brake stammenden Bremerhavener Spediteurs, hatte auf der Tecklenborg-Werft eine vierjährige Lehrzeit als Schiffszimmermann absolviert und war für weitere vier Jahre nach Schottland zu dem berühmten Schiffbauunternehmen Caird & Co. in Greenock am Clyde gegangen, wo er als Zeichner und Konstrukteur arbeitete und wo er sich mit der modernen Eisen- und Dampfschiffbautechnologie vertraut machen konnte. Nach seiner Rückkehr 1869 trat C. wieder in seinen Lehrbetrieb ein und durchlief hier eine steile Karriere bis zum Schiffbaudirektor mit weitgehenden Vollmachten. Zusammen mit → Eduard Tecklenborg, dem Sohn des kaufmännischen Teilhabers der Werft → Franz Tecklenborg, erhielt C. 1872 Prokura, übernahm nach dem Tode des technischen Leiters der Werft → Johann C. Tecklenborg 1873 dessen Funktion und konnte 1876 als Teilhaber für das Unternehmen gewonnen werden. C. sowie Franz und Eduard Tecklenborg leiteten rechtzeitig den Übergang zum industriell betriebenen Schiffbau ein, indem sie auf dem Wählacker am Geestemünder Geesteufer seit den 1880er Jahren eine moderne und großzügige Fertigungsstätte für den Eisen-, Stahl- und Dampfschiffbau errichteten und diese konsequent zu einem der führenden Werftbetriebe in Deutschland ausbauten. Mit der 1897 erfolgten Gründung der Aktiengesellschaft Johann C. Tecklenborg bestimmten C. und Eduard Tecklenborg weiterhin als Direktoren die Geschäftspolitik. C. stand bis zu seinem Tode dem Unternehmen als technischer Direktor vor und war die eigentliche Triebkraft der Firma, in der viele junge Schiffbauingenieure ihre Kenntnisse erweitern konnten. Er erwies sich als der geborene Techniker, der es verstand, sein Wissen und seine Erfahrung sowohl im Holz- und Segelschiffbau als auch im Eisen- und Dampfschiffbau in vielen hervorragenden Schiffen unterschiedlichster Bauart umzusetzen, wie z. B. den hölzernen Polarexpeditionsfahrzeugen GERMANIA und ADMIRAL TEGETTHOFF, der Umrüstung der ANDROMEDA zum ersten Überseetankschiff der Welt, den stählernen Fünfmastseglern POTOSI und PREUSSEN für die berühmte Segelschiffsreederei F. Laeisz aus Hamburg oder den 20.000 BRT großen kombinierten Passagier- und Frachtdampfer JOHANN HEINRICH BURCHARD. Die Leistungen C.s, der jahrelang in der Geestemünder Handelskammer, in der Schiffbautechnischen Gesellschaft und als Beisitzer im Reichsoberseeamt tätig war, fanden ihre Anerkennung u. a. in der Ernennung zum kgl. preußischen Baurat und in der Verleihung der Ehrendoktorwürde der TH Berlin-Charlottenburg. Er erhielt ferner zahlreiche Orden und Auszeichnungen und war fast vier Jahrzehnte

als österreichisch-ungarischer Vizekonsul tätig. Außerdem bestimmte die Schiffbautechnische Gesellschaft ihn zu ihrem Ehrenmitglied. Kurz vor seinem Tode trug ihm die Gemeinde Geestemünde am 6.3.1919 die Ehrenbürgerschaft an. Die zur Werft führende Dockstraße wurde ihm zu Ehren in »Claussenstraße« umbenannt. Obwohl heute auf dem Gelände der Marineoperationsschule, dem früheren Tecklenborg-Areal, bis auf das Kessel- und Maschinenhaus und eine Mosaikplatte mit den Anfangsbuchstaben »J C T« aus dem Fußboden der Eingangshalle des ehemaligen Verwaltungsgebäudes und am südlichen Geesteufer bis auf die Einfahrt des einstigen »König-Georgs-Docks« nichts mehr an baulichen Überresten von der Werft Joh. C. Tecklenborg im Stadtbild Bremerhavens vorhanden ist, bleibt der gute Ruf der Firma Tecklenborg unvergessen, der untrennbar mit den Leistungen C.s, des wohl bedeutendsten Schiffbauers an der Geeste, verbunden ist.

Lit.: DBI, S. 562; DBE, Bd. 2, S. 337; Gr. Bremen-Lexikon, S. 140; Gabcke, Bd. I (1827-1918), S. 168-169; H. Hamecher, Königin der See. Fünfmast-Vollschiff PREUSSEN, Hbg. 1969; ders., Die PREUSSEN und ihr Konstrukteur, in: Ndt. Hbl. 238 (Okt. 1969); O. Höver, Von der Galiot zum Fünfmaster, Bremen 1934, S. 20-27; Körtge, Straßennamen, S. 72; E. Lehmann, Georg W. Claussen, in: 100 Jahre STG, S. 86-87; A. Meyer, Verleihung des Ehrenbürgerrechts durch die Stadt Geestemünde an Georg W. Claussen (1919) und an Georg Seebeck (1920), in: Jb. M.v.M. 48 (1967), S. 82-88; Nachruf auf Georg W. Claussen, in: Schiffbau XX (1919), Nr. 18, S. 517; Peters, Seeschiffbau, S. 126-142; B. E. Siebs, G. W. Claussen, in: Br. Biogr. 1912-62, S. 95-96; ders., Georg W. Claussen, in: Nds. Lbb., Bd. 4, S. 87-97; ders., Lebensbilder, S. 89-91; ders., Grauer Strand, S. 61-67; Wolff, Friedhöfe, S. 49.
P.: Ölgemälde im Hist. Museum Brhv. und DSM (abgeb. u. a. in Nds. Lbb., S. 87 u. Hamecher, s. Lit.).
E.: Kgl. Preuß. Baurat; Ehrendoktor TH Berlin-Charlottenburg (1919); Ehrenmitgl. Schiffbautechn. Ges. (1919); Ehrenbürger Geestemünde (1919); Straßenbenennung Brhv.-Geestemünde (1919); Familiengrabstätte Friedhof Lehe I.

D. J. P.

Claussen, Georg Wilhelm; *Schiffbauingenieur, Werftdirektor. * 14.4.1877 Bremerhaven, † 11.3.1944 Wesermünde (ev.).* Der Sohn des Bremerhavener Kaufmanns Christian H. C. und Neffe von → Georg W. C. war nach dem Abitur am Realgymnasium in Geestemünde (heute Wilhelm-Raabe-Schule) mehr als zwei Jahre praktisch tätig, bevor er ein Studium an der TH Charlottenburg aufnahm, das er offenbar nicht beendete. Nach zwei Studienreisen in die USA war er zunächst bei der Reiherstieg-Werft in Hamburg (1902-1905) sowie bei Schichau in Danzig (1905-1906) beschäftigt und trat 1906 in die Tecklenborg-Werft in Geestemünde ein, wo er dann, gefördert von seinem Onkel, innerhalb weniger Jahre vom Betriebsingenieur zum Oberingenieur, Prokuristen und stellv. Direktor aufstieg. Im I. Weltkrieg befehligte C. als hochdekorierter Reserveoffizier im Range eines Kapitänleutnants ein Bataillon im Matrosenregiment. Nach dem Tode seines Onkels wurde er 1919 Direktor des Unternehmens, stand aber wohl immer im Schatten des Aufsichtsratsvorsitzenden → Eduard Tecklenborg, der im wesentlichen die Werftpolitik bestimmte. Nach der Fusion der Tecklenborg-Werft mit der AG »Weser« wurde er als Vorstandsmitglied in die daraus hervorgehende Deutsche Schiff- und Maschinenbau-AG (Deschimag) in Bremen übernommen. C. war zudem Mitglied der technischen Kommission des Germanischen Lloyd, der Seeberufsgenossenschaft und des Wirtschaftsausschusses der deutschen Werften sowie Vorstandsmitglied des Vereins Deutscher Seeschiffswerften.

Lit.: DBI, S. 562; Reichshandbuch, Bd. 1, S. 271; Wenzel, Sp. 386-387; Wolff, Friedhöfe, S. 49.
Qu.: NWZ, 13.3.1944; StadtA Brhv., Meldekartei Alt-Brhv.
P.: Foto in Reichshdb. u. Archiv DSM.
E.: u. a. Offizier-Ritterkr.; Familiengrabstätte Friedhof Lehe I.

H. Bi.

Claussen, Johann Georg; *Kaufmann, Unternehmer, Kommunalpolitiker, Parlamentarier. * 11.5.1808 Brake, † 29.9.1885 Bremerhaven (ev.).* Der Sohn eines Braker Kaufmanns kam 1833, etwa zur gleichen Zeit wie zwei weitere Mitglieder der weitverzweigten Familie, nach Bremerhaven und gründete dort ein Speditionsunternehmen. Auf diese Weise schon früh geschäftlich mit dem Auswandererverkehr verwoben, suchte

er – ganz im Sinne der bremischen Politik der Auswanderungsförderung durch Auswandererschutz – die Aufenthaltsbedingungen der Auswanderer am Orte zu verbessern. Bekannt wurde er vor allem durch das 1849 von ihm unter Beteiligung bremischer Handelskreise errichtete Auswandererhaus, das den bis dahin verbreiteten Mißständen bei der Beherbergung und Verköstigung der Amerikareisenden erfolgreich entgegenwirkte. Die Einrichtung, die sich wegen schlechter Ertragslage 1863 als Aktiengesellschaft mit bremischem Kapital und unter der Geschäftsführung C.s neu konstituierte, mußte aufgrund veränderter Reisebedingungen, insbesondere der Tatsache, daß sich mit dem Bau der Geestebahn der Aufenthalt der Auswanderer in die Stadt Bremen zurückverlagert hatte, 1865 den Betrieb endgültig einstellen. Kommunalpolitisch aktiv, war C. nicht nur Mitglied des ersten, 1842 ernannten Kirchenvorstandes, der auch den Bau einer eigenen Kirche auf den Weg brachte, sondern er gehörte auch zu den ersten Ortsvorständen und war von 1854 bis 1860 Vorsitzender des mit der Verfassung von 1851 konstituierten Gemeinderates. Im Revolutionsjahr 1848 wurde er als einer von zehn Bremerhavener Vertretern in die bremische Bürgerschaft gewählt, wo er sich insbesondere für die Bremerhavener Verfassung einsetzte. In einer damals üblichen Verbindung von philanthropischen, religiösen und geschäftlichen Motiven und Interessen, die sein Auswandererhausprojekt insgesamt kennzeichnet, stattete er das Auswandererhaus zusätzlich mit hafen- und stadtbezogenen Funktionen aus: mit einer Großküche, einem Hospital und einer Kapelle, die bis zum Bau einer eigenen Bremerhavener Kirche auch für Gottesdienste der Gemeinde zur Verfügung stand. In der damals noch unbesiedelten Leher Heide erwarb er 1850 Ländereien und legte dort einen Hof an (später Gut Blumenau), von wo aus er das Auswandererhaus mit landwirtschaftlichen Produkten versorgte. C. war auch an weiteren wichtigen Unternehmungen beteiligt; so erbaute er zusammen mit → Joh. Hinr. Eits 1838 die erste Wasserleitung Bremerhavens. Dreimal verheiratet, hatte er 13 Kinder; sein ältester Sohn aus erster Ehe, Daniel C., war Begründer einer bis heute unter diesem Namen existierenden Kohlen- und Brennstoffhandelsfirma.

Lit.: Bessell, S. 271, 305, 339, 343, 361-362, 404, 415, 419; Ernst, Colonie, S. 78, 110-114, 120-122, 132-136; D. Strohmeyer, Karlsburg Nr. 12-14. Auswandererhaus, Kaserne, Brauerei, Hochschule, Brhv. 2000, S. 21-50; Sachau, S. 118-119, 168, 171, 176-178, 203-204, 222, Anhang, S. 24; W. Schmidt, Kurze Geschichte d. Stadtteils Leherheide, Brhv. 2000, S. 18-21, 55-59; Vom Auswandererhaus zur Hochschule, Brhv. 1986; Wolff, Friedhöfe, S. 20.

Qu.: Adreßbuch Brhv. 1873; StadtA Brhv., Alt-Brhv. 362/20 Bd. 2; Nordsee-Zeitung, 1.10.1885.

P.: Foto in StadtA Brhv.

H. Bi.

Coldewey, Ernst **Heinrich**; *Nautiker, Navigationslehrer.* * 2.1.1878 Elsfleth, † 15.6.1944 Wesermünde (ev.). Der Sohn eines Bootsmanns absolvierte zunächst eine Ausbildung zum Steuermann und erwarb 1902 das Kapitänspatent. Nach zweijähriger Fahrenszeit bei der Hamburg-Südamerikanischen Dampfschifffahrtsgesellschaft ließ er sich zum Navigationslehrer ausbilden. Von 1912 bis 1943 war er als Seefahrtoberlehrer an der Navigationsschule in Geestemünde

bzw. Wesermünde tätig. Er machte sich durch zahlreiche Veröffentlichungen in Fachzeitschriften, insbesondere über Technik und Anwendung von Kompassen und Sextanten, einen Namen. In Zusammenarbeit mit der in Bremerhaven ansässigen Firma C. Ludolph, bei der er im Auftrag der Deutschen Seewarte nautische Instrumente prüfte, entwickelte er Ende der 1920er Jahre einen Magnet-Kompaß mit besonders kurzer Schwingungsdauer (CZ-Kompaß) sowie einen Libellensextanten mit künstlichem Horizont, der drei Jahre vor einem ähnlichen Patent des Hamburger Unternehmens Plath entstand. Diese vor allem für die Flugzeug- und Luftschiffnavigation wichtigen Instrumente kamen u. a. bei der italienischen Nordpolexpedition des Generals Nobile im Jahre 1928 zum Einsatz. C. starb bei einem alliierten Luftangriff auf Wesermünde.

Lit.: DBI, S. 573; C. Plath 1862-1962, Hamburg 1962, S. 115-119; Hochschule Bremerhaven. 100 Jahre Seefahrtausbildung 1879-1979, S. 40; Lehrbuch der Navigation für die Kriegs- und Handelsmarine, Bremen 1941, Teil II, S. 156-159; Joh. C. Poggendorff, Biogr.-lit. Hwb., Bd. 6, Teil 1, 1936.
Qu.: Brhv. Anzeiger, 6.10.1983.
Werke: Verz. d. Veröff. in Poggendorff (s. Lit.) und bei Helmut Coldewey, Brhv., u. a. *Aeronautische Instrumente bei der Erforschung polarer Gebiete mit Hilfe von Luftschiffen* (1931).
P.: Foto in Privatbesitz (Abl. in StadtA Brhv.).

H. Bi.

Cordes, Hermann Gerhard; *Büchsenmacher, Fabrikant von Seenotrettungsgeräten.* * 5.8.1825 Dalsper (Amt Elsfleth), † 30.10. 1901 Bremerhaven (ev.-luth.). Der Sohn eines Landwirts ging von 1846 bis 1849 bei einem Oldenburger Büchsenmacher in die Lehre, war danach auf Wanderschaft u. a. in Braunschweig tätig und wurde 1851 in das »Marinierkorps« der in Bremerhaven stationierten Flotte von Admiral → Karl R. Brommy aufgenommen, bevor er sich nach deren Auflösung im Jahr darauf selbständig machte. Seit 1861 mit seiner Werkstatt in der Fährstraße ansässig, spezialisierte sich der technisch versierte und experimentierfreudige C. – neben der Fabrikation und dem Verkauf von Handfeuerwaffen, Jagdbedarf, Signalmitteln und Feuerwerkskörpern – zunächst auf die Herstellung von Harpunengeschützen für den Walfang und seit 1869 von Leinenwurfgeräten für die Seenotrettung. Mit einer differenzierten Palette leistungsfähiger Rettungsmittel (Leinenkanonen, Wurfgewehre) für Bord- und Landverwendung erzielte er bald Anerkennung und geschäftlichen Erfolg; so wurden seine Geräte von der Deutschen Gesellschaft zur Rettung Schiffbrüchiger, von zahlreichen deutschen Reedereien und von der Kaiserlichen Marine, aber auch im Ausland eingesetzt. Darüber hinaus wurden ihm zahlreiche, auch internationale Auszeichnungen, Preise und Medaillen zuteil, u. a. 1869 ein Diamantring des preußischen Königs Wilhelm I. Kommunalpolitisch trat er zeitweise als Stadtverordneter (1889-92) und stellv. Branddirektor sowie als langjähriger Vorsitzender des Gewerbevereins in Erscheinung. Nach seinem Tode führten seine beiden älteren Söhne, ebenfalls von Beruf Büchsenmacher, das Unternehmen bis 1917 weiter und verpachteten es dann.

1921 erwarb der Ingenieur und spätere Raketenpionier → Fr. Wilh. Sander das Geschäft. Der jüngste Sohn → Joh. Tönjes C. war später Werftdirektor in Hamburg und Rostock.

Lit.: NZ (Serie), 29.12.1988, 30.12.1988, 3.1.1989, 4.1.1989, 5.1.1989, 7.1.1989; Chr. Ostersehlte, Die Deutsche Gesellschaft zur Rettung Schiffbrüchiger, Hbg. 1990, S. 36; G. Schlechtriem, Harpunengeschütze und Leinenkanonen aus Bremerhaven, in: Ndt. Hbl. 175 (Juli 1964), dort auch weiterer Beitr. v. A. Meyer über C.
Qu.: Adreßbuch Brhv. 1889; PZ, 1.11.1901; StadtA Brhv., Meldekartei Alt-Brhv. (D. Cordes, Fr. W. Sander).
Werke: *Dt. Seerettungswesen u. seine Mittel mit bes. Berücks. d. Wurfgeschosse, Gewehre u. Geschütze* (Brhv. 1900).

H. Bi.

Cordes, Johann Jacob; *Lehrer, Heimatforscher*. * 2.3.1880 Steinkirchen (Kreis Jork), † 1.5.1976 Bremervörde, ☐ Bremerhaven (ev.-luth., später ev.-ref.). Der Sohn eines Marschenbauern absolvierte das Lehrerseminar in Bederkesa, wo er im Juni 1903 seine Abschlußprüfung ablegte. Nach Zwischenstationen als Hilfslehrer in Lehe und Hamburg erhielt er 1904 seine erste Festanstellung an einer Volksschule in Bremerhaven. 1934 von den nationalsozialistischen Machthabern zunächst aufgrund des § 4, später des § 6 des Gesetzes zur Wiederherstellung des Berufsbeamtentums aus dem Dienst entlassen bzw. in den Ruhestand versetzt, wurde C. nach der Kapitulation von der amerikanischen Militärregierung als Lehrer eingestellt und am 1.9.1945 zum Rektor der Zwingli-Schule ernannt. Nach der Versetzung in den endgültigen Ruhestand am 1.6.1947 ging er verstärkt seinen heimatgeschichtlichen Interessen nach. Zahlreiche Ehrenämter und Veröffentlichungen belegen sein Engagement in der Heimatforschung, für das er mehrfach ausgezeichnet wurde. Seit 1905 war er Mitglied des Heimatbundes der »Männer vom Morgenstern«, wo er als Schriftführer (1939-1946) und Vorsitzender (1945-1952) fungierte; zwischen Jan. 1950 und Juli 1951 redigierte er auch das Niederdeutsche Heimatblatt. Als Mitbegründer und Vorsitzender (1945-1948) des Bauernhausvereins Lehe unterstützte und begleitete C. an der Seite von → Dr. Johann Bohls die Arbeit am Freilichtmuseum Speckenbüttel. Ferner war er aktiv u. a. im Bremerhavener Lehrerverein, den er von 1927 bis 1933 leitete, im Verein f. Nds. Volkstum, im Stader Geschichts- und Heimatverein, im Beirat des Nds. Heimatbundes und in der Hermann-Allmers-Gesellschaft. 1946 wurde C. zum Kreisnaturschutzpfleger des Landkreises Wesermünde bestellt; zwischen 1949 und 1961 fungierte er als Ortsheimatpfleger für Bremerhaven. In seinen überaus zahlreichen, meist kleineren Veröffentlichungen widmete er sich vor allem Themen der Volkskunde und des regionalen Brauchtums. Besondere Bedeutung kommt C.s Einsatz für die Entfaltung der »Männer vom Morgenstern« zu, die ihre Tätigkeit nach Überprüfung durch die amerikanische Militärregierung 1947 wieder aufnehmen konnten. C.s Verdienst war es auch, das Morgenstern-Museum nach 1945 wiederaufgebaut und neu konzipiert zu haben. Dazu führte er den durch Kriegszerstörung dezimierten und an sieben verschiedenen Stellen ausgelagerten Sammlungsbestand in geeigneten Magazin- und Ausstellungsräumen wieder zusammen. Nach dem Tod seiner Frau im Oktober 1964 lebte C. bei seinen Kindern in Bremerhaven. Er verstarb in einem Bremervörder Krankenhaus.

Lit.: F. Juchter, Vorsitzende und andere Persönlichkeiten der Männer vom Morgenstern, in: Jb. M.v.M 79 (2000), S. 207-210; W. Steinborn, Die Veröffentlichungen von Johann Jacob Cordes, in: Jb. M.v.M 58 (1979), S. 295-313; Scheper, Jüngere Geschichte, S. 140; H. Körtge, Zur Geschichte des Morgenstern-Museums in Bremerhaven, in: Jb. M.v.M. 75 (1996), S. 251-303, hier S. 271-279.
Qu.: Ndt. Hbl. 182 (Febr. 1965), 243 (März 1970), 303 (März 1975); NZ, 26.5.1962, 29.11.1974; StadtA Brhv, Verein Brhv. Lehrer, Protokollbücher 1914-1933; Hauptamt I Nr. 295; Personalakte J. J. C.
Werke: Verz. der Veröff. in Steinborn (s. Lit.).
P.: Ölgemälde (M. Dehn-Misselhorn, 1975) im Freilichtmuseum Speckenbüttel; Fotos im StadtA Brhv., Abb. u. a. in Jb. M.v.M. 38 (1957), S. 32.
E.: Bundesverdienstkr. (1962); Verdienstorden des Landes Niedersachsen (1963); Hermann-Allmers-Preis (1975).

B. Bo.

Cordes, Johann Tönjes; *Schiffbauingenieur, Werftdirektor.* * 25.2.1878 Bremerhaven, † 9.9.1955 Hamburg-Blankenese (ev.).* Der jüngste Sohn des Fabrikanten → H. G. Cordes besuchte die Realschule in Geestemünde, durchlief eine Lehre bei der Seebeck-Werft und studierte dann am Technikum in Altenburg. Danach arbeitete er acht Jahre lang als Konstrukteur zunächst bei der Seebeck-Werft und dann bei auswärtigen Betrieben (Eiderwerft Tönning, Stülcken in Hamburg, Frerichs in Osterholz-Scharmbeck, AG Weser in Bremen), bevor er 1908 als Bürochef bei der Werft H. C. Stülcken Sohn eintrat, wo er bald zum Prokuristen und 1919, bei der Umwandlung zur Kommanditgesellschaft, zum Mitinhaber avancierte. Als Oberingenieur und Leiter der Neubauabteilung widmete er sich in den 1920er Jahren vor allem dem Bau von Fischdampfern. Als Spezialist auf dem Gebiet der Hochseefischerei hielt er in dieser Zeit enge Kontakte zur Fischwirtschaft. Nach der Neuorganisation der Geschäftsführung schied C. 1928 aus dem Unternehmen aus und wurde zum Direktor der Schiffswerft und Maschinenfabrik AG Neptun in Rostock berufen, die zu dieser Zeit von der Deutschen Schiff- und Maschinenbau-AG (Deschimag) übernommen worden war. C. verstand es, das angeschlagene Unternehmen in dieser wirtschaftlich schwierigen Zeit vor allem mit Reparaturaufträgen über Wasser zu halten, konnte aber 1934 einen Zwangsvergleich nicht vermeiden. Nach der Neugründung unter Beteiligung der Stadt Rostock und des Landes Mecklenburg ergänzte er die schiffbaulichen Aktivitäten durch neue Abteilungen für Eisenhochbau und Vorrichtungsbau für die Flugzeugindustrie. Im Zusammenhang mit Auslandsaufträgen wurde C., der als Freimaurer bekannt war, 1937 wegen Differenzen mit dem von der NSDAP dominierten Aufsichtsrat entlassen. Danach betätigte sich C. in Hamburg als freischaffender Ingenieur, wobei er u. a. beim Bau von Werften in Spanien und Griechenland mitwirkte.

Lit.: DBI, S. 583; E. Hieke, H. C. Stülcken Sohn, Hbg. 1955, S. 100-115; Reichshandbuch, Bd. 1, S. 278; J. Stahl u. a., Neptunwerft. Ein Rostocker Unternehmen im Wandel der Zeit, Rostock 1995, S. 145-169; Wenzel, Sp. 399-400.
E.: Silb. Med. d. dt. Seefischereivereins.

H. Bi.

Cornelius, Cornelius Janssen; *Schiffbaumeister, Werftbesitzer, Gastwirt.* * 10.7.1776 Neuharlingersiel, † 23.4.1842 Bremerhaven (ev.).* Als Bremerhaven 1827 gegründet wurde, befand sich dort schon aus hannoverscher Zeit der kleine Schiffbaubetrieb von C.; der Sohn aus erster Ehe des Schiffszimmermeisters Johann Boyons C. in Neuharlingersiel war zuvor in Hooksiel tätig gewesen und hatte sich 1821 am rechten Geesteufer im Zusammenhang mit dem Bau des hannoverschen Nothafens angesiedelt. Die älteste Werft Bremerhavens war auf dem heutigen Gelände der Goetheschule gelegen, wo sich früher der »Volksgarten« befand und wo später die im II. Weltkrieg zerstörte Stadthalle stand. Dieses bescheidene handwerkliche Reparatur- und Bootsbauunternehmen stellte Boote, Kähne und kleine Fahrzeuge bis zu einer Größe von 120 Tonnen her. Obwohl C. einen guten Ruf als Schiffbauer hatte, machte dieser Betrieb nicht den Aufschwung der übrigen Werften mit, die sich seit 1833 an der Geeste niedergelassen hatten. Gleich nach der Gründung Bremerhavens erhielt C. den Auftrag zum Bau eines Fährprahms, der zwischen dem neuen Hafenort (Fährstraße) und dem hannoverschen Geesteufer verkehrte. Auch konnte er an der westlichen Seite des Hinterhafens, wo der Holzhafen in den Alten Hafen überging, einen Bauplatz für Schiffszimmererarbeiten und zur Lagerung von Holz mieten. Neben der Bootswerft betrieb C. eine Schankwirtschaft mit Unterkunftsmöglichkeiten für die neuen Bewohner Bremerhavens, die noch keine eigene Bleibe besaßen; u. a. nahmen hier der niederländische Hafenbaudirektor → J. J. van Ronzelen und später der Schiffszimmermann → R. C. Rickmers Quartier, der bei C. eine Beschäftigung als Vorarbeiter gefunden hatte. Ferner erfüllte C. bei der Verwaltung der Schul- und Armenangelegenheiten der jungen Gemeinde eine Aufsichtspflicht. Nach seinem Tode übernahm sein gleichnamiger Sohn (1816-1864?) die Geschäfte. Der Schiffbau spielte bei C. jun., der als Original bekannt war, allerdings keine Rolle mehr, sondern er betätigte sich in den folgenden Jahren als Gastwirt und veranstaltete in seinem großen Garten Theater- und Musikaufführungen. Diese wurden unter → Heinrich Schwiefert auf eine neue Grundlage gestellt, als dieser 1868 den größeren Teil des Anwesen erwarb und es zum »Volksgarten« ausbaute.

Lit.: Bessell, S. 392-396, 485; Gabcke, S. 20-21, 24, 32; Linder, S. 31-32; Peters, Seeschiffbau, S. 52-54; Sachau, S. 41-42, 89, 120-121, 167; Wolff, Friedhöfe, S. 25-26.
Qu.: StadtA Brhv., Zivilstandsreg. 1842, Todesfälle Nr. 17; Ev.-luth. Kirchengemeinde Neuharlingersiel, Kirchenbuch, Geb.
E.: Grabstätte Friedhof Lehe I (kein Grabstein).

Dr. J. P.

Cronemeyer, Heinrich **Eberhard**; *Theologe, Pastor, Sozialreformer.* * *24.7.1842 Gut Hovedissen (Lippe), † 25.6.1896 Detmold (ev.).* Der Sohn eines Rittergutspächters war, nach Besuch der Gymnasien zu Herford und Detmold und nach dem Studium der Theologie in Tübingen und Berlin, zunächst als Rektor und Frühprediger in Lage bei Detmold tätig, bevor er dort 1871 eine volle Pfarrstelle übernahm. 1877 zum Prediger an der »Großen Kirche« in Bremerhaven berufen, wirkte er dort bis zu seinem Tode. Anfänglich in politische Kontroversen, u. a. um den Gemeinderatsvorsitzenden → Leopold von Vangerow involviert, setzte er sich nach dem Vorbild und mit Unterstützung von Friedrich v. Bodelschwingh für sozial Benachteiligte ein, u. a. durch Einrichtung einer Volksküche und eines Kinderhorts sowie durch Gründung eines Arbeiterheims. Er war zudem Mitbegründer des »Vereins zur Förderung des Volkswohls«. In der Kirchengemeinde rief er 1879 einen Frauenverein ins Leben. Für Nichtseßhafte schuf er im Rahmen der Moorkultivierung mit Unterstützung des preußischen Kronprinzen 1886 die Heimatkolonie Friedrich-Wilhelmsdorf in Düring (Loxstedt), für die er innerhalb und außerhalb Bremerhavens große Unterstützung fand. Daneben trat er durch zahlreiche Veröffentlichungen, u. a. für die der Sozialarbeit gewidmete, in Bremen und Bremerhaven erschienene »Gemeinnützige Rundschau Nordwest«, hervor. Theologisch gehörte C. zum kirchlichen Liberalismus. 1895 mußte er sich aus gesundheitlichen Gründen beurlauben lassen; er kehrte nicht wieder in den Dienst zurück.

Lit.: DBI, S. 598; Biogr. Jb. u. Dt. Nekr., Bd. 3 (1900), Totenliste für 1896; Bessell, S. 510-511; Br. Pfarrerbuch, Bd. 2, S. 47; E. Groscuth, Eberhard Cronemeyer, ein Pastor in Sorge um Seele und Leib, in: Jb. M.v.M. 66 (1987), S. 207-217; Br. Biogr. 19. Jh., S. 101 (Th. Sachau); Sachau, S. 292-293; 850 Jahre Düring, Düring 1990, S. 82-91; Schwemer, S. 14; Westf. Autorenlexikon 1800-1850, Paderborn 1994, S. 12-13.
Qu.: NZ, 12.9.1986, NZ (Kreisanz.), 12.1.1995.
Werke: Verz. in Westf. Autorenlex. (s. Lit.); *Leitfaden für den Religionsunterricht* (1878, 2. Aufl. 1882); *Predigten über die zehn Gebote* (1882); *Die Heimath-Colonie und die Besserungs-Colonie* (1886); *Die Heimathcolonie Friedrich-Wilhelmsdorf in Düring* (1889); *Eine Zuflucht der Elenden* (1893); *50 Lieder für gemeinschaftl. u. einsame Andacht* (1895); Beiträge in *Gemeinnützige Rundschau Nordwest* (1889-94 Herausgabe, 1893-95 Redaktion des Blattes).
P.: Foto in StadtA Brhv., Abb. in (s. Lit.) 850 Jahre Düring, S. 82, u. Groscurth, S. 208.
E.: Gedenkstein Brhv. Friedhof in Wulsdorf sowie ein weiterer in Düring.

H. Bi.

Curdt, Karl Friedrich Wilhelm; *Maurer, Kommunalpolitiker. * 1.3.1885 Schiffdorferdamm, † 17.10.1959 Bremerhaven (o. Konf.).* C. erlernte zunächst das Maurerhandwerk und ging 1904 auf Wanderschaft, die ihn ins Ruhrgebiet und ins Rheinland führte. Nach zweijährigem Wehrdienst bei den 9. Pionieren in Harburg in den Jahren 1906-1908 arbeitete er wieder auf dem Bau. Im I. Weltkrieg wurde er mit seiner Pioniereinheit in Flandern, Rußland und auf dem Balkan eingesetzt und mehrfach verwundet. Ab 1919 war er Mitglied des Schiffdorfer Gemeindeausschusses bis zur Eingliederung Schiffdorferdamms nach Wesermünde im Jahre 1927. In der Folgezeit gehörte er bis 1933 dem Bürgervorsteher-Kollegium der Stadt Wesermünde an. Im Zuge des Verbots der SPD am 22.6.1933 verlor C., Parteimitglied seit 1904, sein politisches Amt und wurde für kurze Zeit in »Schutzhaft« genommen. Nach seiner Freilassung arbeitete er wieder in seinem angestammten Beruf, seit 1935 als Bauführer. 1946 berief ihn die amerikanische Militärregierung zum Mitglied der Stadtvertretung, dort wirkte er u. a. als Vorsitzender des Bauausschusses. Das erste nach dem Kriege frei gewählte Stadtparlament wählte C. 1947 zum Stadtverordneten-Vorsteher. Von 1951 bis 1955 war er ehrenamtlicher Stadtrat für das Garten- und Friedhofsamt. Er lebte bis zuletzt auf dem Schiffdorfer Damm, für dessen Belange er sich zeitlebens einsetzte. Seine Tochter → Käthe Hoffrage war ebenfalls politisch aktiv.

Qu.: NZ, 1.3.1955, 19. u. 20.10.1959; Weser-Kurier, 20.10.1959, Brhv. Bürgerzeitung, 24.10.1959; StadtA Brhv.: Hauptamt I Nr. 280, Reg. 41A-22-61P, Meldekartei Brhv. nach 1945 I.
P.: Foto in StadtA Brhv.; Foto in NZ, 1.3.1955 u. 19.10.1959.
E.: Stadtältester (1955).

U. J.

D

Dählmann, Friederike, geb. Leffmann; *Grundeigentümerin.* * *12.1.1834 Geestendorf, † 7.9.1920 Geestemünde (ev.-luth.).* D. war eine Tochter des 1833 von Dorum nach Geestendorf übergesiedelten Bäckermeisters Ludwig Leffmann. Dieser hatte umfangreichen Grundbesitz in der Nähe der damals gerade fertiggestellten Chaussee Bremerhaven-Bremen erworben, einem Areal, das nach Gründung des Hafenortes Geestemünde der Hafen- und Ortserweiterung sowie dem Ausbau der Verkehrsverbindungen diente. D. war mit dem Zimmermeister Carl Dählmann (* 19.10.1822, † 4.7.1876) verheiratet, der von 1861 bis 1876 Gemeindevorsteher von Geestendorf war und in dessen Amtszeit das Zusammenwachsen von Geestendorf und Geestemünde vor allem im Umkreis des späteren Holzhafens große Fortschritte machte. Nach dem frühzeitigen Tode der Eltern und Geschwister 1864 zur Alleinerbin des väterlichen Vermögens geworden, das durch die räumliche und wirtschaftliche Entwicklung Bremerhavens und Geestemündes inzwischen erhebliche Wertsteigerungen erfahren hatte, veräußerte sie einen Teil des Grundbesitzes, u. a. für den Bau des 1877 fertiggestellten Holzhafens, um das Kapital später in den Wohnungsbau zu investieren. So entstanden in den 1880er Jahren am Rande des Holzhafens drei große Mietshauskomplexe, deren einer (Hohenstaufenstr., Ecke Am Holzhafen) noch heute weitgehend im Originalzustand erhalten ist. D. steht somit, ähnlich wie der Fuhrhalter → Boetius Bülken, stellvertretend für eine Reihe von einheimischen Grundbesitzern, die die mit der Gründung von Bremerhaven und Geestemünde verbundenen wirtschaftlichen Möglichkeiten erkannten und zur baulichen Erschließung der Unterweserorte nutzten.

Lit.: Bickelmann, Geestendorf, S. 193-195.
Qu.: StadtA Brhv., Meldereg. Gmde.
E.: Familiengrabstätte Leffmann/Dählmann Friedhof Gmde.

H. Bi.

Dahlbergk, Erik Jönsson; *Festungsbaumeister, Zeichner, Generalgouverneur.* * *10.10.1625 Stockholm, † 16.1.1703 Stockholm (ev.).* D., der aus einfachen Verhältnissen stammte, diente sich im 30jährigen Krieg als Kammerschreiber hoch und schlug dann eine militärische Karriere ein, die ihn in höchste Stellungen (1693 Feldmarschall) brachte. Nach einer Ausbildung zum Fortifikationsoffizier entwickelte sich der zeichnerisch begabte D. zum führenden Festungsbaumeister Schwedens. Seine Spuren hat er auch im Elbe-Weser-Raum hinterlassen, für den er bereits 1647 mehrere Festungsrisse zeichnete. 1681 entwarf er einen neuen Plan für die schwedische Festung »Karlsburg« an der Geestemündung im heutigen Stadtzentrum Bremerhavens, der als vollendete Form einer barocken Idealstadt gilt, der allerdings nicht zur Ausführung kam – ebensowenig wie die 1698 von ihm vorgelegten Pläne zum Wiederaufbau der inzwischen geschleiften Festung. Von seiner Hand stammen auch die Vorlage für einen Kupferstich über die Belagerung der

»Leher Schanze«, ein Plan von den Befestigungen Bremens und eine Gesamtdarstellung des Bremer Marktplatzes. Als Generalgouverneur der Herzogtümer Bremen und Verden (1693-1696) mit Sitz in Stade war er kurzzeitig auch für das Gebiet der heutigen Stadt Bremerhaven zuständig.

Lit.: Gr. Bremen-Lexikon, S. 147; H. Eichberg, Militär und Technik. Schwedenfestungen d. 17. Jh. i. d. Hzgt. Br. u. Verden, Düsseld. 1976, insbes. S. 74-88, 236; ders., Festung, Zentralmacht und Sozialgeometrie. Kriegsingenieurwesen d. 17. Jh. i. d. Hzgt. Br. u. Verden, Köln/Wien 1989, insbes. S. 114-118; E. Ericsson, Erik J. Dahlbergk, in: Svenskt Biografiskt Lexikon, Bd. 9, Stockholm 1931, S. 615-630; B.-Chr. Fiedler, Die Verwaltung d. Hzgt. Br. u. Verden i. d. Schwedenzeit 1652-1712, Stade 1987, insbes. S. 299-300; Scheper, Jüngere Geschichte, S. 45-47, 60.
P.: u. a. Ölgemälde v. D. K. Ehrenstrahl 1664, Univ. Uppsala (abgeb. in Ericsson, s. Lit., S. 617), weitere Abb. in Fiedler (s. Lit.), S. 300, und Gr. Bremen-Lex.

H. Bi.

Dahmen, Rudolf; *Journalist, Chefredakteur.* * 18.4.1917 Neuwied am Rhein, † 24.1.1989 Bremerhaven. D. gilt als der profilierteste Journalist der Nachkriegszeit an der Unterweser. Neben seinem herausragenden fachlichen Können erwarb er sich durch seine menschlichen Qualitäten an zahlreichen beruflichen Stationen großes Ansehen. Der Sohn eines kaufm. Angestellten setzte sich schon als junger Mann gegen die Gleichschaltungsversuche der Hitler-Jugend zur Wehr. Da er sich weigerte, der NSDAP oder einer ihr angeschlossenen Organisation beizutreten, durfte er seine 1936 begonnene Ausbildung als Redaktionsvolontär bei der »Bremer Zeitung« nicht abschließen. Nach dem Arbeits- und Kriegsdienst als Pionier zwischen 1939 und 1945 konnte D. erst im Nachkriegsdeutschland verantwortlich arbeiten. Zunächst für Radio Bremen tätig, übernahm er von 1947 bis 1952 die Funktion des Chefs vom Dienst bei der »Nordsee-Zeitung« (NZ), für die er 1949 auch den bis heute jährlich erscheinenden »Nordsee-Kalender« aus der Taufe hob. Dann ging er als politischer Redakteur nach Bremen, als Leiter des Presse-Referats zu »Inter Nationes« nach Bonn (1954-1958), war Chefredakteur beim »Westfalen-Blatt« in Bielefeld (1958/59) und von 1959 bis 1967 stellv. Chefredakteur der »Kölnischen Rundschau«. Bis 1982 leitete er dann als Chefredakteur die NZ. D. prägte die Entwicklung der NZ zu einer bedeutenden Regionalzeitung in Norddeutschland. Gemeinsam mit Verleger Dr. Joachim Ditzen-Blanke schmiedete er 1972 die Redaktionsgemeinschaft »Nordsee«, in der die Zeitungen aus dem Elbe-Weser-Dreieck mit der NZ als Zentrale bis heute zusammenarbeiten. D. schrieb insgesamt 2.500 Leitartikel. Viele von ihnen, geprägt durch die liberale Grundeinstellung und Weitsicht des Autors, erfuhren große Beachtung über den unmittelbaren Leserkreis hinaus. Dazu zählten seine Analysen zur Frage der deutschen Wiedervereinigung und seine Beiträge zur Völkerverständigung. Darüber hinaus setzte er sich für die Bremerhavener Interessen im Lande Bremen ein. D., der die Öffentlichkeit mied und sein Wirken auf die Redaktion konzentrierte, wurde 1982 mit der Verdienstmedaille Bremerhavens ausgezeichnet.

Lit.: Gabcke, Bd. 3, S. 166; E. Strubelt, 75 Jahre im Dienst der Leser, in: Jubiläumsausgabe NZ, 1.10.1970.
Qu.: NZ, 16.4.1977, 7.7.1982, 16.4.1987, 26.1.1989.
Werke: *Denkt selber! 30 Jahre Gedanken und Notizen zur Zeit 1947-1977* (1977).
P.: Foto in NZ, 16.4.1977, 16.4.1987.
E.: Verdienstmed. Brhv. (1982).

J. L.

Dallmann, Eduard; *Kapitän, Forschungsreisender.* * 11.3.1830 Flethe bei Blumenthal, † 23.12.1896 Blumenthal (ev.-luth.). Der väterlicherseits einer Kaufmanns- und Beamten-, mütterlicherseits einer bremischen Kapitänsfamilie entstammende D. fuhr seit dem 15. Lebensjahr zur See, brachte es 1860 zum Kapitän und beteiligte sich am arktischen Robben- und Walfang, der z. T. von Bremerhaven seinen Ausgang nahm, sowie an der Südseefischerei. Danach leitete er im Auftrage von Handels- und Kolonialgesellschaften mehrere Expeditionsreisen in die Nord- und Südpolregionen und in die Südsee. Bekannt wurde er vor allem durch die erste deutsche Südpolar-Expedition, die er 1873/74 mit dem Dampf-Segler GROENLAND (erbaut 1872 auf der Wencke-Werft in Bremerhaven) im Auftrage der von → Fr. Alb. Wilh. Rosenthal gegründeten Hamburger »Polar-Schiffahrts-Gesellschaft« durchführte, sowie die für ein Berliner Konsortium 1884/85 unternommene Expedition nach Neu-Guinea, in deren Gefolge das Kaiser-Wilhelm-Land und der Bismarck-Archipel dem deutschen Kolonialbesitz einverleibt wurden. Auf seinen Reisen gelang es D., eine Reihe von Inseln und Seestraßen zu entdecken (u. a. Wrangel-Inseln, Kaiser-Wilhelm-Inseln, Dallmann-Straße).

Lit.: DBI, S. 616; DBE, Bd. 2, S. 434; Gr. Bremen-Lexikon, S. 147; U. Fiedler, Bedeutende Persönlichkeiten aus Bremen-Nord, in: Lebensraum Bremen-Nord, Br. 1989, S. 341-350; P.-M. Pawlik, Von Sibirien nach Neu-Guinea. Kapitän Dallmann, seine Schiffe u. seine Reisen 1830-1896, Br. 1996; Porsch, S. 270; H. Roemer, Eduard Dallmann, in: NDB, Bd. 3, S. 492-493.
Werke: Verz. d. Veröff. in Roemer (s. Lit.).
P.: Fotos in Pawlik (s. Lit.), S. 6, Fiedler, S. 342 u. öfter; Ölgemälde (Foto in Pawlik, S. 32).
E.: Straßenben. Bremen-Nord, Gedenkstein Potters Cove, King-George-Island (Antarktis) (1987).

H. Bi.

Dee, Werner Adam; *Nautiker, Kapitän, Reedereiinspektor.* * 7.11.1906 Berlin-Tegel, † 5.6.1995 Oldenburg (Oldbg.), □ Bremerhaven (ev.). Mit dem Patent zum Kapitän auf großer Fahrt trat D. 1933 als 4. Offizier in die Dienste des Norddeutschen Lloyd (NDL). Von 1937 bis 1939 war er 2. Offizier auf der Viermastbark KOMMODORE JOHNSEN, dem frachtfahrenden Segelschulschiff des NDL. Anschließend erfolgte seine Kommandierung als 2. Offizier auf das Fahrtgastschiff BERLIN, das nach einer Kesselexplosion zum Lazarettschiff für die Kriegsmarine umgerüstet worden war. Von 1940 bis 1945 diente er bei der Luftwaffe als Navigationslehrer und wurde in der Folge aktiv als Staffelkapitän eingesetzt. Nach Kriegsende überführte er für den NDL Schiffe, die als Reparationsleistung an die Alliierten abgegeben werden mußten. Mit dem Wiederaufbau der deutschen Handelsflotte konnte D. seine Laufbahn beim NDL seit 1951 zunächst als 2. und dann als 1. Offizier auf verschiedenen Frachtschiffen fortsetzen, darunter auf dem Fracht- und Ausbildungsschiff TS NABOB, einem ehemaligen US-Einheitsfrachter. 1956 wurde D.

zum Kapitän auf MS EMSSTEIN befördert und im selben Jahr zum nautischen Inspektor für die schnell wachsende Flotte der Reederei ernannt. Als der NDL 1957 von Frankreich das in der Bucht von Landevennec bei Brest aufliegende Fahrgastschiff PASTEUR ankaufte, wurde D. das Kommando für die Überführung nach Bremerhaven übertragen. Das Schiff lag hinter einer Barre, die nur unter Ausnutzung des dort herrschenden Tidehubs von 14 m und bei der richtigen Mondphase überwunden werden konnte. Dieses von ihm minutiös geplante Manöver gilt als eine besondere seemännische Leistung. Bis zu seinem Eintritt in den Ruhestand 1971 war D. für Ausrüstung und den ordnungsgemäßen Zustand sämtlicher Schiffe des NDL verantwortlich. D., der auch während seiner Tätigkeit in Bremen seinen Bremerhavener Wohnsitz nicht aufgab, war seit 1947 Mitglied und Kapitänsschaffer in der Stiftung »Haus Seefahrt« in Bremen, wo er zum Gremium der 22 Ältesten und später der 12 Oberalten gehörte. Sein Sohn Uwe D. (* 22.4.1940, † 24.2.2001) machte sich als Kommandeur der Eliteeinheit GSG 9 des Bundesgrenzschutzes einen Namen.

Lit.: Kludas, Seeschiffe, Bd. 2, S. 26, 145.
Qu.: NZ, 15.1.1972, 7.6.1995, 26.2.2001; Archiv Haus Seefahrt, Bremen; Archiv Hapag-Lloyd AG, Hamburg.
P.: Foto in NZ, 15.1.1972.

E. N.

Deetjen, Louise → Hasse, Louise

Deetjen, Ludwig; *Kapitän, Oberlotse, Hafenmeister.* * 8.5.1767 Vegesack, † 13.1. 1839 Geestendorf (ev.-luth.). D., ein Sohn des Vegesacker Hafenmeisters Joh. Bernh. D., ging im Alter von 15 Jahren zur See und diente sich auf bremischen Schiffen zum Kapitän hoch. Seit 1793 in Rönnebeck (Amt Blumenthal) wohnhaft, befuhr er unter der bremischen Flagge europäische und überseeische Gewässer (insbesondere Skandinavien, Rußland, Westindien und USA). 1807 wurde er auf Vorschlag des Leher Richters → Dr. Georg Ribbentrop von der Regierung zu Stade zum Oberlotsen bestellt, dem die Leitung des Geestendorfer Lotsenwesens oblag. Im Zusammenhang mit dem Bau des hannoverschen Nothafens an der Geestemündung wurde er 1820 zugleich zum Hafenmeister ernannt. In beiden Funktionen residierte er im neuerbauten Hafenhaus, das der Lotsengesellschaft erstmals eine feste Landstation bot, und war mit seiner Familie somit der erste Ansiedler auf dem dann 1827 in bremische Hoheit übergegangenen Schirmdeich. 1825 wurde ihm aufgrund gesundheitlicher Einschränkungen sein ältester Sohn Johann D. (1795-1834), ebenfalls Kapitän und seit 1822 Mitglied der Lotsengesellschaft, in seiner Eigenschaft als Hafenmeister und Oberlotse »adjungiert«. Nachdem der Schirmdeich mit dem Hafenhaus in bremisches Eigentum übergegangen war, blieb D. offiziell zuständig für den bei Hannover verbliebenen Teil des Nothafens auf dem Südufer der Geeste mit dem Lade- und Löschplatz. Die Funktion des Oberlotsen wurde nach Eröffnung des Alten Hafens 1832 territorial aufgeteilt, indem sich damals eine eigenständige bremische Lotsengesellschaft unter dem Oberlotsen Dierk Addicks konstituierte. In der Übergangszeit des bremischen Hafenbaus nahm faktisch Johann D. die landesgrenzenübergreifenden Aufgaben des Oberlotsen und Hafenmeisters wahr. Als hannoverscher Oberlotse und Hafenmeister für den Geestehafen blieb D. bis 1836 im Amt. D.s Enkeltochter → Louise Hasse war das erste in Bremerhaven geborene Kind.

Lit.: H. Bickelmann, Hafenbau, Verkehrswege und Stadtgestalt, in. Jb. d. M.v.M. 76 (1997), S. 99-160, hier S. 104-118, 139-140; G. Spelde, Geschichte der Lotsenbrüderschaften a. d. Außenweser u. a. d. Jade, Br. 3. Aufl. 1985, S. 79-93.
Qu.: Ev.-luth. Ges.verb. Brhv., Kirchenbuch Geestendorf; StA Stade, Rep. 40 Nr. 288 u. 80 Nr. 3400.

H. Bi.

Degener, Julius Konrad Karl; *Kaufmann, Reeder.* * 27.9.1898 Bremerhaven, † 18.3. 1994 Bremerhaven (ev.-luth.). Der Lehrerssohn bestand 1916 am Bremerhavener Gymnasium sein Abitur. Nach anschließendem freiwilligen Kriegsdienst erlernte den Kaufmannsberuf, trat 1925 als Bankprokurist in die Hochseefischerei Bremerhaven AG ein und wechselte nach deren Fusion mit der in Nordenham beheimateten »Nordsee« Deutsche Hochseefischerei 1929 zur Hanseatischen Hochseefischerei AG. Als Mitbegründer hatte D. dort Einzelprokura und wurde nach einigen Jahren Vorstandsmitglied. Seit 1925 verheiratet mit Isolde Freese, der Tochter des Reeders und Gründers der »Hanseatischen«, → Hinrich Freese, war er auch Teilhaber der Eisfabrik Freese bzw. Mitbegründer und Teilhaber der Hochseefischerei H. Freese & Co. Bremerhaven. Die »Hanseatische« führte er auch nach Übernahme der Aktienmehrheit durch die Oetker-Gruppe (1959) weiter. 1935-1939 war er Beiratsmitglied der Handelskammer Bremen und gehörte zur Vollversammlung der IHK Bremerhaven. Nach der Rückkehr aus dem II. Weltkrieg als Major d. R. setzte D. sein herausragendes Engagement in der Hochseefischerei fort, u. a. als Vorstandsmitglied des Verbandes der deutschen Hochseefischereien (1936-1964) und des Versicherungsvereins Deutscher Fischdampferreedereien (1949-1960) sowie als Vorsitzender der Deutschen Fischwerbung (1949-1966). Ab 1953 war D. Mitglied des Ernährungswissenschaftlichen Beirats der deutschen Fischwirtschaft. Weiterhin gehörte er seit Gründung der Seefisch-Absatz-Gesellschaft deren Aufsichtsrat an und war als Handelsrichter tätig. D., der zu den großen Persönlichkeiten der deutschen Hochseefischerei zählt, trat im Juni 1965 in den Ruhestand. Seine privaten Interessen galten der Literatur, der Heimatkunde und der Natur. Durch sein soziales Engagement erwarb D. sich auch im privaten Bereich hohes Ansehen, z. B. während einer einjährigen Amtszeit als Governor von Rotary International, District 149 Norddeutschland, oder als Mitglied verschiedener Gremien der ev.-luth. Landeskirche Hannover, u. a. der Landessynode und des Kirchensenats.

Lit.: DBI, S. 636; Wer ist's? 1955, S. 183; Beckmann, Reedereien, S. 105; H. J. Heise, B. Langensiepen u. E. Hoffmann, Die Hanseatische Hochseefischerei AG Bremerhaven, in: Schiffahrt international, Jg. 1977, S. 393-402 (H. 9).

Qu.: NZ, 27.9.1963, 27.9.1968, 27.9.1988; StadtA Brhv., Meldekartei Brhv. nach 1945 II.
P.: Foto in NZ, 30.6.1965, 27.9.1978.

W. B.

Delius, Georg Wilhelm Oscar **Walter**, Dr. jur.; *Jurist, Oberbürgermeister.* * 1.3.1884 Siegen, † 18.12.1945 Bremen, □ *Bremerhaven (ev.).* D. entstammte einer westfälischen Beamten- und Kaufmannsfamilie. Nach dem Studium der Rechts- und Staatswissenschaften in Tübingen und Münster und der Promotion an der Univ. Bonn lernte er während seines Referendariats und seiner Assessorenzeit verschiedene Bereiche der staatlichen und kommunalen Verwaltung kennen. 1912 wurde er Stadtsyndikus in Bremerhaven. Von 1914 bis 1916 vertrat er den Bremerhavener Stadtdirektor → Waldemar Becké während dessen Kriegsdienstes. Bis 1917 leitete er das für Bremerhaven, Lehe und Geestemünde eingerichtete gemeinsame Lebensmittelamt, das für die Beschaffung und Verteilung von Lebensmitteln und anderen Dingen des täglichen Bedarfs zuständig war. 1917 wählte ihn die Stadtvertretung in Geestemünde als Nach-

folger von Wilhelm Klußmann zum Bürgermeister (1919 mit dem Titel Oberbürgermeister). Die Vereinigung der drei Unterweserorte zu einer preußischen Großstadt, als Vorstufe dafür die Eingemeindung Wulsdorfs (1920) und die Verschmelzung Lehes mit Geestemünde, betrieb D., der über gute Verbindungen zu Regierungskreisen in Berlin verfügte, mit großem Nachdruck und mit beträchtlichem Geschick, wobei er vor allem auch die Sozialdemokraten der Unterweser unter → Wilhelm Brandes gewann. Natürliche Kontrahenten waren hingegen seine Kollegen → Dr. Karl Schönewald in Lehe und W. Becké in Bremerhaven. Auch → Erich Koch-Weser, ehemaliger Stadtdirektor in Bremerhaven, warnte vor der 1924 vollzogenen Vereinigung der Städte Geestemünde und Lehe zu der neuen Stadt »Wesermünde«, zu derem ersten Oberbürgermeister D. gewählt wurde. Er war damals Mitglied der Deutschen Volkspartei, blieb 1933 im Amt und wurde 1936 für weitere 12 Jahre bestätigt. 1937 trat er in die NSDAP ein. Die Eingemeindung Bremerhavens in Wesermünde am 1.11.1939 krönte seine berufliche Laufbahn und seine politische Arbeit. Zuvor war allerdings das Überseehafengebiet nach 111 Jahren hoheitlicher Zugehörigkeit zur Stadt Bremerhaven aus dieser ausgemeindet und in die 60 km entfernt liegende Stadt Bremen eingemeindet worden. Damit blieb der historisch gewachsene Hafenverbund Bremen/Bremerhaven erhalten. In mehr als 30 Jahren leitenden Kommunaldienstes in Bremerhaven und Wesermünde erwarb sich D. einen unbestritten hohen Rang als Verwaltungsfachmann, wenngleich seine Rolle im Nationalsozialismus noch der Klärung bedarf. Er äußerte sich auch zu Fragen der Reichs- und Verwaltungsreform. In besonderem Maße machte sich D. um die Förderung der Hochseefischerei verdient. Der 1896 in Geestemünde errichtete Fischereihafen entwickelte sich in seiner Amtszeit zum führenden Fischereihafen in Deutschland, nicht zuletzt wegen der 1925 abgeschlossenen Umwandlung in einen tideunabhängigen Schleusenhafen. Außerdem bewirkte die von ihm betriebene Eingemeindungspolitik 1927 die Eingemeindung der Landgemeinde Weddewarden und von Teilen der Gemeinden Langen und Schiffdorf, eine im Norden Bremerhavens wesentliche Voraussetzung für die heutige Fortentwicklung des Container-Terminals Bremerhaven. Während des II. Weltkrieges übernahm D. Aufgaben der Militärverwaltung in Polen, Belgien und Rußland. 1939 amtierte er als kommiss. Oberbürgermeister von Chorzów (Königshütte), 1940 als Staatskommissar in Antwerpen und im Herbst 1942 als Leiter einer Abteilung der Oberfeldkommandantur Donezk im Operationsgebiet der 6. Armee vor Stalingrad. Ab Dez. 1942 stand er wieder uneingeschränkt als Oberbürgermeister Wesermündes zur Verfügung. Nach der militärischen Übergabe der Stadt am 7.5.1945 führte er mit den Besatzungstruppen erste Verhandlungen über Fragen der Verwaltung der Stadt, bis ihn die amerikanische Militärregierung am 11. Mai absetzte. Kurz darauf wurde er im Rahmen der üblichen Maßnahmen der Amerikaner gegen Inhaber von Schlüsselpositionen der Verwaltung (automatic arrest) verhaftet. An den Folgen der Internierung in den Lagern Westertimke, Fallingbostel und Bremen starb D., der seine drei Söhne im II. Weltkrieg verlor, in einem Bremer Krankenhaus.

Lit.: DBI, S. 642; DBE, Bd. 2, S. 478; Gr. Bremen-Lexikon S. 152-153; Körtge, Straßennamen, S. 181; A. Meyer, Walter Delius, in: Br. Biogr. 1912-62, S. 106-109; H. Wohltmann, Walter Delius, in Nds. Lbb., Bd. 4, S. 98-112.
Werke: u. a. *Die Neugliederung des Reichs* (1927); *Fünf Jahre Wesermünde* (1929, Verwaltungsbericht); *Die drei ersten Notverordnungen des Reichspräsidenten u. d. Reichsreform*, in: Reich und Länder 5 (1931), S. 261-268; *Die Seefischerei der Welt u. ihre Flotten*, in: Nauticus 22 (1939), S. 259-275.
Nachlaß: Mat. im StadtA Brhv., ein Teil in Privatbesitz.
P.: Fotos in StadtA. (abgeb. u. a. in Wohltmann, s. Lit., nach S. 98).
E.: Straßenbenennung Brhv.-Gmde (1952), Grabstätte Friedhof Gmde.

H. Br.

Dierks, August, Dr. rer. pol.; *Syndikus, Förderer von Wirtschaft, Kultur und Wissenschaft, Mitbegründer des Deutschen Schiffahrtsmuseums.* * 19.5.1899 Borkum, †

16.3.1983 Bremerhaven (ev.). Der Sohn eines Geestemünder Tischlermeisters und mütterlicherseits Nachfahre einer Borkumer Walfängerdynastie absolvierte nach dem Besuch des Geestemünder Realgymnasiums (heute Wilhelm-Raabe-Schule) ein Studium der Volkswirtschaft, das er mit der Promotion abschloß. 1921 trat er als wiss. Assistent in die Dienste der Industrie- und Handelskammer Geestemünde, in der er mehr als 40 Jahre wirkte und der er bald an leitender Stelle seinen Stempel aufdrückte. Nachdem er 1924 zum stellv. und 1932 zum gleichberechtigten Syndikus neben dem 1. Syndikus Dr. Johann Jung aufgestiegen war, übernahm er 1943 als Hauptgeschäftsführer der damals errichteten Gauwirtschaftskammer Ost-Hannover die alleinige Verantwortung. 1945 aus dieser Funktion entlassen und 1946 nach einjähriger alliierter Internierung zurückgekehrt, war er zunächst geschäftsführend für den Verband der deutschen Hochseefischereien tätig, um sich dann in Nachfolge von Dr. Jung von 1949 bis zu seiner Verabschiedung 1965 als Hauptgeschäftsführer der 1945 wiederbegründeten IHK Bremerhaven wieder gesamtwirtschaftlichen Aufgaben zu widmen. Mit der ihm eigenen Tatkraft, Hartnäckigkeit und Durchsetzungsfreudigkeit gehörte D. bereits in den 1920er und 1930er Jahren zu den treibenden Kräften der Wirtschaft an der Unterweser, wobei er vor allem der Hochseefischerei Impulse gab, so als ehrenamtlicher Hauptgeschäftsführer des Verbandes der deutschen Hochseefischereien und (1936) als Mitbegründer der Ersten Deutschen Walfang-Gesellschaft (u. a. mit → Carl Kircheiss). Als Geschäftsführer eines Organisationskomitees wirkte er maßgeblich an den Plänen für das Busse-Denkmal und für das dann nicht realisierte Hochseefischer-Ehrenmal mit. Ebenso war er, vor allem im Zusammenwirken mit dem Wesermünder Oberbürgermeister → Dr. Walter Delius, an zahlreichen weichenstellenden Maßnahmen der Wirtschaftsförderung beteiligt. Nach dem II. Weltkrieg forcierte er die Reorganisation der IHK und den Wiederaufbau der Wirtschaft, namentlich wiederum der Fischwirtschaft, für die er u. a. 1953 den »Tag des Hochseefischers« ins Leben rief. Eine Vielzahl von Projekten unterschiedlicher Art wurde von ihm initiiert oder gefördert. Auch für öffentliche Vorhaben, so für den Wiederaufbau der Innenstadt und des Stadttheaters, setzte er sich beruflich und privat energisch ein. Hatte er als Mitbegründer und langjähriger Vorsitzender (1947-1977) der »Gesellschaft Bremerhaven 1947« bereits die maßgeblichen wirtschaftlichen und gesellschaftlichen Kräfte Bremerhavens zu gesellschaftspolitischer Orientierung zusammenzuführen verstanden, so widmete er nach seiner Pensionierung seine ganze Kraft gemeinnütziger Tätigkeit, an deren erster Stelle der Aufbau eines Schiffahrtsmuseums stand. Mit der Bildung des Kuratoriums »Schiffahrtsmuseum Alter Hafen«, das ausgehend von der 1966 nach Bremerhaven verholten Bark SEUTE DEERN ein maritimes Freilichtmuseum propagierte, legt er zusammen mit dem Museumsdirektor → Gert Schlechtriem, dem Bremerhavener Kulturdezernenten Alfons Tallert und dem Kölner Rechtsanwalt → Dr. Hanswilli Bernartz schließlich den Grundstein für eine Entwicklung, an deren Ende 1970 die Grün-

dung des Deutschen Schiffahrtsmuseums (DSM) stand. Dabei verstand er es, vor allem Bremerhavener Wirtschaftskreise für die Idee sowie für die Bereitstellung von Fördermitteln und Exponaten zu gewinnen. Dem DSM gab er als Vorsitzender des Kuratoriums (seit 1978 »K. zur Förderung des DSM«) und als Mitglied des Verwaltungsrates weiterhin wichtige Impulse. Seine Verbundenheit mit Bremerhaven, der Hochseefischerei und dem Museumsgedanken brachte D. auch in einer Reihe von Veröffentlichungen zum Ausdruck, unter denen insbesondere das bekannte Buch »Bremerhaven, tätige Stadt im Nordseewind« als wichtiges Zeitdokument die Aufbruchstimmung der Wiederaufbaujahre widerspiegelt.

Lit.: Schiffahrt erleben. 25 Jahre Deutsches Schiffahrtsmuseum, Brhv. 2000, S. 4-6, 46-47; Scheper, Jüngere Geschichte, S. 229, 297-298, 312-314, 317-318, 436, 462-463; Schwemer, S. 14; Das Werden des DSM (s. Werke); E. Winterhoff, Walfang in der Antarktis, Hbg. 1974, S. 74-89.
Qu.: NZ, 2.10.1965, 18.5.1974, 12.2.1977, 18. u. 21.5.1979, 17.3.1983.
Werke: *Bremerhaven, tätige Stadt im Nordseewind* (1. Aufl. 1951, 6. erweit. u. völlig neubearb. Aufl.1965; engl.spr. Aufl. 1954 u. d. Titel: *Bremerhaven, Busy, Breezy, Booming Town*); *Der Bremerhavener Fischereihafen*, in: Heimatchronik, S. 115-160; *Hat die Seefischerei eine Zukunft?* (Hrsg., 1966); *Das Werden des Deutschen Schiffahrtsmuseums* (Hrsg., 1971); *Goldenes Buch des Kuratoriums Deutsches Schiffahrtsmuseum* (1975); *Aus der Geschichte der Bremerhavener Wirtschaft*, in: DSA 1 (1975), S. 47-66; *Sturmfluten an der Nordseeküste* (1976, zus. m. H. Rohde); *Männer, Trawler, Meere* (Hrsg., 1961); kl. Beiträge in Zeitschr. u. Sammelwerken.
P.: Foto in IHK Brhv., Archiv NZ u. StadtA Brhv., zahlr. weitere in NZ, u. a. 23.10.1961, 17.3.1983.
E.: Hermann-Allmers-Preis (1977), Br. Senatsmed. f. Wissensch. u. Kunst (1979), Verdienstmed. Brhv. (1979), Ehrenvors. Ges. Brhv. 1947 u. Kurat. z. Förd. d. DSM; Grabstätte Brhv. Friedhof Wulsdorf, Gedenktafel am DSM.

H. Bi.

Din(c)klage, Joh. Friedr. **August** Adolph; *Wasserbaudirektor.* * 27.9.1806 Artlenburg (Elbe), † 25.5.1875 Gnarrenburg, □ Geestemünde (ev.). Der Sohn des Deichvogtes in Artlenburg Georg D. besuchte von 1819 bis 1823 das Johanneum in Lüneburg und nahm nebenbei privaten Mathematikunterricht. Danach arbeitete er drei Jahre lang überwiegend im Landbau, wo er u. a. bei Vermessungsarbeiten eingesetzt war, zeitweise auch bei seinem Vater im Deichbau. Da ein Gesuch, als Eleve in der Landbau- bzw. der Wasserbauverwaltung eingestellt zu werden, wegen mangelnder Vorbildung 1828 abschlägig beschieden worden war, bildete er sich zunächst im Selbststudium weiter und nahm dann ein Studium der Mathematik und Physik in Göttingen sowie an der Universität und Bauakademie in Berlin auf (1828-1831). Nachdem er 1831/32 eine Prüfung bei der hannoverschen Wasserbauverwaltung absolviert hatte, wurde er im Juli 1832 als Wasserbaueleve im Amtsbereich des Wasserbaudirektors → Joh. Eibe Callenius in Vegesack eingestellt, der ihn förderte. Nach seinem Examen 1838 war er als Wasserbaukondukteur in Vegesack, Leer, Emden und seit 1844 in Achim eingesetzt. 1847 mit der Vermessung des Wählackers und des Reithkamps in Geestemünde beauftragt, wurde er ein Jahr später, unter Ernennung zum Wasserbauinspektor, mit der Leitung des neu geschaffenen Wasserbaubezirks Unterweser beauftragt, der das Land Wursten sowie die Ämter Lehe und Hagen umfaßte. Sitz der Dienststelle, die unter der Oberaufsicht des bisher zuständigen Callenius stand, war Geestemünde. Mit dieser Maßnahme wurden die orga-

nisatorischen Voraussetzungen für den Ausbau des Hafenorts geschaffen. 1862 wurde D. zum Wasserbaudirektor befördert, 1871 erhielt er den Titel Baurat. Seit 1862 bildete er zusammen mit dem Amtmann → Adolph Schönian den Vorstand des neugeschaffenen, für die Verwaltung des Handelshafens zuständigen Hafenamtes. D. hat in der Auf- und Ausbauphase Geestemündes die erforderlichen umfangreichen, allerdings weniger spektakulären wasser- und hafenbaulichen Arbeiten vorangebracht; die herausragenden Aufgaben wie Planung und Bau des Handelshafens und dessen Erweiterung mußte er jedoch weitgehend seinem der Generaldirektion des Eisenbahnbaus unterstehenden Kollegen → Adolph Buchholz bzw. seinem Nachfolger → Theodor Hoebel überlassen. D. war seit 1850 mit Henriette Louise van Ronzelen (1832-1919), einer Tochter aus erster Ehe des Hafenbaudirektors → J. J. van Ronzelen verheiratet. Er starb auf einer Dienstreise in Gnarrenburg an einem Schlaganfall. Zu seinen Nachfahren gehört der spätere Bremerhavener Oberbürgermeister → Waldemar Becké.

Lit.: A. Janowitz, Der Geestemünder Handelshafen 1850-1930, in: Brhv. Beitr. III, S. 9-90, hier S. 28-49; Sachau, Anhang, S. 38.
Qu.: PZ, 27. u. 28.5.1875 (Todesanz.); StadtA Brhv., Zivilstandsreg. 1850, Ehen Nr. 19; StadtA Lüneburg, Rep. 23, Alben Nr. 1 b, S. 151 (Auskunft); StA Stade, Rep. 80 Wb. Tit. 13 Nr. 23 u. 38.
P.: Gemälde (A. W. Wedeking, 1852) in Privatbesitz, abgeb. in Grapenthin, S. 103.
E.: Roter-Adler-Orden 4. Kl.

H. Bi.

Dittmann, Wilhelm Friedrich Karl; *Politiker, Redakteur, Parlamentarier.* * *13.11. 1874 Eutin,* † *7.8.1954 Bonn.* Der gelernte Tischler, selbst Sohn eines Stellmachers, war seit 1894 Mitglied der SPD. Von 1899 bis 1902 hinterließ er in Bremerhaven deutliche Spuren, wo er als zeitweiliger SPD-Vorsitzender eine Neuorganisation der Partei auf den Weg brachte und als Redakteur der »Norddeutschen Volksstimme« (1901-1902) die zuvor als Privatunternehmen betriebene Zeitung in das Parteieigentum überführte. Seit 1903 war er mit der aus Bremerhaven gebürtigen Tischlerstocher Anna Havemeyer verheiratet. Über Solingen und Frankfurt am Main, wo er Redakteur einer Arbeiterzeitung bzw. Parteisekretär und Stadtverordneter war, kam er 1912 in den Reichstag, dem er bis 1918 und dann wieder von 1920 bis 1933, zeitweise als Vizepräsident und als geschäftsführender Vorsitzender der SPD-Fraktion, angehörte. Nachdem er 1915 gegen die Kriegskredite gestimmt hatte, gehörte er zu den Mitbegründern der USPD. Als Mitglied der Berliner Streikleitung des Januarstreiks 1918 wurde er zu Festungshaft verurteilt, dann aber amnestiert. Sein Mandat als Mitglied des Rats der Volksbeauftragten legte er vorzeitig nieder. Den Zusammenschluß der USPD mit der KPD lehnte er ab und betrieb statt dessen seit 1922 die Rückführung der USPD in die SPD. Seine diesbezügliche Rolle war in den letzten Jahren mehrfach Gegenstand wissenschaftlicher Kontroversen. 1933 emigrierte er in die Schweiz, wo er sich publizistisch betätigte und u. a. seine Erinnerungen schrieb. 1951 kehrte er nach Deutschland zurück und arbeitete bis 1953 im Archiv der SPD in Bonn.

Lit.: DBI, S. 681; DBA II, 278, 195-201; DBE, Bd. 2, S. 561; Brockhaus, Bd. 5, S. 557; Biogr. Hdb. Emigr., Bd. 1, S. 131-132; H. Grebing, Wilhelm Dittmanns Erinnerungen, in: Internat. Wiss. Korr. z. Gesch. d. dt. Arbeiterbew. 31 (1995), S. 532-37, u. Entgegnung, ebd., 32 (1996), S. 237-251; G. Kotowski, Wilhelm Dittmann, in: NDB, Bd. 4, S. 3-4; Thienst, S. 40, 53, 60-63.
Werke: u. a. *Über Organisation*, in: Die Neue Zeit, 25.11.1902; *Erinnerungen*, bearb. u. eingeleitet von J. Rohjahn, 3 Bde., Frankfurt 1995.
P.: Foto in Thienst, vor S. 57.

H. Bi.

Ditzen, Peter Hubert **Josef**; *Journalist, Chefredakteur, Verlagsleiter.* * *30.12.1862 Düsseldorf,* † *7.3.1931 Andernach,* □ *Bremerhaven (kath.).* Der aus einer Kaufmannsfamilie stammende D. besuchte das Gymnasium in Düsseldorf und studierte nach dem Militärdienst in Bonn, Marburg und Jena Rechtswissenschaften und Philosophie. Erste Gehversuche als Journalist unternahm er beim »Duisburger Generalanzeiger«. Als die Gründer der Bremerhavener »Nordwestdeutschen Zeitung« (NWZ) D. 1895 als Chefredakteur einstellten, kannte der 32jährige die Verhältnisse in den Unterweserorten bereits sehr genau, denn er hatte die vorausgegangenen fünf Jahre als Chefredakteur die Geschicke der Geestemünder »Provinzial-Zeitung« gelenkt. Nun sollte er sich zur entscheidenden Person für das neue Unternehmen entwickeln und es bis zu seinem Tod bleiben. D. arbeitete bis 1898 als Chefredakteur und wurde dann Verlagsleiter. Als Generalanzeiger versuchte die NWZ mit Erfolg, ein breites Publikum anzusprechen. Die zunächst parteipolitisch neutrale »Zeitung für jedermann«, die eine Marktlücke füllte, lieferte sich einen harten Konkurrenzkampf mit den anderen Tageszeitungen der Unterweserorte und errang bald eine führende Position am Markt. Satz- und Drucktechnik waren stets fortschrittlich. 1913 erwarb D. die Verlagsrechte der seit 1905 in Lehe erscheinenden »Unterweser-Zeitung« und ließ das Blatt in der NWZ aufgehen. Als der amtierende Chefredakteur → Nikolaus Ordemann im Aug. 1914 zum Kriegsdienst eingezogen wurde, übernahm D. für die Zeit des I. Weltkriegs zusätzlich zur kaufm. Leitung des Unternehmens auch die der Redaktion. Mit zunehmendem wirtschaftlichen Erfolg bezog die NWZ auch politisch Position: Sie zählte zum bürgerlichen Lager und vertrat lange eine liberale Haltung, die in der Endphase der Weimarer Republik einer immer stärker konservativen Linie wich. Mit einer außergewöhnlichen journalistischen Leistung und einer ebenso bemerkenswerten Vermarktungsstrategie machte D. die NWZ am 27.7.1900 in ganz Deutschland bekannt. An diesem Tag hielt Kaiser Wilhelm II. seine berüchtigte »Hunnenrede« in Bremerhaven. Mit menschenverachtenden Worten verabschiedete dieser damals an der Kaiserschleuse ein Expeditionskorps deutscher Soldaten, das zur Niederschlagung des »Boxeraufstandes« nach China gesandt werden sollte. D. entzog sich als einer von ganz wenigen Journalisten der von Reichskanzler Bülow verordneten Zensur und druckte die Rede in voller Länge; zusätzlich ließ er diese Ausgabe der NWZ im ganzen Land verbreiten. D. engagierte sich auch für die Region, indem er Lesern aus dem Binnenland in einem Reisehandbuch den kürzesten Weg zu den zahlreichen Nordseebädern zeigte. Nach D.s Tod übernahm sein Sohn → Kurt D. die Verlagsleitung der NWZ.

Lit.: Gr. Bremen-Lexikon, S. 164; Lübben, S. 32-34, 128-146; W. Nikolei, Josef Ditzen, in: Br. Biogr. 1912-62, S. 115.
Werke: *Ins Nordseebad. Über Bremen-Bremerhaven mit den Salon-Schnelldampfern des Norddeutschen Lloyd nach Norderney...* (1899, 4. Aufl. 1903).
P.: Foto in Verlagsarchiv Ditzen (abgeb. in Lübben, S. 33), u. Gr. Bremen-Lex.
E.: Familiengrabstätte Brhv. Friedhof Wulsdorf.

J. L.

Ditzen, Kurt Wilhelm Josef; *Jurist, Richter, Verleger. * 15.12.1891 Bremerhaven, † 8.10.1982 Bremerhaven (kath.).* D. besuchte das Bremerhavener Gymnasium, studierte wie sein Vater → Josef D. Jura und absolvierte 1914 seine erste juristische Staatsprüfung. Im Nov. 1914 wurde er Soldat und beendete den I. Weltkrieg mehrfach dekoriert als Leutnant der Reserve. Im Juni 1922 wurde er nach bestandener zweiter juristischer Staatsprüfung zum Rechtsanwalt zugelassen und zugleich zum Hilfsrichter am Landgericht Bremen bestellt. Ab 1.1.1923 war D. Bremischer Richter auf Lebenszeit. Die Entscheidung, 1931 die Juristenlaufbahn aufzugeben, um das Lebenswerk seines Vaters als Verleger der »Nordwestdeutschen Zeitung« (NWZ) fortzusetzen, fiel D. nicht leicht. Die 1895 gegründete bürgerliche NWZ hatte sich zur Marktführerin in den Unterweserorten entwickelt. D. übernahm den Betrieb in einer außerordentlich schwierigen Zeit. Seit der Weltwirtschaftskrise 1929 war die Arbeitslosigkeit in den Unterweserorten ständig gestiegen, der Ertrag war stark gesunken, und nach der Machtübernahme 1933 zwängten die Nationalsozialisten Journalisten und Verleger mit zahlreichen Gesetzen in ein Korsett, so daß D. im eigenen Unternehmen nur noch finanzielle und technische Kompetenzen blieben. Ab 1935 persönlich haftender Gesellschafter, taktierte D. geschickt, um zu verhindern, daß die NS-Verlage sein Unternehmen schluckten. In der internen Auseinandersetzung mit einem in der Redaktion beschäftigten SA-Mann stand D. Chefredakteur → Wilhelm Georg und Redakteur → Walter Nikolei bei. Nach dem Verbot der sozialdemokratischen »Norddeutschen Volksstimme« stellte er Mitarbeiter des SPD-Unternehmens ein. Daß D. 1937 in die NSDAP eintrat, geschah auch vor dem Hintergrund mehrfacher Übernahmeversuche durch den NS-Pressetrust. Nach dem Ende des II. Weltkriegs durfte D. als Altverleger zunächst keine Zeitung herausgeben. Im Nov. 1948 sprach die Spruchkammer Bremerhaven D. von dem Vorwurf frei, das NS-Regime unterstützt zu haben, und stufte ihn als entlastet und »Gegner der NSDAP« ein. Ein halbes Jahr zuvor hatte D. seinen Betrieb zwangsweise für fünf Jahre an → Bruno Stöwsand und Walter Gong verpachtet, die seit dem 27.10.1947 mit der von den Amerikanern vergebenen Lizenz-Nr. 47 die »Nordsee-Zeitung« (NZ) herausgaben. Mit dem Inkrafttreten des Grundgesetzes bemühte sich D., der 1946/47 als Kraftfahrer und Bauschreiber gearbeitet hatte, um den Wiedereintritt in seinen Betrieb. Im Sept. 1949 einigte er sich mit den Lizenzträgern Gong und Stöwsand über einen Verzicht ihrer Rechte. Stöwsand blieb dem Verlag über Jahrzehnte als Chefredakteur und Verlagsleiter verbunden. D., der die Öffentlichkeit weitgehend mied, baute das Unternehmen in der Nachkriegszeit mit großer

Beharrlichkeit wieder auf und stellte es auf eine solide wirtschaftliche Basis. Seit 1970 fungiert Adoptivsohn Dr. Joachim Ditzen-Blanke (* 1925) als Herausgeber und Verleger der NZ. Zu seinem 90. Geburtstag erhielt D. die bis dahin erst einmal verliehene Verdienstmedaille der Stadt Bremerhaven. D. förderte den Heimatgedanken und die Heimatforschung in der Elbe-Weser-Region und in diesem Zusammenhang auch den Heimatbund der »Männer vom Morgenstern«.

Lit.: Gr. Bremen-Lexikon, S. 164; Nachruf, in: Jb. M.v.M. 62 (1983), S. 284-285; Lübben, S. 43-45, 58-62.
Qu.: NZ, 15.12.1966, 12.12.1981, 11.10.1982.
P.: Foto in Verlagsarchiv Ditzen (abgeb. in Lübben, S. 42), u. NZ (s. Qu.).
E.: Verdienstmed. d. Stadt Brhv. (1981), Ehrenmitgl. M.v.M.; Familiengrabstätte Brhv. Friedhof Wulsdorf.

J. L.

Dräger, Wilhelm Karl Johann, gen. **Will** (auch bekannt als »Tüt« Dräger). *Maler, Kunst- und Werklehrer.* * 23.11.1894 Lehe, † 1.5.1969 Rahden (Kr. Minden-Lübbecke). Als jüngstes Kind von Anna und Fritz D. – sie betrieb einen kleinen Laden, er arbeitete als Musiker-Steward auf Passagierschiffen – wuchs D. in Lehe auf, wo er die Neuland- und dann bis 1910 die Oberrealschule (heute Lessing-Schule) besuchte, an der → Hinrich Thies ihn im Zeichnen unterrichtete. Sowohl musikalisch (Klavier) als auch zeichnerisch begabt, entschied er sich für die Ausbildung zum Volksschullehrer in Bederkesa, unterbrochen durch den Kriegsdienst, der für ihn im Okt. 1916 mit einer schweren Verwundung endete. Nach dem 1. Staatsexamen war er seit 1919 an der Körnerschule tätig. Da er viele Klassen, u. a. im neuen Mittelschulzweig der Körnerschule, im Malen, Zeichnen und Werken unterrichtete, bildete er sich weiter, indem er 1924 und 1929 an der Kunsthochschule in Berlin an Zeichenkursen teilnahm und 1940 ein Jahr am Werklehrerseminar der Meisterschule Burg Giebichenstein in Halle studierte. Danach unterrichtete D. an drei verschiedenen Schulen in Bremerhaven, bis man ihn 1942 an die Lehrerbildungsanstalt Stade versetzte. Zum Kriegsende wurde er als NSDAP-Mitglied interniert und kehrte erst 1948 zurück. Von 1949 bis 1960 arbeitete er wieder als Lehrer, hauptsächlich an der Lessingschule. 1969 verzog D. mit seiner Frau in ein Altenheim nach Rahden. In Bremerhaven war er nicht nur als Lehrer bekannt und beliebt, sondern auch als Mitglied des Ensembles der Niederdeutschen Bühne »Waterkant« und vor allem als Maler von Landschaftsaquarellen. Allein oder auch mit interessierten Schülern, u. a. Georg Hillmann, bzw. mit dem Kollegen → Hermann Schiebel widmete er sich der Pleinair-Malerei (Ölbilder und Aquarelle), befaßte sich aber auch mit Stilleben und Porträts sowie technisch neben Zeichnungen mit Druckgrafik (Linolschnitte, Radierungen). So entwarf er für die Speckenbütteler Johanniskirche Tauf- und Konfirmandenurkunden und war von 1924 bis 1927 Illustrator der monatlich in den Unterweserorten erscheinenden plattdeutschen Zeitung »Waterkant«. In der Buchhandlung Morisse und im Kunstverein konnte man in den Ausstellungen der »Gilde« häufiger Werke von ihm sehen. Zu seinem 60. Geburtstag fand an der Lessingschule eine große Einzelausstellung statt.

Lit.: Grapenthin, S. 224-227, 234-235, 486, 508, 534; Einladung zur Eröffnung einer posthumen Dräger-Ausstellung am 26.3.1995; H. E. Hansen, »Waterkant«. Erinnerungen a. e. plattdt. Zeitung a. d. Unterweser, in: Ndt. Hbl. 498 (Juni 1991).
Qu.: NZ, 23.11.1954, Unterweser-Rdsch., 29.11.1940; StadtA Brhv., Personalakte J. D.; Jörn Dräger, Lebensdaten von W. Dräger, Braunschw. 1987 (unveröff.).
P.: Foto in Hansen (s. Lit.).

E. G.

Dreyer, Dietrich Wilhelm; *Ingenieur, Gewerbelehrer, Filmregisseur und -produzent.* * 2.4.1887 Osterholz-Scharmbeck, † 18.2.1961 Bremen (*ev.-luth.*). Der Sohn eines Kaufmanns und Inhabers eines Installateurgeschäfts durchlief nach dem Besuch der Volks- und Mittelschule eine vierjährige Lehrzeit bei der Maschinenfabrik Frerichs & Co. in Osterholz, absolvierte anschließend an der Realschule am Doventor in Bremen das Einjährige und trat 1906 in den Dienst des Norddeutschen Lloyd (NDL), wo er bis 1910 als Maschinist tätig war. Danach folgten eine Ausbildung an der Seemaschinistenschule in Bremen und ein Maschinenbaustudium am dortigen Technikum. 1914 wurde er an der Gewerbe- und Fortbildungsschule in Bremerhaven als Lehrer eingestellt. 1921 wechselte er zu einer Gewerbeschule nach Hannover. Zu dieser Zeit war D., der auf seinen Schiffsreisen beim NDL die weite Welt kennengelernt hatte, in die Filmproduktion eingestiegen. Bereits seit 1920 für die von Joh. Friedr. Döring gegründete »Hannoversche Gesellschaft für Kinematographie« (Döring-Film) tätig, die sich auf Kultur-, Lehr- und Werbefilme spezialisiert hatte, stieg er dort bald zum Mitgesellschafter und technischen Direktor auf. Neben zahlreichen auf Kultur und Technik ausgerichteten Lehrfilmen für den Schulunterricht und Werbefilmen – so 1923 über die Tecklenborgwerft und 1925 über die Wesermünder Hochseefischerei – sowie neben Städteporträts waren es von Anfang an vor allem Schiffsreisefilme, die D. weithin bekannt machten. So entstanden in enger Zusammenarbeit mit dem NDL bis 1931 insgesamt 12 große Filmwerke, in denen es D. als Regisseur und Produzent verstand, in der Zeit des Wiederaufbaus der deutschen Handelsflotte und des beginnenden Kreuzfahrttourismus für kombinierte Eisenbahn- und Schiffsreisen nach Übersee, vor allem in die USA, in durchaus anspruchsvoller Form zu werben. Zu seiner Popularität trug ferner bei, daß die Präsentation dieser Filme Teil einer ausgefeilten Vortragsorganisation war, in der er selbst den Part des Redners übernahm. Besondere Resonanz fanden auch seine Filme über die neuen Flaggschiffe des NDL COLUMBUS und BREMEN, in denen er neben der imposanten Technik auch das gesellschaftliche Leben an Bord darstellte. Der Aufstieg des Filmunternehmens in den 1920er Jahren basierte weitgehend auf D.s Erfolgen. 1931 trennte sich D. von der Döring-Film und produzierte in Berlin weiter, so 1933 einen Kulturfilm über »Das schaffende und schöne Deutschland«. Sein weiteres Schicksal liegt im Dunkeln.

Lit.: I. Wilharm, Die Döring-Film, Oberingenieur Dreyer und die Ozeanriesen, in: Wir Wunderkinder. 100 Jahre Filmproduktion in Niedersachsen, Hann. 1995, S. 35-48; 50 Jahre Institut für Seefischerei Geestemünde, Brhv. 1969, S. 9.
Qu.: NVSt., 23.8.1923; WK, 21.2.1961; StadtA Brhv., Personalakte D. D.
Werke: Ausw. b. Wilharm (s. Lit.), u. a.: *Mit Schnellzug und Ozeandampfer von Berlin via Bremen nach New York* (1920); COLUMBUS (1924); *Gluten am Nordpol* (1925); *Kreuz und quer durchs Mittelmeer* (1928); BREMEN. *Königin der Meere* (1929); *Amerika von heute* (1931); *Das schaffende und schöne Deutschland* (1933).

H. Bi.

Drobe, Friedrich, gen. **Fritz**; *Verwaltungsangestellter, plattdeutscher (und hochdt.) Schriftsteller.* * 16.1.1909 Geestemünde, † 15.4.1994 Bremerhaven (*ev.-luth.*). Nach dem Besuch der Allmersschule absolvierte der Sohn eines Maurers eine Lehre im Fischereihafen von Geestemünde zum Fischkaufmann. Schon früh begann er journalistisch zu arbeiten, zuerst als Berichterstatter der »Vossischen Zeitung« (ab 1929); danach schrieb er Artikel für den »Dortmunder General-Anzeiger«, die »Frankfurter Zeitung« und andere Organe. 1933 arbeitete er als Redaktionsvolontär bei der »Norddeutschen Volksstimme«, ehe er 1934 als Buchhalter zur Stadtkasse Bremerhaven kam, wo er bis zu seiner Verrentung 1972

tätig war. 1950 war er Mitbegründer der »Plattdütschen Gill Bremerhaven«, die die früheren Aktivitäten des Niederdeutschen Vereins »Waterkant« zur Erhaltung der plattdeutschen Sprache fortsetzt. Als 1. »Schrievbaas« (Schriftführer) nahm er dort viele Jahre lang verantwortliche Aufgaben wahr; u. a. initiierte er dort den Aufbau einer vereinseigenen plattdeutschen Bücherei. Er hielt zahlreiche Vorträge über Volkstum und Sprache, u. a. im Radio. Aus seiner Feder stammen 21 Hörspiele, mehrere Theaterstücke, Erzählungen und Gedichte. D., der zu den erfolgreichsten Hörspielautoren in plattdeutscher Sprache zählt, erhielt für »De fremde Fro« den Hörspielpreis der Freiherr-vom-Stein-Stiftung in Hamburg. Eine Reihe seiner Werke wurde auch vom westdeutschen und holländischen Rundfunk ausgestrahlt.

Lit.: Ndt. Hbl. 409 (Jan. 1984); H. Quistorf u. J. Sass: Niederdt. Autorenbuch, Hbg. 1959, S. 62; Sowinski, S. 115.
Qu.: NZ 16.1.1974, 16.1.1984, 23.4.1994; Brhv. Sonntagsjournal, 15.1.1989.
Werke: Verz. in Sowinski sowie im StadtA Brhv., u. a. Hörspiele: *De Eck bi't Gleis*, *De lütte Düvel*, *Twintig Mann un en Jung*; Theaterstücke: *Moorlüüd* (Uraufführung bei Ohnsorg 1937), *Nielk, de Windbütel*, *De Moralvereen*; Erzählungen: *Eine vergnügliche Reise*, *Es irrt der Mensch*.
Nachlaß: Plattdütsche Gill Bremerhaven.
P.: Foto in Archiv NZ, Abb. in Quistorf/Sass (s. Lit.) u. NZ, 28.5.1966, 16.1.1974, 16.1.1984, 23.4.1994.
E.: Bundesverdienstkr. (1974), Hörspielpreis Freiherr-vom-Stein-Stiftung.

R. B. B.

Duge, Friedrich Wilhelm Johann; *Nautiker, Hafenmeister, Fischereidirektor.* * *20.8.1856 Wendischhäger Damm (Meckl.)*, † *2.6.1927 Cuxhaven*. Als Sohn eines Försters am Malchiner See aufgewachsen, wo er schon früh mit der Fischerei vertraut wurde, besuchte D. einige Jahre das Gymnasium in Malchin, schlug dann aber 1871 die seemännische Laufbahn ein, absolvierte seine Fahrenszeit auf Rostocker Segelschiffen und erwarb seine nautischen Patente an der Seefahrtschule in Wustrow. Nach einer militärischen Dienstzeit bei der Kaiserlichen Marine in Kiel war er als Marine-Oberlotse in Wilhemshaven tätig. In dieser Zeit eignete er sich nebenbei umfangreiche Kenntnisse über die Hochseefischerei an. 1891 wurde D. in Geestemünde vom preußischen Staat mit der neugeschaffenen Stellung eines Hafenmeisters für die Geestekaje betraut, wo der Fischumschlag insbesondere seit der Indienststellung des ersten deutschen Fischdampfers SAGITTA einen großen Aufschwung genommen hatte. Nach der Fertigstellung des Fischereihafens I übernahm er 1896 die Aufgaben des dortigen Hafenmeisters. Nachdem er 1906 für die Freie und Hansestadt Hamburg ein positives Gutachten zum Betrieb eines Fischmarktes in Cuxhaven erstellt hatte, trat er 1907 als Fischereiinspektor und Leiter des noch aufzubauenden Fischmarktes in den hamburgischen Staatsdienst. 1914 übernahm er – zunächst zusätzlich und kommissarisch, 1918 endgültig – die Aufgaben des in den Reichsdienst eingetretenen hamburgischen Fischereidirektors Wilhelm Lübbert. Nach seiner Pensionierung kehrte er 1922 wieder nach Cuxhaven zurück, wo er sich noch bis 1925 beim Wirtschaftsverband der deutschen Hochseefischerei für die Fischwerbung ein-

setzte. D. setzte sich in seinen jeweiligen Dienststellungen und auch darüber hinaus mit Tatkraft, Ideenreichtum und Pragmatismus für die örtlichen und übergreifenden Belange der Hochseefischerei ein. Seit 1892 im Deutschen Seefischerei-Verein aktiv und dort enger Ratgeber des Präsidenten Walter Herwig, wirkte er an zahlreichen Neuerungen der Organisation, der Fangtechnik und der Fischverarbeitung mit, veranstaltete regelmäßig Fortbildungskurse und schuf die Grundlagen für eine zuverlässige Fangstatistik. Als Sachverständiger bei Seeamtsverhandlungen konnte er zur Erhöhung der Schiffssicherheit beitragen, wie er sich auch für die Verbesserung der Lebens- und Arbeitsbedingungen der an Bord und in der Fischwirtschaft Beschäftigten einsetzte. Der Fischereiforschung diente er u. a., indem er von 1904 bis 1907 die in Geestemünde beheimatete, als »Schiffskammer« bezeichnete Landstation des Reichsforschungsdampfers POSEIDON leitete. In Cuxhaven war er maßgeblich an der Gründung eines Seemannsheims und an der Einführung der drahtlosen Telegraphie auf Fischdampfern beteiligt. Eine von ihm seit 1896 zu Unterrichtszwecken angelegte Sammlung von präparierten Fischen und anderen Seetieren ging später als Museumsgut in das Eigentum des von → Dr. Fritz Lücke geleiteten Instituts für Seefischerei in Geestemünde über und bildete dort den Grundstock des Fischereimuseums. Durch mehrere populäre und fachbezogene Veröffentlichungen über die Hochseefischerei, die sich durch Detailfülle auszeichnen und für deren eine er den Geestemünder Maler → Heinrich Giebel als Illustrator gewinnen konnte, wußte D. seine Kenntnisse auch einer breiteren Öffentlichkeit näher zu bringen. Sein Sohn, der Arzt Dr. Bruno D. (1884-1970), betätigte sich politisch und war kurzzeitig (1956) ehrenamtlicher Oberbürgermeister und danach noch mehrere Jahre lang Bürgermeister in Cuxhaven.

Lit.: G. Behrmann, L. Grotrian-Pahl u. W. Timm, Nordseemuseum, Brhv. 1991, S. 11; P. Bussler, Historisches Stadtlexikon für Cuxhaven, Brhv. 2002, S. 91-93; H.-W. Heins, Ein Leben für die Hochseefischerei. Vor 75 Jahren starb Hafenmeister und Fischereiinspektor Friedrich Duge, in: Ndt. Hbl. 575 (Nov. 1997); G. Wolter, Die Cuxhavener Straßennamen, Cuxh. 2. Aufl. 2001, S. 83-84.
Werke: u. a. *Die Dampfhochseefischerei in Geestemünde* (1898, 2. Aufl. 1905, m. Ill. v. H. Giebel); *Die Seefischerei in Geestemünde* (1903); *Der Betrieb des Fischereihafens zu Geestemünde*, in: Mittl. d. Dt. Seefischereivereins Nr. 13 (1897), S. 335-343; kleinere Beitr. in Fachzeitschr. u. a. Mitt. d. Dt. Seefischereivereins.
P.: Foto in Behrmann u. Heins (s. Lit.).
E.: Silb. u. Gold. Vereinsmed. d. Dt. Seefischereivereins; Benennung »Dugekai«, Fischereihafen Cuxhaven (1928).

H. Bi.

E

Ebel, Manfred; *Nautiker, Kommunalpolitiker, Parlamentarier.* * 19.7.1932 Hirschberg (Riesengeb.), † 6.4.1999 Bremerhaven (ev.). Der gebürtige Schlesier kam nach Kriegsende zunächst nach Elsfleth, wo er 1958 heiratete. Nach der Fachschulreife durchlief er eine Ausbildung zum Nautischen Schiffsoffizier und erwarb 1960 das Kapitänspatent. Seit 1963 Prokurist in einem Unternehmen für technische Schiffsausrüstung und in Bremerhaven ansässig, machte er sich 1970 selbständig. 1963 trat er der CDU bei und übernahm dort schon bald Führungspositionen. 1967 wurde er zum Stadtverordneten gewählt; von 1975 bis 1985 war er Vorsitzender der CDU-Fraktion. Darüber hinaus fungierte er von 1972 bis 1976 und dann wieder von 1980 bis 1982 als Kreisvorsitzender der Bremerhavener CDU. Von 1984 bis 1989 vertrat er als erster Bremerhavener die Interessen seiner Heimatstadt und der Region im Europäischen Parlament, wo er sich vorrangig mit Verkehrs- und Fischereifragen befaßte.

Qu.: NZ, 25.6.1984, 30.8.1984, 8. u. 9.4.1999.
P.: Foto in NZ, 25.6.1984.
E.: Stadtältester Brhv. (1987).

H. Bi.

Ebeling, Nikolaus; *Kapitän, Reeder.* * 19.9.1870 Cranz (Elbe), † 5.4.1939 Wesermünde. E. fuhr nach der Schulzeit zunächst als Schiffsjunge bei seinem Vater auf einem Frachtsegler; später war er Steuermann und Kapitän auf Hamburger Fischdampfern. Am 8.11.1905 gründete er in Altona zusammen mit dem Kaufmann Johannes Thode die Fischdampferreederei Thode & Ebeling und wurde nach dem Tode seines Kompagnons 1914 Alleininhaber des Unternehmens, das er 1922 in eine offene Handelsgesellschaft umwandelte. Da der Geestemünder Seefischmarkt seine Führungsposition immer mehr ausbaute, verlagerte E. seinen Betrieb 1930 an die Unterweser, wo ihm die Stadt Bremerhaven die Betriebsstätten der ehemaligen Hochseefischerei »Sirius« an der Westseite des Alten Hafens zur Verfügung stellte. Das aufblühende Unternehmen gliederte sich zur Förderung des Absatzes sogleich eine eigene Seefischgroßhandlung an, die »Seefisch« Herings- und Fischhandelsgesellschaft. E. war darüber hinaus Aufsichtsratsmitglied des Versicherungsvereins deutscher Fischdampfer-Reedereien, der Hanseatischen Hochseefischerei sowie Beiratsmitglied der Ersten Deutschen Klippfisch-Werke Zitzlaff & Co. Nach E.s Tode, der seinen Wohnsitz in Wesermünde-Geestemünde hatte, übernahm sein Schwiegersohn und Teilhaber → John Mahn die Reedereiführung.

Lit.: Beckmann, Reedereien, S. 76-78; N. Ebeling Hochseefischerei 1905-1955, Brhv. 1955; Schwemer, S. 14.
Qu.: NWZ, 6.4. u. 8./9.4.1939.
P.: Foto in Ebeling (s. Lit.), S. 3.
E.: Grabstätte Brhv. Friedhof Wulsdorf.

W. B.

Eckermanns, Heinrich; *Gewerkschafter, Geschäftsführer, Kommunalpolitiker, Parlamentarier.* * 10.9.1867 Aachen, † 28.6.

1940 Berlin (kath.). Der Sohn eines Schreinermeisters und gelernte Optikarbeiter war von 1898 bis 1910 Rendant der Allgemeinen Ortskrankenkasse (AOK) in Rathenow (Westhavelland), bevor er 1910 nach Bremerhaven kam, um bei der dortigen AOK die Funktion eines Verwaltungsdirektors (Geschäftsführers) zu übernehmen, die er bis 1933 innehatte. Politisch und gewerkschaftlich engagiert, war er schon in Rathenow Stadtverordneter (1908-1910) und Aufsichtsratsvorsitzender des örtlichen Konsumvereins (1906-1910) gewesen. Im März 1919 nahm er als Delegierter am 2. Reichsrätekongreß in Berlin teil. Auch in Bremerhaven gehörte er zu den führenden Köpfen der Arbeiterbewegung. Von 1919 bis 1933 vertrat er als sozialdemokratischer Abgeordneter Bremerhavener Interessen in der Bremischen Bürgerschaft. Nachdem er im März 1933 in »Schutzhaft« genommen worden war, ist über sein weiteres Verbleiben nichts bekannt.

Lit.: Herbig, S. 317; Roß, Biogr. Hdb. RRK, S. 120; Schröder, Parlamentarier, S. 421; Thienst, S. 218.
Qu.: StadtA Brhv., Registratur.
P.: Gruppenfoto in Thienst, nach S. 208.

H. Bi.

Eelbo, Bruno Heinrich; *Architekt, Baureferent, Schriftsteller.* * 10.10.1853 Bremerhaven, † 16.11.1917 Weimar (ev.). Der Sproß einer aus Flandern nach Bremen eingewanderten Familie wuchs in Bremerhaven auf, wo sein Vater, dessen beide Schwestern eine später von → Clara Griebeling geführte Mädchenschule betrieben, als Apotheker und danach als Inhaber einer privaten Sparkasse tätig war. E. erlernte, nach Besuch der Realschule, von der Pike auf das Baufach, wobei er u. a. die Baugewerkschule in Holzminden besuchte. 1873/74 Schüler von L. Bohnstedt in Gotha, war er seit 1878 als selbständiger Baumeister tätig. 1882 wurde er zum Ministerialreferenten (Baurat) für Kunstgewerbe nach Weimar berufen. Auf Studienreisen nach Italien, auf denen er seine künstlerischen Fähigkeiten erweiterte, entdeckte er auch seine poetische Ader. 1890/95-1903 Teil- bzw. Inhaber eines Architektürbüros in Leipzig, errichtete er überwiegend Stadtvillen in Dresden und Leipzig, deren Stil orientalische Formen aufgreift. 1903 zog er sich nach Weimar zurück, um sich als Schriftsteller der Lyrik, dem Drama und der Shakespeare-Forschung zu widmen. Zu seiner Heimat hatte E. verschiedentlich Kontakt, so als er 1884 für → Hermann Allmers den von diesem herausgegebenen Römischen Wandkalender gestaltete.

Lit.: DBI, S. 755; DBA I, 267, 379, II, 310, 210-213; DBE, Bd. 3, S. 21; Dt. Bauzeitung 1917, S. 468; Kürschner L, Nekr. 1901-1935, S. 150-151; Mensch sein und den Menschen nützen. Hermann Allmers u. seine Künstlerfreunde, hrsg. v. A. Behne u. O. Gradel, Otterndorf 2002, S. 82-83; Thieme/Becker, Bd. 10, S. 358-359; Vollmer, Bd. 5, S. 449.
Qu.: StadtA Brhv., Zivilst. reg. 1853, Geb. Nr. 121.
Werke: s. Lit. (Dt. Bauzeitung u. Kürschner), u. a.: *Sonnige Tage* (1889); *Die Sprüche des guten Meisters* (2. Aufl. 1904); *Ausgewählte Dichtungen* (1911); *Bacons entdeckte Urkunden*, 3 Bde. (1914-16); *Odysseus Heimkehr* (1916).

H. Bi.

Ehlers, Kurt Georg Barthold, Dr. med. vet.; *Tierarzt, Zoodirektor.* * 24.1.1908 Hannover, † 19.4.1972 Bremerhaven (ev.-luth.). Der nach dem frühen Tod des Vaters, eines Bankdirektors, bei Verwandten aufgewachsene E. besuchte an wechselnden Orten die Volksschule und durchlief anschließend eine landwirtschaftliche Lehre, die er 1927 in Hildesheim mit dem Verwalterexamen abschloß. Infolge eines schweren Unfalls zur Aufgabe des Berufs gezwungen, holte er im Selbststudium das Abitur nach und studierte von 1933 bis 1938 an der Tierärztlichen Hochschule Hannover Veterinärmedizin. Als er danach in Braunschweig eine Tierklinik eröffnen wollte, wurde ihm wegen Nichtzugehörigkeit zur NSDAP die Genehmigung versagt. Daraufhin nahm er 1939 eine Stelle als Polizeihilfstierarzt im Wesermünder Fischereihafen sowie eine Vertretungsstelle im Landkreis Rotenburg (Wümme) an. Nach fünfjährigem Kriegsdienst, den er überwiegend als Veterinär in Hamburg ableistete, zurückgekehrt, wurde er 1945 als Tierarzt beim Wesermünder Schlachthof eingestellt. 1948 aus betrieblichen Gründen entlassen, eröffnete er eine tierärztliche Praxis, ehe er 1953 zunächst

nebenamtlich und 1956 hauptamtlich in Nachfolge von → Dr. Hermann Junker die Leitung der Städt. Tiergrotten und des Nordseeaquariums übernahm. Unter seiner Ägide gewannen die Tiergrotten regional und überregional weiter an Profil, was sich u. a. in den Besucherzahlen niederschlug, die sich bis 1967 verdoppelten. Der Vergrößerung des Geländes (1954) folgten die Erweiterung des Aquariums (1960), die Errichtung eines Raubtierhauses (1968) und, in Erweiterung der Aktivitäten Junkers, die Aufzucht von Heulern. Die Haltung von Klappmützen, einer seltenen Robbenart, bildete von 1954 bis 1967 eine in Deutschland einmalige Attraktion. Darüber hinaus setzte E. die traditionelle Zucht von Eisbären fort. Besondere Verdienste erwarb er sich 1962 bei der Rettung von Tieren bei der großen Sturmflut. E., der von 1967 bis 1969 Präsident und danach Vizepräsident des Verbandes deutscher Zoodirektoren war, publizierte zahlreiche Beiträge über Tierzucht und Tierhaltung sowie über Lebensmittelfragen.

Ebenso eröffnete er die von seinen Nachfolgern fortgesetzte Reihe populärwissenschaftlicher Informationsbroschüren. Als engagierter Naturschützer war er ein Gegner der Seehundjagd und genoß in der Bevölkerung, auch wegen seines unkonventionellen und öffentlichkeitswirksamen Auftretens, großes Ansehen. Er starb überraschend kurz vor seiner Pensionierung.

Lit.: G. Ruempler, 50 Jahre Zoo am Meer, Brhv. 1978, S. 5-9; Scheper, Jüngere Geschichte, S. 430-431; P. Uhrmacher, 75 Jahre Nordsee-Aquarium, 60 Jahre Zoo am Meer, in: Zoo am Meer aktuell, H. 2/1988, S. 23-25, 32-35.
Qu.: NZ, 29.5.1969, 20.4.1972; StadtA Brhv., Personalakte K. E.
Werke: Verz. d. Veröff. in StadtA Brhv., u. a. *25 Jahre Tiergrotten, 40 Jahre Nordseeaquarium* (1953); *Fang der Klappmütze und ihr Verhalten in den Tiergrotten Bremerhaven*, in: Zoolog. Garten N.F. 24, S. 149-177; *Tiergrotten und Nordseeaquarium der Stadt Bremerhaven* (1968).
P.: Foto in StadtA Brhv. (Pers.akte).

H. Bi.

Eits, Johann Hinrich; *Maurermeister, Gastwirt, Wasserwerksbesitzer, Kommunalpolitiker.* * 6.11.1779 Lehe, † 9.3.1870 Lehe *(ev.)*. E. gehört zu denjenigen, die untrennbar mit den Anfängen Bremerhavens verbunden sind. War er, der aus einer eingesessenen Leher Familie stammte, schon als Maurermeister 1820 am Bau des hannoverschen Hafenhauses beteiligt gewesen, so fielen ihm nach Gründung Bremerhavens zahlreiche Aufträge für öffentliche und private Bauten zu, u. a. für das Fort Wilhelm. Daneben betrieb er einen Kalkofen sowie eine direkt am Markt gelegene Gast- und Herbergswirtschaft, die von seiner Frau → Margarethe E. bewirtschaftet wurde und aus der später »Beermanns Hotel« hervorging. Als einer der ersten Neuansiedler wirkte er auch an der Erschließung des jungen Hafenortes mit. In Lehe, wo er über ererbten Grundbesitz verfügte, errichtete er sich auf einem großen Grundstück im späteren sog. Freigebiet unmittelbar an der Bremerhavener Grenze ein Landhaus; das Areal ging nach seinem Tode in den Besitz von → Lüder Rutenberg über, der dieses in der 1880er Jahren städtebaulich erschloß. Darüber hinaus engagierte sich E. kommunalpolitisch.

Die Mitbürger wählten ihn in den ersten Ortsvorstand (1837-1851) und zum Mitglied der Bremer Bürgerschaft (1848); auch gehörte er zu den ersten fünf Schul- und Armenpflegern. In diesem Zusammenhang setzte er sich für die Stärkung der kommunalen Rechte Bremerhavens und für politische Reformen ein. Sein Name verbindet sich vor allem mit der ersten Wasserleitung nach Bremerhaven, die er 1838 zusammen mit → J. G. Claussen anlegte. Da der Kleiboden Bremerhavens kein brauchbares Trinkwasser liefert, war der Hafenort für den schnell wachsenden Haus- und Schiffsbedarf auf die Wasserversorgung von außerhalb angewiesen. E., der zusammen mit Claussen an der Hafenstraße in Lehe ein Brunnengrundstück mit einer Graupenmühle erworben hatte, errichtete dort 1838 einen Wasserbehälter, der von einer per Pferdegöpel angetriebenen Pumpe gespeist wurde und von wo aus das Wasser über eiserne Rohre nach Bremerhaven gelangte. Damit wurde die bis dahin übliche Versorgung durch Fuhrleute und Schiffe sowie durch Zisternen abgelöst. Als 1852 → Melchior Schwoon in der Nähe ein weiteres Wasserwerk aufzog, wurde die »Eitssche Wasserkunst« modernisiert, u. a. durch Einsatz einer Dampfmaschine, ohne allerdings die Leistungsfähigkeit der Schwoonschen Anlagen erreichen zu können. Die Konkurrenz zwischen beiden Unternehmen wurde beendet, als sich 1870, kurz nach E.s Tode, die Kinder der beiden Firmengründer, Johannes Schwoon und Anna Eits, miteinander verheirateten.

Lit.: Bessell, S. 271, 288, 292, 339, 343, 473, 503-504; H. Bickelmann, Bremer Vorstadtarchitektur in Lehe. Lüder Rutenberg und die Bebauung des Freigebiets, in: Ndt. Hbl. 555 (März 1996); Ernst, Colonie, S. 88-91, 98-99, 106-107, 110-114, 120; Ernst, Marktplatz, S. 53-54; Gabcke, Bd. 1, S. 20, 32-33, 36, 56, 69, 79; Sachau, S. 38, 50, 112, 134-136, 142, 167-168, 185, Anhang S. 39; Wolff, Friedhöfe, S. 31-32,
E.: Grabstätte Friedhof Lehe I.

W. W.

Eits, Margarethe (Meta), geb. Hons; *Gastwirtin. * 1.12.1795 Lehe, † 23.5.1847 Bremerhaven (ev.).* Die Tochter des Leher Landwirts Allerich Hons heiratete 1820 den Maurermeister → Joh. Hinr. Eits. Der von diesem 1830 in zentraler Lage am Bremerhavener Marktplatz errichtete Gasthof, der auch einen Hotelbetrieb umfaßte, wurde weitgehend von ihr geführt. Sie war offenbar sehr geschäftstüchtig, denn das Haus wurde Ausgangspunkt für die Schnelldroschkenfahrten nach Bremen. Nach ihrem frühen Tode wurde der Gasthof zunächst verpachtet und 1864 verkauft. Seit 1868 firmierte das Etablissement als »Beermanns Hotel«. 1942 übernahm es Werner Naber; das Hotel »Naber« wird seit Sommer 2003 unter anderem Namen weitergeführt.

Lit.: Ernst, Marktplatz, S. 53-59; Wolff, Friedhöfe, S. 31.
Qu.: StadtA Brhv., Ziv.st.prot. 1847, Todesfälle Nr. 31.
E.: Familiengrabstätte Friedhof Lehe I.

H. Bi.

Engelmeyer, Hans Telesphor; *Maler, Graphiker, Fotograf. * 3.10.1891 Lehe, † 2.1.1945 Lyautey bei Marseille, ☐ Soldatenfriedhof Dagneux bei Lyon.* Durch den Vater, einen ehemaligen Kunstmaler, der in Bremerhaven ein Fotoatelier betrieb, wurde E. schon frühzeitig mit Malerei und Fotografie vertraut. Auf der Oberrealschule in Lehe (heute Lessing-Schule) genoß er Kunstunterricht bei → Hinrich Thies, an dessen kurzlebiger Zeitschrift »Jugendlicht« er 1920-1921 als Redakteur mitarbeitete. Eine nach Beendigung der Schulzeit begonnene Lehre als Fotograf brach E. zugunsten einer kaufm. Ausbildung ab. Seit 1914 betätigte er sich, unterbrochen durch den I. Weltkrieg, überwiegend als Maler, nahm aber Mitte der 1920er Jahre eine Stellung als Büroangestellter bzw. Lohnbuchhalter an. 1929 wurde er vom Norddeutschen Lloyd (NDL) als Bildberichterstatter engagiert, eine Tätigkeit, die er 1935 als selbständiger Bordfotograf des Dampfers POTSDAM im Ostasiendienst des NDL erweiterte; seit dieser Zeit nahm er seinen Wohnsitz in Bremen. Den II. Weltkrieg erlebte er von 1939 bis 1944 als Kriegsberichterstatter der Marinepropagandakompanie West auf verschiedenen Kriegsschauplätzen, u. a. auf dem Balkan sowie in Dänemark, Belgien und Frankreich. 1944 in

Toulon in französische Kriegsgefangenschaft geraten, verstarb er im Kriegsgefangenenlager Lyautey. Sein künstlerisches Werk umfaßt Ölbilder, Aquarelle und Lithographien, insbesondere Hafenszenen sowie Moor- und Heidebilder, die überwiegend in den 1920er Jahren entstanden; aber auch während seiner Zeit als Bordphotograph und als Kriegsberichterstatter hat er gemalt. Sein umfangreicher fotografischer Nachlaß, der im Deutschen Schiffahrtsmuseum verwahrt wird, dokumentiert ein breites Spektrum von schiffahrtsbezogenen Aktivitäten, das von der Ankunft und Abfahrt von Passagierschiffen in Bremerhaven über Darstellungen des Arbeitslebens und des Bordalltags bis hin zu Porträts bekannter Persönlichkeiten und zur Fotodokumentation überseeischer Länder reicht. E.s Fotos wurden vom NDL und von ihm selbst schon früh vermarktet und fanden Eingang in eine Reihe zeitgenössischer Publikationen, u. a. in die »Lloyd-Zeitung«, in Kreuzfahrtprospekte, in Fachzeitschriften und in Fotobände.

Lit.: Grapenthin, S. 185-190, 486; S. u. K.-P. Kiedel, Fernwehbilder. Hans Engelmeyer, Bordphotograph auf Passagierschiffen des NDL, Hbg. 1989.

Werke: *Ewiges Meer, Schaffendes Leben*, von Orrie Müller m. künstl. Aufn. v. H. Engelmeyer u. W. Bauer (1937).
Nachlaß: Fotonachlaß im DSM.
P.: Fotos in Kiedel (s. Lit.).
E.: Silb. Hbg. Staatspreismed. (1935).

S. R.

Ennen, Georg; *Sonderschulpädagoge, Sozialreformer.* * *10.6.1926 Wesermünde (-Lehe),* † *21.8.1986 Bremerhaven (ev.-luth.).* Nach Besuch der Neulandschule in Wesermünde, der Lehrerbildungsanstalt in Geilenkirchen, Wehrdienst, Kriegsgefangenschaft und kurzzeitiger Tätigkeit als Handwerker trat der Arbeitersohn 1949 in den Bremerhavener Schuldienst ein. Von 1956 bis 1958 absolvierte er an der Univ. Hamburg ein Zusatzstudium als Sonderschullehrer. 1971 wurde er zum Leiter der Albert-Schweitzer-Schule ernannt und 1984 als Rektor der Anne-Frank-Schule aus gesundheitlichen Gründen pensioniert. Von christlichem Grundverständnis getragen, setzte er sich mit großer Tatkraft, menschlicher Wärme und kompromißlosem Einsatz für Behinderte und für deren Eingliederung in die Gesellschaft ein. 1960 gründete er die Ortsvereinigung Bremerhaven der »Lebenshilfe für geistig Behinderte«, für die er zunächst als Geschäftsführer und dann (1968-1980) als Vorsitzender fungierte; mehrere Jahre lang führte er auch den Vorsitz im Landesverband Bremen. Er baute die Einrichtung in enger Verbindung mit dem städtischen Sozialamt zu einer umfassenden Institution mit Werkstätten (Albert-Schweitzer-Haus), Kindergärten und Wohnstätten für geistig Behinderte aus. E. war langjähriges Mitglied des Kirchenvorstandes der ev.-luth. Marienkirchengemeinde Geestemünde und von 1972 bis 1984 auch Mitglied des städtischen Jugendwohlfahrtsausschusses.

Qu.: NZ, 23.8.1986; StadtA Brhv., Personalakte G. E.
P.: Foto in NZ, 23.8.1986.

H. Bi.

Ernst, Friedrich Georg Wilhelm, gen. **Fritz**, Dr. jur.; *Bankkaufmann, Kommunalbeamter, Stadtkämmerer, Bankdirektor, Förderer des Kulturlebens.* * *14.6.1908*

Osterholz-Scharmbeck, † 27.3.1989 Bremerhaven (ev.-luth.). Der Sohn eines Sattlermeisters wuchs überwiegend in Lehe auf, wohin sein Vater 1913 übergesiedelt war. Nach Abschluß der Volksschule, an der er durch die Rickmerssche Schulstiftung als Bester seines Jahrgangs ausgezeichnet wurde, durchlief er beim Bankhaus Probst eine Banklehre und erwarb nebenher auf der Abendschule die mittlere Reife. Seit 1925 Beamter der Stadt Bremerhaven, diente er sich dort vom Bürohilfsarbeiter bei der Städt. Fischereidirektion bis zum Leiter des Rechnungsprüfungsamtes (1937) hoch; 1939, nach Eingemeindung in die Stadt Wesermünde, übernahm er die Leitung der dortigen neuen Stadtkasse. Am II. Weltkrieg nahm er zunächst als Mitarbeiter der Zivilverwaltung im Elsaß (stellv. Landkommissar) und von 1942 bis 1945 als Soldat teil. E., der sich stets weiterbildete und u. a. die Verwaltungsakademie in Bremen besucht hatte, nutzte seinen zweijährigen Aufenthalt im Elsaß zur Begabtenprüfung, die ihm ein zweisemestriges Jurastudium an der Univ. Straßburg ermöglichte. Nach Entlassung aus amerikanischer Kriegsgefangenschaft holte er 1946 das Abitur an der Leher Lessingschule nach und setzte danach sein Studium in Göttingen fort, das er 1949 mit der 1. juristischen Staatsprüfung abschloß. 1951 schließlich wurde er in Göttingen promoviert. Inzwischen war er 1948 zum Leiter der Städt. Finanzverwaltung in Bremerhaven und 1951 zum Kämmereidirektor aufgestiegen (1952 Magistratsrat). Als sich im selben Jahr die Möglichkeit bot, die Funktion des Kämmerers im Amt Marl (Westf.) zu übernehmen, verließ E. Bremerhaven; nur acht Monate später kehrte er wieder zurück, um die Nachfolge des aus gesundheitlichen Gründen überraschend in den Ruhestand getretenen Dr. Heinz Marquard als hauptamtlicher Stadtrat für Finanzen, Theater und Krankenhäuser anzutreten. Nach einem dreijährigen Zwischenspiel als Amtsdirektor des Amtes Marl (1960-63) krönte E. seine Laufbahn mit der Berufung zum Direktor und Generalbevollmächtigten der Norddeutschen Kreditbank in Bremerhaven (1963-73). E. galt als Mann von hoher Fach-

kompetenz. In seine Amtszeit als Stadtkämmerer fielen der Wiederaufbau Bremerhavens, die Modernisierung der Krankenhäuser und der Bau des Stadtbades. Im Falle der politisch brisanten »Blink-Affäre«, bei der die Requirierung von Baugelände für Wohnungen der Besatzungsmacht zu zeitweise heftigem Unmut in der Bevölkerung geführt hatte, gelang es E., der vom Senat in Bremen mit der Bearbeitung der Entschädigungsfragen beauftragt war, durch unbürokratisches und zügiges Handeln die Spannungen zwischen der Verwaltung und den Betroffenen abzubauen. Seine besondere Fürsorge galt dem Stadttheater, für dessen Wiederaufbaufinanzierung er bereits als städt. Beamter 1949 den ersten Theaterball und 1951 die Theaterlotterie organisiert hatte und das er als Theaterdezernent mit dem kleinen Haus um eine zweite Spielstätte erweiterte. Dem Theater widmete er sich zudem durch den Vorsitz im Verein zur Förderung des Theater- und Musiklebens sowie durch einschlägige Veröffentlichungen. Darüber hinaus engagierte er sich über lange Jahre als Schatzmeister des Heimatbundes der »Männer vom Morgenstern« sowie des Kunstvereins Bremerhaven, wobei er auch entscheidenden Anteil an der Errichtung und Finanzierung der Kunsthalle hatte. Als Kreisvorsitzender des Volksbundes Deutscher Kriegsgräberfürsorge setzte er sich für die Völkerverständigung ein. Sein Sohn, der Rechtsanwalt und Notar Dr. Manfred E. (* 1943), ist ebenfalls durch vielfältiges kultur- und gesellschaftspolitisches Engagement, u. a. als Verfasser mehrerer Veröffentlichungen zur Geschichte Bremerhavens, hervorgetreten.

Lit.: Dr. Fritz Ernst wird 80, in: Ndt. Hbl. 461 (Mai 1988); 100 Jahre Kunstverein Bremerhaven, Brhv. 1986, o. S.; Scheper, Jüngere Geschichte, S. 444-445.
Qu.: NZ, 13.6.1973, 30.3.1989; StadtA Brhv., Personalakte F. E.
Werke: *Festschrift zur Wiedereröffnung des Bremerhavener Stadttheaters* (1952); *Das Bremerhavener Theater* (1981); *Von den Anfängen bis zum Bau des Stadttheaters 1910/11*, in: Jb. M.v.M. 59 (1980), S. 141-211.
Nachlaß: Mat. z. Stadttheater im StadtA Brhv.
P.: Foto in Privatbesitz, sowie in Ndt. Hbl. (s. Lit.), u. NZ, 30.3.1989.
E.: Ehrenmitglied Kunstverein Brhv., Stadttheater u. M.v.M.; Ehrenvors. Volksbund dt. Kriegsgräberfürs. u. Verein z. Förd. d. Theater- u. Musiklebens.

H. Bi.

Eschemann, August Ferdinand; *Buch- und Kunsthändler, Förderer von Kunst und Kultur;* * 6.3.1880 Celle, † 13.11.1959 Bremerhaven (ev.-luth.). E. wuchs in seiner Geburtsstadt auf und erlernte dort den Beruf des Buchdruckers und Buchhändlers. Am 1.10.1900 als „Gehülfe" in die 1891 in Bremerhaven gegründete Buchhandlung von Ferdinand Morisse (1857-1929) eingetreten, übernahm er am 1.7.1909 das Geschäft unter dem angestammten Namen. Mit der »Buchhandlung Morisse« erwarb er zugleich das dazu gehörige Gebäude Bgm.-Smidt-Str. 67, dem er zwei Stockwerke hinzufügte. Zu dieser Zeit gab es in den Unterweserorten zehn Buchhandlungen, nicht gerechnet jene kleinen, aber für Bremerhaven typischen Läden, die neben anderen Waren auch Bücher führten. E. konnte sich gegen die Konkurrenz mit neuen Ideen durchsetzen. 1913 führte er an der Unterweser Zeitungs-, Zeitschriften- und Bücherkioske ein, deren erster in der Lloydstraße an der Ein-

mündung zur Bgm.-Smidt-Straße stand. Neben dem Buchverkauf widmete sich E. dem Kunsthandel, u. a. mit Grafiken Worpsweder Künstler wie Heinrich Vogeler und Hans am Ende. Der Bremerhavener Maler → Paul Ernst Wilke gehörte gemeinsam mit seiner Frau → Lale Andersen zum Freundeskreis von E. 1927 erschien im Verlag der Buchhandlung Morisse zum 100jährigen Stadtjubiläum die »Geschichte Bremerhavens« von → Georg Bessell. Seit 1933 arbeiten in der Buchhandlung E.s ältester Sohn Hanns (14.9.1910-26.11.1988) und → Hermann Jelten, der 1953 Mitgesellschafter wurde. Nach der Zerstörung des Geschäftshauses am 18.9.1944 wurde die Buchhandlung in provisorischen Unterkünften betrieben, bis sie 1949 in einer Holzbaracke am Hindenburgplatz (heute Bgm.-Martin-Donandt-Platz) mit der »Galerie Morisse« und einem Antiquariat wiedereröffnet wurde. 1956 konnte E. den Geschäftssitz seiner Buchhandlung in das neu errichtete Haus am alten Standort zurückverlegen. E. war nicht nur Buchhändler, sondern auch Musikfreund, Kunstmäzen und ein Kaufmann mit Mut zu einem gewissen Risiko. Er arrangierte philharmonische Konzerte unter → Otto Albert, förderte Paul Ernst Wilke, lud → Graf Luckner zu Vorträgen ein und veranstaltete Kunstausstellungen. Trotz seiner distinguierten äußeren Erscheinung war er herzlich und entgegenkommend. Mit seinem Mut, sich 1955 am Wiederaufbau der Bgm.-Smidt-Straße mit einem eigenen Geschäftshaus zu beteiligen, gab er ein gutes Beispiel. Die »Buchhandlung Morisse« wird heute von seinen Enkeln Dietrich und Wolfgang E. geführt und ist die älteste Buchhandlung in Bremerhaven.

Lit.: M. Ernst, Die Geschichte des Buchhandels in Bremerhaven, in: Jb. M.v.M. 72 (1993), S. 131-148, hier S. 131, 136-137, 139, 143.
Qu.: M. Ernst, 100 Jahre Buchhandlung Morisse, masch.schr. Vortragsmanuskript, Brhv. 1991; Firmenchronik in Privatbesitz; StadtA Brhv., Meldekartei Brhv. 1900-1930 (Morisse) u. Brhv. nach 1945 I.
E.: Grabstätte Brhv. Friedhof Wulsdorf.

M. E.

Esders, Johannes; *Theologe, Pfarrer.* * 3.7.1881 Meppen, † 20.6.1956 Bremerhaven (kath.). Der Sohn eines kunstsinnigen Malermeisters studierte in Münster (Westfalen), Freiburg i. Br. und Innsbruck Theologie. Nach seiner Priesterweihe (1904) war er zunächst Kaplan in Hamburg-Eimsbüttel, bevor er 1909 seine erste Pfarrstelle als Krankenhausseelsorger in Reinbek erhielt. 1924 trat er die Nachfolge von Franz Knue als Pfarrer an der kath. Marienkirche zu Bremerhaven an, an der er bis zu seinem Tode wirkte. In seiner fast 32jährigen Tätigkeit als Geistlicher widmete er sich außer der Seelsorge vor allem auch dem Kirchengebäude. Seiner Initiative verdankt die Marienkirche eine neue Ausgestaltung durch bedeutsame Künstler in den Jahren 1932-1935, die im II. Weltkrieg verloren ging. E. hatte auch maßgeblichen Anteil am Wiederaufbau der kriegszerstörten Marienkirche zu einer Stätte der Sakralkunst sowie der benachbarten kath. Schule und des St. Joseph-Hospitals. Für den kath. Gesellenverein, dessen Vorsitz ihm traditionsgemäß zufiel, erwarb er 1929 das Gebäude der ehem. Töchterschule von → Auguste Gill, das er, neben dem Heim für wandernde Gesellen, zum Seemannsheim ausbaute. Ebenso nahm er als Vorsitzender des Kuratoriums des St. Joseph-Hospitals (1926-1956) und als Vorsitzender des Caritasverbandes sowie als Mitbegründer des Bremerhavener Kreisverbandes der CDU regen Anteil an sozialen und politischen Fragen außerhalb der eigenen Gemeinde. In Anerkennung seiner Verdienste verlieh ihm Papst Pius XII. 1953 den Titel eines Monsignore.

Lit.: Gabcke, Bd. 1, S. 101; Die Marienkirche in Bremerhaven, Brhv. 1961, S. 8-17; A. Twiehaus, 95 Jahre Kolpingwerk an der Unterweser, Brhv. 1975, S. 42-44.
Qu.: NZ, 22./23.5.1954, 24.7.1954, 21.6.1956, 22.6.1956, 26.6.1956.
P.: Foto in NZ, 24.7.1954, 21.6.1956 sowie Twiehaus (s. Lit.), S. 43.
E.: Monsignore (1953).

H. Bi.

Eyo, Asuquo, gen. **Chico**; *Jazzmusiker, Klubbesitzer.* * 30.7.1924 Calabar (Nigeria), † 7.1.1993 Bremerhaven. E. war der Mann, der Bremerhaven den Jazz gebracht hat. In seinem Klub »Chico's Place« in der Rickmersstraße im Stadtteil Lehe entluden sich die verschiedenen Stilrichtungen dieser Musik in den frühen 1960er Jahren in zahl-

reichen Jam-Sessions, zu denen auch Musiker aus den Bordorchestern der UNITED STATES oder der BREMEN direkt nach Einlaufen der Schiffe strömten. Das populäre Bremer Harald-Eckstein-Sextett war eine Art Hausband, die den Ruf des Klubs weit hinaustrug. Hochkarätige Musiker, u. a. Dizzy Gillespie, machten auf der Durchreise bei »Chico« Station, für manches junge Talent war sein Klub Sprungbrett zu einer internationalen Karriere. Neben den hier stationierten amerikanischen Soldaten, die in der Bar ein Stück Heimat suchten, gab es auch einen harten Kern von jazzbegeisterten Bremerhavenern, für die »Chico's Place« Pilgerstätte und Heimstatt war. E. galt als Dreh- und Angelpunkt, Herz und Seele dieser Szene. Er spielte den Maitre, der die Gäste im schwarzen Anzug an der Tür empfing und sie zu weißgedeckten Tischen mit Nelkensträußen führte. Er wirbelte hinter der Theke und saß bei Sessions regelmäßig hinter dem Schlagzeug. Seine Vorliebe galt dem afrokubanischen Beat. Das deutsche Publikum konnte sich davon in dem Film »Die dalmatinische Hochzeit« überzeugen, in dem E. an der Seite von Peter Alexander und der »Chilenischen Nachtigall« Rosita Serrano einen Koch und Bongospieler mimte. Als der Streifen 1958 im »Tivoli« in der Grazer Straße Premiere hatte, kam E. zum ersten Mal nach Bremerhaven. Als Bongospieler war er zuvor in etlichen europäischen Varietés und Filmstudios beschäftigt gewesen. Sein Bremerhavener Debüt gab er im Kochkostüm als Gastschlagzeuger bei einem Polizeiball. Die Leher behalten den kleinen Mann mit dem großen Herzen in Erinnerung, wie er gemessenen Schrittes und immer ein bißchen weltabwesend durch die Rickmersstraße schritt oder mit Baseballmütze hinter dem Steuer seiner alten Mercedes-Limousine saß, bei der er nur mit Mühe über das Armaturenbrett sehen konnte. Mit Trauer mußte der zuletzt schwerkranke Szenefürst registrieren, daß sich die Hörgewohnheiten änderten und sich sein geliebter Klub in den 1980er Jahren zu einem übel beleumundeten Diskoschuppen wandelte. E. schloß das Etablissement, blieb aber mit seiner Ehefrau, einer gebürtigen Bremerhavenerin, und den beiden Kindern im Hause wohnen. Als die Engländerin Natalie Dieah »Chico's Place« im März 1992 mit E.s Segen noch einmal für zwei Jahre als Bar im alten Stil öffnete, kamen zahlreiche Musiker aus den guten alten Tagen in den Klub, um ihrem damaligen Mentor zu huldigen. Sein letzter Wunsch, in seiner Heimat Nigeria begraben zu werden, blieb ihm allerdings wegen bürokratischer Hürden verbaut. E. starb am selben Tag wie sein großes Idol, der Jazz-Trompeter Dizzy Gillespie.

Qu.: Fischtown-News, H. Mai 1991, S. 15-16; NZ, 8.1.1993, 16.1.1993, 4.9.1998; WK, 9.1.1993; Die Tageszeitung (TAZ), 9.1.1993.
P.: Foto in Archiv NZ, Abb. in Fischtown-News, NZ, 16.1.1993, 4.9.1998, sowie TAZ (s. Qu.).

R. D.

Fedeler, Carl Justus Harmen; *Marinemaler, Kupferstecher, Lithograph.* * 25.1.1799 Bremen, † 23.1.1858 Bremen. F. lernte in Hamburg zunächst das Malerhandwerk und war dann ohne besondere Ausbildung als Porträt- und Landschaftsmaler tätig. Seit 1831 wieder in Bremen ansässig, betätigte er sich dort als Zeichenlehrer, Maler und Graphiker. F. gehört zu den Künstlern, die die Anfänge Bremerhavens im Bild festgehalten haben. Häufig benutzte er die Kulisse der Bremerhavener Reede und der Stadt für Schiffsporträts. Zu seinen bekanntesten Werken zählt die Lithographie »Ankunft des Dampfers WASHINGTON am 19. Juni 1847 auf der Reede von Bremerhaven«.

Lit.: DBI, S. 866; Br. Biogr. 19. Jh., S. 130 (J. Focke); Grapenthin, S. 59-60, 108, 487; Thieme/Becker, Bd. 11, S. 333-334.

H. Bi.

Fedeler, Carl Justus; *Marinemaler.* * 7.11.1837 Bremen, † 18.3.1897 Bremerhaven. Der Sohn von → Carl Justus Harmen F., der in Bremen aufwuchs und der von seinem Vater in der Malerei unterrichtet wurde, lernte die See auf einer Reise nach Ostindien kennen. Nach dem Tod des Vaters ließ er sich 1860 in Bremerhaven nieder, wo er sich autodidaktisch weiterbildete. Seit 1858 lieferte er Skizzen und Zeichnungen für die Leipziger »Illustrirte Zeitung«, die dort in Holzstiche umgesetzt wurden. Bis in die 1880er Jahre betätigte er sich so als Bildberichterstatter, der oft besondere Bremerhavener Ereignisse für die Nachwelt festhielt, u. a. die Verabschiedung der Schiffe der 2. deutschen Nordpolarexpedition (1869), die Vollendung der Wartehalle des Norddeutschen Lloyd (NDL) (1871) und die von dem Versicherungsbetrüger → Thomas ausgelöste Explosionskatastrophe (1875). Daneben schuf er zahlreiche Ölbilder, insbesondere Schiffsporträts, die vielfach als Auftragsarbeiten für Reeder und Kapitäne, vor allem auch für den NDL entstanden. Dadurch, daß seine Bilder von Fotografen vervielfältigt und als Postkarten verkauft wurden, erlangte F. auch als Maler über Bremerhaven hinaus eine hohen Bekanntheitsgrad. Ein besonderer Auftrag wurde ihm zuteil, als er 1860 in ein für das Bremer Rathaus gestaltetes Wandgemälde von Arthur Fitger ein Segelschiff malen durfte. Die 1894 für das Geestemünder Rathaus nach seinen Vorlagen entworfenen Glasmalereien sind im II. Weltkrieg zerstört worden. 1886 gehörte er zu den Gründungsmitgliedern des Bremerhavener Kunstvereins. F., der zeitlebens unverheiratet blieb, war in Bremerhaven eine bekannte Persönlichkeit, scheute aber die Öffentlichkeit und beteiligte sich daher nicht an Ausstellungen seiner Werke.

Lit.: DBI, S. 866; Br. Biogr. 19. Jh., S. 130-131 (J. Fokke); Grapenthin, S. 22-25, 36, 40-41, 55, 108-113, 487; Thieme/Becker, Bd. 11, S. 333.

S. R.

Fellmer, Helmut Kurt Richard; *Musiker, Kapellmeister, Chordirektor.* * 28.5.1908 Dresden, † 20.3.1977 Hamburg. Nach Abitur sowie Studium an der Orchesterschule

der sächsischen Staatskapelle und an der Universität Jena (Musik u. Philosophie) war F. zunächst als Kapellmeister in Weimar (1928-33) und Altenburg tätig. 1938 nahm er auf Einladung der japanischen Regierung einen Ruf als Lehrer für Komposition und Dirigentenkunde an die Musikakademie Tokio an, wobei er sich auch durch mehrere Konzertreisen mit dem Hochschulorchester und Oratoriumsaufführungen sowie durch Symphoniekonzerte für Radio Tokio profilierte. Als diese Tätigkeit auf Anordnung der amerikanischen Besatzungsmacht endete, die 1947 alle Japandeutschen auswies, nahm er Engagements in Kassel, Wuppertal und Remscheid an, bevor er von 1958 bis 1965 als Kapellmeister und Chordirektor an den Städt. Bühnen Bremerhaven wirkte. Schon von 1930 bis 1937 und dann wieder seit 1951 war er darüber hinaus in den Sommermonaten als Assistent und später als Stellvertreter des Leiters der Festspielchöre nach Bayreuth verpflichtet. 1952/53 dirigierte er auch Symphoniekonzerte für Radio Ankara. 1965 von Rolf Liebermann an die Hamburgische Staatsoper berufen, nahm er dort bis 1974 erfolgreich erneut die Aufgabe eines Chordirektors wahr; u. a. wurde er als Wagnerkenner von Liebermann 1973 zur Einstudierung des »Parsifal« nach Paris verpflichtet.

Lit.: DBI, S. 874; DBA II 360, 148; H. Bickelmann, Was hat das Stadtarchiv Bremerhaven mit Japan zu tun?, in: Ndt. Hbl. 585 (Sept. 1998); Dt. Bühnen-Jb. 1978, S. 692-693; N. Matsuo, 50 »Sachsen« in Japan, 1649-1998, in: Okayama Economic Review 30 (1998), S. 117-158, hier S. 140.
Qu.: StadtA Brhv., Personalakte H. F.
P.: Foto in StadtA Brhv. (Pers.akte), abgeb. in Bickelmann (s. Lit.).

H. Bi.

Fischer, Helmut; *Leistungsschwimmer.* * *29.1.1911 Bremerhaven,* † *29.2.1996 Bremen.* Als Freistilschwimmer gehörte F. in den 1930er Jahren zur Weltelite. Seine Erfolgsliste umfaßt: 1936 Olympiafünfter über 100 m Freistil (seine 57.9 Sek. aus dem Vorlauf hatten als deutscher Rekord 21 Jahre Bestand) und über 4 x 200 m; bei der Europameisterschaft 1934 Zweiter über 100 m; 1935 Weltrekord mit dem Bremischen SV über 4 x 100 m; sieben Einzel- und neun deutsche Staffelmeisterschaften; 24 deutsche Rekorde. Der II. Weltkrieg beendete seine Karriere als Sportler.

Lit.: K. A. Scherer, Einfach vergessen, in: Olympisches Feuer, Nr. 1/2, 1998.
Qu.: WK, 2.3.1996 (Todesanz.).

Kl. Zi.

Flach, Julius; *Drogist, Fabrikant, Lebensmitteltechniker.* * *12.8.1872 Zawadzky, Kr. Oppeln (Schlesien),* † *16.11.1950 Berlin-Steglitz (kath.).* Der 1893 nach Geestemünde gekommene gelernte Drogist arbeitete zunächst als Commis in der Drogerie seines Onkels Heinrich Rogge, bevor er zusammen mit dem ebenfalls dort beschäftigten Carl zur Wieden 1896 eine eigene Drogerie in der Schillerstraße eröffnete. Beide Partner, die der Abstinenzbewegung angehörten, begründeten darüber hinaus eine Fabrik zur Herstellung alkoholfreier Obstsäfte und Konfitüren, die nach einem kurz zuvor erfundenen und von F. übernommenen Sterilisationsverfahren arbeitete. Das in der Kehdinger Straße ansässige Unternehmen, aus

dem C. zur Wieden 1904 ausschied, entwickelte sich zum führenden Hersteller solcher Produkte im Elbe-Weser-Raum; die Früchte stammten überwiegend aus dem Alten Land und dem Land Kehdingen. Hauptabnehmer der Säfte wurden die deutschen Kolonien. Um 1903 verzog Flach ins Wein- und Obstbaugebiet des Elsaß (Barr), wohin er den Hauptbetrieb des Unternehmens in Verbindung mit eigenen Obstplantagen verlegt hatte. Infolge des I. Weltkriegs verlor F. den größten Teil seines Besitzes und Absatzgebietes; der Geestemünder Betrieb wurde 1918 verkauft. F. verzog zunächst nach Baden, wo er sich in Zusammenarbeit mit Prof. Rudolf Plank von der TH Karlsruhe der Kühlkonservierung von Obst zuwandte. Seit 1934 setzte er die dabei gewonnenen Erkenntnisse von Berlin aus in großem Stil in die Praxis um, wobei er eine Kühltransportkette von den von ihm eingerichteten, genossenschaftlich organisierten Obstplantagen in Bulgarien einrichtete.

Lit.: H. Bickelmann, Mit Obstsaft gegen Alkohol. Julius Flach, ein Geestemünder Wirtschafts- und Technikpionier, in: Ndt. Hbl. 616 (Apr. 2001).
Qu.: StadtA Brhv., Meldewesen 181; LandesA Berlin, Meldekartei Steglitz; Steglitzer Anzeiger, 19.1.1942.
P.: Foto in StadtA Brhv. (abgeb. in Bickelmann, s. Lit.).
E.: Bulgarischer Orden, verliehen durch König Boris (ca. 1940).

H. Bi.

Flatters, Richard Edmund; *Porträt- und Genremaler.* * *22.12.1822 Ürdingen (Niederrh.), † 23.10.1876 Bremerhaven.* F. studierte Malerei an der Düsseldorfer Akademie, war Anfang der 1840er Jahre grhzgl. oldenburgischer Hofmaler und ging 1845 nach Paris, wo sein Onkel Johann Jakob F. (1784-1845) als bekannter Bildhauer wirkte. Dort beteiligte er sich mit Porträts und Genrebildern an Salonausstellungen. In den 1850er und 1860er Jahren wieder in Oldenburg und dann in Brüssel lebend, ließ er sich 1864 in Bremerhaven nieder, wo sein jüngerer Bruder Wilhelm August F. als Buchhalter bei dem Schiffbaumeister → Carl Lange arbeitete. Nach anfänglichen Erfolgen erhielt F. nur wenige Aufträge, da die aufkommende Fotografie die Auftragslage der Porträtmaler zunehmend erschwerte. F., der offenbar unverheiratet war und zuletzt den Kontakt mit seiner Familie verloren hatte, starb verarmt und einsam. In Bremerhaven haben sich zwei Doppelporträts erhalten; zwei Ölgemälde im Speisesaal von »Beermanns Hotel« in Bremerhaven, die in Lebensgröße »Falstaff« und einen »Küfer« darstellten, sind im II. Weltkrieg verbrannt.

Lit.: DBI, S. 913; Br. Biogr. 19. Jh., S. 145-146 (J. Fokke); Grapenthin, S. 99-105, 487; Thieme/Becker, Bd. 12, S. 76-77.

S. R.

Fock, Gorch (Pseud.), eigentl. Johann Hans Kinau; *Buchhalter, Schriftsteller.* * *22.8. 1880 Finkenwerder (heute zu Hamburg), † 31.5.1916 Seeschlacht vor dem Skagerrak,* □ *Insel Steensholm (ev.-luth.).* F., der als der bedeutendste deutsche Seeschriftsteller gilt, ist mit Ausnahme einer Dienstzeit von wenigen Wochen bei der Marine nicht zur See gefahren. Er hatte sich von der Infanterie, bei der er seit 1915 in Serbien und Ruß-

land kämpfte, zur Marine versetzen lassen und dort seinen Dienst im März 1916 angetreten. Am 31. Mai verlor er in der Skagerrak-Schlacht sein Leben, als er mit dem Kreuzer WIESBADEN unterging. Der Sohn des Seefischers Heinrich Kinau war körperlich zu wenig geeignet, in die Fußstapfen des Vaters zu treten, und eine Ausbildung, die seiner Begabung entsprochen hätte, konnten seine von Schicksalsschlägen wirtschaftlich geschwächten Eltern nicht bezahlen. So wurde F. 1895 zu seinem Onkel August Kinau in die Lehre gegeben, der in Geestemünde einen Kolonialwarenladen mit Ausschank betrieb. Das Geschäft befand sich an der Geestekaje, die damals noch als Fischereihafen diente. Der Onkel schonte F. weder zeitlich noch körperlich und ließ ihn auch schwere Lasten bewegen. Diese Arbeit, die in keiner Weise seinen Anlagen entsprach, und den Mangel an kulturellen Anregungen empfand F. ebenso als eine Qual wie den geschäftsmäßigen Umgang und die menschliche Kälte in der Hafenstadt. Dazu kamen Kontaktschwierigkeiten, durch die er sich vereinsamt fühlte. Seine überwiegend unerfreuliche Erinnerung an seine dreijährige Zeit in Geestemünde hat er später in seinem Roman »Seefahrt ist not!« ausführlich festgehalten. Nachdem August Kinau 1898 sein Geschäft aufgegeben hatte, um sich zu verändern, beendete F. seine Lehre bei dessen Nachfolger. Damit er nach der Ausbildung im Kontor arbeiten konnte, bemühte sich seine Familie mit Erfolg darum, daß er während der Lehre die Handelsschule in Bremerhaven besuchen durfte. Bei dem Lehrgang mußten drei Klassen jeweils in den Winterhalbjahren durchlaufen werden. Johann stürzte sich mit einem solchen Eifer auf die Arbeit, daß er eine Klasse übersprang und die dritte mit sehr guten Noten abschloß. Nach Ende der Lehrzeit war F. bis 1899 bei der Speditionsfirma Julius Scharbau in Geestemünde tätig. Dann wurde er zweiter Buchhalter in einer Kolonialwarengroßhandlung in Meiningen. In dieser Residenzstadt mit ihren kulturellen Einrichtungen, von denen das Theater einen internationalen Ruf besaß, wurden seine schriftstellerischen Anlagen erstmals gefördert. 1904 zog er über Bremen und Halle nach Hamburg, wo er 1905 als Buchhalter bei der Hamburg-Amerika-Linie Fuß faßte. Nachdem er in der Zeit von 1905 bis 1908 etwa 50 Erzählungen überwiegend für Tageszeitungen geschrieben hatte, entstanden danach Bücher in hochdeutscher und niederdeutscher Sprache, die in dem heroisierenden Roman »Seefahrt ist not!« (1913) ihren Höhepunkt fanden. F.s Brüder Jakob (1884-1965) und Rudolf Kinau (1884-1975) wurden ebenfalls als Schriftsteller bekannt.

Lit.: DBI, S. 1767; DBE, Bd. 3, S. 358; Brockhaus, Bd. 7, S. 436; H. Coldewey, Die Kinaus aus Finkenwerder in Geestemünde, in: Jb. M.v.M. 68 (1989), S. 225-238; ders., Lehrjahre als Leidenszeit empfunden. Wo verbrachte Gorch Fock seine Lehrjahre in Geestemünde?, in: Ndt. Hbl. 559 (Juli 1996); J. Kinau, Lebensbeschreibung G. F., in: Gesamtausgabe (s. Werke), Bd. 1, S. 14ff.; R. Kinau, Gorch Fock, in NDB, Bd. 5, S. 285; Killy, Bd. 3, 1989, S. 421-422; Körtge, Straßennamen, S. 96.
Werke: Verz. (Auswahl) in Killy (s. Lit.), S. 422, u. a. *Seefahrt ist not!* (1913); *Gesamtausgabe*. Sämtl. Werke in 5 Bd., hrsg. v. Jak. Kinau (1937).
P.: Fotos in zahlr. Veröff.
E.: Straßenben. Brhv.-Lehe (1925) u. andere Orte.

H. C.

Fornell, Herbert Oskar; *Kaufmann, Manager, Verbandsfunktionär.* * 23.9.1896 Putzig (Danzig), † 28.12.1991 Bremerhaven *(ev.).* Nach kaufm. Ausbildung arbeitete F.

von 1919 bis 1945 in Großhandels- und Importfirmen in Gera sowie später in Danzig als Prokurist und Geschäftsführer, zuletzt als Inhaber eines eigenen Unternehmens. 1945 nach Bremerhaven gekommen, wurde er zunächst mit der Leitung der Stadtwerke betraut und 1946 zum Generaltreuhänder der »Nordsee« Deutsche Hochseefischerei berufen. Nach Aufhebung der Treuhänderschaft 1949 wechselte er in den Vorstand des Unternehmens, das er bald als Vorsitzender (1960 unter der Bezeichnung Geschäftsführer) bis 1961 leitete. Unter seiner Ägide entwickelte sich das Unternehmen wieder zu einem führenden Unternehmen des Fischfangs, der Fischverarbeitung und des Fischeinzelhandels; u. a. wurden 52 Fischereifahrzeuge in Dienst gestellt. Darüber hinaus nahm F. eine Reihe von regionalen und überregionalen wirtschaftspolitischen Aufgaben wahr. Seit 1951 im Präsidium der IHK Bremerhaven, übte er 1958/59 das Amt des Präsidenten aus. Die Belange der Fischwirtschaft vertrat er seit 1949 als stellv. Vorsitzender (1960 Vors.) des Verbandes der deutschen Hochseefischereien sowie als Vorsitzender der Europäischen Fischerei-Union und des Bundesmarktverbandes der Fischwirtschaft. Ebenso war er Mitglied bzw. Vorsitzender verschiedener Aufsichtsräte, u. a. der Seefisch-Absatzgesellschaft.

Lit.: DBI, S. 932; Wer ist wer? 15 (1967/68), S. 466.
Qu.: NZ, 23.9.1961, 2.1.1992; »Nordsee«-Nachrichten, H. 1/1992, S. 20.
P.: Foto in Archiv NZ (abgeb. in NZ, 23.9.1961).
E.: Bundesverdienstkr. (1961).

H. Bi.

Foth, Werner, Dr. rer. pol.; *Wirtschaftswissenschaftler, Syndikus, Kommunalpolitiker, Parlamentarier. * 25.4.1922 Wandhofen b. Schwerte (Ruhr), † 15.12.1995 Bremerhaven (ev.-luth.).* Nach dem Abitur und Teilnahme am II. Weltkrieg als Marineoffizier studierte F. von 1947 bis 1952 Wirtschaftswissenschaften in Münster und Freiburg i. Br. (Promotion 1952). Danach war er als Assistent am verkehrswissenschaftlichen Institut der Univ. Freiburg und Referent der Deutschen Volkswirtschaftlichen Gesellschaft in Hamburg tätig. Nachdem er von 1955 bis 1965 die Zweigstelle Elmshorn der Industrie- und Handelskammer Kiel geleitete hatte, wurde er 1965 in Nachfolge von → Dr. August Dierks zum Hauptgeschäftsführer der IHK Bremerhaven berufen. F., der schon in seinem Wohnort Elmshorn als Stadtverordneter und Vorsitzender der CDU-Fraktion (1962-64) sowie als Kreistagsabgeordneter des Landkreises Pinneberg (1964-65) politisch aktiv gewesen war, engagierte sich auch in der Politik seines neuen Wirkungsortes. So war er von 1971 bis 1979 Mitglied der Bremischen Bürgerschaft, wo er sich vor allem Fragen der Hafenwirtschaft und der Fischerei widmete; anschließend gehörte er als nicht-bürgerschaftliches Mitglied der Deputation für den Fischereihafen an. Aufgrund der engen Verzahnung von politischer und beruflicher Tätigkeit gelang es F., die Arbeit der Kammer zu festigen und die Belange der Wirtschaft Bremerhavens und der Region im Sinne einer grenzüberschreitenden Zusammenarbeit zu fördern. F., der über gute Kontakte auf verschiedenen politischen Ebenen verfügte, initiierte eine Arbeitsgemeinschaft der norddeutschen Industrie- und Handelskammern

und setzte sich für die Verbesserung der Verkehrsinfrastruktur ein, wobei er auch schon an eine feste Weserquerung dachte. In Bremerhaven schuf er die Voraussetzungen für eine gezielte Wirtschaftsförderung und gab eine Reihe diesbezüglicher Anregungen, u. a. zur Errichtung einer Fußgängerzone und zum Bau einer Seebäderkaje bei der Strandhalle. Die jährlichen Gästeabende der IHK Bremerhaven als überregionales Kontaktforum für Politik, Wirtschaft und Kultur gehen auf seine Initiative zurück. Die ständige Doppelbelastung zwang F. 1982, aus gesundheitlichen Gründen in den vorzeitigen Ruhestand zu gehen.

Lit.: Hbd. Br. Bgsch., 8. Wahlper., S. 102.
Qu.: Wirtsch. an Strom u. Meer, H. 10/1980, S. 4, H. 5/1982, S. 4, H. 12/1982, S. 4-7; NZ, 30.9.1980, 24.4.1987, 24.4.1992, 18.-20.12.1995.
P.: Foto in Archiv Br. Bgsch. (abgeb. in Hdb. Br. Bgsch., s. Lit.) u. NZ, 30.9.1980, 24.4.1992.

H. Bi.

Franzius, Ludwig, Dr.-Ing. h.c.; *Wasserbauingenieur, Hochschullehrer, Oberbaudirektor. * 1.3.1832 Wittmund (Ostfriesl.), † 23.6.1903 Bremen (ev.-luth.).* Der aus einer ostfriesischen Beamtenfamilie stammende F. verließ 1848 mit der Primareife das Gymnasium in Aurich und beendete ein halbes Jahr später den Gymnasialbesuch in Lingen. Danach schrieb er sich zum Studium an der Polytechnischen Schule in Hannover ein, wo er zunächst Architektur belegte, sich jedoch bald auf Rat seines Großvaters dem Wasserbau zuwandte. Nach der ersten Staatsprüfung 1853 als Bauführer in den hannoverschen Staatsdienst aufgenommen, war er zunächst mit der Vermessung der Unterelbe, mit Deichreparaturarbeiten und Entwässerungsarbeiten im Lande Kehdingen beauftragt. Nach der zweiten Staatsprüfung 1859 war er als Hilfsarbeiter in der Generaldirektion des Wasserbaus in Hannover tätig. Von 1862 bis 1864 leitete er den Bau der von ihm entworfenen Kammerschleuse in Papenburg, ehe er zum Inspektor nach Osnabrück aufrückte, um bereits 1865 als Referent erneut zur Generaldirektion nach Hannover zurückzukehren. Überraschend wurde er 1867 auf den Lehrstuhl für Wasserbau an der Bauakademie in Berlin berufen, verbunden mit dem Amt des Hilfsreferenten im Ministerium für Handel, Gewerbe und öffentliche Arbeiten. Seine neue Tätigkeit ermöglichte ihm technische Informationsreisen zur Weltausstellung nach Paris (1867), zur Eröffnung des Suezkanals (1869), zur Weltausstellung in Wien (1873) sowie nach Italien, Frankreich, England, Schottland und Holland. Wenngleich er 1873 zum Regierungs- und Baurat ernannt wurde, fühlte er sich bei der Ernennung zum Geheimen Baurat übergangen und reichte seinen Abschied ein, um 1875 das Amt des Oberbaudirektors in Bremen zu übernehmen. Zunächst mußte er sich der Neuordnung der Bremer Bauverwaltung annehmen und mit den Folgen der Hochwasser im Winter 1880/81 befassen, ehe er sich mit voller Kraft seiner Hauptaufgabe, der Weserkorrektion, zuwenden konnte. Um der zunehmenden Versandung der Weser entgegenzuwirken, beriet bereits seit 1874 eine aus preußischen, oldenburgischen und bremischen Experten zusammengesetzte Reichskommission über dieses Problem. Seit 1878 Mitglied der Kommission, erarbeitete F. einen Plan für die Weserkorrekti-

on mit einer Fahrrinnentiefe von fünf Metern, die Seeschiffen die Fahrt bis Bremen erlaubt hätte. Nachdem der Reichskanzler das Projekt wegen seines Umfangs 1882 abgelehnt hatte, wurde es erst wieder aufgegriffen, als sich Bremen 1884 zum Zollanschluß an das Reich entschloß. Da der Ausbau des Hafens mit allen Nebenanlagen und einem großen Freihafenbezirk bis zum 15.10.1888 als dem Zollanschlußtermin fertiggestellt sein mußte, wurden diese Arbeiten unter F.s Leitung zügig vorangetrieben. Erst danach wurde die Unterweserkorrektion in Angriff genommen, denn ohne Fahrwasserverbesserung war der Bremer Hafen für Seeschiffe nicht erreichbar. Unter F.s Aufsicht wurde nach seinen Plänen von 1887 bis 1893 auf rund 70 Kilometer Länge die Weser für Seeschiffe mit fünf Meter Tiefgang ausgebaut, so daß ab 1894 Seeschiffe Bremen wieder anlaufen konnten. Die von F. 1889 vorgelegten Pläne für die Korrektion der Außenweser wurden bis 1891 einvernehmlich mit Preußen und Oldenburg ausgeführt. Der Bau der 1895 vollendeten Großen Weserbrücke, das Weserwehr bei Hemelingen und die Kanalisierung der Weser von Bremen bis nach Hameln gingen auf seine Pläne zurück. Für Bremerhaven hat sich F., abgesehen von der Unterweserkorrektion, um die Hafenerweiterungen und die Kaiserschleuse verdient gemacht. Auf sein Betreiben kam es 1894 zur Gründung des Bremer Technikums (heute Hochschule Bremen). Sein Bruder Georg F. (1842-1914) war Admiralitätsrat und Hafenbaudirektor, sein Neffe Otto F. (1877-1936) war ebenfalls Wasserbauingenieur sowie Professor an der TH Hannover. Seine Tochter Auguste war mit dem Bremerhavener Hafenbaudirektor → Rudolf Rudloff verheiratet. Hochgeehrt starb der im In- und Ausland als Gutachter viel gefragte Wasserbauingenieur, dem Bremen seine maritime Zukunft verdankte.

Lit.: DBI, S. 950; DBE, Bd. 3, S. 416; A. Birk, Biogr. Jb. u. Dt. Nekr. 8 (1905), S. 224-225; Allg. Hann. Biogr. Bd. 3, S. 121-125; Br. Biogr. 19. Jh., S. 150-159 (H. Bücking); W. Franzius, Ludwig Franzius. Bremens großer Wasserbau-Ingenieur, Bremen 1982; Gr. Bremen-Lexikon, S. 226-227; A.-E. Hofmeister, Ludwig Franzius und die Große Weserbrücke; in: Br. Jb. 60/61 (1982/83), S. 9-25; A. Kunstreich, Ludwig Franzius, in: Biogr. Lex. f. Ostfriesland, Bd. 1, S. 143-146; C. Matschoss, Männer der Technik, Bln. 1925, S. 80; Riensberg, S. 10-11; W. Sbrzesny, Ludwig Franzius, in: NDB, Bd. 5, S. 377; Lars U. Scholl, Ingenieure in der Frühindustrialisierung, Göttingen 1978, S. 119-120, 136, 149-150, 153, 158-159, 162, 166-168, 239, 243, 419; C. Thalenhorst, Ludwig Franzius, in: Nds. Lbb., Bd. 4, S. 113-121; George de Thierry, Ludwig Franzius, 1928; Wortmann, S. 26-27.
Werke: Verz. in Kunstreich (s. Lit.), S. 146, u. a. *Projekt zur Korrektion der Unterweser* (1882); *Neue Hafenanlagen zu Bremen, eröffnet im Jahre 1888* (1889); *Aus meinem Leben* (1896); *Handbuch der Ingenieurwissenschaften*, Bd. 3: *Der Wasserbau* (zus. m. E. Sonne); Beitr. in Zschr. d. Archit.- u. Ingenieurvereins zu Hannover.
P.: Denkmal auf Altstadtseite am nördl. Brückenkopf der Großen Weserbrücke (1908), im II. Weltkrieg Porträtbüste zerstört, 1962 aus Spenden weniger monumental erneuert; Foto in StA Br. sowie weitere Abb. u. a. in Matschoss, Thalenhorst, W. Franzius, Thierry u. Wortmann (s. Lit)
E.: zahlr. Orden, Preise u. Ehrenmitgliedschaften (Nachw. bei Kunstreich, s. Lit., S. 146), u. a. Roter Adler Orden, gold. Ehrenmed. d. Stadt Bremen, Dr.-Ing. h.c. TH Charlottenburg; WSD Bremen, Saugbagger LUDWIG FRANZIUS; Grabstätte Friedhof Riensberg, Bremen; Straßenbenennung Brhv.-Überseehäfen (1907).

L. U. S.

Freese, Johann **Hinrich**; *Kapitän, Reeder. * 31.10.1870 Oberhammelwarden, Kr. Brake (Oldbg.), † 3.12.1966 Bremerhaven (ev.).* Nach einer nautischen Ausbildung fuhr F.

zwei Jahre lang als Steuermann auf Fischdampfern, bevor er 1896 als Kapitän bei der in Bremerhaven beheimateten Reederei H. Hohnholz einstieg. Seit 1898 mit der Tochter Anna des Firmeninhabers verheiratet, übernahm er 1903 die Inspektion der Reedereiflotte, erhielt bei der Umwandlung in eine Aktiengesellschaft (Hochseefischerei AG Bremerhaven) 1905 Prokura und rückte 1912 zum Vorstandsmitglied auf (seit 1920 Alleinvorstand). Der ursprünglich zur Erlangung von Subventionen mitbetriebene Heringsfang wurde später aufgegeben. Als das Unternehmen 1929 durch Fusion in der damals noch in Nordenham ansässigen »Nordsee« Deutsche Hochseefischerei aufging, die zuvor die Aktienmehrheit erworben hatte, begründete F. am alten Standort die »Hanseatische Hochseefischerei AG« und rief zugleich die Eisfabrik H. Freese & Co. ins Leben. 1937 entstand zusätzlich die Partenreederei »Hochseefischerei H. Freese & Co.«. An der Leitung der Unternehmen war sein Schwiegersohn und Mitinhaber → Julius Degener von Anfang an maßgeblich beteiligt. Nach dem II. Weltkrieg, in dem die gesamte Flotte an das Deutsche Reich verchartert werden mußte, konnte F. zusammen mit Degener die beiden Reedereien, die in Personalunion geführt und deren Personal verschiedentlich untereinander getauscht wurde, im Geestemünder Fischereihafen wiederaufbauen und bis ins hohe Alter fortführen. Nach ihrer Verschmelzung unter dem Firmennamen der »Hanseatischen« ging das Unternehmen 1959 in den Besitz der Oetker-Gruppe über, die es, unter Eingliederung der Gemeinwirtschaftlichen Hochseefischerei GmbH (1970), zum zweitgrößten Fischereiunternehmen der Bundesrepublik ausbaute, 1985 jedoch stillegte. F., der als Praktiker seit 1900 an der stetigen Verbesserung der Fangmethoden, an der Aufschließung neuer Fanggründe und der Weiterentwicklung leistungsfähiger Fischdampfertypen großen Anteil hatte, zählt zu den Pionieren der Hochseefischerei. Er war darüber hinaus an anderen Unternehmen der Fischwirtschaft und an Organisationen der Hochseefischerei, u. a. als Mitbegründer und Aufsichtsratsmitglied der Ersten Deutschen Klippfischwerke sowie als Vorstandsmitglied des Versicherungsvereins deutscher Fischdampferreedereien, beteiligt.

Lit.: Beckmann, Reedereien, S. 103-106; H. J. Heise, B. Langensiepen u. E. Hoffmann, Die Hanseatische Hochseefischerei AG Bremerhaven, in: Schiffahrt International, Jg. 1977, S. 393-403 (H. 9); G. Köhn, Seegekehlt und seegesalzen, Soest 1994, S. 257.
Qu.: NZ, 31.10.1960, 5.12.1966; StadtA Brhv., Hauptamt I Nr. 285, Meldekartei Brhv. nach 1945 I.
E.: Bundesverdienstkr. (1954); Grabstätte Brhv. Friedhof Wulsdorf.

H. Bi.

Freudenberger, Hermann Jacob; *Journalist, Kulturredakteur, Schriftsteller.* * 21.2.1922 Ulm, † 4.10.1992 Stuttgart. F., der nach seiner Schulzeit 1940 sogleich zum Kriegsdienst eingezogen wurde, kam 1945 nach Bremerhaven, um für den in Bremen erscheinenden »Weser-Kurier« über lokale Ereignisse an der Unterweser zu berichten. Als 1947 mit der »Nordsee-Zeitung« wieder eine eigenständige Bremerhavener Zeitung erschien, übernahm er dort bis 1969 die Aufgabe des Feuilletonchefs. In dieser Zeit

machte er sich, außer mit seinen lokalbezogenen Kolumnen, als scharfsinniger und qualitätsbewußter, angesichts mancher öffentlicher Kontroversen auch streitbarer Kritiker der Theater- und Kinoszene einen Namen. 1953 gehörte er zu den Gründern des Bremerhavener Filmclubs. 1970 wechselte er als Kolumnist zu den »Stuttgarter Nachrichten«, wo er sich u. a. durch die tägliche Glosse des schwäbischen Originals »Knutz« ein Denkmal als kritischer Beobachter des Alltags setzte. Seit 1986 im Ruhestand lebend, war er danach als freier Buch-, Hörspiel- und Fernsehautor tätig. Im Mai 1990 kam er noch einmal nach Bremerhaven, um aus seinen Werken zu lesen. F. zeichnete sich durch eine pointierte, elegante und freche Sprache aus, deren sanft-ironische, aber treffende Spitzen nicht verletzen sollten.

Lit.: H. Freudenberger. Meine Liebe zu Bremerhaven, zus.gest. v. C. Petersen, Brhv. 1992; ders., Begegnungen und Gespräche, hrsg. v. C. Petersen, Brhv. 1993; H. Happel, Das Kino und seine Kritiker, in: ders. (Hrsg.), On The Waterfront, Brhv. 1995, S. 36-41; ders., Gesetzt den Fall, wir schließen das Theater, Brhv. 1993, S. 27-31, 46-53.
Qu.: NZ, 21.5.1990, 6. u. 7.10.1992; Brhv. Sonntagsjournal, 6. u. 13.12.1992.
Werke: Verz. in Freudenberger, Meine Liebe (s. Lit.), S. 79, u. a. *Big Daddy* (Hörspiel, 1967); *Hinter den Spiegeln* (Hörspiel, 1969); *Meerschweinchenaffäre* (Fernsehfilm, 1970); *Stuttgart-Führer* (1976 u. 1983); *Kochen wie die Schwaben* (1976, zus. m. Th. Troll); *Freundschaften sind wie Gärten* (1990).
P.: Foto in Freudenberger, Meine Liebe (s. Lit.), S. 9, 11, u. NZ, 6.10.1992.
E.: Preis der Bremer Journalistengruppe 47 (1947).

H. Bi.

Fricke, Arnold August Friedrich, Dr.-Ing.; *Mathematiker, Hochschullehrer.* * 7.9.1913 Lehe, † 8.11.1986 Braunschweig (ev.-luth.). Der Sohn eines zunächst in der Leher, dann in der Geestemünder Bauverwaltung tätigen technischen Beamten war nach dem Studium der Mathematik in Jena und Berlin von 1939 bis 1945 (Promotion 1942) als Mitarbeiter an der Luftfahrtforschungsanstalt in Braunschweig tätig. Seit 1945 wirkte er dort als Dozent (1960 Prof.) für Mathematik und Physik an der neuen PH. 1978 folgte er einem Ruf an die TH Braunschweig, wo er ein Jahr später emeritiert wurde. In seiner langen Lehrtätigkeit hat F. die Mathematiklehrerausbildung in Braunschweig geprägt und in zahlreichen Veröffentlichungen der Mathematikdidaktik, u. a. mit der »operativen Methode«, neue Impulse gegeben.

Lit.: Braunschw. Biogr. Lexikon, Hann. 1996, S. 189; Kürschner G, 12 (1976), S. 797-798; Wer ist wer? 1976/77, S. 240.
Qu.: StadtA Brhv., Meldekartei Lehe u. Gmde.
Werke: Verz. (Ausw.) in Kürschner u. Braunschw. Biogr. Lex. (s. Lit.).

H. Bi.

Friedrich, Hermann Heinrich Otto, Dr. phil. habil.; *Biologe, Hochschullehrer, Direktor des Instituts für Meeresforschung, Museumsdirektor.* * 5.6.1906 Essen (Ruhr), † 8.8.1997 Hildesheim (ev.). F. besuchte die Krupp-Oberrealschule in Essen und absolvierte ein Studium der Zoologie, Botanik, Geologie, Geographie und Chemie in Bonn und Marburg (Promotion 1928). Anschließend war er als Assistent an der Forstlichen Hochschule in Tharandt sowie am Zoologischen Institut und bei der Deutschen Meereskommission tätig. Nach Assistentenzeit und Habilitation (1935) an der Univ. Kiel wurde er – 1939 zum Kriegsdienst eingezogen – 1944 zum a. o. Professor für Zoologie und Abteilungsvorstand am Kieler Institut

für Meereskunde ernannt. Auf seine hervorragenden Forschungen aufmerksam geworden – sein Hauptforschungsgebiet waren die Schnurwürmer (Nemertinen), über die er 29 Abhandlungen publizierte –, berief ihn der Bremische Senat im Dez. 1950 zum Direktor des Instituts für Meeresforschung (IFM) nach Bremerhaven; dieses war aus dem 1919 von → Dr. Fritz Lücke gegründeten Institut für Seefischerei der Stadt Geestemünde bzw. Wesermünde hervorgegangen und 1947 vom Land Bremen übernommen worden. In seiner Amtszeit entwickelte F. das Institut zu einer weithin anerkannten Forschungseinrichtung, die bald auch in die »Blaue Liste« der vom Bund und den Bundesländern finanzierten Forschungsinstitutionen aufgenommen wurde. Damit legte er die Grundlage dafür, daß Bremerhaven später Standort des Alfred-Wegener-Instituts für Polar- und Meeresforschung werden konnte. F. stritt mit Zähigkeit für den personellen und räumlichen Ausbau des IFM, forcierte – mit Unterstützung des Senats und gegen die Forderungen der Bremerhavener Fischwirtschaft, die eine praxisnahe Forschung favorisierte – die meereskundliche Grundlagenforschung, baute die Sammlungen aus und betrieb 1956 die Anschaffung des Forschungskutters VICTOR HENSEN, was ihm die Ausweitung der Forschung über die gesamte Deutsche Bucht ermöglichte. Schon 1952 war die von Kriegszerstörungen betroffene Schausammlung wiederaufgebaut worden. Mit der Herausgabe der Schriftenreihe »Veröffentlichungen des Instituts für Meeresforschung« sowie mit einer offensiven Öffentlichkeitsarbeit gelang es ihm auch, dem IFM in Forschung und Öffentlichkeit breitere Geltung zu verschaffen. F., der sein Institut nach eigenem Bekunden wie ein Kompaniechef leitete, war unter seinen Mitarbeitern wegen seiner Sparsamkeit gefürchtet, wegen seiner Fürsorglichkeit aber auch geschätzt. 1962 wurde er gegen seinen Widerstand zum Direktor des nach dem vorzeitigen Ausscheiden des bisherigen Stelleninhabers Dr. Helmuth Wagner verwaisten Überseemuseums in Bremen berufen; dort baute er vor allem die naturwiss. Schausammlungen aus. Seit seiner Pensionierung 1971 lebte er in Hildesheim.

Lit.: DBI, S. 977; DBA II 407,157; Gr. Bremen-Lexikon, S. 237; G. Behrmann, L. Grotian-Pahl u. W. Timm, Nordseemuseum, Brhv. 1991, S. 19; S. A. Gerlach, 50 Jahre Institut für Seefischerei Geestemünde. Institut für Meeresforschung Bremerhaven, Brhv. 1969, S. 19-25; ders.; Hermann Friedrich zum 70. Geburtstag, Brhv. 1977; ders., Hermann Friedrich, in: DGM-Mitteilungen 4/1997, S. 40-41; Kürschner G 1950, Sp. 520; Wer ist wer? 12 (1955), S. 307.
Qu.: NZ, 3.7.1962, 5.6.1976, 12.8.1997.
Werke: Verz. d. Veröff. in Gerlach 1977 (s. Lit.), S. 83-91, Auswahl in Kürschner G, u. a. *Meeresbiologie* (1965); *Morphogenese der Tiere* (1978).
P.: Foto in Gerlach 1969, 1977 u. 1997 (s. Lit.), u. NZ, 3.7.1962.

G. Be.

G

Gabcke, Harry; *Lehrer, Schulleiter, Gewerkschafter, Heimatforscher. * 26.3.1927 Wesermünde (-Lehe), † 12.3.1988 Bremerhaven.* Nach dem Besuch der Grundschule und der Leher Oberschule für Jungen (heute Lessingschule) wurde G. Ostern 1942 in das zweite Ausbildungsjahr der Lehrerbildungsanstalt in Celle aufgenommen. Aus gesundheitlichen Gründen mußte er die Ausbildung abbrechen und trat als kaufm. Verlagslehrling in den Nordwestdeutschen Verlag Ditzen & Co. ein. Im Juni 1944 erfolgte seine Einberufung zum Arbeitsdienst und anschließend zur Wehrmacht, aus der er nach einjähriger amerikanischer Gefangenschaft im März 1946 entlassen wurde. Im Mai 1946 trat er in das von → Walter Zimmermann geleitete Pädagogische Seminar in Bremerhaven ein und legte dort im Juli 1947 die erste und im Sept. 1952 vor dem Bremer Prüfungsausschuß die zweite Lehrerprüfung ab. Seit Febr. 1953 festangestellt, unterrichtete er zunächst an der Leher Neuelandschule, an der Wulsdorfer Fichteschule und an der Geestemünder Immanuel-Kant-Schule, um sich dann 1961 erfolgreich um die Leitung der Hermann-Löns-Schule zu bewerben. 1968 wechselte er in gleicher Funktion zur Fritz-Husmann-Schule in Leherheide und übernahm drei Jahre später die Leitung der hier durch Teilung entstandenen Johann-Gutenberg-Schule mit Orientierungsstufe, Haupt- und Realschule. Nachdem dieser 1979 auch eine Gymnasialabteilung angegliedert worden war, wurde G. die Funktionsstelle eines Direktors eines Schulzen

trums der Sekundarstufe I übertragen. Ein Herzinfarkt zwang ihn, mit dem Ende des Schuljahres 1984/85 die Versetzung in den Ruhestand zu beantragen. Neben seinen engeren beruflichen Aufgaben war G. lange Jahre im Bereich der schulischen Fortbildung, des Prüfungswesens und in schulpolitischen Angelegenheiten aktiv. Er war gewähltes Mitglied, zeitweise Vorsitzender des Personalrates der Bremerhavener Schulen, langjähriges Vorstandsmitglied der GEW Bremerhaven, der er seit ihrer Grün dung 1947 angehörte, und Schriftleiter der »Bremer Lehrerzeitung«. Seit 1960 leitete er auch die vom Magistrat eingerichtete Arbeitsgemeinschaft für Schulrechtskunde. Nach langjähriger Mitarbeit in Zulassungsausschüssen für den Übergang auf weiterführende Schulen wurde er 1973 zudem zum Prüfer (Vorsitzenden des Prüfungsausschusses) für die Zweite Prüfung für das Lehramt an Grund-, Haupt- und Realschulen berufen. Einen zusätzlichen Wirkungskreis erschloß sich G., der seiner Geburtsstadt stets eng verbunden war, durch eine intensive Beschäftigung mit der Geschichte der Unterweserorte. Aus seiner Feder stammen zahlreiche auf Bremerhaven bezogene Beiträge, insbesondere im »Niederdeutschen Heimatblatt«, in dessen Redaktionsausschuß er viele Jahre, davon etliche als Schriftleiter mitarbeitete. Dem Heimatbund der »Männer vom Morgenstern« war er ferner durch aktive Mitarbeit in mehreren anderen Gremien (Vorträge, Herausgabeausschuß, Studienfahrten) verbunden. Bekannt wurde er vor allem durch mehrere Bild- und Chronikbände, in denen er es verstand, Stadtgeschichte zu visualisieren und einem breiteren Leserkreis näher zu bringen. Dabei konnte er vielfach aus einer eigenen Material- und Fotosammlung schöpfen. Bei der von G. geplanten und in Vorbereitung befindlichen Herausgabe des mehrbändigen Werkes »Bremerhaven in zwei Jahrhunderten« hat ihm der Tod die Feder aus der Hand genommen; seine Frau und mehrere Freunde brachten die Veröffentlichung dann zum Abschluß. Darüber hinaus war es ihm ein stets verfolgtes Anliegen, Schüler und Jugendliche an die Beschäftigung mit der Stadtgeschichte heranzuführen. Sein langjähriges, von allen Seiten anerkanntes pädagogisches Wirken und seine Verdienste als Heimatforscher wurden vom Magistrat der Stadt Bremerhaven 1989 durch die Einrichtung eines Harry-Gabcke-Preises gewürdigt, der bis 1997 alle zwei Jahre für Schülerarbeiten zur Bremerhavener Stadtgeschichte vergeben wurde.

Lit.: Ndt. Hbl. 448 (April 1987), u. 459 (März 1988); Bremer Lehrerzeitung, Mai 1988.

Qu.: NZ, 14.3.1988, 15.3.1988; Festschr. H. Gabcke z. 60. Geburtstag, 1987 (hand- u. masch.schr. vervielf.).
Werke: *Bremerhaven. Früher und Heute* (1969, 2. Auflage 1973); *150 Jahre Bremerhaven 1827-1977* (1977); *Waldemar Becké. Leben und Werk eines Bremerhavener Oberbürgermeisters* (1978); *Bremerhaven in alten Ansichten* (1979); *Erich Koch-Weser 1875-1944. Kommunalpolitiker, Reichsminister, Vizekanzler* (1986); *Das Bremerhavener Schullandheim in Barkhausen* (1988, zus. m. W. Komber u. M. Oltmann); *Bremerhaven in zwei Jahrhunderten*, 3 Bde. (1989-1992, u. Mitarb. von R. Gabcke, H. Körtge, M. Ernst, H. Schulte am Hülse, W. Wolff); zahlr. kl. Beitr. im Jb. M.v.M., im Ndt. Hbl., in der NZ, im Nordsee-Kalender sowie in Vereinsfestschriften.
P.: Fotos in Lit.
E.: Harry-Gabcke-Preis (1989).

H. K.

Gabrich, Johann (Hans); *Lehrer, Sportfunktionär.* * 31.12.1891 Sehlen (Westpr.), † 25.7.1956 Bremerhaven (ev.). Nach Ausbildung in Elbing und Tuchel sowie nach mehrjähriger Lehrtätigkeit in seiner Heimat, die 1920 an Polen fiel, lebte G. zunächst in Danzig und kam 1923 als Lehrer nach Lehe. Dort wurde er bald in der Schul- und Vereinssportarbeit tätig. Im ATS Bremerhaven leitete er viele Jahre lang die Jugendarbeit, war 1955 Mitbegründer des 1. Basketball Clubs Bremerhaven und außerdem Vorsitzender im Beirat für Leibesübungen (ab 1990 Beirat für Sport) an den Bremerhavener Schulen. 1949 wurde er zum Rektor der Pestalozzischule I ernannt.

Qu.: NZ, 27.7.1956; StadtA Brhv., Meldekartei Brhv. nach 1945 I.
E.: Hans-Gabrich-Halle (Brhv.-Leherheide).

Kl. Zi.

Gaede, Wolfgang, Dr. phil. habil.; *Physiker, Konstrukteur, Hochschullehrer.* * 25.5.1878 Lehe, † 24.6.1945 München (ev.). G. war Sohn des erfinderisch begabten preußischen Hauptmanns Karl G. (1839-1898), der sich u. a. mit der Konstruktion von Torpedos, U-Booten und Luftschiffen beschäftigte. Der u. a. an der Kriegsschule in Hannover tätig gewesene und danach im Badischen stationierte Offizier war zeitweise zur Kaiserlichen Marine abgeordnet und kam auf diese Weise 1877 nach Lehe, von wo aus er jedoch bald zu weiteren Verwendungen berufen wurde, bis er seine Laufbahn

als Oberst in Straßburg beendete. Infolgedessen wuchs G. überwiegend in Freiburg i. Br. auf, dem Heimatort seiner Mutter, und besuchte dort, mit vorübergehender Unterbrechung durch auswärtigen Schulbesuch, das Bertholdsgymnasium (Abitur 1897). An der Univ. Freiburg absolvierte er auch das Studium der Mathematik und Physik, das er 1901 mit der Promotion abschloß. Bis 1907 als Assistent seines Doktorvaters Franz Himstedt tätig, gründete er danach als erste Einrichtung dieser Art mit eigenen Mitteln ein »Technisch-physikalisches Institut«, kehrte nach der Habilitation (1911) aber als Privatdozent an die Univ. Freiburg zurück und wurde 1913 zum apl. Professor berufen. 1919 nahm er einen Ruf als Ordinarius für Physik und Direktor des Physikalischen Instituts an die TH Karlsruhe an, wo er bis zu seiner Zwangsemeritierung durch die Nationalsozialisten 1934 wirkte. Danach setzte er seine Forschungen und Experimente in einem neueingerichteten Privatlabor mit dazugehöriger Mechanikerwerkstatt fort und verlegte später seinen Wohnsitz nach München, wo seine Einrichtungen dem Bombenkrieg zum Opfer fielen. G.s Lebenswerk galt der Erzeugung und Messung des Hochvakuums, wobei er sich neben theoretischen und experimentellen Studien zugleich mit der technischen Umsetzung seiner Erkenntnisse befaßte, bei der er eng mit der Fa. E. Leybolds Nachf. in Köln zusammenarbeitete. Er war Erfinder mehrerer patentierter, zunehmend verfeinerter Vakuumerzeugungsgeräte, mit denen es ihm gelang, zuvor ungekannte Vakuumsgrade und Sauggeschwindigkeiten zu erzielen: der »rotierenden Quecksilberluftpumpe«, mit der er 1905 Aufsehen erregte, der »Molekularluftpumpe« (1912), der »Diffusionsluftpumpe« (1915) und der »Gasballastpumpe« (1935). Seine Erfindungen, die ihm offenbar auch wirtschaftlichen Erfolg brachten, hatten nachhaltigen Eindruck auf Wissenschaft und Technik; sie bildeten unentbehrliche Grundlagen insbesondere bei der Erforschung der Kathodenstrahlen, Röntgenstrahlen und beim Photoeffekt wie auch für die industrielle Massenproduktion von Alltagsprodukten wie Glühlampen, Leuchtröhren und Photozellen. G.s Vetter, der Ingenieur Kurt Wilhelm G. (1886-1975), wurde als Hochschullehrer und Direktor des Niedersächsischen Materialprüfungsamtes an der TH Hannover bekannt.

Lit.: DBI, S. 1022; DBE, Bd. 3, S. 552-553; H. Gaede, Wolfgang Gaede. Der Schöpfer des Hochvakuums, Karlsr. 1954; Kürschner G 1935, Sp. 374; Joh. C. Poggendorff, Biogr.-lit. Handwörterbuch, Bd. V, Teil 1 (1925) u. Bd. VI, Teil 2 (1937); Reichshandbuch, Bd. 1, S. 515; F. Wolf, Wolfgang Gaede ... zum Gedächtnis (Karlsruher Akad. Reden N.F. Nr. 3), Karlsruhe 1947; ders., Wolfgang Gaede, in: NDB, Bd. 6, S. 15-16; Wer ist's? 1935, S. 466.
Werke: Auswahlverz. in Poggendorff u. Wolf (s. Lit.), u. a.: *Über Änderung der spezifischen Wärme der Metalle mit der Temperatur* (Diss. 1902); *Äußere Reibung der Gase* (Habil.schr. 1910); zahlr. Beitr. in Fachzeitschr.
P.: Fotos in H. Gaede, Reichshandbuch u. Wolf 1947 (s. Lit.).
E.: Siemens-Ring (1934), Elliot Cresson Medal in Gold d. Franklin Inst. of Pennsylvania (1913), Dudell medal d. Physical Soc. London (1933), Ehrenmitgl. Dt. Ges. für techn. Physik, Mitgl. Dt. Akademie d. Naturforscher Leopoldina.

H. Bi.

Gebhard, Hermann August Wilhelm Karl; *Jurist, Stadtdirektor, Parlamentarier, Sozialpolitiker.* * 21.4.1843 Braunschweig, †

6.10.1906 Lübeck, ☐ St. Andreasberg (ev.).
Nach dem Besuch der Bürgerschule und des Gymnasiums in Wolfenbüttel sowie nach einem Jurastudium in Berlin und Göttingen (1863-66) trat G., Sohn eines hzgl. braunschweigischen Unteroffiziers, zunächst in den Justizdienst des Landes, danach in den der Stadt Wolfenbüttel und schließlich in den der Stadt Braunschweig ein, wo er 1876 zum Stadtrat gewählt wurde. Dort ragte er durch organisatorisches Geschick und gemeinnütziges Engagement hervor; u. a. leitete er 1977 eine Kommission zur Vorbereitung und Durchführung der braunschweigischen Gewerbeausstellung. Zum 1.2.1880 folgte er einem Ruf als Stadtdirektor von Bremerhaven; dieses Amt war mit der Bremerhavener Stadtverfassung von Sept. 1879 neu geschaffen worden, mit der zahlreiche, bisher dem Bremischen Amt zustehende Aufgaben und Befugnisse auf die Stadtgemeinde übergingen. In seiner Amtszeit nahm er sich – neben dem Aufbau einer neuen Verwaltungsstruktur – insbesondere der Reorganisation des Schulwesens (1882 Gymnasium, 1884 Städt. Maschinistenschule), des Gesundheitswesens (1882 Städt. Krankenhaus) und des Ausbaues der städtischen Leistungsverwaltung an (1885 Wasserwerk). Auch außerhalb der Stadtverwaltung wirkte er anregend. So wurde 1886 auf seine Initiative hin der Kunstverein Bremerhaven gegründet, der unter seiner Führung einen raschen Aufschwung nahm. Ebenso gehörte er, der mit → Hermann Allmers bekannt war, zu den frühen Förderern des Heimatbundes der »Männer vom Morgenstern«. Im Hinblick auf die wirtschaftliche Entwicklung Bremerhavens beobachtete er mit Sorge die von Bremen ausgehende Weservertiefung, wie er sich auch für die Wiederbelebung der 1881 geschlossenen (Geestemünder) Handelskammer einsetzte, die er sich als ein länderübergreifendes Organ der Unterweserorte vorstellte. Seit 1884 gehörte er der Bremischen Bürgerschaft an. Im Reichstag vertrat er als nationalliberaler Abgeordneter von Okt. 1884 bis Febr. 1891 den 19. hann. Wahlkreis (Kehdingen, Neuhaus). In diese Zeit fiel die Gesetzesvorlage für die Invaliden- und Altersversicherung,

an deren Ausarbeitung er großen inhaltlichen Anteil nahm. Aufgrund dieser Verdienste wurde ihm am 1.8.1890 die Leitung der neugegründeten Landesversicherungsanstalt der Hansestädte in Lübeck übertragen, die er mit Tatkraft und großer Sachkenntnis wahrnahm. Zielstrebig baute er die LVA zu einer leistungsfähigen Institution aus. Insbesondere widmete er sich der Heilfürsorge für Tuberkulosekranke und in diesem Zusammenhang der Errichtung eigener Heilstätten, deren gesundheitspolitisches und versicherungsökonomisches Potential er erkannte. Mit der 1897 eröffneten Heilstätte »Oderberg« bei St. Andreasberg im Harz übernahm die LVA der Hansestädte eine Vorreiterfunktion. Aus G.s Feder stammen zahlreiche, z. T. in Gemeinschaft mit weiteren Fachleuten verfaßte Veröffentlichungen zur Auslegung und Erläuterung der Sozialversicherungsgesetze. G. verstarb aufgrund eines schweren Herzleidens.

Lit.: DBI, S. 1044; DBA II, 431, 398-399; DBE, Bd. 3, S. 593; Br. Biogr. 19. Jh., S. 168 (Th. Sachau); F. Condrau, Lungenheilanstalt u. Patientenschicksal, Gött. 2000, S. 81-88, 166-167; Schwarz, MdR, S. 319; Hbg. Correspondent, 7.10.1906 1. Beil. MA, 10.10.1906 MB 2. Beil.; E. Helms, Die Landesversicherungsanstalt der Hansestädte in Lübeck 1891-1938, in: Zschr. d. Vereins für lüb. Geschichte 38 (1958), S. 41-91, insbes. S.

48-59; Kunstverein Bremerhaven von 1886 e.V., Brhv. 1964, S. 7-10; 100 Jahre Kunstverein Bremerhaven, Brhv. 1986, o. S.; E. v. Lehe, Vorsitzende, Schriftführer u. verdiente Vorstandsmitglieder d. Männer vom Morgenstern, in: Jb. M. v. M. 38 (1957), S. 31-46, hier S. 33; A. Meyer, Hermann Gebhards Wirken für die Stadt Bremerhaven, in: Ndt. Hbl. Nr. 209 (Mai 1967); Reichstagshandbuch 1890/95, S. 169; Vaterstädt. Blätter, Illustrierte Beilage z. d. Lüb. Anzeigen 1906, S. 169-172 (Nr. 42, 14.10.1906).

Werke: (Auswahl) *Führer durch das Gesetz zur Invaliditäts- und Altersversicherung* (1889, zus. m. P. Geibel); *Die Arbeiterfamilie und die gesetzliche Invaliditäts- und Altersversicherung* (1891, zus. m. P. Geibel); *Die Versicherung der Seeleute* (1891); *Das Invaliden- und Versicherungsgesetz* (1899, zus. m. A. Düttmann); *Fürsorge für Genesende* (1900, zus. m. H. Weicker).

P.: Foto in (s. Lit.) E. v. Lehe, in: Jb. M v. M., S. 32; Ndt. Hbl. 209; Vaterst. Bll. 1906, S. 169.

E.: Straßenbenennung Lübeck.

H. Bi.

Geißler, Robert; *Zeichner, Lithograph, Schriftsteller, Journalist.* * 7.2.1819 Göttingen, † 7.10.1893 Groß Schneen b. Göttingen. G. erhielt nach der Schulzeit eine Ausbildung an der Anstalt für Porzellanmalerei in Göttingen. Nach anschließendem Studium an der Kunstakademie in Kassel und längerem Aufenthalt in Celle war er von 1855 bis 1866 in Hamburg und Bremen als Zeichner für Zeitungen sowie als Lithograph, Schriftsteller und Herausgeber von Zeitschriften und Reiseführern tätig. In seinen Bremer Jahren suchte er häufig die Hafenorte Bremerhaven und Geestemünde auf, die er in zahlreichen Zeichnungen und Druckgraphiken festhielt; mehrere von ihnen erschienen als Holzstiche in der Leipziger »Illustrirten Zeitung«. Bekannt ist auch sein 1863 erschienener Reiseführer »Die Weser«, in dem die Unterweserorte ausführlich berücksichtigt sind. Seit 1866 wirkte G. in Berlin als Schriftsteller, Graphiker und Bildberichterstatter für Zeitungen. Um 1890 kehrte er nach Göttingen zurück, wo er als Journalist noch für mehrere Tageszeitungen arbeitete.

Lit.: DBI, S. 1055; Grapenthin, S. 36, 39-42, 45, 489; Thieme/Becker, Bd. 13, S. 354-355.

Werke: u. a. *Hamburger Fremdenführer* (1861), *Die Weser. Eine Beschreibung in Wort und Bild* (1863); Alben mit farb. Lithogr. von Hamburg, Stralsund, Greifswald und Stettin.

S. R.

Genschow, Joachim, Dr. rer. pol.; *Kaufmann, Geschäftsführer, Verbandsfunktionär.* * 30.1.1910 Ziegenort b. Stettin, † 19.1.1992 Bremen, ☐ Bremerhaven (ev.). Nach einem Studium der Betriebswirtschaft und Promotion war G. seit 1935 in der Abteilung Fischwirtschaft des »Reichsnährstandes« tätig. Nach dem II. Weltkrieg kam er nach Bremerhaven, um die Geschäftsführung des Verbandes deutscher Hochseefischereien zu übernehmen. Seit 1952 bei der »Nordsee« Deutsche Hochseefischerei beschäftigt, leitete er dort seit 1955 die Reedereiabteilung und wurde 1961 zusätzlich stellv. Leiter des Gesamtunternehmens. 1975 trat er in den Ruhestand. Über diese Zeit hinaus wuchsen ihm zahlreiche wichtige öffentliche Ämter zu. So war er u. a. Vorsitzender des Fischwirtschaftlichen Marketing-Instituts (1969-1975), Vorsitzender des Verbandes der deutschen Hochseefischereien, Vorstandsmitglied der Seeberufsgenossenschaft und Aufsichtsratsmitglied der Seefischabsatzgesellschaft. Er galt als »Außenminister« der gesamten Fischwirtschaft, der durch seine Beratertätigkeit in zahlreichen nationalen und internationalen Gremien die sich anbahnende Bewirtschaftung der Fischgründe durch Quotierung und Ausdehnung der Hoheitsgewässer mit diplomatischem Geschick hinauszuzögern und in ihren Folgen zu mildern vermochte. Berater des Bundesernährungsministeriums und der deutschen Regierungsdelegation bei den internationalen Fischereikommissionen, gehörte G. u. a. der Deutschen wissenschaftlichen Kommission für Meeresforschung, dem beratenden Ausschuß für die Fischereiwirtschaft sowie der EUROPECHE an, der Vereinigung der europäischen Seefischereiverbände, deren Vizepräsident er zeitweise war. Der passionierte Segler betätigte sich auch als Laienmaler und Kunstliebhaber.

Lit.: »Nordsee«-Nachrichten, H. 2/1975, S. 6-8, und 5/1975, S. 9.
Qu.: NZ, 29. u. 31.1.1975, 20. u. 21.1.1992.
P.: Foto in NZ, 29.1.1975, u. »Nordsee«-Nachr. (s. Lit.).
E.: Silb. Glocke d. dt. Fischwirtsch. (1975), Ehrennadel Weser-Yacht-Club Brhv.

H. Bi.

Georg, Wilhelm; *Journalist, Chefredakteur.* * 26.8.1867 Bad Homburg, † 20.1. 1946 Bad Kissingen. G. war der wohl renommierteste Journalist in den Unterweserorten vor 1945. Über seinen Bildungsweg liegen nähere Informationen nicht vor, ein Studium erscheint angesichts seiner beruflichen Stationen jedoch sehr wahrscheinlich. Als G. 1921 die Chefredaktion der »Nordwestdeutschen Zeitung« (NWZ) in Bremerhaven übernahm, verfügte er über langjährige Erfahrungen im Journalismus. Erste Kontakte zur Küste bestanden bereits seit einer Tätigkeit als Chefredakteur für die Geestemünder »Provinzial-Zeitung« zwischen 1906 und 1908. Danach wechselte er als Chefredakteur zur »Saale-Zeitung« nach Halle. Nach einer vorübergehenden Tätigkeit als politischer Redakteur beim »Hannoverschen Anzeiger« (1913-15) leitete er von 1915 bis 1921 den »Magdeburger Generalanzeiger«. Bei der NWZ beeindruckte der gebildete G. durch das Niveau seiner Leitartikel. Die politische Richtung der Zeitung stimmte er mit dem Aufsichtsrat ab. Im Mai 1931 wurde sein Vertrag über die Pensionsgrenze hinaus noch einmal bis zum 31.12. 1937 verlängert. G. prägte lange Zeit eine bürgerlich-demokratische Linie der NWZ. Hatte er im Nov. 1923 den Hitlerputsch in München in einem scharfen Leitartikel noch als »Revolverpolitik« verurteilt, so vollzog er kurz vor der Machtübernahme der Nationalsozialisten in seiner Kommentierung einen Schwenk nach rechts, was ihm jedoch wenig nützte. Er geriet unter Druck, als die SA den Leitartikel vom 10.11.1923 in ihren Sturmlokalen aushängte; zudem wurde ihm die Mitgliedschaft in einer Freimaurerloge angelastet. Nachdem Versuche des Verlages, das Verhältnis zur NSDAP in den Unterweserorten zu verbessern, erfolglos geblieben waren, erklärte G. im Juni 1936 seinen Rücktritt. Im Juli 1938 zog er sich mit seiner Frau in den Kurort Bad Kissingen zurück. G. schrieb in seinen frühen Jahren auch mehrere Bücher.

Lit.: Lübben, S. 73-78, 195-203.

Werke: *Hinter den Coulissen der Antisemiten* (1895); *Standesgemäß. Eine Hofkomödie in drei Akten* (1905); *Die idealen Werte der Persönlichkeit* (1908); *Unser Emmich. Ein Lebensbild* (1915).

P.: Foto in Verlagsarchiv Ditzen (abgeb. in Lübben, S. 75).

J. L.

Gevekoht, Carl Theodor; *Kaufmann, Sondergesandter, Parlamentarier.* * 15.5.1798 Bremen, † 21.8.1850 Bremen (ev.). Einer u. a. im Tabakhandel tätigen Bremer Kaufmannsfamilie entstammend, absolvierte G. eine kaufm. Lehre und hielt sich dann mehrere Jahre geschäftlich in den USA auf. 1828 gründete er die Fa. Gloystein & Gevekoht, die sich zu einem bedeutenden Unternehmen im Tabakhandel und Auswandererverkehr zwischen Bremen und den USA (Baltimore und New York) entwickelte. In zweiter Ehe mit einer Amerikanerin verheiratet, zog er sich nach deren frühem Tod 1839 aus dem aktiven Geschäftsleben zurück. 1845-1847 bremischer Sondergesandter zur Errichtung einer Dampfschiffahrtslinie zwischen Deutschland und den USA, gelang es ihm aufgrund hervorragender persönlicher und geschäftlicher Beziehungen, u. a. zu Deutsch-Amerikanern, die amerikanische Regierung für Bremerhaven als Zielhafen der Linie zu gewinnen und mit der »Ocean Steam Navigation Company« ein Unternehmen mitzubegründen, das mit der Ankunft des Raddampfers WASHINGTON

am 19. Juni 1847 in Bremerhaven eine neue Ära der transatlantischen Passagierschiffahrt einläutete. Anläßlich der Revolution von 1848 wurde G. in das Frankfurter Vorparlament entsandt und anschließend in die Nationalversammlung gewählt, wo er zu den gemäßigt liberalen Abgeordneten des »Casino« gehörte. G., der mit dem bremischen Senator und damaligen Reichshandelsminister Arnold Duckwitz befreundet war, befaßte sich dort, außer mit Fragen der Handelsschiffahrt und der Marine, mit Auswanderungsangelegenheiten, für die er aufgrund seiner guten Kontakte zu Auswanderungskreisen in Süddeutschland und in den USA (u. a. Vorlage eines Reichsauswanderungsgesetzes) prädestiniert war. Im Juni 1849 legte er sein Mandat nieder. G. zählt neben Duckwitz und dem bremischen Bürgermeister → Johann Smidt zu den herausragenden Förderern der transatlantischen Passagierschiffahrt und der deutsch-amerikanischen Auswanderung.

Lit.: DBI, S. 1084; ADB, Bd. 9, S. 130; DBE, Bd. 3, S. 670; H. Best u. W. Wege, Biogr. Hdb. d. Abgeordn. d. Frankf. Nationalvers. 1848/49, Düsseldorf 1996, S. 153-154, 401-405; H. Bickelmann, Raddampfer WASHINGTON u. d. Auswanderung, in: Ndt. Hbl. 570 (Juli 1997); Br. Biogr. 19. Jh., S. 169-170 (W. v. Bippen); Gr. Bremen-Lexikon, S. 254; H. Entholt, Die Eröffnung der ersten Postdampfer-Verbindung zwischen Amerika und dem Kontinent, Br. 1947; T. Giesler, Die Ocean Steam Navigation Company (1847-1857), Ex.arb. Univ. Br. 2001 (1 Ex. i. StABr.); W. Lührs, C. Th. Gevekoht, in: NDB, Bd. 6, S. 354-355; Porsch, S. 181-182; Riensberg, S. 12.
P.: Ölgemälde im Besitz der HK Bremen, im Schütting; Lithogr. in StA Br. (abgeb. in: H. Schwarzwälder, Geschichte der freien Hansestadt Bremen, Bd. 2, Br. 1976, S. 187, Gr. Bremen-Lexikon, S. 254, Bickelmann, s. Lit.); Foto in HK Br. (abgeb. in R. Thiel, Die Gesch. d. NDL, Bd. 1, Br. 2001, S. 21).
E.: Br. Ehrenmed. in Gold (1847); Straßenbenennung Bremen; Grabstätte Friedhof Riensberg, Bremen.

H. Bi.

Giebel, Johann **Heinrich** August; *Zollbeamter, Maler, Zeichner.* * 7.5.1865 Kassel, † 6.10. 1918 Hambergen (Kr. Osterholz). G., der künstlerisch begabt war und sich schon früh zur See hingezogen fühlte, erhielt nach der Schulzeit eine Ausbildung zum Zollbeamten. Nach mehreren Dienstjahren in Hadersleben (Nordschlesw.) kam er 1889 nach Geestemünde und war dort bis 1914 am Hauptzollamt, zuletzt als Zollsekretär tätig. Berufsbedingt kam er in häufigen Kontakt zu Reedern und Kapitänen, für die er zunächst Postkarten mit Schiffsporträts anfertigte. Der für seine detailgenaue Wiedergabe unterschiedlicher Schiffstypen bekannte Autodidakt erweiterte seine Motivpalette bald um Hafen- und Werftlandschaften, wobei er zunächst Bleistiftzeichnungen und Aquarelle bevorzugte, später aber auch in Öl malte. Darüber hinaus fertigte er Buchillustrationen, u. a. für Veröffentlichungen des Hafenmeisters am Geestemünder Fischereihafen → Friedrich Duge. Die meisten seiner Bilder befinden sich im Privatbesitz, einige wenige haben Eingang in das Focke-Museum, das Deutsche Schiffahrtsmuseum und das Historische Museum Bremerhaven/Morgenstern-Museum (dort u. a. Schiffbaugesellschaft Unterweser 1914) gefunden. G. starb in Hambergen, dem Geburtsort seiner Frau.

Lit.: Grapenthin, S. 121-124, 489, 529; Die Dampfhochseefischerei in Geestemünde, bearb. v. F. Duge, mit Illustr. v. H. Giebel, Gmde. 1898.

S. R.

Gill, Auguste Adelgund, geb. Greuer; *Lehrerin, Inhaberin einer Privatschule.* * 29.1.1846 Bromberg (Westpr.), † 13.1.1927

Berlin, ☐ *Bremerhaven (ev.).* Die Tochter eines wohlhabenden Schlossermeisters durchlief eine Ausbildung zur Lehrerin an Töchterschulen und nahm dann für zwei Jahre eine Stellung als Hauslehrerin bei einem Rittergutsbesitzer an. 1869 an der städt. Volksschule in Bremerhaven tätig, wechselte sie noch im selben Jahr zur privaten Höheren Töchterschule von Dr. Anton Koch, dem Vater des späteren Stadtdirektors und Reichsministers → Erich Koch-Weser über. 1872 übernahm sie das Institut in eigene Verantwortung, das sie zu einer angesehenen und großen Schule mit über 200 Schülerinnen und vier bis sechs festangestellten sowie mehreren zusätzlichen Lehrkräften anderer Schulen auszubauen verstand. Die 1890 geschlossene Ehe mit dem Oberlehrer Dr. Johannes Gill (1849-1894), den sie auch an der Schulleitung beteiligte, war wegen dessen frühen Todes nur von kurzer Dauer. Die resolute Frau, die seit ihrer Verheiratung stets den Doktortitel ihres Mannes führte, verfügte über eine große Selbstdisziplin und war von konservativer Gesinnung, zeichnete sich aber auch durch eine soziale Einstellung gegenüber ihren Schülerinnen aus. Als ihre Schule 1905 wegen finanzieller Schwierigkeiten in kommunale Zuständigkeit überführt wurde, verzog sie nach Berlin, hielt aber weiterhin rege Kontakte zu Bremerhaven. Ihre Schule ging zusammen mit der von → Lucie Wunnenberg im städt. Lyceum auf, das später durch → Dr. Alwin Wode große Bekanntheit erlangte.

Lit.: Gabcke, Bd. 1, S. 176; J.-T. Greuer, Mädchenbildung als Privatunternehmen. Auguste Greuer-Gill und ihre höhere Töchterschule in Bremerhaven, in: Ndt. Hbl. 543 (März 1995); Körtge, Schulwesen, S. 79-83.
Qu.: StadtA Brhv., Meldekartei Alt-Brhv.
Nachlaß: StadtA Brhv. (einschl. Schulunterlagen).
P.: Foto in StadtA Brhv. (abgeb. in Greuer u. Körtge, s. Lit.)

H. Bi.

Gissel, Carl Heinrich; *Landwirt, Gemeindevorsteher, Kirchenvorsteher.* * *28.8.1840 Wulsdorf,* † *13.4.1926 Wesermünde (-Wulsdorf) (ev.-luth.).* Einer eingesessenen Wulsdorfer Familie entstammend, war G. neben der Landwirtschaft schon früh in verschiedenen öffentlichen Ämtern tätig. So war er von 1869 bis 1882 Deichgeschworener und gehörte seit 1877 als Bodenschätzer der Generalkommission (später Kulturamt) an. Von 1892 bis 1917, in einer Zeit wirtschaftlicher Prosperität, die Wulsdorf die Annäherung an den Ballungsraum Geestemünde-Bremerhaven-Lehe bei gleichzeitiger Wahrung seiner Selbständigkeit ermöglichte, bekleidete er das Amt des Gemeindevorstehers, der im Zusammenwirken mit Persönlichkeiten wie etwa → Johann Allers und → Eduard Schroeder zahlreiche wegweisende Entscheidungen traf, u. a. den Verkauf von Vordeichsgelände zur Erweiterung des Geestemünder Fischereihafens. Mehr als 50 Jahre lang diente er zudem als Kirchenvorsteher der Kirchengemeinde Wulsdorf und fast ebenso lange als Mitglied der Bezirkssynode und des Kreiskirchenvorstandes. In seinem breiten kommunalpolitischen Engagement verkörperte G. beim Übergang Wulsdorfs zu einer gewerblich-wirtschaftlich aktiven Stadtrandgemeinde eher die gewachsenen dörflichen Strukturen.

Lit.: Körtge, Straßennamen, S. 95.
Qu.: WNN, 14.4.1926.
E.: Kronenorden IV. Kl., Roter Adlerorden IV. Kl; Straßenbenennung Brhv.-Wulsdorf (1933).

H. Bi.

Glahn, Johann Bernhard von; *Auswanderer, Unternehmer, Mäzen.* * 25.7.1825 Lehe, † 22.1.1899 Lehe. Aus einer 1816 aus dem Land Wursten nach Lehe übergesiedelten Familie stammend, folgte v. G. seinem bereits 1837 ausgewanderten älteren Bruder August in die Vereinigten Staaten, wo er

1856 das Bürgerrecht erwarb. Dort zu Vermögen gekommen, kehrte der zeitlebens unverheiratet Gebliebene 1880 von Chicago endgültig in seinen Geburtsort zurück. 1884 schenkte er der Gemeinde Lehe ein schon 1872 angefertigtes Denkmal zur Erinnerung an den deutsch-französischen Krieg, das ursprünglich zur Aufstellung in der Leher Kirche bestimmt war und das nun im Rathaussaal seinen Platz fand. Bekannt geworden ist er vor allem durch die 1896 erfolgte Stiftung des Parktors im Park Speckenbüttel sowie einer ebenfalls dort aufgestellten, von dem Darmstädter Bildhauer Ludwig Habich geschaffenen bronzenen Columbusfigur, für die er an der königlichen Akademie der bildenden Künste in München einen Ideenwettbewerb hatte ausschreiben lassen. Das Standbild wurde 1918 eingeschmolzen, der Sockel 1926 abgebrochen. Eine von → Gert Schlechtriem entdeckte Gußform diente als Grundlage für die 1978 bei der Klappbrücke über den Alten Hafen vor dem Columbus-Center aufgestellte Nachbildung. Darüber hinaus engagierte sich v. G. im sozialen Bereich.

Lit.: J. J. Cordes, Unser schöner Park in Speckenbüttel, in: Jb. M.v.M. 54 (1974), S. 249-278, hier S. 271-273; Körtge, Straßennamen, S. 180; G. Schlechtriem, Erinnerungen an das Columbusdenkmal, in: Nordsee-Kalender 1965, S. 46-47; Wolff, Friedhöfe, S. 81.
Qu.: NWZ, 24.1.1899; NZ, 30.1.1992; StadtA Brhv., Wesermünde 353/2/1, 353/2/4 u. 718/74/6, Meldewesen 72.
P.: Foto (1892) im StadtA Brhv.
E.: Familiengruft Friedhof Lehe II; Straßenbenennung, ca. 1912 (Brhv.-Lehe-Speckenbüttel).

H. Bi.

Goerge, Bernhard, lic. theol.; *Theologe, Pastor, Opfer des Nationalsozialismus.* * 18.12.1890 Allendorf bei Kirchhain (Kr. Marburg), † 29.6.1947 Allendorf (kath.). Nach Studium und Priesterweihe (1914) war G. Gemeindepastor in Obernkirchen bei Bückeburg und anschließend drei Jahre lang in Bremen-Aumund. Im Okt. 1935 wurde er als Nachfolger von Wilhelm Pagel zur Herz-Jesu-Kirche nach Lehe berufen. Sein Wirken wurde von Anfang an durch die Nationalsozialisten erschwert, die u. a. den Bau eines eigenen Gotteshauses in Leherheide durchkreuzten und 1939 die kath. Schule aufhoben. G. gelang es dennoch, das Gemeindeleben in Leherheide zu fördern und 1937 den Bau eines Gemeindehauses in Lehe zu realisieren, dem ein Schwesternheim für die Betreuung von Kranken und

Kindern angegliedert war. Seine seelsorgerische Tätigkeit, die er seit 1939 um Einkehrtage, Exerzitien und Bekenntnisfeiern erweitert hatte, und die Auswirkungen des Bombenkrieges brachten ihn zwangsläufig weiter in Konflikt mit den Nationalsozialisten, die nach dem 18.9.1944 sogar die Herz-Jesu-Kirche in Beschlag nahmen. Da er aus seiner kompromißlosen Haltung, daß Nationalsozialismus und Christentum nicht miteinander vereinbar seien, keinen Hehl machte, stand er schließlich unter Beobachtung. Auf Grund der Denunziation durch eine auf ihn angesetzte Agentin im Nov. 1944 von der Gestapo verhaftet, kam G. für fünf Monate in Einzelhaft und anschließend ins Arbeitserziehungslager Kiel-Hassee. Zur Verhandlung vor dem Volksgerichtshof kam es nicht mehr. G. kehrte im Mai 1945 völlig entkräftet in seine Gemeinde zurück. Nur notdürftig genesen, stellte er sich den Aufgaben des Wiederaufbaus, wobei er sich insbesondere der Betreuung von Kriegsgefangenen sowie der zahlreichen Heimatvertriebenen widmete, die in den Dörfern des Landgebietes Zuflucht gefunden hatten; in diesem Zusammenhang entstanden im Landkreis Wesermünde 16 Außenstationen der Gemeinde Lehe. Auf Anraten seines Arztes suchte G. im Juni 1947 Erholung in seiner Heimatstadt Allendorf, von wo er, den körperlichen Strapazen seiner Haft erlegen, nicht mehr zurückkehrte.

Lit.: Ernst, Aufrechter Gang, S. 80; 75 Jahre Herz-Jesu Bremerhaven-Lehe, Brhv. 1986, S. 14-15; 50 Jahre Herz-Jesu-Kirche Bremerhaven-Lehe, Brhv. 1961, S. 11-15; Das Bistum Hildesheim 1933-1945, Hildesheim 1971, S. 38-39.
P.: Foto in 75 Jahre Herz-Jesu (s. Lit.), S. 14.

P.-E. H.

Gording, Peter (Pseud.), eigentlich Helmut Martin Schultz; *Nautiker, Schiffsoffizier, Schriftsteller.* * *27.10.1909 Lehe,* † *31.3. 1987 Bremerhaven.* Der Sohn eines bei der Rickmers-Werft beschäftigten Schmiedes diente sich auf Schiffen des Norddeutschen Lloyd sowie auf kleinen Motorseglern vom Schiffsjungen bis zum Schiffsoffizier hoch. 1938 erwarb er das Kapitänspatent, wurde aber nicht mehr mit einem eigenem Kommando betraut; nach dem II. Weltkrieg führte er gelegentlich Flußfahrgastschiffe, u. a. die zwischen Bremen und Bremerhaven verkehrende OCEANA der Schreiber-Reederei. Nachdem er sich in Lehe zur Ruhe gesetzt hatte, widmete er sich der Schriftstellerei, wobei er seine Erfahrungen zu abenteuerlichen Jugendbüchern verarbeitete, deren Handlungsabläufe bei relativ detaillierter Einführung in Wesen und Technik der Seefahrt immer von den originell und differenziert porträtierten Gestalten aus dem Seemannsleben getragen werden. Sein Erzähltalent wußte er seit den späten 1960er Jahren publikumswirksam auch im Gastronomieraum der Bark SEUTE DEERN einzusetzen, wo er, z. T. in Verbindung mit dem Deutschen Schiffahrtsmuseum, in Kapitänsuniform regelmäßig »Seemannsgarn« spann und aus seinen Werken las.

Lit.: M. Nagel, Geschichte der Kinder- und Jugendlektüre in Bremen, Br. 1973, S. 287, 329.
Qu.: StadtA Brhv., Meldekartei Wesermünde/Bremerhaven; Auskunft DSM 2001; Archiv DSM III A 2833 (Nachlaßteile).
Werke: Verz. bei Nagel (s. Lit.), S. 236-240, 329, u. a.: *Die nasse Hölle von Alaska und Kap Horn* (1958); *Lotse an Bord* (1961); *Ein Teufel an Bord* (1962); *Erbarmungslose See* (1964); *Trawler vor Grönland* (1964); *Entfesselter Atlantik, verwegene Kapitäne* (1965); *Freibeuter der Arktis, Das Schicksal der elf Männer der Mary Jane* (1967); *Graf Luckner wieder auf Kaper-*

fahrt (1971); *Freibeuter am Ende der Welt, der letzte von der Meutermannschaft der Seute Deern* (1974).
P.: Postkarte (u. a. im StadtA Brhv.) sowie Fotos im Archiv DSM.

H. Bi.

Grauerholz, Hermann; *Lehrer, Tanzpädagoge, Choreograph.* * *9.3.1897 Schiffdorf (Kr. Geestemünde),* † *4.2.1991 Tübingen,* □ *Flögeln (Kr. Cuxhaven) (ev.-luth.).* Der als Sohn eines Maurermeisters in Schiffdorf aufgewachsene G. ergriff nach der Schulzeit den Lehrerberuf. Nachdem er, unterbrochen durch den I. Weltkrieg, 1919 die Prüfung am Lehrerseminar in Bederkesa absolviert und danach sein Sportdiplom in Münster (Westf.) erworben hatte, war er bis 1925 in Holßel (Kr. Lehe) und danach kurzzeitig in Geestenseth (Kr. Geestemünde) und Wesermünde als Lehrer tätig, bevor er zum 1.4.1927 von der Stadt Bremerhaven eingestellt wurde. Dort unterrichtete er zunächst an der Pestalozzi-Mädchenschule. Im Jahr des 100jährigen Stadtjubiläums wurde er zugleich damit beauftragt, ein Festspiel auszurichten, womit sich ihm eine nebenberufliche Karriere als Tanzpädagoge eröffnete. Dazu war er insofern prädestiniert, als er, bei dem sich schon früh musische, literarische und choreographische Neigungen zeigten, bei den Schöpfern des Ausdruckstanzes, Mary Wigman und Rudolf Laban, Unterricht genommen hatte. Im damaligen, 1859 von → Justus Lion gegründeten ATS Bremerhaven (heute OSC) baute er sofort Gymnastikgruppen auf und übernahm dort von 1930 bis 1960 die Leitung eines Tanzspielstudios. In mehreren hundert Lehrgängen, namentlich des Deutschen Turner-Bundes, der G.s Tanzkonzept in sein Unterrichtsprogramm aufnahm, trug er – neben den schulischen Verpflichtungen – seine Gestaltungsideen bis ins europäische Ausland. Aus dem Ausdruckstanz heraus entwickelte er die spezifische Form des Tanzspiels, die als Symbiose von gymnastischen und künstlerischen Elementen eine Verbindung von Bewegung, Musik und Sprache im Rahmen einer Handlung darstellt. Während er die Texte meist selbst verfaßte, bediente er sich für die musikalische Gestaltung

überwiegend des klassischen Repertoires, verwendete verschiedentlich aber auch Auftragskompositionen, vor allem des mit ihm befreundeten Musiklehrers Gustav Mävers. Der ebenfalls mit ihm befreundete Kunsterzieher → Paul Kunze entwarf für ihn Bewegungsskizzen und Veranstaltungsplakate. Mit seiner Tanzchoreographie gab G. der in den 1920er und 1930er Jahren populären turnerischen Laienspielbewegung neue Impulse, denen er angesichts einer stets großen Schar begeisterungsfähiger Schülerinnen mit großer Schaffens- und Überzeugungskraft bis weit über seinen offiziellen Ruhestand hinaus (1962) Bestand zu geben wußte. G.s Lebenswerk umfaßt mehr als 70 Tanzspiele, darunter zahlreiche aus Anlaß von Stadtjubiläen gestaltete Historienspiele, aber auch Stadionspiele (u. a. zur Olympiade 1936 und zu mehreren Deutschen Turnfesten der Nachkriegszeit) und Choreographien sakralen Inhalts. Bremerhaven ist ebenso wie sein Geburtsort Schiffdorf mehrfach thematisiert, u. a. in »Stadt vor den Meeren«, »Ums Blaue Band«, »Junge Stadt im Nordseewind« oder in dem Tanzepos »Chronica« zum Jubiläum des TV Schiffdorf. Die Summe seiner Lebenserfahrungen verarbeitet G. in seinem mehrfach aktualisierten Tanzchorischen Zyklus »Terra nostra«, in dem er auch, wie in mehren späteren Werken, zeitgenössische Fragen, u. a. die Umweltproblematik anspricht. G. verbrachte die letzten Lebensjahre bei seiner Tochter in Tübingen. Sein künstlerisches Vermächtnis wird heute insbesondere von Anne Fischer-Röpke mit dem Bremer Tanzspielstudio gepflegt, einer seiner ehemals zahlreichen Schülerinnen, die seit den 1960er Jahren mit eigenen Ensembles zu der zeitweise großen Resonanz von G.s Werk in Bremerhaven wie auch in zahlreichen anderen deutschen Städten beigetragen haben.

Lit.: 850 Jahre Schiffdorf, Schiffdorf 1989, Bd. 1, S. 138-140; Berliner Turnzeitung, 4.3.1991, S. 3; Blinkfeuer, H.2/1991, S. 14-16, H. 3/1994, S. 3-6; Bremer Sport, H. 7/1987; Der Bremer Turner, H. 4/1991; Lehrplan Deutscher Turner-Bund, Bd. 1: Gymnastik und Tanz (1983), S. 83-87; E. May, Ein Bremerhavener Freundeskreis vor 60 Jahren, in: Ndt. Hbl. 426 (Juni 1985).
Qu.: NZ, 8.3.1967, 5.12.1987, 14.2.1991, 11.3.1993, sowie Ausschn. a. zahlr. Ztgn. u. Mitt.bl. im Nachlaß; StadtA Brhv., Personalakte H. G.
Werke: *Gruppenbewegungen u. Gruppentänze f. Mädchen u. Knaben* (1932); *Tanzspiele* (1957, zus. m. G. Steltz); einzelne Tanzspiele, u. a. *Stadt zu den Meeren, Ums Blaue Band, Junge Stadt im Nordseewind, Olympische Lobpreisung, Sie werfen ihre Netze aus, Die Fischerfrauen von Faylun, Die Mägdehochzeit, Metallene Metren, Töchter der Erde, Sonnengesänge* (nach Franz v. Assisi), *Terra Nostra – Erde, auf der wir leben*.
Nachlaß: StadtA Brhv. u. Archiv d. Dt. Turner-Bundes.
P.: Ölgemälde von P. Kunze (1929), abgeb. in Grapenthin, S. 199; Fotos im Nachlaß sowie in NZ, u.a. 8.3.1967, u. zahlr. anderen Ztgn. u. Zeitschr.
E.: Bundesverdienstkr. (1987); Grabstätte Friedhof Flögeln.

H. Bi.

Grevesmühl, Otto Hermann; *Musiker, Konzertmeister, Konzertagent*. * *6.7.1919 Straßburg (Elsaß), † 14.8.1981 Bremerhaven (ev.)*. G. war ein Sohn des aus Bremen-Aumund gebürtigen Violinisten und Musikpädagogen Hermann G., der seit 1908 unter Hans Pfitzner Konzertmeister in Straßburg gewesen und nach der Ausweisung aus Frankreich von 1920 an in gleicher Funktion in Duisburg engagiert war, bevor er 1932 nach Bremen (-Schönebeck) zurückkehrte, wo er als Violinsolist, Leiter eines Kammerorchesters und Musikpädagoge, später auch als Direktor der Musikschule Bremen (1948-51), erfolgreich wirkte. G. besuchte die Volksschule und das Realgymnasium in Duisburg bzw. (1932-36) in Vegesack und studierte anschließend Violine, Klavier und Harmonielehre bei seinem Vater sowie in Berlin und Bremen. 1940 zum Kriegsdienst eingezogen, war er von 1945 an als Solist zunächst künstlerisch freischaffend tätig und wurde zum 1.8.1949 als 1. Konzertmeister an das Städt. Orchester Bremerhaven berufen. In engem Zusammenwirken und unterstützt durch den städt. Musikdirektor → Hans Kindler war G. maßgeblich am Wiederaufbau des Orchesters nach dem II. Weltkrieg beteiligt; dieser Zusammenarbeit entsprangen 1950 auch die Kammermusikabende des Städt. Orchesters. G. nahm darüber hinaus als Violinsolist und als Leiter eines Kammermusikensembles (Grevesmühl-Quartett) zahlreiche auswärtige Verpflichtungen wahr. Zum 31.10.1977 schied er aus gesundheitlichen Gründen aus dem Dienst der Stadt Bremerhaven aus. 1959 gründete G. zusammen mit seiner zweiten Frau Melsine, geb. Bock von Wülfingen (* 1934) eine bald überregional tätige Konzert- und Ballettagentur (»Norddeutsche Konzertdirektion«), die u. a. seit 1961 in Bremerhaven die renommierte Kammermusikreihe »Meisterkonzerte« veranstaltet. G.s Sohn Wolfgang (* 1947), von Haus aus Cellist, leitet heute die Konzertagentur; sein Sohn Detlev (* 1948) ist weltweit bekannter Violinvirtuose und Leiter eines Kammerensembles.

Lit.: Linder, S. 29; H. Schnackenburg, Hermann Grevesmühl, in: Br. Biogr. 1912-62, S. 183; Skizzen und Porträts, S. 68.
Qu.: NZ, 17.8.1981, 11.8.2001; Brhv. Sonntagsjournal, 25.8.1985.
P.: Foto in NZ, 17.8.1981.

H. Bi.

Griebeling, Anna Emilie Clara; *Lehrerin, Inhaberin einer Privatschule*. * *20.8.1868 Usingen (Hess.-Nassau), † n. erm. (ev.)*. G. gehört mit → Auguste Gill und → Lucie Wunnenberg zu den profiliertesten Leiterinnen der insgesamt sieben Höheren Töchterschulen der Unterweserorte. Die Tochter eines früh verstorbenen Geometers kam, ver-

mutlich gleich nach Beendigung ihrer Ausbildung, 1890 nach Bremerhaven, um an der 1836 von Elise und Betty Eelbo (Tanten von → Bruno Eelbo) begründeten und damals von Hildegard Scholtz und Agnes Teschner geleiteten Höheren Töchterschule zu unterrichten. 1894 wechselte sie nach Weener (Ostfriesland), wo sie vermutlich in gleicher Stellung tätig war. Als sie 1904 zurückkehrte, erwarb sie die Eelbosche Schule und baute sie in den folgenden Jahren aus, so daß diese zuletzt 370 Schülerinnen in 10 Klassen und eine entsprechende Anzahl von Lehrerinnen umfaßte. Das 1895 errichtete Schulgebäude in der Gasstraße verfügte, neben der eigenen Wohnung der Leiterin, auch über Wohnräume für Lehrerinnen. Den Unterricht gestaltete G. streng nach dem Lehrplan preußischer Mittelschulen mit Englisch als Pflichtfach und Französisch als Wahlpflichtfach. Sie besaß eine besondere Begabung im Umgang mit den Schülerinnen und in der Anleitung der meist recht jungen Lehrerinnen, die oft nach bestandener Lehrerprüfung bei ihr ihre erste Anstellung gefunden hatten. Das Schulleben war von einem Geist frohen Schaffens und christlicher Gesinnung geprägt. Trotz des guten Zuspruchs und bekanntermaßen bescheidenen Gehältern war G. seit 1907 gezwungen, städtische Zuschüsse in Anspruch zu nehmen. Die im und nach dem I. Weltkrieg zunehmenden Finanzprobleme veranlaßten 1919 die Stadt Bremerhaven, Verhandlungen über die Übernahme dieser letzten verbliebenen Privatschule zu führen. Nach deren Abschluß wurden zu Ostern 1920 die Schülerinnen und mehrere Lehrerinnen in die städtischen Schulen übernommen, und das Schulgebäude ging in kommunalen Besitz über; G. wurde auf Rentenbasis abgefunden und lebte weiterhin in Bremerhaven. Seit dem Tod ihrer 1911 in Bremerhaven verstorbenen Mutter führte sie mit ihrer älteren Schwester Meta (* 1866), die eine Aufgabe als Hausdame wahrnahm, einen gemeinsamen Haushalt. Nachdem die Geschwister 1941 nach Rotenburg (Fulda) verzogen waren, verlieren sich ihre Spuren.

Lit.: Körtge, Schulwesen, S. 73-77.
Qu.: Adreßbuch Brhv. 1925, 1934, 1939; StadtA Brhv., Meldekartei Alt-Brhv., Straßenkartei Alt-Brhv. (Bremer Str.).
P.: Foto in Körtge, Schulwesen, S. 75.

H. Bi.

Gröning, Georg Wilhelm, Dr. jur.; *Jurist, Rechtsanwalt, Amtmann.* * 27.2.1817 Bremen, † 31.3.1871 Bremerhaven *(ev.).* G., Enkel des bremischen Bürgermeisters Georg G. (1745-1825), hatte von 1837 bis 1840 in Bonn und Göttingen Jura studiert. Sein Studium hatte er mit einer Promotion abgeschlossen, die mit der schlechtesten Note (rite) bewertet wurde. Seine Staatsprüfung bestand er am 18.12.1840 vor dem Oberappellationsgericht in Lübeck, wobei er sich als »gut vorbereitet« erwies. Seit 1841 war er in Bremen als Anwalt zugelassen. Hatte er im Vormärz noch als Redakteur der »Reform«, des späteren »Bremischen Beobachters«, die Pressezensur bekämpft und in der 1848er Revolution zunächst, u. a. als Mitglied der Bürgerschaft, zur liberal-konservativen Seite gehört, so entwickelte er im politischen Kampf gegen den linksdemokratischen Pastor Dulon den »Bremischen Beobachter« zu einer Waffe der reaktionären Rechten gegen die Revolution. Bürgermeister → Johann Smidt hat ihn 1848 als einen

»Heißsporn« bezeichnet, »der am liebsten eine Sprengung der Bürgerschaft durch ein paar Polizeidragoner gesehen hätte«. Im Mai 1850 wurde er wegen seiner herabsetzenden Berichterstattung über die Bürgerschaft von den Presseplätzen verwiesen. G. war der einzige bremische Kandidat unter neun Juristen, die sich nach dem Tode des Amtmannes → Thulesius um die Stelle des »Beamten zu Bremerhaven« bewarben. G. wurde gewählt und am 1.11.1850 durch Smidt persönlich in das Amt eingeführt. In Bremerhaven vermutete man später, daß er die gut besoldete Stelle verwandtschaftlichen und politischen Beziehungen zu Senatsmitgliedern verdankte und zugleich dem Wunsche, ihn in Bremen loszuwerden. Die geringschätzige Meinung, die die Bremer Demokraten von G. hatten, wurde durch sein Verhalten in Bremerhaven bestätigt. Gleich zu Beginn seiner Amtszeit kam es zu einem Zerwürfnis mit Admiral → Brommy. Gegen die Wahl des freisinnigen Pastors → Heinrich Wolf (1855) ergriff er ebenso Partei wie bei dem Streit (1862) zwischen »unierter Kirche« und »lutherischem Verein«. Er verstrickte sich in lokalpolitische Auseinandersetzungen mit dem Gemeinderat (1863) und in einen juristischen Streit mit dem Schiffbaumeister → Joh. C. Tecklenborg, spekulierte mit Grundbesitz und versuchte sich einen Adelstitel zuzulegen. Wiederholt hatte der Senat ihm Vorhaltungen zu machen, weil es zu Klagen über anmaßendes Auftreten und Mißbrauch seiner Amtsgewalt kam. Gemeinderat und Gemeindeausschuß forderten mehrfach vom Senat seine Abberufung, worauf dieser sich gezwungen sah, G. von allen Aufgaben zu entbinden, die ihn mit den Bremerhavener Gemeindeorganen in Berührung brachten. Schließlich wurden G. auch die zivile Rechtspflege und – nach einer vom Senat hart gerügten Grundstücksspekulation – die wirtschaftspolizeilichen Aufgaben entzogen. An der Erarbeitung einer neuen Stadtverfassung zwischen 1863 und 1879 war G. kaum noch beteiligt. Er erlag 1871 einem Schlaganfall. Sein Nachfolger wurde der frühere Amtsassessor August Schultz (1835-1905). Als dieser im Herbst 1878 in den Senat eintrat, berief Bremen zunächst keinen Nachfolger. Die neue Stadtverfassung vom 1.10.1879 sah die Mitwirkung eines Amtmannes bei der städtischen Verwaltung nicht mehr vor. Die später eingesetzten bremischen Amtmänner bzw. Amtshauptleute nahmen reine Staatsfunktionen wahr.

Lit.: Bessell, S. 360, 403, 407, 416-418, 462, 489; W. Biebusch, Revolution und Staatsstreich, Br. 1973, S. 75, 116, 258; H. Entholt, Die bremische Revolution von 1848, Br. 1948, S. 31; Ernst, Colonie, S. 129-136; R. Kellner-Stoll, S. 190-196; Sachau, S. 57, 178, 206, 209.
Qu.: StABr., Qq 10.A.3.6.2.a. Bd. 2; 2-Q 9 Nr. 158, 159, 201, 423; StadtA Brhv., Alt-Brhv. 383/1/3, Bl. 14; 387/5.

M. E.

Gröschel, Karl **Ernst**; *Maschinist, Reeder.* * 2.3.1859 Bonau, Kr. Weißenfels (Prov. Sachsen), † 17.12.1943 Wesermünde (ev.-luth.).* G. war nach Schulzeit, Lehr- und Wanderjahren zunächst als Maschinenbauer bei der Kaiserlichen Werft in Wilhelmshaven tätig, fuhr dann als Maschinist, zuletzt als Obermaschinist 17 Jahre lang zur See und eröffnete 1899 ein maschinentechnisches Geschäft. 1900 wurde er in Bremerhaven seßhaft, nachdem ihm der Kapitän Bernhard Grundmann (1850-1933), der Korrespondentreeder für die im Geestemünder Fischereihafen beheimatete Reederei

Christiansen war, das Amt eines Maschineninspektors übertragen hatte. Ende 1904 gründete er zusammen mit Grundmann eine Seefischgroßhandlung sowie die Fischdampferreederei Grundmann & Gröschel, in die die Schiffe der damals aufgelösten Reederei Christiansen übernommen wurden. Das Unternehmen, in dem sich der Nautiker und der Techniker hervorragend ergänzten, gehörte mit 18 Fischdampfern (1914) bald zu den größten Geestemünder Reedereien. Es entwickelte sich so gut, daß G. sich schon 1909 ein repräsentatives Wohnhaus im neuen Geestemünder Villenviertel in der Barbarossastraße (heute Hohenstaufenstraße) errichten konnte. Zu der Prosperität des Unternehmens trug auch die gute Kapitalausstattung bei, die eine stetige Modernisierung der eigenen Flotte ermöglichte; so wurde 1913 gleichzeitig der Bau von sechs neuen Fischdampfern in Auftrag gegeben. Dies wiederum war u. a. eine Folge der starken finanziellen Beteiligung des im Fleischwaren-, Margarine- und Getränkegroßhandel tätigen Geestemünder Kaufmanns Heinrich Lehnert und des mit ihm geschäftlich und verwandtschaftlich verbundenen, in Dissen (Teutoburger Wald) beheimateten Margarineherstellers Fritz Homann. Nachdem Grundmann 1918 aus der Geschäftsleitung ausgeschieden war, war G. alleiniger Vorstand. Er verstand es, die Reederei nach den Rückschlägen des I. Weltkrieges und der Nachkriegszeit bis weit in die 1930er Jahre hinein erfolgreich zu führen. G. bzw. die Fa. Grundmann & Gröschel war zudem an einer Reihe von Unternehmen und Organisationen der Fischwirtschaft z. T. führend beteiligt, insbesondere an den Ersten Deutschen Stock- und Klippfischwerken von → Wilhelm Zitzlaff und am Versicherungsverein Deutscher Fischdampferreedereien. Daneben betrieb G. seit 1921 wieder ein technisches Geschäft für schiffsbezogene Geräte. G. galt als eigenwilliger, äußerst agiler und findiger Mann, der eine Reihe von technischen Neuerungen auch im Fischumschlag initiierte, der sich aber auch durch mancherlei an Münchhausen erinnernde Scherze den Ruf eines Originals erwarb. Die Fa. Grundmann & Gröschel wurde durch G.s 1937 in die Geschäftsleitung eingetretenen drei Söhne fortgeführt, denen, wiederum mit Unterstützung der in Bremerhaven weiterhin aktiven Familie Homann, nach dem II. Weltkrieg der Wiederaufbau der Flotte und der kriegszerstörten Landanlagen gelang. Nachdem Anfang der 1950er Jahre auch die Bereederung der Schiffe weiterer Unternehmen (Hochseefischerei Söhle, Kohlenberg & Putz, Homann-Gruppe) übernommen worden war, wurde das Unternehmen 1961 mit der Hochseefischerei → Kämpf fusioniert.

Lit.: Beckmann, Reedereien, S. 101-102; Bickelmann, Geestendorf, S. 185-186, 209; A. Dierks, Männer, Trawler, Meere, Br. 1961, S. 127; 50 Jahre Hochseefischerei Grundmann & Gröschel, Brhv. 1954; Heimatchronik, S. 240.
Qu.: NWZ, 21.12.1943; StadtA Brhv., Meldekartei Alt-Brhv, Gewerbereg. Gmde. 1921, Nr. 62, Gewerbesteuerakte Gröschel.
P.: Foto in 50 J. Grundmann & Gröschel (s. Lit.).
E.: Grabstätte Brhv. Friedhof Wulsdorf.

H. Bi.

Groth, Erich; *Malermeister, Kunstmaler.* * 9.2.1905 Lehe, † 7.12.1998 Bremerhaven (-Geestemünde). Nach dem Abschluß der kath. Volksschule in Geestemünde ging G. von 1920 bis 1923 bei dem in Dresden ausgebildeten Kirchenmaler Hermann Hansen in die Lehre. In dieser Zeit wirkte er an verschiedenen Decken- und Wandmalereien mit, u. a. im Hotel »Hannover« in Geestemünde. Seine Meisterprüfung machte er 1936 bei dem Malermeister Paul Levi, bei dem er seit 1923 als Geselle gearbeitet hatte. 1924/25 besuchte er Abendkurse bei dem Kunstmaler Otto Klammer, um sich auch im freien Malen und Zeichnen weiterzubilden, und beteiligte sich ab 1930 als deren Mitglied an den Gilde-Ausstellungen. Seit 1937 leitete er eine eigene Malerwerkstatt in der Bahnhofsallee (heute Klußmannstraße). Abends und an den Wochenenden betrieb er Pleinair-Malerei; begabten und interessierten Lehrlingen gab er Mal- und Zeichenunterricht. Von 1941 bis 1942 war er als Soldat in Rußland, dann bis Kriegsende bei der Heimatflak und anschließend ein Vierteljahr in einem Gefangenenlager im Sauerland. Danach folgte die Neueröffnung seines Betriebes in Langen, den er 1947 wieder in die Klußmannstraße und 1957 in die Arndtstraße verlegte. Zwischen 1963 und 1975 war G. sowohl als Leiter von Kursen für Lehrlinge und Gesellen in der Berufsschule als auch in der betrieblichen Ausbildung im Malerhandwerk tätig und fungierte einige Zeit als Delegierter des Landesinnungsverbands der Maler in Niedersachsen. 1970 übergab er seinen Betrieb an den Sohn und widmete sich seitdem mehr der freien Malerei. Er malte Ölbilder, Temperabilder und Gouachen, schuf Radierungen und Monotypien, zeichnete mit Rötel, Kreide, Stiften, Tusche und Feder, kolorierte seine Zeichnungen häufig mit Aquarellfarben. Es entstanden Stilleben, Porträts, Landschaften und Städteansichten, darunter viele historische Bremerhavenbilder, aber auch Motive von Auslandsreisen. Eine Reihe der von G.s Betrieb ausgeführten Dekorationen u. Malereien findet sich in und an Bremerhavener Gebäuden.

Lit.: Grapenthin, S. 261-263, 491, 535.
Qu.: Brhv. Sonntagsjournal, 1.12.1991; NZ (Cuxh. Kreisanz.), 25.9.1998; NZ, 14.12.1998; Interview mit E. Gr.
P.: Foto in Sonntagsjournal u. NZ (s. Qu.).

E. G.

Grundmann, August Otto **Herbert**; *Buchhändler, Verleger, Buch- und Musikwissenschaftler.* * 10.9.1913 Lehe, † 27.11.1981 Bonn (ev.).* Der Sohn des Kaufmanns Otto G., der seit 1919 Direktor der Viehmarktsbank der Unterweserstädte war, besuchte die Oberrealschule in Lehe (heute Lessingschule), absolvierte nach dem Abitur (1932) eine Buchhändlerausbildung in Halle und war von 1936 bis 1938 bei der Buchhandlung Hugendubel in München tätig. 1938 trat er in die traditionsreiche Bonner Universitätsbuchhandlung H. Bouvier & Co. ein, deren Gesellschafter er bald wurde. 1941 zum Kriegsdienst eingezogen, widmete sich G. 1945 zunächst dem Wiederaufbau des kriegszerstörten Betriebes. Schon ein Jahr später ließ er die 1936 erloschene Verlagstätigkeit des Unternehmens wiederaufleben und baute dieses, seit 1953 als Alleininhaber, zu einer renommierten, seit 1972 in mehrere Sparten aufgeteilten Verlagsbuchhandlung aus, die sich wie zuvor insbesondere auf hochkarätige Werke der Literatur und der Wissenschaft spezialisierte. Darüber hinaus übte G. eine Fülle von Ehrenämtern aus, v. a. im Börsenverein des Deutschen Buchhandels sowie als Mitbegründer und Vorstandsmitglied des Rheinisch-Westfälischen Verleger- und Buchhändlerverbandes. Sein 1956 verfaßtes »Buchhändlerisches Manifest« wurde zur Grundlage der Londoner und Pariser Resolutionen der Internationalen Buchhändler-Vereinigung. Der vielseitig gebildete G., der zwischen 1932 und 1941 neben seiner Berufstätigkeit auch Studien in Philosophie, Musikwissenschaft, Kunstgeschichte und Germanistik an den Universitäten Halle, München und Bonn betrieben hatte, veröffentlichte nicht nur zahlreiche Beiträge zu Fragen des Buchhandels, der Buchwissenschaft und der Musikwissenschaft, sondern trat auch als origineller Veranstalter und Interpret musikalischer Werke hervor. G. war Bruder der Volksschauspielerin → Erika Press.

Lit.: Brockhaus, 19. Aufl., Bd. 9, S. 225; DBE, Bd. 11/1, S. 73-74; H. Grundmann z. 65. Geburtstag, Sonder-

teil d. Börsenblatts 1978; Lexikon des ges. Buchwesens, 2. Aufl. Bd. 3, Stuttgart 1991, S. 291; O. Wenig, Herbert Grundmann, in: H. G., Bilanz (s. Werke), S. 17-25.
Qu.: 25 Jahre Viehmarktsbank der Unterweserstädte, Brhv. 1937; StadtA Brhv., Meldekartei Wmde., Adreßbuch 1930.
Werke: Verz. d. Veröff., Vorträge u. Entwürfe in: *Bilanz*, S. 27-62, u. a. *Zwischenbilanz* (1973), *Bouvier 1828-1978* (1978, Hrsg.), *Bilanz* (1982); *Buchhandel zwischen Geist und Kommerz* (1984).
P.: Foto u. a. in Bilanz (s. Werke) u. Börsenbl. 1978 (s. Lit.).
E.: u. a. Friedrich-Perthes-Med. d. dt. Börsenvereins, Ehrenring d. dt. Sortimentsbuchhandels.

H. Bi.

Grygo, Georg Hermann; *Bildhauer*. * 4.2.1902 Hamburg, † 28.5.1969 Bremerhaven (ev.). Als Sohn eines Gewerkschaftssekretärs wuchs G. zunächst in Hamburg und dann in Danzig auf. Gegen Ende der Schulzeit nach Hamburg zurückgekehrt, absolvierte er dort eine Schiffbauerlehre bei Blohm & Voss und fuhr von 1920 bis 1925 zur See. Anschließend wandte er sich der Malerei zu, belegte Kurse an der Volkshochschule und studierte von 1931 bis 1935 mit einem Stipendium an der Hamburger Landeskunstschule Malerei und Bildhauerei. 1941 bezog er ein eigenes Bildhaueratelier, 1943 verließ er kriegsbedingt die Hansestadt und ließ sich in Padingbüttel (Land Wursten) nieder. Seit 1948 war er als Modelleur beim Stadtbauamt Bremerhaven beschäftigt. Von 1950 bis 1957 hatte er Atelier und Wohnung in der Alten Feuerwache am Leher Markt. G. schuf seit Anfang der 1950er Jahre zahlreiche Skulpturen, wobei er vor allem von öffentlichen Aufträgen (Kunst am Bau) profitierte. So sind seine Arbeiten überwiegend an Schulen und Verwaltungsgebäuden sowie bei Kirchen und auf Friedhöfen zu finden. Außer Skulpturen, die er in Ton, Holz, Stein, Bronze und Granit fertigte, hinterließ er auch Sgrafittos und Lackgußbilder; letztere gehen auf Experimente zurück, die er seit 1960 mit figürlichem Schmuck aus Polyester durchführte. G., der maritime Motive bevorzugte, ließ sich auf See bestatten.

Lit.: Grapenthin, S. 255-257, 492.

S. R.

Gullasch, Hermann; *Kommunalbeamter, Oberstadtdirektor, Oberbürgermeister*. * 27.2.1900 Lübbenau, Kr. Calau (Niederlausitz), † 24.9.1969 Bremerhaven, □ Bremen (ev.-luth.). Der Sohn eines Bahnbeamten begann 1917 nach dem Besuch der Volksschule eine Lehre beim Magistrat der Stadt Lübbenau, arbeitete dort bis 1922 als Verwaltungsgehilfe und wechselte dann zum Kreisausschuß Calau über. Weitere Stationen im öffentlichen Dienst waren der Magistrat von Berlinchen sowie die Gemeinde- und Amtsverwaltung Nienstedten (Holstein), von wo aus er 1927 infolge Eingemeindung in den Dienst der Stadt Altona trat. Während dieser Zeit bildete er sich an der Fachschule für Verwaltungsbeamte in Berlin und an der Verwaltungsakademie Hamburg weiter. Im Okt. 1933 legte er die Diplomprüfung für Kommunalbeamte ab. Der inzwischen zum Beamten auf Lebenszeit ernannte G. mußte 1933 nach der Machtübernahme durch die Nationalsozialisten wegen seines Engagements für die SPD und die freien Gewerkschaften den Dienst quittieren. Bis 1939 war er zunächst als Abteilungsleiter in einer Hamburger Flachglasgroßhandlung und dann als Geschäftsführer einer Kranken- und Lebensversicherung tä-

tig. 1939 wurde er zum Militärdienst eingezogen, wo er als Abteilungsleiter beim Wehrbezirkskommando Burg bei Magdeburg und als Schreiber beim dortigen Festungsstab eingesetzt wurde, und geriet kurz vor Kriegsende in Kriegsgefangenschaft. Im Aug. 1945 wurde G. im Zuge der Wiedergutmachung bei der Freien und Hansestadt Hamburg eingestellt und dort u. a. mit der Leitung des Steueramtes Altona betraut. Aufgrund seiner Qualifikation als Verwaltungsbeamter wurde G. im Juni 1946 zum Oberstadtdirektor von Wesermünde gewählt. Als am 23.1.1948 die Wahl des Oberbürgermeisters anstand – auf dieses Amt gingen nach der Stadtverfassung von Nov. 1947 die Aufgaben des bisherigen Oberstadtdirektors über –, setzte sich G., der sich gegen den offiziellen SPD-Kandidaten und bisherigen Oberbürgermeister → Gerhard van Heukelum hatte aufstellen lassen, mit den Stimmen von CDU, FDP, DP und KPD durch. Ein gegen ihn eingeleitetes Parteiausschlußverfahren der SPD konnte G. erfolgreich abwenden. Zu einer ersten tiefen Krise kam es 1954 im Zuge der »Blinkaffäre«. Als für die amerikanische Besatzungsmacht Wohnraum geschaffen werden sollte und die dafür notwendigen Grundstücke auf dem Wege der Beschlagnahme beschafft wurden, verhielten sich der Magistrat, insbesondere aber auch G. persönlich, sehr unsensibel gegenüber den Sorgen der davon betroffenen Bevölkerung. Ein deshalb in der Stadtverordnetenversammlung gestellter Mißtrauensantrag des Wahlblocks (CDU/FDP/DP) gegen G. wurde aber schließlich auf unbestimmte Zeit vertagt. Etwa zur gleichen Zeit kam es zu Unstimmigkeiten zwischen G. und dem Bremer Senat, die in den folgenden Jahren immer wieder aufflackerten. In diesem Zusammenhang machte das Wort vom »schlafenden Oberbürgermeister« die Runde. Am 31.3.1957 trat G. zurück und kam damit einem Mißtrauensantrag der SPD-Fraktion zuvor. Anlaß dafür war eine Rede G.s, in der er dem Bremer Senat öffentlich den Bruch finanzieller Zusagen beim Bau des Hotels Naber vorgeworfen hatte. Der Senat hatte dies als beleidigend empfunden und daraufhin G. von der künftigen Teilnahme an Senatssitzungen ausgeschlossen. In G.s Amtszeit fallen die Trümmerbeseitigung und die erste Phase des Wiederaufbaus Bremerhavens; an größeren städtischen Projekten sind neben zahlreichen Schulen vor allem das Stadttheater und das Stadtbad zu nennen.

Lit.: M. Ernst, Stadtverfassung im Konflikt, in: Verfassung, Verwaltung und Demokratie, Brhv. 1997, S. 69-86, hier S. 72-74; Scheper, Jüngere Geschichte, S. 405-406 u. 448; Gabcke, Bd. 3, S. 44-45, 56-57.
Qu.: NZ, 26.1.1948, 31.3.1954, 2.4.1957, 25.9.1969; StadtA Brhv. Personalakte H. G.
Werke: Beitr. in Verwaltungszeitschr.
P.: Foto u.a. in StadtA Brhv. sowie in NZ, 31.3.1954 u. 25.9.1969.
E.: Grabstätte Friedhof Br.-Osterholz.

U. W.

Gummel, Hans, Dr. phil.; *Archäologe, Museumsdirektor.* * *3.5.1891 Kassel,* † *26.8.1962 Freiburg i. Br.,* □ *Hamburg-Ohlsdorf (ev.).* Der Sohn eines preußischen Garnisonbaurats, der seine Schulzeit in Stralsund verbrachte, empfing erste Eindrücke von der Museumsarbeit, als sein Vater nach der Pensionierung die ehrenamtliche Leitung des Stralsunder Museums übernahm. 1909 be-

gann G. ein Studium der Altertumskunde in Berlin, das er, unterbrochen durch den I. Weltkrieg, 1920 mit der Promotion in Bern beendete. Von 1919 bis 1929 war er als Kustos und zuletzt stellv. Landeskonservator am Provinzialmuseum Hannover tätig, wo er unter der Obhut des Vorgeschichtlers K. H. Jacob-Friesen ein umfangreiches Ordnungs- und Forschungspensum erledigte. Als er 1929 zum ersten hauptamtlichen Direktor des Museums der Stadt Osnabrück berufen wurde, widmete er sich wiederum vorrangig der Ordnung der dortigen Bestände. Da der eher introvertierte Gelehrte aber in der Kommunalverwaltung keinen adäquaten Ansprechpartner fand, zog er sich zunehmend auf seine Forschungen zurück und nahm nach Querelen mit den Nationalsozialisten 1939 einen Ruf als Direktor des brandenburgischen Landesamts für Vor- und Frühgeschichte in Potsdam an. Zwei Jahre später als Offizier zum Kriegsdienst eingezogen, geriet er in britische Kriegsgefangenschaft, aus der er 1946 zu seiner nach Blexen (Nordenham) geflüchteten Familie entlassen wurde. Nachdem er sich mehrere Jahre lang und zeitweise schwer erkrankt als Hilfsarbeiter durchgeschlagen hatte, wurde er von → Joh. Jacob Cordes zur Mitarbeit am Aufbau des Bremerhavener Morgenstern-Museums gewonnen. 1954, nach dem Tode von Theodor A. Schröter, wurde ihm die ehrenamtliche Leitung des Museums übertragen, die 1959 mit dem Dienstantritt von → Gert Schlechtriem als hauptamtlichem Direktor endete; G. blieb aber weiterhin bis zu seinem Tode für das Museum tätig. In den fünf Jahren seines Wirkens gelang es ihm mit der ihm eigenen Geduld und Akribie nicht nur, die Vorgeschichtsabteilung und die Museumsbibliothek wiederaufzubauen, sondern auch vorgeschichtliche Forschungen im Raum Bremerhaven voranzubringen, u. a. durch seine Arbeiten zu → Hermann Allmers, zu den Goldbrakteaten von Sievern und zu den Ausgrabungen in Westerwanna. Der Schwerpunkt von G.s wissenschaftlicher Tätigkeit lag – neben der Museumsarbeit – weniger bei den Ausgrabungen als bei der Geschichte der Altertumsforschung, die er mit seinem 1938 erschienenen Buch »Forschungsgeschichte in Deutschland« krönte. Sein Lebenswerk, das über 170 Schriften umfaßt und das von der unermüdlichen Schaffenskraft eines vielseitig gebildeten, feinsinnigen, immer hilfsbereiten und bescheidenen Gelehrten zeugt, wurde anläßlich seines 70. Geburtstages mit zahlreichen Ehrungen gewürdigt. G., der seit 1952 in Einswarden (Nordenham) lebte, verstarb im Jahr darauf während einer Urlaubsreise im Schwarzwald.

Lit.: A. Bauer, Hans Gummel, in: Osnabr. Mitteilungen 71 (1963), S. 139-140; G. Körner, Hans Gummel, in: Nachr. a. Niedersachsens Urgeschichte 31 (1962), S. 2-8; ders., Ansprache zum 70. Geburtstag von Hans Gummel, in: Jb. M.v.M. 43 (1962), S. 178-182; H. Körtge, Zur Geschichte des Morgenstern-Museums in Bremerhaven, in: Jb. M.v.M. 75 (1996), S. 251-303, hier S. 277-281; Ehrentag für Hans Gummel, in: Ndt. Hbl. 137 (Mai 1960); Ndt. Hbl. 149 (Mai 1962); Hans Gummel, in: Ndt. Hbl. 153 (Sept. 1962); G. Schlechtriem, Veröffentlichungen von Dr. Hans Gummel, in: Jb. M.v.M. 43 (1962), S. 183-198.
Werke: Schriftenverz. bei Schlechtriem (s. Lit.), u. a. *Der Pfahlbau Moosseedorf bei Bern* (Diss., 1920); *Hannoversche Urgeschichte im Schrifttum der Jahre 1893 bis 1923* (1926); *Führer durch d. urgeschichtl. Sammlung im Museum d. Stadt Osnabrück* (1930); *Forschungsgeschichte in Deutschland* (1938); *Hermann Allmers und die Altertumsforschung* (1961); zahlr. Beiträge in Sammelwerken u. wiss. Zeitschr.
Nachlaß: StadtA Brhv. (Depos. M.v.M.).
P.: Foto in (s. Lit.) Körner, S. 2, Körtge, S. 280, Ndt. Hbl. 137 u. 153, Schlechtriem, S. 184.
E.: Ehrenmitgl. Nds. Verein f. Urgeschichte u. Br. Ges. f. Urgeschichte (1961), Bundesverdienstkr. (1962).

H. K.

H

Hagedorn, Johann Heinrich **Julius**; *Architekt, Stadtbaurat.* * *11.3.1874 Nienburg (Weser), † 26.9.1943 Bremerhaven (ev.-luth.).* Nach dem Architekturstudium an der TH Hannover, das er 1902 mit dem 2. Staatsexamen abschloß, sowie nach mehreren Berufsjahren, zuletzt als Stadtbauinspektor in Görlitz, kam H. im August 1905 nach Bremerhaven, um die Stelle eines Stadtbaurates anzutreten. Diese war im Frühjahr 1905 im Hinblick auf die bevorstehende Stadterweiterung sowie unter dem Eindruck eines schweren Bauunglückes, das sich im Jahr zuvor in der Kaiserstraße ereignet hatte, ausgeschrieben worden. Zu H.s Aufgaben gehörte die Reform der Bremerhavener Bauverwaltung einschließlich der rechtlichen Grundlagen, die Ausarbeitung von Bebauungsplänen sowie der Entwurf und die Überwachung der öffentlichen Bauvorhaben. Dabei erwies sich der humanistisch gebildete, wertkonservative Freimaurer als gemäßigter Reformer. So setzte er mit der Bauordnung vom Okt. 1908 zu einem für deutsche Städte frühen Zeitpunkt eine Beschränkung der Bauhöhen und Grundstücksausnutzung in Abhängigkeit von der Lage im Stadtgebiet und der Straßenbreite durch, die in Abkehr von der investorenfreundlichen, aber gesundheitsschädlichen »Schlitzbauweise« unter sozialreformerischen Gesichtspunkten auf gesunde Wohnverhältnisse mit einer ausreichenden Durchlüftung und Belichtung zielte. Gleichzeitig gestaltete er die Bremerhavener Bauverwaltung zu einer effizienten, fachorientierten Leistungsverwaltung um, die dem politischen Anspruch auf kommunale Selbständigkeit Bremerhavens gerecht und zum Vorbild für die Reform anderer Verwaltungszweige wurde. Sein Aufgabenkreis umfaßte ferner eine Reihe von öffentlichen Hochbauten, so u. a. die Erweiterung des städt. Krankenhauses (1905), den Neubau der Pestalozzischule (1906/10), für deren Entwurf er nationale Anerkennung fand, Neu-, Aus- und Umbauten von Funktionsgebäuden im Bremerhavener Fischereihafen, den Neubau eines Dienstgebäudes für das Bezirkskommando (1908/09), die Planung und Oberaufsicht des gemeinsamen Schlachthofes mit Lehe (1909/13), den Entwurf für die neue Gasanstalt an der Hansastraße (1911/13) und den Neubau einer Wartehalle für den Seebäderdienst des Norddeutschen Lloyd (»Strandhalle«) mit Aquarium (1911/13). Bei diesen Bauten bewies er sich erneut als Reformer, der bewußt die Abkehr vom Eklektizismus des Historismus und unter Betonung des »Wahren« und »Echten« die Hinwendung zur zweckorientierten, qualitätvollen Architektur nach den Idealen des 1907 gegründeten Deutschen Werkbundes einleitete, dem er 1914 beitrat. H. oblag ferner die Ausarbeitung von Bebauungsplänen für das Stadterweiterungsgebiet von 1905 und für das Gelände der ehemaligen Gasanstalt, den heutigen Martin-Donandt-Platz. 1909 organisierte er den ersten Architektenwettbewerb in Bremerhaven, der auf Initiative von → Erich Koch (-Weser) für den Neubau des Stadttheaters ausgeschrieben wurde; anschließend zeichnete er für die Bauausführung des preisgekrönten Entwurfs des Architekten Oskar Kaufmann verantwortlich. Schließlich hatte er den Vorsitz im Organisationskomitee der gemeinsamen Gewerbe-, Industrie- und Schiffahrtsausstellung der Unterweserorte im Jahre 1913. Aus gesundheitlichen Gründen kriegsdienstuntauglich, übernahm er während des I. Weltkrieges Aufsichtsratsfunktionen in mehreren Kriegsorganisationen der Fischindustrie. Nach dem Krieg erwuchs ihm in der Bekämpfung der Wohnungsnot eine neue Aufgabe. Maßgeblich setzte er sich für die Rekrutierung ungenutzten Wohnraums ein und initiierte ein kommunales Wohnungsbauprogramm, nachdem die Errichtung günstigen Wohnraums über eine gemeinnützige Wohnungsbaugenossenschaft nach dem Vorbild des benachbarten Geestemünde an den überhöhten Grundstückskosten im räumlich beschränkten Stadtgebiet Bremerhavens gescheitert war. Nicht zuletzt aufgrund von H.s Initiative übernahm Bremerhaven seit 1921 den sozialen Wohnungsbau als neue Aufgabe der kommunalen Politik, in deren Kontext bis 1930 zwischen der Anton-Schumacher-Straße und der neuen Gasanstalt mehr als zehn Baublocks mit über 455 Wohnungen entstanden. H. wurde zudem die Leitung des neugeschaffenen städtischen Wohnungsamtes übertragen. Daneben blieb er weiterhin für die anderen öffentlichen Bauvorhaben verantwortlich, darunter den Neubau einer Stadthalle an der Deichstraße (1925/27), die Errichtung eines Fischindustriegebäudes (»Kühlhaus«) am Alten Hafen (1926/27) oder die Erweiterung des Aquariums an der Strandhalle um die »Tiergrotten« (1927/28). Bei diesen Bauvorhaben adaptierte er die neue Formensprache der Architektur, zunächst mit expressionistischen Elementen beim Fischindustriegebäude und anschließend die des »Neuen Bauens« bei der Erweiterung der Pestalozzischule (1927/29). Parallel zu seiner beruflichen Tätigkeit betätigte er sich in einer Reihe von Organisationen, Parteien und Vereinen. So trat er in den 1920er Jahren der rechtskonservativen, demokratiefeindlichen DNVP bei, für die er zeitweise ein politisches Mandat wahrnahm. Er war Mitglied der Freimaurerloge »Zu den drei Ankern« und 2. Vorsitzender des Architekten- und Ingenieurvereins (1905-1931). Seit 1922 führte er den Vorsitz in einem Schrebergartenverein und seit 1924 in einem Gartenbauverein. Dem Vorstand des Kunstvereins Bremerhaven trat er 1909 als Schriftführer bei; in dieser Funktion setzte er sich für den Bau der ersten Bremerhavener Kunsthalle ein. Nachdem er als Freimaurer am 30.8.1933 von den Nationalsozialisten vorzeitig in den Ruhestand versetzt worden war, zog er sich aus dem öffentlichen und gesellschaftlichen Leben zurück und widmete sich der Gärtnerei und der Jagd.

Lit.: Gr. Bremen-Lexikon, S. 288; K. Kähler, Julius Hagedorn. Bremerhavener Stadtbaumeister zw. Historismus u. Funktionalismus, in: Brhv. Beitr. (I), S. 89-137; H. Körtge, Vom Gaswerk zur Grünanlage, Brhv. 1997, S. 7-35; Scheper, Jüngere Geschichte, S. 234-235.
Werke: *Der Wohnungsbau in Bremerhaven nach dem Kriege*, in: Wohnungsbauten nach d. Krieg in den Städten a. d. Unterweser, Br. 1929, S. 62-71; *Die bauliche Entwicklung Bremerhavens*, in: NWZ, Jubiläumsausgabe 1927; *Die Hochseefischeranlagen Bremerhavens*, in: Jb. d. Hafenbautechn. Ges., Bd. 9 (1928), S. 181-184.
P.: Familienfoto in Kähler (s. Lit.), S. 98.

K. K.

Haltenhof, Paul Max Ferdinand; *Gewerkschafter, Widerstandskämpfer, Kommunalpolitiker*. * 16.12.1891 Lehe, † 16.7.1954 Bremerhaven (o. Konf.). Der als Sohn eines Kohlenhändlers aufgewachsene H. ging nach der Schulzeit zur See und nahm 1914 beim Bahnbetriebswerk Lehe eine Stelle als Maschinenputzer an. Seit 1920 SPD-Mitglied und spätestens seit dann auch gewerkschaftlich aktiv, war er in der Weimarer Zeit als Gewerkschaftssekretär für den Einheitsverband der Eisenbahner tätig. Er gehörte zu den Begründern der »Eisenbahner Spar- und Baugenossenschaft Wesermünde« und engagierte sich auch im Rahmen der Arbeiterwohlfahrt. Nach der Auflösung der Gewerkschaften durch die Nationalsozialisten und mehrtägiger Schutzhaft im Mai 1933 konnte er sich und seine Familie mit einem kleinen Lebensmittelgeschäft über Wasser halten. H. pflegte seit 1920 Kontakte mit dem Vorsitzenden des deutschen Eisenbahnerverbandes, Hans Jahn, der nach der Machtergreifung der Nationalsozialisten mit einer von ihm aufgebauten illegalen Gewerkschaftsorganisation über eine Widerstandsorganisation verfügte, die er zeitweise von Luxemburg aus leitete. Im Rahmen dieser, von der »Internationalen Transportarbeiterföderation« (ITF) koordinierten Aktivitäten spielte H. als Kontaktperson sowie als Leiter des Gaues Nord-West eine wichtige Rolle. Konnte er 1935 nach der Teilnahme an einer Tagung der ITF in Roskilde noch der Gestapo entgehen, so wurde ihm 1940 der deutsche Überfall auf Luxemburg zum Verhängnis, bei dem der Gestapo ein Teil von Jahns Korrespondenz in die Hände fiel. In dem anschließenden Prozeß gegen sieben Eisenbahner wurde H. 1941 vom Oberlandesgericht Berlin zu drei Jahren Zuchthaus verurteilt. Seine Haft verbrachte er im Arbeitslager Dessau und im Zuchthaus Hamburg-Fuhlsbüttel. Kurz vor der Kapitulation der deutschen Wehrmacht von Oberbürgermeister → Dr. Walter Delius zusammen mit anderen Sozialdemokraten gebeten, an der Verwaltung Wesermündes mitzuwirken, gehörte H. zu den Männern der ersten Stunde. Die amerikanische Militärregierung setzte ihn im Mai 1945 als Direktor des Arbeitsamtes ein. Darüber hinaus wurde er, der im Vorfeld der Parteigründungen auch die ersten Zusammenkünfte von Sozialdemokraten initiierte, als ehrenamtlicher Stadtrat für Gesundheits- und Arbeitsfragen in öffentliche Aufgaben berufen. 1946 wurde ihm dann die Leitung der städt. Verkehrsbetriebe übertragen, an deren zügigem Wiederaufbau er großen Anteil hatte. 1951 trat er aus gesundheitlichen Gründen in den Ruhestand.

Lit.: Ernst, Aufrechter Gang, S. 61-65; Körtge, Straßennamen, S. 147; P. Nagel, Helft uns! Gebt uns Arbeit!, Brhv. 1991, S. 60-63; D. Nelles, Widerstand und internationale Solidarität, Essen 2001, S. 273-279, 327-331, 349; Scheper, Jüngere Geschichte, S. 339, 349, 358-359, 374, 380.
Qu.: NZ, 19. u. 20.7.1954; StadtA Brhv., Meldekartei Brhv. nach 1945 I.
P.: Abb. bei Ernst (s. Lit.), S. 63.
E.: Straßenbenennung Brhv.-Lehe (1991).

H. Bi.

Hanckes, Carl Friedrich; *Wasserbauingenieur, Hafenbaudirektor.* * 21.10.1829 Lehe, † 16.11.1891 Bremerhaven (ev.). Als H. 1878 vom Tonnen- und Bakenamt in Bremen den Auftrag erhielt, einen Entwurf für einen festen Leuchtturm in der Außenweser am Rande des Roten Sandes in der Nähe der damaligen Fahrrinne anzufertigen, war er Leiter der Hafenbaudirektion in Bremerhaven, zu dessen Aufgabengebiet der Ausbau und die Unterhaltung der Bremerhavener Hafenanlagen gehörte. Bis zur Inbetriebnahme des Leuchtturms »Roter Sand« am 1.11.1885 vergingen über sieben Jahre, in denen er sich intensiv mit der Planung und Bauausführung beschäftigt hatte. Diese eindrucksvolle Ingenieurleistung brachte ihm im In- und Ausland Anerkennung ein. Nach seiner technischen Ausbildung am Polytechnikum in Hannover, der späteren TH und heutigen Univ. Hannover, wurde der Sohn eines Leher Ziegeleibesitzers in den 1850er Jahren Mitarbeiter in der Hafenbaubehörde in Bremerhaven. 1863 bestand H. die Staatsprüfung. 1869 erhielt er vom bremischen Senat den Titel Wasserbauinspektor. 1872 wurde er Baurat und damit Nachfolger von → J. J. van Ronzelen als Leiter der Hafenbaudirektion in Bremerhaven. Be-

reits 1857 hatte H. an der Vergrößerung des Neuen Hafens mitgewirkt. Auch an der Errichtung der Kanalisation in Bremerhaven war er beteiligt. Als sein erstes alleiniges Projekt kann der Entwurf für das Trockendock des Schiffbaumeisters → H. F. Ulrichs am rechten Geesteufer gelten, das 1864/65 unter seiner Bauaufsicht fertiggestellt wurde. Auch der 1870/71 erfolgte Bau des Doppeltrockendocks für den Reparaturbetrieb des Norddeutschen Lloyd an der Westseite des Neuen Hafens beruhte auf seinen Plänen. Bei der mehrmaligen Erweiterung und Verbreiterung des Neuen Hafens wirkte er maßgeblich mit. Von 1872 bis 1876 entstand nach seinen Entwürfen und unter seiner Oberaufsicht der Kaiserhafen I mit der Kleinen Kaiserschleuse und den Drehbrücken zwischen Neuem Hafen und Kaiserhafen. Für die Befeuerung des Fahrwassers der Außenweser konstruierte H. die Seezeichen auf Eversand und Meyers Legde. Seine letzte große Aufgabe als Hafenbauer war die Planung für die große Kaiserhafenerweiterung in Bremerhaven mit der Errichtung der Großen Kaiserschleuse und des Kaiserdocks I, die dann sein Nachfolger → Rudolf Rudloff vollendete. H.s bedeutendstes Wasserbauprojekt ist jedoch der Leuchtturm »Roter Sand« gewesen. Seine Anerkennung als Ingenieur schlug sich auch in seiner Tätigkeit als Gutachter nieder. Von 1922 bis 1967 gab es in Bremerhaven zu seinen Ehren eine Hanckesstraße, die im Zuge des Ausbaus der Columbusstraße mit der Anbindung an die Barkhausenstraße aber aufgelöst wurde.

Lit.: C. F. Hanckes, in: Br. Biogr. 19. Jh., S. 201-202 (H. Bücking); Körtge, Straßennamen, S. 101; D. J. Peters, 100 Jahre Leuchtturm Roter Sand (1885-1985) in der Außenweser, in: DSA 8 (1985), S. 199-216; ders., C. F. Hanckes, in: Leuchtturm Roter Sand 1885-1985, Worpswede 1985, S. 72; Schwemer, S. 15; C. Thalenhorst, K. F. Hanckes, in: Nds. Lbb., Bd. 4, S. 138-143.
P.: Foto in Thalenhorst (s. Lit.), nach S. 136.
E.: Ehrenmitgl. »Haus Seefahrt« Bremen; Straßenbenennung Brhv.-Mitte (1922, aufgeh. 1967); Grabstätte Brhv. Friedhof Wulsdorf.

D. J. P.

Hansen, Heinrich Egon; *Lehrer, Schulrat, Laienschauspieler, Förderer von Heimatpflege und Regionalgeschichte.* * 8.5.1930

Wesermünde (-Wulsdorf), † 31.10.1996 Bremerhaven (ev.). Der Sohn des Konrektors Diedrich H. wuchs in Wulsdorf auf und besuchte von 1940 an das Realgymnasium in Geestemünde (heute Wilhelm-Raabe-Schule) mit kriegsbedingten Unterbrechungen bis 1950. Nach dem Studium an der PH Göttingen trat er 1952 in den niedersächsischen Schuldienst, unterrichtete bis 1959 zunächst an der Volksschule in Schiffdorf und war danach Lehrer bzw. nach einer 1962 abgelegten weiteren Prüfung Mittelschullehrer in Dorum. 1964 wechselte er als Mittelschulrektor an die Haupt- und Realschule in Bederkesa. 1972 wurde er zum Schulrat (1975 Amtsbezeichnung Schulamtsdirektor) des Schulaufsichtskreises Wesermünde berufen; ab 1980 bekleidete er den Posten eines Dezernenten des Schulaufsichtsamtes Cuxhaven. 1995 trat er in den Ruhestand. Über seine engeren dienstlichen Verpflichtungen hinaus nahm er eine Fülle von berufsbegleitenden und berufsständischen Aufgaben wahr, u. a. als Sprecher der Junglehrer im Landkreis Wesermünde (1953-56) und als Leiter von Fachseminaren; ferner wirkte er als Kommissionsmitglied bei Prüfungen für Lehrer und Realschullehrer (1966-1972) mit. 1966 wurde er in den Lehrerbezirkspersonalrat gewählt, dessen Vorsitzender er von 1970 bis 1972 war. Von 1962 bis 1974 war er Vorsitzender des Kreislehrerverbandes Wesermünde (Kreisverband der GEW) und von 1975 bis 1978 stellv. Vorsitzender des Bezirkslehrervereins Stade/Bezirksverband der GEW. Bemerkenswert ist H.s außerordentlich großes ehrenamtliches Engagement auf den verschiedensten Gebieten. 1946 wurde er Mitglied bei der Niederdeutschen Bühne »Waterkant«, wo er lange Jahre als Vorstandsmitglied und in vielen Inszenierungen als glaubhafter Darsteller wirkte. 1957 rief er die beliebten sommerlichen Herdabende im Geestbauernhaus des Freilichtmuseums Speckenbüttel ins Leben, für die er die Texte auswählte und bei denen er bis 1996 Regie führte. Bereits früh Mitglied in einem Sportverein, wurde er 1954 Jugend- und Sportwart im Sportkreis Wesermünde und redigierte seit 1956 die alljährlichen Festschriften für die Kreissportfeste Wesermünde. Seinen intensivsten Wirkungskreis erschloß sich H. auf dem Gebiet der Heimatpflege und der regionalen Geschichtsforschung. Schon 1948 war er Mitglied im Heimatbund der »Männer vom Morgenstern« geworden, in dem er seit den 1960er Jahren wachsende Aufgaben übernahm. Von besonderer Bedeutung wurde H.s 1972 in Nachfolge von → Ernst Klemeyer erfolgte Wahl zum Vorsitzenden der »Männer vom Morgenstern«, einer Funktion, welche die Grundlage für zahlreiche Berufungen zu weiteren Ehrenämtern und zu breitgestreuten heimatkundlichen und wissenschaftlichen Aktivitäten im Dienste der Elbe-Weser-Region war. So war er stellv. Vorsitzender des Landschaftsverbandes der ehem. Herzogtümer Bremen und Verden in Stade (seit 1973), Beiratsmitglied des Bauernhausvereins Lehe (seit 1980), Leiter des Plattdeutschen Lesewettbewerbs des Landschaftsverbandes (seit 1977), Beiratsmitglied der Hermann-Allmers-Gesellschaft in Rechtenfleth (seit 1983), Beiratsmitglied des Instituts für niederdeutsche Sprache in Bremen (seit 1983) und Ausschußvorsitzender »Theater« des Landschaftsverbandes Stade (seit 1984). 1970 wurde er Mitglied des Beirates des Niedersächsischen Heimatbundes, 1989 dort Präsidiumsmitglied und 1993 Vizepräsident. Eine umfangreiche Vortragtätigkeit machte ihn vorrangig im nordniedersächsischen Raum bekannt. Seiner schriftstellerischen Tätigkeit ist eine Fülle von Aufsätzen in verschiedensten Organen zu verdanken, u. a. im Niederdeutschen Heimatblatt, in dessen Redaktionsausschuß er 1971 gewählt wurde, im Nordsee-Kalender und vor allem im Jahrbuch der Männer vom Morgenstern, das er als Vorsitzender des Herausgabeausschusses seit 1974 maßgeblich gestaltete.

Lit.: G. Breitschuh, Heinrich Egon Hansen, in: Lebensläufe, Bd. 1, S. 122-124; Heinrich E. Hansen zum Gedächtnis, Brhv. 1996; Ndt. Hbl. 544 (Apr. 1995) u. 563 (Nov. 1996); Skizzen u. Porträts, S. 75.
P.: Foto in Jb. M.v.M. 69 (1990), S. 6, u. 75 (1996), S. 3, Ndt. Hbl. 563 (Nov. 1996), H. E. Hansen zum Gedächtnis (s. Lit.), Breitschuh (s. Lit.), S. 122, sowie in zahlr. Ztg.art.
E.: u. a. Gold. Ehrennadel Kreissportbund Wesermünde (1974), Gold. Ehrennadel Nds. Bühnenbund (1986), Hermann-Allmers-Preis (1989), Gold. Ehrennadel Landessportbund Nds. (1990), Ehrenz. Landkr. Cuxh. in Silber (1991), Nds. Verdienstorden (1991), Quickborn-Preis (1996).

R. B. B.

Hansen, Max Asmus Karl, Dr. phil. habil.; *Physiker, Hochschullehrer, Manager.* * *27.1.1901 Bremerhaven, † 17.9.1978 Bad Soden (Taunus).* Der Sohn eines beim Norddeutschen Lloyd tätigen Obermaschinisten besuchte die Realschule in Bremerhaven und die Oberrealschule in Lehe (heute Lessing-Schule), wo er 1919 das Abitur ablegte. Es folgte ein Studium der Physik an den Universitäten Marburg und Göttingen, das er 1924 mit der Promotion abschloß. Nach kurzer Tätigkeit bei einer chemischen Fabrik war er von 1925 bis 1933 wissenschaftliches Mitglied des Kaiser-Wilhelm-Instituts für Metallforschung in Berlin-Dahlem. 1934 wechselte er zur Dürener Metallwerke AG über, deren Forschungsabteilung in Berlin er von 1936 bis 1945, zuletzt als Mitglied des Vorstandes, leitete. Zugleich lehrte er seit 1931 als Privatdozent an der TH Berlin und wurde dort 1940 zum apl. Professor und 1945 zum ord. Professor für Metallkunde berufen. 1947 wechselte er als Associate Professor an das Illinois Institute of

Technology in Chicago und 1949 als Forschungsleiter an die mit diesem verbundene Armour Research Foundation; dort war er an der Entwicklung von Titan- und Zirkoniumlegierungen maßgeblich beteiligt. 1954 übernahm er die Aufgaben eines technischen Vorstandsmitglieds der Metallgesellschaft AG in Frankfurt am Main, für die er u. a. ein neues Forschungslaboratorium errichtete. Seine z. T. bahnbrechenden Forschungen, die er in zahlreichen Veröffentlichungen niederlegte, galten den Nichteisenmetallen, insbesondere den Legierungen, deren praktische Anwendung v. a. für die Werkstoffentwicklung im Flugzeugbau von Bedeutung war. Seine 1936 erschienene Veröffentlichung über den »Aufbau der Zweistofflegierungen« wurde zu einem grundlegenden Werk. Von 1956 bis 1958 war H. Vorsitzender der Deutschen Gesellschaft für Metallkunde; seiner Anregung folgend richtete diese 1964 regelmäßige Symposien ein, die dem Brückenschlag zwischen Wissenschaftlern und Praktikern dienten. H. wurde zudem in herausragende Gremien der Wirtschaft und Forschung berufen. Seit seiner Rückkehr nach Deutschland lebte er in Kronberg am Taunus.

Lit.: DBI, S. 1299; Siebs, Grauer Strand, S. 112; Kürschner L 1950, S. 704-705; Wer ist wer? 1967/68, S. 662; Zschr. f. Metallkunde 52 (1961), S. 91 ff.; desgl. 69 (1978), S. 673.
Qu.: StadtA Brhv, Reg. 41A-22-61.
Werke: Übersicht (Auswahl) bei Kürschner (s. Lit.), u. a. *Der Aufbau von Zweistofflegierungen* (1936, 2. Aufl. 1956 in engl. Sprache); *Metallkunde der Nichteisenmetalle* (1948).
E.: Heyn-Denkmünze Dt. Ges. f. Metallkunde (1963), Fellow American Soc. for Metals (1972), Ehrenmitgl. Dt. Ges. f. Metallk. (1978).

H. Bi.

Harms, Alfred; *Tier- und Landschaftsmaler, Auswanderer.* * 6.5.1881 Langen bei Bremerhaven, † 5.12.1935 Wesermünde. H., der schon in der Dorfschule in Langen durch seine hervorragenden Tierzeichnungen auffiel, studierte von 1898 bis 1907 an der Akademie der bildenden Künste in München bei dem Tiermaler Heinrich von Zügel. Anschließend wieder in Langen wohnhaft, erhielt er Aufträge von Hofbesitzern der Umgebung und malte auf deren Höfen. Vor dem I. Weltkrieg wanderte er in die USA aus, wo er in Kalifornien studierte und an einer Kunstschule unterrichtete. Nach dem Kriegseintritt der USA 1917 entlassen, kehrte er nach Kriegsende in seine Heimat zurück. Von Natur aus scheu, lebte er danach zurückgezogen in einem kleinen Haus in Langen das Leben eines Sonderlings. Seine Bilder wurden vom Kunstverein Bremerhaven, der seinen Nachlaß versteigerte, erstmals 1937 in einer Gedächtnisausstellung gezeigt. Sein Werk umfaßt Tier- und Figurenbilder, Ansichten von Höfen und Landschaften.

Lit.: Grapenthin, S. 158-163, 493.

S. R.

Harms, Artur; *Kaufm. Angestellter, Gewerkschafter, Verwaltungsdirektor, Parlamentarier.* * 21.2.1915 Lehe, † 29.1.1983 Bremerhaven (ev.-luth.). H., dessen Vater im I. Weltkrieg gefallen war, wuchs in einfachen Verhältnissen unter der Obhut seiner Mutter in Leherheide auf, wo er auch die Volksschule besuchte. Er absolvierte eine kaufm. Lehre, war von 1934 bis 1940 (seit 1935 als Verwaltungsleiter) beim Reichsarbeitsdienst beschäftigt und wurde anschließend zum Heeresdienst eingezogen, aus dem er im April 1945 schwerverwundet entlassen wurde. 1946 als Aushilfsangestellter beim Magistrat der Stadt Bremerhaven eingestellt, war er dort in der Lohn- und Gehaltsstelle eingesetzt, deren Leitung er 1953 übernahm. 1961 wurde er in Nachfolge von Eberhard Gutmann zum Verwaltungsdirektor berufen. Für dieses Amt des höchsten Verwaltungsbeamten der Stadt Bremerhaven (seit 1982 Bezeichnung Magistratsdirektor), das bis heute zentrale koordinierende und beratende Aufgaben (insbesondere für den Oberbürgermeister und das Magistratskollegium, an dessen Sitzungen er teilnimmt) umfaßt, hatte sich H. neben organisatorischem Geschick und Verwaltungserfahrung vor allem durch seine langjährige Tätigkeit im Personalrat der Verwaltung und im Gesamtpersonalrat qualifiziert, dessen Vorsitz er von 1952 bis zu seiner Berufung innehatte. Daneben spielte sicherlich auch eine Rolle, daß er durch vielfältiges ehrenamtliches politisches, gewerkschaftliches und soziales Engagement über breite Erfahrungen und Verbindungen auf zahlreichen gesellschaftlichen Feldern verfügte. Von 1955 bis 1967 vertrat er die Bremerhavener SPD als Mitglied der bremischen Bürgerschaft und des Fraktionsvorstandes. Seit 1953 war er Vorstandsvorsitzender der Allgemeinen Ortskrankenkassen Bremerhaven und Wesermünde und 18 Jahre lang auch des Bremischen Landesverbandes der Ortskrankenkassen. Ferner fungierte er als Sozialrichter beim Sozialgericht Bremen (1954-61) und in mehreren Gremien der Gewerkschaft ÖTV, u. a. als Mitglied der Tarifkommission (1951-64) und als Vertreter des Bezirks Bremen-Weser/Ems im Beirat. Daneben übte er verschiedene Funktionen bei der Gemeindeunfallversicherung sowie bei Organisationen und Selbstverwaltungsorganen der Schwerbehindertenbetreuung aus, so vor allem als Mitbegründer und Vorsitzender (1947-1950) des Kreisverbandes Bremerhaven des Reichsbundes der Kriegsopfer, Behinderten und Sozialrentner. H., der als „graue Eminenz" in der Ära von Oberbürgermeister → Selge und in der Anfangszeit von Oberbürgermeister Werner Lenz die Verwaltung der Stadt Bremerhaven mitprägte, trat 1981 in den Ruhestand.

Lit.: Hdb. Br. Bgsch., 6. Wahlper., S. 115.
Qu.: NZ, 10.11.1977, 21.2.1980, 31.1.1983; StadtA Brhv., Personalakte.
P.: Foto in Hbd. Br. Bgsch. (s. Lit.) sowie NZ, 21.2.1980 u. 31.1.1983.
E.: Bundesverdienstkr. (1980); Grabstätte Friedhof Lehe III.

H. Bi.

Hartmann, Emma Georgine, geb. Riecke; *Lehrerin, Schulleiterin, Kommunalpolitikerin.* * *21.12.1889 Altona (seit 1937 zu Hamburg), † 23.5.1965 Bremerhaven.* Die Tochter eines Kaufmanns besuchte eine private Mädchenschule in Hamburg und ließ sich von 1904 bis 1909 auf dem Privatseminar des Pädagogischen Vereins in Altona zur Volksschullehrerin ausbilden. Danach nahm sie Lehrerstellen in Dänisch-Nienhof und Heiligenhafen wahr, um 1910 nach Geestemünde überzusiedeln, wo sie zunächst an der Allmersschule und dann an der Alt-Geestemünder bzw. Neumarktschule tätig war. 1928 heiratete sie den Kunsterzieher und Maler → Fritz Hartmann, mit dem sie ein von diesem entworfenes Haus beim Spekkenbütteler Park in Lehe bezog. H., die sich für die Deutsche Demokratische Partei auch politisch betätigte, wurde aufgrund des Gesetzes zur Rechtsstellung der weiblichen Beamten als sog. »Doppelverdienerin« im Nov. 1933 aus dem Schuldienst entlassen. 1946 wurde sie von dem Vorsitzenden des Schulausschusses → Walter Ballof aufgefordert, sich um eine Schulleiterstelle zu bewerben; ihre Berufung wurde jedoch vom Personalausschuß wegen ihres Alters zunächst abgelehnt. Sie erhielt dann im Juni 1947 eine Anstellung als Schulleiterin auf Privatdienstvertrag. Zunächst Rektorin der Zwinglischule, wurde ihr 1950 die kommiss. Leitung der Humboldtschule übertragen, die damals im Rahmen der Schulreform als eine von vier Oberschulen eingerichtet wurde. Von 1953 bis 1955 leitete sie dann die Hermann-Löns-Schule. In der Nachkriegszeit war H. erneut parteipolitisch tätig, zunächst für die FDP, dann für die SPD (Stadtverordnete 1948-55).

Lit.: Aufbauarbeit, S. 38-39; Grapenthin, S. 126.
Qu.: NZ, 25.5.1965 (Todesanz.); StadtA Brhv., Personalakte E. H., FDP-Kreisgruppe Brhv., Nr. 1-2.
P.: Foto in Allmersschule 1851-1951-2001, Brhv. 2001, S. 27.

H. Bi.

Hartmann, Fritz (Friedrich) Hermann Ludwig; *Kunsterzieher, Maler, Bildhauer.* * *14.4.1869 Bremen, † 14.10.1948 Bremerhaven (ev.).* Der Sohn eines Sattlers, Tapezierers und Dekorateurs besuchte bis 1885 die Realschule in der Bremer Altstadt, lernte zunächst in einem Bremer Atelier zeichnen und modellieren, bevor er an der Akademie in München und dann 1891/92 an der Académie Julien in Paris Bildhauerei studierte. Nach mehrjähriger Tätigkeit als Lehrer an der Gewerbeschule in Krefeld und als freischaffender Künstler entschloß er sich zu einem Studium in Stuttgart, das er 1903/

05 mit der Prüfung zum Kunstgewerbe- und Zeichenlehrer abschloß. Von 1906 bis 1934 war er als Lehrer im Bremerhavener Schuldienst tätig, zunächst an der Pestalozzischule, danach an Realschule und Gymnasium. Sein Unterricht, insbesondere im Modellieren, war sehr geschätzt. Zu seinen Schülern gehörten → Otto Stahmer und → Paul Ernst Wilke sowie der Architekt → Hans Scharoun. Nebenher und auch nach seiner Pensionierung betätigte sich H. als Maler, Zeichner und Bildhauer. Jahrelang war er auch als freier Mitarbeiter und Kunstkritiker für verschiedene Zeitungen und Zeitschriften tätig; u. a. kommentierte er in der Nordwestdeutschen Zeitung die Ausstellungen der von → Hinrich Thies geleiteten Künstlervereinigung »Gilde«. H. malte Landschaften und Stadtansichten, u. a. von Bremerhaven, und gestaltete Exlibris, Plaketten, Büsten und Kleinplastiken. Seit 1928 war er in zweiter Ehe mit der Lehrerin → Emma Hartmann verheiratet.

Lit.: Grapenthin, S. 125-127, 493.
Qu.: StadtA Brhv., Personalakte F. H.

S. R.

Hartwig, Andreas **Otto**, Dr. med.; *Arzt.* * *12.3.1835 Hassel (Amt Hoya), † 25.4.1919 Geestemünde (ev.-luth.).* Nach einem Studium der Medizin an der Univ. Göttingen trat der Pfarrerssohn in den hannoverschen Militärdienst ein. Als Militärarzt 1864 nach Geestemünde gekommen, ließ er sich nach Beendigung des deutsch-österreichischen Krieges dort als praktischer Arzt nieder. Von 1869 bis 1904 war er auch Hausarzt des Schwestern-Krankenhauses beim Geestendorfer Armenwerkhaus, der Vorläuferinstitution des späteren Krankenhauses Geestemünde. Daneben übernahm er den medizinischen Unterricht an der Geestemünder Navigationsschule. Nach der Eröffnung des neuen Krankenhauses gab er seine Aufgaben als Krankenhausarzt an den gewählten Chefarzt → Dr. Rudolf Seggel ab. Als praktischer Arzt verschaffte er sich eine ausgedehnte Praxis; dabei betreute er sozusagen als »Landarzt« einen großen Bezirk, der weit über Geestemünde hinaus, vor allem nach Süden reichte. Der angesehene und auch als Armenarzt geschätzte Mediziner galt als Mann mit eigenwilligem Humor. 1887 wurde er zum Sanitätsrat und 1903 zum Geheimen Sanitätsrat ernannt. Sein älterer Bruder Dr. Carl H. war Leiter der Hebammenlehranstalt in Hannover, der andere Bruder D. Georg H. Abt des Klosters Loccum. Seine Tochter Elisabeth war mit dem ersten Facharzt der Unterweserorte für Hals-, Nasen- und Ohrenkrankheiten, Dr. Friedrich Gravenhorst (1869-1961), verheiratet.

Lit.: Körtge, Straßennamen, S. 102; B. E. Siebs, Dr. Otto Hartwig. Ein verdienter Arzt, in: Nordsee-Kalender 1964, S. 40-41.
Qu.: PZ, 26.4.1919; StadtA Brhv., Meldekartei Gmde., Personalakte R. Seggel.
P.: Foto in Siebs (s. Lit.), S. 41.
E.: Straßenbenennung Brhv.-Gmde. (1909); Grabstätte Brhv. Friedhof Wulsdorf.

H. Bi.

Hasse, Louise Juliane Engel Gesine Margarethe, geb. Deetjen; *erstes in Bremerhaven geborenes Kind.* * *8.1.1828 Bremerhaven, † 2.10.1876 Geestemünde (ev.-luth.).* Die Tochter des Kapitäns und Lotsen Johann Deetjen, des ersten, frühverstorbenen Hafenmeisters von Bremerhaven (1795-1834) sowie Enkelin von → Ludwig Deetjen, wurde als erstes Kind des 1827 gegründeten Bremerhaven geboren und in das Zivilstandsregister eingetragen. Der fälschlicherweise oft als solches bezeichnete → Johannes Jacobus Bucksath rangiert in der Reihenfolge der Geburten erst an 15. Stelle. Louise H. soll über ein hervorragendes Nachahmungstalent und ein außerordentliches Gedächtnis verfügt haben und eine kluge Frau von ausgeprägter Persönlichkeit gewesen sein. Sie war seit 1851 verheiratet mit dem damals in Bremerhaven ansässigen Kapitän und späteren Lotsenkommandeur in Geestemünde (1873-1889), Carl J. L. Hasse.

Lit.: Sachau, S. 159-160.
Qu.: StadtA Brhv., Ziv.st.reg., Geb., 1828, Nr. 1, Eheschl. 1851, Nr. 19; PZ, 11.10.1876.

H. Bi.

Heider, Carl Hermann **Otto**; *Ingenieur, Parteifunktionär, Politiker. * 26.5.1896 Bremerhaven, † 13.5.1960 Groß Berkel (Kr. Hameln-Pyrmont).* Der Sohn eines Buchhändlers wuchs überwiegend in Nordenham auf, wohin sein Vater, nach einem Zwischenaufenthalt in Bremen, 1905 verzog. Nach dem Besuch der dortigen Realschule begann er eine Lehre als Elektriker bei den Norddt. Seekabelwerken, an die sich, nach Teilnahme als Freiwilliger im I. Weltkrieg, ein Studium der Elektrotechnik in Bremen anschloß. Von 1921 bis 1926 war er als Elektroingenieur, dann als Leiter einer Geflügelfarm an verschiedenen Orten tätig und kehrte 1928 nach Bremen zurück, wo er aber ebenfalls beruflich nicht Fuß fassen konnte. 1925 erstmalig Mitglied der NSDAP, wandte er sich, zeitweise von Fürsorgeunterstützung lebend, daher seit 1930 verstärkt der Parteiarbeit zu, die ihn als »alten Kämpfer« unerwartet schnell in hohe Ämter brachte. Noch im selben Jahr wurde er Mitglied der Bremischen Bürgerschaft und Fraktionsgeschäftsführer der NSDAP. Bei der Umbildung des Senats wurde er im März 1933 zum Staatskommissar für das Wohlfahrtwesen und zum Senator für Arbeit, Technik und Wohlfahrt, wenig später u. a. auch zum Kommissar für die ev. Landeskirche ernannt. 1934 schließlich wurde er anstelle des zum Rücktritt gezwungenen Richard Markert zum Bürgermeister eingesetzt. H., dessen Fähigkeiten seinen Aufgaben nicht entsprachen und dessen teilweise inkorrekte Amtsführung seinen Gegnern in die Hände spielte, wurde zwischen den rivalisierenden nationalsozialistischen Machtgruppen zerrieben und 1937 schließlich von Gauleiter → Carl Röver abgesetzt. Danach wurde H. hauptamtlich von der SS übernommen, unter deren Obhut er u. a. als Polizeipräsident von Münster (1939-1942) und als Amtschef im Rasse- und Siedlungsamt der SS in Berlin (bis 1945) fungierte; auch als Beisitzer am Volksgerichtshof war er tätig. 1945 unerkannt aus russischer Kriegsgefangenschaft entlassen, lebte H., seit 1950 wieder unter seinem richtigen Namen, bis zu seinem Tode auf einer Siedlerstelle in Groß Berkel, arbeitete zeitweise auch als Gastwirt und in seinem erlernten Beruf.

Lit.: DBE, Bd. 4, S. 491; Gr. Bremen-Lexikon, S. 307; H. Schwarzwälder, Otto Heider, in: Br. Biogr. 1912-62, S. 217-219.
P.: Foto in Gr. Bremen-Lexikon, S. 307.

H. Bi.

Hentschke, Hans (Johannes) Martin; *Zeichenlehrer, Maler, Bildhauer. * 9.11.1889 Guben (Nd.lausitz), † 17.7.1969 Bremerhaven (altluth.).* Als H. 1920 seinen Dienst als Zeichenlehrer an der Bremerhavener Schillerschule antrat, hatte er eine Ausbildung zum Volksschullehrer in der Provinz Posen, eine mehrjährige Tätigkeit als Lehrer im sächsischen Langendorf, einen Dienst als Kriegsfreiwilliger und eine Zusatzausbildung als Zeichenlehrer für höhere Schulen hinter sich. Dies qualifizierte ihn dafür, in Nachfolge von → Fritz Hartmann 1934 die Stellung eines Oberschullehrers an Gymnasium und Realschule zu übernehmen, die er bis 1945 ausfüllte. Danach wegen Zugehörigkeit zur NSDAP zunächst entlassen, war er von 1949 bis 1960 an der Lessingschule und zuletzt an der Humboldtschule tätig. H., der als verständnisvoller Lehrer galt, arbeitete neben dem Schuldienst als freischaffender Künstler, der seine Arbeiten häufig auf Ausstellungen präsentierte. Er war Mitglied der »Gilde«, der »Vereinigung norddeutscher Künstler« und der Gruppe »Der Strom«. In den 1920er Jahren teilte er zeitweise ein Atelier mit → Paul Ernst Wilke und unternahm mit diesem Malausflüge. Sein vielseitiges Schaffen umfaßt Landschaften, Dorf- und Stadtansichten, Stilleben, Seestücke und Schiffsbilder sowie Büsten, Figuren und Figurengruppen; lange Zeit beschäftigte er sich auch mit symbolistischen Darstellungen.

Lit.: Grapenthin, S. 171-174, 494.

S. R.

Hermann, Carl Heinrich, Dr. phil. habil.; *Physiker, Kristallograph, Hochschullehrer.* * 17.6.1898 Lehe, † 12.9.1961 Marburg (Lahn) (Quäker). H. entstammt väterlicherseits und mütterlicherseits einer Pastorenfamilie; sein Vater war Lloydoffizier, der jedoch bald nach H.s Geburt nach Bremen verzog, wo er später als Kaufmann tätig war. H. wuchs daher in Bremen auf und studierte nach dem Abitur an der Univ. Göttingen Mathematik und Physik (Promotion 1923). In seinen anschließenden Assistentenjahren bei Prof. Peter Paul Ewald an der TH Stuttgart kam er in Berührung mit der Kristallstrukturforschung, über die er sich 1930 habilitierte. In dieser Zeit erarbeitete er, z.T. gemeinsam mit Ewald, wichtige Grundlagenwerke der Kristallographie sowie eine neue, bis heute verwendete Systematik. 1935 von den Nationalsozialisten entlassen, übernahm er dann verantwortliche Aufgaben in einem Forschungslabor der I. G. Farben in Ludwigshafen, wo er zu weiteren grundlegenden Erkenntnissen über die Kristallstrukturen gelangte. Weil er jüdischen Mitbürgern zur Flucht verholfen hatte, wurde er 1943 gemeinsam mit seiner Frau, einer Pfarrerstochter, verhaftet und zu langjähriger Freiheitsstrafe verurteilt. 1945 rehabilitiert, nahm er zunächst einen Lehrauftrag an der TH Darmstadt an, bevor er 1947 einem Ruf an den neugeschaffenen Lehrstuhl für Kristallographie an der Univ. Marburg folgte; dort wirkte er, auch als Direktor des Instituts für Kristallforschung, bis zu seinem Tode, wobei er sich insbesondere dem weiteren Ausbau der Kristallgeometrie widmete. H. zeichnete sich im persönlichen Bereich durch große Hilfsbereitschaft und Furchtlosigkeit aus. Seine in Bremen geborene Schwester Dr. Grete Henry-Hermann (1901-1984) engagierte sich politisch und gewerkschaftlich und wirkte nach dem II. Weltkrieg als Professorin für Philosophie und Physik an der von ihr mitbegründeten PH Bremen.

Lit.: DBI, S. 1408; DBE, Bd. 4, S. 630; Kürschner G 1950, Sp. 779; Joh. C. Poggendorff, Biogr.-lit. Handwörterbuch, Bd. VI, Teil 2 (1937); M. Renninger, C. H. Hermann, in: NDB, Bd. 8, S. 662; Wer ist wer? 1955, S. 452; Gr. Bremen-Lexikon, S. 318 (Grete Henry-H.). Werke: Auswahlverz. d. Veröff. in Poggendorf u. Renninger (s. Lit.), u.a.: *Strukturberichte 1913-1928* (1931, zus. m. Ewald); *Systematische Strukturtheorie 1-4*, in: Zschr. f. Kristallographie 68-69 (1928-29); *Internationale Tabellen zur Bestimmung von Kristallstrukturen* (1935).

H. Bi.

Hermann, Hein (Fritz Heinrich); *Maler, Werbegraphiker, Verleger.* * 6.10.1911 Lehe, † 8.1.1952 Bremerhaven (ev.). H. stammte aus einem begüterten Elternhaus; die Familie des Vaters, eines Maurermeisters, war durch den Bau zahlreicher Häuser nach der Gründung Bremerhavens wohlhabend geworden. Die musikalische Mutter hatte für die zeichnerische Begabung ihres Sohnes, der sich schon früh auf das Porträtieren verstand, ein Auge. H. besuchte die Oberrealschule in Lehe (heute Lessing-Schule) und nahm nachmittags zusätzlich an der Zeichen-AG des Kunstlehrers → Hinrich Thies teil, wo er sich auch mit dem späteren Kunstmaler Heiner Palinkas befreundete. 1927 nahm er in Weimar bei Walter Klemm ein Studium der Malerei auf und setzte dieses in Dresden bei Richard Müller und Otto Dix sowie in Königsberg bei Fritz Wolff fort. In den 1930er Jahren folgten noch Studien bei Oskar Kokoschka. Während seiner Studienzeit und mindestens bis 1932 besaß H. ein Atelier in einem Anbau beim Haus seiner Eltern in Lehe, in dem er während der Semesterferien malte. Mehr als zwei Jahre hielt er sich nach dem Studium in Worpswede und Fischerhude auf und wirkte dort als Kunstmaler. Seit 1936 in Berlin ansässig, gründete er dort auf der Basis eines

Teils des Berliner Hans-Kreutner-Verlages, den er übernommen hatte, einen Presse-, Bild- und Kunstverlag, den »F. H. Hermann Verlag«. Hier erschienen Linolschnitte und Radierungen (u. a. als Postkarten), für die er die Entwürfe lieferte; auch Thies konnte er zur Mitarbeit bewegen. Ferner nahm er Werbe- und Illustrationsaufträge für Zeitungen und Bücher an, erstellte Karikaturen, Porträts und Landschaften. Aufgrund einer Beinverletzung aus früher Kindheit wurde H. nicht zum Kriegsdienst eingezogen und kehrte kurz vor Kriegsende mit seiner Familie nach Wesermünde-Lehe zurück. Hier beteiligte er sich zunächst mit der väterlichen Baufirma an den Aufräumarbeiten, ehe er seinen Verlag neu formierte und in Bremen am Dobben ein dazugehöriges Büro eröffnete. 1948 an Kehlkopfkrebs erkrankt, wurde er in Hamburg operiert und verlor seine Stimmbänder. 1950 kam er nach einer längeren Kur als schwerkranker Mann nach Bremerhaven zurück, wo er im Alter von 40 Jahren starb.

Lit.: Grapenthin, S. 146, 148, 295, 494-495, 513, 530.
Qu.: StadtA Brhv., Meldekartei Brhv. nach 1945 I; Auskunft Heiner Palinkas u. Enno von Wicht.
Werke: u. a. Illustrationen in: H. Kiel, *Canaris zwischen den Fronten 1914-45*, Verlag Riemann; G. Gerlach, *Seefisch. Kochbuch* (nach 1945); E. von Garvens, *Fisch auf den Tisch*, hrsg. v. d. Seefischmarkt AG; *Fischereihafen Wesermünde-Bremerhaven* (1933), m. Zeichn. v. H. Saebens und H. Hermann.

E. G.

Herrmann, Hans Georg; *Ingenieur, Brückenkonstrukteur.* * 4.8.1865 Nürnberg, † 25.11.1932 Gustavsburg bei Mainz. Nachdem H. die Industrieschule in Nürnberg besucht hatte, absolvierte er am Polytechnikum in München ein Ingenieurstudium. 1889 begann er bei der Nürnberger Maschinenbau AG seine berufliche Laufbahn, wo er 1901 zum Oberingenieur und 1907 zum Leiter der Brückenbauabteilung aufstieg. 1923 wurde H. in den Vorstand der M. A. N. berufen und leitete das Werk Gustavsburg bei Mainz, das unter seiner Führung modernisiert wurde. Als Brückenbauer erlangte H. weltweite Anerkennung. So gehen u. a. die Brücke über den Hoangho in China, die Schiffsbrücke über das Goldene Horn in Istanbul und die Hängebrückenkonstruktion über den Rhein in Köln-Deutz auf seine Entwürfe zurück. Auch im Bau von beweglichen Brücken machte er sich einen Namen. Im Zuge der Errichtung des Nordschleusenensembles im Bremerhavener Überseehafengebiet entstand von 1928 bis 1930 nach seinen Plänen eine ungleicharmige Drehbrücke für den Schienen-, Straßen- und Fußgängerverkehr. Die genietete Stahlbrücke mit ihrer komplizierten Technik und dem Schalthaus in norddeutscher Klinkerbauweise kann als ein herausragendes Bauwerk eingestuft werden und gilt als die größte Eisenbahndrehbrücke in Deutschland.

Lit.: DBE, Bd. 4, S. 643; Goldhammer, Die Drehbrücke a. d. Nordschleuse in Bremerhaven, in: Die Bautechnik 9 (1931), H. 40, S. 571-586; P. L. Pechstein, Attraktion als Routine. Die größte deutsche Eisenbahndrehbrücke steht in Bremerhaven, in: Drehscheibe 10 (1992), H. 97, S. 92-97; D. J. Peters, Bewegliche Brücken in Bremerhaven, in: Jb. M.v.M. 74 (1995), S. 177-214, hier S. 194-196.

D. J. P.

Heukelum, Gerhard van; *Metallarbeiter, Gewerkschafter, Redakteur, Oberbürgermeister, Senator.* * 15.1.1890 Nordstrand, Kr. Husum (Nordfr.), † 5.5.1969 Bremerhaven. Der Sohn eines Vieh- und Kornhändlers aus Nordfriesland kam 1913 während seiner Wanderjahre als Handwerker an die Unterweser, wo er Beschäftigung auf einer Werft als Nieter fand. Schon 1908 war er einer Gewerkschaft beigetreten und seit 1910 Mitglied der Sozialdemokratischen Partei. In Bremerhaven übernahm er von 1920 bis 1924 die Geschäftsführung der Ortsverwaltung Bremerhaven des Deutschen Metallarbeiterverbandes. Seit 1919 gehörte er der Bremerhavener Stadtverordnetenversammlung an, war Magistratsmitglied (1922-1925) und Mitglied der Bremischen Bürgerschaft (1927-1933). 1924 trat er als Redakteur bei der sozialdemokratischen »Norddeutschen Volksstimme« ein, zu deren Chefredakteur er 1927 berufen wurde. Vom Ende der 1920er Jahre bis zum Machtantritt der Nationalsozialisten gehörte er zu den führenden Sozialdemokraten an der Unterweser. Dies bedeutete für ihn zwischen 1933 und 1945 politische Verfolgung und

berufliche Diskriminierung. Nach dem Zusammenbruch gehörte er zu den Frauen und Männern der ersten Stunde, die den demokratischen Neuaufbau gestalteten. Von Beginn an bestimmte er die Politik in Wesermünde bzw. Bremerhaven maßgeblich. Im Mai 1945 ernannte ihn die amerikanische Militärregierung zum Bürgermeister und im Juli 1946 als Nachfolger von → Dr. Helmuth Koch zum Oberbürgermeister. Wie dieser setzte er sich für die Rückführung des 1938 aus Bremerhaven ausgemeindeten stadtbremischen Hafengebietes in die Gebietshoheit der Stadt Wesermünde ein. Hierfür und auch sonst hielt er die Eingliederung Wesermündes und Bremens in das entstehende Land Niedersachsen für geboten. Auf seine Veranlassung beschloß die Stadtvertretung am 6.6.1946, »die Interessen Wesermündes (würden) am besten in einem Land Niedersachsen, umfassend die Provinz Hannover, die Länder Bremen, Braunschweig und Oldenburg mit nächstgelegenen Gebietsteilen, gewahrt sein«. Im Aug. 1946 verlangte er für den Fall, daß Bremen als Land bestehen bleiben sollte, ein »Weserland«, in dem eine Majorisierung der übrigen Bevölkerung durch Bremen ausgeschlossen werden müsse. Anfang Nov. 1946 stand fest, daß Bremen nach den Plänen der englischen und der amerikanischen Militärregierung sowie aufgrund eines eindeutigen Votums der deutschen Vertreter im Zonenbeirat für die Britische Besatzungszone seine Eigenstaatlichkeit zurückerhalten würde. Engländer und Amerikaner hatten sich ferner dafür ausgesprochen, Wesermünde in das Land Bremen einzugliedern. Nunmehr unterstützte H. im engen Zusammenwirken mit → Wilhelm Kaisen diese Lösung unter dem Motto »Stadt und Häfen sind untrennbar!«. Es gelang ihm, den Verwaltungsausschuß und die Stadtvertretung Wesermündes nahezu einmütig hinter sich zu scharen. So konnten Vorbehalte in Wesermünde gegen das Zerschneiden der historischen Verbindungen mit Hannover, der entschiedene Widerstand der politischen Kräfte in Hannover und letzte Bedenken der Engländer überwunden werden. Als Wesermünde am 7.2.1947 feierlich in das Land Bremen eingegliedert und auf H.s Initiative in »Bremerhaven« umbenannt wurde, war er unbestritten die politisch dominierende Persönlichkeit in der Unterweserstadt. Dennoch unterlag er im Jan. 1948 seinem Mitbewerber → Hermann Gullasch bei der Wahl zum Oberbürgermeister. Von Febr. bis Juni 1948 vertrat er Bremen im Wirtschaftsrat, dem parlamentarischen Gremium der Bizone. Im Mai 1948 trat er in den Senat der Freien Hansestadt Bremen ein, dem er von Febr. bis Okt. 1947 zusammen mit → Walter Ballof als Vertreter Bremerhavens schon einmal angehört hatte, und blieb bis 1959 Senator für Arbeit und Wohlfahrt. In dieser Eigenschaft leistete er wichtige Beiträge zum Aufbau der Bundesarbeitsverwaltung, zur Einführung des Kindergeldes und zu Fragen der Wiedergutmachung. Von 1959 bis 1967 betreute er im Magistrat der Stadt Bremerhaven als ehrenamtlicher Stadtrat das Krankenhauswesen. Für seine Verdienste um den Wiederaufbau und um die Eingliederung

Wesermündes in das Land Bremen wurde ihm die Ehrenbürgerwürde der Stadt Bremerhaven verliehen.

Lit.: DBI, S. 1436; DBE, Bd. 5, S. 8; Ernst, Aufrechter Gang, S. 50-53; B. Scheper, Gerhard van Heukelum, in: Nds. Lbb., Bd. 8, S. 133-145; H. Brandt, Zwischen Besetzung und Verfassung, in: Verfassung, Verwaltung und Demokratie, Brhv. 1997, S. 9-66, hier 26-41, 58-61; Gr. Bremen-Lexikon, S. 322; Körtge, Straßennamen, S. 177-178; A. Meyer, Die Eingliederung der Stadt Wesermünde in das Land Bremen, Jb. M.v.M. 46 (1965), S. 193-220; Peters, Herkunft, S. 230; Schumacher, M.d.B., Nr. 2258; Schwemer, S. 15.
P.: Kohlezeichn. in StadtA Brhv.; Foto u. a. in Scheper (s. Lit.), S. 133.
E.: Ehrenbürger Brhv. (1968); Straßenbenenn. Brhv.-Lehe (1969); Grabstätte Brhv. Friedhof Wuldorf.

H. Br.

Hindrichson, Johann **Georg** Gerhard; *Pädagoge, Heimat- und Altertumsforscher.* * 22.3.1854 Bremerhaven, † 21.5.1945 Cuxhaven (ev.). Der Sohn eines Farbenhändlers und einer aus Ihlienworth (Land Hadeln) gebürtigen Superintendententochter wuchs in Bremerhaven, zeitweise auch in Bremen auf, wo die im Schiffahrtsgewerbe tätigen, ursprünglich aus Schweden stammenden väterlichen Vorfahren seit etwa 1700 ansässig waren. Er studierte in Tübingen, Göttingen und Kiel Geschichte, Geographie und neuere Sprachen. Im Schuldienst war er zunächst in Lübeck und dann in Hamburg tätig, wo er u. a. durch den Archäologen Ernst Rautenberg mit der Archäologie des hamburgischen Amtes Ritzbüttel vertraut gemacht wurde. 1892 wurde er als Oberlehrer an die reorganisierte Höhere Staatsschule in Cuxhaven (heute Amandus-Abendroth-Gymnasium) berufen. Dort wirkte er bis zu seiner Pensionierung. Von 1919 bis 1931 nahm er seinen Wohnsitz in Clausthal. H. widmete sich seit seiner Übersiedlung nach Cuxhaven neben seinen beruflichen Aufgaben intensiv der Archäologie und Geschichte seine neuen Wirkungsortes, wobei es ihm auch gelang, diese Bereiche in den Schulunterricht einzubringen und einem breiteren Publikum zu vermitteln. Hierbei kam ihm zugute, daß ihm die Betreuung der 1892 der Höheren Staatsschule übereigneten vor- und kulturgeschichtlichen Dr.-Reinecke-Sammlung übertragen wurde; diese baute er nach und nach aus und ergänzte sie durch Funde aus eigenen Ausgrabungen. Mit → Hermann Allmers bekannt, gehört er auch zu frühen Mitgliedern des Heimatbundes der »Männer vom Morgenstern«. Seine zahlreichen Forschungen hat er nur in geringem Umfang veröffentlicht; ein Teil der heimatgeschichtlichen Forschungen hat Eingang in die Bücher seiner Frau, der Heimatschriftstellerin Anna H., geb. Havighorst gefunden, die unter dem Pseudonym Anna Gerhard schrieb.

Lit.: K. Lohmeyer, Ein Blick auf das Leben von Georg Hindrichson, in: Jb. M.v.M. 31 (1948), S. 138-141; Ehrengabe Herrn Prof. Georg Hindrichson z. s. 90. Geburtstage, Brhv. 1944; P. Bussler, Historisches Stadtlexikon für Cuxhaven, Brhv. 2002, S. 174; A. Wendowski-Schünemann, Die Dr.-Reinecke-Sammlung in Cuxhaven, in: Mitt. d. Amandus-Abenroth-Gymansiums Cuxhaven, 1996, S. 21-28; ders., Die »Höhere Staatsschule« in Cuxhaven im Dienste der Vorgeschichtsforschung, in: ebd., 1997, S. 10-17.
Werke: Verz. d. Veröff. in Lohmeyer (Auswahl) u. Ehrengabe (s. Lit.), u. a. *Brockes und das Amt Ritzebüttel 1735-1741* (1897-1899); *Das Einkunftsregister des Hauses Ritzebüttel aus dem Jahr 1577* (1905); Schriften von Anna Gerhard: u. a. *Bilder aus dem Leben der Familie Brockes in Ritzebüttel.*

P.: Rötelzeichnung Ernst Gock (Kunstbes. d. Stadt Cuxh., abgeb. in Ehrengabe, s. Lit.); Fotos im Heimatarchiv Cuxh. P. Bussler, u. im Stadtmuseum Cuxh. (abgeb. in Wendowski-Schünemann, s. Lit.).
E.: Ehrenmitgl. M.v.M. (1934).

H. Bi.

Hinsch, Johann **Heinrich** Gerhard; *Kapitän, Unternehmer.* * *7.4.1850 Brake,* † *17.1.1919 Langen (Kr. Lehe, heute Cuxhaven) (ev.-luth.).* **Hinsch, Jürgen** Johann Gustav; *Kapitän, Unternehmer, Pferdezüchter.* * *31.7.1881 Bremerhaven,* † *14.5.1964 Bremerhaven (ev.-luth.).* Der Name Hinsch ist fest mit dem Norddeutschen Lloyd (NDL) verbunden. Dieser hatte 1858, im Jahr nach seiner Gründung, die Aufgaben der Stauerei, d. h. das gesamte Lade- und Löschgeschäft in den Bremerhavener Überseehäfen, an die neugegründete Firma J. Homburg übertragen, dessen Inhaber den Steuermann Johann Hinsch als Leiter des Innenbetriebs engagierte, der aus einer Braker Kapitäns- und Reederfamilie stammte. Nach beider Tod führten deren Söhne, der Kaufmann H. Homburg und Heinrich Hinsch das Geschäft seit 1886 unter dem Namen Hinsch & Homburg weiter. Heinrich H. hatte ebenfalls die nautische Laufbahn ergriffen, war als Schiffsoffizier und Kapitän, zuletzt für eine Braker Reederei, gefahren und seit 1878 im Homburgschen Betrieb tätig gewesen. Unter seiner Führung entwickelte sich das Unternehmen, entsprechend dem Aufstieg des NDL im Fracht- und dann zunehmend auch im Passagierverkehr, mit zeitweise 1.700 Beschäftigten zu einem der größten Arbeitgeber der Unterweserorte. 1900, nach dem Tode von H. Homburg, wurde sein Bruder, der ebenfalls zuvor beim NDL beschäftigt gewesene Kapitän Johann Hinsch (1853-ca. 1936), Teilhaber (Fa. H. J. Hinsch). Seit 1914 firmierte das Unternehmen als »Stauerei des Norddeutschen Lloyd GmbH«, an der der NDL zur Hälfte beteiligt war, wobei Heinrich H. weiterhin die Geschäftsführung innehatte, wohingegen sich Johann H. ins Privatleben zurückzog und 1919 nach Bremen übersiedelte. Aufgrund seiner Funktion als Generalunternehmer für eine Monopolgesellschaft, die ihm nahezu unbeschränkte Handlungsbefugnisse eröff-

nete, und angesichts der guten Geschäftsentwicklung gelangte Heinrich H. zu großem Reichtum. 1905 nahm er eine herrschaftliche Villa in Langen bei Bremerhaven zum Wohnsitz und ließ sich auf dem Langener Friedhof ein imposantes Mausoleum errichten. Er war in zahlreichen Vereinen aktiv, so u. a. als Mitbegründer und langjähriger Vorsitzender des »Kampfgenossenvereins an der Unterweser« und der »Freiwilligen Sanitätskolonne vom Roten Kreuz«; ferner war er an mehreren Unternehmen beteiligt, in denen er Aufsichtsratsmandate wahrnahm, so an der Aktienbrauerei Karlsburg und an der Nordwestdeutschen Zeitung. Nach seinem Tode übernahm sein Sohn Jürgen H., der bereits seit 1908 als Oberinspektor Verantwortung übernommen hatte und zunehmend in die Geschäftsführung eingebunden worden war, die Leitung der Stauerei. Zu dieser Zeit verfügte das Unternehmen über Niederlassungen in Bremen, Hamburg, Danzig und Stettin. Als der NDL 1926 den Stauereibetrieb vollständig in eigene Regie übernahm, widmete sich Jürgen H. ganz dem Reitsport und der Pferdezucht, die er schon zuvor auf dem von ihm 1908 erworbenen und zu einem Gestüt ausgebauten Gut Ellernwurth bei Wremen in großem Stil betrieben hatte. Ansonsten genoß er das Leben eines wohlhabenden Pensionärs außer auf seinem Gut u. a. in Hamburg und Berlin. Als er 1952 das Gut Ellernwurth verkaufen mußte, kehrte er nach Bremerhaven zurück, wo er offenbar in bescheidenen Verhältnissen bis zu seinem Tode zurückgezogen und weitgehend vergessen lebte.

Lit.: Baudenkmale in Niedersachsen, Landkreis Cuxhaven, Hameln 1997, S. 222-223; »Es war einmal…«. Das Dorf Langen in den 1920/30er Jahren, Langen 2001, S. 22; Der Staueribetrieb d. NDL in Bremerhaven, in: Jb. d. NDL 1916/1917, S. 111-128.
Qu.: NWZ, 18.1.1919; NZ, 29.7.1961 u. 11.4.1994; StadtA Brhv., Meldekarteien Alt-Brhv., Lehe, u. Brhv. nach 1945 I.
P.: Foto in »Es war einmal« (s. Lit., Heinrich H.), u. NZ, 29.7.1961 (Jürgen H.).
E.: Mausoleum Friedhof Langen; Ehrenritterkr. d. Grhzgs. v. Oldenburg (1917) u. Straßenbenennung Langen (Heinrich H.).

H. Bi.

Hoebel, Theodor; *Wasserbauingenieur, Baurat.* * *16.2.1832 Dransfeld (Kr. Hann. Münden), † 12.7.1908 Georgenthal (Thür.).* H. gilt als Erbauer des Fischereihafens I, der seine theoretische technische Ausbildung zum Bauingenieur und Wasserbauer am Polytechnikum in Hannover, der späteren TH und heutigen Univ. Hannover erhalten hatte. Seit 1865 war er bei der Wasserbauinspektion in Geestemünde beschäftigt, die er in Nachfolge von → August Dinklage von 1875 bis 1899 als Baurat leitete. Außer dem Holz- und Petroleumhafen entwickelte er in Zusammenarbeit mit dem damaligen Wasserbauinspektor Joseph, der an den Entwürfen für die Erweiterung des Geestemünder Fischereihafens maßgeblich beteiligt war, die Pläne für die Geestemelioration, die die Begradigung der Geestniederung und den Bau der Stauschleuse bei Schiffdorf beinhaltete. Das Hauptwerk von H. war jedoch der Geestemünder Fischereihafen, den er in Kooperation mit dem Wasserbauinspektor Graevell sowie dem Regierungsbaumeister Schubert konzipiert hatte. Mit dem am 1.11.1896 eröffneten Fischereihafen mit dem 1.200 m langen Hafenbecken und der kombinierten Auktions- und Packhalle I konnte Geestemünde seine führende Stellung als der wichtigste deutsche Hochseefischereihafen und Vermarktungsplatz für Seefische ausbauen. Die Hauptzufahrtstraße in das Fischereihafengebiet ist nach H. benannt.

Lit.: A. Fritzsch, Chronik d. Wasserbauamtes Geestemünde u. d. Entstehung, Entwicklung u. Verwaltung d. Hafenanlagen, Wmde. 1946; Höver, Hochseefischerei, S. 107-118; Körtge, Straßennamen, S. 107; D. J. Peters, Technische Bauten des Fischereihafens in Bremerhaven, in: DSA 6 (1983), S. 243-263; ders., Spezialhafen, S. 18-19; Saltzmann, Zum 25jährigen Bestehen des Staatlichen Fischereihafens in Geestemünde, in: Ztrbl. d. Bauverwaltung 42 (1921), Nr. 87, S. 534-538 u. Nr. 88, S. 541-543; W. Sauermilch, 75 Jahre Seefischmarkt, Brhv. 1971.
Werke: *Erweiterung des Hafengebiets und Bau eines Fischereihafens in Geestemünde*, in: Ztrbl. d. Bauverwaltung, 17 (1897), Nr. 33, S. 358-362, Nr. 34, S. 378-380 (zus. m. Graevell).
P.: Foto im DSM (abgeb. in Peters, Spezialhafen, S. 18, u. Sauermilch, s. Lit.)
E.: Straßenbenennung Brhv.-Fischereihafen (1900).

D. J. P.

Höver, Otto Adolf, Dr. phil.; *Kunsthistoriker, Schriftsteller, Stadtbibliothekar.* * *14.12.1889 Bremerhaven, † 15.6.1963 Bremerhaven (ev.).* Der Sohn des Kaufmanns Carl H., der ein Gardinen-, Betten- und Wäschegeschäft besaß, studierte nach dem Abitur am Bremerhavener Gymnasium von 1909 bis 1920, mit Unterbrechung durch den I. Weltkrieg, Kunstgeschichte, Archäologie, Vorgeschichte und Völkerkunde in Berlin, Freiburg und vor allem München (dort Promotion über ein kunstgeschichtliches Thema). Da er immer nur vorübergehende Beschäftigung als Volontär, wiss. Assistent und Dozent in öffentlichen Einrichtungen fand (u. a. am Völkerkunde-Museum in München, an der Staatl. Kunstbibliothek in Berlin, der Kunsthalle in Kiel und der Staatl. Kunstakademie in Kassel), die beabsichtigte Habilitation aus finanziellen Gründen unterblieb, war er bis Anfang der 1930er Jahre vielfach als freier Schriftsteller und Privatgelehrter tätig; in dieser Zeit trat er vor allem durch eine Reihe kunstgeschichtlicher Veröffentlichungen hervor. Seit 1929 in Bremen lebend, wo er u. a. Mitarbeiter der Pressekommission des Senats und der literarischen Abteilung des Norddeutschen Lloyd war, wandte er sich verstärkt der Schiffahrtsgeschichte zu, für die er in dieser Zeit das Standardwerk »Von der Galiot zum Fünfmaster« erarbeitete. 1932 bemühte er sich erfolgreich um die Leitung der Stadtbibliothek in Bremerhaven. Da es sich um eine nebenamtliche Position handelte, blieb H. weiterhin auf seine schriftstellerische Tätigkeit angewiesen, wobei die Tatsache, daß er kriegsversehrt und seit 1933 durch die Amputation eines Beines schwer behindert war, seine Schaffenskraft keineswegs schmälerte. Die unbefriedigende berufliche und finanzielle Perspektive veranlaßte ihn aber, mehrfach erfolglos auf die Aufwertung seiner Stelle zu drängen und 1940 schließlich der NSDAP beizutreten. 1945 aus politischen Gründen entlassen, konnte er mit Ausnahme einer vorübergehenden Beschäftigung beim Städt. Verkehrsamt in Bremerhaven (1950-1952) beruflich nicht wieder Fuß fassen und war daher wieder als freier Schriftsteller tätig. Dem Heimatbund der »Männer vom Morgenstern« diente er in verschiedenen Funktionen. H. hat ein umfangreiches, vielseitiges kunst- und schiffahrtsgeschichtliches, auch die Bremerhavener Lokalgeschichte

einbeziehendes Werk hinterlassen, das sich in Monographien, von denen einige zur Standardliteratur gehören, nicht erschöpft. Auch seine zahlreichen Beiträge in wissenschaftlichen Zeitschriften, Handbüchern und Lexika sowie in Tageszeitungen, Heimatkalendern und literarischen Beilagen sowie eine Reihe von maschinenschriftlichen Ausarbeitungen zeugen von großer Sachkenntnis und Schaffenskraft. Eine 1952/53 im Auftrage des Magistrats erarbeitete Geschichte Bremerhavens blieb unveröffentlicht wie sein unvollendetes Werk »Meisterwerke der Schiffbaukunst«.

Lit.: DBI, S. 1491; Kürschner G 1950, S. 830-831; I. Rodewald u. E. Steinmetz, 100 Jahre Stadtbibliothek Bremerhaven, Brhv. 1973, S. 18, 22, 26-29; G. Schlechtriem, Historiker der »Architektura Navalis«, in: Ndt. Hbl. 169 (Jan. 1964).
Qu.: Brhv. Bürgerztg., 12.12.1959, 22.6.1963; NZ, 14.12.1959, 17.6.1963; StadtA Brhv., Pers.akte O. H., Mskr. z. Geschichte Brhvs.
Werke (Auswahl): *Spätstile deutscher Baukunst* (Diss. phil. München 1920); *Kultbauten des Islam* (1922); *Javanische Schattenspiele* (1923); *Vergleichende Architekturgeschichte* (1924); *Das Eisenwerk. Die Kunstformen d. Schmiedeeisens v. Mittelalter bis z. Ausg. d. 18. Jh.* (1927, 3. Aufl. 1953); *Von der Galiot zum Fünfma-*

ster (1934), *Hochseefischerei* (1936); *Deutsche Seegeschichte* (1939, neue, erw. Aufl. 1942); *Geschichte der Städt. Sparkasse Bremerhaven* (1939, msch.schr.); *Geschichte der Unterweserreederei* (1940, msch.schr.); *Geschichte der Seebeck-Werft* (1941, msch.schr.); *Geschichte der Actien-Gesellschaft »Weser«* (1943); *Von der Kogge zum Clipper* (1948); *Älteste Seeschiffahrt und ihre kulturelle Umwelt* (1948); *Abbild und Sinnbild* (1948); *Schiffbaugesellschaft Unterweser 1903-1953* (1953, msch.schr.); *Alt-Asiaten unter Segel im Indischen und Pazifischen Ozean* (1961); *Die Marienkirche in Bremerhaven* (1961); ferner zahlr. kleinere Beiträge, u. a. in Nordsee-Kalender u. Ndt. Hbl.; weitere Nachweise bei Schlechtriem (s. Lit.).
P.: Foto in Archiv NZ, Abb. in NZ, 17.6.1953, Scheper, Jüngere Geschichte, S. 296, u. Schlechtriem (s. Lit.).

H. Bi.

Hoff, Carl **Adolf**; *Gartenbauingenieur, Baumschulenbesitzer.* * *1.7.1870 Glückstadt (Holstein)*, † *9.10.1958 Hamburg-Harburg (ev.-luth.).* H., Besitzer eines Gartenbaubetriebes in Harburg, kam zufällig an die Unterweser, als er Hamburg, wo er an der gärtnerischen Gestaltung für die Industrie- und Handelsausstellung 1891/92 mitwirkte, wegen der damals ausbrechenden Cholera-Epidemie verlassen mußte. In der Zeit seines vorübergehenden Aufenthaltes, während dessen er bei Verwandten Unterkunft fand, knüpfte er engere, lebenslange private und berufliche Beziehungen zu den Unterweserorten, u. a 1896 durch die Heirat mit der gebürtigen Bremerhavenerin Frieda Schütz, Enkelin des ersten Stadtrendanten → F. H. Riemenschneider. In beruflicher Hinsicht fand er sogleich eine Reihe von lohnenswerten Aufgaben, so bei der Erweiterung des Bremerhavener Friedhofs in Wulsdorf, bei der Ausgestaltung des Spekkenbütteler Parks in Lehe und bei der Anlage zahlreicher Privatgärten, u. a. für den Bauunternehmer Kistner in Lehe, für das Ausflugslokal »Seelust« beim Kaiserhafen und für den Brauereibesitzer Leisewitz auf dem Gut Vahlenbrook bei Bederkesa. Sein Hauptwerk war jedoch der Bürgerpark in Geestemünde, ein Projekt, das der Initiative des Naturfreundes Johann Ganten (1855-1936) entsprang, der 1901 einen »Waldverein« mit dem Ziel ins Leben gerufen hatte, in Geestemünde einen Erholungspark anzulegen. H., auf dessen Rat die Standortwahl beruht, gelang es, auf der Grundlage eines Entwurfs von Landesforstrat Quaet-Faslem aus Hannover einen auf die schmalen Mittel des Vereins zugeschnittenen Plan auszuarbeiten und den Park entsprechend zu gestalten. Grundidee war es, Gehölzgruppen anzulegen, die in ihrer Verteilung freie Sicht auf Lichtungen und Wiesenflächen ermöglichten, sowie in dem flachen Marschenboden mit geschwungenen Wegen, gewundenen Teichen und künstlichen Geländeerhöhungen eine abwechslungsreiche, auch sportliche und spielerische Aktivitäten einbeziehende Erholungslandschaft zu gestalten. Der am 1.7.1908 offiziell eingeweihte Bürgerpark wurde bis 1912 von H. auf seine heutige Größe erweitert und von ihm jahrzehntelang von Harburg aus als Berater betreut, auch nachdem er 1945 als Vorstandsmitglied des Waldvereins von Oberbürgermeister → Helmuth Koch abgesetzt worden war. 1955 konnte H. anläßlich einer ehrenvollen Einladung der Stadtverwaltung feststellen, daß sich der Park genau so entwickelt hatte, wie er es sich vorgestellt hatte. Seine Vision, einen 14 km langen und 500 m breiten Parkgürtel verwirklichen zu können, der von der »Hohewurth« im Süden bis nach Speckenbüttel im Norden das heutige Bremerhavener Stadtgebiet im Osten umschließen sollte, erfüllte sich jedoch nicht.

Lit.: 25 Jahre Geestemünder Bürgerpark, Wmde. 1932; 50 Jahre Geestemünder Bürgerpark in Bremerhaven, Brhv. 1957; 75 Jahre Bremerhavener Bürgerpark 1907-1982, Brhv. 1982; Körtge, Straßennamen, S. 40, 115; Sachau, Anhang, S. 37; W. Wolff, Der Geestemünder Bürgerpark in Bremerhaven, Brhv. 1990, S. 1-28.
Qu.: NZ, 16.9.1955, 15.10.1958; Gartenbauamt Brhv., 67-10-23-01 (A. Hoff, Zusammenstellender Bericht über meine gärtnerische Betätigung in Bremerhaven, 17.9.1955).
P.: Foto in 75 J. Brhv. Bürgerpark (s. Lit.), S. 8 (Vorlage in Slg. W. Wolff).
E.: Ehrenplakette Stadt Wesermünde (1940), Straßenbenennung Brhv.-Gmde. (1958).

W. W.

Hoffmeyer, Hans Helmuth, Dr. jur.; *Rechtsanwalt, Notar, Kommunalpolitiker.* * *24.6.1892 Bremerhaven, † 22.12.1974 Bremerhaven (ev.).* H., dessen Vater Architekt und Mitinhaber eines großen Baugeschäfts (Hoffmeyer & Huss) war, besuchte das Bremerhavener Gymnasium (Abitur 1911) und studierte anschließend Rechtswissenschaften in München, Berlin, Lausanne und Jena. Nach Teilnahme am I. Weltkrieg, Referendariat und Promotion (1921) wurde er 1922 als Rechtsanwalt in Bremerhaven zugelassen und machte sich bald darauf selbständig; seit 1926 war er auch als Notar tätig. 1940 zur Luftwaffe eingezogen, bei deren Bodenorganisation er zum Major avancierte, fand er nach seiner Entlassung aus alliierter Kriegsgefangenschaft 1945 sein Büro zerstört vor, woraufhin er in die Kanzlei von → Dr. Bernhard Rudolf in Bremerhaven-Lehe eintrat, wo er bis 1972 als Seniorpartner wirkte. Als politisch unbelastet war H. von der Militärregierung zwischen 1946 und 1948 zeitweilig auch als Richter in Nordenham und als Beisitzer einer Strafkammer in Bremen eingesetzt. Daneben war H. schon früh kommunalpolitisch aktiv. Von 1926 bis 1933 war er für die »Bürgerliche Vereinigung« Mitglied der Bremerhavener Stadtverordnetenversammlung, in der er sich vor allem mit Finanz- und Sozialfragen befaßte. Nach 1945 gehörte er zu den Gründungsmitgliedern der CDU; in dieser Eigenschaft wurde er von der Militärregierung

1946 u. a. zum Mitglied eines Exekutivausschusses ernannt, der die Bildung des ersten Stadtrates in die Wege zu leiten hatte. Von 1947 bis 1955 nahm er zudem das Mandat eines Stadtverordneten wahr; danach zog er sich von der Politik zurück. Ferner engagierte sich H. in der Großen Kirche, wo er von 1953 bis 1960 das Amt des Verwaltenden Bauherrn (Vorsitzenden des Gemeinderats) ausfüllte; in diese Zeit fielen der Neubau des Gemeindehauses und der Wiederaufbau des Kirchengebäudes. Der heimatverbundene, passionierte Jäger, schon 1946 zum Kreisjagdbeauftragten bestellt, war zudem von 1952 bis 1964 als Stadt- und Kreisjägermeister in Bremerhaven und Umgebung für den Naturschutz tätig, dem er auch eine Reihe von Veröffentlichungen widmete. H. war von Jugend auf befreundet und später verschwägert mit dem Architekten → Hans Scharoun, der für ihn in der Bremerhavener Friesenstraße 1935 eine bemerkenswerte, heute unter Denkmalschutz stehende Villa (»Haus Hoffmeyer«) errichtete.

Lit.: (D. Riemer), 75 Jahre Rechtsanwaltskanzlei Lange Straße 155 in Lehe, (Brhv. 1987), insbes. S. 23-26; Scheper, Jüngere Geschichte, S. 385, 435; Hans Scha-

roun, Bauten und Entwürfe für Bremen und Bremerhaven, Br. 1993, S. 28-32.
Qu.: Aufbauarbeit, S. 37-41; NZ, 26.6.1967, 24.6.1972.
Werke: u. a. *Das Recht der freien Pirsch im Lande Wursten*, in: Jb. M.v.M. 26 (1934), S. 121-168; Art. *Jagd*, in: H. H. Seedorf (Bearb.), Der Landkreis Wesermünde, Br. 1968, S. 256-262.
P.: Foto in Riemer (s. Lit.), S. 24 u. NZ (s. Qu.).

H. Bi.

Hoffrage, Käthe, geb. Curdt; *Kommunalpolitikerin, Gewerkschafterin, Parlamentarierin*. * 22.7.1920 Schiffdorferdamm, † 14.11.1989 Bremerhaven. Als Tochter des Maurers und späteren ersten Bremerhavener Stadtverordnetenvorstehers der Nachkriegszeit → Carl Curdt wuchs Käthe H. auf dem 1927 nach Wesermünde eingemeindeten Schiffdorfer Damm in einem gewerkschaftlich und sozialdemokratisch orientierten Umfeld auf. Aus der Gewerkschafts- und Betriebsratsarbeit ging auch ihr politisches Engagement hervor. Nach kaufm. Lehre im Einzelhandel tätig (1951-61 bei der Konsumgenossenschaft GEG, dort auch Betriebsrat), war sie in den Kreisverbänden

Bremerhaven-Wesermünde des DGB und der Gewerkschaft Nahrung, Genuß und Gaststätten (zeitweise auch in leitenden Funktionen) und seit 1950 auch in der SPD aktiv, wo sie lange Jahre im Vorstand des Ortsvereins Schiffdorfer Damm, des Unterbezirks Bremerhaven und des Landesvorstands Bremen mitwirkte. In diesem Zusammenhang leitete sie in Partei und Gewerkschaft auch eine Reihe von Frauenausschüssen. Von 1959 bis 1979 vertrat sie Bremerhavener Interessen in der Bremischen Bürgerschaft, 1975-79 auch als Mitglied des Bürgerschaftsvorstandes (Schriftführerin) und anschließend (1979-1983) als nichtbürgerschaftliches Mitglied der Deputation für den Fischereihafen. Die seit 1937 mit dem Maurer Wilhelm H. verheiratete Politikerin setzte sich vor allem für sozial- und gesellschaftspolitische Belange ein.
Qu.: NZ, 15.-17.11.1989; Hdb. Br. Bgsch., 5.-10. Wahlperiode; StadtA Brhv., Meldekartei.
P.: Foto in Archiv Br. Bgsch. (abgeb. in Hbd. Br. Bgsch.).

H. Bi.

Hohl, Anton Ludwig, Dr. med.; *Gynäkologe, Inhaber einer Privatklinik, Musikliebhaber*. * 8.8.1868 Halle, † 10.8.1930 Bremerhaven (ev.). H., dessen Vorfahren seit mehreren Generationen als Frauenärzte tätig waren, absolvierte von 1888 bis 1893 ein Medizinstudium. Seit 1898 in Bremerhaven wohnhaft, übernahm er dort eine kleine Frauenklinik, die in einem Haus am Markt, an der Stelle des jetzigen Stadttheaters, untergebracht war. 1907 verlegte er das florierende Institut, zu dem auch ein Entbindungsheim gehörte, in ein eigens dazu errichtetes größeres Gebäude im Stadterweiterungsgebiet am Martin-Donandt-Platz (Bismarck-, heute Zeppelinstr.). Auch außerhalb seines engeren beruflichen Wirkens war H. wegen umfangreichen ehrenamtlichen Engagements stadtbekannt. So nahm er seit 1918 als Vorsitzender des Ärztevereins und des Vereins der Kassenärzte an der Unterweser wichtige standespolitische Aufgaben wahr, die er im Sinne eines Ausgleichs zwischen Ärzten und Krankenkassen zu nutzen verstand. Ausgeprägten musischen Interessen ging der leidenschaftliche Klavierspieler als langjähriger Vorsitzender des Musikvereins Bremerhaven nach. Nach seinem Tode wurde die Klinik zunächst von seiner Frau weiterbetrieben, die für die ärztlichen Aufgaben den gebürtigen Frankfurter Arztsohn Dr. Hans Großmann (1896-1947) einstellte. Dieser übernahm später die Klinik in eigene Verantwortung, und unter seinem Namen ist sie bis heute vielen Bremerhavenern in Erinnerung. Sein früher Tod wiederum machte eine ähnliche Nachfolgeregelung erforderlich, so daß die Klinik noch zehn Jahre lang unter der ärztlichen Leitung von Dr. Hans Mackenrodt (1891-1957, seit 1953 verheiratet mit der Witwe Großmanns) fortgeführt werden konnte.

Lit.: DBI, S. 1514; DBA II, 605,184; M. Ernst, Der Marktplatz, Brhv. 1988, S. 107; H. Körtge, Vom Gaswerk zur Grünanlage, Brhv. 1991, S. 35-36.
Qu.: Adreßbuch Bremerhaven 1898-1900, Markt 4; WNN, 11. und 12.8.1930, NWZ, 11. und 12.8.1930; StadtA Brhv., Meldekarteien Alt-Brhv. (Hohl) u. Brhv. nach 1945 I (Großmann, Mackenrodt), Alt-Brhv. 77/12/4.

H. Bi.

Holle, Hermann **Gustav,** Dr. phil; *Pädagoge, Naturwissenschaftler.* * 30.3.1852 Göttingen, † 18.1.1926 Bremen-Vegesack (ev.). In Göttingen aufgewachsen und dort bereits während seines Studiums durch wissenschaftliche Arbeiten hervorgetreten, wurde H. 1878 durch Vermittlung des Bremer Naturwissenschaftlers und Pädagogen Franz Buchenau 1878 als Lehrer für Mathematik und Naturwissenschaften an die Realschule in Bremerhaven berufen. Dort baute er, später auch für das Gymnasium, die Biologie zu einem eigenständigen Unterrichtsfach aus. Auf ihn geht die Anlage des ersten Bremerhavener Schulgartens zurück. Daneben entfaltete er eine beachtliche schriftstellerische Tätigkeit, wobei er sich, u. a. auch als Vorsitzender des »Wissenschaftlichen Vereins für die Unterweserorte«, um die Popularisierung wissenschaftlicher Ergebnisse bemühte. Unter seiner Redaktion entstand auch ein »Führer durch die Unterweserorte«. Seit 1882 war er mit der später als Kochbuchautorin bekannt gewordenen Bremerhavenerin → Luise H., geb. Meyer, verheiratet, an deren Werken er als Autor mitwirkte. Unmittelbar nach seiner Pensionierung am 1.4.1918 zog sich das Ehepaar nach Bremen-Vegesack zurück.

Lit.: A. Meyer, Gustav Holle, in: Br. Biogr. 1912-62, S. 244-245; Siebs, Grauer Strand, S. 112.
Qu.: StadtA Brhv., Meldekartei Brhv., Pers.akte G. H.
Werke: Veröff. (Auswahl) bei Meyer (s. Lit.), u.a. *Der Schulgarten des Gymnasiums u. d. Realschule zu Bremerhaven* (1904); *Leitfaden d. Chemie u. Biologie f. d. Prima d. Gymnasiums* (1903); sowie: *Führer durch die Unterweserorte Bremerhaven, Geestemünde und Lehe*, im Auftr. d. Deutschbundes hrsg., 3. Aufl. 1902; Beitr. in: Luise Holle (Hrsg.), *Im deutschen Hause*, Bd. 1 (1903).

H. Bi.

Holle, Luise, geb. Meyer; *Kochbuchautorin.* * 17.5.1864 Bremerhaven, † 19.7.1936 Bremen-Vegesack (ev.). Die Tochter des Bremerhavener Stadtrendanten Johann Meyer war seit 1882 mit dem Pädagogen → Dr. Gustav Holle verheiratet. Die kinderlos gebliebene Ehe ermöglichte ihr eine ausgedehnte Tätigkeit als Kochbuchautorin, bei der sie von ihrem Mann praktisch und ideell unterstützt wurde. Sie ist vor allem als Bearbeiterin des von Henriette Davidis (1801-1876) verfaßten, damals weitverbreiteten Kochbuchs bekannt geworden, das von 1892 bis 1942 unter der Verfasserangabe »Davidis-Holle« im Verlag Velhagen & Klasing (Bielefeld und Leipzig) erschien. Große Verbreitung fand auch der von ihr 1903 herausgegebene zweibändige Ratgeber „Im deutschen Hause", der ein Spiegelbild des bürgerlichen Haushalts und des gesellschaftlichen Lebens um die Wende zum 20. Jahrhundert darstellt. Im I. Weltkrieg war H. Leiterin einer Beratungsstelle für Kriegsernährung und gab in diesem Zusammenhang ein Kriegskochbuch heraus. Darüber hinaus verfaßte sie zahlreiche Beiträge für Zeitschriften und Haushaltsratgeber sowie für Rezeptbücher und Werbeschriften renommierter industrieller Nahrungsmittelhersteller (u. a. Dr. Oetker, Liebig's Fleisch Extract Company, Kaffee HAG). Zu ihren Schriften gehört auch ein Fischkochbuch der Geestemünder Fischhandelsfirma → Wilhelm Bade. H. lebte mit ihrem Mann seit

1918 in Vegesack, wo sie u. a. den Vegesakker Hausfrauenverein gründete.

Lit.: E. u. W. Methler, Von Henriette Davidis bis Erna Horn, Wetter (Ruhr) 2001, S. 27, 38-42, 373-383, 557, 828; A. Meyer, Gustav Holle, in: Br. Biogr. 1912-62, S. 244-245; F. Peters, 12 Jahre Bremen 1933-1945, Br. 1951, S. 105.
Qu.: NZ, 22.12.1995; Personalakte Gustav H.
Werke: Verzeichnis bei Methler (s. Lit.), u. a. *Henriette Davidis, Praktisches Kochbuch für die gewöhnliche und feinere Küche. Unter bes. Berücks. d. Anfängerinnen u. angehenden Hausfrauen neu bearb. u. hrsg. v. Luise Holle*, 32. Aufl. (1892) bis 62. Aufl. (1942); *Im deutschen Hause. Ein Ratgeber u. Helfer f. d. ges. häusl. Leben d. dt. Familie*. Unter Mitw. zahlr. Autoren hrsg. v. L. Holle (2 Bde., 1903, darin auch als Autorin mehrerer Einzelbeitr.); *Fischkochbuch der Hochseefischerei Wilh. Bade & Co* (ca. 1910); *Praktisches Kriegskochbuch* (1916, 8. Aufl. 1918; 9. u. 10. Aufl. 1919 u. 1921 u. d. Titel *Dt. Volkskochbuch für teure Zeiten*); *Wirtschaftliche Plaudereien. Ein Helfer für Küche u. Haushalt* (1922); zahlr. Beitr. in Zschrn. u. Rezeptbüchern.

H. Bi.

Holle, Otto; *Schriftsetzer, Verlagsleiter.* * 7.1.1883 Magdeburg, † 14.10.1963 Güdingen (Saar). H., seit 1902 SPD-Mitglied, arbeitete nach einer Schriftsetzerlehre und einer kaufm. Ausbildung von 1918 bis 1926 als Angestellter der sozialdemokratischen Zeitung »Volksstimme« in Magdeburg. Danach leitete er bis 1929 als Geschäftsführer die »Volksstimme« in Saarbrücken. Seit 1929 war er für die Konzentration AG tätig, eine Holding, die sämtliche Betriebe und Zeitungen der SPD verwaltete. H. kontrollierte als Revisor den norddeutschen Raum und damit auch die Verlagsanstalt Unterweser, die die »Norddeutsche Volksstimme« in Geestemünde herausgab; die Konzentration AG hielt 75 Prozent ihrer Anteile. Es gibt Hinweise darauf, daß H. im Jahr 1932 als Verlagsleiter des »Vorwärts« in Berlin in Aussicht genommen war. Als H. im Febr. 1933 routinemäßig zur Revision in die Unterweserorte kam, war die Lage für die »Norddeutsche Volksstimme«, nach der Machtübernahme der Nationalsozialisten wenige Wochen zuvor, immer bedrohlicher geworden. Nach dem Brand des Reichstags untersagten die Nationalsozialisten am 28.2.1933 das Erscheinen; der kranke Chefredakteur → Gerhard van Heukelum, der Redakteur → Fritz Thienst und der seit Anfang des Jahres ebenfalls erkrankte Geschäftsführer Hans Deifel wurden wenig später fristlos entlassen. H. übernahm in Absprache mit der Berliner Führung zunächst den Posten des Geschäftsführers und trat ab 1.4.1933 als Pächter auf. H.s Rolle, die eine Trennung von der SPD suggerieren sollte, hatte das Ziel, die Existenz des Betriebes zu sichern und eine Beschlagnahme durch die neuen Machthaber zu verhindern. Anstelle der »Volksstimme« erschien ab 1.4.1933 unter H.s Leitung der »General-

Anzeiger für das Unterwesergebiet« (ab 1.8.1933 »General-Anzeiger für Nordwestdeutschland«). Die Hoffnung, mit einer neutralen Zeitung einen gewissen publizistischen Einfluß auf die Arbeiterschaft zu erhalten, erfüllte sich jedoch nicht. Der »General-Anzeiger« entpuppte sich schnell als defizitäres Objekt. So entstand die kuriose Situation, daß die Konzentration AG, seit Mai 1933 verstaatlicht und somit Treuhänderin des NS-Regimes, eine Zeitlang Zuschüsse an den früheren SPD-Betrieb zahlte. Nachdem H. zum 31.10.1933 die Kündigung erhalten hatte, pachtete → Kurt Ditzen, Verleger der »Nordwestdeutschen Zeitung«, den »General-Anzeiger« und übernahm H. zusammen mit 16 Mitarbeitern. Doch auch der neue Pächter konnte das Blatt nicht wirtschaftlich führen; der »General-Anzeiger« erschien zum letzten Mal am 28.2.1934. H. führte bis 1936 einen Drucksachenbetrieb in Wesermünde. Dann verzog er nach Berlin und schlug sich dort als Drucker durch. Später lebte er im Saarland und arbeitete u. a. als Verwaltungschef eines Krankenhauses in Völklingen.

Lit.: Lübben, S. 102-122.
Nachlaß: in Privatbesitz.
P.: Foto in Verlagsarchiv Ditzen (abgeb. bei Lübben, S. 103).

J. L.

Homann, Heinrich, Dr. phil.; *Offizier, Politiker, Vorsitzender der NDPD. * 6.3.1911 Bremerhaven, † 4.5.1994 Berlin (ev.-luth.).* Der Sohn des gleichnamigen Kaufmanns, und langjährigen Vorstandsmitgliedes der Rickmers-Reederei studierte nach dem Besuch des Bremerhavener Gymnasiums (Abitur 1929) Jura in Tübingen, Jena, Göttingen und Hamburg. Seit 1933 Mitglied der NSDAP, schlug er 1934 die Militärlaufbahn ein und geriet 1943 als Major und Kommandeur eines Artillerieregiments in Stalingrad in sowjetische Kriegsgefangenschaft. Als Mitbegründer des Nationalkomitees »Freies Deutschland« und nach Besuch einer Antifa-Schule kehrte er 1948 nach Deutschland zurück, war zunächst für die Landesregierung Mecklenburg tätig und trat der Blockpartei NDPD bei, der er von 1949 bis 1952 als politischer Geschäftsführer, von 1967 bis 1972 als stellv. Vorsitzender und von 1972 bis zu seinem Rücktritt 1989 als Vorsitzender angehörte. Seit 1949 Mitglied der Volkskammer der DDR, war er von 1952 bis 1963 deren Vizepräsident und bekleidete von 1960 bis 1986 den stellv. Vorsitz im Ausschuß für nationale Sicherheit. 1960 wurde er zugleich zum stellv. Vorsitzenden des Staatsrats berufen. Nach Promotion an der Univ. Halle (1964) hielt er seit 1971 eine Honorarprofessur an der Akademie für Staats- und Rechtswissenschaften in Potsdam. Im Zuge der »Wende« und im Zusammenhang mit staatsanwaltlichen Ermittlungen, die allerdings negativ verliefen, verlor H. 1989 sämtliche politischen Ämter.

Lit.: DBl, S. 1530; DBA II 613, 240-241; Biogr. Hdb. SBZ/DDR, Bd. 1, S. 336 (dort weitere Lit.angaben); Munzinger Archiv 4/1990; SBZ-Biographie, Bonn/Berlin, 2. Aufl. 1964; Stockhorst, S. 207; Wer war wer in der DDR?, 2. Aufl. Bln. 2000, S. 372.
Werke: u. a. *Auf Ehre und Gewissen* (1963), *Reden und Beiträge 1971-1985* (1986).
E.: u. a. Dt. Friedensmed. (1955), Karl-Marx-Orden (1986).

H. Bi.

Husmann, Friedrich, gen. **Fritz**; *Lehrer, Schriftsteller, Mundartdichter, * 7.2.1877 Siedenburg bei Diepholz, † 10.5.1950 Bremerhaven (ev.).* H., Sohn eines Gerbermeisters, erhielt seine Ausbildung an der Präparandenanstalt in Diepholz (1891-94) und im Lehrerseminar in Bederkesa (1894-1897). 1897 trat er seine erste Lehrerstelle in Laven an und unterrichtete danach von 1899 bis 1901 in Cappel-Neufeld. Ab 1902 war er (zuerst) alleiniger Lehrer an der alten Leherheider Schule. 1906 wurde er zum Hauptlehrer befördert. Vehement setzte sich H. für den Neubau eines neuen größeren Schul-

gebäudes ein. Seine Bemühungen führten mit der Eröffnung der neuen Leherheider Schule 1909 zum Erfolg. H. wurde 1921 Rektor der Leherheider Schule, nachdem er 1915 die Rektorprüfung abgelegt hatte. Seit 1950 trägt die Schule seinen Namen. H. engagierte sich auch kommunalpolitisch. So richtete er an seiner Schule eine Volksbibliothek ein; ferner übte er das Amt eines Armenpflegers und Waisenrates (1911-22) bzw. eines Wohlfahrtspflegers (1922-33) aus. Welfischen Bestrebungen zuneigend, war er bis 1933 Mitglied der Deutsch-hannoverschen Partei. 1945 gehörte er mit → Ludwig Alpers zu den Gründern der Niedersächsischen Landespartei, aus der die Deutsche Partei hervorging; für sie nahm er von 1947 bis 1950 ein Stadtverordnetenmandat in Bremerhaven wahr. Überregional bekannt wurde H. durch seine Aktivitäten zur Förderung der niederdeutschen Sprache. 1905 gründete er den »Plattdüütschen Vereen Waterkant«, dessen Vorsitzender er lange Jahre war. Aus diesem Verein ging im Zusammenwirken mit → Dr. Johann Bohls, → Heinrich Rahmeyer und →Willy Reitmann 1920 die Niederdeutsche Bühne »Waterkant« hervor. Sein umfangreiches schriftstellerisches und dichterisches Werk umfaßt Kindergedichte und Kinderlieder, plattdeutsche Gedichte und Erzählungen sowie ein Theaterstück. Von 1895 bis 1942 gab er den plattdeutschen Kalender »Dör Heide, Moor un Marsch« heraus. Eine ständige Kolumne hatte er in der Provinzialzeitung bzw. den Wesermünder Neuesten Nachrichten, wobei er unter dem Titel »Mine Meenung an'n Stammdisch« und dem Verfassernamen »Jan Klöhn, Stürmann uter Deensten« oder »Fritz von de Waterkant« zu aktuellen und anderen Themen Stellung nahm. H. bediente sich des an der Unterweser gesprochenen nordhannoverschen Platts.

Lit.: DBI, S. 1578; DBA II 631, 398-400; DBE, Bd. 5, S. 233; Hansen, Plattdt. Theater, S. 417-422; Kürschner L, Nekr. 1936-70, S. 300; A. Meyer, Fritz Husmann, in: Br. Biogr. 1912-62, S. 252-253; Ndt. Hbl. 202 (Okt. 1966); Schwemer, S. 16; Sowinski, S. 264.
Qu.: Aufbauarbeit, S. 37; NZ, 7.2.1952, 20.6.1986, StadtA Brhv., Meldekartei Brhv. nach 1945 I.
Werke: Auswahlverz. in Kürschner (s. Lit.) u. Sowinski, u. a. *Frühe Blüten* (Gedichte, 1898), *Frische Blomen* (Gedichte, 1902), *Eene nordhannöversche Burnhochtied* (1904), *Een glücklichen Musfang* (Schwank, 1905), *Een Kranz för de Görn* (1906), *Dorpslüh* (1927), *Dat hebb ik jo jümmer seggt* (1938).
Nachlaß: StadtA Brhv. (Depos. M.v.M.).
P.: Büste in Fritz-Husmann-Schule Brhv., Foto in Archiv NZ, Abb. in NZ, 7.2.1952, 20.6.1986.
E.: Fritz-Husmann-Schule (1950), Grabstätte Brhv. Friedhof Wulsdorf.

R. B. B.

I/J

Ihlder, Gerhard; *Kapitän, Reeder, Kaufmann.* * 12.4.1815 Vegesack, † 20.7.1917 Bremerhaven (ev.).* Aus einem Kapitänshause stammend, ging I. nach der Schulzeit mit seinem Vater zur See, machte dabei eine Reihe von abenteuerlichen Erfahrungen und wurde bereits mit 22 Jahren Kapitän eines bremischen Schiffes. Von Jugend an daher mit Bremerhaven vertraut, ließ er sich dort 1846 nieder, gründete ein Schiffsausrüstungs- und Speditionsgeschäft und beteiligte sich an mehreren Reedereien. Später stieg er auch in die Hochseefischerei und in den Petroleumhandel ein; dabei vollzog er den Übergang von der Segelschiffs- zur Dampfschiffsreederei. Der erfolgreiche Kaufmann gehörte 1869 zu den Mitbegründern des Bremer Bankvereins, des ersten Kreditinstituts der Unterweserorte, in dessen Aufsichtsrat er bis zu seinem Tode saß. Längere Zeit bekleidete er auch das Amt des amerikanischen, zeitweise auch das des französischen Vizekonsuls. Ebenso war er kommunalpolitisch tätig. So setzte er sich als Mitglied des Gemeinderats für den Bau der Mädchenschule und die Einrichtung der Feuerwehr ein. Als 1854 gewählter Diakon der vereinigten Kirchengemeinde förderte er den Bau der »Großen Kirche«. Bis ins hohe Alter aktiv, beging er seinen 100. Geburtstag unter großer Anteilnahme der Bevölkerung.

Lit.: Sachau, Ältere Geschichte, S. 241.
Qu.: NVSt., 13.4.1915; PZ, 13.4.1915, 22.7.1917, 24.7.1917; StadtA Brhv., Alt-Brhv. 362/22/1.

H. Bi.

Illigner, Heinz, Dr. jur.; *Jurist, Stadtrat, Kommunalpolitiker, Parlamentarier, Filmliebhaber.* * 31.1.1914 Leipzig, † 22.7.1986 Le Mans, □ Bremerhaven (ev.-ref.).* Nach dem Abitur am Reformrealgymnasium in Leipzig begann I. dort ein Studium der Rechts- und Staatswissenschaften, das er 1937 mit dem 1. juristischen Staatsexamen abschloß (1938 Promotion). Am II. Weltkrieg nahm I. als Offizier, zuletzt als Abteilungskommandeur einer Panzernachrichteneinheit, teil und kam nach kurzer Kriegsgefangenschaft 1945 nach Bremerhaven. Nach

dem juristischen Vorbereitungsdienst, den er bei der Stadtverwaltung in Bremerhaven sowie bei Gerichten in Bremen und Hamburg absolvierte, sowie der Großen juristischen Staatsprüfung war er von 1949 bis 1958 als Staatsanwalt in Bremen und Bremerhaven tätig. Seit 1954 bei der FDP aktiv, die er später als Kreisvorsitzender führte, zog er 1955 für sie in die Stadtverordnetenversammlung ein. 1958 wurde er zum hauptamtlichen Stadtrat für das Dezernat III gewählt, das Rechts-, Versicherungs- und Wohnungsamt sowie die Stadtwerke umfaßte. Diese Aufgaben nahm er bis 1975 wahr, als er als örtlicher Spitzenkandidat ein Mandat für die Bremische Bürgerschaft und wiederum für die Stadtverordnetenversammlung errang. Während er das Bürgerschaftsmandat 1979 aus gesundheitlichen Gründen zurückgab, führte er die FDP-Fraktion der Bremerhavener Stadtverordnetenversammlung bis 1983. I. fand ferner große Resonanz als Mitbegründer (zusammen u. a. mit → Hermann Freudenberger) und langjähriger Vorsitzender des 1953 gegründeten Bremerhavener Filmclubs, der außerhalb des kommerziellen Angebots künstlerisch bedeutenden Filmen der internationalen Produktion (vor allem Klassikern) zur Aufführung verhalf. I. starb auf einer Urlaubsreise an einem Herzschlag.

Lit.: Hdb. Br. Bürgerschaft, 9. Wahlper., S. 34. Hermann Freudenberger. Meine Liebe zu Bremerhaven, Brhv. 1992, S. 55-57.
Qu.: NZ, 5.7.1962, 31.1.1979, 31.1.1984, 26.7.1986.
P.: Foto in Archiv NZ, Abb. in NZ, Hdb. Br. Bgsch. (s. Qu.) u. Freudenberger (s. Lit.), S. 57.

H. Bi.

Jacobs, Lou (Künstlername), eigentlich: Ludwig Jakob; *Artist, Auswanderer. * 1.1. 1903 Geestemünde, † 13.9.1992 Sarasota, Florida (USA).* J., jüngstes von acht Kindern des Kesselschmieds Heinrich Jacobs, fühlte sich schon früh zum Zirkus hingezogen. Bereits als Siebenjähriger trat er in einem Bremer Varieté auf. Nach einer Elektrikerlehre beschloß er, Artist zu werden und wanderte 1923 in die USA aus, um sich dort seinen Traum zu erfüllen. Schon ein Jahr später begann seine Karriere mit einem En-

gagement bei dem renommiertesten Manege-Unternehmen Amerikas, dem »Ringling Brothers and Barnum & Bailey Circus«. In dessen »Greatest Show on Earth« wurde er in seiner Rolle als Clown zu einem der beliebtesten Showstars der USA. In dem gleichnamigen Film von Cecil B. De Mille von 1952 trat er als echter Clown neben den Artisten-Darstellern James Stewart und Charlton Heston auf. Über 60 Jahre lang blieb er der »Größten Schau der Welt« treu, ehe er sich 1986 nach fast 30.000 Vorstellungen von der Zirkusbühne verabschiedete. Privat war J. ein eher zurückhaltender Mensch. Auch fehlte es ihm an der Fähigkeit, aus seiner Popularität großes Kapital zu schlagen. Dennoch konnte er seinen Lebensabend in einem ansehnlichen Bungalow in Sarasota (Florida) verbringen. 1987 kehrte J. zu den Dreharbeiten für den autobiographischen ZDF-Fernsehfilm »Finale – Ein alter Clown nimmt Abschied« ein letztes Mal in seine Geburtsstadt Bremerhaven zurück.

Lit.: R. Chaddock, Unvergessener Clown Lou Jacobs, in: Reader's Digest – Das Beste Juni 1994, S. 164-170.
Qu.: NZ, 6.8.1987, 26.9.1987, 11.4.1988, 16.9.1992; WK, Beilage Wochen-Journal, 16.10.1987; WK 16.9. 1992.
P.: Foto in Archiv NZ, abgeb. in NZ, 26.9.1987 u. 16.9.1992; WK (s. Qu.); Chaddock (s. Lit.), S. 164.
E.: Briefmarke USA 1966.

U. J.

Jacoby, Hans; *Maler.* * 27.6.1904 Soltau, † 18.6.1949 Bremerhaven. Nach dem Besuch des Realgymnasiums (heute Wilhelm-Raabe-Schule) in Geestemünde absolvierte J. von 1918 bis 1920 eine handwerkliche Malerlehre, die er mit der Gesellenprüfung abschloß. 1920 bis 1923 folgte dann ein Malerei- und Grafikstudium an der Kunstgewerbeschule in Bremen bei Willy Menz und an der Kunstschule in Hamburg. Im Anschluß daran betätigte er sich in Bremerhaven als Plakatmaler und Chefdekorateur bei Karstadt. Von 1925 bis zum Ausbruch des II. Weltkrieges war er bei der Ocean-Comfort-Company, einer Tochtergesellschaft des Norddeutschen Lloyd, angestellt, dekorierte Ladenpassagen auf den Passagierdampfern des NDL und verdiente zusätzlich Geld durch das Malen von Kinoplakaten. 1931 erkrankte er an einem Augenleiden und mußte sich einer Operation unterziehen, nach der er nur noch über eine geringe Sehkraft verfügte. 1940 wurde er einer Arbeitskompanie zugeteilt, die für Aufräumarbeiten während des Krieges zuständig war, und geriet in Frankreich in Gefangenschaft, aus der er erst Ende 1946 krank und geschwächt nach Bremerhaven zurückkehrte. Dort half er seinen Künstlerkollegen und Freunden Georg Hillmann und → Paul Kunze, den Bildbesitz des Kunstvereins wieder zusammenzutragen. Nach einem längeren Malaufenthalt in Wik auf Föhr mit seinem Freund Enno von Wicht verschlechterte sich 1948 sein Gesundheitszustand. Im Januar 1949, kurz vor seinem Tod, waren im Kunstverein Bremerhaven in einer Kollektivausstellung seine neuesten Bilder zu sehen, darunter einige der Insel Föhr. J. hat zeit seines Lebens gemalt, viel draußen und häufig im Austausch mit Freunden wie Georg Hillmann oder dem Kölner Maler Heiner Stremmel. Er betätigte sich vor allem als Landschaftsmaler, malte nicht nur in seiner Heimatregion, sondern fuhr z. B. auch nach Worpswede, hinterließ außerdem einige Blumenstilleben und Porträts. Seine Vorliebe galt der Ölmalerei. Nach anfänglicher Begeisterung für den Impressionismus wandte er sich später immer mehr dem Expressionismus zu.

Lit.: Grapenthin, S. 257-260, 315-318, 495-496, 511, 535.
Qu.: NZ, 1.1. u. Dez. 1938, Dez. 1939; Weser-Kurier, Jan. 1949; Auskunft Erna Jacoby (Ehefrau), Enno von Wicht und Georg Hillmann.
P.: Ölgemälde (G. Hillmann, abgeb. in Grapenthin, S. 317).

E. G.

Jäger, Ferdinand Magnus Wilhelm **Heinrich**; *Architekt.* * 27.6.1875 Hamburg, † 9.6.1953 Bremerhaven (ev.). J. hatte sich schon in seiner Heimatstadt, u. a. durch Alfred Lichtwark, künstlerisch anregen lassen. Nach einem Architekturstudium in Berlin kam er um 1900 an die Unterweser, wo er zunächst als Bauführer für die Firma Hoffmeyer & Huss tätig war. 1904 ließ er sich als freischaffender Architekt in Bremerhaven nieder, nahm seinen Wohnsitz seit 1920 aber in Lehe. J., der sich einen ausgedehnten Wirkungskreis zu schaffen vermochte, zeichnete für zahlreiche Wohn-, Geschäfts- und Verwaltungsbauten in den Unterweserorten verantwortlich, so in Bremerhaven (-Mitte) für das Hotel Excelsior, das Kaufhaus Heymann & Neumann, das Gebäude des Bremer Bankvereins (später Norddeutsche Kreditbank) und das Café Central; für Geestemünde entwarf er die Gebäude der Handelsbank und der Städt. Sparkasse in der Georgstraße, die Verwaltungsgebäude der Tecklenborgwerft (»Grauer Esel«, 1906) und der neuen Seebeckwerft (1910) am ehemaligen Petroleumhafen sowie den Erweiterungsbau des Kaufhauses → Siegmund Oss in der Kaistraße (1912). Seine der Tradition zuneigende Bauauffassung war geprägt von Repräsentativität, Solidität und Anspruch auf Qualität. Zu seinen späteren Arbeiten zählen expressionistisch beeinflußte Bauten wie das Verwaltungsgebäude der AOK Bremerhaven (1928) am Martin-Donandt-Platz und der »Rogge-Block«, ein Mietshauskomplex an der Hafenstraße in Lehe (1931). Auch einer Reihe von repräsentativen Wohnhäusern und Villen hat er Gestalt gegeben. Darüber hinaus war er an der Innenausstattung mehrerer Passagierdampfer der Hamburg-Amerika-Linie beteiligt. Als Anhänger des Heimatschutzgedankens setzte sich J. tatkräftig für denkmalpflegerische

Belange insbesondere des ländlichen Raums ein; praktische Möglichkeiten hierzu boten sich ihm vor allem als Vorstandsmitglied des Heimatbundes der »Männer vom Morgenstern« und des Bauernhausvereins Lehe, für dessen Freilichtmuseum Speckenbüttel er in enger Zusammenarbeit mit → Dr. Johann Bohls die baufachlichen Belange vertrat. In Fragen der Denkmalpflege und der Inventarisation ländlicher Baudenkmäler war er auch beratend für Regierungsstellen außerhalb der Unterweserorte tätig. Er war Mitglied des Deutschen Werkbundes sowie der örtlichen Gruppierung des Bundes deutscher Architekten, die er nach dem II. Weltkrieg leitete. Ferner gehört er zu den Mitbegründern der Gesellschaft Bremerhaven 1947; in diesem Zusammenhang widmete er sich, u. a. als Mitglied eines hierfür zuständigen Ausschusses, auch dem Wiederaufbau des Stadttheaters.

Lit.: Bickelmann, Gewerbeansiedlung, S. 156; Ndt. Hbl. 7 (Juli 1950) u. 42 (Juni 1953); Fschr. anl. d. Einweihung d. neuen Verwaltungsgebäudes der AOK Bremerhaven, Brhv. 1928;
Qu.: NZ, 11.6.1953; StadtA Brhv., Meldekarteien Alt-Brhv., Wmde. u. Brhv. nach 1945 I.
P.: Foto in Ndt. Hbl. 7 (s. Lit.).
E.: Ehrenvors. BDA Bezirksgr. Brhv. (1951).

H. Bi.

Janssen, Ludwig Martin; *Kaufmann, Reeder.* * *26.5.1869 Geestendorf, † 15.2.1949 Bremerhaven (ev.-luth.).* Der Sohn des Lotsen Carsten J. durchlief eine kaufmännische Ausbildung bei der Geestemünder Maklerei Rabien & Stadtlander und kehrte nach weiterer Tätigkeit in Brake und Hamburg 1896 als Teilhaber der Seefischgroßhandlung Schultz & Merz nach Geestemünde zurück. Seit 1897 betrieb er unter dem Namen Ludwig Janssen & Co. eine eigene Seefischgroßhandlung, die 1912 um eine Filiale in Cuxhaven erweitert wurde. Mit der Gründung einer gleichnamigen Reederei im Jahre 1906 erschloß er sich schließlich ein weiteres zukunftsträchtiges Geschäftsfeld; neben der eigenen Flotte, die in den 1920er Jahren sechs Fischdampfer umfaßte, bereederte er auch Schiffe von Partenreedereien. 1936, nachdem er seinen Firmensitz von der Halle VII des Fischereihafens in die Hochseestraße verlegt hatte, gründete er zudem eine Tranfabrik. Seinen Unternehmen stand er bis in die Zeit des Wiederaufbaus vor. Nach seinem Tode wurde die Unternehmensgruppe von seinem gleichnamigen Sohn bzw. seinem Enkel (1931-1993) fortgeführt; der Reedereibetrieb wurde 1977 und der Fischhandel 1994 aufgegeben. Bedeutender noch war das unternehmerische Engagement J.s in der 1907 von ihm mitbegründeten und mit den eigenen Unternehmen kapitalseitig verflochtenen Norddeutschen Hochseefischerei AG, mit 20 Schiffen (1931) eine der damals größten Geestemünder Reedereien, deren Geschäftspolitik er als Vorstand (1911-1934, seit 1919 zusammen mit → Franz Schau) und Mitglied des Aufsichtsrats (1907-1910, 1935-1948) maßgeblich bestimmte. Darüber hinaus nahm J. weitere Aufsichtsratsmandate der Fisch- und Hafenwirtschaft wahr, so in der Wachdienst für den Fischereihafen GmbH (1919-1949, seit 1923 Vorsitz), einem Unternehmen, das über die Bewachung der Hafeneinrichtungen hinaus vielfältige, für die Funktionsfähigkeit des Fischereihafens wichtige übergreifende Aufgaben von der Nachrichtenübermittlung und Statistik bis hin zur Unterhaltung einer Druckerei und einer Telefonzentrale wahrnahm. J. war seit 1936 isländischer Konsul und dänischer Vizekonsul.

Lit.: Beckmann, Reedereien, S. 118-120, 142-144; 30 Jahre Wachdienst f. d. Fischereihafen, Brhv. 1949, S. 2; 50 Jahre Norddeutsche Hochseefischerei AG Bremerhaven 1907-1957, Brhv. 1957, S. 23-30, 37, 61.
Qu.: NZ, 18.2.1949; StadtA Brhv., Meldekartei Brhv. nach 1945 I; Ev.-luth. Ges.verb. Brhv., Kirchenbuch Geestendorf 1869, Geb. 161.
P.: Foto in StadtA Brhv., NZ, 18.2.1949, u. 50 J. Norddt. Hochseefischerei (s. Lit.), S. 23.
E.: Grabstätte Brhv. Friedhof Wulsdorf.

H. Bi.

Jeffs, Charles Richardson; *Marineoffizier, Direktor der Militärregierung in Bremen.* * 20.1.1893 Brooklyn, New York (USA), † 24.10.1959 Bremen, ☐ Arlington, D.C. (USA) (ev.). J. absolvierte seit 1911 eine Offiziersausbildung bei der US-Navy; zusätzlich erwarb er 1928 an der Columbia-Universität das Ingenieurdiplom. Bei wechselndem Bord- und Landeinsatz oblagen ihm vor dem und im II. Weltkrieg Führungsaufgaben auf technischem und operativem Gebiet sowie eine zweijährige Lehrtätigkeit am Naval War College. Am 10.8.1945 im Range eines Captain (U.S.N.) nach Bremen gekommen, übernahm er kurz darauf das Amt eines Kommandeurs der amerikanischen Flottenbasis Bremen und stellv. Befehlshabers der amerikanischen Marinestreitkräfte in Deutschland. In dieser Eigenschaft war er für die Minenräumung in den Unterweserhäfen, die Sicherung der amerikanischen Materialtransporte, die Schiffsoperationen zur Versorgung der Besatzungstruppen, die Entwaffnung der deutschen Kriegsflotte und für die Kontrolle der Werften an der Weser zuständig, ein umfassender Aufgabenbereich, der Bremen und Bremerhaven gleichermaßen betraf. 1947 wurde er zum stellv., 1948 zum Direktor der Militärregierung des Landes Bremen ernannt. Nach deren Auflösung übte er von 1949 bis Juni 1952 die Funktion eines dem Hohen Kommissar für Deutschland unterstellten Landeskommissars für Bremen aus. Als oberster Repräsentant und Statthalter der USA in Bremen beschränkte sich J. nicht darauf, die Anordnungen der Besatzungsmacht durchzusetzen, sondern versuchte in eigener Verantwortung und mit Sympathie für die Bevölkerung in Bremen und Bremerhaven die Not der ersten Nachkriegsjahre zu lindern, u. a. durch Initiierung umfangreicher Lebensmittel- und Kleiderspenden. Ferner setzte er sich maßgeblich für den wirtschaftlichen Wiederaufbau ein; dabei konnte er auch die vorzeitige Aufhebung von im Potsdamer Abkommen ausgesprochenen Beschränkungen für den Schiffbau sowie den Erhalt der AG »Weser« für das Land Bremen bewirken. Auf Zusammenarbeit setzend, verstand er es als Mittler zwischen Senat und Militärregierung bzw. Hoher Kommission, auf bremische Bedürfnisse und Interessen einzugehen und den Gegensatz zwischen Siegern und Besiegten abzubauen. Nach dem Ausscheiden aus dem aktiven Dienst lebte J., der in dritter Ehe mit einer Bremerin verheiratet war, bis zu seinem Tode in Bremen, wo er zeitweise noch als Repräsentant einer amerikanischen Firma fungierte.

Lit.: Gr. Bremen-Lexikon, S. 362; W. Lührs, Charles Jeffs, in: Br. Biogr. 1912-62, S. 260-261.
P.: Foto in StABr., weit. Nachw. bei Lührs (s. Lit.), u. a. NZ, 20.11.1948, u. WK, 26.10.1959.

H. Bi.

Jelten, Hermann; *Buchhändler, Heimatforscher.* * 5.5.1911 Weener (Ostfriesland), † 25.7.1986 Bremerhaven (ev.-freikirchl.). Der gebürtige Ostfriese kam 1924 nach Geestemünde, als sein Vater als Pastor der ev.-freikirchl. Gemeinde nach Geestemünde versetzt wurde. Nach dem Schulabschluß an der Realschule (heute Wilhelm-Raabe-Schule) begann er 1927 eine Buchhändlerlehre bei dem Inhaber der Verlagsbuchhandlung F. Morisse, → August Eschemann. Dort arbeitete er sich im Laufe der Jahre so weit empor, daß er 1952 zum Miteigentümer dieses Unternehmens aufstieg. Diese Funktion behielt er bis 1973 inne. Mit der Feier des sehr seltenen 50jährigen Berufs- und Firmenjubiläums schied er am 1.4.1977 aus dem Erwerbsleben aus. In seiner Freizeit beschäftigte er sich vor allem mit historischen Themen. Als überzeugter und engagierter Baptist erforschte er zusammen mit seiner Frau Margarete über viele Jahre die Anfänge des Baptismus in Norddeutschland und speziell in Bremerhaven. Damit leuchtete er ein bis dahin wenig bekanntes Kapitel der Stadtgeschichte aus. Mit viel Liebe und Leidenschaft pflegte er die aus dem Nachlaß des Fotografen Karl Eden erhaltene umfangreiche Sammlung historischer Postkarten und Fotos von Bremerhaven, die sich nun im Historischen Museum Bremerhaven/Morgenstern-Museum befindet. Mehrere Bücher über Bremerhaven hat er mit Fotos aus dieser Sammlung bebildert und auf diese Weise zu einer visuellen Geschichtsvermittlung beigetragen.

Lit.: H. u. M. Jelten, Eine Freikirche in der »freiesten Stadt«. Werden, Wachsen, Wirken der Evangelisch-Freikirchlichen Gemeinde Bremerhaven, 1982; Die Gemeinde (Organ d. Bundes ev.-freik. Gem. in Dtschld.) 1986, Nr. 41.
Qu.: NZ, 1.4.1977, 16./17.11.1983, 25.9.1985, 16.1.1986, 29.7.1986, 31.7.1986, 7.11.1987.
Werke (Mitarbeit): E. Mertens (Hrsg.), *Bremerhaven. Häfen – Werften – Fischerei. Eine Bilddokumentation* (1977); G. Schlechtriem (Hrsg.), *Bremerhaven in alten Ansichtskarten* (1977); *Stadt und Leute gestern und heute. 150 Jahre Seestadt Bremerhaven 1827-1977* (1977); Marg. Jelten, *Unter Gottes Dachziegel. Anfänge des Baptismus in Nordwestdeutschland* (1984); dies., *In Gottes Gemeinde Garten* (1985).

P.: Foto in NZ, 1.4.1977, 16./17.11.1983, 16.1.1986, Die Gemeinde (s. Lit.).

D. D.

Jensen, Maria Margarete Dora Elisabeth, gen. **Elise,** geb. Johannsen; *Frauenrechtlerin, Parlamentarierin.* * 1.1.1877 Uelzen, † 28.5.1924 Bremerhaven (ev.). Die Tochter eines Arbeiters lebte seit ihrer Heirat (1899) mit dem bei Kiel aufgewachsenen Tischler Heinrich Jensen (* 19.5.1872, † ??) zunächst in Hamburg und dann 12 Jahre in Kiel, wo ihre vier Kinder geboren wurden. Im Zusammenhang mit der beruflichen Veränderung ihres Mannes, der damals eine Stellung als Geschäftsführer des Holzarbeiterverbandes annahm, kam die Familie 1911 nach Bremerhaven. Im sozialdemokratisch-gewerkschaftlichen Milieu der Hafenstadt begann Elise J. sich bald politisch zu engagieren und vermochte dabei gegenüber ihrem Mann, der später als erster Parteisekretär (1920-1923) und Stadtverordneter (1914-33, Vorsteher 1919-25) für die SPD wirkte, schließlich eine eigenständige politische Rolle zu erringen. Als begabte, vielfach auch kämpferische Rednerin und auf-

grund ihrer sachkundigen Beiträge fand sie offenbar großen Zuspruch. Bei der Wahl zur bremischen Nationalversammlung am 9. März 1919, bei der bereits das Frauenwahlrecht galt, kandidierte sie auf Platz 2 der Liste der Mehrheitssozialdemokraten für den Wahlkreis Bremerhaven und zog als erste Bremerhavenerin zusammen mit vier weiteren Genossen in die konstituierende Versammlung ein. Bei den Wahlen für die Bremische Bürgerschaft konnte sie im Juni 1920 ihren Sitz wiedergewinnen und ihn dann auch 1921 und 1923 behaupten. Eine Reichstagskandidatur für den Wahlkreis Ost-Hannover (1920) blieb hingegen erfolglos. In ihrer parlamentarischen Arbeit, die sie durch Beiträge in der Parteizeitung »Norddeutsche Volksstimme« und durch rege Mitarbeit in den Parteigremien begleitete, setzte sich Elise J. insbesondere für sozial- und frauenpolitische Belange ein, wozu die Aufhebung der Kinderarbeit, die Einrichtung von Haushaltungsschulen, die rechtliche Gleichstellung von ehelichen und unehelichen Müttern sowie eine angemessene Wohnungsversorgung gehörten. Als Mitglied der Deputation für Gefängnisse sprach sie sich für die Gleichbehandlung von Frauen und Männern sowie für die gesonderte Heimunterbringung von werdenden und stillenden Müttern aus und initiierte darüber hinaus erfolgreich bauliche Veränderungen und die Vergabe von Arbeiten an Strafgefangene. Angesichts des noch geringen politischen Interesses von Arbeiterfrauen suchte sie diese durch die Parteipresse zu mobilisieren und ihre Mitwirkung in parlamentarischen Gremien durch Quotierung bei der Vergabe von Listenplätzen zu stärken. Ihr im Nov. 1923 wiedererrungenes Mandat konnte sie wegen einer tödlichen Erkrankung nur ein halbes Jahr lang ausüben.

Lit.: Schröder, Parlamentarier, S. 530; Thienst, S. 43, 52-53, 184, 218; U. Windhövel, Elise Jensen, in: R. Meyer-Braun (Hrsg.), Frauen ins Parlament! Porträts weibl. Abgeordn. i. d. Brem. Bürgerschaft, Br. 1991, S. 93-106.
Qu.: NZ, 17.5.2001; StadtA Brhv., P 1/45, Alt-Brhv. 365/2, Meldekartei Alt-Brhv.
P.: Foto in Thienst, nach S. 208, u. Windhövel (s. Lit.), S. 95.
E.: Straßenbenennung Brhv.-Lehe (2001).

H. Bi.

Johnsen, Nikolaus Christ. Ernst; *Nautiker, Kapitän, Kommodore d. Norddt. Lloyd.* * 19.9.1869 Groß Steinrade (Fürstentum Lübeck, Gemeinde Stockelsdorf; seit 1970 zur Hansestadt Lübeck), † 7.12.1932 New York, N. Y. (USA), ☐ *Stockelsdorf (ev.-luth.).* J., über dessen frühe Lebensjahre wenig bekannt ist, war der Sohn eines Lehrers. Er erwählte 1885, im Alter von 15 Jahren, den Seemannsberuf; seine erste Seereise machte er auf dem kleinen Dampfer »Stadt Lübeck« und setzte danach wie üblich seine Ausbildung auf Segelschiffen fort. Es ist zu vermuten, daß er auch in Lübeck die Seefahrtschule besuchte. 1895 erwarb er das Schifferpatent (Kapitän auf großer Fahrt) und fuhr anschließend als Schiffsoffizier bei der chinesischen Kingsin-Linie in Südostasien. Als die Schiffe dieser Reederei 1898 vom Norddeutschen Lloyd übernommen wurden, trat J. in dessen Dienste. Als 2. und 1. Offizier wurde er überwiegend auf den großen Passagierdampfern im Nordatlantikdienst eingesetzt, darunter der BARBAROSSA und KRONPRINZESSIN CECILIE, die er auch vertretungsweise als Kapitän führte. Seine Ernennung zum etatsmäßigen Kapitän des

NDL erfolgte 1913. Im selben Jahr wurden ihm verantwortliche Aufgaben in der Stauerei des NDL in Bremerhaven übertragen, bevor er ab 1914 bei der Werft »Bremer Vulkan« die Bauaufsicht des Passagierdampfers ZEPPELIN, der späteren DRESDEN, übernahm. Von 1916 bis zum Ende des I. Weltkrieges diente J. in der Kaiserlichen Marine. Nach Kriegsende wurde es ihm auferlegt, die Dampfer HANNOVER, CHEMNITZ und DESSAU als Reparationsleistung nach England zu überführen. Nach einer beruflichen Zwangspause, bedingt durch den Zusammenbruch der deutschen Handelsflotte, bekam er 1920 das Kommando über den Tender GRÜSSGOTT (781 BRT), dem damals einzigen verbliebenen Fahrgastschiff des NDL, das in der Ostsee den Verkehr zwischen Stettin, Danzig und Pillau aufrecht erhielt. Der Liniendienst nach New York konnte 1922 unter dem Kommando J.s erstmals nach dem Kriege wieder mit dem von England zurückgekauften Passagierdampfer HANNOVER aufgenommen werden. Nach weiteren Einsätzen auf See und in der Bauaufsicht übertrug ihm der NDL von 1923 bis 1928 das Kommando über den legendären Dampfer COLUMBUS, das damals größte Schiff der Reederei, auf dem ihm → Leopold Ziegenbein als I. Offizier zur Seite stand. J., der sich national und international in der Schiffahrt ein hohes Ansehen erworben hatte, wurde auf Grund seiner hohen Verdienste 1929 zum Kommodore der Flotte des NDL ernannt. Als Krönung seiner Karriere wurde ihm 1929 die Führung des neuen Schnelldampfers EUROPA anvertraut. Auf der Jungfernreise im März 1930 errang er mit einer Reisegeschwindigkeit von 27,91 Kn das zuvor von dem Schwesterschiff BREMEN gehaltene Blaue Band. J. erlitt im Dez. 1932 während der Ausreise nach New York an Bord seines Schiffes eine akute Blinddarmentzündung, an deren Folgen er in einem Krankenhaus in Brooklyn verstarb. Sein Leichnam wurde mit der EUROPA nach Bremerhaven überführt, wo nach Ankunft des Schiffes, am 14.12.1932, an Bord eine eindrucksvolle und weltweit beachtete Trauerfeier stattfand. Die Beisetzung erfolgte in seiner Heimat, zu der er stets eine enge Beziehung aufrecht erhalten hatte. Seine Nachfolge als Kapitän der EUROPA übernahm → Oscar Scharf.

Lit.: A. Kludas, Die Seeschiffe des Norddeutschen Lloyd, Herford Bd. 1, 1991, Bd. 2, 1992; ders., Die Schnelldampfer BREMEN u. EUROPA, Herford 1993, S. 83-92; H. G. Prager, Columbus. Welch ein Klang ... , Hbg. 1998, S. 77-101.
Qu.: NWZ, 7.12.1932; 14.12.1932; Lübecker Generalanz., 8. u. 17.12.1932; Lübeckische Anzeigen, 8., 16. u. 17.12.1932; NZ, 25.7.2001, StadtA Brhv., Slg. Körtge Nr. 1, Meldekartei Alt-Brhv.
P.: Foto in DSM, NWZ (s. Qu.) u. NZ, 25.7.2001; weitere Fotos in Lit., u.a. Kludas, Schnelldampfer, S. 92 u. 128.
E.: Kommodore 1929; Viermastbark KOMMODORE JOHNSEN (NDL-Segelschulschiff, ex MAGDALENE VINNEN) 1936; Straßenbenennung Brhv.-Lehe 2001.

E. N.

Jungclaus, Heinrich Adolf; *Nautiker, Seefahrtschuldirektor.* * 3.2.1838 Neulandermoor (Elbe), † 8.9.1903 Geestemünde (ev.-luth.). Der Sohn eines Hofbesitzers ging nach dem Besuch der Realschule in Neuhaus a. d. Oste zur See und führte zuletzt mehrere Jahre lang hannoversche, in Brunshausen beheimatete Segelschiffe. 1864 zum Navigationslehrer an der Seefahrtschule Grünendeich ernannt, wurde er 1878 an die Navigationsschule Geestemünde mit dem

Auftrag berufen, den Bau und die Einrichtung der neugegründeten Anstalt zu überwachen. Seit deren Eröffnung 1879 als Lehrer für die Steuermannsklasse tätig, übernahm er 1888 die Leitung der Schule; damit verbunden war seine Ernennung zum kgl. preuß. Navigationsschuldirektor für die Provinz Hannover, dem auch die Seefahrtschulen in Emden, Leer, Papenburg, Timmeln, Westrhauderfehn, Grohn und Grünendeich unterstanden. Der Sitz des Direktorats wurde in diesem Zusammenhang von Leer nach Geestemünde verlegt. Der pädagogisch befähigte J. baute den nautischen Unterricht an den Schulen aus und gab ihm ein neues, dem Drill abholdes Profil. Großes Gewicht legte er auch auf die Kompaß- und Deviationstheorie, wozu er in Geestemünde spezielle Kompaßexamen einrichtete. Als Mitglied der technischen Kommission in Berlin und Mitarbeiter am Internationalen Signalbuch wirkte er auch über die Provinz Hannover hinaus. Mehrere Jahre lang war er Vorsitzender des Seeschiffervereins »Weser«. J., der über gute Kontakte zum örtlichen Schiffbau und zu den Reedereien verfügte, starb nach längerer schwerer Krankheit.

Lit.: DBI, S. 1668; DBA II, 666, 197; Biogr. Jb. u. Dt. Nekr. 8 (1903), Sp. 57; 50 Jahre Seefahrtschule Wesermünde-Geestemünde, Wmde. 1928, S. 10-13.
Qu.: NWZ, 10.9.1903; PZ, 10.9.1903; StadtA Brhv., Meldewesen 122, Nr. 543/1879.
P.: Foto in 50 J. Seefahrtschule (s. Lit.), S. 11.
E.: Roter Adlerorden 4. Kl. (ca. 1898).

H. Bi.

Junker, Albert Johann **Hermann,** Dr. phil.; *Pädagoge, Zoodirektor.* * 24.1.1883 Lich (Hessen), † 26.3.1954 Bremerhaven (ev.-luth.). Der Sohn eines fürstlichen Hofgärtners studierte in Giessen von 1902 bis 1907 Naturwissenschaften. Nach dem Seminarjahr in Mainz und der Probezeit in Darmstadt begann am 1.4.1909 sein Schuldienst in Bremerhaven an der Städt. Höheren Mädchenschule mit der Lehrbefähigung für Geographie, Physik, Botanik und Zoologie. Im I. Weltkrieg diente er als Sanitätsfeldwebel beim Roten Kreuz. 1934 übertrug ihm der Stadtrat in Nachfolge von → Dr. Heinrich Lübben (nach einer zweijährigen Übergangszeit unter Dr. Otto Stocker) nebenamtlich die Leitung der Städt. Tiergrotten und des Nordsee-Aquariums, eine Aufgabe, die er nach seiner wegen Schwerhörigkeit vorzeitig erfolgten Versetzung in den Ruhestand (1938) weiterhin versah. Nach dem II. Weltkrieg setzte er gegen die anfängliche Absicht des Oberbürgermeisters mit Hilfe der Militärregierung den Wiederaufbau des weitgehend zerstörten Zoos durch, wobei ein Massenbesuch am 1.8.1945 seine Position stärkte. Bei dem zielstrebig vorgenommen Wiederaufbau kam ihm zugute, daß ein in Deutschland einmaliger Bestand an Seehunden, Seelöwen, Riesenkänguruhs und Rentieren gerettet werden konnte. Ende 1948 waren die Schäden an Gebäuden und Gehegen beseitigt, 1949 war das völlig neu eingerichtete Aquarium wieder zu besuchen, und 1951 wurde das wiederaufgebaute Menschenaffenhaus, ein weiterer wesentlicher Anziehungspunkt, eröffnet. Dabei konnte J. die seit 1934 gemachten Erfahrungen in Pflege und Haltung von Menschenaffen hinsichtlich Hygiene, Belüftungs- und Beleuchtungstechnik einbringen. Mit besonderer Hingebung widmete sich J. auch der Aufzucht von Robben und Eisbären, was zum überregionalen Renommee der Einrichtung beitrug. J., der seine Aufgaben eher im stillen bewältigte, trat zum 1.1.1953 in den Ruhestand.

Lit.: DBI, S. 1671; Aufbauarbeit, S. 262-267; K. Ehlers, 25 Jahre Tiergrotten, 40 Jahre Nordsee-Aquarium, Brhv. 1954; G. Ruempler, 50 Jahre Zoo am Meer, Brhv. 1978, S. 5-9; Kürschner G 1950, Sp. 939; P. Uhrmacher, 75 Jahre Nordsee-Aquarium, 60 Jahre Zoo am Meer, in: Zoo am Meer aktuell, H. 2/1988, S. 18-23; Scheper, Jüngere Geschichte, S. 377.
Qu.: StadtA Brhv., Personalakte H. J.
Werke: u. a. *Die Aufzucht der Seehunde in den Tiergrotten der Stadt Wesermünde*, in: Zoolog. Garten N. F. 12, S. 306-315.

W. W.

K

Kämpf, Carl Johann Christian; *Kaufmann, Fischgroßhändler, Reeder.* * 27.1.1856 Bad Harzburg, † 23.7.1912 Geestemünde (ev.).

Kämpf, Carl Oskar Edwin; *Kaufmann, Fischgroßhändler, Reeder.* * 30.8.1882 Geestemünde, † 10.10.1965 Bremerhaven (ev.). Nach einer Kaufmannslehre in einem Wolfenbütteler Getreidegeschäft und mehrjähriger Tätigkeit bei einer Bremer Spedition kam Carl J. Chr. K. 1879 nach Geestemünde zur Zweigniederlassung der Firma Wilh. Müller & Co. mit Hauptsitz in Atens bei Nordenham. Das zunächst im Viehtransportgeschäft tätige Unternehmen des Gründers von Nordenham ging später zum Seefischgroßhandel über. 1888 wurde K. zum Korrespondentreeder für 13 Mitreeder eines Fischdampfers bestellt, der 1889 von der Tecklenborg-Werft abgeliefert wurde; das Unternehmen firmierte unter dem Namen »Hochseefischerei Carl Kämpf«. Die Müllersche Filiale der Seefischgroßhandlung führte er seither als alleiniger Inhaber fort. Nach seinem Tode übernahm sein ältester Sohn Carl Oskar Edwin beide Firmen, der 1919 seinen Bruder Wilhelm an der Reederei beteiligte. Mit Ausnahme einer vorübergehenden Beteiligung des Fischindustriellen Gustav Meyer, der von 1920 bis 1929 als zweiter Korrespondentreeder fungierte (Kämpf & Meyer) blieben die Unternehmen bis weit in die Zeit nach dem II. Weltkrieg in ihrer Struktur unverändert. Seit dem Wiederaufbau wurde der Sohn → Helmut C. K. zunehmend in die Geschäftsführung eingebunden. Carl Oskar K. hielt Anteile an mehreren anderen Unternehmen (u. a. Geestemünder Bank, dort Aufsichtsratsmitglied bzw. -vorsitzender 1941-1965, sowie Geestemünder Eiswerke u. Tauwerkfabrik Heinrich Ahlers) und bekleidete verschiedene Ämter in Organisationen der Fischwirtschaft, so im Dampfseefischereiverein »Unterweser«, im Versicherungsverein deutscher Fischdampfer-Reedereien und im Verband der deutschen Hochseefischereien.

Lit.: DBI, S. 1678; Beckmann, Reedereien, S. 121-124; 75 Jahre Hochseefischerei Carl Kämpf, Brhv. 1964; 100 Geestemünder Bank, Brhv. 1971, S. 60; Höver, Hochseefischerei, S. 48; B. Langensiepen, H. J. Heise u. E. Hoffmann, Hochseefischerei Carl Kämpf, in: Schiffahrt international, H. 9/78, S. 388-392; Wer ist wer? 1955, S. 547.

Qu.: NZ, 11.10.1965; StadtA Brhv, Meldekartei Brhv. nach 1945 I.

P.: Fotos in 75 Jahre Kämpf (s. Lit.).

E.: Bundesverdienstkr. Carl Oskar K. (1957); Grabstätte Brhv. Friedhof Wulsdorf.

W. B.

Kämpf, Helmut C.; *Reeder.* * 8.3.1918 Bremerhaven, † 15.4.1994 Dedesdorf (Kr. Cuxhaven) (ev.). K. war der Sohn des Reeders → Carl K. und Enkel des gleichnamigen Gründers der Fa. Carl Kämpf. Nach dem II. Weltkrieg beteiligte er sich zunehmend an der Geschäftsführung des Vaters, die er nach dessen Tod 1965 ganz übernahm. Der Wiederaufbau der Flotte und der vollständig zerstörten Landanlagen in der Herwigstraße wurde zügig in Angriff genommen. Nachdem im Dez. 1948 der erste Nachkriegsfischdampfer AUGUSTE KÄMPF vom Stapel gelaufen war, setzte die Reede-

rei 1957 mit dem zweiten deutschen Heckfänger CARL KÄMPF neue Maßstäbe. Das Schiff besaß einen Schraubenantrieb mit Kortdüse zum Schutz gegen Kurrleinen-Beschädigungen, eine pneumatische Klappe im Oberdeck und eine Trommel-Fischwaschmaschine im Unterdeck. Im Verlauf des Ende der 1950er Jahre einsetzenden Strukturwandels in der Hochseefischerei wurden die Schiffe der »Hochseefischerei Carl Kämpf« 1961 zusammen mit denen der Bremerhavener Hochseefischerei »Grundmann & Gröschel« an die neu gegründete »Hochseefischerei Kämpf & Co. KG« verchartert, in die der westfälische Lebensmittelindustrielle Hugo Homann eintrat (→ Ernst Gröschel). Mit dem bei Rickmers erbauten Fischereimotorschiff FRITZ HOMANN wurde 1962 eines der frühen deutschen Fangfabrikschiffe unter der Kämpf-Flagge in Dienst gestellt. Das von K. und Gerhart Sommer geleitete Unternehmen wurde 1970 aufgelöst, nachdem sich die im Besitz der Kapitalmehrheit befindliche Homann-Gruppe zurückgezogen hatte. K., der als einer der wichtigsten Ideenlieferer in der deutschen Hochseefischerei nach dem II. Weltkrieg galt, war der letzte Bremerhavener Fischdampferreeder alten Typs. Neben seinen Verdiensten für die geschilderte Entwicklung der Heckfänger sind die von ihm in den 1960er Jahren mitentwickelten pelagischen Netze zu nennen, die den Heringsfang revolutionierten. K. verbrachte seine letzten Lebensjahre in Dedesdorf.

Lit.: Beckmann, Reedereien, S. 121-124; 75 Jahre Hochseefischerei Carl Kämpf, Brhv. 1964; B. Langensiepen, H. J. Heise u. E. Hoffmann, Hochseefischerei Carl Kämpf, in: Schiffahrt international, H. 9/78, S. 388-392.
Qu.: NZ, 16.4. u. 18.4.1994.
P.: Foto in 75 Jahre Kämpf (s. Lit.).
E.: Grabstätte Brhv. Friedhof Wulsdorf.

W. B.

Kaisen, Carl **Wilhelm**; *Stukkateur, Redakteur, Landespolitiker, Senator, Bürgermeister.* * 22.5.1887 Hamburg-Eppendorf, † 19.12.1979 Bremen (o. Konf.). K. wuchs in dem Arbeitervorort Eppendorf auf, wo sein Vater in der Landwirtschaft sowie als Maurer und Fabrikarbeiter Beschäftigung gefunden hatte. Nach dem Besuch der Volksschule arbeitete K. als ungelernter Arbeiter in einer Seifenfabrik, um sich danach zum Gipser und Stukkateur ausbilden zu lassen. In diesem Beruf war er nach Ableistung des Militärdienstes bis zum Kriegsausbruch 1914 tätig. Seit 1905 war er Mitglied der SPD und ab 1911 Vorsitzender des Parteidistrikts Hamburg-Fuhlsbüttel. Auf einem Lehrgang der Berliner Parteischule im Winter 1913/1914 lernte er Helene Schweida aus Bremen kennen, die er 1916 heiratete. 1914 hatte sich K. zum ersten Mal journalistisch für die Parteizeitung »Hamburger Echo« betätigt. Am I. Weltkrieg nahm er als Unteroffizier eines Feldartillerie-Regiments teil. Nach kurzer Tätigkeit beim Aufbau des Hamburger Arbeitsamtes verließ er im Juli 1919 Hamburg, um in der Heimat seiner Frau in die Redaktion der MSPD-Parteizeitung »Bremer Volksblatt« einzutreten, deren Leitung er ein Jahr später übernahm. Als nach der Vereinigung von MSPD und Teilen der USPD 1922 auch die beiden Parteizeitungen zur »Bremer Volkszeitung« fu-

sionierten, wurde K. einer der beiden Chefredakteure. In der Bremischen Bürgerschaft, der er seit 1920 angehörte, galt er bald als Experte für sozialpolitische Fragen und avancierte schon wenige Jahre später zu einer der unbestrittenen Führungspersönlichkeiten der vereinigten Bremer Sozialdemokraten. 1928 traten die Sozialdemokraten in den bis dahin nur von den bürgerlichen Parteien gebildeten Senat ein. K. übernahm das Ressort des Senators für das Wohlfahrtswesen. Wegen seiner kompetenten Amtsführung in der Zeit der heraufziehenden Weltwirtschaftskrise nominierte ihn die SPD im Okt. 1930 zum Spitzenkandidaten für die Bürgerschaftswahl. Am 6.3.1933 trat er zusammen mit den beiden übrigen SPD-Senatoren unter dem Druck der Nationalsozialisten zurück. Noch im Sommer erwarb er in Bremen-Borgfeld eine Siedlerstelle, auf der er, politisch konsequent abstinent, die Zeit des Nationalsozialismus im wesentlichen unbeschadet überstand. Am 6.6.1945 ernannte die amerikanische Militärregierung K. zum Senatsmitglied. Zunächst führte er seine 1933 unterbrochene Tätigkeit im Sozialbereich fort, bis ihm die Amerikaner am 1.8.1945 nach der Absetzung von Johannes Schroers und Erich Vagts das Amt des Bürgermeisters und Präsidenten des Senats übertrugen; dieses übte er bis zu seinem Rücktritt am 17.7.1965 ohne Unterbrechung aus. Das machte ihn nicht nur zum bedeutendsten Nachkriegspolitiker Bremens, sondern auch zu einer der herausragendsten Persönlichkeiten der Bremerhavener Stadtgeschichte. Seine Verdienste um Bremerhaven wurden in dem 1965 verliehenen Ehrenbürgerbrief hervorgehoben: der von ihm 1947 durch die Eingliederung Wesermündes in das Land Bremen eingeleitete neue Abschnitt der Stadtgeschichte und die durch ihn vermittelte Hilfe des Landes zur Überwindung der Kriegsfolgen in Bremerhaven. Daß er im Bewußtsein vieler als derjenige galt, dem die Wiederherstellung der bremischen Selbständigkeit zu verdanken ist, muß allerdings als Legende gewertet werden. Die Neugliederung des ehemaligen Reichsgebietes nach 1945 – unter Auflösung Preußens – war ein Geschenk der Besatzungsmächte, auch wenn sie sich zum Teil an historischen Vorgaben und vorgefundenen Verwaltungseinheiten orientierte. Daß Bremen 1947 seine staatliche Selbständigkeit zurückerlangte, war überdies fundamental auf die Übereinkunft vom Febr. 1945 in Jalta zurückzuführen, wonach den Amerikanern mit einer »Enklave Bremen/Bremerhaven« eine eigene Nachschubbasis für ihre Südwest-Zone verschafft werden sollte. Auch der Anteil K.s an der Eingliederung der zuvor preußischen Stadt Wesermünde in das Land Bremen war begrenzt. Zusammen mit → Gerhard van Heukelum beseitigte er Widerstände in Wesermünde gegen eine bremische Lösung und trat Versuchen aus dem in Entstehung begriffenen Land Niedersachsen entgegen, Wesermünde für sich zu gewinnen. Dabei half K. das von ihm gepflegte partnerschaftliche Verhältnis zur amerikanischen Militärregierung, bei der allein im Zusammenwirken mit den Briten die Entscheidungsmacht lag. Im Ergebnis erreichte Bremen 1947 unter der Führung K.s außerordentlich viel, so daß das Land und seine beiden Städte gestärkt an die vor ihnen liegenden schweren Aufgaben herangehen konnten. Dazu gehörte der strukturelle und territoriale Ausbau des 1827 begründete Hafenverbundes mit Bremerhaven, wobei sich außer dem hinzugewonnenen ehemals preußischen Wesermünder Fischereihafen der Flächenzuwachs im Gebiet des Ortsteils Weddewarden als besonders wertvoll erwies. Er bildete die Voraussetzung für den 1968 begonnenen Bau des Containerterminals Bremerhaven und sichert noch heute dessen weiteren Ausbau. Das seit je bestehende vorrangige Interesse Bremens an einem Tiefwasserhafen an der Unterweser – und weniger an der kommunalen Entwicklung Bremerhavens – wurde 1947 auch unter K. weiterverfolgt. Als van Heukelum die Rückführung des 1938 gebildeten stadtbremischen Überseehafengebietes in die Hoheit der Stadt Bremerhaven anmahnte, lehnte K. dies mit der lakonischen Feststellung ab, »Bremerhaven solle gegeben werden, was es haben müsse, aber es müsse bei Bremen belassen werden, was es behalten müsse«. Diese Entscheidung bildete die Grundlage für das bis heute fortbestehende kommunalpolitische Kuriosum einer stadtbremischen Exklave in Bremerhaven. Gleichzeitig bestätigte K. damit seine zutiefst konservative Grundhaltung, verbunden mit einem ausgeprägt patriarchalischen Führungsstil. Seinem Ansehen in Bremen und in Bremerhaven schadete dies keineswegs. Vielmehr entsprach das Beharren am Überkommenen der bis in die 1960er Jahre hinein herrschenden politischen Kultur. Hinzu kamen K.s unbestreitbare Verdienste um den Wiederaufbau der Kernbereiche der Bremerhavener Wirtschaft. Dank seines unermüdlichen persönlichen Einsatzes im In- und Ausland erreichte er relativ früh die Lockerung und endlich die Aufhebung der von den Besatzungsmächten verfügten Beschränkungen im Schiffbau, in der Hochseefischerei sowie in der Handels- und Passagierschiffahrt. Der von K. mit Nachdruck geförderte Wohnungsbau glänzte 1954 in Grünhöfe und 1961 in Leherheide-West mit spektakulären Großbauvorhaben. Auch am Wiederaufbau des Stadttheaters und der Großen Kirche nahm K. persönlich lebhaften Anteil. Als Landesvater überzeugte K. durch Integrität, Volksnähe, natürliche Würde und Souveränität. Seine bescheidene Lebensführung und seine ständigen Appelle zum sparsamen Umgang mit öffentlichen Mitteln machten ihn zum Anwalt der »kleinen Leute«. Seine nahezu vorparlamentarische Distanz zu den Parteien, insbesondere zu seiner eigenen, erhöhte die Überzeugungskraft seiner Beiträge. Über Bremen hinaus wird er zu den bedeutendsten Politikern der Nachkriegszeit gezählt. Gerühmt wird insbesondere die enge Verbindung von staatsmännischem Weitblick und kommunalpolitischem Pragmatismus.

Lit.: DBI, S.1685; DBE, Bd. 5, S. 405; Gr. Bremen-Lexikon, S. 374-375; H. Brandt, Zwischen Besetzung und Verfassung, in: Verfassung, Verwaltung und Demokratie, Brhv. 1997, S. 9-68; Körtge, Straßennamen, S. 186; W. Lührs, Wilhelm Kaisen, in: Persönlichkeiten der Verwaltung, Stuttgart 1991, S. 426-429; A. Röpcke, in: OMGUS-Handbuch. Die amerikanische Militärregierung in Deutschland 1945-1949, Mchn. 1994, S. 597 ff.; Porsch, S. 493-494; Riensberg, S. 17; R. Schiffers, Weniger Länder, mehr Föderalismus?, Düsseld. 1996; H. Schneider, Ministerpräsidenten, Opladen 2001; K.-L. Sommer, Wilhelm Kaisen. Eine politische Biographie, 2. Aufl. Bonn 2000; Theodor Spitta, Neuanfang auf Trümmern. Tagebücher 1945-1947, Mchn. 1992.
Werke: *Meine Arbeit, mein Leben* (1967).
P.: Büste v. C. Baumgärtel v. d. Ortsamt Borgfeld; Foto in StA Br. und StadtA Brhv. sowie in zahlr. Veröff.
E.: u. a. Ehrenbürger Bremen u. Brhv. (1965), Kaisen-Stiftung Sparkasse zu Bremen (1970), Platzbenennung Brhv.-Lehe (1980), Brückenbenennung Bremen (1979); Grabstätte Friedhof Riensberg, Bremen.

H. Br.

Kaiser, Rolf Rüdiger, gen. **Micky**; *Musiker, Gastronom.* * 19.1.1946 Wesermünde, † 9.2.1997 Billerbeck (Kr. Höxter), ☐ Bremerhaven. Als Musiker und als Betreiber der Szenekneipe »Wally« hat »Micky« Kaiser einen legendären Ruf. Schon ein Jahr vor seinem Abitur an der Körnerschule formierte der Bassist und Sänger 1966 eine erste Band, die »Soulbeats«, die er mit seiner markanten rauchigen Stimme zu einer lokalen Größe machte. Am erfolgreichsten war die Zeit von 1969 bis Mitte der 1970er Jahre, als K. zunächst mit Stephan Remmler (»Trio«), Kralle Krawinkel und George B. Miller bei den »Just Us« mitwirkte. Seinen ersten Plattenvertrag bekam er 1970 mit der Band »Cravinkel«, die in einem Landhaus in Volkmarst (Kr. Cuxhaven) als Musiker-

Kommune lebte; es entstanden zwei Langspielplatten. Als das Haus 1972 durch ein Feuer zerstört wurde, löste sich die Band auf. Nach einer vorübergehenden Neuorientierung, einem Germanistikstudium in Oldenburg und der Geburt seiner Tochter Esther übernahm Kaiser 1976 die Kultkneipe »Wally« im Szeneviertel der Bürgermeister-Smidt-Straße, die für viele Jugendliche mehr Zufluchtsstätte als Gaststätte war. Ab 1978 widmete er sich wieder vorwiegend der Musik, wobei mehrere Bandprojekte entstanden, u. a. »Grand Hand«, »Easy Flight« (mit den alten Weggefährten George Meier und George B. Miller sowie mit → Lude Lafayette), ferner ein Plattenvertrag mit »Rotesand«. Unter dem Namen »Meier/Miller/Kaiser« bekam das Bremerhavener Trio einen Dreijahres-Exklusivvertrag bei der Fa. Phonogram und veröffentlichte zwei Langspielplatten. Die unfreiwillige Schließung des »Wally«, das einem Supermarkt weichen mußte, trieb 1988 über 1.000 Jugendliche zu Protesten auf die Straße. K. versuchte den »Wally«-Mythos noch einmal in der Rickmersstraße zu beleben, doch nach knapp zwei Jahren gingen auch dort die Lichter aus. Von der Haltung her war K. Rock'n Roller, inklusive aller Versuchungen, die solch ein Leben mit sich bringt und denen er nicht immer widerstehen konnte. Sein Herz allerdings schlug schon immer für den Blues. Mit 51 Jahren starb die Ikone der Bremerhavener Beatszene an den Folgen einer Krebserkrankung in Billerbeck, wo er seit 1996 gelebt hatte.

Lit.: Gabcke, Bd. 3, S. 202.
Qu.: NZ, 6.6.1990, 12. u. 13.2.1997.
P.: Foto in NZ, 6.6.1990.

R. D.

Kappenberg, Luise Alma **Ella**; *Pädagogin, Schulleiterin, Leiterin der Volkhochschule.* * 24.3.1897 Halle (Saale), † 4.9.1988 Lilienthal b. Bremen (ev.). Nach dem Studium der Philosophie, Germanistik und Geschichte in München und Jena verbrachte die Tochter eines Bankangestellten ihre Referendarzeit in Magdeburg, um 1929 eine Stelle als Studienrätin am Bremerhavener, von → Dr. Alwin Wode geleiteten Lyceum anzutreten. Nach dessen Schließung wechselte sie 1941 zur Geestemünder Oberschule für Mädchen. Während des Nationalsozialismus konnte sie die Mitgliedschaft in der NSDAP vermeiden, wurde wegen nicht systemkonformer Äußerungen mehrfach denunziert und entging einer drohenden Verhaftung im März 1945 nur wegen der allgemeinen Auflösungserscheinungen kurz vor Kriegsende. 1947 wurde sie, gegen anfängliche eigene Bedenken, zur Direktorin der Theodor-Storm-Schule (Mädchenschule) berufen. Zugleich wurde sie vom Schuldezernenten → Walter Ballof beauftragt, eine Volkshochschule ins Leben zu rufen. Diese Aufgabe nahm sie ebenso wie dann die Leitung der VHS (bis 1956) – beides auf ehrenamtlicher Basis – mit Elan, Sachkenntnis und Überzeugungskraft wahr; es gelang ihr, zahlreiche einheimische und auswärtige Dozenten zu gewinnen und das Kulturleben zu bereichern. Obwohl diese Aufgaben der überzeugten Pädagogin näherlagen als die mit der Leitung der Theodor-Storm-Schule und des ihr 1950 im Zuge einer Reform zusätzlich übertragenen Schulkombinats (Oberlyceum) unweigerlich verbundene Verwaltungstätigkeit, setzte sie sich energisch für die Interessen des ihr anvertrauten Bereichs ein. Sie förderte insbesondere die musische Ausbildung, für die sie eine Reihe engagierter Kollegen gewinnen konnte, stand aber als langjährige Mädchenschullehrerin der 1956 eingeführten Koedukation skeptisch gegenüber. Seit 1959 im Ruhestand in Worpswede lebend, zog sie 1978 in ein Altenheim nach Lilienthal, wo sie ein Jahr nach ihrem 90. Geburtstag, den Sie mit großer Anteilnahme von Freunden und Bekannten begangen hatte, verstarb.

Lit.: 50 Jahre Volkshochschule Bremerhaven, Brhv. 1997. S. 16-36; Mitt. d. Vereins d. Freunde u. Ehem. d. Wode-Schule, 1975.
Qu.: NZ, 17.5.2001; StadtA Brhv., Personalakte E. K.
P.: Fotos in 50 J. VHS (s. Lit.), S. 17 u. 22.
E.: Straßenbenennung Brhv.-Lehe (2001)

H. Bi.

Kaune, Ferdinand; *Orthopädischer Schuhmachermeister, Kommunalpolitiker, Parlamentarier.* * *7.1.1866 Geestemünde, † 19.6.1929 Bremerhaven (kath.).* K. wuchs als Sohn eines Maurers auf der Geesthelle (Rickmers-Werft) auf, absolvierte eine Schusterlehre, bildete sich autodidaktisch im Kaufmännischen weiter und war seit 1891 als Schuhmachermeister im angrenzenden Leher Freigebiet tätig. Aufgrund einer orthopädischen Spezialausbildung verstand er es, das vom ihm geführte Schuhhaus »Reform« über die Grenzen der Unterweserorte hinaus bekannt zu machen. Dazu trug auch die Teilnahme an zahlreichen Ausstellungen, Tagungen und Kongressen bei, auf denen er seine Produkte der Fachwelt vorstellte; seine Arbeiten wurden mehrfach prämiert. Er stellte auch Sportartikel (Fuß- und Schlagbälle) her. Darüber hinaus widmete er sich zahlreichen sozialen, politischen und standespolitischen Aufgaben. So war er Obermeister der Schuhmacherinnung, führendes Mitglied des Einzelhandelsverbandes Unterweser sowie Mitbegründer und Vorsitzender der Ortsgruppe des Reichsverbandes deutscher Schuhhändler, dessen Zentralvorstand er auch angehörte. Von 1920 bis 1924 war er als Bürgervorsteher Mitglied des Leher Stadtparlaments und von 1924 bis 1929 als ehrenamtlicher Senator Mitglied des Wesermünder Magistrats. Von 1921 bis 1924 nahm er auch ein Mandat als Abgeordneter des hannoverschen Provinziallandtages wahr. K. setzte sich vor allem für den Mittelstand, das Handwerk und den Einzelhandel ein. Bei der Reichstagswahl 1928 kandidierte er erfolglos im Wahlkreis Weser-Ems für die Zentrumspartei, deren örtlicher Gründer und Vorsitzender er war. Ebenso in der kath. Gemeinde aktiv, bekleidete er lange Jahre das Amt eines Vizepräses des kath. Gesellenvereins der Unterweserorte. K. starb im St. Joseph-Hospital in Bremerhaven.

Lit.: DBI, S. 1721; A. Twiehaus, 95 Jahre Kolpingwerk a. d. Unterweser, Brhv. 1975, S. 39-44; Wenzel, Sp. 1105.
Qu.: Adreßbuch Geestemünde 1871, Lehe 1892, 1899, 1914, 1920; NWZ, 20.6.1929; StadtA Brhv, Gewerbereg. Lehe 1891, Nr. 148; Ausstellung a. d. Unterweser f. Gewerbe, Industrie u. Schiffahrt 1913, Offiz. Hauptkatalog, S. 90.
P.: Foto in Twiehaus (s. Lit.), S. 44.

H. Bi.

Kinau, Johann s. → Fock, Gorch

Ketelsen, Armin; *Kaufmann.* * *11.4.1881 Flensburg, † 4.9.1954 Baden-Baden, ☐ Bremerhaven (ev.-luth.).* K. wuchs in seiner Geburtsstadt auf, wo er auch zur Schule ging und eine kaufm. Lehre absolvierte. Danach mehrere Jahre lang im Einzelhandel in Hagen (Westf.) und Braunschweig tätig, kam er 1905 nach Lehe und eröffnete dort in der Hafenstraße 1906 zusammen mit einem Kompagnon das Manufakturwarengeschäft (Einzelhandel für Knaben- und Herrenbekleidung) Ketelsen & Winter. 1911 trennte er sich von seinem Geschäftspartner, um, ebenfalls in der Hafenstraße, unter seinem Namen ein eigenes Unternehmen aufzubauen, das sich bald zu dem bedeutendsten Bekleidungsgeschäft und handwerklichen Textilhersteller der Unterweserorte entwickelte. 1926 wurde das Stammhaus (Hafenstr. 76) durch zwei weitere, 1931 neugestaltete Gebäude (Hafenstr. 78/80) erweitert, 1932 eine Filiale in Cuxhaven gegründet, bald darauf auch eine Abteilung für Damenoberbekleidung angegliedert. Zu dieser Zeit beschäftigte das Unternehmen allein in der Maßschneiderei mehr als 50 Kräfte. Zu dieser Aufwärtsentwicklung trug bei, daß das Unternehmen in großem Umfang auch Uniformen für die Schiffahrt, die Marine und den Zoll anfertigte. Im II. Weltkrieg weitgehend ausgebombt, baute K. das Geschäft 1949/50 am alten Standort wieder auf; Mitte der 1950er Jahre waren 123 kaufm. Angestellte und Schneider tätig, davon 18 in Cuxhaven. Da K. kinderlos blieb, wandelte er zum 1.1.1952 das Unternehmen in eine Kommanditgesellschaft um, die nach seinem Tode von den Prokuristen und Kommanditisten unter der Geschäftsführung seines Neffen Fritz Lange bzw. seit 1978 von dessen Sohn Uwe Lange unter dem angestammten Namen erfolgreich fortgeführt wurde. Nachdem 1958 die Uniform- und Maßschneiderei aufgegeben worden war, wurden die Geschäftsräume 1961 in die Bürgermeister-Smidt-Straße (Bremerhaven-Mitte) verlegt, wo in zentraler Lage ein völlig neues Wohn- und Geschäftshaus im zeittypischen Stil entstanden war. Nachdem die Verkaufsräume 1988 noch eine grundlegende Renovierung erfahren hatten, wurde das Geschäft zum 24.12.1991 aus Rentabilitätsgründen geschlossen. K. war standespolitisch in der IHK Wesermünde/Bremerhaven tätig, bei der er lange Jahre u. a. die Fachgruppe Textil leitete. Weiteres ehrenamtliches Engagement galt, als langjähriger Vorsitzender der Liedertafel Germania (später Chorvereinigung Concordia), vor allem dem Gesang, sowie der Jagd und der Verbindung zu seinem Heimatland Schleswig-Holstein. K., der als großzügig und auch seinen Beschäftigen gegenüber als aufgeschlossen galt, starb während eines Kuraufenthaltes in Baden-Baden.

Lit.: Bickelmann, Gewerbeansiedlung, S. 134-135; Heimatchronik. S. 288-300; U. Jürgensen, Bremerhaven-Chronik 1991/92, in: Brhv. Beitr. (I), S. 203, 207.
Qu.: NZ, 7.9.1954, 1.3.1986, 24.12.1991; StadtA Brhv., Meldekartei Brhv. nach 1945 I, Gewerbesteuerakte Wmde.
P.: Foto in NZ, 7.9.1954.

E.: Ehrenmitgl. Chorvereinigung Concordia u. Verein d. Schleswig-Holsteiner Brhv. v. 1911; Grabstätte Friedhof Lehe III.

H. Bi.

Kindler, Hans; *Musiker, Kapellmeister, Generalmusikdirektor.* * 20.11.1908 Berlin, † 24.1.1994 Bremerhaven. Einer Künstlerfamilie entstammend, absolvierte K. ein Musik- und Dirigierstudium an der staatl. Hochschule für Musik in Berlin, u. a. bei Julius Prüser. Nach zweijähriger Tätigkeit in Rostock unter Hans Schmidt-Isserstedt und dann in Oldenburg trat er 1938 seine erste Stelle als Opernkapellmeister in Essen an. 1946 ging er als Erster Opernkapellmeister nach Bremen. 1948 zum Städt. Musikdirektor an das Bremerhavener Stadttheater berufen und 1964, nach Vergrößerung des Orchesters, zum Generalmusikdirektor ernannt, wirkte er dort bis zu seiner Pensionierung 1975. K. gelang es zusammen mit dem Konzertmeister → Otto Hermann Grevesmühl, den er nach Bremerhaven holte, das städtische Orchester wieder aufzubauen und ihm ein neues Profil zu geben. Neben dem 1947 wiedereröffneten Musiktheater, bei dem er mit großen romantischen Opern und

1964 mit der deutschen Erstaufführung von Verdis »Attila« Akzente setzte, brachte er in den organisatorisch erweiterten und erstmals mit einem Anrecht verbundenen Sinfoniekonzerten ein breites sinfonisches Schaffen zu Gehör, wobei er in beiden Sparten auch der zeitgenössischen Musik Raum gab. Besonderes Augenmerk richtete er, z. T. in Zusammenarbeit mit dem Musikpädagogen → Hans Linder, auf die Aufgabe, junge Menschen an die Musik heranzuführen, so durch Förderung der Musikarbeit an den Schulen, durch Einführungsveranstaltungen und durch ein eigenständiges Jugendanrecht bei den Sinfoniekonzerten. In diesem Zusammenhang leitete er zeitweise auch den Regionalausschuß Bremerhaven des Wettbewerbs »Jugend musiziert«. Als Leiter der »Bremerhavener Liedertafel« (seit 1949) und als Kreischorleiter gab er, u. a. mit selten aufgeführten und neueren Kompositionen, auch dem Chorwesen Impulse. Nach seiner Pensionierung betätigte sich K. als Übersetzer wenig bekannter Verdi-Librettos und als Gastdirigent auswärtiger Orchester. Als erstem Bremerhavener wurde ihm für sein 27 Jahre langes Wirken im Dienste des örtlichen Musiklebens die bremische Senatsmedaille für Kunst und Wissenschaft verliehen.

Lit.: Aufbauarbeit, S. 215-216; Linder, S. 17-18, 28-29, 35-36; 100 Jahre Oper am Stadttheater Bremerhaven, Brhv. 1972, S. 24-26, 34-39.
Qu.: NZ, 20./21.11.1973, 10.6.1975, 18.5.1977, 19.11. 1983, 19.11.1988, 20,11,1993, 26.1.1994, 31.1.1994; StadtA Brhv., Personalakte H. K.
P.: NZ, 20./21.11.1973, 18.5.1977, 19.11.1983, 19.11. 1988.
E.: Br. Senatsmed. f. Kunst u. Wissensch. (1975), Ehrenmitgl. Brhv. Stadttheater (1975).

H. Bi.

Kircheiss, Carl; *Kapitän, Marineoffizier, Weltumsegler, Schriftsteller.* * *17.7.1887 Harburg (1937 zu Hamburg),* † *6.12.1953 Hamburg (ev.).* Der Sohn eines Hoteliers heuerte im Alter von 14 Jahren als Schiffsjunge auf einem Segelschiff an und legte nach sieben Seefahrtsjahren 1908 an der Navigationsschule Hamburg sein Steuermannsexamen ab; 1912 bestand er das Kapitänsexamen. Die Hamburg-Südamerika-

nische Dampfschifffahrtsgesellschaft verwendete ihn danach in der Küstenfahrt zwischen Buenos Aires und Patagonien. 1914 kehrte K. nach Deutschland zurück und diente als ausgebildeter Reserveoffizier im I. Weltkrieg in der Marine. 1916/17 war er II. Offizier auf SMS SEEADLER während der berühmt gewordenen Kaperfahrt unter dem Kommando von → Felix Graf von Luckner und begleitete diesen auf dessen 2.300-Seemeilenfahrt mit dem Beiboot der SEEADLER nach der Strandung auf der Südsee-Insel Mopelia. 1919 kehrte er aus der Kriegsgefangenschaft auf Neuseeland nach Deutschland zurück. Nach einem Zwischenspiel im Tabakwarenhandel, der ihm die notwendigen Mittel für seine Pläne einbrachte, unternahm er mehrere Vortragsreisen, auf denen er für die Wiederbelebung der deutschen Schiffahrt warb, und ging dann 1926 mit dem umgebauten Fischkutter HAMBURG auf eine fast zweijährige, der Propaganda gegen die »Kriegsschuldlüge« dienende Weltumsegelung. Dadurch berühmt geworden, setzte er seine Vortragtätigkeit in Deutschland fort, wobei er vielfach rechtsgerichtete Kreise, u. a. auch Nationalsozialisten ansprach. Im Zusammenhang mit Autarkiebestrebungen der deutschen Wirtschaft richtete sich sein Interesse zunehmend auf den Walfang, für den er durch eine 1930-32 auf dem norwegischen Walfangschiff LEIESTEN durchgeführte Studienreise sowie durch eine Reihe weiterer Aktivitäten unermüdlich Propaganda betrieb. Dabei bezog er neben den durchaus erfolgreichen eigenen Veröffentlichungen auch neue Medien wie den Film ein und appellierte an die »deutsche Seegeltung«, konnte aber die Wirtschaft und die entscheidenden Politiker wenig beeindrukken; immerhin gelang es ihm, Hitler seinen Progagandafilm vorzuführen. Seine eigenen Erfolge im Walfang hielten sich in Grenzen. Zwar hatte er manches zur Vorbereitung der Gründung der Ersten Deutschen Walfang-Aktiengesellschaft, damals noch eine Studiengesellschaft, 1934 in Wesermünde beigetragen; die daran Beteiligten, der Syndikus der Industrie- und Handelskammer Wesermünde → Dr. August Dierks und die Henkel-Gruppe, nahmen ihn, dessen Stärken weniger im kaufmännischen Bereich lagen, aber nicht ins Geschäft. In der Firma Walter Rau, die von Wesermünde aus eine eigene Walfangflotte betrieb, konnte er sich nicht lange halten. Erst 1939 wurde er mit nationalsozialistischer Unterstützung für eine Fangreise Kapitän des schon damals veralteten Walfangmutterschiffs WIKINGER. Als der II. Weltkrieg die deutschen Walfangaktivitäten beendete, wurde K. wieder in der Kriegsmarine verwendet, zuletzt als Korvettenkapitän im Mittelmeer und im Schwarzen Meer. Nach Kriegsende verhinderten seine Verbindungen zum nationalsozialistischen Regime zunächst ein Comeback. 1951 machte er jedoch mit dem Segelboot WAL HOO, mit dem er in 62 Tagen einhand über 3.000 Seemeilen zu den Azoren segelte, wieder auf sich aufmerksam. K., der seine Seereisen und sein Wirken in mehreren Büchern anschaulich zu schildern wußte, starb bei einem Verkehrsunfall in Hamburg-Othmarschen.

Lit.: DBI, S. 1771; DBE, Bd. 5 , S. 547-548; Kürschner L, Nekr. 1936-1970, S. 341; C. Ostersehlte, Auf Probefahrt gekentert. Das Unglück des Walfangbootes RAU III, in: DSA 21 (1998), S. 279-312; Ch. Schultz-Ewerth (Hrsg.), Das neue Kircheiss-Buch. Ein Buch von Mut u. dt. Art, Berlin 1929; H. Walter, Carl Kircheiss, in: NDB, Bd. 11, S. 639-640; E. Winterhoff, Walfang in der Antarktis, Oldbg. 1974, S. 74-89.

Werke: *Meine Weltumseglung mit dem Fischkutter HAMBURG* (1928); *Polarkreis Süd – Polarkreis Nord. Als Walfisch- und Seelenfänger rund um die beiden Amerika* (1933); *Sturmfibel über Segler* (1935); *Auf Walfang im südlichen Eismeer* (1939); *Wal hooo! Weltreisen mit Harpunen, Angelhaken und Netzen* (1950); *Wasser, Wind und weite Welt. Als Schiffsjunge um die Erde* (1953); Kleinere Beitr. in Schultz-Ewerth (s. Lit.).

P.: Fotos i. d. eig. Veröff., u. a. Wal hooo (s. Lit.).

E.: u. a. Gold. Plakette Verein f. Seefahrt, Hbg.

U. S.

Kirchheimer, Bert (Berthold); *Kaufmann, Graphiker, Karikaturist.* * 29.4.1897 Bremerhaven, † 28.10. 1985 New York (USA) (isr.). K. war der Sohn des Kaufmanns Moses alias Moritz K. (1858-1942), der in Bremerhaven zunächst eine Versicherungsagentur, dann eine Papier- und Schreibwarenhandlung mit zeitweise angeschlossener Verlagsbuchhandlung (Verlag Roland) betrieb. Zeichnerisch begabt und von Jugend an mit dem Theater vertraut, für das er u. a. Bühnenbilder entwarf, bildete sich K. nach

einer kaufm. Lehre autodidaktisch in der Gebrauchsgraphik weiter. 1921 wurde er Werbeleiter eines Kaufhauskonzerns in Dortmund und war gleichzeitig als freischaffender Graphiker tätig. Als er 1936 von den Nationalsozialisten mit Berufsverbot belegt wurde, wanderte er in die USA aus, wo bereits seit längerem seine jüngeren Brüder Hermann und Arnold lebten. Seinem seit 1931 verwitweten Vater gelang es noch 1939, zu seinen Söhnen zu emigrieren. K., der in New York schnell Fuß fassen konnte, machte sich bald als Werbegraphiker für zahlreiche bekannte Firmen und Produkte einen Namen; für den Teddybärenhersteller Ideal-Toy-Company entwarf er sogar Stoff- und Gummitiere. Darüber hinaus war er als Graphiker, Buchillustrator und Karikaturist für führende Magazine, zeitweise auch als Art Direktor für das Wirtschaftsmagazin »Forbes« tätig. K., der auch Theaterkritiken für Zeitungen und Zeitschriften verfaßte, weilte nach dem II. Weltkrieg mehrmals in Bremerhaven zu Besuch; 1978 und 1979 wurde eine Auswahl seiner künstlerischen Arbeiten im Bremerhavener Stadttheater ausgestellt. Ebenso hielten seine Geschwister, vor allem sein ältester Bruder, der Arzt Dr. Siegfried K. (1891-1991), der 1938 ebenfalls in die USA emigriert war, bis in die jüngste Zeit den Kontakt zu ihrer Geburtsstadt aufrecht.

Lit.: Weiher, Jüd. Gemeinde, S. 54; Wolff, Friedhöfe, S. 155-156.
Qu.: NZ, 6.4.1979, 2.11.1985, 2.2.1991; StadtA Brhv., Meldekartei Alt-Brhv; Auskunft Renate Gabcke, Bremerhaven, im April 2002.
P.: Foto in NZ, 6.4.1979.
E.: Grabstätte der Mutter, israelit. Friedhof Brhv.

H. Bi.

Kistner, Carl; *Baumeister, Unternehmer, Verbandsfunktionär.* * *12.4.1855 Lehe,* † *14.11.1918 Lehe (ev.-luth.).* Der älteste Sohn von → H. F. Kistner lernte das Maurerhandwerk im väterlichen Betrieb, besuchte die Baugewerkschule in Nienburg und hospitierte anschließend an der TH Hannover. Seit 1895 Mitinhaber der Firma H. F. Kistner, leitete er nach dem Rückzug seines Vaters seit 1903 das Unternehmen zusammen mit seinem Bruder Heinrich, der sich auf den Tiefbau spezialisiert hatte. Mit dem Generationswechsel vollzogen die Inhaber endgültig den Übergang von vorwiegend handwerklichen zu industriellen Bautechniken, insbesondere zum Eisenbetonbau, der erstmalig in den Unterweserorten auch bei Fundierungen Anwendung fand. Dementsprechend war das Unternehmen bei zahlreichen größeren Eisenbahn-, Hafenbau- und Industrieprojekten, u. a. auch für die Werften, beteiligt. In Anknüpfung an den 1895 aufgenommenen Baustoffhandel errichtete die Fa. H. F. Kistner, wohl hauptsächlich auf Initiative von Carl K., 1904 auf dem Betriebsgelände eine Kalksandsteinfabrik, deren Produktion den bisher von der Ziegelindustrie dominierten Baustoffmarkt der Unterweserorte, u. a. durch werbewirksamen Einsatz von Kalksandsteinverblendern an herausragenden Musterbauten, erheblich veränderte. Die durch diese Innovation verstärkten Krisen im Baugewerbe der Jahre vor dem I. Weltkrieg suchte K. allerdings 1910 durch die Gründung eines Verkaufssyndikats zu mildern, dessen Ziel ein

Ausgleich zwischen Kalksandstein- und Ziegelherstellern war. In diesem Zusammenhang spielte auch ein Rolle, daß K. lange Jahre bis zu seinem Tode als Vorsitzender des Arbeitgeberverbandes für das Baugewerbe an der Unterweser sowie des Innungsverbandes »Bauhütten an der Unterweser« fungierte. Daß K. in den Arbeitskämpfen, die seit 1904 das Baugewerbe mehrfach trafen, kompromißlos die Arbeitgeberinteressen vertrat, trug ihm von Seiten der Arbeiterbewegung den Ruf als »Oberscharfmacher« ein. Im I. Weltkrieg entspannte sich die Frontstellung allerdings, als sich 1915 die örtlichen Arbeitgeber- und Arbeiterorganisationen des Bau- und Baunebengewerbes unter K.s Vorsitz zu einer Kriegsarbeitsgemeinschaft zusammenschlossen. Auch überregional vertrat K. die Interessen seines Berufsstandes, u. a. von 1908 bis 1910 als Vorsitzender des Hauptverbandes der deutschen Kalksandsteinindustrie. Nach seinem vorzeitigen Tode wurde sein Bruder Heinrich (1863-1937) Alleininhaber der Fa. H. F. Kistner.

Lit.: 100 Jahre Bauen, Brhv. 1953, S. 17-23; Bickelmann, Gewerbeansiedlung, S. 142-143, 147-153; ders., Werbung durch Anschauung, Kalksandstein an der Unterweser und das Haus Hafenstr. 57, in: Ndt. Hbl. 567 (März 1997); ders., Lune, S. 163-165; 100 Jahre Kalksandsteinindustrie 1894-1994, Hann. 1994, S. 82; Thienst, S. 103-115; Wolff, Friedhöfe, S. 63.
Qu.: NVSt., 31.1.1915; PZ, 15.11.1918.
P.: Foto in 100 Jahre Bauen (s. Lit.), S. 18.
E.: Familiengrabstätte Friedhof Lehe II.

H. Bi.

Kistner, Heinrich Friedrich August; *Bauunternehmer, Kommunalpolitiker, Parlamentarier, Mäzen.* * *13.2.1919 Lehe,* † *3.3.1990 Bremerhaven.* Der Sohn des Bauunternehmers Heinrich K. (1863-1937) und Enkel des Firmengründers → H. F. K. besuchte die Oberrealschule in Lehe (heute Lessing-Schule), absolvierte eine Maurerlehre und wurde an der Höheren Techn. Staatslehranstalt zu Bremen zum Bauingenieur ausgebildet. 1939 zum Kriegsdienst eingezogen, kehrte er 1947 aus der Kriegsgefangenschaft zurück und übernahm die Leitung des väterlichen Unternehmens. Nach der Wiedererrichtung des Betriebes, insbesondere der zerstörten Kalksandsteinfabrik, gelang es ihm, die H. F. Kistner Baugesellschaft zu einem erfolgreichen Unternehmensverbund mit über 700 Mitarbeitern auszubauen, der mit zahlreichen Industrie- und Geschäftsbauten, öffentlichen Gebäuden und Wohnblöcken großen Anteil am Wiederaufbau Bremerhavens hatte. Die Hoch- und Tiefbauaktivitäten sowie Baustoffproduktion und -handel ergänzte K. 1971 durch einen Baumarkt, den ersten Bremerhavens. In sozial- und arbeitspolitischer Hinsicht vertrat er Prinzipien einer modernen, an der Sozialpartnerschaft orientierten Unternehmensführung und setzte sich auch publizistisch für eine Leistungsgewinnbeteiligung ein. Daneben engagierte er sich schon früh politisch. Seit 1947 Mitglied der Deutschen Partei, nahm er ein Mandat als Mitglied der Bremischen Bürgerschaft (1947-51, 1955-59) und als Stadtverordneter in Bremerhaven (1947-1955) wahr, wo die DP zeitweise die stärkste bürgerliche Kraft war. Belange der regionalen Wirtschaft vertrat er als Vizepräsident der Industrie- und Handelskammer (1962-64, 1969-77). 1952 erwarb er auf Rentenbasis in Leherheide den von → Georg, Gustav und Grete Thiele angelegten Künstlerpark, erweiterte ihn durch Zukauf und ließ ihn auf eigene Kosten im Sinne der Gründer gärtnerisch gestalten und pflegen, so daß »Thieles Garten« für die Öffentlichkeit weiterhin zugänglich blieb. Der musisch begabte und gesellige Unternehmer, der sich auch öffentlich gern ans Klavier setzte und plattdeutsche Geschichten las, brachte mehrere Gedichtbände und eine eigene Schallplatte heraus, deren Erlös dem Wettbewerb »Jugend musiziert« zugute kam.

Lit.: DBI, S. 1780; 100 Jahre Bauen, Brhv. 1953, S. 29-45; Heimatchronik, S. 271-274; I. Schindler, Partnerschaft im Betrieb. 3 Jahre Erfahrungen der H. F. Kistner Baugesellschaft, Brhv. 1956; Wer ist wer? 12 (1955), S. 586; Wolff, Friedhöfe, S. 63.
Qu.: Aufbauarbeit, S. 37, 40; Hdb. Brem. Bgsch., 4. Wahlper., S. 287; NZ, 13.2.1984, 6.3.1990.
Werke: *Gesprochene Gedanken in plattdt. Mundart u. klassische Klaviermusik*, Schallplatte (Pallas, Diepholz, 1982). *Hoher Lohn allein tut es nicht. Sozialpolit. Wandlung des Betriebes durch besseres menschliches Zusammenwirken* (Brhv. 1955).
P.: Foto in 100 Jahre Bauen, S. 29 (s. Lit.) u. Hdb. Brem. Bgsch. (s. Qu.),
E.: Familiengrabstätte Friedhof Lehe II.

H. Bi.

Kistner, Heinrich Friedrich; *Maurermeister, Bauunternehmer.* * 24.6.1826 Huddestorf b. Stolzenau (Mittelweser), † 17.12.1907 Lehe (ev.-luth.).* K. kam im Alter von 16 Jahren nach Lehe, wo bereits ein Verwandter ansässig war und wo er bei → J. Hinr. Eits zunächst als Wasserverkäufer diente, bevor er bei diesem eine Maurerlehre absolvierte. Nachdem er den mehrfach gehegten Plan, in die USA auszuwandern, aufgegeben hatte, machte er sich 1853 selbständig. 1870 konnte er an der Hafenstraße, Ecke Werftstraße ein größeres, mit Anschluß an die Geeste versehenes Grundstück erwerben, das zur Keimzelle eines prosperierenden, in allen Sparten des Hochbaus tätigen Unternehmens wurde. Im schnell wachsenden Lehe widmete sich K. verstärkt und z. T. auf eigene Rechnung dem Bau von Wohnhäusern im Umkreis seines Betriebes. Nachdem er 1868 das Grundstück der Ziegelei Krüger an der Hafenstraße erworben hatte, übernahm er dort seit Ende der 1880er

Jahre mit dem konsequenten Ausbau einer ganzen, nach ihm benannten Straßenzeile eine Vorreiterrolle im spekulativen Mietwohnungsbau, die vor allem das Gebiet um die Goethestraße prägte. Dabei setzte er erstmalig die geschlossene Straßenrandbebauung mit Pult- oder Mansarddach ein, die das bisher übliche freistehende giebelständige Einzelhaus ablöste. Außer an Wohnhäusern und öffentlichen Gebäuden, u. a. bei Kirchen, Schulen und Behörden, war die Firma H. F. Kistner bald auch an technischen und industriellen Bauten wie Leuchttürmen, Wassertürmen und Maschinenhallen sowie an militärischen Anlagen und den großen Hafenbauprojekten der 1890er Jahre beteiligt. Seit 1895 betrieb K. auch einen Baustoffhandel. Anläßlich des 50jährigen Firmenjubiläums zog er sich 1903 aus dem Geschäft zurück, das von seinen beiden, seit 1895 am Unternehmen beteiligten Söhnen Heinrich (1863-1937) und → Carl K. fortgeführt wurde. Der Sohn Johann (1860-1925) betrieb auf dem Firmengrundstück eine Zimmerei, der als Kaufmann ausgebildete Sohn Theodor (1865-1944) eine bedeutende Getreidegroßhandlung, die später zum Geestemünder Handelshafen verlagert wurde.

Lit.: Bartel, Mietwohnungsbau, S. 28-35, 90-91, Anh. Tab. 15; Bickelmann, Gewerbeansiedlung, S. 110-111, 138-142, 153, 166; ders., Stadtbezogene Hafenfunktionen, S. 62-66; 100 Jahre Bauen, Brhv. 1953, S. 7-18; Körtge, Straßennamen, S. 120; Wolff, Friedhöfe, S. 63.
P.: Ölgemälde (B. Winter) im Familienbesitz, abgeb. in 100 Jahre Bauen (s. Lit.), S. 7.
E.: Straßenbenennung Brhv.-Lehe (1890); Familiengrabstätte Friedhof Lehe II.

H. Bi.

Kleine, Frido; *Bühnen- und Landschaftsmaler.* * 27.7.1902 Geestemünde, † 18.9.1990 Bremerhaven. Bis 1916 besuchte K. die Volksschule in Geestemünde, dann absolvierte er dort eine dreijährige Lehre im Parkhotel im Bürgerpark und arbeitete bis zum II. Weltkrieg als Kellner. Schon als Kind erwies er sich als musisch und zeichnerisch begabt, spielte im Schulorchester Althorn, malte und zeichnete viel. Seit 1922 absolvierte er ein Fernstudium an einer Berliner Mal- und Zeichenschule. In dieser Zeit stand er auch in Kontakt zu → Paul Ernst Wilke, der ihm Malunterricht gab. 1924 war er zum ersten Mal an einer Ausstellung im Kunstverein beteiligt. Im Krieg kam er nach Danzig, Zoppot und Fehmarn, wo er die Gelegenheit zum Zeichnen nutzte. Ab 1945 widmete er sich zunächst ganz der freien Malerei, wurde nach der Neueröffnung des Theaters in Bremerhaven 1952 als Bühnenmaler eingestellt und war dort bis Ende 1967 tätig. Nebenher malte er weiter, meist mit Öl- oder Aquarellfarben, vor allem Landschaften und Hafenszenen. Mit Fahrrad oder Motorrad war er in der Umgebung unterwegs, machte Malausflüge nach Stade, Schleswig-Holstein und ins Weserbergland. Er war Mitbegründer der Künstlervereinigung »Arche«, die regelmäßig einmal im Jahr in Beverstedt ausstellt, und auch Gründungs- und Ehrenmitglied der Interessengemeinschaft »Malerwinkel Hollen«.

Lit.: Grapenthin, S. 497.
Qu.: Auskunft von Karin Penning, Tochter von F. K.

E. G.

Klemeyer, Ernst; *Jurist, Verwaltungsbeamter, Oberkreisdirektor.* * 19.4.1904 Reer, Kr. Verden/Aller, † 14.5.1992 Langen b. Bremerhaven (ev.). K., der einer Bauernfamilie entstammte, besuchte das Domgymnasium in Verden (Abitur 1925) und studierte Rechts- und Volkswirtschaft in Tübingen, Kiel und Göttingen. Nachdem er seit 1933 im preußischen Justiz- und Verwaltungsdienst an verschieden Orten, zuletzt als Kommunalreferent beim Reichsministerium des Innern in Berlin, tätig gewesen war, wurde er 1940 zum stellv. und 1943 zum Landrat des Kreises Hadeln ernannt, konnte diese Funktion aber kaum ausüben, da er zugleich zum Kriegsdienst einberufen war, den er überwiegend in Holland und Belgien verbrachte. Nach Kriegsende als Amtsträger vom öffentlichen Dienst ausgeschlossen, widmete er sich zunächst der Arbeit auf dem väterlichen Hof. 1951 wurde er in Nachfolge von Dr. Ludwig Arps zum Oberkreisdirektor des Landkreises Wesermünde gewählt; dieses Amt des leitenden Verwaltungsbeamten, der seinen Dienst- und Wohnsitz in Bremerhaven hatte, nahm er bis zu seiner Pensionierung 1969 wahr. K.s Name ist eng verbunden mit den Jahren des Aufbaus nach dem II. Welt-

krieg. In engem Zusammenwirken mit den Verantwortlichen aus Politik und Wirtschaft sowie aus Landes- und Kommunalverwaltung, aber auch in stetiger Fühlungnahme mit der Bevölkerung gelang es ihm, den Kreis Wesermünde in übergreifende Strukturmaßnahmen des ländlichen Raumes (Küstenplan, Grüner Plan) einzubinden und die Grundlagen für eine konkurrenzfähige Landwirtschaft zu schaffen. Dazu gehörten vor allem Meliorationen in den traditionell von Überschwemmungen bedrohten Niederungsgebieten wie etwa der Geestniederung, dem Lunegebiet und im Lande Wursten (Grauwallkanal), aber auch die Zusammenlegung des Streubesitzes durch Flurbereinigung und die Verbesserung der Wirtschaftswege. Ebenso forcierte er den Straßenbau, den flächendeckenden Ausbau der Ortskanalisation und den Aufbau einer zentralen Wasserversorgung durch drei Wasserversorgungsverbände. Auch die Verstärkung der Deiche nach der Sturmflutkatastrophe von 1962 und der Ausbau des Schulwesens fielen in seine Amtszeit. Zugleich setzte er sich für den Natur- und Landschaftsschutz ein, wobei er u. a. die Einstellung der britischen Bombenabwürfe auf den großen Knechtsand vor der Wurster Küste erreichen konnte. Der Kultur gab er gleichfalls Impulse; mit der Einstellung des ersten hauptamtlichen Kreisarchäologen der Bundesrepublik Deutschland in der Person von → Hans Aust, einer flächendeckenden archäologischen Landesaufnahme und mit siedlungsarchäologischen Untersuchungen übernahm der Kreis Wesermünde in den 1950er Jahren eine überregional anerkannte Vorreiterrolle. Der Heimat- und Denkmalpflege verbunden, engagierte sich K. in einer Reihe von Vereinigungen, so in der Hermann-Allmers-Gesellschaft, die er mehr als 30 Jahre lang leitete (1952-86) und bei der er sich für den Erhalt des Wohnsitzes von → Hermann Allmers einsetzte, und im Heimatbund der »Männer vom Morgenstern« (stellv. Vors. 1954-69, Vors. 1969-72). Als Gründungsmitglied des Kreisreiterverbandes Wesermünde und erster Vorsitzender des Kuratoriums für den Pferdesport (1954-69), das bis heute die Elmloher Reitertage

ausrichtet, gehörte er zu den Förderern des Reitsports in Bremerhaven und im Landkreis Cuxhaven. In Verbindung mit seiner amtlichen Tätigkeit fielen ihm weitere verantwortliche wirtschaftliche und gesellschaftliche Aufgaben zu, so v. a. als Vorsitzender des Verwaltungsrats der Kreissparkasse Wesermünde (1953-69), die, inzwischen um den Kreis Land Hadeln erweitert, nach wie vor ihren Sitz in Bremerhaven hat. Als Vorsitzender des DRK-Kreisverbandes Wesermünde (1952-76) und des Verwaltungsrats der DRK-Krankenanstalten Wesermünde (1963-75) – ebenfalls Stadt und Land übergreifende Einrichtungen – stärkte er die Sozial- und Gesundheitsfürsorge durch die Errichtung von Krankenhäusern, Kindergärten und Heimen für Jugendliche, Senioren und Behinderte. K. galt als ein bodenständiger Mensch, der sich gern des Plattdeutschen bediente, aber auch, bei aller Fürsorglichkeit, als ein Mann von großer Disziplin und Strenge gegen sich selbst und andere.

Lit.: R. Lembcke, 100 Jahre Kreise an Elb- und Wesermündung, Cuxhaven 1985, S. 126-204; Ndt. Hbl. 292 (April 1974), 412 (April 1984), 472 (April 1989) u. 509 (Mai 1992); O. Riemann, Wenn die Pferde kommen. 50 Jahre Elmloher Reitertage, Brhv. 2001, S. 16-21; J. H. Th. Prieß, Ernst Klemeyer zum Gedächtnis, in: Jb. M.v.M. 71 (1992), S. 317-320.
Qu.: NZ, 16.5.1992.
P.: Foto u. a. in (s. Lit.) Prieß, S. 320, Lembcke, S. 143, Ndt. Hbl. u. NZ, 16.5.1992.
E.: Herm.-Allmers-Preis (1979), Ehrenzeichen DRK; Grabstätte Friedhof Imsum.

H. Bi.

Klie, Walter, Dr. phil. h.c.; *Lehrer, Limnologe.* * 28.7.1880 Calförde bei Braunschweig, † 7.4.1951 Bad Pyrmont. K. entschied sich, obwohl er schon in jungen Jahren ein ausgeprägtes Interesse an den Naturwissenschaften entwickelte, für den Lehrerberuf, den auch sein Vater ausübte. Nach Absolvierung des Lehrerseminars und mehrjähriger Tätigkeit in Braunschweig war er seit 1909 an verschiedenen Volksschulen in Geestemünde und Wesermünde tätig. 1935 zog er sich aus gesundheitlichen Gründen nach Bad Pyrmont zurück. Außerdienstlich widmete er sich intensiv der naturwiss. Forschung, die zu seiner Lebensaufgabe wurde. Zunächst mit der Botanik befaßt, wandte er sich in seiner Geestemünder Zeit der Kleintierwelt des Süß-, Brack- und Meerwassers zu. Seinen Forschungen, die er in Zusammenarbeit mit deutschen und ausländischen Wissenschaftlern, u. a. der Universität Kiel, durchführte, verdankt die Limnologie zahlreiche neue Erkenntnisse namentlich über Ostrakoden und Harpakticoiden, darunter auch die Entdeckung einer Reihe von Gattungen und Arten. Mehrere seiner zahlreichen Veröffentlichungen sind dem Raum Bremerhaven gewidmet, wo er mit → Christoph Brockmann zu den rührigsten Mitgliedern des Vereins für Naturkunde an der Unterweser zählte. Mitbegründer der internationalen Vereinigung für theoretische und angewandte Limnologie, wurde er für seine Verdienste 1944 mit der Ehrendoktorwürde der Univ. Kiel ausgezeichnet.

Lit.: DBI, S. 1802; Kürschner G 1950, Sp. 1023 ; Ndt. Hbl. 18 (Juni 1951); Siebs, Grauer Strand, S. 109-110.
Werke: Auswahl in Kürschner (s. Lit.), u. a. *Die Copepoda Harpacticoida der Unter- und Außenweser* (Sep. Schr. d. Vereins für Naturk. a. d. Unterw., Bd. 3, 1913).
E.: Ehrendoktor Univ. Kiel 1944.

H. Bi.

Koch, Andreas Carl Hermann, gen. **Helmuth,** Dr. jur.; *Verwaltungsbeamter, Amtmann, Oberbürgermeister, Landespolitiker.* * *17.9.1889 Bremerhaven,* † *2.7.1963 Ilten bei Hannover (ev.-luth.).* K. wuchs als Sohn eines Schiffsingenieurs in Bremerhaven auf und legte 1909 die Reifeprüfung am Bremerhavener Gymnasium ab. Nach einem zweisemestrigen Medizinstudium in Berlin wandte er sich dem Studium der Rechts- und Staatswissenschaften an den Universitäten Freiburg i. Br., Leipzig, Berlin und Wien zu, das er 1914 abschloß. Im I. Weltkrieg diente er beim Kaiser-Alexander-Garde-Grenadier-Regiment, wobei er dreimal verwundet wurde. Nach der Promotion an der Univ. Greifswald (1918), der Verabschiedung aus dem Heer (1919) und der 2. juristischen Staatsprüfung (1921) war K. zunächst als Hilfsarbeiter bei der Staatsanwaltschaft in Bremen und dann als Regierungsrat beim Bremischen Amt in Bremerhaven tätig. Seit Nov. 1923 nahm er in Vertretung des vom Dienst suspendierten Erich von Seelen die Geschäfte des Bremischen Amtmanns in Bremerhaven wahr. 1925 wurde er kommissarisch, 1927 endgültig mit diesem Amt betraut. Im Nebenamt führte er den Vorsitz des Bremerhavener Seeamtes. 1937 schied K., der der DNVP angehörte, aus politischen Gründen aus dem Staatsdienst, u. a. weil er sich vor seine Mitarbeiter gestellt hatte. Er war seit 1938 in zweiter Ehe mit Henny, geb. Sperling verheiratet, der Tochter eines Geestemünder Bau- und Zimmereiunternehmers. Während des II. Weltkriegs übte K. Verwaltungsfunktionen in Gotenhafen und Danzig aus (1939-42 beim Regierungspräsidenten, 1942-45 stellv. Leiter des Landeswirtschaftsamtes Danzig-Westpreußen). Aufgrund seiner Vergangenheit wurde er am 24.5.1945 von der amerikanischen Militärregierung zum kommiss. Oberbürgermeister der Stadt Wesermünde eingesetzt; zugleich nahm er das Amt eines stellv. Regierungspräsidenten für den Stadtkreis, zeitweise auch für den Landkreis Wesermünde wahr, was durch die besondere Situation in der amerikanischen Exklave Bremen/Wesermünde bedingt war. Hinsichtlich der politischen Zuordnung favorisierte K. eine Eingliederung Wesermündes nach Niedersachsen. Bei der Wahl zum Oberstadtdirektor seinem Mitbewerber → Hermann Gullasch unterlegen, schied er am 1.7.1946 mit Inkrafttreten der neuen Stadtverfassung aus dem Amt. Es schloß sich eine Karriere in der niedersächsischen Landesverwaltung an. Nach vorübergehenden Verwendungen wurde er 1948 Leiter des Landesernährungsamtes Hannover. Im Nebenamt übte er aber von 1947 bis 1950 als Vorsitzender des Oberseeamtes Bremen und des Verwaltungsausschusses der seemännischen Heuerstellen in Bremerhaven weiterhin Verwaltungstätigkeiten im Lande Bremen aus. 1949 folgte die Berufung zum Regierungspräsidenten in Lüneburg und 1950 die zum stellv. Vorsitzenden des Bundesoberseeamtes. Nachdem er 1954 in den Ruhestand versetzt worden war, zog er als Abgeordneter der CDU in den Niedersächsischen Landtag ein (1955-1959) und wurde sogleich zum Finanzminister gewählt (26.5.1955-19.11.1957). Danach übte er noch vier Jahre lang das Amt eines Vorsitzenden des Bundesoberseeamtes aus. K. lebte bis zuletzt in bzw. bei Lüneburg, wo er sich lange Jahre auch ehrenamtlich engagierte.

Lit.: Abgeordnete in Niedersachsen 1946-1994, Hann. 1996, S. 203; Neuanfang auf Trümmern. Die Tagebücher des Bremer Bürgermeisters Theodor Spitta 1945-1947, München 1992, S. 148; Scheper, Jüngere Geschichte, S. 346-348, 378-386.
Qu.: Lüneburger Landesztg., 4.7.1963; StadtA. Brhv., Reg. (Lebenslauf), Meldekartei Brhv. nach 1945 I; StABr., 4, 1/4 H. Koch.
P.: Foto in NZ, 17.9.1959 u. Lüneburger Landesztg., 4.7.1963.
E.: Bundesverdienstkr.

H. Bi.

Koch-Weser, Erich (bis 1927: Koch); *Rechtsanwalt, Stadtdirektor, Oberbürgermeister, Reichsminister, Parlamentarier, Koloniegründer.* * 26.2.1875 Bremerhaven, † 19.10.1944 Facenda Janeta, Rolândia (Paraná, Brasilien) (ev.). K.s Vater Dr. Anton K. leitete ab 1864 in Bremerhaven die

1872 von → Auguste Gill übernommene höhere Mädchenschule und wechselte 1870 an die dortige Realschule. Seine Mutter Minna Lewenstein entstammte einer der ältesten jüdischen Familien Oldenburgs. Nach dem frühen Tod ihres Mannes (1876) zog sie mit ihren Kindern nach Oldenburg, wo K. ein humanistisches Gymnasium besuchte. Danach studierte er Rechts- und Staatswissenschaften sowie Volkswirtschaft an den Universitäten Lausanne, Bonn, München und Berlin. Von 1898 bis 1902 war er Referendar im Großherzogtum Oldenburg. Noch vor seinem zweiten Staatsexamen beauftragte ihn das Oldenburgische Staatsministerium mit der Vertretung des erkrankten Bürgermeisters von Delmenhorst. 1902 wurde er zum Bürgermeister in Delmenhorst und noch im gleichen Jahr, ohne einer Partei anzugehören, zum Mitglied des Oldenburgischen Landtags gewählt. Mit 34 Jahren berief ihn 1909 die Bremerhavener Stadtverordnetenversammlung in Nachfolge von Adolf Hagemann zum Stadtdirektor. Obwohl er bereits Ende 1913 Bremerhaven verließ, ist sein Wirken mit städtischen Einrichtungen verbunden, die bis heute von Bedeutung sind, so z. B. der zusammen mit Lehe erbaute moderne Vieh- und Schlachthof, das neue Stadttheater und die Strandhalle mit dem Nordsee-Aquarium. Ähnliches galt für Delmenhorst. Deshalb würdigten beide Städte noch zu seinen Lebzeiten 1927 und 1928 seine Verdienste mit Straßenbenennungen. 1913 wurde K. zum Oberbürgermeister der Stadt Kassel gewählt und damit Mitglied des Preußischen Herrenhauses. Seit 1919 in Berlin, war er Mitglied der Weimarer Nationalversammlung sowie des Reichstages (1920-1930) als Vertreter der von ihm mitbegründeten Deutschen Demokratischen Partei (DDP), deren Reichsvorsitz er von 1924 bis 1930 innehatte. Ab 1927 wurde ihm das Recht erteilt, nach seinem Wahlkreis den Namen »Koch-Weser« zu führen. 1924 schaltete er sich in die Diskussion um den Zusammenschluß der Unterweserstädte ein, den er als ein »Gebilde aus Schwanz und Kopf ohne Mittelstück« ablehnte. Von 1919 bis 1921 bekleidete er in drei Kabinetten der Reichsregierung das Amt des Innenministers. Unter Reichskanzler Hermann Müller (SPD) war er Vizekanzler. Von 1928 bis 1929 nahm er im zweiten Kabinett Müller das Amt des Reichsjustizministers wahr. Er trat für eine Reichsreform im Sinne eines dezentralisierten Einheitsstaates ein. Nach der Wahlniederlage der aus der DDP, der Volksnationalen Reichsvereinigung und dem Jungdeutschen Orden gebildeten Deutschen Staatspartei im Jahre 1930 arbeitete er als Rechtsanwalt in Berlin in der von ihm dort schon 1921 gegründeten Kanzlei. 1933 erteilten die Nationalsozialisten ihm ein Berufsverbot als Rechtsanwalt und Notar. Er emigrierte im gleichen Jahr nach Brasilien in die von Deutschen gegründete Siedlung »Rôlandia« im Bundesland Paraná, die er als Vorsitzender der »Gesellschaft für wirtschaftliche Studien in Übersee« bereits seit 1932 auf den Weg gebracht hatte. Er war dort Kaffeefarmer und erwarb sich zusammen mit dem Tropenlandwirt → Oswald Nixdorf Verdienste um die Entwicklung der Kolonie. Er verfaßte zahlreiche Bücher zur politischen Zeitgeschichte und zu verfassungspolitischen Fragen. Sein Sohn Geert (* 1905) machte sich als Agrar- und Siedlungsexperte und Beauftragter des Deutschen Entwicklungsdienstes in Brasilien einen Namen; dessen Sohn, Dr. Cajo K. (* 1944), war Abteilungsleiter bei der Weltbank und wurde 1998 als Staatssekretär ins Bundesfinanzministerium berufen.

Lit.: DBI, S. 1840; DBE, Bd. 5, S. 645; Brockhaus, Bd. 12, S. 135; Gr. Bremen-Lexikon, S. 401-402; H. Beckstein, Erich Koch-Weser, in: Persönlichkeiten der Verwaltung, Stuttgart 1991; S. 341-345; H. Gabcke, Erich Koch-Weser (1875-1944), Brhv. 1983; A. Chanady, Erich Koch-Wesers politische Lehrjahre, in: Jb. M.v.M. 61 (1982), S. 377-387; M. Ernst, Thomas Mann u. Erich Koch-Weser, in: Jb. M.v.M. (1990), S. 145-158; Kock, Koch, Koch-Weser. 400 Jahre Familiengeschichte, Brhv. 1990; W. Mühlhausen u. G. Papcke (Hrsg.), Kommunalpolitik im Ersten Weltkrieg. Die Tagebücher Erich-Koch-Wesers 1914-1918, Mchn. 1999; G. Papcke, Der liberale Politiker Erich-Koch-Weser in der Weimarer Republik, Baden-Baden 1989; K. Schwarz, Erich Koch-Weser, in: Br. Biogr. 1912-62, S. 283-285; K. Wegner, E. Koch-Weser, in: NDB, Bd. 12, S. 280-281; Biogr. Hdb. Emigr., Bd. 1, S. 376 (Erich u. Geert K.-W.); zu K.s Wirken in Delmenhorst vgl. jetzt H. H. Precht, in: Delmenhorster Heimatjahrbuch 2000, S. 85-93, sowie verschiedene Beitr. in Delmenhorster Heimatbuch 2003/2004.
Werke: u. a. *Einheitsstaat u. Selbstverwaltung* (1928); *Rußland von heute. Das Reisetagebuch eines Politikers* (1928, 3. Aufl. 1930); *Deutschlands Außenpolitik 1919-1929* (1929); *Germany in the Post-War-World* (1930); *Und dennoch aufwärts! Eine deutsche Nachkriegsbilanz* (1933); *Hitler and Beyond. A German Testament* (1945); zahlr. kl. Beitr. über Politik u. Reisen.
Nachlaß: Bundesarchiv Koblenz (Findbücher d. BA, Bd. 6, Koblenz 1984).
P.: Bronzebüste Erich-Koch-Weser-Platz Brhv.-Mitte; Fotos u. a. in Papcke, Vorsatz, u. Gabcke (s. Lit.).
E.: Straßenbenennung Brhv.-Mitte, Ehrenbürger Delmenhorst (1928).

H. Br.

Kölbel, Herbert Paul Alfred, Dr. phil.; *Chemiker, Hochschullehrer.* * 30.8.1908 Wulsdorf, † 28.9.1995 Berlin. Der Sohn eines Handelsreisenden, der sich nur vorübergehend (Juni-Dez. 1908) in Wulsdorf aufhielt, wuchs in Hannover auf, wo sein Vater später eine kleine Gummiwarenfabrikation betrieb. Nach Besuch des dortigen Realgymnasiums und dem Studium an den Universitäten Freiburg i. Br. und Greifswald (Promotion 1934) war K. zunächst am Kaiser-Wilhelm-Institut für Kohlenforschung in Mühlheim (Ruhr) tätig, bevor er 1936

Leiter einer Forschungsabteilung und 1943 Betriebsdirektor bei der Rheinpreußen AG in Homberg bei Moers wurde. Seit 1953 war er ord. Professor für technische Chemie an der TU Berlin, 1961-63 auch Rektor (1973 emeritiert). Zu seinen Forschungsgebieten gehörten Kohlenwasserstoffe, die Veredelung von Kohle und chemische Verfahrenstechniken. K., der zahlreiche Patente hielt, ist der Entdecker der Kölbel-Engelhardt-Synthese von Kohlenwasserstoffen aus Kohlenoxyd und Wasserdampf. Er gehörte der DECHEMA an und war Mitglied der Deutschen Akademie der Naturforscher (Leopoldina). Als Musikliebhaber (Querflöte und Laute) leitete er bis 1953 auch die Moerser Schloßkonzerte.

Lit.: DBI, S. 1849; DBE, Bd. 11/1, S. 108; Wer ist wer? 1955, S. 616, 1976/77, S. 495.
Qu.: StadtA Brhv. Meldewesen 206; StadtA Hannover (Auskunft): Adreßbuch 1910 u. 1925.
Werke: Auswahlverz. in DBE (s. Lit.).

H. Bi.

Köster, August Johann Heinrich, Dr. phil.; *Archäologe, Schiffahrtshistoriker, Kustos, Museumsleiter.* * 9.8.1873 Neuland, Kr. Kehdingen (Niederelbe), † 10.12.1935 Wesermünde, □ Hamelwörden (Niederelbe) (ev.). Einer Kehdinger Schifferfamilie entstammend, lernte K. schon in jungen Jahren die See und die Welt auf Reisen kennen, auf die ihn sein Vater, Kapitän und Eigner eines Segelschiffs, mitnahm. Nach dem Besuch der Schule in Uetersen absolvierte er eine Lehrerausbildung, entschloß sich aber nach kurzer Unterrichtstätigkeit zum Studium der klass. Archäologie, der alten Sprachen sowie der Kultur- und Kunstgeschichte in Berlin, Rom und zuletzt Straßburg, wo er, nachdem er in Koblenz noch das Abitur nachgeholt hatte, 1902 promoviert wurde. Anschließend war er am archäologischen Institut in Straßburg tätig, erhielt ein Stipendium für eine Forschungsreise nach Griechenland und Ägypten und nahm dann eine Stelle als wiss. Hilfsarbeiter (seit 1906 Kustos) an den kgl. bzw. später staatl. Museen in Berlin an, in deren Auftrag er weitere Forschungsreisen ins östliche Mittelmeer durchführte. K., der über große Belesenheit auf zahlreichen

Gebieten, ein phänomenales Gedächtnis und über ein hervorragendes Ausdrucksvermögen verfügte sowie mehrere alte und lebende Sprachen beherrschte, machte sich bald international einen Namen als Experte für die Schiffahrtsgeschichte der Antike, insbesondere auch der Ägypter und Phönizier, wurde zu wichtigen Ausgrabungen herangezogen und verstand es, seine Erkenntnisse in zahlreichen Veröffentlichungen und Vorträgen der Fachwelt ebenso wie einem breiten Publikum anschaulich zu vermitteln. 1924 aufgrund der Sparmaßnahmen des öffentlichen Dienstes frühpensioniert, blieb er zunächst noch in Berlin, zog sich dann aber nach Malente (Holstein) zurück, wo er sich seinen Forschungen widmete, die er auf die Schiffahrtsgeschichte der neueren Zeit und die nordische Geschichte ausdehnte. Seit einem Kriegseinsatz an der Wurster Küste 1917, bei dem er in Beziehung zu den »Männern vom Morgenstern« getreten war, befaßte er sich auch mit der Geschichte des Elbe-Weser-Dreiecks. Auf Empfehlung des mit ihm befreundeten → Dr. Johann Bohls wurde K. 1934 in Nachfolge von → Paul Schübeler zum nebenamtlichen Leiter des Wesermünder Morgenstern-Museums berufen. Infolge seines plötzlichen Todes war es ihm allerdings nicht vergönnt, in den anderthalb Jahren seines Wirkens dieser Institution neue Impulse zu geben.

Lit.: DBI, S. 1863; F. Dannmeyer, August Köster, in: Nds. Lbb., Bd. 1, S. 256-271; ders., Aus Kösters Lebenslauf, in: Jb. M.v.M. 33 (1952), S. 173-177; O. Höver, In memoriam August Köster, in: Ndt. Hbl. 1/1936; Körtge, Morgenstern-Museum, S. 268-269; Kürschner G 1928/29, Sp. 1241; Wer ist's 1935, S. 858; E. v. Lehe, Nachruf auf August Köster, in: Jb. M.v.M. 27 (1934-36), S. 1-5.

Werke: Verz. in Dannmeyer, S. 270, Kürscher und Wer ist's? (s. Lit.), u. a. *Die ägyptische Pflanzensäule der Spätzeit* (Diss. Straßburg 1903); *Das Stadion von Athen* (1906); *Die Nautik im Altertum* (1914); *Die Erbauung der Cappel-Neufelder Sommerdeiche*, in: Jb. M.v.M. 17 (1917), S. 69-91; *Das antike Seewesen* (1923); *Modelle alter Segelschiffe* (1926); *Seefahrten der alten Ägypter* (1926); *Die Blütezeit der Segelschiffahrt* (1932); *Studien zur Geschichte des antiken Seekriegswesens* (1934), *Die Schiffe der nordischen Felsbilder* (1934).

P.: Foto in Dannmeyer, S. 256, Höver, u. v. Lehe, S. 1 (s. Lit.).

H. Bi.

Köster, Friedrich; *kaufmänn. Angestellter, Maler, Zeichner.* * 15.12.1912 Hannover, † 29.12.1989 Bremerhaven. K. kam noch vor der Einschulung mit seinen Eltern nach Bremerhaven, wo er nach dem Willen des Vaters nur die Volksschule besuchte. Es folgten eine Lehre bei einer Baumwollspedition und eine mehrjährige Tätigkeit bei einer Bank in Bederkesa. Seit Mitte der 1930er Jahre war er als kaufm. Angestellter in der Bremerhavener Filiale der Bremer Spedition J. H. Bachmann tätig. Zeichnerisch begabt, nutzte er seine Freizeit schon früh zum Aquarellieren. 1937 präsentierte er auf Anregung des Kunstvereins erstmals seine Arbeiten. Im II. Weltkrieg konnte er sich als Soldat nebenher künstlerisch weiterbetätigen; aufgrund widriger Umstände gelang es ihm aber nicht, sich an der Kunsthochschule in Berlin weiterzubilden. Nach dem Krieg arbeitete er in Bremerhaven zunächst als freischaffender Künstler und wurde dann bis 1950 bei der Nordsee-Zeitung als Reporter und Zeichner eingestellt, für die er zahlreiche Porträts zeichnete und Artikel über das Nachkriegsleben illustrierte. Nach einer zweijährigen Tätigkeit als Bühneneleve beim Stadttheater war K. von 1953 bis 1975 Angestellter bzw. seit 1961 Werbeleiter der Städt. Sparkasse Bremerhaven. Wenngleich der Beruf K. wenig Zeit für seine Kunst ließ, so entstanden in dieser Zeit doch ein Reihe von Buchillustrationen, u. a. für die Städt. Sparkasse, sowie Putz- und Fenstermosaiken für das neue Treppenhaus der Sparkassenzentrale. Nach seiner Pensionierung 1975 befaßte er sich wieder mit der Ölmalerei. Insgesamt hat K. ein reichhaltiges Werk an Zeichnungen und Gemälden hinterlassen, überwiegend Landschaften, Stadt- und Hafenansichten, aber auch Porträts, Stilleben, Sgrafitti, Mosaiken und Wandgestaltungen. Viele von ihnen sind auch von dokumentarischem Wert für das Bremerhaven der Nachkriegszeit.

Lit.: Grapenthin, S. 288-293, 498.

P.: Selbstporträt 1984 (abgeb. in Grapenthin, S. 289).

S. R.

Kohnert, Hans (urspr. Kohn); *Kaufmann, Fabrikant, Kommunalpolitiker, Förderer von Wirtschaft und Kultur.* * 15.11.1887 Geestemünde, † 10.1.1967 Bremerhaven *(ev.-ref.).* K., der eine humanistische Schulbildung genoß, hatte ein Studium der Malerei begonnen, mußte aber nach dem frühen Tode des Vaters Franz Kohn (1857-1909) zusammen mit seinem Bruder das von seinem Großvater 1863 gegründete Holzhandels- und -bearbeitungsunternehmen übernehmen. Die am Geestemünder Querkanal ansässige Fa. Pundt & Kohn gehörte zusammen mit der von → Christian Külken zu den ältesten und bedeutendsten dieser Branche an der Unterweser. Neben dem traditionellen Handel mit Importhölzern aus Skandinavien und Übersee erfolgte in einem 1890/91 errichteten maschinenbetriebenen Säge- und Hobelwerk die industrielle Fertigung von Dielen, Leisten und anderen Holzprodukten; die Rundstabfabrikation firmierte unter dem Namen »Geestemünder Holzindustriewerke Backhaus & Co«, ein weiteres

angeschlossenes Unternehmen als »Unterweser-Holzhandel GmbH«. Noch vor dem I. Weltkrieg wurde eine Möbelfabrik in Melle (Westf.) übernommen, deren Leitung der Bruder Gerhard K. übernahm, während K. das Stammhaus führte. Nach dem Wiederaufbau der im II. Weltkrieg zerstörten Anlagen existierte das Unternehmen bis zu K.s Tod. K. machte sich vor allem durch sein ausgedehntes standespolitisches und außerberufliches Wirken einen Namen. Wie sein Vater, der von 1898 bis 1909 als Senator ehrenamtliches Magistratsmitglied in Geestemünde gewesen war, engagierte er sich zunächst in der Kommunalpolitik Wesermündes, wo er von 1924 bis 1929 für das Vereinigte Bürgertum im Magistrat wirkte; bei der Stadtverordnetenwahl 1951 war er am Zustandekommen des Wahlblocks, einer Vereinigung aus CDU, Deutscher Partei, FDP und Parteilosen, maßgeblich beteiligt, ohne allerdings für ein Mandat zu kandidieren. Seit 1928 übernahm er verantwortliche Aufgaben in der Industrie- und Handelskammer Wesermünde (IHK). Im Juni 1933 gegen den Widerstand der nationalsozialistischen Fraktion der Kaufmannschaft zum Präsidenten der IHK gewählt, gelang es ihm zusammen mit dem Syndikus → Dr. August Dierks zwar, sachfremde Eingriffe örtlicher Parteiinstanzen mehrfach von der Kammer abzuwenden, nachdem öffentliche Anfeindungen durch seinen Gegenkandidaten, den Möbelfabrikanten → Matthus Schlüter, und den NSDAP-Kreisleiter → Theodor Lorenzen fehlgeschlagen waren. Doch konnte er auch durch Zugeständnisse an das System (1937 Änderung des Firmen- und Familiennamens, um der Verwechslung mit dem jüdischen Namen Cohn zu entgehen, 1938 Eintritt in die NSDAP) nicht verhindern, daß die IHK wie alle Selbstverwaltungsorgane der deutschen Wirtschaft zunehmend zum Vollzugsorgan der nationalsozialistischen Wirtschaftspolitik wurde. Inwieweit ihm dabei ein Spielraum zu eigenständigem Handeln blieb, beispielsweise bei den »Arisierungen« jüdischen Vermögens oder hinsichtlich der personellen Zusammensetzung des Beirats der IHK, bedarf näherer Untersuchung. Daß er sich bei seinem Taktieren zwischen den Machtgruppen an überörtliche Instanzen anlehnte – insbesondere an das Reichswirtschaftsministerium und den Gauleiter → Otto Telschow – und dieser Tatsache wohl auch seine Berufung zum Präsidenten der im April 1943 als Nachfolgeorganisation der IHK errichteten Gauwirtschaftskammer Ost-Hannover (mit Sitz in Wesermünde) verdankte, macht die besondere Problematik seiner Handlungsweise deutlich. K. wurde 1945 von der Militärregierung seines Amtes enthoben, im Entnazifizierungsverfahren aber als entlastet eingestuft. 1951, nachdem er zum Ehrenpräsidenten der wiedergegründeten IHK ernannt worden war, wurde ihm der Vorsitz im Kammerkonvent zuteil; dort gelang es ihm u. a., Spenden für den Anbau des großen Festsaales der IHK einzuwerben. K. war Aufsichtsratsmitglied der Bremer Landesbank und der Geestemünder Bank (1941-67, Vorsitzender 1951-67). Auch in seinem ehrenamtlichen Engagement knüpfte K. an seinen Vater an, der einer der Förderer des

Geestemünder Bürgerparks gewesen war. Hatte K. bereits 1926 den Vorsitz des »Vereins für Ferienkolonien« übernommen, der in Bederkesa das später als Schullandheim genutzte »Westermann-Heim« für erholungsbedürftige Kinder betrieb, so unterstützte er nach 1945 als Vorsitzender entsprechender Fördervereine den Wiederaufbau des Stadttheaters und die Errichtung des neuen Stadtbades. In der Vereinigten Protestantischen Gemeinde zur Bürgermeister-Smidt-Gedächtniskirche war er von 1949 bis zu seinem Tode Mitglied des Kirchenvorstandes; von 1951 bis 1964 vertrat er die Gemeinde im Bremischen Kirchentag.

Lit.: DBI, S. 1870; Bickelmann, Geestendorf, S. 156-172; Willi A. Boelke, Die deutsche Wirtschaft 1930-1945, Düsseldorf 1983, S. 275-281; K.-P. Ellerbrock u. T. Bessler-Worbs (Hrsg.), Wirtschaft u. Gesellsch. im südöstlichen Westfalen, Dortmund 2001, S. 343-373; 100 Jahre Geestemünder Bank, Brhv. 1971, S. 48, 60; H. Körtge, Jugendheime, Ferienkolonien, Schullandheime, in: Jb. M.v.M. 73 (1994), S. 285-322, hier S. 285-292; Wer ist wer? 15 (1967/68), S. 1009; Wolff, Friedhöfe, S. 69.
Qu.: NWZ, 28.3.1933, 24.6.1933; NZ, 17.2.1951 (Sonderbeilage), 21.1.1967; Ndt. Hbl. 455 (Nov. 1987); StadtA Brhv., Gewerbesteuerakte Pundt & Kohn; StA Stade, Rep. 275 II Nr. 287.
P.: Foto in NZ, 21.1.1967, u. Ndt. Hbl. (s. Lit.).
E.: Ehrenpräs. IHK Brhv. (1951); Familiengrabstätte Friedhof Lehe II.

H. Bi.

Koldewey, Carl; *Nautiker, Kapitän, Naturwissenschaftler, Polarforscher. * 26.10. 1837 Bücken (Grafsch. Hoya), † 18.5.1908 Hamburg (ev.).* Aufgewachsen als Sohn eines Kaufmanns beendete K. seinen Schulbesuch 1852 am Gymnasium zu Clausthal vorzeitig und begann eine seemännische Ausbildung. Nach fünf Jahren Seefahrtszeit als Steuermann absolvierte er 1866/67 eine naturwissenschaftliche Ausbildung an der Polytechnischen Hochschule Hannover und an der Univ. Göttingen, wo er die Fächer Mathematik, Physik und Astronomie belegte. Auf Vorschlag seines Seefahrtschullehrers Dr. Breusing wurde er 1868 von dem Geographen Dr. August Petermann mit der Organisation und Durchführung seiner Nordpolarexpedition betreut, die von Bergen aus mit der Jagt GRÖNLAND startete und

die im Oktober in Bremerhaven endete. Nach dem vergeblichen Versuch Grönland zu erreichen, war es ihm im zweiten Anlauf gelungen, die Nordküste Spitzbergen zu umrunden und in der Hinlopen-Straße Vermessungen vorzunehmen. 1869/70 leitete K. die 2. deutsche Polarexpedition, die mit dem bei der Tecklenborg-Werft in Geestemünde erbauten Dampfsegler GERMANIA, den er selbst führte, und dem Segler HANSA von Bremerhaven ihren Ausgang nahm. Da die beiden Schiffe im Nebel voneinander getrennt wurden – die Hansa wurde später im Packeis zerdrückt, ihre Besatzung konnte sich aber retten –, setzte K. die Expedition allein fort. Diesmal konnte er Grönland erreichen. Die Expedition, zu der auch der österreichische Forscher Julius von Payer gehörte, stieß auf einem Schlittenmarsch vom 74. bis zum 77. Breitengrad vor, kam zu umfangreichen karthograhischen Erfassungen und konnte den Franz-Josef-Fjord entdecken. Im Sept. 1870 kehrte die GERMANIA nach Bremerhaven zurück. Im Jahr darauf wurde K. unter W. von Freeden erster ständiger Assistent an der Norddeutschen Seewarte (ab 1.1.1872 Deutsche Seewarte) in Hamburg. In dieser Zeit wurde die Herausgabe des vierbändigen Expeditionswerkes abgeschlossen, für das K. u. a. die Themen Meteorologie und Hydrographie bearbeitet hatte. Von 1875 bis zu seiner Pensionierung 1905 leitete K. die 2. Abteilung der Deutschen Seewarte (Nautische Instrumente), wo er sich vorwiegend mit der Kompaßtheorie befaßte, einer Arbeit, welche nicht nur physikalisch kompliziert war, sondern damals auch gravierende Einflüsse auf wirtschaftliche und politische Entscheidungen hatte. Da K. als Autorität für die Logistik der Polarforschung galt, wurde seine Mitarbeit auf diesem Gebiet häufig in Anspruch genommen. Sein Vorschlag, feste Beobachtungsstationen in den Polargebieten einzurichten, fand zu seiner Zeit wenig Gehör. Die Jagt GRÖNLAND ist als Museumsschiff des Deutschen Schiffahrtsmuseums in Bremerhaven noch heute in Fahrt.

Lit.: DBI, S. 1873; DBA I 690, 67-69, II 740 228-232; DBE, Bd. 6, S. 14; Brockhaus, Bd. 12, S. 166; D. Henze, Karl Koldewey, in: NDB, Bd. 12, S. 458-459; G. Lange (Hrsg.), Eiskalte Entdeckungen, Bielefeld 2001, S. 262-271; R. A. Krause, Die Gründungsphase deutscher Polarforschung 1865-1875, Brhv. 1992, S. 81-204; Porsch, S. 286.
Werke: u. a. *Die 1. dt. Polarexpedition i. J. 1868*, in: Petermanns Geogr. Mitt, Erg.h. 1871, Nr. 28; *Die 2. dt. Nordpolarfahrt i. d J. 1869 u. 1870*, 2 Bde.1873/74.
P.: Foto u. a. in Lange (s. Lit.), S. 262, div. Fotos im Archiv Alfred-Wegener-Institut Brhv.; Lithogr. in: 2. dt. Nordpolarfahrt (s. Werke).
E.: Geh. Admiralitätsrat, Koldewey-Station des A.-Wegner-Instituts auf Spitzbergen; Straßenbenennung Bremen..

R. A. K.

Kollakowsky, Norbert; *Schauspieler, Regisseur, Übersetzer.* * 2.1.1940 Wesermünde (-Lehe), † 26.7.1999 Oldenburg. K. entstammt einem künstlerisch geprägten Elternhaus; der Vater Helmut K. (*1919) war kunstmalerisch ambitioniert, mußte aber seine Neigungen unter den Umständen der Kriegs- und Nachkriegszeit zurückstellen, arbeitete zunächst in seinem erlernten Beruf als Graphiker und Dekorateur, führte später ein Textilgeschäft, betätigte sich aber daneben noch bis in die 1990er Jahre als Freizeitmaler. Nach dem Abitur an der Körner-Schule in Lehe (1959) und Bundeswehrzeit

studierte Norbert K. in Köln Theaterwissenschaft und ließ sich anschließend auf der Folkwangschule in Essen zum Schauspieler ausbilden. Nach seinem Debüt an der Landesbühne Niedersachsen Mitte 1964 hatte er feste Engagements als Schauspieler, Regisseur (seit 1971) und zeitweise auch als Oberspielleiter an den Städt. Bühnen Wuppertal (1966-68), am Deutschen Theater Göttingen (1968-71), an der Freien Volksbühne Berlin (1971-73), an den Städt. Bühnen Krefeld (1973-78), am Staatstheater Oldenburg (1978-81) und an den Städt. Bühnen Augsburg (1981-84). 1984 übernahm er einen kurzzeitigen Lehrauftrag an der Folkwangschule, bevor er 1986 als Dozent für Darstellung an die Westf. Schauspielschule Bochum berufen wurde; dort wirkte er bis 1995. Vier Saisons lang (1992-95) leitete er daneben als Intendant erfolgreich die Festspiele Schloß Neersen in Willich bei Krefeld, bei denen er selbst auch Rollen übernahm und Regie führte. Als Gastregisseur machte er mehrfach auch in Bremerhaven auf sich aufmerksam, wo er vor allem William Shakespeares »Sommernachtstraum« (1986, in eigener Übersetzung) und Lessings »Nathan der Weise« (1987) inszenierte. Bevorzugte Autoren waren William Shakespeare und Oscar Wilde, die er z. T. neu übersetzte. Als Darsteller arbeitete er u. a. unter Hans Bauer und Peter Zadek, für letzteren auch in dem Film »Ich bin ein Elefant, Madame«; die Rolle, zu der er die größte Affinität besaß, war die des Hamlet. In seinen viel beachteten Inszenierungen setzte K., jenseits vordergründiger Modernismen und die Grundstruktur des jeweiligen Werks nicht antastend, auf die Kraft des Wortes, für die er in seinen Übersetzungen klassischer Texte eine zeitgemäße Ausdrucksform fand. In seinen letzten Lebensjahren, die vom Kampf gegen eine schon länger virulente Krebserkrankung gezeichnet waren, ging K. verstärkt seiner Übersetzertätigkeit nach. Unter dem Pseudonym Christian Bode schrieb er auch zwei Theatermärchen für Kinder, die in Neersen uraufgeführt wurden. Ein Buchprojekt mit Schauspielerbiographien blieb unvollendet. K. war mit der Schauspielerin Elisabeth Holtkamp verheiratet. Seine Geschwister, die seit 2000 wieder in Bremerhaven lebende Opernsängerin Petra K. und der Schauspieler Hartmut K. (23.12.1943-24.7.2003) machten sich ebenfalls als Künstler einen Namen; der fast im gleichen Alter verstorbene Bruder, mit dem K. mehrfach gemeinsam auf der Bühne stand, war außer im Theater in zahlreichen Film- und Fernsehrollen zu sehen, so in mehreren beliebten Serien wie »Peter Strohm«, »Großstadtrevier«, »Derrick«, »Der Landarzt« oder »Schwarzwaldklinik«.

Lit.: Burgfestspiele Mayen 2001, S. 26-27; Dt. Bühnen Jb. 2001, S. 853.
Qu.: NZ, 12. u. 18.9.1987, 9.1.1992, 31.7.1999, 20.6.2000, 25.9.1990 (Helmut K.), 26.7.2003 (Hartmut K.); Rheinische Post, 16.8.1994; Auskunft Petra Kollakowsky im Okt. 2003.
Werke: Übersetzungen: *O. Wilde, Bunbury, Ein idealer Gatte, Lady Windermeres Fächer* (1998 Reclam) u. *Eine Frau ohne Bedeutung* (2000 Reclam); *W. Shakespeare, Ein Sommernachtstraum, Die lustigen Weiber von Windsor,* u. *Hamlet* (alle im LITAG-Verlag, Bremen); *P. de Beaumarchai, Die Hochzeit des Figaro; P. Ustinov, Endspiel/Endspurt.* Theatermärchen: *Der kleine Muck, Schneeweißchen und Rosenrot.* Hörspiel: *Prinz und Kunz* (LITAG-Verlag).

P.: Fotos in Privatbesitz, Abb. u.a. in NZ, 12.9.1987, 9.1.1992, 20.6.2000.
E.: Förderpreis d. Landes Nordrhein-Westfalen (1975).

H. Bi.

Kramer, J. Heinrich (Artur Bernhard Julius Heinrich); *Unternehmer, Kommunalpolitiker, Parlamentarier, Förderer des Sports.* * 29.3.1907 Geestemünde, † 4.9.1986 Bremerhaven (ev.). Nach dem Besuch der Realschule und einer Ausbildung zum Kupferschmiedemeister übernahm K. 1929 nach dem Tode seines Vaters Johann Heinrich K. die von diesem 1901 gegründete Kupferschmiede. Der Firmentradition folgend nannte er sich später stets J. Heinrich K. Den im Apparatebau und Installationsgeschäft tätigen Handwerksbetrieb baute er nach dem II. Weltkrieg zu einem Industrieunternehmen aus, das in allen Bereichen des Rohrleitungs- und Anlagenbaus zu Hause war. 1965 erwarb K. die von Adolf tom Möhlen (1857-1911) und Friedrich A. Seebeck (1858-1918) am Geestemünder Querkanal 1885 begründete Eisen- und Maschinenbaufirma Hans Seebeck (bis 1917 tom Möhlen & Seebeck, bis 1929 Friedrich A. Seebeck). Dieses renommierte Unternehmen des Eisenhochbaus, des Brücken- und Kranbaus sowie des Kessel- und Behälterbaus bildete bis 1996 unter dem alten Firmennamen ein zweites Standbein seiner industriellen Tätigkeit, die insgesamt bis heute eine breite Palette von metallverarbeitenden Aktivitäten bis hin zum Industrie- und Schiffsanlagenbau umfaßt. K. förderte auch den Wohnungsbau, v. a. durch einen großzügigen, auf den Wohnwasserturm in Wulsdorf ausgerichteten Wohnungskomplex an der Bielefelder Straße, mit dem in den Wiederaufbaujahren insbesondere Wohnraum für Betriebsangehörige geschaffen wurde, und später durch ein Hochhaus beim Bremerhavener Friedhof. Einen Namen machte sich K. darüber hinaus durch ein weitgespanntes wirtschafts- und gesellschaftspolitisches Engagement. Er war in einer Reihe übergreifender Gremien der Wirtschaft vertreten, so vor allem im Arbeitgeberverband Bremerhaven (Vors. 1969-84) und in der Vereinigung der Arbeitgeberverbände im

Lande Bremen (Vors. 1976-81) sowie in der Industrie- und Handelskammer (IHK) Bremerhaven (Vizepräs. 1971-1981). Er wirkte maßgeblich an Fragen der Tarifgestaltung, der betrieblichen Gesundheitsfürsorge und der Berufsbildung mit. Als Mann des Ausgleichs fühlte er sich dem Konzept der Sozialpartnerschaft verpflichtet und war daher ein auch von Arbeitnehmerseite anerkannter Gesprächspartner. Von 1954 bis 1972 Kreisvorsitzender der FDP Bremerhaven, nahm er ein Mandat als Mitglied der Bremischen Bürgerschaft (1955-59) und der Bremerhavener Stadtverordnetenversammlung (1959-1975) wahr, in der er sich als Fraktionsvorsitzender neben finanz-, gesundheits- und wirtschaftspolitischen Fragen auch der Förderung des Sports annahm. In letzterer Hinsicht erwarb er sich besondere Verdienste im Rahmen einer ausgedehnten und langjährigen Vereinstätigkeit. Er war Mitglied zahlreicher Bremerhavener Sportvereine und spielte u. a. bei der Gründung des OSC 1972 eine wichtige Rolle. In der 1955 von ihm mitbegründeten Zweigstelle Bremerhaven der Deutschen Olympischen Gesellschaft (DOG) führte er bis zu seinem Tode den Vorsitz; dabei konnte er u. a. über die DOG-Lotterie den Bau von Sportstätten und Kinderspielplätzen finanziell unterstützen. Dadurch, daß er 20 Jahre lang zugleich dem DOG-Präsidium angehörte, gelang es ihm, dem Bremerhavener Sport auch überregional und auf Bundesebene verstärkt Geltung zu verschaffen. Ferner gehörte er zu den Initiatoren der Stiftung »Deutsche Sporthilfe«. Die Unternehmensgruppe J. H. K. wird heute von seinem Sohn Ingo K. (* 1953) geführt, der seit 1982 Mitglied der Geschäftsleitung war und der auch als Kommunalpolitiker (Stadtverordneter, FDP) und Repräsentant der Wirtschaft (1996-2002 Präs. d. IHK Bremerhaven) zeitweilig in die Fußstapfen seines Vaters getreten ist. Er verlegte den Sitz (und schrittweise auch die Produktion) des Unternehmens 1989/90 vom Standort der Fa. Hans Seebeck im ehemaligen Leher Gaswerk in den südlichen Teil des Fischereihafens und erweiterte die Firmengruppe später um mehrere auswärtige Unternehmen.

Lit.: Hdb. Brem. Bgsch., 4. Wahlper., S. 288; Das Land Bremen (Monogr. dt. Wirtschaftsgeb.) Oldb. 1984, S. 139, 279; Drehscheibe Bremerhaven, Brhv. 1991/92, S. 53; Wirtsch. a. Strom u. Meer, H. 10/1986, S. 4.
Qu.: NZ, 29.3.1982, 27.3.1982, 6.-9.9.1986, 1.12.1990; WK, 29.3.1982; StadtA Brhv., Gewerbesteuerakte J. H. K., Meldekartei Gmde.
P.: Foto in Hdb. Brem. Bgsch., u. NZ, 29.3.1972, 27.3. 1982, 6.9.1986.
E.: u. a. Stadtältester (1975), Bundesverdienstkreuz (1982), Ehrenvors. Vereinig. d. Arbeitgeberverb. Bremen (1981), Ehrenpräs. OSC Brhv.; Grabstätte Friedhof Gmde.

H. Bi.

Kreipe, Frida Emma Helene, geb. Aumann; *Kommunalpolitikerin, Parlamentarierin.* * 15.1.1894 Lehe, † 26.1.1980 Bremerhaven. K., Tochter des Lehrers Chr. Aumann, ergriff zunächst ebenfalls den Lehrerberuf. Seit 1920 mit dem Lehrer Heinrich K. verheiratet, mußte Sie ihre Tätigkeit allerdings 1922 aufgeben, da zum damaligen Zeitpunkt verheiratete Frauen wegen des großen Lehrerüberschusses nicht mehr unterrichten durften. In der Folgezeit engagierte sie sich in der Wohlfahrtsfürsorge der Arbeiterwohlfahrt bis zur gewaltsamen Auflösung der AWO durch das NS-Regime im Jahre 1933. Seit 1924 SPD-Parteimitglied,

nahm sie gleich nach Ende des II. Weltkrieges ihre politische Tätigkeit wieder auf. Von 1946 bis 1947 gehörte sie der von der amerikanischen Militärregierung ernannten Stadtvertretung Wesermünde an. In den Jahren 1947-1951 und 1955-1963 war sie Mitglied der Bremerhavener Stadtverordnetenversammlung. Parallel dazu wirkte sie von 1947 bis 1955 als Bremerhavener Abgeordnete in der Bremischen Bürgerschaft mit. In beiden Gremien widmete sie sich vor allem der Schul- und Kulturpolitik sowie Wohnungsbaufragen. Eine Krankheit zwang sie 1963, auf eine erneute Kandidatur für das Stadtparlament zu verzichten. Ihr Mann Heinrich K. (1892-1966), der von 1924 bis 1933 Bürgervorsteher (Stadtverordneter) der SPD in Wesermünde gewesen und 1933 von den Nationalsozialisten aus dem Schuldienst entlassen worden war, leitete von 1945 bis 1959 verschiedene Bremerhavener Schulen, zuletzt die Lessing-Schule.

Lit.: Hdb. Br. Bgsch. 2. u. 3. Wahlper.; Scheper, Jüngere Geschichte, Anhang, S. 30; H. Gabcke, S. Kruggel, H. Meyer u. W. Thode, Das Pädagogische Seminar Wesermünde (Bremerhaven) 1945-1949, Brhv. 2. Aufl. 1990, S. 20 (Heinrich K.).

Qu.: NZ, 15.1.1974, 15.1.1979, 29. und 30.1.1980; Brhv. Bürgerztg., 18.1.1974; StadtA Brhv., Meldekartei Brhv. nach 1945.
P.: Foto in Archiv Br. Bgsch., weitere Abb. in NZ, 15.1.1974, 15.1.1979, 30.1.1980; Brhv. Bürgerztg. 18.1.1974.
E.: Stadtälteste (1970).

U. J.

Kroll, Horst; *Schauspieler, Rezitator.* * 22.5.1928 Oppeln (Oberschles.), † 23.3.2000 Bremerhaven. K., der in Gleiwitz, der Nachbarstadt seines Geburtsortes, aufwuchs, entwickelte schon als Schüler Interesse für Theater, Musik und Literatur. Ende der 1940er Jahre auf der Schauspielschule in Leipzig ausgebildet, war er 1953 aus Altenburg (Thür.), wo er sein erstes Engagement hatte, nach Westberlin geflohen. Nach Verpflichtungen in Ulm, Stuttgart, Heilbronn, Heidelberg und Stuttgart kam er 1963 nach Bremerhaven, wo er bis zu seiner Pensionierung 1993 zum Ensemble des Stadttheaters gehörte. Er war eine stadtbekannte Persönlichkeit, obwohl er häufig die kleineren Rollen, die Chargen, übernahm. Seine großen Auftritte hatte er etwa als Brechts Schweyk und Molieres »eingebildeter Kranker« sowie in Stücken von Beckett,

Ionesco und Arrabal. Das Allroundtalent trat im Schauspiel ebenso wie in Operette und Musical auf. Nebenbei war er ein Meister der Rezitationskunst, der in unzähligen Lesungen vor allem seine Lieblingsdichter Eichendorff, Morgenstern, Ringelnatz und Grasshoff vorstellte. Für das Fernsehen hat er u. a. mit Egon Monk (»Bauern, Bonzen und Bomben«) und Wolfgang Staudte (»Die Pawlicks«) zusammengearbeitet; regelmäßig wurde er für das Studio Hamburg verpflichtet. Jahrelang war der kleine, feine und höfliche Mann mit dem silbernen Haarkranz in der Fernsehwerbung als Großvater zu sehen, der den Enkel mit »Werthers Echte(n)« Sahnebonbons verwöhnt. 1994 ging er mit Alexander Kerst auf eine zehnmonatige Theatertournee durch mehrere deutschsprachige Länder.

Qu.: Brhv. Sonntagsjournal, 31.5.1992, 23.10.1994; Fishtown News, April 1993; NZ, 21.7.1972, 30.4.1993, 25.3.2000, TAZ, 11.3.1993.
P.: Foto im Archiv NZ.

H. H.

Krudewolf, Johann Friedrich; *Kaufmann, Kunsthistoriker, Mäzen.* * 7.8.1866 Bremen, † 15.4.1894 Neapel, ☐ Bremerhaven-Lehe. Der einzige Sohn des aus Bremen stammenden Kapitäns Joh. Christian K. (1824-1889) wuchs zunächst in Lehe und dann in Bremerhaven auf, wo der Vater Schleppdampfer des Norddeutschen Lloyd befehligte. Die bald nach der Geburt verstorbene Mutter, eine Tochter des Geestendorfer Maurermeisters Johann Allers, und deren Schwester, mit der sich der Vater 1873 wiederverheiratete, brachten erhebliches Grundvermögen in die Ehe ein, das vor allem durch Hafenbau, Wirtschaftsboom und Expansion der Unterweserorte an Wert gewonnen hatte. J. Fr. K., bei dem sich schon früh künstlerische und wissenschaftliche Neigungen offenbarten, besuchte Realschule und Gymnasium in Bremerhaven, das er 1883 ohne Abschluß verließ, und absolvierte dann, vom Vater gezwungen, eine kaufm. Lehre. Anschließend ging er nicht näher bekannten Tätigkeiten in Berlin und Erfurt nach. Nach dem Tode des Vaters und der Stiefmutter wie auch anderer Familienmitglieder 1889 zum Alleinerben des Allersschen Vermögens geworden, eröffnete sich ihm die Möglichkeit, der familiären und provinziellen Enge zu entfliehen und seinen Neigungen nachzugehen. Er ging auf Reisen und studierte zunächst in Berlin und dann in Heidelberg Kunstgeschichte, wo er sich 1890 mit dem amerikanischen Bankierssohn Lincoln Steffens (1866-1936) anfreundete. Mit ihm zusammen setzte er seine Studien auch in München und Leipzig fort. Die enge, auf K.s Seite wohl auch homoerotisch gefärbte Beziehung, die mehrere gemeinsame Reisen einschloß, war der Höhepunkt im kurzen Leben des introvertierten und einsamen jungen Mannes, dem eine Karriere als Schriftsteller vorschwebte. Als sich die Wege 1891 trennten, suchte K., der an einer vermutlich mütterlicherseits ererbten Schwindsucht litt, Heilung an mehreren Kurorten. 1894 verstarb er während einer Italienreise. In Kenntnis seiner Krankheit hatte er Steffens, der später zu einem der bekanntesten amerikanischen Journalisten aufstieg, zum Testamentsvollstrecker und Universalerben eingesetzt, was diesem vor allem in den ersten Berufsjahren eine gewisse finanzielle und journalistische Unabhängigkeit ermöglichte. Ein Teil des Krudewolfschen Nachlasses war kommunalen und wohltätigen Zwecken, u. a. der Verschönerung des Speckenbütteler Parks gewidmet; auch die drei Kirchengemeinden in Lehe (luth./ref.) und Bremerhaven sowie die Bremerhavener Stadtbibliothek wurden bedacht. Mit einem kleineren Legat, das er für das Bremerhavener Gymnasium aussetzte, konnten bis in die 1920er Jahre Schülerarbeiten prämiert werden. K. wurde zunächst neben dem väterlichen Grab beigesetzt, bald darauf jedoch in eine von ihm testamentarisch verfügte imposante Grabstätte in Lehe umgebettet.

Lit.: American National Biography, Vol. 20, New York 1999, S. 614-616 (Steffens); W. Brandes, Lincoln Steffens. Publizist, Patriot, «Plutologe», Diss. Phil. München 1967, S. 16-17; J. Kaplan, Lincoln Steffens. A Biography, New York 1974, S. 40-43, 71-71. 93-94, 163; A. Meyer, Johann Friedrich Krudewolf und Joseph Lincoln Steffens. Eine transatlantische Studienfreundschaft, in: Jb. M.v.M. 52 (1971), S. 165-192; The Autobiographie of Lincoln Steffens, New York 1931, Bd. 1, S. 133-158, 292-310; The letters of Lincoln Steffens, ed. by E. Winter and G. Hicks, N.Y. 1938, S. 50-65, 102-113, 271; Wolff, Friedhöfe, S. 46.

Qu.: StadtA Brhv, Alt-Brhv. 91/6; StA Stade, Rep. 72/172 Lehe Nr. 1249.

P.: Büste Friedhof Lehe III (Foto im StadtA Brhv.).

E.: Grabstätten Friedhof Lehe II (Eltern) u. Lehe III.

H. Bi.

Kühnel, Günter; *Schwimmer. * 26.8.1929 Waldenburg (Schles.), † 15.9.1999 Bremerhaven.* Schon als Jugendlicher war K. mehrfach Schlesischer Meister und 1943 Deutscher Jugendmeister über 100 m Kraul- und 100 m Rückenschwimmen. Nach dem II. Weltkrieg setzte K. seine sportliche Laufbahn in Bremerhaven fort. Als Mitglied des TuS Bremerhaven 93 erzielte er viele Meisterschaftserfolge. Seine beste Plazierung erreichte er 1951 bei den Dt. Meisterschaften in Lüdenscheid mit einem dritten Platz über 100 m Freistil. Nach dem Übertritt des TuS Bremerhaven 93 in den OSC Bremerhaven startete er weiter bei nationalen und internationalen Senioren-Meisterschaften. In Rio de Janeiro wurde er 1990 zweimal Weltmeister im Rücken- und Lagenschwimmen. Seit Mitte der 1950er Jahre übernahm K. auch Verantwortung als Trainer, u. a. einer überregional erfolgreichen Mädchenmannschaft, und später auch als Übungsleiter im Seniorenschwimmsport.

Lit.: Blinkfeuer, H. 6/93.
Qu.: NZ, 17.9.1999,
P.: Foto in Blinkfeuer (s. Lit.).
E.: Ehrenmed. Stadt Brhv.

Kl. Zi.

Külken, Christian; *Kaufmann, Holzhändler, Fabrikant. * 12.11.1849 Vegesack, † 23.3.1911 Geestemünde (ev.).* K. wuchs als Sohn des Segelschiffskapitäns Michael K. (1819-1903) überwiegend in Geestemünde auf, wo der Vater seit 1854 mehrere vom Wurster Schiffahrtsverein bereederte Segelschiffe führte. Nach der Schulzeit absolvierte K. eine kaufm. Lehre in Bremen und erwarb sich anschließend bei zwei Holzhandlungen in Vegesack und Geestemünde Fachkenntnisse im Holzhandel und in der Holzbearbeitung. Bei dem Geestemünder Betrieb handelte es sich vermutlich um das etwa 1855 gegründete Unternehmen von → Ernst Friedrich Adickes, der als Mitbegründer und Korrespondentreeder des Wurster Schiffahrtsvereins sozusagen der Vorgesetzte von K.s Vater war. Es ist anzunehmen, daß K., als er nach Teilnahme am deutsch-französischen Krieg 1872 in Gee-

stemünde ein eigenes Holzhandelsgeschäft eröffnete, damit in die Fußstapfen von Adickes trat, der sich um diese Zeit vom Holzhandel zurückgezogen hatte. Wie die anderen Unternehmen der Branche gehörte die Fa. Chr. Külken zu den Importeuren von skandinavischen und amerikanischen Hölzern, die sie z. T. überregional vermarkteten, die aber zunehmend auch in den boomenden Unterweserorten Absatz fanden. Zunächst am Querkanal ansässig, dehnte sich das Unternehmen später zu dem 1877 fertiggestellten Holzhafen aus, wo 1891/92 ein dampfbetriebenes Säge- und Hobelwerk entstand. Dort wurden Holzprodukte für unterschiedlichste Verwendungen hergestellt; u. a. erwarb K. 1893 ein Patent des Deutsch-Amerikaners Goehring zur Herstellung von Zierleisten und Kassettenfüllungen. K., der auch an mehreren Reedereien beteiligt war, verstand es, das Unternehmen zu einem der bedeutendsten der Unterweserorte auszubauen; 1909 errichtete er eine Zweigniederlassung mit eigenem Sägewerk in Elsfleth, die bis zu ihrer Schließung 1966 im Besitz der Familie blieb. Über den engeren geschäftlichen Wirkungsbereich hinaus widmete sich K. wirtschaftspolitischen Fragen, insbesondere dem Ausbau der auch für den überregionalen Holzhandel wichtigen Verkehrsverbindungen zu den Unterweserorten; er war Mitglied des preußischen Eisenbahnrates. In seiner Amtszeit als Präsident der Handelskammer Geestemünde (1907-11) wurde das neue Kammergebäude fertiggestellt, das auch das Morgenstern-Museum beherbergte. Unter K.s Söhnen und Enkeln konnte die Fa. Chr. Külken, deren auseinanderliegende Betriebsteile nach einem Großband 1934 auf einem neuen Areal am Verbindungskanal zum Handelshafen zusammengeführt worden waren, ihre dominierende Stellung lange Zeit halten; 1983 wurde der Betrieb geschlossen.

Lit.: Bickelmann, Geestendorf, S. 156-172, 211-215; Heimatchronik, S. 276-277; M. Külken, Und löschten unsere Passagiere. Lebenserinnerungen des Segelschiffskapitäns Michael Külken, Br. 1999, insbes. 7-10; Chr. Külken 1872-1972, Brhv. 1872; Heimatchronik, S. 276-277.

P.: Foto in Privatbes. (abgeb. in Chr. Külken 1872-1972, s. Lit.).

H. Bi.

Kuhlmann, Christian Friedrich **Heinrich** Johann; *Schlachtermeister, Fleischwarenfabrikant, Kommunalpolitiker.* * 24.5.1855 *Geestemünde,* † *17.2.1922 Bremerhaven (ev.).* K. war der Sohn des aus Verden stammenden Schlachtermeisters Conrad Christian K. (1825-1897), der 1849 in Geestemünde eine mit Viehhandel und Schiffsausrüstung verbundene Schlachterei eröffnete. Nachdem dieser 1868 Lieferungen für den Norddeutschen Lloyd (NDL) übernommen hatte, verlegte er den Firmensitz 1870 nach Bremerhaven. Als er 1875 das Geschäft teilte, um sich nur noch dem Viehhandel zu widmen, übernahm K., selbst gelernter Schlachtermeister, den Schlachtereibetrieb, den er auf dem zentral gelegenen Areal zwischen Bürgermeister-Smidt-Straße, Ankerstraße und Lloydstraße zu einer bedeutenden Fleischwarenfabrik mit großen Lager- und Kühleinrichtungen ausbaute. Das Unternehmen profitierte vor allem von der Lieferung von Schiffsbedarf, namentlich für den NDL, für den es zeitweise sogar zum Alleinlieferanten von Gefrierfleisch auf-

rückte. Im I. Weltkrieg war die »Fleisch-, Wurst- und Konservenfabrik Heinr. Kuhlmann« auch Vertragslieferant für die kaiserliche Marine-Intendantur in Wilhelmshaven; danach hatte sie als Treuhänder der Reichsfleischstelle vorübergehend Lagerung und Versand von Importfleisch zu übernehmen. K. betätigte sich auch kommunalpolitisch. Von 1896 bis 1903 Stadtverordneter (1899-1903 Vorsteher), wechselte er 1903 als ehrenamtlicher Stadtrat in den Magistrat, wo er für die städtischen Betriebe (Gaswerk, Wasserwerk, E-Werk) zuständig war, sich aber auch mit den Finanzen und als Mitglied der Baukommission mit dem Bauwesen befaßte. In enger Zusammenarbeit mit den jeweiligen Stadtdirektoren → Erich Koch-Weser und → Waldemar Becké – seit 1908 auch als Beigeordneter, d.h. Stellvertreter des Stadtdirektors – initiierte er eine Reihe von wichtigen wirtschaftspolitischen Entscheidungen, so den Erwerb von Grundstücken in Imsum und Langen für die Erweiterung der Wasserversorgung und für die Anlage eines Stadtparks (Friedrichsruh) sowie 1912 die Errichtung eines gemeinsamen Schlachthofs Bremerhaven-Lehe, in dessen Verwaltungsrat er gewählt wurde. Zudem war er Mitbegründer und Vorsitzender des Aufsichtsrats der Häuteverwertungsgesellschaft (gegründet 1903) und der Viehmarktsbank der Unterweserstädte (gegründet 1912), die den Zahlungsverkehr zwischen den Schlachtereien und dem Schlachthof erleichterte und die im I. Weltkrieg zu einem wichtigen Instrument der Lebensmittelversorgung wurde. Ebenso war er 1895 Gründungsgesellschafter und seit 1911 Aufsichtsratsvorsitzender der Nordwestdeutschen Zeitung. Zugleich übte er als Aufsichtsratmitglied weiterer Unternehmen, u. a. der Hochseefischerei Bremerhaven AG, der Actienbrauerei Karlsburg und des Bremer Bankvereins, z. T. in städtischem Auftrag wirtschaftlichen und als Obermeister der Fleischer-Innung standespolitischen Einfluß aus. Nach dem I. Weltkrieg gehörte er zu den Mitbegründern der Deutschen Demokratischen Partei. Nachdem er 1920 aus gesundheitlichen Gründen seine öffentlichen Ämter niedergelegt hatte, wurde ihm aufgrund seiner Verdienste die Ehrenbürgerwürde der Stadt Bremerhaven verliehen. Zu dieser Zeit übergab K. die Führung des Unternehmens an seinen Sohn Heinrich Allerich K. (* 1.12.1877, † 3.12. 1959) weiter; dieser setzte, seit 1950 unter Mitwirkung seines Sohnes, die Tradition als Schiffsausrüster in enger Verbindung mit dem NDL auch über die Zeit des Wiederaufbaus des kriegszerstörten Betriebes hinaus bis weit in die Nachkriegszeit fort.

Lit.: Heimatchronik, S. 277-279; Meyer, Ehrenbürger, S. 77-78; 25 Jahre Viehmarktsbank der Unterweserstädte GmbH, Brhv. 1937.
Qu.: NWZ, 17. u. 18.2.1922; NZ, 16.8.1996; StadtA Brhv., Meldekartei Alt-Brhv. u. Brhv. nach 1945 I.
P.: Foto u. a. in Heimatchronik, S. 278, und NZ, 16.8.1996.
E.: Ehrenbürger Brhv. (1920); zahlr. Firmenpreise, u. a. Gold. Med. Weltausst. St. Louis (1904).

H. Bi.

Kuhr, Gustav; *Schiffbauingenieur, Werftbesitzer.* * 17.1.1914 Steinort, Kr. Königsberg (Ostpr.), † 1.6.2000 Bremerhaven. Bevor K. eine Lehre als Bootsbauer in Labiau absolvierte (1934-37), hatte er sechs Jahre lang auf einem Fischerboot im Kurischen Haff gearbeitet. Anschließend weitere sechs Jahre als Geselle bei einer Bootswerft in Königsberg tätig, legte er seine Meisterprüfung im Boots- und Schiffbauhandwerk ab und bildete sich in Abendkursen zum Schiffbautechniker weiter. Seit 1943 auf der Weichselwerft in Schrötersburg beschäftigt, wo Sektionen für U-Boote hergestellt wurden, wechselte er Anfang 1945 nach Hamburg und war bis Kriegsende bei Blohm & Voss als Betriebsingenieur in der Abnahme von U-Booten tätig. Nachdem er unter abenteuerlichen Umständen seine Frau aus Ostpreußen geholt hatte, ließ er sich aufgrund verwandtschaftlicher Kontakte in Wesermünde nieder und pachtete im Nov. 1945 an der Lune zwischen der ehemaligen Badeanstalt und dem Lunesiel mehrere Räume einer Baracke, um einen Bootsbaubetrieb zu errichten. Daraus entwickelte sich die Lunewerft, auf der er mit einer Slipanlage, einer Werkstatt und wenigen Mitarbeitern Fischkutter reparierte und hölzerne Boote baute. Wegen des beschränkten Platzes siedelte K. 1952 an die Westseite des Neuen Hafens über, wo er am ehemaligen Lloyddock auf dem Gelände der Fa. → Gustav W. Rogge ein kleines Schwimmdock mit einer Schlosserei betrieb. 1958 entwickelte K. den Prototyp eines geschlossenen und unsinkbaren Rettungsbootes aus Kunststoff (GFK), bestehend aus einem Druckkörper mit Einstiegsluken und Ballasttanks, die nach dem Aufprall auf dem Wasser automatisch geflutet wurden und das Boot aufrichteten; der Antrieb erfolgte durch einen Dieselmotor. Die Konstruktionsidee hatte er aus seinen Erfahrungen im U-Bootbau entwickelt. Nachdem K. die Serienherstellung der Motorrettungsboote ab 1961 in einer gepachteten Werkhalle auf dem Areal der damaligen Firma Hans Seebeck aufnehmen konnte, gelang es ihm 1964/65, an der Westseite des Fischereihafens II einen modernen Produktionsbetrieb mit Schlosserei und Fabrikationshalle aufzubauen und auch das Schwimmdock dorthin zu verlegen. Außer Rettungsbooten baute K. Kunststoffahrzeuge für die Bundesmarine und für die Sportschiffahrt sowie (1970/72) je einen Kunststoffkutter für die Krabbenfischerei und für die Hochseefischerei. 1973 mußte diese Spezialwerft, die zeitweise 40 Mitarbeiter beschäftigte, schließen; die Anlagen wurden 1976 von der benachbarten Rickmers-Werft übernommen. K. kann als ein ideenreicher, innovativer und experimentierfreudiger Schiffbauer gelten, der mit seiner Erfindung eines geschlossenen Rettungssystems seiner Zeit um 20 Jahre voraus war. Der GFK-Bootsbau erfordert hohe Investitionen in den Formenbau und setzt eine Serienfertigung voraus, wenn er sich wirtschaftlich tragen soll. Da in Deutschland geschlossene Rettungsboote von der Seeberufsgenossenschaft damals nicht anerkannt waren, fand K. nur in der ehemaligen Sowjetunion einen Markt. Erst die Weiterentwicklung zum heutigen Freifallrettungssystem brachte den Durchbruch für geschlossene Bootstypen.

Qu.: Fischtown-News, Febr. 1995, S. 16-17; NZ, 3.6. 1954, 3.6.2000; Auskunft Frida Kuhr † im Juni 2001.
P.: Foto im DSM sowie in Fischtown-News (s. Qu.).
E.: Grabstein Alt-Wulsdorfer Friedhof.

D. J. P.

Kunz, Wilhelm Eduard, Dr.-Ing.; *Ingenieur, Architekt, Stadtbaurat.* * 30.11.1880 *St. Arnual (seit 1896 zu Saarbrücken), † 20.4.1945 Wiesbaden (ev.).* Der Sohn eines Tischlermeisters und Möbelhändlers studierte von 1900 bis 1905 in (Berlin-) Charlottenburg Hochbau sowie Grundzüge des Straßen-, Eisenbahn- und Wasserbaus. Danach schlug er eine Laufbahn in der preußischen Bauverwaltung ein, die ihn bis 1914 nach Saarbrücken, Berlin, Potsdam, Köln und Oppeln führte. Während des I. Weltkrieges diente er als Ingenieuroffizier in einer Eisenbahnbaukompanie. Danach arbeitete er kurzzeitig in Groß-Strehlitz und dann als Magistratsbaurat in Dortmund. In dieser Zeit begann er sich, u. a. in einschlägigen Veröffentlichungen, mit Stadtplanung und Städtebau auseinanderzusetzen. Gleichzeitig promovierte er an der TH in Berlin. Von Oberbürgermeister → Dr. Walter Delius wurde er 1921 nach Geestemünde geholt, wo er vom 1. Nov. an Stadtbaurat und Magistratsmitglied war. Er strukturierte die Stadtbauverwaltung um und stärkte deren planerische Kompetenz. Nach der Vereinigung von Geestemünde und Lehe zu Wesermünde 1924 fiel ihm die Aufgabe zu, die auseinanderliegenden Stadtteile miteinander zu verbinden und in eine einheitliche Raum-, Bau- und Verkehrsplanung zu integrieren. Während diese übergreifenden Vorhaben angesichts der Finanzprobleme der Weimarer Zeit nur ansatzweise umgesetzt werden konnten, was vor allem den Bebauungsplan für die sog. »Lücke« betraf, entstand unter K.s Ägide eine Reihe bemerkenswerter Hochbauten, u. a. 1926/27 der Wulsdorfer Wohnwasserturm, 1928/29 die Humboldtschule, 1928 Wohnblöcke für Obdachlose an der Langener Landstr. (an denen Magistratsbaurat → Heinrich Mangel beteiligt war) und 1930 das Wohnheim für Fischarbeiterinnen (Ibbrigheim). 1933 gehörte K. zu den Opfern der Machtübernahme durch die Nationalsozialisten, obwohl er 1933 der DNVP, dem bürgerlichen Koalitionspartner der NSDAP, beigetreten war. Nach seiner Entlassung lebte er bis 1939 in Berlin, danach in Wiesbaden.

Lit.: U. Weiher, Der Wesermünder Stadtbaurat Dr. Wilhelm Kunz, in: Brhv. Beitr. II, S. 247-269; H. Bikkelmann, Über die »Lücke« kam es zur Vereinigung, in: Nordsee-Kalender 2001, S. 53-57.
P.: Foto in Weiher (s. Lit.), S. 249.

U. W.

Kunze, Karl Otto Fritz **Paul**; *Kunsterzieher, Maler, Graphiker.* * 3.5.1892 Bremerhaven, † 6.10.1977 Bremerhaven (ev.). Der Sohn eines Tierarztes und einer Schauspielerin studierte nach dem Abitur am Gymnasium seiner Heimatstadt (1911) zunächst an der Münchner Akademie der bildenden Künste und später an der Kgl. Kunstschule Berlin (1913-14), wo er auch sein Zeichenlehrer-Examen für höhere Schulen ablegte. Am I. Weltkrieg nahm er als Matrosen-Artillerist in Kiel teil. Danach war er Zeichenlehrer in Bad Berka und Torgau (1920-24), legte in Leipzig die Werklehrerprüfung ab und unterrichtete anschließend als Kunsterzieher in Stade. 1928 wurde er am Geestemünder Reformrealgymnasium (seit 1950 Wilhelm-Raabe-Schule) als Kunsterzieher und Sportlehrer eingestellt; dort war der Junggeselle noch weit über seine Pensionierung (1957) hinaus bis 1968 tätig. Von 1928 bis 1939 leitete er die Ruder-Arbeitsgemeinschaft seiner Schule. 1946-1948 unterrichtete er auch Kunst am Pädagogischen Seminar von → Walter Zimmermann. Kunze galt allgemein als engagierter Pädagoge, der die Verbindung zu vielen seiner ehemaligen Schüler aufrechterhielt und dem manches künstlerische Talent Anregung verdankte, so u. a. Hans-Berthold Giebel. Gleich nach dem II. Weltkrieg widmete er sich der Arbeit im Bremerhavener Kunstverein, dessen Ehrenmitglied er 1970 wurde; vierzehn Jahre lang trug er in engem Zusammenwirken mit dem Vorsitzenden → Dr. Klaus Volbehr als Kustos im Vereinsvorstand zum Ausbau der Sammlungen bei, organisierte Ausstellungen und Führungen und setzte sich für den Bau der 1964 fertiggestellten Kunsthalle ein. K. gilt als wichtiger Künstler zwischen Elbe und Weser, stellte vielfach (auch im

Ausland) aus und bevorzugte eine expressive Formensprache, die ins Surreale und bis in die Ungegenständlichkeit hinein reicht. Er pflegte viele Techniken, neben Holzschnitten, die er anfangs bevorzugte, auch Aquarelle, Ölbilder und Kaltnadelarbeiten. Bekanntheit erlangte er u. a. durch Reise- und lokale Hafenbilder sowie durch Porträts, so des mit ihm befreundeten Tanzpädagogen → Hermann Grauerholz, für den er auch Bewegungsstudien zeichnete. Seine Werke befinden sich z. T. im Besitz der Kunsthalle Bremerhaven und – in bedeutendem Umfang – bei dem Kunsthändler Alwin Bergmann in Kirchwistedt (Kr. Cuxhaven).

Lit.: DBI, S. 1984; H. Gabcke, S. Kruggel, H. Meyer u. W. Thode, Das Pädagogische Seminar Wesermünde/Bremerhaven 1945-1949, Brhv. 2. Aufl. 1990, S. 20; Grapentin, S. 194-202, 369, 500; Kunstverein Bremerhaven von 1886, Geschichte des Vereins und seine Sammlungen, S. 38-40; Vollmer, Bd. 3, S. 140.
Qu.: NZ, 8.10.1977; StadtA Brhv., Personalakte P. K.
P.: Selbstporträt (Zeichn., 1912), Foto in StadtA Brhv. (Pers.akte).
E.: Ehrenmitgl. Kunstverein Brhv.

G. B.

L

Lähn, August Johann; *Buchhändler, Redakteur, Dramatiker, Heimatschriftsteller.* * 16.10.1867 Prerow a. Darß (Pomm.), † 15.4. 1953 Bremerhaven (ev.-luth.). L. kam als 6jähriger nach Bremerhaven, wo sein Vater in der Schifferstraße eine Gastwirtschaft betrieb. Nach dem Schulbesuch absolvierte er eine Buchhändlerlehre; während dieser Zeit spielte er kleine Rollen im Bremerhavener »Volksgarten«. Mit 20 Jahren begann er für die Nordwestdeutsche Zeitung zu schreiben, bei der er von 1915 bis 1923 in der Schriftleitung, später als Berichterstatter und Redakteur beschäftigt war. L. schrieb Erzählungen, Humoresken, Plaudereien und Gedichte in Hoch- und Plattdeutsch für Tageszeitungen, Familienzeitschriften, Humoristische Blätter und Kalender sowie plattdeutsche Theaterstücke. Mehrere seiner Stücke kamen bei der Niederdeutschen Bühne »Waterkant« in Bremerhaven zur Aufführung, so auch die Komödie »Meister Annecker«, die vor allem durch das Hamburger Ohnsorg-Theater Bekanntheit erlangte.

Lit.: DBI, S. 2000; Kürschner L, Nekr. 1936-1970, S. 386; Hansen, Plattdt. Theater, S. 431, 441; Sowinski, S. 345.
Qu.: Ndt. Hbl. 202 (Okt. 1966); NWZ, 15.10.1942; NZ, 16.10.1952, 16.4.1953; Weser-Kurier, 16.10.1947; StadtA Brhv., Meldekartei Alt-Brhv.
Werke: Verz. d. Theaterstücke in Kürschner, Sowinski u. Ndt. Hbl. (s. Lit.), u. a. *Peper unner'n Steert* (Urauff. Brhv.), *Meister Annecker, Bottermelksgruben, De Bunjeshoff, Schützenfest in Düsterbrook, Zwischen den Dünen.*
P.: Foto in Ndt. Hbl. (s. Qu.). R. B. B.

Lafayette, Lu (Pseud., auch Lude L.), eigentl. Jochen Peters; *Rockmusiker.* * 13.1. 1953 Bremen, † 11.4.2003 Achim (Weser). Der Sänger, Keyborder und Gitarrist L. gehört zu den Vätern des sogenannten Deutschrocks. Eng verbunden ist sein Name mit der Gruppe »Wolfsmond« (zunächst unter der Bezeichnung »Lude Lafayettes Wolfsmond«), die auch den Bremerhavener Mitmusikern Klaus »George« Meier und Boris Haupt alias George B. Miller bundesweit zu Bekanntheit verhalf. Die größten Single-Erfolge der Band, von der zwischen 1976 und 1983 insgesamt sechs Langspielplatten erschienen sind, waren die Titel »Radio Rock'n Roll« und »Wie der Wind so frei«, die heute noch im Radio gespielt werden. L. wurde von seinen Freunden als außerordentlich begabter, aber auch extrem introvertierter und scheuer Musiker geschätzt, der wie kaum ein anderer dem Rock-Archetypus des einsamen Wolfes entsprach. Einsamkeit, Liebe, Fremdsein und Reisen waren beherrschende Themen seiner Texte. Unglücklich war auch seine große Liebe zu der zeitweise in Bremerhaven lebenden Amerikanerin Joey Ann, mit der er nach Hawaii reiste und sie dort heiratete. Als nach sechs Monaten die Beziehung scheiterte, kehrte L. allein zurück und stürzte sich in die Arbeit. In dieser Zeit entstanden die beiden Soloplatten »Auf der Reise« und »Ich vermiss dich«, die er mit Studiomusikern aufnahm. Mehr als drei Jahre lang spielte er als Keyborder bei den Emsland Hillbillies. 1991 versuchte er mit »Wolfsmond« ein Comeback, doch reichte es nur zu wenigen Liveauftritten. In der Folgezeit band er sich an kein Ensemble mehr und versuchte sich zunehmend in ganz unterschiedlichen Genres, u. a. als musikalischer Leiter des Musicals »Linie 1« am Stadttheater Bremerhaven (1988-91) und als Mitglied des Studio-Projekts »No Oil No Dust« der in Hannover ansässigen Hardrockband »Victory«, von dem drei CDs erschienen. Danach zog sich L. immer mehr in sich selbst und seine eigenen vier Wände im Hochhaus am Bremerhavener Freigebiet zurück. Sein letzter Weg führte ihn ins Haus seiner Mutter nach Achim, wo er nur noch über das Telefon Kontakt zur Außenwelt hielt.

Qu.: Brhv. Sonntagsjournal, 20.4.2003; WK, 30.4.2003.
Werke: u.a. *Wolfsmond # 1* (1976), *# 2* (1977/78), *# 3* (1978), *# 4* (1978/79), *# 5* (1980/81), *# 6* (1981-83); *Auf heißer Spur* (CD 1991); *Das Beste von Wolfsmond* (CD 1999).
P.: Foto in WK u. Brhv. Sonntagsj. (s. Qu.).
E.: Dt. Musikpreis der Phono-Akademie.

R. D.

Lagershausen, Heinrich; *Bautechniker, Architekt, Stadtbaumeister.* * *3.9.1859 Clausthal (Harz), † 3.9.1935 Wesermünde (-Lehe) (ev.-luth.).* L. wuchs überwiegend in Braunschweig auf, wo er die Bürgerschule besuchte und das Maurerhandwerk erlernte. Nach mehreren Jahren praktischer Berufsausübung, u. a. 1883-85 als Bauaufseher bei der Ilseder Hütte, absolvierte er eine Ausbildung am Technikum in Buxtehude, war dann bei einem Bauunternehmen in Braunschweig tätig und legte dort 1890 die Meisterprüfung ab. 1892 wurde er zum Gemeindebaumeister des Fleckens Lehe gewählt (seit 1920 Stadtbaumeister). Damit erhielt die Leher Bauverwaltung erstmals einen hauptamtlichen Leiter. Als solchem oblagen ihm neben den baupolizeilichen Aufgaben der Entwurf und die Ausführung aller kommunalen Hoch- und Tiefbauprojekte sowie Unterrichtsverpflichtungen in der gewerblichen Fortbildungsschule. Darüber hinaus wurde ihm bis zur Bestellung eines hauptamtlichen Stadtwerkedirektors (1901) die Leitung der 1894 fertiggestellten Leher Gasanstalt übertragen. Ferner war er als beeidigter Schätzer für die landschaftliche Brandkasse Hannover tätig. Zum 1.1.1925 wurde er in den Ruhestand versetzt. In seiner 32jährigen Dienstzeit hat L., namentlich in der Phase des wirtschaftlichen Booms und des rapiden Bevölkerungswachstums zwischen 1890 und dem I. Weltkrieg, das Bild des Ortes Lehe entscheidend geprägt. Dazu gehörten nicht nur die Anlage der Kanalisation, sondern auch eine Reihe von öffentlichen Hochbauten, so das Städt. Krankenhaus (1906), die Oberrealschule (1906, heute Lessing-Schule), die Höhere Töchterschule (1902, später Theodor-Storm-Schule), zwei Volksschulen (u. a. Uhlandschule 1903), der Erweiterungsbau des Rathauses (1907) und das Parkhaus in Speckenbüttel sowie die Bauausführung für die Anlagen der kommunalen Leistungsverwaltung wie Wasserwerk, Elektrizitätswerk, Schlachthof, Post- und Sparkassengebäude. Bei seinen eigenen Entwürfen bevorzugte L. einen unverkennbaren, an der Neugotik orientierten Architekturstil. Ebenso zeichnete er für die Bebauungspläne verantwortlich, an deren einem der bekannte Kölner Stadtplaner Joseph Stübben mitwirkte; sein wie viele Bauprojekte des späten Kaiserreichs großangelegter, auf weiterem wirtschaftlichen und räumlichen Wachstum basierender Stadtplan, der 1912 veröffentlicht wurde, blieb angesichts der Entwicklung nach dem I. Weltkrieg jedoch unausgeführt. Nachdem er im Sept. 1924, kurz vor der Vereinigung von Lehe und Geestemünde, das Pensionsalter erreicht hatte, machte er mit seiner halb erzwungenen, halb freiwilligen Zurruhesetzung den Weg frei für einen reibungslosen organisatorischen und personellen Neuaufbau der Bauverwaltung unter dem Geestemünder, dann Wesermünder Stadtbaurat → Dr. Wilhelm Kunz.

Lit.: G. Friese, Geschichtl. Entwicklung d. Gas-, Wasser- und Elektrizitätsversorgung i. d. Unterweserstädten, Brhv. 1952, S. 14; O. Karnau, Hermann Joseph Stübben. Städtebau 1876-1930, S. 449; Schröder, Lehe, S. 228-231.
Qu.: StadtA Brhv., Personalakte H. L.
P.: Gruppenfoto in StadtA Brhv.
E.: Titel Magistratsbaurat a. D. (1924).

H. Bi.

Lamberti, Paulus Friedrich; *Buchdrucker, Lithograph, Verleger, Redakteur.* * 3.8.1815 Leer (Ostfriesland), † 27.9.1871 Bremerhaven. Der Sohn eines Buchdruckers begründete 1842 mit den »Bremerleher wöchentlichen Anzeigen« die erste Zeitung der Unterweserorte, die seit 1848 unter dem Titel »Mittheiler an der Unterweser« erschien. Vermutlich war er zuvor in Vegesack tätig gewesen, von woher seine Frau, die Kapitänstocher Anna Lydia, geb. Cattermole, stammte. 1849 siedelte er von Lehe nach Bremerhaven über, wo er weiterhin als Buchdrucker, Verleger und Zeitungsredakteur tätig war und wo er zeitweise auch ein Buch- und Schreibwarengeschäft betrieb. Von 1861 bis 1869 gab er in Nachfolge des »Mittheilers« das »Volksblatt an der Nordsee« heraus. Mit Ausnahme der zensurfreien Jahre 1848/49, in denen er seine Zeitung auch der politischen Diskussion öffnete und darüber hinaus die »Politische Wochenschrift für die Gegenden der Unter-Weser und Elbe« des damals bei Vegesack lebenden Burschenschaftlers Wilhelm Hornay druckte, waren seine Organe überwiegend als Anzeigenblätter konzipiert. In Gestaltung und Titel häufig wechselnd, fehlte ihnen der bleibende Erfolg.

Lit.: Gr. Bremen-Lexikon, S. 429; Bessell, S. 459-461; M. Ernst, Die Gesch. d. Buchhandels in Brhv., in: Jb. M.v.M. 72 (1993), S. 131-148, hier S. 132; Stein, Tagespresse, S. 118-123.
Qu.: StadtA Brhv., Zivilst.reg. 1871, Todesfälle Nr. 226, Bürgeraufnahmen, Alt-Brhv. 362/22/1.

H. Bi.

Landgrebe, Theodora Reinhilde; *Turn- und Zeichenlehrerin, Malerin.* * 30.1.1878 Gera, † 20.12.1973 Bremerhaven. Die Tochter des angesehenen Thüringer Fabrikanten Theodor Landgrebe zeigte bereits in jungen Jahren ein großes Interesse am Malen und Zeichnen. Nach ihrer Schulzeit in Gera und Hannoversch Münden sowie einem zweieinhalbjährigen Aufenthalt in Konstantinopel, wo sie ihrem verwitweten Bruder als Haushaltshilfe beistand, ließ sie sich 1902/03 an der Kgl. Kunstschule Berlin als Zeichenlehrerin ausbilden. Nach einem Jahr Schuldienst in Leipzig ergänzte sie ihre Ausbildung durch die Teilnahme an einem Turnkurs in Berlin. Mit Erfolg bewarb sie sich anschließend als Zeichen- und Turnlehrerin an der Städt. Höheren Mädchenschule in Lehe (Theodor-Storm-Schule), wo sie von 1905 bis 1945 im Dienst war. Als freie Malerin schuf sie anfänglich Porträts und Stilleben, später vor allem Landschaften und beteiligte sich in den 1920er und 1930er Jahren als Mitglied der Künstlervereinigung »Gilde« an Ausstellungen des Kunstvereins Bremerhaven.

Lit.: Grapenthin, S. 142-145, 500.

N. Schw.

Lang, Werner; *Fußball-Nationalspieler.* * 12.8.1924 Reißig (später zu Plauen/Vogtland), † 17.3.1999 Bremerhaven. Schon in jungen Jahren kam L. über seinen fußballbegeisterten Vater beim SC Plauen mit dem Fußballsport in Berührung. Krieg und Kriegsgefangenschaft verschlugen den gelernten Elektromechaniker nach Bremerhaven, wo er, seit 1946 mit einer gebürtigen Bremerhavenerin verheiratet, ab 1947 beim

TuS Bremerhaven 93 mit großem Erfolg spielte. 1954 war er im erweiterten Kader der Nationalmannschaft für die Weltmeisterschaft in der Schweiz; 1958 (WM in Schweden) gehörte er zum engeren Aufgebot, konnte aber wegen Verletzung nicht spielen. L. spielte oft in der Bremer bzw. Norddeutschen Auswahl und dreimal in der deutschen B-Nationalmannschaft. 1955 stand er mit seinem Verein in der Endrunde um die deutsche Meisterschaft. Nach seiner aktiven Zeit stellte er sich seit 1964 als Trainer zur Verfügung und brachte nach dem Übergang von Bremerhaven 93 in den Olympischen Sportclub von 1972 sein Fachwissen im Ligaausschuß ein.

Lit.: Blinkfeuer, H. 2/1999.
Qu.: NZ, 16.8.1989, 12.8.1994, 18.3.1999.
P.: Foto in NZ, 12.8.1994.

Kl. Zi.

Lange, Carl; *Schiffbaumeister, Werftbesitzer.* ** 30.6.(?) 1819 Vegesack, † 31.1.1887 Bremerhaven (ev.).* L.s Vater war der berühmte Schiffbaumeister → Johann L. aus Vegesack. Nach dem Tode des Werftgründers (1844) führte L. das Bremerhavener Zweigunternehmen weiter, das auch in den folgenden Jahren seine Stellung als bedeutende Schiffbaufirma an der Geeste behaupten konnte. Die Dock- und Reparaturanlage in Bremerhaven firmierte unter dem Namen »Carl Lange, Johanns Sohn«. 1855 erwarb L. Anteile an den Schiffbaubetrieben in Vegesack und Grohn, die er seit 1857 zusammen mit dem Schwager seines Vaters, Johann Raschen, leitete. Der Werftplatz in Grohn war seit 1844 für den Bau eiserner Dampfschiffe umgerüstet worden. Hier lief 1867 der erste in Deutschland entstandene transatlantische Schraubendampfer SMIDT vom Stapel. L. betrieb in seinem Bremerhavener Unternehmen nicht nur die Schiffsreparatur, sondern er ließ die Anlagen auch für den Neubau einrichten. Bis 1860 wurden hier sieben hölzerne Segelschiffe gebaut. Nachdem er 1856 das bisher gepachtete Werftgelände am rechten Geesteufer käuflich erwerben konnte, wurde das Unternehmen erweitert. 1854/55 ließ L. das von seinem Vater errichtete Doppeltrockendock vergrößern und Anfang der 1860er Jahre ein weiteres Trockendock mit zwei Schiffsliegeplätzen errichten, das 1865 in Betrieb genommen wurde. Dieses Dock (Lange-Dock II) war wohl auch auf Initiative und mit Unterstützung des NDL entstanden, da die vorhandenen Dockkapazitäten in Bremerhaven die größeren Dampfer der Bremer Reederei nicht mehr aufnehmen konnten. Obwohl die Reparaturwerft an der Geestemündung von L. ausgebaut wurde, fehlte dem Unternehmen für den vollständigen Übergang zum Eisen-, Stahl- und Dampfschiffbau die erforderlichen Innovationen und Investitionen sowie auch die geeigneten Nachfolger. L. gab Anfang der 1880er Jahre die Führung der Werftunternehmen in Bremerhaven und Vegesack an Johann Raschen jun. ab. Nach seinem Tod wurde die Vegesacker Firma von dem Ingenieur Victor Nawatzki geleitet, die in der 1893 gegründeten Aktiengesellschaft Bremer Vulkan aufging. Der traditionsreiche Bremerhavener Betrieb, der um 1890 mit Reparaturen noch gut beschäftigt war, wurde 1895 von → Georg Seebeck übernommen.

Lit.: G. Bessell u. A. Westermann, 150 Jahre Schiffbau in Vegesack. Bremer Vulkan, Br. 1955, S. 67-72; Krawietz, S. 166-170; P.-M. Pawlik, Von der Weser in die Welt, Brhv. u. Hbg. 1993, S. 146-148; Peters, Seeschiffbau, S. 94-96.

D. J. P.

Lange, Johann; *Schiffbaumeister, Werftbesitzer.* ** 22.2.1775 Vegesack, † 29.4.1844 Vegesack (ev.-ref.).* Da L.s Vater bereits Schiffszimmermann war, lag es nahe, daß der einzige Sohn auch eine Lehre bei dem Vegesacker Schiffbaumeister Johann Jantzen absolvierte. Später war er dort als Vorarbeiter beschäftigt und bekleidete nach dessen Tod die Funktion eines Geschäftsführers. 1803 vermählte sich L. mit der Tochter des Schiffbaumeisters Joh. Dietr. Raschen aus St. Magnus. 1805 machte er sich selbständig und mietete in Vegesack den Werftplatz von Schröder, den er 1814 kaufen konnte. 1806 erwarb er am linken Aueufer in dem damals zum Königreich Hannover gehörenden Grohn einen weiteren Schiffbaubetrieb. Der Versuch, auch auf

dem oldenburgischen Weserufer 1824 in Brake ein Zweiggeschäft zu errichten, scheiterte, da die einheimischen Schiffbaumeister die Ansiedlung eines auswärtigen Konkurrenzbetriebes zu verhindern wußten. 1826 erweiterte er seine Grohner Betriebsstätte mit einer neuen Querhelling an der Lesummündung. Als einer der ersten Werftunternehmer erkannte L. den Wert Bremerhavens als zukünftigen günstigen Schiffbau- und Reparaturstandort für große Seeschiffe. Mit einem gemieteten Schiffbauplatz und der Errichtung einer Helling am rechten Geesteufer begründete er 1833/34 den Seeschiffbau in Bremerhaven. L.s Betrieb in Bremerhaven war überwiegend für Überholungsarbeiten großer Seeschiffe konzipiert worden. So war es konsequent, daß er von 1837 bis 1840 nach Überwindung zahlreicher Probleme hier das erste Doppeltrockendock bauen ließ, wo in der Folgezeit Segelschiffe und ab 1844 auch Dampfschiffe repariert wurden. Mit L. hatte sich zweifellos einer der renommiertesten deutschen Schiffbauer in Bremerhaven niedergelassen. Aus technik- und sozialhistorischer Sicht ist der Betrieb von L. außerordentlich interessant. Die Tatsache, daß er an mehreren Standorten tätig war, erlaubte ihm, sowohl für bremische als auch für hannoversche Rechnung Schiffe zu konstruieren. Bis etwa 1860 war dieses Unternehmen wohl das bedeutendste seiner Art an der Unterweser; im Vergleich zu den anderen Schiffbauwerkstätten war die Fa. Lange ein Großunternehmen, das im Jahre 1841 fast 600 Arbeiter beschäftigte. L. war nicht nur Werftbesitzer, sondern er betätigte sich auch als Reeder; er galt als erfolgreicher Kaufmann und vielseitiger Konstrukteur. Auf seinen Helgen liefen von 1805 bis 1842 neben vielen kleinen Fahrzeugen 190 größere Fluß- und Seeschiffe unterschiedlichster Bauart vom Stapel, worunter sich eines der ersten deutschen Dampfschiffe, die WESER, befand. Sozialgeschichtlich bemerkenswert ist die Tatsache, daß L. die Schiffszimmerleute nach Leistung bezahlte und für seine Arbeiter offensichtlich eine frühe Form einer Krankenversicherung einrichtete. Für seine außergewöhnlichen Leistungen zeichnete das Königreich Hannover L. 1841 mit der goldenen Verdienstmedaille aus, die vorher nur ein einziges Mal verliehen worden war. Sein einstiges Wohnhaus auf dem »Haven Höövt« in Vegesack, das der Fr. Lürssen Werft zuletzt als Pförtnergebäude diente, wurde 1998 abgerissen, während der um 1814 errichtete Speicher als letztes Relikt der traditionsreichen Werft von L. bestehen bleiben konnte. In Bremerhaven haben sich von dem ersten Trockendock keine Überreste mehr erhalten. L.s Tochter Anna war mit dem Telegraphenunternehmer → Joh. Wilh. Wendt verheiratet.

Lit.: DBI, S. 2027; DBE, Bd. 6, S. 233-234; C. Allmers, Johann Lange, in: Nds. Lbb., Bd. 2, S. 135-146; G. Bessell u. A. Westermann, 150 Jahre Schiffbau in Vegesack. Bremer Vulkan, Br. 1955, S. 11-58; Br. Biogr. 19. Jh., S. 280-281 (J. Focke); Gr. Bremen-Lexikon, S. 434-435; O. Höver, Von der Galiot zum Fünfmaster, Br. 1934, S. 274-275; E. Kindervater, Johann Lange, Vegesacks bedeutendster Schiffbaumeister und sein erstes Dampfschiff »Weser«, in: Ndt. Hbl. 1/1922; Krawietz, S. 154-166; E. Lehmann, Johann Lange, in: 100 Jahre STG, S. 260-261; P.-M. Pawlik, Von der Weser in die Welt, Brhv. u. Hbg. 1993, S. 142-153; Peters, Seeschiffbau, S. 54-59; H. Raschen, Die »Weser«, das erste deutsche Dampfschiff und seine Erbauer, in: Jb.

STG 8 (1907), S. 417-464, hier S. 431-442; L. U. Scholl, Johann Lange, in: NDB, Bd. 13, S. 562; H. Szymanski, Die alte Dampfschiffahrt in Niedersachsen, Hann. 1958, S. 10-13, 23, 46-58.

P.: Gemälde (1842) im Focke-Museum, Bremen (abgeb. u. a. in Allmers, S. 135, Bessell u. Westermann, o. S., Lehmann, S. 260, Raschen, S. 438, und Pawlik, S. 146).

E.: Gold. Verdienstmed. Kgr. Hannover (1841); Grabstein Friedhof Vegesack.

D. J. P.

Last, Otto Ernst Georg; *Musiker, Kapellmeister, Musikdirektor, Orgelvirtuose, Komponist.* * *23.4.1897 Borntuchen, Kr. Bütow (Pommern),* † *22.6.1948 Drangstedt (Kr. Cuxhaven),* ☐ *Bremerhaven (ev.-luth.).*

L., dessen Vater als Hauptlehrer und Kantor in Borntuchen tätig war, besuchte das Gymnasium in Köslin und begann 1918 ein Musikstudium, das er 1920-22 an der Akademie für Kirchenmusik in Berlin in den Fächern Orgel, Klavier, Dirigieren und Gesang/Chordirigieren fortsetzte. Nach dreijähriger Tätigkeit als Gesangslehrer an der Mittelschule in Stargard war er zunächst I. Kapellmeister an den Stadttheatern in Stolp und Forst, bevor er 1925 eine Tätigkeit als Musiklehrer an der Theodor-Storm-Schule in Wesermünde-Lehe antrat, die er aber nur wenige Jahre lang ausübte. 1926 übernahm er in Nachfolge von Arend Girgensohn auch das Amt des Kantors und Organisten an der Leher Dionysius-Kirche. Durch Vereinbarung zwischen dem damals noch gemeinsamen, lutherischen und reformierten Kirchenvorstand und dem Vorstand der Leher Liedertafel war damit zugleich die musikalische Leitung der Liedertafel verbunden. L., der mit der im übrigen gering dotierten Organistenstelle nicht ausgelastet war, entfaltete darüber hinaus von Beginn an eine rege Wirksamkeit als freischaffender Künstler, die dem weltlichen und kirchlichen Musikleben der Unterweserorte neue Akzente gab. Er gründete eine Chorgesangschule, den Madrigalchor »Otto Last«, mit dem er zahlreiche Oratorien zur Aufführung brachte, und ein Kammerorchester (collegium musicum), war aber auch für andere Ensembles tätig (u. a. das Städt. Orchester und den Gemischten Volkschor Nord-Lehe). Ebenso veranstaltete er volkstümliche Konzerte, vor allem in der Bremerhavener Stadthalle, im Stadtpark Lehe und im Park Speckenbüttel. Ferner war er künstlerischer Berater für Kunstpflege und Volksbildung. Seit 1927 machte er sich, ähnlich wie sein älterer Kollege → Johann Martin Rademacher an der Geestemünder Christuskirche, als Orgelvirtuose auch über die Unterweserorte hinaus einen Namen. In insgesamt 155 geistlichen Abendmusiken bestritt er vornehmlich mit Kantaten, Motetten und Oratorien ein umfangreiches und anspruchsvolles kirchenmusikalisches Programm. Dabei gab er neben Bach, Buxtehude und anderen älteren Meistern auch der Musik des 19. Jahrhunderts und dem zeitgenössischen Schaffen Raum. Sein eigenes kompositorisches Werk umfaßt Orgelmusik, Lieder, Chöre und ein Oratorium. Im II. Weltkrieg als Soldat eingezogen, begann er sogleich nach der Rückkehr aus der Kriegsgefangenschaft das Musikleben Wesermündes bzw. Bremerhavens – u. a. mit dem wiederbelebten Madrigalchor – neu aufzubauen, wozu ihm jedoch nicht viel Zeit blieb. L. starb nach längerer Krankheit, einer Spätfolge seiner Kriegsjahre, im Waldkrankenhaus Drangstedt. Sein Sohn, der Musiklehrer Otto-Ernst L. (* 1927), setzt seine Tätigkeit als Kantor und Organist an der Dionysius-Kirche in Brhv.- Lehe im Nebenamt bis heute fort.

Lit.: DBI, S. 2042; Alte Kirche 1803-2003, Brhv. 2003, S. 27-28; Dt. Musiker-Lexikon, S. 810; Leher Liedertafel 1851-1926, Brhv.1926, S. 47-50; Linder, S. 11 u. 17.
Qu.: Hermann Gätje, Kindheits- und Jugenderinnerungen, 2003, S. 65-67 (masch.schr. vervielf., 1 Ex. im StadtA Brhv.); StadtA Brhv., Meldekartei Brhv. nach 1945 I; Auskunft Otto-Ernst Last, Brhv. im Sept. 2003.
Werke: Verz. in Dt. Mus.-Lex. (s. Lit.), u. a. *Orgelsonate über »Jesu meine Freude«* (1918); *Elegie f. Violine u. Orgel* (1922); *Marien-Wiegenlied* (a. d. Knaben Wunderhorn, 1926); *Tod und Auferstehung* (Oratorium, 1927); *12 Lieder der Liebe*.
P.: Fotos in Privatbes. (z. T. abgeb. in Gätje, s. Qu.).
E.: Grabstätte Friedhof Lehe I.

H. Bi.

Lechnir, Josef, Dr. med.; *Arzt, Kunstspringer (Schwimmen).* * *29.10.1897 Berchtesgaden, † 15.6.1982 Bremerhaven.* L., der in Dessau aufwuchs, studierte Medizin in Halle, Marburg und Leipzig. Von 1935 bis 1949 war er Chefarzt der chirurgischen Abteilung der Städt. Krankenanstalten in Dessau. 1950 ließ er sich als erster Facharzt in Bremerhaven nieder, wo er bis 1965 praktizierte; zugleich war er Leiter der urologischen Abteilung am Krankenhaus Lehe. Mehr als zwanzig wissenschaftliche Veröffentlichungen, u. a. zu sportärztlichen Fragen, sowie zahlreiche Entdeckungen und Erfindungen für Medikamente und Instrumente gehen auf ihn zurück. In seiner Jugend war L. im Schwimmsport sehr erfolgreich. Dreimal (1923, 1924, 1927) wurde er Deutscher Meister im Kunstspringen, 1922 deutscher Kampfspielsieger. Bereits 1920 hatte er den österreichischen Meistertitel errungen. Bei den Nordischen Spielen in Göteborg wurde er 1923 inoffizieller Weltmeister, 1926 Zweiter in der Europameisterschaft. Mehrere neue Sprünge wurden von ihm erfunden.

Lit.: DBI, S. 2058; Beckmanns Sport-Lexikon, Sp. 1531.
Qu.: NZ, 28.10.1977, 17./18.6.1982.
Werke: u. a. *Trockenspringen* (1929), *Handbuch des Wasserspringens* (1930).
P.: Foto in Archiv NZ, abgeb. in NZ, 28.10.1977.
E.: Grabstätte Brhv. Friedhof Wulsdorf.

Kl. Zi.

Leifermann, Karl; *Lehrer, plattdeutscher Dichter und Komponist, Zeichner.* * *28.2.1926 Schiffdorferdamm, † 27.9.1995 Bremerhaven (ev.).* Der Kaufmannssohn besuchte die Humboldtschule in Geestemünde und ging nach dem Schulabschluß an die Lehrerbildungsanstalt in Celle, wo er auch das Abitur nachholte. Nach kurzer Kriegsgefangenschaft absolvierte L. eine Ausbildung an dem von → Walter Zimmermann geleiteten Pädagogischen Institut, ehe er als Lehrer zuerst an der Altwulsdorfer Schule, danach an der Hermann-Löns-Schule und zuletzt als Abteilungsleiter eines Schulzentrums der Sekundarstufe I an der Orientierungsstufe der Paula-Modersohn-Schule tätig war. An der Volkshochschule unterrichtete er als nebenamtlicher Dozent Englisch und Rhetorik. Zusammen mit den Brüdern Gerd und Uwe Blancke gründete er 1976 das Musikensemble »Blancke Trio«, in dem er bis zu seinem Tode mitwirkte. Ferner ge-

hörte er zu den Organisatoren des plattdeutschen Lesewettbewerbs an den Bremerhavener Schulen und rief 1992 den »Plattdüütschen Schrieverkring« im Heimatbund der »Männer vom Morgenstern« ins Leben. Er veröffentlichte eine größere Zahl von Gedichten, Kurzgeschichten und Liedertexten, die er z. T. selbst vertonte und illustrierte.

Lit.: G. Blancke, To'n Andenken an Karl Leifermann, in: Jb. M.v.M. 74 (1995), S. 407-409; Skizzen u. Porträts, S. 109.

Qu.: NZ, 18.8.1995, 28.9.1995; Auskunft Marianne Leifermann, Brhv.

Werke: u. a. *Sing maal plattdüütsche Leeder* (1984), *Wo de Wind weiht* (1989), *Kikeriki* (1993) und *Küselbläder* (1997 a. d. Nachlaß hrsg. v. G. Blancke, R. Pomplun und M. Leifermann).

P.: Foto in Privatbesitz (Abl. in StadtA Brhv.), Abb. in Blancke (s. Lit.)

R. B. B.

Leist, Carl August **Christoph**; *Nautiker, Kapitän, Reedereidirektor.* * *14.8.1842 Wunstorf, † 25.12.1925 Hann. Münden (ev.).*
L. entstammt einer seit dem Mittelalter in Hameln ansässigen Ratsherrenfamilie; der Vater war Amtsgerichtsrat in Wunstorf und später in Hann. Münden, wo L. das Progymnasium besuchte. Seine seemännische Laufbahn begann er 1856 im Alter von 14 Jahren auf dem Oldenburger Vollschiff ARMIN.

Seine erste Reise führte ihn für die Dauer von zwei Jahren nach Australien und Ostasien. Anschließend fuhr er als Matrose auf verschiedenen Bremer Segelschiffen, bevor er 1863 an der Navigationsschule in Bremen sein Steuermannspatent erwarb. Nach weiterer Fahrtzeit auf einem Vollschiff erhielt L. 1866 sein Schifferpatent (Kapitän auf großer Fahrt) und trat als 2. Offizier in die Dienste des Norddeutschen Lloyd (NDL). Nach Einsätzen als 1. Offizier folgte bereits 1868 seine Ernennung zum Kapitän des Dampfers BREMEN, 1858 der erste Überseedampfer des NDL. Ab 1870 übernahm L. in Greenock die Bauaufsicht für mehrere Neubauten, die er nach Fertigstellung als Kapitän führte. Dazu gehörten auch die Schiffe KRONPRINZ FRIEDRICH WILHELM, FELDMARSCHALL MOLTKE, MAIN und MOSEL. Auf der MOSEL erlebte er am 11.12.1875 an der Einfahrt zum Neuen Hafen in Bremerhaven die durch den Versicherungsbetrüger → William King Thomas verursachte schwere Explosion einer Höllenmaschine, die als »Thomas-Katastrophe« in die Geschichte einging. Das Attentat forderte 81 Menschenleben und mehr als 50 Verletzte. L. selbst, der sich an Oberdeck befand, erlitt nur leichtere Verletzungen und konnte bereits nach zwei Wochen das Kommando des Dampfers HOHENZOLLERN übernehmen. Ab 1880 wurde er, diesmal in Glasgow, erneut mit der Baubeaufsichtigung der ersten NDL-Schnelldampfer betraut, der ELBE, WERRA, FULDA, EIDER und EMS. Drei davon führte er anschließend als Kapitän. 1885 wurde L. als Inspektor bei der NDL-Agentur in Bremerhaven eingesetzt, deren Leitung ihm 1886 übertragen wurde. Zuvor hatte ihn eine halbjährige Sondermission nach Australien und Ostasien geführt zur Vorbereitung des ab 1886 einzurichtenden Reichspostdampferdienstes. 1891 wurde L. in den Vorstand des NDL nach Bremen berufen, eine Auszeichnung, die nur wenigen Kapitänen widerfuhr. Seine Ernennung zum Direktor der Zentralabteilung erfolgte 1899. In dieser Position blieb er bis zu seinem Eintritt in den Ruhestand 1912. Er verlegte seinen Hauptwohnsitz in seine Heimat nach Hann. Münden, blieb aber dem NDL als technischer Beirat weiterhin verbunden. Hervorzuheben sind auch seine Verdienste um die Gründung des Deutschen Schulschiffvereins. 1922 vollzog L., der als »Vater Leist« bei der Direktion und bei den Mitarbeitern des NDL in hohem Ansehen stand, auf Bitte des NDL die Taufe des neuen Dampfers WESER auf der Weserwerft in Gröpelingen. Er war Mitglied und Kapitänsschaffer in der traditionsreichen Stiftung »Haus Seefahrt« in Bremen und wurde dort 1906 in das Gremium der Ober-Alten gewählt.

Lit.: DBI, S. 2075; Allg. Hann. Biogr., Bd. 1, S. 354; G. Bessell, Chr. Leist, in: Br. Biographie 1912-62, S. 312; Jahrbuch des NDL 1925, S. 277-284; A. Kludas, Die Seeschiffe des Norddeutschen Lloyd, Bd.1, Herford 1991.
Qu.: StadtA Brhv., Slg. Körtge Nr. 1; Archiv Haus Seefahrt, Bremen.
P.: Foto in Jb. d. NDL 1925 (s. Lit.), nach S. 280.
E.: Straßenbenennung Hameln 1925.

E. N.

Leist, Otto Friedrich, Dr. jur.; *Rechtsanwalt und Notar, Gegner des Nationalsozialismus, Förderer von Kultur und Sozialwesen.* * 11.10.1884 Lehe, † 15.2.1961 Bremen (ev.). Der Sohn des Kapitäns → Christoph Leist wuchs zunächst in Lehe und, bedingt durch den Ortswechsel seines Vaters, seit 1891 in Bremen auf, wo er das Gymnasium besuchte. Nach einem Jurastudium in Freiburg und Leipzig (1904-1908) und anschließendem Referendariat an bremischen Gerichten ließ er sich in der Hansestadt als Rechtsanwalt und Notar nieder. Diesen Beruf, in dem er eine hochgeachtete Stellung erlangte, übte er bis zu seinem Tode aus. Von 1945 bis 1948 war er zugleich Richter am Landgericht Bremen. L. zeichnete sich daneben vor allem durch unprätentiöses, ausgedehntes ehrenamtliches Wirken auf kulturellem, sozialem und kirchlichem Gebiet aus. Anfänglich in der Diakonie engagiert, übte er seit 1926 mehr als 20 Jahre lang das Amt eines Bauherrn (Kirchenvorstandsmitglied) von St. Remberti aus. Als Vertreter eines liberalen Protestantismus suchte er insbesondere den Einfluß des Nationalsozialismus auf die Kirche abzuwehren; u. a. setzte er sich, allerdings vergeblich, in der von ihm mitbegründeten, der Mitte zuzurechnenden Kirchlichen Arbeitsgemeinschaft für die Wiedereinführung der von Senator → Otto Heider außer Kraft gesetzten Kirchenverfassung ein. Nach dem II. Weltkrieg war er Mitglied im Kirchenausschuß der Bremischen Evangelischen Kirche und mehrere Jahre lang dessen Vizepräsident. Als Vorsitzender eines Prüfungsausschusses für die Entnazifizierung der Pastoren nahm er eine versöhnliche, auf Eigenständigkeit gegenüber der Militärregierung bedachte Haltung ein. In seinen verschiedenen Funktionen trug er wesentlich zum Neuaufbau der Landeskirche bei, ebenso wie es ihm durch sein ausgleichendes Temperament gelang, innerhalb der Bremischen Kirche Widerstände gegen den Beitritt zur Evangelischen Kirche in Deutschland abzubauen. Sozialpolitisch engagierte sich L. nach 1945 im Vorstand des Rote-Kreuz-Krankenhauses und der Seemannsmission sowie als Gründungs- und Vorstandsmitglied der Gesellschaft für christlich-jüdische Zusammenarbeit. Ebenso war er Vorstandsmitglied der Philharmonischen Gesellschaft, bei der er die völlige Gleichschaltung durch die Nationalsozialisten zu verhindern suchte; in den unmittelbaren, an geeigneten Räumlichkeiten raren Nachkriegsjahren stellte er sein Haus für Konzertveranstaltungen zur Verfügung, die von seiner künstlerisch interessierten Frau, einer Deutsch-Amerikanerin, organisiert wurden.

Lit.: A. Meyer-Zollitsch, Nationalsozialismus u. ev. Kirche in Bremen, Br. 1985, S. 176 ff., 230-233, 319-331, 342-348; H. Nölle, O. F. Leist, in: Br. Biogr. 1912-62, S. 312-313.

H. Bi.

Lentz, Anton Johann Julius **Ferdinand**; *Landwirt, Fabrikant, Parlamentarier.* * 30.1.1819 Gut Kremsdorf (Holst.), † 8.10. 1898 Bremen (ev.). L., der einer alten altmärkischen, später im Nebenzweig oldenburgischen, im Hof-, Justiz- und Kirchendienst stehenden Beamten- und Akademikerfamilie entstammt, gehörte zu den Wirtschaftspionieren des gerade erst gegründeten Hafenortes Geestemünde. Der Vater Carl L. (1781-1855) war Verwalter des ade-

ligen Gutes Kremsdorf bei Oldenburg i. Holstein gewesen; sein älterer Bruder August (1817-1893) wurde später Regierungspräsident im oldenburgischen Landesteil Eutin. Der jüngste Sohn Ferdinand besuchte das Gymnasium und die Realschule in Lübeck, erlernte anschließend Landwirtschaft und verwaltete bis 1849 Güter in Holstein, Brandenburg, Posen sowie in West- und Ostpreußen. Danach schloß er sich bis zu deren Auflösung (1851) der schleswig-holsteinischen Armee an. An Asthma erkrankt, fand er im Küstenklima bei seiner in Geestemünde lebenden Schwester Genesung und entschloß sich daher, seinen bisherigen Beruf aufzugeben. Er beteiligte sich noch im selben Jahr an der von seinem Schwager Carl Hartlaub betriebenen, am Geestedeich gelegenen Dampfmühle, Schiffsbrotbäckerei und Reisschälfabrik (Hartlaub & Co.). Dieses erste industrielle Unternehmen Geestemündes (erste Dampfmaschine des Hafenortes 1848) ging nach Hartlaubs Tod 1860 in seinen Alleinbesitz über. Während die Reisbearbeitung 1866 eingestellt werden mußte, wurden die Schiffsbrotbäckerei noch etliche Jahre und der Mühlenbetrieb bis etwa 10 Jahre nach seinem Tod fortgeführt. L. war zudem an weiteren, vor allem industriellen Unternehmungen beteiligt (u. a. Fischereigesellschaft auf Aktien »Weser«, Fa. Schäfer & Co, Buchdruckerei u. Verlag der »Nordsee-Zeitung«). Als erster Präsident der Handelskammer Geestemünde (1867-71 u. 1879-82) sowie als spanischer Vizekonsul (1873-1876) nahm er Einfluß auf die Gestaltung des Wirtschaftslebens an der Unterweser. Darüber hinaus betätigte er sich auch politisch, indem er als Mitglied des preußischen Abgeordnetenhauses den Wahlkreis Hannover 33 (Lehe) vertrat (1873-1876, nationalliberal). L. zog sich ca. 1893 vom Geschäft zurück und lebte seither in Bremen. Sein jüngerer Sohn → Peter L. wurde erfolgreicher Kaufmann in Bremen (Fa. Lentz & Hirschfeld). Ein Vetter, der hamburgische Wasserbauinspektor (Bernhard) Hugo L. (1828-1903), erbaute im Auftrage des deutschen Reiches die Zeitballsäulen in Bremerhaven, Cuxhaven und Swinemünde.

Lit.: DBI, S. 2084; Br. Biogr. 1912-62, S. 313; Beckmann, Reedereien, S. 186; Biogr. Hdb. preuß. Abgh., S. 242; Biogr. Hdb. Oldenburg, S. 416-418; 50 Jahre IHK Wesermünde, Wmde. 1925, S. 95 u. Anhang; H. Kypke, Chronik des alten Adelsgeschlechtes der von dem Lentcze nebst den bürgerlichen Abzweigungen der Lenz (Lentz, Lentze), Halle 1904, S. 230-243, 244-249; T. Thees, Hugo Lentz, in: Lebensläufe, Bd. 1, S. 204-205.
Qu.: Adreßbuch Gmde. 1893-1898, Adreßbuch Bremen 1894; StA Stade, Rep. 80 A Tit. 38 Nr. 10 (1860, 1863, 1866);
P.: Foto in 50 Jahre IHK Wesermünde, S. 24 (Original in IHK Bremerhaven), sowie in Kypke, Chronik (s. Lit.), S. 234/35.

H. Bi.

Lentz, Peter Ferdinand; *Kaufmann.* * 1.9. 1868 Geestemünde, † 25.8.1957 Bremen (ev.). Der jüngere Sohn von → Ferdinand L. erhielt nach dem Besuch der Bremerhavener Realschule eine kaufm. Ausbildung bei der Bremerhavener Bank, bei der Filiale der Deutschen Bank und bei der Baumwollfirma Heineken & Vogelsang in Bremen. 1897 gründete er mit seinem Vetter Eduard Hirschfeld das Baumwoll-Agentur- und -Kommissionsgeschäft Lentz & Hirschfeld, das einen raschen und bedeutenden Aufschwung nahm. Nachdem er das Unternehmen, das überwiegend im Import aus den USA engagiert war, bis weit in die Zeit nach dem II. Weltkrieg geführt hatte, zog er sich erst im Alter von 87 Jahren aus dem Geschäftsleben zurück. In einer Reihe anderer Unternehmen gehörte er dem Aufsichtsrat an (u. a. Bremer Lagerhaus-Gesellschaft, Norddeutscher Lloyd und Norddeutsche Kreditbank). Umfassend gebildet und vielseitig interessiert, bekleidete er zahlreiche hochrangige Ehrenämter, so im Vorstand der Bremer Baumwollbörse und im Präsidium der Handelskammer. Darüber hinaus widmete er sich gemeinnützigen Aufgaben; u. a. verwaltete er als Mitglied der Dom-Diakonie das St.-Petri-Waisenhaus.

Lit.: DBI, S. 2084; G. W. Hirschfeld, Peter F. Lentz, in: Br. Biogr. 1912-62, S. 313-314; Reichshandbuch, Bd. 2, S. 1099-1100.
P.: Foto in Reichshdb. (s. Lit.), S. 1100, u. Bremer Nachr., 27.8.1957.
E.: Grabstätte Friedhof Riensberg, Bremen.

H. Bi.

Linder, Hans; *Kapellmeister, Musikpädagoge, Musikkritiker.* * 17.1.1917 Wuppertal, † 16.10.1999 Bremerhaven. Nach dem Abitur in Essen absolvierte L. von 1936 bis 1939 ein Kapellmeisterstudium an der staatl. Akademie der Tonkunst in München. 1939 erhielt er sein erstes Engagement als Kapellmeister am Bremerhavener Stadttheater, wurde aber noch im selben Jahr zum Militärdienst einberufen. Nach Rückkehr aus der Gefangenschaft 1947 übernahm er wieder seine Kapellmeisterstelle, wobei er sich am Wiederaufbau des Theaters und bei der Gründung eines neuen Opernensembles zusammen mit dem Musikdirektor → Hans Kindler und dem Konzertmeister → Hermann Grevesmühl große Verdienste erwarb. 1952 wechselte er in den Schuldienst, aus dem er 1982 verabschiedet wurde. Neben seinen schulischen Verpflichtungen betätigte er sich vor allem im Bereich der Musikpädagogik, u. a. im Laienspiel und im Schulchor sowie in der Volkshochschule, wo er Instrumentenkunde unterrichtete und regelmäßig Operneinführungen gab. Er gehörte zu den Gründern des Jugendmusikwerks und war lange Jahre Vorsitzender des Regionalausschusses »Jugend musiziert« sowie zeitweise Vorsitzender des entsprechenden Landesausschusses Bremen. 1952 übernahm er auch die Leitung des Bremerhavener Musikvereins; in dieser Funktion veranstaltete er zahlreiche Konzerte und Konzertreisen. 1974 erhielt er die Leitung der Beratungsstelle »Theater und Schule«, in der alle theaterpädagogischen Aktivitäten der Stadt Bremerhaven bis hin zur Lehrerfortbildung zusammengefaßt waren. Von Ende der 1960er Jahre bis zu seinem Tode wirkte L. darüber hinaus erfolgreich als Musikkritiker für die Nordsee-Zeitung. L. war verheiratet mit der Violinistin Ursula Linder-Münzer, mit der er zahlreiche Kammerkonzerte gab.

Lit.: 50 Jahre Volkshochschule Bremerhaven, Brhv. 1997, S. 45-46.
Qu.: NZ, 17.1.1987, 18. u. 19.10.1999.
Werke: *Wie unser Musikleben wurde. Eine kleine Musikgeschichte Bremerhavens* (1959).
P.: Foto in NZ, 19.10.1999.
E.: Bundesverdienstkr. (1983), Ehrenmitgl. Dt. Musikrat (1999).

H. Bi.

Lion, Justus Carl, Dr. phil.; *Lehrer, Turnpädagoge.* * 13.3.1829 Göttingen, † 30.5.1901 Leipzig. Schon früh kam L. mit dem Turnen im Sinne von Friedrich Ludwig Jahn in Kontakt, da er sich oft auf dem Turnplatz der studentischen Burschenschaft in Göttingen tummelte. Dies veranlaßte ihn zur Gründung eines Schülerturnvereins (1845)

und eines allgemeinen Turnvereins (1846). Nach dem Abschluß eines Mathematikstudiums in Göttingen und mehrjähriger Tätigkeit als Privatlehrer bewarb sich L. 1858 nach Bremerhaven und wurde an der Bürgerschule (Realschule) als Mathematik- und Turnlehrer angestellt. Seine zusätzlichen turnerischen Aktivitäten, die er an öffentlichen Turnabenden entfaltete, führten schließlich zur Gründung des TV Bremerhaven am 20.7.1859, des ersten Turnvereins an der Unterweser. Da L. seit 1848 für das unpolitische Turnen eintrat, kam es 1860 über die Wehrfrage zur Abspaltung einiger Mitglieder, die daraufhin den Allgemeinen Turn- und Wehrverein Bremerhaven gründeten. Der Lionsche TV Bremerhaven ging 1919 im ATS Bremerhaven auf, der 1972 zu den Gründervereinen des OSC Bremerhaven gehörte. 1861 gründete L. in Brake den Verband von Turnvereinen an der unteren Weser. Am 1.10.1862 wurde L. zum Direktor des städtischen Turnwesens in Leipzig und 1876 zusätzlich zum kgl. sächsischen Seminarturninspektor berufen; diese Aufgaben versah er bis 1897/98. Darüber hinaus war er in vielen Gremien der deutschen Turnerschaft vertreten. Er verfaßte zahlreiche grundlegende Werke über das Turnen in Schulen; von 1866 bis 1875 gab er auch die »Deutsche Turnzeitung« heraus.

Lit.: DBI, S. 2132; Beckmanns Sport-Lexikon, Sp. 1548-1549; Biogr. Jb. u. Dt. Nekrolog, Bd. 6, 1901, Totenliste, Sp. 65; H. Braun, Illustrierte Geschichte von Turnen und Sport im Lande Bremen, Bd. 1, Br. 1999, S. 125-127; K. Hoffmeister, Wegbereiter – Macher – Sieger d. nds. Sports, Braunschweig 1988, S. 28; Körtge, Straßennamen, S. 116; O. Legel, in: Geschichte des Turnvereins Bremerhaven, Lehe 1909; Meyers Gr. Konversationslexikon, 6. Aufl., Bd. 12 (1906), S. 588; Sachau, S. 249-250; H. Wortmann, Lions Wirken, Lpz. 1887; ders., Dr. Justus Carl Lion, in: Jb. d. dt. Tonkunst 33 (1887), S. 375-401, 427-450, 475-500, 523-547.
Werke: Verz. in Beckmann u. Meyer (s. Lit.), u. a. *Leitfaden f. d. Betrieb der Ordnungs- und Freiübungen* (Lpz. 1863, 7. Aufl. Br. 1888); *Bemerkungen über den Turnunterricht* (1865, 4. Aufl. 1888); *Statistik über das Schulturnen in Deutschland* (1873); *7 Tafeln Werkzeichnungen von Turngeräten* (3. Aufl. 1882); zahlr. Beiträge für Nachschlagewerke u. Fachzeitschr.
P.: Radierung in StadtA Brhv., Abb. u. a. in Beckmann, Braun u. Wortmann (s. Lit.).
E.: Straßenbenennung Brhv.-Mitte (1961).

Kl. Zi.

Lische, Herman Ernst **Hugo**; *Maurermeister, Kreishandwerksmeister, Kommunalpolitiker, Parlamentarier.* * 15.8.1896 Bremerhaven, † 3.11.1951 Bardowik, □ Bremerhaven (ev.). L., der schon im Alter von vier Jahren seinen als Zigarrenhändler und Gastwirt tätigen Vater verlor, erlernte den Kaufmannsberuf, wechselte nach dem I. Weltkrieg ins Baufach und war seitdem als Maurermeister und Architekt tätig. Im II. Weltkrieg zum Kriegsdienst eingezogen, wurde er 1940 wieder freigestellt, um in Bremen und Wesermünde als Katastrophenschutzleiter Dienst zu tun. Im Juni 1945 wurde er von der amerikanischen Militärregierung als Kreishandwerksmeister eingesetzt. In dieser Eigenschaft hatte er nicht nur für die Neuorganisation des Handwerkswesens, sondern auch für den effizienten Einsatz der Handwerksbetriebe beim Wiederaufbau zu sorgen. Als Gründer und Vorsitzender der Bauhandwerkergenossenschaft Bremerhaven förderte er zudem den Wohnungsbau. 1946 zum Mitglied der Stadtvertretung ernannt, gehörte er der Stadtverordnetenversammlung, zeitweise als Fraktionsvorsitzender, bis 1951 an. Frühzeitig trat er der von → Dr. Walter Neumann gegründeten FDP bei und übernahm nach diesem 1949 deren Vorsitz. Gemeinsam mit ihm vertrat er die Bremerhavener FDP auch in der bremischen Bürgerschaft (1947-51). Sein Amt als ehrenamtlicher Stadtrat, in das er 1951 gewählt wurde, konnte er nicht mehr antreten, da er auf einer Dienstfahrt nach Lüneburg tödlich verunglückte.

Lit.: Aufbauarbeit, S. 37, 40, 47-48; Scheper, Jüngere Geschichte, S. 360-362.
Qu.: Hdb. Br. Bgsch., 2. Wahlper., S. 127; NZ, 6.-9.11.1951, 8.9.1989; StadtA Brhv., Meldekartei Alt-Brhv. u. Brhv. nach 1945 I, Bestand FDP, Nr. 2.
P.: Foto in Archiv Br. Bgsch. u. NZ, 8.9.1989.
E.: Hugo-Lische-Haus, Brhv.-Geestemünde (1989; 1998 aufgehoben).

H. Bi.

Lobeck, Gertrud **Marie**; *Turn-, Handarbeits- und Zeichenlehrerin, Malerin.* * 6.4.1881 Muschwitz (Thüringen), † 22.4.1961 Bremen, ☐ Bremerhaven *(ev.).* Nach dem Besuch der höheren Mädchenschule im Frankeschen Stift in Halle und der Ausbildung zur Nadelarbeits- und Turnlehrerin in Magdeburg war L. zwei Jahre in Halle im Schuldienst tätig, bevor sie von 1908 bis 1910 ein Studium als Zeichenlehrerin an der kgl. Kunstschule in Berlin absolvierte. Durch Vermittlung ihres in Geestemünde ansässigen Schwagers, Pastor Ludwig Holtermann, erhielt sie 1910 am Geestemünder Lyzeum eine feste Anstellung als Turn-, Zeichen- und Handarbeitslehrerin, die sie bis 1944 innehatte. Am 18.9.1944 ausgebombt, mußte sie zwischenzeitlich bei ihrer Schwester in Altenburg (Thür.) leben. Erst 1953 konnte sie in Bremerhaven wieder dauerhaft eine Wohnung beziehen, um dort ihren Lebensabend zu verbringen. Porträts und Stilleben waren, ihrer Ausbildung bei Prof. Mohn in Berlin entsprechend, von Anbeginn die bevorzugten Sujets ihrer freien Malerei, zu der aber auch Landschaftsbilder gehören. Als Mitglied der Künstlervereinigung »Gilde«, konnte sie in den 1920er und 1930er Jahren regelmäßig an Ausstellungen des Kunstvereins Bremerhaven teilnehmen, u. a. 1937 zusammen mit namhaften Worpsweder Malern der ersten und zweiten Generation. Sie starb in einem Bremer Sanatorium.

Lit.: Grapenthin, S. 156-157, 500.
Qu.: StadtA Brhv., Meldekartei Brhv. nach 1945 I, Personalakte M. L.

N. Schw.

Löschner, Carl **Louis**; *Architekt, Bausachverständiger, Stadtbaumeister.* * 20.6.1825 Chemnitz, † 21.8.1894 Wulsdorf. L., über dessen frühen Lebensweg wenig bekannt ist, ließ sich 1861 in Geestemünde als Architekt nieder. 1869 siedelte er nach Bremerhaven über und wurde dort 1870 in Nachfolge des verstorbenen → Joh. Hinr. Eits zum Taxator, d. h. zum öffentlichen Bausachverständigen bestellt. Seit 1871 nahm er seinen Wohnsitz in Wulsdorf, wo er sich an der nördlichen Weserstraße, gegenüber dem Schützenhof, eine Villa errichtet hatte. L. konnte schon bald in Bremerhaven eine Reihe von öffentlichen Aufträgen an sich ziehen, so 1867 zum Bau der Bürgerschule (Realschule) und der Knabenvolksschule (Neubau 1873) sowie 1868 zum Bau des Armenhauses. Nachdem er zum 1.1.1881 nebenamtlich zum Stadtbaumeister für Bremerhaven berufen worden war, errichtete er 1882 das Städt. Krankenhaus und 1887 die imposante Friedhofskapelle auf dem Bremerhavener Friedhof in Wulsdorf. Als damals stadtbekannte und kommunalpolitisch engagierte Persönlichkeit, die in einer Reihe von Vereinigungen vertreten war und die an zahlreichen öffentlichen Veranstaltungen maßgeblich mitwirkte, war er zudem als Architekt privater Wohn- und Geschäftsbauten geschätzt, wobei er es verstand, dem Geschmack seiner Auftraggeber weitgehend zu entsprechen; zahlreiche Bauten unterschiedlichster Stilrichtungen legten davon Zeugnis ab. Meist handelte es sich um reich verzierte, Aufmerksamkeit erregende Prachtbauten, die sich auch in der individuellen und großzügigen Innengestaltung von den traditionellen Bauformen der Frühphase der Unterweserorte deutlich unterschieden, wie z .B. das »Colosseum«, das Gesellschaftshaus für den Club »Vereinigung«, die Stadtvilla des Gemeindekämmerers → Fr. Heinr. Riemenschneider oder das Wohn- und Geschäftshaus für den Verleger → Leopold von Vangerow. Mit diesen öffentlichen und privaten Bauten wie auch in seiner Funktion als Stadtbaumeister prägte er in der Phase des wirtschaftlichen Aufschwungs der Gründerzeit wie kein anderer das Gesicht des bremischen Bremerhaven, das im II. Weltkrieg verloren gegangen ist. L., der Vorstandsmitglied des Bremerhavener Kunstvereins von 1886 war, galt auch als eine Autorität auf dem Gebiet der Kunst. Zeitweise verfolgte er eigene künstlerische Ambitionen; u. a. entwarf er verschiedene Grabdenkmale auf dem Bremerhavener Friedhof. Mit seinen privaten Bauprojekten hatte er sich allerdings wohl zu weit vorgewagt, denn als er starb, hinterließ er seiner Witwe und seinen vier Söhnen beträchtliche Schulden.

Lit.: Bessell, S. 426, 429; H. Körtge, Das Schulwesen in Alt-Bremerhaven, Brhv. 1999, S. 17-18; Kunstverein Bremerhaven von 1886, Brhv. 1964, S. 10-11; Schwarzwälder, Vorgängergemeinden, S. 230-232, 236-238; Schwemer, S. 9; ders., 100 Jahre Friedhof Wulsdorf, in: Jb. M.v.M. 52 (1971), S. 255-261, hier S. 256-257; Wulsdorf, älter als 850 Jahre, Brhv. 1989, S. 41.
Qu.: PZ, 23.8.1894; StadtA Brhv., Häuserliste Wulsdorf, Nr. 209.

H. Bi.

Lohmann, Johann Georg; *Kaufmann, Reedereidirektor.* * 30.10.1830 Bremen, † 9.2.1892 Bremen *(ev.).* Nach Abschluß einer kaufm. Ausbildung in Bremen war L., wie sein früh verstorbener Vater, in der Tabakbranche tätig. 1848 ging er zunächst nach London, ehe er im selben Jahr als Vertreter zweier Tabakhäuser nach Bahia (Brasilien) übersiedelte. Dort machte er sich 1851 dann selbständig. Nach großen geschäftlichen Erfolgen, aber auch mehrfachen Rückschlägen kehrte er 1866 endgültig nach Bremen zurück. An der Börse und in der Handelskammer gelangte er zu hohem Ansehen und wurde zu einer der einflußreichsten Persönlichkeiten im Bremer Wirtschaftsleben. 1868 in den Aufsichtsrat des Norddeutschen Lloyd (NDL) gewählt, übertrug ihm dieser nach dem Tode des Direktors Carl Heinrich Stockmeyer 1877 die alleinige Leitung des NDL, der durch Schiffsverluste und Ratenkämpfe in wirtschaftliche Schwierigkeiten geraten war. Um die Position des NDL auf der Nordatlantikroute zu verbessern, ließ L. in Nachahmung britischer Vorbilder 1880 den ersten deutschen Schnelldampfer ELBE bauen, dem bis 1890 elf weitere Schiffe der Flüsse-Klasse folgten. Im Rahmen dieser Aktivitäten avancierte der NDL zur bedeutendsten Passagierreederei auf dem Nordatlantik, wobei es L. nicht primär um Geschwindigkeitsrekorde ging, zumal er sich nicht allein nach den technischen Möglichkeiten, sondern auch nach den Abmessungen der zu knapp dimensionierten Bremerhavener Kaiserschleuse zu richten hatte. Zu langes Vertrauen auf diesen Erfolgstyp legte allerdings den Grundstein für eine neue Krise, da die Konkurrenz mit dem neuen Konzept der Doppelschraubendampfer dem NDL in den 1890er Jahren davoneilte. Lag der Schwerpunkt des NDL auch weiter auf der Passagierschiffahrt, so begegnete L. seit 1888 mit den Schiffen der MÜNCHEN-Klasse den gestiegenen Anforderungen in der Frachtschiffahrt. Als das Deutsche Reich in die Reihe der Kolonialmächte eintrat und der Reichstag 1885 Subventionen für Reichspostdampferlinien nach Ostasien und Australien beschloß, erhielt der NDL den Zuschlag. Unter L.s Leitung nahm der NDL einen Mittelmeerdienst auf, begründete die Linie Genua-Neapel-New York und baute die Baltimore-Linie aus. Auf sein Betreiben faßten Senat und Bürgerschaft 1890 den Beschluß, die Hafenanlagen in Bremerhaven zu erweitern und in Nordenham Betriebsanlagen für den Schnelldampferdienst einzurichten; die Realisierung dieses wichtigen Vorhabens erfolgte unter seinem Nachfolger → Heinrich Wiegand. L. gehörte ferner dem 1887 gewählten Vorstand der Seeberufsgenossenschaft an und leitete von 1888 bis 1891 als Vorsitzender die Sektion Bremen. Er starb überraschend an einem Schlaganfall während einer Vorbereitungsfeier zur Schaffermahlzeit.

Lit.: DBI, S. 2157; DBE, Bd. 6, S. 462; G. Bessell, 1857-1957 Norddeutscher Lloyd, Br. 1957, S. 39-64; Br. Biogr. 19. Jh., S. 283-285 (H. Entholt); Gr. Bremen-Lexikon, S. 452-453; A. Kludas, Die deutschen

Schnelldampfer, in: DSA 3 (1980), S. 145-170; Körtge, Straßennamen, S. 130; M. Lindeman, Der Norddeutsche Lloyd, Br. 1892; P. Neubaur, Der Norddeutsche Lloyd, Bd. 2, Lpz. 1907, S. 599-602; Porsch, S. 310; L. U. Scholl, J. G. Lohmann, in: NDB, Bd. 15, S. 127-128; 70 Jahre Norddeutscher Lloyd Bremen, Bln. 1927; H. J. Witthöft, Norddeutscher Lloyd, 3. Aufl. Hbg. 1997.
P.: Ölgemälde u. Büste (Hapag-Lloyd Bremen); Foto im DSM, abgeb. u. a. in 70 J. NDL, Kludas, S. 146, u. Gr. Bremen-Lex. (s. Lit.).
E.: Straßenbenennung Brhv.-Überseehäfen (1931) und Bremen.

L. U. S.

Lohmüller, Bernhard Friedrich Martin Siegfried; *Gewerkschafter, Kommunalpolitiker, Parlamentarier.* * 25.10.1891 Donnerschwee (heute zu Oldenburg, Oldbg.), † 2.3.1952 Bremerhaven (*ev.*). Der Arbeitersohn, der überwiegend in Bremerhaven aufwuchs und bei der Maschinenfabrik M. Achgelis Söhne in Geestemünde das Maschinenschlosser- und das Dreherhandwerk lernte, gehörte zu den Gründern der Arbeiterjugend an der Unterweser. Er schloß sich 1910 einer Gewerkschaft an und trat 1919 der SPD bei. Von 1922 bis 1933 arbeitete er ehrenamtlich in der Ortsverwaltung des Deutschen Metallarbeiterverbandes und verlor wegen seines gewerkschaftlichen Engagements mehrfach seinen Arbeitsplatz, 1933 auch seine politischen und gewerkschaftlichen Ämter. Seit 1935 bei der »Nordsee« Deutsche Hochseefischerei AG tätig, war er 1945 in Wesermünde an der Neugründung der Gewerkschaften und – zusammen mit → Gerhard van Heukelum – an der Wiederbegründung der SPD maßgeblich beteiligt. 1946 berief ihn die amerikanische Militärregierung zum Mitglied der ersten Stadtvertretung nach dem Zusammenbruch. Von 1947 bis 1949 war er Mitglied der Bremischen Bürgerschaft. Ab 1948 betreute er als ehrenamtlicher Stadtrat im Magistrat der Stadt Bremerhaven das Liegenschaftswesen. Er war Vorsitzender der Landesgruppe Niedersachsen des Deutschen Siedlerbundes und stellv. Bundesvorsitzender; als solcher förderte er den Bau von Wohnsiedlungen in Bremerhaven. Am 14.8.1949 wurde er im Wahlkreis Bremerhaven/Bremen-Nord zum ersten Bremerhavener Abgeordneten des ersten Deutschen Bundestages gewählt, dem er bis zu seinem Tod angehörte.

Lit.: DBI, S. 2157; Biogr. Hdb. Bundestag, S. 514; G. v. Heukelum, Bernhard Lohmüller, in: Br. Biogr. 1912-62, S. 323; Herbig, S. 348-353.
Qu.: NZ, 3.3.1952 u. 6.3.1952.
P.: Foto in Archiv Br. Bgsch. u. NZ, 3.3.1952.
E.: Bernhard-Lohmüller-Siedlung Brhv.-Lehe.

H. Br.

Lommatzsch, Friedr. **Woldemar**; *Sprachlehrer, Privatgelehrter, Dichter.* * 3.8.1870 Chemnitz, † 13.3.1959 Berlin-Zehlendorf (*ev.*). Aus einfachen Verhältnissen stammend, besuchte L. das Lehrerseminar in Zschopau, wo er durch seine große Sprachbegabung auffiel. Das ihm angebotene Universitätsstudium konnte er jedoch wegen unkonventioneller Ansichten, die er in seiner Prüfungsarbeit im Fach Pädagogik geäußert hatte, nicht aufnehmen, weshalb ihm auch der Eintritt in den staatlichen Schuldienst zunächst verwehrt blieb. Nach Tätigkeit in einer Privatschule in Chemnitz und

als Privatlehrer in Genf war er seit Ende der 1890er Jahre im kommunalen Schuldienst in Limbach (Sachsen) tätig, bevor er 1903 als Sprachlehrer nach Bremerhaven berufen wurde. Dort unterrichtete er mit großem Erfolg bis zu seiner Pensionierung 1936 zunächst an der Goethe- und dann an der Pestalozzischule. 1920/21 fungierte er als Protokollführer des Vereins Bremerhavener Lehrer. L., der über ein außerordentliches Sprachgedächtnis verfügte, war nicht nur in den lebenden Sprachen zuhause, für die er eine Reihe von Sprachführern verfaßte bzw. an ihnen mitwirkte. Sein besonderes Interesse galt auch den alten Sprachen; in diesem Zusammenhang gab er unter erheblichen persönlichen finanziellen Opfern die einzige lateinische Zeitschrift »Civis Romanus«, später »Scriptor Latinus« heraus, mit der er Latein in den Rang einer internationalen Ersatzsprache zu heben suchte. Daneben betätigte er sich auch als Lyriker. Er verzog 1957 zu seiner Tochter nach München und dann nach Berlin.

Lit.: DBI, S. 2159; Kürschner G 1928/29, Sp. 1432.
Qu.: NZ, 29.7.1950, 3.8.1955; LandesA Berlin, Meldekartei Berlin-Zehlendorf (Auskunft); StadtA Brhv., Meldekartei Alt-Brhv., Brhv. Mitte 1930-60, Verein Brhv. Lehrer, Prot. 1914-30.
Werke: u. a. *Praktischer Lehrgang z. schnellen und leichten Erlernung der französischen Sprache* (1921, Neubearb. d. Werkes v. F. Ahn); *Spanischer Sprachführer. Sammlung von Gesprächen* (1927).
P.: Foto in Archiv NZ, abgeb. in NZ (s. Qu.).

H. Bi.

Lorenz, Heinrich Friedrich; *Nautiker, Kapitän.* * *8.4.1898 Bad Münster a. Stein, † 14.7.1966 Bad Kreuznach (ev.).* Der Sohn des Kurhalters seines Geburtsortes entschied sich mit dem Abitur für den Seemannsberuf. Seine Ausbildung begann als Kadett auf der Bark PRINZESS EITEL FRIEDRICH des Deutschen Schulschiff-Vereins. Ab 1917 bis zum Ende des I. Weltkrieges fuhr L. als Funker auf Erzschiffen. Nach dem Zusammenbruch der deutschen Handelsflotte fand er eine Beschäftigung auf Hafenschleppern. 1920 erwarb er das Patent zum Seesteuermann auf großer Fahrt, musterte als 2. Steuermann auf dem Bremerhavener Viermastschoner FRANZISKA KIMME an und trat 1921 als 4. Offizier in die Dienste des Norddeutschen Lloyd (NDL). Die Prüfung zum Kapitän auf großer Fahrt bestand er 1923 an der Seefahrtschule Geestemünde. Anschließend setzte er seine Laufbahn beim NDL auf dem Passagierdampfer SEYDLITZ im New York-Dienst sowie als 3. und 2. Offizier auf dem legendären Dampfer COLUMBUS fort, bevor er zum Leitenden 1. Offizier auf dem Schnelldampfer EUROPA ernannt wurde. In dieser Position fuhr L. von 1934 bis 1936 auch auf der BREMEN, anschließend wieder auf der EUROPA. 1938 zum Kapitän befördert, wurde er nach verschiedenen Einsätzen 1940 als Kapitän wieder auf die BREMEN kommandiert, die nach erfolgreichem Blockadedurchbruch unter → Adolf Ahrens im Dez. 1939 in Bremerhaven aufgelegt worden war und als Wohnschiff für die Kriegsmarine diente. Hier erlebte L. auch den Totalverlust des Schiffes durch Brandstiftung im März 1941. Es folgte seine Einberufung zur Wehrmacht, in der er bis Kriegsende diente. Nach 1945 zunächst bei der Trümmerräumung eingesetzt, wurde er Angestellter seiner amerikanischen Ehefrau, die als Journalistin tätig war. Als der NDL 1948 ein ehemaliges Minensuchboot der Kriegsmarine zum Seebäderschiff WANGEROOGE umbauen ließ, erhielt L. sein erstes Nachkriegskommando als Kapitän. Weitere folgten von 1951 bis 1953 auf den ersten neu gebauten Frachtschiffen LAHNSTEIN und LICHTENSTEIN. Als der NDL 1954 mit dem von den Svenska America Linjen angekauften Fahrgastschiff GRIPSHOLM, 1955 umbenannt in BERLIN, den Liniendienst auf dem Nordatlantik wiederaufnahm, wurde L. aufgrund seiner Erfahrung in der Passagierschiffahrt und seines internationalen Ansehens mit dem Kommando betraut. Von 1959 bis zu seinem Eintritt in den Ruhestand Ende 1960 konnte er das neue Flaggschiff des NDL, die BREMEN (ex PASTEUR), im Liniendienst auf dem Nordatlantik und auf Kreuzfahrten führen. Schlagzeilen machte 1959 die Affäre seiner Tochter Marita (* 1939) mit dem Staats- und Regierungschef von Kuba, Fidel Castro; beide waren sich an Bord der BERLIN begegnet, als das Schiff unter L.s Kommando auf einer Kreuzfahrt Havanna anlief. L. war Mitglied und Kapitänsschaffer in der Stiftung »Haus Seefahrt« in Bremen. Besondere Ehrungen wurden ihm durch seine pfälzische Heimatstadt Bad Münster am Stein zuteil.

Lit.: Kludas, Seeschiffe, Bd. 1, S. 128, Bd. 2, S. 144, 145, 162; ders., Die Schnelldampfer BREMEN und EUROPA, Herford 1993, S. 184.
Qu.: NZ, 16.7.1966; 9.4.1998; Archiv Hapag-Lloyd AG, Hamburg; Archiv Haus Seefahrt, Bremen.
P.: Foto in Archiv DSM u. NZ, 16.7.1966.
E.: Ehrenbürger (1964) u. Straßenbenennung (1966) Bad Münster am Stein.

E. N.

Lorenzen, Julius Theodor; *Bauingenieur, NS-Parteifunktionär, Oberbürgermeister.* * 24.3.1897 Flensburg, † 3.6.1965 Flensburg (ev.). Der Sohn eines Geistlichen erlernte zunächst den Zimmermannsberuf und studierte dann, unterbrochen durch den I. Weltkrieg, an dem er als Freiwilliger teilnahm, Tiefbau. Als Bauführer kam er 1924 nach Bremerhaven, wo er im Kaiserhafen für die Fa. Dyckerhoff & Widmann beim Bau der Columbuskaje tätig war. Seit 1925 mit der gebürtigen Bremerhavenerin Frieda Koch verheiratet und von seinem Arbeitgeber zwischenzeitlich mehrfach an wechselnden Baustellen eingesetzt, kehrte er 1930 arbeitslos nach Bremerhaven zurück. Seit etwa dieser Zeit Mitglied der NSDAP, wurde er von Gauleiter → Otto Telschow zunächst als Leiter der Ortgruppe Lehe und wenig später als Kreisleiter im NSDAP-Kreis Wesermünde eingesetzt, der auch Bremerhaven umfaßte. 1932 zog er für die NSDAP in die Bremerhavener Stadtverordnetenversammlung ein, wobei er zum ehrenamtlichen Stadtrat für das Bauwesen gewählt wurde. Im März 1933 setzte ihn der bremische Bürgermeister Dr. Markert anstelle des seines Amtes enthobenen → Waldemar Becké zum kommiss. Oberbürgermeister der Stadt Bremerhaven ein; im Mai wählten ihn die nationalsozialistischen und deutschnationalen Stadtverordneten endgültig in dieses Amt. Im Sept. erfolgte die Ernennung zum bremischen Staatsrat. Darüber hinaus übte er die Funktion eines Gauamtsleiters des Amtes für Technik aus. L., der weder über Verwaltungserfahrung noch über Geschick im Umgang mit Menschen verfügte, konnte in der damals zerstrittenen NSDAP zwar seine Position behaupten, aber in der Partei eigentlich nicht Fuß fassen. Sein Versuch, die Eigenständigkeit Bremerhavens zu stärken, belastete auch die Beziehungen zu Bremen. Das zunehmend gespannte Verhältnis zu Gauleiter Telschow verbesserte sich erst etwas, als er 1934 gezwungenermaßen das Amt des Kreisleiters abgab. Als Verwaltungschef stand er weit im Schatten seines Wesermünder Kollegen → Dr. Walter Delius. Ebensowenig gelang es ihm, die von Delius betriebene Eingliederung Bremerhavens in Wesermünde zu verhindern. Als diese am 1. Nov. 1939 erfolgte, wurde er in den Ruhestand versetzt und kurz darauf vom Reichsinnenminister zum kommiss. Oberbürgermeister von Kalisch berufen. Da er sein Amt aber nicht antrat, versetzte man ihn 1940 in gleicher Funktion nach Gnesen. Nachdem er im Frühjahr 1945 auf der Flucht kurzzeitig von der Gestapo verhaftet worden war, wurde er nach Kriegsende von den Alliierten interniert und 1948 entlassen. Seitdem erwerbsunfähig, lebte er in bescheidenen Verhältnissen zunächst in Hamburg und von 1958 an in Flensburg.

Lit.: DBI, S. 2165; Dt. Führer-Lexikon, S. 288; S. Huhle, Die »Gleichschaltung« in den Unterweserstädten, Hausarbeit Geschichte Päd. Hochschule Bremen 1971, S. 36-41, 53-55; Scheper Jüngere Geschichte, S. 244-246, 252-272, 281, 305-316; Stockhorst, S. 277; Wer ist`s? 1935, S. 997; W. Wippermann, Aufstieg u. Machtergreifung der NSDAP in Bremerhaven-Wesermünde, in: Jb. M.v.M. 57 (1978), S. 165-199, hier S. 175.
Qu.: NZ, 9.6.1965; NWZ, 29.11.1939; StadtA Brhv., Meldekartei Alt-Brhv., Personalakte J. L.
P.: Foto in Scheper, S. 261, u. Dt. Führer-Lex. (s. Lit.), sowie in NWZ, 23.3.1934.

H. Bi.

Loschen, Simon; *Architekt. * 30.10.1818 Bremen, † 8.12.1902 Bremen.* L. setzte sich, parallel zu seinem gleichaltrigen hannoverschen Kollegen Conrad Wilhelm Hase, für die Wiederbelebung der Gotik in der Baukunst ein. Zu seinen Hauptwerken zählen neben einer Reihe von Umbauten die Friedenskirche in Bremen (Entwurf 1867) sowie in Bremerhaven der Leuchtturm an der Einfahrt zum Neuen Hafen (1853-55), die Bürgermeister-Smidt-Gedächtniskirche (1853-55, Turmhelm 1870) und der »Schwoonsche Wasserturm« in Lehe, alles stadtbildprägende Gebäude von hohem Denkmalwert. L. war mehrere Jahre lang Baukonducteur am Stadtbauamt in Bremen, vermochte sich aber nicht eine pensionsberechtigte Stellung zu schaffen; ebensowenig gelang es ihm, in größerem Umfang Bauaufträge zu gewinnen. Er verstarb verbittert in einem Armenasyl.

Lit.: DBI, S. 2166; E. Gildemeister, Simon Loschen, in: Br. Biogr. 19. Jh., S. 289-290; Gr. Bremen-Lexikon, S. 454; Stein, Klassizismus und Romantik, Bd. 2, S. 514-518, 520-524; Thieme/Becker, Bd. 23, S. 400; Wortmann, S. 22-23.
Werke: s. Lit. (Gildemeister).

H. Bi.

Luckner, Felix Nikolaus Alexander Georg **Graf von**; *Nautiker, Marineoffizier, Schriftsteller. * 9.6.1881 Dresden, † 13.4.1966 Malmö (Schweden),* □ *Hamburg-Ohlsdorf (ev.).* L. entstammt einer Familie von späteren Großagrariern, die 1784 in der Person des Heerführers Nikolaus L. (1722-1794) in den (dänischen) Grafenstand erhoben worden war. L. verließ wegen ungenügender schulischer Leistungen im Alter von 13 Jahren ohne Wissen seiner Eltern das Annengymnasium zu Dresden, um zur See zu fahren, und es gelang ihm tatsächlich, ohne die eigentlich erforderlichen Papiere als Schiffsjunge auf einem russisch-finnischen Vollschiff anzuheuern und in der Folge mehrere Jahre lang auf Segelschiffen die Weltmeere zu befahren. Wieviel von dem, was er selbst über die Abenteuer seiner längeren Landaufenthalte in Australien und Amerika später erzählte, nämlich daß er u. a. Tellerwäscher, Missionar der Heilsarmee, Leuchtturmwärterassistent, Fakirgehilfe und Preisboxer gewesen sei, auf Tatsachen beruht, ist nicht mehr feststellbar. 1903 besuchte er die Navigationsschule in Lübeck, legte dort sein Steuermannsexamen ab und fuhr anschließend als III. Offizier für die Hamburg-Südamerikanische Dampfschifffahrts-Gesellschaft. Danach leistete er als Einjährigfreiwilliger seinen Militärdienst bei der Kaiserlichen Marine. 1906 wurde er von der Hapag eingestellt, bei der er bis zum Frühjahr 1910 blieb. Zwischendurch erwarb er an der winzigen Navigati-

onsschule in Timmeln bei Papenburg das Kapitänspatent; die renommierten Navigationsschulen in Hamburg und Flensburg hatten ihm gegenüber Vorbehalte. Zum 1.4.1910 wurde er als Leutnant in den aktiven Marinedienst übernommen. Er durchlief die normale Laufbahn auf wechselnden Schiffen, u. a. im Dienst vor Westafrika und als Wachoffizier auf dem Linienschiff KRONPRINZ, mit dem er an der Skagerrak-Schlacht teilnahm. 1916 erhielt er das Kommando, das ihn berühmt machen sollte: Er wurde Kommandant des Hilfskreuzers SEEADLER. Das dreimastige Vollschiff mit Hilfsmotor sollte die englische Blockade durchbrechen und auf dem Atlantik und Pazifik Kreuzerkrieg gegen gegnerische Handelsschiffe führen. Die außergewöhnliche Unternehmung begann mit der Indienststellung am 2.12.1916 in Geestemünde und fand nach mehr als 35.000 Seemeilen am 2.8.1917 zunächst ein unrühmliches Ende, als die SEEADLER wegen eines Manövrierfehlers, den L. allerdings als Seebeben vertuschte, auf einem Korallenriff der Südsee-Insel Mopelia strandete. Von dort aus unternahm er mit sechs Männern, u. a. dem II. Offizier → Carl Kircheiss, im Beiboot der SEEADLER eine abenteuerliche Fahrt, die nach 2.300 Seemeilen bei den Fidschi-Inseln endete. Dort geriet die Gruppe in britische Kriegsgefangenschaft, aus der sie nach mißglückten Fluchtversuchen erst 1919 nach Deutschland zurückkehrte. Der auf Mopelia zurückgebliebene Teil der Besatzung kaperte einen kleinen französischen Handelsschoner, mit dem er zu den Osterinseln fuhr und von dort 1918 Chile erreichte. 1922 schied L. im Range eines Korvettenkapitäns aus der Marine aus und konnte sich nun ganz der Propagierung seiner Ideen zur Völkerverständigung widmen – und ebenso der lebenslangen »Vermarktung« seiner Person. 1921 war unter seinem Namen bereits der Weltbestseller »Seeteufel« erschienen, der bis heute zahlreiche Auflagen erlebte. Viele Vortragsreisen führten ihn vor allem in die USA. Mit dem Viermast-Gaffelschoner VATERLAND, der später in MOPELIA umbenannt wurde, begab sich L. 1926 auf eine von dem Verein »Graf Luckner's Weltumsegelung e.V.« finanzierte »Propaganda-Weltreise«, die ein großer Erfolg wurde. Als das Schiff im Juli 1935 im Bremerhavener Kaiserhafen vollständig ausbrannte, ließ er sich unter dem Namen SEETEUFEL eine neue Yacht bauen. Obwohl L. zunächst von der Propaganda-Maschinerie der Nationalsozialisten profitiert hatte, geriet er 1939 wegen moralischer und politischer Verfehlungen unter Druck; alle öffentlichen Auftritte wurden verboten, seine Bücher aus Bibliotheken und Buchhandelsregalen entfernt. Vermutlich bewahrte nur seine Berühmtheit ihn vor strengeren Maßnahmen. So erlebte er den II. Weltkrieg in Halle a. d. Saale. 1945 machte er sich zusammen mit einem Major Hunold um die Stadt verdient, indem er durch Verhandlungen mit den Amerikanern eine Beschießung verhinderte. Nach dem Kriegsende nahm L. seine Vortragstätigkeit und die regelmäßigen Reisen in die USA wieder auf. Seine Popularität war zunächst ungebrochen, seine Spezialität, das Zerreissen dicker Telefonbücher, immer noch staunenswert. Doch im Laufe der Jahre verloren seine Auftritte an Attraktivität. Die letzten Lebensjahre verbrachte L. in der Heimat seiner zweiten Frau Ingeborg, geb. Engeström, in Malmö. Zu Bremerhaven hatte L. vielfältige Beziehungen. Schon im Vorfeld seines Kapitänsexamens in Timmeln mußte er sich dem Direktor der Seefahrtsschule in Geestemünde vorstellen. Die wichtigste Station aber war die Zurüstung der SEEADLER auf der Werft Joh. C. Tecklenborg in Geestemünde. Die Idee zu der Unternehmung und die ersten Pläne für den Umbau stammten zwar von Leutnant z. S. Alfred Kling, der die Kaperfahrt als I. Offizier mitmachte; für die Auswahl der Mannschaft aber war L. zuständig. In Geestemünde und Bremerhaven nahm er offenbar gern am gesellschaftlichen Leben teil. Auch die VATERLAND startete von Bremerhaven aus in See und kehrte hierher zurück, so daß L. bis zum Brand des Schiffes öfter Veranlassung hatte, die Unterweser aufzusuchen. Nach dem II. Weltkrieg war L. vor allem als Transatlantikpassagier verschiedentlich in Bremerhaven. L. wird in jüngster Zeit zunehmend kritisch gesehen. Er war unzweifelhaft ein faszinierender Erzähler und Redner, ein Kraftprotz und Abenteurer. Nur stimmen seine Berichte nicht immer mit den Fakten überein. Auch wissen wir heute, daß seine Fähigkeiten wohl eher im mündlichen Erzählen lagen, denn »seine« auflagenstärksten Werke stammen von einem Autorenteam; so verdankte schon der »Seeteufel« sein Entstehen in erster Linie Prof. Kern aus Bonn und den beiden Offizieren der SEEADLER, Alfred Kling und Carl Kircheiss.

Lit.: DBI, S. 2175; DBE, Bd. 6, S. 493; Killy, Bd. 7, S. 361-362; M. Ernst, Der Marktplatz, Brhv. 1988, S. 59, 74; N. v. Frankenstein, »Seeteufel« Felix Graf Luckner. Wahrheit und Legende, Hbg. 1997; E. Müller-Luckner, Luckner (Grafen), in: NDB, Bd. 15, S. 282-283; Reichshandbuch, Bd. 2, S. 1160; H. D. Schenk (Hrsg.), Graf Luckners »Seeadler«. Das Kriegstagebuch einer berühmten Kaperfahrt, Hbg. 1999; E. Schwarzenbeck, Graf Luckner, Regensburg 1993; Wer ist wer? 1955, S. 734.
Werke: *Seeteufel. Abenteuer aus meinem Leben* (1921, zahlr. Aufl., Übers. u. Verfilm.); *Seeteufel erobert Amerika* (1929, erw. Neuaufl. 1955); *Von Minen, Unterseebooten, Panzerkreuzern u. d. Seeschlacht am Skagerrak* (1931); *Segel in Sonne und Sturm* (1934, Jugendbuch); *Im Segelschiff um die Welt* (1935); *Seeteufels Weltfahrt* (1951); *Aus siebzig Lebensjahren* (1955).
Nachlaß: DSM.

Qu.: NWZ, 29.7.1935.
P.: Fotos in zahlr. Veröff., u.a. in Frankenstein (s. Lit.) sowie in L.s eig. Werken.
E.: zahlr., z.T. nicht verliehene Orden u. Ehrungen, u.a. Ehrenbürger San Franciso (USA) u. Bundesverdienstkr. (1953).

U. S.

Lübben, Heinrich Gerhard, Dr. phil.; *Pädagoge, Zoologe, Zoodirektor. 29.4.1883 Langenriep, Kr. Wesermarsch (heute zu Nordenham), † 27.12. 1931 Absen bei Rodenkirchen (ev.).* Der Sohn eines Hofbesitzers besuchte die Oberrealschule in Oldenburg. Danach vermittelten ihm die Studien an den Universitäten Marburg, Berlin und Greifswald die Lehrbefähigung für das höhere Lehramt in den Fächern Botanik und Zoologie sowie Physik, Chemie und Mineralogie. Nach einjähriger Tätigkeit als Assistent am Zoologischen Institut der Universität Greifswald, wo er auch das Aquarium verwaltete, unterrichtete er als Kandidat im Schuljahr 1909/10 am Gymnasium in Flensburg. Am 1. April 1910 wechselte er zum Bremerhavener Lyzeum. Als die Stadt Bremerhaven 1912 den Bau der »Strandhalle«

am Weserdeich beabsichtigte, konnte L. den Stadtrat von seinem Plan, im Keller dieses neuen Gebäudes ein Nordsee-Aquarium anzulegen, überzeugen. Die Bremerhavener und die Besucher der Unterweserstädte sollten das Meeresgetier, das die Fischdampfer und Kutter der Fischereihäfen Bremerhaven und Geestemünde von ihren Fangreisen mitbrachten, lebend – möglichst in einem Ausschnitt ihrer natürlichen Umwelt – kennenlernen können. Er selbst fuhr mit einem kleinen Motorsegler auf die Weser zum Futterfang. Als am 2.8.1913 das »Nordsee-Aquarium« mit zahlreichen einheimischen und exotischen Tierarten eröffnet wurde, verfügte Bremerhaven neben Helgoland über das damals größte und schönste Seewasseraquarium Deutschlands. 1927 wurde nach L.s Skizzen und Plänen neben der »Strandhalle« der Bau der »Tiergrotten« in Angriff genommen. Nun entstanden hinter Zaun, großen Glasscheiben, Wassergräben, niedrigen Mauern, in Volièren und Grotten aus künstlichen Felsen Nischen für Tiere nördlicher gemäßigter und kalter Breiten. Bereits im Juni 1928 wurde der kleine Zoo zum Besuch freigegeben. Die anfangs gedachte regional begrenzte Liste der geführten Tiere mußte bald durch wertvolles Getier erweitert werden, das Seeleute von ihren Reisen aus aller Welt dem Zoo als Geschenk mitbrachten. Noch in der Aufbauphase starb L. an einem Herzschlag in seiner oldenburgischen Heimat, als er bei Verwandten zu Besuch weilte. Sein älterer Bruder Dr. Karl Fr. L. (1881-1957) war Chefarzt am Städt. Krankenhaus Bremerhaven, sein Sohn Dr. jur. Burchard L. (1912-1981) hoher Beamter beim Senator für Inneres in Bremen.

Lit.: DBI, S. 2181; DBA II, 836, 325; Gr. Bremen Lexikon, S. 455; F. Kleine, Heinrich Lübben, in: Br. Biogr. 1912-62, S. 325-326; P. Uhrmacher, 75 Jahre Nordsee-Aquarium, 60 Jahre Zoo am Meer, in: Zoo am Meer aktuell, H. 2/1988, S. 7-17; R. Wandrey, »Zoo am Meer« mit Nordsee-Aquarium der Seestadt Bremerhaven, 8. Aufl. 1991, S. 8.
Qu.: NWZ, 29.12.1931; StadtA Brhv., Alt-Brhv. 333/1.
P.: Foto in StA Br. u. Uhrmacher (s. Lit.), S. 8.

W. W.

Lücke, Fritz, Dr. phil.; *Meeresforscher, Gründer und Leiter des Instituts für Seefi-*

scherei Geestemünde. * 30.3.1887 Vienenburg (Harz), † 7.5.1970 Harmstorf (Kr. Harburg). Der Sohn eines Beamten besuchte das Ratsgymnasium in Hannover und studierte Naturwissenschaften in Hannover und Kiel (Promotion 1910). Zunächst arbeitete er dort als Assistent im Labor für internationale Meeresforschung (1909-11) und danach als wiss. Hilfsarbeiter im Reichsmarineamt (1908-14). Er sollte Leiter eines geplanten Meeresforschungsinstituts in Tsingtau werden, was sich infolge des I. Weltkriegs jedoch zerschlug. Nach Kriegsteilnahme unterrichtete L. 1918 kurzzeitig am Realgymnasium in Geestemünde (heute Wilhelm-Raabe-Schule) Naturwissenschaften. Als die Stadt Geestemünde auf Initiative von Oberbürgermeister → Dr. Walter Delius plante, ein praxisorientiertes Forschungsinstitut für die Seefischerei zu errichten, wurde L. zunächst mit dem Aufbau eines wissenschaftlichen Labors beauftragt. Aus diesem konstituierte sich am 1.12.1919 unter seiner Leitung das »Institut für Seefischerei«. Diese Einrichtung sollte praxisnahe Forschung betreiben, den an der Fischerei Beteiligten Fachkenntnisse vermitteln, ein breites Verständnis für die Seefischerei fördern und den Fischverbrauch heben. An der Finanzierung des Instituts waren die Städte Geestemünde und Bremerhaven sowie staatliche Stellen und die Fischwirtschaft beteiligt; die Arbeit wurde inhaltlich und finanziell durch einen Förderverein unter der Leitung von → Dr. Otto Senst begleitet. Aus der privaten Sammlung des Fischereidirektors → Friedrich Duge entwickelte sich eine fischereibiologische Sammlung, die dem Institut zugeordnet war und die am 24.11.1921 als »Fischereimuseum« eröffnet wurde. L. forcierte die Fischwerbung, u. a. durch die im Juli 1922 durchgeführte erste Fischereimesse sowie durch die vom Institut herausgegebenen Mitteilungsblätter und Zeitschriften, v. a. die Monatsschrift »Die Fischwirtschaft« (1925-31); die Fischwerbung wurde 1928 allerdings der Fischereihafenverwaltung übertragen. Nach bescheidenen Anfängen gelang es L., für das Institut, seine Einrichtungen und seine wachsende Mitarbeiterzahl 1928 neue Räumlichkeiten im ehemaligen Baumwollschuppen E neben der Fischereihafen-Doppelschleuse am Handelshafen zu erhalten; 1935 wurde eine kältetechnische Abteilung angegliedert. Unter L.s Leitung wurden Methoden entwickelt, die der Verbesserung der Marinaden und deren Haltbarkeit dienten; u. a. besaß das Institut Reichspatente für die Herstellung von Marinaden, Fischmehl und die Verfestigung von Fischöl. Bis in die 1960er Jahre wurden auch Berufsschüler, Meister für Fischverarbeitung und angehende Fischereikapitäne unterrichtet. Bremerhaven verdankt L. den guten Ruf seiner Fischindustrie, die durch die Arbeit des Instituts in der Fischverarbeitung zu Weltruf gelangte. 1941 wurde L. zum Direktor des Instituts für Fischverarbeitung in Hamburg (heute Bundesanstalt für Fischerei) berufen, blieb aber noch bis 1945 zugleich Leiter des Wesermünder Instituts, das seit 1938 unter dem Namen »Institut für Fischverwertung« Teil der Reichsanstalt für Fischerei war. An der Univ. Hamburg nahm L. einen Lehrauftrag wahr. Er war Herausgeber mehrerer fischwirtschaftlicher Handbücher und Zeitschriften.

Lit.: DBI, S. 2182; DBE, Bd. 6, S. 514; G. Behrmann, 60 Jahre Nordseemuseum Bremerhaven, 1981; G. Behrmann, L. Grotrian-Pahl u. W. Timm, Nordseemuseum, Brhv. 1991, S. 9-19; S. A. Gerlach, 50 Jahre Institut für Seefischerei Geestemünde, Institut für Meeresforschung Bremerhaven 1969-1969, Brhv. 1969; Gr. Bremen-Lexikon, S. 474 (IFM); Kürschner G 1935, Sp. 838, 1950, Sp. 1255; Reichshandbuch, Bd. 2, S. 1160; Wer ist Wer? 12 (1955), S. 737.
Werke: Verz. d. Veröff. in Kürschner G 1950, u. a. *Über Anlage und Methodik eines Fischereimuseums*, in: Museumskunde N.F. Bd. 4, S. 21-28; *Fischindustrielles Taschenbuch* (Hrsg., 1932, danach mehrere Aufl.); *Konserventechn. Taschenbuch* (Mithrsg.); *Die Fischwirtschaft* (Hrsg., Zeitschr., 1925-31); *Fische und Fischwaren* (Hrsg., Zeitschr., 1932); zahlr. Beitr. in Fachzeitschr.
P.: Foto in StadtA Brhv., Abb. u. a. in Gerlach (s. Lit.), S. 9, Scheper, Jüngere Geschichte, S. 142, u. Reichshdb.

G. Be.

Luerssen, Maria Emilia, gen. **Minna**, geb. Dramburg; *Geschäftsfrau, Reederin.* * 6.6.1882 Jagenkamp (Kr. Lübzin, Pomm.), † 11.4.1952 Bremerhaven (ev.). Mitglieder der alteingesessenen Bremerhavener See- und Hafenlotsen-Familie Luerssen waren in den 1920er und 1930er Jahren im Hotel- und Gaststättengewerbe der Unterweserorte tätig. Oskar L. – Enkel von Allerich L., der zu den ersten Mitgliedern der 1832 gegründeten Bremischen Lotsengesellschaft gehört hatte – war als Steuermann gefahren, betrieb zeitweise ein Schiffsausrüstungsgeschäft und besaß in der Grabenstraße (Ecke Osterstraße) und der Bgm.-Smidt-Straße sowie kurzzeitig in der Langener Landstraße (Lehe) je einen Restaurantbetrieb. Er war seit 1905 verheiratet mit Minna L., die für den gastronomischen Bereich offenbar mitverantwortlich war. Im Aug. 1933 stieg das Ehepaar in das Reedereigeschäft ein, als der erste Fischdampfer erworben und unter dem Namen OSKAR LUERSSEN in Fahrt gesetzt wurde. Im Dez. 1933 kamen sechs und im Juni 1934 ein weiteres Schiff dazu. Die Reedereien firmierten als »Hochseefischerei Oskar Luerssen« bzw. »Hochseefischerei Allerich Luerssen«, benannt nach dem ältesten Sohn des Ehepaares. Eignerin aller Schiffe war jedoch Minna L. Die Reederei-Aktivitäten der Familie Luerssen endeten 1936. Oskar L. (1880-1937), der auf einem Fischdampfer tödlich verunglückte, war ein

Schwager des Fischdampferreeders → Carl J. Chr. Kämpf.

Lit.: Beckmann, Reedereien, S. 136; Sachau, Anhang S. 31.
Qu.: Adreßbuch Brhv. 1930 u. 1934; StA Stade, Rep. 72/172 Geeste Nr. 13050; StadtA Brhv. Gewerbesteuerakte (Wmde.) Oskar L., Meldekartei Alt-Brhv. u. Brhv. nach 1945 I.

W. B.

Lukas, Hans; *Bühnenbildner, freier Künstler.* * 20.1.1919 Berndorf (Kr. Baden bei Wien), † 10.4. 1990 Wien (Österreich). Der Sohn eines Bäckers und einer Köchin zeigte schon früh zeichnerische Begabung. Nach dem Abitur am Berndorfer Gymnasium studierte er, gefördert durch ein Stipendium seiner Geburtsstadt, von 1938 bis 1939 Malerei und Bühnenbildnerei an der Akademie der bildenden Künste in Wien. Bei Kriegsausbruch meldete er sich als Freiwilliger. Nach dem II. Weltkrieg arbeitete er von 1948 bis 1983 als Bühnenbildner an verschiedenen Theatern, zunächst in Cuxhaven, wohin er nach der Flucht vor der russischen Besatzungsmacht gekommen war und wo er zu den Mitbegründern des dortigen Stadttheaters gehörte. 1951 wurde er von Intendant → Hans Pudor als Bühnenbildner an das Bremerhavener Stadttheater geholt, das ihm insbesondere seit dem Wiederaufbau 1952 attraktivere Wirkungsmöglichkeiten bot. Bis 1983 dort engagiert, schuf er mehr als 400 Entwürfe für Werke im Großen und Kleinen Haus und zum Teil auch für Kostüme. Seit Jahren schwerkrank in einem Altenheim in Langen bei Bremerhaven lebend, kehrte er kurz vor seinem Tod in seine Heimat zurück. Die Vorliebe des Bühnenbildners galt vor allem der Operette, wo er seiner Phantasie und seinem bühnentechni-

schen Verstand in farbig beweglichen und zumeist leichten Bühnenbildern Ausdruck verlieh. Er war häufig auch als freier Künstler in vielerlei Techniken tätig. Gern malte er Landschaften, teils zusammen mit → Paul Ernst Wilke, schuf Porträts (u. a. von der Schauspielerin Lil Dagover) und war auch als Karikaturist und Aquarellmaler tätig. Arbeiten des Künstlers sind in vielerlei Händen. Der Theaterförderverein erwarb etliche Lukas-Bilder für eine Ausstellung im Theater-Café.

Lit.: Grapenthin, S. 321-328, 500-501, 536-537.
Nachlaß: Privatbesitz Erika Wagner, Cuxhaven.
Qu.: NZ, 6.11.1976, 25.4.1990; Brhv. Sonntagsjournal, 5.11.1995.
P.: Selbstporträt (Kreide, 1986, abgeb. bei Grapenthin, S. 328); Foto in Archiv NZ.

G. B.

M

Maassen, Ernst August; *Architekt*. * *18.4.1878 Karolinenkoog (Norderdithm.)*, † *2.3.1960 Bremerhaven (ev.)*. M. studierte an der TH Dresden das Baufach. Danach arbeitete er in Ratibor und Wiesbaden. 1904 kam er nach Bremerhaven und machte sich dort 1908 als Architekt selbständig; seinen Wohnsitz hatte er seit 1913 in Geestemünde, wo auch der Schwerpunkt seiner beruflichen Tätigkeit lag. Während des I. Weltkrieges diente er in einem Eisenbahnregiment. 1924 wurde der Eisenbahnbaurat Robert Witte zu seinem Geschäftspartner (Firma Maassen & Witte). 1929 errichtete das Unternehmen auf Anregung von Oberbürgermeister → Dr. Walter Delius am Sedanplatz (heute Rathenauplatz) einen aus sechs Mehrfamilienhäusern bestehenden Komplex mit modernen Wohnungen bürgerlichen Zuschnitts. Zu M.s Arbeiten gehören ferner mehrere hochgeschossige Wohnbauten an der Bogenstraße (1912), wo er auch sein Büro hatte, zwei Wohnhäuser am Neumarkt, das Café Roux am Bürgerpark, der Neubau der Landkrankenkasse des Kreises Geestemünde (1928), der Wohn- und Geschäftskomplex am Leher Tor (1930/31) sowie zwei abwechslungsreich gestaltete Reihenhauszeilen am Holzhafen (1935/36). Ähnlich wie → Gustav Claas vertrat M. eine gemäßigt moderne, teils expressionistisch, teils neoklassizistisch gefärbte und zunehmend klarere Formensprache. Er erwies sich zudem als kreativer Architekt, der mit technischen Details wie Etagenheizung, Müllschluckern und Staubsaugeranlagen experi-

mentierte. Darüber hinaus engagierte er sich in der Vereinigung der Architekten an der Unterweser auch standespolitisch.

Lit.: U. Weiher, Architektur und Wohnungsbau der 20er Jahre, Brhv. 1995, S. 27-28, 32; Bickelmann, Geestendorf, S. 215-217.
Qu.: StadtA Brhv., Meldekarteien Alt-Brhv. u. Brhv. nach 1945 I.
P.: Foto in Weiher (s. Lit.), S. 27.
E.: Grabstätte Friedhof Gmde.

U. W.

Mädger, Rudolf; *Zimmermann, Gastwirt, Kommunalpolitiker.* * 16.12.1860 Dresden, † 10.12.1928 Wesermünde (-Lehe) (ev.-luth.). Der Sohn einer Arbeiterfamilie verlor früh seine Eltern, wuchs als Zögling eines Dresdner Waisenhauses auf und wurde als Zimmermann in seiner Heimatstadt ausgebildet. Es folgten Wanderjahre, die ihn u. a. nach Berlin brachten, wo er mit der sozialdemokratischen Bewegung in Kontakt kam. In Folge des Sozialistengesetzes wurde er 1879 aus Berlin ausgewiesen. Mitte der 1880er Jahre kam M. nach Lehe, wo er in seinem Beruf Arbeit beim Bau der Matrosenartilleriekaserne fand. M. gründete 1886 den Hauszimmererverband in Lehe und war dort (1891-1911) der erste sozialdemokratische Bürgervorsteher (Gemeindeverordnete). Als ehrenamtlicher Senator gehörte er dem Magistrat in Lehe (1911-1924) und anschließend bis zu seinem Tode dem in Wesermünde an. Wie auch andere SPD-Politiker dieser Zeit, u. a. Bruno Gerstmeyer und → Joh. H. Schmalfeldt, wechselte M. den Beruf und eröffnete 1892 eine Gastwirtschaft in der Kreuzstraße (heute Krüselstr.), die als »Bürgerhaus« bekannt wurde. Grund hierfür war der Wunsch nach größerer wirtschaftlicher Unabhängigkeit, da aktive Sozialdemokraten von ihren Arbeitgebern oft wegen ihrer Parteizugehörigkeit entlassen wurden. Zudem standen auf diese Weise für die vielfältigen Aktivitäten der Arbeiterbewegung vertrauenswürdige Versammlungslokale bereit. Später betrieb M. das »Central-Hotel« (Gaststätte mit Saal) an der Ecke Wülbern-/Hafenstraße. In Anerkennung seines langen ehrenamtlichen kommunalpolitischen Wirkens wurde M. in der letzten Sitzung des Leher Stadtparlaments als erstem Sozialdemokraten an der Unterweser das Ehrenbürgerrecht verliehen.

Lit.: Meyer, Ehrenbürgerrecht, S. 81, 100-101; Scheper, Jüngere Geschichte, S. 230, 233; Thienst, S. 9, 38, 51, 83, 189-191.
Qu.: NVSt., 11.12.1928, 15.12.1928; WNN, 11.12.1928; NZ, 8.8.1996.
P.: Foto in Thienst, nach S. 192.
E.: Ehrenbürger Lehe (1924).

S. H.

Mahler, Theodor; *NS-Funktionär, Landrat.* * 13.3.1901 Suderbruch (Kr. Fallingbostel), † 24.9.1987 Buchholz i. d. Nordheide (ev.-luth.). Der Bauernsohn war zunächst als landwirtschaftlicher Angestellter, u. a. als Domäneninspektor, tätig. Seit 1928 Mitglied der NSDAP, fungierte er als Ortsgruppenleiter in Leiferde und Fallersleben, bevor er sich 1930 als Kreis- und dann als Gauredner ganz der Parteiarbeit widmete. Im Rahmen dieser Aktivitäten wurde er 1931 wegen Beleidigung eines demokratischen Politikers verurteilt. 1931 Organisationsleiter, war er enger Vertrauter von Gauleiter → Otto Telschow, der ihn 1932 zum Kreisleiter des Kreises Harburg berief. Von 1933 bis 1935 war er zudem Ortsvorsteher in Buchholz. Nachdem er sich wegen seines derben Wesens und seines diktatorischen Führungsstils bei der Bevölkerung unbeliebt gemacht hatte, wurde M., der als Prototyp des schneidigen Nationalsozialisten galt, im April 1935 als Kreisleiter abberufen und – zunächst kommissarisch, im Nov. 1936 endgültig – mit den Aufgaben des Landrates im Kreis Wesermünde betraut. Als Leiter des Gauheimstättenamtes, dessen Sitz mit seiner Übersiedlung in die Stadt Wesermünde an die Unterweser verlegt wurde, war M. zudem für das Siedlungswesen im Gau Osthannover zuständig, eine Aufgabe, die er mit der ihm eigenen Großspurigkeit und Selbstüberschätzung anging. In diesem Zusammenhang forcierte er bis 1940 den Bau von Wohnsiedlungen vor allem in der Stadt Wesermünde, wo u. a. die »Otto-Telschow-Stadt« (heute Siedlung Surheide) entstand. M. blieb bis 1945 im Amt. 1945 verhaftet, lebte er nach seiner Entlassung wieder in Buchholz, wo er einer landwirtschaftlichen Tätigkeit nachging.

Lit.: M. Bomhoff, Zwischen Anspruch und Realität. Siedlungsbau in Wesermünde während des Nationalsozialismus, in: Brhv. Beitr. III, S. 91-133, hier S. 104-130; R. Lembcke, 100 Jahre Kreise an Elb- und Wesermündung, Cuxh. 1985, S. 108-110; D. Stegmann (Hrsg.), Der Landkreis Harburg 1918-1949, Hbg. 1994, S. 404, 621; ders., Politische Radikalisierung in der Provinz, Hann. 1999, S. 247, 292.
Qu.: NWZ, 15.3.1935, 3.11.1936.
P.: Foto in Lembcke (s. Lit.), S. 109, NWZ, 3.11.1936, Stegmann (s. Lit.), S. 417.

H. Bi.

Mahn, John Carl; *Kaufmann, Reeder.* * 10.2.1899 Altona, † 14.4.1973 Oldendorf (Kr. Osterholz) (ev.). M. hatte nach dem Besuch der Oberrealschule in Altona und der Teilnahme am I. Weltkrieg zunächst die Firma Mahn & Todt gegründet, bevor der Schwiegersohn (seit 1922) des Fischdampferreeders → Nikolaus Ebeling 1923 als persönlich haftender Gesellschafter in dessen in Altona beheimatete Reederei eintrat, die 1930 nach Bremerhaven übersiedelte. Nach Ebelings Tod 1939 übernahm M., dem seit der Umsiedlung die Aufgaben des Neuaufbaus und der Bereederung weitgehend zugefallen waren, die alleinige Führung des Unternehmens. 1940 war er zusammen mit → Dr. Walter Schlienz an der Gründung der Gefriertechnischen Gesellschaft Deutscher Hochseefischereien beteiligt, die die Seefrostung auf Trawlern erproben sollte. Da nach Beginn des II. Weltkriegs die Schiffe der Fischdampferreedereien von der Kriegsmarine eingezogen worden waren, wurde unter Führung von M. die »Schiffsbedarf GmbH« ins Leben gerufen, die unter Zusammenfassung der den Reedereien angeschlossenen Regiebetriebe schiff- und maschinenbauliche Arbeiten sowie Netzherstellung und Takelarbeiten für kriegswirtschaftliche Zwecke ausführte. Nach den Verlusten des II. Weltkrieges erfolgte der Wiederaufbau des Unternehmens mit neuen Anlagen an der Westseite des Fischereihafens. Günstige Finanzierungsgrundlagen führten auf Initiative von M. 1951 zur Gründung der »Nordatlantischen Hochseefischerei GmbH« in Bremerhaven, die die Reedereiaktivitäten der Fa. N. Ebeling übernahm. Als der Sitz des Unternehmens 1959 nach Cuxhaven verlegt wurde, konzentrierte sich M. auf die »Schiffsbedarf GmbH«, die er in mehrere Betriebe für Metallverarbeitung, Anlagenbau und Fahrzeugreparatur umwandelte. Zu seinen unternehmerischen Tätigkeiten gehörte auch die Gründung der Poseidon-Schiffsausrüstung (1954). M. zeigte sich für neue technische und soziale Entwicklungen stets aufgeschlossen; so gehörte er zu den ersten, die Kunstfasernetze in die Hochseefischerei einführten; bereits 1938 hatte er unter dem Namen Versorgungsverein »Weser« eine Sozialkasse für die Ebelingschen

Unternehmen ins Leben gerufen. Ehrenämter bekleidete er als Vorstandsmitglied des Verbandes der Deutschen Hochseefischereien und des Dampfseefischereivereins »Unterweser« sowie als Arbeits- und Handelsrichter. Dem Landkreis Wesermünde stellte er einen größeren Geldbetrag zur Krebsbekämpfung zur Verfügung, aus dem eine nach ihm benannte Stiftung hervorging. M. wohnte seit 1956 in Oldendorf.

Lit.: Beckmann, Reedereien, S. 77-78; N. Ebeling Hochseefischerei 1905-1955, Brhv. 1955.
Qu.: NZ, 10.2.1964, NZ, 10.2.1969 u. NZ, 19./20.4.1973; StadtA Brhv., Meldekarteien Brhv. nach 1945 I u. II.
P.: Foto in N. Ebeling (s. Lit.), S. 10, u. NZ, 19./20.4.1973.
E.: Mahn-Stiftung zur Krebsbekämpfung.

W. B.

Maibohm, Ludwig; *Reporter, Sportjournalist.* * 24.3.1914 Geestemünde, † 21.10.1997 München. Nach dem Schulbesuch arbeitete M. zunächst als Verwaltungsgehilfe in Geestemünde und anschließend bei den »Wesermünder Neuesten Nachrichten« als »Hafenreporter«. Mitte der 30er Jahre ging er zur »Berliner Zeitung am Mittag« und kam dort schnell mit dem Sport, aber auch dem Rundfunk in Berührung. Nach dem II. Weltkrieg wurde er Reporter beim NWDR in Hamburg und übernahm 1946 die Leitung der Sportredaktion beim Hessischen Rundfunk in Frankfurt. 1950 war er einer von zwei deutschen Journalisten, die von der Fußball-Weltmeisterschaft in Rio de Janeiro berichteten. Nach einem mehrjährigen USA-Aufenthalt arbeitete M. von 1963 bis 1965 mit der Münchener Lach- und Schießgesellschaft und war danach bis zu seiner Pensionierung 1979 Mitarbeiter des Bayerischen Rundfunks. M. wirkte auch an Drehbüchern mit, schrieb Bücher und arbeitete als Synchronsprecher.

Lit.: DBI, S. 2212; Ludwig Maibohm. Ein Sportreporter vor der Kamera, in: Olympisches Feuer, H. 6/1998; Wer ist wer? 1955, S. 750.
Werke: *Paul Janes, Ein Leben für den Fußball*, zus.gest. v. L. Maibohm (1947); *Mit Schreibmaschine und Mikrofon. Aus dem Leben eines Sportreporters* (1948); *Filmsterne, wie sie wurden*; *Sepp Herberger. Fußball, sein Leben*, hrsg. zus. mit H. Maegerlein (1973); *Fritz Lang. Seine Filme, sein Leben* (1981).

Nachlaß: Fotonachlaß im Dt. Sportmuseum Köln.
P.: Foto in Olymp. Feuer (s. Lit.).

Kl. Zi.

Manecke, Heinrich Friedrich Wilhelm August; *Theologe, Pfarrer.* * 18.9.1887 Hanstedt I (Kr. Uelzen), † 30.5.1973 Bremerhaven (ev.-luth). Der in einem Pastorenhaushalt aufgewachsene M. besuchte in Wolfenbüttel die Höhere Schule und absolvierte das Studium der Theologie in Rostock, Leipzig und Göttingen. Nach der Ordination 1914 in Hannover war er Kollaborator (Hilfsgeistlicher) in Seelze bei Hannover und Pfarrer in Wetteborn (Kr. Alfeld), bevor er nach einstimmiger Wahl am 23.10.1927 als Pfarrer der Dionysius-Gemeinde in Lehe, zuständig für den 4. Pfarrbezirk (Spekkenbüttel/Leherheide), eingeführt wurde. Im Jahr darauf führte M. die sog. »Waldgottesdienste« ein, die alle 14 Tage im Spekkenbütteler Park beim Geestbauernhaus abgehalten wurden. Neben der Predigttätigkeit an Dionys hielt M. Gottesdienst in der Aula der Fritz-Husmann-Schule, in der auch der Konfirmandenunterricht stattfand, und war Seelsorger im Leher Krankenhaus. Seit seinem Amtsantritt forcierte er den lange geplanten Bau einer eigenen Kirche für den schnell wachsenden Pfarrbezirk, was 1936 mit der Einweihung der Johanneskirche zum Erfolg führte. Überzeugter Anhänger der DNVP, der seine Meinung auch öffentlich bekundete, weigerte er sich nach 1933, der NSDAP beizutreten. Im Konfirmandenunterricht kritisierte er u. a. das Abwandern einiger Jugendlicher zur Hitlerjugend und geriet so schnell in Konflikt zur Partei. 30 Verhöre bei der örtlichen Gestapo sowie mehrere Anklagen vor Sondergerichten und vor dem Volksgerichtshof in Berlin führten jedoch zu keiner Verurteilung. Selbst als er Verfolgten half, Roma und Sinti mit Nahrungsmitteln versorgte und sich im Nov. 1938 auch um die jüdische Familie → Schocken kümmerte, ließ man ihn gewähren. Eine Bußpredigt nach einem Luftangriff auf Hamburg, in der er einen kritischen Kommentar zitierte, war dann 1943 Anlaß für seine Verhaftung. Trotz prominenter Fürsprache wurde M. am 24.6.1944 gemäß einer Forderung des Innenministeriums zu 15 Monaten Gefängnis verurteilt; das Strafmaß zog die Amtsenthebung durch die Landeskirche nach sich. Seine Haft führte M. über Wesermünde nach Hannover und Uelzen, wo er das Kriegsende erlebte. Nach Lehe zurückgekehrt, stand er schon am 5.5.1945 wieder auf der Kanzel der Johanneskirche und setzte seiner Amtsenthebung somit selbst ein Ende. Angesichts des starken Wachstums der seit 1948 eigenständigen Johannesgemeinde betrieb M. in den folgenden Jahren den Bau des 1958 fertiggestellten Gemeindehauses sowie einer eigenen Kirche für das besonders schnell wachsende Gebiet Leherheide, der Markuskirche. M. galt in den letzten Amtsjahren als strenger »Patriarch«. Seine trotzige, streitbare und kompromißlose Haltung auch im Alltag führte dazu, daß zahlreiche Gemeindeglieder ihm zunehmend kritisch gegenüberstanden und er keinesfalls auf ungeteilte Sympathie stieß. Nach seiner Pensionierung im Jahre 1959 betätigte M. sich weiterhin im Leher Krankenhaus als Seelsorger, übernahm häufig Urlaubsvertretungen und blieb bis ins hohe Alter aktiv.

Lit.: Ernst, Aufrechter Gang, S. 77-80; Meyer, Pastoren, Bd. 2, S. 364, 493; 50 Jahre Johanneskirche = Der Anruf. Gemeindebl. d. Ev.-luth. Johanneskirche, Jg. 17 (1986), Nr. 4/5.
Qu.: NZ, 7.5.1964.
P.: Foto in Ernst (s. Lit.), S. 79.

P. Zo.

Mangel, Heinrich; *Architekt, Stadtbaurat, Bausachverständiger, Kommunalpolitiker.* * 12.8.1891 Hannover, † 11.2.1971 Bremerhaven (ev.). Im Anschluß an das 1910 an der Leibnizschule (Realgymnasium) in Hannover abgelegte Abitur begann M., Sohn eines Bauführers, an der TH Hannover mit dem Architekturstudium, das er aufgrund seines Einsatzes als Kriegsfreiwilliger (1915-18) erst 1919 abschließen konnte. Nach einer kurzzeitigen Tätigkeit als Hilfslehrer an der Landesbaugewerkschule Holzminden arbeitete M. seit 1920 für die Stadt Stralsund, wo er zunächst mit der Wiederinstandsetzung mittelalterlicher Bausubstanz befaßt war. Bald bekleidete er die Funktion eines Leiters der Neubauabteilung des Stadtbauamtes; 1924 nahm er kommissarisch – allerdings ohne Aussicht auf endgültige Besetzung der Stelle – das Amt des Stadtbaurats wahr. 1925 kam er im Zuge der Neustrukturierung der Bauverwaltung durch → Dr. Wilhelm Kunz als Magistratsbaurat nach Wesermünde. Hier übernahm er die Aufgabenbereiche Hochbau und Baupolizei; in dieser Funktion war er an mehreren größeren städtischen Bauvorhaben (u. a. Wohnwasserturm u. Obdachlosenwohnungen) beteiligt. Die Machtübernahme durch die Nationalsozialisten 1933 überstand M. trotz einer Verleumdungskampagne durch die NSDAP. Aufgrund des persönlichen Engagements von Oberbürgermeister → Dr. Walter Delius konnte er im Sommer 1933 nach der Entlassung von Kunz sogar die Leitung der gesamten Bauverwaltung übernehmen und im November 1934 als zweiter hauptamtlicher Beigeordneter (Stadtbaurat) auch offiziell dessen Nachfolge antreten. Zu den bleibenden Ergebnissen seiner Tätigkeit gehört die 1941 erfolgte Überführung des 1939 von der Stadt Bremerhaven übernommenen kommunalen Wohnungsbestandes in die »Gemeinnützige Wohnungsgesellschaft mbH« (seit 1947 Städt. Wohnungsgesellschaft Bremerhaven, STÄWOG). Seine Mitgliedschaft in der NSDAP, in die er erst 1937 eintrat, kostete ihn im Juli 1945 das Amt. Es folgte eine Zeit der freiberuflichen Tätigkeit, die aufgrund der während seiner Amtszeit geknüpften Kontakte relativ problemlos und ohne größere finanzielle Nöte verlief; u. a. fungierte er als Sachverständiger für Baufragen. Im Spruchkammerverfahren als »Mitläufer« eingestuft, strebte Mangel eine Wiedereinsetzung in die Position des Baustadtrates an, was jedoch an den politischen Mehrheitsverhältnissen scheiterte. M., der sich von 1923 bis 1933 in der Deutschen Volkspartei engagiert hatte, wandte sich nun der aus der Niedersächsischen Landespartei hervorgegangenen Deutschen Partei (DP) zu. Von 1951 bis 1959 gehörte er der Stadtverordnetenversammlung an und wurde von der DP zum ehrenamtlichen Stadtrat für Kultur bestimmt. Nach parteiinternen Auseinandersetzungen trat er 1959 aus der Partei aus. Nachdem es ihm 1952 gelungen war, eine beamtenrechtliche Ruhestandsversorgung zu erreichen, schränkte er seine freiberufliche Tätigkeit stark ein, war aber von 1950 bis 1962 noch Vorsitzender der Bezirksgruppe Bremerhaven des Bundes deutscher Architekten (BDA).

Lit.: Heinrich Mangel, Erinnerungen, Brhv. 1966.
Qu.: NZ, 11.8.1956, 13.2.1971; StadtA Brhv., Personalakte H. M.
Werke: *Erinnerungen* (s. Lit.); *Die Wasserversorgung der Stadt Wesermünde u. d. neuerbaute Wohnwasserturm*, in: Das Gas- und Wasserfach 71 (1928), S. 217-220 (zus. m. G. Friese); *Wohnungen für Obdachlose*, in: Zschr. f. Wohnungswesen 27 (1929), S. 91-94; *Die Unterbringung obdachloser Familien*, in: ebd. 30 (1932), S.143-146.

U. W.

Marseille, Theodor (Theo); *Filmkaufmann, Kinobesitzer.* * *10.12.1919 Krefeld,* † *29.1.1991 Hannover,* ☐ *Bremerhaven (kath.).* M., der über Jahrzehnte Chef aller Kinos in Bremerhaven war, lernte den Beruf als Filmkaufmann von der Pike auf. Nachdem er seit 1948 in Nürnberg mehrere Lichtspielhäuser geleitet hatte, kam er 1956 nach Bremerhaven, wo er 1957 das »Aladin«, damals Bremerhavens 14. Kino, eröffnete. In den folgenden Jahren übernahm er, teils als Besitzer, teils als Pächter, ein Kino nach dem anderen, wobei er Technik und Komfort der Kinosäle regelmäßig modernisierte. Nach dem großen Kinosterben in den 1960er Jahren konnte M. in der Stadt das Kinomonopol behaupten. Dabei spielte eine Rolle, daß er als Selfmademan von der Programmauswahl bis zur Werbung alles selbst machte. Der erfolgreichste Film seiner Ägide war »Doktor Schiwago«, der im Herbst und Winter 1966 mehr als 25 Wochen lang lief. Aufgrund guter Beziehungen zu den Filmverleihern gelang es ihm, in den ersten Kreis der Uraufführungshäuser zu kommen. Sein Versuch, im »Atlantis«-Kino (1954-2000) ein anspruchsvolles Filmprogramm für Cineasten zu etablieren, war nur begrenzt erfolgreich, er wurde aber in den 1990er Jahren von der Initiative Kommunales Kino (KOKI) wieder aufgegriffen. Ende 1983 zog er sich aus dem Geschäft zurück; die verbliebenen Kinos verpachtete er an die Hamburger »Mundsburg«-Kinogesellschaft, blieb aber weiterhin Eigentümer der Gebäude. Er starb auf einer Reise in Hannover. Sein Pflegesohn Ulrich M., geb. Hansel, mit dem M. 1984 ins Altenheimgeschäft eingestiegen war, betreibt inzwischen von Hamburg aus bundesweit eine Reihe von Reha-Kliniken und Altenheimen.

Lit: H.-E. Happel u. a., On the waterfront. 100 Jahre Kinogeschichte in Bremerhaven, Brhv. 1995, S. 52-55, 60-71.
Qu.: Brhv. Sonntagsjournal, 20.4.1980; NZ, 1.2.1991, 2.12.1999; Der Spiegel, 11.2.2002.
P.: Foto in Brhv. Sonntagsj. (s. Qu.).

H. H.

Marutzky, Bernhard Hermann; *Lehrer, Zeichner.* * *15.12.1843 Kleinheide (Kr. Güstrow),* † *13.1.1878 Bremerhaven.* Nach der Ausbildung zum Volksschullehrer und mehrjähriger Tätigkeit als Elementarlehrer in Berleburg (1864-68) studierte M. an der Akademie der bildenden Künste in Berlin. Von 1869 bis kurz vor seinem Tode war er dann als Rechen- und Zeichenlehrer an der Realschule in Bremerhaven tätig und gab nebenher auch privaten Zeichenunterricht. Bekannt wurde er vor allem als Mitarbeiter und Illustrator von überregionalen Zeitschriften (u. a. »Illustrirte Zeitschrift« Leipzig, »Über Land und Meer«) und als Zeichner von Stadtansichten. Er hat eine Reihe von Darstellungen von Gebäuden, Einrichtungen und Ortsansichten von Bremerhaven, verschiedentlich auch von Lehe, hinterlassen, darunter die 1874 erschienene dekorative Lithographie mit 10 Einzelansichten Bremerhavens und eine Zeichnung des Zeitballs (1876). M. starb nach schwerer Krankheit, die seit 1875 seine Schaffenskraft gelähmt hatte.

Lit.: Grapenthin, S. 36-39, 501, 522.

H. Bi.

Marutzky, Fritz-Hans; *Kunsterzieher, Maler, Graphiker.* * *17.3.1923 Bremen,* † *22.12.1998 Spaden b. Brhv.* Der Enkel von → Hermann Marutzky entstammte einem künstlerischen Elternhaus; die Mutter war Klavierlehrerin, der Vater Fotograf, der zeitweise auf Passagierschiffen des Norddeutschen Lloyd (NDL) fuhr. Von Kindheit an künstlerisch interessiert, wandte sich M. nach dem Besuch der Realschule in Bremen und der Oberschule in Halle der Malerei zu und wurde 1940 in die Graphikklasse der Meisterschule des deutschen Handwerks auf Burg Giebichenstein aufgenommen, wo er u. a. Unterricht bei → Heinrich Schiebel erhielt und wo er auch im Buchdruck ausgebildet wurde. Eine schwere Verwundung im II. Weltkrieg kostete ihn ein Augenlicht. Auf Giebichenstein setzte er seine Ausbildung bis 1951 fort, kam 1952 mit seiner Familie nach Bremerhaven, wo er sieben Jahre lang im Lager Weddewarden lebte, und war von 1954 bis 1962 als Graphiker bei der Verwaltung der US-Streitkräfte tätig. Nach einem Studium der Pädagogik an der PH Bremen trat M. 1965 in den Schuldienst der Stadt Bremerhaven ein, wo er bis zu seiner Pensionierung 1983 als Kunsterzieher wirkte, seit 1975 an der Körnerschule. M., für den das Malen seit seiner Kriegsverletzung auch eine Form der Lebensbewältigung darstellte, hat ein Werk hinterlassen, dessen Umfang erst nach seinem Tode offenbar wurde. Dem Expressionismus verpflichtet, wandte sich M. von der anfänglich betriebenen Landschaftsmalerei ab und stellte den Menschen und seine Umwelt in den Mittelpunkt seiner z. T. symbolistisch überhöhten Arbeiten. Er bevorzugte dabei Rötel-, Kreide- und Bleistiftzeichnungen sowie Holz- und Linolschnitte. In den letzen Lebensjahren lebte er in Spaden.

Lit.: Grapenthin, S. 361-366, 501.
Qu.: NZ, 24. u. 31.12.1998, 17.5.2000.
P.: Selbstporträt 1947 u. 1954 (abgeb. in Grapenthin, S. 361-362).

H. Bi.

Mattfeld, Johannes, Dr. phil. habil.; *Botaniker, Kustos, Museumsleiter. * 18.1.1895 Lehe, † 19.1.1951 Berlin (ev.-luth.).* Der Sohn des späteren Rektors der Deichschule, Friedrich M., offenbarte schon während seiner Schulzeit am Bremerhavener Gymnasium (1905-14) eine naturwissenschaftliche, durch den Naturkundelehrer → Dr. Gustav Holle geförderte Begabung, die er durch praxisbezogene pflanzenkundliche Mitarbeit bei → Friedrich Plettke und → Christoph Brockmann ergänzte. Mit dem von Plettke gegründeten »Verein für Naturkunde an der Unterweser« stand er bis zu dessen Auflösung in Verbindung. Noch als Schüler unternahm er eine botanische Forschungsreise in die Niederlande. Das anschließende Botanik-Studium zunächst in Freiburg i. Br. und seit 1915 in Berlin schloß er, nach Unterbrechung durch den I. Weltkrieg, 1920 mit der Promotion bei Prof. Adolph Engler, dem Leiter des Botanischen Gartens und Museums in Berlin-Dahlem, ab. Nachdem ihn dieser bereits 1919 als Assistenten eingestellt hatte, war M. dort seit 1926 als Kustos und seit 1932 auch als Professor tätig. Im Okt. 1950 zum kommiss. Leiter des Botanischen Gartens und Museums berufen, verstarb er wenige Monate später infolge einer überraschend auftretenden, schnell verlaufenden Krankheit. M., der zeitlebens unverheiratet blieb und der seine ganze Kraft der Wissenschaft widmete, machte sich vor allem als Systematiker einen Namen. Hatte er bereits 1915 den Auftrag erhalten, die

Kriegsmeliorationen in den Mooren des Regierungsbezirks Stade zu untersuchen, so führte er für das Dahlemer Institut zahlreiche Forschungsreisen, vor allem in die mitteleuropäischen Gebirge, nach Italien, Bulgarien, Griechenland und in die Türkei durch, die der von ihm betreuten Pflanzensammlung (Herbarium) des Botanischen Gartens zugute kamen und deren wissenschaftliche Ergebnisse er veröffentlichte. In Fachkreisen international bekannt und an den Beratungen über die wissenschaftliche Nomenklatur beteiligt (u. a. auf den botanischen Kongressen 1930 und 1935 sowie 1950 als Schriftführer der deutschen Nomenklaturkommission), war er seit 1921 auch mit der Organisation der Pflanzenkartierung für ganz Deutschland befaßt. Die systematische Botanik und die Pflanzengeographie verdanken seinen Forschungen zahlreiche neue Impulse. Der Großteil der von ihm angelegten Sammlungen und Kartierungen ging allerdings bei alliierten Fliegerangriffen im II. Weltkrieg verloren. Die Wiederaufbauarbeit, bei der er sich noch im letzten Lebensjahr internationaler Unterstützung versichern konnte, erlitt jedoch durch seinen frühen Tod einen Rückschlag.

Lit.: DBI, S. 2260; DBA II, 862, 396; Körtge, Straßennamen, S. 134; Kürschner G 1950, S. 1299; F. Markgraf, Johannes Mattfeld, in: Botan. Jb. 75 (1952), S. 425-442; Ndt. Hbl. 15 (März 1951); Siebs, Grauer Strand, S. 107.
Qu.: StadtA Brhv, Pr. IX (Nachlaß).
Werke: Schriftenverz. in (s. Lit.) Markgraf, S. 438-442, sowie (Ausw.) in Kürschner.
Nachlaß: StadtA Brhv.
P.: Foto in Ndt. Hbl. u. Markgraf (s. Lit.).
E.: Straßenbenennung Brhv.-Gmde. (1964).

H. Bi.

May, Otto Heinrich, Dr. phil.; *Historiker, Bibliotheksdirektor.* * 1.2.1887 Bremerhaven, † 19.6.1977 Kassel (ev.). Der älteste Sohn des Kaufmanns Otto May, Gründer des bekannten, bis 1999 existierenden Bremerhavener Textilgeschäfts, besuchte das Bremerhavener Gymnasium und studierte anschließend Geschichte, Germanistik und Anglistik in Tübingen, München und Göttingen, wo er 1912 promoviert wurde. 1914 trat er in den Dienst der Universitätsbiblio-

thek Gießen, an der er, mit Unterbrechung durch den I. Weltkrieg, den er als Frontoffizier mitmachte, bis 1919 blieb. Nach kurzer Tätigkeit in Hamburg wechselte er 1921 zur damaligen Provinzialbibliothek (seit 1947 Niedersächsische Landesbibliothek) in Hannover. 1927 wurde er zu deren Direktor berufen, eine Funktion, die er bis zu seiner Pensionierung 1952 innehatte. In dieser wegen der unbefriedigenden Raumsituation, Krieg, Auslagerung, Hochwasserschäden und Wiederaufbau für die Landesbibliothek schwierigen Zeit waren ihm trotz nachhaltigen Einsatzes, vor allem auch für einen schon 1914 geplanten, aber erst 1976 realisierten Neubau, größere Erfolge nicht vergönnt. Als Historiker hat M. ein ansehnliches, allerdings nicht allzu umfangreiches wissenschaftliches Werk hinterlassen; er entfaltete jedoch eine rege organisatorische Tätigkeit, insbesondere im Rahmen der Historischen Kommission für Niedersachsen, in der er von 1928 bis 1957 das wichtige Amt des Schriftführers ausübte. Als Mitglied des Historischen Vereins für Niedersachsen, der Wittheit zu Bremen, der Historischen Gesellschaft Bremen und der »Männer vom Morgenstern« blieb er wissenschaftlich immer auch der Elbe-Weser-Region verbunden. Zu seinen Veröffentlichungen zählen landesgeschichtliche und biographische Forschungen ebenso wie Arbeiten über das Bibliothekswesen. Ein Standardwerk ist der vom ihm bearbeitete Bd. 1 der »Regesten der Erzbischöfe von Bremen« (1936), mit dem er an seine Dissertation anknüpfte. Als Herausgeber betreute er die ersten fünf Bände der »Niedersächsischen Lebensbilder«, in der in besonderem Maße Persönlichkeiten der Elbe-Weser-Region Berücksichtigung fanden. M., der in seinen letzten Lebensjahren zunehmend erblindete, lebte seit 1971 in Kassel, dem Wohnsitz seiner Tochter.

Lit.: DBI, S. 2272 ; DBA II, 867, 51; Kürschner G 1970, S. 1899; Die Niedersächsische Landesbibliothek in Hannover, hrsg. v. W. Totok u. K.-H. Weimann, Frankfurt 1976, S. 46-51, 81-94; G. Schnath, Otto Heinrich May, in: Nds. Jb. f. Landesgesch. 50 (1978), S. 507-508; Skizzen u. Porträts, S. 124 (Fa. Otto May). Qu.: NZ, 1.2.1977, 24.6.1977, Ndt. Hbl. 146 (Febr. 1962); Auskunft Elke Hörtreiter, Kassel, im Juli 2003. Werke: Auswahl in Kürschner (s. Lit.), u. a.: *Zur Geschichte der vormals kgl. u. Provinzial-Bibliothek in Hannover*, in: 60 Jahre Hannoversche Provinzialverwaltung, 1928, S. 327-339; *Regesten der Erzbischöfe von Bremen I* (1936); *Bibliothekswesen in Hannover*, Festschr. z. 65. Geb. v. Otto Leunenschloß (1948); *Kriegs- und Nachkriegsschicksale der Nds. Landesbibl. in Hannover* (1968).
P.: Halbprofilzeichn. (Kopie in Nds. Landesbibl.) u. Foto (Abl. in StadtA Brhv.) in Privatbesitz.
E.: Nds. Verdienstorden 1. Kl.

H. Bi.

Mehnert, Friedrich, Dr. phil.; *Lehrer, Widerstandskämpfer, Nonkonformist. * 30.11. 1915 Berlin, † 29.11.1999 Bremerhaven.* M. war Philosoph, Weltbürger und Mentor im klassischen Sinne; er gehörte zu jenen Menschen, die kaum öffentlich, dafür um so nachhaltiger im Stillen gewirkt haben. Der Sohn des 1917 gefallenen Oberlehrers Dr. Karl M. engagierte sich schon in jungen Jahren gesellschaftlich und politisch. Mit 17 Jahren trat er in Senftenberg (Niederlausitz) in die Kommunistische Partei ein und wurde auf deren Aufforderung Mitglied der SS, um als Kontaktmann Informationen zu liefern. Im Herbst 1935 von den Nationalsozialisten verhaftet und vom Reichskammergericht Berlin wegen Vorbereitung zum Hochverrat zu zwei Jahren Zuchthaus verurteilt, emigrierte M. nach der Haftentlassung zunächst nach Prag, später mit Unterstützung der Internationalen Lehrergewerkschaft nach Paris, wo er Kontakt mit französischen Intellektuellen aufnahm. Als Mitglied der französischen Armee wurde er gegen die einmarschierenden Deutschen eingesetzt. Nach dem Krieg studierte er an der Humboldt-Universität Berlin, wo er 1956 promovierte. 1951 war der rebellische Freigeist aus der SED ausgeschlossen worden, womit ihm der Schuldienst in der damaligen DDR automatisch verwehrt war. In Westdeutschland unterrichtete er zunächst sechs Jahre lang an Privatschulen, bevor er in Bremerhaven in den öffentlichen Schuldienst übernommen wurde, zunächst an der Pestalozzischule, später als Spanisch- und Französischlehrer an der Fremdsprachenschule der Kaufm. Lehranstalten. Zahlreiche Reisen nach Rußland, Spanien, Frankreich, England, Nordafrika und die USA zeichnete er in umfangreichen literarischen, bisher nicht veröffentlichten Reisebeschreibungen auf. Als Lehrerpersönlichkeit und permanenter Sinnsucher hat M. zahlreiche Schüler zu eigenständigem Denken ermutigt und in ihrer geistigen und beruflichen Entwicklung gefördert. In seiner Wohnung trafen sich regelmäßig Gruppen von Schülern zu literarischen und philosophischen Gesprächen. Bei Vorgesetzten und der Schulverwaltung machte er sich mit einer kritischen und zeitlebens unangepaßten Haltung hingegen nicht nur Freunde. Auch nach seiner Pensionierung erteilte er noch 14 Jahre lang Privatunterricht in Latein, Französisch, Spanisch und Deutsch. M. war 44 Jahre lang mit der Sinologin Ursula, geb. Bredow, verheiratet, mit deren Tod er 1996 einen starken Halt verlor.

Qu.: NZ, 1.12.1999 (Todesanz.); Nachlaß F. M. im Besitz d. Verf.

R. D.

Mehrtens, Carsten; *Schmied, Fabrikant, Gastwirt. * 26.4.1798 Donnern, † 15.8.1861 Bremerhaven (ev.).* Der Sohn eines Häuslings arbeitete seit 1821 als Geselle bei dem

am hannoverschen Nothafen an der Geestemündung ansässigen Schmied Gideon v. Glahn, der vermutlich ein Verwandter mütterlicherseits war. Als dieser 1824 verstarb, führte M. dessen Betrieb weiter und ehelichte dessen weitaus ältere Witwe (1775-1835). Nach dem Übergang des Nothafens an die Hansestadt Bremen gehörte er zusammen mit dem Hafenmeister Johann Deetjen, dem Schiffbaumeister → C. J. Cornelius und dem Fährpächter Jantzen zu den vier Anwohnern, die am 1. Mai 1827 den Huldigungseid vor Bürgermeister → Joh. Smidt leisteten und die – mit ihren Familien – somit als die ersten 19 Einwohner Bremerhavens anzusehen sind. Nach dem Tod seiner Frau heiratete M. 1836 die Leher Maurerstochter → Metta M., geb. Labouseur. Von den fünf Kindern dieser Ehe erlangte der zweitjüngste Sohn → Georg Christoph M. überregionale Bekanntheit. M., der bald zu Wohlstand gelangte und unter den Einwohnern Ansehen genoß, zählte zu den ersten fünf Schul- und Armenpflegern des jungen Gemeinwesens und wurde 1837 zu einem der Ortsvorstände gewählt, von Bürgermeister Smidt jedoch nicht ernannt. Er betrieb neben seiner Schmiede auch eine renommierte Gastwirtschaft mit Logiermöglichkeit und ein Einzelhandelsgeschäft. Den offenbar florierenden Handwerksbetrieb konnte er Anfang der 1840er Jahre erweitern und kurz vor seinem Tode zu einer der ersten maschinenbetriebenen Werkstätten mit Dampfhammer ausbauen.

Lit.: Bessell, S. 204-205, 288; Ernst, Colonie, S. 13/14, 73, 88-90; Sachau, S. 16-18, 41-44, Anhang, S. 32; Schwarzwälder, Vorgängergemeinden, S. 233; Wolff, Friedhöfe, S. 84-85.
Qu.: StadtA Brhv, Zivilstandsreg., Sterbefälle 1835, Nr. 36; Bibl. Männer vom Morgenstern, Kirchenbuchabschr. Beverstedt, Geburten.
P.: NWZ, 30.4.1927 (Jub.-Ausg.), Bl. 9 (abgeb. b. Ernst, Colonie, S. 13).

H. Bi.

Mehrtens, Metta Dorothea, geb. Labouseur; *Geschäftsfrau.* * 9.8.1811 Lehe, † ca. 1875 Bremerhaven (ev.). Die Tochter eines Maurermeisters, dessen Vater 1763 nach Lehe eingewandert war, heiratete 1836 den verwitweten Schmiedemeister und Gastwirt → Carsten Mehrtens. Die Führung des gastronomischen Bereichs oblag offenbar weitgehend ihr. Das repräsentative Wohn- und Gasthaus, das auf dem Deich in der Nähe des Anlegers der Flußdampfschiffe gelegen war, entwickelte sich zu einem renommierten Treffpunkt von Kapitänen, Steuerleuten und Lotsen sowie zu einem oft in Anspruch genommenen Logis für auswärtige Kapitänsfrauen, die ihre Männer zur Ausreise begleiteten. Nach dem Tode ihres Mannes (1861) führte sie den Gesamtbetrieb fort, um ihn dann teilweise an ihre Söhne Johann Hinrich (Schmiede) und Carl Christian (Gastwirtschaft und Einzelhandelsgeschäft) weiterzugeben.

Lit.: Sachau, S. 17, 41-44, 127, Anhang S. 32-33; Schwarzwälder, Vorgängergemeinden, S. 233.
Qu.: Adreßbuch Brhv. 1861-1876; StadtA Brhv., Ziv. st. reg. 1836, Trauungen (Nr. 4, Beilagen), Bürgeraufnahmen Lehe (Wmde. 001/18/1, Nr. 119).

H. Bi.

Mehrtens, Georg Christoph; *Ingenieur, Brückenkonstrukteur, Baubeamter, Hochschullehrer.* * 31.5.1843 Bremerhaven, †

9.1.1917 Dresden (ev.). Der zweitjüngste Sohn von → Carsten Mehrtens und → Metta M. geb. Labouseur trat, nach einem zweijährigen Praktikum in einer Maschinenfabrik in Altena (Westf.) und nach dem Maschinenbaustudium an der TH Hannover, zunächst in den Dienst der Eisenbahndirektion Hannover und war dann seit 1872 bei Privatbahnen tätig, bevor er 1878 in den preußischen Staatsdienst zurückkehrte (1878-83 im Ministerium für öffentliche Arbeiten in Berlin, 1883-88 als Eisenbahnbau- und Betriebsinspektor in Frankfurt/Oder, 1888-94 als Leiter des Büros der Eisenbahndirektion Bromberg). Nebenamtlich unterrichtete er an der TH Berlin, wo er sich habilitierte und wo er u. a. ein Versuchsprogramm zur Einführung des Flußstahls in den Stahlbrückenbau leitete, das den Großbrückenbau revolutionierte. Er entwarf selbst mehrere Brücken, u. a. die in technischer Hinsicht wegweisende kombinierte Straßen- und Eisenbahnbrücke über die Weichsel bei Fordon (1891-93), bei der Flußstahl erstmalig eingesetzt wurde. Der renommierte Brückenbauexperte, der durch zahlreiche Fachveröffentlichungen und Standardwerke hervorgetreten ist, nahm 1894 einen Ruf als Prof. für Ingenieurwissenschaften an die TH Aachen und 1895 für Statik der Baukonstruktion und Brückenbau an die TH Dresden an (1901-1902 Rektor). Daneben wirkte er in zahlreichen Brückenbau-Wettbewerben als Preisrichter mit.

Lit.: DBI, S. 2283; DBE, Bd. 7, S. 28; Dt. Bauztg. 1913, S. 406-407; Dt. Biogr. Jb., Überleitungsbd. 2, S. 103-106 (K. Beyer); Fr. Nather, G. Chr. Mehrtens, in: NDB, Bd. 16, S. 628-629.
Werke: s. Lit. (NDB u. Dt. Bauztg.), u. a.: *Der deutsche Brückenbau im 19. Jahrhundert* (1900, z. Pariser Weltausst. in drei Sprachen hrsg.); *Vorlesungen über Ingenieurwissenschaften*, 4 Bde. (1903-1908).
P.: Dt. Bauztg. 1913, S. 406.
E.: Geh. Hofrat (1903).

H. Bi.

Meier, Hermann Henrich (H. H.); *Kaufmann, Reeder, Parlamentarier.* * *16.10. 1809 Bremen,* † *17.11.1898 Bremen (ev.).* Meier entstammte einer eingesessenen bremischen Kaufmannsfamilie. Die väterliche Firma H. H. Meier & Co., ein mit den USA eng verbundenes Handelshaus mit eigener Segelschiffsflotte, wurde 1805 gegründet. Nach dem Besuch der höheren Schule in Stuttgart begann M. 1826 eine Lehre im Familienunternehmen und konnte, einer gängigen Tradition der hanseatischen Kaufmannschaft entsprechend, von 1832 bis 1838 in den USA wertvolle geschäftliche Erfahrungen sammeln. 1834 wurde er Teilhaber bei H. H. Meier & Co. Das war der Beginn einer steilen Karriere, die M. rasch über den engeren Wirkungskreis seiner angestammten Firma hinauswachsen und zum führenden Vertreter der bremischen Kaufmannschaft im 19. Jh. werden ließ. Sein Lebenswerk steht vor allem in Verbindung mit der Entstehung einer transatlantischen Passagierschiffslinie zwischen Bremerhaven und New York. Zwar nahm die amerikanische »Ocean Steam Navigation Company« mit zwei Raddampfern schon 1847 den Dienst zwischen den USA und Bremerhaven auf, doch 1857 mußte diese Firma aufgelöst werden. Im gleichen Jahr gelang unter maßgeblicher Führung M.s die Gründung des Norddeutschen Lloyd (NDL), der einen erfolgreichen Transatlantikdienst zwischen der Wesermündung und den USA aufnahm. Weitere Standbeine des Unternehmens bildeten ein bis 1890 ausgeübter Dienst nach England sowie eine große Flotte an Schleppdampfern und antriebslosen Leichtern auf der Unterweser. Durch Krisen und Konjunkturen entwickelte sich die Firma gut; so wurde 1886 ein staatlich subventionierter Liniendienst nach Ostasien und Australien aufgenommen. Auch im Fahrgastverkehr auf der Unterweser wie auch zu den vorgelagerten Seebädern spielte der NDL eine wichtige Rolle. Der Lloyd avancierte nicht nur zur mit Abstand größten Reederei in Bremen, sondern gehörte zu den führenden Schiffahrtsunternehmen des kaiserlichen Deutschland, zusammen mit der 1847 gegründeten, ähnlich aufgebauten und mit dem NDL scharf konkurrierenden Hamburg-Amerikanischen Paketfahrt AG (Hapag) in Hamburg. Gemeinsam mit der britischen Konkurrenz (Inman, Cunard, White Star) zählten Lloyd und Hapag zu den führenden Unternehmen der transatlantischen Personen- und Frachtschiffahrt. M., als sehr selbstbewußt auftretender »königlicher Kaufmann« in Bremen hoch angesehen, stand von 1857 bis 1888, als er wegen Differenzen mit dem damaligen NDL-Direktor → Joh. G. Lohmann ausschied, an der Spitze des Aufsichtsrats des Lloyd. Doch daneben fand er Zeit für andere, teils auch politische Ämter. In der Bremischen Bürgerschaft saß er von 1840 bis 1876; 1849 wurde er in die Frankfurter Nationalversammlung, 1867-1871 in den konstituierenden Reichstag des Norddeutschen Bundes sowie 1878-1887 als Nationalliberaler in den deutschen Reichstag entsandt. Der bremischen Handelskammer gehörte er von 1853 bis 1874 an. 1856 gründete M. die Bremer Bank, und von 1865 bis zu seinem Tod übte er das Amt des Vorsitzers der Deutschen Gesellschaft zur Rettung Schiffbrüchiger aus. Das vielfältige Wirken M.s bezog selbstverständlich auch Bremerhaven mit ein. Schon 1846 wurde er in die hierfür zuständige Deputation gewählt; ihm gelang es u. a., den engl. Ingenieur J. Hartley für den Bau des Neuen Hafens zu gewinnen. Die junge, aufstrebende Stadt an der Wesermündung wurde zum eigentlichen Basishafen der überseeischen Dienste des Lloyd, und diese prägten das Bild der sich dort entwickelnden Hafenanlagen ganz entscheidend mit, vor allem im Zusammenhang mit den Abfertigungsanlagen, aber auch mit dem seit 1862 in Bremerhaven ansässigen Technischen Betrieb des NDL (heute Lloyd-Werft).

Lit.: ADB, Bd. 52, S. 291-293; Br. Biogr. 19. Jh., S. 309-313 (J. Rösing); DBE, Bd. 7, S. 31; Gr. Bremen-Lexikon, S. 474-475; M. Duensing, H. H. Meier, in: NDB, Bd. 16, S. 642-643; F. Hardegen u. K. Smidt, H. H. Meier – der Gründer des Norddeutschen Lloyd. Lebensbild eines Bremer Kaufmanns 1809-1898, Bln. u. Lpz. 1920; Körtge, Straßennamen, S. 106; Porsch, S. 202; Riensberg, S. 18-19; Schwarz, MdR, S. 80, 399.
P.: Ölgemälde von C. Lasch (1880) in Bremer Bank bzw. Handelskammer Bremen, (abgeb. u. a. in Hardegen/Smidt, s. Lit., S. II), Foto in StABr.
E.: Ehrenbürger Brhv. (1885), Straßenben. Brhv.-Mitte (1931) und Bremen; Grabstätte Friedhof Riensberg, Bremen.

Chr. O.

Meiners, Hinrich Albert; *Bankkaufmann, Direktor der Fischereihafen-Betriebsgesellschaft.* * 20.9.1907 Bremerhaven, † 19.2.1976 Bremerhaven (ev.). Der Sohn eines beeidigten Bücherrevisors und gelernte Bankkaufmann war seit 1923 bei der Norddeutschen Kreditbank in Bremerhaven tätig und trat 1936 bei der Seefischmarkt AG, der späteren Fischereihafen-Betriebsgesellschaft (FBG) ein, wo er vom Innenrevisor zum Geschäftsführer (1951) aufstieg. Er trieb in der Zeit des Übergangs vom Seitenfänger zum Heckfänger und vom Frischfischfänger zum Vollfroster die notwendigen Strukturveränderungen voran und wandelte die FBG, die sich im wesentlichen auf die Vermarktung des Fischs beschränkt hatte, in eine Verwaltungsgesellschaft um, die den beteiligten Firmen Infrastruktureinrichtungen auch für die Weiterverarbeitung des Fischs zur Verfügung stellte. Unter seiner Ägide entstanden u. a. der Sozialbau für die Löscharbeiter, das Hafenkühlhaus und die Hallen XV bis XX; der Unterstützung der Fischereihafenwirtschaft dienten auch verschiedene Kredithilfen. Zugleich öffnete M. das Fischereihafengelände für Unternehmen, die nicht in der Fischverarbeitung tätig waren, und ebnete damit den Weg zum Ausbau des südlichen Fischereihafens zu einem industriell-gewerblichen Mischgebiet. Im

Zusammenhang mit seiner Tätigkeit übernahm M. wichtige Ehrenämter, so als Vorsitzender der Konferenz deutscher Seefischmarktgesellschaften (1952) und des Werbedienstes des Seefischmarkts Bremerhaven e.V. Außerdem gehörte er den Aufsichts- und Verwaltungsräten mehrerer Gesellschaften und Institutionen an.

Lit.: Peters, Spezialhafen, S. 38-41.
Qu.: NZ, 19.9.1967, 19.9.1972, 19.12.1972, 20.2.1976; Brhv. Bürgerztg., 15.9.1967, 22.12.1972; Weser-Kurier, 18.12.1972.
P.: Foto in NZ, 19.9.1967, 19.9.1972, 20.2.1976.

H. Bi.

Meyer, Siegfried; *Theologe, Pastor, Superintendent.* ** 11.4.1916 Padingbüttel (Kr. Lehe), † 30.1.2003 Bremerhaven (ev.-luth.).*
L., der als Sohn eines Lehrers in Dorum aufwuchs, besuchte das Reform-Realgymnasium (heute Wilhelm-Raabe-Schule) in Wesermünde, wo er 1935 das Abitur bestand. Nach anschließendem zweijährigem Arbeits- und Militärdienst begann er 1937 ein Studium der Theologie in Bethel und Göttingen, das er kriegsbedingt unterbrechen mußte und daher erst 1949 abschließen konnte. Anschließend war er bis 1959 Pastor an der Dreifaltigkeitskirche in Hannover, wo er sich besonders in der Jugendarbeit engagierte. 1959 wurde er in Nachfolge von → Wilhelm Wendebourg zum Superintendenten des ev.-luth. Kirchenkreises Bremerhaven und zum Pastor an St. Marien (Geestemünde) gewählt; 1980 trat er in den Ruhestand. M.s Handeln war von dem Gedanken der Inneren Mission und der Fürsorge für notleidende Menschen geleitet; dementsprechend entwickelte er als Superintendent und Vorsitzender des ev-luth. Gesamtverbandes Bremerhaven die von seinem Vorgänger geschaffenen Einrichtungen der Diakonie fort. Den »Stadtverband der Inneren Mission« (seit 1982 Diakonisches Werk) baute er mit zahlreichen neuen Einrichtungen zu einer schließlich 270 fest angestellte Mitarbeiter umfassenden, auf vielen gesellschaftlichen Feldern aktiven Organisation aus. Zu den von ihm initiierten Einrichtungen gehören das 1961 gegründete ev. Freizeitzentrum Drangstedt (Kr. Wesermünde bzw. Cuxhaven), in dem sich seit 1964 jährlich Tausende von Kindern und Jugendlichen vor allem zu den gemeinsamen »Tagen im Grünen« zusammenfinden, ein Beratungszentrum mit Gesprächsangeboten zur Lösung individueller Probleme in allen Lebenslagen (1973), ein Sozialzentrum im Problemstadtteil Grünhöfe (1974) und, als Pendent zu dem schon länger bestehenden Männerwohnheim „Herberge zur Heimat", ein Frauenhaus mit Räumen für eine Mädchenwohngruppe (1978). In Zusammenarbeit mit dem Verein „Lebenshilfe" brachte M. 1970 auch Betreuungseinrichtungen für geistig behinderte Menschen (Albert-Schweitzer-Wohnstätten) auf den Weg. In M.s Ära fallen ferner der Neubau eines Altenheims (Elisabeth-Heim, 1977) und die Erweiterung des Seemannsheimes zum »Internationalen Seemannsclub« (1979-81) sowie eine erhebliche Vermehrung der Kindertagesstätten und der Bau neuer Gemeindezentren. Darüber hinaus entstand 1977 in Kührstedt (Kr. Cuxhaven) eine Erwachsenenbildungsstätte. Die Mehrzahl seiner verantwortlichen Aufgaben in der Diakonie legte M. 1982 in die Hände seines Nachfolgers, Superintendent Ernst-Michael Ratschow.

Lit.: 40 Jahre Ev.-luth. Gesamtverband Bremerhaven, Brhv. 1977.
Qu.: NZ, 26.9.1980, 26.8.1981, 11.4.1986, 11.4.1996, 1.9.2001, 3.2.2003.
P.: Foto in NZ, 26.9.1980, 11.4.1996 u. 1.9.2001, sowie in 40 J. Gesamtverband (s. Lit.), S. 5.
E.: Bundesverdienstkr. (1981), Uhlhorn-Plakette d. Diakon. Werks (1982).

H. Bi.

Meyeringh, Ludwig; *Pädagoge, Pazifist, Gegner des Nationalsozialismus.* * 9.6.1888 Bunde, Kr. Leer (Ostfriesland), † 24.1.1979 Bremerhaven (ev.-ref.). M. besuchte das Gymnasium in Leer und Nordheim und studierte von 1908 bis 1913 Mathematik, Physik und Chemie in München und Göttingen. Nach Teilnahme am I. Weltkrieg sowie Referendar- und Assessorenzeit in Leer kam er 1921 als Studienrat an die Oberrealschule in Lehe (heute Lessing-Schule) und wurde 1931 an die Deutsche Oberschule in Geestemünde versetzt. Als mehrfach verwundeter Frontoffizier zum Pazifisten geworden, gründete er 1924 den »Nordwestdeutschen Friedensbund«. Wegen dieser und anderer Tätigkeiten in der Friedensbewegung, die er allerdings eher im Hintergrund entfaltete, wurde er 1933 von den Nationalsozialisten entlassen; ein Jahr später zwar wiedereingestellt, blieb er dennoch weiteren Pressionen ausgesetzt. Er war mehrere Jahre lang Kirchenältester der ev.-ref. Gemeinde Wesermünde und schloß sich der Bekennenden Kirche an. Im Jan. 1944 nahm er das Risiko auf sich, seine jüdische Kollegin Dr. Xenia Brendel – Ehefrau des ebenfalls pazifistisch gesonnenen Schriftstellers Dr. Robert Brendel (1889-1947), der von 1934 bis 1936 in Wesermünde als Studienrat tätig gewesen, nach seiner Zwangspensionierung aber nach Hamburg gegangen war – kurzzeitig in seinem Haus zu verstecken. Damit trug er, neben anderen glücklichen Umständen, dazu bei, sie vor der Deportation nach Theresienstadt zu bewahren. M. trat 1953 in den Ruhestand, unterrichtete aber mit verminderter Stundenzahl bis 1956 weiter.

Lit.: U. Büttner, Die Not der Juden teilen. Christlich jüdische Familien im Dritten Reich. Beispiel und Zeugnis des Schriftstellers Robert Brendel, Hbg. 1988, insbes. S. 140-141; B. Scheper, »... you must learn democracy«. Ende und Anfang 1944-1945, Brhv. 1995, S. 36.
Qu.: StadtA Brhv, Personalakte L. M.
P.: Foto in Scheper (s. Lit.).

H. Bi.

Möller, Walter; *Sparkassendirektor, Kommunalpolitiker.* * 6.2.1899 Schönfeld (Mecklenburg-Schwerin), † 18.1.1968 Bremerhaven. Der Sohn eines Schmiedemeisters absolvierte die Oberrealschule in Lübeck. Im Anschluß an den Kriegsdienst und eine zweijährige Kriegsgefangenschaft begann er 1920 eine Sparkassenlehre in Schwerin. 1925 wurde er Leiter der Sparkasse der Stadt Ludwigslust. Am 1.11.1935 wurde er zum Direktor der Städt. Sparkasse Wesermünde berufen. Der bereits im April 1933 der NSDAP beigetretene übernahm ehrenamtlich die gesamte Finanzverwaltung des Parteikreises Wesermünde und war förderndes Mitglied der SS. Nach dem Tod seiner ersten Frau (1938) war M. seit 1942 mit einer gebürtigen Lehrerin verheiratet. Im Mai 1945 wurde M. auf Anordnung der Militärregierung als Sparkassendirektor entlassen und bis Dez. 1947 inhaftiert. Im Spruchkammerverfahren wurde er 1948 zunächst als Hauptschuldiger verurteilt, im Berufungsverfahren dann aber nur noch als »Mitläufer« eingestuft. Ab März 1949 arbeitete er wieder für die Städt. Sparkasse, war ab Dez. 1950 Leiter der Hauptgeschäftsstelle in Geestemünde und ab Juli 1952 bis zu seiner Pensionierung 1964 Mitglied des Vorstandes, seit 1957 geschäftsführend. Seit 1950 betätigte er sich auch politisch. 1951 zog M. auf der Liste des BHE als »Fliegergeschädigter« in die Stadtverordnetenversammlung ein und wurde zum ehrenamtlichen Stadtrat für Sport gewählt (bis 1955). Bei der Bundestagswahl 1953 kandidierte er erfolglos ebenfalls für den BHE. Seit 1950 bekleidete er die Position des Aufsichtsratsvorsitzenden der »Baugenossenschaft der Ostvertriebenen und Ausgebombten«.

Lit.: U. Weiher, Die Eingliederung der Flüchtlinge und Vertriebenen in Bremerhaven 1945-1960, Brhv. 1992, S. 66-68, 85, 112.
Qu.: NZ, 9.5.1948, 6.2.1964, 13.2.1971; Geschäftsber. d. Städt. Spark. Brhv., 1956-1963.

U. W.

Mück, Hein s. → Soltziem, Heinrich

Mügge, Dorothea Auguste, gen. **Thea**; *Buchhändlerin.* * *22.1.1896 Lehe,* † *24.9.1981 Bremerhaven (ev.).* M. entstammt einer seit 1891 in Lehe ansässigen Familie. Der aus Dithmarschen zugezogene Vater Peter Heinrich M. war Schmiede- und Schlossermeister, später auch Obermeister der entsprechenden Innung und wurde mehrfach zum Bürgervorsteher gewählt. Die Mutter Marie-Dorothea geb. von Wecheln, gehörte einer alten Wurster Familie an, deren Vorfahren sich bis zum Anfang des 16. Jh.s nachweisen lassen. M. begann ihre Buchhändlerlehre 1913 in der Buchhandlung von Rudolf Petermann in Bremerhaven, die 1920 von Karl Memminger (1889-1963) übernommen und unter der bisherigen Firma fortgeführt wurde. Seit 1927 leitete M., die die Buchhändlerschule in Stade besucht hatte, die selbständige Filiale »Buchhandlung Memminger« in der Georgstraße in Geestemünde. Dieses Geschäft wurde durch die Bombardierung am 18.9.1944 völlig zerstört. Nach dem II. Weltkrieg arbeitete M. durch Vermittlung von → Walter Zimmermann für kurze Zeit in der Buchhandlung Morisse, bis sie am 22.11.1948 ihre eigene »Buchhandlung Thea Mügge« eröffnete. Geschäftssitz war eine Baracke beim ehemaligen Krankenhaus Mitte (Bogenstraße), die während des Krieges der ärztlichen Versorgung von Zwangsarbeitern gedient hatte. 1952 konnte M. die Buchhandlung in das wiederaufgebaute Geschäftsgebäude der Städt. Sparkasse in der Bgmst.-Smidt-Straße verlegen, und am 15.11.1955 zog sie in das Haus Bgmst.-Smidt-Str. 46, das der endgültige Sitz der »Buch- und Kunsthandlung Thea Mügge« wurde. Neben dem Büchersortiment standen Bilder von einheimischen Künstlern (u. a. → P. E. Wilke und → Fr. Köster) sowie Kunstdrucke renommierter Maler zum Verkauf. 1969 übernahm Hans-Jürgen Mattern aus Essen die Buchhandlung, die sein Sohn Norbert seit 1999 fortführt. M., die unverheiratet blieb und zeit ihres Lebens von ihren Kunden »Fräulein Mügge« genannt wurde, zählt zu jenen Buchhändlern in Bremerhaven, denen es in den Wiederaufbaujahren mit großem Engagement gelang, ihren Kunden den Zugang zur Literatur und zur Welt der Bücher zu eröffnen. Neben M. waren dies die Buchhändler Memminger in Geestemünde, Mehlitz in Lehe und → Eschemann in Bremerhaven-Mitte. M. zeichnete sich stets durch vornehme Zurückhaltung und liebevolle Zuwendung zugleich aus. »Gebt uns Bücher, gebt uns Flügel«, hatte sie 1966 im Fotoalbum über ihre Buchhandlung notiert und damit ausgesprochen, worin sie den Sinn ihres Metiers sah: im Flug in eine schönere Welt.

Lit.: M. Ernst, 50 Jahre Buchhandlung Mügge. Gedanken zu einem urbanen Zentrum, Privatdruck Buchhandl. Thea Mügge (1998), masch.schr. Mskr. im Bes. d. Verf.; ders., Die Geschichte des Buchhandels in Bremerhaven, in Jb. M.v.M. 72 (1993), S. 131-148, hier S. 138-145.
Qu.: Jürgen Falk, Erinnerungen von u. an P. H. Mügge, private Chronik, 2. Aufl. 1994, Privatdruck.
P.: Foto in Privatbesitz.
E.: Grabstätte Friedhof Lehe II.

M. E.

Müller, Daniel Eilert; *Fischauktionator.* * 28.7.1851 Bremerhaven, † 25.1.1913 Geestemünde.* Für den Erfolg der industriell ausgeübten Hochseefischerei war die Einführung eines effektiven Auktions-, Markt- und Verteilungssystems wichtig, um die frische Ware Seefisch möglichst rasch mit der Bahn in das Binnenland verschicken zu können. Da es Differenzen beim Verkauf der Fänge zwischen den Seefischern und den Fischhändlern wegen deren Preisabsprachen gab, setzte sich die nach englischem und holländischem Vorbild entstandene Auktion durch, die den Preis der Ware je nach Marktlage bestimmte, was sowohl für die Seefischer als auch für die Händler Vorteile bot. Nachdem die ersten Auktionen im Nov. 1886 in Hamburg und im Juni 1887 in Altona abgehalten worden waren, folgte Geestemünde am 13.6.1888. Die Kommune Geestemünde errichtete auf der südlichen Geestekaje zunächst eine bescheidene Auktionshalle, der weitere folgten, und stellte M. als ersten vereidigten Auktionator ein. Er hatte seine Erfahrungen als Versteigerer in Nordamerika erworben und konnte seinen Ruf als unabhängige Persönlichkeit in diesem sensiblen Geschäft bestätigen. M. wirtschaftete, wie seit 1892 auch sein Bremerhavener Kollege Wilhelm Syassen, auf eigenes Risiko und war an den Auktionsumsätzen beteiligt. Wegen erheblich zunehmender Anlandungen wurde bald ein zweiter Auktionator eingestellt. Nach Eröffnung des Fischereihafens I in Geestemünde im Nov. 1896 wuchs die Bedeutung des Auktionators. M. gehörte zu den Gründungsmitgliedern der »Fischereihafen-Betriebsgenossenschaft«, in deren Händen das Auktionsgeschehen und die Marktverwaltung des neuen Hafens lag; den Vorstand der Gesellschaft bildeten die beiden Auktionatoren. Bis zu seinem krankheitsbedingten Ausscheiden (1912) galt er als der Motor des Geestemünder Fischmarktes, der das Auktionswesen von Anfang an aufgebaut und zur Blüte geführt hatte.

L.: W. Brandes (Hrsg.), Fischauktion, Br. 2000, S. 17-18; Höver, Hochseefischerei, S. 48-56; 25 Jahre Geestemünder Fischereihafen u. Fischereihafen-Betriebsgenossenschaft, Gmde. 1921, S. 5-27; Peters, Spezialhafen, S. 10-17.
E.: Grabstein Friedhof Gmde.

D. J. P.

Müller-Hanssen, Hans Georg, geb. Müller; *Schlosser, Kunstmaler, Graphiker.* * 5.5.1908 Schwenningen (Baden, seit 1972 Villingen-Schwenningen), † 26.6.1998 Bremerhaven (ev.-luth.).* Obwohl frühzeitig künstlerisch interessiert und begabt, absolvierte der gebürtige Schwarzwälder, nach der Volksschule in seiner Heimatstadt von 1922 bis 1925 eine Schlosserlehre, besuchte die Gewerbeschule und war anschließend in einer Zählerfabrik tätig. 1939 für die Rüstungsindustrie dienstverpflichtet, wurde er zunächst in Bremen bei der Werft AG »Weser«, dann bei den Borgward-Werken eingesetzt, um schließlich vorübergehend an die Schichau-Werft nach Danzig weitervermittelt zu werden. In den letzten Kriegstagen wurde er in Bremen zum »Volkssturm« eingezogen und geriet in britische Gefangenschaft, aus der er erst 1947 in seine Geburtsstadt zurückkehrte. Seither lebte er als freier Kunstmaler. Diese Entscheidung war seit längerem angelegt. Nachdem er schon wäh-

rend der Schul- und Lehrzeit seine künstlerischen Fähigkeiten verbreitert und seit 1933 bei einem bekannten Maler Unterricht genommen hatte, war er von 1939 bis 1944 neben seinem Beruf einem Studium an der Nordischen Kunsthochschule in Bremen nachgegangen und hatte dort wie auch später in Danzig und in der Kriegsgefangenschaft zahlreiche Gelegenheiten zu künstlerischer Betätigung als Maler, Zeichner und Bühnenbildner genutzt. 1949 siedelte er nach Bremerhaven über, um dort seine ehemalige Bremer Studienkollegin Ingrid Hanssen zu heiraten, eine gebürtige Geestemünderin. Das Haus des Schwiegervaters, des aus Norwegen stammenden Bauunternehmers Olav Hanssen, am Holzhafen wurde seither zu seinem Hauptwohnsitz, von wo aus er mit seiner Familie seit 1957 regelmäßig während der Sommermonate seine Geburtsstadt aufsuchte. Die Beziehung zu beiden Standorten hat auch sein Werk geprägt. Während M. vor allem in den frühen 1950er Jahren seine Motive in Bremerhaven und Umgebung fand, wurde seine Heimat, gefördert durch einen Schwenninger Unternehmer, zum Schwerpunkt seiner späteren Tätigkeit. In den 1970er und 1980er Jahren erweiterte er sein Schaffensspektrum auf mehreren Reisen nach Norwegen und England sowie durch deutsche Landschaften. Der gläubige Protestant, der in der Geestemünder Christuskirchengemeinde lange Jahre dem Gemeindevorstand und dem Chor angehörte sowie als Kindergottesdienstbetreuer aktiv war, hat auch sein Wohnumfeld am Holzhafen mehrfach thematisiert. Für die Christuskirche schuf er die vier Rundfenster im Bereich des Chors; weitere Glasarbeiten entwarf er für das Bezirksgemeinschaftshaus der Landeskirchlichen Gemeinschaft, einer strenggläubigen, pietistisch geprägten Gruppierung, der er von Jugend auf selbst angehörte. M.s Oeuvre umfaßt neben Ölgemälden auch Zeichnungen und Aquarelle sowie zahlreiche Radierungen, die er auf einer eigenen Presse herstellte. Seine Motive suchte er gern in der ländlichen und kleinstädtischen Idylle, die er oft typisiert darstellte, aber auch unter ihm vertrauten Menschen, die er in einfühlsamen Porträts festhielt. Bescheiden und, insbesondere in Bremerhaven, die Öffentlichkeit meidend, fand er erst im Alter eine breitere Resonanz, nachdem sein Schaffen 1985 durch eine umfassende Werkschau in Villingen-Schwenningen gewürdigt worden war, wenngleich seine Bilder schon zuvor in zahlreichen Haushalten seiner Heimat zu finden gewesen waren. In Bremerhaven wurde er durch eine Ausstellung im Paul-Ernst-Wilke-Haus im Dez. 1998 posthum geehrt.

Lit.: Grapenthin, S. 276-281, 503, 535; H.-G. Ziegler u. K. R. Schäfer, Hans Georg Müller-Hanssen. Ein Maler des Vertrauten, Villingen-Schwenningen 1990.
Qu.: NZ, 27.6.1998, 28.11.1998; Gemeindebrief Christuskirche Geestemünde, Aug./Sept. 1998.
P.: Selbstbildnis (1990), abgeb. in Ziegler/Schäfer (s. Lit.), S. 6; Fotos in Privatbesitz.
E.: Grabstätte Friedhof Gmde.

H. Bi.

Muschkeit, Werner Johannes; *Nautiker, Fischdampferkapitän, Reedereiinspektor.* * 31.7.1933 Rositten (Ostpr.), † 20.12.1994 Oulu (Finnland), ☐ Bremerhaven. Der bereits in jungen Jahren verwaiste Sohn eines

Fischers und Landwirts wuchs nach der Besetzung Ostpreußens in einer sowjetischen Fischereikolchose auf und kam mit dem Großvater 1948 in den Westen, wo er bei Fulda (Hessen) seine abgebrochene Schulausbildung mit der mittleren Reife abschloß. 1951 musterte er in Bremerhaven als Leichtmatrose auf einem Fischdampfer an und besuchte seit 1955 die dortige Seefahrtschule, die er nach mehrjähriger Fahrenszeit als Steuermann 1959 mit dem Kapitänspatent abschloß, um anschließend sofort das Kommando über den Fischdampfer HEINRICH BUEREN der Reederei Kämpf zu übernehmen. Danach führte er die Seitenfänger JOHANNES KRÜSS und HUGO HOMANN sowie die Heckfänger FRITZ HOMANN und JOCHEN HOMANN. Als 1970 die Reederei Kämpf aufgelöst wurde, wechselte M. als Nautischer Inspektor zur Hochseefischerei »Nordstern« AG und danach, als diese 1988 in der neugegründeten Deutschen Fischfang-Union (DFFU) aufging, in gleicher Funktion zur DFFU mit Sitz in Cuxhaven. M. gilt als einer der erfolgreichsten und innovativsten deutschen Fischdampfer-Kapitäne seiner Zeit. Insbesondere gelang es ihm, mit der in den 1960er Jahren entwickelten pelagischen Fangmethode, die er virtuos beherrschte, dem Heringsfang neue Dimensionen zu eröffnen. Bereits von Reeder → Helmut Kämpf beim Bau des Heckfängers FRITZ HOMANN, des ersten Fangfabrikschiffes dieser Reederei, zu Rate gezogen, erwarb er sich in seiner Fahrenszeit – insbesondere dann mit JOCHEN HOMANN – wie auch in seiner Tätigkeit als Reedereiinspektor national und international den Ruf eines Fischereifachmanns; seine ständigen Innovationen der Fangtechnik und der damit einhergehenden technischen Ausstattung der Schiffe trugen maßgeblich zum Erfolg der deutschen Hochseefischerei bei. Darüber hinaus fungierte er als Berater für verschiedene Institutionen und Gremien der Fischwirtschaft, so etwa für den Verband der Hochseefischereireeder, den er u. a. in internationalen Verhandlungen vertrat, oder für die Seeberufsgenossenschaft. M. fand während einer Dienstreise von Bremerhaven nach Murmansk, wo er im Auftrage der

DFFU Möglichkeiten eines Joint-Venture mit russischen Reedereien sondieren sollte, bei einem spektakulären Flugzeugabsturz den Tod.

Lit.: Beckmann, Reedereien, S. 123-124 (Reederei Kämpf); H. Petersen, Im Fadenkreuz der Küstenwachen, Br. 2003, S. 88-89; Skizzen u. Porträts, S. 131.
Qu.: NZ, 22.12.1994, 31.12.1994.
P.: Foto in Petersen (s. Lit.), S. 88, u. NZ, 22.12.1994, sowie in Skizzen u. Porträts.
E.: Seewart-Medaille in Bronze (1990); Grabstätte Friedhof Alt-Wulsdorf.

H. Bi.

Mushard, Martin; *Theologe, Pfarrer, Altertumsforscher. * 10.2.1699 Bremen (Taufe), † 20.10.1770 Geestendorf (ev.-luth.).* M. war Sproß einer bekannten, 1517 aus Frankreich nach Hessen zugewanderten, seit Ende des 17. Jhs. im Elbe-Weser-Dreieck ansässigen Predigerfamilie, die u. a. in vier aufeinanderfolgenden Generationen die Pfarrstelle in Loxstedt verwaltete. Sein Vater Luneberg M. (1672-1708), der auch als Schriftsteller und Geschichtsforscher, u. a. als Verfasser einer Adelsgenealogie (*Brem- und Verdischer Rittersaal*) und einer Beschreibung des Landes Stotel-Vieland hervorgetreten ist, war seit 1696 Konrektor an dem damals zu Schweden gehörenden Athenäum und der Domschule in Bremen. Der dort aufgewachsene Martin M. besuchte die Domschule, studierte von 1717 bis 1719 Theologie in Jena und war dann in der Gegend von Issendorf vermutlich als Hauslehrer oder Schulrektor tätig. 1629 trat er die Pfarrstelle in Geestendorf an, die er bis zu seinem Tode ausfüllte; daneben verwaltete er von 1744 bis 1747 die vakante Schiffdorfer Pfarre. Der vielseitig gebildete und historisch interessierte Theologe machte sich vor allem als Altertumsforscher einen Namen. Angeregt durch einschlägige Schriften des Paläologen Andreas A. Rhode führte er seit 1724 Grabungen zunächst auf der Stader Geest, insbesondere bei Issendorf, dann auch im Lande Hadeln und im Lande Wursten sowie bei Debstedt und Sievern (Pipinsburg) durch, die er mit Genauigkeit schriftlich und zeichnerisch festhielt. Während seine allgemeinen Darstellungen im wesentlichen auf der vorgefundenen Literatur (v. a. Rhode) fußen und seine überwiegend zeitgebundenen Deutungen meist keine Gültigkeit mehr besitzen, können seine eigenen Forschungen, die er in dem erst lange nach seinem Tode gedruckten Band »Palaeogentilismus Bremensis« zusammenfaßte, beanspruchen, eine in vielem zuverlässige und nach damaligem Standard herausragende Quelle für die Vorgeschichte des Elbe-Weser-Dreiecks zu sein. Von den wenigen seiner Funde, die noch erhalten sind, sind einzelne ins Hamburgische Museum für Völkerkunde und in das Landesmuseum Hannover gelangt.

Lit.: DBI, S. 2446; DBA I, 879, 22-23; ADB, Bd. 23, S. 97-99 (Krause); H. Gummel, Ein Geestendorfer Pastor als Altertumsforscher, in: Ndt. Hbl. 42 (Juni 1953) u. 43 (Juli 1953); C. Kamman, Martin Mushard, in: Lebensläufe, Bd. 1, S. 243-245; Körtge, Straßennamen, S. 138-139; H. Pratje, Altes und Neues aus den Herzogthümern Bremen und Verden, Stade, Bd. 1 (1769), S. 14-16, Bd. 3 (1771), S. 346; ders., Altes und Neues. Auszüge aus seinen Schriften, hrsg. v. d. M.v.M., Brhv. 1993, S. 87 u. 90; Siebs, Lebensbilder, S. 33-35.

Werke: Schriftenverz. in ADB (s. Lit.), S. 98-99, u. Pratje (s. Lit.), Bd. 1, S. 14-15, u. a.: *Palaeogentilismus Bremensis*, Mskr. 1755, vollst. veröff. in Jb. d. Prov.-Mus. zu Hannover N.F. 3 (1928); *Anleitung zum Ausgraben der Urnen* (1760), *Über Todtenverbrennung* (1764).

E.: Straßenbenennung Brhv.-Gmde. (1925).

H. Bi.

N

Neisen, Bernward; *Theologe, Pastor.* * 26.12.1903 Hemelingen (seit 1939 zu Bremen), † 6.11.1977 Bremerhaven (kath.). Nach dem Studium der Theologie und der Priesterweihe war N. 1928 kurzzeitig an der Herz-Jesu-Kirche in Lehe als Kaplan tätig, bevor er in Buchholz und dann in Blankenburg (Harz) eine Pfarrstelle übernahm. War er dort schon mit den Nationalsozialisten in Konflikt geraten, so zog er sich nach der sowjetischen Besetzung in Ausübung des Religionsunterrichts den Unmut der neuen Machthaber zu. 1947 zu 10 Jahren Zwangsarbeit verurteilt, gelang ihm jedoch die Flucht in den Westen. Hier konnte ihn der Bischof von Hildesheim in die kurz zuvor vakant gewordene Pfarrstelle von → Bernhard Goerge in Lehe einweisen. N. gelang es in relativ kurzer Zeit, die Kriegsschäden an der Herz-Jesu-Kirche und den angrenzenden Gebäuden zu beseitigen und den Bau eines Kindergartens mit Hilfe des amerikanischen Zivilgouverneurs Melone zu realisieren. Der Wiederaufbau der Pfarrgemeinde, die Betreuung der 18 im Landkreis Wesermünde gelegenen Außenstationen (Spaden, Bederkesa) und die Errichtung eines eigenen kirchlichen Zentrums in Leherheide mit dem Ziel einer eigenständigen Pfarrei (1957-61) bedeuteten für ihn große Herausforderungen. Ebenso setzte er sich für die Eingliederung der Flüchtlinge und Vertriebenen in seinem Pfarrbezirk ein. Große Verdienste erwarb er sich auch um den Erhalt der kath. Schule, deren Schließung als Regelschule 1959 auf Grund des Bremer Privatschulgesetzes drohte. Nachdem er alle rechtlichen Mittel ausgeschöpft hatte, vermochte er die kath. Gemeinden Bremerhavens zur Gründung einer rein privaten Konfessionsschule zu bewegen. Im Okt. 1971 ging N. aus gesundheitlichen Gründen in den Ruhestand. Wegen seines phantasievollen Improvisations- und Organisationstalents, seines oft hintergründigen Humors sowie seiner offenen, direkten und menschlichen Art war er auch außerhalb der kath. Gemeinde sehr geschätzt.

Lit.: 75 Jahre Herz-Jesu Bremerhaven-Lehe, Brhv. 1986, S. 16-19, 33-37; 50 Jahre Herz-Jesu-Kirche, 1961, S. 15-16, 25-27; Die katholische Schule in Bremerhaven (Brhv. 1974).
Qu.: NZ, 8.11.1977; Bistumsarchiv, Hildesheim; Pfarrarchiv Herz-Jesu, Lehe.
P.: Foto im Pfarrarchiv Herz-Jesu Brhv.-Lehe (abgeb. in 95 Jahre Kolpingwerk a. d. Unterweser, Brhv. 1975, S. 96).

P.-E. H.

Nejedlo, Marie, geb. Seidel; *Parlamentarierin.* * 26.1.1908 Bremerhaven, † 24.12. 2000 Bremerhaven. Die Tochter des SPD-Kommunalpolitikers Arthur Seidel war nach Handelsschule und kaufm. Lehre von 1924 bis 1933 bei der Allgemeinen Ortskrankenkasse Bremerhaven beschäftigt. Bereits 1926 trat sie in die SPD ein und wirkte aktiv in der Arbeiterjugend mit. Ihre eigentliche politische Karriere begann 1951 mit ihrer Wahl zur Bremerhavener SPD-Abgeordneten in der Bremischen Bürgerschaft. Dieses Amt bekleidete sie bis 1975, zuletzt als dienstälteste Abgeordnete. Sie arbeitete während dieser Zeit in zahlreichen Parlaments-Deputationen mit, insbesondere in den Bereichen Wohlfahrt und Gesundheitswesen. Parallel dazu war sie lange Jahre als Vorstandsmitglied ihres Ortsvereins sowie als Mitglied des Unterbezirksvorstandes Bremerhaven aktiv. Im privaten Bereich setzte sich N. engagiert für die Belange der Senioren in Bremerhaven ein. Bekannt wurde sie durch ihre zahlreichen Auftritte als musikalische Unterhalterin bei Veranstaltungen für ältere Mitbürger.

Qu.: Hdb. Brem. Bürgerschaft, 4.-8. Wahlperiode; NZ, 26.1.1973, 27.1.1978, 26.1.1993, 6.1. u. 9.1.2001; Brhv. Bürgerztg., 26.1.1973.
P.: Foto in Archiv Br. Bgsch. (abgeb. in Hdb. Br. Bgsch.) sowie NZ 1973, 1978 und 1993 u. BBZ (s. Qu.).

U. J.

Neumann, Walter, Dr. jur., Dr. rer. pol.; *Rechtsanwalt und Notar, Opfer des Nationalsozialismus, Kommunalpolitiker, Parlamentarier.* * 22.12.1891 Weißenfels (Saale), † 24.8.1974 Bremerhaven (ev.). N. kam 1919 nach Bremerhaven, wo er als hauptamtlicher Syndikus des Arbeitgeberkartells für die Unterweserorte tätig war; seit 1926 bzw. 1929 führte er auch eine Praxis als Rechtsanwalt und Notar. Daneben war er als Mitglied der DDP politisch tätig. Aufgrund der jüdischen Abstammung seiner Ehefrau Alice, geb. Stern (1889-1977), waren N. und seine Familie unter der NS-Herrschaft starken Benachteiligungen im beruflichen und privaten Bereich ausgesetzt. Nachdem er 1933 zunächst aus dem Vorstand der AOK Bremerhaven entfernt worden war, verlor er 1934 seine Stellung beim Arbeitgeberverband, als dieser in die DAF überführt wurde, und sah sich schließlich 1938 aufgrund verschiedener Beeinträchtigungen gezwungen, seine Anwaltspraxis zu schließen. Als „jüdisch Versippter" seit Okt. 1944 in den Arbeitslagern Bremen-Farge und Lenne (Weserbergland) interniert, gelang es ihm im April 1945 zu fliehen; ebenso konnte sich seine Frau, deren Mutter in Theresienstadt 1942 ermordet worden war, im Febr. 1945 dem drohenden Abtransport durch die Flucht entziehen. In der Nachkriegszeit wurde N. von der amerikanischen Besatzungsmacht als einer der »Männer der ersten Stunde" zum Wiederaufbau der demokratischen Selbstverwaltung herangezogen

und zählte zu den einflußreichsten Persönlichkeiten im politischen Leben der Stadt. Schon im Juli 1945 wurde er zum ehrenamtlichen Beigeordneten (Stadtrat) ernannt, in welcher Funktion er sich u. a. mit der „Bereinigung der Wirtschaft von nationalsozialistischem Einfluß" zu befassen hatte. Im Sept. 1945 erhielt er die Genehmigung, die »Demokratische Partei« (später FDP) zu gründen, deren erster Vorsitzender er von 1945 bis 1949 war. Im April 1946 gehörte er zum Kreis der ersten, von den Amerikanern ernannten Stadtvertretung, und übte im Verwaltungsausschuß, dem leitenden Organ, das Amt des stellv. Oberbürgermeisters aus. Ebenso war er seit Okt. 1946 Mitglied der ersten frei gewählten Stadtvertretung und des Verwaltungsausschusses sowie von 1947 bis 1951 der ersten Stadtverordnetenversammlung, die ihn zum ehrenamtlichen Magistratsmitglied bestimmte; als solchem oblag ihm das Amt für Wiedergutmachung. Somit bekleidete er sechs Jahre lang durchgängig ein gewichtiges politisches Amt. Von 1947 bis 1955 vertrat er die FDP in der bremischen Bürgerschaft, wo er in den Deputationen für Wiedergutmachung und für den Fischereihafen wirkte. N. entwickelte Initiativen zur Eingliederung der bremischen Häfen nach Wesermünde sowie zur Einbeziehung Wesermündes in das Land Bremen und beriet die Besatzungsmacht in Personalentscheidungen beim Aufbau der Stadtverwaltung. Auch bei der Wahl von → Hermann Gullasch zum Oberbürgermeister (1948) war N. maßgeblich beteiligt. Nach 1955 war er politisch nicht mehr aktiv.

Lit.: Aufbauarbeit, S. 45-47; Hdb. Br. Bgsch. 1947-51, S. 127, desgl. 3. Wahlper., S. 198; Scheper, Jüngere Geschichte, S. 347-349, 385.
Qu.: NZ, 26.1.1948, 29.8.1974; WK, 24.1.1948; StadtA Brhv., P III 15, Hauptamt I Nr. 441, Meldekartei Alt-Brhv., FDP-Kreisgr. Brhv. Findbuch S. 2-6 sowie Nr. 1-3, NSDAP-Kreisgr. Wmde. Allg. Korresp. Bd. 33 u. 34; StA Br. 4,54 E 7239 u. 7240.
P.: Foto in Archiv Br. Bgsch.
E.: Grabstätte Brhv. Friedhof Wulsdorf.

U. W.

Neynaber, Oscar; *Apotheker, Fabrikant.* * *24.11.1863 Jühnde (Kr. Hann. Münden), † 5.4.1946 Wesermünde (ev.-luth.).* Der Sohn eines Arztes absolvierte eine breite pharmazeutische Ausbildung, die er durch ein Pharmaziestudium ergänzte. Danach war er mehrere Jahre in der Hofapotheke in Oldenburg tätig, bevor er sich in Essen (Oldbg.) selbständig machte. Die Beschäftigung mit Trananalysen weckte in ihm den Wunsch, sich der Lebertranherstellung zu widmen. Der Verkauf der Apotheke und die Heirat mit einer vermögenden Oldenburgerin gaben ihm den finanziellen Rückhalt für größere Unternehmungen. Nachdem er in England und Norwegen die Methoden der Trangewinnung studiert hatte, kam er 1898 nach Geestemünde, wo er im kurz zuvor fertiggestellten Fischereihafen zusammen mit → Friedrich Albert Pust die Fa. Pust & Neynaber gründete, deren Ziel die Gewinnung von Lebertran zu medizinischen Zwecken war. Das Unternehmen wurde 1902 unter dem Namen »Erste Deutsche Dampflebertran-Fabrik Pust & Neynaber« in eine Kommanditgesellschaft umgewandelt. Mit der fabrikmäßigen Herstellung des vitaminreichen, überwiegend aus Kabeljau- und Dorschleber gewonnenen Produkts betraten die Firmengründer in Deutschland Neuland. Mit ihr eröffnete sich die Möglichkeit, bisher wenig genutzte Fischbestandteile ratio-

nell zu verwerten und ein für die menschliche Ernährung wie auch für die Tierzucht wichtiges Produkt zu entwickeln. Dementsprechend förderte N., der eigene Entwicklungen zur Verwertung des Dorschlebertrans einbrachte, auch die medizinische Forschung über die Anwendung und Wirkung des Lebertrans. Durch spezielle Apparaturen, mit denen der Dorschlebertran schon unmittelbar nach dem Fang an Bord der Fischdampfer gewonnen werden konnte, gelang es, den Gehalt an Vitamin A und D erheblich zu steigern. Das Unternehmen nahm bald einen großen Aufschwung. 1908 wurde das von N. geführte und von da an nur noch mit dem eigenen Namenszusatz firmierende Unternehmen in eine Aktiengesellschaft überführt, an der zahlreiche Persönlichkeiten und Unternehmen der Fischwirtschaft beteiligt waren; Pust bekleidete bis zu seinem Tod (1928) den Vorsitz im Aufsichtsrat. Vor dem I. Weltkrieg war N. auch an einer schottischen Tran- und Fischmehlfabrik in Aberdeen und an einem holländischen Chemieunternehmen in Beverwijk beteiligt. Als die umfangreichen Erweiterungsarbeiten zum Fischereihafen II eine Verlagerung des Stammbetriebs erforderlich machten, wurde dieser 1920 in den Gebäuden und auf dem Areal des damals stillgelegten Geestemünder Schlachthofs an der Wiesenstraße neu aufgebaut. Bereits 1903 war N. dazu übergegangen, auch Fischmehl und technische Trane herzustellen, wozu er in Loxstedt nahe der Eisenbahnlinie ein Zweigwerk errichten ließ. Dieses wurde 1923 zunächst an die Deutsche Myrabola bzw. 1928 an die Chemischen Werke Unterweser AG verpachtet, nach deren Konkurs 1930 aber wieder in eigene Regie übernommen. Die Kombination von Fischmehl- und Fischölherstellung bildete, wie auch in anderen Unternehmen der 1930er Jahre, die Grundlage für eine zunehmend breiter werdende Produktpalette, die von Futtermitteln bis zu Speisefetten (Margarine) und technischen Ölen reichte. Aus letzteren wurden in den eigenen Laboratorien nach und nach Erzeugnisse entwickelt, die als Grund- und Hilfsstoffe in der Leder-, Seifen- und Waschmittelindustrie, in der Gummi- und Mineralölindustrie sowie in der kosmetischen und pharmazeutischen Industrie, später auch in der Lack- und Kunststoffindustrie Verwendung fanden. Nachdem sich N. 1944 vom Geschäft zurückgezogen hatte, wurde das Unternehmen von seinem Adoptivsohn Helmut N., geb. Schwarz (* 5.5.1910, † 28.9.1979) fortgeführt. Seit 1949/50 befindet sich der Firmensitz in Loxstedt, womit die weitgehende Trennung der nunmehrigen »Oscar Neynaber & Co. AG Chemische Fabrik« vom Ursprungsprodukt Lebertran verbunden war; das Bremerhavener Werk, das in diesem Bereich noch weiterarbeitete, wurde 1957 aufgegeben. 1968 wurde die Aktienmehrheit vom Henkel-Konzern übernommen, der 1971 auch den Vertrieb nach Düsseldorf zog. Die Neynaber Chemie GmbH, die heute überwiegend Gleitmittel, Weichmacher und Stabilisatoren für die Kunststoffindustrie liefert, ist heute mit ca. 170 Beschäftigten eines der wenigen Großunternehmen im Umkreis der Stadt Bremerhaven.

Lit.: Deutsche Apotheker-Biographie, Bd. 2, Stuttgart 1978, S. 467-468 (Bartels); Heimatchronik, S. 269-271; Neynaber Chemie GmbH, Umwelterklärung

1997, S. 8-11; Das Meer, der unerschöpfliche Quell eiweißreicher Nahrung, hrsg. v. d. Fischmehlfabrik »Unterweser« Fuhrmann & Co., Brhv. 1952, S. 26-31. H.-D. Schwarz, Zum 50. Todestag von Oscar Neynaber, in: Dt. Apotheker-Ztg., 136 (1996), S. 1144-1146.
Qu.: NZ, 1. u. 2.10.1979, 10. u. 11.6.1998; StadtA Brhv., Meldekartei Gmde., Gewerbesteuerakte Erste Dt. Dampflebertranfabrik.
P.: Foto in Heimatchronik, S. 270.
E.: Grabstätte Friedhof Gmde.

H. Bi.

Niedermeyer, Ferdinand; *Kaufmann, Buchhalter, Werftdirektor.* * 22.2.1866 Rehme bei Bad Oeynhausen, † 13.1.1941 Oldenburg (Oldbg.), ☐ Bremerhaven (ev.). N., der zuvor bei der Weserhütte in Bad Oeynhausen tätig gewesen war, fing am 1.10.1886 bei → Georg Seebeck in Geestemünde als kaufm. Angestellter an und wurde dessen engster Mitarbeiter, der den Aufstieg der Firma vom kleinen Handwerksbetrieb bis zur bedeutenden Schiffbauaktiengesellschaft entscheidend beeinflußte. Über 50 Jahre lang diente er der Seebeckwerft als Buchhalter, Direktor und Vorstandsmitglied und bestimmte wesentlich die Geschäftspolitik. Am 7.2.1898 wurde N. zum Prokuristen ernannt. Am 30.6.1902 bestellte ihn die Seebeckwerft zum stellvertretenden und am 20.11.1911 zum ordentlichen Vorstandsmitglied. Nachdem der Werftgründer am 20.4.1921 aus Altersgründen seine Vorstandsämter niedergelegt hatte und in den Aufsichtsrat gewechselt war, leitete N. als Vorstandsvorsitzender die Werft. Nach dem Tode Seebecks 1928 erwarb die Deutsche Schiff- und Maschinenbau AG (Deschimag) in Bremen, die sich auch die Tecklenborg-Werft einverleibt hatte, das Aktienkapital der Seebeckwerft und fusionierte mit dieser am 2.10.1928. Im Gegensatz zu Tecklenborg überstand Seebeck die schwere Schiffbaukrise der 1920er und 1930er Jahre. Als kaufm. Direktor des Werkes Seebeck wurde N. 1930 in den Vorstand der Deschimag gewählt. Am 31.12.1936, als die Werft durch die nationalsozialistische Wirtschaftspolitik wieder gut beschäftigt war, ging er in den Ruhestand und gehörte bis zu seinem Tod dem Aufsichtsrat an. Neben seiner Tätigkeit als Mitglied der Industrie- und Handelskammer zu Wesermünde (1920-1937) und als

Aufsichtsratsmitglied des Bankvereins für Nordwestdeutschland in Bremen stellte N. seine Erfahrungen den mit der Werft eng verbundenen Reedereien der Wesermünder Hochseefischerei zur Verfügung (Norddeutsche Hochseefischerei AG, Aufsichtsratsvorsitzender; Hanseatische Hochseefischerei AG, Aufsichtsrat 1929-1941).

Lit.: DBI, S. 2499; Fisser, S. 87-93; O. Höver, Das Werk Seebeck der Deschimag 1876-1943, Brhv. 1943, S. 15-16, 32, 55, 58-60, 66; 75 Jahre Seebeckwerft 1876-1951, Brhv. 1951, o. S.; A. Meyer, Verleihung d. Ehrenbürgerrechts an Georg W. Claussen u. Georg Seebeck, in: Jb. M.v.M 48 (1967), S. 82-88, hier S. 88; Peters, Seeschiffbau, S. 126; Wenzel, Sp. 1602.
Qu.: NWZ, 29.9.1936, 14.1.1941; StadtA Brhv., Meldekartei Brhv. nach 1945 I.
P.: Foto in NWZ (s. Qu.), u. 75 Jahre Seebeckwerft (s. Lit.).

D. J. P.

Nikolei, Walter; *Journalist, Chefredakteur.* * 17.3.1898 Schneidemühl (Posen), † 7.11.1969 Bremerhaven. N., der aus einer sozialdemokratischen Handwerkerfamilie stammte, erlernte den Beruf des Schriftsetzers und knüpfte als Hilfsvolontär der »Schneidemühler Zeitung« schon früh erste Kontakte zum Journalismus. 1916 arbeitete er als Hilfsredakteur für das »Ostpreußische Volksblatt« in Rastenburg. Nach der Teilnahme am I. Weltkrieg folgte eine kurze Station (Dez. 1920 bis März 1921) bei der sozialdemokratischen »Tuttlinger Zeitung«. Von April 1921 bis Dezember 1922 schrieb er als Alleinredakteur für die bürgerliche »Radeberger Zeitung und Tageblatt« bei Dresden. Danach verbrachte er noch einige Zeit bei den SPD-Organen »Tuttlinger Volkszeitung« und »Volksstimme« (Schwenningen). 1924 kam N. zur bürgerlichen »Nordwestdeutschen Zeitung« (NWZ) nach Bremerhaven. Nach eigenem Bekunden blieb er politisch auch dort längere Zeit »links orientiert«, vertrat später jedoch zunehmend eine bürgerlich-konservative Einstellung. In Bremerhaven war er der erste Sportredakteur überhaupt. N., der eine Freundschaft zum Boxidol Max Schmeling und zum Nobelpreisträger → Adolf Butenandt pflegte, betreute auch die Ressorts Landkreis, Nachbargebiete, Lokales und Vermischtes. Als die NWZ nach der Machtübernahme der Nationalsozialisten von Nov. 1933 bis Febr. 1934 den »Generalanzeiger für das Unterwesergebiet/Nordwestdeutschland« – das Nachfolgeblatt der verbotenen SPD-Zeitung »Norddeutsche Volksstimme« – pachtete, übernahm N. dessen Chefredaktion. Fachlich und als Mensch genoß N. in der Redaktion großes Ansehen. Seine große Loyalität zum Unternehmen stellte N. im Mai 1933 unter Beweis. Um den Druck der örtlichen NSDAP auf die Redaktion zu mindern, trat er auf Vorschlag von Chefredakteur → Wilhelm Georg nach längerem Sträuben der Partei und der SA-Reserve bei. In die Zeit der nationalsozialistischen Herrschaft fiel auch N.s kommunalpolitisches Engagement; von 1939 bis 1944 war er im Wesermünder Gemeinderat tätig. Als er im Rahmen der Entnazifizierung im Okt. 1947 von der Spruchkammer in die Gruppe der Hauptschuldigen eingestuft wurde, fand er namhafte Fürsprecher, u. a. Pastor → Hermann Raschke, woraufhin er zunächst als Minderbelasteter und dann als Mitläufer eingestuft wurde. Da er nach 1945 zunächst nicht in seinem Beruf arbeiten konnte, stand er zeitweise im Dienst der US-Truppen in Weddewarden und nahm verschiedene Gelegenheitsarbeiten an. Nach der Wiederzulassung der Altverleger folgte N. dem Ruf → Kurt Ditzens. In der als Nachfolgeblatt der NWZ erscheinenden »Nordsee-Zeitung« leitete er zunächst das Ressort »Landkreis Wesermünde« und »Nordwestdeutschland«. 1952 übernahm er den Posten des Lokalchefs und wurde im Jahr darauf in Nachfolge von → Rudolf Dahmen auch Chef vom Dienst. Diese Position behielt er bis zu seinem Ausscheiden im Aug. 1964 bei, nachdem er die Leitung der Lokalredaktion bereits 1962 abgegeben hatte. Von 1953 bis 1966 betreute er auch den jährlich erscheinenden »Nordsee-Kalender«.

Lit.: Lübben, S. 68-72.
Nachlaß: in Privatbesitz.
P.: Foto in Lübben, S. 71.

J. L.

Nixdorf, Oswald; *Tropenlandwirt, Auswanderer, Koloniegründer.* * 7.6.1902 Stettin, † 1.5.1981 Rolândia (Paraná, Brasilien) *(ev.).* N. kam im Alter von drei Jahren nach Bremerhaven, wo sein Vater, der dort bereits von 1877 bis 1898 gelebt hatte, 1905

eine Stelle als Betriebsingenieur beim Norddeutschen Lloyd (NDL) antrat. Dadurch, daß seit 1909 im Nachbarhaus der damalige Stadtdirektor → Erich Koch(-Weser) lebte, mit dessen Sohn Geert er sich befreundete, ergaben sich Kontakte, die für N.s späteres Leben entscheidend werden sollten. 1916 verzog die Familie nach Bremen. Nach dem I. Weltkrieg besuchte N. die Deutsche Kolonialschule in Witzenhausen und war dann als Tabakfarmer auf Sumatra tätig. Als ein 1927 von ihm und anderen Farmern zusammen mit dem NDL gegründetes Tierzuchtunternehmen 1930 in finanzielle Schwierigkeiten geriet und er daraufhin in den USA Geldgeber suchte, traf er dort zufällig Geert Koch-Weser. Dieser vermittelte ihm den Kontakt zu seinem Vater, der damals Vorsitzender der »Gesellschaft für wirtschaftliche Studien in Übersee« (GSWÜ) war, einer Institution, die es sich zur Aufgabe gemacht hatte, Siedlungsmöglichkeiten für deutsche Auswanderer in Südamerika zu erkunden. Da das Sumatra-Projekt scheiterte, ließ sich N. für die Ziele dieser Gesellschaft gewinnen. 1932, nachdem er zuvor als Mittelsmann Verhandlungen mit einer englischen Landgesellschaft eingefädelt hatte, reiste N. im Auftrage der GWSÜ nach Brasilien, um dort eine Kolonie für deutsche Auswanderer aufzubauen. Unter seiner Leitung entstand in den folgenden Jahren die Kolonie »Rolândia«, an deren weiterem Ausbau auch Koch-Weser mitwirkte, der 1933 dorthin emigriert war. Daß die Kolonie, die sich aufgrund des Kaffeeanbaus erfolgreich entwickelte, wirtschaftliche und kulturelle Beziehungen zu Hamburg, aber vor allem auch zu Bremen unterhielt, ist zum guten Teil N. zu verdanken. Auf seine Anregung überreichte die Hansestadt der Stadt Rolândia 1957 eine Nachbildung des Roland. Über den Rahmen der Kolonie hinaus machte sich N. als landwirtschaftlicher Berater in Südbrasilien, insbesondere bei der Planung und Einrichtung moderner Genossenschaftsbetriebe, und als Förderer des internationalen Kulturaustausches einen Namen. Bei seinen zahlreichen Reisen besuchte er mehrfach auch Bremen und Bremerhaven, zuletzt 1979.

Lit.: H. Gabcke, Erich Koch-Weser (1875-1944), Brhv. 1986, S. 28-31; F. Prüser, Roland und Rolandia, Br. 1957, S. 47-64; Zschr. f. Kulturaustausch, H. 1/1963, S. 36-37, H. 1/1972, S. 52-53.
Qu.: NZ, 19.12.1979, 7.5.1981; WK, 6.5.1981; StadtA Brhv., Meldekartei Alt-Brhv.
Werke: *Pionier im brasilianischen Urwald* (1979).
P.: Foto in Inst. f. Auslandsbeziehungen, Stuttgart (abgeb. in Zschr. f. Kulturaustausch 1/1972, S. 52).
E.: Med. f. bes. Verdienste im internat. Kulturaustausch (1971), Ehrenbürger Rolândia (1974).

H. Bi.

Noé, Hermann; *Maschinenbauingenieur, Werftdirektor, Unternehmer.* * *9.12.1879 Zweibrücken (Pfalz), † 4.9.1961 Bremerhaven (ev.-ref.).* Nach dem Abitur studierte N., der aus einer seit 1691 in der Pfalz ansässigen hugenottischen Familie stammte, Maschinenbau an der TH Karlsruhe. 1904 begann er seine Ingenieurlaufbahn und arbeitete u. a. auf der Danziger Werft und in der Aschersleber Maschinenfabrik, bei der er 1916 Betriebsdirektor wurde und später zum Technischen Direktor aufrückte. 1921 berief ihn die Deutsche Bank zum Technischen Vorstand des Textilmaschinenherstellers Schubert & Salzer in Chemnitz. N. führte das angeschlagene Unternehmen bis zu seinem Ausscheiden 1929 durch Rationalisierung und Modernisierung zum mit ca. 7.000 Beschäftigten damals weltweit größ-

ten Unternehmen dieser Branche. Während N. seinen Umzug nach Württemberg plante, um die Brauerei seines Schwiegervaters zu übernehmen, erreichte ihn der Auftrag des Reichswirtschaftsministers Julius Curtius zur Erarbeitung eines Gutachtens für die Sanierung der seit 1926 staatlich gestützten und vor dem Zusammenbruch stehenden Schichauwerke in Danzig und Elbing. Nach der Verabschiedung des von N. erarbeiteten Sanierungsprogramms im Reichstag am 28.5.1929 wurde er mit dessen Umsetzung beauftragt und zum ersten Geschäftsführer der neuen, aus Familienbesitz in das Eigentum des Reiches, des Staates Preußen und der Freien Stadt Danzig übergegangenen F. Schichau GmbH (seit 1941 AG) ernannt. Bereits nach zwei Jahren war die Belegschaft auf über 5.000 Personen gewachsen, und gegen Kriegsende hatte das Gesamtunternehmen als einer der größten Industriebetriebe des Deutschen Reiches rund 44.000 Mitarbeiter. Neben dem Schiffbau gehörten der Bau von Lokomotiven, Dampfturbinen und Großdieselmotoren sowie Hochdruck-Großkesselanlagen zum Arbeitsprogramm der Schichau-Werke. Nach Kriegsende und der Flucht in den noch von der Kriegsmarine zugewiesenen Standort Bremerhaven eröffnete N. 1945 dort die F. Schichau AG als kleinen Maschinenbaubetrieb, in dem Lokomotiversatzteile und Maschinen aller Art gebaut wurden, u. a. eine vollautomatische Brennschneidemaschine, die weltweit Absatz fand. Nachdem 1949 wieder der Schiffbau möglich war, schuf N. erneut eine kleine, aber leistungsfähige Werft, die sich auf den Bau von Schlepp- und Bergungsschiffen spezialisierte. Aus Gesundheitsgründen trat N. 1956 als Vorstandsvorsitzender zurück, Nachfolger wurde sein Sohn Hermann N. (* 1921). Als 1958 die Bundesrepublik Deutschland als Mehrheitsaktionär wegen schlechter Geschäftsaussichten die Liquidation in Erwägung zog, erwarb die Familie Noé die Aktien und führte das Unternehmen als Familienbetrieb weiter. N. übernahm den Aufsichtsratsvorsitz der neuen F. Schichau GmbH, die 1972 mit der Schiffbaugesellschaft Unterweser zur Schichau Unterweser AG (SUAG) fusionierte. 1985 in den Bremer Vulkan-Verbund eingegliedert und 1988 mit der Seebeckwerft zur Schichau Seebeckwerft AG verschmolzen, mußte die Werft 1996 den Vergleich beantragen; der Anschlußkonkurs war Anfang 2002 noch nicht abgeschlossen.

Lit.: DBE, Bd. 11/1, S. 142-143; Altpreußische Biographie IV/1, 1984, S. 1138; A. Bihl (Bearb.), 100 Jahre Schichau 1837-1937, Elbing 1937; 150 Jahre Schichau Unterweser AG, Brhv. 1987; L. U. Scholl, Hermann Noé, in: NDB, Bd. 19, S. 309-310; Schwemer, S. 16; Wer ist's? 1958, S. 924.
Qu.: NZ, 10.12.1954, 9.12.1959, 6.9.1961; Der Westpreuße, 25.9.1961.
P.: Ölgemälde (nach 1961) in Fam.bes.; Fotos u. a. in Bihl (s. Lit.), S. 118, sowie Der Westpreuße, u. NZ (s. Qu.).
E.: Bundesverdienstkr. (1954); Grabstätte Brhv. Friedhof Wulsdorf.

L. U. S.

Nölke, Wilhelm Georg Johann Jakob, Dr. med.; *Röntgenologe, Chefarzt.* * *10.7.1896 Dellhofen (Kr. St. Goar), † 25.1.1974 Bremerhaven, □ Boppard (kath.).* Der Sohn eines Schiefergrubenbesitzers besuchte Volksschule und Gymnasium in Boppard. Nach Teilnahme am I. Weltkrieg absolvierte er ein Studium der Medizin in Bonn, Gießen und Köln, das er 1921 mit der Promotion abschloß. Danach war er als Facharzt am städt.

Röntgen-, Radium- und Lichtinstitut des Bürgerhospitals in Köln tätig. Dort seit 1926 Oberarzt und nach dem Tode des Chefarztes kommiss. Leiter des Instituts, erwarb er sich durch einschlägige Veröffentlichungen und Vorträge einen Ruf als Röntgenexperte. Aufgrund dessen wurde er am 1.4.1929 zum Leiter des neugegründeten Röntgeninstituts der Krankenanstalten der Stadt Wesermünde berufen, das dem Krankenhaus Lehe zugeordnet war. Unter seiner Leitung entwickelte sich das Institut, das durch eine Reihe von Spezialeinrichtungen weit über Bremerhaven hinaus Bedeutung erlangte, zu einem der angesehensten in Norddeutschland. Große Aufmerksamkeit widmete N. der Vorsorge und Behandlung von Krebskrankheiten, so – außer durch eine intensive Aufklärungstätigkeit in Form von Vorträgen u.ä. – durch eine dem Röntgeninstitut angegliederte Beratungsstelle für Geschwulstkranke und eine klinische Geschwulstabteilung sowie als langjähriger Vorsitzender der Arbeitsgemeinschaft für Krebskranke im Lande Bremen. Seit 1922 als Dozent in der medizinischen Ausbildung tätig, rief er bald nach seinem Dienstantritt in Wesermünde eine Lehranstalt für medizinisch-technische Assistentinnen in Wesermünde ins Leben, die er bis zu seiner Pensionierung leitete. N., der 1942 auch die Gesamtleitung des Krankenhauses Lehe übernahm, trat am 30.9.1962 in den Ruhestand.

Qu.: H. Drews, Dokumentation über das Berufsbild der med.-techn. Assistentin, Brhv. 1980; NZ, 31.3.1954, 9.7.1966, 10.7.1971, 26.1.1974; StadtA Brhv. Personalakte W. N.
P.: Foto in NZ, 31.3.1954, 10.7.1971.

H. Bi.

Noelle, Horst Carl, Dr. med. habil.; *Neurologe, Ernährungswissenschaftler, Hochschullehrer, Chefarzt.* * 2.2.1924 Wilhelmshaven, † 14.5.2001 Bremerhaven (ev.). Als Sohn eines Diplomingenieurs und Marineoberbaurats wuchs N. zunächst in Wilhelmshaven, zeitweise auch in Hannover auf und kam dann durch den Ortswechsel seines Vaters, der vermutlich am Aufbau der Marineschule mitwirkte, 1937 nach Wesermünde-Lehe, wo er die Oberschule für Jungen (heute Lessing-Schule) besuchte. 1941 zur Wehrmacht eingezogen, wurde er im Sanitätsdienst eingesetzt und nahm in diesem Zusammenhang ein Studium der Medizin an den Univ. Berlin und Würzburg auf. Nach Entlassung aus amerikanischer Kriegsgefangenschaft setzte er sein Studium in Hamburg fort (Promotion 1949). Danach war er zunächst vier Jahre am Städt. Krankenhaus Bremerhaven tätig, bevor er an die Universitätsklinik Hamburg-Eppendorf und dann über das Städt. Krankenhaus Emden zur Medizinischen Universitätsklinik Kiel wechselte, wo ihm 1957 zusätzlich die Leitung der staatlichen Diätschule übertragen wurde. Nachdem er sich 1960 in gleicher Funktion nach Gießen verändert hatte, übernahm er dort von 1964 bis 1968 als Oberarzt, Privatdozent (Habilitation im Fach Innere Medizin 1966) und Professor (1968) verantwortliche Aufgaben an der neurologischen Klinik; u. a. wirkte er am Aufbau der ersten neurologischen Intensivstation Europas mit. Nachdem er noch im Mai 1968 in Gießen die Leitung der Abteilung für klinische Stoffwechselforschung angenommen hatte, bewarb er sich im Herbst desselben

Jahres erfolgreich für die Position des Chefarztes der Inneren Abteilung am Krankenhaus Bremerhaven-Mitte; nach dessen Aufgehen im Zentralkrankenhaus Reinkenheide (1976) war er bis zu seiner Pensionierung 1989 Chefarzt der dortigen Medizinischen Klinik. Seine Lehrtätigkeit an der Univ. Gießen setzte er auch in dieser Zeit fort. N. widmete sein gesamtes Berufsleben lang einen großen Teil seiner Arbeitskraft der medizinischen Forschung, in der er sich auf mehreren Gebieten spezialisierte und die er stets mit der Praxis und der ärztlichen Ausbildung zu verbinden verstand. Er erwarb sich damit nicht nur internationale Reputation, sondern wurde auch für zahlreiche in Bremerhaven niedergelassene Ärzte prägend. Sein besonderes Interesse galt den Stoffwechselkrankheiten und ernährungswissenschaftlichen Fragen; u. a. entwickelte er eine auf Fischöl basierende Spezialdiät, deren gefäßerweiternde Wirkung vor allem in der Herzchirurgie Anwendung findet. Er war Mitglied mehrerer hochrangiger wissenschaftlicher Beratungsgremien, so vor allem von 1980 bis 1992 als Präsident des Ernährungswissenschaftlichen Beirats der Fischwirtschaft sowie als Leiter der Sektion Bremen und Präsidiumsmitglied der Deutschen Gesellschaft für Ernährung. Seine wissenschaftlichen Erkenntnisse legte er in einer Fülle von Zeitschriftenaufsätzen nieder. N., der bereits als 16jähriger Schüler in den Sommerferien auf einem Frachter angeheuert hatte und nach Beendigung seines Studiums mehrfach als Schiffsarzt einer Fischdampferflotte eingesetzt war, nahm nach seiner Pensionierung zweimal die Gelegenheit wahr, auf Kreuzfahrtschiffen ärztlichen Dienst auszuüben, so auf der BERLIN der Reederei Deilmann und auf der MS EUROPA von Hapag-Lloyd; seine diesbezüglichen Erlebnisse hat er in einem amüsant, aber auch fachkundig geschriebenen Buch veröffentlicht. N. war einer der schärfsten Kritiker der 1976 im Städt. Krankenhaus Reinkenheide eingeführten und zum 1. Jan. 1988 wieder rückgängig gemachten Umstrukturierungen, die das sog. »klassenlose Krankenhaus« in Verbindung mit dem Fortfall des Liquidationsrechts für Chefärzte zum Ziel hatten; er selbst hatte sich als einziger Klinikchef den Umstrukturierungen erfolgreich widersetzt.

Lit.: Kürschner G 1976, S. 2272, u. 2001, S. 2277; Skizzen u. Porträts, S. 136; Wer ist wer? 1986/87, S. 961.
Qu.: Brhv. Bürgerzeitung, 27.9.1968; NZ, 2.2.1984, 23.2.1989, 19. u. 22.5.2001; StadtA Brhv, Meldekartei Brhv. nach 1945 I (Heinrich N.).
Werke: Auswahl in Kürschner (s. Lit.); mehr als 170 Fachveröffentlichungen über Innere Medizin, Stoffwechsel, Ernährungswissenschaft u. Neurologie, u.a. *Fettsucht u. Schlaganfall* (1968); *Krankenernährung u. therapeut. Diätetik i. d. Neurologie* (1968); *Nahrung aus dem Meer* (Hrsg., 1981); *Moderne Diät bei Magen- und Darmerkrankungen* (1986, zus. m. R. Franke); *Herr Professor, mir wird schlecht. Aus den Erinnerungen eines Schiffsarztes* (1993).
P.: Foto in Archiv NZ, sowie in Skizzen u. Porträts, S. 136, Wer ist wer? 1986/87, S. 961, u. NZ, 2.2.1984, 22.5.2001.
E.: Honorarprof. Univ. Gießen (1975), Ehrenmitgl. New York Acad. of Sciences.

H. Bi.

Nonnen, Johann; *Kaufmann, Reeder, Ratsherr.* * 27.3.1670 Lehe, † 9.12.1750 Bremen *(ev.-ref.)*. Die weitverzweigte Familie Nonnen gehörte im 17. und frühen 18. Jh. zu den

vermögenden Kaufmannsfamilien Lehes, die ihren Erfolg vor allem der Reederei und der zu dieser Zeit aufblühenden Grönlandfahrt (Walfang) verdankten. Dabei spielte eine wichtige Rolle, daß sich dem Flecken Lehe wie auch anderen Hafenorten des damals von Schweden beherrschten Elbe-Weser-Dreiecks durch die sog. Ausweichschiffahrt (1665-1710) die Möglichkeit bot, am Handel der Hansestädte teilzunehmen; bremische Schiffe konnten auf diese Weise in der Zeit fortlaufender kriegerischer Auseinandersetzungen zwischen den damaligen Seemächten unter dem Schutz der neutralen schwedischen Flagge fahren. N., Sohn von Claus und → Rebecka N., die Anteile an mehreren Schiffen hielten, besuchte seit 1879 die Lateinschule in Bremen, verließ diese aber, wie damals nicht unüblich, vorzeitig, um bei dem Eltermann Berend Barkey eine kaufm. Lehre zu absolvieren. Bei diesem blieb er siebeneinhalb Jahre in Diensten, wobei er auf Handelsreisen überwiegend die Ostseeländer kennenlernte. Nach weiteren Schiffsreisen, die er als Miteigentümer des väterlichen Geschäfts von der Geestemündung aus durchführte, eröffnete er ein eigenes Handelshaus in Bremen und heiratete 1700 Johanna Barkey, die Tochter seines ehemaligen Dienstherrn. 1702 leistete er den bremischen Bürgereid, 1710 wurde er zum Deputierten für die Kornhäuser, 1713 zum Eltermann, 1717 zum Ratsherrn in Bremen gewählt. Am Leher Geschäft blieb er als Partenreeder bis mindestens 1710 weiterhin beteiligt. Seinen ungewöhnlichen sozialen Aufstieg vom Sohn eines Landkaufmanns zu den höchsten Ämtern einer Hansestadt verdankt er im wesentlichen seiner gewinnbringenden und für den bremischen Handel wichtigen Tätigkeit als Ausweichreeder. Sein Sohn Johann (1708-1768) war seit 1752 ebenfalls Ratsherr in Bremen; die Nachkommen seines älteren Sohnes Nikolaus (1701-1772), der Pastor an »Unser lieben Frauen« in Bremen war und als Professor für praktische Philosophie am Gymnasium Illustre unterrichtete, machten sich als Theologen, Bibliothekare und Juristen einen Namen.

Lit.: DBI, S. 2509; DBA I 904, 75, L. Delfs, Schiffahrt auf der Geeste, Brhv. 1986, S. 190-197, 202-209; R. Prange, Die brem. Kaufmannschaft d. 16. u. 17. Jh. in sozialgesch. Betrachtung, Br. 1963, S. 125, 132, 226; H. W. Rotermund, Lexikon aller Gelehrten ..., Br. 1818, 2. T., S. 68-69; B. Scheper, Eine Nachricht über die Familie Nonnen in Lehe u. d. Grönlandfahrt im 17. Jh., in: Jb. M.v.M. 60 (1981), S. 219-224; C. Tiedemann, Die Schiffahrt des Herzogtums Bremen zur Schwedenzeit (1645-1712), Stade 1970, S. 58-64.
Qu.: StABr., 2-P.6.b.2.a.77 u. 78.
P.: Ölgemälde (Foto im StABr.).

H. Bi.

Nonnen, Rebecka, gen. Becke, geb. Timmermanns; *Kauffrau, Reederin.* * Anfang 1644 Lehe, □ 17.6.1719 Lehe (ev.-ref.). N. war die Ehefrau des Hausmanns und Kaufmanns Claus Nonnen († 1694), der als einer der führenden Kaufleute Lehes am Seehandel und an der Grönlandfahrt teilnahm und Anteile an mehreren Schiffen besaß. Nach dessen Tod führte sie das Unternehmen, z. T. zusammen mit ihrem Sohn → Johann N., erfolgreich fort. Außer an der Reederei, für die sie auch Waren zur Ausrüstung und Provantierung der Schiffe lieferte, war sie am regionalen Handel mit einheimischen Produkten, insbesondere mit Flachs und Bier beteiligt.

Lit.: Vgl. die bei Johann N. aufgeführten Nachweise.
Qu.: StA Stade, Ev.-ref. Kirche Lehe, Kirchennebenbuch 1719, Begräbnisse (Kopie im StadtA Brhv.).

H. Bi.

O

Oellerich, Otto; *Gewerkschafter, Kommunalpolitiker, Parlamentarier.* * 25.1. 1862 Stellenfleth (Kr. Kehdingen), † 3.9.1921 Lehe (ev., sp. o. Konf.). Der Sohn eines nach Lehe zugezogenen Köthners und Arbeiters besuchte die Volksschule in Lehe, absolvierte von 1876 bis 1879 eine Lehre als Schiffstischler und war bis 1901 in seinem Beruf an Land und auf See tätig. Seit Anfang der 1890er Jahre Vertrauensmann der Werftarbeiter, hatte er zunächst nebenamtlich (1896-1901), dann hauptamtlich (1901-1905) den Vorsitz im Hauptvorstand des

von ihm maßgeblich gegründeten deutschen Werftarbeiterverbandes mit Sitz in Bremerhaven inne; daneben redigierte er das Verbandsorgan »Werftarbeiter«. Anschließend leitete er als Geschäftsführer die Filiale des Seemannsverbandes (1906-1910) bzw. des Transportarbeiterverbandes (1910-1913) in Bremerhaven. Von 1913 bis 1921 widmete er sich als hauptamtlicher Arbeitersekretär sozialen und rechtlichen Belangen der Arbeiterschaft. Darüber hinaus engagierte er sich politisch, so als Bürgervorsteher (Stadtverordneter) (1907-19) und ehrenamtliches Magistratsmitglied (1919-21) in Lehe sowie von 1919 bis zu seinem Tode als Mitglied des Preußischen Abgeordnetenhauses und des hannoverschen Provinziallandtages. Von 1906 bis 1920 war er einer der Firmenträger der in Bremerhaven erscheinenden sozialdemokratischen Tageszeitung »Norddeutsche Volksstimme«.

Lit.: Körtge, Straßennamen, S. 146; Schröder, Parlamentarier, S. 639; Thienst, S. 50-51, 64, 146, 163, 178-179, 192, 242.
P.: Foto in Thienst, nach S. 32.
E.: Straßenbenennung Bhrv.-Leherheide (1950).

H. Bi.

Ohler, Willi; *Bildhauer, Maler, Töpfer.* * 18.12.1888 Hanau, † 17.8.1975 Worpswede. O., der bei seinem Vater Buchdruck und Buchbinderei gelernt und die Zeichenakademie in Hanau besucht hatte, studierte in Berlin Bildhauerei, Malerei und Architektur und ging nach kurzer Tätigkeit in einem Architektenbüro 1914 zunächst auf Reisen ins Mittelmeer. Nach Teilnahme am I. Weltkrieg 1920 aus französischer Kriegsgefangenschaft zurückgekehrt, erlernte er im Odenwald das Töpferhandwerk und war seit 1922 in Jever tätig, von wo aus er Arbeiten nach Oldenburg und Bremen lieferte. Als O. 1929/30 vom Institut für Seefischerei in Wesermünde den Auftrag zur künstlerischen Ausgestaltung des ehemaligen Baumwollschuppens E am Geestemünder Handelshafen erhielt, hatte er sich als vielseitig tätiger Künstler vor allem durch seine keramischen Arbeiten, u. a. Baukeramik, einen Namen gemacht; so war er 1923 auf Betreiben Bernhard Hoetgers nach Worpswede gekommen und hatte dort für drei Jahre die Leitung der Töpferei der »Worpsweder Kunsthütte« übernommen. Der Wesermünder Auftrag stand im Zusammenhang mit dem Ausbau des Fischereimuseums, das 1921 aus den Beständen des Fischereidirektors → Friedrich Duge aus Cuxhaven aufgebaut worden war. Diesen Arbeiten folgten Anfang der 30er Jahre weitere Studienaufenthalte in Bremerhaven, bei denen O. eine Reihe von Gemälden nach Motiven aus dem Fischereihafen, dem Geestevorhafen und dem Geestemünder Handelshafen schuf. Seine Verbindungen zur Wesermünder Fischwirtschaft brachten ihm schließlich den Auftrag, die Schmuckkeramik für die 1938 fertiggestellte Packhalle XIV mit maritimen Motiven zu gestalten. Mit Beginn des Krieges mußte O. seine Töpferei aus Mangel an Brennstoff einstellen. Er arbeitete danach als Kunstlehrer am Stader Athenäum, bevor er nach 1945 nach Worpswede zurückkehrte, wo er bis zu seinem Tode wieder als Töpfer wirkte. Zu seinem Werk zählen außer Keramiken auch Ölgemälde, Aquarelle, Radierungen, Linol- und Holzschnitte sowie Gartenplastiken und Entwürfe für Möbel.

Lit.: Grapentin, S. 85-86, 505, 526; K. Kähler, Historische Stadtrundgänge Bremerhaven, Brhv. 1993, Bl. 5 Fischereihafen; Peters, Spezialhafen, S. 30, 32.

K. K.

Olberg-Lerda, Oda Elisabeth, geb. Olberg; *Journalistin, Schriftstellerin, Frauenrechtlerin.* * 2.10.1872 Lehe, † 11.4.1955 Buenos Aires (Argentinien). O. war die Tochter eines preußischen Marineoffiziers, der in Geestemünde um 1866 zeitweise die Aufgaben eines Hafenkommandanten und Marinedepotdirektors wahrnahm und der Anfang der 1870er Jahre seinen Wohnsitz in Lehe hatte, bald darauf aber offenbar nach Berlin verzog. Trotz des konservativ geprägten Elternhauses fand O. schon in jungen Jahren zur sozialdemokratischen Bewegung, nachdem sie eine Ausbildung zur Krankenschwester erfahren und in diesem Beruf die ungesunden Lebens- und Arbeitsbedingungen in der Textilindustrie kennengelernt hatte. Von Anfang an entwickelte sie dabei außergewöhnliche journalistische Fähigkeiten, die sie lebenslang zu nutzen wußte. Seit 1896 mit dem italienischen Sozialisten Giovanni Lerda (1855-1927) verheiratet, lebte sie danach – mit politisch bedingten Unterbrechungen – in Italien, wo sie als feste Mitarbeiterin in die Redaktion des sozialistischen Parteiblattes »Avanti« berufen wurde. 1898 übernahm sie auch die Tätigkeit einer Italien-Korrespondentin für das SPD-Parteiorgan »Vorwärts« und die »Wiener Arbeiterzeitung«; ferner schrieb sie für weitere sozialistische Zeitschriften, u. a. die »Neue

Zeit« und die »Sozialistischen Monatshefte«. Als politische Journalistin war sie ständigen Repressionen, Zensurmaßnahmen und Belästigungen ausgesetzt, insbesondere nachdem sie sich dem Kampf gegen den Faschismus, namentlich auch gegen Mussolini verschrieben hatte. Nach mehrmaligem kurzzeitigen Exil und erneuter Verfolgung floh sie nach dem Tode ihres Mannes 1927 über Umwege nach Wien, wo sie ständige Mitarbeiterin der »Wiener Arbeiterzeitung« wurde. Der Umschwung der politischen Verhältnisse in Österreich veranlaßte sie 1934, nach einem Besuch ihres in Buenos Aires lebenden zweiten Sohnes, in Argentinien zu bleiben, wo sie fortan unter schwierigen beruflichen und finanziellen, zunehmend aber auch politischen Umständen lebte. Sie fand Anschluß an italienische und österreichische Exilorganisationen und schrieb – außer für argentinische Tageszeitungen – für mehrere Exilzeitungen. Nach 1945 war sie, inzwischen schwer herzkrank, erneut für die wiederbegründete »Wiener Arbeiterzeitung« und für andere deutschsprachige Organe tätig. O., die mit namhaften Persönlichkeiten des Sozialismus, u. a. mit August Bebel und Viktor Adler, in Kontakt stand, gilt wegen ihres konsequenten gesellschaftlichen und politischen Engagements sowie wegen ihrer journalistischen und schriftstellerischen Leistungen als Bahnbrecherin des Sozialismus. Sie äußerte sich nicht nur zu aktuellen politischen Fragen, sondern lieferte – insbesondere in ihren Buchpublikationen – auch fundierte wissenschaftliche Beiträge zur Frauenfrage und zu anderen Grundthemen ihrer Zeit, so zur Eugenik und zum Antisemitismus. Ihre Biographie weist allerdings immer noch einige Lücken auf.

Lit.: DBI, S. 2539; DBE, Bd. 7, S. 483; Biogr. Hdb. Emigr., Bd. 1, S. 539; B. Friedrich, Publizistinnen u. Publizisten aus Österreich im argentinischen Exil, in: Mitt. d. Inst. f. Wiss. u. Kunst 44 (1989), H. 3, S. 7-17, insbes. S. 7-9; F. Hausjell, Oda Olberg-Lerda, Die beste sozialistische Journalistin, in: Medien u. Zeit, Jg. 1987, H. 1, S. 17-21; I. Korotin, Oda Olberg-Lerda (1872-1955), in: Mitt. d. Inst. f. Wiss. u. Kunst 50 (1995), H. 3, S. 37-44; A. Magaziner, Die Bahnbrecher, Wien 1985, S. 168-172.

Qu.: Ev.-luth. Gesamtverband Brhv., Kirchenb. Lehe, Geb. 1872, Nr. 209.
Werke: u.a. *Das Elend in der Hausindustrie der Konfektion* (1896); *Das Weib und der Intellectualismus* (1902); *Bemerkungen über Rassenhygiene u. Sozialismus*, in: Die Neue Zeit 1906, S. 725-733; *Bibliographie der Sozialwissenschaften*, bearb. in Verb. m. H. Barrault u.a. (1905ff.); *Der Faschismus in Italien* (1923); *Die Stellung der sozialistischen Partei zur Geburtenbeschränkung* (1924); *Die Entartung in ihrer Kulturbedingtheit* (1925); *Nationalsozialismus* (1932); *Luise Kautsky zum Gedenken* (Mitarbeit, 1945); *Der Mensch, sein eigener Feind. Betrachtungen über Gerechtigkeit* (1948); zahlr. Beitr. in Zeitschr., Zeitungen u. Handbüchern.
P.: Foto in Bildarchiv Österr. Nationalbibl. (abgeb. u.a. in Magaziner, s. Lit., S. 168).

H. Bi.

Oltmanns, Diedrich Bernhard; *Schiffbaumeister, Werftbesitzer.* * 28.3.1831 Brake, 5.12.1891 Bremerhaven *(ev.).* O. war ein Sohn aus erster Ehe des Braker Schiffbaumeisters Ide Oltmanns (1801-1856), dessen Schiffbaubetrieb zu den etwa 20 Werften gehörte, die um die Mitte des 19. Jahrhunderts am oldenburgischen Weserufer ein Zentrum des Holzschiffbaus bildeten. Durch die Tätigkeit von → Hans Sonne Schau als Offizier bei der ersten deutschen Flotte in Brake hatten sich offensichtlich Kontakte zur Fa. Oltmanns ergeben, in deren Gefolge Ide O. und Schau 1852 am linken Geesteufer in Geestemünde einen Dock- und Werftplatz erwarben und die Fa. Schau & Oltmanns gründeten. Während der Braker Hauptbetrieb nach dem Tode von Ide O. von dessen Witwe bis 1894 fortgeführt wurde, erbte O. die Anteile an dem Dockbetrieb in Geestemünde. Er heiratete 1857 in Bremerhaven und führte zusammen mit Schau die Geschäfte des Unternehmens weiter, stand aber immer im Schatten seines Partners. In den 1860er und 1870er Jahren entstanden hier u. a. Briggs und Barken für die bekannte Segelschiffsreederei F. Laeisz aus Hamburg. Geschäftlich war das Unternehmen, auch angesichts der Konkurrenz von Rickmers und Tecklenborg, allerdings nicht sehr erfolgreich, geriet zeitweise in Schwierigkeiten, und für die Umstellung auf den Eisen-, Stahl- und Dampfschiffbau fehlten den Inhabern die geeigneten Nachfolger sowie das erforderliche Know-how und Kapital. 1891 wurde das Unternehmen von → Georg Seebeck übernommen, der das Dock und die Werkstätten ausbaute. Ab 1907 gingen die Anlagen auf das preußische Wasserbauamt über, das sie bis 1931 nutzte und 1933 das Dock zuschüttete.

Lit.: A. Eckhardt (Hrsg.), Brake. Geschichte der Seehafenstadt an der Unterweser, Oldbg. 1981, S. 198-202; H. Karting, Geschichte der Lühring-Werft in Hammelwarden, Bd. I: Vom Holz zum Stahl (1860-1909), Br. 1993, S. 11-19; Oldenburger Schiffahrtschronik. Hrsg. v. J. Meyer, Oldbg. 1996, S. 52-55; P.-M. Pawlik, Von der Weser in die Welt, Bd. 2, Br. 2003, S. 440-444; Peters, Seeschiffbau, S. 81-84, 114-115, 119.
Qu.: PZ, 6.12.1891; StadtA Brhv., Zivilst.prot. 1857, Eheschl. Nr. 32.

D. J. P.

Ordemann, Nikolaus; *Journalist, Chefredakteur.* * 31. 3. 1875 Bremen, † 10.3.1918 (gef.) (ev.-luth.).* O. stammte aus einer angesehenen Bremer Verlegerfamilie. Seine Berufswahl folgte einer Familientradition; sein Vater Johannes O. war Buchdruckereibesitzer und verlegte den »Bremer Courier«. O. kam 1905 an die Unterweser und leitete die neugegründete Leher »Unterweser-Zeitung«. Nachdem das Blatt in erhebliche wirtschaftliche Schwierigkeiten geraten war, wechselte er am 1.8.1907 zur konkurrierenden »Nordwestdeutschen Zeitung« (NWZ) nach Bremerhaven. Dort arbeitete er zunächst im Feuilleton und leitete dann vom 1.4.1910 bis zum 4.8.1914 die Redaktion. O. genoß in den Unterweserorten großes Ansehen; u. a. machte er sich mit seinen humorvollen »Wochenplaudereien« einen Namen. Befreundet mit → Johann Bohls und bekannt mit → Hermann Allmers, unterstützte er u. a. die Bestrebungen des Heimatbundes der »Männer vom Morgenstern«. Unmittelbar nach Beginn des I. Weltkrieges als Reserveoffizier eingezogen, starb der hoch dekorierte Hauptmann und Bataillonskommandeur kurz vor Kriegsende an den Folgen einer schweren Verwundung.

Lit.: H. Gabcke, Wie Johann Bohls 1914 England besiegen wollte, in: Ndt. Hbl. 440 (Aug. 1986); Lübben, S. 66-67.
P.: Foto im Verlagsarchiv NZ (abgeb. in Lübben, S. 67), u. Gabcke (s. Lit.).
E.: Hausord. d. Hohenzollern m. Krone u. Schwertern.

J. L.

Ordemann, Otto Bernhard Carl, Dr. jur.; *Verwaltungsbeamter, Landesarbeitsamtspräsident.* * 13.9.1887 Lehe, † 3.11.1959 Bonn.* Der Sohn eines Schiffsingenieurs absolvierte nach dem Besuch des Bremerhavener Gymnasiums eine Banklehre und studierte anschließend Rechts- und Staatswissenschaft in Halle (1911 Promotion). Nach dreijähriger Banktätigkeit in Hamburg und Teilnahme am I. Weltkrieg war ihm eine steile Karriere in der Landesarbeitsverwaltung (1918 Geschäftsführer des Verbandes der westfälischen Arbeitsnachweise, 1920 Direktor, dann Präsident des Landesarbeitsamtes Westfalen/Lippe in Münster, 1935 in gleicher Funktion in Breslau für Schlesien) beschieden. O. trat in den 1920er und 1930er Jahren durch zahlreiche Veröffentlichungen auf dem Gebiet der Arbeitslosenversicherung und der Arbeitsvermittlung hervor. Seit 1948 lebte er in Bonn.

Lit. DBI, S. 2550; DBA II, 970, 306-307; Dt. Führerlexikon, S. 342-343; Wer ist's 10 (1935), S. 1169.
Qu.: Auskunft StadtA Bonn Juli 2001.
Werke: Veröff. (Auswahl) bis 1934 in Dt. Führerlex. (s. Lit.).
P.: Foto in Dt. Führerlex. (s. Lit.).

H. Bi.

Oss, Siegmund; *Kaufmann.* * 9.5.1865 Lehe, † 10.6.1920 Geestemünde (isr.). Der Sohn des in der Leher Hafenstraße ansässigen jüdischen Kaufmanns Salomon O. begründete 1888 ein Wäsche- und Herrenkonfektionsgeschäft, das unter der Bezeichnung »Siegmund Oss junior« firmierte. Das Hauptgeschäft, das er 1912 zu einem stattlichen, von dem Architekten → Heinrich Jäger entworfenen Kaufhaus erweiterte und das neben dem von → Armin Ketelsen zu den bekanntesten seiner Art an der Unterweser gehörte, befand sich am Hauptkanal in Geestemünde. Eine Filiale gründete er 1892 im väterlichen Hause; weitere Zweiggeschäfte führte er in der Fährstraße und in der Bürgermeister-Smidt-Straße in Bremerhaven. Zeitweise verfügte er auch über eine Hemdenfabrikation. O. war auch außerhalb seines Geschäftes tätig: als Kassen- und Schriftführer in der Ortsgruppe Unterweser des Verbandes deutscher Textilgeschäfte, im Aufsichtsrat und Vorstand des Gemeinnützigen Bauvereins Geestemünde-Süd, in der Kriegerkameradschaft Geestemünde und als Vorturner im Geestemünder Turnverein. Zur jüdischen Gemeinde hatte O., der mit einer Geestemünderin ev. Konfession verheiratet war, nur lockere Beziehungen. Nach seinem Tode wurde die Firma als Kommanditgesellschaft von seiner Frau und seiner Tochter sowie seinem Schwiegersohn Hermann Hoffmann weitergeführt, der 1935 Alleininhaber wurde; die Bremerhavener Filiale war bereits 1928 geschlossen worden. Die Firma ist 1958 erloschen. Von 1961 bis 1991 war das Gebäude Sitz des Morgenstern-Museums. Heute befinden sich im »Haus am Yachthafen« überwiegend Büroräume.

Lit.: Schwemer, S. 17; Wolff, Friedhöfe, S. 118-119.
Qu.: PZ, 11. u. 12.6.1920; StadtA Brhv., Meldekartei Alt-Brhv.
E.: Grabstätte Brhv. Friedhof Wulsdorf.

W. W.

Ostermeyer, Friedrich; *Architekt.* * 24.8.1884 Danzig, † 24.6.1963 Hamburg (ev.). Der Pastorensohn kam nach dem Studium an den Technischen Hochschulen München und Karlsruhe 1911 nach Altona und übernahm dort ein größeres Architekturbüro. In den 1920er Jahren engagierte er sich vor allem im genossenschaftlichen und kommunalen Wohnungsbau in Altona, aber auch in anderen Städten. In diesem Zusammenhang entwarf er 1929/30 den sog. »Werkblock« in Lehe, dessen Bauausführung in der Hand von → Gustav Claas lag. Der für den Geestemünder Bauverein unter Beteiligung des Norddeutschen Lloyd zwischen Jahnstraße, Werkstraße und Hökerstraße errichtete Wohnkomplex gehört zu den bemerkenswertesten Bauten dieser Zeit in Bremerhaven. Nach dem II. Weltkrieg war O. an der Wiederaufbauplanung Hamburgs beteiligt. Schüler und Anhänger des konservativen Architekten und Architekturtheoretikers Friedrich Ostendorf, entwickelte er die meist vielfach gegliederten Baukörper, die aus geometrisch genau definierten Teilen bestehen, mit Blick auf ihre äußere Erscheinung. Dabei wandelte sich seine Architekturauffassung von einem vom dänischen Neoklassizismus inspirierten Heimatschutzstil zu einer an der Neuen Sachlichkeit orientierten gemäßigten Moderne, die sich auch in der Gestaltung des »Werkblocks« widerspiegelt. Anfang der 1930er Jahre kehrte O. allerdings wieder zu traditionellen Bauformen zurück.

Lit.: O. Bartels, Altonaer Architekten, Hbg. 1997, S. 53-62; U. Weiher, »Zeitgemäße Bauwerksgestaltung« 1929/30. Ein Beitrag zur Geschichte des Wohnungsbaus in Bremerhaven, in: Ndt. Hbl. 543 (März 1995).

H. Bi.

P/Q

Panzer, Werner, Dr. med., Dr. rer. nat.; *Mediziner, Biologe, Arzt, Förderer des Naturschutzes.* * 13.6.1901 Frankfurt a. M., † 20.9.1976 Bremerhaven. P. wuchs als Sohn eines Universitätsprofessors in Frankfurt auf und besuchte dort das humanistische Gymnasium (Abitur 1918), wo er sich eine breite Bildung aneignete. Ein intensives Studium der Medizin und der Biologie in Frankfurt, Heidelberg, Kiel, Freiburg i. Br. und München schloß er mit der doppelten Promotion ab. Es folgte ein wechselvoller beruflicher und nebenberuflicher Werdegang, der ihn vom Universitätsassistenten in Freiburg (1929) über Tätigkeiten als Lagerarzt beim Freiwilligen Arbeitsdienst (1934-35) und Truppenarzt bis zum Chefarzt eines Lazarettzuges im II. Weltkrieg führte. Öffentliche Anerkennung fand P. jedoch als Zoologe und Ornithologe. Bereits während des Studiums rastlos forschend – u. a. entdeckte er am Amazonas eine neue Fischart –, wurde er früh mit verantwortungsvollen Aufgaben betraut: so als Vertreter des Leiters der Vogelwarte Helgoland (1921), als Vogelwart auf der Insel Mellum (1923) sowie seit 1936 in Danzig als Leiter der naturkundlichen Abteilung des westpreußischen Provinzialmuseums, als Direktor des Gaumuseums für Naturkunde und als Leiter des städtischen Naturschutzes. Als er nach dem Kriege in den Westen verschlagen wurde, engagierte er sich zunächst in Schleswig-Holstein für Naturschutz und Landschaftspflege, wobei wiederum der Vogelschutz im Vordergrund stand. Verheiratet mit einer Staderin und seit 1951 in Bremerhaven lebend, hauptberuflich aber als Arzt am Städt. Krankenhaus in Cuxhaven tätig, war er Mitbegründer mehrerer regional und überregional tätiger Organisationen, u. a. der »Internationalen Wasservogelzählung«, der »Schutz- und Forschungsgemeinschaft Knechtsand« und der »Naturschutzgesellschaft Cuxhaven und Land Hadeln«, deren Vorsitz er seit 1965 innehatte. 1969 wurde er zum Vorsitzenden des Landesverbandes Niedersachsen des »Deutschen Bundes für Vogelschutz« gewählt. In seinen vielfältigen Funktionen setzte P. sich, auch durch publikumswirksame Vorträge und Führungen, nachhaltig für die Belange des Naturschutzes in Bremerhaven und im Elbe-Weser-Raum ein. Darüber hinaus war er Vorstandsmitglied des Heimatbundes der »Männer vom Morgenstern«, für den er u. a. von 1956 bis 1963 das Niederdeutsche Heimatblatt redigierte.

Lit.: J. Dircksen, Dr. Dr. Werner Panzer zum Gedächtnis, in: Ndt. Hbl. 322 (Okt. 1976).
Qu.: NZ, 26.3.1973, 21.9.1976.
P.: Foto in Dircksen (s. Lit.).
E.: u. a. Silb. Ehrennadel Bund f. Vogelschutz (1924), Bundesverdienstkr. (1973).

H. Bi.

Peine, Friedrich (Fritz) Wilhelm Heinrich; *Schmied, Gewerkschafts- und Genossenschaftsfunktionär, Parlamentarier.* * 8.11. 1871 Lichtenberg b. Berlin, † 13.9.1952 Bremen (ev.-luth., später o. Konf.). Nach Volksschulbesuch, Schmiedelehre und Wanderjahren kam P. 1894 nach Bremerha-

ven, wo er für mehrere Jahre als Heizer auf dem gerade in Dienst gestellten Postdampfer PRINZREGENT LUITPOLD im Überseedienst des Norddeutschen Lloyd eine Tätigkeit fand. Im Anschluß daran war er erneut auf Wanderschaft in Deutschland. Von 1898 bis 1901 arbeitete er dann als Schmied bzw. Metall- und Werftarbeiter auf der Tecklenborg- und der Seebeckwerft. Als sozialdemokratischer Parteiagitator entlassen, ging er für zwei Jahre zur Maschinenfabrik Frerichs nach Osterholz-Scharmbeck. 1903 zurückgekehrt, leitete P. bis 1906 als erster hauptamtlicher Geschäftsführer den aufstrebenden Metallarbeiterverband in Bremerhaven, für den er wichtige Aufbauarbeit leistete. Nach weiteren Tätigkeiten im Metallarbeiterverband in Köln und Bremen war er dann von 1912 bis 1933 Sekretär des Zentralverbandes Deutscher Konsumgenossenschaften mit Sitz in Bremen, seit 1926 Berlin. Von 1915 bis 1917 diente P. als Soldat an der Ostfront. Als eher pragmatischer Sozialdemokrat trat P. in der Revolutionszeit 1918/19 auf Parteiveranstaltungen in Bre-

men als Gegenpart zu den radikaleren USPD- bzw. KPD-Funktionären auf. Von 1919 bis 1920 war er Referent im Reichsministerium für Ernährung und Landwirtschaft in Berlin und danach durchgehend bis 1933 Reichstagsabgeordneter der SPD für den Wahlkreis Osthannover, zu dem auch die Unterweserorte gehörten. Nach seiner Entlassung bei der Konsumgenossenschaft durch die Nationalsozialisten 1933 blieb P. bis 1950 in Berlin und verbrachte seinen Lebensabend in Bremen.

Lit.: DBI, S. 2604; Thienst, S. 89, 111, 163, 233, 291; 40 Jahre Dt. Metallarbeiter Verband, Verw.stelle Bremerhaven-Wesermünde, Brhv. 1931, S. 14-17; Reichstags-Handbuch 1920-1933, Bln. 1933; Schröder, Parlamentarier, S. 647.
Qu.: NVSt., Jubiläumsausgabe 5.4.1930; Brhv. Volksstimme, 20.9.1952.
P.: Foto in 40 J. Met.arb.verb., S. 138, Reichstags-Hdb. u. Thienst, vor S. 25 (s. Lit.).

S. H.

Pendorf, Eduard; *Fußballspieler.* * 18.10. 1892 Lehe, † 1.11.1958 Braunschweig. P., der schon als Zehnjähriger in Sachsen mit dem Fußballspiel begonnen hatte, gründete 1907 einen Fußballverein. 1912 ging er zum berühmten VfB Leipzig, dem er 20 Jahre lang die Treue hielt. In dieser Zeit wurde er, der in seiner langen Laufbahn als Linksverteidiger, Mittelläufer und auch als Mittelstürmer spielte, zu drei Länderspielen für Deutschland eingeladen: am 21.3.1913 gegen England (0:3) in Berlin; am 26.3.1922 gegen die Schweiz (2:2) in Frankfurt/Main; am 23.4.1922 gegen Österreich (2:0) in Wien.

Lit.: DBI, S. 2608; Beckmanns Sport-Lexikon, Sp. 1752; Fußball-Lexikon, Copress-Verlag, 1991.

Kl. Zi.

Peters, Jochen → Lafayette, Lu

Peters, Werner Emil Theodor; *Marineoffizier, Festungskommandant, Ministerialbeamter.* * 28.1.1893 Minden (Westf.), † 3.11. 1962 Bonn. Nach seiner Schulzeit trat P. mit 19 Jahren in die Kaiserliche Marine ein, machte den I. Weltkrieg auf verschiedenen Dienstposten mit und wurde 1919 als Offizier entlassen. Danach war er Geschäftsführer beim Pommerschen Landbund. 1935 ließ er sich bei der Kriegsmarine reaktivieren. Nach mehrjähriger Tätigkeit im Marine-Personalamt und in verschiedenen Kommandostäben wurde er 1941 zum Kapitän zur See befördert. Danach folgten Kommandos in Südholland, in Ostfriesland und in der Ägäis. Am 5.1.1945 wurde er als »Kommandant im Abschnitt« nach Wesermünde versetzt, das am 7.4.1945 zur Festung erklärt wurde. Als der Tod Hitlers am 1. Mai bekannt wurde, sah P. für sich die moralische Berechtigung zum Handeln gegeben und ließ am selben Tage von allen im Hafengebiet angebrachten Sprengladungen die Zünder entfernen. Nach einer am folgenden Tage einberufenen Besprechung der Kommandeure erklärte er dem Sinne nach, daß er eine Verteidigung Wesermündes für sinn- und aussichtslos halte. Aufgrund dieser zum damaligen Zeitpunkt riskanten Erklärung wurde er als Festungskommandant abgesetzt, blieb aber zur Verfügung seines Vorgesetzten und Nachfolgers, des Seekommandanten Weser-Elbe Admiral Rolf Johannesson, im Dienst und nahm beim Einmarsch der britischen Truppen am 7. Mai wieder die Funktion des Festungskommandanten wahr, der die Hafenanlagen und die Garnison den Alliierten übergab. Nach der Kapitulation stand P. als Marineoffizier, auch aufgrund seiner guten Englischkenntnisse, den amerikanischen Besatzungstruppen als Berater zur Verfügung und wurde von diesen mit der Auflösung der Marinedienststellen beauftragt. Nachdem er am 31.8.1945 aus der Marine entlassen worden war, betrieb er zunächst ein privates Dolmetscherbüro und war dann wieder für den Pommerschen Landbund tätig. Von der Gründung der Bundesrepublik bis zu seiner Pensionierung 1958 war er Mitarbeiter in der Pressestelle des Bundesministers für Ernährung, Landwirtschaft und Forsten.

Lit.: Gabcke, Bd. 2, S. 134; W. Lohmann u. H. H. Hildebrand, Die deutsche Kriegsmarine 1939-1945, Bad Nauheim 1956, S. 291; Scheper, Jüngere Geschichte, S. 336-341, 345; H. Schwarzwälder, Das Ende an der Unterweser, Brhv. 1974, S. 54, 68-70, 78-79; 110-113, 128-129, 134-135.
Qu.: Bonner General-Anzeiger, 6.11.1962.

L. W.

Petersen, Else, geb. Hauck; *Kontoristin, Kommunalpolitikerin.* * 29.5.1913 Lehe, † 19.6.1989 Bremerhaven. P. gehörte gemeinsam mit Marie von Seggern, → Marie Nejedlo, → Käthe Hoffrage, → Mathilde Rupperti und Mathilde Lehmann zu den aus Familientradition und Überzeugung sozialdemokratischen Frauen, die nach 1945 begannen, das politische Leben in Bremerhaven auf Seiten der SPD mitzugestalten. In Lehe als Kind des Postassistenten Ernst Hauck und seiner Ehefrau Anna geb. Fehners geboren, besuchte sie die Mädchenschule in der Schulstraße in Geestemünde und darauf die Handelsschule, um den Beruf einer Kontoristin zu ergreifen. Der Vater, Mitglied der

SPD, prägte offenbar ihre politische Einstellung. P. trat zunächst der Sozialistischen Arbeiterjugend bei, den späteren »Falken«, und wurde 1931 Mitglied der SPD. Als die Nationalsozialisten 1933 die SPD verboten, zog sie sich aus der politischen Tätigkeit zurück, widmete sich fortan dem Sport und hielt hier die alten sozialdemokratischen

Freundschaften aufrecht. Als Kanusportlerin und Handballerin hatte sie beachtliche Erfolge. Seit der Heirat (1935) mit Herbert Petersen lebte P. in Leherheide; das von ihrem Mann und seinen Brüdern errichtete Haus am Alten Postweg beherbergte eine Großfamilie. Mit ihrer Wahl zur Stadtverordneten im Jahre 1951 begann eine intensive politische Tätigkeit. Sie setzte den Bau einer Jugendherberge in Wüstewohlde durch, die dort an der Stelle des abbruchreifen Kleberheims entstand, an dessen Erhaltung sie schon vor 1933 mitgewirkt hatte. Der 1965 in Leherheide eingerichtete Wochenmarkt entstand durch ihre Initiative. Für den Gedanken der Völkerverständigung trat sie auf Reisen mit Bremerhavener Jugendlichen nach Frankreich und England ein. Als Stadtverordnete wirkte P. im Jugend-, Sport-, Jugendwohlfahrts- und Sozialausschuß sowie im Finanz- und im Bauausschuß. Von 1967 bis 1975 war sie ehrenamtliche Stadträtin für den Dezernatsbereich Sport und Bäder. Ihr wichtigstes Nebenamt sah sie im Vorsitz des Vereins für Freizeitgestaltung; diese der Stadtverwaltung nahestehende Einrichtung, in der sie bis zu deren Auflösung 1970 mit → Werner Puckhaber zusammenarbeitete, hielt ihre Heime vor allem für solche Jugendlichen offen, die sich keinem Verein oder Verband anschließen mochten. Durch Bescheidenheit und gewinnende Freundlichkeit zeichnete sich P. im privaten Bereich aus. Fairneß und Durchsetzungsvermögen, die Eigenschaften der Sportlerin, prägten ihre politische Tätigkeit ebenso wie ihr soziales Engagement, das seine Wurzeln noch in den Idealen und den historischen Traditionen der Arbeiterbewegung suchte. P. war, wie anderen Sozialdemokratinnen ihrer Generation, der Gedanke fern, beruflichen Erfolg und finanzielle Vorteile über politische Einflußnahme zu erreichen. Sie fühlte sich allein dem öffentlichen Wohl und ihrer Familie verpflichtet, nicht einer materiell erfolgreichen Karriere.

Lit.: H. Körtge, Jugendheime, Ferienkolonien, Landschulheime, in: Jb. M.v.M. 73 (1994), S. 285-322, hier S. 315-321.

Qu.: NZ, 5.9.1967, 11.11.1967 (Foto), 24.8.1968, 23.10.1975, 21.6.1989; Brhv. Bürgerztg., 20.11.1965; Tagebuch u. Nachlaß in Privatbesitz.
P.: Foto in Archiv NZ, Abb. in NZ 11.11.1967 u. 23.10.1975.
E.: Stadtälteste (1975); Grabstätte Friedhof Lehe III.

M. E.

Philippi, Carl Jacob, Dr. jur.; *Rechtsanwalt und Notar.* * *3.3.1803 Burg (zu Bremen),* † *8.11.1880 Bremerhaven (ev.).* P. war der erste in Bremerhaven ansässige Rechtsanwalt (Advocat) und Notar. Er hatte die Domschule zu Verden besucht und seit 1826 in Göttingen und Freiburg i. Br. Rechtswissenschaften studiert. Nach Reisen durch die Schweiz und Italien schloß er 1830 sein Studium mit der Promotion in Göttingen ab und wurde am 13.12.1830 als hannoverscher Advocat zugelassen. Ungefähr vier Monate hatte er beim Amt Stotel praktiziert, als er durch dessen Vereinigung mit dem Amt Lehe seinen Wohnsitz nach Lehe verlegen mußte. Da die Konkurrenz der Advocaten in Lehe durch die Zusammenlegung der Ämter zu groß geworden war, beantragte P. im Nov. 1831 seine Zu-

lassung als Anwalt und Notar in Bremerhaven, die ihm am 11.1.1832 vom Senat erteilt wurde. P., der seine Kanzlei neben seinem Wohnhaus Fährstr. 1 in der Grabstr. 3 unterhielt, war ein musisch, gesellschaftlich und politisch interessierter Mann. Er gehörte dem ersten Gesellschaftsclub Bremerhavens an und führte »ein gastfreies Haus, in dem viel Musik und Gesang betrieben wurde«, schreibt Theodor Sachau, der ihn als eine »tatkräftige, durchgreifende und dabei humane, wohlwollende und freigebige Persönlichkeit« charakterisiert. P. gehörte nach Aufhebung des Staatsgrundgesetzes durch König Ernst August von Hannover im Jahre 1837 zu jenen Oppositionellen, die sich in Lehe und Bederkesa in Clubs zusammenfanden, die die Polizei überwachte. Er war Teilnehmer von sog. »Demagogenzusammenkünften« in Ritzebüttel, auf denen der politisch verfolgte Hoffmann von Fallersleben gefeiert wurde. In dem 1847 von → Hermann Allmers gegründeten »Verein für politisch Verfolgte« zählte P. zu den Mitgliedern. Politisch war er den »Demokraten« in Bremerhaven zuzuordnen, die gemeinsam mit Allmers 1848 die Revolution begrüßten. Seit 1846 war P. in der Gemeindevertretung, sei es als Revisor oder als Ortsvorstand. Er gehörte zu den Unterzeichnern der Beschwerde vom 26.9.1847 über die »Nichtbeachtung und Nichtausführung« der vorläufigen Gemeindeordnung vom 18.11.1837; diese Beschwerde war der erste Schritt auf dem Wege zur kommunalen Selbständigkeit Bremerhavens. P. blieb bis 1852 als Anwalt und Notar ohne Konkurrenz in Bremerhaven. Ab 1853 wuchs mit der Zunahme der Bevölkerung auch die Zahl der Rechtsanwälte und Notare rapide. Aus seiner Tätigkeit als Notar und Versteigerer erzielte P. seinen Hauptverdienst, der es ihm ermöglichte, im Süden Geestendorfs, bei der späteren Wulsdorfer Rampe, ein größeres Gelände zu erwerben, das er 1853 zu einem stattlichen Park mit einem Landhaus entwickelte. Unter dem Namen »Philippis Lust«, später »Schwieferts Garten«, wurde das Anwesen seit 1876 von dem Musikdirektor → Heinrich Schwiefert als beliebtes Ausflugslokal betrieben. Seit 1838 war P. verheiratet mit einer Tochter des Hafenmeisters Probst.

Lit.: Bessell, S. 158, 221, 222, 236, 272; Ernst, Colonie, S. 74, 78, 99, 100, 102, 106, 110, 147; Sachau, S. 118, 123, 140, 141, 148, 185, 246, Anhang S. 33-34.

Qu.: StABr., 2-Q. 9 Nr. 158, 221, 222, 236, 273; StadtA Brhv., Häuserliste Geestendorf, Nr. 58.

M. E.

Plettke, Heinrich **Friedrich** Hermann; *Lehrer, Natur- und Heimatforscher, Schriftsteller, Museumsleiter.* * 2.1.1864 Flinten (Kr. Uelzen), † 1.5.1942 Wesermünde (ev.). P., der einem alten Bauerngeschlecht der Lüneburger Heide entstammte, absolvierte nach dem Besuch der Volksschule und der Präparandenanstalt eine Lehrerausbildung am Seminar in Bederkesa, wo seine Neigung zur Heimatforschung geweckt wurde. Nachdem er 1884 seine erste Lehrerstelle bei Bremervörde angetreten hatte, wurde er 1886 nach Geestemünde versetzt. Dort unterrichtete er in der Volksschule an der Schulstraße bis 1914, als ein Stimmleiden ihn zwang, aus dem Dienst auszuscheiden. Danach widmete er sich bis 1927 dem städtischen Morgenstern-Museum, das er bereits seit 1907 nebenamtlich geleitet hatte. Von Anfang an war es sein außerschulischer Wirkungskreis, dem P. einen großen Teil seiner Ar-

beitskraft schenkte. Nachdem er 1886 die Bekanntschaft mit → Hermann Allmers gemacht hatte, fühlte er sich nicht nur als Dichter und Erzähler zu schriftstellerischer Tätigkeit inspiriert, sondern engagierte sich auch im Kreis des von Allmers gegründeten Heimatbundes der »Männer vom Morgenstern«, für den er u. a. 1921 das bis heute erscheinende »Niederdeutsche Heimatblatt« ins Leben rief. Für das aus dem Heimatbund hervorgegangene Morgenstern-Museum übernahm er 1907 in Nachfolge von → Dr. Johann Bohls die Verantwortung. Die ursprünglich vorgeschichtlich ausgerichtete Sammlung wurde um volks- und meereskundliche Aspekte erweitert und pädagogisch aufbereitet, fand seit 1910 im Gebäude der Industrie- und Handelskammer Geestemünde einen geeigneten Präsentationsort und erlangte überregionale Bekanntheit. P. war auch Erfinder eines patentierten Konservierungsmittels. Im Zusammenhang mit der Museumsarbeit wandte sich P. der Vorgeschichtsforschung zu, so v. a. dem Urnenfriedhof von Dingen und den im Auftrag des Geestemünder Magistrats und der »Männer vom Morgenstern« durchgeführten Ausgrabungen in Westerwanna, die die Grundlage bildeten für die bahnbrechenden Sachsen-Forschungen seines im I. Weltkrieg gefallenen Sohnes Dr. Alfred P. (* 10.3.1890, † 14.11.1914). Ein weiteres wichtiges Betätigungsfeld P.s war die Naturkunde. Dabei spielte weniger ein Rolle, daß er selbst zwei nach ihm benannte Pflanzenarten entdeckte und daß der Botaniker → Johannes Mattfeld ihm einen weiteren Gattungsnamen widmete, als vielmehr, daß er als Gründer und langjähriger (1896-1926) Vorsitzender des »Vereins für Naturkunde an der Unterweser« u. a. mit → Christoph Brockmann, → Walter Klie und seinem ehemaligen Schüler Mattfeld einen Kreis von naturforschenden Lehrern und Fachleuten um sich scharte, dem die Wissenschaft eine Reihe von regional und überregional bedeutsamen Forschungsergebnissen verdankt. Unter seinen zahlreichen wissenschaftlichen und heimatkundlichen Veröffentlichungen, in denen eine große Bandbreite von Themen vertreten ist, fand die maßstabsetzende »Heimatkunde des Regierungsbezirks Stade« große Beachtung, ein mit dem ersten Band unvollendet gebliebenes Werk, das er später mit den von ihm herausgegebenen und z. T. selbst verfaßten »Hansa-Heimatbüchern« in anderer Form fortzusetzen suchte. Ferner gab er für den Verein für Naturkunde mehrere wissenschaftliche Schriftenreihen heraus. Im Zusammenhang mit dem unfreiwilligen Ausscheiden aus der Museumsleitung zog sich P. Ende der 1920er Jahre aus seinen Ämtern weitgehend zurück.

Lit.: DBI, S. 2681; C. Eger, Friedrich Plettkes Beobachtungen z. Grab- u. Bestattungssitte in Westerwanna, in: Jb. M.v.M. 76 (1997), S. 9-31; Friedrich Plettke z. 70. Geburtstag (Schr. d. Vereins f. Naturk. a. d. Unterweser N.F. VII); H. Gummel, Friedrich Plettke, in: Nds. Lbb., Bd. 5, S. 226-236; ders., Fr. Plettke, in: Br. Biogr. 1912-62, S. 361-362; ders., Alfred Plettke, in: Jb. M.v.M. 45 (1964), S. 432-439; Körtge, Straßennamen, S. 89; ders., Zur Gesch. d. Morgenstern-Museums in Bremerhaven, in: Jb. M.v.M. 75 (1996), S. 251-303, hier S. 261-267; Kürscher L, Nekr. 1936-70, S. 516; Th. Schröter, Friedrich Plettke. Ein Leben f. d. Heimat, in: Wesermünder Kreiskalender 1937, S. 63-65; ders., Friedrich Plettke z. Gedächtnis, in: Jb. M.v.M. 31 (1948), S. 146-152; Siebs, Grauer Strand, S. 106-111.
Werke: Schriftenverz. bei Gummel, Nds. Lbb. (s. Lit.), S. 233-235, u. a. *Strandgut* (Dichtungen, 1896); *Heimatkunde des Regierungsbezirks Stade* (1909), *Führer durch das Städt. Morgenstern-Museum, I. Teil: Geologische Abt.* (1920); *Der Urnenfriedhof in Dingen* (1940); *Schriften des Vereins für Naturkunde an der Unterweser* (1902-1934, seit 1929 hrsg. v. Chr. Brockmann); *Aus der Heimat – für die Heimat* (1898-1926, zunächst Jb., später Einzelveröff. d. Vereins f. Naturkunde); *Hansa-Heimatbücher* (22 Hefte, 1921-1926).
P.: Foto u. a. in Jb. M.v.M. 38 (1957), Bildtafel vor S. 33, sowie in (s. Lit.) Gummel, Nds. Lbb., S. 226, Körtge, S. 262 u. Schröter, Kreiskal., S. 63.
E.: Ehrenmitgl. Verein f. Naturkunde u. »Männer vom Morgenstern« (1934), Straßenbenennung Brhv.-Gmde. (1960).

H. Bi.

Polack, **Charles** August; *Nautiker, Kapitän.* * 29.1.1860 Grimma (Sachsen), † 17.11.1934 Bremerhaven (ev.-luth.). P., einer der bekanntesten und angesehensten deutschen Handelsschiffskapitäne vor dem I. Weltkrieg, wurde in Sachsen geboren, wuchs aber in Cuxhaven auf, wo sein Vater Hafenkapitän war. Mit 15 Jahren ging er zur See und fuhr auf verschiedenen Hamburger Frachtseglern nach Ostasien und Südamerika, bis er nach bestandenem Examen zum

Schiffer auf großer Fahrt 1886 seine Segelschiffslaufbahn beendete. Er bewarb sich beim Norddeutschen Lloyd (NDL), da er bei diesem – nach dem Reichspostdampfervertrag von 1885 – die größten Chancen und Herausforderungen für die Zukunft der deutschen Dampfschiffahrt sah. Dort machte P. schnell von sich reden. So zeichnete er sich in den folgenden Jahren wiederholt bei der Rettung Schiffbrüchiger aus. Im Juli 1900 wurde er zum Kapitän befördert und erhielt mit AACHEN, die kurz darauf für den Truppentransport nach China eingesetzt wurde, sein erstes Kommando. Weltweite Berühmtheit erlangte er als Kapitän der Vierschornsteiner KAISER WILHELM DER GROSSE und KRONPRINZESSIN CECILIE auf der Nordatlantikroute. Nachdem KAISER WILHELM D. GR. im Oktober 1907 bei der Ausreise von New York im schweren Sturm das Ruder verloren hatte, steuerte Polack sein Schiff durch entsprechende Handhabung der Doppelschrauben mit nur 24 Stunden Verspätung sicher nach Bremerhaven zurück. Im Dez. 1910 verlor das Schiff auf den Neufundlandbänken die Backbordschraube, was die rechtzeitige Ankunft in New York, besonders aber die fahrplanmäßige Rückreise mit der Weihnachtspost nach Europa in Frage stellte. Da keine unmittelbare Gefahr für das Schiff festgestellt wurde, ließ Polack die Reise fortsetzen und rechtfertigte das Vertrauen der Postbehörden in den NDL, indem er mit seinem »Weihnachtsschiff« pünktlich in Europa ankam, wobei er in Plymouth und Cherbourg mit nur einer Schraube und ohne die Hilfe der sich verspätenden Schlepper anlegte, um weitere Verzögerungen zu vermeiden. Ende 1912 wurde P. vom NDL die Ehrenbezeichnung »Vize-Admiral« verliehen, eine Vorstufe des späteren Kommodore-Titels. Bei Ausbruch des I. Weltkrieges befand sich P. mit der KRONPRINZESSIN CECILIE, die außer 1.216 Passagieren über 11 Mio. Dollar in Gold und Silber an Bord hatte, auf der Heimreise von New York. Obwohl schon mehr als die Hälfte des Weges zurückgelegt war und einige amerikanische Passagiere anboten, dem NDL das Schiff abzukaufen, um unter neutraler Flagge weiterfahren zu können, ließ er – den Lloydanordnungen entsprechend – wenden, und es gelang ihm, im dichten Nebel den englischen und französischen Verfolgern zu entkommen. Mit Kriegseintritt der USA kam P. 1917 mit dem Rest seiner Mannschaft in Kriegsgefangenschaft. 1920 wurde er zum Direktor der vom NDL betriebenen Kureinrichtungen von Norderney ernannt, da nautische Aufgaben nach dem Verlust der Flotte nicht mehr zu vergeben waren. Nach seiner Pensionierung beschloß er seine Seemannslaufbahn als Seelotse für die United States Lines. Er kam bei einem Unglücksfall an der Columbuskaje in Bremerhaven zu Tode. Viele Anekdoten ranken sich um die Person P.s, der nicht nur ein hervorragender Nautiker, sondern auch eine außergewöhnliche Persönlichkeit war. Seine stattliche Erscheinung, seine große Sprachgewandtheit in Deutsch, Englisch, Französisch und Italienisch sowie sein stets joviales und humorvolles Auftreten sorgten für große Beliebtheit bei den Passagieren, denen er stets das Gefühl zu geben verstand, beim Lloyd bestens bedient zu werden. Mit Dietrich Högemann, → Nikolaus Johnsen und → Leopold Ziegenbein gehörte er zu den großen Leit-

bildern unter den Kapitänen des Norddeutschen Lloyd.

Lit.: G. Bessel, Norddeutscher Lloyd, Bremen 1957, S. 113-114, 119-125; E. Drechsel, Norddeutscher Lloyd Bremen 1857-1970, Vancouver 1995, Bd. I, S. 27, 33-36, 172, 269, 322, 326-332, 365-366.
Qu.: Archiv DSM, Seefahrtsbücher, pers. Papiere; StadtA Brhv., Slg. Körtge 1; NWZ, 19.11.1934.
P.: Archiv DSM.
E.: u. a. Rettungsorden Queen Victorias (1890); Silb. Rettungsmed. d. Liverpool Shipwreck & Humane Society (1891); Dt. Rettungsmedaille (1892); Tapferkeitsorden d. Grhzgs. v. Oldenburg (1903); Roter Adlerorden 4. Kl. (1904); Kronenorden 3. Kl. (1907); Vize-Admiral d. Lloydflotte (1912/13); Grabstätte Brhv. Friedhof Wulsdorf.

I. B. S.

Potrykus, Folkert Valentin Johann; *Dreher, Redakteur, Widerstandskämpfer, Kommunalpolitiker.* * 25.8. 1900 Geestemünde, † 8.3.1971 Bremerhaven (o. Konf.). P. wuchs als ältestes von fünf Kindern in einem ausgeprägt sozialdemokratischen Milieu auf. Der Vater, Werftarbeiter bei Rickmers und Tecklenborg, hatte den Werftarbeiter-Verband mitgegründet. Der spätere Senator → Gerhard van Heukelum nannte ihn »einen überzeugten Mann der modernen Arbeiterbewegung und einen feinempfindenden Menschen, den ich als beispielhaft ansehe«. P. erinnert sich in seinem »Lebensbuch«, in dem er allerdings seine Abstammung mystifiziert, an Besuche von Karl Liebknecht und Rosa Luxemburg in der elterlichen Wohnung, die sich in einem der Rickmersschen Arbeiterwohnhäuser auf der Geesthelle befand. Mit 15 Jahren begann P. eine Lehre als Dreher bei der Tecklenborg-Werft. Er war Mitglied der Sozialistischen Arbeiterjugend und streikte für höhere Lehrlingslöhne. 1917 wurde P. zu einer Gefängnisstrafe verurteilt, als er während der Nachtschicht Flugblätter für den Frieden verteilte. Seit Dez. 1918 Mitglied des Spartakusbundes, dann der neugegründeten KPD, kämpfte er im Febr. 1919 für die Räterepublik in Bremen. Von 1925 bis 1930 war P. Expedient, danach bis Jan. 1933 Redakteur der kommunistischen »Arbeiter Zeitung« in Bremen und verfaßte als »Arbeiterkorrespondent« Berichte über die sozialen und politischen Zustände in Bremerhaven und Wesermünde sowie über die Aktivitäten der dortigen Arbeiterbewegung. Zeitungsverbote, Inhaftierungen und eine Reihe von Hochverratsverfahren hinderten ihn nicht, sich bis zum Reichstagsbrand (27.2.1933) öffentlich für die politischen Ziele der KPD und insbesondere gegen die Nationalsozialisten zu engagieren. Nachdem er der Festnahme durch Flucht entgehen konnte, arbeitete er ebenso wie sein Bruder August in der sog. Illegalität. Seit Juli 1933 stellte er in einem Versteck im Spadener Moor gemeinsam mit zwei Genossen die »Kleine Arbeiter Zeitung« her, in der er über die Greueltaten der SA und über den kommunistischen Widerstand gegen die Nationalsozialisten berichtete. Drei Ausgaben konnten erscheinen, bevor P. am 8.10.1933 durch Verrat von der Polizei gefaßt wurde. Das Oberlandesgericht Hamm verurteilte ihn am 12. Juli 1934 mit 13 weiteren Angeklagten wegen Vorbereitung zum Hochverrat zu einer Zuchthausstrafe von zwei Jahren. Aus der Haftanstalt Herford kam er in das KZ Esterwegen, wo er Carl von Ossietzky kennenlernte; aus dem KZ Sachsenhausen, wo er von 1935 bis 1938 war, wurde er mit schweren gesundheitlichen Schäden entlassen. In der Folgezeit arbeitete er als Dreher auf der Unterweserwerft und wurde bis zum Kriegsende noch sechsmal verhaftet. Während der Bombardierung Bremerhavens am 18.9.1944 gelang ihm die Flucht aus dem Gefängnis »An der Karlsburg«. Unmittelbar nach Kriegsende begann P. sich für die Neuorganisation der Gewerkschaft und Betriebsräte einzusetzen. Er gehörte zu den Unterzeichnern eines Aufrufes an Arbeiter, Angestellte und Beamte: »Werdet Mitglied der freien Gewerkschaft« (Juli 1945). Für die KPD war P. im Exekutivausschuß zur Benennung eines vorläufigen Stadtrates, wurde darin Vertreter der KPD und für diese am 12.10.1947 in die Stadtverordnetenversammlung gewählt, der er bis zum Jahre 1955 angehörte. Die KPD allerdings schloß ihn am 26.11.1951 aus der Partei aus, weil er angeblich einen Parteibeschluß nicht ausgeführt hatte; die Gründe für diesen Ausschluß sind bis heute ungeklärt. P. übte danach sein Mandat als Unabhängiger weiter aus; eine Wiederwahl gelang ihm 1955 nicht. An der Kommunalpolitik nahm er fortan »als besonders profilierter Leserbriefschreiber der Nordsee-Zeitung« teil. P. galt in der Nachkriegszeit in Bremerhaven als »Edelkommunist«. In dieser Bezeichnung drückte sich der Respekt für den Menschen aus, der seine im Arbeits- und Klassenkampf erworbenen Ideale nicht politischem Opportunismus geopfert hat. Zivilcourage bis an die Grenze der persönlichen Aufopferung und, als Stadtverordneter, sein Eintreten für die Belange der sozial Benachteiligten haben die politische Tätigkeit von P. geprägt.

Lit.: Ernst, Aufrechter Gang, S. 34-46; Herbig, S. 350; Scheper, Jüngere Geschichte, S. 286, 357, 359, 385, 393, 434, 435.
Qu.: NZ, 10.3.1971; StA Br., II.A.12.b.10.a.2 Bd. 2; StadtA Brhv., 10-10-43/9, S. 19, u. P 3- 1-12 (i. 10-00-42); handschr. »Lebensbuch« u. weitere Mat. im Nachlaß.
Nachlaß: im Bes. d. Verf.
P.: Fotos im Nachlaß.
E.: Straßenbenennung Brhv.-Lehe (1991).

M. E.

Press, Erika, geb. Grundmann; *Laienschauspielerin.* * 14.9.1914 Lehe, † 28.9. 1996 Bremerhaven (ev.). P., Tochter des Direktors der Viehmarktsbank der Unterweserorte, die 1929 der Niederdeutschen Bühne »Waterkant« beitrat und dort später auch im Vorstand mitwirkte, verkörperte bis 1984 unzählige Rollen in plattdeutschen Theaterstücken, war darüber hinaus aber auch als Inspizientin, Souffleuse und Lektorin tätig. 1988 wurde sie zum Ehrenmitglied der »Waterkant« ernannt. Sie war seit 1939 verheiratet mit dem Intendanten → Dr. Hans Press, in dessen Ära die Zusammenarbeit zwischen dem Stadttheater und der Niederdeutschen Bühne intensiviert wurde. P. war eine Schwester des überregional bekannten Buchhändlers und Verlegers → Herbert Grundmann.

Qu.: NZ, 31.7.1980, 27.7.1988, 14.9.1994, 30.9.1996; Ndt. Hbl. 562 (Okt. 1996); StadtA Brhv., Meldekartei Wmde. (Otto Grundmann).
Nachlaß: Mat. im StadtA Brhv. (Hans P.).
P.: Foto in NZ, 27.7.1988, 14.9.1994.

R. B. B.

Press, Hans, Dr. phil.; *Schauspieler, Regisseur, Intendant.* * 15.4.1890 Essen (Ruhr), † 21.6.1974 Bremerhaven (ev.). Der Sohn eines Oberingenieurs studierte nach dem Besuch des Essener Gymnasiums in Kiel, Ber-

lin und München von 1910 bis 1914 Literatur und Kunstgeschichte und nahm dann als Freiwilliger am I. Weltkrieg teil. Nach kurzer Schauspielausbildung erhielt er zunächst ein Engagement in München, wo er 1921 auch sein Studium mit der Promotion abschloß. Anschließend war er bis 1923 als Dramaturg und Darsteller beim Stadttheater Aachen und danach als Spielleiter für Schauspiel und Oper am Oldenburgischen Landestheater tätig. Von 1927 bis 1933 Oberspielleiter am Stadttheater Dortmund, übernahm er anschließend die Intendanz des Stadttheaters Koblenz. Mit der Spielzeit 1937/38 wurde er zum Intendanten des Bremerhavener Stadttheaters berufen, das er bis zu seiner Entlassung 1945 leitete. Obwohl er 1937 der NSDAP beigetreten war, mußte er sich oft mit der Partei auseinandersetzen. Er arrangierte sich zwar mit der NS-Spielplanpolitik; nach neuesten Forschungen folgte er ihr jedoch nicht mit Ehrgeiz. Er war um einen breitgefächerten Spielplan bemüht, auch bei der Oper, deren Abbau er 1938 erleben mußte. Er sorgte für Gastspiele, vor allem vom Bremer Theater. Ab 1938 baute er Aufführungen der Niederdeutschen Bühne »Waterkant« in den Spielplan ein; für sie inszenierte er regelmäßig noch bis 1968. P. war verheiratet mit der Waterkant-Schauspielerin → Erika Press, geb. Grundmann.

Lit.: Ernst, Theater, S. 60-64; A. Grevesmühl, Das Stadttheater Bremerhaven/Wesermünde in der Zeit von 1933 bis 1945, Magisterarbeit Univ. Leipzig 1999, S. 74-113.
Nachlaß: Mat. im StadtA Brhv.
P.: Foto in StadtA Brhv., u. Ernst, Theater, S. 85.

G. B.

Puckhaber, Werner Nikolaus Bernhard; *Jugendpfleger, Kulturmanager. * 10.3.1926 Bremerhaven, † 18.6.2001 Bremerhaven (ev.-luth.).* Der Sohn eines Polizeibeamten besuchte die Volksschule in Bremerhaven und die Oberschule für Jungen in Wesermünde-Lehe (heute Lessing-Schule). Nach dem Kriegsabitur im Frühjahr 1944 noch zum Militärdienst eingezogen, geriet er bei Kriegsende in russische Gefangenschaft, konnte jedoch bald an die Unterweser zurückkehren, wo er sofort bei der amerikanischen Armee Beschäftigung fand. In diesem Zusammenhang kam er mit der Jugendarbeit in Berührung. Von 1948 bis 1950 absolvierte er eine Ausbildung zum Sozialarbeiter in Gelsenkirchen, mit anschließendem Praktikum in einem dortigen Lehrlingsheim. 1951 übernahm er die Aufgaben des Kreisjugendpflegers im Landkreis Wesermünde, wechselte aber aufgrund organisatorischer Veränderungen ein Jahr später zur Jugendpflege der Stadt Bremen über. 1954 kehrte er nach Bremerhaven zurück. Dort wurde ihm die Geschäftsführung des Vereins für Freizeitgestaltung übertragen, einer Einrichtung, in der er fünf zuvor unter US-Verwaltung stehende Jugendheime organisatorisch zusammenzufassen und für die er ein eigenständiges jugendpflegerisches Programm zu entwickeln hatte. Die Arbeit erfolgte in enger Kooperation mit dem Magistrat der Stadt Bremerhaven, der Eigentümer der Freizeitheime war und der sie durch den Verein (Vorsitzende → Else Petersen) betreiben ließ. Nach Rückübertragung dieser Aufgaben an den Magistrat wurde P. zum 1.4.1970 in den Dienst der Stadt Bremerhaven übernommen und mit der Leitung des neuerrichteten, im Mai 1971 eröffneten

Freizeitheims Leherheide-West betraut. In Anknüpfung an das amerikanische Konzept der freien Clubarbeit baute er die Einrichtung – später unter dem Namen »Folk-Treff« – zu einem stadtweit anerkannten und beliebten Jugend- und Kulturzentrum aus, das auch Erwachsenen offenstand. Die Gruppenarbeit, für die auch spezielle Werkstätten eingerichtet wurden, und das attraktive sommerliche Fahrtenprogramm ergänzte er zunehmend durch offene Jugend- und Kulturaktivitäten, insbesondere durch ein vielseitiges Musikangebot, für das er vielfach renommierte einheimische und auswärtige Künstler gewinnen konnte. Er wurde dabei tatkräftig von seiner ebenfalls in der Jugendarbeit aufgewachsenen und in städtischen Diensten stehenden Frau Annegret (* 5.9.1928) unterstützt, die mit Instrumentalarbeit, Tanz- und Theatergruppen sowie dem Erwachsenenchor »Swinging Folk Bremerhaven« auch eigene Akzente setzte. Nachdem er 1989 den Ruhestand erreicht hatte, widmete P. seine Kraft dem 1986 gegründeten Förderverein »Thieles Garten«, dem es 1990 gelang, den von dem Künstlertrio → Gustav, Georg und Grete Thiele geschaffenen Skulpturenpark wiederzueröffnen. Als Kulturbeauftragter des Vereins initiierte P., teilweise anknüpfend an seine Aktivitäten im »Folk-Treff«, mit Ausstellungen, Lesungen und Konzerten ein breites und gut angenommenes Kulturprogramm, das bis heute Bestand hat. Für sein langjähriges berufliches und außerberufliches Engagement wurde er 1997 mit dem Bundesverdienstkreuz geehrt.

Lit.: Skizzen u. Porträts, S. 148-149;
Qu.: Brhv. Sonntagsjournal, 1.11.1992, 13.7.1997; NZ, 29.9.1989, 15.7.1997, 20.6.2001; StadtA Brhv., Meldekartei Alt-Brhv. (Joh. Heinr. P.).
P.: Foto in Skizzen u. Porträts, S. 149, u. NZ, 29.9.1989 u. 15.7.1997, sowie Brhv. Sonntagsj. (s. Qu.).
E.: Bundesverdienstkr. (1997).

H. Bi.

Pudor, Hans Herbert; *Schauspieler, Regisseur, Intendant.* * *15.6.1902 Berlin, † 18.6.1963 Diessen am Ammersee (ev.).* Der Nachfolger von Intendant → Karl-Georg Saebisch ist in Bremerhaven vor allem verbunden mit der Neueröffnung des nach den Kriegszerstörungen 1952 wiederaufgebauten Stadttheaters. Nach dem Besuch des Gymnasiums und einer Schauspielausbildung am Deutschen Theater Berlin unter Max Reinhardt, Regie-Studium unter Leopold Jessner und einer Ausbildung zum Opernbuffo war P., Sohn eines Ingenieurs, seit 1924 zunächst an mehreren norddeutschen und schlesischen Bühnen (Berlin, Kiel, Rostock, Schwerin, Leipzig sowie sieben Jahre in Breslau) als Sänger und Oberspielleiter verpflichtet gewesen, bevor er 1942 als Oberspielleiter für Oper und Operette an den Städt. Bühnen Nürnberg eine feste Anstellung fand. 1951 zum Intendanten des Bremerhavener Stadttheaters gewählt, wirkte er dort bis zum Ende der Spielzeit 1960/61, als er sein Amt aus gesundheitlichen Gründen niederlegen mußte. In seine Amtszeit fällt auch die Einweihung des Kleinen Hauses neben dem Hauptbau des Theaters; als fortschrittlich galt seinerzeit die Eröffnung (1955) mit Igor Strawinskis musikalischer Ballade »Geschichte vom Soldaten«. Mitte der 1950er Jahre holte P. prominente Ensembles und Gäste ins Haus, u. a. Marcel Marceau, Elisabeth Bergner und Werner Krauss. Als Regisseur inszenierte er gern Opern und Operetten, mit denen er, ebenso wie mit einer Reihe weiterer Erfolgsstücke, den Publikumsgeschmack traf und dem Haus nach den Provisorien der Nachkriegszeit und dem moralischen Impetus der Ära Saebisch neuen Glanz zu geben suchte. P., der mit der Sängerin Elli (Gabriele) Krasser (1900-1986) verheiratet war, verbrachte seine letzten Lebensjahre am Ammersee.

Lit.: DBI, S. 2735; DBA II 1031, 127; Ernst, Theater, S. 75-82; H.-E. Happel, Gesetzt den Fall, wir schließen das Theater, Brhv. 1993, S. 27-48; Kürschner Th. 1956.
Qu.: NZ, 24.6.1961, 20.6.1963; StadtA Brhv., Personalakte H. P.
P.: Foto in NZ, 24.6.1961.

G. B.

Pust, Friedrich Albert, geb. Jenssen; *Segelmacher, Kaufmann, Reeder.* * *23.8.1842 Rostock, † 7.1.1928 Wesermünde-(Geestemünde) (ev.).* Der Sohn des Reederkapitäns

Friedrich Jenssen besuchte die Realschule in Rostock und erlernte das Segelmacherhandwerk. Nach dem Tode des Vaters (1863) stieg er in das Segelmacher- und Kompaß-Geschäft seines Onkels Joachim Friedrich Pust ein, der ihn adoptierte, und übernahm nach dessen Tod 1868 den Betrieb. Im Dez. 1887 siedelte er nach Geestemünde über, von wo aus er nach → Friedrich Busse und → Wilhelm Bade ein Hochseefischereifahrzeug in See schickte und wo er auch ein Seefischgroßhandelsgeschäft betrieb. Zu seinen ersten Schiffen gehörten die 1887-1892 in Rostock erbauten Fischdampfer BETTY, MINNA und GRETE, die bis Juni 1895 noch in Rostock registriert blieben. Nach Fertigstellung des Fischereihafens I in Geestemünde 1896 hatte P. maßgeblichen Anteil an der weiteren Entwicklung der Geestemünder und der gesamten deutschen Hochseefischerei. Als einer der ersten deutschen Fischdampfer wurde PG 45 MINNA 1896 mit dem Scherbrettnetz ausgerüstet. P., der zum Aufsichtsratsvorsitzenden der maßgeblich von ihm initiierten »Fischereihafen-Betriebsgenossenschaft« bestellt wurde, eröffnete Zweigniederlassungen in Grimsby, später in Altona und Ijmuiden (»N.V. Zeevisch- & Haringgroothandel F. Albt. Pust«). Er gründete zusammen mit → Oskar Neynaber die Erste Deutsche Dampflebertranfabrik und war Mitbegründer und Aufsichtsratsvorsitzender der später von → Edward Richardson geleiteten Geestemünder Herings- und Hochseefischerei AG. 1927 erweiterte er seine Firmenpalette um eine Fischmehlfabrik mit Tranherstellung. Nach seinem Tode wurden die Unternehmen von seinem Sohn → Max Pust fortgeführt, der seit 1901 an der Geschäftsführung beteiligt war. P. war ferner kommunalpolitisch und wirtschaftspolitisch aktiv. Von 1913 bis 1919 war er ehrenamtlicher Senator der Stadt Geestemünde. Als Vizepräsident (1911-20) und Präsident (1920-28) der Handelskammer Geestemünde wie auch in zahlreichen überregionalen Wirtschaftsgremien förderte er die Interessen der Fischwirtschaft und des Standortes Geestemünde; u. a. fand während seiner Präsidentschaft der Bau des Fischereihafens II statt. Seit

1906 war P. norwegischer Vizekonsul. 1901 gehörte er zu den Mitbegründern der Johannisloge »Zum rechtweisenden Kompaß« in Geestemünde und bekleidete dort bis zu seinem Tod das Amt des Meisters vom Stuhl. Kapitalinteressen der mit der Hochseefischerei verflochtenen Wirtschaft vertrat er u. a. als Aufsichtsratsmitglied der Geestemünder Bank und der Schiffbaugesellschaft Unterweser.

Lit.: DBI, S. 2741; Beckmann, Reedereien, S. 155-157; 75 Jahre Johannis-Loge »Zum rechtweisenden Kompaß«, Brhv. 1976, S. 11, 15; Höver, Hochseefischerei, S. 68-69; Körtge, Straßennamen, S. 89; J. Rabbel, Friedrich Albert Pust: Rostocker oder Geestemünder Fischdampferpionier?, in: Schiffahrts-Journal, S. 35-48, Hrsg. Schiffahrtsmuseum Rostock (1991); B. E. Siebs, Fr. Albert Pust, in: Br. Biogr. 1912-62, S. 388-389; Siebs, Grauer Strand, S. 90-91; Schwemer, S. 17; Wenzel, Sp. 1744.
Qu.: StA Stade Rep. 72/172 Geeste Nr. 13047, Nr. 13048 u. 13049; StadtA Brhv., Gewerbesteuerakte, NWZ, 7.1.1928.
P.: Ölgemälde v. H. L. Fischer u. Radierung v. F. Schriever (früher Inst. f. Meeresforschung, jetzt Slg. Nordsee-Museum, Bremerhaven); Foto in 75 J. Johannis-Loge (s. Lit.).

E.: u. a. Gold. Med. d. Dt. Seefischereivereins (1921), Straßenbenennung Brhv.-Fischereihafen (1930); Grabstätte Brhv. Friedhof Wulsdorf.

W. B.

Pust, Max Magnus Bernhard Emil; *Kaufmann, Reeder. * 22.2.1876 Rostock, † 21.8.1954 Bremerhaven (ev.).* Der Sohn des Fischdampferreeders → Fr. Albert Pust begann 1893 im alten väterlichen (Segelmacher-) Betrieb in Rostock seine Lehre und war danach in einem Berliner Großhandelsunternehmen sowie in den englischen und holländischen Filialen der in Geestemünde beheimateten väterlichen Reederei tätig, bevor er 1901 an der Geschäftsführung beteiligt wurde. Nach dem Tode des Vaters führte P. 1928 die Pustschen Unternehmen

(Reederei, Großhandel, Fischmehl- und Tranfabrikation) fort, wobei er die Reederei 1935 in eine Aktiengesellschaft, die F. A. Pust Hochseefischerei AG, umwandelte und die auswärtigen Filialen schloß. 1945 wurde er von der Militärregierung zum Bevollmächtigten für den Wiederaufbau der Hochseefischerei in der Enklave Bremen ernannt.

P. bekleidete wie sein Vater zahlreiche herausragende Ämter in Organisationen der Fischwirtschaft (u. a. Vizepräsident des Deutschen Seefischereivereins, Vorsitzender des Dampfseefischereivereins »Unterweser« und des Versicherungsvereins dt. Fischdampferreedereien, Aufsichtsratsmitglied der Fischereihafen-Betriebsgesellschaft, Vorstandsmitglied des Verbandes der Fischmehl- und Tranfabriken, Beiratsmitglied der Seefischmarkt AG und des Instituts für Meeresforschung). Die F. A. Pust Hochseefischerei wurde nach P.s Tod von dessen Sohn Hans geleitet und existierte bis 1961. Die Fischmehlfabrik wurde 1988 im Handelsregister gelöscht. Ebenso wie sein Vater war P. Mitglied der Johannisloge »Zum rechtweisenden Compaß« und dort von 1949 bis zu seinem Tode Meister vom Stuhl. Seit 1926 fungierte er als norwegischer Vizekonsul in Wesermünde.

Lit.: Beckmann, Reedereien, S. 155-157; 75 Jahre Johannisloge »Zum rechtweisenden Compaß«, Brhv. 1976, S. 15.
Qu.: NZ, 22.2.1951, 21.8.1954; StadtA Brhv., Meldekartei Brhv. nach 1945 I.
P.: Foto in Archiv NZ, abgeb. NZ (s. Qu.).
E.: Bundesverdienstkr. (1954); Grabstätte Brhv. Friedhof Wulsdorf.

W. B.

Querfeld, Herbert; *Kunsterzieher, Maler. * 15.2.1900 Lehe, † 2.4.1978 Salzgitter-Bad.* Nach seiner Schulzeit, die er mit der mittleren Reife abschloß, ging Q., Sohn eines Ersten Ingenieurs beim Norddeutschen Lloyd, nach Bremen an die Kunstgewerbeschule und studierte dort bei Prof. Kleinhempel, bis er 1918 für einige Monate zum Kriegsdienst eingezogen wurde. Danach setzte er sein Studium der Kunsterziehung bis Juni 1921 an der Düsseldorfer Kunstakademie bei Lothar von Kunowsky fort und absolvierte dort sein 1. Staatsexamen. Gemeinsam mit dem Maler Karl Schwesig teilte er sich ein Atelier in dieser Stadt, lernte Otto Pankok und Gert Wollheim kennen. Von 1921 bis 1933 war er als Kunsterzieher an einem Mädchenlyzeum in Magdeburg beschäftigt, wurde jedoch als Pazifist von den Nationalsozialisten entlassen und erhielt ein Mal- und Ausstellungsverbot. Im

II. Weltkrieg kam er zunächst nach Paris und geriet später in der Tschechoslowakei in amerikanische Gefangenschaft. 1946 fand er in Goslar Arbeit bei der britischen Besatzungsmacht, wurde Gründungsmitglied des dortigen Bundes Bildender Künstler und war von 1948 an Dozent der Volkshochschule in Goslar, bis er 1950 eine Anstellung als Kunsterzieher am Gymnasium in Salzgitter-Bad erhielt, die er bis 1965 ausübte. Nach 1965 widmete er sich dort ausschließlich der freien Malerei. Er beteiligte sich an Ausstellungen in Goslar, Salzgitter, Braunschweig, Duisburg, Bad Gandersheim, Bad Harzburg und Hildesheim. Von Dez. 1965 bis Jan. 1966 fand im Bremerhavener Kunstverein eine große Sammelausstellung seiner Werke statt. Seine Themen waren Stadtansichten, Landschaften, Stilleben und Porträts. Er zeichnete mit Kreide und Bleistift ebenso gut, wie er mit Öl- und Aquarellfarben umzugehen verstand. In den 1950er Jahren entstanden etliche surrealistische und phantastische Bilder, während er sonst eher dem Expressionismus zuneigte. Als gebürtiger Bremerhavener suchte er seine Heimatstadt im Sept. 1945 und im Aug. 1946 auf, um ihren Zustand in etlichen Bildern festzuhalten. Ein Ölbild der zerstörten Stadt erhielt der Bremerhavener Kunstverein 1980 als Geschenk von der Witwe des Künstlers.

Lit.: Grapenthin, S. 250-255, 506, 535.
P.: Selbstporträt (Öl, 1967, abgeb. in Grapenthin, S. 252).

E. G.

R

Rademacher, Johann Martin; *Lehrer, Organist.* * 11.2.1863 Bokel (Amt Hagen i. Br.), † 18.9.1944 Bremerhaven (ev.-luth.). R. wuchs im Geestendorfer Paschviertel auf, wo sein Vater 1863, kurz nach seiner Geburt, ein Haus erbaut hatte. Nach Besuch der Präparandenanstalt in Mittelnkirchen und des Lehrerseminars in Stade legte er zu Michaelis 1882 die erste und im Juni 1887 die zweite Lehrerprüfung ab. Nach Wahrnehmung einer halbjährigen Vertretung in Hollern (Kr. Jork) war er seit Ostern 1883 als Lehrer an der Volksschule in Geestendorf tätig. Nachdem er mit Beginn des Schuljahrs 1890/91 eine Anstellung als Elementarlehrer an der Vorschule der Höheren Bürgerschule (seit 1885 Realschule) in Geestemünde erhalten hatte, wirkte er dort bis zum 1.4.1902 und wurde dann, nach Auflösung der Vorschulklassen, an die Mädchen-Volksschule (Neumarktschule) versetzt. Ein Jahr später ließ er sich aus gesundheitlichen Gründen in den Ruhestand versetzen. Bereits 1901 war er, in Nachfolge des verstorbenen Hauptlehrers Hermann Brinkmann, nebenamtlich als Organist in den Dienst der Geestemünder Christuskirche getreten. Für diese Aufgabe war er durch eine hervorragende Ausbildung qualifiziert, denn von Ostern 1888 bis Ostern 1889 hatte er sich vom Schuldienst beurlauben lassen, um an einem Kursus am kgl. akademischen Institut für Kirchenmusik in Berlin teilzunehmen. In diesem Zusammenhang hatte er Unterricht bei dem damaligen Direktor des Instituts, dem Organisten Carl August Haupt, sowie bei dem Pianisten und Komponisten Carl Albert Löschborn genommen. Die frühzeitige Pensionierung eröffnete Rademacher die Möglichkeit, sich ausschließlich der Kirchengemeinde und seinen musikalischen Ambitionen zuzuwenden. Er galt als hervorragender Orgelvirtuose und Bachinterpret. Als solcher brachte er u. a. das gesamte Orgelschaffen J. S. Bachs in Zyklen von 20 Abenden in der Christuskirche zu Gehör. Bis ins hohe Alter aktiv, veranstaltete er Zeit seines Wirkens (bis zu seinem Tode) wöchentliche Orgelabende und begründete damit eine weit über die gottesdienstlichen Verpflichtungen hinausreichende kirchenmusikalische Tradition, mit der er sich auch überregionale Beachtung verschaffte. R., der mit der Geestemünder Kaufmannstochter Christine v. Oiste verheiratet war, fand beim alliierten Bombenangriff am 18.9.1944 den Tod.

Lit.: DBI, S. 2756; Dt. Musiker-Lexikon, Sp. 1106; Frank/Altmann, Kurzgefaßtes Tonkünstlerlexikon, 14. Aufl. 1936, S. 481; Linder, S. 10; Orgelweihe in der Christuskirche zu Bremerhaven-Geestemünde am Sonntag, dem 16. Juli 1967, S. 7; Riemann, 11. Aufl. 1929.
Qu.: StadtA Brhv., Häuserliste Geestendorf, Nr. 510, Meldekartei Gmde. u. Brhv. nach 1930, Personalakte J. R., Hausakte Buchtstr. 23 u. Berliner Pl. 15; Kirchenkreisamt Brhv., Kirchenbuch nach 18.9.1944.

H. Bi.

Rahmeyer, Heinrich; *Lehrer, Rezitator, Bühnenleiter, Förderer der plattdeutschen Sprache.* * 25.4.1872 Neufirrel (Kr. Leer), † 1.9.1952 Bremerhaven (ev.). Geboren als 9. Kind eines Lehrers, erhielt R. nach der Konfirmation von 1889 bis 1893 seine Ausbildung auf der Präparandenanstalt und dem Seminar in Aurich. Seine erste Lehrerstelle versah er anschließend in Weener im Rheiderland. Nach der 2. Staatsprüfung wurde er 1895 in die aufblühende Marinestadt Wilhelmshaven versetzt, wo er bald dem Bürgergesangverein beitrat und als Darsteller in großen Theateraufführungen mitwirkte. Nach seiner 1899 mit Johanne Kühlken, der Tochter eines Bremerhavener Hafenlotsen, geschlossenen Ehe kam R. 1901 nach Bremerhaven, wo er zunächst an der Goetheschule und dann an der Pestalozzischule für Jungen unterrichtete; 1938 wurde er pensioniert. R., der auch im Vorstand des 1905 von → Fritz Husmann in Lehe gegründeten Plattdüütschen Vereens »Waterkant« mitarbeitete, ist vor allem bekannt geworden durch seine Aktivitäten für die plattdeutsche Sprache. Als »Plattdeutscher Vortragsmeister gegen mäßiges Honorar« hat er in manchen norddeutschen Städten hunderte von Vortragsabenden mit Werken bekannter niederdeutscher Autoren sowie mit eigenen Texten bestritten. Fünfzehnmal war er damals auch im Radio zu hören. Von 1913 bis 1942 veröffentlichte R. zudem in der Nordwestdeutschen Zeitung allwöchentlich volkstümliche niederdeutsche Plaudereien unter dem Titel »Käppen John un Koopmann Bohn up'n Diek«. 1920 gründete er zusammen mit → Dr. Johann Bohls, Fritz Husmann und → Willy Reitmann aus dem Plattdüütschen Vereen heraus eine Laienbühne, die sich bald verselbständigte und die 1933 den Namen Niederdeutsche Bühne »Waterkant« annahm. Von 1920 bis 1929 hatte er deren Leitung inne. Unter seiner Regie wurde 1920 im Geestbauernhaus in Speckenbüttel als erstes Stück der Einakter »De Inbräker« aufgeführt; bald gehörten auch mehraktige Stücke und Aufführungen im Bremerhavener Stadttheater zum Repertoire des Ensembles.

Lit.: Hansen, Plattdt. Theater, S. 417-422; Ndt. Hbl. 370 (Okt. 1980); 50 Jahre Niederdeutsche Bühne »Waterkant«, Brhv. 1970.
Qu.: StadtA Brhv., Meldekartei Brhv. nach 1945 I.
P.: Foto in Ndt. Hbl. 370, u. 50 J. Ndt. Bühne, Umschlag (s. Lit.).

R. B. B.

Rapp, Wolfgang; *Kunsterzieher, Maler, Theaterpädagoge und -autor. * 23.4.1910 Bremen, † 25.10.1976 Bremerhaven.* Nach dem Abitur in Bremen und einer Ausbildung zum Sport- und Kunstlehrer in Berlin (1928-34) war R., Sohn eines Prokuristen und einer Schauspielerin, an verschiedenen Orten, u. a. in Bremerhaven, als Lehrer tätig, bevor er von 1940 bis 1944 an der Unteroffiziersschule in Annaberg (Erzgebirge) unterrichtete. Nach Entlassung aus der Kriegsgefangenschaft arbeitete er fünf Jahre lang in Düsseldorf als freischaffender Maler und Gebrauchsgraphiker. 1951 auf Vermittlung seines Freundes → Paul Kunze nach Bremerhaven gekommen, stand er dort bis zu seiner Pensionierung 1975 als Kunsterzieher der Wilhelm-Raabe-Schule im Dienst der Stadt Bremerhaven. R., der sich schon 1935-37 und dann wieder 1948 an Ausstellungen in Bremerhaven beteiligt hatte, setzte hier seine künstlerische Arbeit zunächst fort, zog sich aber bald vom Kunstbetrieb zurück. Statt dessen widmete er sich mit Leidenschaft der 1951 von ihm gegründeten Laienspiel AG der Raabeschule, die er zu künstlerischen Ehren brachte und mit der er sich als bundesweit anerkannter Theaterpädagoge profilierte. Für sie schrieb er zahlreiche, auf den Erfahrungsbereich von Schülern zugeschnittene kleine Theaterstücke, die in einschlägigen Fachverlagen veröffentlicht wurden; seine Scharaden, Lust- und Märchenspiele zeichnen sich durch hintergründigen Humor und Witz aus. Höhepunkt dieser Arbeit war die 1963 uraufgeführte Opernparodie »Die Gewalt der Liebe«, die in Bremerhaven und auf Gastspielreisen zu einem herausragenden Erfolg wurde. In Bremerhaven machte R. außerdem durch seine versierten Kunstvorträge und Reden zu Ausstellungseröffnungen auf sich aufmerksam.

Lit.: Grapenthin, S. 286-288, 506; Fschr. z. 100-Jahrfeier d. Wilh.-Raabe-Schule, Brhv. 1978, S. 98-108; Kürschner L 1973, S. 742.

Werke: Verz. d. Theaterstücke in: *Lebenskunst mit kleinen Fehlern*. Scharade von Wolfgang Rapp, hrsg. v. Dt. Theaterverlag, sowie in Kürschner (s. Lit.), u. a. *Narrenscharade* (1953, 1962); *Krach im Oberstübchen* (1961, 1970); *Die Gewalt der Liebe* (1963); *König Drosselbart* (1968); *Wo die Liebe hinfällt* (1969, Übers. a. d. Englischen: »Double Trouble«).

P.: Selbstporträt (Öl, 1947, abgeb. bei Grapenthin, S. 287); Szenenfoto in Fschr. (s. Lit.), S. 103.

H. H.

Raschke, Hermann Heinrich; *Theologe, Philosoph, Pastor.* * 20.10.1887 Altona (seit 1937 zu Hamburg), † 3.9.1970 Bremen, ▢ Bremerhaven (ev.). R. fand in Hamburg über den dort mit einer vorbildlichen Gemeinde- und Jugendarbeit über seine Gemeinde hinaus wirkenden Clemens Schultz zur Theologie. Er studierte von 1910 bis 1914 in Marburg und Berlin; die theologischen Prüfungen legte er in Hamburg ab. Nach der Genesung von einer schweren Kriegsverletzung aus dem galizischen Feldzug kam R. 1917 nach Bremerhaven. Er wurde am 29.4.1917 in der »Großen Kirche« ordiniert und trat dort zum 1.5.1917 seinen Dienst als Gemeindepastor an. Schon in seiner Antrittspredigt ließ R. erkennen, daß er – geprägt durch das Kriegserlebnis und die geistigen Umbrüche der Zeit – keine konventionelle Theologie vertrat: Er dankte den Vätern seiner neuen Gemeinde dafür, daß sie »in religiösen Dingen der Rede- und Gedankenfreiheit eine Stätte bereiten« wollten. Wichtig war und blieb ihm die Frage nach der Wahrheit hinter aller Betriebsamkeit und allen taktischen Erwägungen. R.s vitales und mutiges Auftreten und der von seinem Mentor übernommene vorurteilsfreie, offene Umgang mit Menschen jeglicher Herkunft verhalfen ihm zu großer Beliebtheit in seiner Gemeinde. Seine theologische Forschungsarbeit, die ihn 1925 zu einer Studienreise nach Palästina und 1927 auf einen Kongreß über die Geschichte des Christentums nach Paris führte, betrieb er fortwährend intensiv, blieb dabei aber ein Außenseiter der Fachwissenschaft. Sein Interesse galt von Beginn an nicht der historischen Figur Jesus. Jesus Christus war für ihn der metaphysischen Sphäre des Ewigen, nicht aber der physischen Sphäre des diesseitig Historischen zugehörig. R. betrachtete das Christentum, wie es sich ihm in den gnostisch geprägten, kunstvoll komponierten Evangelien darstellte, als höchste Vollendung der antiken Metaphysik. In seinem späten Hauptwerk »Das Christusmysterium« verfolgt er das Ziel, von dort aus und unter Einbeziehung der Philosophie des deutschen Idealismus den Weg aufzuzeigen zu einer »dritten Form des Christentums als philosophisch geläuterter Gnosis, die nichts anderes ist, als das ewige Evangelium selbst oder als die Botschaft vom Logos Sotēr«. Politisch sehr interessiert, führte ihn sein Weg in der Weimarer Republik zum linken Flügel der NSDAP um die Strasser-Brüder (»Schwarze Front«), der in Bremerhaven eine starke Minderheit bildete und der schließlich aus der Partei ausgeschlossen wurde. Sympathien entwickelte er auch für das Lager der »Deutsch-Gläubigen« um Jakob Wilhelm Hauer. Nach der sog. Machtergreifung geriet R. schnell in Konflikt mit den neuen Machthabern, die ihn wegen seiner politischen Vergangenheit scharf angriffen. R. wurde im April 1933 durch den Kirchenausschuß der Bremischen Kirche kurzfristig beurlaubt, ein beantragtes Disziplinarverfahren gegen ihn jedoch zurückgewiesen. R., der NSDAP gegenüber inzwischen mehr als skeptisch, wurde nun fortlaufend überwacht. Auf eine freie Meinungsäußerung wollte er trotzdem nicht verzichten und konzentrierte diese auf seine legendären »Deichspaziergänge« mit Freunden und Vertrauten. Wenn es notwendig war, hielt er sich aber auch in der Öffentlichkeit mit kritischen Äußerungen nicht zurück, etwa als es im Nov. 1935 darum ging, die Ernennung des unbeliebten NSDAP-Stadtverordneten Brandau zum verwaltenden Bauherrn (Gemeinderatsvorsitzenden) der Gemeinde zu verhindern. 1941 gelang es ihm und anderen Gemeindevertretern, eine Nutzung der »Großen Kirche« durch die »Deutschen Christen«, die vom Regime unterstützte kirchenpolitische Gruppierung, zu verhindern. Beim Bombenangriff am 18.9.1944, dem auch der Innenraum der »Großen Kirche« zum Opfer fiel, wurde R. mit seiner verletzten Ehefrau in seinem Luftschutzraum verschüttet; beide konnten aber gerettet werden. Am 30.4.1957 emeritiert und seitdem in Bremen lebend, war es ihm vergönnt, im Okt. 1960 zusammen mit den beiden amtierenden Pastoren den Einweihungsgottesdienst für die seit 1958 wiederaufgebaute »Große Kirche« zu halten. R. blieb bis ins hohe Alter seinen theologischen und philosophischen Studien verbunden, aber auch ein wacher, politisch interessierter und engagierter Zeitgenosse.

Lit.: DBI, S. 2773; Br. Pfarrerbuch, Bd. 2, S. 142; Ernst, Aufrechter Gang, S. 75-76; Gabcke, Bd. 2, S. 31, 78, 132, u. Bd. 3, S. 66; Kürschner G 1928/29, Sp. 1870; A. Meyer-Zollitsch, Die Bremische Ev. Kirche 1918-1953, in: Br. Kirchengeschichte i. 19. u. 20. Jh., Br. 1994, S. 177-318; H. Raschke, Persönliches Nachwort, in: Ders., Das Christusmysterium, S. 360-364; W. Werner, Protestant der letzten Konsequenz. Pastor i. R. Hermann Raschke zum Gedächtnis, in: Die große Kirche, Mittbl. d. Verein. Prot. Gem. z. Bgm.-Smidt-Gedächtniskirche, 1970, Nr. 57; 125 Jahre Bürgermeister-Smidt-Gedächtniskirche, Brhv. 1980.
Werke: *Die Werkstatt des Markusevangelisten* (1924); *Der Römerbrief des Markion nach Epiphanius*, in: Abh. u. Vortr. d. Br. Wiss. Ges. 1 (1926), S. 129-201; *Revolution um Gott. Thesen einer neuen Reformation* (1933); *Der innere Logos im antiken und deutschen Idealismus* (1949); *Das Christusmysterium. Wiedergeburt des Christentums aus dem Geiste der Gnosis* (1954); *Von Kantate zu Kantate 1917-1957. Zwei Predigten von Pastor Hermann Raschke zum Beginn und zum Abschluß seines vierzigjährigen Dienstes an der Vereinigten Protestantischen Gemeinde zur Bürgermeister-Smidt-Gedächtniskirche Bremerhaven* (1957); *Der ungeschichtliche Jesus*, in: Jesusbilder in theologischer Sicht, hrsg. v. Karlheinz Deschner (1966), S. 343-444.
P.: Foto in Ernst, Aufrechter Gang, S. 79, u. 125 Jahre Bgm.-Smidt-Ged.kirche (s. Lit.), S. 28.
E.: Grabstätte Brhv. Friedhof Wulsdorf.

P. Zo.

Rattay, Minna Louise, geb. Weiß, und Franz **Paul**; *Arbeiter/in, Opfer des Nationalsozialismus. * 28.2.1902 Nipperwiese (Kr. Greifenhagen), † 13.12.1943 Konzentrationslager Auschwitz (Minna); * 23.5. 1904 Henningsdorf (Kr. Treblitz, Schlesien), † 28.7.1945 Weiden (Paul).* Minna R. und ihr Ehemann Paul gehören zu denjenigen Bremerhavenern, die aufgrund ihrer politischen Gesinnung zu Opfern des Nationalsozialismus wurden. Der zuletzt in Wilhelmshaven beschäftigt gewesene Paul R. war 1925 nach Bremerhaven gekommen, wo er die überwiegend in Lanhausen bei ihren Eltern wohnende, seit 1919 zunächst als Haus- und Küchenmädchen, dann als Arbeiterin tätige Minna W. kennengelernt hatte. Der 1929 geschlossenen Ehe entsprangen fünf Mädchen, das letzte 1938. Aufgrund ihrer Zugehörigkeit zur KPD und ihres unerschrockenen Auftretens waren Minna und Paul R. schon bald nach 1933 Pressionen ausgesetzt und zeitweise inhaftiert; auch wurde ihnen das Sorgerecht für die Kinder abgesprochen, die schon seit 1934 mehrfach bei Pflegefamilien untergebracht waren. Nachdem die Gestapo 1939 beide in »Schutzhaft« genommen hatte, wurde Minna R. ins Konzentrationslager Auschwitz deportiert, wo sie den Tod fand; Paul R. kam zunächst nach Sachsenhausen, wurde 1945 im KZ Flossenbürg von den Amerikanern befreit, starb aber bereits kurz danach.

Lit.: Ernst, Aufrechter Gang, S. 95-97; I. Fahrentholtz, geb. Rattay, Kein Recht zu leben?, Brhv. 1991; K. Hoffmann, Zwischen Opfer- und Täterrolle, in: Brhv. Beitr. III, S. 135-170, hier S. 149.
Qu.: StadtA Brhv., Meldekartei Alt-Brhv. (P. Rattay, M. Weiß).
P.: Familienfoto (Privatbes., abgeb. bei Ernst, S. 96).

H. Bi.

Rehm, Martin Berthold **Arnold**, Dr. rer. pol.; *Betriebswirt, Schriftsteller, Reiseleiter*. * 14.5.1896 Bremerhaven, † 20.12.1976 Bremen (ev.-luth.). In eine Aumunder Seefahrerfamilie hineingeboren – Großvater, Vater und Onkel waren Kapitäne, letztere beide beim Norddeutschen Lloyd (NDL) – wäre R. für eine nautische Laufbahn beim NDL bestimmt gewesen, wenn nicht der I. Weltkrieg dazwischen gekommen wäre. Nach seinem Abitur am Bremerhavener Gymnasium 1915 wurde R. zur Marine-Artillerie eingezogen, wo er die Offizierslaufbahn einschlug. Nach Kriegsende volontierte er beim Technischen Betrieb des NDL in Bremerhaven und studierte – da die nautische Laufbahn nach dem Verlust der Handelsflotte versperrt war – erst Maschinenbau, später Betriebswirtschaft in Hannover, Berlin und Rostock, wo er 1922 mit einer schiffahrtsbezogenen Arbeit promovierte. Seit 1925 beim NDL, wurde ihm 1926 die Leitung der Abteilung »Passage Ostasien« übertragen. 1928, als der Lloyd wegen der strengeren Einwanderungsquoten in erhöhtem Maße in das Kreuzfahrtgeschäft einstieg, erhielt er die Position eines Chefreiseleiters (Cruise Director). Er begleitete besonders die Nordland- und Mittelmeerfahrten, gab die Bordzeitungen heraus und schrieb Beiträge für sie, welche z. T. auch Eingang in seine späteren Veröffentlichungen fanden. 1937 wurde er wegen regimekritischer Äußerungen in das Stuttgarter Lloyd-Reisebüro strafversetzt. Im II. Weltkrieg war er im Range eines Korvettenkapitäns der Marine-Artillerie als Kommandant der holländischen Insel Schiermonnikoog eingesetzt. Nach der Entlassung aus der Kriegsgefangenschaft war R. von 1948 bis 1960 persönlicher Referent des Bremer Wirtschaftssenators Hermann Wolters. Nebenbei entwickelte er sich zu einer treibenden Kraft im Aufbau des Landesverkehrsverbandes Weser-Ems. Als dessen ehrenamtlicher, aber äußerst engagierter Geschäftsführer (1952–1965) trieb er die touristische Erschließung der Unterweserregion stark voran. 1961 kehrte er als Reiseleiter zum NDL zurück, ließ sich schließlich 70jährig von diesem Posten pensionieren,

heuerte aber unverzüglich als »Bordredner« wieder beim Lloyd an. Neben seinen bekanntesten Publikationen wie »Fahrgäste und Fahrensmänner«, »Das fröhliche Logbuch« sowie »Schiff und See« zeugen unzählige Reiseberichte, Einzelbeiträge und Artikel über Schiffahrt im allgemeinen und den NDL im besonderen von R.s großer Sachkenntnis und seinem unerschöpflichen Humor, die ihn, der oft als »Sir Arnold« tituliert wurde, zu einem ebenso faszinierenden Redner wie beliebten Seeschriftsteller machten.

Lit.: DBI, S. 2797; Ndt. Hbl. 197 (Mai 1966), Kürschner L 1952, Sp. 386; Schwemer, S. 17.

Qu.: Fschr. Gymn. Brhv., S. 123; NZ, 25.5.1965, 5.10.1971, 23.12.1976; WK, 2.7.1965, 15./16.5.1996; StadtA Brhv., Meldekartei Alt-Brhv.; Die Maus, Bremen; Archiv DSM.

Werke: u. a. *Die Wirtschaftlichkeit moderner Antriebsmethoden in der Seeschiffahrt u. ihre Bedeutung für den Wiederaufbau d. dt. Handelsflotte* (staatswiss. Diss. 1922); *Wein und Bananen* (1932); *Ozeanfahrt auf deutschen Schiffen. Die Entwicklung der Dampfschiffahrt unter besonderer Berücksichtigung des Norddeutschen Lloyd* (1936); *Fahrgäste und Fahrensmänner* (1947); *Schiff und See* (1954); *Das fröhliche Logbuch* (1958); *Die »Bremen« und ihre Ahnen* (o. J.); *Das*

Columbus-Abkommen vom 5.8.1921, in: Br. Jb. 49 (1964), S. 210-218., zahlr. kl. Beitr., v. a. in Ndt. Hbl., Nordsee-Kalender u. NZ (u. a. Artikelserie »Das große Logbuch« Jan.-Mai 1957).
Nachlaß: überw. im StA Br., Teile im StadtA Brhv. und DSM.
P.: Foto in StA Bremen sowie in NZ, 23.12.1976.
E.: Rettungsmedaille (1919); Ehrenmitgl. Schiffahrtsgesch. Ges. Bremerhaven (1966); Bundesverdienstkr. (1971); Grabstätte Brhv. Friedhof Wulsdorf.

I. B. S.

Reichert-Facilides, Fritz, Dr. jur. habil., LL.M.; *Jurist, Rechtswissenschaftler, Hochschullehrer.* * *24.10.1929 Bremerhaven,* † *23.10.2003 Innsbruck (Österreich) (ev.).* R. war ein Sohn des Marineoffiziers Walter R.-F. (1882-1945), der von ca. 1920 bis 1939 als Hafendirektor in Geestemünde bzw. Wesermünde tätig war. Nach dem Abitur an der Wilhelm-Raabeschule (1949) studierte er Jura an den Univ. Tübingen und Hamburg (Promotion 1956) und setzte seine Studien anschließend in Ann Arbor, Michigan (USA) fort (LL.M. 1958). Von 1962 bis 1971 war er wissenschaftlicher Referent am Max-Planck-Insitut für ausländisches und internationales Privatrecht in Hamburg (1967 Habilitation). 1971 wurde er auf den Lehrstuhl für ausländisches und internationales Privatrecht an der Univ. Innsbruck berufen. Dort etablierte er u. a. einen Studiengang für italienisches Recht; ferner gehörte er zu den Gründern des Europäischen Ombudsman-Instituts. Er hielt stets die Verbindung nach Hamburg, wohin er nach seiner Emeritierung regelmäßig zu Forschungsaufenthalten zurückkehrte. R.s wissenschaftliches Interesse galt vor allem der Rechtsvergleichung sowie dem europäischen Recht und dem Versicherungsrecht, das er innerhalb der Europäischen Union zu harmonisieren suchte; mehrere Jahre lang leitete er das Zentrum für Europäisches Recht. Ihm wurden zahlreiche Auszeichnungen zuteil. R. war mit Bettina geb. Rogge, der Tochter des Unternehmers → Dr. Gustav W. Rogge verheiratet.

Lit.: Kürschner G 1976. Bd. 2, S. 2526; desgl. 2001, Bd. 2, S. 2533.
Qu.: Hbg. Abendblatt, 13.11.2003; NZ, 12.5.1999, 28.11.2003, StadtA Brhv., Meldekartei Brhv. nach 1945 I (Margret R.-F.).

Werke: Auswahl in Kürschner (s. Lit.).
P.: Foto in NZ, 28.11.2003.
E.: u. a. Bundesverdienstkr. (1999).

H. Bi.

Reinking, Hildegard, geb. Czichowski; *Kommunalpolitikerin.* * *11.9.1915 Beuthen (Oberschles.),* † *23.10.1986 Bremerhaven (kath.).* 1953 aus Hamburg zugezogen, schloß sich R. bereits kurz nach ihrer Übersiedlung der Bremerhavener SPD an. Seit 1954 verheiratet mit dem Stadtangestellten Kurt R., engagierte sie sich in vielfältiger Weise in der Kommunalpolitik. Von 1963 bis 1983 gehörte sie der Stadtverordnetenversammlung an. Schwerpunkte ihrer Arbeit waren die Bereiche Gesundheit und Soziales, was durch ihre langjährige Zugehörigkeit zum Gesundheits-, Sozial- und Jugendausschuß zum Ausdruck kommt. In ihrer Partei arbeitete R. in den verschiedensten Gremien mit, insbesondere im Vorstand des SPD-Unterbezirks Bremerhaven und des Ortsvereins Mitte sowie als Vorsitzende der Arbeitsgemeinschaft sozialdemokratischer Frauen. Hauptberuflich war sie über 20 Jahre lang in verantwortlicher Position bei der Wohnungsgesellschaft »Neue Heimat« tätig. R.s Leben war geprägt durch engagierten Einsatz für die sozial Schwächeren der Gesellschaft. Hierzu zählte auch ihre Tätigkeit als Vorsitzende des Vereins »Alter ohne Angst«.

Qu.: NZ, 24., 25., 27.10.1986; StadtA Brhv., Meldekartei Brhv. nach 1945 I und II; Hauptamt 10-29-16-37.
E.: Stadtälteste (1983).

U. J.

Reisner, Wilhelm, Dr. rer. pol.; *Syndikus, Fischereidirektor.* * *2.2.1876 Granzin (Meckl.-Schw.),* † *16.2.1958 Donnern (Kr. Wesermünde) (ev.-luth.).* Nach dem Besuch des Realgymnasiums in Schwerin und dem Studium der Staatswissenschaften in Tübingen, Berlin, Innsbruck, Göttingen und Halle war R., Sohn eines Pastors, zunächst als wissenschaftlicher Hilfsarbeiter bei der Handelskammer Aachen tätig, bevor er 1909 eine Stellung als Syndikus bei der Handelskammer Geestemünde annahm. 1914 wurde er als Direktor der Städt. Fischereidirektion in den Dienst der Stadt Bremerhaven berufen; mit dieser neugeschaffenen Position suchte man das dortige Hochseefischereigewerbe im Wettbewerb mit dem Geestemünder Fischereihafen vor allem organisatorisch zu stärken. Daneben nahm R. auch die Aufgaben eines Verkehrsdirektors sowie die eines städt. Syndikus für Handel und Gewerbe wahr. Im I. Weltkrieg leitete er darüber hinaus den Zentralfischmarkt Bremerhaven und das Lebensmittelamt der Unterweserorte. R., der auf mehreren Studienreisen nach Rußland, England und Skandinavien einschlägige Erfahrungen sammeln konnte, nahm sich seiner Aufgaben auf verschiedenen Ebenen an. So war er nicht nur Mitarbeiter von Fachzeitschriften des Hochseefischereigewerbes, sondern wirkte auch als (Vorstands-) Mitglied in mehreren Fachorganisationen mit. Das Verkehrswesen förderte er als Vorsitzender des Verkehrsvereins Unterweser und als Mitglied des Aufsichtsrats von Verkehrsgesellschaften (Weserfähre, Kleinbahn Wulsdorf-Farge). Daneben war er als Arbeitsrichter sowie als Beisitzer am Oberversicherungsamt Bremen tätig. Nach der Vereinigung der beiden Fischereihäfen im Jahre 1930 und der Bildung der Fischereihafen Wesermünde-Bremerhaven GmbH übernahm R., unter Beurlaubung aus dem kommunalen Dienst, die Geschäftsführung dieses preußisch-bremischen Gemeinschaftsunternehmens bzw., nach dessen Verstaatlichung 1938, dessen Leitung. 1933 wurde er zudem Vorstandsmitglied der neugegründeten Seefischmarkt AG, eines gemischtwirtschaftlichen Unternehmens, das in Nachfolge der Fischereihafenbetriebsgenossenschaft für das Lösch- und Auktionswesen zuständig war. Zum Jahresende 1941 trat R. in den Ruhestand. In den letzten Lebensjahren lebte er in Donnern, wo er zeitweilig auch als Kreistagsabgeordneter für die CDU wirkte. Zu seinem ehrenamtlichen Engagement gehört eine über 50 Jahre lange Tätigkeit im Deutschen Jagdschutzverband.

Lit.: Höver, Hochseefischerei, S. 150-155; Wenzel, S. 1799.
Qu.: NZ, 17.2.1958, 18.2.1958; StadtA Brhv., Personalakte W. R. u. Alt-Brhv. 143/13.

Werke: u. a. *Der städtische Fischmarkt Bremerhaven von 1892 bis 1928*, in: Deutschlands Städtebau. Bremerhaven – Wesermünde, Berlin 1929, S. 34-42.

H. Bi.

Reitmann, Willy; *Kaufmann, Laienschauspieler, Bühnenleiter.* * 27.3.1887 Laak (heute zu Geversdorf/Oste), † 12.8.1968 Bremerhaven. R., der 1904 nach Lehe kam, betrieb dort seit 1910 zuerst in der Langen Straße, später in der Hafenstraße ein Tabakwarengeschäft. 1911 trat er dem »Plattdeutschen Verein Waterkant« bei. Zusammen mit → Heinrich Rahmeyer, → Fritz Husmann und → Dr. Johann Bohls gründete er 1920 die Niederdeutsche Bühne »Waterkant«, bei der er bis 1966 in zahlreichen Rollen auftrat. Von 1951 bis 1965 leitete er die Bühne. 1965 wurde er zu ihrem Alterspräsident ernannt. Darüber hinaus wirkte er bei Radio Bremen in mehreren Hörspielen mit.

Qu.: Hansen, Plattdt. Theater, S. 432; Ndt. Hbl. 370 (Okt. 1980); NZ, 1.9.1960, 25.3.1967 u. 13.8.1968; StadtA Brhv, Meldekartei Brhv. nach 1945 II.
P.: Foto in NZ, 13.8.1968.

R. B. B.

Ribbentrop, August Wilhelm Carl **Georg**, Dr. jur.; *Jurist, Richter, Verwaltungsbeamter.* * 27.10.1769 Marienthal b. Helmstedt, † 25.12.1838 Göttingen. R. entstammt einer seit dem Mittelalter im Lippischen ansässigen Beamtenfamilie; sein Vater stand zuletzt als Kammerrat im Dienste des Herzogtums Braunschweig. Er besuchte das Collegium Carolinum in Braunschweig und studierte seit 1888 an der Univ. Helmstedt, wo er 1796 mit einer Dissertation über Vergehen im Herzogtum Bremen-Verden promovierte. Danach in hannoversche Dienste getreten, wurde er Anfang 1797 nach Lehe berufen, wo er bis 1809 das Amt des Richters ausübte, das wie damals üblich die Justiz- und Verwaltungsfunktionen im Gericht Lehe vereinigte. Darüber hinaus wurde er 1802 mit der Direktion der Geestendorfer Lotsengesellschaft betraut. R., der sich eine umfassende Kenntnis seines Verwaltungsbezirks aneignete, verfaßte eine historisch-statistische Beschreibung des Gerichts Lehe, die eine wichtige Grundlage für die Geschichte des Ortes darstellt. Darüber hinaus befürwortete er das (nicht realisierte) Projekt eines Handelshafens an der Geestemündung, dem er wegen seiner günstigen Lage gegenüber Bremen gute Erfolgsaussichten zusprach. 1809 wurde er als Landsyndikus nach Stade versetzt; zuletzt war er als Steuerdirektor in Göttingen tätig. Der älteste Sohn Georg Julius R. (1798-1874) war seit 1832 Professor der Rechte an der Univ. Göttingen.

Lit.: H. Bickelmann, Hafenbau, Verkehrswege und Stadtgestalt, in: Jb. M.v.M. 76 (1997), S. 99-160, hier S. 103-119; Körtge, Straßennamen, S. 85 u. 153; A. Meyer, Georg Ribbentrop, Richter in Lehe und einer der Geschichtsschreiber Lehes, in: Jb. M.v.M. 57 (1978), S. 109-122.
Qu.: StA Stade, Rep. 80 Nr. 3398.
Werke: *De delatione delictorum in ducatu Bremensi et Verdensi, in primis de muleto a pagorum incolis, qui furum lignariorum nomina non detulerunt, praestanda* (Diss., 1796); *Beschreibung des königl. Churfürstl. Gerichts Lehe im Herzogthum Bremen*, veröff. in: Jb. M.v.M. 1 (1898), S. 7-30.
E.: Straßenbenennung Brhv. Lehe (1925, aufgeh. 1949).

H. Bi.

Richardson, Edward George; *Kaufmann, Reeder. * 12.5.1878 Walsall, Staffordshire (England), † 13.4.1945 Soltau (kath.).* Mit R. begegnet uns eine etwas geheimnisumwitterte Unternehmergestalt, deren steiler Aufstieg ebenso bemerkenswert ist wie ihr späterer plötzlicher Rückzug aus dem Geschäfts- und Gesellschaftsleben. R. wuchs, vermutlich seit Anfang der 1880er Jahre, in Emden auf, wo sein Vater als Telegraphist tätig war; in dieser Zeit wurden nämlich die von dort nach England führenden Seekabelverbindungen mit englischem Personal betrieben, das bei privaten Unternehmen angestellt war. R. absolvierte offenbar eine kaufm. Lehre und war dann als Handlungsgehilfe tätig, möglicherweise bei einer der Emder Heringsfischereigesellschaften, denn als er 1897 an die Unterweser übersiedelte, hatte → Friedrich Albert Pust gerade die Geestemünder Herings- und Hochseefischerei AG (GHHAG) gegründet; es ist zu vermuten, daß er dort als Handlungsgehilfe und Buchhalter tätig war. Sicher ist, daß er dort 1904 Prokura erhielt; im selben Jahr heiratete er die gebürtige Bremerhavenerin Marie Steinbrunn, Tochter eines Lloydoffiziers und einer Stewardeß. 1905 übernahm er als Direktor die Leitung des Unternehmens, das er weiter ausbaute und 1912 von der Geestemünder Geestekaje an die Ostseite des Fischereihafens I (sog. Heringshafen an der Herwigstraße) verlegte. Er scheint damals so erfolgreich gewesen zu sein, daß er sich schon 1907/08 von dem später in Bremen und Delmenhorst bekannt gewordenen Architekten Heinz Stoffregen ein repräsentatives, im englischen Landhausstil gestaltetes Wohnhaus im Geestemünder Villenviertel (Hohenstaufenstraße) erbauen lassen konnte. Von 1916 bis 1919 war er zudem einer der beiden Geschäftsführer der »Kriegs-Seefischereigesellschaft für die Nordsee«, die in amtlichem Auftrag für die Überwachung und Verteilung der Seefischanlandungen an der deutschen Nordseeküste zuständig war. Nachdem er die GHHAG 1919 in eigenen Besitz und auf eigenen Namen übernommen hatte, führte R. das Unternehmen 1922 in die Deutsche Fischerei AG über, die er zur größten Fischdampferreederei Geestemündes mit zeitweilig (1928) 15 Trawlern, 15 Heringsloggern und zahlreichen Nebenbetrieben, u. a. einer Heringsräucherei (Fa. Buri) ausbaute. In seiner Geschäftspolitik wie auch als Gründungs- und Aufsichtsratsmitglied (1907-1932) der Norddeutschen Hochseefischerei AG sowie als Vorstands- und Aufsichtsratsmitglied weiterer Fischerei- und Fischverarbeitungsunternehmen suchte er den Schwerpunkt von der zunehmend unrentabler werdenden Heringsfischerei auf die Hochseefischerei zu verlagern. Im Zuge dieser Entwicklung trennte er 1928 die Heringsfischerei als eigenständige Reederei von der Deutschen Fischerei AG ab. Die Deutsche Fischerei AG selbst, deren Aktienmehrheit und Reedereibetrieb 1931 von der Norddeutschen Hochseefischerei übernommen worden war, wurde 1935 mit dieser fusioniert; R. hatte in diesem Zusammenhang bereits 1931 die Leitung des Unternehmens an → Franz Schau abgegeben. Er gehörte 1919 auch zu den Gründern des 1926 aufgelösten »Wirtschaftlichen Verbandes der deutschen

Hochseefischereien«, der seinen Sitz im Geestemünder Fischereihafen hatte. Von 1924 bis 1937 lebte R. in herrschaftlichem Ambiente auf dem Gut Fuchsberg (Rauchs Landgut) in St. Magnus (heute zu Bremen-Nord), das er allerdings schon 1928 an die Wilhelmshavener Bank verkaufen mußte. Nachdem er sich 1931 aus dem operativen Geschäft und bis Mitte der 1930er Jahre auch aus seinen Aufsichtsratsfunktionen zurückgezogen hatte, verbrachte er seine späteren Lebensjahre seit Ende 1937 in bescheidenerem Wohlstand in Osterholz-Scharmbeck. Er starb, vermutlich auf einer Reise, in den letzten Tagen des II. Weltkrieges in Soltau.

Lit.: Beckmann, Reedereien, S. 68-70, 90-93, 128-129; W. Beckmann, Von der Geestekaje zum Heringshafen, in: Ndt. Hbl. Nr. 614 (Febr. 2001); Bickelmann, Geestendorf, S. 209-210; Heimatchronik, S. 129-131; Norddeutsche Hochseefischerei AG Bremerhaven, 50 Jahre 1907-1957, Brhv. 1957, S. 15, 21, 29-30, 61-63; G. Rohdenburg, Hochseefischerei an der Unterweser, Br. 1975, S. 185-186; Stein, Klassizismus und Romantik, Bd. 2, S. 366; F. Thole, Geschichte des Telegraphenamtes Emden, Leer 1955, S. 23; Wenzel, Sp. 1815. Qu.: StadtA Brhv., Meldewesen 146 (R) u. 148 (R) sowie Meldekartei Gmde. u. Alt-Brhv. (Richardson u. Steinbrunn); Auskunft Kreisarchiv Osterholz, Stadtarchiv Emden, Stadtarchiv Osterholz-Scharmbeck, Walsall Register Office.

H. Bi.

Rickmann, Willi (Wilhelm) Karl August; *kaufmänn. Angestellter, Laienschauspieler, Bühnenleiter. * 6.4.1913 Geestemünde, † 16.1.1995 Bremerhaven (ev.-luth.).* R., der als Werbeleiter und Einkäufer im Textilhandel tätig war, kam 1935 zur Niederdeutschen Bühne »Waterkant«. Lange Jahre war er deren stellv. Vorsitzender, bis er von 1965 bis 1974 den Vorsitz übernahm. Außer als Schauspieler trat er vor allem in den 1950er und 60er Jahren als origineller Bühnenbildner hervor. Während seiner Amtszeit zog die »Waterkant« ins »Kleine Haus« des Stadttheaters Bremerhaven, zuerst (1967) mit einer Produktion pro Jahr, ab 1974 dann mit sämtlichen Aufführungen.

Qu.: Hansen, Plattdt. Theater, S. 434; NZ, 21.1.1995; StadtA Brhv., Meldekartei Gmde.; Auskunft Gitta Wiemken u. Peter Rickmann, beide Brhv.

P.: Foto in 50 J. Ndt. Bühne »Waterkant«, Brhv. 1970, Umschlag.

R. B. B.

Rickmers, Andreas Clasen; *Schiffbauer, Reeder, Reiskaufmann, Fabrikant.* * 25.11.1835 Bremerhaven, † 7.3.1924 Bremen *(ev.).* Der älteste Sohn des Werftgründers → R. C. R., der eine Schiffbauerlehre absolviert sowie sich auf vielen Auslandsreisen weitergebildet hatte und anschließend im Werft- und Reedereibetrieb des väterlichen Unternehmens tätig gewesen war, verzog nach Bremen, um sich ganz dem Reismühlengeschäft der Firma zu widmen. Durch Beteiligungen und Zukäufe von Reismühlen im In- und Ausland avancierte R. zu einem der bedeutendsten Überseekaufleute und Industriellen in Bremen. Er gehörte 1881 zu den Gründern der später bedeutenden Bremer Reederei DDG Hansa und nahm als Aufsichtsratsmitglied Einfluß auf deren Geschäftspolitik. Aus der offenen Handelsgesellschaft R. C. Rickmers entwickelte sich 1889 die Rickmers Reismühlen, Rhederei und Schiffbau AG mit Sitz in Bremen, Bremerhaven und Geestemünde. R. gehörte mit seinem Bruder → Peter R. dem Vorstand

der neuen Gesellschaft an und bestimmte nach dem Tod seines Bruders (1902) als Aufsichtsratsvorsitzender bis 1910 die Geschäftspolitik des Unternehmens. Auf seine Initiative entstand 1901 die Reis- und Handels-AG in Bremen, womit das Reismühlengeschäft von dem übrigen Familienbetrieb getrennt wurde. Diese Firmengründung erwies sich allerdings später als eine Fehleinschätzung, die R. 1910 zum Rückzug aus diesem Geschäft sowie wegen interner Zwistigkeiten auch aus dem Familienunternehmen bewog. Seine Anteile verkaufte er an die Familie seines verstorbenen Bruders, dessen Sohn → Paul R. danach die Leitung des Stammhauses übernahm. Seitdem zurückgezogen lebend, starb er als fast vergessener Mann.

Lit.: 100 Jahre Rickmers, Brhv. 1934, S. 35-50; 100 Jahre STG, S. 380-386; 125 Jahre Rickmers, Brhv. 1959, S. 32-50; A. Kludas, 150 Jahre Rickmers, Brhv. 1984, S. 21-46; Peters, Seeschiffbau, S. 142-143; E. De Porre, Paul R. H. Rickmers, in: Br. Biogr. 1912-62, S. 406-408; F. Prüser, Andreas C. Rickmers, in: ebd, S. 405-406; Gr. Bremen-Lexikon, S. 598-599.
P.: Foto u. a. in 100 Jahre Rickmers, S. 40, 100 Jahre STG, S. 383, 125 Jahre Rickmers, S. 41, Kludas, S. 22 (s. Lit.).

D. J. P.

Rickmers, Bertram Johann Rickmer; *Kaufmann, Werftbesitzer. * 15.11.1917 Hamburg, † 24.4.1971 Bremerhaven (ev.).* R. war der zweite Sohn von → Paul R., der dem Familienunternehmen bis 1946 vorstand. Er konnte in England und in Ostasien seine ersten beruflichen Erfahrungen im Reederei-, Makler- und Agenturgeschäft machen. Der II. Weltkrieg verhinderte die weitere kaufm. Ausbildung im Ausland. Es schloß sich ein Praktikum bei der Deutschen Werft in Hamburg-Finkenwerder unter ihrem Vorstandsvorsitzenden Dr. William Scholz an. Noch 1944 wurde R. in den Vorstand des eigenen Familienunternehmens berufen. Nach dem Krieg fiel ihm die schwierige Aufgabe zu, die zerstörten Werftanlagen in Bremerhaven wieder aufzubauen. Der mühsame Anfang nach 1945 begann mit schiffbaufremden Arbeiten. Nachdem das alliierte Schiffbauverbot schrittweise aufgehoben worden war, konn-

te sich die Werft mit Aufträgen für Fischdampfer und Frachtschiffe wieder einen Namen machen. In den 1950er Jahren zählte auch die eigene Reederei in Hamburg wieder zu den Stammkunden. Insbesondere im Bau von Heckfängern und Fabrikschiffen für die industriell betriebene Hochseefischerei erwarb sich die Werft auf der Geesthelle eine führende Position; seit 1955 gehörten aber auch wieder Frachtschiffe, u. a. eine Serie von Bulk-Carriern zum Programm. Während R. als Eigentümer die kaufm. Leitung der Werft seit 1945 innehatte, zeichneten für die Schiffbaukonstruktion angestellte Ingenieure verantwortlich. Die beengten Verhältnisse des Geesteflusses ließen aber nur die Fertigung von Schiffen bis zu einer Größe von etwa 10.000 BRT zu. Mit der Verlegung des Reparatur- und Ausrüstungsbetriebes seit 1967 an die Westseite des Fischereihafens II leitete R. die notwendige Modernisierung der Werftanlagen ein. Nachdem er eine Kooperation mit dem Bremer Vulkan und der Flensburger Schiffbaugesellschaft eingeleitet hatte, bedeutete sein früher Tod 1971 für die Weiterentwicklung des Schiffbaubetriebes einen großen Verlust. R. war gleichzeitig Aufsichtsratsvorsitzender der von seinem Bruder Claus (1920-1992) geleiteten Rickmers-Reederei in Hamburg, während dieser die gleiche Funktion für die Bremerhavener Werft ausübte. R. bekleidete zahlreiche Ehrenämter und gehörte dem Aufsichtsrat der Geestemünder Bank an. Er hatte Sitz und Stimme im Präsidium der Industrie- und Handelskammer und war Gründungsvorsitzender des Arbeitgeberverbandes Bremerhaven. Während die Werft auf der Geesthelle und im Fischereihafen 1986 geschlossen werden mußte, sind die beiden Söhne R.s, Bertram R. (* 1952) und Erck R. (* 1964), als erfolgreiche Unternehmer und Betreiber von eigenen Schiffahrtslinien in Hamburg tätig, wobei Bertram als Ur-Urenkel des Werftgründers → R. C. R. die traditionelle Rickmers-Linie, die 1988 an die Hapag-Lloyd AG verkauft worden war, Anfang 2000 wieder in Familienbesitz zurückführen konnte. Anteil am Erfolg ihrer Söhne nahm die Witwe R.s, Christa R. geb. Poppe (8.10.1927-6.8.2003), die seit Ende der 1980er Jahre in Bremen lebte und sich im Sinne der Rickmersschen Familientradition für soziale Belange und die Völkerverständigung engagierte. Ihre enge Beziehung zur Familie und die Verbundenheit mit Bremerhaven dokumentieren sich u. a. darin, daß sie sich als Taufpatin für ein Containerschiff ihres Sohnes Erck zur Verfügung stellte, das 2002 bei der SSW Fähr- und Spezialschiffbau in Bremerhaven vom Stapel lief.

Lit.: 100 Jahre STG, S. 380-386; 125 Jahre Rickmers, Brhv. 1959, S. 66-74; A. Kludas, 150 Jahre Rickmers, Brhv. 1984, S. 59-102; D. J. Peters, Bremerhaven im Spiegel seiner Schiffbaugeschichte von den Anfängen bis heute, in: Jb. 1999 der Dt. Ges. für Schiffahrts- u. Marinegeschichte, S. 18-72, hier S. 26-29; Gr. Bremen-Lexikon, S. 598-599; Wer ist wer? 1967/68, S. 1583.
Qu.: NZ, 26.4.1971, 5.2.2000 u. 15.12.2001; StadtA Brhv., Meldekartei Brhv. nach 1945 II; Hbg. Abendblatt, 30.10.2003 (Erck R.), 11.11.2003 (Bertram R.).
P.: Foto u. a. in 100 Jahre STG, S. 386, 125 Jahre Rickmers, S. 69, Kludas, S. 100 (s. Lit.).
E.: Familiengrab Brhv. Friedhof in Wulsdorf.

D. J. P.

Rickmers, Paul Rickmer Henry; *Kaufmann, Reeder, Werftbesitzer.* * *6.8.1873 Bremerhaven,* † *31.10.1946 Clarens bei*

Lausanne (Schweiz), □ *Bremerhaven (ev.).* R., Sohn von → Peter R., durchlief eine Ausbildung als Reedereikaufmann bei der bremischen Firma Siedenburg, Wendt & Co. und im Familienunternehmen in Bremerhaven. Nach mehreren Jahren Auslandsaufenthalt in England, Amerika und in Ostasien kehrte R. 1894 nach Bremerhaven zurück, um seinen Vater bei der Modernisierung und dem Ausbau der Werft sowie bei der Entwicklung einer Liniendampfschiffsreederei in den Fernen Osten und der Etablierung eines Küstendienstes in China zu unterstützen. Er bewohnte die Werftvilla seines Großvaters und wurde 1898 in den Vorstand berufen. Wegen unterschiedlicher Auffassungen über die Geschäftspolitik, die sein Onkel → Andreas R. vor allem im Ostasienverkehr verfolgte, schied er 1904 aus dem Familienunternehmen aus und gründete 1905 in Hamburg das Handelshaus Rickmers & Co. Nach dem Rückzug seines Onkels aus der Geschäftsverantwortung trat R. 1912 dessen Nachfolge an und baute wieder einen Liniendienst nach Ostasien, zunächst nach Sibirien, auf. Der Firmensitz wurde von Bremen nach Hamburg verlegt. R., der nunmehr als Generaldirektor firmierte, ordnete, unter Einbeziehung seines eigenen Handelshauses, das Familienunternehmen neu, führte eine grundlegende Modernisierung der Flotte durch (Dampfschiffe) und nahm auf der Werft umfangreiche Investitionen vor. Der I. Weltkrieg bedeutete eine tiefe Zäsur. Nachdem der Schiffbau seit Ende 1914 weitgehend geruht hatte, wurde die Werft 1918 in »Norddeutsche Werft« umbenannt, was eine nominelle Abkopplung vom Stammhaus in Hamburg bedeutete. Der modernisierte Betrieb mußte allerdings 1924 stillgelegt werden, da sich Überkapazitäten in der deutschen Schiffbauindustrie abzeichneten. Nach dem Abklingen der schweren Wirtschaftskrise und mit Unterstützung durch die nationalsozialistische Wirtschaftspolitik konnte R. 1937 die Anlagen unter dem Namen »Rickmers Werft, Wesermünde, Niederlassung der Rickmers Rhederei in Hamburg« reaktivieren. Nicht weniger gravierend waren die Folgen des I. Weltkrieges für die Reederei; fast alle Schiffe gingen verloren, die übrigen wurden verkauft und das Familienunternehmen aufgelöst. Seit 1920 war R. Alleininhaber der Reederei. Nach dem Wiederaufbau der Flotte erholte sich das Unternehmen schnell und konnte 1922 wieder einen Liniendienst in das traditionelle Fahrtgebiet nach Ostasien anbieten. R. gelang es dabei, allen Fusions- und Expansionsbestrebungen der deutschen Schiffahrt zu widerstehen und sein Unternehmen von Fremdkapital und von den üblichen Fracht- und Poolabsprachen weitgehend fernzuhalten. Im II. Weltkrieg wurden 1944 sowohl die Kontorgebäude in Hamburg als auch die Werfteinrichtungen mit der Villa und der Arbeitersiedlung in Wesermünde vernichtet. Seinen Söhnen Peter, Claus und → Bertram R. blieb die verantwortungsvolle Aufgabe vorbehalten, mit Hilfe von erfahrenen Mitarbeitern die Reederei und die Werft wieder aufzubauen.

Lit.: DBI, S. 2864; 100 Jahre STG, S. 380-386; Fisser, S. 94-98; 100 Jahre Rickmers, Brhv. 1934, S. 51ff.; 125 Jahre Rickmers, Brhv. 1959, S. 51-65; L. Huckeriede-Schulz, Die dt. Schiffahrt u. ihre Männer, Hbg. 1929, S. 126-127; A. Kludas, 150 Jahre Rickmers, Brhv. 1984, S. 41-60; Peters, Seeschiffbau, S. 142-149; E. De Porre, Paul R. H. Rickmers, in: Br. Biogr. 1912-62, S. 406-408; Gr. Bremen-Lexikon, S. 598-599; Wenzel, Sp. 1821.

P.: Foto u. a. in 100 Jahre STG, S. 385, 100 Jahre Rickmers, S. 50, 125 Jahre Rickmers, S. 51, Kludas, S. 42 (s. Lit.).

E.: Familiengrabstätte Brhv. Friedhof Wulsdorf.

D. J. P.

Rickmers, Peter Andreas; *Schiffbauer, Werftbesitzer, Reeder, Parlamentarier.* * 8.8.1838 Bremerhaven, † 15.12.1902 Bremerhaven *(ev.)*. R. hatte genau wie sein älterer Bruder → Andreas R. eine gründliche technische und kaufm. Ausbildung erhalten, um im väterlichen Familienunternehmen schwerpunktmäßig für die Reedereigeschäfte verantwortlich zu sein. Er studierte seit 1858 Schiffbau an der Polytechnischen Schule in Hannover und sammelte berufliche Erfahrungen in England und Frankreich. Nach dem Tod des Werftgründers → R. C. R. stellte sich als wichtigste Aufgabe für R. die Umstellung der Werft auf den Eisen-, Stahl- und Dampfschiffbau, die dieser renommierten Firma sehr schwer fiel. Er mußte hierzu Erfahrungen bei britischen Schiffbaufirmen sammeln, die Arbeiter mit der neuen Bauweise vertraut machen sowie die Werftanlagen modernisieren und erwei-

tern sowie den Betrieb 1889 in eine Aktiengesellschaft überführen. Zudem konnte er als technischen Leiter den Schiffbaukonstrukteur Geo Dykes aus Großbritannien verpflichten. Neben der erfolgreichen Umstrukturierung der Werft und der Reederei baute R. einen Liniendienst nach Ostasien auf und etablierte in China einen Zubringerdienst mit eigenen Küstendampfern, die wegen der geschäftlichen Differenzen mit seinem Bruder allerdings später an den Norddeutschen Lloyd und die Hapag verkauft wurden. Ähnlich wie sein Vater erlangte R. in den Unterweserorten Respekt und Anerkennung, vor allem auch wegen seiner zahlreichen Stiftungen; u. a. unterstützte er den Kinderhort des Bremerhavener Vereins zur Förderung des Volkswohls. R. betätigte sich auch politisch. Von 1876 bis 1879 vertrat er als Nationalliberaler den Kreis Lehe im Preußischen Landtag und engagierte sich für Fragen der Schiffahrt und des Schiffbaus, indem er sich u. a. für die Bereitstellung von Ausbildungsschiffen für den seemännischen Nachwuchs und für die Errichtung einer Navigationsschule in Geestemünde einsetzte. Sein Sohn → Paul R. konnte nach dem Rückzug seines Bruders Andreas aus dem Familienunternehmen (1910) die Leitung der Firma übernehmen.

Lit.: DBI, S. 2864; DBA II, 1072, 143-144; Biogr. Hdb. Preuß. Abgh., S. 321; Biogr. Jb. u. Dt. Nekrolog, Bd. 7 (1902), Totenliste; 100 Jahre STG, S. 380-386; 100 Jahre Rickmers, S. 35-50; 125 Jahre Rickmers, Brhv. 1959, S. 32-42; A. Kludas, 1834-1984 Rickmers 150 Jahre Schiffahrt und Schiffbau, Brhv. 1984, S. 21-46; E. De Porre, Paul R. H. Rickmers, in: Br. Biogr. 1912-62, S. 406-408; F. Prüser, Andreas Clasen Rickmers, in: Br. Biogr. 1912-1962, S. 405-406; Gr. Bremen-Lexikon, S. 598-599.
P.: Abb. u. a. in 100 Jahre STG, S. 383, 125 Jahre Rickmers, S. 32, Kludas, S. 22, u. Lehmann, S. 383 (s. Lit.).
E.: Familiengrab Brhv. Friedhof Wulsdorf.

D. J. P.

Rickmers, Rickmer Clasen; *Schiffbauer, Werftbesitzer, Reeder, Reiskaufmann.* * 6.1.1807 Helgoland, † 27.11.1886 Geestemünde (ev.). Die Familie R. läßt sich seit dem 17. Jh. auf der Insel Helgoland nachweisen. Während seine Vorfahren dort als Seeleute, Fischer und Lotsen tätig waren, ging R. bei dem Bootswerftbesitzer Siemens, dem späteren Gründer des Seebades Helgoland, in die Lehre. Nachdem er als Schiffszimmermann zur See gefahren war und als Schiffbauer gearbeitet hatte, kam er 1832 nach Bremerhaven. Er übte in dem damals einzigen Schiffbaubetrieb, bei → C. J. Cornelius, die Funktion eines Vorarbeiters aus. Nebenbei baute er auf eigene Rechnung kleine Boote. 1834 konnte er sich selbständig machen und 1839 am rechten Geesteufer im Außendeichbereich ein geeignetes Schiffbaugelände vom bremischen Staat pachten. Die Werft machte sich durch die Qualität ihrer abgelieferten hölzernen Segelschiffe rasch einen guten Namen. Seit 1842 beteiligte sich R. an Schiffsbauten. Für die erste deutsche Flotte unter Admiral → Brommy lieferte R. 1849 das KANONENBOOT No. 39 ab. Im Winter 1850/51 lagen einige Schiffe der Flotte an der Werftkaje. Mit der ab 1859 systematisch betriebenen Aufnahme einer eigenen Reederei deutete sich bereits der Aufstieg zu einem weitverzweigten Unternehmen an. Anfang der 1850er Jahre gehörte die Werft neben der von → Johann Lange in Vegesack zu den führenden Schiffbaufirmen an der Unterweser. Da für R. in Bremerhaven keine Ausdehnungsmöglichkeit bestand, konnte er 1857 auf der in diesem Zusammenhang von Lehe nach Geestemünde umgemeindeten Geesthelle eine neue, großzügige Schiffbaustätte eröffnen, die neben den Helgen und Werkstätten auch Arbeiterwohnungen und die Villa für den Werftbesitzer umfaßte und die zu den bedeutendsten Anlagen im deutschen Holz- und Segelschiffbau zählte. Das Schiffbauareal in Bremerhaven wurde zu Beginn der 1870er Jahre aufgegeben. Von 1859 bis 1890 entstanden auf der Werft ungefähr 40 hölzerne Barken und Vollschiffe, überwiegend für die eigene Reederei. R. hielt konsequent an der hölzernen Bauweise fest und war nicht bereit, die längst fällige Umstellung auf die Eisenschiffbautechnik durchzuführen. Da die eigenen Segler auch Reis von Ostasien nach Europa beförderten, übernahm R. 1872 eine finanzielle Beteiligung an der in Bremen ansässigen Reismühle Ichon & Co., die schließlich 1878 ganz in seinen Besitz überging und zu einer der weltweit größten Reismühlenbetriebe ausgebaut wurde. Mit diesem Schritt avancierte der Schiffszimmermann, Werftbesitzer und Reeder zum vielseitigen und erfolgreichen Unternehmer. R. war seit 1851 Mitglied im Architecten- und Ingenieur-Verein für das Königreich Hannover und beteiligte sich an der Gründung der Geestemünder Bank (1871), deren Aufsichtsratsvorsitzender er war. Er gehörte der Geestemünder Handelskammer an und wurde 1882 zum »Königlich preußischen Commerzienrat« ernannt. R. könnte man als einen patriarchalischen Unternehmer bezeichnen, der auf die strikte Einhaltung seiner Anweisungen größten Wert legte, dessen Handeln aber zugleich von der Fürsorgepflicht gegenüber seinen Mitarbeitern und einem sozialen Engagement gegenüber seiner Umwelt bestimmt war. Dies spiegelte sich u. a. in der Errichtung der Wohnsiedlung auf dem Werftgelände sowie in zahlreichen gemeinnützigen Stiftungen für Schulen, Krankenhäuser (Städt. Krankenhaus in Bremerhaven) und Kirchen (Wiederaufbau des Kirchturms auf der Insel Helgoland) wider. Ferner stellte R. Mittel für hilfsbedürftige Kinder sowie für Witwen und Waisen zur Verfügung. Die Grabstätte der Familie Rickmers befindet sich auf dem Bremerhavener Friedhof in Wulsdorf, während die Eltern des Werftgründers auf dem Friedhof Lehe II beigesetzt wurden. Die Söhne → Andreas, → Peter und → Willy führten das Familienunternehmen fort, wobei Andreas die Reismühlen übernahm und Peter für Werft und Reederei verantwortlich zeichnete.

Lit.: 100 Jahre Rickmers, Brhv. 1934, S. 10-34; 125 Jahre Rickmers, Brhv. 1959, S. 9-31; 100 Jahre STG, S. 380-386; A. Kludas, 150 Jahre Rickmers, Herford 1984, S. 9-18; Körtge, Straßennamen, S. 154; Peters, Seeschiffbau, S. 62-68, 84-90 und 142; F. Prüser, Andreas C. Rickmers, in: Br. Biogr. 1912-1962, S. 405-406; ders., Rickmer Clasen Rickmers, in: Nds. Lbb. 1, S. 354-370; Gr. Bremen-Lexikon, S. 597-599; Schwemer, S. 18; Siebs, Lebensbilder, S. 70-72; Wolff, Friedhöfe, S. 86-87.
P.: Ölgemälde im DSM (abgeb. u. a. in 100 Jahre STG, S. 380, 125 Jahre Rickmers, S. 13, Kludas, S. 10, Siebs, S. 70).
E.: Kgl. Preuß. Commerzienrat (1882); Straßenbenennung Brhv.-Lehe (1899) und Helgoland; Grabstein Friedhof Lehe II und Familiengrabstätte Brhv. Friedhof Wulsdorf.

D. J. P.

Rickmers, Willy; *Kaufmann, Reeder, Fabrikant.* * 28.12.1844 Bremerhaven, † 24.8. 1891 Bremen. Der jüngste Sohn von → R. C. Rickmers absolvierte eine kaufm. Ausbildung und ließ sich dann in Lehe nieder, wo er über eigenen Grundbesitz verfügte. 1883 erhielt er die Geschäftsleitung der von der Familie Rickmers übernommenen Stärkefabrik in Hannoversch Münden. Nachdem diese aber bald an die Firma Hoffmanns Stärke verkauft worden war, stieg er als Teilhaber in die Fa. R. C. Rickmers ein. Nach dem Tode seines Vaters war er auch Mitglied des Aufsichtsrats der Rickmers Reismühlen, Rhederei und Schiffbau AG, wobei er vor allem für die Überwachung des Reisgeschäfts verantwortlich zeichnete. Seit 1888 bewohnte er in Bremen das in der Vahr gelegene Schloß Kreyenhorst.

Lit.: Gr. Bremen-Lexikon, S. 598; R. Stein, Klassizismus und Romantik, Bd. 2, S. 376.
Qu.: StadtA Brhv., Zivilst.reg. 1844, Geb. Nr. 95.
E.: Gedenkstein Familiengrab Brhv. Friedhof Wulsdorf.

H. Bi.

Rickmers, Willi Gustav Rickmer, Dr. h. c.; *Forschungsreisender, Alpinist, Wintersportler, Übersetzer.* * 1.5.1873 Lehe, † 15.6. 1965 München. R., Sohn von → Willy R., wuchs überwiegend in Bremen auf, wohin sein Vater um 1880 übergesiedelt war, besuchte dort das Realgymnasium bzw. seit 1889 die Handelsschule und erfuhr eine kaufm. Ausbildung im Familienunternehmen, die ihn u. a. für einige Zeit nach England führte. Der frühe Tod des Vaters (1891) und das dadurch erworbene Vermögen ermöglichten ihm dann, ein seinen Neigungen gemäßes, von beruflichen Zwängen unabhängiges Leben zu führen. Von 1894 bis 1897 studierte er in Wien Geologie, Geographie und Biologie. Dort fand er, seit seinen Schuljahren mit der Bergwelt Deutschlands, der Schweiz und Schottland vertraut, Anschluß an eine Reihe von prominenten, akademisch ausgebildeten Bergsteigern, mit denen er sein bisheriges Hobby auf eine professionelle Basis stellte. Seit 1897 verheiratet mit der ihm wesensverwandten Orientalistin C. Mabel Duff (1866-1939), in Kalkutta geborenen Tochter eines britischen Großkaufmanns und Nachfahrin des schottischen Indien-Missionars Alexander D., führte er zusammen mit ihr von 1898 bis 1913 wissenschaftliche Forschungsreisen in den Kaukasus und nach Zentralasien durch, wobei ihm eine Reihe von Erstbesteigungen gelang; mit der Pamir-Expedition des Jahres 1913 leitete er die erste außeralpine Expedition des deutschen und österreichischen Alpenvereins. 1928 wurde er mit der Leitung der deutsch-russischen Alai-Pamir-Expedition beauftragt, die das Unternehmen von 1913 fortsetzte und die er mit großem organisatorischen Geschick zum Erfolg führte. Ferner gehört er zu den Pionieren des Alpinismus und des Wintersports. 1902 Schüler des österreichischen Skipioniers Matthias Zdarsky, dessen Lilienfelder Skilauftechnik er übernahm, betätigte er sich bald selbst als Skilehrer und Organisator von Wettkämpfen, und ebenso förderte er, teilweise in offiziellem Auftrag, die Erschließung der Alpen für den Fremdenverkehr. Als einer der ersten in Mitteleuropa veranstaltete er planmäßig Skikurse insbesondere für Engländer, so daß durch seine Aktivitäten namentlich Kitzbühel noch vor dem I. Weltkrieg zum Wintersportort der englischen Gesellschaft avancierte. Aus seiner Feder stammen zahlreiche Reise- und Forschungsberichte sowie Übersetzungen, v. a. des englischen Expeditionsschriftstellers Richard E. Byrd. R., der seit 1930 als Privatgelehrter in München lebte, legte mit 7.000 Bänden aus seiner Privatbibliothek auch den Grundstock zur Bücherei des Deutschen Alpenvereins; eine große völkerkundliche Sammlung, die er von einer Expedition nach Buchara (Transkaukasien) mitgebracht hatte, schenkte er 1902 dem Museum für Völkerkunde in Berlin. Er war Träger hoher internationaler Auszeichnungen sowie Mitglied zahlreicher deutscher und ausländischer geographischer Gesellschaften und Alpenvereine.

Lit.: DBI, S. 2864; DBE, Bd. 8, S. 288; Beckmanns Sportlexikon, Sp. 1850-1851; Der große Brockhaus, 15. Aufl. 1933, S. 722; Gr. Bremen-Lexikon, S. 598; D. G. Gross u. P. Ulrich, Bremer Häuser erzählen Geschichte, Bd. 1, 3. Aufl. Br. 1998, S. 81; R. Finsterwalder, Willi Rickmers, in: Der Bergsteiger 16 (1949), S.

116, 120-121; Munzinger-Archiv (1967); Personalbibliographie historischer Persönlichkeiten des Alpinismus, München 1988, S. 295 (Einzelnachweise von Sekundärlit.); F. Schmitt, Dr. Willi Rickmers zum Gedenken, in: Mitt. d. Dt. Alpenvereins 17 (1965), S. 129-130, 146; ders., Willi Rickmer Rickmers. Der Mann, der in kein Schema paßte, in: Der Bergsteiger 52 (1985), H. 11, S. 41-42; C. Sild, C. Mabel Rickmers, in: Österr. Alpenztg. 61 (1939/40), S. 304-305; R. Werner, Willi Rickmer Rickmers, in: Österr. Alpenztg. 84 (1966), S. 1-2; Wer ist's? 1935, S. 1302.
Qu.: Ev.-luth. Ges.verb. Brhv., Kirchenbuch Lehe, Geb. 1873, Nr. 99.
Werke (Auswahl): *Einführung in die alpine Literatur* (1904); *Ski-ing for beginners and mountaineers* (1910); *The duab of Turkestan* (1913); *Der kleine Skiführer von Flims* (1925); *Die Wallfahrt zum Wahren Jacob. Gebirgswanderungen in Kantabrien* (1926); *Winter Sports* (Mitarbeit, 1926); *Alai! Alai! Arbeiten u. Ergebnisse d. dt.-russ. Alai-Pamir-Expedition* (1930); Autobiographie *Der Querschnitt durch mich* (1930); *Wissensch. Ergebnisse d. Alai-Pamir-Expedition 1928* (Hrsg., zus. m. H. v. Ficker, 6 Bde.1932); Übersetzungen sowie zahlr. Beitr. in der Zschr. d. dt. u. österr. Alpenvereins.
Nachlaß: Dt. Alpenmuseum, München.
P.: Ölgemälde von F. Pimpel (1944) in der Bücherei d. Dt. Alpenvereins, München; Fotos im Nachlaß; Abb. u.a. in: Querschnitt durch mich (s. Werke), Vorsatz, 100 Jahre Rickmers 1834-1934, Hbg. 1934, vor S. 65 sowie in (s. Lit.) Finsterwalder, Schmitt u. Werner.
E.: Ehrendoktor Univ. Innsbruck (1930), Nachtigal-Med. Berliner Geogr. Ges. (1930), Gold. Königsmed. Royal Geogr. Soc. London (1935/43), Goethe-Med. f. Kunst u. Wissensch. (1943); Gedenkstein Familiengrabstätte Brhv. Friedhof Wulsdorf.

H. Bi.

Riedemann, Wilhelm Anton (von); *Kaufmann, Reeder, Fabrikant, Mäzen*. * 9.12.1832 Meppen (Emsland), † 21.1.1920 Lugano (Schweiz) (kath.)*. Als ältester Sohn eines angesehenen Meppener Kaufmanns wuchs R. zunächst in großem Wohlstand auf. Das elterliche Vermögen ging jedoch weitgehend verloren, als sein Vater, nachdem er mit der Familie 1845 nach St. Louis (USA) auswandert war, schon ein Jahr später an einer Seuche starb und seine Mutter betrügerischen Transaktionen zum Opfer fiel. 1846 nach Meppen zurückgekehrt, ermöglichte ihm die Mutter eine Lehre als Papier- und Farbenvertreter; danach machte sich R. in diesem Gewerbe selbständig. 1863 ließ er sich in Geestemünde nieder, zu einem Zeitpunkt, als gerade der neue Handelshafen fertiggestellt war. Nachdem er dort ein Agentur-, Incasso- und Speditions-

geschäft eröffnet hatte, gelang ihm durch enge Zusammenarbeit mit dem Bremer Überseekaufmann Franz Schütte, der sich auf den Handel mit Erdöl spezialisiert hatte, im Speditions- und dann auch im Eigenhandel mit dem zukunftsträchtigen Rohstoff seit 1864 ein steiler geschäftlicher Aufstieg. Anfängliche amtliche, versicherungsrechtliche und transporttechnische Widerstände gegen die feuergefährliche Ware überwindend, bauten R. und Schütte diesen Geschäftszweig aus, so daß Bremerhaven und Geestemünde in den 1870er und 1880er Jahren zum führenden deutschen Umschlagplatz für Petroleum avancierten, wobei mit dem 1877/78 in Verlängerung des Handelshafens errichteten Geestemünder Petroleumhafen moderne Umschlags- und Lagereinrichtungen sowie zugehörige Einrichtungen, u. a. eine große Faßfabrik, später auch Tanklager, entstanden. Völlig neue Wege beschritt R., der seit 1876 auch eigene Schiffe bereederte, bei der Verschiffung des Petroleums. Dem verlustreichen und umschlagstechnisch aufwendigen Transport in Holzfässern setzte er, nachdem er zuvor mit dem Einbau stählerner Tanks in Segelschiffe experimentiert hatte, 1885/86 die Entwicklung des ersten Dampftankschiffs GLÜCKAUF entgegen, die bald sowohl den Transport als auch den Umschlag revolutionierte. In enger Verbindung mit dem Standard Oil Trust (S. O.) des amerikanischen Ölkönigs John D. Rockefeller gründeten R. und Schütte 1890 in Bremen die Deutsch-Amerikanische Petroleum-Gesellschaft (DAPG), in die sie ihre Unternehmen, Anlagen und Schiffe einbrachten; R. übernahm den Vorstandsvorsitz der Aktiengesellschaft, aus der später die ESSO (seit 1950 offiziell unter diesem Namen) hervorging. Inzwischen hatte R. seit 1880 auch den Petroleumumschlag in Hamburg übernommen, wo günstige Standortbedingungen ihn veranlaßten, den Schwerpunkt der DAPG nach dorthin zu verlagern und dort 1891 auch seinen Wohnsitz zu nehmen. Infolge dieser Entwicklung ging der Petroleumhandel über Geestemünde kontinuierlich zurück, bis er 1905 völlig zum Erliegen kam. Die DAPG, die exorbitant hohe Dividenden erwirtschaftete, expandierte – unter Verdrängung, Übernahme oder Beteiligung von Konkurrenten – in der Folgezeit stark, baute ein flächendeckendes Vertriebssystem in Deutschland und angrenzenden Ländern auf und gewann bald eine monopolartige Stellung. So beherrschte das Unternehmen zeitweise bis zu 70 Prozent des deutschen Petroleumhandels, und mit 44 Tankschiffen war es 1914 die drittgrößte Reederei Deutschlands. Als 1904 die S. O. das gesamte Aktienkapital der DAPG übernahm und der Unternehmenssitz nach Hamburg verlegt wurde, zog sich R. aus der Unternehmensführung zurück, die an seine beiden Söhne Dr. Tonio R. (bis 1918) und Heinrich R. (bis 1922, seit 1927 als Vorstandsmitglied der S. O. zuständig für deren europäischen Unternehmensbereich) überging. R. übernahm noch einmal kurzzeitig Verantwortung als Aufsichtsratsvorsitzender, um das Unternehmen nach dem Kriegseintritt der USA (1917) vor der Beschlagnahme zu bewahren. Sein großes Vermögen und seine Verwurzelung im kath. Glauben gaben R. zahlreiche Gelegenheiten zu sozialem und karitativem Engagement. In seiner Geestemünder Zeit unterstützte er den Aufbau der rasch wachsenden kath. Gemeinde der Unterweserorte, wobei er in dem etwa gleichaltrigen, ebenfalls aus dem Emsland stammenden Pastor → Clemens Brokgertken einen gleichgesinnten Partner fand; mit ihm förderte er ideell und finanziell insbesondere den Ausbau des Schulwesens und der stationären Krankenversorgung, aus der später das Bremerhavener St. Joseph-Hospital hervorging. Ebenso ermöglichte er in Hamburg durch Übernahme sämtlicher Kosten den Bau der kath. St. Sophienkirche (benannt nach der Namenspatronin seiner frühverstorben Tochter) und der dazugehörigen Schule im Stadtteil Barmbek (1899). Den Kirchen seiner Geburtsstadt Meppen und der seiner Frau, Haselünne, stiftete er jeweils einen Altar; in Meppen unterstützte er zudem das Krankenhaus und das Waisenhaus. Zeugnisse von R.s Wohlstand sind in Bremerhaven-Geestemünde das sog. Riedemannsche Palais, eine in der Nähe des Querkanals 1884 von dem Baumeister Christian Ludwig errichtete herrschaftliche Stadtvilla, die im II. Weltkrieg den Bomben zum Opfer fiel, sowie ein noch repräsentativeres Anwesen an der Außenalster im Hamburger Stadtteil Harvestehude, in dem heute, erweitert um ein zweites Gebäude, das amerikanische Generalkonsulat seinen Sitz hat. 1904 ließ sich R. von dem bekannten Architekten Martin Haller auf dem Friedhof Hamburg-Ohlsdorf ein großzügiges Mausoleum erbauen, in dem er jedoch nicht beigesetzt wurde, da er später im Tessin lebte; er und seine Frau fanden ihre letzte Ruhestätte in einer 1937 in Sorengo bei Lugano errichteten Grabkapelle, in die nach dem II. Weltkrieg auch die ehemals im Ohlsdorfer Mausoleum beigesetzten Familienmitglieder überführt wurden.

Lit.: Gr. Bremen-Lexikon, S. 600, 650; 100 Jahre Esso 1890-1990, Hbg. 1990; Gabcke, Bd. 1, S. 134-135; E. Hieke, Wilhelm Anton Riedemann. Anfang und Aufstieg des deutschen Petroleumhandels in Geestemünde und Hamburg 1860-1894, Hbg. 1963; ders., Gründung, Kapital u. Kapitalgeber der Deutsch-Amerikanischen Petroleum-Gesellschaft 1890-1914, in: Tradition 16 (1971), S. 16-48; A. Janowitz, Der Geestemünder Handelshafen 1850-1930, in: Brhv. Beitr. III, S. 9-90, hier S. 59-72; Körtge, Straßennamen, S. 154; J. Marheinecke, Ein Waisenknabe wird zum Petroleumkönig, Hbg.

1995; ders. u. H. Schoenfeld, Der Petroleumkönig und sein Mausoleum, Hbg. 1994; Schwemer, S. 18; Siebs, Lebensbilder, S. 81-83; ders., Riedemann in Geestemünde, in: Nordsee-Kalender 1960, S. 42-44; W. Weber, Erdölhandel u. Erdölverarbeitung a. d. Unterweser 1860-1895, Br. 1968; P. Werner, 75 Jahre »Herz-Jesu« Geestemünde Bremerhaven, Brhv. 1984, S. 16-31; S. Wiborg, Wilhelm Anton Riedemann. Ein Meppener, der zum Petroleumkönig wurde, in: Jb. d. Emsländ. Heimatbundes 28 (1982), S. 193-203.

P.: Ölgemälde v. J. Geertz (1892) im DSM (abgeb. in zahlr. Veröff., u.a. Hieke, Riedemann, s. Lit., S. 32); Foto in Siebs, Lebensbilder, S. 81.

E.: u. a. Geh. Kommerzienrat (1885), Päpstl. Geheimkämmerer, Ehrenbürger Meppen (1912) und Haselünne (Ems), erbl. Adelsstand (1917), Straßenbenennung Brhv.-Gmde. (1955); Gedenktafel Meppen, Mausoleum Friedhof Hbg.-Ohlsdorf, Grabkapelle Sorengo bei Lugano, Gräberfeld der kath. Kirche a. d. Brhv. Friedhof Wulsdorf.

H. Bi.

Riemenschneider, Friedrich Heinrich; *Steuereinnehmer, Stadtrendant.* * 25.10. 1809 Bremen, † 3.2.1883 Bremerhaven *(ev.).* R. war nach der Konfirmation zunächst in Bremen bei einem Anwalt als Lehrling und dann als Schreiber beschäftigt, bevor ihn der erste bremische Amtmann in Bremerhaven, → Dr. Joh. Heinrich Castendyk, 1829 als Kanzleigehilfen mitbrachte. Dort avancierte er 1837 zum Accise- und Steuereinnehmer für den Landtransitzoll nach Bremen. Zugleich nahm er das Amt des Gemeinderechnungsführers bzw. seit 1851 das des Stadtrendanten (Kämmerers) für die Gemeinde Bremerhaven wahr, das er bis 1874 ausübte. Als einer der frühesten Bewohner von Anfang an mit der Entwicklung Bremerhavens vertraut, nahm er Anteil an kommunalpolitischen Entscheidungen, vor allem auch am kirchlichen Leben; von 1865 bis 1874 war er Verwaltender Bauherr (Gemeinderatsvorsitzender) der »Großen« Kirche.

Lit.: 125 Jahre Bürgermeister-Smidt-Gedächtniskirche, Brhv. 1980, S. 45; Ernst, Colonie, S. 71, 78; Sachau, S. 144, 184, 291, Anhang, S. 37.

H. Bi.

Rindfleisch, Max; *Ingenieur, Werftdirektor.* * 17.6.1870 Guhden (Oderbruch), † 28.1.1930 Wesermünde (-Lehe) *(ev.-luth.).* Nach dem Studium der Ingenieurwissenschaften war R. zunächst bei verschiedenen größeren Werften tätig (Blohm & Voss, AG Weser, Bremer Vulkan, Tecklenborg), bevor er bei der Deutschen Dampfschiffahrtsgesellschaft »Hansa« in Bremen einstieg, um als Inspektor und Bauleiter den Bau der reedereieigenen Schiffe in England zu überwachen. Anschließend (1907) nahm er eine Stellung als Oberingenieur bei der Seebeck-Werft in Geestemünde an. 1909 zum Vorstand der Delphin-Werft in Lehe, und 1910, nach deren Umstrukturierung, zum Direktor der Schiffbaugesellschaft Unterweser berufen, baute er die Werft aus einem Bootsbaubetrieb zu einem renommierten und leistungsfähigen, im Fischdampfer- und Frachtschiffbau tätigen industriellen Unternehmen aus, das 1921 in eine Aktiengesellschaft umgewandelt wurde. Mit zeitweise über 1.000 Beschäftigten und umfangreichen räumlichen Erweiterungen war die SGUW der größte Industriebetrieb Lehes. R. verstand es, das Unternehmen auch durch die schwierige Zeit der Weimarer Zeit, u. a. mit technischen Innovationen, die in Zusammenarbeit mit anderen Firmen entstanden (z. B. Vierzylinder-Doppelverbundmaschine, Motorantrieb, elektrische Netzwinden), zu steuern. Darüber hinaus vertrat er in verschiedenen Funktionen Wirtschaftsinteressen des Unterwesergebietes. So war er ehrenamtlich tätig im Vorstand der Industrie- und Handelskammer Wesermünde (1926-1930), als Handelsrichter bei der Kammer für Handelssachen in Wesermünde (1926-1929), als Beisitzer des Seeamtes und als Mitglied des Seewasserstraßenbeirates. Von 1913 bis 1919 engagierte er sich als ehrenamtliches Magistratsmitglied (Senator) des Fleckens Lehe auch in der Kommunalpolitik.

Lit.: DBI, S. 2880; H. Bickelmann, Zwischen Wohnen und Arbeiten. Eines der ältesten stadtnahen Industriegebiete in Bremerhaven Lehe im Umbruch, in: Ndt. Hbl. 587 (Nov. 1998); Fisser, S. 98-108; Peters, Seeschiffbau, S. 159-164; ders., Von der Delphin-Werft zu Geeste-Metallbau, in: Ndt. Hbl. 587 (Nov. 1998); Wenzel, Sp. 1830.

Qu.: NWZ, 29.1.1930; StadtA Brhv., Meldekartei Wesermünde.

H. Bi.

Roberts, Milchel, geb. Abram; *Geschäftsfrau, Mäzenin.* * *19.7.1795 Old Byland (Yorkshire),* † *29.9.1877 Bremerhaven.* Die gebürtige Engländerin, zunächst mit dem in Golzwarden beheimateten Kapitän Dietrich Meendsen verheiratet, kam bereits als Witwe nach Bremerhaven, um 1836 den Schleusenmeister Andreas van Limbeck zu ehelichen. Nach dessen frühem Tod betrieb sie seit 1851 mit ihrem dritten Ehemann, dem Schiffsingenieur William Roberts(on), zunächst in der Fährstraße, dann in der Bürgermeister-Smidt-Straße, in einer der besten Geschäftslagen der Stadt, eine florierende Wein- und Spirituosenhandlung. Dreimal kinderlos verwitwet, stiftete sie testamentarisch einen großen Teil ihres beträchtlichen Vermögens für gemeinnützige Zwecke, u. a. 30.000 Mk. für den Bau eines städt. Krankenhauses. Dieser Betrag bildete dann, zusammen mit einem Legat des Reeders → R. C. Rickmers von 50.000 Mk., den Grundstock für das 1881/82 errichtete Krankenhaus der Stadtgemeinde Bremerhaven.

Lit.: H. Bickelmann, Geschäftstüchtigkeit und Gemeinsinn. Mitchel Roberts, eine unbekannte Bremerhavener Mäzenin, in: Ndt. Hbl. Nr. 563 (Nov.1996); G. Müller, Alte Grabsteine erzählen, Nordenham 1998, S. 86-88; Wolff, Friedhöfe, S. 21.
E.: Gedenktafel im Zentralkrankenhaus Reinkenheide, seit 2002 im Hist. Mus. Brhv. (NZ, 6.12.2002); Grabstein Friedhof Lehe I.

H. Bi.

Rodenberg, Julius Friedrich Wilhelm Anton, Dr. phil.; *Bibliothekar, Wissenschaftsredakteur.* * *5.5.1884 Bremerhaven,* † *23.1.1970 Berlin (ev.).* R. war ein Sohn des beim Norddeutschen Lloyd tätigen Kapitäns Friedrich R. und der aus alter hannoverscher Mediziner- und Beamtenfamilie stammenden Mathilde Wellhausen. Er besuchte die Oberrealschule und das Alte Gymnasium in Bremen und studierte anschließend ev. Theologie, orientalische Sprachen, Kunstgeschichte, Geschichte und Englisch in Straßburg, Marburg, Berlin, Heidelberg und Göttingen. Nach der Promotion war er von 1911 bis 1913 Volontär an der Universitätsbibliothek Göttingen und daran anschließend Mitarbeiter der Brockhaus-Lexikonredaktion in Leipzig. Nach dem I. Weltkrieg, an dem er als Offizier teilnahm, arbeitete er zunächst in einem Antiquariat und fand dann 1921 eine Anstellung bei der Deutschen Bücherei Leipzig, wo er ein Jahr später zum Leiter der Abteilung für künstlerische Drucke aufrückte. Von 1944 bis 1952 war R. Redakteur der »Bibliographie der Kunstblätter«. Anschließend leitete er bis 1954 die Bibliothek der Hochschule für Bildende und Angewandte Künste in Berlin. 1959 wurde ihm der Professorentitel verliehen. Durch Mitarbeit an zahlreichen deutschen und englischen Fachzeitschriften sowie durch eine Reihe von selbständigen Veröffentlichungen erwarb er sich national und international den Ruf eines Experten für künstlerischen Buchdruck.

Lit.: DBI, S. 2897; DBE, Bd. 8, S. 344-345; Kürschner G 1950, Sp. 1680; Reichshandbuch, Bd. 2, S. 1542-1543.
Werke: Verz. d. Veröff. in Reichshdb. u. Kürschner (s. Lit.), u. a. *Die hl. Katharina von Siena und ihre Darstellung in der Sienesischen Kunst* (Diss. 1910), *Deutsche Bibliophilie in drei Jahrzehnten* (1931), *Buchkunst des Morgenlandes* (1948).
P.: Foto in Reichshdb. (s. Lit.), S. 1542.
E.: Ehrenmitgl. Double Crown Club, London (1926), Grand Prix u. Goldmed. franz. Handelsmin. (1937).

H. Bi.

Roehrich, Paul E. (Paul Gustav Eduard); *Auswanderer, Unternehmer, Mäzen.* * *13.11.1902 Lehe,* † *21.11.1972 Florida (USA) (ev.).* R. gehört zu denjenigen Auswanderern, die es, aus einfachen Verhältnissen stammend, in den USA zu Erfolg, Wohlstand und Ansehen gebracht haben. Der Sohn eines beim Norddeutschen Lloyd in Bremerhaven tätigen Anschreibers besuchte dort die Pestalozzischule, die er 1917 als Jahrgangsbester abschloß, wofür ihm aus der R. C. Rickmers-Stiftung eine Anerkennung in Form einer goldenen Uhr zuteil wurde. Danach besuchte er eine Privatschule und absolvierte eine Lehre bei einer Spedition. Nach mehrjähriger kaufm. Tätigkeit u.a. in Bremen wanderte er im Juli 1925 nach New York aus. Dort studierte er Handelswissenschaften, wobei er sich seinen Lebensunterhalt nebenher als Kellner verdiente. Anschließend gelang ihm ein steiler geschäftlicher Aufstieg. 1942 gründete er in

New York die Richford Corporation, ein mittelständisches Unternehmen, das aufwendige Verpackungen für die Kosmetikindustrie herstellte und das bald auch im internationalen Rahmen tätig war. 1963 erhielt er einen von Präsident John F. Kennedy gestifteten Preis für besondere Verdienste um die Hebung des amerikanischen Exports. Auf seinen zahlreichen Geschäftsreisen ins Ausland suchte R. regelmäßig auch seine Heimatstadt auf. In Erinnerung an seine eigene Ehrung von 1917, die ihm stets Ansporn gewesen war, stiftete er 1958 der Pestalozzischule einen nach ihm benannten, mit je 1.000 DM dotierten Preis für die Jahrgangsbesten der drei Schulzweige (zunächst nur für Jungen, später auch für Mädchen), der bis 1967, mehrfach sogar in seinem Beisein, verliehen wurde. Zu diesem Zeitpunkt hatte R. in Ermangelung eines geeigneten Nachfolgers die Richford Corporation verkauft und sich auf einen Ruhesitz in Florida zurückgezogen.

Lit.: W. Stölting, Bremerhaven u. d. USA, Brhv. 1966, S. 104-107.
Qu.: NZ, 21.2.1959, 14.3.1960, 13.3.1964, 3.7.1967, 25.11.1972; Adreßbuch Wmde.-Lehe 1925; StadtA Brhv., Meldekartei Alt-Brhv. u. Hauskartei Lehe, Entenmoorweg 9.
P.: Foto u. a. in NZ, 21.2.1959 u. 25.11.1972.
E.: Paul-E.-Roehrich-Stiftung (1958-1967); E – for Export Award (1963).

H. Bi.

Röver, Carl Georg; *Kaufmann, Politiker, Gauleiter, Reichsstatthalter.* * 12.2.1889 Lemwerder (Oldbg.), † 15.5.1942 Berlin, □ Oldenburg (Oldbg.) (ev.). Der Sohn eines kleinen Ladenbesitzers wuchs in Oldenburg auf und absolvierte nach Volks- und Mittelschule eine kaufm. Ausbildung. Danach war er mehrere Jahre für eine Bremer Kaffeeimportfirma tätig, u. a. in der deutschen Kolonie Kamerun, wo er eine rassistische Prägung erfuhr. Im I. Weltkrieg war u. a. als Unteroffizier in der Propagandaabteilung der Obersten Heeresleitung eingesetzt. Nach Kriegsende arbeitete er wieder als Kaufmann im väterlichen Betrieb. Der überzeugte Antisemit, seit 1923 Parteimitglied, gehörte zu den Mitbegründern der NSDAP-Ortsgruppe Oldenburg. 1928 stieg er zum Gauleiter des Bereichs Weser-Ems auf, dem auch das Land Bremen zugeordnet wurde. Seit dieser Zeit auch Mitglied des oldenburgischen Landtages, wurde er nach dem Wahlsieg der Nationalsozialisten 1932 zum Ministerpräsidenten des Landes Oldenburg gewählt, ein Amt, das er abgab, als er 1933 von Hitler zum Reichsstatthalter von Oldenburg und Bremen ernannt wurde; in dieser Funktion war er bis 1939 auch für Bremerhaven zuständig, nicht aber für das preußische Wesermünde. Seit 1930 war er auch Mitglied des Reichstages. Als »Alter Kämpfer« geriet er bald in Gegensatz zur Parteibürokratie; zudem machte er sich durch eine derbe Sprache, demagogische Ausfälle und ein provozierendes Auftreten viele Feinde auch im eigenen Lager. Wiederholt kam es zu Konflikten zwischen ihm, der ein gespanntes Verhältnis zu der auf Eigenständigkeit bedachten Hansestadt Bremen hatte, und den von ihm dort eingesetzten Bürgermeistern Dr. Markert und → Otto Heider sowie darüber hinaus auch mit dem für die NSDAP-Ortsgruppe Bremerhaven/Wesermünde zuständigen Gauleiter des NS-Gaus Osthannover → Otto Telschow. Daß Bremerhaven 1939 an das preußische Wesermünde angegliedert wurde, vermochte er trotz energischer Gegenwehr nicht zu verhindern. Seit Jahren krank, durch einen 1937 erlittenen Autounfall zusätzlich beeinträchtigt und in der Partei zunehmend isoliert, starb R. 1942 unter mysteriösen Umständen in der Berliner Charité, nachdem er sich zuvor kritisch über die NSDAP-Parteibürokratie und über den Kriegsverlauf geäußert hatte.

Lit.: DBI, S. 2912; Dt. Führerlexikon, S. 391-392; Gr. Bremen-Lexikon, S. 615; W. Günther, Carl Röver, in: Biogr. Hdb. Oldb., S. 611-613; M. Rademacher, Wer war wer im Gau Weser-Ems?, o.O. o.J. (2000), S. 8-9; Scheper, Jüngere Geschichte, S. 241-242, 252-254, 262, 269, 286, 309-316; H. Schwarzwälder, Berühmte Bremer, München 1972, S. 231-244; H. Weiß (Hrsg.), Biogr. Lexikon z. Dritten Reich, Frankf. 1998, S. 383.
P.: Foto in Dt. Führerlex., S. 391, Biogr. Hdb. Oldb., S. 611, u. Scheper, S. 252 (s. Lit.).
E.: u. a. Ehrenbürger Brhv. (1937, 1949 aberkannt).

U. W.

Rogge, Gustav W. (Gustav Wilhelm Florenz), Dr.-Ing.; *Bauingenieur, Bauunternehmer.* * 30.10.1903 Lehe, † 3.7.1987 Bremerhaven, ☐ Bad Bederkesa (ev.). R. war ein Enkel von → Wilhelm Rogge, dem Begründer des gleichnamigen Bremerhavener Bauunternehmens. Sein Vater Gustav R. (1870-1928), von Haus aus Architekt und zunächst verantwortlich für den Hochbau, leitete seit dem Tode seines Bruders Georg (1921) die gesamte Bauabteilung des Unternehmens. Nach dem Abitur an der Oberrealschule in Lehe (heute Lessing-Schule) studierte R. bis 1927 Bauingenieurwesen an den TH München und Danzig, bewährte sich dann mehrere Jahre bei öffentlichen und privaten Bauvorhaben, so vor allem als Assistent von → Dr. Arnold Agatz beim Bau der Bremerhavener Nordschleuse, und wurde 1930 mit einer hafenbautechnischen Dissertation promoviert. Kurz darauf trat er in das großväterliche Familienunternehmen ein, das nach dem Tode seines Vaters und angesichts der Weltwirtschaftskrise einer Neustrukturierung bedurfte. Als 1931 die beiden bisherigen Abteilungen in eigenständige Unternehmen umgewandelt wurden, wurden Holzhandel und Holzbearbeitung von R.s Vettern unter dem Namen W. & H. Rogge weitergeführt, während R. selbst das Unternehmen Gustav W. Rogge gründete, mit dem er die Hoch- und Tiefbauaktivitäten fortsetzte. Nach anfänglich erheblich reduziertem Geschäftsumfang gelang R. in der Wirtschaftskonjunktur der 1930er Jahre ein neuer Aufschwung, wobei er in hohem Maße auch überregional beim Bau von Industrie-, Hafen- und Verkehrsanlagen und zunehmend bei militärischen Anlagen beteiligt war. Im II. Weltkrieg erhielt das Unternehmen umfangreiche Aufträge in den besetzten Gebieten Osteuropas wie auch in Italien und Nordafrika. Nach der Zerstörung des am Alten Hafen gelegenen Betriebes, von der nur die ausgelagerten Geräte verschont blieben, baute R. das weiterhin in vielen Sparten des Hoch-, Tief- und Ingenieurbaus tätige Unternehmen 1948 auf dem Areal des ehemaligen Technischen Betriebs des Norddeutschen Lloyd wieder auf und führte es in neue Dimensionen. Nachdem

seine Söhne Dr. Thomas R. (* 1932) und Johann Conrad R. (* 1936) in die Geschäftsführung eingetreten waren (1963 bzw. 1968), zog sich R. 1970 aus dem operativen Geschäft zurück. Die Fa. Gustav W. Rogge, inzwischen in mehrere Tochtergesellschaften gegliedert, hat seither eine weiter diversifizierte, auch in internationalem Rahmen wahrgenommene Aufgabenstruktur angenommen, namentlich in den Bereichen See-, Hafen-, Stahlbeton- und Ingenieurhochbau sowie Maschinenbau und Marine Consulting. R. war seit 1931 verheiratet mit Elisabeth Ballehr (* 1910), der Tochter des bekannten Kapitäns → Diedrich Ballehr. Das Ehepaar lebte vielfach in Bederkesa (Kr. Wesermünde bzw. Cuxhaven), wo sich R. von Fritz Höger 1937 ein Landhaus hatte erbauen lassen, während auf dem Firmengrundstück seit 1950 eine repräsentative Stadtwohnung zur Verfügung stand. R. war regional und überregional in zahlreichen wirtschafts- und standespolitischen Funktionen aktiv. In der Industrie- und Handelskammer Bremerhaven war er von 1948 bis 1969 Mitglied des Präsidiums und übte von

1953 bis 1958 das Amt des Präsidenten aus. Dem Arbeitgeberverband Bremerhaven gehörte er als Vorstandsmitglied ebenso an wie der Vereinigung der Arbeitgeberverbände im Lande Bremen. Die Bauindustrie vertrat er im Vorstand des Verbandes industrieller Bauunternehmungen des Unterweser-Ems-Gebietes, im Deutschen Beton-Verein und im Präsidium des Hauptverbandes der deutschen Bauindustrie. Auch für kulturelle Angelegenheiten setzte er sich ein, u. a. als Gründungsmitglied der Gesellschaft Bremerhaven 1947 sowie durch eine namhafte Spende zur Restaurierung der Arp-Schnitger-Orgel in der Kirche von Cappel (Land Wursten). Seine Tochter Bettina war mit dem Rechtswissenschaftler → Dr. Fritz Reichert-Facilides verheiratet.

Lit.: DBI, S. 2913; Bickelmann, Hafenfunktionen, S. 72; 100 Jahre Rogge, Brhv. 1960, S. 17-33; 100 Jahre W. & H. Rogge, Brhv. 1960, S. 28-32; Heimatchronik, S. 275-276; Wer ist wer? 19 (1976/77), S. 801.
Qu.: NZ, 30.10.1963, 30.10.1973, 29.10.1983, 7.-9.7.1987, 20.7.2000; Auskunft Fa. Gustav W. Rogge im Herbst 2003.
P.: Fotos u. a. in 100 Jahre Rogge, S. 21, Heimatchronik, S. 275, u. NZ, 30.10.1963, 30.10.1973, 30.10.1983.
E.: Ehrenmitgl. Hauptverb. d. dt. Bauindustrie; Grabstätte Friedhof Bad Bederkesa.

H. Bi.

Rogge, Friedrich **Wilhelm**; *Zimmermeister, Bauunternehmer, Fabrikant, Kommunalpolitiker.* * *3.1.1835 Röddensen (Kr. Burgdorf b. Hann.),* † *30.9.1909 Lehe (ev.).* Der aus einer in Ilten bei Hannover ansässigen Bauern- und Zimmermeisterfamilie stammende R. ging nach dem frühen Tode seines Vaters bei einem Onkel, der ein Bauunternehmen und eine Holzhandlung in Harburg besaß, in die Lehre, besuchte die Baugewerkschule in Holzminden und kam 1857 nach Geestemünde, wo er im Auftrage seines Onkels am Bau des Handelshafens mitwirkte. Nachdem er sich 1860 in Wulsdorf als Zimmermeister selbständig gemacht hatte, heiratete er 1862 Dorothea Siebs (1838-1922), die Tochter des Fährpächters → Eide Siebs. Auf einem von diesem erworbenen, zwischen der Hafenstraße und der Geeste gelegenen Grundstück in Lehe gründete er 1865 zusammen mit seinem Schwager Eduard Siebs ein Zimmereigeschäft, das mit einem dampfbetriebenen Säge- und Hobelwerk verbunden war, der ersten eigenständigen industriellen Anlage dieser Art in den Unterweserorten. Als sich die Partner drei Jahre später trennten, baute R. sein Unternehmen zu einem Hoch- und Tiefbauunternehmen aus, betrieb daneben aber auch ein eigenes Säge- und Hobelwerk, das er nach der Stillegung des Siebsschen Betriebes 1891 erweitern konnte. Die Fa. W. Rogge war mit einer breiten Leistungspalette außer an Wohn- und Geschäftsbauten zunehmend an Industriebauten sowie an Hafen- und Gründungsarbeiten, namentlich Rammarbeiten auch überregional beteiligt und entwickelte sich zu einem der führenden Unternehmen der Baubranche an der Unterweser. Als der Betrieb, der ohnehin seit längerem vom vordringenden städtischen Siedlungsraum eingeholt wurde, 1904 einem Großbrand zum Opfer fiel, wurde er in Bremerhaven an der Westseite des Alten Hafens neu aufgebaut. Das alte Areal blieb überwiegend im Familienbesitz, wurde seit 1911 schrittweise dem Wohnungsbau zugeführt und fand 1960 seine endgültige, 1996 noch einmal leicht veränderte Gestalt. 1906, nach dem er das Unternehmen in eine GmbH umgewandelt hatte, zog sich R. vom aktiven Geschäftsleben zurück und gab die Geschäftsführung an seine drei Söhne Wilhelm (1863-1945), Georg (1967-1921) und Gustav (1870-1928) weiter, die den Betrieb gemeinsam unter Beibehaltung ihrer bisherigen Zuständigkeiten (Sägewerk, Tiefbau und Hochbau) fortführten, bis personelle Nachfolgefragen 1931 eine formelle Aufteilung des Unternehmens erforderlich machte (→ Gustav W. Rogge). R. war Obermeister der Innung »Bauhütte an der Unterweser« und betätigte sich kommunalpolitisch; von 1888 bis 1891 Mitglied des Bürgervorsteherkollegiums in Lehe, amtierte er dort von 1891 bis 1903 als ehrenamtlicher Senator. R. bewohnte seit 1905 einen stattlichen Alterssitz im Leher Freigebiet, wo die Fa. W. Rogge ein von Gustav R. entworfenes kleines Villenviertel errichtet hatte.

Lit.: Bickelmann, Gewerbeansiedlung, S. 106-124, 137-158, 181-182; ders., »Dat is unse Füür«. Eine langlebige Legende, in: Ndt. Hbl. 580 (Apr. 1998); ders., Hafenfunktionen, S. 62-66; 100 Jahre Rogge, Brhv. 1960, S. 5-17; 100 Jahre W. & H. Rogge, Brhv. 1960, S. 5-27; Heimatchronik, S. 274-275; Körtge, Straßennamen, S. 76.
P.: Foto in 100 Jahre Rogge, S. 5, u. 100 Jahre W.&H. Rogge, S. 7 (s. Lit.).
E.: Straßenbenennung Brhv.-Lehe (ca. 1900, Dorotheastr.); Familiengrabstätte Brhv. Friedhof Wulsdorf.

H. Bi.

Ronzelen, Johannes Jacobus van; *Wasserbauingenieur, Hafenbaudirektor.* * 12.6. 1800 Amsterdam (Niederlande), † 30.11. 1865 Bremerhaven (ev.-ref.). R. war ein Sohn des Amsterdamer Wasserbaudirektors Willem van Ronzelen. Nach einer Ausbildung in Mathematik und Ingenieurwesen auf der Militärschule in Delft erhielt er 1820 auf Intervention seines Vaters eine Stellung bei der Amsterdamer Wasserbauverwaltung, wo er sich bald eine hervorragende fachliche Reputation erwarb. In Bremen wurde man auf ihn aufmerksam, als die Hansestadt aufgrund der Initiative von Bürgermeister → Johann Smidt seit 1825 in Verhandlungen mit dem Königreich Hannover zum Landerwerb für den Bau eines Vorhafens an der Geestemündung stand. R. wurde als Gutachter herangezogen, und nachdem der von ihm 1826 entworfene Plan die Billigung des Senats gefunden hatte, wurde er mit der Ausführung des Vorhabens beauftragt und im Mai 1827 als Hafenbaudirektor für Bremerhaven und Baurat für das gesamte Wasser-, Deich- und Landbauwesen des bremischen Staates in den Dienst der Freien Hansestadt Bremen eingestellt. Die Bauarbeiten am Hafen (später als Alter Hafen bezeichnet), bei denen er unter z.T. schwierigen hygienischen, sozialen, technischen und administrativen Umständen zeitweise bis zu 900 Arbeitskräfte zu beaufsichtigen hatte, begannen im Mai 1827. 1829 waren die Arbeiten beendet; am 11.9.1830 wurde die Einrichtung mit der Schleusung des Vollschiffes DRAPER des amerikanischen Kapitäns Hillert unprogrammgemäß eröffnet. Kernstück war die damals neuartige Schleusenanlage, die im Gegensatz zu dem vorausgegangenen Projekt eines hannoverschen Nothafens einen tideunabhängigen Hafenumschlag ermöglichte. Ebenso zeichnete R. für die Gestaltung des Ortes verantwortlich, so wie sie in dem von dem Kartographen Joh. H. Thätjenhorst gezeichneten, 1831 veröffentlichten Plan dargestellt ist. R. legte damit den baulichen Grundstein für die steile Aufwärtsentwicklung, die die bremischen Häfen an der Unterweser und der Ort (seit 1851 Stadt) Bremerhaven bald nahmen. Weitere herausragende Leistungen R.s waren der Neue Hafen mit einer wiederum beispielhaften Schleusenanlage (1847-52, Erweiterung 1858 und 1860-62) und der 1856 vollendete Leuchtturm Hoheweg in der Wesermündung. Für seinen Dienstherrn leitete er auch den Ausbau der stadtbremischen Häfen und den Bau der Brücke über die Lesum. Sein Sachverstand war ferner bei verschiedenen auswärtigen Hafen-, Wasser- und Deichbauprojekten gefragt, u. a. in Cuxhaven, in Dorum, in Kiel (1853-55) und auf der Insel Helgoland. R., ein tatkräftiger, kreativer und weitsichtiger Mann, der selbstbewußt, allerdings nicht immer diplomatisch sein Ziel verfolgte, hatte in den 1850er Jahren mehrfach unter z. T. politisch motivierten Anfeindungen zu leiden, aus denen er jedoch rehabilitiert hervorging. Seit 1855 gesundheitlich beeinträchtigt, erlag er 1865 einem Schlaganfall. Sein Nachfolger wurde → Karl Friedrich Hanckes. R., dessen Tochter Hendrikje mit dem Geestemünder Hafenbaudirektor → August Dinklage verheiratet war, zählt zu den Vorfahren des Bremerhavener Oberbürgermeisters → Waldemar Becké.

Lit.: DBI, S. 2924; Br. Biogr. 19. Jh., S. 415-417 (Bücking); Gr. Bremen-Lexikon, S. 608-609; Körtge, Straßennamen, S. 178; Porsch, S. 396-397; B. Scheper, J. J. van Ronzelen, Handreichungen für den Lehrer, Brhv. 1965; ders., Leben und Werk d. J. J. van Ronzelen. Eine Skizze, in: Bremen u. d. Niederlande. Jb. d. Wittheit zu Bremen 1995/96, S. 196-209; ders., J. J. van Ronzelen, in: Lebensläufe, S. 273-276; B. E. Siebs, J. J. van Ronzelen, in: Nds. Lbb., Bd. 2, S. 305-313; ders., Lebensbilder, S. 61-63; Wolff, Friedhöfe, S. 75-76.
Werke: Nachweis bei (s. Lit.) Scheper in Lebensläufe, S. 276, sowie bei Siebs in Nds. Lbb., S. 313.
P.: mehrere Ölgemälde, abgeb. u.a. in Siebs, Scheper u. Wolff (s. Lit.), Fotorepr. in StadtA Brhv.
E.: Pr. Kronenorden II. Kl., Straßenbenennung Brhv.-Mitte (1922) u. Bremen; Grabstätte Friedhof Lehe II.

H. Bi.

Rosenthal, Friedrich Wilhelm **Albert**; *Kapitän, Reeder, Werftbesitzer, Unternehmer, Förderer der Polarforschung.* * *28.1.1828 Bovenden b. Göttingen,* † *20.5.1882 Bre-*

merhaven (ev.). Obwohl R. ab 1860 in Bremerhaven zeitweise eine außerordentliche und vielseitige Rolle gespielt hat, ist über ihn relativ wenig bekannt. Der Vater war Kaufmann und lange Jahre Bürgermeister von Bovenden, der seinen Sohn mit 15 Jahren durch Vermittlung eines in Flethe bei Blumenthal ansässigen Schwagers als Schiffsjunge auf einem Bremer Schiff unterbrachte. Danach machte R. offenbar eine schnelle seemännische Karriere, denn 1856 kam er bereits als Kapitän eines bei der Wencke-Werft erbauten Klippers nach Bremerhaven. Zwei Jahre später heiratete er Friederike Wencke, eine Tochter des Werftinhabers → Friedrich Wilhelm Wencke; vermutlich war er infolge seiner Tätigkeit als Kapitän mit Wencke in Kontakt gekommen, der ab 1855 Miteigner des Walfängers PHÖNIX war. Nach dessen baldigem Tod (1859) leitete R. zusammen mit seiner Schwiegermutter Gesine Wencke geb. Schilling die Werft, die in eine offene Handelsgesellschaft umgewandelt worden war. R. machte sich zunächst als Reeder und Kapitän im Walfang und Robbenschlag einen Namen. 1861 wurde auf Rechnung der Wencke-Werft die Bark GRÖNLAND zum Robbenschlag ausgerüstet und 1865 das Dampfschiff BIENENKORB in Fahrt gebracht, dem 1866/67 die ALBERT, ein Neubau ähnlich der schottischen Whaler, folgte. 1867 gehörte er zu den Initiatoren der Fischereigesellschaft auf Aktien »Weser«, der er anfänglich auch vorstand. Vom 15.1.1866 bis 31.12.1872 war R. alleiniger Inhaber der Wencke-Werft. Bereits 1862/63, im Zusammenhang mit der Eröffnung des Geestemünder Handelshafens, hatte R. einen anderen zukunftsträchtigen Geschäftszweig etabliert: die Schlepp- und Bugsierschiffahrt. 1863/64 brachte er die eisernen Schlepper SOLIDE und BIENE in Fahrt; die beiden Neubauten der Hamburger Reiherstiegwerft waren die ersten Schraubenschleppdampfer an der niedersächsischen Küste. Ende 1872 wurden die Aktivitäten in der Schleppschiffahrt von der Werft getrennt, deren Geschäftsführung R. damals aufgab, und firmierten ein Jahr lang unter »Dampf-Schleppfahrt von F. W. A. Rosenthal«, bevor die Schiffe 1873 an die neugegründete Bugsirgesellschaft »Union« übergingen, an der sich R. beteiligte. Zu dieser Zeit (1872) hatte sich R. in Hamburg neu orientiert. Seit 1867 stand er in engem Kontakt mit dem Geographen August Petermann, der die führende Kraft bei den ersten beiden deutschen Polarexpeditionen war. Während die 1. Expedition 1868 mit der GRÖNLAND vor allem durch Petermann und → Karl Koldewey auf den Weg gebracht wurde, hatte R. bei der Vorbereitung zur 2. Nordfahrt, die 1869 von Bremerhaven ihren Ausgang nahm, zunächst eine wichtige Rolle gespielt, sich dann aber mit dem Bremer Comité für die deutsche Nordpolarfahrt bzw. mit Koldewey überworfen; die Gründe hierfür sind schwer erkennbar, zumal R. den nicht unerheblichen Auftrag zur Verstärkung und Einrichtung des Schoners HANSA abwickelt hatte. Unabhängig davon blieb R.s Freundschaft mit Petermann jedoch ungetrübt. So zeigte er ein erneutes außerordentliches Engagement mit der Ausrichtung einer Polarexpedition im Jahre 1871, die unter der wissenschaftlichen Leitung von Theodor von Heuglin stand und für die die GERMANIA der 2. deutschen Nordpolarfahrt gechartert wurde. Trotz der großzügigen Ausrüstung und des Einsatzes insbesondere Heuglins und Eduard Stilles (Neffe von R.) blieb der Erfolg weit hinter den Erwartungen zurück. Vermutlich hatte sich R. (und damit die Wencke-Werft) mit dieser Expedition auch finanziell stark belastet. Andererseits profitierte das Renommee der Werft von R.s Polarforschungsaktivitäten; u. a. wurde dort die VEGA gebaut, mit der N. A. E. Nordenskiöld 1878-79 die Nordostpassage bewältigte. In Hamburg gründete R. 1872 dann die Deutsche Polarschiffahrts-Gesellschaft. An diesem Aktienunternehmen war die Créme der Hamburger Kaufmannschaft beteiligt. Die Aussendung der GRÖNLAND zur Antarktischen Halbinsel unter der Führung von Kapitän → Eduard Dallmann war eine Pionier- und Explorationsreise zur Auffindung neuer Wal- und Robbenfanggebiete. Bezüglich ihres eigentlichen Zweckes war die Reise jedoch kein Erfolg. Allerdings konnte Dallmann ungewöhnlich weit nach Süden vorstoßen und so viele bisher unbekannte Küsten skizzieren und benennen. Offensichtlich hat die Deutsche Polarschiffahrts-Gesellschaft nicht das erhoffte kommerzielle Ergebnis gebracht. Bereits am 4.8.1876 wurde ihre Liquidation beschlossen, die am 14.3.1878 beendet war. 1879 verließ R. Hamburg, um bei Apenrade nicht näher bekannten Tätigkeiten nachzugehen, hielt sich aber seit spätestens Aug. 1881 wieder häufig in Bremerhaven auf, da er von diesem Zeitpunkt an als Betriebsdirektor der Bugsirgesellschaft »Union« fungierte, deren Vorstandsvorsitzender er bis dahin gewesen war. Deutlich ist, daß R. eine überaus vielseitige Unternehmerpersönlichkeit war, die bei weitem nicht ausgelotet ist. Erkennbar sind aber auch manche Ungereimtheiten seiner Biographie, so vor allem der 1872 vollzogene Bruch mit Bremerhaven, bei dem er offenbar Frau und Kind an der Unterweser zurückließ. Er hatte sich dort nicht nur geschäftlich, sondern auch gesellschaftspolitisch engagiert, war Diakon und später Bauherr in der vereinigten protestantischen Gemeinde gewesen und hatte 1871 zu den Gründungsmitgliedern der Geestemünder Bank gehört. Daneben verfügte er über größeren Grundbesitz in Bremerhaven und Geestemünde, u. a. am Kopf des Querkanals, wo auch zunächst die Reparaturwerkstatt der Bugsirgesellschaft »Union« residierte. Insofern ist seine Rückkehr nach Bremerhaven, nach dem Scheitern des Hamburger Engagements, verständlich, ihr Anlaß aber erklärungsbedürftig.

Lit.: Beckmann, Reedereien, S. 186; R. A. Krause, Die Gründungsphase der deutschen Polarforschung 1865-1875, Brhv. 1992, S. 87, 91ff., 153-164, 225ff., 348; Mitteil. d. Flecken Bovenden 20 (2000), Nr. 1, S. 17; Chr. Ostersehlte, Die Bugsirgesellschaft »Union«, in: Brhv. Beitr. II, S. 9-96; hier S. 12-16, 38-41, 92, 94; Peters, Seeschiffbau, S. 59ff.; G. Rohdenburg, Hochseefischerei an der Unterweser, Br. 1975, S. 48ff.; Sachau, S. 241; G. Schlechtriem, Walfang und Robbenschlag, in: A. Dierks, Tätige Stadt im Nordseewind, 6. Aufl. 1965, S. 135-138.
Qu.: PZ, 21.5.1882; Archiv Alfred-Wegener-Institut Brhv., Schriftwechsel Rosenthal-Petermann/Koldewey; StA Hbg., 231-2, B 14704 (Dt. Polarschiffahrt-Ges.).
P.: Foto in Privatbesitz.

R. A. K.

Rubardt, Paul Friedrich Hermann, Dr. phil.; *Musiker, Musikwissenschaftler.* * 3.6.1892 Geestemünde, † 17.12.1971 Leipzig (ev.). R. entstammt einer bekannten Geestemünder Kaufmannsfamilie. Sein Vater Hermann R., Teilhaber der in der Fischverarbeitung und im Fischversand tätigen Firma J. Rubardt, pflegte einen geselligen und kunstsinnigen Umgang. Der einzige Sohn Paul, Jugendfreund von → Dr. Benno Eide Siebs, studierte, nach dem Besuch des Gymnasiums in Bremerhaven, mit Unterbrechung durch den I. Weltkrieg von 1912 bis 1919 Klassische Philologie, Germanistik und Religionswissenschaft in Leipzig und Magdeburg. Daneben absolvierte er ein Studium der Musik, u. a. bei Hugo Riemann. Nach der Promotion 1920 (Dissertation über Vincent Lübeck) setzte er seine musikalischen Studien bis 1924 am Landeskonservatorium in Leipzig fort. Anschließend war er als Cellist und Lehrer für Violincello, Musikgeschichte und -theorie sowie als Musikschriftsteller und -kritiker tätig. Von 1935 bis 1938 bekleidete er die Stellung eines Kustos im Gohliser Schlößchen (Leipzig) sowie von 1953 bis 1967 am Musikinstrumenten-Museum der Karl-Marx-Universität Leipzig, wo er auch einen Lehrauftrag für Musikwissenschaft wahrnahm. Als Orgelexperte der ev. Landeskirche Sachsen leitete er zudem zahlreiche Restaurierungsarbeiten. Er regte darüber hinaus den Nachbau alter Musikinstrumente an und war ein Vorreiter historischer Aufführungspraxis, die er mit einem eigenen Kammermusikensemble förderte. Zu seinen Veröffentlichungen gehören nicht nur zahlreiche musikwissenschaftliche Beiträge, sondern auch an der Praxis orientierte Neuausgaben älterer Kammermusik.

Lit.: DBE, Bd. 8, S. 430; Dt. Musiker-Lexikon, Sp. 1187; MGG, Bd. 16, S. 1582; Riemann, 12. Aufl. 1961, S. 550, u. 18. Aufl., 1975, S. 520; Siebs, Grauer Strand, S. 93.
Qu.: StadtA Brhv., Meldekartei Gmde.; Adreßbuch 1892, 1904.
Werke: Auswahlverzeichnis in MGG und Riemann (s. Lit.), u. a.: *Vincent Lübeck und seine Werke* (Diss. 1920); *Der Bestand alter Musikalien im Mariengymnasium zu Jever*, in: Zerbster Jb. 1933; *Alte Orgeln erklingen wieder* (1936); *Das Gohliser Schlößchen* (1940); *Führer durch das Musikinstrumenten-Museum der Universität Leipzig* (1955); *Zwei originale Orgeldispositionen J. S. Bachs*, in: Festschr. H. Beseler (1961); *J. S. Bach, 6 Suiten für Violoncello solo* (Urtextausg.) (1965).

H. Bi.

Rudloff, Arnold **Rudolf**; *Bauingenieur, Hafenbaudirektor.* * 7.12.1851 Erfurt, † 17.3.1922 Bückeburg (ev.). Nach dem Besuch des humanistischen Gymnasiums in Erfurt studierte R. Wasserbau und absolvierte eine Ausbildung zum Bauingenieur. Als Bauführer und zur Vorbereitung auf die Staatsprüfung als kgl. Preußischer Regierungsbaumeister war er von 1876 bis 1884 in Wilhelmshaven tätig, wo er u. a. als verantwortlicher Ingenieur an der Konstruktion eines Trockendocks beteiligt war. Nach dem Eintritt in den bremischen Staatsdienst (1884) wohnte er im oldenburgischen Brake und arbeitete als Regierungsbaumeister an der Weserkorrektion mit. R. war seit 1887 mit Agnes Franzius, der Tochter des bremischen Oberbaudirektors → Ludwig Franzius, verheiratet, der auch die Oberaufsicht über die Vergrößerung der Hafenanlagen in Bremerhaven führte. Als Nachfolger von → K. F. Hanckes übernahm R. 1891 als Staatsbaumeister mit dem Titel Bauinspektor die Leitung der Hafenbauinspektion in Bremerhaven. 1898 wurde er zum Baurat ernannt. Seine bedeutendste Herausforderung als Hafenbauer war die bereits von seinem Vorgänger geplante und von ihm dann realisierte große Kaiserhafenerweiterung in Bremerhaven, die der bremische Staat von 1892 bis 1899 durchführen ließ. Kernpunkt dieser Erweiterungen nördlich des Kaiserhafens I waren der Bau einer großen Kammerschleuse und die Errichtung eines neuen Trockendocks. Die neue Kaiserschleuse und das erste Kaiserdock waren in erster Linie für die großen Schnelldampfer des NDL konzipiert worden, der wegen der fehlenden Hafen- und Schleusenkapazitäten von 1890 bis 1897 seine Schiffe am oldenburgischen Unterweserufer in Nordenham abfertigen lassen mußte. Bei den Bauarbeiten fungierte als örtlicher Bauleiter → Federico Claussen, der 1912 auch die Nachfolge R.s als Hafenbaudirektor antrat. Als Pendant zu dem Alten Leuchtturm von → Simon Loschen entwarf R. 1893 das auch als »Minarett« oder »Zwiebelturm« bekannte Unterfeuer Bremerhaven. Ferner konstruierte er ein weiteres markantes Leuchtfeuer, das 1900 entstandene Leuchtfeuer Kaiserschleuse Ostfeuer, das wegen seiner Nebelglocke im Volksmund als kleiner Glockenturm oder »Pingelturm« bezeichnet wird. Wegen seiner angegriffenen Gesundheit mußte R. 1905 einen Teil seiner Leitungsfunktionen in der Hafenbehörde abgeben. R. engagierte sich auch im sozialen Bereich, so u. a. als Vorsitzender des Vereins zur Förderung des Volkswohls, der neben einer Badeanstalt (Marienbad) einen Kinderhort, ein Schullandheim und eine Volksküche betrieb. Nach seiner Pensionierung (1912) verzog R. nach Bückeburg.

Lit.: Körtge, Straßennamen, S. 156; D. J. Peters, Bauten der Schiffahrtsgeschichte in Bremerhaven, in: Ndt. Hbl. 527 (Nov. 1993); ders., 100 Jahre Kaiserschleuse Bremerhaven, in: Ndt. Hbl. 572 (Sept. 1997); ders., Kaiserdock I mit Maschinenhaus 100 Jahre in Betrieb, in: Ndt. Hbl. 596 (Aug. 1999); C. Thalenhorst, F. W. E. Claussen, in: Br. Biogr. 1912-62, S. 93-94.
Qu.: NZ, 2.9.1964; StA Br., 4, 1/4 - B.4.R.44; StadtA Brhv., Meldekartei Alt-Brhv.
Werke: *Die Bremerhavener Hafen- und Dock-Anlagen und deren Erweiterung in den Jahren 1892-1899* (1903, zus. m. F. Claussen u. O. Günther).
P.: Foto in NZ, 2.9.1964.
E.: Straßenbenennung Brhv.-Mitte-Nord.

D. J. P.

Rudolph, Georg Paul **Bernhard**, Dr. jur.; *Rechtsanwalt und Notar, Kommunalpolitiker, Parlamentarier.* * 11.12.1876 Lichtenberg b. Berlin, † 25.2.1960 Bremerhaven *(ev.-luth.).* Der Sohn eines Volksschullehrers besuchte die Volksschule in Lichtenberg und das Gymnasium zum Grauen Kloster in Berlin. Anschließend studierte er dort und in Greifswald Rechtswissenschaft (Promotion 1901). Nach Abschluß der Referendarausbildung trat er Anfang 1908 als Assessor in den Dienst des Fleckens Lehe, eröffnete aber noch im selben Jahr eine eigene Praxis als Rechtsanwalt, die er bis 1945 führte; seit 1913 war er auch als Notar zugelassen. Seine Kanzlei wurde u. a. durch → Dr. Hans Helmuth Hoffmeyer weitergeführt. Von Anfang an kommunalpolitisch

aktiv, übte R. von 1909 bis 1924 ein Mandat als Bürgervorsteher (Stadtverordneter) in Lehe und von Nov. 1924 bis 1929 in der vereinigten Stadt Wesermünde aus; am 1.12.1924 wurde er, der zum Bürgerblock zählte, zum Bürgervorsteher-Worthalter (Stadtverordnetenvorsteher) gewählt. 1931 zog er für zwei Jahre in den hannoverschen Provinziallandtag ein. R. war Gründungsmitglied und langjähriger Vorsitzender des Leher Hausbesitzervereins sowie Mitbegründer und Aufsichtsratsmitglied der Vereinsbank (heute Volksbank) Bremerhaven.

Lit.: (D. Riemer), 75 Jahre Rechtsanwaltskanzlei Lange Str. 155 in Lehe, (Brhv. 1987), insbes. S. 7-20; Scheper, Jüngere Geschichte, S. 155.
Qu.: NZ, 11.12.1956, StadtA Brhv., Meldekartei Brhv. nach 1945 I.
P.: Foto in Riemer (s. Lit.), S. 16, u. NZ, 11.12.1956.

H. Bi.

Rupperti, Mathilde, geb. Richters, verw. Haupt; *ehrenamtliche Fürsorgerin, Widerstandskämpferin. * 24.10.1895 Lehe, † 13.11.1986 Bremerhaven.* In einfachen Verhältnissen aufgewachsen, arbeitete R. schon mit 14 Jahren als Dienstmädchen und war dann als Plätterin tätig, bevor sie den aus Lehe stammenden Küper Anton Haupt heiratete. 1918 stieß sie zu der von → Marie von Seggern gegründeten Arbeiterhilfe, aus der 1920 die Bremerhavener »Arbeiterwohlfahrt« (AWO) hervorging. Dort war sie u. a. als Mitbegründerin der Nähstube, einer lange Zeit wichtigen sozialen Einrichtung, in der Frauenfürsorge und in der Kinderbetreuung engagiert. Seit 1922 Mitglied der SPD, beteiligte sie sich nach deren Verbot 1933 unter Lebensgefahr an der Verteilung von Flugblättern und Zeitungen der Exil-SPD. Nach dem II. Weltkrieg gehörte sie, nach dem Tode ihres ersten Mannes seit 1944 mit dem Maurer Wilhelm Rupperti verheiratet, zu den Wiederbegründerinnen der AWO, in deren Vorstand sie 15 Jahre lang wirkte; darüber hinaus erstreckte sich ihre ehrenamtliche Tätigkeit wiederum auf die Leitung (bis 1974) und Mitarbeit in der Nähstube, auf die Durchführung von Jugendfreizeiten und auf Betreuungstätigkeiten unterschiedlicher Art, denen sie bis zuletzt nachging. Ihr Name steht für lebenslanges unermüdliches ehrenamtliches und unprätentiöses Engagement im Dienste der Arbeiterbewegung.

Lit.: 75 Jahre AWO, in: AWO. Mit Herz für Bremerhaven, 16. Jg. Nr. 2 (Juni-Aug. 1995), S. 1-17, hier S. 3-7.
Qu.: NZ, 24.10.1975, 23.10.1985, 14.11.1986; Brhv. Sonntagsjournal, 20.9.1998.
P.: Foto in NZ, 23.10.1985, u. Brhv. Sonntagsjournal, 20.9.1998.
E.: Mathilde-Rupperti-Haus (Seniorenheim, 1989).

H. Bi.

Rutenberg, Lüder; *Baumeister, Unternehmer, Grundbesitzer. * 8.2.1816 Bremen, † 14.6.1890 Bad Harzburg.* R. besuchte die Rembertischule und die Vorschule der Lateinischen Schule in Bremen, absolvierte bei seinem Vater eine Maurerlehre und studierte von 1836 bis 1838 an den Bauakademien in Kopenhagen und St. Petersburg. Dem Studienabschluß in Berlin ließ er eine der Architektur gewidmete Bildungsreise durch Deutschland, Frankreich und Italien folgen, bevor er 1840 nach Bremen zurück-

kehrte. Zunächst im väterlichen Unternehmen tätig, wo er 1847 den Meisterbrief erwarb, avancierte R. seit Ende der 1840er Jahre zu einem der größten bremischen Bauunternehmer seiner Zeit. Außer durch eine Reihe bekannter öffentlicher Bauten, so der Kunsthalle (1847) und des Rutenhofs (1873) ist er vor allem durch die planmäßige Bebauung der Ostertorvorstadt bekannt geworden, wo er auf zuvor erworbenem ausgedehnten Terrain mit den charakteristischen Reihenhauszeilen den Prototyp des stadtnahen und gehobenen Wohnansprüchen dienenden »Bremer Hauses« schuf. Seine damit erzielten Gewinne investierte er seit 1853 zu einem guten Teil in das Brauereigeschäft, das er zu einem zweiten Standbein seiner Unternehmertätigkeit ausbaute. Mit der 1873 gegründeten »Kaiserbrauerei Beck & Co.«, für deren technische Leitung er den Braumeister Heinrich Beck (1832-1881) gewonnen hatte, schuf er ein bis heute florierendes bremisches Traditionsunternehmen, das lange Zeit auch in Bremerhaven über eine Niederlassung verfügte. R. errichtete sich 1861 ein großzügiges Domizil am Dobben, das unter Denkmalschutz steht und heute das Ortsamt Bremen-Mitte beherbergt. Als im Gefolge der Gründerkrise 1873 der Bauboom in Bremen nachließ, richtete R. sein Augenmerk auch auf Bremerhaven, wo er das umfangreiche Terrain des verstorbenen → Johann Hinrich Eits im Leher Freigebiet erwarb, das, im zukünftigen Stadterweiterungsgebiet gelegen, hohe Wertsteigerungen versprach. Seine Spekulationen gingen zwar nicht auf, doch gelang es ihm, von 1882 bis 1889 im Bereich Hannastraße, Rutenbergstraße und Hafenstraße einen neuen, später expandierenden Siedlungskern anzulegen und dabei mit einer bemerkenswerten, im II. Weltkrieg allerdings zerstörten Reihenhauszeile den Typus des »Bremer Hauses« an die Unterweser zu verpflanzen. R., der als ausgefuchster Geschäftsmann mit Familiensinn und als harter Verhandlungspartner galt, stiftete einen Teil seines Vermögens gemeinnützigen Zwekken, u. a. in Gestalt des Rutenbergstifts für minderbemittelte Waisen (1864) und eines Legats für den Bürgerpark (beide in der Stadt Bremen). Sein Sohn, der Augenarzt Dr. Christian R. (1851-1878), der sich botanischen Studien widmete, fand als Forschungsreisender auf Madagaskar einen unnatürlichen Tod.

Lit.: Gr. Bremen-Lexikon, S. 54-55; 617-618; H. Bikkelmann, Bremer Vorstadtarchitektur in Lehe, in: Ndt. Hbl. 555 (März 1996); 100 Jahre Beck`s Bier 1873-1973, Br. 1973, S. 11-22; 125 Jahre Beck's, Br. 1998, S. 6-21; Körtge, Straßennamen, S. 157; G. Leisewitz, Baumeister und Bierbrauer. Das Haus am Dobben 91, in: Bremer Häuser erzählen Geschichte, Bd. 2, Br. 2001, S. 69-78; Porsch, S. 403; Riensberg, S. 21-22; Stein, Klassizismus, Bd. 2, S. 17-222; Wortmann, S. 20-21; Br. Biogr. 19. Jh., S. 427-429 (Chr. Rutenberg). P.: Ölgemälde (abgeb. u. a. in, s. Lit., Gr. Bremen-Lex., Bickelmann, 100 Jahre Beck's, S. 7, und Wortmann, S. 20).
E.: Straßenbenennungen in Bremen und Brhv.-Mitte (1899); Grabstätte Friedhof Riensberg, Bremen.

H. Bi.

S

Saalfeldt, Meta Agnes Betty, geb. Friedrichs; *Volksschauspielerin.* * *20.10.1899 Lehe, † 27.1.1996 Bremerhaven (ev.-luth.).* S. lernte nach dem Besuch der Kaiserin-Auguste-Victoria-Schule in Lehe und der Höheren Töchterschule von → Clara Griebeling in Bremerhaven den Beruf einer Schneiderin, ging aber zunächst als Haustochter in einen Elmloher Lehrerhaushalt. Danach war sie als Büroangestellte in einer Bank und dann in mehreren Krankenhäusern tätig, ehe sie 1943 den Elektromeister Friedrich S. heiratete. Seither arbeitete sie im Leher Geschäft ihres Mannes mit. Schon 1924, vier Jahre nach deren Gründung, wurde sie Mitglied der Niederdeutschen Bühne »Waterkant«, wo sie im »Hotel Stadt Lehe«, in dem die Bühne damals gastierte, in Heinrich Behnkens Komödie »De erste Gast« debütierte. In unzähligen weiteren Rollen hat sie bis 1980 erheblich zum guten Ruf der »Waterkant« beigetragen.

Lit.: Ndt. Hbl. 554 (Febr. 1996).
Qu.: NZ, 20.10.1979, 23.10.1979, 29.2.1996, 23.10. 1979, 13.2.1996.
P.: Foto in Archiv NZ, abgeb. in NZ, 20.10.1979.

R. B. B.

Sachau, Theodor; *Theologe, Pastor, Heimatforscher.* * *27.10.1854 Kiel, † 29.7.1934 Bremerhaven (ev.).* Als Sohn eines mehrfach den Dienstort wechselnden Zollbeamten wuchs S. zunächst im Holsteinischen auf und besuchte dann bis zum Abitur das Gymnasium in Hadersleben (Nordschleswig). Anschließend studierte er von 1874 bis 1880 Theologie in Kiel und Leipzig, nahm nach dem Examen kurzzeitig eine Hilfspredigerstelle an und ließ sich in Hamburg als Hauslehrer nieder, weil er sich als Gegner einer strengen lutherischen Theologieauffassung scheute, sich in Schleswig-Holstein um eine Pfarrstelle zu bewerben. Nach einem einjährigen Zwischenspiel als Hilfsprediger in Arolsen (Waldeck) fand er schließlich zur unierten Kirchengemeinde Bremerhaven, die ihn im Dez. 1883 in Nachfolge von → Heinrich Wolf zu einem der beiden

Prediger wählte. Hier konnte er bis zu seiner Pensionierung 1926 im Sinne eines liberalen Protestantismus wirken. Über seine seelsorgerischen Aufgaben hinaus widmete er einen guten Teil seiner Arbeitskraft kirchlichen, sozialen und gesellschaftlichen Organisationen, so etwa dem Gustav-Adolf-Verein, dem Vaterländischen Frauenverein und dem sehr aktiven Verein zur Förderung des Volkswohls. Seiner Wirkungsstätte eng verbunden, wandte er sich bald auch der Geschichte Bremerhavens zu, woraus eine Reihe von Veröffentlichungen hervorging, unter denen die 1927 zum 100jährigen Stadtjubiläum verfaßte »Ältere Geschichte der Stadt Bremerhaven« angesichts größerer Quellenverluste nach wie vor als unentbehrliches Grundlagenwerk gilt.

Lit.: Gr. Bremen-Lexikon, S. 619; Br. Pfarrerbuch, Bd. 2, S. 149; E. W. Schmidt, Theodor Sachau, in: Br. Biogr. 1912-62, S. 429; 100 Jahre Bgm.-Smidt-Gedächtnis-Kirche in Bremerhaven, Brhv. 1955, S. 37.
Werke: *Die ältere Geschichte der Stadt Bremerhaven* (1927); *Rückblick auf die 100-Jahr-Feiern Bremerhavens im Jahre 1927* (1927); *Die Gesch. d. Gotteshauses d. Verein. ev.-luth. u. ref. Gemeinde zu Bremerhaven* (1931); mehrere biogr. Beitr. (Cronemeyer, Gebhard, Wolf).
P.: Foto in StadtA Brhv. u. 100 J. Bgm.-Smidt-Ged.-Kirche (s. Lit.), S. 38.

H. Bi.

Saebisch, **Karl Georg**; *Schauspieler, Intendant.* * *22.9.1903 Neisse (Schlesien), † 21.6. 1984 Attendorn (Sauerland) (kath.).* S. war nach seiner Schauspielausbildung von 1929 bis 1938 am Landestheater in Beuthen und danach für ein Jahr am Stadttheater Memel (dort auch als Spielleiter) engagiert. Seit Aug. 1939 Mitglied des Bremerhavener Ensembles, war er von 1945 bis 1951 der erste Nachkriegs-Intendant des Stadttheaters. Er führte es über die schweren Anfangsjahre hinweg und machte die Ausweichspielstätte im Leher »Bürgerhaus« zum Mittelpunkt einer lebendigen kulturellen Szene, die vom Hunger nach Neuem gezeichnet war. Er setzte sich energisch dafür ein, daß dem Haus bereits 1947 die 1938 eingestellte Opernsparte wieder angegliedert wurde. Der große Charakterdarsteller stand am liebsten selbst auf der Bühne, nicht nur in Stücken der Klassiker Shakespeare, Goethe, Schiller, Lessing, auch und besonders gern in Stücken seiner Bühnen-Favoriten Gerhart Hauptmann und Carl Zuckmayer. Nach seinem Weggang aus Bremerhaven gehörte er in den 1950er und 1960er Jahren auf bundesdeutschen Bühnen und im Fernsehen (u. a. »Der Richter und sein Henker«) zu den profiliertesten deutschen Schauspielern. Auf

die Bühne des Stadttheaters kehrte er, begeistert gefeiert, mehrfach als Gast zurück, so 1962 in der Rolle des Nathan und 1968 in der Titelrolle von Arthur Millers »Tod des Handlungsreisenden«. 1967 wurde er anläßlich des 100jährigen Bestehens des Bremerhavener Stadttheaters, zu dem er die Festrede hielt, zum Ehrenmitglied ernannt.

Lit.: Ernst, Theater, S. 64-79; H.-E. Happel, Gesetzt den Fall, wir schließen das Theater, Brhv. 1993, S. 11-19, 53, 65, 66.
Qu.: NZ, 28.8.1962, 21.9.1968 und 23.6.1984; StadtA Brhv., Personalakte K. S.
P.: Ölgemälde v. Georg Hillmann, Foto in StadtA Brhv.

H. H.

Salomon, Karl; *Nautiker, Kommunalpolitiker, Gewerkschafter, Widerstandskämpfer, Staatssekretär.* * *26.11.1896 Dessau, † 28.9.1977 Eichwalde b. Berlin (o. Konf.).* S., Sohn eines Maurers, besuchte von 1903 bis 1911 die Mittelschule in Dessau, fuhr anschließend zur See und arbeitete in Hamburg als Kohlentrimmer sowie in Essen (Ruhr) in einem Bergwerk. Im I. Weltkrieg zur Marine verpflichtet, war er bei Ausbruch der Novemberrevolution 1918 in Kiel Mitglied des Soldatenrates. 1919 kam er nach Bremerhaven und trat vier Jahre später der KPD bei, die er 1931-1933 in der dortigen Stadtverordnetenversammlung vertrat. Zu dieser Zeit war er auch örtlicher Leiter des neu gegründeten Einheitsverbandes der Seeleute und Hafenarbeiter. Nachdem er 1928/29 das Steuermanns- und Kapitänspatent erworben hatte, fuhr er als Steuermann auf Fischdampfern, u. a. der »Nordsee« Deutsche Hochseefischerei. Bereits einen Tag nach dem Reichstagsbrand, am 1.3.1933, wurde S. verhaftet und konnte in der Zeit des Nationalsozialismus nur drei Jahre in Freiheit verbringen; bis 1934 war er wie viele Sozialdemokraten und Kommunisten in den bremischen Konzentrationslagern Missler, Ochtumsand und Langlütjen II (bei Bremerhaven) inhaftiert. Dem Vater von vier Kindern wurden zudem die nautischen Patente aberkannt, so daß er sich als Fischraumwäscher im Geestemünder Fischereihafen durchschlagen mußte. Er war unter den Arbeitern in Bremerhaven populär und galt aufgrund seiner geistigen Überlegenheit und politischen Erfahrung als »Thälmann von Bremerhaven«. Wegen seiner konsequent fortgesetzten illegalen politischen Arbeit, bei der er vor allem die Verbindungen zwischen kommunistischen Widerstandskämpfern in Bremen und Bremerhaven stärkte, wurde er mehrfach zu Gefängnisstrafen verurteilt und schließlich ins KZ Sachsenhausen gebracht. Dort war er bis zur Befreiung durch die Rote Armee im Mai 1945 Mitglied der illegalen Lagerleitung. Anschließend nahm er in Berlin und Potsdam verschiedene Verwaltungsfunktionen wahr, wirkte beim Aufbau des FDGB Brandenburg mit und übernahm dann verantwortliche Aufgaben in der Wasser- und Schiffahrtsverwaltung der DDR (1948 Leiter der Wasserstraßendirektion Schwerin, 1949 Hauptdirektor der Dt. Schiffahrts- und Umschlagsbetriebszentrale Berlin, 1952 Aufbau und Leitung des VEB Deutsche Seereederei). Von 1955 bis 1958 war er Staatssekretär für Schiffahrt und stellv. Minister für Verkehr der DDR, danach stellv. Generaldirektor des VEB Transportmaschinen.

Lit.: Biogr. Hdb. SBZ/DDR, Bd. 2, S. 752; Ernst, Aufrechter Gang, S.46-49; SBZ-Biographie, Bonn/Berlin 2. Aufl. 1964, S. 299; Wer ist Wer? 1965, S. 284.
Qu.: Neues Deutschland, 1./2. u. 13.10.1977; StadtA Brhv., Reg. 41A-22-51 (S. Pfotenhauer); Bundesarchiv, Abt. DDR, Auskunft April 2003.
E.: u. a. Vaterländ. Verdienstorden in Bronze (1955) u. Silber.
P.: Foto in Ernst (s. Lit.), S. 47.

U. J.

Sander, Friedrich Wilhelm; *Ingenieur, Fabrikant, Raketenpionier.* * *25.8.1885 Glatz (Schlesien), † 15.11.1939 Berlin, □ Bremen.* Nach Ingenieurausbildung und zeitweiliger Tätigkeit in Osnabrück kam S. 1909 nach Geestemünde, wo er zunächst bei einer Maschinenfabrik arbeitete. 1913 gründete er zusammen mit dem Schlossermeister Paul Kühne das »Eisenwerk Bremerhaven Kühne & Sander«. Nach Meinungsverschiedenheiten mit seinem Teilhaber ausgeschieden und vorübergehend als Vorsteher des Baubüros der Tecklenborgwerft tätig, über-

nahm er 1921 die Büchsenmacherei → H. G. Cordes in der Fährstraße, die sich auf die Herstellung von Leinenwurfgeräten für die Seenotrettung spezialisiert hatte und die er weiterentwickelte. Aufgrund eines Auftrages der »Deutschen Gesellschaft zur Rettung Schiffbrüchiger« befaßte sich S. mit der Konstruktion von Raketen, auch über den Seenotbedarf hinaus. Aus dieser Beschäftigung ging der in Zusammenarbeit mit Fritz von Opel und dem Raumfahrtexperten Max Valier entwickelte Opel-Raketenwagen hervor, aus dessen weiterer Erprobung sich S. 1928 jedoch zurückzog. Inzwischen hatte er seine Produktionsstätte nach Geestemünde verlagert, wo er die Schiffstelegraphen-Fabrik von W. Schulz & Co (auf dem Gelände des ehemaligen Lotsenhauses Am Deich) übernommen hatte. S. widmete sich weiterhin der Produktion von Raketen für die Seenotrettung sowie für sportliche, meteorologische und militärische Zwecke. Durch den Rückzug der zeitweise beteiligten Reichswehr in finanzielle Schwierigkeiten geraten, verkaufte er Raketen entgegen einem bestehenden Verbot nach Italien, was ihm eine mehrjährige Haftstrafe wegen Landesverrats einbrachte. Nach seiner Entlassung mußte er 1938 seine Firma der neugegründeten Donar GmbH überlassen, die in Wulsdorf seine Arbeit fortsetzte; er selbst wurde bis zu seinem Tode unter militärischer Aufsicht in einem eigens für ihn eingerichteten Laboratorium eingesetzt. Das Nachfolgeunternehmen der Fa. Donar stellt unter dem Namen »Comet« bis heute Feuerwerkskörper her.

Lit.: P. Torp, Fr. W. Sander, in: Br. Biogr. 1912-62, S. 43; Gabcke, Bd. 2, S. 82; J. Lachs u. Th. Zollmann, Seenotrettung an Nord- u. Ostsee, Hbg. 1998, S. 46-48; M. Graf Wolff Metternich, Dt. Raketenfahrzeuge auf Straße, Schiene u. Eis 1928-1931, Lorch 1997.
Qu.: StadtA Brhv., Registratur, Meldekartei Alt-Brhv., Wmde. 044/4a/8.
P.: Foto in Gabcke, Bd. 2, S. 82, u. Metternich (s. Lit.).
E.: Gold. Med. d. Stadt Wesermünde (1929).

H. Bi.

Scharf, Oskar Fritz; *Nautiker, Kapitän, Hafenkapitän.* * 2.10.1886 Neisse (Schles.), † 24.9.1953 Bremerhaven (kath.). Der Sohn eines Lokomotivführers verließ 1901 aus Abenteuerlust das Gymnasium in seiner Heimatstadt Neisse, um die Seefahrt von der Pike auf zu erlernen. Er begann seine seemännische Laufbahn als Schiffsjunge auf dem Segelschulschiff GROSSHERZOGIN ELISABETH, legte 1906 in Hamburg das Steuermanns- und 1909 in Bremen das Kapitänsexamen ab und war inzwischen beim Norddeutschen Lloyd (NDL) eingetreten. Während des I. Weltkrieges diente er als Kommandant bei der 2. Minenhalbflottille in Cuxhaven, wo er auch seinen einjährigen freiwilligen Militärdienst abgeleistet hatte. Nach seiner Entlassung aus der Marine konnte er noch zwei Reisen als III. Offizier auf dem NDL-Dampfer SCHLESWIG machen. Da es für viele Seeleute nach dem Krieg keine Beschäftigung gab, mußte sich auch S. von 1918 bis 1922 in seiner schlesischen Heimat mit Zollgrenzaufgaben beim Reichsbeauftragten für die Überwachung der Ein- und Ausfuhr über Wasser halten. Mit einem Kommando als III. Offizier auf dem Dampfer CREFELD begann 1922 eine steile seemännische Karriere beim NDL. Unter Kapitän → Nikolaus Johnsen fuhr S. von 1924 bis 1926 als II. Offizier auf dem Schnelldampfer COLUMBUS, dem damali-

gen Flaggschiff des NDL. Auf der SIERRA VENTANA bereits als I. Offizier und vertretungsweise schon als Kapitän eingesetzt, machte er unter dem legendären Kapitän → Leopold Ziegenbein 1929 eine Reise als I. Offizier auf dem neuen Turbinenschiff BREMEN. Als Leitender I. Offizier führte er anschließend unter Kapitän Johnsen, mit dem ihm ein besonderes Vertrauensverhältnis verband, die Bauaufsicht auf der EUROPA, die bei der Hamburger Werft Blohm & Voss entstand. Nachdem S. 1930 zum Kapitän ernannt worden war, diente er dem NDL als Schiffsführer auf verschiedenen Schiffen, u. a. als Urlaubsvertretung für den etatmäßigen Kapitän auf EUROPA und COLUMBUS, bevor ihm 1932 in Nachfolge von Kommodore Johnsen die endgültige Verantwortung für den Luxusschnelldampfer EUROPA übertragen wurde, den er bis 1940 führte. Ähnlich wie Ziegenbein geriet S. in Konflikt mit der herrschenden nationalsozialistischen Ideologie, die auch beim NDL rasch an Einfluß gewann. Im Gegensatz zu diesem trat er aber 1934 der NSDAP bei, um seine herausragende Position nicht zu verlieren und nahm dabei in Kauf, daß sein Ruf als anerkannter Schiffsführer von der nationalsozialistischen Propaganda mißbraucht wurde. Nachdem die EUROPA kriegsbedingt in Bremerhaven auflag, mußte er 1940 das Kommando auf der ALSTER übernehmen, die als Transportschiff im Zuge der Invasion Norwegens eingesetzt wurde. Als das Schiff von englischen Zerstörern aufgebracht wurde, geriet S. in Kriegsgefangenschaft, die er in Kanada verbrachte und aus der er 1944 im Austausch nach Bremerhaven zurückkehrte. Sofort erhielt er wieder das Kommando über die EUROPA, die nach Kriegsende in seiner Begleitung als Kriegsbeute nach New York überführt wurde. Von 1945 bis 1947 war S. als Assistent des amerikanischen Hafendirektors der U. S. Navy in Bremerhaven, danach kurzzeitig als Hafenmeister im Fischereihafen tätig und bekleidete von 1948 bis zu seinem Tode das Amt des Hafenkapitäns. Hier nahm er wegen seiner guten internationalen Kontakte beim Wiederaufbau der stadtbremischen Häfen in Bremerhaven und bei der Wiederbelebung des überseeischen Passagierverkehrs eine wichtige Funktion ein.

Lit.: A. Kludas, Die Schnelldampfer BREMEN und EUROPA, Herford 1993, S. 186-195; D. J. Peters, Erinnerungen an EUROPA-Kapitän Oskar Scharf, in: DSA 18 (1995), S. 25-34.
Qu.: NZ, 26.9.1953; StadtA Brhv., Slg. Körtge Nr. 1.
P.: Fotos im DSM (abgeb. u. a. in Kludas, S. 173, 178, u. Peters, S. 27-31).
E.: Grabstein Friedhof Lehe III.

D. J. P.

Scharoun, Bernhard **Hans** Henry, Dr. h.c.; *Architekt, Stadtrat, Hochschullehrer.* * *20.9.1893 Bremen, † 25.11.1972 Berlin.* Als zweites von drei Kindern wuchs S. in Bremerhaven auf, nachdem sein Vater Bernhard S. 1894 die Stelle eines kaufm. Direktors an der neugegründeten Karlsburg-Brauerei angenommen hatte. Hier lebte die Familie zunächst drei Jahre in der Bürgermeister-Smidt-Straße, danach dreizehn Jahre in der Direktorenwohnung des Brauereigebäudes (ehemals Auswandererhaus), mit Blick auf die Docks von Seebeck, und zuletzt an der Uferstraße, gegenüber der Tecklenborg- und der Rickmers-Werft. Aus diesem räumlichen Bezug zum Schiffbau über-

nahm S. Anregungen für Fertigungsmethoden, Konstruktionen und Stilelemente, die stilbildend für seine Architektursprache werden sollten. Seine Hinwendung zur Architektur erfolgte schon während der Schulzeit, befördert möglicherweise durch → Dr. Johann Bohls, der 1908 das Freilichtmuseum Speckenbüttel begründet hatte, oder über seine Freundschaft zu den Kindern des benachbarten Architekten und Bauunternehmers Georg Hoffmeyer, über den er 1909/12 Einblick in Planung und Bau des Stadttheaters und der Kunsthalle erhielt. Für beide Gebäude zeichnete er mehrere Entwürfe. Doch auch weitere Neubauvorhaben, wie etwa die kath. Herz-Jesu-Kirche in Lehe oder der Bismarckturm haben den Pennäler, gefördert durch seinen Zeichenlehrer, den Maler und Bildhauer → Fritz Hartmann, zu eigenen Architekturstudien angeregt. Diese Vorarbeiten bildeten die Grundlage beim Wettbewerb zum Bau einer ev.-luth. Kirche am heutigen Martin-Donandt-Platz, an dem er sich als Abiturient des Bremerhavener Gymnasiums 1912 mit zwei Entwürfen beteiligte. 1913 reichte er, nunmehr Student an der TH Charlottenburg, eine weitere Wettbewerbsbeteiligung für die Bebauung des neuen Bahnhofsvorplatzes in Geestemünde ein. In seinen Jahren als Architekt in Insterburg (1919-1925) machte er sich durch expressionistische Entwürfe und funktionalistische Bauten einen Namen und nahm Kontakt zu den Wegbereitern der Moderne um Bruno Taut auf, denen er bald selbst, spätestens mit seinem Einfamilienhausentwurf für die Deutsche Werkbundausstellung in Stuttgart-Weißenhof 1927, zugerechnet werden sollte. S., der von 1925 bis 1932 eine ord. Professur an der Staatl. Akademie für Kunst und Kunstgewerbe in Breslau innehatte, war nicht nur Mitglied des Werkbundes, sondern auch der Architektenvereinigung »Der Ring«, in der die Avantgarde der deutschen Architekten wie Peter Behrens, Walter Gropius oder Mies van der Rohe vertreten war. Trotz seiner zahlreichen Verpflichtungen in Berlin und Breslau hielt er die Verbindung zu Bremerhaven, wo er 1920 Anne-Marie (Aenne) Hoffmeyer geheiratet hatte. Diese familiären Bindungen boten ihm in den 1930er Jahren Arbeit. Während die meisten Vertreter der Moderne nach der Machtergreifung der Nationalsozialisten verfemt und mit Berufsverbot belegt emigrierten, blieb S. in Deutschland, obwohl auch für ihn größere öffentliche Aufträge zunächst ausblieben. Den Schwerpunkt seiner Arbeit bildeten jetzt Einzelhausentwürfe für private Auftraggeber, darunter auch das Wohnhaus für seinen Jugendfreund und Schwager → Hans Helmuth Hoffmeyer in der Friesenstraße. Über das Bauunternehmen seines Schwiegervaters Hoffmeyer & Huss erhielt er darüber hinaus eine Reihe weiterer Aufträge, so 1935/36 den Entwurf eines Wohnblocks in der heutigen Bgm.-Smidt-Straße 224-236, 1937/38 für Reihenhäuser in der Elbestraße und Bleßmannstraße sowie 1938/39 für zwei Wohnblocks für Marineunteroffiziere in der Bgm.-Smidt-Straße 240-254. Sein erster Nachkriegsauftrag kam ebenfalls aus Bremerhaven, nämlich der Umbau und die Inneneinrichtung des Amerika-Hauses im Jahre 1948. S.s Arbeits- und Lebensschwerpunkt lag allerdings weiterhin in Berlin. Dort übernahm er als politisch unbelasteter Stadtrat 1945 vorübergehend die Leitung der Abteilung Bau- und Wohnungswesen des Magistrats von Berlin, wechselte 1946 als ord. Professor für Städtebau an die Fakultät für Architektur der TU Berlin. Von 1947 bis 1950 hatte er die Leitung des Institutes für Bauwesen der Deutschen Akademie der Wissenschaft inne. Seit 1955 war er Mitglied der Akademie der Künste in Berlin, der er von 1955 bis 1968 als Präsident vorstand. Daneben arbeitete S., der nach seiner Scheidung seit 1960 mit der Modejournalistin Margit von Plato verheiratet war, weiterhin erfolgreich als Architekt. Zu den maßstabsetzenden Bauten jener Zeit gehören u. a. die Wohnhausgruppe »Romeo und Julia« in Stuttgart (1954/59), die Siedlung Charlottenburg-Nord in Berlin (1956/61), die Philharmonie in Berlin (1963), der 1964/76 die Staatsbibliothek folgen sollte, sowie das posthum fertiggestellte Stadttheater in Wolfsburg (1965/73). In Bremerhaven ist er ebenfalls noch einmal mit einem Spätwerk vertreten, dem Neubau des am 5.9.1975 eröffneten Deutschen Schiffahrtsmuseums, der wie viele seiner Entwürfe organisch gestaltet ist.

Lit.: DBI, S. 3047; Brockhaus, Bd. 19, S. 290; DBE, Bd. 8, S. 570; Architektur in Bremen und Bremerhaven, Worpswede 1988, Nr. 165, 175, 177, 182; H. Coldewey, Scharoun und seine Heimatstadt Bremerhaven, in: Jb. M.v.M. 62 (1983), S. 165-197; C. Hoh-Slodcyk, N. Huse, G. Kühne u. A. Tönnesmann, Hans Scharoun. Architekt in Deutschland 1893-1972, Mchn. 1992; J. F. Geist, K. Klüvers u. D. Rausch, Hans Scharoun. Chronik zu Leben und Werk, Bln. 1993; P. B. Jones, Hans Scharoun. Eine Monographie, Stuttgart 1979; P. Pfankuch, Hans Scharoun. Bauten, Entwürfe, Texte, Bln. 1993; Hans Scharoun, Bauten u. Entwürfe f. Bremerhaven u. Bremen, Br. 1993; Hans Scharoun. Visionen und Modelle, Katalog zur Ausstellung des Kunstvereins, Brhv. 1993.
Werke: Werkverz. (Bauten, Entwürfe u. Veröff.) in: Pfankuch (s. Lit.), S. 364-418, sowie darauf fußend in weiteren Veröff.
Nachlaß: Scharoun-Archiv Sammlung Baukunst der Akademie der Künste, Berlin.
P.: s. Nachlaß, Fotos in zahlr. Veröff.
E.: u. a. Bundesverdienstkr. (1959), Ehrensenator TU Berlin (1962), Ehrendoktor Univ. Rom (1965), Ehrenbürger Berlin (1969); Straßenbennennung Brhv.-Mitte.

K. K.

Schau, Hans Sonne; *Schiffbaumeister, Werftbesitzer, Marineoffizier. * 10.9.1821 Gaarden (heute zu Kiel), † 5.10.1893 Geestemünde (ev.).* S., Sohn eines Schiffskapitäns, absolvierte eine Schiffszimmerlehre in Kiel, arbeitete in Eckernförde und ging anschließend nach Kopenhagen und Helsingör, um seine theoretischen und praktischen Kenntnisse zu vertiefen. Bei englischen und schottischen Werften informierte er sich über den Bau von Holz- und Eisendampfschiffen. Als Offizier der ersten deutschen Flotte unter → K. R. Brommy befaßte er sich u. a. mit der Konstruktion von Kanonenbooten und Dampfschiffen. Zunächst in Eckernförde beim Oberkommando der Reichsmarine stationiert, wurde S. 1850 zur Flottenstation Bremerhaven und dann nach Brake versetzt, wo er die Ausbesserungsarbeiten an der Dampffregatte ERZHERZOG JOHANN beaufsichtigte und andere Reparaturarbeiten leitete. In den Wintermonaten 1851 und 1852 gab er den Offiziersanwärtern Schiffbauunterricht. Nebenbei entwarf er Bauzeichnungen für einen Klipperschoner und eine Segelfregatte und beschäftigte sich mit der Konstruktion von Handelsschiffen und Schiffsgeschützen. Durch seine Tätigkeit in Bremerhaven mit den örtlichen Verhältnissen an der Geestemündung vertraut, bemühte er sich nach Auflösung der deutschen Flotte und einer vergeblichen Bewerbung beim Oberkommando der Marine in Berlin 1852 um einen Dockplatz in Geestemünde. Als Teilhaber hatte er den Schiffbaumeister Ide Oltmanns gewinnen können, der in Brake über einen eingesessenen Schiffbaubetrieb verfügte. Für diese erste Geestemünder Werft wurden von 1853 bis 1856 ein Doppeltrockendock und weitere Schiffbaueinrichtungen erstellt. Die Konstruktion der Dockanlage geht wohl in erster Linie auf S. zurück und stellte für die damalige Zeit eine eindrucksvolle Ingenieurleistung dar. Allerdings hatten sich die Firmeninhaber finanziell übernommen und konnten nur mit Unterstützung der hannoverschen Regierung neue Kapitalgeber finden und ihren Mitbewerber → R. C. Rickmers, von dem sie ein Darlehen erhalten hatten, ausbezahlen. Nachdem es 1855 erneut wirtschaftliche Probleme gab, die durch eine Beteiligung der Gläubiger, u. a. → E. F. Adickes, an der Firma überwunden werden konnten, hieß das Unternehmen »Geestemünder Dockkompagnie«. S. blieb jedoch Geschäftsführer und leitete das Unternehmen nach dem Tod von Ide Oltmanns (1856) zusammen mit dessen Sohn → Bernhard Diedrich Oltmanns. Als innovativer Schiffbauer erwarb sich S. in den Unterweserorten ein hohes Ansehen, war von 1876 bis 1879 Vizepräsident der Geestemünder Handelskammer und viele Jahre lang Beisitzer des Bremerhavener Seeamtes. Auch entwarf er zusammen mit → Friedrich Busse die Pläne für den ersten deutschen Fischdampfer SAGITTA. Wegen unzureichender technischer Möglichkeiten wurde diese aber nicht bei Schau & Oltmanns, sondern 1884 bei der Wencke-Werft gebaut. Das Unternehmen, für das eine personelle Nachfolge fehlte, wurde 1891 von → Georg Seebeck übernommen. S.s Söhne schlugen eine seemännische Laufbahn ein; der jüngste Sohn → Franz S., der als Schiffsingenieur zur See gefahren war, bestimmte drei Jahrzehnte lang die Geschicke der Norddeutschen Hochseefischerei.

Lit.: Höver, Hochseefischerei, S. 59-60; 50 Jahre Norddeutsche Hochseefischerei, Brhv. 1957, S. 24, 36-37; H. Karting, Dt. Schoner, Bd. 1, Br. 2001, S. 224-227; Peters, Seeschiffbau, S. 81-84.
Qu.: StadtA Brhv., Zivilst.reg., Prokl. 1857 Nr. 2, Alt-Brhv. 362/21/1-2.
E.: Grabstätte Brhv. Friedhof Wulsdorf.

D. J. P.

Schau, Franz; *Schiffsingenieur, Reedereidirektor.* * 31.8.1873 Geestemünde, † 6.8. 1950 Bremerhaven (ev.). Der jüngste Sohn des Schiffbaumeisters und Werftbesitzers → Hans Sonne S. absolvierte eine Ausbildung als Schiffsingenieur und fuhr anschließend beim Norddeutschen Lloyd (NDL) vorwiegend im Ostasiendienst zur See. Seit 1909 übte er die Stellung eines Inspektors und technischen Betriebsleiters bei der 1907 in Geestemünde gegründeten Norddeutschen Hochseefischerei AG aus, die anfänglich eine Flotte von acht Fischdampfern umfaßte. Der Aufstieg des Unternehmens, das seinen Sitz zunächst in der Halle II an der Westseite des Fischereihafens I hatte und nach deren Abbruch 1922 auf die gegenüberliegende Seite in die Hochseestraße übersiedelte, zu einer der wichtigsten Geestemünder Reedereien war auch ein Verdienst von S., der als hervorragender Fachmann in der Hochseefischerei und Fischwirtschaft, vor allem auch in schiffbau- und maschinentechnischen Dingen galt. Er erhielt 1912 Prokura und wurde 1919 neben dem bis dahin allein verantwortlichen → Ludwig Janssen zum 2. Vorstand bestellt.

Von 1931 bis 1935 leitete er zugleich die von → Edward Richardson begründete Deutsche Fischerei AG, deren Aktienmehrheit die Norddeutsche Hochseefischerei damals erworben hatte. Seit 1935, nach der Fusion der beiden Reedereien und nach dem Wechsel Janssens in den Aufsichtsrat, fungierte er als Alleinvorstand der Norddeutschen Hochseefischerei. 1949 schied er in hohem Alter aus dem Dienst der Gesellschaft aus. Er hatte die Reederei nach dem I. und II. Weltkrieg wieder aufgebaut. Neben seiner beruflichen Tätigkeit führte S. von 1934 bis 1940 den »Dampfseefischerei-Verein Unterweser« als Vorsitzender. Als liberaler Politiker übte er von 1924 bis 1929 die Funktion eines Bürgervorstehers (Stadtverordneten) der Stadt Geestemünde bzw. Wesermünde aus. S. starb nur wenige Monate nach seinem Eintritt in den Ruhestand. Der erste, 1949 in Dienst gestellte Nachkriegsbau der Norddeutschen Hochseefischerei wurde ihm zu Ehren auf den Namen FRANZ SCHAU getauft.

Lit.: Beckmann, Reedereien, S. 69, 142-144; 50 Jahre Norddeutsche Hochseefischerei, Brhv 1957, S. 24, 36-37 u. 61.
Qu.: NZ, 8.8.1950; StadtA Brhv., Meldekartei Brhv. nach 1945 I.
P.: Foto in 50 J. Norddt. Hochseefischerei (s. Lit.), S. 25.
E.: Fischdampfer FRANZ SCHAU (1949); Grabstätte Brhv. Friedhof Wulsdorf.

D. J. P.

Schiebel, Karl Adolf **Hermann**; *Graphiker, Maler, Kunsterzieher, Kunstschulen- und Museumsleiter.* * 5.1.1896 Düben an der Mulde (Sachsen), † 1.11.1973 Bremerhaven (ev.).* S. legte nach dem Besuch der Bitterfelder Volksschule und einer Leipziger Privatschule sowie Privatunterricht seine Reifeprüfung in Leipzig ab und studierte 1914/15 Malerei und Grafik an der Kunstgewerbeschule in Halle und an der Staatl. Kunstakademie Leipzig. Nach Teilnahme am I. Weltkrieg setzte er von 1918 bis 1920 sein Studium an der Univ. Leipzig fort, studierte nun außer Malerei und Grafik auch Kunstgeschichte und Pädagogik sowie Werken am Seminar für Knabenhandarbeit. Im Juni 1920 legte er in Dresden sein Staatsexamen als akademischer Zeichenlehrer auch für Gewerbeschulen ab und bestand eine künstlerische Prüfung im Zeichnen und Werken. Danach arbeitete er bis 1934 als Zeichenlehrer an Volks- und Mittelschulen in Bitterfeld. Von 1925 bis 1932 war er außerdem Bildberichterstatter des Bitterfelder Tageblattes. Beständig ließ er sich in seiner Freizeit während des Studiums und der nachfolgenden Lehrtätigkeit in einer Reihe von kunsthandwerklichen Berufsfeldern, so zum Buchdrucker und -binder, Metallziselleur, Holz- und Steinbildhauer und Maler ausbilden, wobei er drei Gesellenprüfungen in Halle ablegte. Im Dez. 1934 wurde er zum Direktor der Meisterschule Burg Giebichenstein und der Kunstwerkstätten der Stadt Halle berufen, einem Amt, das er bis 1947 innehatte. Von 1935 bis 1939 leitete er auch das dortige Moritzburg-Museum. Von 1940 bis 1945 war er zudem nebenamtlicher Dozent am Werklehrerseminar. Nach seiner Entlassung 1947 betätigte er sich vier Jahre als freier Künstler in Halle und floh dann in den Westen. Von 1951 bis 1970 arbeitete er in Bremerhaven an der Pestalozzischule II als Kunsterzieher, traf hier wieder mit seinen ehemaligen Haller Studenten → Will Dräger und → Fritz Hans Marutzky zusammen. S. veröffentlichte zahlreiche Beiträge über Kunsterziehung. Ca. 1.500 seiner Grafiken und auch farbige Werke wurden in deutschen Zeitungen, Zeitschriften und Büchern abgebildet. Er illustrierte zudem eine Reihe von Mappenwerken und Kalendern. S., der ein ausgezeichneter Graphiker war, beherrschte nicht nur das Zeichnen, sondern auch die Kaltnadel- und Aquatinta-Radierung, den Linol- und den Holzschnitt sowie den Kupferstich, malte außerdem Tempera- und Ölbilder. Sein Hauptinteresse galt dem figürlichen Zeichnen sowie Landschaften und Städteansichten.

Lit.: DBI, S. 3078; Grapenthin, S. 224-226, 230-236, 361, 501, 508, 534; Vollmer, Bd. 4, S. 184; R. Geffken, Das Wirkliche und das Wahre. Betrachtungen zu den Bäumen im Werk von H. Schiebel, in: Ndt. Hbl. 487 (Juli 1990).
Werke: (von ihm illustrierte Werke) u. a. *Das graphische Werk von H. S.* (1936/37); *Bildnisse großer Deutscher* (1937/38); *J. W. v. Goethe* (1948); *Joh. Seb. Bach* (1950); *Handwerksarbeit im Bild* (1949); *Deutsche Meister der Kunst* (1950); *Land an der Unterweser* (1963).
P.: Foto in NZ, 6.11.1973.

E. G.

Schlechtriem, Gert (Florenz Hinrich Henrich Gerhard); *Volkskundler, Historiker, Museumsdirektor.* * 8.5.1929 Aurich (Ostfriesland), † 25.11.1998 Bremerhaven, □ Langen-Imsum (ev.-luth.).* Als der dreißigjährige Ostfriese am 1.7.1959 als erster hauptamtlicher Leiter das städt. Morgenstern-Museum in Bremerhaven übernahm, lag ein breit angelegtes Studium der Volkskunde, Vorgeschichte, Kunst- und Wirtschaftsgeschichte sowie der Literaturwissenschaft hinter ihm; zudem hatte er eine volkskundliche Inventarisation im Münsterland durchgeführt. Was er in provisorisch hergerichteten Räumen an kriegsbedingt dezimierten Sammlungsbeständen zur regionalen Vorgeschichte und Volkskunde und in allerersten Ansätzen zur städtischen Schiffahrtsgeschichte vorfand, war nicht ermutigend. Aber mit dem ganzen Einsatz seiner begeisterungsfähigen Persönlichkeit identifizierte er sich rückhaltlos mit der Aufgabe, daraus mehr zu machen. Er war dafür mit zwei besonderen Gaben ausgestattet, mit einem ausgeprägten Sinn für das Aufspüren aufschlußreicher Museumsobjekte und mit einer Zugewandtheit zu Menschen, die er weit über Bremerhaven hinaus für seine immer weiter gesteckten Ziele so zu gewinnen wußte, daß sie diese schließlich für ihre eigenen Ideen hielten. Er wurde in allen geschichtsbezogenen Vereinigungen Bremerhavens und des Umlandes Mitglied und nahm meist auch Vorstandsarbeit auf sich, so bei den »Männern vom Morgenstern«, im Bauernhausverein Lehe und in der Hermann-Allmers-Gesellschaft. Ebenso war er treibende Kraft der von ihm 1966 mitbegründeten Schiffahrtsgeschichtlichen Gesellschaft Bremerhaven. Auf dieser Grundlage und in engem Zusammenwirken mit Bremerhavens Kulturdezernent Alfons Tal-

lert realisierte S. in der kurzen Zeit von elf Jahren Museumsvisionen, die zur Gründung eines Nationalmuseums führten. Anfang 1961 eröffnete er das Morgenstern-Museum in neuen Räumen mit den Ausstellungen zur Vorgeschichte, Volkskunde und der neu aufgebauten Sammlung zur Schiffahrtsgeschichte. Mitte 1966 schaffte er es, daß mit der Bark SEUTE DEERN der weltweit größte hölzerne Frachtsegler im Alten Hafen als Gaststättenschiff festmachte. Dieses repräsentative Segelschiff nutzte er als Ausgangspunkt für weitergehende Pläne, indem er zusammen mit → Dr. August Dierks das erste deutsche Freilichtmuseum der Schiffahrt gründete, das 1967 mit dem Feuerschiff ELBE 3 im Alten Hafen eröffnet wurde. Gleichzeitig überzeugte er den Kölner Rechtsanwalt → Dr. Hanswilli Bernartz, seine umfangreiche schiffahrtsgeschichtliche Privatsammlung für einen Museumsneubau zur Verfügung zu stellen. Es gelang ihm, für den daraus resultierenden kühnen Gedanken eines Deutschen Schiffahrtsmuseums die Stadt Bremerhaven und das Land Bremen zu gewinnen, das die Bremer Hanse-Kogge von 1380 in das Projekt einbrachte, während das von Dierks geleitete Kuratorium »Schiffahrtsmuseum Alter Hafen« die Hafenwirtschaft zur Bereitstellung von Exponaten bewegen konnte. Nachdem am 6.6.1970 der Grundstein für das Deutsche Schiffahrtsmuseum gelegt war, wurde S. einer der drei Direktoren. Bis zu seiner Pensionierung 1992 hat er eine Abteilung nach der anderen aufgebaut, Vorträge veranstaltet und Sonderausstellungen organisiert, von denen die zur Auswanderung 1976 als einzige in Deutschland den Bicentennial-Stander der USA führen durfte. Er zog Tagungen ans Haus, rief die Maritimen Filmtage und die Arbeitsgemeinschaft Binnenschiffahrt ins Leben, arbeitete in zahlreichen meist kleineren Beiträgen seine Erwerbungen wissenschaftlich auf und wußte die Teilnehmer seiner Studienfahrten ebenso zu begeistern wie die Zuhörer seiner Vorträge. Nebenamtlich leitete er weiter das Morgenstern-Museum, bis er 1987 dafür einen Neubau und eine Nachfolgeregelung erreichte. Auch das Sielhafenmuseum in Carolinensiel verdankt seiner Nachhaltigkeit die Existenz. Obwohl einer der erfolgreichsten deutschen Museumsdirektoren der Nachkriegszeit, blieb S. persönlich stets der bescheidene und liebenswürdige Mensch, der darauf vertraute, daß seine Taten für ihn sprechen.

Lit.: D. Ellmers, 33 Jahre Engagement f. Museen u. Kultur a. d. Nordseeküste, in: Dt. Schiffahrt 14 (1992), H. 1, S. 19-22; ders., Gert Schlechtriem u. d. Sammlung z. Rettung a. Seenot im Dt. Schiffahrtsmuseum, in: Jb. M.v.M. 72 (1993), S. 37-45; ders., Gert Schlechtriem z. Gedenken, in: Dt. Schiffahrt 21 (1999), H. 1, S. 10-12; ders., Gert Schlechtriem, in: Biogr. Lexikon f. Ostfriesland, Bd. 3, Aurich 2001, S. 377-379; H. E. Hansen, Gert Schlechtriem wird 60 Jahre alt, in: Ndt. Hbl. 472 (April 1989); H. von Hassel, Wie das Morgenstern-Museum zu seinem schönen neuen Haus kam, in: Jb. M.v.M. 72 (1993), S. 31-35; F. Juchter, In memoriam Gert Schlechtriem, in: Jb. M.v.M. 77/78 (1998/99), S. 466-468; Körtge, Morgenstern-Museum, S. 281-299; Nachruf Gert Schlechtriem, in: Das Logbuch (Arbeitskr. Hist. Schiffbau) 35 (1999), S. 2; H. Schadewald, Zum Gedenken an Gert Schlechtriem, in: Schiff u. Zeit/Panorama maritim 49 (1999), S. 55; A. Tallert, Gert Schlechtriem als Leiter des Morgenstern-Museums in Bremerhaven, in: Jb. M.v.M. 72 (1993), S. 27-29; H.-W. The(esfeld), Gert Schlechtriem †, in: Ostfries. Nachr., 2.12.1998.
Werke: Verz. in D. Ellmers, Gert Schlechtriem. Veröffentlichungen, in: DSA 17 (1994), S. 9-22.
P.: Foto im DSM (abgeb. u. a. in Ellmers 1992 u. 1999, Juchter, Hansen, u. Jb. M.v.M. 72, 1993, S. 10, s. Lit.).
E.: Hermann-Allmers-Preis (1985); Ubbo-Emmius-Med. Ostfr. Landschaft (1991); Grabstätte Friedhof Imsum b. Brhv.

D. E.

Schleufe, Fritz Heinrich; *Schiffbautechniker, Konstrukteur, Oberingenieur, Prokurist. * 13.3.1892 Bremerhaven, † 18.9.1949 Bremerhaven (ev.-luth.).* Der Sohn eines Kesselschmiedes trat im Alter von 14 Jahren als Lehrling in die Tecklenborg-Werft ein, wo er in der zweiten Hälfte der Lehrzeit im Konstruktionsbüro beschäftigt wurde. Anschließend wechselte er zur Frerichswerft in Einswarden und danach zur AG »Weser« in Bremen. Seit 1914 bei der Seebeck-Werft in Geestemünde tätig, wurde er, obwohl ohne Ingenieurausbildung, bereits 1918 Abteilungsleiter für Schiffbautechnik im Konstruktionsbüro. 1945 wurde ihm als Oberingenieur die Leitung der gesamten Konstruktionsabteilung übertragen; 1947 erhielt er Prokura und 1948 die Position des stellv. Direktors. S. war ein ideenreicher Konstrukteur, der aus der Praxis heraus und in enger Fühlung mit den Auftraggebern seine Projekte umzusetzen verstand. Er zeichnete für eine Vielzahl von innovativen und wegweisenden Konstruktionen verantwortlich, mit denen die Seebeck-Werft ihre

Stellung im Spezialschiffbau ausweiten konnte, so u. a. durch das Seebeck-Radial-Schleppgeschirr, das Seebeck-Oertz-Stromlinien-Ruder und eine Reihe von Verbesserungen im Fischdampferbau. Er hielt mehr als 20 deutsche und ausländische Patente und schrieb zahlreiche Beiträge für Fachzeitschriften. S. war auch im Gemeinnützigen Bauverein Geestemünde aktiv, fotografierte gern und schrieb verschiedentlich Kunstkritiken für die NWZ.

Lit.: 100 Jahre STG, S. 431; E. Foerster, Fritz Schleufe †, in: Schiff und Hafen 1 (1949), S. 177-178; 10 Jahre Gemeinnütziger Bauverein Geestemünde, Brhv. 1929, S. 26-28.
Qu.: StadtA Brhv, Meldekartei Alt-Brhv.
Werke: *Der Fischdampferbau* (1949), zahlr. Beitr. in Fachzeitschr.
P.: Foto in 100 Jahre STG u. Foerster (s. Lit.).

H. Bi.

Schlienz, Friedrich Wilhelm **Walter**, Dr. rer. nat.; *Biologe, Kältewissenschaftler, Unternehmer, Mäzen.* * 3.5.1896 Hamburg, † 23.2.1977 Bremerhaven. S. besuchte in Hamburg die Oberrealschule und studierte an der dortigen Universität Naturwissenschaften, insbesondere Zoologie, in welchem Fach er 1922 auch promoviert wurde. Seine hydrobiologischen Forschungen brachten ihn anschließend in Verbindung zur Fischerei. Nachdem er als Referent der Kieler Fischereiverwaltung 1924 in Skandinavien auf die Tiefkühlung von Fischen aufmerksam geworden war, entschloß er sich, diese zukunftsträchtige Technologie für die deutsche Fischwirtschaft nutzbar zu machen. 1924/25 gründete er in Wesermünde die Kühlfisch AG (später GmbH) Wesermünde, die im dortigen Fischereihafen zunächst eine Versuchsanlage betrieb. Grundlage für dieses erste derartige Unternehmen in Deutschland war das 1911 als Patent angemeldete Sole-Tiefkühlverfahren des dänischen Fischexporteurs Ottesen, das auf der Basis einer Salzlösung arbeitete. 1927 errichtete S. dann in dem neu erbauten, später allgemein als »Kühlhaus« bekannten Fischindustriegebäude im Bremerhavener Fischereihafen eine weitaus größere Betriebsstätte, die etwa die Hälfte des markanten fünfstöckigen Gebäudes an der Westseite des Alten Hafens umfaßte. Parallel dazu entwickelte und erprobte S., vor allem auch nachdem die Kühlfisch AG sich wegen der Skepsis der Fischwirtschaft nicht wie erwartet entwickelte, in enger Zusammenarbeit mit dem Kälteforscher Prof. Dr. Rudolf Plank von der TH Karlsruhe weitere Verfahren der Kühltechnik; in diesem Zusammenhang gründete er in der Nähe des Schwarzwaldes eine Reihe weiterer einschlägiger Unternehmen. Dabei kam es ihm stets darauf an, wissenschaftlich-technische Verfahren mit den Erfordernissen einer praxisnahen Umsetzung in Einklang zu bringen. Auch in Wesermünde setzte er seine Experimente fort; so gehörte er 1940 zusammen mit den Reedern → Carl Kämpf und → John Mahn sowie dem Handelskammersyndikus → August Dierks zu den treibenden Kräften der »Gefriertechnischen Gesellschaft deut-

scher Hochseefischereien GmbH«, die mit einem umgerüsteten Fischtrawler Versuchsfangfahrten durchführte und in deren Geschäftsführung er eintrat. Er ist auch der Erfinder einer Tiefgefrieranlage (System Schlienz-Schneider) für den Einsatz an Bord. Von 1950 bis 1953 war er zudem Geschäftsführer der Reederei »Schlienz-Hagemann Hochsee- und Gefrierfischerei GmbH«, die in der Hochseefischerei Kiel aufging. 1947 wurde ihm durch die TH Karlsruhe, an der er einen Lehrauftrag wahrnahm, aufgrund seiner Verdienste für neue Verfahren in der Fischwirtschaft die Würde eines Ehrensenators verliehen. Gleichwohl hatte er auch in der Nachkriegszeit noch lange mit dem Widerstand der Fischwirtschaft gegen die Tiefkühlkonservierung zu kämpfen. Nachdem er Anfang der 1970er Jahre einen Konkurs der von ihm geleiteten Nachfolgegesellschaft der Kühlfisch GmbH nicht vermeiden konnte, fiel das Bremerhavener Kühlhaus 1975 dem Abriß zum Opfer. Letztlich aber hat S. in seinem durch zahlreiche Erfolge, aber auch Mißerfolge gekennzeichneten unablässigen unternehmerischen und wissenschaftlichen

Wirken einer heute anerkannten Technologie zum Durchbruch verholfen. Seit Ende des II. Weltkriegs widmete sich S. nebenberuflich erneut hydrobiologischen Forschungen, für die er zunächst Räume in einem ihm gehörigen Mitarbeiterheim in Falkau (Schwarzwald) zur Verfügung stellte. Daraus entwickelte sich die »Hydrobiologische Station für den Schwarzwald«, die er 1946 unter der Schirmherrschaft der Univ. Freiburg zu einer vollständig von ihm finanzierten limnologischen Forschungseinrichtung ausbaute, an der anerkannte Fachwissenschaftler vor allem Fragen der Systematik nachgingen. 1961 übereignete S. die Station der Univ. Freiburg, die sie als »Limnologisches Institut der Universität Freiburg (Walter-Schlienz-Institut)« übernahm; Aufgaben und Namen der Einrichtung wurden 1980 auf die Univ. Konstanz übertragen, wo bereits seit 1971 ein eigenes limnologisches Institut bestand.

Lit.: Beckmann, Reedereien, S. 91, 163-164; Heimatchronik, S. 134-135, 142-143; H.-J. Elster, Dr. rer. nat. Walter Schlienz, in: Archiv f. Hydrobiologie 84 (1978), S. 256-258; A. Mohr, Fischfang ist not! Leipzig 1926, S. 91-94; Peters, Spezialhafen, S. 30-31; W. Reisner, der Städtische Fischmarkt Bremerhaven von 1892 bis 1928, in: Deutschlands Städtebau. Bremerhaven – Wesermünde, Bln. 1929, S. 34-42, hier S. 38; Schlienz, Die Kühlfisch AG Wesermünde (s. Werke).
Qu.: StadtA Brhv., Meldekartei 1960ff.; Limnolog. Institut d. Univ. Konstanz, Auskunft April 2001.
Werke: Verz. d. Veröff. in Elster (s. Lit.), S. 258, u.a. *Verbreitung und Verbreitungsbedingungen der höheren Krebse im Mündungsgebiet der Elbe* (Diss. Univ. Hamburg 1922); *Die Kühlfisch AG Wesermünde*, Berlin 1930 (Musterbetriebe dt. Wirtschaft, Bd. 16).
P.: Foto in Elster (s. Lit.), S. 256.
E.: Ehrensenator TH Karlsruhe (1947) u. Univ. Freiburg (1961), Walter-Schlienz-Institut Univ. Konstanz.

H. Bi.

Schlotterhose, Conrad; *Maschinist, Fabrikant.* * 2.6.1877 *Münster (Westf.),* † 27.2. 1948 *Havixbeck b. Münster,* □ *Bremerhaven (kath.).* Der gelernte Maschinist kam 1906 nach Geestemünde und betrieb dort, anfänglich zusammen mit einem Kompagnon, eine kleine Maschinenreparaturwerkstatt, die sich, u. a. durch Rüstungsaufträge im I. Weltkrieg, zu einem prosperierenden, insbesondere im Apparatebau tätigen Unternehmen entwickelte. In den 1920er Jahren begann er sich auf die Herstellung von Fischverarbeitungsmaschinen sowie, mit einem eigenständigen Sauerstoffwerk, auf Zulieferfunktionen für die örtliche Industrie zu spezialisieren. In den 1930er Jahren, in denen er wiederum auch Rüstungsaufträge übernahm, baute er das Unternehmen zu einer großen Fabrik aus, die dann im Wirtschaftsboom der Nachkriegszeit zu einem der Branchenführer für Fischverarbeitungsanlagen aufstieg. S., der seit 1918 die von dem Reeder → Friedrich Busse erbaute sog. »Busse-Villa«, eines der wenigen originären Unternehmerhäuser Bremerhavens, bewohnte, starb während einer Reise auf seinem Zweitwohnsitz bei Münster. Das Unternehmen wurde nach seinem Tode von dem jüngeren Sohn Hans S. (1911-1981) weitergeführt und 1992 von der Lübecker Firma »Nordischer Maschinenbau Rudolf Baader« übernommen, die den Betrieb 1995 endgültig schloß.

Lit.: H. Bickelmann, Ein Denkmal der Industriekultur. Die »Busse-Villa« und ihr Umfeld in Bremerhaven-Wulsdorf, in: Ndt. Hbl. 601 (Jan. 2000).
Qu.: NZ, 1.3.1948; StadtA Brhv., Meldekartei Brhv. nach 1945 I.
E.: Grabstätte Brhv. Friedhof Wulsdorf.

H. Bi.

Schlüter, Louis; *Polstermeister, Möbelhändler und -fabrikant.* * 12.1.1875 *Ritterhude, Kr. Osterholz,* † 17.9.1952 *Bederkesa,* □ *Bremerhaven.* **Schlüter, Matthus** Georg Heinrich; *Kaufmann, Möbelhändler und -fabrikant, NS-Funktionär.* * 1.4.1900 *Geestemünde,* † 24.8.1971 *Bremerhaven.* **Schlüter, Karl** Johann Henry; *Polstermeister, Möbelhändler und -fabrikant.* * 25.6. 1901 *Geestemünde,* † 16.2.1978 *Bremerhaven.* Als Sohn eines früh verstorbenen Zimmermeisters und Mühlenbauers kam Louis S. im Alter von 14 Jahren nach Geestemünde, um dort eine Ausbildung als Polsterer zu absolvieren. 1897 eröffnete er im Paschviertel eine eigene kleine Werkstatt, die er schon wenige Jahre später in die Schillerstraße, Ecke Grashoffstraße verlegte und zu einem florierenden Möbelgeschäft ausbaute; 1914 beschäftigte er bereits 20 Mitarbeiter. Aus dem I. Weltkrieg schwerverwundet zurückgekehrt, nahm er 1922 seine Söhne Matthus und Karl als Mitinhaber auf. Nach dem Ende der Inflation erfuhr das Unternehmen einen steilen geschäftlichen Aufstieg. Welchen Anteil daran Vater und Söhne jeweils hatten, läßt sich im einzelnen nicht nachvollziehen. Sicher ist, das Matthus S. überwiegend die kaufmännische Seite vertrat, während sich Karl S. mehr der Fabrikation insbesondere von Polstermöbeln zuwandte und Louis S. bis ins hohe Alter große Schaffenskraft bewies. Die Anlagen wurden zwischen Grashoffstraße, Schillerstraße und Lothringer Straße zu einem größeren, industriell ausgerichteten Firmenkomplex ausgebaut; weitere Werkstätten entstanden beim Wulsdorfer Bahnhof. Das Unternehmen expandierte bald über die Region hinaus, verfügte über mehrere Filialen im In- und Ausland und war erfolgreich auch auf internationalen Messen vertreten.

Matthus S., der sehr schnell zur treibenden Kraft des Unternehmens geworden zu sein scheint, war schon frühzeitig wirtschafts- und standespolitisch engagiert. 1935 gründete er die erste Fachschule des deutschen Möbelhandels; im selben Jahr übernahm er den Vorsitz im Deutschen Möbelfachverband, nachdem er seit 1926 dessen örtliche Gruppierung geleitet hatte; auch nach dem II. Weltkrieg bekleidete er wieder führende Positionen in den einschlägigen Fachverbänden. Zur Zeit des Nationalsozialismus ließ er sich von der NSDAP vereinnahmen. 1933-39 war er Ratsherr für die NSDAP, 1933-36 Kreisobmann der Deutschen Arbeitsfront und 1938-43 Gauwirtschaftsberater. Bei den Vorstandswahlen zur Industrie- und Handelskammer Wesermünde trat er 1933 als Sprecher der nationalsozialistischen Mitglieder der Kaufmannschaft gegen den Holzfabrikanten → Hans Kohn (später Kohnert) an, den er dann nach dessen Wahl zum Präsidenten auf unfaire Weise in der Öffentlichkeit, letztlich allerdings vergeblich, zu diskreditieren suchte. 1939-1941 war er stellv. Kreisleiter der Parteikreise Osterholz-Scharmbeck und Wesermünde; nach der Einberufung des Kreisleiters Hugo Kühn (Wesermünde) zum Kriegsdienst nahm er bis 1942 dessen Aufgaben wahr. Danach soll er in Gegensatz zu Gauleiter → Telschow geraten sein. 1945 für mehr als zwei Jahre von den Alliierten interniert und von der Spruchkammer (Berufungskammer) schließlich als minderbelastet eingestuft, kehrte er 1949 in das inzwischen verwaiste Unternehmen zurück.

Dieses hatte im Gefolge des II. Weltkrieges durch die Zerstörung des Stammhauses und den Verlust der Auslandsniederlassungen erhebliche Beeinträchtigungen erfahren. An seinem Wiederaufbau waren Louis, Matthus und Karl Schlüter erneut gemeinsam beteiligt. Im Boom der Nachkriegszeit konnten die Inhaber geschäftlich schnell wieder Fuß fassen. Der Firmenkomplex wurde, zugleich unter Schaffung zahlreicher Werkswohnungen, am alten Standort wiederaufgebaut und erhielt 1953 als Abschluß einen zeittypischen zweistöckigen Ausstellungspavillon. Das Fabrikationsprogramm wurde um Stilmöbel erweitert, nachdem man das Stammpersonal der renommierten ostdeutschen Kunstmöbel-Werke in Zeulenroda übernommen hatte. Mit zahlreichen Filialen und weiteren Firmenübernahmen im norddeutschen Raum, u. a. zwei bekannten Bremer Möbelkaufhäusern, avancierte die Fa. Louis Schlüter zu einem der führenden Möbelhersteller der Bundesrepublik (1953 ca. 300 Mitarbeiter). Der bereits in der Vorkriegszeit aufgenommene Handel mit Orientteppichen wurde erheblich ausgeweitet und 1960 verselbständigt. Nach dem Tode von Matthus S. führte Karl S., seit 1972 unter Einbeziehung der dritten Generation, die Firmengruppe zunächst weiter und beschränkte sich, nachdem sich 1975 die beiden Familienzweige geschäftlich getrennt hatten, danach auf das Orientteppichhaus (Fa. Schlüter & Klug). Seine Erben bzw. die seines Bruders schlossen die beiden Unternehmen wenige Jahre später.

Lit.: Aufbauarbeit, S. 390; Bickelmann, Geestendorf, S. 184; 75 Jahre Schlüter, Brhv.1972.
Qu.: NZ, 18. u. 19.9.1952, 1.4.1965, 26. u. 27.8.1971, 28.10.1972, 18.2.1978; StadtA Brhv., Meldekartei Brhv. nach 1945 I u. II; StA Br., 4,66-I Matthus Schlüter.
P.: Louis S.: Zeichnung in Privatbesitz (abgeb. in 75 J. Schlüter, s. Lit., u. NZ, 28.10.1972), Foto in NZ

18.9.1952; Matthus S.: Foto in NZ, 26.8.1971; Karl S.: Foto in NZ, 28.10.1972, 18.2.1978.

H. Bi.

Schmalfeldt, Johann **Hinrich**; *Zigarrenmacher, Gastwirt, Gewerkschafter, Kommunalpolitiker, Parlamentarier.* * *28.11.1850 Neritz b. Oldesloe (Holstein),* † *30.12.1937 Bremerhaven (ev.).* S. gehört zu den bekanntesten und profiliertesten Vertretern der Arbeiterbewegung an der Unterweser. Der Sohn eines Schuhmachers besuchte die Volksschule in Oldesloe, absolvierte von 1864 bis 1868 eine Weinküferlehre in Hamburg und Bremen, stieg aber aus gesundheitlichen Gründen auf das Zigarrenmacherhandwerk um, in dem er, bedingt durch Wanderjahre, mehrfachen Ortswechsel und zeitweiligen Aufenthalt in den USA, zwei bewegte Jahrzehnte zubrachte. Dies war überwiegend die Folge seines 1870 bzw. 1875 aufgenommenen politischen und gewerkschaftlichen Engagements im Allgemeinen Deutschen Arbeiterverein Ferdinand Lassalles und in der Gewerkschaft der Zigarrenarbeiter. Seit 1878 Mitglied der Stadtverordnetenversammlung von Ottensen (später zu Altona, heute zu Hamburg), wurde er seit 1881 durch das Sozialistengesetz in seinem politischen Wirken beeinträchtigt und durch Ausweisung aus Hamburg und mehreren schleswig-holsteinischen Orten zur Ortsveränderung gezwungen, woraufhin er sich zunächst nach Uetersen und 1889 nach Stade wandte. Dort baute er seine politische und gewerkschaftliche Tätigkeit weiter aus, in deren Gefolge er 1890 für die Reichstagswahl im 19. hannoverschen Wahlkreis (Geestemünde) kandidierte, dabei jedoch seinem Gegenkandidaten, dem ehemaligen Reichskanzler Otto v. Bismarck, in der Stichwahl unterlag. Als er 1891 den Hamburger Tabakarbeiterstreik unterstützte, verlor er seine Meisterstellung und siedelte auf Anraten von → Rudolf Mädger 1892 nach Bremerhaven über, wo er zunächst ein Tabakwarengeschäft mit eigener Zigarrenherstellung und seit 1896, ähnlich wie Mädger und andere Sozialdemokraten, eine Gastwirtschaft betrieb; in Verbindung damit übte er vor Einrichtung

des Arbeitersekretariats (1904) auch rechtsberatende Funktionen aus. An der Unterweser setzte er seine politische und gewerkschaftliche Arbeit mit unverminderter Intensität fort. Seit 1891 Vorsitzender des Ausschusses des Deutschen Seemannsverbandes, übernahm er 1896 zusätzlich den Vorsitz im »Verein der Heizer und Kohlenzieher von Bremerhaven«, den er ein Jahr später in den Seemannsverband überführte; dort spielte er bis 1909 weiterhin eine führende Rolle. 1897/98 war er zudem Vorsitzender des Gewerkschaftskartells Bremerhaven. 1897 organisierte er auch die örtlichen Aktionen des ersten großen deutschen Hafenarbeiterstreiks. Nach mehreren Anläufen gelang ihm als erstem Bremerhavener Sozialdemokraten 1903 für den Wahlkreis Bremen der Einzug in den Reichstag, wo er sich insbesondere für die Krankenfürsorge der Seeleute und gegen die Erhöhung der Tabak- und Brausteuer einsetzte. Bei der Wahl 1907 unterlegen, verzichtete er 1912 auf eine weitere Kandidatur. Die Parteiorganisation seines jeweiligen Wirkungsortes vertrat er zwischen 1877 und 1910 auf insgesamt 16 Parteitagen. Der Bremerhavener Stadtverordnetenversammlung gehörte er ununterbrochen von 1895 bis 1930 an; von

1919 bis 1930 war er auch Mitglied der Bremischen Bürgerschaft. Nach der Spaltung der SPD wegen der Frage der Kriegskredite schloß er sich 1917 der USPD an, kehrte 1922 mit deren gemäßigtem Teil aber wieder zur SPD zurück. In der Bremischen Bürgerschaft vertrat er konsequent die Interessen Bremerhavens, so vor allem hinsichtlich einer gerechteren Steuerverteilung und einer geringen Belastung im Schulwesen und in der Armenpflege. Seit 1904 fungierte er unter der Bezeichnung »J. H. Schmalfeldt & Co.« als einer der Firmenträger des hinter dem Parteiorgan »Bremer Bürgerzeitung« stehenden Druck- und Verlagsunternehmens; nachdem ihr Vermögen von den Nationalsozialisten 1933 eingezogen und nach Kriegsende wieder an die SPD zurückgegeben worden war, existierte die Fa. Schmalfeldt & Co. noch bis 1980. 1920 stellte S. seinen Schankbetrieb ein, blieb aber, seit 1921 verwitwet und als Inflationsopfer seit 1923 verarmt am Rande des Existenzminimums lebend, weiterhin politisch aktiv. 1930 zog sich der »Patriarch« der Bremerhavener Sozialdemokratie 80jährig von seinen politischen Ämtern zurück. Das ihm im selben Jahr von Oberbürgermeister → Waldemar Becké verliehene Ehrenbürgerrecht der Stadt Bremerhaven wurde ihm 1936 von den Nationalsozialisten aberkannt, 1949 durch die Stadtverordnetenversammlung aber wieder zugesprochen.

Lit.: DBI, S. 3112; DBA II 1156, 231; Gr. Bremen-Lexikon, S. 633-634; Körtge, Straßennamen, S. 107; Meyer, Ehrenbürger, S. 78-81; R. Patemann, J. H. Schmalfeldt, in: Br. Biogr. 1912-62, S. 450-451; D. Rüdebusch, Otto v. Bismarck als Reichstagsabgeordneter, in: Zwischen Elbe u. Weser, H.4/1991, S. 5-7; B. Scheper, Bremerhaven - so wie es war, Düsseldorf 1991, S. 70-71; Schröder, Parlamentarier, S. 723; Schwemer, S. 19; Thienst, S. 50, 63-64, 86, 89, 168-171, 183-184; R. Zimmermann, 100 Jahre ÖTV, Biographien, Ffm. 1996, S. 204-206 (Art. Schmalfeldt).
Qu.: NVSt., 27.11.1930; StadtA Brhv., Meldekartei Alt-Brhv.
P.: Foto u.a. in Scheper, S. 70, Thienst, nach S. 16, u. Zimmermann, S. 204 (s. Lit.).
E.: Ehrenbürger Brhv. (1930), Straßenben. Brhv.-Lehe (1949) u. Bremen (1968); Grabstätte Brhv. Friedhof Wulsdorf.

H. Bi.

Schmidt, Paul **Ernst Walter**; *Theologe, Pastor, Schriftsteller.* * 11.3.1894 Breslau, † 5.1.1981 Loxstedt-Lanhausen, ☐ Bremerhaven (ev.). S., Sohn eines Konrektors, studierte in Breslau, Straßburg und Berlin ev. Theologie, wo er mit der damaligen liberalen Theologie bekannt wurde, die seine spätere Haltung als Pastor bestimmte. Er absolvierte seine Vikariatszeit in Niederschlesien und war nach der Ordination (1921) vier Jahre lang Pastor in Wederau (Schlesien). 1926 wurde er in Nachfolge von → Theodor Sachau als Pastor an die Vereinigte Protestantische Gemeinde zur Bgm.-Smidt-Gedächtniskirche in Bremerhaven berufen, an der er, lange Zeit zusammen mit → Hermann Raschke, bis 1964 wirkte. Er hielt anspruchsvolle Predigten und war wegen seines stillen und bescheidenen Wesens geschätzt. Anders als dem eigenwilligen und gern in die Öffentlichkeit wirkenden Raschke haftete ihm anfänglich eine gewisse Steifheit und Distanziertheit an, die später allerdings einer freundlichen Milde wich, so daß er nicht leicht den Weg zu den Menschen fand. Gleichwohl war er vor allem ein eifriger Seelsorger, der hauptsächlich in den

Nachmittagsstunden unermüdlich seine Hausbesuche machte und über die ihm anvertrauten Menschen bestens informiert war. So ergänzten sich S. und Raschke ausgezeichnet, indem sie unterschiedliche Menschen und Gruppierungen ansprachen. Dieses gemeinsame seelsorgerliche Wirken war eine wesentliche Grundlage dafür, daß die Personalgemeinde nach der Zerstörung der Großen Kirche und des Stadtteils Mitte im Sept. 1944 und der dadurch bedingten Umsiedlung vieler Gemeindeglieder in andere Stadtteile und in die Umgebung Bremerhavens nach 1945 wieder zusammengeführt werden konnte. Wie seine Vorgänger und Kollegen an der Großen Kirche vertrat S. ein liberales, undogmatisches Christentum. Er wirkte mit im »Bund für freies Christentum«, für dessen Zeitschrift er eine Reihe von theologischen und philosophischen Beiträgen verfaßte. Seit seiner Studienzeit schriftstellerisch tätig, hinterließ er zudem ein umfangreiches, heute allerdings weitgehend vergessenes Werk von Gedichten, Erzählungen, Schauspielen und theologisch-philosophischen Betrachtungen, in dem er sich von einem liberalen Standpunkt aus mit der Geschichte, aber auch mit gesellschaftlich-politischen Problemen der Gegenwart auseinandersetzte. Seine Gedichte, die er neben theologischen Abhandlungen jahrelang auch im Gemeindeblatt »Die Große Kirche« veröffentlichte, weisen ihn als feinsinnigen Lyriker aus. S. starb in einem Altenheim bei Bremerhaven.

Lit.: Br. Pfarrerbuch, Bd. 2, S. 154; 100 Jahre Bgm.-Smidt-Gedächtniskirche, Brhv. 1955, S. 37, 39; desgl. 125 Jahre, Brhv. 1980, S. 28-29.
Qu.: NZ, 11.3.1974, 10.3.1979, 7.1.1981.
Werke: Gedichte u. Erzählungen: *Abseits vom Strome. Gedichte* (1919); *Nur einer kann uns führen* (Erzählungen, 1928). *Der Vorhof und das Neue. Ausgew. Gedichte* (1930); *Neue Gedichte* (1931); *Wage, wandre – und die Welt geht mit. Gedichte* (1953); *Menschlicher Vogelflug. Heiteres und Satirisches* (1973). Dramatische Werke: *Die Welt ist kein Gefängnis; Der Tod des Sokrates; Totentanz in einem Königshause; Marja* (1947); *Der dunkle Weg* (1948); *Isis und Isolde* (1961); *Märtyrer und Monomane. Drei Bühnenwerke (Richter in eigener Sache, Die Bibliothek des Doktor Lembeck, Doktor Semmelweis und die Mütter)* (1962); *Der Fischer von Amalfi* (1978); *Vor der Katastrophe* (1979). Sonstige Werke: *Leitsätze f. d. Konfirmandenunterricht* (3. Aufl. 1946); *Die moderne Kunst in theologischer und psychologischer Sicht. Eine Diskussion* (1958); *Freiheit oder Sicherheit?* (1964); *Eros, Ehe und Frau. Ihre religiöse Beurteilung in Geschichte u. Gegenwart* (1966). Ferner theolog. u. philosoph. Art. i. d. Zschr. »Freies Christentum« sowie kl. Beitr. z. Gesch. der Gr. Kirche u. z. einzelnen Persönlichkeiten.
P.: Foto u.a. in NZ, 11.3.1974, u. 100 J. Bgm.-Smidt-Ged.kirche (s. Lit.), S. 39.

P. U.

Schnackenberg, Johann **Jakob** Andreas; *Theologe, Pastor.* * 15.6.1853 Altona (1937 zu Hamburg), † 11.1.1934 Bremerhaven *(ev.-luth.).* Nach dem Studium der Theologie in Leipzig, Kiel und Erlangen sowie nach der theologischen Prüfung in Kiel (1879) war S. zunächst an der Missionsanstalt in Breklum (Nordfriesland) tätig, die sich damals in der Gründungsphase befand und für die er die Zeitschrift »Norddeutsche Reichspost« redigierte; dort wurde er sehr stark durch deren Leiter, Missionsinspektor Christian Jensen, geprägt. 1882 redigierte er auch für kurze Zeit das »Blatt für innere Mission« in Altona. Es folgte eine Vikariatszeit in Haddeby bei Schleswig, bevor er 1882 als Pastor an die ev.-luth. Kreuzkirche in Bremerhaven berufen wurde. In seiner 42jährigen Amtszeit wußte der begnadete Seelsorger dem Gemeindeleben der Kreuzkirche einen starken Aufschwung und eine eigene Prägung zu geben. Die nach Auseinandersetzungen mit dem liberalen Pastor → Heinrich Wolf von strenggläubigen Lutheranern gegründete Gemeinde hatte sich 1862 von der unierten »Großen Kirche« abgespalten. So konnte S., der selbst einen entschiedenen Protestantismus vertrat, in seiner Amtszeit das theologische Profil der Gemeinde gegenüber der dominierenden »Großen Kirche« weiter stärken. Seit seiner Zeit in Breklum, wo später Geistliche auch für die Tätigkeit in Übersee ausgebildet wurden, der inneren und äußeren Mission verpflichtet, vertrat S. den Missionsgedanken auf mehreren Feldern, so vor allem in dem von ihm seit 1883 herausgegebenen Sonntagsblatt »Der Pilger zur Heimat«, das bis nach Übersee Verbreitung fand; das zunächst in Breklum und erst später in Bremerhaven gedruckte Organ, das überwiegend erbauende Beiträge enthielt, erschien

bis in die 1930er Jahre zeitweise in einer Auflage von mehreren tausend Exemplaren. Zu nach Übersee ausgewanderten Menschen aus dem Raum Bremerhaven hielt S. Kontakt. Mit der Hermannsburger Mission arbeitete er eng zusammen, und auf Missionsfesten außerhalb Bremerhavens war er ein gefragter Festredner. Im Zusammenhang mit dem Missionsgedanken ist auch sein umfangreiches soziales Wirken zu sehen, das er in engem Zusammenwirken mit seiner Frau Cecelie geb. Jacobsen (* 14.5. 1864 Hadersleben, † 9.6.1940 Brhv.) von Anbeginn verfolgte. 1883 begründete er die Wandererfürsorge, indem er einen Herbergsverein ins Leben rief, der 1887 die erste »Herberge zur Heimat« der Unterweserorte an der Deichstraße eröffnen konnte (Neubau 1894). Ferner initiierte er als erste kirchliche Jugendeinrichtungen den luth. Jünglingsverein (1883) und den Jungfrauenverein (1890) sowie eine Gemeindepflege (1888). Von allgemeiner kommunaler Bedeutung waren Einrichtungen wie die Volksbücherei (1888) und die Brockensammlung (1908), aus deren Erlösen ein Heim für Dienstmädchen und durchreisende Frauen finanziert wurde. Der von ihm betriebene, schon vor dem I. Weltkrieg geplante Bau einer neuen Kirche im Stadterweiterungsgebiet am Bgm.-Martin-Donandt-Platz, für die bereits ein Wettbewerb ausgeschrieben war, an dem der spätere Architekt → Hans Scharoun teilnahm, wurde allerdings nicht realisiert; der Ankauf des Grundstückes ermöglichte aber nach dem II. Weltkrieg durch Tausch den Wiederaufbau des kriegszerstörten Gotteshauses an nahegelegener Stelle.

Lit.: DBI, S. 3150; DBA I 1124, 110; Br. Pfarrerbuch, Bd. 2, S. 156; H. Körtge, Vom Gaswerk zur Grünanlage. Der Bgm.-Martin-Donandt-Platz im Wandel der Zeit, Brhv. 1997, S. 19-20, 42-45; M. Pörksen, Pastoren für Amerika. Aus der Geschichte des Breklumer Martineums, Breklum 1980, S. 9-15; J. Scholz, Festschrift zur Hundertjahrfeier der Ev.-luth. Kreuzkirche Brhv.-Mitte, Brhv. 1962, S. 5-23, 36.
Qu.: WNN, 11. u. 16.1.1934; StadtA Brhv., Meldekartei Alt-Brhv.
P.: Foto in Scholz (s. Lit.), S. 16.
E.: Grabstätte Brhv. Friedhof Wulsdorf.

H. Bi.

Schocken, Jeanette, geb. Pinthus; *Geschäftsfrau, Opfer des Nationalsozialismus.* * 9.7.1883 Halle (Saale), † vermutl. 1942 Minsk (Weißrußland) (isr.). Die Ehefrau des Kaufhausbesitzers → Joseph Schocken kam 1903 nach Bremerhaven. Sie entstammte einer seit 1839 in Halle ansässigen Kaufmannsfamilie; ihr Vater, Max Isidor Pinthus, war Inhaber eines florierenden, am Marktplatz der Stadt gelegenen Textilkaufhauses, das mit weiteren Kaufhäusern der Familie in anderen Orten in Verbindung stand. Somit ist davon auszugehen, daß Jeanette S. in einem durch Wohlstand und Bildung geprägten Umfeld aufwuchs und daß sie von Kind an auch mit der Geschäftswelt vertraut war. Das Ehepaar Schocken hatte drei Kinder: Edith (* 3.3.1907 Brhv.), Heinz (* 13.7.1910 Brhv.) und Hilde (* 18.2.1918 Brhv.). Nach dem Tod ihres Ehemanns im Nov. 1934 übernahm Jeanette S. gemeinsam mit ihrem Schwiegersohn Dr. Walter Elkeles, verheiratet mit ihrer ältesten Tochter Edith, die Geschäftsleitung der beiden Kaufhäuser in Bremerhaven und Geestemünde. Organisatorisch waren die beiden

vermögensrechtlich selbständigen Häuser mit der Kaufhauskonzernzentrale Schocken in Zwickau verbunden und mußten nach der »Arisierung« des Konzerns im Sommer 1938 an die neue Zentrale verkauft werden. Jeanette S. beteiligte sich aktiv am Leben der israelitischen Gemeinde und setzte sich als Mitglied der jüdischen Kaiser-Friedrich-Loge sowie mehrerer Frauen- und Wohltätigkeitsvereine für die sozialen Belange jüdischer Mitbürger ein. Nach der Pogromnacht 1938 emigrierten Heinz und Hilde Schocken in die USA. Walter Elkeles flüchtete mit seinen Kindern nach seiner Entlassung aus dem Konzentrationslager Sachsenhausen über England nach Palästina. Jeanette S. blieb in Bremerhaven, wahrscheinlich, um die Genesung ihrer psychisch erkrankten Tochter Edith abzuwarten. Beide konnten Deutschland nicht mehr verlassen. Jeanette S. lebte bis zu ihrer Deportation in ihrer Villa in der Wurster Str. 106 in Lehe, sie mußte aber andere Juden aus der Region aufnehmen, da ab 1939 im Zuge der antijüdischen Wohnraumpolitik jüdische Mieter zwangsweise in die Häuser jüdischer Besitzer eingewiesen wurden. Zu den Aufgenommen gehörte auch die Familie ihres jüngeren Bruders Erich Pinthus (* 2.11.1894, † 1942), der seit 1925 als Angestellter im Kaufhaus Schocken tätig gewesen war und dem sie ihre besondere Unterstützung angedeihen ließ. Mit insgesamt 570 jüdischen Frauen, Männern und Kindern aus Bremen und dem Regierungsbezirk Stade wurden Jeanette S. und Edith Elkeles wie auch ihr Bruder, dessen Frau und dessen vierjähriger Sohn am 17.11.1941 unter dem Vorwand eines geplanten Arbeitseinsatzes nach Minsk deportiert und sind dort oder an einem anderen Ort ermordet worden. Nach der Deportation versteigerte ein Auktionator im Auftrage des Finanzamtes Wesermünde öffentlich den noch verbliebenen Hausrat der Familie Schocken. Das Privathaus in der Wurster Straße wurde der Kriegsmarine übereignet; es befindet sich seit 1948 im Besitz der Arbeiterwohlfahrt und dient heute unter der Bezeichnung »Villa Schocken« als Altersheim. Zur Erinnerung an die Verfolgung jüdischer Bürger wurde in Bremerhaven ein Bürgerpreis für Literatur gestiftet, der seit 1991 als »Jeanette-Schocken-Preis« alle zwei Jahre vergeben wird.

Lit.: Gabcke, Bd. 3, S. 199-200, 213-214; H.-E. Happel u. a., Schocken. Eine deutsche Geschichte, Brhv. 2. Aufl. 1994; K. Hoffmann, Zwischen Opfer- und Täterrolle, in: Brhv. Beitr. III, S. 135-170, hier S. 137-142; Weiher, Jüd. Gemeinde, insbes. S. 47, 59-61; ders., Zur Erinnerung an die Familie Schocken, in: Ndt. Hbl. 496 (Apr. 1991); 10 Jahre Jeanette-Schocken-Preis, Brhv. 2000.
Qu.: StadtA Brhv., Meldekartei Alt-Brhv., Todeserklärung E. Pinthus; StadtA Halle, Auskunft 27.2.2002: u. a. Hallesche Zeitung, 17.9.1890.
P.: Foto in Gabcke, S. 213 u. Weiher, S. 61 (s. Lit.).
E.: Jeanette-Schocken-Preis (1990), Straßenbenennung Brhv.-Lehe (2001).

K. H.

Schocken, Joseph, gen. **Julius**; *Kaufhausbesitzer, Synagogenvorsteher.* * *19.10.1872 Margonin (Posen),* † *4.11.1934 Berlin (isr.).* Der Name Schocken ist mit einer der ersten deutschen Kaufhausketten mit Sitz in Zwickau verbunden. Der bekannteste Eigentümer war Salman S., der 1931 in Berlin den Schocken-Verlag begründete. Joseph S. betrieb sein Kaufhaus zwar rechtlich unabhängig vom Schocken-Konzern, arbeitete aber in Fragen des Einkaufs und der Personalausbildung eng mit seinen Brüdern zu-

sammen; zudem war er Mitglied des Konzern-Aufsichtsrats. S., der 1903 nach Bremerhaven kam, eröffnete dort zusammen mit seinem Geschäftspartner Jakob Spiro in der Bgm.-Smidt-Straße ein neues Kaufhaus. Nachdem Spiro 1913 ausgeschieden war, baute S. sein Geschäft weiter aus und übernahm zusätzlich 1929 das in der Geestemünder Georgstraße gelegene vormalige Kaufhaus Hirsch. S. zählte Ende der 1920er Jahre zu den bekanntesten Persönlichkeiten der Unterweserorte und war geachtet wegen seines sozialen Engagements. Seit 1917 beteiligte er sich aktiv am Leben der Synagogengemeinde Lehe-Geestemünde. Im März 1928 wurde er zum geschäftsführenden Synagogenvorsteher gewählt und bis zu seinem Tode 1934 zweimal wiedergewählt. Er vertrat in dieser Funktion die Interessen der jüdischen Gemeinde gegenüber den staatlichen Behörden und dem Landrabbinat in Stade. Wichtige Anliegen waren ihm die Verringerung der finanziellen Belastungen der Gemeinde durch das Landrabbinat und der Kampf um die Gleichberechtigung der Bremerhavener Gemeindemitglieder. Er zählte auch zu den Gründern des Vorsteherbundes der jüdischen Gemeinden in Nordwestdeutschland. Seinen Wohnsitz verlegte er 1928 von Bremerhaven nach Wesermünde-Lehe, wo er in der Wurster Straße ein angemessenes Domizil erwarb. Nach seinem Tod blieben seine Witwe → Jeanette S., die das Geschäft bis 1938 fortführte, und seine drei Kinder zunächst in Wesermünde und spielten eine wichtige Rolle innerhalb der jüdischen Gemeinde. Während der Sohn und eine Tochter 1938 in die USA emigrierten, wurden Jeanette S. und seine Tochter Edith 1941 von den Nationalsozialisten nach Minsk deportiert und sind dort umgekommen.

Lit.: K. Fuchs, Ein Konzern aus Sachsen, insbes. S. 81; H.-E. Happel u. U. Weiher, Schocken. Eine deutsche Geschichte, Brhv. 2. Aufl. 1994; U. Weiher, Zur Erinnerung an die Familie Schocken, Ndt. Hbl. 496 (April 1991); ders., Jüd. Gemeinde, S. 15-18, 60.
P.: Foto in Happel, S. 9 u. 24, sowie Weiher, Jüd. Gemeinde, S. 16 (s. Lit.).
E.: Villa Schocken Brhv.- Lehe (1988).

U. W.

Schönewald, Karl Friedrich Ferdinand, Dr. jur.; *Jurist, Oberbürgermeister, Direktor der Straßenbahn Wesermünde.* * 4.4.1878 Hannover, † 3.2.1964 Bremerhaven (ev.). Der Sohn des Generaldirektors der Deutschen Asphalt-Werke AG, Hannover, Carl S., legte in Hannover die Reifeprüfung ab und studierte Rechts- und Staatswissenschaften in Tübingen und München. Nach einem Studienaufenthalt in Paris promovierte er während seiner Referendarzeit in Göttingen an der dortigen Universität. Einer ersten Tätigkeit in der Kommunalverwaltung in der Stadt Brandenburg (Havel) folgte 1908 die Berufung zum Gemeinde-Syndikus des Fleckens Lehe. Hier wurde er 1916 zum Nachfolger des 1915 verstorbenen Bürgermeisters Eugen Kirschbaum gewählt. Mit Erfolg setzte er sich für die Verleihung der Stadtrechte an Lehe ein, was 1920 gelang. Danach wurde er der erste und letzte Oberbürgermeister der Stadt Lehe. Wie seine Kollegen → Dr. Walter Delius in Geestemünde und → Waldemar Becké in Bremerhaven hielt er die Vereinigung der drei faktisch zusammengewachsenen Unterweserstädte für dringend geboten. Jedoch lehnte

er ebenso wie der frühere Bremerhavener Stadtdirektor → Erich Koch-Weser die insbesondere von Delius betriebene Verschmelzung Lehes mit Geestemünde ab. Dagegen sprach nach seiner Überzeugung die weitaus engere Verbundenheit Lehes mit Bremerhaven. Außerdem seien die Eigeninteressen Lehes und Geestemündes stark unterschiedlich und ihre Trennung durch die für eine Besiedlung nicht geeignete »Geestelücke« beachtlich. Deshalb sei bis zur Vereinigung aller drei Städte der Zusammenschluß Lehes mit Bremerhaven anzustreben. Als Mitglied der bürgerlichen Deutschen Volkspartei sah er sich im Bürgervorsteher-Kollegium einer linken Mehrheit von SPD und KPD gegenüber. Da Entsprechendes auch für Geestemünde galt, gaben diese Mehrheiten den Ausschlag für die 1924 verfügte preußische Lösung der Vereinigung Lehes und Geestemündes zur neuen Unterweserstadt »Wesermünde«. Damit schied S. aus der Kommunalverwaltung aus, in der er sich mit besonderer Tatkraft für die Lösung der schwierigen Fragen eines finanziellen Lastenausgleichs zwischen der Wohnsitzgemeinde Lehe und der wirtschaftlich dominierenden Hafenstadt Bremerhaven eingesetzt hatte. Zunächst übernahm er die Geschäftsführung der Zweigstelle Bremerhaven der Handelskammer Bremen und amtierte daneben als Hilfsrichter an den Amtsgerichten Bremerhaven und Wesermünde-Lehe. Von 1933 bis 1946 leitete er als Direktor die Straßenbahn Bremerhaven-Wesermünde AG (seit 1939 Straßenbahn Wesermünde AG). S., der mit einer Leher Apothekertochter verheiratet war, engagierte sich für die Heimatforschung, so als Vorstandsmitglied des Heimatbundes der »Männer vom Morgenstern« und, nach dem Tode von → Dr. Johann Bohls, als Vorsitzender des Bauernhausvereins Lehe, dessen Ziele er auch in amtlicher Funktion von Anfang an unterstützt hatte.

Lit.: A. Meyer, Karl Schönewald, in: Nds. Lbb., Bd. 6, S. 281-300; J. J. Cordes, Dr. Schönewald zum 65. Geburtstag, in: Ndt. Hbl. 159 (März 1963); Scheper, Jüngere Geschichte, S. 93-94, 128-129, 143-156, 301.
P.: Foto in StadtA Brhv. (Dep. M.v.M.), abgeb. in Cordes u. Meyer, S. 281, u. Scheper, S. 144 (s. Lit.).
E.: Ehrenmitgl. Männer v. Morgenstern (1962).

H. Br.

Schönian, Johann Philipp **Adolph**; *Verwaltungsbeamter, Amtmann, Kreishauptmann. * 10.9.1814 Clausthal, † 11.2.1886 Hannover (ev.-luth.).* Als S. am 1.10.1857 die Stelle des Amtmanns in Lehe antrat, hatte er schon einige berufliche Stationen in der hannoverschen Verwaltung durchlaufen. Zuerst war er als Auditor in den Ämtern Rotenburg (1839), Ahlden (1840 und 1842) und Neustadt a. Rbg. (1841) tätig gewesen. Danach wirkte er als Amtsassessor (1843-1846) im Amt Wennigsen sowie (1847-1851) bei der Landdrostei Stade. 1852 wurde er zum Geheimen Regierungsrat ernannt. 1856 erfolgte die Versetzung als Amtmann ins Amt Duderstadt. Während seines knapp zwölfjährigen Wirkens im Amt Lehe war er der Vertreter der hannoverschen (ab 1866 der preußischen) Staatsregierung in Lehe und Geestemünde. In dieser Funktion begleitete und unterstützte er den Bau des von → Adolph Buchholz geschaffenen Geestemünder Handelshafens (1857-1863); nach dessen Fertigstellung führte er zusammen mit → August Dinklage den Vorsitz im neu geschaffenen Hafenamt. In seine Amtszeit fielen auch der Besuch des hannoverschen Königs Georg V. in Geestemünde, der sich über den Stand der Bauarbeiten vor Ort informierte, sowie die unspektakuläre Eröffnung des Handelshafens. Bei den zeitlich parallel laufenden Bauarbeiten für die 1862 eröffnete Eisenbahnlinie Bremen-Geestemünde-Bremerhaven hatte Schönian ebenfalls die örtliche Aufsicht geführt. Seine bei diesen beiden Großprojekten erworbenen Verdienste um Hafen und Stadt Geestemünde wurden schon kurz nach seinem Tod durch die Benennung einer Straße gewürdigt. Eine andere Facette seines Handelns als Vertreter der Staatsgewalt im Amt Lehe wird bei Schönian an folgenden zwei Punkten deutlich. Zum einen trat er als örtliche Polizeibehörde 1866 in einem Bericht an die Landdrostei Stade für die Genehmigung zur Gründung einer Ortsgruppe des Allgemeinen Deutschen Arbeitervereins in Geestendorf durch den Werftschlosser August Pagel ein. Zum anderen bemühte er sich bei dem Werftarbeiterstreik 1867 an der Unterweser, allerdings erfolglos, intensiv um eine Schlichtung zwischen den Werftunternehmern und den Werftarbeitern. Am 28. April 1869 wurde S. zum Oberregierungsrat ernannt und zum Direktor der Abteilung des Innern bei der Regierung in Königsberg berufen. 1880 in den Ruhestand getreten, verzog er bald darauf nach Hannover, wo er seine letzten Lebensjahre verbrachte.

Lit.: Behrens, S. 58-59, 112-113, 136-137; Bessell, S. 466; Gabcke, Bd. 1, S. 87-89; Herbig, S. 37, 70; A. Janowitz, Der Geestemünder Handelshafen 1850-1930, in: Brhv. Beitr. III, S. 9-90, hier S. 27, 45-50; Körtge, Straßennamen, S. 161; Allg. hann. Biogr., Bd. 1, S. 365-366; Schröder, Geschichte Lehe, S. 244-245, 539-540.
Qu.: Hannoverscher Kurier, 13.2.1886; NZ, 18.3.1964; Ordnungsamt Hannover, Hausbuch Langelaube 12, 1882; StadtA Brhv., Reg. 41A-22-61, P 1.
E.: Straßenbenennung Brhv.-Gmde. (1890).

D. D.

Scholz-Sende, Henriette **Ilse**, geb. Sende; *Modezeichnerin, Malerin.* * 17.11.1920 Bautzen (Oberlausitz), † 31.7.1981 Bremerhaven. S., Tochter eines Lokomotivführers, absolvierte nach der Schulzeit in Bautzen von 1936 bis 1938 ein Studium an der Akademie für Kunstgewerbe in Dresden und ließ sich zur Modezeichnerin ausbilden. Nachdem sie während des II. Weltkriegs als technische Zeichnerin gearbeitet sowie seit 1938 Glückwunschkarten und Briefpapier gestaltet hatte, war sie bis 1951 in Bautzen als Modezeichnerin und freischaffende Malerin tätig. 1952 siedelte sie nach Bremerhaven über, um den dort lebenden Sportjournalisten Helmut Scholz zu heiraten. Weiterhin als freie Künstlerin tätig, wandte sie sich in den 1970er Jahren, angeregt und gefördert durch den Hamburger Völkerkundler Rolf Italiander, der naiven Malerei zu. Sie beteiligte sich in diesem Zusammenhang erfolgreich an Ausstellungen und Wettbewerben; ihre Arbeiten wurden vielfach auch in Kalendern und Zeitschriften veröffentlicht. 1979/80 führte sie Maltherapien für behinderte Kinder in den Elbe-Weser-Werkstätten durch.

Lit.: Grapenthin, S. 336-339, 509.

R. K.

Schriever, Carl Friedrich; *Zeichenlehrer, Maler, Zeichner.* * 19.12.1878 Buxtehude, † 4.8.1968 Osnabrück (ev.-luth.). Aus einfachen Verhältnissen stammend, wuchs S. überwiegend bei seinen Großeltern in Lüneburg auf, wo er es zur mittleren Reife brachte. Nach Ausbildung zum Volksschullehrer war er, unterbrochen durch ein dreijähriges Studium an der Kunstschule Berlin, von 1899 bis 1904 als Lehrer in Schneverdingen und Altenwerder (Hamburg) tätig. Eine Ende 1904 angetretene Stelle als Lehrer an der Realschule in Mewe (Weichsel) mußte er, als das Gebiet 1920 an Polen fiel, verlassen, woraufhin er sich, aufgrund von Erkundigungen bei seinem ehemaligen Studienkollegen → Hinrich Thies, beim Realgymnasium Geestemünde (heute Wilhelm-Raabe-Schule) bewarb. Dort war er dann als Zeichenlehrer tätig. Als diese Stelle 1932 eingezogen wurde, wurde er nach Osnabrück versetzt, wo er bis zu seiner Pensionierung 1944 am staatl. Reform-Realgymnasium unterrichtete. S., der sich überwiegend mit Aquarellen und Graphiken befaßte und der sich in seiner Geestemünder Zeit in Worpswede fortbildete, hat eine Reihe von Ansichten der Unterweserorte und der näheren Umgebung hinterlassen; zahlreiche Aufträge verdankte er der Industrie- und Handelskammer. In gleicher Weise war er später in Osnabrück aktiv. Daneben verfaßte und illustrierte er eine Familienchronik, entwarf Familienwappen und fertigte lustige Linolschnitte zum Thema Schule, Schüler und Lehrer.

Lit.: Grapenthin, S. 150-155, 510.
P.: Selbstporträt, 1933 (abgeb. in Grapenthin, S. 150).

R. K.

Schroeder, Eduard; *Hof- und Ziegeleibesitzer, Bankdirektor, Unternehmer, Kommunalpolitiker.* * *17.10.1866 Harsefeld (Kr. Stade),* † *14.9.1942 Wesermünde (-Wulsdorf) (ev.-luth.).* S. wuchs an seinem Geburtsort und in Jork auf, wo zuletzt sein Vater Andreas Julius S. (1829-1895) Pastor und Superintendent gewesen war, und kam 1888 nach Wulsdorf, als dieser sein Amt als Superintendent des Kirchenkreises Wulsdorf antrat. Der »Bauernpastor« war verheiratet mit Anna Allers, der Tochter des ehemaligen Wulsdorfer Provinziallandtagsabgeordneten und Hausmanns Johann A. (1773-1859). Auf diese Weise war der Besitz umfangreicher Ländereien in die Familie gekommen, die mit dem Anwachsen der Unterweserorte zunehmend an Wert gewannen. Nach dem Tode der Eltern verfügte S. daher seit 1891/95 über ein ansehnliches Vermögen, das ihm zahlreiche geschäftliche Unternehmungen erlaubte. Zusammen mit → Johann Allers gehörte er um 1900 zu den wirtschaftlich und politisch Aktiven, die Wulsdorf als eigenständige Stadtrandgemeinde Geestemündes zu einem kleinstädtischen Lebens- und Wirtschaftsraum zu entwickeln suchten. Von Anfang an Mitglied des 1898 gegründeten Spar- und Darlehensvereins Wulsdorf (seit 1909 Wulsdorfer Bank), leitete er später das Kreditinstitut als Vorstand. 1903 beteiligte er sich finanziell an der 1874 von Paul Beneken errichteten Ringofen-Ziegelei, was weitere Modernisierungen der Brennöfen und Maschinenanlagen ermöglichte, und übernahm bald die Führung des Unternehmens, das er 1919 an den Nesser Ziegeleibesitzer Heinrich Wohlers verkaufte; ein Teil des Ofenhauses ist heute noch zu sehen. Von 1902 bis 1914 beteiligte er sich zusammen mit Johann Allers an der Torfstreufabrik Becken & Co. in Hetthorn, deren Geschäftsführung in seinen Händen lag. Daneben war S. seit 1897 Ausschußmitglied der Gemeindeverwaltung, Mitglied des Schulvorstandes und später Beigeordneter (2. Verwaltungsbeamter) der Gemeinde Wulsdorf; in letzterer Funktion übte S. bei der Eingemeindung Wulsdorfs in Geestemünde (1920) einen wichtigen Einfluß aus. Von 1924 bis 1929 war er als Bürgervorsteher (Stadtverordneter) der bürgerlichen Fraktion in Geestemünde bzw. Wesermünde noch einmal kommunalpolitisch tätig; vom Mai bis Okt. 1924 gehörte er als ehrenamtlicher Senator auch dem Magistrat der Stadt Geestemünde an. Danach lebte S. als Privatmann in seiner stattlichen, mit einem Park umgebenen Villa an der Weserstraße im neuen Ortszentrum Wulsdorfs.

Lit.: Bickelmann, Lune, S. 130-132, 160-162, 185, 187, 201 (Anm. 128); Körtge, Straßennamen (Allers), S. 42; Meyer, Pastoren, Bd. 2, S. 493; Wulsdorf, älter als 850 Jahre, Brhv. 1889, S. 66, 99-101.
Qu.: NWZ, 16.9.1942; Adreßbuch Wulsdorf, 1903-1920, u. Wesermünde 1925, 1928, 1930; StA Stade, Rep. 72/172 Geeste, Nr. 12859, Rep. 268, Nr. 2215; StadtA Brhv, P2/190 u. Personalakte E. S.
E.: Grabstein Friedhof Alt-Wulsdorf.

E. St.

Schröder, Hermann; *Lehrer, Heimatforscher.* * *9.5.1868 Lünzen (Kr. Soltau),* † *10.5.1946 Wesermünde (-Lehe) (ev.).* Der aus einem alten Bauerngeschlecht der Lüneburger Heide stammende S. begann nach der Volksschule eine Tischlerlehre, wurde aber dann in eine Präparandenanstalt geschickt und erhielt daneben Privatunterricht in Latein. Von 1887 bis 1890 absolvierte er das Lehrerseminar in Stade und wurde nach seiner Junglehrerzeit im Kreis Bremervörde 1894 nach Lehe an die Gärtnerschule (heute Lutherschule) versetzt, wo er, zuletzt als Konrektor, bis zu seiner Pensionierung (1932) blieb. In seinen historischen Neigungen durch seinen Stader Seminarlehrer ge-

fördert sowie durch archäologische Ausgrabungen im Bremerhavener Umland (u. a. → Friedrich Plettkes Bodenfunde in Westerwanna) angeregt, widmete er sich intensiv der Heimatforschung, insbesondere der Geschichte des Fleckens Lehe. Aus seiner Feder stammt neben zahlreichen kleineren Beiträgen die Festschrift »Aus unserer Franzosenzeit«, die er 1913 im Auftrage des Heimatbundes der »Männer vom Morgenstern« aus Anlaß der 100-Jahr-Feier des Gefechtes an der »Franzosenbrücke« verfaßte. Mit der 1927 erschienenen »Geschichte der Stadt Lehe«, die auf umfangreichen Quellenforschungen im ehemaligen Fleckensarchiv beruht, legte er die bis heute einzige Gesamtdarstellung der Bremerhavener Vorgängergemeinde vor. Aus seinen Schriften spricht vielfach das Bedauern über eine historische Entwicklung, die Lehe zunehmend in den Schatten des aufblühenden Hafenortes Bremerhaven stellte.

Lit.: R. Capelle, Hermann Schröder zum Gedächtnis, in: Jb. M.v.M. 31 (1948), S. 167-169; J. J. Cordes, Hermann Schröder, in: Br. Biogr. 1912-62, S. 460-461; Körtge, Straßennamen, S. 105-106.
Werke: Auswahl bei Cordes (s. Lit.).

Nachlaß: Mat. im StadtA Brhv.
P.: Foto im StA Br.
E.: Ehrenmitgl. »Männer vom Morgenstern«, Straßenbenennung Brhv.-Leherheide (1958).

G. R.

Schuchmann, Behrend Hermann Wilhelm; *Kaufmann, Reeder.* * 16.4.1889 Geestemünde, † 3.3.1969 Hamburg (ev.). Nach dem Besuch der Bürgerschule in Geestemünde ging S., ältester Sohn des Reeders → Wilhelm S., nach Harburg, wo er bei der Firma Heinecke & Co. eine kaufm. Lehre absolvierte. Anschließend sah er sich für drei Jahre in England und Schweden um, bevor er 1911 in die väterliche Firma als Prokurist eintrat. Diese Tätigkeit wurde 1914-1918 durch den Kriegsdienst bei der Kaiserlichen Marine unterbrochen, bei der S. es zum Leutnant d. R. brachte. Nach Kriegsende widmete er sich wieder dem angestammten Reedereigeschäft. 1925 ging er nach Hamburg und übernahm schließlich den Posten des Vorstandsvorsitzenden bei der dort ansässigen Bugsier-, Reederei- und Bergungs-AG, nachdem die Firma Schuchmann dort die Aktienmajorität erlangt hatte. Gleichzeitig blieb S. Teilhaber der inzwischen nach Bremerhaven übergesiedelten Firma W. Schuchmann und wirkte auch noch als Mitglied des Aufsichtsrats der Norderwerft in Hamburg, die sich durch den Bau kleinerer und mittlerer Seeschiffe einen Namen gemacht hatte. Nach dem II. Weltkrieg konnte die Firmengruppe S.s wieder aufgebaut werden, nicht zuletzt in dem gerade in der Nachkriegszeit so wichtigen Bergungsgeschäft. Die Bugsier-Reederei und ihre Zweigfirmen avancierten somit wiederum zur führenden Schlepp- und Bergungsreederei unter deutscher Flagge, eine Tatsache, die durch die Indienststellung der beiden Hochseebergungsschlepper ARCTIC und OCEANIC 1969 unterstrichen wurde. Die beiden Schwesterschiffe waren bei der damaligen »Hauswerft« der Reederei, F. Schichau in Bremerhaven, erbaut worden und galten damals als die leistungsfähigsten Schlepper der Welt. S. übernahm 1953 das Amt des Aufsichtsratsvorsitzenden der Firmengruppe, während sein Sohn zum Vor-

ca. 1959, zusgest. 1999 (1 Ex. im StadtA Brhv.).
P.: Foto in Hbg. Abendbl., 18.4.1964.

Chr. O.

Schuchmann, Fimmo **Wilhelm**; *Kaufmann, Reeder.* * 22.6.1858 Neuharlingersiel (Kr. Wittmund), † 5.4.1943 Bremerhaven (ev.).* Der Sohn eines ostfriesischen Schuhmachermeisters besuchte nur unregelmäßig die Volksschule und verließ mit 13 Jahren seine Heimat, um in Geestemünde eine Lehre bei seinem Onkel, dem Schiffsausrüster Onno Janssen Fimmen, zu beginnen. Danach war er in verschiedenen Hamburger Schiffsmaklerfirmen tätig, ehe er am 1.2.1884 in Geestemünde eine eigene Schiffsmaklerei gründete. 1889 stieg er zusätzlich in das Reedereigeschäft ein. Zunächst hielt er Anteile an verschiedenen Schiffen, dann aber baute er eine eigene Flotte von Segelschiffen sehr unterschiedlichen Typs auf. Bis zum I. Weltkrieg wurde daraus eine Reederei, die mit Schonern vor allem billige Massengüter aus Skandinavien und Schottland heranschaffte und die mit dem firmeneigenen Kohlenhandel eng verbunden war. 1913 wurde der erste Frachtdampfer angeschafft. Nach dem I. Weltkrieg gelang ihm der Einstieg in das Schlepp- und Bergungsgeschäft. 1924 erfolgte die Indienststellung des Motorschleppers SEEFALKE, der von J. C. Tecklenborg in Geestemünde erbaut worden war und der nach einer ereignisreichen Karriere als Hochseebergungsschlepper seit 1970 zu den Außenexponaten des Deutschen Schiffahrtsmuseums in Bremerhaven gehört. S., seit 1924 Mitglied des Plenums der Industrie- und Handelskammer Geestemünde, verlegte 1926 seinen Firmensitz nach Bremerhaven. Gleichzeitig nahm er in Bremen Kredite auf und strebte den Erwerb der Bugsier- Reederei- und Bergungs AG in Hamburg an. Die Anfänge dieser Reederei gehen auf das Jahr 1866 zurück; das Unternehmen besaß eine Schlepperflotte in Hamburg sowie Frachter und Bergungsfahrzeuge. 1923 hatte man den 1886 gegründeten und an der deutschen Küste legendären Nordischen Bergungsverein (NBV) als Tochterfirma und damit nicht nur zusätzliche Bergungs-

stand berufen wurde. Im selben Jahr erwarb S. 45 Prozent des Aktienkapitals der Hamburg-Amerika-Linie (Hapag) und konnte nachfolgend sogar die Majorität erlangen. Sein Schwiegersohn Dr. Otto Wachs trat 1954 in den Vorstand ein, S. wurde 1956 Vorsitzender des Aufsichtsrats, dem auch sein Sohn angehörte. Doch wegen der z. T. sehr eigenmächtigen Ausübung seines Einflusses stieß S. innerhalb des Unternehmens und in Hamburger Wirtschaftskreisen auf großen Widerspruch, so daß er 1958/59 seine Anteile an die Deutsche Bank verkaufte und sich gemeinsam mit Sohn und Schwiegersohn aus der Hapag zurückzog. S. blieb bis zu seinem Tode Aufsichtsratsvorsitzender der Fa. W. Schuchmann in Bremerhaven.

Lit.: DBI, S. 3213; Reichshandbuch, Bd. 2, S. 1715; A. Kludas u. H. Bischoff, Die Schiffe der Hamburg-Amerika-Linie, Bd. 3: 1927-1970, Herford 1981; R. H. Schnake, Bugsier-, Reederei- und Bergungs-Gesellschaft mbH, Herford 1992, insbes. S. 27-56; Wenzel, Sp. 2058.
Qu.: Hbg. Abendblatt, 18.4.1964, 4.3.1969, 6.3.1969; Die Welt, 5.3.1969; Vom Schiffsmakler zur Reederei. 75 Jahre Reederei W. Schuchmann, maschschr. Mskr.,

schiffe, sondern vor allem spezielles Knowhow gerade auf diesem Fachgebiet erwerben können. Zwar war S. bereits zum 1.1.1926 aus seiner Firma nominell ausgeschieden, doch gilt er in der Literatur als treibende Kraft hinter der Übernahme der von der Hapag dominierten Hamburger Firmengruppe, die für ihn ein wichtiges strategisches Ziel und eine willkommene Ergänzung seiner eigenen Flotte darstellte. 1926 konnte S. die Aktienmajorität bei der »Bugsier« erringen. Dieses Vorgehen stieß auf einigen Widerstand, der auch vor Gericht ausgefochten wurde, doch konnte sich S. schließlich durchsetzen. Seine tatkräftige, mitunter aber auch rauhbeinige Art war an der deutschen Küste durchaus bekannt. Die nun zusammengehörigen Reedereien (Bugsier-Reederei, NBV, Schuchmann) behielten auch nach der Übernahme durch S. ihren Firmenmantel. Zwar lag nun der Schwerpunkt der von seinem Sohn → Behrend S. geleiteten Firmengruppe in Hamburg, doch ein Zweigbetrieb verblieb unter der Firma W. Schuchmann in Bremerhaven, dessen Geschäftsführung zum 1.1.1939 von S. an seine beiden Söhne Hermann (1890-1980) und Heinrich (1898-1975) ging. Die historischen Bremerhavener Wurzeln kommen noch heute dadurch zum Ausdruck, daß die Bugsier-Reederei eine Niederlassung im Neuen Hafen in Bremerhaven unterhält und einige Fahrzeuge dort stationiert hat. S., der 1929 im Aufsichtsrat der Bugsier-Reederei nachweisbar ist, übte noch bis zu seinem Tod einigen Einfluß in seinen Unternehmungen aus.

Lit.: DBI, S. 3213; Gr. Bremen-Lexikon, S. 641; A. Dierks, Bremerhaven. Tätige Stadt im Nordseewind, Brhv. 6. Aufl. 1965, S. 141; H. Kloppenburg, W. Schuchmann, in: Br. Biogr. 1912-62, S. 466-467; L. Huckeriede-Schulz, Die dt. Schiffahrt u. ihre Männer, Hbg. 1929, S. 142; R. Schmelzkopf, Die Bugsier-, Reederei- und Bergungs-AG Hamburg, in: Schiffahrt International/Seekiste, Jg. 1973, S. 552-571 (H. 12); Siebs, Grauer Strand, S. 92-93; R. H. Schnake, Bugsier-, Reederei- und Bergungs-Gesellschaft mbH, Herford 1992, S. 27-34; Schwemer, S. 19-20; Wenzel, Sp. 2058.
Qu.: NZ, 13.6.1973, 7.6.1980 (Hermann u. Heinrich S.); 50 Jahre Reederei W. Schuchmann, in: WNN, 31.1.1934; Vom Schiffsmakler zur Reederei. 75 Jahre Reederei W. Schuchmann, maschschr. Mskr., ca. 1959, zusgest. 1999 (1 Ex. im StadtA Brhv.).
P.: Foto in StA Bremen, abgeb. u. a. in Dierks u. Huckeriede-Schulz (s. Lit.).
E.: Grabstätte Brhv. Friedhof Wulsdorf.

Chr. O.

Schübeler, Paul; *Pädagoge, Archäologe, Museumsleiter.* * 27.2.1877 Lüneburg, † 6.10.1954 Winsen a. d. Luhe (ev.). Als Sohn eines Lehrers in Lüneburg aufgewachsen, studierte S. Altphilologie, Geschichte und Geographie in Freiburg i. Br. und Göttingen, wo er in seinen letzten Studiensemestern als Assistent am Archäologischen Institut arbeitete. Nach mehreren kurzzeitigen Tätigkeiten im Schuldienst wurde er 1904 als Oberlehrer an das Reformrealgymnasium in Geestemünde (heute Wilhelm Raabe-Schule) versetzt. Dort unterrichtete er, unterbrochen durch die Teilnahme als Offizier im I. Weltkrieg und anschließende Kriegsgefangenschaft, bis zu seiner Pensionierung im Okt. 1939. Als Mitbegründer und Vorsitzender (1905-18) des Geestemünder (heute Bremerhavener) Tennisvereins, gehörte er zu den ersten, die das Tennisspiel zu einer organisierten Sportart ausbauten. S. befaßte sich daneben im Verein mit dem Heimatbund der »Männer vom Morgenstern« mit archäologischen Untersuchungen im Elbe-

Weser-Raum, wobei er in den Jahren 1908-10 insbesondere an den Ausgrabungen Carl Schuchardts an der Pipinsburg mitwirkte und danach mit Ausgrabungen am Langenberg bei Langen und auf dem sächsischen Urnenfriedhof in Westerwanna betraut wurde; einen großen Teil dieser Funde, die er auch veröffentlichte und die in der Fachwelt starke Beachtung fanden, übereignete er dem Geestemünder Morgenstern-Museum. 1928 wurde er, nach einer Vorbereitungszeit im Provinzialmuseum Hannover, wo ihn → Dr. Hans Gummel in die Museumsarbeit einführte, in Nachfolge von → Friedrich Plettke im Nebenamt zum Leiter des Morgenstern-Museums berufen. In seiner Amtszeit führte er u. a. eine Trennung der Bestände in eine Schau- und eine Studiensammlung durch und zeigte sich generell für eine publikumsorientierte Museumsarbeit aufgeschlossen. Die zeitliche Beanspruchung seiner Aufgaben vor allem mit archäologischen Arbeiten machte aber bald eine hauptamtliche Leitung erforderlich, mit der 1934 → Dr. August Köster und 1936 Dr. Barnim Lincke betraut wurden. Als dieser 1939 zum Kriegsdienst eingezogen wurde, übernahm der inzwischen pensionierte S. wieder die Leitung. Die von ihm durchgeführte Auslagerung der Museumsbestände in Luftschutzkeller innerhalb des Stadtgebietes erwies sich letztlich als fatal, da diese dort überwiegend dem Bombenangriff vom 18.9.1944 zum Opfer fielen. In dieser Nacht selbst ausgebombt, verzog S. nach Winsen a. d. Luhe, wo er bis zu seinem Lebensende blieb.

Lit.: H. Gummel, Professor Paul Schübeler zum Gedächtnis, in: Jb. M.v.M. 37 (1956), S. 13-14; Jb. M.v.M. 38 (1957), S. 37; Körtge, Morgenstern-Museum, S. 266-271; 75 Jahre Brhv. Tennisverein von 1905, Brhv. 1980, o. S.
Qu.: NZ, 12.10.1954.
Werke: u. a. *Bericht über die im Jahre 1910 vorgenommenen Ausgrabungen*, in: Jb. M.v.M. 12 (1909/10), S. 177-201; *Der Langenberg bei Langen, ein Grabhügel der älteren Bronzezeit*, in: Jb. M.v.M. 11 (1910), S. 110-146; *Zwei Grabhügel der älteren Bronzezeit zwischen Heidenstadt und Heidenschanze im Kreise Lehe*, in. Jb. M.v.M. 14/15 (19113), S. 243-254; *Das Museum im Dienste der Schule und der Volksbildung*, in: 50 Jahre Realgymnasium und Realschule in Geestemünde (1928), S. 27-30; *Die Neuordnung des Morgenstern-Museums*, in: Ndt. Hbl. 3/1932.
P.: Foto in Körtge (s. Lit.), S. 268.

H. K.

Schütte, Johann Heinrich Karl, Dr.-Ing. h. c.; *Schiffbauingenieur, Luftschiffkonstrukteur, Hochschullehrer. * 26.2.1873 Osternburg (heute zu Oldenburg, Oldbg.), † 29.3.1940 Dresden (ev.-luth.).* S. wuchs in Oldenburg als Sohn eines Kapitäns auf, der zeitweise die grhzgl. Yacht führte und später hoher Hofbeamter war. Er besuchte die Oberrealschule in Oldenburg, absolvierte ein Praktikum an der Kaiserl. Werft in Kiel und studierte von 1892 bis 1894 Schiffbau an der TH Charlottenburg. 1897 trat er als Schiffbauingenieur in den Dienst des Techn. Betriebs des Norddeutschen Lloyd (NDL) in Bremerhaven. Dort wurde er mit der Planung und Leitung der im Entstehen begriffenen Versuchsanstalt für Schleppversuche betraut, mit der der NDL unter dem Direktorium von → Dr. Heinrich Wiegand im Hinblick auf die Konkurrenzsituation im transatlantischen Schnelldampferverkehr die wissenschaftlichen Grundlagen für eine

Optimierung der Schiffsform zu verbreiten suchte. Zuvor hatte er sich im Auftrag des NDL mit der Schleppversuchsstation der italienischen Marine in La Spezia vertraut gemacht. Schon bald konnte S. grundlegende Erkenntnisse vorweisen, die u. a. bei der Konstruktion der Wellenhosen und der Anordnung der Schlingerkiele Anwendung fanden. Dabei ging er mehr intuitiv als analytisch vor. Er erprobte auch den Schiffswiderstand unter besonderen Bedingungen, vor allem in flachen Gewässern und Kanälen. Darüber hinaus erfand er einen Schwingungsmesser und konstruierte einen raum- und gewichtssparenden, schnell aufheizbaren Schiffskessel. Für die Norddeutschen Seekabelwerke in Nordenham entwarf er u. a. zwei Kabelleger. Aufgrund seiner Leistungen wurde er 1904 an die neuerrichtete TH Danzig 1904 als ord. Professor für theoretischen Schiffbau und Schiffskonstruktion berufen; dort richtete er auch eine aerodynamische Versuchsanstalt ein. Inzwischen hatte sich S. 1908, nach einem schweren Zeppelin-Unglück, dem Luftschiffbau zugewandt. Zusammen mit dem Mannheimer Landmaschinenhersteller Karl Lanz gründete er 1909 die Firma »Luftschiff- und Flugzeugbau Schütte-Lanz« mit Werken in Mannheim und Zeesen bei Berlin, in denen bis 1917 insgesamt 22 Luftschiffe und darüber hinaus etwa 1.000 Flugzeuge unterschiedlicher Bauart entstanden. Hinsichtlich der Formgebung der Luftschiffe konnte S., der als der Erfinder der Stromlinienform gilt, auf seinen in Bremerhaven gewonnenen Erkenntnissen aufbauen und sich als Seiteneinsteiger neben dem bereits etablierten Luftschiffbau behaupten. Die Vorzüge des Systems Schütte-Lanz gegenüber den Konstruktionsprinzipien des Grafen Zeppelin überzeugten auch die Militärführung, die diese Luftschiffe im I. Weltkrieg einsetzte, so daß sich schließlich auch Zeppelin gezwungen sah, wesentliche Komponenten zu übernehmen. Charakteristisch für S.s Konstruktion waren außer der Form des Schiffskörpers die Aufhängung der Motorgondeln, der durchgehende Kiel und die Verwendung von Holz statt Aluminium. Nach dem I. Weltkrieg stellte die Fa. Schütte-Lanz allerdings den Luftschiffbau ein. 1922 wechselte S. zur TH Berlin-Charlottenburg, wo er neben Schiffbau auch Luftschiffbau lehrte. Daneben übernahm er schon früh verantwortliche Aufgaben im Bereich wissenschaftlich-technischer Organisationen. Er war Gründungsmitglied (1899) und von 1930 bis 1939 Vorsitzender der Schiffbautechnischen Gesellschaft, Mitglied der technischen Kommission für Seeschiffahrt (seit 1905) und des Beirates des Reichsluftamtes (1918) sowie Vorsitzender der 1919 von ihm mitbegründeten Wissenschaftlichen Gesellschaft für Luftfahrt. 1926 übernahm er die Redaktion der Zeitschrift »Schiffahrt, Schiffbau und Hafenbau«. S., der seit 1898 mit der Bremerhavener Reederstochter Henriette Addicks verheiratet war und später in Berlin lebte, starb in einem Sanatorium in Dresden.

Lit.: DBI, S. 3218; DBE, Bd. 9, S. 175; Brockhaus, Bd. 19, S. 572; 100 Jahre STG, S. 458-459; H. Körtge, Schiffbautechn. Versuche d. Norddt. Lloyd, in: Nordsee-Kalender 1999, S. 76-78; Reichshandbuch, Bd. 2, S. 1795-1796; G. Timmermann, Die Suche nach der günstigsten Schiffsform, Oldbg. 1979, S. 87-89; Siebs, Grauer Strand, S. 83; Der Traum vom Fliegen. Johann Schütte, ein Pionier der Luftfahrt, Oldbg. 2000; Wer ist's 1935, S. 1451.
Werke: u. a. *Untersuchungen über Handelsschiffsformen*, in: Jb. STG 1901; *Der Einfluß d. Schlingerkiele a. d. Widerstand u. d. Rollbewegung d. Schiffe in ruhigem Wasser*, in: Jb. STG 1903; *Der Luftschiffbau Schütte-Lanz 1909-1925* (1926).
Qu.: NZ, 24.11.2001; StadtA Brhv., Meldekartei Alt-Brhv.; Auskunft Dr. Jandirk Schütte, Oldbg.
Nachlaß: früher in StadtMus. Oldbg., z. Zt. Aeronauticum Nordholz (Kr. Cuxhaven).
P.: Fotos im Nachlaß, Abb. u. a. in: Der Traum vom Fliegen (s. Lit.), Reichshdb. u. 100 J. STG.
E.: u. a. Geh. Regierungsrat (1913), Ehrendoktor TH Berlin (1917), Ehrenbürger TH Danzig (1922), Gold. Denkmünze Schiffbautechn. Ges. (1939), Ehrenmitgl. zahlr. Luftfahrtvereine; Straßenbenennung Oldbg.; Grabstätte Friedhof Osternburg.

H. Bi

Schultz, Helmut Martin → Gording, Peter

Schwarz, Gerhard Paul Joseph; *Polizeibeamter, Sportfunktionär*. * 18.11.1922 Breslau, † 18.2. 1989 Walchsee Schwaigs (Österr.), ⎕ Bremerhaven (kath.). Als Soldat der Kriegsmarine an die Unterweser gekommen, blieb S. nach dem II. Weltkrieg in

Bremerhaven und trat in den Polizeidienst ein. In seiner Freizeit widmete sich »Blakky« dem Leichtathletiksport als Trainer im Polizei SV. Er bildete zahlreiche Jugendliche zu Spitzenathleten aus. Als Sportwart des Kreis-Leichtathletik-Verbandes und später als dessen Vorsitzender richtete er die Deutschen Jugendmeisterschaften 1965 und 1976 in Bremerhaven aus. 1977 organisierte er im Nordsee-Stadion den Junioren-Länderkampf Deutschland-Polen und die Europacup-Zwischenrunde im Mehrkampf. Mit der Gründung der Leichtathletikgemeinschaft von Polizei SV und ATSB (1969) bereitete er den Weg zur Fusion mehrerer Vereine zum OSC Bremerhaven (1972) vor. Ihm wurden zahlreiche Ehrungen zuteil, u. a. durch den Deutschen Leichtathletik Verband (DLV). S. verstarb während eines Skiurlaubs in Österreich.

Lit.: Blinkfeuer, H. 2/1989 .
Qu.: NZ, 23.2.1989; StadtA Brhv., Meldekarteiauszug.
P.: Foto in Blinkfeuer, u. NZ (s. Lit. u. Qu.).
E.: u. a. Carl-Diem-Schild d. DLV (1984).

Kl. Zi.

Schwarz, Elisabeth Martha; *Pädagogin, Berufsschuldirektorin.* * *27.3.1898 Graudenz (Westpr.), † 10.1.1982 Bremerhaven (kath.).* Nach Absolvierung des Abiturs und Erwerb der Lehrbefähigung für die höhere Mädchenschule in Graudenz arbeitete die Tochter eines Konrektors ab 1918 dort zunächst als Lehrerin. Durch die Abtretung Westpreußens an Polen im Versailler Vertrag war sie gezwungen, ihre Heimatstadt zu verlassen. Eine zunächst in Elberfeld angenommene Stellung an einer höheren Privat-Mädchenschule gab sie 1922 für ein Zusatzstudium an der Handelshochschule in Leipzig auf. Nach bestandenem Examen trat sie 1925 als Handelsoberlehrerin bei der Städt. Gewerbe- und Kaufmannsschule in den Dienst der Stadt Wesermünde ein und wurde fünf Jahre später zur Fachschuloberlehrerin ernannt. Im Zuge der Neustrukturierung der Bremerhavener und Wesermünder gewerblichen, kaufmännischen und hauswirtschaftlichen Berufs- und Fachschulen wechselte sie 1934 als Beamtin der Stadt Bremerhaven an die dortige Kaufm. Schule in der Grenzstraße. Nach der Besetzung der Stadt durch alliierte Truppen wurde ihr im Juni 1945 zunächst die kommissarische, am 1. 12.1946 die endgültige Leitung der Kaufm. Lehranstalten übertragen. Nach 36jähriger Tätigkeit im Bremerhavener Schuldienst schied sie krankheitsbedingt am 31.3.1961 vorzeitig aus dem Erwerbsleben aus. Besondere Verdienste erwarb sich die unverheiratete Pädagogin, die als streng, aber auch verständnisvoll galt, durch ihren unermüdlichen Einsatz bei der Aufrechterhaltung des Unterrichts während des II. Weltkrieges und beim Wiederaufbau der Kaufm. Lehranstalten in den Nachkriegsjahren.

Lit.: 100 Jahre Berufsschulen in Bremerhaven, Brhv. 1960, S. 39-45, 58.
Qu.: NZ, 6.4.1961, 11. u. 12.1.1982; Adreßb. Wesermünde 1928 u. 1934; StadtA Brhv, Personalakte E. S.
P.: Foto in NZ ,12.1.1982, sowie in Personalakte.

D. D.

Schwiefert, Heinrich Christian; *Musiker, Gastronom, Theaterbesitzer.* * *23.2.1830 Bendeleben (Thür.), † 30.3.1898 Geestemünde (ev.-ref.).* Nachdem seine Eltern 1842 in die USA ausgewandert waren, kam der Sohn eines Krämers 1855 nach Bremerhaven. Er gehörte zu den ersten, die das Musikleben der jungen Hafenstadt bereicherten. Mit der »Harmonie-Kapelle« verfügte er bald über ein eigenes Ensemble, mit dem er Bremerhaven und das Umland mit Ball-, Tanz- und Konzertmusik versorgte; so gab er als erster Promenadenkonzerte auf dem Marktplatz und initiierte Karnevalsveranstaltungen. S., der seine Konzerte meist auch mit einem gastronomischen Angebot verband, konnte seine Aktivitäten ausweiten, als er 1868 den größeren Teil des ehemals von → C. J. Cornelius als Bootswerft und später als Sommerbühne genutzten Geländes erwarb, das er unter dem Namen »Volksgarten« zum Mittelpunkt des öffentlichen Gesellschaftslebens in Bremerhaven ausbaute. Mit dem ersten ständigen Konzert- und Veranstaltungssaal, in dem seit 1872 auch Opernaufführungen stattfanden, begründete S. die Ära des Bremerhavener Stadttheaters, für das er jeweils für eine oder mehrere Saisons künstlerische Leiter verpflichtete. Als dieses Anfang der 1880er Jahre in den Besitz eines Konsortiums überging, hatte sich S. bereits neu orientiert. 1876 hatte er den in Geestendorf bei der späteren Wulsdorfer Rampe gelegenen Landsitz des Bremerhavener Notars → Dr. C. J. Philippi gepachtet und zu einem Tanz- und Restaurationsbetrieb umgestaltet. Nach seinem Tode von seinem gleichnamigen Sohn, einem ehemaligen Steward, allein weitergeführt, war »Philippis Garten« bzw. »Schwieferts Garten«, der 1893 in Familienbesitz überging, noch lange Zeit ein beliebtes Ausflugslokal der Unterweserorte. An dessen Stelle wurde 1952 eine Kindertagesstätte errichtet, die später unter dem Namen Gorch-Fock-Heim der Jugendarbeit diente. Auch andere Mitglieder der Familie S. waren als Musiker und Gastronomen tätig, u. a. der Steward Ernst S., der von 1920 bis zum II. Weltkrieg die Lloydkaffeehalle am Kaiserhafen betrieb.

Lit.: DBI, S. 3270; Biogr. Jb. u. Dt. Nekr., Bd. 5 (1903), Totenliste für 1898, S. 58; Bessell, S. 485-486; Linder, S. 23, 32-33; A. Lähn, Das Theaterleben in Bremerhaven, in: NWZ, 30.4. 1927 (Jub.-Ausg.), Bl. 19; Sachau, S. 266-268; Wulsdorf, älter als 850 Jahre, Brhv. 1989,

S. 82; 100 Jahre Stadttheater Bremerhaven, Brhv. 1967, S. 17.
Qu.: NWZ, 2.4.1998; NZ, 18.9.1952; StadtA Brhv.: Zivilst.reg. 1855, Eheschl.; Bürgeraufnahmen Brhv. 1855 (362/21/2); Meldewesen 146; Meldekarteien Alt-Brhv. u. Geestemünde; Gebäudesteuerrolle Geestendorf, Bd. 1, Nr. 287; Häuserliste Geestendorf, Nr. 57 u. 58, Häuserliste Geestemünde II, S. 202.
P.: Foto in 100 J. Stadttheater (s. Lit.), S. 17.

H. Bi.

Schwoon, Melchior; *Kaufmann, Spediteur, Wasserwerksbesitzer, Kommunalpolitiker.* * 7.10.1809 Bockhorn (Oldbg.), † 11.11.1874 Bremerhaven (ev.). S. arbeitete nach seiner Schulentlassung 1826 bis Mai 1827 zunächst im Geschäft seines Vaters, der neben der Landwirtschaft hauptsächlich Holzhandel betrieb, allerdings in bescheidenen Verhältnissen lebte. Dann durchlief er eine dreijährige kaufm. Lehre im Hause des Konsuls McNamara in Brake. Als dieser in Bremerhaven ein Speditions- und Kommissionsgeschäft einrichtete, schickte er S. 1831 in die neugegründete Hafenstadt. Bald machte S. sich selbständig, gründete selbst ein Speditions- und Kommissionsgeschäft und arbeitete sich zu einem der angesehensten Kaufleu-

te der Stadt hoch; so bekleidete er lange Jahre das Amt eines britischen Vizekonsuls. Auch gehörte er zu den Gründern der Geestemünder Bank. Seinen Namen finden wir unter den Gemeindevorständen und 1848 unter den Bürgerschaftsabgeordneten in Bremen, wobei er sich vor allem in der Verfassungsdiskussion nachdrücklich für die Bremerhavener Interessen einsetzte. Er war von 1854 bis 1865 einer der beiden Bauherren der Großen Kirche (1860-65 Verwaltender Bauherr, d. h. Vorsitzender des Kirchengemeinderats) und fungierte von 1851 bis 1857 als Mitglied des Gemeinderats, zeitweise als Rechnungsführer. Besonders verdient machte sich S. um die Verbesserung der Trinkwasserversorgung Bremerhavens. Der seit 1838 bestehenden Wasserkunst von → Joh. Hinr. Eits und → J. G. Claussen machte er mit einem eigenen Wasserwerk Konkurrenz, für das er 1852 zusammen mit dem Kapitän Köper und mit dem Bierbrauer Aschoff vom Bremer Senat eine Konzession erhielt. Die Firma »Schwoon, Köper und Co.« errichtete in Lehe in unmittelbarer Nähe des Eitsschen Wasserturms eine dampfbetriebene Anlage mit 600 m^3 Fassungsvermögen auf einem von → Simon Loschen entworfenen neugotischen Turm, dem heute unter Denkmalschutz stehenden »Schwoonschen Wasserturm« im Leher Stadtpark. Die geschäftlichen Spannungen mit der Firma Eits, die nun ihrerseits ihre Anlagen modernisierte, baute die nächste Generation der Familien ab, indem sich 1870 S.s Sohn Johannes und die Eitstochter Anna vermählten; aus dieser Ehe ging → Melchior S. (Jun.) hervor. S. war in zweiter Ehe mit Jenny Wolf, der Tochter des Pastors → Heinrich Wolf verheiratet. Seine Tochter Auguste war Ehefrau des ersten Chefarztes des Bremerhavener Krankenhauses, Dr. August Soldan (1836-1897); sein Enkel → George Soldan wurde als Militärwissenschaftler bekannt.

Lit.: Bessell, S. 339-347, 371-376; 418-420, 503-504; Ernst, Colonie, S. 78-80, 93-94, 110-114, 120-125, 132-136; Gabcke, Bd. 1, S. 55-57, 69; Körtge, Straßennamen, S. 135; Sachau, S. 109, 146, 183, 229-230, 241, 282, Anhang, S. 39; Wolff, Friedhöfe, S. 51-52.
Qu.: NZ, 18. 11.1988; StadtA Brhv., Pr. XIII, Tagebuch M. Schwoon.
E.: Grabstätte Friedhof Lehe I, Straßenbenennung Brhv.-Lehe (1950).

W. W.

Schwoon, Melchior (Jun.); *Kaufmann, Wasserwerksbesitzer, Wirtschaftsprüfer. * 30.12. 1871 Bremerhaven, † 31.10.1956 Berlin (ev.).* Der Enkel des gleichnamigen Spediteurs und Gründers des Bremerhavener Wasserwerks → Melchior S. (sen.) sowie ältester Sohn von Johannes S. (1845-1924) absolvierte nach dem Besuch der Bremerhavener Realschule eine kaufm. Lehre bei dem Baumwollimportgeschäft Fritze & Co. in Bremen und war dann mehrere Jahre lang in Firmen unterschiedlicher Sparten in England tätig. Danach trat er als Prokurist in die Firma Schwoon & Co. (Wasserwerk) in Bremerhaven ein. Nach dem Tod des Vaters 1924 übernahm er zusammen mit seinen Brüdern deren Geschäftsführung, die er, seit 1939 Alleininhaber, bis zu deren vertragsgemäßem Übergang auf die Stadt Bremerhaven am 31.12.1946 innehatte. Seit 1907 in Berlin ansässig, beteiligte er sich dort zunächst an verschiedenen Unternehmungen. Mit der Gründung der Deutschen Treuhandgesellschaft für Warenverkehr (später Treu-

verkehr, Dt. Treuhand AG, Wirtschaftsprüfungsgesellschaft), die sich zu einem der größten deutschen Finanzierungs- und Revisionsunternehmen entwickelte, wurde er 1921 zu deren Vorstandsmitglied berufen. 1931 wurde er zum Wirtschaftsprüfer bestellt, einem der ersten dieses damals geschaffenen neuen Berufszweiges. Als solcher war er in den Jahren 1934-1937 mit seiner »Treuverkehr« mit der Konkursabwicklung des Bremer Nordwolle-Konzerns und deren Überprüfung befaßt. 1942 wechselte er in den Aufsichtsrat der Treuhandgesellschaft. S. war ein Mann von großer Bildung, insbesondere historischen und literarischen Interessen, die er durch zahlreiche Reisen ins europäische Ausland und in den Mittelmeerraum vertiefte. 1950 übereignete er der Stadt Bremerhaven eine große Sammlung von Büchern und Dokumenten zur Stadt- und Familiengeschichte, die Eingang in die Bestände der Stadtbibliothek und des Stadtarchivs fanden. Zu seinem 80. Geburtstag 1951 wurde ihm eine Ehrung durch die Stadt Bremerhaven zuteil.

Lit.: DBI, S. 3271; Reichshandbuch, Bd. 2, S. 1750-1751; Sachau, S. 39-40; Wenzel, Sp. 2100.
Qu.: NZ, 29.12.1951; StadtA Brhv., Reg. 41 A-22-42; StABr., 4,75/3-60.
Nachlaß: Dok. z. Familiengesch. im StadtA Brhv.
P.: Foto in StadtA Brhv., Abb. in Reichshdb. (s. Lit.), S. 1750, u. NZ, 29.12. 1951.
E.: Bundesverdienstkr. (1952).

H. Bi.

Seebeck, Georg Diedrich; *Kupferschmied, Werftunternehmer.* * 7.11.1845 Hammelwarden b. Brake (Oldbg.), † 27.2.1928 Bremerhaven, ☐ Brake (ev.). S. wurde als Sohn eines Schneidermeisters geboren, ging in Brake zur Schule und absolvierte in Oldenburg eine Lehre als Kupferschmied. Nach einigen Jahren Wanderschaft als Geselle in Deutschland, der Schweiz und Frankreich trat er 1871 in den kleinen Metallgießerei- und Kupferschmiedebetrieb der Witwe Schultz in Geestemünde ein und übte hier wohl die Position eines Geschäftsführers aus. 1876 konnte er sich mit Hilfe einer kleinen elterlichen Erbschaft selbständig machen und in der Geestemünder Bülowstraße eine bescheidene Kupferschmiede-, Klempnerei- und Gelbgießerwerkstatt gründen, die zur Keimzelle der späteren Seebeckwerft wurde. Aus der Struktur der Geestemünder Wirtschaft ergab sich, daß S. auch Aufträge für die heimischen Werften ausführte. Der nächste Schritt war die Konstruktion von kleinen Booten, Barkassen und Schleppern, die mit einem Wagen zum Geestemünder Querkanal transportiert und dort mit einem Kran oder auf einer provisorischen Ablaufbahn zu Wasser gelassen wurden. 1886 gelangte S. in den Besitz eines Grundstückes am südlichen Ostufer des Querkanals mit Eisenbahnanschluß. Somit waren die Voraussetzungen gegeben, um größere Boote zu bauen und den Betrieb zu erweitern. Der Maschinenbau und die Serienproduktion von Schiffen spielten von Anfang an eine wichtige Rolle. 1891 konnte S. durch den Erwerb der Geestemünder Dock- und Schiffbaufirma → Schau & → Oltmanns an der Geeste sein Geschäft beträchtlich ausdehnen und größere Schiffe auf Kiel legen. 1895 expandierte er mit dem Erwerb der Bremerhavener Schiffbau- und Dockunternehmen von → Lange und → Ulrichs am rechten Geesteufer und nutzte deren technische Anlagen weiter. Zugleich wandelte er das Unternehmen in eine Aktiengesellschaft um. Mit dem Kauf der Firma → Wencke schließlich waren im Jahre 1900 bis auf → Rickmers und → Tecklenborg alle an der Geestemündung beheimateten Unternehmen der Holz- und Segelschiffbauära in den Besitz von S. gelangt. Allerdings konnte auf die Dauer nicht der Nachteil der räumlichen Trennung der Produktionsstätten, die an beiden Ufern der Geeste verstreut lagen, beseitigt werden. Erst als er einen idealen Bauplatz am Südende des Geestemünder Handelshafens von der preußischen Regierung im Tausch gegen das ehemalige Gelände von Schau & Oltmanns erhalten hatte, konnte er in den Jahren 1906-1910 die zukunftsträchtige Investition einer modernen Werftanlage verwirklichen, die bis in den I. Weltkrieg ständig erweitert wurde. S. verlegte 1908 seinen Wohnsitz von Geestemünde nach Bremerhaven, wo neben der Geestebrücke auf dem ehemaligen Gelände von Wencke eine repräsentative Villa nach den Plänen des Architekten Joh. Allers entstand. Zu seinem 75. Geburtstag 1920 verlieh ihm die Stadt Geestemünde die Ehrenbürgerschaft. S. stellte daraufhin der Stadt Geestemünde 250.000 Mark zu Wohltätigkeitszwecken zur Verfügung, die jedoch durch die Inflation teilweise aufgezehrt wurden. Auch steuerte der Aufsichtsrat die gleiche Summe für eine Stiftung bei, die für hilfsbedürftige Mitarbeiter verwendet werden sollte. S. legte 1921 seine Vorstandsämter nieder und wechselte in den Aufsichtsrat; die Führung des Unternehmens übernahm sein langjähriger engster Mitarbeiter → Ferdinand Niedermeyer. S. war eine Unternehmerpersönlichkeit, die in vielen Bereichen zu Hause war. Die wohl hervorstechendsten Eigenschaften, seine Anpassungsfähigkeit und seine Mobilität, zeigten sich darin, daß er seinen Betrieb ständig ausbaute und die Chancen nutzte, wenn es galt, einen günstigeren Standort für seine Firma zu finden. S. erwies sich als ein ausgezeichneter Schiffbauer, Kaufmann und Organisator, der auch ein Gespür für fähige Mitarbeiter hatte und der Innovationen und Neuerungen konsequent durchführte. Insbesondere im Schleppdampferbau erlangte die Werft eine führende Stellung. Nach seinem Tode übernahm die Deutsche Schiff- und Maschinenbau AG in Bremen (Deschimag) das Unternehmen, das im Gegensatz zur Tecklenborg-Werft die schwere Schiffbaukrise der 1920er und 1930er Jahre überstehen konnte. Heute baut und repariert die Nachfolgefirma SSW Fähr- und Spezialschiffbau GmbH auf dem traditionsreichen Areal im Geestemünder Handelshafen immer noch Seeschiffe. S. wurde auf dem Friedhof seiner Heimatstadt Brake beigesetzt. Seine beiden Halbneffen wurden in Geestemünde durch eigene, z. T. bedeutende Unternehmen bekannt, der Kaufmann August S. (Farbenhandlung und -fabrik) und der Fabrikant Friedrich A. S. (1858-1918, Eisengießerei und Maschinenfabrik tom Möhlen & Seebeck).

Lit.: Bickelmann, Geestendorf, S. 210-211; Fisser, S. 81-94; F. Gerloff, Nachruf auf Georg Seebeck, in: Werft, Reederei, Hafen 9 (1928), S. 125; Gr. Bremen-Lexikon, S. 657-658; O. Höver, Georg Seebeck, in: Br. Biogr. 1912-62, S. 482-483; ders., Das Werk Seebeck der Deschimag 1876-1943, Brhv. 1943, S. 6-61; 75 Jahre Seebeckwerft, Brhv. 1951; Industrielle. Vertreter dt. Arbeit in Wort und Bild, Bln. o. J., Art. G. Seebeck. E. Lehmann, Georg Seebeck, in: 100 Jahre STG, S. 462-464; Körtge, Straßennamen, S. 94; A. Meyer, Verleihung des Ehrenbürgerrechts an Georg W. Claussen u. Georg Seebeck, in: Jb. M.v.M. 48 (1967), S. 82-88; Peters, Seeschiffbau, S. 112-126; B. E. Siebs, Georg Seebeck, in: Nds. Lbb., Bd. 4, S. 277-284.

P.: Foto u. a. in Gerloff, S. 125, Industrielle, Lehmann, S. 462, 75 Jahre Seebeck u. Siebs, S. 277 (s. Lit.).

E.: Ehrenbürger Gmde. (1920); Straßenbenennung Brhv.-Gmde. (1920); Grabstein Friedhof Brake, Dungenstraße.

D. J. P.

Seggel, Rolf; *Jurist, Kaufmann, Straßenbahndirektor.* * 19.6.1910 Geestemünde, † 7.1.1968 Rotenburg (Wümme), ☐ Bremen (ev.). Der Sohn des Geestemünder Chefarztes → Dr. Rudolf S. studierte nach dem Abitur am Bremerhavener Gymnasium (1928) Rechts- und Staatswissenschaften in Göttingen, München und Berlin. Danach war er kurzzeitig beim Senator für Häfen in Bremen und dann bei verschiedenen Industriekonzernen, zuletzt bei Klöckner tätig. Nach Krieg und Kriegsgefangenschaft stieg er 1946 bei der Bremer Straßenbahn AG als Syndikus ein und wurde dort 1949 zum kaufm. Direktor berufen. Er straffte die Organisation des Unternehmens und steuerte es erfolgreich durch den Strukturwandel der Nachkriegszeit. Durch langjährige ehrenamtliche Tätigkeit in nationalen und internationalen Gremien der Verkehrswirtschaft und des Verkehrswesens, u. a. als Vizepräsident und Mitglied verschiedener Fachausschüsse des Verbandes öffentlicher Verkehrsbetriebe sowie der Bundes-Sachverständigenkommission »Verkehr«, erwarb er sich im In- und Ausland den Ruf eines Verkehrsexperten. Er starb kurz vor seiner Pensionierung an den Folgen eines Herzleidens in einem Rotenburger Krankenhaus.

Lit.: DBI, S. 3283; Fschr. Gymn. Brhv., S. 127; Wer ist wer? 1955, S. 1111.
Qu.: WK, 8.7.1968.
P.: Foto in WK.
E.: Ehrenring Verb. Öff. Verkehrsbetriebe.

H. Bi.

Seggel, Rudolf, Dr. med. habil; *Mediziner, Chefarzt.* * 30.4.1872 München, † 2.5.1955 Bremerhaven (ev.). S. entstammte einer angesehenen Arztfamilie; der Vater, Dr. Karl Seggel (1837-1909), war kgl. bayrischer Generalarzt. Rudolf S. studierte nach dem Besuch des Maximilians-Gymnasiums (Abitur 1890) Medizin an der Univ. München und erhielt 1895 die Approbation. Nach Absolvierung eines halbjährigen Volontariats an der Charité in Berlin Anfang 1896 war er von Aug. 1896 bis Mai 1903 als Assistenzarzt (seit 1902 als 1. Assistent) an der chirurgischen Klinik in München tätig. Nach seiner Habilitation im Fach Chirurgie (Dez. 1902) wurde er im Jan. 1903 als Privatdozent in die dortige medizinische Fakultät aufgenommen. Im Juli 1903 sah er sich aufgrund von Zwistigkeiten mit einem Kollegen gezwungen, seine aussichtsreiche Stellung aufzugeben. Er wechselte zunächst zur chirurgischen Klinik in Marburg, bis sich ihm die Gelegenheit bot, zum 1.10.1904 in Nachfolge von → Dr. Otto Hartwig die Leitung des neu erbauten Krankenhauses Geestemünde anzutreten (mit der Amtsbezeichnung Oberarzt, 1929 ärztl. Direktor). Neben der Gesamtleitung des Krankenhauses oblag ihm die Leitung der chirurgischen Abteilung; damit verbunden waren später auch die Leitung der Krankenpflegeschule mit entsprechenden Lehrverpflichtungen. Ebenso führte er die von Hartwig übernommenen Aufgaben des Armenarztes weiter. Unter seiner langjährigen Leitung gewann das Geestemünder Krankenhaus ein ausgeprägtes Profil. S. selbst galt als Spezialist für Bauchchirurgie und Verletzungen, insbesondere für Knochenbrüche. S. übte seine Funktion bis über die Pensionsgrenze hinaus aus; zum 1.6.1943 ließ er sich aus gesundheitlichen Gründen zur Ruhe setzen, wobei er jedoch die Leitung der Krankenpflegeschule beibehielt. Nachdem er anschließend noch ein Jahr in Glücksburg tätig gewesen war, unterstanden ihm von 1945 bis 1949 die Massageschulen der städt. Krankenhäuser. S., der seit 1902 mit der Arzttochter und Frauenrechtlerin → Sophie Seggel verheiratet war, widmete sich in den letzten Lebensjahren der mittelalterlichen Geschichte. Sein Sohn → Rolf S. wurde als Verkehrsexperte und Direktor der Bremer Straßenbahn AG bekannt.

Lit.: DBI, S. 3283; DBA I, 1170, 143-144, II, 1212, 74-78.
Qu.: NZ, 29.4.1952, 3.5.1955; StadtA Brhv, Personalakte R. S., Meldekartei Brhv. nach 1945 I.
Werke: Veröff. in DBA II, 1212, 78.
P.: Foto in NZ, 29.4.1952.
E.: Sanitätsrat (ca. 1920).

H. Bi.

Seggel, Sophie, geb. Schmid; *Frauenrechtlerin, ehrenamtl. Fürsorgerin.* * 13.3.1875 Bad Reichenhall, † 11.4.1961 Bremerhaven (ev.). Die Tochter des kgl. bayrischen Hofrats und Badearztes Dr. Adolf Schmid, seit 1902 verheiratet mit dem Chirurgen → Dr. Rudolf S., kam 1904 nach Bremerhaven, als ihr Mann die Position des Chefarztes am Geestemünder Krankenhaus antrat. Seit 1905 Mitglied des Vaterländischen Frauenvereins vom Deutschen Roten Kreuz, nahm sie sich schon bald mit Tatkraft und großem Sachverstand sozialer und karitativer Aufgaben an. Einen Schwerpunkt bildete zunächst die Fürsorge für uneheliche Kinder, die sie zu einem Betreuungs- und Beratungssystem ausbaute. Nachdem sie im I. Weltkrieg die Kriegsfürsorge des Vaterländischen Frauenvereins geleitet hatte, setzte sich sie danach, u. a. durch Vorträge, für die rechtlichen und sozialen Belange von Frauen ein. In diesem Zusammenhang nahm sie auch ein Mandat als Bürgervorsteherin (Stadtverordnete) in Geestemünde wahr (1919-1924, Deutsche Demokratische Partei). 1924 wurde auf ihre Initiative der Stadtfrauenbund, ein Zusammenschluß von 35 Frauenverbänden, gegründet, den sie bis zur Gleichschaltung durch die Nationalsozialisten 1933 leitete. Es gelang ihr dabei, eine enge Zusammenarbeit zwischen den freien Wohlfahrtsverbänden und den kommunalen Einrichtungen herzustellen. Mitgründerin der Arbeitsgemeinschaft Bremerhavener Frauenvereine, trug sie nach 1945 zur schnellen Wiederaufnahme der Arbeit freier Wohlfahrtsverbände bei. Als vornehme Dame von umfassender Bildung, die in den ersten Nachkriegsjahren regelmäßig auch Kurse über Literatur und Malerei für Jugendliche veranstaltete, ist sie älteren Bremerhavenern noch in Erinnerung. Sie blieb bis ins hohe Alter in der Frauenarbeit (u. a. im Deutschen Evangelischen Frauenbund und im Deutsch-Amerikanischen Frauenclub) aktiv und setzte sich in diesem Rahmen auch für die Völkerverständigung ein.

Qu.: NZ, 12.3.1955, 15.3.1955, 12.4.1961, 17.4.1961; StadtA Brhv., Meldekartei Brhv. nach 1945 I, Personalakte Rudolf Seggel, Hauptamt I Nr. 288, Wesermünde 004/18/4.
P.: Gruppenfoto in NZ, 15.3.1955.
E.: Bundesverdienstkr. (1955).

H. Bi.

Seggern, Marie von, geb. Schliep; *Kommunalpolitikerin, Parlamentarierin, ehrenamtliche Fürsorgerin. * 16.7.1884 Lehe, † 16.2. 1973 Bremerhaven.* Die Maurerstochter kam schon in jungen Jahren mit der Arbeiterbewegung in Berührung. Zunächst als Plätterin und Hausgehilfin tätig, bewarb sie sich 1902 beim damals gegründeten Konsum- und Sparverein »Unterweser« um eine ausgeschriebene Stelle und wurde damit die erste festangestellte Verkäuferin der Genossenschaft. 1908, drei Jahre nach der Heirat mit dem Tischler Johann (Jonny) von S., trat

sie in die SPD ein. Dort engagierte sie sich u. a. für Frauenfragen; so nahm sie 1919 als Delegierte an der ersten Frauenkonferenz in Weimar teil. Mit der Einführung des Frauenwahlrechts begann auch ihre politische Karriere. Enge Weggefährtin von → Gerhard van Heukelum, zog sie 1919 (als eine von zwei Frauen) für die Mehrheitssozialdemokraten in die Bremerhavener Stadtverordnetenversammlung ein, der sie bis zum Ausschluß der SPD-Mitglieder durch die Nationalsozialisten im Juni 1933 angehörte. Dort setzte sie sich, ebenso wie in Einrichtungen der freien Wohlfahrtspflege, vor allem für soziale Belange ein (Wohnungs- und Wohlfahrtsausschuß). 1920 gehörte sie gemeinsam mit → Mathilde Rupperti zu den Gründungsmitgliedern der Arbeiterwohlfahrt Bremerhaven, unter deren Vorsitz diese einen raschen Aufschwung nahm. Zur Zeit des Nationalsozialismus verfolgt, gehörte sie 1945 wieder zu den Frauen der ersten Stunde, u. a. als Vorstandsmitglied der neugegründeten SPD. Zunächst zum Mitglied der ersten, von der Militärregierung ernannten Stadtvertretung berufen, wurde sie 1947 (1948-51 Beisitzerin des Stadtverordnetenvorstehers) und dann wieder 1951 zur Stadtverordneten gewählt; wegen eines Beinleidens legte sie aber 1952 das Mandat nieder. Von 1947 bis 1951 nahm sie auch ein Mandat als Mitglied der Bremischen Bürgerschaft wahr. In beiden Gremien wandte sie sich erneut vorrangig den Bereichen Wohlfahrtswesen, Gesundheit und Schule zu. Seit 1948 verwitwet, war sie über ihre parlamentarische Tätigkeit hinaus bis ins hohe Alter auch wieder in der freien Wohlfahrtspflege aktiv, so insbesondere in der 1946 wiederbegründeten Arbeiterwohlfahrt. In diesem Zusammenhang nahm sie auf die Schaffung und den Ausbau verschiedener sozialer Einrichtungen (Kindergärten, Altenbegegnungsstätten, Lehrlingswohnheim) Einfluß.

Lit.: Aufbauarbeit, S. 36-41; 25 Jahre Konsum- und Sparverein Unterweser, Brhv. 1927, S. 13-14; 75 Jahre AWO, in: AWO. Mit Herz für Bremerhaven, 16. Jg. Nr. 2 (Juni-Aug. 1995), S. 1-17, hier S. 3 u. 9; Scheper, Jüngere Geschichte, Anhang, S. 29-30.
Qu.: NZ, 17.7.1969, 27.11.1970, 17.2.1973; Brhv. Bürgerztg., 18.7.1969; Hdb. Brem. Bgsch., 1950, S. 122, 143-144; StadtA Brhv., Hauptamt I, Nr. 280, Meldekartei Brhv. nach 1945 I, (Alt-) Bremerhaven 365/2.
P.: Foto in Archiv NZ, abgeb. in NZ, 17.7.1969 u. 17.2.1973.
E.: Stadtälteste (1952), »Marie-von-Seggern-Heim« (1970), Marie-Juchacz-Plakette (1970), Ehrenvorsitzende AWO Brhv.

H. Bi.

Selge, Bodo Eberhard Ernst; *Jurist, Verwaltungsbeamter, Oberbürgermeister.* * 7.4. 1911 Berlin-Charlottenburg, † 18.3.1996 Bremerhaven (ev.). In Anschluß an das Abitur (1930) am Humanistischen Gymnasium in Berlin-Schöneberg studierte S. an der Humboldt-Univ. Rechts- und Staatswissenschaften. Nach dem Referendariat schloß sich 1938 eine Laufbahn als Verwaltungsbeamter an, die ihn zunächst in mehrere pommersche Landratsämter und dann in gleicher Funktion nach Böhmen führte. 1942 zum Kriegsdienst eingezogen, kam er nach kurzer Kriegsgefangenschaft Anfang 1946 als Heimatvertriebener nach Niedersachsen. Er betätigte sich gewerkschaftlich und übernahm 1950 beim DGB-Bundesvorstand die hauptamtliche Leitung des Beamtensekretariats. Von 1954 bis 1958 übte er beim Landschaftsverband Rheinland in Düsseldorf das Amt eines Dezernenten (Landesrates) für das Sozial- und Gesundheitswesen aus. 1958 wurde er in Nachfolge des im Jahr zuvor zurückgetretenen → Hermann Gullasch zum Oberbürgermeister der Stadt Bremerhaven gewählt. In einer politisch schwierigen Situation gab für ihn den Ausschlag, daß die SPD, die das Vorschlagsrecht hatte, einen Kandidaten präsentieren konnte, der aufgrund seiner Kompetenz und seiner Persönlichkeit geeignet war, auch bei den bürgerlichen Parteien Zustimmung zu finden. Dafür boten S.s langjährige Verwaltungserfahrung und einschlägige Sachkenntnis – er hatte gerade einen vielbeachteten Kommentar zum Betriebsverfassungsgesetz verfaßt – sowie sein ausgleichendes Temperament gute Voraussetzungen. Sein Amtsantritt fiel in eine Zeit, in der sich nach der Wiederaufbauphase neue Initiativen zum Ausbau Bremerhavens abzuzeichnen begannen. Dazu gehörten, neben einer Reihe später nicht realisierter Projekte der Stadt-, Wirtschafts- und Verkehrsplanung, zahlreiche größere Vorhaben, die das Gesicht Bremerhavens nachhaltig veränderten, so der Autobahnanschluß, die Errichtung ausgedehnter Stadtrandsiedlungen wie Leherheide-West und der Ausbau der Innenstadt mit dem im Frühjahr 1978 noch von S. eröffneten Columbus-Center. In seiner 20jährigen Amtszeit wurde aber auch die Industrieansiedlung forciert und die Infrastruktur der städtischen Verwaltung erheblich gestärkt, insbesondere in Form neuer Kultur-, Sozial- und Freizeiteinrichtungen wie etwa der Stadthalle und des Zentralkrankenhauses Reinkenheide. Eine überaus wichtige Weichenstellung für die Zukunft war ferner der geregelte Finanzausgleich zwischen Bremerhaven und dem Land Bremen. S., der sich selbst in erster Linie als Verwaltungschef verstand und weniger politische Visionen verfolgte, hatte an der Umsetzung all dieser Projekte einen großen Anteil, wobei er seit 1961 tatkräftige Unterstützung in dem Verwaltungsdirektor → Artur Harms fand. Auf die politisch-planerischen Vorgaben nahm er jedoch geringen Einfluß, zumal er in seiner eigenen Partei herausragende Ämter nicht bekleidete. Sein Agieren war daher stets von einer klugen Zurückhaltung gegenüber den maßgebenden politischen Kräften gekennzeichnet, insbesondere auch gegenüber der politisch dominierenden SPD-Fraktion unter ihrem Vorsitzenden Werner Lenz. S.s allgemein als souverän empfundene Amtsführung war insgesamt von Interessenausgleich und von Kooperationsbereitschaft geprägt, was ihm über die Parteigrenzen hinweg breite Anerkennung eintrug. Das Kollegialorgan Magistrat war für ihn ein adäquater Wirkungsraum. Als Integrationsfigur, die auch zu repräsentieren verstand, genoß er in breiten Bevölkerungskreisen großes Ansehen. Seine Kompetenz und sein Amtsverständnis trugen ferner dazu bei, das zuweilen schwierige, unter seinem Vorgänger beeinträchtigte Verhältnis zu Stadt und Land Bremen auf ein neues Niveau zu heben. 1970 wiedergewählt, blieb S. über die Pensionsgrenze hinaus im Amt und wurde im Okt. 1978 in den Ruhestand verabschiedet; sein Nachfolger wurde Werner Lenz. S. kehrte danach regelmäßig in seine Geburtsstadt Berlin zurück, wo er über einen Zweitwohnsitz verfügte.

Lit.: Reden zum Abschied (Verabschiedung von OB Selge), Brhv. 1978; Scheper, Jüngere Geschichte, S. 448-467.
Qu.: NZ, 9.4.1959, 23.8.1960, 8.4.1976, 7.4.1986, 6.4.1991, 20.-23.3.1996.
P.: Fotos in StadtA Brhv. u. Archiv NZ, zahlr. Abb. in NZ, u.a. 20.3.1996.

H. Bi.

Senst, Otto Bernhard, Dr. phil.; *Journalist, Chefredakteur, Fischereidirektor, Kommunalpolitiker. * 22.12.1875 Düsseldorf, † 5.2. 1956 Bremerhaven (ev.).* S. wuchs in Pillau und Elbing auf, wohin sein Vater als Beamter versetzt worden war und wo er das Realgymnasium besuchte. Auf Wunsch der Eltern studierte S. später Maschinen- und Ingenieurwesen an der TH Charlottenburg, nachdem er zuvor ein Praktikum in der kgl. Eisenbahnhauptwerkstatt Stargard (Pommern) absolviert hatte. Eine Sehschwäche hinderte ihn daran, diesen Berufsweg weiterzuverfolgen. Er wechselte an die Friedrich-Wilhelm-Universität Berlin, wo er Philosophie, Geschichte, Linguistik sowie Nationalökonomie studierte und u. a. Vorlesungen der bekannten Professoren Heinrich von Treitschke und Gustav Schmoller hörte. Bevor er sein Studium 1901 mit der Promotion an der Univ. Erlangen abschloß, war er kurzzeitig als Redakteur in Weimar und bei der Continental-Telegraphen Compagnie AG in Nürnberg tätig gewesen. Von Okt. 1901 bis Ende 1904 war S. Geschäftsführer der Handelskammer in Arnsberg (Westf.), betätigte sich nebenbei als Redakteur des »Sauerländischen Gebirgsboten«. Seit 1.1.1905 widmete sich S. wieder mit ganzer Kraft dem Journalismus und trat im Alter von knapp 30 Jahren die Stelle des Chefredakteurs der »Nordwestdeutschen Zeitung« (NWZ) in Bremerhaven an. In dieser Phase heftiger Konkurrenz der NWZ mit der »Provinzial-Zeitung«, der »Norddeutschen Volksstimme« und der »Unterweser-Zeitung« führte S. das Unternehmen mit Umsicht, journalistischem Können und diplomatischem Geschick. Zum 31.3.1910 kündigte S. diese Stellung, um die Leitung der Fischereihafen-Betriebsgenossenschaft in Geestemünde zu übernehmen. Danach noch Geschäftsführer der kurzlebigen Gemeinnützigen Hochseefischereigesellschaft »Groß-Berlin« (1919-1921) in Geestemünde, war er dann von 1920 bis 1950 Direktor der dort ansässigen Kohlenberg & Putz Seefischerei AG. S. entwickelte zahlreiche weitere Aktivitäten. So vertrat er die Fischwirtschaft auch überregional in verschiedenen Gremien, u. a. als Vorstandsmitglied der Wirtschaftlichen Vereinigung des Fischgroßhandels und der Fischindustrie Wesermünde, als Ausschußmitglied des Deutschen Seefischervereins und als Aufsichtsratsvorsitzender der Wachdienst für den Fischereihafen GmbH. Von 1919 bis 1924 engagierte er sich als Bürgervorsteher (zeitweise als Worthalter) im Gemeindeparlament seiner Wahlheimat Geestemünde bzw. als ehrenamtliches Mitglied des Magistrats (Senator) kommunalpolitisch. Als Vertrauensmann unterstützte er die Deutsche Wissenschaftliche Kommission für Meeresforschung; zudem war er Präsident eines 1919 gegründeten Fördervereins, der zum Mitträger des von → Dr. Fritz Lücke geleiteten Instituts für Seefischerei in Geestemünde wurde. Ferner zählt er zu den Gründervätern des Weser-Yacht-Clubs in Bremerhaven und wurde dessen Ehrenmitglied. Regelmäßig verfaßte er Beiträge für die Segelzeitschrift »Yacht« und zahlreiche weitere Organe; auch eine Reihe von Einzelveröffentlichungen stammt aus seiner Feder.

Lit.: DBI, S. 3301; Beckmann, Reedereien, S. 91-95, 127-128; 50 Jahre Institut für Seefischerei Geestemünde, Brhv. 1969, S. 4-8; Kürschner G 1928/29, Sp. 2259; Lübben, S. 64-66; Wer ist's? 1935, S. 1491; Wenzel, Sp. 2122.
Werke: Aufstellung bei Lübben, S. 66, u. a. *Die Metallspielwarenindustrie und der Spielwarenhandel von Nürnberg und Fürth* (Diss. 1901); *Seefisch-Correspondenz* (Hrsg., 1909ff.); *Die Geestemünder Hochseefischerei*. Mit einem Anhang Fischkochrezepte (1910); *Geestemündes Hochseefischerei und Fischmarkt* (1919); *Münchhausen auf See und andere Vertellekens von Sportseglern und Fischerleuten* (1950).
P.: Foto in Lübben, S. 65.

J. L.

Siebs, Benno Eide, Dr. jur.; *Verwaltungsbeamter, Landrat, Richter, Förderer von Heimatkunde und Regionalgeschichte.* * 14.9.1891 Geestemünde, † 25.1.1977 Bremerhaven (ev.-luth.). S. konnte seine Ab-

stammung väterlicherseits wie mütterlicherseits auf friesische Ursprünge zurückführen. Sein Großvater, der Fährpächter → Eide Siebs, war aus dem Land Wursten gebürtig, sein Vater Reeder in Geestemünde. S. besuchte das Gymnasium in Bremerhaven (Abitur 1910) und studierte anschließend Staats- und Rechtswissenschaften in Heidelberg, München, Greifswald und Rostock (dort Promotion 1914). Er durchlief die Beamtenlaufbahn im Verwaltungs- und Justizdienst, die ihn, beginnend beim Amtsgericht Dorum und über die Regierungen in Stade, Hannover und Aurich, als Landrat nach Weener (Ostfriesl.) führte. Nach Auflösung des Kreises Weener wechselte er 1932 in gleicher Funktion zu dem neu geschaffenen Kreis Land Hadeln. 1933 wurde er zum Oberpräsidium nach Königsberg und 1939 zum Oberpräsidium der Provinz Sachsen nach Magdeburg versetzt, wo er, unter Beförderung zum Oberregierungsrat, die Aufgaben eines Kommunalreferenten wahrnahm. Nach Kriegsende durch die sowjetische Besatzungsmacht kurzzeitig verhaftet, gelang ihm 1945 mit seiner Familie die Flucht an die Unterweser. Dort war er bis zu seiner Pensionierung 1954 als Richter beim Amts- und Landgericht Bremerhaven tätig und zeitweise auch mit der Leitung des Amtsgerichts Dorum betraut. Er lebte seit seiner Rückkehr wieder in Bremerhaven-Geestemünde, wo er über ererbten Grundbesitz verfügte. S. hat sich vor allem durch intensives und vielfältiges außerberufliches Wirken einen Namen gemacht. Aufgewachsen im Umfeld des traditionsbewußten Geestemünder Wirtschaftsbürgertums – dem auch seine Frau Anneliese, Tochter des Reeders → Friederich Albert Pust, entstammte – und von Kindheit an vertraut mit der Geschichte der Region, insbesondere Bremerhavens und des Landes Wursten, entwickelte er schon früh ausgeprägte heimat- und regionalbezogene Forschungsinteressen, die u. a. durch → Friedrich Plettke und → Dr. Johann Bohls gefördert wurden. Ausgehend von der Familiengeschichte dehnte S. seine Forschungen auf biographische, volkskundliche, namen-, sprach- und wappenkundliche, aber auch vorgeschichtliche und naturkundliche Aspekte aus. Von dort aus erschloß er sich ferner die Rechtsgeschichte, insbesondere die der Friesen, sowie die Welt der regionalen Sagen und Mythen. Hatte er seinen beruflichen Aufenthalt in Ostfriesland, der ihm u. a. eine Reihe von Aufgaben im Bereich der Kulturförderung bot, schon zu mehreren volkskundlichen Arbeiten genutzt, so wurde die Zeit nach seiner Rückkehr an die Unterweser bzw. nach seiner Pensionierung zu seinen fruchtbarsten Jahren, denen die Elbe-Weser-Region neben den Beiträgen obengenannter Thematik zahlreiche Sammel- und Einzelbiographien, u. a. auch von Persönlichkeiten der Geestemünder Hochseefischerei und Werftindustrie verdankt. Seine mehr als 300 Veröffentlichungen stellen in der Mehrzahl Zusammenfassungen des vorhandenen Kenntnisstandes unter Einbeziehung persönlicher Erfahrungen dar, die er breiteren Leserkreisen anschaulich zu vermitteln wußte und die in ihrer thematischen Vielfalt Anregungen zu weiteren Forschungen bildeten. Dabei bediente er sich oft eines charakteristischen, den handelnden Personen Raum gebenden Erzählstils. Parallel dazu förderte S. die Region durch verantwortliche Mitarbeit in zahlreichen Einrichtungen der regionalen Forschung und Geschichtsvermittlung, so vor allem im Heimatbund der »Männer vom Morgenstern«, dessen Schriftführer er bereits von 1920 bis 1925 gewesen war und dem er von 1952 bis 1969 als Vorsitzender vorstand. Über die Elbe-Weser-Region hinaus wirkte er schon früh als Mitglied des deutsch-niederländischen Friesenrats (1928-32) und später als erster Vorsitzender des 1950 gegründeten, dem Niedersächsischen Institut für Marschen- und Wurtenforschung (heute Nds. Institut f. hist. Küstenforschung) in Wilhelmshaven angegliederten Marschenrates, der während seiner zehnjährigen Amtszeit unter der Geschäftsführung von Prof. Werner Haarnagel eine Reihe von Grundlagenforschungen im Küstengebiet der Nordsee initiierte. In seinen letzten Lebensjahren zog sich S. auf seine Forschungen zur Namenkunde und zur Symbolik zurück, die er in zwei Monographien zusammenfaßte.

Lit.: DBI, S. 3315; K.-E. Behre u. P. Schmid, Das Nds. Institut f. Hist. Küstenforschung, Wilhelmsh. 1998, S. 101; Fschr. z. 70. Geburtstag d. Vorsitzenden Dr. B. E. Siebs, Brhv. 1961 (= Jb. M.v.M. 42), insbes. S. 7-28; F. Huismann, B. E. Siebs, in: Biogr. Lexikon f. Ostfriesland, Bd. 2, Aurich 1997, S. 337-338; F. Juchter, Vorsitzende u. and. Persönlichkeiten d. Männer v. Morgenstern, in: Jb. M.v.M. 79 (2000), S. 207-210; Kürschner G 1931; E. v. Lehe, Zum Gedenken an Dr. B. E. Siebs, in: Jb. M.v.M. 56 (1977), S. 351-362; ders., Dr. Benno Eide Siebs †, in Ndt. Hbl. 326 (Febr. 1977); Schwemer, S. 20.

Qu.: Ndt. Hbl. 141 (Sept.1961); NZ, 13.2.1954, 20.7. 1968, 14.9.1976, 27. u. 28.1.1977.

Werke: Verz. d. Veröff. bis 1961 in P. Torp, Die Veröffentlichungen von Dr. B. E. Siebs bis Sommer 1961, in: Fschr. (s. Lit.), S. 10-24; u. a.: *Die Ansprüche des Pfändungspfandgläubigers nach § 1227 BGB* (Diss. jur. Rostock 1914); *Wappenbuch d. Landes Wursten* (1927); *Die Wangerooger. Eine Volkskunde* (1928); *Friesische Volkskunde*, in: C. Borchling u. R. Muuhs, Die Friesen, Breslau 1931; *Grundlagen u. Aufbau d. altfriesischen Verfassung* (1933); *Die Sagen des Landes Wursten* (1950); *Die Verschwörung d. Wurster u. d. Schlacht a. d. Leher Franzosenbrücke im Jahre 1813* (1952); *Am Grauen Strand… Erkundetes u. Erlebtes aus Alt-Bremerhaven* (1953, 6. Aufl. 1962); *Land meiner Jugend. Fahrten u. Begegnungen an Niederweser u. Niederelbe* (1954, 2. Aufl. 1955, Erinnerungen); *Land Wursten u. seine Amtssparkasse 1858-1958* (1958); *125 Jahre Rickmers* (1959); *100 Jahre Rogge* (1960, Mitarb.); *Lebensbilder von der Elb- und Wesermündung* (1966); *Weltbild, symbolische Zahl u. Verfassung* (1969); *Die Personennamen der Germanen* (1970); zahlr. Beitr. in

wiss. Zschrn. und Ztgn., u.a. in den Nds. Lbb., im Jb. M.v.M., im Nordsee-Kalender u. in der NZ.
Nachlaß: Mat. im StadtA Brhv. (Depos. M.v.M.).
P.: Ölgemälde v. H. Grüter,1961 (abgeb. in Fschr., s. Lit., nach S. 8); Foto u. a. in Jb. M.v.M. 38 (1957), Bildtafeln nach S. 32, Ndt. Hbl. 326 sowie NZ (s. Qu.).
E.: Bundesverdienstkr. (1961), Hermann-Allmers-Pr. (1965); Brüder-Grimm-Med. d. Akad. d. Wiss. Göttingen (1968), Ehrenvors. M.v.M. (1969) u. Marschenrat, Ehrenmitgl. Hermann-Allmers-Ges. u. mehrerer and. Vereinigungen; Grabstätte Brhv. Friedhof Wulsdorf.

H. Bi.

Siebs, Eide; *Fährpächter, Kaufmann, Reeder*. * 6.8.1804 Misselwarden (Land Wursten), † 2.10.1895 Geestemünde (ev.). S. gehört zu den ersten Einwohnern Bremerhavens und zu den legendären Gestalten der Frühzeit der Unterweserorte. Seit 1827 zunächst als Unternehmer am Bau des Hafens in Bremerhaven beteiligt, pachtete er 1834 die 1832 neu eingerichtete Prahmfähre über die Geeste, die wichtigste Verbindung zwischen Bremerhaven und Geestemünde, die er, seit 1848 zusammen mit der sog. Nebenfähre, bis 1851 betrieb. Mit dem Betrieb der Fähre war auch die Funktion eines Pflaster- (Chaussee-) Geldeinnehmers verbunden. 1840 begründete S. zudem ein Fuhrwerksgeschäft. 1852 siedelte er nach Geestemünde über, wo er sich als Gastwirt, Kolonialwarenhändler und zeitweise auch als Viehspediteur betätigte und wo er ausgedehnten Grundbesitz erwarb. 1892 gründete er in Bremerhaven eine Fischdampferreederei, die 1896 in den neuen Geestemünder Fischereihafen I übersiedelte. Diese wurde nach seinem Tod von seinem Sohn August S. († 1916) und danach von seinem Enkel Georg Otto S. fortgeführt. Das Unternehmen stellte 1926 seinen Betrieb ein. Die Tochter von S., Helene Dorothea, war mit dem Zimmermeister → Wilhelm Rogge verheiratet. Sein Enkel → Benno Eide S. machte sich als Heimatforscher einen Namen.

Lit.: Beckmann, Reedereien, S. 169-170; H. Bickelmann, Hafenbau, Verkehrswege und Stadtgestalt, in: Jb. M. v. M. 76 (1977), S. 99-160, hier S. 119-127; Sachau, S. 40; Schwemer, S. 20; Siebs, Grauer Strand, S. 31-36, 95.
E.: Grabstätte Brhv. Friedhof Wulsdorf.

H. Bi.

Sieghold, Heinz; *Bankkaufmann, Bankdirektor*. * 11.1.1898 Geestemünde, † 25.8.1973 Bremerhaven (ev.). Der Sohn eines Lotsenkapitäns, Bruder von → Max S., stieg nach dem Besuch der Realschule 1913 als Lehrling in die Geestemünder Bank ein, in der er 1921 zum Prokuristen und 1938 zum Vorstandsmitglied aufstieg. 1969 vertauschte er den Vorstandsvorsitz mit dem Vorsitz im Aufsichtsrat der Geestemünder Bank. Sein Name ist vor allem mit dem Wiederaufbau der Bank und des Bremerhavener Wirtschaftslebens nach dem II. Weltkrieg verbunden. S. förderte durch entsprechende Kreditvergabe insbesondere den Schiffbau und die Hochseefischerei, deren Umrüstung auf moderne Fangfabrikschiffe ab Ende der 1950er Jahre einen hohen Kapitalbedarf auslöste. Dabei setzte er, bestärkt durch die Erfahrungen der Weimarer Zeit, aber immer den seit Gründung der Bank verfolgten Kurs der vorsichtigen Geschäftsausweitung bei gleichzeitiger Stärkung des Eigenkapitals und der Risikovorsorge fort, den er durch Veränderungen in der Aktionärsstruktur unterstützte. So führte er 1967 eine größere Beteiligung des Industriellen Oetker herbei und leitete 1968 die Anbindung an die Staatl. Kreditanstalt Oldenburg-Bremen in die Wege, die mit der Übernahme eines Anteils von 25 Prozent als Großaktionär einstieg. Es gelang ihm damit, das Entfaltungspotential und die Flexibilität der Regionalbank zu stärken, zugleich aber die Eigenständigkeit des Instituts zu wahren, die bis zur Übernahme durch das Bremer Bankhaus Neelmeyer im Jahre 1997 erhalten blieb. Entsprechend dieser Geschäftspolitik war S., überwiegend als Vorsitzender, in den Aufsichtsräten führender Unternehmen der Bremerhavener Werft- und Fischereiwirtschaft vertreten, so in der Hochseefischerei Nordstern AG, der Schiffbaugesellschaft Unterweser, der Oscar Neynaber AG, der Norddeutschen Hochseefischerei AG, der Kohlenberg & Putz AG und der Hanseatischen Hochseefischerei AG. Zudem war er Partenreeder der MS MAX SIEGHOLD und Testamentsvollstrecker für die Werft seines Bruders, die er bis zu seinem Tode leitete. S., der jahrelang auch als Handelsrichter fungierte, übte von 1966 bis 1967 das Amt des Präsidenten der IHK Bremerhaven aus, das er im Sinne einer Kooperation aller politischen und wirtschaftlichen Kräfte im Lande Bremen wahrnahm.

Lit.: Bremer Profile, Br. 1972, S. 183-196; 100 Jahre Geestemünder Bank, Brhv. 1971, S. 42-58; Mitt. d. IHK Bhv. 1973, S. 195.
Qu.: NZ, 12.3.1963, 10.1.1973, 27.8.1973; WK, 13.3. 1963, 23./24.8.1963, 27.8.1973.
P.: Foto in NZ, 12.3.1963, 10.1.1973, 27.8.1973, u. 100 J. Geestemünder Bank (s. Lit.), S. 59.

H. Bi.

Sieghold, Gralf Rudolf **Max**; *Ingenieur, Werftgründer, Reeder.* * *10.9.1899 Geestemünde,* † *16.10.1955 Kassel,* □ *Bremerhaven (ev.).* Nach einer Lehre und Tätigkeit als Maschinenschlosser bei der Tecklenborg-Werft sowie Ausbildung an der höheren Maschinenbauschule (die er später um eine Ingenieurausbildung erweiterte) fuhr S., Sohn eines Lotsenkapitäns, von 1922 bis 1924 als Maschinenassistent auf mehreren Schiffen, zuletzt auf dem NDL-Passagierdampfer COLUMBUS. Infolge mehrerer Berufsunfälle borduntauglich geworden, übernahm er noch 1924 im Geestemünder Paschviertel eine Schlosserwerkstatt, die er, seit 1926 im Fischereihafen ansässig, aus kleinsten Anfängen zu einem florierenden Reparatur- und Maschinenbaubetrieb zu entwickeln verstand. Nachdem er 1937 ein Schwimmdock erworben hatte, übernahm er in der Vorkriegskonjunktur zunehmend Aufträge zu Schiffsreparaturen und -umbauten, u. a. von Seiten der Kriegsmarine. Von 1941 bis 1944 (bei weiterlaufendem Betrieb) zum Wehrdienst eingezogen, baute er das Unternehmen nach dem II. Weltkrieg zu einer Werft mittlerer Größe mit ca. 200 Beschäftigten aus und legte 1950 mit dem Stapellauf des ersten Neubaus sowie 1951 der Eröffnung einer eigenen Reederei den Grundstein für eine bis 1988 anhaltende geschäftliche Aufwärtsentwicklung. Nach seinem Tode führte zunächst sein Bruder, der Direktor der Geestemünder Bank → Heinz S., als Testamentsvollstrecker das Unternehmen, bis die Verantwortung nach dessen Tode auf S.s Zwillingssöhne Heinz (Schiff-

bauer) und Gralf (Kapitän) übergingen. S., der in einer Kasseler Klinik starb, vertrat als stellv. Vorstandsmitglied der AOK Bremerhaven auch Arbeitgeberinteressen.

Lit.: M. Fisser, Seeschiffbau an der Unterweser in der Weimarer Zeit, Brhv. 1995, S. 113-116; Schiffswerft und Maschinenfabrik Max Sieghold Bremerhaven 1924-1954, Brhv. 1954.
Qu.: NZ, 18.10.1955; Familienunterlagen in Privatbes.
P.: Foto in Privatbes. (Abl. in StadtA Brhv.).
E.: Grabstätte Friedhof Gmde.

H. Bi.

Simoleit, Hans; *Maler, Dozent.* * *29.2.1908 Norkitten (Ostpr.),* † *16.9.1975 Bremerhaven.* S. absolvierte auf Wunsch seiner Eltern nach zehnjährigem Schulbesuch in Norkitten zunächst eine Gärtnerlehre und übte ein Jahr lang diesen Beruf aus, ehe er von 1928 bis 1932 in Königsberg bei Alfred Partikel, Otto Ewel und Heinrich Wolff Malerei und Grafik studierte, sich dabei vor allem mit Porträts und Landschaften befaßte. Danach unternahm er eine Küstenwanderung durch Ostpreußen bis nach Berlin, auf der er viele Motive skizzierte. Bis zum Krieg betätigte er sich als freier Maler, hatte Ausstellungen in Königsberg und erlebte Ankäufe einiger seiner Werke durch den dortigen Kunstverein sowie die Landesregierung. Während des II. Weltkrieges verarbeitete er als Soldat in Frankreich, Rußland und Norwegen etliche seiner Eindrücke in Bildern. Nach Kriegsende suchte er sich im norddeutschen Raum eine Bleibe und wurde 1945 in Fleeste bei Bremerhaven ansässig. Eine Zeitlang betrieb er Landwirtschaft, ehe er sich wieder als Dekorations- und Kunstmaler betätigte und sich in der Bremerhavener Region besonders als Aquarellmaler mit seiner Naß-in-Naß-Technik einen Namen machte. Ab 1957 wohnte und arbeitete er in Nesse, verfügte dort über ein Wohnhaus und ein geeignetes Atelier. Viele Jahre – bis zu seinem Tode – leitete er Malkurse an der Bremerhavener Volkshochschule. Er war Mitglied der Künstlergilde Esslingen und der Bremerhavener Künstlergruppe »Der Strom«, der außerdem Hans Hentschke, → Klaus Bemmer, → Friedrich Köster und Alfred Schiebold angehörten, stellte in Bremerhaven, Bremen und Worpswede aus. In den 1950er Jahren bereiste er die skandinavischen Länder. 1972 studierte und arbeitete er zwei Monate lang im ehemaligen Atelier von Edvard Munch in Ekeley bei Oslo. Neben dem Aquarell und der Zeichnung beherrschte er auch die Ölmalerei. Außerdem kannte er sich in vielen Bereichen der angewandten Kunst aus, stellte Sgraffiti, Mosaiken, Glasmalerei her und betätigte sich als Buchillustrator. Seine Bilder – Stadtansichten, Fluß- und Hafenlandschaften vor allem – wurden außer von Privatleuten vom Magistrat Bremerhaven für Amtsstuben und Schulen, von Krankenhäusern und Banken auch außerhalb der Elbe-Weser-Region angekauft.

Lit.: Grapenthin, S. 272-276, 510, 535; Morgenstern-Museum (Hrsg.), Ausstellungsprospekt: H.S. – Sonderausstellung Küstenland 1.3.-2.6.1973, Brhv. 1973.
Werke: u. a. Restaurierung der Gemälde von Hugo Ungewitter im Stoteler Grafenhof; Sgraffito und Mosaik an den Wasserwerken in Bramstedt und Bederkesa; Glasmalerei mit Wappen im ehemaligen Kreishaus Wesermünde, Brhv., Borriesstr.; Relief »Petri Fischzug« in der Eingangshalle des St. Petri-Gemeindehauses, Langen; Gestaltung des Danziger Platzes in Brhv.
P.: Foto in Morgenstern-Mus., Ausstell.proj. (s. Lit.).

E. G.

Smidt, Johann, Dr. theol.; *Theologe, Senator, Bürgermeister, hanseatischer Staatsmann, Gründer Bremerhavens.* * 5.11.1773 Bremen, † 7.5.1857 Bremen (ev.-ref.). Der Sohn des Bremer Pastors an St. Stephani, Johann S. (1712-1796), und seiner Frau Johanne geb. Holler (1741-1814), wuchs mit seiner Schwester Gesche Catharina (1775-1827) am Stephanikirchhof in Bremen auf. Nach anfänglichem Privatunterricht im elterlichen Haus war er Schüler des lateinischen Pädagogiums (1785-90) und des Gymnasium Illustre (1790-92). Gegen den Wunsch seines Vaters, Theologie mit streng calvinistischer Ausrichtung zu studieren, schrieb er sich von 1792 bis 1794 an der fortschrittlich orientierten Univ. Jena für die Fächer Theologie und Philosophie ein, hörte daneben auch Vorlesungen über Literatur und Geschichte, u. a. bei Friedrich Schiller. Am 7.4.1795 legte er vor dem Geistlichen Ministerium in Bremen sein Kandidatenexamen ab, bevor er nach Jena zurückkehrte. Dort hatte er zusammen mit Gleichgesinnten 1794 den Bund der freien Männer gegründet, eine literarische Gesellschaft, in der reihum Vorträge zu Theologie, Philosophie, Geschichte und Politik gehalten wurden. An den Treffen nahm bisweilen auch Johann Gottlieb Fichte teil, mit dem S. bald eine besondere Nähe verband. Aus den Reihen dieser Gesellschaft entstanden einige, teilweise lebenslang durch Briefwechsel fortgeführte Freundschaften. Von Okt. 1795 bis März 1797 war S. als Kandidat der Theologie und als Hilfsprediger in Bremen und Umgebung tätig; in dieser Zeit hielt er auch öffentliche Vorlesungen über Universalgeschichte. Seine berufliche Zukunft war zu diesem Zeitpunkt absolut ungewiß, so daß er nicht wagen durfte, sich zu binden. Doch verlobte er sich – mit dem gegenseitigen Versprechen, sich jederzeit wieder lossagen zu können – heimlich mit der Bremer Apothekerstochter Johanne Wilhelmine Rohde (1777-1848). Das Vorhaben platzte jedoch, während S. von April bis Okt. 1797 auf einer Bildungsreise in der Schweiz und in Norditalien weilte, denn seine Verlobte hatte sich ihren Eltern anvertrauen müssen, weil sie sich der aufdringlichen Werbung eines anderen Mannes ausgesetzt sah. Auf dem Rückweg nach Bremen ließ S. sich in Zürich zum reformierten Prediger ordinieren. Danach wurde er zum Professor der Philosophie am Gymnasium Illustre berufen, welches Amt er von Okt. 1797 bis Dez. 1800 inne hatte. Damit war er finanziell so weit abgesichert, daß er am 1.1.1798 Johanne Rohde heiraten konnte. Von 1799 bis 1802 gab S. die Zeitschrift »Hanseatisches Magazin« heraus, die die Stellung der Freien Städte Lübeck, Hamburg und Bremen politisch stärken sollte.

Am 13.12.1800 wurde S. auf Lebenszeit zum Bremischen Senator gewählt, obwohl er entgegen altem Herkommen und im Gegensatz zu seinen Senatskollegen kein Jurist oder Kaufmann war. Sein Studium und seine Tätigkeit als Gymnasialprofessor waren ihm jedoch nützlich bei der Ausübung des ihm lebenslang übertragenen Senatsamts des Scholarchen, der für das Bremer Schulwesen zuständig war. Doch er arbeitete sich schnell in die neuen politischen und juristischen Aufgaben ein, die seinen Fähigkeiten und Neigungen weit mehr entsprachen als Theologie und Philosophie. So wurde er zwischen 1806 und 1811 im Auftrag des Bremer Senats mehrfach nach Hamburg und Lübeck gesandt, um zusammen mit den Vertretern beider Städte über die Situation nach dem Zusammenbruch des Deutschen Reiches, während der Napoleonischen Kriege und während der französischen Besatzungszeit zu beraten sowie auch mit den Vertretern Frankreichs zu konferieren. Von Febr. bis Juni 1811 führte ihn eine Dienstreise nach Paris, wo er schließlich eine Audienz bei Kaiser Napoleon erreichte. Aufgrund der Einführung der französischen Verfassung und Verwaltung in Bremen verlor S. wie alle seine Senatskollegen das einträgliche Senatorenamt. So ließ er sich im Sept. 1811 zum kaiserlichen Notar ernennen und übte dieses Amt bis Nov. 1813 aus, als der Bremer Senat, nachdem der Widerstand gegen Napoleon in der Völkerschlacht bei Leipzig übermächtig geworden war, wieder zu tagen begann. S., der inzwischen zum außenpolitischen Experten des Senats avanciert war, wurde mit der Aufgabe betraut,

ins Hauptquartier der Napoleongegner nach Frankfurt a. M. zu reisen, um die Interessen Bremens zu vertreten. Dort lernte er einflußreiche Politiker kennen, mit denen er bald auf vertrautem kollegialen Fuße stand, u.a. den Freiherrn vom Stein, Wilhelm von Humboldt, Hardenberg und Metternich. Da S. die Bremer Interessen auswärts in sehr schwieriger Zeit bestens vertreten hatte, war es naheliegend, ihn als Vertreter Bremens 1814/15 zum Wiener Kongreß, wo er sich erfolgreich für die Selbständigkeit der vier freien Städte einsetzte, sowie von 1815 bis 1848 zur Bundesversammlung nach Frankfurt a. M. zu entsenden, wohin er mit Frau und Kindern zog, weil er nicht ohne seine Familie leben wollte. Als S. am 26.4.1821 zum Bürgermeister der Stadt Bremen gewählt wurde, hatte er im Wechsel mit seinen drei Kollegen im Bürgermeisteramt das Präsidium im Senat zu übernehmen, so daß er sich turnusmäßig immer in der zweiten Hälfte aller Jahre ungerader Zahl in Bremen aufhalten mußte. Er verlegte seinen Wohnsitz wieder nach Bremen, war aber immer dann, wenn er die Stimme der vier freien Städte in der Bundesversammlung zu vertreten hatte, in Frankfurt. Als Bremen 1848 im Zuge der Revolution ein neues Wahlrecht, 1849 eine demokratische Verfassung erhielt, wurde auf S.s Betreiben die Bundesversammlung in die vom Bremer Senat gewünschte Gegenrevolution involviert und 1852/54 unter seinem Einfluß die junge Verfassung wieder abgeschafft. An der konservativen und teilweise reaktionären Verfassung von 1854 war er maßgeblich beteiligt.

Mit S.s Namen sind aber auch die Beseitigung des Elsflether Zolls auf der Weser 1819/20 und die Gründung Bremerhavens 1827 verbunden. Nach der Versandung der Unterweser und aufgrund der Widrigkeit, daß die bremischen Schiffe in Häfen des Großherzogtums Oldenburg löschen und laden mußten, wurde es notwendig, einen neuen Bremer Seehafen anzulegen. 1825 trat S. mit dem Königreich Hannover in Verhandlungen, um für Bremen einen neuen Hafenplatz am rechten Weserufer nahe der offenen See zu erwerben. Am 11.1.1827 kam es zu einem offiziellen Abkommen, das am 28. Febr. von König Georg IV. von England und am 9. März von Senat und Bürgerschaft ratifiziert wurde. Für die Anlage des Hafenbeckens an der Geestemündung konnte S. den niederländischen Wasserbauingenieur → Johann Jakob van Ronzelen verpflichten; der erste Spatenstich erfolgte am 1.7.1827. Am 13.9.1830 wurde der Hafenbetrieb offiziell aufgenommen, als mit der DRAPER des amerikanischen Kapitäns Hillert das erste Schiff einlief. Dem weiteren Ausbau des Hafens und der Ansiedlung in Bremerhaven galt S.s stetige Fürsorge. Um zahlreiche Einzelheiten der Verwaltung kümmerte er sich anfänglich persönlich; die provisorische Gemeindeordnung von 1837 wie auch die städt. Verfassung von 1851 sind von ihm beeinflußt. Zudem wußte er ihm nahestehende, fähige Persönlichkeiten für das wichtige Amt des bremischen Verwaltungsbeamten (Amtmanns) zu gewinnen: zunächst → Dr. Johann Heinrich Castendyk, den Sohn seiner Schwester, und nach dessen frühem Tode → Dr. Johann Daniel Thulesius. Wichtig war ihm auch die kirchliche Versorgung Bremerhavens, für die zunächst die Einrichtungen des nahegelegenen hannoverschen Fleckens Lehe in Anspruch genommen werden mußten. Der von ihm forcierte Bau eines eigenen Gotteshauses wurde mit der Einweihung der »Großen Kirche« in seiner Gegenwart am 22.4.1855 abgeschlossen; sie erhielt 1927 den Namen »Bürgermeister-Smidt-Gedächtniskirche«. Ebenso machte S. seinen Einfluß bei der Predigerwahl geltend, die auf den gleichgesinnten liberalen Theologen → Heinrich Wolf fiel, der mit ihm die in Bremen geltende unierte, Lutheraner und Reformierte gleichermaßen umfassende Kirchenverfassung durchsetzte. Damit legte er den Grundstein für die liberale Ausrichtung der Bremerhavener Gemeinde. S. gehörte mit dem Senator Arnold Duckwitz und dem Kaufmann → Karl Theodor Gevekoht auch zu den entschiedenen Förderern des deutsch-amerikanischen Handels und der Auswanderung und in diesem Zusammenhang des Projekts einer direkten transatlantischen Dampfschiffsverbindung von Bremerhaven nach New York. S. war der letzte auf Lebenszeit gewählte Bremer Senator und Bürgermeister.

Lit.: DBI, S. 3340; DBE, Bd. 9; S. 353; Brockhaus, Bd. 20, S. 395; Gr. Bremen-Lexikon, S. 667-668; Bessel, S. 119-397; H. Bickelmann, Raddampfer WASHINGTON und die Auswanderung, in: Ndt. Hbl. 570 (Juli 1997); W. v. Bippen, Smidt, Johann, in: ADB, Bd. 34, S. 488-494; ders., Smidt, Johann, in: Br. Biogr. 19. Jh., S. 460-474; ders., Johann Smidt, ein hanseatischer Staatsmann, Stuttgart u. Berlin 1921; Ernst, Colonie, S. 10-125 passim; Johann Smidt. Ein Gedenkbuch zur Säkularfeier seines Geburtstages, Br. 1873; Kellner-Stoll, v. a. S. 21-82, 143-196, 345-358; Körtge, Straßennamen, S. 69; W. Lührs, Johann Smidt (1773-1857), in: K. G. A. Jeserich u. H. Neuhaus (Hrsg.), Persönlichkeiten der Verwaltung, Stuttgart 1991, S. 112-115 (mit ausführl. Lit.verz.); Porsch, S. 100-101; Riensberg, S. 23-24; M. M. Schulte, Ein erschrecktes Mädchen, eine widerspenstige Braut in Trauer u. eine freiheitsliebende junge Frau. Brautwerbung in Bremen um 1800 im Spiegel d. Nachlasses v. Johann Smidt, in: Br. Jb. 78 (1999), S. 42-106; B. Schulze-Smidt, Der alte Smidt u. sein altes Bremen, Nr. 1913; K. H. Schwebel, Bürgermeister Smidts Kirchenpolitik in Bremerhaven, in: Jb. d. Wittheit zu Bremen, Bd. 18 (1974), S. 407-425.
Qu.: StA Br. 7, 20 (Nachlaß), sowie Senatsreg.
Nachlaß: StA Br.
P.: Statue Rathaus Bremen (1848/60), Denkmal Riensberger Friedhof Bremen, Denkmal Theodor-Heuss-Platz Brhv. (1888), Büste Stadthaus 1, Brhv.; mehrere Lithogr., abgeb. u. a. in (s. Lit.) v. Bippen (1921), Joh. Smidt (1873), u. Schulze-Smidt, jeweils Vorsatz sowie in Gr. Bremen-Lex., S. 667, Lührs, S. 112, u. Schulte, S. 49.
E.: Bremen: Straßen- u. Brückenbenennung (1890/1945, 1952); Bremerhaven: Straßenbenennung Brhv.-

Mitte (1864), Bgm.-Smidt-Gedächtniskirche (1855/1927); mehrere Denkmäler (s. P.); Grabstätte Friedhof Riensberg, Bremen.

M. Sch.

Smidt, Udo Gerdes, D. theol.; *Theologe, Pfarrer, Landessuperintendent.* * 1.7.1900 Groothusen (Ostfriesl.), † 18.4.1978 Detmold (ev.-ref.). Der Sohn des früh verstorbenen Pastors von Groothusen, Albertus S., legte 1917 sein Abitur in Emden ab. Im Juni 1918 noch wurde er Soldat bei der Garde. Nach Kriegsende begann er, in Marburg und Jena Philosophie und Philologie zu studieren, bevor er 1920 in Tübingen das Studium der Theologie aufnahm. Während des Studiums arbeitete er in der Deutschen Christlichen Studentenvereinigung (DCSV) mit, wurde ihr Leiter in Tübingen, später in Berlin Generalsekretär für Deutschland. 1925 übernahm er von seinem späteren Schwager Karl Immer die Pfarrstelle in Rysum (Ostfriesland). 1930 wurde er zum Reichswart der Schülerbibelkreise in Wuppertal-Barmen berufen. S. engagierte sich bald nach der Machtübernahme der Nationalsozialisten in der kirchlichen Opposition, die eine Gleichschaltung der ev. Kirche durch die von den neuen Machthabern unterstützten »Deutschen Christen« verhindern wollte: Er zählte im Mai 1933 zu den ersten Mitgliedern der »Jungreformatorischen Bewegung« im Rheinland. Schon bald war er ein führender Vertreter der Reformierten in der »Bekennenden Kirche«, so daß man ihn Ende 1933 und 1934 mehrfach als reformierten Kandidaten für das leitende Gremium der neu gebildeten Reichskirche, das sog. »Geistliche Ministerium« ins Gespräch brachte. Nachdem der deutschchristliche Reichsbischof Ludwig Müller im Dez. 1933 die übergemeindliche ev. Jugendarbeit in die Hitlerjugend eingegliedert hatte, war die weitere Bibelkreisarbeit nur noch in einer Doppelmitgliedschaft möglich, deren Bedingungen die HJ diktiert hätte. S. löste daher 1934 die Schülerbibelkreise auf. Die Verbindung mit den Mitgliedern konnte seitdem nur über die Zeitschrift »Jungenwacht« gehalten werden, die bis zu ihrem Verbot durch die Gestapo Anfang 1938 mo-

natlich über 10.000 Leser fand. Im Sept. 1934 wurde S. zum Pastor der ev.-ref. Gemeinde in Lehe berufen. Von hier aus gab er gemeinsam mit Hermann Ehlers weiter die »Jungenwacht« heraus. Ende Nov. 1934 gehörte S. zu den Gründungsmitgliedern der Bekenntnisgemeinschaft innerhalb der ref. Kirche Hannovers. Im weiteren Verlauf des Kirchenkampfes ging auch S. zu einem gemäßigteren, auf Ausgleich mit der ref. Landeskirchenleitung bedachten Kurs über. So schied er 1937 aus dem Vorstand der landeskirchlichen Bekenntnisgemeinschaft wieder aus, um nicht sein Mandat im Landeskirchenvorstand aufgeben zu müssen. Dennoch stufte ihn die Geheime Staatspolizei als »fanatischen Bekenntnispfarrer« ein. Das Gemeindeleben fand seinen Höhepunkt am 4.10.1936 in der Einweihung der ref. Kirche am Heideschulweg in Leherheide. Auf der Einladung zum ersten Gottesdienst standen die Verse: »Erhalt uns nur bei deinem Wort / Und wehr des Teufels Trug und Mord.« Diese und andere versteckte Anspielungen Smidts führten zu einer laufenden Überwachung seiner Tätigkeit durch die Gestapo, die dabei in einem Amtskollegen einen willigen Helfer fand. Höhepunkt des Konfliktes mit der Staatsmacht war S.s Eintreten für Karl Immer, dessen Verhaftung am 5.8.1937 er schon am nächsten Tag publik machte. Von der daraufhin erfolgten Anklage gegen ihn wurde S. zwar freigesprochen, jedoch nur aufgrund einer allgemeinen Amnestie. Nach dem Krieg blieb Smidt in Lehe, seit 1946 auch als Superintendent des ref. Kirchenkreises, bis er 1951 zum Studiendirektor am ref. Predigerseminar in Wuppertal-Elberfeld gewählt wurde. Am 15.4.1958 wurde er als Landessuperintendent in den Dienst der lippischen Landeskirche berufen. Neben dieser kirchenleitenden Tätigkeit erfüllte er viele andere Aufgaben über die Grenzen seines Sprengels hinaus: Er war stellv. Vorsitzender der Arbeitsgemeinschaft christlicher Kirchen in Deutschland, Mitglied im Moderamen des Reformierten Bundes und wirkte in der Konferenz Europäischer Kirchen mit. 1961 erfolgte seine Aufnahme in den Rat der EKD; im April des gleichen Jahres verlieh ihm die Univ. Münster die Würde eines Ehrendoktors der Theologie. Seit 1970 im Ruhestand, widmete S. sich eigener literarischer Tätigkeit.

Lit.: A. Donker, Art. Smidt, Udo Gerdes, in: Biogr. Lex. f. Ostfriesland, Bd. 1, Aurich 1993, S. 324-325; Ernst, Aufrechter Gang, S. 77; Gabcke, Bd. 2, S. 78, 91; S. Lekebusch, Die Reformierten im Kirchenkampf, Köln 1994; K. Meier, Der evangelische Kirchenkampf, 3 Bde., Göttingen 1976-1984; G. Nordholt, Regem habemus. Zum Gedenken an D. Udo Smidt, in: Ref. Kirchenztg. 119 (1978), S. 182-184.
Werke: *Regem Habemus. Bilder u. Zeugnisse aus e. christl. dt. Studentenbewegung* (Hrsg., 1925); *50 Jahre Bund Dt. Bibelkreise* (Hrsg., 1933); *Die Apostelgeschichte* (1941, 2. Aufl. 1951, 3. Aufl. 1959); *Johannes Calvin u. d. Kirche* (Hrsg., 1972); *Mit den Seligpreisungen beten* (1974); *Dokumente ev. Jugendbünde. Wandlungen zw. zwei Weltkriegen* (Hrsg., 1975); *Adolf Schlatter. Die Freude des Glaubens* (1978); ferner zahlr. Beitr., v.a. in Jungenwacht u. Ref. Kirchenztg.
Nachlaß: Archiv lipp. Landeskirche.
P.: u. a. bei Ernst (s. Lit.), S. 79, sowie Die Lippische Landeskirche 1684-1984, Detmold 1984, S. 268.
E.: Ehrendoktor der Theologie, Univ. Münster/Westf. (1961).

P. Zo.

Soldan, George (Hans Georg August); *Offizier, Militärwissenschaftler. * 28.3.1878 Bremerhaven, † 31.5.1945 (Todeserklärung, verschollen).* Der Enkel von → Melchior Schwoon (sen.) und Sohn von Dr. August Soldan (1836-1897), dem ersten Chefarzt des Bremerhavener Krankenhauses, durchlief eine Offiziersausbildung, und war zuletzt (1918) als Major zum Großen Generalstab kommandiert, wo er, der seit 1908 auf militärwissenschaftlichem Gebiet hervorgetreten war, vermutlich in der kriegsgeschichtlichen Abteilung arbeitete. Nach der durch den Versailler Vertrag bedingten Auflösung des Großen Generalstabs und der Überführung der kriegsgeschichtlichen Abteilung in das damals gegründete Reichsarchiv war er dort von 1919 bis 1929 als Archivrat und Leiter der Abteilung für »volkstümliche Geschichtsschreibung« tätig. Unter seiner Herausgeberschaft entstanden u. a. die Schriftfolgen »Schlachten des Weltkriegs« und »Erinnerungsblätter deutscher Regimenter«. Danach in Berlin im Ruhestand lebend, betätigte er sich weiterhin auf historischem und militärwissenschaftlichem Gebiet, so als Herausgeber des damals viel gelesenen dreibändigen Werks »Zeitgeschichte in Wort und Bild« (1931-34) und als Hauptschriftleiter der Zeitschrift »Deutsche Wehr«. Seit 1936 Mitglied der NSDAP, stellte er sich im II. Weltkrieg auch für »wehrwichtige« Vorträge des zur Deutschen Arbeitsfront gehörigen Deutschen Volksbildungswerks zur Verfügung. Sein weiteres Schicksal liegt im Dunkeln.

Lit.: DBI, S. 3346; Kürschner G 1928/29, Sp. 2297; K. Demeter, Das Reichsarchiv, Frankfurt 1969, S. 5-11, 21; M. Herrmann, Das Reichsarchiv (1919-1945), Diss. phil. Berlin, S. 571; Sachau, S. 39.
Qu.: Auskunft Bundesarchiv im Aug. 2001; Standesamt Brhv., 105/1878.
Werke: Verz. d. Veröff. (Auswahl) in DBA (s. Lit.), u. a. *Die strateg. Bedeutung d. Schlacht b. Dresden* (1908); *Die Eröffnung d. Herbstfeldzuges 1813 durch die verbündete Hauptarmee* (1914); *Der Mensch u. d. Schlacht d. Zukunft* (1925)*; Zeitgeschichte in Wort und Bild* (1931-34).

H. Bi.

Soltziem, Heinrich Wilhelm Johann, gen. **Hein Mück**; *Schiffszimmermann, Matrose, legendäre Symbolfigur Bremerhavens. * 9.10.1895 Groß-Lukow (Meckl.-Schwerin), † 23.4. 1967 Penzlin (ev.-luth.).* Der Sohn eines Arbeiters kam 1904 mit seinen Eltern und seinen Geschwistern nach Lehe und absolvierte bei der Rickmers-Werft eine Schiffszimmermannslehre. 1914 zur 3. Matrosenartillerieabteilung in Lehe eingezogen, tat er vornehmlich im Fort Brinkamahof Dienst. Dort fiel der musikalisch begabte junge Mann durch sein gefälliges Ziehharmonikaspiel und durch seinen großen Appetit auf, der ihm den Spitznamen »Hein Mück« eintrug, weil er es verstand, sich seine »Muck«, den Eßnapf, stets zweimal auffüllen zu lassen. Nach Ende des I. Weltkriegs verzog S. 1918 nach Penzlin, der Nachbargemeinde seines Geburtsortes, wo seine Eltern inzwischen lebten; dort war er bis zu seinem Ruhestand als Zimmermann tätig. Da mehrere seiner Geschwister an der Unterweser blieben, wohin S. mehrfach besuchsweise zurückkehrte, sind Nachkommen der Familie noch heute in Bremerhaven zu Hause. Anderen Interpretationen zufolge wurde der Name »Hein Mück« schon vor S.s Militärdienst mit originellen, aus Bremerhaven stammenden bzw. dort weilenden Seeleuten in Verbindung gebracht – so schon 1901 in dem Reisebericht eines Kapitäns und dann in → Gorch Focks 1913 erschienenem Roman »Seefahrt ist not« –, so daß er sich möglicherweise als Wandername endgültig an die Person S.s geheftet hat; Identifizierungsversuche mit weiteren Personen haben sich bisher als nicht tragfähig erwiesen. Die Geschichte von »Hein Mück« wurde nach dem I. Weltkrieg in Hafenkreisen kolportiert und in den 1930er Jahren durch den im Hamburger Sikorski-Musikverlag erschienenen Schlager »Hein Mück aus Bremerhaven« (Musik Willy Engel-Berger, Text Charlie Amberg) vor allem in der Interpretation von → Lale Andersen und Hans Albers weltberühmt. Daß dabei aus dem eher soliden Mecklenburger ein abenteuerlustiger Weltenbummler wurde, der mittels seiner zahlreichen Bräute für großen Kindersegen sorgte, ist unverrückbarer Teil einer sich danach verbreitenden Hein-Mück-Legende, die zunehmend auch von der Werbebranche entdeckt wurde. Mit Attributen wie handfest, flink, pfiffig, aufgeschlossen und unternehmenslustig mochten sich viele Bremerhavener gerne identifizieren. Seither gilt die volkstümliche Gestalt vielen als Symbolfigur Bremerhavens, um die, u. a. im Zusammenhang mit der geplanten Aufstellung einer Skulptur in der Innenstadt, in den Jahren 1978-1980 eine heftige öffentliche Debatte um ihre historische Authentizität wie auch um ihre Funktion im Rahmen der Stadtwerbung und Tourismusförderung entbrannte. Der ziehharmonikaspielende Seemann erfreut sich in vielfacher Form, als Graphik, als Werbeträger, mehrfach auch als Sgraffitto an Bremerhavener Hauswänden, als Skulptur, als Schiffsname und vor allem als Souvenir auch außerhalb Bremerhavens nach wie vor großer Beliebtheit; Gegenstand offizieller Tourismusförderung ist er aber nicht mehr.

Lit.: B. Scheper, Bremerhaven – so wie es war, Düsseldorf 1991, S. 69; Die Hein Mück Story, Brhv. (1979); O. Weyermann, Hein Mück aus Bremerhaven, Brhv. 1978.
Qu.: NZ, 24.1.1964 (A. Rehm), 18.10.1978, 26.6.1979; Ein Denkmal für »Hein Mück?«, in: Ndt. Hbl. 264

(Dez. 1971); StadtA Brhv, Reg. 41A-22-61/P 3 u. Slg. Thiele 2; Auskunft Ines Soltziem, Penslin, Sept. 2002.
P.: Foto in NZ, 18.10.1978, u. Hein Mück Story.

H. Bi.

Stahmer, Otto Franz Walter; *Drogist, Malergeselle, Hobbymaler.* * 18.7.1895 Bremerhaven, † 8.4.1983 Bremerhaven. Der Sohn eines Seifenfabrikanten besuchte die Realschule in Geestemünde und absolvierte eine Drogistenlehre. Nach Teilnahme am I. Weltkrieg und französischer Kriegsgefangenschaft legte S. 1925 seine Gesellenprüfung im Malerhandwerk ab und arbeitete in diesem Beruf bis zu seinem 65. Lebensjahr. Als Hobbymaler bildete er sich bei privaten Kunstschulen sowie in Fernkursen und in zwei Studiensemestern in Bremen und Schwerin fort. Seine Bedeutung als Maler liegt darin, daß er, gefördert u. a. durch Museumsdirektor → Gert Schlechtriem, sehr viele historische Ansichten der Stadt Bremerhaven schuf, diese in ausführlichen Texten beschrieb und somit Detailkenntnisse in Bild und Wort der Nachwelt überlieferte. Insbesondere thematisierte er sein Lebensumfeld im Umkreis der alten Geestebrücke. Als Vorlagen dienten ihm vielfach alte Ansichtskarten und Fotos, die er dann liebevoll mit Details ausschmückte. Einen Großteil seiner Bremerhavener Bilder, die z. T. auch als Postkarten veröffentlicht sind, hinterließ er dem Historischen Museum Bremerhaven/Morgenstern-Museum.

Lit.: Grapenthin, S. 227-230, 510.
Qu.: O. Stahmer, Erinnerungen an das alte Bremerhaven, Brhv. o. J. (masch. schr., 1 Ex. im StadtA Brhv.).

Kl. Zi.

Stampe, August Heinrich Ludwig Carl; *Partei- und Gewerkschaftsfunktionär, Parlamentarier, Senator.* * 17.4.1878 Wandsbek (Kr. Stormarn, seit 1937 zu Hamburg), † 7.5.1965 Bremerhaven (ev., sp. o. Konf.). Zunächst als Bauhilfsarbeiter tätig und seit 1901 in der Arbeiterbewegung aktiv, war S. Vorstandsmitglied der SPD in Bremen (1908-12) und Mitglied des Gauvorstands des Bauarbeiterverbandes (1911-12), bevor er von 1912 bis 1919, unterbrochen durch die Teilnahme am I. Weltkrieg, als Angestellter des Bauarbeiterverbandes in Bremerhaven arbeitete. Am 7.11.1918 wurde er zum Vorsitzenden des aus Vertretern der SPD, der USPD, des Gewerkschaftskartells, des Konsumvereins und der Parteipresse zusammengesetzten Arbeiterrats der Unterweserorte gewählt, der eng mit den Magistraten von Bremerhaven, Lehe und Geestemünde zusammenarbeitete. S. blieb in dieser Funktion bis zur Neuwahl des Arbeiterrats im März 1919. Anschließend zog er in die Bremische Nationalversammlung ein, übernahm aber schon einen Monat später als erster Bremerhavener im April 1919 das Amt eines bremischen Senators (für Bauwesen), das er bis Juli 1920 ausübte, währenddessen sein Bürgerschaftsmandat ruhte. Danach arbeitete er bis 1924 beim Technischen Betrieb des NDL. 1925 wechselte er zum Baugewerksbund, für den er bis 1933 in Osnabrück, Emden und Frankfurt a. M., zuletzt als Bezirksleiter für Hessen, tätig war. In der NS-Zeit zeitweise inhaftiert, kehrte er später nach Bremerhaven zurück, wo er sich, inzwischen im Ruhestand, 1947/48 als Vorsitzender einer der vier für Bremerhaven eingerichteten Spruchkammern für die Entnazifizierung zur Verfügung stellte; seine diesbezügliche Prozeßführung wurde allgemein als gerecht empfunden.

Lit.: I. Heumann, Der Arbeiter- und Soldatenrat in den Unterweserorten 1918/19, Hausarbeit f. d. Lehrerprüfung 1969, S. 13-53; Schröder, Parlamentarier, S. 749; Thienst, S. 143-151, 218, 242.
Qu.: Brhv. Bürgerztg., 22.5.1965; NZ, 19.3.1948.
P.: Foto in Gabcke, Bd. 1, S. 22.

H. Bi.

Steffens, Johann **Gustav**; *Lehrer, Redakteur einer Lehrerzeitschrift.* * 6.10.1875 Oberndorf (Kr. Neuhaus/Oste), † 13.3.1941 Wesermünde (ev.-luth.). Der an der Oste aufgewachsene S. besuchte die Präparandenanstalt und das ev. Lehrerseminar in Bederkesa. Er trat 1896 in Neulandermoor in den Schuldienst, wechselte 1900 nach Schottwarden, um dann ab 1902 in Lehe bzw. Wesermünde bis zu seiner Pensionierung im Jahre 1938 zu bleiben. Er unterrichtete an der Uhlandschule und der Körnerschule und wurde 1928 Konrektor. S. engagierte sich, neben seiner Unterrichtstätigkeit, im Lehrerverein Lehe. Als 1917 die »Neuen Blätter für die Volksschule der Herzogtümer Bremen und Verden und des Landes Hadeln« aus wirtschaftlichen Gründen ihr Erscheinen einstellen mußten, machte sich S. bereits öffentlich ab Okt. 1916 für eine Neugestaltung dieser Blätter stark. Dazu legte er ein differenziertes Konzept vor. Dazu gehörten vor allem eine häufigere Erscheinungsweise, ein stärkerer regionaler Bezug und die Vorgabe, daß die Schriftleitung im Bezirksvorstand des Lehrervereins vertreten zu sein hatte, um als dessen Sprachrohr dienen zu können. Am 7. Okt. 1919 kam dann in Nachfolge der »Neuen Blätter« im Auftrage des Bezirks-Lehrervereins Stade das »Stader Schulblatt« heraus. Es erschien 14tägig, war zunächst Beilage zur »Hannoverschen Schulzeitung« und wurde nach zwei Jahren als eigenständige Zeitung bei Borgardt in Bremervörde gedruckt. S. war als Herausgeber gleichzeitig Mitglied im Bezirksvorstand des Lehrervereins. Ihm oblag die Gestaltung des Schulblattes und die Auswahl der Beiträge. In vielen Artikeln vertrat er die Positionen des Bezirksvorstandes zu Fragen der Einheitsschule, Trennung von Schul- und Kirchenamt und der wohl wichtigsten Frage: Lehrerverein oder Lehrergewerkschaft. Schulpolitische Themen sowie solche der Weiterbildung von Lehrern wurden von ihm immer wieder aufgegriffen und offensiv vertreten. Der Bezirkslehrerverein hatte etwa 2.000 Mitglieder. Da der Bezug des »Stader Schulblattes« im Vereinsbeitrag enthalten war, ist davon auszugehen, daß es in jeder Schule im Regierungsbezirk Stade gelesen wurde. S. hat somit entscheidend die berufs- und schulpolitische Richtung im Bezirk mitbestimmt. Als S. im Febr. 1933 einen Artikel des Lehrers H. Meyn aus Bremervörde veröffentlichte, der sich kritisch mit dem Nationalsozialismus auseinandersetzte, wurde der Druck der Nationalsozialisten so groß, daß er zum Okt. 1933 das Amt des Schriftleiters aufgab, um es »in jüngere Hände« zu legen. Ein Nachfolger wurde noch bestimmt, das Erscheinen des Blattes aber eingestellt. Der Bezirkslehrerverband trat zum Nationalsozialistischen Lehrerbund über.

Lit.: H. G. Mildner, Neue Männer braucht das Land, in: Heimatbeilage Bremervörder Ztg., Nr. 12 (Dez. 2001).
Qu.: StadtA Brhv., Personalakte G. S.
Nachlaß: Mat. im StadtA Brhv.
Werke: *Stader Schulblatt* (1919-1933, Hrsg.).

H. G. M.

Steinmeier, Werner; *Kapellmeister, Musiklehrer, Musikkritiker.* * 10.10.1910 Hannover, † 7.3. 1993 Bremerhaven (ev.-luth.). Der Sohn eines Prokuristen lernte früh Klavier und Violine spielen und war schon als Schüler Chorsänger. Nach dem Abitur an der Oberrealschule (1928) absolvierte er zunächst in Hannover eine Lehre mit Gehilfenprüfung bei einem Musikverlag und begann 1932 ein Musikstudium in Berlin bei Prof. Paul Graener. Während der Studienzeit war er Mitglied des berühmten Chores von Bruno Kittel, bei dem er sich auch einer Sonderausbildung als Chordirigent unterzog. Als solcher wirkte er an Einstudierungen bei Studenten- und Arbeiterchören mit,

u. a. für die Olympiade 1936 in Berlin. Nach Abschluß der Dirigentenausbildung mit dem Examen als Kapellmeister bekam er 1937 sein erstes Engagement am Stadttheater Bremerhaven; sein zweites am Landestheater Beuthen mußte er wegen seiner Einberufung zur Wehrmacht 1939 abbrechen. Aus dem II. Weltkrieg mit einer schweren Verwundung des linken Armes zurückgekehrt, mußte er die Kapellmeister-Laufbahn aufgeben und sich zunächst mit privatem Musikunterricht durchschlagen. 1945 heiratete er die Bremerhavener Sopranistin Käte Ostermann, geb. Stindt, die als gelernte Fotografin auch durch Ausstellungen bekannt wurde. Bereits 1946 schrieb S. seine erste Musikkritik für die Nordsee-Zeitung, deren freier Mitarbeiter er 44 Jahre lang war. Von 1952 bis 1978 gehörte er als Musiklehrer zum Kollegium verschiedener Schulen, seit 1958 der Wilhelm-Raabe-Schule. Der Mozart- und Verdi-Liebhaber leitete 31 Jahre lang die örtliche Chorgemeinschaft »Cäcilia«. Er hinterließ ein umfangreiches privates Archiv des regionalen Musiklebens.

Qu.: NZ, 9.10.1980, 9.10.1990, 9.3.1993; Brhv. Sonntagsjournal, 5.10.1980.
Nachlaß: Privatbesitz.
P.: Fotos in NZ u. Brhv. Sonntagsj. (s. Qu.).

G. B.

Stindt, Johann Peter Georg **Otto,** Pseud.: Peter Hays und Georg Aagard; *Architekt, Filmschaffender, Schriftsteller, Übersetzer.* * 29.12.1890 Bremerhaven, † 15.12.1963 Berlin (ev.). S., der sich später Georg-Otto S. nannte, war der Sohn eines Kaufmanns, der in der Bremerhavener Bürgermeister-Smidt-Straße ein Putzwaren- und Stickereigeschäft betrieb. Er lernte den Maurerberuf, ließ sich an der Baugewerkschule in Nienburg a. d. Weser zum Bautechniker ausbilden und war dann als Bauführer und Architekt in Bremerhaven tätig. S. scheint seit Anfang der 1920er Jahre künstlerischen Neigungen nachgegangen zu sein, die ihn zunächst mit dem Medium Film in Verbindung brachten, über das er u. a. 1924 im Bremerhavener Atlantis-Verlag ein grundlegendes Buch veröffentlichte. Seit 1925 in Berlin lebend, machte er sich unter dem Pseudonym Peter Hays auch als Autor von Romanen und dramatischen Werken sowie als Übersetzer englischer, französischer und rumänischer Literatur einen Namen.

Lit.: DBI, S. 3441; Kürschner L 1952, S. 478, u. 1958, S. 707.
Qu.: StadtA Brhv., Einwohnerbuch Brhv. 1925, Meldekartei Alt-Brhv. (Peter u. Otto S.).
Werke: Verz. d. Veröff. (Auswahl) in Kürschner (s. Lit.), sowie in Gesamtverz. d. dtspr. Schrifft. 1911-65, u. a.: E.T.A. Hoffmann, *Die Elixiere des Teufels* (1922, verkürzte Bearb. m. 6 Bildern a. d. Monumentalfilm u. d. Pseud. G. Aagard); *Lichtspiel als Kunstform. Die Philosophie des Films, Regie, Dramaturgie, Schauspieltechnik* (1924); *Lichtspielhäuser, Tonfilmtheater* (1931, zus. m. P. Zucker); *F(ilm)-K(urier)-Tonfilm-Kursus* (1931); *Der Ring des Nibelungen* (1942); *Abendbrot mit Sekt* (Lustspiel, 1944); *Unsterbliche Stimmen* (Roman, 1957); Übersetzungen: u. a. T. Musatescu, *60 Millionen* (Tragikomödie, 1942), G. Pettler, *Berliner Anwalt unter Mordverdacht* (Kriminalroman, 1952).

H. Bi.

Stölting, Wilhelm Emil, Dr. phil.; *Journalist, Schriftsteller, Vertriebenenfunktionär, Stadtarchivar.* * 25.3.1903 Kiel, † 28.6.1979 Bremerhaven (o. Konf.). Nach einer Dentistenlehre arbeitete S. bis 1931 im kaufmännischen Bereich. Dann begann er eine Tätigkeit als freier Mitarbeiter bei den »Nachrichten für Stadt und Land« in Oldenburg, wo der Anfang 1930 der NSDAP beigetretene zum Schriftleiter avancierte. In der Partei bekleidete er die Ämter des Gauvolkstumswarts der Kulturgemeinde Weser-Ems sowie eines Referenten des Gauschulungsamtes und der Gaupropagandaleitung. Auf Antrag der Gauleitung erhielt S. Zugang zur Begabtenprüfung und begann 1937 in Berlin ein Studium der Volkskunde, Vorgeschichte und Kunstgeschichte. 1940 promovierte er zum Thema »Germanisches Glaubenserbe im niedersächsischen Volksbrauchtum«. Zwischen 1936 und 1942 betätigte er sich auch schriftstellerisch, u. a. als Verfasser von Dramen, Lyrik, Erzählungen und Romanen. Ausgebombt zog er 1940 nach Pommern, war beruflich als Leiter des Zeitschriftenlektorats im Amt Rosenberg aber immer noch in Berlin tätig. Die von ihm betriebene Habilitation konnte vor Kriegsende nicht mehr vollendet werden. 1945 flüchtete S. aus Pommern und kam

schließlich nach Bremen, wo er bis 1948 kunstgewerblich tätig war. Danach arbeitete er als freier Schriftsteller und wurde in Bremerhaven im Bereich der Flüchtlingsverbände aktiv, seit 1951 als Schriftführer und Kulturreferent im Bund der Vertriebenen. Darüber hinaus gestaltete er als Redakteur und Herausgeber den verbandseigenen Mitgliederdienst »Heimat«. 1955 wurde S., der eng mit Oberbürgermeister → Hermann Gullasch, u. a. als dessen Redenschreiber, zusammenarbeitete, Leiter des Stadtarchivs Bremerhaven und übernahm für ein halbes Jahr kommissarisch die Leitung der Volkshochschule. 1957 verließ er auf eigenen Wunsch das Stadtarchiv und arbeitete wieder freiberuflich. 1957/58 war S. Vorsitzender des Bundes vertriebener Deutscher (BvD) in Bremerhaven. Seit 1963 gestaltete er als verantwortlicher Redakteur die Seiten »Reise, Kur, Erholung« der Nordsee-Zeitung; von 1967 bis 1970 betreute er auch den Nordsee-Kalender. Aus seiner Feder stammt nicht nur eine Reihe von literarischen Werken, sondern auch von Veröffentlichungen zur Geschichte Bremerhavens und des Umlandes, die z. T. in seiner Eigenschaft als Stadtarchivar entstanden sind.

Lit.: DBI, S. 3448; DBA II, 1271, 314-315; Kürschner L 1952, S. 479; Stockhorst, S. 414; M. Rademacher, Wer war wer im Gau Weser-Ems, o.O. o.J. (2000), S. 373; L. Poliakov u. J. Wulf, Das Dritte Reich und seine Denker, München 1959, S. 381-383; U. Weiher, Die Eingliederung der Flüchtlinge und Vertriebenen in Bremerhaven 1945-1960, Brhv. 1992, S. 81-82.
Qu.: NZ, 25.3.1978, 2.7.1979; StadtA Brhv., Personalakte W. S.
Werke: Verz. d. frühen Veröff. in Kürschner (s. Lit.).; ferner u. a. *Germanisches Glaubenserbe im niedersächsischen Volksbrauchtum* (Diss., 1940); *Bremerhaven 1945-1955. Wiederaufbau in Wort und Bild* (Bearb., 1955); *75 Jahre Bremerhavener Straßenbahn* (1956); *Bremerhaven in Wort und Bild* (1957); *Das alte Bremerhaven* (1958); *Geschichte der Städt. Sparkasse Brhv.*, in: 100 Jahre Städt. Sparkasse (1958), S. 11-130; *Ostdeutsche in Bremen* (1962); *125 Jahre Kreissparkasse des Landes Hadeln zu Otterndorf 1837-1962* (1962); *Bremerhaven und die USA* (1966); *Die Geschichte der Niederweserbahn*, in: Jb. M.v.M. 61 (1982), S. 341-376; Firmen- u. Vereinsfestschriften, Ortschroniken sowie zahlr. Beitr. in Zeitungen u. Zeitschr.
Nachlaß: Mat. im StadtA Brhv.
P.: Foto in Privatbesitz.

U. W.

Stöwsand, Bruno; *Journalist, Verlagsleiter, Chefredakteur.* * 27.1.1911 Cuxhaven, † 24.2.1996 Cuxhaven. S. studierte zunächst Volkswirtschaft und von 1931 an Zeitungswissenschaft bei dem renommierten Professor Emil Dovifat in Berlin. Da er sich in der antifaschistischen Studentengruppe Rote Studentengemeinschaft (RSG) engagierte und auch nach 1933 gegen die nationalsozialistischen Machthaber aktiv war, mußte er 1935 die Universität verlassen. Er wurde verhaftet und für vier Jahre in den berüchtigten Moorlagern Esterwegen und Börgermoor inhaftiert. Nach seiner Entlassung 1939 verdiente er bis 1942 als Kaufmann seinen Lebensunterhalt. Dann wurde er zur Wehrmacht eingezogen und geriet ein Jahr später in englische Gefangenschaft. Aufgrund seiner antifaschistischen Einstellung übertrugen ihm die Briten für einige Zeit die Leitung des bekannten Lagers Ascot. Nach dem Ende des II. Weltkrieges 1945 arbeitete S. zunächst für die deutsch-amerikanische Nachrichtenagentur Dena. In Bremen baute er für diese Agentur ein Büro auf und war

Korrespondent für die Tageszeitung »Die Welt«. Im Oktober 1947 wurde S. zusammen mit Walter Gong Lizenzträger der von der US-Militärregierung unter der Lizenz-Nummer 47 herausgegebenen »Nordsee-Zeitung«, des Nachfolgeorgans der im Mai 1945 eingestellten »Nordwestdeutschen Zeitung«. Nach dem Wiedereintritt von Alt-Verleger → Kurt Ditzen im Jahr 1949 fungierte der als ruhig und besonnen geltende S. bis 1957 als Chefredakteur. Bis zu seinem Ruhestand am 31.12.1975 übernahm er als Verlagsleiter und Mitglied der Geschäftsführung wieder kaufmännische Verantwortung. Seither lebte er in Cuxhaven.

Lit.: Lübben, S. 60-62.
P.: Foto in NZ, 27.2.1996.

J. L.

Strate, Karlaugust, Dr. phil.; *Pädagoge, Schulleiter, Opfer des Nationalsozialismus.* * 4.1.1891 Minden (Westf.), † 17.7.1969 Minden (ev.). Als Sohn eines Postassistenten wuchs S. in seiner Geburtsstadt auf und legte an der dortigen Oberrealschule 1910 die Abiturprüfung ab. Danach studierte er Germanistik und neuere Sprachen in Berlin und anschließend in Greifswald, wo er 1913 promoviert wurde. Von 1915 an war er als Studienrat an der städt. Friedrich-Wilhelms-Schule in Stettin zunächst vertretungsweise, seit 1918 fest beschäftigt. 1926 wurde er zum Leiter der städt. Realschule in Flatow (Grenzmark Posen-Westpreußen) berufen. 1929 bewarb er sich erfolgreich um die Leitung des Reformrealgymnasiums mit Realschule in Wesermünde-Geestemünde (heute Wilhelm Raabe-Schule). S. hatte inzwischen einen Ruf als hervorragender Pädagoge und Organisator erlangt. Er bildete sich laufend fort und erwarb sich nach und nach die Lehrbefähigung für insgesamt sechs Fremdsprachen, außer für Englisch und Französisch auch für Schwedisch, Dänisch, Italienisch und Spanisch, daneben auch für Sport. Zu seinem pädagogischen Programm gehörten ferner Studienreisen und Wanderfahrten, in denen er seit 1920 Schüler durch Deutschland und ins europäische Ausland führte. Diese Aktivitäten setzte er in Wesermünde fort. So baute er den neusprachlichen Unterricht weiter aus und vertiefte die Kontakte der Schule zum Ausland, insbesondere zu den nordischen Ländern, zu deren Sprache und Literatur er eine besondere Affinität besaß. Mit seinen Studienreisen und Begegnungen wirkte er, auch im Sinne der Völkerverständigung, weit über Wesermünde hinaus, als er 1936 zum Reichsbeauftragten für den Schüler- und Lehreraustausch mit Dänemark ernannt wurde; zudem nahm er verantwortliche Aufgaben im Akademischen Austauschdienst wahr. Als Schulleiter und Pädagoge genoß S. unter Kollegen, Schülern und Eltern großes Ansehen. Seine rein fachbezogene Arbeit, die er zuweilen sehr energisch vertrat, trugen ihm aber auch Kritik von Seiten nationalsozialistischer Funktionsträger ein, die um ihren Einfluß an der Schule fürchteten. In diesem Zusammenhang wurde ihm schließlich seine danophile Einstellung zum Verhängnis, als er 1940 dem dänischen König Christian X. zu dessen 70. Geburtstag eine Glückwunschadresse übermittelte, in der er seine Sympathien für ein freies Dänemark bekundete und damit den Einmarsch deutscher Truppen in

Dänemark indirekt kritisierte. Das Schreiben wurde abgefangen und S. im Jan. 1941 seiner Stellung enthoben. Das gegen ihn eingeleitete Disziplinarverfahren wurde allerdings eingestellt, nachdem er, aufgrund langjähriger Überbeanspruchung gesundheitlich angeschlagen, die Versetzung in den Ruhestand beantragt hatte. Seither lebte er in seiner Heimatstadt Minden. Gesundheitliche Rücksichten waren es auch, die ihn 1947 – trotz offizieller Aufforderung – daran hinderten, sich wieder um die Leitung der Wilhelm-Raabe-Schule zu bewerben. Eine Wiedergutmachung in Form eines erhöhten Ruhegehaltes wurde ihm erst 1966 gewährt.

Lit.: Festschrift z. Feier d. 75jährigen Bestehens der Wilhelm-Raabe-Schule, Brhv. 1953, S. 14-15; Geestemünder Städt. Oberschule für Jungen, Bericht über das Schuljahr 1937/38, S. 23, 1938/39, S. 21-22, 1939/40, S. 21-22; 125 Jahre Wilhelm-Raabe-Schule 1878-2003, Brhv. 2003, S. 22-24.

Qu.: NZ, 22.2.1966, 2. u. 4.10.1969;StadtA Brhv., Personalakte.

P.: Foto in StadtA Brhv (abgeb. in NZ, 2.10.1969 u. Festschrift, s. Lit., Bildtafel III) sowie in NZ, 22.2.1966.

H. Bi.

Strunk, Carl Ferdinand **Hermann,** Dr. phil., Dr.-Ing. h.c.; *Theologe, Pädagoge, Politiker, Erforscher der Regional- und Landesgeschichte.* * 19.4.1882 Dobien bei Wittenberg (Elbe), † 6.2.1933 Danzig (ev.). Der Sohn eines Pfarrers besuchte das Gymnasium in Wittenberg und nahm an der Universität Halle ein Studium der Theologie auf, das er 1906 mit der Promotion und der Lehramtsprüfung für höhere Schulen abschloß. Nach kurzer Lehrtätigkeit im Thüringischen wurde er 1908 als Oberlehrer am Lyzeum in Geestemünde eingestellt, wo er bis 1914 wirkte. Während des I. Weltkrieges, an dem er als Reserveoffizier teilnahm, wurde ihm die Leitung des Gymnasiums in Stargard (Pommern) übertragen. 1919 übernahm er in Danzig die Aufgaben eines Schulrats, bis er dort ein Jahr später zum hauptamtlichen Senator für Kunst, Wissenschaft und Volksbildung gewählt wurde; dieses Amt bekleidete er bis 1931. In Danzig setzte er sich vor allem für die Förderung der Wissenschaft, u. a. durch den Ausbau der Technischen Hochschule, sowie für die Stärkung der kulturellen Verbindungen zwischen dem Freistaat und dem Deutschen Reich ein. Neben seinen ausgeprägten volkstumspolitischen Ambitionen, denen er auch mit Hilfe eines von ihm mitbegründeten »Deutschen Heimatbundes« und in seiner Eigenschaft als Landesvorsitzender des »Vereins für das Deutschtum im Ausland« nachging, fand er Zeit zu eigenen wissenschaftlichen Forschungen, mit denen er an das anknüpfte, was er in Geestemünde begonnen hatte. Seit 1909 beim Heimatbund der »Männer vom Morgenstern« u. a. als Schriftführer (1907-14) und Mitglied des Herausgabeausschusses aktiv, widmete sich S., der über eine ungewöhnliche Belesenheit und Schaffenskraft verfügte, intensiv der Geschichts- und Heimatforschung, die er in seine schulpädagogische Arbeit einbezog. Aus dieser Verbindung heraus entstand sein primär für den Schulunterricht konzipiertes »Quellenbuch zur Geschichte des alten Erzstifts Bremen und Niedersachsens«. Darüber hinaus trat er durch eine Reihe weiterer Veröffentlichungen hervor, unter denen die von ihm systematisch betriebenen Flurnamenforschungen einen breiten Raum einnehmen. Die an der Unterweser begonnenen Forschungen setzte er in Danzig als Vorstandsmitglied der Historischen Kommission für ost- und westpreußische Landesforschung fort und dehnte sie bis ins Baltikum aus. Zudem war er Mitglied des Verwaltungsausschusses des Deutschen Museums in München und Vorstandsmitglied der Goethe-Gesellschaft. Seine wissenschaftlichen Beziehungen zur Unterweser behielt er bis zu seinem frühen Tode bei.

Lit.: DBI, S. 3478; DBA II 1282, 99-100; Jb. M.v.M. 38 (1957), S. 36; E. Keyser, Hermann Strunk und die deutsche Landesgeschichte, in: Altpreuß. Forschungen 10 (1933), S. 197-204; Kürschner G 1928/29, Sp. 2487; Reichshandbuch, Bd. 2, S. 1873; H. Rüther, Hermann Strunk, in: Nds. Lbb., Bd. 1, S. 394-404; Siebs, Grauer Strand, S. 112.
Werke: Verz. d. Veröff. in Rüther (s. Lit.), S. 402-404, u. a. *Die hohepriesterliche Theorie im Alten Testamente* (Diss. Halle 1906); *Quellenbuch z. Geschichte d. alten Erzstifts Bremen u. Niedersachsens bis z. Ausgang d. Mittelalters* (1911, 2. Aufl. 1923-25); *Die Flurnamen des Vielandes*, in: Jb. M.v.M. 21 (1924), S. 44-113; *Die Flurnamen aus 12 Gemeinden des Landkreises Geestemünde*, in: Jb. M.v.M. 24 (1930), S. 1-56; *Kulturpolitik, Kulturleistung. 10 Jahre Freie Stadt Danzig* (1930).
E.: Ehrenbürger u. Dr.-Ing. h.c. TH Danzig (1924 bzw. 1926), Ehrenmitgl. M.v.M.
P.: Foto in Reichshdb., Rüther (s. Lit.), S. 394, u. Jb. M.v.M. 38 (1957), S. 32, Tafel 5.

H. Bi.

T

Tecklenborg, Eduard Noltenius Hiram Paulding; *Kaufmann, Reeder, Werftindustrieller.* * 1.8.1849 Bremen, † 9.10.1926 Bremen (ev.). T. kam als jüngster Sohn aus zweiter Ehe von → Franz T. zur Welt. Nach Schulausbildung und Lehrzeit in Bremen übernahm er 1868 Aufgaben in der väterlichen Firma (Reederei und Segelmacherei) und wurde 1874 deren Teilhaber. Zusammen mit dem Schiffbauer → Georg W. Claussen und seinem Vater bestimmte er auch die Geschäftspolitik der Werft in Bremerhaven. T. erhielt dort 1872 Prokura und wurde, nachdem sein Onkel → Johann C. T. verstorben war, 1874 Teilhaber des Schiffbauunternehmens. T. und Claussen leiteten den Übergang zum industriellen Schiffbau ein und bauten die Firma zu einem der bedeutendsten deutschen Werftbetriebe aus. Nach Gründung der Aktiengesellschaft Johann C. Tecklenborg (1897) behielten die bisherigen Direktoren Claussen und T. als Vorstandsmitglieder die Verantwortung. Die Reederei Franz T., die neben der Werft immer noch bestanden hatte, wurde 1894 aufgegeben. Die Segelmacherei existierte noch einige Zeit länger und wurde 1913 aus dem Handelsregister gestrichen. T., der in Bremen wohnte, war seit 1880 Mitglied im »Haus Seefahrt«; er wurde 1903 zum Vorsteher und 1908/09 zum verwaltenden Vorsteher dieser gemeinnützigen Organisation berufen. Außerdem erfüllte er als Mitglied der Handelskammer Bremen (seit 1898) zahlreiche Aufgaben in diversen Kommissionen wie dem Tonnen- und Bakenamt, dem Wasserschout und der Zollkreditbehörde. T. war Mitbegründer der Schiffbautechnischen Gesellschaft und hatte Sitz und Stimme in weiteren Organisationen, u. a. als Vorstandsmitglied des Deutschen Museums in München. Aus gesundheitlichen Gründen verließ er 1908 den Vorstand, um als Mitglied im Aufsichtsrat, dem er bis zu seinem Tode angehörte, für das Wohl und die Selbständigkeit der Werft zu kämpfen. Erst nach seinem Ableben erfolgte die Fusion auf Betreiben des Bremer Bankiers J. F. Schröder mit der AG Weser aus Bremen und anderen deutschen Schiffbaufirmen zur Deutschen Schiff- und Maschinenbau AG (Deschimag) mit dem Ziel, Schiffbaukapazitäten abzubauen. Als Konsequenz wurde die leistungsfähige und moderne Werft Joh. C. Tecklenborg 1928 geschlossen, was verheerende Auswirkungen für die Unterweserregion hatte. Die Helgengerüste und Anlagen wurden anschließend demontiert; seit 1935 dient das ehemalige Werftgelände der Marineschule (heute Marineoperationsschule). Sein Sohn → Fritz T., der als Vorstandsmitglied Bedenken gegen die Stillegung erhoben hatte, verließ 1927 die Deschimag und wurde Mehrheitsaktionär der Bremer Tauwerkfabrik Tecklenborg & Co. in Bremen-Grohn. T.s älterer Sohn Wilhelm (1882-1948) war Geschäftsführer der Hansa Lloyd-Werke AG bzw. der Borgward GmbH in Bremen.

Lit.: 100 Jahre STG, S. 491-492; Fisser, S. 61-81; Gr. Bremen-Lexikon, S. 719-720; F. X. Ortlieb, Zur Werftenkonzentration in den 20er Jahren. Hintergründe der Fusion der AG Weser mit der Werft Joh. C. Tecklen-

borg, in: Von der Dampfbarkasse zum Containerschiff, Br. 1988, S. 50-70, hier S. 58-68; Peters, Seeschiffbau, S. 94, 126-142; E. De Porre, Eduard Tecklenborg, in: Br. Biogr. 1912-62, S. 516-517.
P.: Ölgemälde in Privatbesitz (abgeb. in 100 Jahre STG, S. 491).

D. J. P.

Tecklenborg, Franz; *Segelmacher, Reeder, Kaufmann, Werftbesitzer, Parlamentarier.* * 21.1.1807 Bremen, † 31.3.1886 Bremen (ev.).* T. war der älteste Sohn eines Bremer Kaufmanns, Reeders und Segelmachers. Die Schifferfamilie T. findet bereits 1684 im Verzeichnis des »Hauses Seefahrt« Erwähnung. Nach dem Tode des Vaters 1821 durchlief T. eine Lehre als Segelmacher und arbeitete einige Jahre in Kopenhagen. Nach seiner Rückkehr führte er das elterliche Unternehmen, betrieb die Segelmacherei, übernahm die Vertretung englischer Schiffsausrüster und begann wieder mit dem Reedergeschäft. T. trat als finanzieller Teilhaber des Schiffbauers Jan Simon Abegg auf, der 1841 im Außendeichbereich des rechten Geesteufers in Bremerhaven ein Werftgelände vom bremischen Staat pachtete. Obwohl hier in der Folgezeit einige Seeschiffe entstanden, gab Abegg jedoch nach einigen Jahren das Werftgeschäft wieder auf. T. mußte die Firma übernehmen und gewann als neuen technischen Leiter seinen Bruder → Johann C. T., woraus sich die später weltbekannte Werft entwickelte. Neben dem Schiffbauareal in Bremerhaven konnte T. 1852 in Geestemünde auf der linken Flußuferseite einen Dockplatz neben dem Gelände von → Schau & → Oltmanns pachten und 1871 erwerben. Hier entstand unter der Leitung des Wasserbauinspektors → August Dinklage ein hölzernes Doppeltrokkendock, welches 1855 in Betrieb gehen konnte. In diesem »König-Georgs-Dock« wurden im wesentlichen Schiffsreparaturen durchgeführt. 1869 wurde hier allerdings für die zweite deutsche Nordpolar-Expedition der hölzerne Dampfer GERMANIA fertiggestellt. 1876 beantragte T. beim Hafenamt in Geestemünde, das Trockendock und die Werkstätten mit einer Gasbeleuchtungsanlage ausrüsten zu dürfen, um auch in den Nachtstunden arbeiten zu können. Da der Bremerhavener Werftplatz und das Geestemünder Dockareal für die Aufnahme des eisernen Dampfschiffbaus zu geringe Abmessungen aufwiesen, erwarb T. 1881 ein geeignetes Gelände auf dem Geestemünder Wählacker. 1882 konnte die neue Schiffbauanlage, die für die Zukunft erhebliche räumliche und technische Erweiterungsmöglichkeiten bot, mit der Kiellegung des Lloyddampfers MÖWE ihre Arbeit aufnehmen. Bis zu seinem Tode hatte T. neben → Georg W. Claussen und seinem Sohn → Eduard T. entscheidenden Anteil an der Geschäftsführung der Werft. Von 1853 bis 1886 gehörte er der Bremischen Bürgerschaft an.

Lit.: DBI, S. 3523; Br. Biogr. 19. Jh., S. 485-486 (J. Rösing); Gr. Bremen-Lexikon, S. 719; Peters, Seeschiffbau, S. 68-70, 90-94, 126-129; E. De Porre, Eduard Tecklenborg, in: Br. Biogr. 1912-62, S. 516-517.
P.: Ölgemälde im Hist. Museum Brhv. (Foto im StadtA Brhv.).

D. J. P.

Tecklenborg, Fritz; *Kaufmann, Fabrikant.* * 26.5.1888 Bremen, † 1.5.1964 Bremen (ev.).* Der Sohn von → Eduard T. war nach seiner Lehrzeit in Bremen mehrere Jahre lang als kaufm. Angestellter in England und dann in Südamerika tätig, von wo aus ihm im I. Weltkrieg als Matrose getarnt die Rückkehr nach Deutschland gelang. Von 1917 bis 1926 Vorstandsmitglied der Johann C. Tecklenborg AG in Geestemünde, verließ er das Unternehmen, weil er dessen Stillegung durch die Deutsche Schiff- und Maschinenbau AG (Deschimag) nicht mittragen wollte. 1927 erwarb er die Aktienmehrheit der 1793 von C. H. Michelsen gegründeten »Bremer Tauwerkfabrik« in (Bremen-) Grohn, die er unter dem Namen »Bremer Tauwerkfabrik F. Tecklenborg & Co.« weiterführte und mit neuen Produkten und Fertigungsmethoden zu einem der größten deutschen Tauwerkhersteller ausbaute. Das Unternehmen, das heute als »Bremer Tauwerkfabrik Textilwerke GmbH & Co. KG« firmiert, hat seine Produktpalette inzwischen auf nicht-maritime Erzeugnisse (u. a. Sisalteppiche, Kunstfasern) ausgeweitet. Ferner beteiligte sich T. 1928 mit dem Kaufmann Karl Kegel in Geestemünde an einem Unternehmen für Drahtseile und Schiffstaklerei, das sich heute noch im Bremerhavener Fischereihafen als »Tecklenborg, Kegel GmbH« einer guten Auftragslage erfreut. T. gehörte lange Jahre dem Aufsichtsrat der Norddeutschen Kreditbank an. Er bekleidete zahlreiche Ehrenämter, u. a. als Vorsteher im »Haus Seefahrt«. Von Jugend an praktizierender Musiker, setzte er sich als Vorsitzender der Philharmonischen Gesellschaft tatkräftig für das bremische Musikleben, insbesondere während der Aufbaujahre nach dem II. Weltkrieg, ein.

Lit.: DBI, S. 3523; Gr. Bremen-Lexikon, S. 719-720; Heimatchronik, S. 260-262; E. De Porre, Eduard Tecklenborg, in: Br. Biogr. 1912-62, S. 516-517; Reichshandbuch, Bd. 2, S. 1889; Wenzel, Sp. 2263.
Qu.: WK, 4.5. u. 5.5.1964; NZ, 14.7.2001.
P.: Foto in WK, 5.5.1964.

H. Bi.

Tecklenborg, Johann Carl; *Schiffbaumeister, Werftbesitzer.* * 15.7. 1820 Bremen, † 14.10.1873 Bremerhaven (ev.). T. war der jüngere Bruder von → Franz T. Nach Ausbildung zum Schiffbauer, und nachdem er einige Jahre in Amerika praktische Erfahrungen gesammelt hatte, stieg er nach seiner Rückkehr als technischer Leiter in die Werft in Bremerhaven ein, die sich im Besitz seines Bruders befand. Er übernahm die Mietverträge, die sein Vorgänger, der Schiffbauer Jan Simon Abegg, mit dem bremischen Staat geschlossen hatte und führte das Unternehmen ab 1845 unter dem Namen Johann C. Tecklenborg weiter. T. erwies sich als ausgezeichneter Handwerksmeister, der die zum Schiffbauholz geeigneten Baumstämme an Ort und Stelle selbst auswählte. Unter seiner technischen Leitung erwarb sich die Werft einen guten Ruf, der später von seinem Nachfolger → Georg W. Claussen noch ausgebaut werden konnte. Zu dem damaligen Schiffbaubetrieb gehörten zwei Helgen, eine Schmiede, eine Tischlerwerkstatt, einige Schuppen für die Lagerung der Baumaterialien sowie Unterkunftsräume für die Schiffszimmerleute. Schon 1847 schlug er dem bremischen Staat eine Patentslipanlage für die Reparatur der damals aufkommenden großen Überseedampfer vor, weil die an der Geeste bestehenden Trockendocks für diese Schiffsgrößen nicht geeignet waren. Neben den Schiffen für die eigene Reederei, die Bremer Segelschiffsfirma Wätjen & Co. sowie für andere auswärtige Auftraggeber entstanden auf der Werft im Zeitraum 1845-1867 etwa 30 hölzerne Segler, von denen allein 26 Schiffe zum Typ der Barken gehörten. Ungefähr 100 Schiffszimmerleute waren hier beschäftigt. Nachdem der gemietete Schiffbauplatz in Bremerhaven 1863 von den Brüdern T. käuflich erworben worden war, konnten weitere Investitionen getätigt werden, die zum Aufschwung des Betriebes führten. Als T. starb, kündigte sich das Ende der hölzernen Segelschiffbauära auch in Bremerhaven an. Die 1879 gebaute Bark FIGARO war das letzte hölzerne Fahrzeug, das hier fertiggestellt wurde. T.s Tochter → Johanne T. wurde als Malerin bekannt.

Lit.: Peters, Seeschiffbau, S. 68-70, 90-94; E. De Porre, Eduard Tecklenborg, in: Br. Biogr. 1912-62, S. 516-517; Wolff, Friedhöfe, S. 72.
E.: Grabstätte Friedhof Lehe II.

D. J. P.

Tecklenborg, Johanne Catharine; *Malerin.* * 6.6.1851 Bremerhaven, † 11.5.1933 München (ev.). Die Tochter des Schiffbaumeisters → Joh. C. T., Schülerin von Theodor Her, als Landschafts- und Stillebenmalerin in München lebend, setzte sich erfolgreich vor allem für die beruflichen und sozialen Belange von Künstlerinnen ein. Als Gründungsmitglied und langjährige Vorsitzende des 1884 gegründeten Künstlerinnenvereins München, der eine Malschule und eine Darlehenskasse unterhielt und der seit 1898 auch über ein eigenes Heim verfügte, sowie eines mit diesem verbundenen Künstlerinnenhilfsvereins schuf sie wichtige Voraussetzungen für die Ausbildung, die eigenständige berufliche Tätigkeit und die soziale Versorgung von künstlerisch tätigen Frauen. Ebenso war sie lange Jahre für die Renten- und Pensionsanstalt für deutsche bildende Künstler tätig, u. a. als Schriftführerin des Münchener Ortsverbandes und als Aufsichtsratsmitglied der Zentrale in Weimar.

Lit.: DBI, S. 3523; Lexikon der Frau, Zürich 1954, Bd. 2, Sp. 1416; Thieme/Becker, Bd. 32, S. 498.

Qu.: Münchener Neueste Nachr., 15. und 17.5.1933; Auskunft StadtA München, 27.7.2001; StadtA Brhv., Zivilst.reg. 1851, Geb. Nr. 54.

E.: Ehrenmitgl. Künstlerinnen- u. Künstlerinnenhilfsverein München.

H. Bi.

Telschow, Otto; *Polizeibeamter, NS-Funktionär, Gauleiter.* * 27.2.1876 Wittenberge, Kr. Westprignitz (Mark Brandenburg), † 31.5.1945 Lüneburg (ev.). Der Sohn eines kleinen Justizbeamten wurde in einer preußischen Kadettenanstalt erzogen und diente von 1893 bis 1901 als Berufssoldat bei den Wandsbeker Husaren, wobei er u. a. an der China-Expedition zur Niederschlagung des Boxeraufstandes im Jahre 1900 teilnahm. Anschließend war er, unterbrochen durch den I. Weltkrieg, in dem er als Lazarettinspektor in Flandern eingesetzt war, bis 1924, als er aufgrund der Wirtschaftskrise frühzeitig in den Ruhestand versetzt wurde, in Hamburg als Polizeibeamter (zuletzt als Obersekretär) tätig. Von 1905 an in der Deutsch-sozialen Partei des Liebermann von Sonnenberg engagiert, verstärkte er nach dem I. Weltkrieg seine politischen Aktivitäten, wobei er bald regionale Führungsaufgaben in der Deutsch-völkischen Freiheitspartei von General Ludendorff wahrnahm. 1925 schloß er sich der NSDAP an und gründete in Buchholz eine Ortsgruppe. Schon im selben Jahr war er Gauleiter des NSDAP-Gaus Lüneburg-Stade (seit 1928 Ost-Hannover), dem 1926 auch die Stadt Wesermünde sowie die Kreise Geestemünde und Lehe zugeschlagen wurden. Seinen Sitz hatte er zunächst in Buchholz, seit 1932 in Harburg und seit 1937 in Lüneburg. Für die NSDAP zog er 1930 in den Reichstag ein. Seit 1929 war er auch Mitglied des Hannoverschen Provinziallandtages, dessen Präsidium er 1933 übernahm. Er gab seit 1928 die Wochenschrift »Niedersachsen-Stürmer«, die Kampfzeitung der NSDAP für den Gau Ost-Hannover, heraus. T., ein Mann von Mittelmaß, der auch aus dem üblichen Altersprofil der NS-Führer herausfiel, hatte sich wegen seines Führungsstils und seines politischen Kurses in der Anfangszeit mehrfach mit den Parteifunktionären der größeren Orte des Gaues auseinanderzusetzen, so auch in Bremerhaven und Wesermünde, wo sich zwei rivalisierende Gruppen befehdeten. Mit Parteiausschlüssen und anderen Repressionen konnte er sich gegenüber Konkurrenten jedoch durchsetzen. In diesem Zusammenhang stützte er zunächst den späteren Bremerhavener Oberbürgermeister → Julius Lorenzen, entzog ihm aber später Parteifunktionen. In den Rivalitäten mit → Carl Röver, dem Gauleiter des Gaues Weser-Ems, die sich wegen Bremerhaven entspannen – das parteiorganisatorisch zusammen mit Wesermünde zum Gau Ost-Hannover gehörte, politisch aber Teil des Landes Bremen war, für das Röver als Reichsstatthalter zuständig war –, konnte er seine Position behaupten. In einem weiteren Spannungsfeld, der Gebietsreform im Hinblick auf die Vereinigung der Unterweserorte, vertrat er die von dem Wesermünder Oberbürgermeister → Dr. Walter Delius forcierte Eingliederung Bremerhavens in Wesermünde, wobei der auf Ausdehnung seines Herrschaftsbereichs bedachte Röver letztlich das Nachsehen hatte. Es gelang T. jedoch nicht wie den anderen Gauleitern, ein staatliches Amt zu gewinnen; statt der von ihm begehrten Position des Stader Regierungspräsidenten wurde er 1933 mit dem einflußlosen Titel eines preußischen Staatsrats abgefunden. Als oberste Parteiinstanz steuerte T. die Aktivitäten der NSDAP im Gau Ost-Hannover, beeinflußte die Vergabe wichtiger staatlicher und kommunaler Ämter und trug vor allem auch die Verantwortung für die Durchsetzung der NS-Ideologie und die Verfolgung politischer Gegner. Seit Beginn des II. Weltkrieges fiel ihm als Reichsverteidigungskommissar die Koordinierung der Zusammenarbeit zwischen Zivilverwaltung und Wehrmacht zu; später war er für den Ausbau des Luftschutzes, für die Errichtung von Befestigungsanlagen und seit Sept. 1944 auch für die Aufstellung des »Volkssturms« zuständig, Aufgaben, die er in den letzten Kriegsmonaten zunehmend vernachlässigte. Auf der Flucht vor englischen Truppen starb er nach einem Selbstmordversuch in einem Lüneburger Krankenhaus.

Lit.: DBI, S. 3526; Dt. Führer-Lexikon, S. 486; H. E. Hansen, Gauleiter Otto Telschow, in: Ndt. Hbl. 397 (Jan. 1983); H. Lohmann, Otto Telschow, in: Lebensläufe, S. 323-326; Scheper, Jüngere Geschichte, S. 241-246, 254-287, 310-318, 336; Stockhorst, S. 419; Wer ist's? 10 (1935), S. 1593; W. Wippermann, Aufstieg u. Machtergreifung der NSDAP in Bremerhaven-Wesermünde, in: Jb. M.v.M. 57 (1978), S. 165-199, hier S. 175.

E.: Ehrenbürger mehrerer Städte u. Gemeinden d. Gaus Ost-Hann., u. a. in Wmde. u. Brhv. (1933 bzw. 1937, 1949 aberkannt).

P.: Foto u. a. in Hansen u. Lohmann (s. Lit.), Dt. Führer-Lex. u. Scheper, Jüngere Geschichte, S. 255.

H. Bi.

Terheyden, Karl, Dr.-Ing.; *Nautiker, Kapitän, Seefahrtschuldirektor, Hochschullehrer.* * 3.4.1916 Moers (Niederrhein), † 8.4.1995 Bremerhaven (kath.). T. begann als 16jähriger auf einem Segelschulschiff, der DEUTSCHLAND, eine seemännische Ausbildung und setzte sie auf anderen deutschen und finnischen Rahseglern fort, auf denen er auch Cap Horn umsegelte. An der Seefahrtschule Bremen bestand er die Prüfung zum Kapitän auf großer Fahrt mit Auszeichnung und fuhr bis 1941 als nautischer Schiffsoffizier beim Norddeutschen Lloyd. Nach fünfjähriger Kriegsgefangenschaft erwarb er die Hochschulreife. Das Studium der Geodäsie schloß er an der Universität Bonn als Diplom-Ingenieur ab und wurde an der dortigen Universitätssternwarte promoviert, um dann in der westdeutschen Zechenindustrie als Ingenieur tätig zu werden. Zum 1.4.1953 wurde T. zum Lehrer an die Seefahrtschule Bremerhaven (früher Wesermünde bzw. Geestemünde) berufen, die seit der Eingliederung Bremerhavens in das Bundesland Bremen 1947 als Abt. B. der Seefahrtschule Bremen firmierte. Nach nur fünfjähriger Lehrtätigkeit übernahm T. die Leitung der Abteilung und 1963 auch als Oberseefahrtschuldirektor die Gesamtleitung des Bremer Instituts. Er führte die Umstellung der Seefahrtschule über die Höhere Fachschule und Seefahrt-Akademie zur Hochschule für Nautik Bremen einschließlich des zugehörigen Hochschul-Instituts Bremerhaven durch. Auf diese Weise sorgte er durch seine mit Geschick, Sachverstand und persönlichem Einsatz geförderten Änderungen der

Lehrinhalte und Studienorganisationen dafür, daß Bremerhaven 1970 erstmals Hochschul-Standort wurde. Er selbst kandidierte nicht wieder für das Rektorenamt, sondern widmete sich seit Sommersemester 1972 wieder ganz der nautischen Lehre in Bremerhaven, wobei er sich der schwachen Schüler mit besonderer Liebe annahm. Neben seiner Lehr- und hochschulorganisatorischen Tätigkeit hat er auch wissenschaftlich gearbeitet, u. a. Beiträge zur astronomischen und zur Trägheits-Navigation sowie zur Nautischen Kartographie veröffentlicht und bis weit in den Ruhestand hinein den nautischen Teil des »Handbuchs der Schiffsführung« über mehrere Auflagen hinweg neu bearbeitet. Auf der von ihm gelegten Grundlage entwickelte das Bremerhavener Hochschul-Institut den neuen Studiengang »Transportwesen«, und das Bremerhavener Institut für Schiffsbetriebstechnik der Bremer Hochschule für Technik kreierte den neuen Studiengang »Betriebs- und Versorgungstechnik«. Die so mit zukunftsträchtigen Lehrinhalten ausgestatteten Institute schlossen sich am 1.9.1975 zur selbständigen Hochschule Bremerhaven zusammen, an der T. bis zu seiner Versetzung in den Ruhestand 1981 seine Lehrtätigkeit ausübte. Seit der Gründung des Deutschen Schiffahrtsmuseums (DSM) 1971 waren sein wissenschaftlicher Rat und seine organisatorischen Erfahrungen auch in dessen Beirat gefragt, insbesondere bei der Weiterentwicklung zu einem wissenschaftlichen Forschungsinstitut von nationalem Rang. In der Nachfolge von → Dr. August Dierks gehörte er dann von 1983 bis 1995 dem Verwaltungsrat des DSM an. Als Vorsitzender des Kuratoriums zur Förderung des DSM organisierte er die Eigentumsübergabe der in großer Zahl von diesem Förderverein zugesammengetragenen Sammlungsstücke. Ferner war er in einer Reihe von Schiffahrts-Vereinigungen tätig, so z. B. als Gründungs- und Präsidiumsmitglied der Sail Training Association Germany, im Club der Navigationsschüler von 1886 oder im Verein der Kapitäne und Nautischen Schiffsoffiziere. Sein besonderes Engagement aber galt der kath. Kirche, was im überwiegend protestantischen Norddeutschland viel Zeit und Einsatz erforderte. Seit 1963 Mitglied des Kirchenvorstandes seiner Heimatgemeinde »Herz Jesu« Geestemünde und im Gesamtverband der kath. Kirchengemeinden aktiv, war er lange Jahre auch Vorsitzender des Diözesanrates, der obersten parlamentarischen Laienvertretung des Bistums Hildesheim (1967-1987), Mitglied des Zentralkomitees der Deutschen Katholiken (1972-1982) und weiterer Gremien. In Bremerhaven ist sein entscheidender Einsatz für den Auf- und Ausbau des kath. Schulwesens hervorzuheben. Für sein vielfältiges berufliches und außerberufliches Engagement wurde er mit dem Bundesverdienstkreuz ausgezeichnet.

Lit.: Hansa 5/1995, S. 103-104; Hochschule Bremerhaven. 100 Jahre Seefahrtausbildung, Brhv. 1979, S. 47-51, 60, 76-78; 90 Jahre Herz-Jesu-Kirche, Brhv. 2001, S. 13; 200 Jahre Seefahrtschule Bremen, Br. 1999, S. 214.
Qu.: NZ, 5.1.1982, 13.6.1986, 3.4.1991, 10. u. 11.4. 1995; Kirchenzeitung (Bistum Hildesh.), 20.6.1986, 25.7.1993, 23.4.1995.
Werke: u. a. *Nomogramme f. d. Lösung astron. Aufgaben z. geogr. Ortsbestimmung u. astron. Navigation* (1951); *Nautische Kartographie* (1956); Fulst/Meldau, *Nautische Aufgaben* (Mitarb., 7. Aufl. 1956); *Handbuch f. d. Schiffsführung, Bd. 1: Navigation* (1961 u. weit. Aufl. bis 1985); *Kartographie* (1977).

P.: Foto in Archiv NZ (abgeb. in NZ, 3.4.1991), und Kirchenztg., 23.4.1995.
E.: Bundesverdienstkr. (1986), Komtur d. Ritterordens d. hlg. Papstes Sylvester (1986); Grabstätte Friedhof Gmde.

D. E.

They, Martha Johanne; *Pädagogin, Rektorin.* * 8.8.1891 Stade, † 7.11.1972 Bremerhaven (ev.-luth.). Nach dem Besuch der Volks-, Mittel- und höheren Mädchenschule in ihrer Heimatstadt Stade besuchte die Tochter eines Kapitäns von 1908 bis 1911 die Lehrerinnenbildungsanstalt in Lüneburg, die sie mit der Lehrbefähigung für Mittel- und höhere Mädchenschulen abschloß. Noch im selben Jahr wurde sie vom Leher Magistrat an die Körnerschule berufen. Nachdem dort 1927 ein Aufbauzug, der zur mittleren Reife führte, eingerichtet wurde, wechselte T. zu diesem neuen Schultyp über, an dessen Fortentwicklung sie selbst mitwirkte. Im Juni 1947 wurde ihr als Rektorin die Leitung der Humboldtschule I in Geestemünde mit einem Aufbauzug übertragen. Bei Einführung der Schulreform wurde sie 1950 zur stellv. Schulleiterin im Kombinat (additive Gesamtschule) der Theodor-Storm-Schule gewählt, an der sie bis zu ihrer Pensionierung am 1.5.1957 tätig war. Auch nach ihrer Versetzung in den Ruhestand stellte sich die unverheiratete passionierte Pädagogin, die als couragiert galt und unter Schülern beliebt war, noch mehrere Jahre lang als Lehrerin zur Verfügung. Ehrenamtliches Engagement, dem sie sich vor 1933 widmete (im Jugendschutzverein, in der ev.-luth. Schulkommission und als Vertreterin der Schulen im Verein für das Deutschtum im Ausland), mußte sie mit Beginn des Nationalsozialismus aufgeben. Ihr Einsatz bei der Rettung ihres bei einem Bombenangriff getroffenen Wohnhauses An der Allee 44, in dem sie insgesamt mehr als 40 Jahre lebte, wurde Weihnachten 1944 durch das Kriegsverdienstkreuz gewürdigt. 1952/53 war sie als stellv. Schiedsmann erneut ehrenamtlich tätig. Durch einen tragischen Verkehrsunfall kam T. im hohen Alter ums Leben.

Qu.: Brhv. Volksstimme, 30.1.1954; NZ, 1.7.1961, 9., 10., 11.11.1972; Brhv. Bürgerztg., 8.7.1961; Adreßbuch 1952/1953; StadtA Brhv., Personalakte M. T.
E.: Kriegsverdienstkr. 2. Kl. (1944).

D. D.

Thiel, Richard; *Seemann, Boxer.* * 25.5.1900 Barga (Ostpr.), † 2.7.1992 Bremerhaven. T. ging als 15jähriger zur See. Nach dem I. Weltkrieg in Göteborg gestrandet, versuchte er als blinder Passagier nach Amerika auszuwandern, was aber nicht gelang. So verdingte er sich als Hafenarbeiter und kam eher zufällig mit dem Boxsport in Berührung. Später wurde er in Bremen Amateurboxer und gewann den Titel eines Norddeutschen Meisters im Halbschwergewicht. Während einer kürzeren Episode als Seemann beim Norddeutschen Lloyd boxte er bei Hafenaufenthalten in vielen überseeischen Boxringen. Da der Start in eine Profikarriere in Bremen erfolglos blieb, fuhr er wieder zur See. Nach dem II. Weltkrieg verschlug es T. als Seemann nach Bremerhaven. 1947 gehörte er zu den Gründern des Boxclubs »Nordsee« (später Weser-Boxring) und wechselte bald in die Trainerlaufbahn. Besonders angetan hatten es ihm die Jugendlichen, die er in die Geheimnisse des Boxsports einführte und bei allen Wettkämpfen betreute. Dies tat er bis zu seinem Tod, so daß T. zum »ältesten Boxtrainer der Welt« avancierte.

Qu.: NZ, 2.7.1991, 4.7.1992; Brhv. Sonntagsjournal, 2.9.1990.
P.: Foto in Sonntagsjournal (s. Qu.).
E.: Gold. Ehrennadel Dt. Amateur-Box-Verband.

Kl. Zi.

Thiele, Bernhard; *Beamter, Sportfunktionär.* * 11.1.1928 Bremerhaven, † 27.12.1991 Bremen. Schon früh wurde der junge Leichtathlet und Handballer, der eine mögliche Karriere als Mittelstreckenläufer zugunsten seines Berufs aufgab, als Jugendwart im ATS Bremerhaven in ehrenamtliche Arbeit eingebunden. Mehrere Jahre arbeitete er als freier Mitarbeiter für die Sportredaktion der Nordsee-Zeitung. 1960 wurde er als 32jähriger zum Vorsitzenden des Bremer Handballverbandes und 1972 zum Präsidenten des Deutschen Handball-Bundes (DHB) gewählt. Dieses Amt bekleidete er bis 1989; ein Jahr zuvor war ihm für sein Engagement das Bundesverdienstkreuz verliehen worden. T., der als hervorragender Organisator galt, arbeitete außerdem in zahlreichen Sportgremien mit; so war er Sprecher der Spitzenverbände im Deutschen Sportbund, war im Bundesausschuß Leistungssport tätig und hatte einen Sitz im Kuratorium »Jugend trainiert für Olympia«. Nachdem er 1947 seine berufliche Laufbahn als Kommunalbeamter in Bremerhaven begonnen hatte, wurde T. 1963 Leiter des Sportamtes in Bremen und übernahm 1977 zusätzlich die Geschäftsführung der Gesellschaft für öffentliche Bäder.

Lit.: Blinkfeuer, H. 1/1988 u. 1/1992.
Qu.: NZ, 18.10.1988, 30.12.1991; WK, 17.10.1988, 30.12.1991.
P.: Foto in NZ, 30.12.1991 u. WK, 17.10.1988.
E.: Bundesverdienstkr. (1988), Ehrenpräs. DHB.

Kl. Zi.

Thiele, Gustav Adolf; *Musiker, Bildhauer.* * 26.2.1877 Fedderwardersiel (Butjadingen), † 6.12.1969 Bremerhaven. **Thiele, Georg** Wilhelm; *Fotograf, Kunstmaler.* * 4.6.1886 Fedderwardersiel, † 23.4.1968 Bremerhaven. **Thiele, Grete** Henriette Friederike, geb. Itzen; *Kunstmalerin.* * 1.4.1905 Lehe, † 2.3.1990 Langen b. Brhv. Gustav und Georg T. sowie dessen Gattin Grete bildeten das Dreiergespann, das einem parkähnlichen Garten im Bremerhavener Stadtteil Leherheide Namen und Gestalt gab: »Thieles Garten«. In Fedderwardersiel hatte der junge Gustav T. in der von seinem Vater Hinrich T. gegründeten »Friesenknaben-Kapelle« zusammen mit den Brüdern Hinrich Christoph und Fritz musiziert. Die Musikanten brachten Melodien, die ihnen ins Ohr gingen, nach ihrem angeborenen Empfinden und unbelastet durch schulische Theorie dar, ein Grundzug, der später in ihrer Kunst und der Gestaltung des Gartens ihr Tun bestimmte. Der Vater besaß einen kleinen Frachtsegler und beförderte Waren zwischen Fedderwardersiel und Bremen. Nach dem Bau der Eisenbahn Bremen-Nordenham mußte er der Konkurrenz der Schiene weichen und übersiedelte 1891 mit seiner Familie nach Bremerhaven. Gustav T., in der Absicht Bildhauer zu werden, trat eine Lehre bei einem Schnitzer von Galionsfiguren an, brach diese angesichts schwindender Berufsperspektive jedoch ab, um 1893 am damaligen Privattheater an der Deichstraße eine Ausbildung zum Geiger aufzunehmen, die er 1896 erfolgreich abschloß. Danach spielte er sieben Jahre als Mitglied im Orchester dieses Theaters. Georg T., 1900 aus der Volksschule entlassen, konnte wegen Geldmangels seinen Wunsch nach einem Kunststudium nicht erfüllen, absolvierte eine Fotografenlehre und eröffnete zusammen mit Gustav, der sich ein Jahr lang im Fotografieren hatte ausbilden lassen, 1904 in der Hafenstraße in Lehe ein Fotoatelier. Beide entwickelten eine besondere Fähigkeit im Kolorieren von Vergrößerungen, eine Technik, die unerwartet guten Verdienst abwarf. 1911 zogen sie sich in ihr neuerbautes Eigenheim in Burglesum zurück, wo sie sich ihren Eigenstudien der Malerei und der Schnitzkunst widmen wollten. Doch hatten sie ihr Fotoatelier mit wenig Glück in fremde Hand gegeben und mußten es deswegen 1912 selbst wieder übernehmen. Im I. Weltkrieg waren die Brüder zum Militärdienst eingezogen; dabei verschlug es Georg T. an die Palästinafront, wo er 40 Aquarelle anfertigte und wo ihn besonders die »maurische« Baukunst beeindruckte. Nach der Neueröffnung 1918 lief das Fotogeschäft wieder gut. 1923 erwarben die Brüder in Leherheide am Mecklenburger Weg ein 6.000 qm großes Stück Land, auf dem sie seit 1927 begannen, in ihrer Freizeit einen Park mit Teichen, Springbrunnen, Hügeln, künstlichen Felsen und Ruinen sowie mit Gehölzen unserer Wälder und ferner Länder anzulegen. Eine Moorkate diente als Unterkunft für Gäste, während ein in Eigenarbeit errichtetes exotisches Wohnhaus im »maurischen« Stil, eine Reminiszenz an Palästina, als Wohnhaus und Atelier sowie als Ausstellungsraum eigenen künstlerischen Ambitionen vorbehalten war. Die junge Pflanzung bot Georg T. stille Nischen für seine Staffelei und gab Gustav T. den Rahmen, seine lebensgroßen Skulp-

turen aufzustellen, die er, um die kostspieligen Werkstoffe Marmor und Bronze zu umgehen, aus Eisen, Draht und wetterfestem Zement formte und mit einem weißen bzw. bronzefarbenen Anstrich versah. So fügen seit Jahrzehnten wie zu Stein verzauberte Gestalten der Klassik, der Märchenwelt und der Lebensfreude sich diesem eher verspielt wirkenden als nach strengem Plan angelegten Garten ein. Georg T. malte hauptsächlich Ölbilder und Aquarelle. Eine Auswahl seiner Genre- und Landschaftsmotive, seiner Porträts und Akte, ist im »Lichthof« des Wohnhauses zu besichtigen. Beide Brüder wurden Mitglied der Künstlervereinigung »Gilde« und beteiligten sich mehrfach an Ausstellungen in Bremerhaven.

Bevorzugtes Modell für die Frauengestalten war Georg T.s Frau Grete. Die hübsche Tochter eines Kolonialwarenhändlers hatte sich schon früh für die Fotografie interessiert und war aufgrund nachbarlicher Kontakte zu den beiden Brüdern gestoßen, die sie in ihrem Atelier zur Fotolaborantin ausbildeten. Nach ihrer Heirat 1929 half sie ihrem Mann beim Skizzieren und begann selbst mit Zeichenstift und Pinsel zu arbeiten. 1946 entstanden ihre ersten Porträtarbeiten. Ihr Maltalent wurde ab 1949 durch den Unterricht bei der Kunstmalerin Perlia-Wuppertal in Bremen gefördert. Später besuchte sie Kurse in Aktzeichnen und Modellieren an der Kunsthochschule in Bremen. Die durch die Fortbildung erreichten Erfolge ermutigten sie, ihre Porträts, Blumenstilleben und Landschaften zum Verkauf anzubieten, wobei sie gute Kundschaft in den amerikanischen Besatzungsangehörigen fand. Ausstellungen in Hude, Beverstedt und Bremerhaven zeigten ihre Arbeiten. 1978 trat sie der Künstlervereinigung Unterweser e.V. »Arche« bei.

Als 1944 ein Bombenangriff das Fotogeschäft total zerstörte, zog sich das Thielesche Trio ganz auf die stille Oase am Mecklenburger Weg zurück. Jetzt standen neben

Pflege und Ausbau des Gartens die künstlerischen Arbeiten im Vordergrund. Anfang der 1950er Jahre wurden Garten und Ausstellungsraum gegen ein Eintrittsgeld von 49 Pfg. geöffnet. 1952 erwarb der Bauunternehmer → Heinrich Kistner auf Rentenbasis das Grundstück, vergrößerte es durch Zukauf auf 19.000 qm und ließ das Erweiterungsgelände im Thieleschen Sinne ausgestalten; ferner stellte er dem Trio einen Arbeiter für die Gartenpflege zur Verfügung. 1954 wurde ein Café eröffnet.

Nach dem Tode ihres Mannes und ihres Schwagers war Grete T. der Aufsicht über das Grundstück nicht mehr gewachsen, so daß, auch aufgrund schwindender Besucherzahlen und veränderter Freizeitgewohnheiten, die Einrichtung 1971 geschlossen werden mußte. Grete T. lebte weiterhin dort, bevor sie sich 1986 in einen Seniorenwohnsitz nach Langen zurückzog, von wo aus sie die Reaktivierung aufmerksam verfolgte. 1985 erwarb die Stadt Bremerhaven das Gelände durch Grundstücktausch von der Firma Kistner. 1986 begann mit der Gründung des Fördervereins »Thieles Garten« in Zusammenarbeit mit dem Gartenbauamt der Stadt der Wiederaufbau der inzwischen von Zerstörungen heimgesuchten Anlage, die seit 1990 wieder der Öffentlichkeit zugänglich ist und mit zahlreichen kulturellen Aktivitäten zur Belebung des Stadtteils Leherheide beiträgt; einer der maßgeblich Mitwirkenden war → Werner Puckhaber. Die Urteile über die Thieleschen Gemälde und Plastiken bewegen sich zwischen Ablehnung und begeisterter Zustimmung. Doch unbekümmert um alle Kritik seitens überkommener und gängiger Kunstanschauungen und unbeeindruckt durch Schule oder Ateliers zeitgenössischer Künstler schufen die Gründer das, was ihnen Freude bereitete.

Lit.: U. Breudel, Thieles Garten, eine ideengeschichtliche Betrachtung, Dipl.arb. TU Berlin 1993; Grapenthin, S. 136-142, 512-513; Thieles Garten Bremerhaven, Brhv. 1992; W. Wolff, Thieles Park, Natur und Kunst am Rande der Seestadt Bremerhaven, in: Jb. M.v.M. 65 (1986), S. 249-264.
P.: Porträt Gustav T. (Öl, v. Grete T.) u. Selbstporträt Grete T. (Öl); Fotos in StadtA Brhv. sowie in Breudel, Thieles Garten, S. 1, u. Wolff (s. Lit.).

W. W.

Thienst, Fritz; *Holzbildhauer, Journalist, Kommunalpolitiker.* * *2.2.1876 Liegnitz (Schles.),* † *10.4.1937 Wesermünde.* Über Kindheit, Jugend und Lehrzeit von T. ist nur so viel bekannt, daß er das Holzbildhauerhandwerk erlernte. Offensichtlich früh kam er in Kontakt mit der sozialdemokratischen Bewegung. Um 1900 taucht er als Redakteur der SPD-Parteizeitung »Tribüne« in Erfurt auf. Nach dem Weggang des Parteivorsitzenden und späteren Volksbeauftragten → Wilhelm Dittmann wurde T. 1903 dessen Nachfolger als Redakteur bei der parteieigenen »Norddeutschen Volksstimme« in Bremerhaven. Über seine kritischen Artikel zur sozialen und politischen Lage in Deutschland hinaus machte er sich einen Namen als Rezensent von Theateraufführungen sowie als humorvoller Kolumnist (»Geschichten des Peter Schlemihl«). Noch vor dem I. Weltkrieg vertrat T. die SPD als Bürgervorsteher in Lehe, seit 1924 in Wesermünde, und in der Weimarer Zeit (1919-1933) sogar als Bürgervorsteher-Worthalter (Stadtverordnetenvorsteher). Von 1921 bis 1933 war er zugleich Mitglied des Hann. Provinziallandtages. Als pragmatischer und gewerkschaftsnaher Parteivertreter agierte er auch im Arbeiterrat während der Novemberrevolution 1918. Hinsichtlich der Vereinigung von Lehe und Geestemünde nahm er 1923/24 angesichts der unterschiedlichen Auffassungen innerhalb der Leher SPD anfänglich eine unentschiedene Haltung ein. Frühere Mitstreiter, wie beispielsweise seinen langjährigen Redaktionskollegen → Wilhelm Bartz, die der USPD oder KPD beitraten, bekämpfte er leidenschaftlich in der Norddeutschen Volksstimme. Gemeinsam mit anderen Gewerkschafts- und Parteifunktionären der SPD wurde T. Ende März 1933 von den Nationalsozialisten verhaftet. Über sein weiteres Schicksal ist nichts bekannt. T. befaßte sich auch mit historischen Aspekten; in seiner auf Artikeln aus der Norddeutschen Volksstimme basierenden »Geschichte der Arbeiterbewegung in den Unterweserorten« gibt er einen Überblick auf die ersten Jahrzehnte sozialdemokratischer Agitation an der Unterweser.

Lit.: S. Hansen, Vorgesch. u. Entw. der USPD i. d. Unterweserorten, Schr. Hausarb. z. Prüf. f. d. Lehramt an Gymn., Univ. Oldenburg 1993, S. 20-21, 43, 70-71, 91-92, 122, 155; Herbig, S. 317-318; Körtge, Straßennamen, S. 90; Scheper, Jüngere Geschichte, S. 109, 126-127, 147, 149, 156, 204, 238.
Qu.: NWZ, 12.4.1937; NVSt., 5.4.1930 (Jub.ausg.).
Werke: *Wege und Ziele sozialdemokratischer Gemeindepolitik* (1929); *Aus der Geschichte der Arbeiterbewegung in den Unterweserorten* (1930).
P.: Foto in Thienst, nach S. 64.
E.: Straßenbenennung Brhv.-Leherheide (1960).

S. H.

Thies, Johann **Hinrich**; *Kunsterzieher, Maler, Zeichner.* * *24.4.1878 Ahrenswolde (Kr. Stade),* † *22.10.1951 Bremerhaven (ev.-luth.).* Der Sohn eines Landwirts ging in Ahlerstedt zur Schule und besuchte anschließend bis 1898 das Lehrerseminar in Bederkesa. Im Anschluß an die zweite Staatsprüfung absolvierte er bis 1904 ein Studium an der Kunstschule in Berlin, wo er u. a. seinen späteren Kollegen → C. H. Schriever kennenlernte. Nach einer kurzen Vertretungszeit am Stader Athenäum wurde er 1906 als Turn- und Zeichenlehrer an der neuen Oberrealschule in Lehe (heute Lessing-Schule) angestellt. Dort wirkte er bis 1939 vornehmlich als Kunsterzieher, dem mehrere seiner Schüler, u. a. → Will Dräger und → Hein Hermann, Anregung und Förderung verdanken. Darüber hinausgehende künstlerische und kulturelle Ambitionen entfaltete T. vor allem nach dem I. Weltkrieg. 1919 begründete er die Zeitschrift »Jugendlicht«, für die er auch Illustrationen fertigte und an der u. a. der Fotograf → Hans Engelmeyer mitwirkte. Das Organ, das sich mit pädagogischem Anspruch an angehende Künstler, Literaten und Fotografen richtete, mußte allerdings schon 1921 sein Erscheinen einstellen. 1920 gehörte T. zu den Initiatoren der Künstlervereinigung »Gilde«, deren Vorsitz er von 1923 bis 1933 innehatte; Ziel der Vereinigung war es, einheimische Künstler durch regelmäßige Ausstellungen bekannt zu machen. Als zweiter Vorsitzender des Leher Vortragsvereins arbeitete T. bis 1940 eng mit dem Oberlehrer Dr. Johannes Trautmann zusammen. Heimatgeschichtlichen Interessen ging er im Bauernhausverein Lehe und im Heimatbund der »Männer vom Morgenstern« nach, für die er auch Postkarten und Illustrationen entwarf. T.s Werk umfaßt neben Porträts und Stilleben seiner frühen Schaffensphase sowie Buchillustrationen hauptsächlich Landschaften, Dorf- und Stadtansichten der 1920er und 1930er Jahre, insbesondere auch von Lehe. Von 1942 bis 1948 arbeitete er in dem von Hein Hermann gegründeten Kunstverlag mit, für den er Farblinolschnitte fertigte.

Lit.: H. Gabcke, Jugendlicht. Eine Kunstzeitschrift aus Lehe, in: Ndt. Hbl. 456 (Dez. 1987); Grapenthin, S. 145-149, 513.
Qu.: StadtA Brhv., Personalakte H. T.
P.: Foto in Ndt. Hbl. (s. Lit.).

R. K.

Thomas, William King (Pseud.), richtiger Name vermutl. William Keith Alexander; *Attentäter, Versicherungsbetrüger.* * *ca. 1830 Brooklyn (New York, N.Y., USA),* † *16.12.1875 Bremerhaven.* T., dessen Leben weitgehend im Dunkeln liegt, soll von englischen, in die USA eingewanderten Eltern abstammen, eine seemännische Ausbildung erfahren und im amerikanischen Sezessionskrieg (1861-65) auf der Seite der

Südstaaten als Kapitän eines Frachtschiffes mehrfach die Blockade durchbrochen haben, wodurch er zu großem Vermögen gelangte. Vor der Verfolgung durch die Nordstaaten floh er nach Europa, wo er sich mit seiner Familie eine neue Existenz aufbaute. Seit 1868 lebte er, der mehrfach zwischen Deutschland und den USA pendelte, überwiegend in der Nähe von Dresden; dort erwarb er sich hohes gesellschaftliches Ansehen. Da er aufgrund von Spekulationen und eines aufwendigen Lebensstils um 1872 sein Vermögen weitgehend eingebüßt hatte und deswegen Dresden zeitweise verließ, verfiel er auf die Idee, sich durch einen Versicherungsbetrug zu sanieren. Er ließ sich bei einem Bernburger Uhrmachermeister einen Zeitzünder konstruieren, der ein mit Sprengstoff gefülltes, als hochversicherte Ware deklariertes Faß auf hoher See zur Explosion bringen sollte, nachdem er selbst in Southampton das Schiff verlassen haben würde. Als das Faß am 11.12.1875 auf den in der Einfahrt zum Neuen Hafen in Bremerhaven liegenden, von Kapitän → Christoph Leist geführten Lloyd-Dampfer MOSEL verladen wurde, kam es infolge unsachgemäßer Handhabung zur vorzeitigen Explosion, die unter Einheimischen und Passagieren 81 Todesopfer und mehr als 50 Verwundete forderte. T., der sich bereits an Bord befand, unternahm einen Selbstmordversuch und starb fünf Tage später, nachdem er die Tat größtenteils gestanden hatte. Seine Leiche wurde auf dem Bremerhavener Friedhof in Wulsdorf an unbekanntem Ort verscharrt, während an der Stelle, wo die Bremerhavener und die nicht identifizierten Opfer (43) beigesetzt sind, ein Denkmal an die Katastrophe erinnert. Sein nach dem Tode abgetrennter Kopf wurde in einem Glas mit Spiritus zunächst in Bremerhaven und dann im Bremer Kriminalmuseum aufbewahrt, wo er durch Kriegseinwirkung verloren ging. Eine für die Hinterbliebenen der Opfer reichsweit durchgeführte Sammlung erbrachte 450.000 Mark.

Lit.: Bessell, S. 487-489; Gr. Bremen-Lexikon, S. 726; J. J. Cordes, Thomas tötete 81 Menschen, in: Nordsee-Kalender 1952, S. 31-33; H. Dörr, Höllenmaschine tötete 81 Menschen, in: Ndt. Hbl. 312 (Dez. 1975); Erinnerungsblatt an die Explosion am 11. Dec. 1875, Geestemünde 1876; Gabcke, Bd. 1, S. 112; Das Thomas-Verbrechen am 11. Dez. 1875, Wmde. 1925; J. Fr. Hashagen, Die Explosion in Bremerhaven, Br. 1876; Sachau, S. 273-275; Schwemer, S. 22; S. Wiborg, Das Todesfass, in: Die Zeit, 18.12.2002.
Qu.: StadtA Brhv., Alt-Brhv. 372/1, Erw. 146 Nr. 14.
P.: Holzstich in Ill. Ztg. Leipzig, 1875, S. 25 (abgedr. u. a. in Dörr, s. Lit.); Foto in Gr. Bremen-Lex.
E.: Gedenkstätte Brhv. Friedhof Wulsdorf.

H. Bi.

Thorner, Jacob; *Kaufmann, Synagogenvorsteher. * 4.10.1815 Debstedt, † 11.4.1886 Geestendorf (isr.).* T. zog 1859 von Debstedt nach Geestendorf. Von 1859 bis 1886 war er Vorsteher der Synagogengemeinde Lehe-Geestemünde. In seine Amtszeit fallen die Einweihung der Geestemünder Synagoge (1878) und der Ausbau des jüdischen Friedhofs in Lehe sowie die Umwandlung der jüdischen Elementarschule in eine reine Religionsschule. Seine eher liberale und emanzipatorische Einstellung spiegelt sich in verschiedenen Auseinandersetzungen mit den konservativer eingestellten Predigern und Lehrern der jüdischen Gemeinde. Als 1867 die Geestemünder Handelskammer eingerichtet wurde, gehörte T. zu den gewählten Mitgliedern. Bis 1871 war er sogar Vizepräsident dieser Kammer, die einen weit über Geestemünde hinausreichenden Bezirk umfaßte.

Lit.: Wolff, Friedhöfe, S. 153; W. Wippermann, Jüd. Leben im Raum Bremerhaven, Brhv. 1985, S. 118-121.
E.: Grabstein Israelit. Friedhof Lehe.

U. W.

Thulesius, Johann Daniel, Dr. jur.; *Obergerichtsanwalt, Amtmann. * 9.8.1800 Bremen, † 12.7.1850 Bremerhaven (ev.).* T. entstammte einer seit dem Mittelalter in Norwegen nachweisbaren, mit dem Gastwirt und Weinhändler Peter Hutscher Thulesius seit dem Siebenjährigen Krieg auch in Delmenhorst ansässigen Familie. Sein Vater, der Arzt und Professor am »Gymnasium illustre« in Bremen Dr. Konrad Heinrich T., war seit der Studienzeit mit dem bremischen Bürgermeister → Johann Smidt eng befreundet. T. studierte von 1819 bis 1823 in

Jena, Tübingen und schließlich in Göttingen, wo er sein Studium mit der Promotion abschloß. Für kurze Zeit war er als Student Sekretär Smidts gewesen, als dieser sich 1821 beim Bundestag in Frankfurt aufhielt. Nach der juristischen Staatsprüfung vor dem Oberappellationsgericht in Lübeck wurde T. am 12.11.1823 die Befugnis zur Advokatur in Bremen als Obergerichtsanwalt erteilt. Als Anwalt muß sich T. rasch berufliche und gesellschaftliche Reputation in Bremen erworben haben. Vor seiner Berufung zum Amtmann hatte er in der engeren Wahl zum Senator gestanden, dann aber auf die Wahl zugunsten seines Mitbewerbers, Smidts Sohn Heinrich, verzichtet. T. wurde am 2.5.1832 aus einem Kreis von drei Bewerbern als Nachfolger von → Joh. Heinr. Castendyk zum Amtmann in Bremerhaven berufen, den er seit 1830 schon regelmäßig vertreten hatte. Als T. seinen Dienst aufnahm, hatte Bremerhaven 200 Einwohner, im Jahre nach seinem Tode waren es 4.290. In seiner Amtszeit entwickelte sich Bremerhaven von der »Colonie« Bremens, einem strukturlosen Raum, in den Menschen strömten, zu einer selbständigen Hafenstadt. Mit der voranschreitenden urbanen Entwicklung entstand für T., dessen Amt am Ort die einzige und allzuständige bremische Behörde war, ein Aufgabenbereich, der alle klassischen Formen des Verwaltungshandelns, der Verwaltungspolizei und des Gerichtswesens (als Untergericht) umfaßte. Dabei mußte sich T. in dem Spannungsfeld bewegen, das sich einerseits aus den Interessen Bremens ergab, an der Unterweser keine Konkurrenz zur eigenen Kaufmannschaft entstehen zu lassen und andererseits an dem Interesse, den Ort geschäftlich als Hafen aufblühen zu lassen, um die hohen Investitionen Bremens zu rechtfertigen. In seinem Handlungsspielraum an die Zustimmung von Deputation und Senatskommission gebunden, sollte der Amtmann dennoch vor Ort schnell und selbständig entscheiden; und schließlich sollte er Bremens handelspolitische, territoriale und wirtschaftliche Interessen gegenüber den Nachbargemeinden nachdrücklich und zugleich mit Diplomatie wahrnehmen. Dies alles ist T. mit großem Erfolg gelungen. Der Einführung einer ersten Gemeindevertretung in Bremerhaven durch die »Vorläufige Gemeindeordnung« vom 8.11.1837 stand T. reserviert gegenüber; die Verwaltungsgeschäfte blieben in seiner Hand. Auch an der im Zuge der Revolution von 1848 entstehenden Stadtverfassung, die erst im Jahr nach seinem Tode verabschiedet wurde, zeigte er wenig Interesse. Dennoch hat T. seine Aufgabe als Amtmann redlich wahrgenommen; er hat sowohl die Ansprüche und Autorität Bremens am Hafenort vertreten und war auch ein sachlicher Makler Bremerhavener Interessen gegenüber Bremen. Durch diplomatisches Geschick, aber auch durch energisches Auftreten, erwarb er sich Anerkennung und Respekt bei den Einwohnern, die nach seinem Tode hervorhoben, er habe sich »unausgesetzt und mit großer Uneigennützigkeit dem Wohl des dortigen Gemeinwesens gewidmet«. T. starb an den schwarzen Pocken, mit denen er sich im Dienst infiziert hatte. Die Daguerreotypie, die ihn mit fünf seiner Kinder vor dem Amtshaus in Bremerhaven zeigt, ist die älteste bekannte Fotografie aus Bremerhaven.

Lit.: Bessell, S. 612 (mit Nachw. d. Fundst. im Werk); Ernst, Colonie, S. 58-60 u. 171 (m. weit. Fundst. im Werk); Körtge, Straßennamen, S. 174; Sachau, S. 31, 55, 84, 144, 168, 171, 172, 177; Br. Biogr. 1912-62, S. 519; Wolff, Friedhöfe, S. 35-37.
Qu.: NZ, 7.7.2003; StA Br. Qq.10.A.3.b., 2-Q 9 157 u. 158; Stammbaum der Familie Thulesius i. Bes. d. Verf.
P.: Daguerreotypie, ca. 1850, in Privatbes. (abgeb. in Ernst, Colonie, S. 58, Ausschnitt).
E.: Straßenbenennung Brhv.-Mitte (1850, nach Neubebauung 1958 aufgeh.); ehemal. Grabstätte Friedhof Lehe I eingeebnet, dort im Juli 2003 ein neuer Gedenkstein errichtet.

M. E.

Turek, Ludwig Andreas; *Arbeiter, Revolutionär, Schriftsteller.* * 28.8.1898 Stendal, † 9.11.1975 Berlin (Ost). T., dessen Vater bereits kurz vor der Geburt verstorben war, erlebte eine harte Kindheit. Nachdem sich seine Mutter drei Jahre später mit einem Zigarrenmacher wiederverheiratet hatte, wanderte die Familie berufsbedingt von Ort zu Ort. Über Hamburg und Wandsbek kam sie 1907 an die Unterweser, wo sie zunächst in Geestemünde und dann in Lehe wechselnde Beschäftigung und Unterkunft fand. T. besuchte dort die Volksschule, mußte sich aber zeitweise an der in Heimarbeit betriebenen Zigarrenherstellung beteiligen. Arbeitslosigkeit veranlaßte die Familie 1911 wieder zur Rückkehr nach Stendal. T. ging bald danach eigene Wege. Er arbeitete zunächst in der Landwirtschaft, absolvierte eine Lehre als Setzer und war später in vielen anderen Berufen tätig. Er engagierte sich in der sozialistischen Arbeiterjugend, wurde Mitglied der USPD, schloß sich 1919 aber der KPD an. Er desertierte im I. Weltkrieg, wurde zu Festungshaft in Spandau verurteilt und dort von Spartakisten befreit. 1920 diente er in der Roten Ruhr-Armee und beteiligte sich an der Niederschlagung des Kapp-Putsches. 1930 wurde er Mitglied im Bund proletarisch-revolutionärer Schriftsteller, nachdem er sein erstes Buch »Ein Prolet erzählt« geschrieben hatte. Danach hielt er sich auf Einladung des sowjetischen Schriftstellerverbandes zwei Jahre in der Sowjetunion auf, kehrte nach Deutschland zurück und fuhr dann von 1933 bis 1939 im französischen Exil als Steuermann und Kapitän auf Schiffen im Mittelmeer. Bei Kriegsausbruch in Frankreich interniert, gelang es ihm 1940, sich nach Deutschland abzusetzen und dort im Widerstand zu arbeiten. Seit 1945 lebte er als freier Schriftsteller in Ost-Berlin. T.s Oeuvre ist stark autobiographisch gefärbt, was insbesondere für sein Erstlingswerk gilt, das, sofort ins Russische übersetzt und später mehrfach aufgelegt, zum Prototyp des proletarischen Romans avancierte. In diesen anschaulichen Lebensschilderungen, die – neben politisch-agitatorischen Aspekten – für die Lebens-, Arbeits- und Wohnverhältnisse der Arbeiter im ersten Viertel des 20. Jhs. einen herausragenden dokumentarischen Wert besitzen, hat er auch seine Erfahrungen an der Unterweser ausführlich dargestellt, darin in etwa vergleichbar seinem Kollegen Adam Scharrer (1889-1948), der, 1912/13 allerdings nur wenige Monate in Bremerhaven ansässig, in seinem ebenfalls 1930 erschienenen Roman »Aus der Art geschlagen« einem Werftarbeiterstreik zu literarischem Ruhm verhalf. In ähnlicher Weise verarbeitete T. wenige Jahre später in »Klar zur Wende« seine Mittelmeerfahrten. Nach 1945 setzte er, Mitglied der SED, die Tradition der proletarisch-revolutionären Literatur fort; außer Romanen und Erzählungen schrieb er auch Hörspiele und arbeitete für Film und Fernsehen.

Lit.: H. Bickelmann, Arbeiteralltag an der Unterweser. Ludwig Turek und die Wohnverhältnisse vor dem I. Weltkrieg, in: Ndt. Hbl. 561 (Sept. 1996); Biogr. Hdb. d. SBZ/DDR 1945-1990, München 1997, Bd. 2, S. 944-945; Der Romanführer, Bd. 26, Stuttgart 1992, S. 239-240; S. Gruner, Ludwig Tureks »Ein Prolet erzählt«, in: Weimarer Beitr. 34 (1988), S. 1659-1674; Killy, Bd. 11, S. 456-457 (G. v. Prittwitz); Kürschner L, Nekr. 1936-1970, S. 579 (A. Scharrer); Wer war wer in der DDR, S. 866-867.
Werke: Verzeichnis in Killy u. Wer war wer, u. a. *Ein Prolet erzählt. Lebensschilderung eines deutschen Arbeiters* (1929), Neuaufl. 1985, Fischer TB-Ausgabe 1975 mit einem Nachwort von J. Bensemer (S. 7-17

über Brhv.); *Klar zur Wende* (1937); *Die goldene Kugel* (1949); *Anna Lubitzke* (1952, verfilmt 1960 u. d. T. *Steinzeitballade); Ich war kein Duckmäuser* (1961, autobiogr. Kinderbuch); *Mein Freund Bruno* (1975).

H. Bi.

Twiehaus, August Hermann; *Theologe, Priester, Religionslehrer, Schulleiter.* * 31.1.1901 Osnabrück, † 12.5.1985 Altenberge b. Münster, ☐ Bremerhaven (kath.). Nach dem Besuch der Domschule und der Präparandenanstalt in Osnabrück absolvierte T., Sohn eines Maurerpoliers, am dortigen kath. Schullehrerseminar von 1918 bis 1921 eine Lehrerausbildung, fand aber wegen des damaligen Lehrerüberschusses keine Anstellung und arbeitete daher zunächst als Gemeindesekretär in der Nähe seiner Heimatstadt, wobei er daneben Deutschunterricht an der Landwirtschaftsschule Osnabrück gab und das Abitur nachholte. In dieser Zeit erkannte er seine Berufung zum Priesteramt und nahm 1926 – neben seinem Beruf – ein Studium der Theologie und Philosophie an der Univ. Münster auf. Nach der Priesterweihe (1931) war er Vikar und Religionslehrer in Lübeck. 1934 wurde er vom Bischof von Osnabrück zum Rektor der kath. Gemeindeschule bei der Marienkirche in Bremerhaven – der einzigen ihrer Art in den Unterweserorten – berufen, die 1910 gegründet worden war, nachdem die kath. Schulen in Lehe und Geestemünde als öffentliche Bekenntnisschulen in kommunale Trägerschaft übergegangen waren. Diese Tätigkeit endete mit der Schließung der kath. Schule durch die Nationalsozialisten zum 1.4.1939; T. wurde aber seit 1942 zum Religionsunterricht an mehreren anderen Schulen herangezogen. 1945 von der amerik. Militärregierung beauftragt, in Verbindung mit Schulrat → Walter Zimmermann das Schulwesen neu aufzubauen, übernahm er am 1.8.1945 die Leitung der kath. Uhlandschule, die als öffentliche Bekenntnisschule nach den preußischen Grundsätzen der Vorkriegszeit konzipiert war und anfänglich über je eine Unterrichtsstätte in den Stadtteilen Geestemünde und Lehe verfügte. Für die kath. Schüler aus Bremerhaven-Mitte, die zunächst in der Leher Abteilung der Uhlandschule einschult waren, stand 1953 wieder das kriegszerstörte Schulhaus bei der Marienkirche zur Verfügung, an dessen Wiederaufbau T., unter erheblichen persönlichen und finanziellen Opfern, großen Anteil hatte. 1945-48 erteilte er zudem Religionsunterricht an dem von Zimmermann gegründeten Pädagogischen Seminar. Nachdem der Konfessionsschule durch die der bremischen Schultradition folgende Gesetzgebung (Verfassung von 1947, Schulgesetz von 1949, Privatschulgesetz von 1956) sukzessive die Grundlage entzogen worden war, gelang es T. im Zusammenwirken mit der kath. Gemeinde, den Fortbestand der Schule zunächst zu sichern, doch durften seit 1958 keine neuen Schüler mehr aufgenommen werden, so daß die Uhlandschule zum 1.4.1964 auslief und T. zu diesem Zeitpunkt in den Ruhestand trat. T.s Name steht somit für den Wiederaufbau des traditionellen kath. Schulwesens nach dem II. Weltkrieg, während das seit 1959 in Form der Privatschule betriebene, sich mit der Uhlandschule bis 1964 überschneidende kath. Schulwesen einen neuen Entwicklungsstrang darstellt, der sich insbesondere mit → Bernward Neisen verbindet. T. war seit

1934 zugleich Vikar an der St. Marien-Kirche und Seelsorger am St. Joseph-Hospital, wobei ihn außer mit den Patienten ein besonderes Vertrauensverhältnis mit den barmherzigen Schwestern vom Hl. Franziskus verband, die – ursprünglich von → Wilhelm A. Riedemann an die Unterweser gerufen – nach 100jährigem Wirken in Bremerhaven 1975 das St. Joseph-Hospital verließen. 1946 übernahm T. von → Johannes Esders, dessen Stellvertretung er bereits seit 1935 wahrgenommen hatte, das Amt des Präses der Kolpingsfamilie, das er bis 1980 ausübte. In diesen Zusammenhang ist auch die Tatsache einzuordnen, daß er zu den geistigen Mitbegründern der Bremerhavener CDU gehörte, die in ihren Anfängen eng mit der Kolpingsfamilie verbunden war. Nach einem Schlaganfall im März 1985 in das St. Johannes-Hospital Altenberge übergesiedelt, starb er dort in der Obhut der Franziskanerinnen.

Lit.: 95 Jahre Kolpingwerk (s. Werke), S. 48-56, 73-74; H. Gabcke, S. Kruggel, H. Meyer, W. Thode (Hrsg.), Das Pädagogische Seminar Wesermünde/Bremerhaven 1945-1949, Brhv. 1987, S. 22; Die katholische Schule in Bremerhaven, Brhv. 1974; Körtge, Schulwesen, S. 42-45; R. Stindl, Entwicklung der katholischen Schule in Bremerhaven, Examensarb. PH Bremen 1963.

Qu.: NZ, 30.1. u. 14.8.1981, 14.5.1985; StadtA Brhv., Meldekartei Alt-Brhv, Personalakte A. T.

Werke: *95 Jahre Kolpingwerk an der Unterweser* (1975); *Wer ist der Heilige Joseph?* (1984, mit kurzer Geschichte des St. Joseph-Hospitals).

P.: Foto in StadtA Brhv. (Pers.akte) sowie Abb. in NZ, 30.1. u. 14.8.1981, u. 95 Jahre Kolpingwerk (s. Lit.), S. 9.

E.: Geistlicher Rat, Bundesverdienstkr. (1981); Grabstätte Friedhof Wulsdorf.

H. Bi.

U/V

Ulrichs, Hermann Friedrich; *Schiffbaumeister, Werftbesitzer.* * *30.7.1809 Bremen, † 3.12.1865 Vegesack.* U., der einer angesehenen bremischen Kaufmannsfamilie entstammte, hatte sich schon 1838 vergeblich in Bremerhaven um einen Schiffbauplatz beworben. Er hatte eine praktische Schiffbauausbildung in Apenrade (Nordschleswig) absolviert, sich theoretische Schiffbaukenntnisse in Kopenhagen angeeignet und Erfahrungen in Nordamerika und bei anderen ausländischen Werften gesammelt. Für Bremerhaven bedeutete die Abweisung dieses engagierten Schiffbauers, dessen Werdegang für den damaligen Schiffbau nicht untypisch war, einen Verlust. U. siedelte sich anschließend in Vegesack am Fährgrund an und konnte sich trotz ernsthafter Konkurrenz, u. a. durch → Johann Lange, gut behaupten. Weil er die Vorteile Bremerhavens gegenüber Vegesack als Schiffsreparaturstandort erkannt hatte, machte er 1841 einen erneuten Versuch, sich an der Geestemündung anzusiedeln, und errang insofern einen Teilerfolg, als er in Bremerhaven am Kleinen Hinterhafen (Holzhafen) einen Holzlagerplatz pachten konnte. Sein Ruf als Schiffbauexperte brachte ihn 1848 in Verbindung zu Reichshandelsminister Arnold Duckwitz und zu → Karl R. Brommy, die ihn mit dem Auftrag nach England sandten, Dampfschiffe für den Ankauf einer deutschen Kriegsflotte zu begutachten. Auf seiner Werft entstand das erste kleine Kriegsschiff für den Deutschen Bund, das hölzerne Ruderboot KANONENBOOT NO. 16.

Außerdem wurde er 1849 mit dem Umbau der Dampffregatte ERZHERZOG JOHANN betraut, die in Brake in einem provisorischen Trockendock lag. Nach weiteren Bemühungen erhielt U. 1850 im Außendeichbereich der Geeste zwischen Tecklenborg und → Cornelius den bis dahin größten Schiffbauplatz aller Bremerhavener Werftbesitzer. Der Zweigbetrieb in Bremerhaven war sowohl mit Schiffsreparaturen als auch mit dem Neubau von sechs Barken beschäftigt, die von 1853 bis 1856 hier gefertigt wurden. 1864/65 konnte U. das lange geplante Projekt eines großen Doppel-Trockendocks verwirklichen, das er bereits für den Schiffs-

neubau verwendete. Diese technikgeschichtlich bemerkenswerte Neuerung wurde später von → Georg Seebeck aufgegriffen. Ein beabsichtigtes weiteres Dock am Neuen Hafen kam wegen seines vorzeitigen Todes nicht zur Ausführung. Sein Sohn Hermann führte die Bremerhavener Zweigniederlassung weiter; so entstanden hier von 1868 bis 1882 neun Barken und vier Vollschiffe. Während der Vegesacker Betrieb seit 1872 auf den Eisenschiffbau umgestellt wurde, unterblieb in Bremerhaven die notwendige Umstrukturierung, weil es an geeigneten Nachfolgern und an Kapital fehlte. Die »Bremer Schiffsbaugesellschaft, vormals H. F. Ulrichs«, wie die Firma seit 1883 hieß, blieb nur ein kurzes Zwischenspiel, bevor Georg Seebeck die Anlagen an der Geeste 1895 kaufte und anschließend ausbaute. Nachdem dieser seine neue Werft am Geestemünder Handelshafen 1911 bezogen hatte, hatte der Standort als Schiffbauplatz keine bleibende Funktion mehr. Nach dem I. Weltkrieg von der »Bremerhavener Werft Joh. F. Freudenberg« (seit 1922 ein Zweigbetrieb der Norddeutschen Union Werke Hamburg) noch als Reparatur- und Bootsbaubetrieb genutzt, wurde das Gelände 1924 von der Stadtgemeinde Bremerhaven erworben. Nach Zuschüttung des Docks (1927) diente es als »Union-Platz« dem Bremerhavener Freimarkt und anderen Festveranstaltungen.

Lit.: G. Bessell u. A. Westermann, 150 Jahre Schiffbau in Vegesack, Br. 1955, S. 75-80; Gr. Bremen-Lexikon, S. 739; Krawietz, S. 86-89; P.-M. Pawlik, Von der Weser in die Welt, Brhv. u. Hbg. 1993, S. 257-315; Peters, Seeschiffbau, S. 73-81, 125; Porsch, S. 468; D. Steilen, Hermann Friedrich Ulrichs. Schiffbaumeister in Vegesack, in: Der Schlüssel, Jg. 3 (1938), H. 7, S. 309-316.
P.: Foto in StA Br. (abgeb. in, s. Lit., Bessell/Westermann, o. S., Pawlik, S. 257, u. Steilen, S. 309).
E.: Straßenben. (Ulrichs Helgen) Bremen-Vegesack.

D. J. P.

Vangerow, August Philipp **Leopold von**; *Buchhändler, Verleger, Kommunalpolitiker.* * 15.4.1831 Herford, † 22.6.1881 Bremerhaven (ev.). Der gelernte Buchhändler, Sohn eines Hauptmanns und Verwaltungsbeamten, kam 1852 nach Bremerhaven, um

im Auftrage des Bremer Buchhändlers und Verlegers Johann Georg Heyse die Leitung seiner dort eröffneten Filiale zu übernehmen. Zusammen mit dem aus Leipzig stammenden Buchdrucker Otto Remmler (1832-1889) baute er für Heyse nicht nur ein florierendes Buchhandels- und Schreibwarengeschäft auf, sondern begründete mit dem »Wochenblatt an der Unterweser« auch eine neue Zeitung, die in Konkurrenz zu dem Organ des Leher bzw. Bremerhavener Druckers und Verlegers → P. Fr. Lamberti trat. Nachdem Heyse 1854 die im Jahr zuvor gegründete »Provinzial-Zeitung« erworben und das »Wochenblatt« darin hatte aufgehen lassen, übernahmen V. und Remmler 1855 die Heyseschen Unternehmungen auf eigene Rechnung. Die Zeitung, seit 1864 in Geestemünde beheimatet, erhielt ein prohannoversches, später nationalliberales Profil und nahm einen großen Aufschwung. Ebenso entwickelten sich die Buchhandlung und Druckerei zum führenden Unternehmen der Branche in den Unterweserorten. Neben der Zeitung verlegte V. zahlreiche Druckschriften, vor allem nautische Fachbücher, Schulbücher, Gesang- und Predigtbücher, aber auch politische Schriften und Publikationen von Bremerhavener Autoren, u. a.

des ihm nahestehenden Pastors → Eberhard Cronemeyer. 1862 in den Gemeinderat gewählt, prägte V. als dessen Vorsitzender (1867-1879) über ein Jahrzehnt lang die Kommunalpolitik Bremerhavens, wobei er sich für die Schulen und für die Förderung der Kultur einsetzte, so 1873 für die Einrichtung der Stadtbibliothek. Von Anfang an aber stritt er in scharfer Opposition zu dem bremischen Amtmann → Wilhelm Gröning und dem Senat für eine größere kommunale Eigenständigkeit Bremerhavens. Nach schweren politischen Parteikämpfen vor Einführung der neuen Stadtverfassung, die seine Gesundheit angriffen, wurde V. 1879 nicht in den Stadtrat neuer Prägung gewählt; sein früher Tod war eine Folge dieser Auseinandersetzungen. V. war auch in mehreren Vereinigungen aktiv; von 1873 an war er Meister vom Stuhl der Freimaurerloge »Zu den drei Ankern«. Seit 1887 baute V.s Sohn August Leopold V. (1863-1936) das väterliche Unternehmen zu einer Buch-, Kunst- und Musikalienhandlung nebst Antiquariat und Verlag aus, die er 1901 veräußerte, während die »Provinzial-Zeitung« von Remmler bzw. seinem gleichnamigen Sohn weitergeführt wurde. 1905 gründete v. Vangerow unter Auszahlung der Erben Remmlers die Provinzial-Zeitung GmbH, gab den Verlag aber 1910 an den Anzeigenleiter Georg Wieja ab und zog sich auf das Druckgeschäft zurück.

Lit.: M. Ernst, Die Gesch. d. Buchhandels in Brhv., in: Jb. M.v.M. 72 (1993), S. 131-148, hier S. 131-134; Ernst, Colonie, S. 132-142, 147-155; Gr. Bremen-Lexikon, S. 752; Lübben, S. 28-29, 82-83; Sachau, S. 223-224, 238-239, 259; Stein, Tagespresse, S. 119-122, 378.
Qu.: StadtA Brhv., Zivilst.reg. 1857, Proclam, Nr. 62.
P.: Foto in StadtA Brhv., abgeb. in NWZ, 30.4.1927 (Jub. Ausg.), 6. Bl., u. Ernst, Colonie, S. 147.

H. Bi.

Viehweger, Erich; *Maler, Bühnenbildner.* * 29.1.1907 Bremerhaven, † 20.1.1992 Wittenberg. Nach einer bewegten Kindheit, der Schulzeit an der Pestalozzischule und einer Lehre bei dem Förderer seines malerischen Talents, dem Dekorationsmaler Wilhelm Lohaus in Bremerhaven, konnte V., Sohn eines städtischen Polizeibeamten, durch Unterstützung der Stadt Bremerhaven 1925 das lang erwünschte Kunststudium in Berlin aufnehmen. Bis 1929 studierte er an der Hochschule für bildende Künste Berlin-Charlottenburg Malerei und Grafik. Während dieser Zeit, und auch noch später, als seine Kontakte und Beziehungen zur Lutherstadt Wittenberg privat und beruflich immer stärker wurden, nahm er noch mehrmals an Ausstellungen der Kunsthalle Bremerhaven teil. Seit der Studienzeit bis 1939, als er zum Kriegsdienst eingezogen wurde, lebte und arbeitete V. in Berlin als freier Maler und Bühnenbildner. Nach dem II. Weltkrieg zog er endgültig in die Geburtsstadt seiner Frau, nach Wartenburg, und arbeitete in Wittenberg bis 1969 sehr erfolgreich als Bühnenbildner und Ausstattungsleiter am Stadttheater und Elbe-Elster-Theater. V. hat neben seinen Bühnenarbeiten zahlreiche Feder-, Kohle- und Bleistiftzeichnungen, auch Aquarelle und Lithographien hinterlassen, wobei Stadtansichten, Hafenszenen und Landschaften dominieren. Seinen Bezug zu Bremerhaven behielt V. zeitlebens bei. So oft es seine Zeit und solange es die politischen Verhältnisse im Ost-West-Konflikt ermöglichten, besuchte er die Stadt, um an der Weser oder in den umliegenden Dörfern zu malen. Als Dank für das an ihn in den 1920er Jahren von der Stadt Bremerhaven gezahlte Stipendium stiftete er Ende der 1980er Jahre seiner Heimatstadt all seine Werke mit Bremerhaven-Motiven. In einer Ausstellung wurden sie im Sommer 1990 im Bremerhavener Morgenstern-Museum präsentiert.

Lit.: Grapenthin, 267-271, 514; A. Kube, Der Maler Erich Viehweger, in: Ndt. Hbl. 507 (März 1992); Erich Viehweger. Malerei, Grafik, Bühnenbild. Staatl. Lutherhalle, Lutherstadt Wittenberg. Magdeburg 1973 (Katalog).
P.: Selbstporträt (Öl, 1989); Foto in NZ, 18.6.1990.
E.: Lucas-Cranach-Preis d. Stadt Wittenberg (1972 u. 1982).

N. Schw.

Vieth, Ferdinand Nikolaus Justus; *Gewerkschafter, Genossenschaftsfunktionär, Parlamentarier.* * 18.11.1869 Altona, † 26.11.1946 Hamburg (ev.-luth., später o. Konf.). V. besuchte die Freischule in Altona und erlernte anschließend bei seinem Vater das Korbmacherhandwerk. Seit 1887 war er in Wandsbek ansässig, wo er sich neben seinem Beruf weiterbildete und gewerkschaftlich engagierte. Von 1899 bis 1902 war er dort als Einkassierer, Verkäufer und Lagerhalter für die in Hamburg beheimatete Konsumgenossenschaft »Produktion« tätig. 1902 zunächst als Lagerhalter (Filialleiter) bei dem neugegründeten SPD- und gewerkschaftsnahen Konsum- und Sparverein »Unterweser« in Bremerhaven angestellt, wurde er Anfang 1903 zum Geschäftsführer der Genossenschaft gewählt. Diese baute er – in Anlehnung an das Hamburger Vorbild und z. T. mit dortiger personeller und organisatorischer Unterstützung – binnen weniger Jahre zu einer weitverzweigten sowie mitglieder- und umsatzstarken Bezirksorganisation, der ersten Deutschlands, aus, deren Einzugsgebiet zeitweise von Vegesack bis Cuxhaven reichte. In seine Amtszeit fällt auch die Errichtung des Zentrallagers und der Großbäckerei an der Georg-Seebeck-Straße in Geestemünde (Eröffnung 1906). 1906 gehörte er auch zu den Mitbegründern der nach den gleichen Prinzipien arbeitenden Konsumgenossenschaft »Vorwärts« in Bremen, für die er bis 1908 ein Aufsichtsratsmandat wahrnahm. Im Januar 1909 ging V. nach Hamburg zurück, wo er als hauptamtlicher Sekretär des Verbandes nordwestdeutscher Konsumvereine großen Einfluß auf die inhaltliche und organisatorische Ausgestaltung der Genossenschaftsbewegung ausübte. Daneben war er als Aufsichtsratsmitglied in weiteren Gremien der Konsumvereine vertreten, so (1911-30, seit 1922 stellv. Vors.) der »Produktion« und (1907-1933) der ebenfalls in Hamburg beheimateten Großeinkaufsgesellschaft deutscher Konsumvereine (GEG), der (1931) reichsweit 56 eigene Fabriken unterschiedlichster Sparten (u.a. eine Fischräucherei und Fischgroßhandlung im Wesermünder Fischereihafen) und ca. 1.000 Konsumvereine angeschlossen waren. Für den Konsum- und Sparverein (seit 1929 Konsumverein) »Unterweser« war V. auch später noch beratend und unterstützend tätig. 1933, noch vor der Übernahme des Verbandes durch die Nationalsozialisten, ließ er sich aus gesundheitlichen Gründen in den Ruhestand versetzen. 1945/46 war er maßgeblich am schnellen Wiederaufbau der »Produktion« und der GEG beteiligt, bevor er den Folgen eines Verkehrsunfalls erlag. V. betätigte sich als SPD-Mitglied auch politisch; so wurde er 1905 zum Bürgervorsteher (Gemeindeverordneten) in Geestemünde gewählt, und von 1924 bis 1931 nahm er ein Mandat als Abgeordneter der SPD in der hamburgischen Bürgerschaft wahr. V., der auch wegen seines Rednertalents geschätzt war, ist Verfasser zahlreicher Schriften zur Geschichte der Genossenschaftsbewegung.

Lit.: Beckmann, Reedereien, S. 96; Heimatchronik, S. 146; Herbig, S. 256-259; Konsum- und Sparverein »Unterweser«. 10 Jahre seiner Entwicklung 1902-1912, Brhv. 1912; 25 Jahre Konsum- und Sparverein Unterweser, Brhv. 1927, S. 6-14; M. Mendel u. J. Rieger, Die »Produktion« in Hamburg 1899-1924, Hbg. 1924, S. 37, 122, 127; M. Mendel, J. Rieger u. W. Postelt, Die Hamburger Konsumgenossenschaft »Produktion« 1899-1949, Hbg. 1949, S. 234-244, 252-253; W. Postelt, 75 Jahre Selbsthilfe der Verbraucher 1885-1960, Hbg. 1960, S. 51; Schröder, Parlamentarier, S. 781; Thienst, S. 51, 107, 170, 199-200.
Qu.: Nachgelassene Mat. u. Mskr., Archiv der Forschungsstelle für Zeitgeschichte in Hamburg (FZH); darunter insbes. autobiogr. Aufzeichnungen, auch zu seiner Bremerhavener Zeit.
Werke: Verz. d. Veröff. in Nachlaß, u.a. *Bezirkskonsumvereine* (1908); *25 Jahre Konsumvereinsbewegung in Hamburg* (1910); *Die Entwicklung der Genossenschaftsbewegung in Hamburg*, in: Konsumgenoss. Rundschau 19 (1922), S. 64-66, 75-77, 87-89, 98-99; *17 Jahre Handelsgesellschaft Produktion m.b.H. zu Hamburg* (1930); *Die Entwicklung der Konsumvereinsbewegung in Hamburg 1852-1930* (1930); *Das Bremer Panama u. d. Konsumgenossenschaften* (ca. 1931); *Die »Produktion« im Spiegel der Zeitverhältnisse 1899-1933* (3. verb. Aufl. 1933); *Die Konsumgenossenschaften unter Naziherrschaft*, in: Hamburger Echo, 21.9.1946; zahlr. Beitr. in Zschr., u. a. i. d. Konsumgenoss. Rdsch.; *35 Jahre Dienst an der Verbrauchergenossenschaftsbewegung. Erinnerungen* (1933, unveröff. Mskr. im Nachlaß).
Nachlaß: Mat. u. Mskr. im Archiv d. FZH (s. Qu.)
P.: Foto in (s. Lit.) Mendel/Rieger, Bildteil, u. Postelt, 75 Jahre Selbsthilfe.
E.: Fischdampfer FERDINAND VIETH d. Gemeinwirtschaftl. Hochseefischerei Brhv. (1948).

H. Bi.

Vogelsang, Bernhard Friedr. Adolf Max; *Kaufmann, Gewerkschafter, Geschäftsführer, Kommunalpolitiker, Parlamentarier.*

* 11.11.1895 Elsfleth (Oldbg.), † 31.5.1970 Bremerhaven (o. Konf.). Nach einer kaufm. Lehre zunächst in der Privatwirtschaft in Hamburg und nach dem I. Weltkrieg in Brake im öffentlichen Dienst (Stadtverwaltung) tätig, wurde V. 1926 Geschäftsführer der Bremerhavener Ortsgruppe des Zentralverbandes der Angestellten und örtliches Vorstandsmitglied des Allgemeinen Deutschen Gewerkschaftsbundes. 1933 von den Nationalsozialisten seiner Ämter enthoben und mehrfach verhaftet, übte er bis 1945 verschiedene Tätigkeiten in der Versicherungs- und Speditionsbranche aus. Da er zu denjenigen Sozialdemokraten gehörte, zu denen Oberbürgermeister → Dr. Walter Delius kurz vor Kriegsende Kontakt aufgenommen hatte, war V. von Beginn an am wirtschaftlichen und politischen Wiederaufbau Bremerhavens beteiligt. Als einer der Wiederbegründer der SPD war er Anfang 1946 Mitglied des von den Parteien und der Militärregierung eingesetzten Exekutivausschusses, der über das Zusammentreten und die Zusammensetzung der ersten (ernannten) Stadtvertretung zu befinden hatte. Dieser wie auch der im Okt. 1947 gewählten Stadtverordnetenversammlung gehörte er für mehrere Wahlperioden selbst an; von dort jeweils in den Magistrat gewählt, bekleidete er von 1948 bis 1967 das Amt eines ehrenamtlichen Stadtrates (Dezernent für die Feuerwehr, zeitweise auch für das Schulwesen). Darüber hinaus übte er ein Mandat in der bremischen Bürgerschaft (1947-1959) aus, wo er vor allem als Sprecher der Deputation für den Fischereihafen Profil zeigte. In beruflicher Hinsicht knüpfte V. z. T. an seine kaufmännischen und gewerkschaftlichen Tätigkeiten der Vorkriegszeit an. 1945 übernahm er die Geschäftsführung des »Versorgungsringes Wesermünde«, der Nachfolgeorganisation des 1935 von den Nationalsozialisten aufgelösten Konsumvereins »Unterweser«, und führte diesen 1946 in die neugegründete Konsumgenossenschaft Bremerhaven über, deren Vorsitz er bis zu seinem Tode innehatte. In der zum Bereich der Konsumgenossenschaften zählenden Gemeinwirtschaftlichen Hochseefischerei-Gesellschaft (GHG, gegr. 1948), die er mitbegründete und die als bedeutende Reederei die technische Entwicklung in der Hochseefischerei vorantrieb, wirkte er bis 1967 als ehrenamtliches Vorstandsmitglied. Der Bremerhavener Wirtschaft, insbesondere der Fischwirtschaft, diente er – über seine parlamentarische Unterstützung hinaus – ferner als Aufsichtsratsmitglied der Fischereihafen-Betriebsgesellschaft und der Städt. Wohnungsgesellschaft.

Lit.: Aufbauarbeit, S. 35-37, 46-47; Beckmann, Reedereien, S. 98; Hdb. Br. Bgsch., 4. Wahlper., S. 312; Heimatchronik, S. 233-235; Scheper, Jüngere Geschichte, S. 339, 359, 385, 405; K. Wedemeier (Hrsg.), Gewollt und durchgesetzt, Opladen 1983, S. 176-177.
Qu.: NZ, 27.10.1967, 2. u. 5.6.1970.
P.: Foto in Archiv Br. Bgsch. (abgeb. in Hdb. Br. Bgsch.), u. NZ (s. Qu.).
E.: Stadtältester (1967).

H. Bi.

Volbehr, Klaus Justus Friedrich, Dr. phil.; *Apotheker, Förderer von Kunst und Kultur.* * 18.3.1900 Dresden, † 14.12.1983 Bremerhaven (ev.). Schon während der Schulzeit offenbarte sich V.s künstlerisches Talent und Interesse, das durch Museums- und Galerienbesuche sowie durch Zeichenunterricht gefördert wurde. Unter dem Einfluß seiner Eltern folgte er in beruflicher Hinsicht allerdings familiärer Tradition und studierte Pharmazie in Leipzig und Frankfurt. 1925 promovierte er an der Univ. Leipzig über die Konservierung und Qualitätssicherung pflanzlicher Wirkstoffe. Nach zweijähriger Tätigkeit in Dresden und Bad Kissingen wechselte er 1927 nach Bremerhaven, um seinen Onkel Dr. Berend V. in der »Lloydapotheke« zu unterstützen, der sich auf die Ausstattung von Seeschiffen mit Medikamenten und medizinischen Geräten spezialisiert hatte, einen Bereich, den V. später selbst ausbaute. Seinen künstlerischen Interessen folgend, trat V. im gleichen Jahr in den Kunstverein Bremerhaven von 1886 ein, zu dessen Vorsitzender er 1948 gewählt wurde. In dieser Funktion setzte er sich nachhaltig für die Belange des Kunstvereins ein, obwohl er durch den Wiederaufbau der kriegszerstörten Apotheke, die er nach dem Tode seines Onkels 1947 übernommen hatte, beruflich stark eingebunden war. Mit der Übernahme des Vorsitzes im Kunstverein folgte er einer weiteren Tradition, denn auch sein Onkel hatte als ehrenamtlicher Stadtrat für Kultur dem Vorstand des Kunstvereins seit 1909 angehört. In enger Zusammenarbeit mit dem Kunsterzieher → Paul Kunze, mit dem ihn Zeit dessen Lebens eine enge Freundschaft verband, widmete sich V. der Wiederbelebung der Vereinstätigkeit nach dem Kriege. Nach dem Verlust der alten, neben dem Stadttheater gelegenen Kunsthalle bildeten sich die Suche nach neuen Ausstellungs- und Lagerräumen für den Kunstverein und der Ausbau der Bremerhavener Kunstsammlung zu zwei zentralen Aufgaben seiner sehr erfolgreichen Vorstandstätigkeit heraus. So gelang es ihm Mitte der 1950er Jahre aufgrund des guten Kontaktes zu dem Bankdirektor und späteren bremischen Finanzsenator Rolf Speckmann, umfangreiche Spenden der Bremer Landesbank, der Landeszentralbank und der Städt. Sparkasse Bremerhaven für den Sammlungsaufbau einzuwerben. Unter maßgeblicher Beteiligung des Bankdirektors und ehemaligen Stadtkämmerers → Dr. Fritz Ernst sowie dank der Unterstützung durch den damaligen Bürgermeister und Kulturdezernenten Alfons Tallert konn-

te V. am 20.9.1964 die Eröffnung der vereinseigenen Kunsthalle feiern. Sechs Jahre später legte er sein Vorstandsamt zusammen mit Kunze nieder, um einer jüngeren Generation Platz zu machen. Neben dem Engagement für die bildende Kunst war er auch in anderen Bereichen wissenschaftlich tätig. So verfaßte er eine Reihe von literarisch-naturwissenschaftlichen Aufsätzen sowie einen Führer für das Deutsche Schiffahrtsmuseum, dem er auch eine Schiffsapotheke stiftete.

Lit.: 100 Jahre Kunstverein Bremerhaven, Brhv. 1986, o. S.; H. Körtge, Vom Gaswerk zur Grünanlage, Brhv. 1997, S. 39-40.
Qu.: NZ, 26.1.1970, 19.3.1980, 16.12.1983.
Werke: u. a. *Goethes botanische Arbeiten*; *Von Linné über Goethe zur Schiffsapotheke* (1960, Fschr. z. Jub. d. Lloydapotheke); *400 Jahre Arzneimittel aus dem Meer*; *Gesundheit an Bord. Eine kleine Geschichte der Hygiene u. Arzneimittelversorgung auf Schiffen* (1979, Führer d. DSM 11).
P.: 100 J. Kunstverein (s. Lit.); NZ, 16.12.1983.
E.: Ehrenmitgl. Kunstverein (1970).

K. K.

Vollmers, Heinz; *Nautiker, Kapitän.* * *18.8.1902 Lehe, † 28.11.1975 Bremerhaven (ev.). Der Sohn eines Kaufmanns begann*

nach der Mittleren Reife an der Oberrealschule in Lehe (heute Lessing-Schule) 1918 seine seemännische Ausbildung auf Schulschiffen des Deutschen Schulschiff-Vereins. 1920 legte er die Matrosenprüfung ab und fuhr anschließend bei verschiedenen Reedereien, wobei er auf dem Vollschiff NEREUS das Kap Horn umsegelte. 1923 erhielt er an der Seefahrtschule Geestemünde das Patent zum Seesteuermann auf großer Fahrt und trat als 4. Offizier in die Dienste des Norddeutschen Lloyd (NDL). 1926 erwarb er das Patent zum Kapitän auf großer Fahrt. In der Folgezeit lernte V. auf zahlreichen Fracht- und Passagierschiffen sämtliche Fahrtgebiete des NDL, vor allem die Ostasien- und Südamerikaroute, kennen und wurde auch auf dem Passagierdampfer COLUMBUS eingesetzt. Bei Ausbruch des II. Weltkrieges befand sich V. auf dem vom NDL bereederten KdF-Schiff (Kraft durch Freude) STUTTGART, das zum Lazarettschiff für die Kriegsmarine umgerüstet wurde. 1942 bekam er sein erstes Kommando als Kapitän auf MS EIDER, das nach einem Minentreffer im selben Jahr vorläufig außer Dienst gestellt werden mußte. Anschließend führte er bis 1945 den als Truppentransporter eingesetzten Neubau GOTENLAND sowie die GOTHA, mit der er auf mehreren Reisen an der Rückführung deutscher Truppen aus Norwegen beteiligt war. Die Nachkriegsjahre konnte V. in Bremerhaven als Kapitän auf dem Motorschlepper GEIER und dem Tankmotorschiff HARLE im Dienste des Portdirectors der US-Navy und in der Schiffsinspektion überbrücken. 1949 überführte er im Auftrag der Fischdampfer-Treuhand GmbH zwei US-Trawler von New York nach Bremerhaven und war anschließend beim Schiffsmeldedienst beschäftigt. Als erster Frachter nach dem Kriege wurde 1950 vom NDL ein von Holland zurück gekauftes und ADOLF VINNEN benanntes Schiff in Dienst gestellt, auf dem V. als 1. Offizier anmusterte. Von 1954 bis 1960 war er Kapitän auf dem kombinierten Fracht- und Fahrgastschiff SCHWABENSTEIN, einem Neubau auf der klassischen Ostasienroute. 1960 übernahm er das Kommando auf MS BERLIN, dem ersten Fahrgastschiff nach dem Kriege, mit dem der NDL die Passagierschiffahrt auf dem Nordatlantik wieder aufgenommen hatte. Die Krönung seiner Laufbahn erfuhr V., als ihm 1965 das Kommando über das Flaggschiff des NDL, TS BREMEN, übertragen wurde. Nach Erreichen der Altersgrenze trat er 1967 in den Ruhestand. 1971 wurde er für seine Verdienste um die deutsche Passagierschiffahrt und die Vertretung der deutschen Schiffahrt im Ausland geehrt. Er war Mitglied der Stiftung »Haus Seefahrt« in Bremen und des internationalen Freundschaftsbundes »Amicale Internationale des Capitaines au Long Cours Cap Horniers«.

Lit.: Kludas, Seeschiffe, Bd. 2, S. 10, 11, 24, 93, 106, 164.
Qu.: NZ, 11.10.1966, 8.8.1967, 16.8.1967, 29.11.1975; StadtA Brhv., Hauptamt, Abl. 1996, Nr. 269; Archiv Haus Seefahrt, Bremen.
P.: Foto in Archiv Hapag-Lloyd (Repr. in StadtA Brhv.), u. NZ, 29.11.1975.
E.: Bundesverdienstkr. (1971).

E. N.

W

Wach, Hans, Dr.-Ing.; *Ingenieur, Turbinenkonstrukteur.* * 18.12.1879 Höchst (heute Frankfurt a. M.), † 15.12.1961 Kilchberg bei Zürich (Schweiz) (kath.). W. studierte nach dem Abitur Maschinenbau an der TH Hannover, wo er auch promoviert wurde. Nach einer Tätigkeit bei MAN wechselte er zur Germania-Werft nach Kiel, wo er bald zum Leiter des Konstruktionsbüros für Dampfturbinen aufstieg. Nach dem I. Weltkrieg, an dem er als Reserveoffizier teilnahm, wurde er technischer Direktor der Tecklenborg-Werft in Geestemünde, nahm seinen Wohnsitz aber 1919 in Lehe. Zu seinen bekanntesten Konstruktionen gehört die seit 1926 von ihm gemeinsam mit Gustav Bauer entwickelte Bauer-Wach-Abdampfturbine, die bei kleinen Dimensionen einen hohen Wirkungsgrad gewährleistet. Diese Anlagen fanden vor allem für Compound-Maschinen in Fischdampfern Verwendung. Nach der Fusion der Tecklenborg-Werft mit der Deutschen Schiff- und Maschinenbau-AG (Deschimag) ging W. 1927 nach Bremen, um die Leitung des Maschinenbaus der Deschimag zu übernehmen; zu seinen wichtigsten Aufgaben gehörte dabei der Bau der Antriebsanlage des Schnelldampfers BREMEN. Nach deren Fertigstellung zog sich W. 1928 ins Privatleben in die Schweiz zurück.

Lit.: 100 Jahre STG, S. 518.
Qu.: StadtA Brhv, Meldekartei Lehe bis 1925.

H. Bi.

Waidelich, Jürgen-Dieter, Dr. phil.; *Theaterwissenschaftler, Dramaturg, Intendant, Geschäftsführer, Hochschullehrer.* * 23.5.1931 Berlin, † 14.9.1994 Essen (Ruhr) (ev.). Der Nachfolger des Bremerhavener Intendanten Erich Thormann studierte in seiner Heimatstadt Berlin und in München Theater- und Literaturwissenschaft sowie Publizistik und Volkskunde. 1957 promovierte er bei Arthur Kutscher über das Württembergische Staatstheater in Stuttgart, wo er auch seine Bühnenlaufbahn als Dramaturg und Darsteller kleiner Rollen begann. Von 1959 bis 1974 war er am Stadttheater Bremerhaven engagiert, zunächst als Dramaturg, dann (1960) als Chefdramaturg vor allem in der

Ära Thormann (1961-1967) und von 1967 an als Intendant. Schon als Chefdramaturg legte er Wert auf zeitgenössisches Theater, das er u. a. mit Albee, Hochhuth und vor allem Brecht pflegte. Bundesweit bekannt wurde sein für die Schulen konzipiertes Jugendprojekt »99 Wege zum Theater«. 1974 nutzte er die Chance, Generalintendant der Städtischen Bühnen Essen zu werden, nachdem er sich vor allem zum Jubiläum »100 Jahre Oper in Bremerhaven« vehement gegen Pläne zur Abschaffung dieser eigenständigen Sparte in der Seestadt gewehrt hatte. Sein erfolgreiches Essener Engagement beendete er 1978, als er sich wiederum Sparauflagen widersetzte. 1980 wurde er in Berlin Geschäftsführer des Bundesverbandes der deutschen Volksbühnenvereine. 1991 folgte er einem Ruf der Ruhr-Universität Bochum, den neugeschaffenen Lehrstuhl für Theaterwissenschaft zu übernehmen. W. bekleidete zahlreiche Ehrenämter, so im Deutschen Kulturrat und als Präsident der internationalen Arbeitsgemeinschaft der Theaterbesucherorganisationen. Er verfaßte auch eine Reihe von theaterwissenschaftlichen Studien und Dokumentationen.

Lit.: H.-E. Happel, Gesetzt den Fall, wir schließen das Theater, Brhv. 1993, S. 54-55; Wer ist wer? 25 (1986/87), S. 1391.
Qu.: NZ, 27.4.1979, 8.10.91, 19.9.94.
Werke: u. a. *Vom Stuttgarter Hoftheater z. Württemb. Staatstheater* (1957, Diss.); *100 Jahre Stadttheater Bremerhaven* (1967); *Das Württemb. Staatsorchester 1908-1965* (1967); *Theater in Nordwestdeutschland. Berichte, Informationen, Bilder* (1971, zus. m. weit. Autoren); *100 Jahre Oper am Stadttheater Bremerhaven* (1972, zus. m. E. C. August); *Theater in Essen 1974-1978* (1978); *Durch Volksbühne u. Theater z. kulturellen Demokratie* (1981).
P.: Foto in Archiv NZ sowie in NZ, 27.4.1979 u. 8.10.1991.

G. B.

Warnken gen. Piorkowski, Maria; *Musikpädagogin und -schriftstellerin, Graphologin, Gewerkschafterin.* * 10.7.1878 Bremerhaven, † 27.4.1958 Berlin-Spandau (ev., später kath.). W., Tochter des Architekten und Bauunternehmers Heinrich Warnken, besuchte die höhere Töchterschule von → Auguste Gill in Bremerhaven, nahm in ihrer Heimatstadt zunächst privaten Klavierun-

terricht und studierte von 1898 bis 1904 am Eichelbergschen Konservatorium in Berlin sowie anschließend bei Conrad Ansorge. Seit 1909 war sie dort als Konzertpianistin und Musiklehrerin tätig. 1920 begann sie sich publizistisch mit Fragen der Musik, Literatur, Reklame und Graphologie zu befassen. 1923 wurde sie Mitglied, 1927 geschäftsführende Direktorin der Gewerkschaft Deutscher Geistesarbeiter. Sie trat für eine gleichberechtigte Ausbildung beider Hände als Voraussetzung für eine optimale Berufstätigkeit in allen Bereichen ein. Die unverheiratet gebliebene Künstlerin lebte seit 1899 in Berlin-Charlottenburg.

Lit.: DBI, S. 3747; DBE, Bd. 10, S. 337; Dt. Biogr. Enzyklopädie der Musik, Mchn. 2003, Bd. 2, S. 913; Dt. Musiker-Lexikon, Sp. 1527; Reichshandbuch, Bd. 2, S. 1988.
Qu.: StadtA Brhv., Meldekartei Alt-Brhv., Höh. Töchterschule A. Gill, Matrikelbuch, 1884/85, Nr. 6; LandesA Berlin, Meldekartei Berlin-Spandau (Auskunft).
P.: Zeichnung abgeb. in Reichshandbuch (s. Lit.).

H. Bi.

Warnking, Franz; *Kaufmann, Kommunalpolitiker.* * 20.11.1905 Oythe (Oldbg.), † 28.1.1991 Bremerhaven (kath.). W., einer der Männer der ersten Stunde nach dem II. Weltkrieg, absolvierte eine Ausbildung zum Bankkaufmann und betrieb seit 1934 in

Geestemünde eine Seefischgroßhandlung. 1945 aus amerikanischer Kriegsgefangenschaft zurückgekehrt, gehörte er, der dem Nationalsozialismus kritisch gegenübergestanden hatte, aber zugleich Antifa-Gegner war, zu den Mitbegründern der Bremerhavener CDU, deren erster Vorsitzender und Gestalter der Aufbaujahre er wurde. Die ihm von der Militärregierung im Nov. 1945 erteilte Erlaubnis gab der Partei erst die Rechtsfähigkeit. W. war zunächst Mitglied der von den Amerikanern im März 1946 ernannten Stadtvertretung, in der er an der Ausarbeitung einer neuen Stadtverfassung mitwirkte, und dann der drei folgenden gewählten Stadtverordnetenversammlungen. 1948 und erneut 1951 übernahm er als ehrenamtlicher Stadtrat die Verantwortung für den Schlachthof. 1946 wurde er für Bremerhaven zudem in die Bremische Bürgerschaft gewählt. Nach parteiinternen Querelen legte der überzeugte Christ, der stets sachbezogen und ausgleichend, aber zeitweise auch etwas glücklos agierte, im Sept. 1952 sämtliche Ämter und Mandate nieder, um sich wieder vollständig seinem Geschäft zu widmen.

Lit.: Aufbauarbeit, S. 40, 46-47; P. Werner, 25 Jahre CDU in Wesermünde/Bremerhaven, Brhv. 1982, S. 15-59.
Qu.: NZ, 29. u. 30.1.1991, 31.1.1990.
P.: Foto in Werner (s. Lit.), S. 15.

H. Bi.

Warrings, Hero; *Möbeldesigner, Möbelfabrikant.* * 30.12.1909 Geestemünde, † 17.2.1997 Bremerhaven (-Wulsdorf) (ev.). W. entstammt einer ostfriesischen Seefahrer-, Fischer- und Handwerkerfamilie. Sein Vater Johann W. (1882-1949) war Sattlermeister und gründete 1909 in Geestemünde ein Möbel-, Polster- und Dekorationsgeschäft, das er 1918 nach Wulsdorf verlegte und erweiterte, als er in der Weserstraße den Möbelhandel, die Tischlerei und das Beerdigungsgeschäft von Johann Rosenbohm erwerben konnte. Daraus entwickelte sich eine Möbelfabrik. W., der 1928 eine Tischlerlehre abgeschlossen hatte und 1929 in Detmold die Technikerprüfung ablegte, ging 1932 nach Holland, wo er ein eigenes Büro als Möbelzeichner betrieb, kehrte aber

1933 zurück, um dem durch die Weltwirtschaftskrise angeschlagenen elterlichen Betrieb aufzuhelfen. Nach dem Kriege gelang es W., der mit unternehmerischer Weitsicht den durch Kriegsverluste entstandenen Bedarf an hochwertigen Möbeln erkannt hatte, den z. T. zerstörten Betrieb wieder aufzubauen, so daß mit der Währungsreform neue Produktionsanlagen zur Verfügung standen. Nach dem Tode des Vaters leitete W. das Unternehmen gemeinsam mit seinem Bruder Johann, trennte aber 1952 die Möbelfabrik von der Stammfirma ab und führte sie in Alleinverantwortung weiter; das »Einrichtungshaus Warrings« blieb unter der Leitung von Johann W. Durch eigene Entwürfe und durch das Geschick seiner Mitarbeiter schuf sich W. bald den Ruf einer »Weltfirma«, die mit einem spezialisierten Angebot unterschiedliche Käuferkreise ansprach. Der Betrieb expandierte, so daß zeitweise 400 Mitarbeiter beschäftigt waren; das Betriebsgelände wurde durch Zukauf vergrößert und die Fertigung durch moderne Fabrikationsanlagen optimiert. Ferner entstanden ein Zweigwerk in Tann (Rhön) und Verkaufsniederlassungen in Aachen, Düsseldorf und Zürich. 1958 wurde die Bremer Möbelfabrik Klocke & Co. übernommen.

Führend wurde die Fa. Warrings bei Stilmöbeln und war lange größter Hersteller dieser Branche in der Bundesrepublik; W. war Gründungsmitglied und zeitweise Präsident des Arbeitskreises Deutscher Stilmöbel. Seit 1956 wurden, in Zusammenarbeit mit der Fa. Grundig, auch Musik- und Fernsehschränke produziert sowie auf das eigene Möbelprogramm abgestimmte Entwürfe für Flügel und Pianos an die Pianofortefabrik Schimmel geliefert. Auch der Innenausbau von Schiffen, zeitweise sogar der Bau von hölzernen Yachten, gehörte zum Produktionsprogramm. W., der 1956 eine Unterstützungskasse für Betriebsangehörige eingerichtet hatte, war als Arbeitgeber bei seinen Mitarbeitern geschätzt. Ferner war W. von 1962 bis 1978 Mitglied (seit 1968 Vorsitzender) des Aufsichtsrats der Wulsdorfer Bank und hatte als solcher großen Anteil an deren Fusion mit der Volksbank Bremerhaven (seit 1995 Volksbank Bremerhaven-Wesermünde). Er engagierte sich darüber hinaus im gesellschaftlichen Leben Wulsdorfs, u. a. als Vorsitzender (1960-76) des Wulsdorfer Schützenvereins, vor allem aber als Gründungsmitglied und Vorsitzender (1965-87) der Bürgergemeinschaft Wulsdorf von 1965 e.V., die sich die kulturelle Entwicklung des Stadtteils und die Erhaltung seiner Identität zum Ziel gesetzt hat. Durch W.s Tatkraft konnte das Ehlerssche Haus (heute Wulsdorfer Buernhus) als Gemeinschaftshaus für Aktivitäten unterschiedlicher Art erhalten werden; außerdem initiierte er über die Bürgergemeinschaft maßgeblich verschiedene wohnwerterhaltende Maßnahmen. Von 1957 bis 1967 war W. auch Präsident des Bezirksschützenverbandes Bremerhaven-Wesermünde. Das Unternehmen Warrings, seit Mitte der 1980er Jahre von den Kindern W.s fortgeführt, produziert nach zweimaligem Konkurs 1996 und 1999 heute in erheblich verringertem Umfang weiter, befindet sich aber, trotz Fortbestehen des Firmennamens, nicht mehr in Familienbesitz.

Lit.: Heimatchronik, S. 281-282; Das Land Bremen (Monogr. Dt. Wirtschaftsgebiete), Oldbg. 1984, S. 131, 282; 75 Jahre Warrings, Brhv. 1984, o.S.; 100 Jahre Volksbank EG Bremerhaven-Wesermünde, 1998; Wulsdorf, älter als 850 Jahre, Brhv. 1984, S. 129-130; 125 Jahre Schützenverein Wulsdorf, Brhv. 1986, S. 39; 50 Jahre Bezirksschützenverband Bremerhaven-Wesermünde, Brhv. 2003, S. 29 u. 61.

Qu.: NZ, 19.2.1997, 23.6.1996, 19.12.2000; Brhv. Kurier, 10.1.2001.

P.: Fotos in 75 Jahre Warrings (s. Lit.).

E.: u. a. Gr. Gold. Verdienstnadel d. Dt. Schützenbundes; Grabstein Friedhof Alt-Wulsdorf.

H. Bi.

Wehr, Philipp Karl, zeitw. Zopf; *Zimmermeister, Kommunalpolitiker, Parlamentarier, Pazifist.* * 10.4.1906 München, † 20.2.1960 Rottach-Egern, □ *Bremerhaven (o. Konf.).* Als uneheliches Kind bei seinem Vater Philipp Zopf, einem Drucker und späteren SPD-Politiker, in Eberswalde aufgewachsen, absolvierte W. eine Zimmermannslehre und engagierte sich früh in der Arbeiterbewegung. Nachdem er sich von der Spartakusjugend wegen deren Theorielastigkeit bald abgewandt hatte, wurde er 1926 Mitglied der SPD, innerhalb der er mit Gleichgesinnten die Sozialistische Arbeiterjugend gründete. In verschiedenen Partei- und Gewerkschaftsschulen ausgebildet, war er seit Ende der 1920er Jahre Mitglied im Bezirksvorstand der SPD Eberswalde und

1933 Stadtverordneter und Landtagskandidat. Von den Machthabern des NS-Regimes gesucht, versteckte er sich unter dem mütterlichen Namen Wehr in Schiffdorf bei Bremerhaven. Dort fand er von 1937 bis 1939 eine Anstellung beim Wasserstraßenamt Wesermünde, wo er auch seine Meisterprüfung ablegte. Seit 1939 Bauführer des Bremerhavener Bauunternehmens → Gustav W. Rogge, war er im II. Weltkrieg beim Brückenbau in Polen eingesetzt. Dort wurde er 1942 Augenzeuge eines von SS-Einheiten begangenen Pogroms an jüdischen Kindern, Frauen und Männern, eine Erfahrung, die er in einem Tagebuch festhielt und die seine politische Arbeit und sein antifaschistisches Engagement in den Nachkriegsjahren entscheidend prägte. Von 1945 bis 1952 Mitinhaber und Geschäftsführer der Zimmerei Sperling am Geestemünder Holzhafen, nahm er nach Kriegsende alsbald seine politische Tätigkeit wieder auf, u. a. als Stadtverordneter (1946-55). Als Vertreter des pazifistischen Flügels seiner Partei wandte er sich öffentlich gegen jede Form von Wiederaufrüstung. Von 1952 bis 1960 Mitglied des deutschen Bundestages für den Wahlkreis Bremerhaven/Bremen-Nord (zunächst nachgerückt für den verstorbenen → Bernhard Lohmüller), stimmte er 1956 als einer von 20 Abgeordneten der SPD gegen die Grundgesetzänderungen, mit denen das verfassungsrechtliche Fundament der Bundeswehr geschaffen wurde. 1958 engagierte er sich in der von SPD und DGB initiierten Kampagne »Kampf dem Atomtod«. 1959 kämpfte er vergeblich gegen die programmatische Erneuerung der Partei. W., für den die »Auseinandersetzung, ob sozialistische oder kapitalistische Gesellschaftsordnung« weiterhin auf der Tagesordnung stand, war ein unbequemer Politiker, der Menschlichkeit, ein von ihm häufig benutztes Wort, nicht als wohlfeile Phrase, sondern als Aufforderung zum Handeln verstand. Als ehrenamtlicher Stadtrat für Gesundheit (1951-1955) setzte er sich in Dutzenden von Fällen für sozialschwache Bittsteller ein. Seine unbeugsame Haltung und seine Zivilcourage trugen ihm bei seinen Weggefährten und über die Parteigrenzen hinweg Wertschätzung, im eigenen politischen Lager zuweilen aber auch Kritik ein. Er starb in einem Sanatorium in Rottach-Egern.

Lit.: DBI, S. 3770; Biogr. Hdb. Bundestag, S. 929; H.-E. Happel, Philipp Wehr. Ein politisches Leben in den 50er Jahren, in: H. Bickelmann (Hrsg.), Verfassung, Verwaltung u. Demokratie, Brhv. 1997, S. 121-145, darin auch Tagebuch-Aufzeichnungen; R. Meyer-Braun, Die Bremer SPD 1949-1959, Frankf. 1982, S. 139-140, 202-204; Hdb. d. Dt. Bundestages 1954; Wer ist wer? 1955, S. 1242.
Qu.: NZ, 22. u. 23.2.1960; StadtA Brhv., Meldekartei Brhv. nach 1945 I.
P.: Foto in Dt. Bundestag, Parlamentsarchiv, Bonn, abgeb. in Hdb. d. Dt. Bundestages (s. Lit.).

H. H.

Welk, Ehm (get. Emil), Dr. h. c., Pseud.: Thomas Trimm; *Journalist, Chefredakteur, Schriftsteller.* * *29.8.1884 Biesenbrow (Pommern), † 19.12.1966 Bad Doberan (o. Konf.).* W. wuchs als viertes Kind einer Bauernfamilie wendischer Herkunft auf. 1900 begann er eine kaufmännische Lehre in einer Stettiner Weingroßhandlung und fing an, erste Gedichte zu schreiben. 1904 nahm er ein Volontariat bei der »Stettiner Abendpost« auf. 1905 kam W. nach Geestemünde und wurde im Alter von nur 21 Jahren Chefredakteur der Geestemünder »Provinzial-Zeitung«. W. trat an der Unterweser besonders als Theaterkritiker in Erscheinung. Der streitbare Journalist erhielt im Spätsommer 1906 seine Kündigung, deren Hintergrund unklar ist. 1908 heiratete W. in Geestemünde Käthe Levy, Tochter des Zigarrenhändlers Samuel Levy. Die Ehe wurde 1921 geschieden, doch auch in der Zeit des Nationalsozialismus unterstützte W. seine »halbjüdische« Ex-Frau. Nach der Zeit bei der »Provinzial-Zeitung« folgten zahlreiche weitere kurzfristige journalistische Stationen. So übernahm W. 1910 die Chefredaktion des liberalen »Braunschweiger Allgemeinen Anzeigers«. Im Nov. 1918 zählte er zu den Mitbegründern der Deutschen Demokratischen Partei in Braunschweig, deren Mitglied er bis 1923 war. 1922 schloß ihn der Reichsverband der deutschen Presse wegen seiner Kritik an der konservativen bürgerlichen Presse aus. Im April 1923 heuerte W. als Decksmann bei den United States Lines in Bremerhaven an. Er reiste nach Nord- und Südamerika und lebte anschließend einige Monate in den USA, kehrte aber im Nov. 1923 nach Deutschland zurück. W. arbeitete als freier Schriftsteller und für Zeitungen. Sein Theaterstück »Gewitter über Gotland«, 1927 von Erwin Piscator an der Berliner Volksbühne inszeniert, machte ihn schlagartig bekannt. Ab 1928 leitete er als Chefredakteur die Ullstein-Wochenzeitschrift »Die grüne Post«. Die Leitartikel zeichnete er mit dem Pseudonym »T. Trimm«. Nach einem kritischen Leitartikel im April 1934 gegen Propagandaminister Joseph Goebbels wurde die »Grüne Post« für drei Monate verboten. W. kam für acht Tage ins KZ Oranienburg und zog sich anschließend nach Lübbenau, später nach Neuenkirchen bei Stettin zurück, wo er, gemäß den ihm erteilten Auflagen, unpolitische Bücher schrieb, darunter die erfolgreiche Kummerow-Triologie. 1945 trat W. der KPD bei. Er blieb in der DDR, war zunächst im Ministerium für Volksbildung tätig, erwarb 1950 ein Haus in Bad Doberan und verwirklichte hier als freier Autor seine schriftstellerischen Pläne. Dazu gehörten neben Romanen und Erzählungen auch Drehbücher. W. war Mitglied zahlreicher gesellschaftlicher Organisationen, u. a. des PEN-Clubs und des Schriftstellerverbandes. In der DDR wurden ihm zahlreiche Preise und Ehrungen zuteil.

Lit.: DBI, S. 3802; DBE, Bd. 10, S. 424; S. Fritzlar, Ehm Welk, in: Biogr. Lexikon für Mecklenburg, Bd. 2, Rostock 1999, S. 265-271 (mit umfass. Lit.verz.); H. E. Hansen, Ehm Welk, der »Heide von Kummerow« als Chefredakteur an der Unterweser, in: Ndt. Hbl. 549 (Okt. 1995); Kürschner L, Nekr. 1936-70, S. 726; K. Reich, Ehm Welk. Stationen eines Lebens, Rostock 1976; Wer ist wer? 1955, S. 1251-1252; Wer war Wer in der DDR, S. 905.
Werke: Verz. in Fritzlar (s. Lit.), S. 270, u. a. *Gewitter über Gotland* (1926); *Die Heiden von Kummerow* (1937); *Die Lebensuhr des Gottfried Grambauer* (1938); *Die Gerechten von Kummerow* (1943); *Mein Land, das ferne leuchtet* (autobiogr. Erz., 1952); *Kein Hüsung* (Drehbuch nach F. Reuter, 1954).
P.: Fotos in zahlr. Veröff., u. a. in Fritzlar, S. 265, Hansen u. Reich (s. Lit.).
E.: u. a. Nationalpreis II. Kl. f. Kunst u. Lit. d. DDR (1954), Ehrendoktor Univ. Greifswald (1956), Vaterländ. Verdienstorden (1959).

J. L.

Wencke, Clara; *Kunsthandwerkerin, Porzellanmalerin.* * 12.9.1879 Bremerhaven, † 14.2.1969 Bremen. W. war die jüngere Tochter des Bremerhavener Werftbesitzers Nicolaus W. und Enkeltochter des Werftgründers → Friedrich Wilhelm Wencke. Nach dem Studium der Malerei in Dresden, Berlin und Hamburg und einem zweijährigen Englandaufenthalt, wo sie Gesellschafterin einer Jugendfreundin war, zog sie zu ihrer Schwester → Sophie Wencke nach Worpswede, um sich dort als deren Managerin zu betätigen, indem sie die Organisation von Ausstellungen und den Verkauf ihrer Werke in die Hand nahm; ein Leben lang begleitete und unterstützte sie auf diese Weise ihre Schwester. Daneben beschäftigte sie sich erfolgreich mit kunstvollen Handarbeiten und dem Bemalen von Glas und Porzellan. Schon 1913 konnte sie einige ihrer Porzellanerzeugnisse an das »Dürerhaus« in Dresden verkaufen; zugleich war sie auf mehreren Ausstellungen vertreten. Von nun an sah sie die Porzellanmalerei und die Entwurfstätigkeit als ihre Hauptaufgabe an. Nach dem gemeinsamen Besuch der Schwestern an der Fachschule für Porzellan-Industrie in Selb im Jahre 1916 wurde W. in der 1917 neu gegründeten Lorenz-Hutschenreuther-Manufaktur in Selb Gefäß-Entwerferin in deren Kunstabteilung. Auch andere Manufakturen wie Meißen oder Alt-Berlin wünschten stets ihre Mitarbeit, um ihre Entwürfe mit in die Kollektion aufnehmen zu können. Infolge der Heirat von Sophie Wencke gingen die Geschwister 1919 nach Hamburg, um 1933 endgültig in ihr Atelierhaus in Worpswede zurückzukehren. 1968 kam W. ein letztes Mal nach Bremerhaven, um dort der Eröffnung einer Gedächtnisausstellung im Morgenstern-Museum beizuwohnen, die der Wencke-Werft und ihrer Schwester gewidmet war. Sie selbst konnte als Entwerferin von Porzellankollektionen, kunstvollen Handarbeiten und Teppichen sowie als Managerin auf ein erfülltes Leben zurückblicken. Sie starb in einem Bremer Krankenhaus.

Lit.: Grapenthin, S. 131-136, 515.

N. Schw.

Wencke, Friedrich Wilhelm; *Schiffbaumeister, Werftbesitzer.* * *30.10.1806 Bremen, † 10.3.1859 Bremerhaven.* Als Nachbar des bekannten Schiffbauers → Johann Lange konnte W. 1833 ein Grundstück am rechten Geesteufer im Außendeichbereich des jungen Hafenortes Bremerhaven erwerben. Die Wencke-Werft kann als die erste Neugründung eines Schiffbauunternehmens an der Unterweser angesehen werden. Hier wurde 1834/35 das erste Seeschiff Bremerhavens, die Brigg WILHELM LUDWIG, fertiggestellt. W. kam als Sohn des Schiffbaumeisters Friedrich W. in Bremen zur Welt. Über seine Jugend- und Lehrjahre ist nichts bekannt. Er war mit der Tochter Gesine des Bremer Kapitäns Schilling verheiratet. Neben dem Schiffsneubau betrieb W. auch die Schiffsreparatur. Zu diesem Zweck entstand Mitte der 1840er Jahre ein Doppeltrockendock. Sein jüngerer Bruder Bernhard W., der in Bremen eine Werft besaß, siedelte sich später in Hamburg an und errichtete dort ebenfalls ein Trockendock. Das Unternehmen von W. entwickelte sich gut und beschäftigte eine beträchtliche Anzahl von Schiffszimmerleuten und Lehrlingen. Von 1835 bis 1866 wurden hier 27 Schiffe gebaut. Nachdem er seinen Schiffbauplatz 1856 als Eigentum erwerben konnte, waren die Voraussetzungen geschaffen, um das Dock zu vergrößern und die Schiffbaueinrichtungen zu erweitern. Das Ensemble, welches von 1977 bis 1979 restauriert wurde, gilt in seinem erhaltenen Zustand von 1860 als ein bedeutendes Kulturdenkmal der Technik- und Schiffahrtsgeschichte und kann als die älteste heute noch bestehende Trockendockanlage dieser Art in Deutschland eingestuft werden. W. übernahm in Bremerhaven 1837 auch eine kommunalpolitische Aufgabe, indem er das Amt eines Revisors ausübte. Neben seinem Domizil in Bremerhaven besaß er im Park von Friedrichsruh in Langen ein Gut, wo auch die Reederei registriert war; das Areal wurde später von der Stadt Bremerhaven angekauft und zu einem Stadtpark umgestaltet. Nach seinem Tod 1859 wurde der Betrieb in eine offene Handelsgesellschaft umgewandelt. Die Besitzer waren jetzt seine Witwe und sein Schwiegersohn → Friedrich Wilhelm Albert Rosenthal, der sich als vielseitiger Unternehmer und Experte für die arktische Fischerei und Schiffahrt einen Namen machte. Ab 1881 wurde das Unternehmen von Nikolaus Diedrich W., einem Sohn des Werftgründers, weitergeführt. Obwohl hier 1884/85 mit der SAGITTA des Fischreeders → Friedrich Busse der erste in Deutschland gebaute Fischdampfer und zahlreiche andere Spezialfahrzeuge fertiggestellt wurden, gelang der traditionsreichen Firma aus der Gründerzeit Bremerhavens nicht die konsequente Umstellung auf den Eisen-, Stahl- und Dampfschiffbau. 1900 kaufte → Georg Seebeck das Grundstück mitsamt den Anlagen auf und führte den Dockbetrieb weiter.

Lit.: Gr. Bremen-Lexikon, S. 791; H. Karting, Dt. Schoner, Bd. 1, Br. 2001, S. 227; Peters, Seeschiffbau, S. 59-62, 98-103; H. Szymanski, Die alte Dampfschiffahrt in Niedersachsen, Hann. 1958, S. 357-358; Wolff, Friedhöfe, S. 77-78.
E.: Grabstätte Friedhof Lehe II.

D. J. P.

Wencke-Meinken, Sophie, geb. Wencke; *Malerin.* * *29.7.1874 Bremerhaven, † 23.6.1963 Worpswede.* W. wuchs als älteste Tochter des Werftbesitzers Nicolaus Wencke auf der von ihrem Großvater → Fried-

rich Wilhelm Wencke gegründeten Werft an der Geeste auf. Im Alter von neun Jahren durfte sie dort den ersten deutschen Hochseefischdampfer SAGITTA taufen. Nachdem sie schon früh mit dem Malen begonnen hatte, nahm sie nach ihrer Schulzeit von 1891 bis 1893 in Dresden bei dem Tiermaler Hermann Pansee und der Landschaftsmalerin Berta Schrader Privatunterricht, den sie in Berlin u. a. bei Max Uth fortsetzte. 1898 siedelte sie nach Worpswede über, wo sie Schülerin von Otto Modersohn wurde und bald als freischaffende Künstlerin tätig war. 1910 bezog sie dort zusammen mit ihrer Schwester → Clara W., die sich – neben ihrer eigenen Tätigkeit als Porzellanmalerin – um die Organisation von Ausstellungen und die Vermarktung ihrer Werke kümmerte, ein eigenes Atelierhaus. Es folgten mehrere Ausstellungsreisen. 1916/17 besuchten die Schwestern die Fachschule für Porzellanindustrie in Selb und arbeiteten in der Kunstabteilung der Porzellanfabrik Hutschenreuther mit. Die geschwisterliche Lebens- und Arbeitsgemeinschaft wurde auch dann beibehalten, als Sophie W. den aus Bremerhaven gebürtigen, in Hamburg tätigen Regierungsrat Dr. Wilhelm Meinken heiratete, mit dem beide – unter Beibehaltung des Worpsweder Ateliers – 1919 nach Hamburg-Bergedorf zogen. Nachdem dieser 1933 in den vorzeitigen Ruhestand getreten war, kehrten alle drei endgültig nach Worpswede zurück. Sophie W. hinterließ ein beachtliches Oeuvre von Ölbildern, Aquarellen, Lithographien und Holzschnitten, das z. T. schon zu ihren Lebzeiten durch zahlreiche überregionale Ausstellungen, Veröffentlichungen, Kunstdrucke und Postkarten bekannt wurde. Zu ihren bevorzugten Motiven gehören insbesondere Moor- und Heidelandschaften, daneben auch Blumenstilleben und Industrieanlagen. Als Ergebnis einer mehrmonatigen Wanderung, die sie in Begleitung ihrer Schwester und ihres Mannes durchführte, entstand zwischen 1935 und 1941 der mehr als 200 Bilder umfassende Zyklus »Die Weser von der Quelle bis zur Mündung«, der 1950 in einer in Bremerhaven eröffneten Wanderausstellung gezeigt wurde.

Lit.: DBI, S. 3808; Deutschlands, Österreich-Ungarns u. d. Schweiz Gelehrte, Künstler u. Schriftsteller in Wort u. Bild, 3. Ausg. Hann. 1911, S. 656; Grapentin, S. 131-136, 515-516; Thieme/Becker, Bd. 35, S. 369.
P.: Foto in Dtschlds. Gelehrte (s. Lit.).

R. K.

Wendebourg, Hermann **Wilhelm**; *Theologe, Pastor, Superintendent.* * *17.9.1887 Varrel (Kr. Sulingen), † 19.3.1969 Bremerhaven (ev.-luth.).* W. entstammte einer alten hannoverschen Pastorenfamilie; sein Großvater Hermann W. war Bearbeiter des hannoverschen Gesangbuchs gewesen, sein Vater Wilhelm W. Herausgeber des »Hannoverschen Missionsblattes« und Verfasser mehrerer Missionsschriften. Ein Bruder seines Vaters, Eduard W. (1857-1940), war Schüler des bekannten Kirchenbauarchitekten Conrad Wilhelm Hase und zeichnete für den Bau zahlreicher Kirchen im Hannoverschen verantwortlich; nach seinen Plänen entstand 1903-1905 die Pauluskirche in Lehe. Nach dem Besuch der Privatschule seines Vaters in Klein-Mahner und des Gymnasiums in Wolfenbüttel studierte W. in Tübingen, Halle und Göttingen Theologie. Nach der Ordination (1912) und vorübergehender Tätigkeit als Hilfsgeistlicher war er

von 1914 bis 1921 als Pastor in Warstade an der Oste tätig. 1921 wurde er zum zweiten Geistlichen am ev.-luth. Diakonissen-Mutterhaus »Henriettenstift« in Hannover berufen. Als solchem oblagen ihm neben der seelsorgerischen Arbeit vielfältige Aufgaben in der Anstaltsleitung und der Diakonie, insbesondere die Leitung der dem Stift angliederten Einrichtungen in Hannover-Kirchrode, wo er 1927 auch seinen Dienstsitz nahm. Dazu gehörten das Mädchenerziehungsheim »Birkenhof« und das Altenheim »Neu-Bethesda«, deren Neu- bzw. Ausbau unter seiner Aufsicht erfolgten. 1929 wechselte er als Gemeindepastor nach Niedersachswerfen (Südharz) über. 1935 nahm er die Berufung zum Superintendenten des Kirchenkreises Wulsdorf an, dessen Sitz sich seit 1931 bei der Marienkirche in Geestemünde befand; an dieser wirkte er zugleich als Gemeindepastor. Er trat dieses Amt in politisch schwieriger Zeit an, in der auch organisatorische Veränderungen stattfanden. Während mit der Bildung des ev.-luth. Gesamtverbandes Wesermünde die Kirchengemeinden Lehe, Geestemünde und Wulsdorf bereits 1937 einen gemeinsamen Verwaltungsmittelpunkt erhielten, der bei W.s Superintendentur angesiedelt war, wurde auf Kirchenkreisebene erst 1940 ein organisatorischer Schnitt vollzogen, aus dem damals die ev.-luth. Kirchenkreise Wesermünde-Stadt, Wesermünde-Süd und Wesermünde-Nord hervorgingen. W. wurde in diesem Zusammenhang mit der Leitung des Sprengels Wesermünde-Stadt (seit 1947 Bremerhaven) betraut, der nunmehr mit dem Gesamtverband deckungsgleich war, und nahm zugleich bis 1955 die des Sprengels Wesermünde-Süd wahr, dessen Gemeinden bis dahin überwiegend dem Kirchenkreis Wulsdorf zugeordnet gewesen waren. Nach dem II. Weltkrieg stand der Wiederaufbau des kirchlichen Lebens im Vordergrund von W.s Tätigkeit. Aufbauend auf seinen hannoverschen Erfahrungen widmete er sich insbesondere der Diakonie. 1947 gründete er, unter Einbeziehung der reformierten und unierten Kirchengemeinden, den Stadtverband der Inneren Mission und initiierte entsprechende diakonische Einrichtungen, u. a. auch das Männerwohnheim »Herberge zur Heimat« (1957). 1950 nahm er auch die Altenpflege in das gemeindliche Betreuungsprogramm auf, indem er dem von Pastor Heinrich Sorger 1887 begründeten und nach dem Kriege wiedereröffneten Kindergarten ein Altersheim angliederte. Unter seiner Ägide entstand ferner ein umfangreiches kirchliches Wohnungsbauprogramm des ev.-luth. Gesamtverbandes, dem mehrere Wohnblocks zwischen Grashoffstraße, Friedrich-Ebert-Straße und Metzer Straße im Stadtteil Geestemünde entsprangen. W., der wegen seiner Tatkraft und Warmherzigkeit geschätzt war, trat 1959 in den Ruhestand.

Lit.: Meyer, Pastoren, Bd. 1, S. 427-428, Bd. 2, S. 195, 479, 491; Unsere Kirche, Mitt.bl. d. Ev.-luth. Gemeinden Brhv.-Gmde, Nr. 4/1969; Das Henriettenstift. Sein Werden und Wachsen 1860-1935, Hann. 1935, insbes. S. 97-104, 188-195, 259-261; 40 Jahre ev.-luth. Gesamtverband, Brhv. 1977, S. 13, 31, 33; 50 Jahre Kirchenkreis Wesermünde Nord, Dorum 1990, S. 10-11; U. Liessem, Die St. Nikolaikirche in Hannover-Bothfeld und ihr Architekt Eduard Wendebourg, in: Hann. Geschichtsbl. NF 35 (1981), S. 181-210.
Qu.: StadtA Brhv., Meldekartei Brhv. nach 1945 II; Landeskirchenarchiv Hannover, Auskunft Dr. Hans Otte im Juni 2002.
Werke: *50 Jahre Erziehungsarbeit im Mädchenheim Birkenhof in Hannover-Kirchrode* (1929); *75 Jahre Sorgers Kinderheim*, in: Geestemünder Gemeindebote, 9/1964; Veröff. in Fachzeitschr.
E.: W.-Wendebourg-Haus, Brhv.-Wulsdorf; Grabstätte Friedhof Gmde.

H. Bi.

Wendt, Johann Wilhelm; *Kapitän, Weltreisender, Assekuranzmakler, Telegraphenunternehmer.* * 18.11.1802 Bremen, † 6.6.1847 Bremen. W. fuhr nach der Vorschule unter Führung seines Vaters seit 1817 zur See und unternahm zwischen 1822 und 1834, zunächst unter dem Kommando seines Onkels J. H. Harmssen, dann selbst als Kapitän, auf Schiffen der preußischen Seehandlung insgesamt vier Weltumsegelungen. 1835 trat er in das väterliche Assekuranzgeschäft ein, um es 1838 zu übernehmen; im selben Jahr heiratete er in zweiter Ehe eine Tochter des Schiffbaumeisters → Johann Lange. Vielseitig interessiert, bemühte sich W., der sich auf seinen Weltreisen durch eine Reihe von wissenschaftli-

chen Beobachtungen insbesondere zur Navigation, Hydrographie und Botanik einen Namen gemacht hatte, seit 1839 um die Errichtung einer Telegraphenverbindung zwischen Bremen und Bremerhaven, die im Interesse eines zügigen Handelsverkehrs den Schiffsmeldedienst verbessern sollte. Zunächst mit der Idee eines optischen Telegraphen befaßt, entwickelte W. aufgrund von Anregungen aus England mit Hilfe eines Bremer Mechanikers seit 1843 einen elektrischen Telegraphen, den er 1845 der bremischen Kaufmannschaft vorstellte und für den ein hierzu gebildetes Konsortium eine Konzession erhielt; am 1.1.1847, gleichzeitig mit dem optischen Telegraphen von J. L. Schmidt, wurde der Betrieb unter Verantwortung des Bremer Telegraphen-Vereins, an dem W. finanziell beteiligt war, zwischen Bremen und Bremerhaven aufgenommen. Den technischen und geschäftlichen Erfolg dieser ersten deutschen Telegraphenlinie und des von ihm initiierten Unternehmens konnte der Frühverstorbene, der bereits weiterreichende Pläne verfolgte, nicht mehr erleben.

Lit.: DBI, S. 3811; Br. Biogr. 19. Jh., S. 515-516 (J. Focke); Gabcke, Bd. 1, S. 52; E. Kuster-Wendenburg, Entdeckungsfahrten im Auftrage Preußens, Delmenhorst 2002; A. Löhr. Elektrische Nachrichtentechnik, in: Bremen wird hell, Br. 1993, S. 300-319, hier S. S. 301-306; E. Rothe, Capitän J. W. Wendt, in: Naturwiss. Verein Bremen, Abhandlungen, Bd. VIII, Br. 1884, S. 1-30; R. Seidel, Verkehrsmittel Telegraph, Diss. Hann. 1980, insbes. S. 215-235.
P.: Foto im StA Br., abgeb. in Löhr (s. Lit.), S. 304.
E.: botan. Gattungsname *Wendtia*.

H. Bi.

Werner, Paul; *Beamter, Kommunalpolitiker, Förderer der Völkerverständigung.* * 2.2.1925 Neu-Passarge (Kr. Braunsberg, Ostpr.), † 8.12.1990 Bremerhaven (kath.). Nach dem Abitur in Braunsberg (1943) und einer zweijährigen Militärzeit flüchtete W. 1945 zu Verwandten nach Bremerhaven, wo er eine mittlere, später gehobene Beamtenlaufbahn bei der Bundesbahn einschlug und schließlich als Leiter der Güterabfertigung im Fischereihafen und in Geestemünde aus Krankheitsgründen 1985 vorzeitig in den Ruhestand versetzt wurde. Der gläubige Katholik gehörte seit 1947 der Kolpingsfamilie an, leistete dort Vorstandsarbeit und war seit 1964 Mitglied des Kirchenvorstandes in der Gemeinde »Herz-Jesu«-Geestemünde, zuletzt als stellv. Vorsitzender. Seit 1947 Mitglied der CDU, gehörte W. dort lange Jahre zu den führenden Kräften. Von Jan. 1966 bis Sept. 1983 nahm er als ehrenamtlicher Stadtrat, zunächst für das Garten- und Friedhofsamt, dann für das Stadtreinigungsamt ein politisches Mandat wahr. Parallel dazu war er Mitglied des Aufsichtsrates der Stadtwerke und der Müllverbrennungsanlage. Für die Wahlperiode 1983/87 kehrte er in die Stadtverordnetenversammlung zurück, wo er stellv. Fraktionsvorsitzender war. W. blieb zeitlebens seiner ostpreußischen Heimat verbunden, forschte nach historischen Spuren, hielt Kontakt zu seinen ehemaligen Klassenkameraden aus Braunsberg, besuchte mehrfach seinen Geburtsort und setzte sich für die deutsch-polnische Völkerverständigung ein. Friedensdienlich war auch sein Engagement im Volksbund Deutsche Kriegsgräberfürsorge (VdK); er wurde 1973 zum Vorsitzenden des Kreisverbandes Bremerhaven sowie zum stellv. Landesvorsitzenden gewählt. Er war maßgeblich an der Organisation Bremerhavener Jugendlager des Volksbundes,

Wicht, Eduard Ludewig; *Bäckermeister, Grundeigentümer, Ziegeleibesitzer, Kommunalpolitiker.* * 18.2.1853 Lehe, † 23.3. 1914 Lehe (ev.). W. entstammte einer seit dem 18. Jahrh. in Lehe ansässigen, aus dem Land Wursten zugewanderten Ackerbürgerfamilie; sein Vater Joh. Heinr. W. war in der zweiten Generation Holzhändler. Nach der Schulzeit durchlief W. eine Bäckerlehre und war als Geselle eine Zeitlang auf Wanderschaft. Nach Lehe zurückgekehrt, machte er sich wohl in seinem Beruf selbständig, betrieb aber zwischen 1882 und 1890 zeitweise und möglicherweise nebenbei eine Gastwirtschaft und einen Grünwarenhandel, was nicht auf einen besonders einträglichen Geschäftsumfang schließen läßt. Sein bemerkenswerter wirtschaftlicher und politischer Aufstieg begann, als er 1890 in der zur Leher Feldmark gehörigen Meide eine Ziegelei errichtete, die sich bald zu einer der größten Ringofen- und Maschinenziegeleien im Raum Bremerhaven entwickelte. Der mit sicherem Gespür für die kommende Entwicklung am heutigen Waldemar-Becké-Platz, im Stadterweiterungsgebiet Bremerhavens und in der Nähe der bremischen Hafenanlagen, plazierte Betrieb profitierte von dem 1891 beginnenden rasanten Ausbau der Kaiserhäfen und dem damit verbundenen Wohnraumbedarf in Bremerhaven (v. a. Kaiserstraße) und in Lehe. W. selbst, der in dieser Zeit seinen Grundbesitz erheblich vergrößerte und vielfach auch für den Eigenbedarf produzierte, errichtete an der Rickmersstraße und im Goethestraßenviertel eine Anzahl mehrstöckiger Mietwohnhäuser einfachen Standards. Er trug somit in der Zeit des spekulativen Mietwohnungsbaus in erheblichem Umfang zur baulichen Erschließung der Unterwesersorte bei. Als einer der größten Steuerzahler Lehes versteuerte er zeitweise mehr als die Bauunternehmer → Heinrich F. Kistner und → Wilhelm Rogge zusammen; dennoch lebte er in einem relativ bescheidenen traditionellen Handwerkerhaus am Leher Markt. Das Gelände der mit seinem Tode geschlossenen Ziegelei wurde Ende der 1920er Jahre von der Stadt Bremerhaven erworben und dem sozialen Wohnungsbau zugeführt, der ehe-

vor allem in Frederikshavn (Dänemark) beteiligt; diese Beziehungen führten zur offiziellen Partnerschaft der Städte Bremerhaven und Frederikshavn. Sein besonderer Einsatz galt von 1974 bis 1980 der Organisation und Durchführung der Bremerhavener Musikschau der Nationen, ein weit über die Stadt hinaus angesehener Beitrag zur Völkerverständigung und eine Mahnung zum Frieden. Insbesondere für seinen unermüdlichen Einsatz für die Arbeit des VdK erhielt W. 1985 das Bundesverdienstkreuz. W., der wegen seines ausgleichenden Wesens und seiner sachbezogenen Arbeit parteiübergreifend anerkannt war, befaßte sich auch mit der Geschichte der Bremerhavener CDU und der kath. Gemeinde.

Qu.: NZ, 17.10.1987, 10.12.1990, 11.12.1990.
Werke: *25 Jahre CDU in Wesermünde/Bremerhaven* (1982); *75 Jahre »Herz-Jesu«-Geestemünde Bremerhaven* (1986); *Neu-Passarge. Eine Heimatchronik* (1980); *Nachträge zur Heimatchronik* (1988); *Die Willkür des Dorfes Neu-Passarge aus dem Jahre 1609*, in: Zschr. f. Gesch. u. Alterstumsk. Ermlands 46 (1991).
P.: Foto in StadtA Brhv., abgeb. in NZ, 10.12.1990, u. 25 Jahre CDU (s. Werke), S. 7.
E.: Bundesverdienstkr. (1985), Stadtältester (1987).

B. W.

malige Ziegeleiteich dient seit dem Ende des II. Weltkrieges sportlichen Zwecken. W.s langjährige kommunalpolitische Betätigung setzte ebenfalls 1890 ein. Damals in das Bürgervorsteherkollegium Lehes gewählt, wo er schon 1893 zum Worthalter (Vorsteher) aufrückte, gehörte er von 1894 bis zu seinem Tode als ehrenamtlicher Senator dem Leher Magistrat an. Dort war sein Sachverstand vor allem im Bereich des Bauwesens und der Gemeindewerke (Gas, Wasser und Elektrizität) sowie im Schulwesen und in der Marktkommission gefragt. Seit 1890 übte er auch ein Mandat im Kreistag des Kreises Lehe aus. Mehrere Ehrenmitgliedschaften, so im Reit-Klub Lehe, im Turn-Verein Lehe, in der Leher Liedertafel und in der freiwilligen Feuerwehr, zeugen von seinem ehrenamtlichen Wirken in der örtlichen Vereinskultur wie auch von der Wertschätzung, der er sich in der Bevölkerung des Fleckens erfreute. Gleichwohl geriet er, obwohl der Grundbesitz noch lange in der Familie blieb, schnell in Vergessenheit.

Lit.: Bartel, Mietwohnungsbau, S. 109-112, 122-123, Anh. S. 4/4a u. Tab. 15; Bickelmann, Lune, S. 158, 164; Leher Liedertafel 1851-1926, Brhv. 1926, S. 15, 22, 28, 50.
Qu.: NWZ, 24.3. u. 25.3.1914, PZ, 24.3.1914; NVSt., 24.3.1914; Ev.-luth. Gesamtverband Brhv., Kirchenbuch Lehe, Geb. 1853 Nr. 21; StadtA Brhv., Gewerbereg. Lehe 1882 Nr. 207, 1885 Nr. 7, 1890 Nr. 60, Bürgerrolle Lehe 1897-1907; Auskunft Bernd Behrens, Langen, über familiäre Verhältnisse vor 1850.
E.: Grabstätte Friedhof Lehe I.

H. Bi.

Wiegand, Christoph **Heinrich,** Dr. jur., Dr.-Ing. h.c.; *Jurist, Rechtsanwalt, Generaldirektor.* * 17.8.1855 Bremen, † 29.3.1909 Bad Homburg (ev.). Der Sohn eines Handelsgärtners erlangte nach dem Besuch des Gymnasiums in Bremen 1874 das Abitur und studierte anschließend in Erlangen, Bonn, Berlin und Straßburg Jura. Zunächst Referendar im Elsaß, kehrte er aber 1879 nach Bremen zurück und ließ sich nach erfolgter Promotion in seiner Heimatstadt als Rechtsanwalt nieder und spezialisierte sich auf Seerecht. Auf diese Weise kam er mit dem Norddeutschen Lloyd (NDL) in Kontakt, wurde 1889 dessen Rechtsberater und schließlich, nach dem plötzlichen Tod des Direktors → Joh. G. Lohmann, 1892 zu dessen Nachfolger bestellt. 1899 erfolgte die Ernennung zum Generaldirektor. W.s Wirken beim Lloyd stand ganz im Zeichen einer durchgreifenden technischen Modernisierung der Flotte bis hin zum Bau der großen Vierschornsteindampfer für den Transatlantikdienst zwischen Bremerhaven und New York (ab 1897) sowie durch die Erschließung weiterer Fahrtgebiete, u. a. im Mittelmeer und in Ostasien. Gleichzeitig bemühte er sich um Verbindung auch zur britischen und Hamburger Konkurrenz im Rahmen des auf dem Nordatlantik vorherrschenden Konferenzsystems der Linien. Mit seinem Gegenpart Albert Ballin von der Hamburg-Amerika-Linie verband ihn bei aller Rivalität der beiden Großreedereien untereinander ein gegenseitiger Respekt. In Bremen und in Nordenham betätigte er sich ferner als Gründer einer Reihe von Industriefirmen, den sogenannten »Wiegand-Industrien«, die allerdings nicht durchgehend erfolgreich waren. Für die bremischen Künste sowie an-

dere gemeinnützige Institutionen hatte er als Mäzen stets eine offene Hand. Als er nur 53jährig an einem Nierenleiden starb, stand der von ihm geführte und maßgeblich geprägte NDL auf einem Höhepunkt in seiner Entwicklung, hatte gleichzeitig jedoch unter den Auswirkungen einer Wirtschaftskrise zu leiden, die 1907 das festlich begangene 50jährige Jubiläum des Unternehmens überschattete. Selbstverständlich berührten die umfangreichen Aktivitäten W.s in vielfacher Hinsicht auch Bremerhaven, das als Drehscheibe für den NDL diente. Besonders bedeutsam für die Stadt wie für den Lloyd war der großangelegte Hafenausbau in Bremerhaven ab 1892, als der bremische Staat in der Ära des Bürgermeisters → C. G. Barkhausen mit Preußen einen Staatsvertrag über die Vergrößerung des Hafengebietes an der Wesermündung abgeschlossen hatte. In den darauffolgenden Jahren wurde der Kaiserhafen vergrößert, eine zweite Kaiserschleuse sowie für den technischen Betrieb des NDL ein großes Trockendock angelegt.

Lit.: DBI, S. 3850; Biogr. Jb. u. Dt. Nekrolog 14 (1909), S.18-25 (W. Hochstetter); DBA II, 415-438; A. Petzet, Heinrich Wiegand, Bremen 1932; Porsch, S. 222; H. Wiegand, in: Br. Biogr. 19. Jh., S. 518-526 (H. Entholt).
P.: Zeichnung A. Kampf (1908); Foto in StABr. (abgeb. u. a. in Petzet, s. Lit.).
E.: Dr.-Ing. h.c. TH Charlottenburg (1907); Straßenbenennung Bremen (2000).

Chr. O.

Wiemann, Robert Richard Oskar; *Musikdirektor, Komponist. * 4.11.1870 Frankenhausen (Kyffhäuser), † 24.11.1965 Bremerhaven (ev.).* Nach dem Studium am Leipziger Konservatorium war W. zunächst als Kapellmeister am Stadttheater in Landau (Pfalz) sowie als Chorleiter in Pforzheim tätig. 1894 kam er nach Bremerhaven, wo er auch seine Frau Betty, Tochter des Bremerhavener Kaufmanns Hermann Jühlfs, kennenlernte. In dieser Zeit leitete er u. a. die Konzerte des Musikvereins. 1899 nahm er einen Ruf als städtischer Musikdirektor in Osnabrück an. Von 1910 bis 1934 wirkte er in gleicher Position in Stettin. Danach lebte er im Ruhestand. Ende 1949 kehrte das Ehepaar aus Osiek (Polen) nach Bremerhaven zurück. W. wurde auch als Komponist von Orchesterwerken, Chören, Liedern und Kammermusik, u. a. mehreren Tondichtungen und Streichquartetten, bekannt. In Bremerhaven ist er nach seiner Rückkehr nicht weiter hervorgetreten.

Lit.: DBI, S. 3852; DBA II, 1402, 387-390; Dt. Musiker-Lexikon, Sp. 1572-1573; Riemann, 11. Aufl. 1929, 12. Aufl. 1961, Bd. 2, S. 923.
Qu.: NZ, 26.11.1965; StadtA Brhv., Meldekartei Brhv. nach 1945 I.
Werke: Verz. in Dt. Mus.-Lex. u. Riemann 1929 (s. Lit.), u. a. Oratorium *Frithjof und Ingeborg* (Stettin 1914).

H. Bi.

Wieting, Julius Meno, Dr. med.; *Chirurg, Orthopäde, Chefarzt. * 13.1.1868 Geestemünde, † 28.3.1922 Bremerhaven (ev.).* W. entstammte einer verzweigten, in Bremerhaven ansässigen, dem Schiffahrtsgewerbe zugewandten Familie; der Vater, Julius W., war Kapitän und Reeder. Nach dem Studium (zuletzt Marburg, Promotion 1893) war er zunächst als Arzt am Städt. Krankenhaus in Bremerhaven (bis 1895), dann am Pathologischen Institut in Marburg, an der Frauenklinik in Bonn und am Krankenhaus Hamburg-Eppendorf tätig. 1902 wurde er durch Vermittlung des Auswärtigen Amtes zur Reorganisation des medizinischen Unterrichts als Lehrer für Chirurgie und Orthopädie an das Lehrkrankenhaus Gülhane in Konstantinopel berufen, dessen Leitung er 1908 übernahm. 1915 nach Deutschland zurückgekehrt, tat er als beratender Chirurg einer Armeeabteilung Dienst. Nach dem Ende des I. Weltkriegs wurde ihm die Leitung des Hamburger Seehospitals »Nordheim-Stiftung« in Sahlenburg (heute zu Cuxhaven) übertragen. W. machte sich vor allem als Kriegschirurg einen Namen. Außer am I. Weltkrieg nahm er im Winter 1899 am Burenkrieg und 1912/13 am Balkankrieg teil. Nach ihm ist die »Wietingsche Operation« benannt, eine Maßnahme der Gefäßchirurgie zur Vermeidung von Amputationen. Aufgrund zahlreicher wissenschaftlicher Arbeiten wurde ihm der Kgl. Preußische Professorentitel verliehen. W., der sich regelmäßig besuchsweise in Bremerhaven aufhielt – sein Schwager Kryno Reepen und seine Schwester führten das väterliche Unternehmen fort –, starb nach längerer schwerer Krankheit im St. Joseph-Hospital in Bremerhaven.

Lit.: DBI, S. 3858; DBA II, 11404, 417-419; DBE, Bd. 10, S. 492; Dt. Biogr. Jb., Bd. 4, 1922, S. 374; Wer ist's? 4 (1909), S. 1548; Beckmann, Reedereien, S. 190-191 (Reederei Wieting).

Qu.: NWZ, 29.3.1922; Adreßbuch Brhv. 1893-1895; StadtA Brhv., Meldekartei Alt-Brhv. (Wieting, Reepen).

Werke: u. a. *Sammlung stereoskopischer Röntgenbilder* (1901-02, 3. Aufl. 1911); *Gülhane-Festschrift* (zus. m. H. Vollbrecht, 1909); *Die angiosklerotische Gangrän u. ihre operative Behandlung d. arteriovenöse Intubation*, in: Dt. med. Wochenschr. 34 (1908), S. 1217-1221; *Kriegsärztliche Erfahrungen* (1914); *Leitsätze der Kriegschirurgie* (1914); *Leitsätze der funktionellen Nachbehandlung kriegschirurgischer Schäden* (1915); *Über Bauchschüsse und organisatorische Maßnahmen* (1916).

H. Bi.

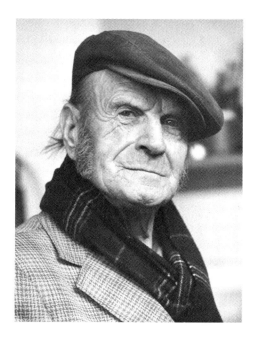

Wilke, Paul Ernst; *Landschaftsmaler*. * 7.11.1894 Bremerhaven, † 30.12.1971 Lilienthal b. Bremen, ☐ Worpswede. Die frühe Kindheit und Jugend verbrachte W. in seiner Vaterstadt Bremerhaven. Bereits während der Schulzeit entdeckte der Kunsterzieher → Fritz Hartmann das künstlerische Talent W.s und gab ihm Privatunterricht. Nach einer Lehre als Malergeselle im Betrieb seines Vaters begab er sich 1913 auf Wanderschaft, um das Geld für ein Kunststudium zusammenzubekommen. Nach dem ersten Semester an der Kunstgewerbeschule Bielefeld (1913-1914) ging W. nach Düsseldorf, um dort mit dem Studium der Landschaftsmalerei fortzufahren. Doch wegen der wachsenden politischen Unruhe am Vorabend des I. Weltkriegs verließ er alsbald die Stadt und kehrte vorerst in sein Elternhaus zurück. Nach dem Kriegsdienst 1915 konnte er von 1916 bis 1918 das Studium an der Kunstgewerbeschule Bremen fortsetzen. Hier lernte er auch den späteren Slevogt-Schüler Karl Dannemann kennen, zu dem sich eine langjährige und künstlerisch fruchtbare Freundschaft entwickelte. Anschließend ging W. im Frühjahr 1918 nach Berlin, mit der Absicht, dort das Studium weiterzuführen. Zunächst wurde er Atelierschüler bei dem Maler, Zeichner und Grafiker Hans Baluschek, wenig später, im Frühjahr 1919, Student an der Akademischen Hochschule für die bildenden Künste in Berlin-Charlottenburg. Im Mai 1921 beendete er das Kunststudium und kehrte als akademisch ausgebildeter und freier Künstler nach Bremerhaven zurück. Die Vorbildwirkung der Landschaftsmaler Andreas Achenbach und Eugen Gustav Dücker, das Studium der deutschen und französischen Impressionisten und der Einfluß seines Studienfreundes Karl Dannemann wirkten sich nachhaltig auf W.s künstlerische Entwicklung aus. So zeichnete sich sein Schaffen bereits Anfang der 1920er Jahre durch eine leichte, flüchtige Pinselführung und eine lichte Palette aus, womit er in der Nachfolge des deutschen Impressionismus stand. Die inhaltlichen und stilistischen Ausdrucksmittel der impressionistischen Malerei entsprachen dem Wesen und Temperament W.s derart, daß sie sein gesamtes Lebenswerk prägen. Die norddeutsche Küstenlandschaft war stets ein wichtiges Thema der Malerei von W., jedoch auch seine Vaterstadt Bremerhaven bot ihm immer wieder vielerlei Motive. Hafenbilder, Ansichten von Werftanlagen und Straßenszenen dokumentieren die Entwicklung der jungen Stadt ebenso wie ihre Zerstörung in der Bombennacht am 18.9.1944 und den Wiederaufbau in den Nachkriegsjahren. W. wurde zum unverwechselbaren Chronisten der Stadt Bremerhaven. Obgleich seine Liebe zu Bremerhaven allzeit ungebrochen war, wechselte er mehr als einmal den Wohnort – Bremerhaven, Bremen, Debstedt, Helgoland, Hamburg und schließlich Worpswede waren die Stationen zwischen 1921 und 1939 –, was letztendlich nicht ausschließlich auf seine künstlerische Unrast, sondern auch auf sein bewegtes Leben zurückzuführen ist. Dreimal war er verheiratet, u. a. von 1922 bis 1931 mit Liese-Lotte Bunnenberg, der später als Sängerin weltberühmt gewordenen → Lale Andersen. Während der Worpsweder Periode – W. lebte dort von 1939 bis zu seinem Tode – nahm seine Malerei in zunehmendem Maße die Züge der »Worpsweder Landschaftsmalerei« an; er zählt damit zur mittleren Worpsweder Malergeneration. Wenngleich er in der Worpsweder Moorlandschaft ausreichend Motive fand, reizten ihn dennoch weiterhin die Häfen und malerischen Winkel Bremerhavens. Das Moor und die Nordseeküste wurden zu thematischen Schwerpunkten seines künstlerischen Schaffens. Schließlich, 1948, ließ er sich, zusätzlich zu seinem Wohn- und Arbeitsort Worpswede, am Alten Vorhafen in Bremerhaven ein kleines Atelier bauen, um fortan bis zum Lebensende in der Polarität von Nordseeküste und Moorlandschaft zahlreiche, poetisch prägnante Landschaftsbilder der Weserregion von bleibendem Wert zu schaffen. Dem 1984 gegründeten »Freundeskreis Paul Ernst Wilke e.V.« ist es zu verdanken, daß dieses Atelierhaus noch heute Gastkünstlern aus aller Welt als Wohn- und Schaffensstätte dient und das Erbe W.s den nachfolgenden Generationen erhalten bleibt.

Lit.: DBI, S. 3870; Grapenthin, insbes. S. 215-223, 517; Mein Haus am Meer. Erinnerungen, Begegnungen, Bilder aus dem Wilke-Haus in Bremerhaven, Brhv. 1994; H. Stelljes, Paul Ernst Wilke. Auf Motivsuche von der Nordsee bis zum Mittelmeer, Worpswede 1986; N. Schwabe u. H. Weber, Paul Ernst Wilke 1894-1971. Maler und Zeichner, Br. 1997; N. Schwabe, Paul Ernst Wilke, in: Die Weser von der Aller bis zur Nordsee, Fischerhude 1998, S. 128-129; Vollmer, Bd. 5, S. 136.
P.: Ölbild von Georg Hillmann (1968); Porträtskizzen u. zahlr. Fotos in Schwabe/Weber (s. Lit.); Foto im StadtA Brhv.
E.: P.-E.-Wilke-Haus, Grabstätte Friedhof Worpswede.

N. Schw.

Wilking, Georg Andreas; *Dekorations- und Kunstmaler*. * 7.5.1869 Bremerhaven, † 2.3.1914 Bremerhaven (ev.). Der Sohn eines Schiffsoffiziers erlernte das Malerhandwerk mit dem Schwerpunkt Dekorationsmalerei, übte ihn einige Jahre aus, wandte sich aber bereits um die Jahrhundertwende – wohl zunächst nebenberuflich – der Kunstmalerei zu. Um 1906/07 wurde der Autodidakt in der örtlichen Presse bereits als Marinemaler bezeichnet. Seine frühen Bilder zeigen Szenen aus den Unterweserorten und Umgebung. In späteren Jahren hat W. sich fast vollständig mit der Marinemalerei beschäftigt, denn für Schiffskapitäne und den Norddeutschen Lloyd konnte er viele Auftragsarbeiten, meist Schiffsporträts, abliefern. Einige seiner Bilder befinden sich im Deutschen Schiffahrtsmuseum und im Historischen Museum Bremerhaven/Morgenstern-Museum.

Lit.: Grapenthin, S. 128-130, 517; K. Zisenis, Georg Wilking. Ein vergessener Marinemaler, in: Ndt. Hbl. 466 (Okt. 1988); ders., Von Bremerhaven nach Neapel. Die Kaiserreise auf dem Lloyddampfer »König Albert« im März 1904, in: Jb. M.v.M. 68 (1989), S. 269-275.
P.: Foto in Zisenis, Ndt. Hbl. (s. Lit.).

Kl. Zi.

With, Carl Johann Georg, Dr. med.; *Arzt, Förderer von Kunst und Wissenschaft*. * 20.7.1845 Oldesloe (Holst.), † 10.11.1905 Bremerhaven (ev.). W. kam im Alter von elf Jahren nach Bremerhaven, als sich sein Vater Otto W. (1816-1873) als Arzt und Geburtshelfer in Bremerhaven niederließ und zugleich eine Stellung als bremischer Physikus (Kreisarzt) antrat. Nachdem W. am deutsch-französischen Krieg 1870/71 teilgenommen hatte, führte er nach dem Tode seines Vaters dessen Praxis weiter und übernahm auch dessen amtliche Funktionen als Kreis- und Polizeiarzt; hierbei oblag ihm vor allem die öffentliche Gesundheitsüber-

wachung in Bremerhaven. Darüber hinaus war er als Vertrauensarzt für den Norddeutschen Lloyd und die Seeberufsgenossenschaft tätig. In seiner amtlichen Eigenschaft hatte er sich 1875 auch um die Opfer der von dem Versicherungsbetrüger → William King Thomas ausgelösten Explosions-Katastrophe zu bemühen. Als im Gefolge dieses Ereignisses zwei Jahre später eine Privatkrankenanstalt gegründet wurde, die später zum St. Joseph-Hospital ausgebaut wurde, gehörte W. neben dem Unternehmer → Wilhelm A. Riedemann und dem kath. Pfarrer → Clemens Brokgertken zu den ständigen Förderern dieses Vorhabens. Er selbst übernahm die ärztliche Leitung des Krankenhauses, die er bis zu seinem Tode ausübte. Von seinem Vater, der u. a. seit 1861 als Meister vom Stuhl der Loge »Zu den drei Ankern« vorgestanden hatte, erbte W. auch das ehrenamtliche Engagement. So erwarb er sich, der über eine gute Rednergabe verfügte, große Verdienste durch die Förderung von Kunst, Wissenschaft und Heimatforschung, u. a. als langjähriger Vorsitzender des Wissenschaftlichen Vereins und als Vorstandsmitglied des 1893 wiederbelebten Kunstvereins. Als Verehrer von → Hermann Allmers gehörte er auch zu den Mitbegründern des Heimatbundes der »Männer vom Morgenstern«, für den er zahlreiche Mitglieder in Bremerhaven gewann. Der Vater von sechs Kindern, der mit der Bremerhavener Kaufmannstochter Henriette geb. Roters verheiratet war, starb nach langer schwerer Krankheit im St. Joseph-Hospital.

Lit.: E. v. Lehe, Vorsitzende, Schriftführer u. andere verdiente Mitglieder d. M.v.M., in: Jb. M.v.M. 38 (1957), S. 31-46, hier S. 32-33; Sachau, Ältere Geschichte, S. 242-245, 259; 50 Jahre St. Josephs-Hospital, Brhv. 1925, S. 4-7.
Qu.: NWZ, 12. u. 13.11.1905; PZ, 12.11.1905; StadtA Brhv., Alt-Brhv. 316/6, 362/21 Bd. 1, S. 72; Adreßbuch Brhv. 1858.
P.: Foto in Jb. M.v.M. (s. Lit), S. 33.

H. Bi.

Wode, Alwin, Dr. phil.; *Pädagoge, Schulleiter, Schriftsteller.* * 23.6.1874 Markoldendorf (Kr. Einbeck), † 5.8.1945 Bremerhaven (ev.). W. entstammte einer Lehrer- und Pastorenfamilie und erhielt bis zum 13. Lebensjahr Unterricht von seinem Vater. Danach besuchte er das Gymnasium in Hildesheim und in Goslar. Nach der Reifeprüfung (1893) studierte er in Göttingen zunächst Rechtswissenschaft, wandte sich der Familientradition entsprechend aber dann den Fächern Philosophie, Kunstgeschichte, Englisch und Germanistik zu und promovierte 1900 in Marburg. Seine pädagogische Tätigkeit begann er als Erzieher in verschiedenen Adelshäusern. 1902 wechselte er jedoch in den staatlichen Schuldienst und legte 1904 sein Examen für höhere Schulen in Marburg ab. Nach der Absolvierung des Probeseminars in Goslar kam er 1906 als Studienrat an das Realgymnasium Bremen. Auf Empfehlung des Oberschulrates Ferdinand Sander wurde W. 1909 in Bremerhaven zum Direktor der Städt. Höheren Mädchenschule gewählt. Die gleichzeitig in Preußen durchgeführte Schulreform für das Höhere Mädchenschulwesen führte in Geestemünde zur Entwicklung eines Oberlyzeums mit einem pädagogischen Seminar, was eine Abwanderung der Schülerinnen der höheren Mädchenschule von Bremerhaven nach Geestemünde zur Folge hatte. W.

wandte sich daraufhin in einer Denkschrift an den Stadtrat mit dem Vorschlag, eine Oberrealschule zu errichten. 1910 wurde dann mit dem Aufbau dieser Schule in der Grünen Straße (heute Grazer Str.) begonnen; die Umwandlung in eine Oberrealschule für Mädchen zog sich wegen langwieriger Verhandlungen zwischen Bremen und Preußen um die Anerkennung der Schulabschlüsse noch bis 1913 hin. Nachdem auf W.s Vorschlag die Umbenennung in »Städt. Lyzeum und Oberreal-Studienanstalt« erfolgt war, konnte dort noch im selben Jahr die erste Reifeprüfung für Mädchen in Nordwestdeutschland durchgeführt werden. Es ist W.s Verdienst, dieses bildungspolitische Neuland in so konsequenter Weise vertreten und vorangetrieben zu haben. Er war nicht nur Anreger dieser Entwicklung, sondern konnte auch durch unmittelbare Verhandlungen mit den entsprechenden Gremien in Bremen und Berlin den schulrechtlichen Rahmen mitgestalten. Von 1910 bis 1919 war W. neben seiner Schulleitertätigkeit noch Schulberater der Stadt, was ihm erlaubte, sich jeweils zu schulpolitischen Entwicklungen und Vorhaben in Bremerhaven gutachterlich zu äußern. Im Zusammenhang mit der Eingliederung Bremerhavens in Wesermünde wurde die »Wode-Schule« 1942 mit dem Geestemünder Institut zusammengelegt. W., zu dessen Vorfahren auch Schriftsteller und Komponisten zählen, war ein Freund der Dichtung und des Theaters. Er pflegte intensiven Kontakt zum Stadttheater und war Initiator der »Schülerbühne«, in deren Rahmen seit 1927 geschlossene Vorstellungen eigens für Schulklassen der Unterweserstädte stattfanden. Aufgrund seiner Erziehungsgrundsätze förderte er auch die Bremerhavener Schullandheime Barkhausen und Langeoog. Aus seiner Feder stammt eine Reihe von Erzählungen und Gedichten. Aus dem Kreis seiner Schülerinnen entstand 1930 ein »Verein der Freunde und Ehemaligen der Wode-Schule und der Theodor-Storm-Schule in Bremerhaven«, der bis 1988 sein Andenken pflegte.

Lit.: Gabcke, Bd. 1, S. 176; H. Gabcke, W. Komber u. M. Oltmann, Das Bremerhavener Schullandheim in Barkhausen, Brhv. 1988, S. 59-61; A. Meyer, Alwin Wode, in: Br. Biogr. 1912-62, S. 565-566; H. Körtge, Das Schulwesen in Alt-Bremerhaven, Brhv. 1995, S. 87-92; W. Nikolei, Professor Wodes unvergängliches Verdienst, in: Nordsee-Kalender 1966, S. 31-32; Schwemer, S. 21.
Qu.: Verein d. Freunde d. Wode-Schule, Mitteilungen, Ausgabe 1974 (vorh. im StadtA Brhv., Slg. Elisabeth Rogge).
Werke: *Anordnung und Zeitfolge der Lieder und Sprüche Konrads von Würzburg* (Diss. Marburg 1900); *Sage vom Hühnerthor, eine altisländische Bauernnovelle* (Übers.,1902); *Mädchenschulreform und Volksgesundheit* (1911); *Aus der Kriegszeit einer deutschen Schule* (Gedichte, 1920); *Um ein Jugendheim* (1924, 2. Aufl. 1925, Novelle ü. d. Schullandheim der Stadt Brhv. in Barkhausen).
P.: Foto in (s. Lit.) Nikolei, S. 31, Gabcke, Bd. 1, S. 176, Gabcke/Komber/Oltmann, S. 60.
E.: Professorentitel d. Br. Senats (1910); Grabstätte Brhv. Friedhof Wulsdorf.

H. G. M.

Wöhlken, Egon, Dr. habil.; *Agrarökonom, Hochschullehrer.* * 7.5.1928 Bremerhaven, † 24.11.1994 Gießen (ev.). Der Sohn eines aus Bremerhaven gebürtigen Schiffs- und Maschinenbauingenieurs wuchs überwiegend in Nordenham auf, wohin die Familie 1930 aus beruflichen Gründen übersiedelte. Nach dem Studium der Landwirtschaftswissenschaft an der Univ. Göttingen (Promotion 1955) und Habilitation wurde W. 1968 dort zum Professor für Agrarökonomie ernannt. Von 1970 bis zu seiner Emeritierung 1993 bekleidete er an der Univ. Gießen zunächst den Lehrstuhl für Agrarpolitik, dann den für Marktlehre der Agrar- und Ernährungswissenschaft. Er war zugleich Leiter des Instituts für Agrarpolitik und Marktforschung.

Lit.: DBE, Bd. 10, S. 556.
Qu.: StadtA Brhv., Meldekartei Alt-Brhv.

H. Bi.

Wolf, Heinrich Söncke Theodor; *Theologe, Pastor.* * 18.9.1801 Krummendiek (Holstein), † 2.4.1887 Ballenstedt (Harz) (ev.). W. war der erste Pastor der heutigen »Vereinigten Protestantischen Gemeinde zur Bürgermeister-Smidt-Gedächtnis-Kirche in Bremerhaven« und legte als liberaler Theologe im Sinne → Johann Smidts die Grundlagen für die freiheitliche Ausrichtung dieser Gemeinde. Nach dem Studium der Theologie in Kiel und einer ersten pfarramtlichen Tätigkeit in Hemmingstedt (Dithm.) wurde W. 1835 als Archidiakonus an St. Nicolai in Kiel berufen und dort 1849 als Nachfolger von Claus Harms zum Hauptpastor gewählt. Von 1848 bis 1850 war er Mitglied der Schleswig-Holsteinischen Landesversammlung. Antidänisch eingestellt, verlor er wie ungefähr einhundert weitere Pastoren 1854 sein Pfarramt und versuchte, auch auf Grund innerkirchlicher Streitigkeiten, eine neue Pfarrstelle zu finden, führte ihn doch seine rationalistische und zugleich freisinnige Einstellung immer wieder zu Konflikten mit orthodoxen Lutheranern Schleswig-Holsteins. Bereits 1845 hatte er sich am Bremer Dom beworben, war allerdings nur knapp seinem Konkurrenten Gustav Nieter unterlegen. 1855 wurde W. auf Anregung Smidts zum ersten Prediger an der »Vereinigten evangelischen Gemeinde« in Bremerhaven gewählt und trat hier am 19.1.1856 sein Amt an. Beide Männer verband die Begeisterung für die kirchliche Union, d. h. der Vereinigung von lutherischen und reformierten Christen in einer Gemeinde. Bereits 1857 gab W. das Gesangbuch für die neue Gemeinde heraus. W.

war ein streitbarer Theologe. Schon frühzeitig hatte es Unstimmigkeiten mit Lutheranern und Reformierten in Bremerhaven gegeben, die nicht bereit waren, der neuen unierten Gemeinde anzugehören, mit der Bremerhaven, bisher zur Leher Gemeinde gehörig, auch in kirchlicher Hinsicht eigenständig wurde. Hatte deshalb 1854 die neue Kirchenordnung keine allgemeine Zustimmung gefunden und hatte es schon im Vorfeld der Predigerwahl von strenggläubiger Seite Vorbehalte gegen die Nominierung W.s gegeben, so kam es nach W.s Berufung zu massiven Protesten gegen sein Wirken, die 1862/65 zur Gründung der ev.-luth. Kreuzkirchen-Gemeinde führten. Aber auch durch die seelsorgerliche Betreuung der zahlreichen Auswanderer entstanden Konflikte zwischen den Glaubensrichtungen, so daß W. sich zeitweise selbst vom Bremer Senat nicht ausreichend in der Wahrnehmung seiner pfarramtlichen Rechte unterstützt fühlte. W.s Grundanliegen war es, die lutherischen und reformierten Christen im Sinne der altpreußischen Union zusammenzuführen. Eine gegen ihn gerichtete Schmähschrift des luth. Pastors Hasenkamp in Lehe veranlaßte W. dazu, 1862 eine in Ton und Inhalt überzogene Gegenschrift zu veröffentlichen. Daraufhin kam es auch zu einem schweren Konflikt zwischen W. und dem bremischen Amtmann → Wilhelm Gröning. Dieser fühlte sich von W. in seiner Amtsführung angegriffen, hielt er sich doch als politische Führungspersönlichkeit mehr zu den Lutheranern. Daß der in Bremerhaven generell unbeliebte Amtmann einen diesbezüglichen Briefwechsel in der Weser-Zeitung veröffentlichte, verursachte einen heftigen öffentlichen Skandal, an dessen Ende Gröning sich von seinen Amtsgeschäften dem Gemeinderat gegenüber entbinden ließ. Im Laufe der Zeit jedoch wurde W. klar, daß es nicht möglich war, alle Einwohner der jungen Stadt unter einem kirchlichen Dach zu vereinigen, zumal sich die Bestrebungen gegen eine unierte Gemeinde gerade auch an seiner Person selbst verstärkten. 1877 beging er sein Goldenes Amtsjubiläum und trat 1880 in den Ruhestand. Bereits 1877 war ihm → Eberhard Cronemeyer als zweiter Pfarrer der Gemeinde zur Seite getreten, sein mittelbarer langjähriger Nachfolger wurde → Theodor Sachau. W. ist die Durchführung des kirchlichen Grundanliegens Smidts zu verdanken, die beiden protestantischen Konfessionen in einer Gemeinde zusammenzuführen. Dies hat der knorrige, in manchem Kirchenkampf erprobte Pastor auf seine dem liberalen Geist verbundene Weise vermocht und damit der einzigen Gemeinde in Bremerhaven, die heute zur Bremischen Ev. Kirche gehört, den Weg gewiesen.

Lit.: DBI, S. 3918; DBA I 1389, 306-307; Br. Biogr. 19. Jh., S. 531-532 (Th. Sachau); Br. Pfarrerbuch, Bd. 2, S. 184; Bessell, S. 405-408, 416-417, 510-511; 125 Jahre Bgm.-Smidt-Gedächtniskirche, Brhv. 1980, S. 25-26; Kellner-Stoll, S. 345-365; Sachau, S. 280-290; O. Wenig, Rationalismus u. Erweckungsbewegung in Bremen, Bonn 1966, S. 550-580.
Werke: Verz. d. Veröff. in DBA (s. Lit.), u. a. *Herr Prof. Dr. Pelt u. d. Fehde über Dinters Schullehrerbibel* (1839); *Eine Osterpredigt* (1846); *Gesangbuch f. d. Verein. Ev. Gemeinde* (1857); *Über den angeblichen Kirchenjammer in Bremerhaven* (1862); *Emerson, Parker, Robertson, Spurgeon. Lichtbilder aus Alt- und Neuengland* (Predigtkundliche Vergleiche).
P.: Foto in 125 J. Bgm.-Smidt-Ged.kirche (s. Lit.), S. 25.

P. U.

Wollmeyer, Christian; *Kaufmann, Unternehmer.* * *1.11.1900 Geestemünde,* † *12.12.1981 Bremerhaven (ev.-luth.).* Der gelernte Bankkaufmann, der zunächst bei verschiedenen Banken in Bremen und Geestemünde tätig war, erwarb 1925 im Wesermünder Fischereihafen die Salzerei und Fischgroßhandlung »Karl Pütz« und entwickelte sie innerhalb weniger Jahre aus kleinsten Anfängen zu einem der bedeutenderen Unternehmen der Bremerhavener Fischwirtschaft, das 1948 etwa 200 und Anfang der 1960er Jahre sogar 350 Mitarbeiter beschäftigte. Über den angestammten Produktionsbereich hinaus spezialisierte sich W. auf die Herstellung landgesalzener Trawlerheringe; zudem nahm er die Fabrikation von Marinaden und Vollkonserven und den Export von Frostfisch auf. 1950 und 1958 errichtete er zwischen Halle X und Halle XIV großzügige, moderne Fabrikationshallen mit Kühlanlagen und eigenen Energiestationen, die den Betrieb von der öffentlichen Versorgung weitgehend unabhängig machten. Als das Unternehmen, das seit 1948 unter »Chr. Wollmeyer GmbH« firmierte, 1962 von der »Nordsee« Deutsche Hochseefischerei übernommen wurde, blieb W. Geschäftsführer. W. gehörte dem Aufsichtsrat der Fischereihafen-Betriebsge-

nossenschaft an und war Vorstandsmitglied mehrerer Fischereiverbände. Er machte sich auch als Tennisspieler einen Namen und war maßgeblich an der Wiederbegründung des Geestemünder (seit 1947 Bremerhavener) Tennisvereins von 1905 (Vorsitzender 1950-1955) beteiligt, der lange Zeit eine Domäne der Geestemünder Fischwirtschaft war.

Lit.: Bickelmann, Geestendorf, S. 217; »Nordsee«-Nachrichten, H. 1/1963, S. 4-6; 75 Jahre Bremerhavener Tennisverein, Brhv. 1980.
Qu.: NZ, 1.11.1960, 1.11.1970, 14.12.1981.
P.: Foto in »Nordsee«-Nachr. (s. Lit.), S. 5, u. NZ 1.11.1960.
E.: Grabstätte Friedhof Gmde.

H. Bi.

Wulfes, Ursula Wilma Ina; *Mäzenin.* * 22.4.1925 Bremerhaven, † 3.8.2001 Bremerhaven *(ev.-luth.).* Die Tochter eines in Geestemünde tätigen selbständigen Kaufmanns besuchte von 1935 bis 1943 die Geestemünder Oberschule für Mädchen, war nach dem Abitur zum Reichsarbeitsdienst und Kriegshilfsdienst eingezogen und ließ sich zur physikalisch-technischen Assistentin ausbilden. Von 1946 bis 1952 war sie Kontoristin in mehreren Bremerhavener Betrieben, bevor sie im Mai 1952 eine Tätigkeit in der Anzeigenverwaltung der Nordsee-Zeitung annahm, die sie bis zu ihrem Ruhestand 1986 ausübte. Die unverheiratet gebliebene, zurückgezogen lebende, als bescheiden und korrekt, aber auch als verbindlich beschriebene Frau, die einem Krebsleiden erlag, war durch Sparsamkeit, überwiegend aber durch eine zu Anfang der 1890er Jahre angefallene Erbschaft von Seiten ihrer Schwester und ihres Schwagers zu großem Vermögen gelangt, das sie testamentarisch für gemeinnützige Zwecke in Bremerhaven stiftete. Die mit ca. 800.000 Euro für Bremerhavener Verhältnisse ungewöhnlich hoch dotierte Ursula-Wulfes-Stiftung dient seit Nov. 2002 satzungsgemäß der Unterstützung von Armen und Hilfsbedürftigen, der Bekämpfung von Krebskrankheiten sowie der Förderung von Kunst und Kultur.

Qu.: NZ, 2.11.2002; StadtA Brhv., Meldekartei Alt-Brhv. (Georg W.).
P.: Foto in NZ, 2.11.2002.
E.: Ursula-Wulfes-Stiftung (2002).

H. Bi.

Wunnenberg, Lucie Marie; *Lehrerin, Inhaberin einer Privatschule.* * 8.2.1839 Bremen, † n. erm. *(ca. 1913, vermutl. Hannover) (ev.-luth.).* Die Tochter des bereits 1841 verstorbenen bremischen Seeschiffers Nic. Heinr. W. arbeitete seit 1865 an der 1849 von Johanna Plump in Bremerhaven gegründeten Höheren Töchterschule und wurde 1870 an der Schulleitung beteiligt. Nach deren Tode übernahm sie 1877 das Institut und baute es zu einer anerkannten Einrichtung aus, die auch von zahlreichen Schülerinnen aus Geestemünde besucht wurde. Die vergleichsweise kleine Schule mit fünf Lehrerinnen bestand, nachdem 1878 eine Elementarklasse eingerichtet worden war, aus vier Klassen mit je zwei Abteilungen, später aus Elementar-, Mittel- und Oberstufe mit je drei Klassen. Wie in den anderen Höheren Töchterschulen wurden für bestimmte Fächer Lehrkräfte öffentlicher Einrichtungen, in diesem Falle der Bremerhavener Realschule herangezogen, deren Turnhalle man auch mitbenutzte. Die Schulräume und die Wohnung der Leiterin befanden sich seit 1880 in einem Wohn- und Geschäftshaus in zentraler Lage gegenüber der Großen Kirche. Nachdem W. seit 1891 öffentliche Zuschüsse hatte beantragen müssen und ihr die Konkurrenz einer kommunalen Mädchenschule in Geestemünde von 1898 an Schülerinnen entzog, verkaufte sie das Institut 1905 auf Pensionsbasis an die Stadt Bremerhaven, die es mit der Schule von → Auguste Gill zusammenlegte und zu einem städtischen, später von → Dr. Alwin Wode geleiteten Lyzeum ausbaute. W. verzog 1909 nach Hannover, wohin verwandtschaftliche Verbindungen bestanden und wo sie vermutlich um 1913 verstorben ist.

Lit.: Gabcke, Bd. 1, S. 176; Körtge, Schulwesen, S. 83-87.
Qu.: Adreßbuch Bremen 1841-1843; StadtA Brhv., Meldekartei Alt-Brhv.; StadtA Hannover, Auskunft März 2000.

H. Bi.

Z

Zander, Emil Wilhelm Julius; *Nautiker, Kapitän, Reederei-Inspektor.* * 8.2.1869 *Neuss (Rhein),* † *26.6.1930 Bremerhaven (ev.).* Nach Besuch des Gymnasiums seiner Geburtsstadt, Fahrenszeit und Absolvierung der seemännischen Ausbildung an der Seefahrtschule in Elsfleth trat Z. 1896 als Schiffsoffizier in die Dienste des Norddeutschen Lloyd (NDL), bei dem er bald in den Ruf eines ausgezeichneten Seemanns und Nautikers gelangte. 1898 erwarb er sich als Führer eines Rettungsbootes beim Untergang eines englischen Schiffes im Nordatlantik große Verdienste, für die er mehrfach ausgezeichnet wurde. Beim großen Schiffsbrand an der Lloydpier in Hoboken (New Jersey, gegenüber New York) im Jahre 1900 konnte er sich durch einen Sprung über Bord retten. Nachdem er von 1903 bis 1908 das Kadettenschulschiff des NDL HERZOGIN SOPHIE CHARLOTTE geführt hatte, übernahm er anschließend auf Wunsch der belgischen Regierung das Kommando über das bei der Rickmers-Werft erbaute belgische Segelschulschiff L' AVENIR. 1912 kehrte er wieder zum NDL zurück, war im I. Weltkrieg als Kommandeur eines Sperrverbandes eingesetzt und ging 1919 als Abteilungsleiter an die Deutsche Seewarte nach Hamburg. 1921 wurde er zum Leiter der Lloydagentur nach Bremerhaven berufen, wo er dann auch seinen Wohnsitz nahm. In dieser Eigenschaft konnte er in den schwierigen Nachkriegsjahren zum Wiederaufbau der Passagierschiffahrt in Bremen und Bremerhaven beitragen. Z., der dem Vorstand

zahlreicher Vereine angehörte, erfreute sich, u. a. auch wegen seines rheinischen Naturells, offenbar großer Beliebtheit, wie aus der überwältigenden Anteilnahme der Bevölkerung bei der Trauerfeier zu seinem Tode hervorgeht. Sein Sohn, der Jurist Dr. Erich Z. (1906-1985), wurde als Justizsenator und Vizepräsident der Bürgerschaft in Bremen bekannt.

Qu.: NWZ, 26., 27., 30.6.1930; NZ, 21.7.2001; WK, 15.3.1985; StadtA Brhv., Meldekartei Alt-Brhv., Slg. Körtge 1; Gr. Bremen-Lexikon (Erich Z.), S. 825.
P.: Foto in NWZ, 26.6.1930.
E.: Gold. Rettungsmed. d. DGzRS, d. brit. Reg. u. d. Stadt New York; Straßenben. Brhv.-Lehe (2001).

H. Bi.

Ziegenbein, Georg August Louis **Leopold**; *Nautiker, Kapitän, Kommodore d. Norddt. Lloyd.* * *16.11.1874 Celle,* † *21.6.1950 Deichsende bei Nordholz (Kr. Cuxhaven),* □ *Langen b. Bremerhaven (ev.).* Gegen den Widerstand seines Vaters ging Z. im Alter von 16 Jahren zur See. Auf Bremer Segelschiffen absolvierte er die vorgeschriebene Seefahrtszeit für den Besuch der Navigationsschule in Geestemünde, an der er 1895/96 sein Examen zum Steuermann auf großer Fahrt machte. Nachdem er die einjährige freiwillige Dienstzeit bei der Kaiserlichen Marine in Wilhelmshaven abgeleistet und auf der Viermastbark NOMIA sein Steuermannspatent ausgefahren hatte, bestand er 1900 wiederum in Geestemünde sein Examen als Kapitän. Anschließend setzte er seine nautische Laufbahn als IV. und III. Offizier beim Norddeutschen Lloyd (NDL) im Südamerikadienst fort. Bereits 1902 wurde Z. zum Kapitän in der ostasiatischen Küstenfahrt befördert, wo der NDL eine eigene Flotte von Schiffen betrieb. Von 1904 bis 1911 tat er überwiegend auf den berühmten Vierschornstein-Schnelldampfern KAISER WILHELM II. und KRONPRINZESSIN CECILIE als II. Offizier unter dem von ihm sehr geschätzten Kapitän Dietrich Högemann Dienst; bei diesem, der ihn förderte, erhielt er das Rüstzeug für seine weitere Laufbahn beim NDL. Auf der KRONPRINZESSIN CECILIE und auf weiteren Schiffen fungierte er bis 1914 bereits als I. Offizier. Der I. Weltkrieg, den er als Kapitän des Dampfers BRANDENBURG erlebte, beendete vorläufig seine steile Karriere. Das Schiff wurde in Norwegen 1914 interniert und mußte 1919 an Großbritannien abgeliefert werden. Wie auch sein jüngerer Kollege → Oskar Scharf war Z. gezwungen, sich in den Nachkriegsjahren mit Tätigkeiten an Land über Wasser zu halten, da der NDL wegen des Verlustes seiner Flotte keine Beschäftigung für sein seefahrendes Personal bieten konnte. Mit dem Wiederbeginn des Reedereigeschäftes 1921 zunächst als I. Offizier auf dem Lloyddampfer SEYDLITZ eingesetzt, wurde Z. 1922/23 auf der Danziger Schichau-Werft mit der Bauaufsicht des Schnelldampfers COLUMBUS beauftragt, auf

dem er nach Indienststellung unter Kapitän → Nikolaus Johnsen als I. Offizier etliche Reisen unternahm. Es folgten mehrere Kommandos als Kapitän auf verschiedenen Lloydschiffen, bevor ihm die Bauaufsicht über das neue Turbinenschiff BREMEN bei der bremischen Traditionswerft AG Weser übertragen wurde. Unter seinem Kommando errang das neue Flaggschiff des NDL auf der Jungfernfahrt 1929 von Bremerhaven nach New York das begehrte Blaue Band für die schnellste Atlantiküberquerung. Nach dem Tod von Kommodore Johnsen gab der NDL 1932 diesen Titel an Z. weiter und verlieh ihm ein Jahr später den Kommodore-Stander, eine einmalige Auszeichnung für seine Verdienste. Z. konnte sich durch seine Stellung als Kapitän der BREMEN, auf der sich die internationale Gesellschaft ein Stelldichein gab, für die Verständigung zwischen den Völkern sowie besonders für die deutsch-amerikanischen Beziehungen einsetzen. Für seine Haltung erhielt er zahlreiche internationale Ehrungen. Der sprachlich und im Umgang mit Menschen gewandte Kapitän war nicht nur von den Passagieren, sondern auch von der Besatzung, für die er sich engagierte, sehr geschätzt. Er bemühte sich ständig um die Ausbildung des seemännischen Nachwuchses und förderte neue Formen der Passagierbetreuung, so u. a. den von seiner langjährigen Mitarbeiterin Gertrud Ferber initiierten »Reisenden-Sonderdienst« des NDL. Das vorzeitige Ende seiner aktiven Dienstzeit hatte wohl auch mit dem nationalsozialistischen Deutschland zu tun, in dem eine friedliche Koexistenz mit anderen Nationen immer schwieriger wurde. Z., der Freimaurer und Rotarier war, verstand sich als nationaler Patriot und Weltbürger. Ende 1936 nahm er daher – offiziell aus gesundheitlichen Gründen – seinen Abschied und zog sich in seine Villa in die Von-Glahn-Straße in Lehe zurück. Daß er 1945 sein Haus für amerikanische Offiziere zur Verfügung stellen mußte, traf ihn schwer. Nachdem Z. nach längerer Krankheit im Krankenhaus von Nordholz verstorben war und im Familiengrab seiner Schwiegereltern Blanck auf dem Friedhof in Langen seine letzte Ruhe gefunden hatte, geriet sein Name trotz seiner nationalen und internationalen Ehrungen rasch in Vergessenheit. Auf Initiative eines ehemaligen Stewards der BREMEN, Wilhelm Bohling aus Langen, wurde die verfallene Grabstelle 1990 zu einer maritimen Ehrengedenkstätte gestaltet.

Lit.: DBI, S. 3983; U. Feldkamp, Tintoretta und der Reisenden-Sonderdienst des NDL, in: DSA 18 (1995), S. 35-48; G. Ferber, »Acht Glas!«. Kommodore Ziegenbein, Bln. 1939; A. Kludas, Die Schnelldampfer Bremen und Europa, Herford 1993, S. 83-89; Körtge, Straßennamen, S. 123; D. J. Peters, Erinnerung an Kommodore Ziegenbein, einen der berühmtesten Kapitäne des NDL, in: Ndt. Hbl. 526 (Okt. 1993); I. Schwarzrock, Leopold Ziegenbein. Kommodore des Norddeutschen Lloyd, in: Dt. Schiffahrt 22 (2000), H. 2, S. 9-11; Wer ist's? 1935, S. 1781-1782.
Qu.: NZ, 22.6.1950, 29.3.1967; StadtA Brhv., Meldekartei Brhv. nach 1945 I, Slg. Körtge I.
Nachlaß: im DSM.
P.: Fotos im DSM (abgeb. u. a. in Kludas, S. 86, 124, 131, 156, 172 u. Schwarzrock, s. Lit.).
E.: Ehrenbürger Atlantic City (ca. 1930); Straßenbenennung Brhv.-Überseehäfen (1992); Familiengrab und Ehrengedenkstätte Friedhof Langen.

D. J. P.

Ziegler, Hans; *Gewerkschaftsfunktionär, Kommunalpolitiker, Parlamentarier.* * 9.3.1877 Henfenfeld (Mittelfr.), † 19.3.1966 Nürnberg (o. Konf.). Nach dem Besuch der Volksschule in seinem Geburtsort, Dreherlehre in Nürnberg und Wanderschaftsjahren wurde Z., der früh zur Gewerkschaftsbewegung stieß, 1904 Vorstandsmitglied der Bezirksorganisation und der Filiale des Metallarbeiterverbandes in Frankfurt a. M. 1906 trat er in Nachfolge von → Friedrich Peine als Geschäftsführer in den Dienst des Metallarbeiterverbandes Bremerhaven. Bald auch kommunalpolitisch aktiv, übernahm er zugleich Verantwortung sowohl in der SPD der Unterweserorte, deren Vorsitzender er 1908 wurde, als auch in örtlichen und überörtlichen Gremien, so als Bürgervorsteher (Stadtverordneter) in Lehe (1910-1911) und als Vorsitzender der SPD-Wahlkreisorganisation für den Wahlkreis Hannover 19. All diese Tätigkeiten endeten, als er im April 1911 Bremerhaven verließ, um als Geschäftsführer des Metallarbeiterverbandes nach Heilbronn zu gehen. Dort (1911-1922) wie auch später in Breslau (1925-1933) zeichnete er sich in ähnlicher Weise durch eine enge Verbindung von hauptberuflicher gewerkschaftlicher und ehrenamtlicher politischer Tätigkeit aus. Darüber hinaus war er Mitglied des Württembergischen Landtages (1919-1924), des Provinziallandtags von Niederschlesien (1929-1930) und des Reichstags (1930-1932). Nach Machtübernahme der Nationalsozialisten vorübergehend verhaftet, lebte er seit 1939 wieder in Nürnberg. Dort wurde er 1945 zum Bürgermeister ernannt und amtierte dann als gewählter Oberbürgermeister bis Juni 1948. 1946 war er auch Mitglied der Verfassungsgebenden Bayerischen Landesversammlung. Als Mitgründer und Vorsitzender der »Sozialdemokratischen Aktion für Frieden und Völkerverständigung« engagierte er sich in der Friedensbewegung und wurde wegen Teilnahme am Moskauer Friedenskongreß im Aug. 1949 aus der SPD ausgeschlossen.

Lit.: DBI, S. 3985; DBE, Bd. 10, S. 653; 40 Jahre Dt. Metallarbeiterverband, Verw.stelle Brhv.-Wesermünde, Brhv. 1931, S. 15-17; Reichstags-Handbuch, 5.

Wahlper. 1930; Schröder, Parlamentarier, S. 816-817; Thienst, S. 42, 52, 92, 192; Wer ist wer? 1955, S. 1296.
P.: Foto in Reichstags-Hdb. (s. Lit.)

H. Bi.

Zietzschmann, Rudolf **Walther**, Dr. med.; *Gynäkologe, Inhaber einer privaten Frauenklinik.* * *27.10.1878 Halle a. d. Saale,* † *18.9.1944 Bremerhaven.* Nach Studium und Promotion (1903) in Halle war Z. zunächst an der Frauenklinik in Halle und von 1904 bis 1909 als Assistenzarzt an der Universitätsfrauenklinik in Jena tätig. Anschließend übernahm er die 1899 von Dr. Gustav Heinrich begründete private Frauenklinik und Entbindungsstation in der Bremerhavener Bismarckstraße (heute Zeppelinstraße), die über 10 Krankenzimmer verfügte. Z. fand beim alliierten Bombenangriff auf Bremerhaven am 18.9.1944 den Tod.

Lit.: DBI, S. 3390; DBA II, 1447, 276.
Qu.: StadtA Brhv., Meldekartei Brhv. 1900-1930, Alt-Brhv. 77/12/3.

H. Bi.

Zimmermann, Walter Bruno Wilhelm; *Lehrer, Schulrat, Gründer eines Lehrerseminars.* * *10.4.1892 Nordenham (Oldbg.),* † *13.2.1968 Bremerhaven (ev.).* Nach dem Besuch der Volksschule in Bremerhaven absolvierte Z. von 1906 bis 1912 die Präparandenanstalt und das ev. Lehrerseminar in Bederkesa. Er trat 1912 in Lehe in den Schuldienst ein und war im I. Weltkrieg als Lehrer an die deutsche Schule in Philippopel (Bulgarien) abgeordnet (1917-1918). Ab 1919 unterrichtete er am Lyzeum nebst Oberlyzeum in Geestemünde als Übungslehrer (Präparandenlehrer zur Ausbildung von Lehrerinnen). Von 1922 bis 1936 an der Alt-Geestemünder Mädchenschule tätig, wurde er 1936 an die Deichschule versetzt und leitete diese ab 1938 kommissarisch. 1944 übertrug man ihm ebenfalls kommissarisch die Leitung der Pestalozzi-Mädchenschule. Neben seiner Unterrichtstätigkeit engagierte sich Z. bereits seit 1917 im Lehrerverein. Er wirkte in Schulbuchausschüssen des Lehrervereins mit, u. a. bei der Bearbeitung der »Weserfibel«, gab Gedichtbände und ein Liederbuch für die Schule heraus und stellte seine praktische Schularbeit durch Veröffentlichungen in dem von → Gustav Steffens herausgegebenen »Stader Schulblatt« zur Diskussion. Über seine berufsbezogenen Aktivitäten hinaus widmete sich Z. der kirchlichen Jugendarbeit in der Bremerhavener »Großen Kirche«. Er organisierte wöchentliche Jugendabende und Freizeiten und führte sie auch in der Zeit des Nationalsozialismus regelmäßig durch. Mehrfache Versuche der Gestapo, diese Arbeit zu unterbinden, ließen Z. unbeeindruckt. Aufgrund der Tatsache, daß Z. nicht Mitglied der NSDAP gewesen war, stets seinen christlichen Hintergrund deutlich gemacht und seine Leitungsqualität unter Beweis gestellt hatte, wurde er am 22.5.1945 durch die amerikanische Militärregierung beauftragt, das Amt des Schulrates für Wesermünde Stadt und Land kommissarisch zu übernehmen. Sofort ging Z. die dringendsten Probleme der Schulen in Wesermünde an: Raumnot und Personalnot. Trotz der teilweise chaotischen Zustände in der zerbombten Stadt gelang es bereits ab Sommer 1945 teilweise, insgesamt aber ab

1.10.1945, den Schulbetrieb wieder aufzunehmen. Gleichzeitig gründete Z. in der Uhlandschule (heute Deichschule) 1945 ein »Pädagogisches Seminar« zur Ausbildung von Volksschullehrern. Bis 1947 hatten sich 1.400 Bewerber für eine Ausbildung gemeldet, von denen etwa zehn Prozent angenommen wurden. Formale Kriterien bezüglich der Vorbildung der Kandidaten waren nicht entscheidend. Bis zum Sommer 1948, als die pädagogische Hochschule in Bremen ihre Pforten öffnete, wurden so 125 Lehrerinnen und Lehrer in fünf Kursen in einer kommunalen Ausbildungsstätte auf ihren Beruf vorbereitet; sie konnten damit, da sie von Anbeginn der Ausbildung 16 Unterrichtsstunden pro Woche geben mußten, den Lehrermangel spürbar vermindern. Diese Ausbildung war von Bremen und Niedersachsen anerkannt, wo ein Teil der Absolventen später auch tätig war. Am 7.6.1946 wurden die Leistungen Zimmermanns mit der Wahl zum Stadtschulrat durch die Bremerhavener Stadtvertretung gewürdigt. Nach der Bildung des Landes Bremen und der Verabschiedung einer Stadtverfassung für Bremerhaven im Jahre 1947 kam es zu Kompetenzüberschneidungen zwischen Z. als Schulaufsichtsbeamten und dem seit 1948 amtierenden ehrenamtlichen Stadtrat für Schule und Jugendpflege → Walter Ballof, die im Mai 1949 zunächst zur Amtsenthebung Ballofs durch die amerikanische Militärregierung und dann, nach dessen Rehabilitierung, im Nov. zur Beurlaubung Z.s von den Dienstgeschäften durch den bremischen Senat führten. Bis 1954 folgten Auseinandersetzungen zwischen dem Magistrat und dem Senator für Bildung über Z.s beamten- und besoldungsrechtliche Stellung; in dieser Zeit war er vom Dienst freigestellt. Am 17.1.1957 vom Senat offiziell in den Ruhestand verabschiedet, unterrichtete er von 1954 bis 1961 auf Honorarbasis als Lehrer an der Humboldtschule und an der Lessingschule. Von 1955 bis 1963 war Z. zudem Stadtverordneter in Bremerhaven, zunächst für die Deutsche Partei, dann als Fraktionsvorsitzender der Gesamtdeutschen Partei. Sein Sohn Harro Z. (* 1921) war erster Leiter des Kreisgymnasiums Wesermünde in Bremerhaven.

Lit.: H. Schulte am Hülse, Pädagogisches Seminar Wesermünde/Bremerhaven 1945-1948, Brhv. 1992; ders., Lehrer für die Schulen Bremerhavens, in Ndt. Hbl. 514 (Okt. 1992); ders., Ballof und Zimmermann, in: Verfassung, Verwaltung und Demokratie, Brhv. 1997, S. 87-120.
Qu.: StadtA Brhv., Personalakte W. Z; StABr., 4.1111 Pers.
Werke: *Schatzkästlein für Schule und Haus. Gedichte für unterschiedliche Schulstufen*, 3.-5. Schuljahr Mittelstufe, 6-8. Schuljahr Oberstufe, Bremervörde 1922; *Weserfibel*, hrsg. v. d. Fibelkommission zus. m. Otto u. a.), 1922; *Kriegselternabende*, in: Neue Blätter 3/1917, S. 130-138; *Mein erstes Schuljahr. Ein Bericht aus der Arbeit*, in: Stader Schulblatt, Nr. 1/1922, S. 4/5, Nr. 2/1922, S.11/12, Nr. 3/1922, S. 21; *Von der Jugendarbeit in unserer Gemeinde*, in: Gedenkschr. z. Wiederherst. d. Bgm.-Smidt-Gedächniskirche, Brhv. 1960, S. 38-47.
P.: Foto in Schulte am Hülse (Ndt. Hbl. bzw. Päd. Sem., S. 22, s. Lit.).

H. G. M.

Zitzlaff, Wilhelm; *Kaufmann, Fabrikdirektor.* * 7.4.1874 Bremerhaven, † 6.11.1946 Wesermünde (ev.-ref.). Der Sohn eines Einzelhandelskaufmanns absolvierte eine kauf-

männische Lehre in einem Fischversandgeschäft und kam auf diese Weise mit der Fischverarbeitung in Berührung. 1904 gründete er im Geestemünder Fischereihafen unter seinem Namen ein Unternehmen, das auf die Herstellung von Trockenfisch spezialisiert war, ein damals in Deutschland noch neues Gebiet der Konservierung, das er mit einem von ihm entwickelten künstlichen Trockenverfahren als einer der ersten für die industrielle Nutzung erschloß. Aus diesem ging nach der Erweiterung des Fischereihafens 1909 die »Erste Deutsche Stock- u. Klippfischwerke GmbH« hervor, die unter Beteiligung zahlreicher Firmen der Hochseefischerei und der Fischverarbeitung von Z. zu einem großen industriellen Unternehmen mit erheblich erweiterten Anlagen (1912) ausgebaut wurde. Die Trockenware, die ursprünglich auch eine Pufferfunktion bei Überangebot von Schellfisch und Kabeljau erfüllte, fand vor allem in den katholischen südeuropäischen Ländern einen guten Markt. Ein zweites wichtiges Standbein bildete die fabrikmäßige Gewinnung von Fischtran und die Verarbeitung von Fischabfällen zu Fischmehl, womit sich der Geestemünder Fischwirtschaft eine gemeinsame rationelle Verwertungsmöglichkeit für ansonsten schwer nutzbare Fischbestandteile und nicht marktfähige Ware eröffnete. Daneben war Z. an weiteren Unternehmen der Fischverarbeitung, z. T. an leitender Stelle, beteiligt. Die Stock- und Klippfischwerke, 1938 unter dem Namen »Erste Deutsche Klippfisch-Werke Zitzlaff & Co.« in eine Kommanditgesellschaft umgewandelt, wurden später von der »Nordsee« Deutsche Hochseefischerei übernommen. Mit der Ausdehnung der Tiefkühlkonservierung und der Konkurrenz der Vollfroster wurde der Trockenkonservierung seit den 1960er Jahren der Boden weitgehend entzogen. Die Fischmehlfabrik, seit 1953 im Besitz der »Nordsee«, wurde 1979 geschlossen, die Anlagen 1991 abgebrochen.

Lit.: Industrielle. Vertreter dt. Arbeit in Wort und Bild, Bln. o. J., Art. Zitzlaff o. S.; Logbuch 1896-1971. 75 Jahre »Nordsee«, Brhv. 1971, S. 47-48; Peters, Spezialhafen, S. 22; U. Jürgensen, Bremerhaven-Chronik 1991/92, in: Brhv. Beitr. (I), S. 196; E. Ulrich, 40 Jahre Wesermünder Fischereihafen, in: Hansa (1936), S. 208.
Qu.: StadtA Brhv., Meldekartei Brhv. nach 1945 III, Gewerbesteuerakte 1. Dt. Stock- u. Klippfischwerke.
P.: Foto in Industrielle (s. Lit.).

H. Bi.

Amtsträger und verdiente Persönlichkeiten*

Gemeindevorsteher, Bürgermeister und Stadtdirektoren[1]

Lehe

Georg Heinrich Bösch, Fleckensvorsteher
(* 16.7.1799 Lehe, † 9.1.1867 Lehe)   1855 – 1861

Bernhard Janssen, Fleckensvorsteher
(* 16.6.1823 Lehe, † 10.7.1857 Lehe)   1855 – 1857

Heinrich Hanssen, Fleckensvorsteher
(* 19.5.1807 Lehe, † 2.4.1868 Lehe)   1857 – 1868

Diederich Arnold Janssen, Fleckensvorsteher
(* 13.4.1821 Lehe, † 30.6.1870 Lehe)   1861 – 1870

Johann Bohls, Fleckensvorsteher
(* 10.12.1831 Lehe, † 25.8.1898 Lehe)   1868 – 1875

Georg Heinrich Bösch, Fleckensvorsteher
(* 19.9.1834 Lehe, † 8.9.1888 Lehe)   1871 – 1879

Gustav Fels, Bürgermeister
(* 23.2.1842 Koethen, † 29.9.1922 Windhuk, Südwest-Afrika)   1880 – 1884

Gustav Augspurg, Bürgermeister
(* 19.7.1837 Winsen/Luhe, † 9.11.1906 Lehe)   1884 – 1906

Theodor Johannes Schmiedel, Bürgermeister
(* 9.9.1866 Dresden, † n. erm.)   1906 – 1907

Eugen Kirschbaum, Bürgermeister
(* 1.8.1864 Solingen, † 11.3.1915 Lehe)   1908 – 1915

Dr. jur. Karl Schönewald, Oberbürgermeister
(* 4.4.1878 Hannover, † 3.2.1964 Bremerhaven)   1916 – 1924

Bremerhaven bis 1939

Johann Christian Tieck, Vorsitzender des Gemeinderats
(* 9.1.1808 Lübeck, † 19.7.1853 Lübeck)   1851 – 1853

Brörken Rudolf Christians, Vorsitzender des Gemeinderats
(* ca. Sept. 1812 Tettens, † 8.11.1885 Bremerhaven)   1853 – 1854

Johann Georg Claussen, Vorsitzender des Gemeinderats
(* 11.5.1808 Brake, † 29.9.1885 Bremerhaven)   1854 – 1860

Hans Eduard Magnus Hellenberg, Vorsitzender des Gemeinderats
(* ca. Dez. 1809 Brake, † 12.2.1868 Bremerhaven)   1861 – 1862

Hilderich Ihlder, Vorsitzender des Gemeinderats
(* ca. Dez. 1818 Vegesack, † 25.1.1888 Bremerhaven)   1862 – 1866

August Philipp Leopold von Vangerow, Vorsitzender des
Gemeinderats (* 15.4.1831 Herford, † 22.6.1881 Bremerhaven)   1867 – 1879

Hermann Gebhard, Stadtdirektor
(* 21.4.1843 Braunschweig, † 6.10.1906 Lübeck)   1880 – 1890

Adolf Hagemann, Stadtdirektor
(* 24.7.1855 Osnabrück, † 7.12.1908 Bremerhaven)   1890 – 1908

Erich Koch (später: Koch-Weser), Stadtdirektor
(* 26.2.1875 Bremerhaven,
† 19.10.1944 Rolândia, Paraná, Brasilien)   1909 – 1913

Waldemar Becké, Stadtdirektor, seit 1922 Oberbürgermeister
(* 15.12.1878 Harburg, † 16.5.1947 Bremerhaven)   1913 – 1933

Julius Lorenzen, Oberbürgermeister
(* 24.3.1897 Flensburg, † 9.6.1965 Flensburg)   1933 – 1939

Geestendorf

Claus Gerken, Gemeindevorsteher   1853 – 1861
(* 5.9.1810 Apeler b. Schiffdorf, † 10.8.1861 Geestendorf)

Carl Anton Bernhard Dählmann, Gemeindevorsteher
(* 19.10.1822 Wunderburg b. Oldbg., † 4.7.1876 Geestendorf)   1861 – 1876

Carl August Lenthe, Gemeindevorsteher
(* 5.6.1829 Geestendorf, † 20.2.1898 Geestemünde)   1876 – 1889

Geestemünde
(vor der Vereinigung mit Geestendorf)

Bröcker, Gemeindevorsteher
(Lebensdaten n. erm.)   1850 – 1857

H. Lohse, Gemeindevorsteher
(Lebensdaten n. erm.)   1857 – 1869

Christian Ludwig, Gemeindevorsteher
(* 14.5.1824 Hildesheim, † 11.5.1893 Geestemünde)   1869 – 1880

Syabbe Heinrich Gerhard Rabien, Gemeindevorsteher
(* 14.7.1841 Seefeld i. Oldbg., † 16.1.1913 Geestemünde)   1880 – 1889

Geestemünde
(nach der Vereinigung mit Geestendorf)

Hermann Bleßmann, Bürgermeister
(* 23.2.1862 Göttingen, † 25.11.1919 Hannover)   1889 – 1899

Wilhelm Klußmann, Bürgermeister, 1917 Oberbürgermeister
(* 28.1.1863 Osnabrück, † 17.4.1941 Osnabrück)   1899 – 1917

Dr. jur. Walter Delius, Oberbürgermeister
(* 1.3.1884 Siegen i. W., † 18.9.1945 Bremen)   1917 – 1924

Wulsdorf

Johann Nicolaus Brakhahn, Gemeindevorsteher   1851 – 1892
(* 1.12.1819 Wulsdorf, † 4.6.1906 Wulsdorf)

Carl H. Gissel, Gemeindevorsteher   1892 – 1917
(* 28.8.1840 Wulsdorf, † 13.4.1926 Wesermünde-Wulsdorf)

Dr. jur. Friedrich Scheffer, Gemeindevorsteher   1917 – 1920
(* 2.2.1872 Veckerhagen, Kr. Hofgeismar, † 5.2.1953 Bremerhaven)

Wesermünde

Dr. jur. Walter Delius, Oberbürgermeister
(* 1.3.1884 Siegen i. W., † 18.9.1945 Bremen)   1924 – 1945

Wesermünde/Bremerhaven
(seit 1945)

Dr. jur. Helmuth Koch, Oberbürgermeister (am 24.5.1945 von der
amerik. Militärregierung kommissarisch eingesetzt)
(* 17.9.1889 Bremerhaven, † 2.7.1963 Ilten b. Hann.)
Amtszeit: 24.5.1945 – 1.7.1946   1945 – 1946

Gerhard van Heukelum, ehrenamtl. Oberbürgermeister, vergleichbar
m. d. Stellung d. heut. Stadtverordnetenvorstehers
(* 15.1.1890 Nordstrand, Kr. Husum, † 5.5.1969 Bremerhaven)
Amtszeit: 2.7.1946 – 29.1.1948   1946 – 1948

Hermann Gullasch, Oberstadtdirektor, Oberbürgermeister
(* 27.2.1900 Lübbenau, Kr. Calau, † 24.9.1969 Bremerhaven)
Amtszeit als Oberstadtdirektor: 6.6.1946 (Wahl) – 29.1.1948
Amtszeit als Oberbürgermeister: 30.1.1948 – 31.3.1957 (Rücktritt)   1948 – 1957

Bodo Selge, Oberbürgermeister
(* 7.4.1911 Berlin, † 18.3.1996 Bremerhaven)
Amtszeit: 7.3.1958 – 30.9.1978   1958 – 1978

Werner Lenz, Oberbürgermeister
(* 27.12.1927 Osnabrück)
Amtszeit: 1.10.1978 – 10.11.1983   1978 – 1983

Karl Willms, Oberbürgermeister
(* 27.5.1934 Bremerhaven)
Amtszeit: 29.11.1983 – 30.11.1995   1983 – 1995

Manfred Richter, Oberbürgermeister
(* 2.12.1948 Kölln-Reisiek)
Amtszeit: 1.12.1995 – 30.9.1999   1995 – 1999

Jörg Schulz, Oberbürgermeister
(* 15.10.1953 Rechtenfleth)
Amtszeit: ab 1.12.1999   seit 1999

Stadtverordnetenvorsteher seit 1948[2]

Karl Curdt, SPD (* 1.3.1885, † 17.10.1959)
Amtszeit: 23.1.1948 – 28.10.1951   1948 – 1951

Carl Stelljes, Wahlblock (* 18.2.1885, † 7.8.1963)
Amtszeit: 29.10.1951 – 7.11.1955   1951 – 1955

Karl Eggers, SPD (* 14.10.1919)
Amtszeit: 8.11.1955 – 10.3.1959   1955 – 1959

Willi Kuhn, SPD (* 26.10.1900, † 19.12.1980)
Amtszeit: 11.3.1959 – 3.11.1971   1959 – 1971

Max Bernhardt, SPD (* 22.7.1905, † 19.8.1985)
Amtszeit: 4.11.1971 – 23.10.1975   1971 – 1975

Lemke, Günter, SPD (* 16.1.1931)
Amtszeit: 24.10.1975 – 20.4.1977   1975 – 1977

Mathilde Lehmann, SPD (* 5.5.1917)
Amtszeit: 21.4.1977 – 24.9.1983   1977 – 1983

Alfons Tallert, SPD (* 18.5.1916)
Amtszeit: 25.9.1983 – 25.10.1995   1983 – 1995

Hans-Joachim Petersen, CDU (* 14.9.1936, † 21.1.2000)
Amtszeit: 26.10.1995 – 10.11.1999   1995 – 1999

Artur Beneken, SPD (* 1.4.1939)
Amtszeit: ab 11.11.1999   seit 1999

Bremerhavener Bundestagsabgeordnete[3]

Bremerhaven war seit 1949 unter den drei Wahlkreisen, die das Bundesland Bremen umfaßten, im Wahlkreis Bremerhaven/Bremen-Nord (Nr. 52) vertreten. Die Abgeordneten, die den Wahlkreis vertraten, waren stets selbst Bremerhavener; sie erhielten überwiegend ein Direktmandat, zogen mehrfach aber auch über die Landesliste in den Bundestag ein, so daß Bremerhaven zeitweise durch zwei Abgeordnete vertreten war. Aufgrund der Verkleinerung des Bundestages gibt es mit der Bundestagswahl im September 2002 im Lande Bremen nur noch zwei Wahlkreise; Bremerhaven gehört nunmehr zum Wahlkreis Bremen II/Bremerhaven (Nr. 55).

Bernhard Lohmüller, SPD (14.8.1949 – 2.3.1952, verstorben)	1949 – 1952
Philipp Wehr, SPD (18.5.1952, Nachwahl, – 20.2.1960, verstorben; Nachfolger wurde mit Wirkung vom 6.3.1960 Senator a. D. Emil Theil, SPD, aus Bremen, der von der Landesliste nachrückte)	1952 – 1960
Herbert Schneider, DP (6.9.1953 – 16.9.1961, Landesliste (Nach seinem Umzug nach Königswinter bei Bonn 1963 war er für den dortigen Wahlkreis 1969 – 1972 Abgeordneter der CDU im Deutschen Bundestag)	1953 – 1961
Werner Lenz, SPD (17.9.1961 – 18.9.1965)	1961 – 1965
Harry Tallert, SPD (19.9.1965 – 18.11.1972)	1965 – 1972
Horst Grunenberg, SPD (19.11.1972 – 1.12.1990)	1972 – 1990
Manfred Richter, FDP (25.1.1987 – 15.10.1994, Landesliste)	1987 – 1994
Michael Teiser, CDU (16.10.1994 – 26.9.1998, Landesliste)	1994 – 1998
Ilse Janz, SPD (2.12.1990 – 21.9.2002)	1990 – 2002
Uwe Beckmeyer, SPD (ab 22.9.2002)	seit 2002

Bremerhavener Abgeordnete
in der Bremischen Bürgerschaft 1919 – 1933[4]

Nachdem im April 1848 erstmals Bremerhavener Bürger in die Bremische Bürgerschaft gewählt worden waren, wurden seit 1852 nach dem Bremischen Achtklassenwahlrecht (6. Klasse: Bremerhaven) zunächst sechs und ab 1875 acht Bremerhavener in die 150 Abgeordnete umfassende Bremische Bürgerschaft gesandt. Die Wahlperiode betrug jeweils sechs Jahre, wobei alle drei Jahre die Hälfte der Abgeordneten ausschied und dieselbe Anzahl neu gewählt wurde. Nach der Zäsur des Ersten Weltkrieges waren in der aus 200 Personen bestehenden Verfassungsgebenden Bremischen Nationalversammlung 1919 erstmals vierzehn Bremerhavener nach allgemeinen, geheimen, gleichen und direkten Wahlen vertreten. Bemerkenswert ist, daß mit der sozialdemokratischen Abgeordneten Elise Jensen (→ biographischer Teil) erstmals eine Bremerhavener Frau im Bremischen Parlament vertreten war. Mit August Stampe (→ biographischer Teil) als Senator für das Bauwesen in der vorläufigen Regierung der Freien Hansestadt Bremen von 1919 bis 1920 gab es erstmals in der Geschichte der Stadt Bremerhaven auch einen Bremerhavener im Bremer Senat. Die Bremische Verfassung vom 18.5.1920 legte fest, daß die 120 Mitglieder der Bremischen Bürgerschaft auf drei Jahre in allgemeiner, gleicher, unmittelbarer und geheimer Wahl nach den Grundsätzen der Verhältniswahl zu wählen waren. Gleichzeitig wurden im Wahlgesetz zur Bürgerschaft vom 15.5.1920 vier Wahlkreise festgelegt (Stadt Bremen, Landgebiet, Vegesack und Bremerhaven) und die Zahl der zu wählenden Abgeordneten für den Wahlkreis Bremerhaven auf 9 Mitglieder festgelegt. Diese Zahl blieb bis Anfang 1933 bestehen. Das Wahlgesetz für die Neubildung der Bürgerschaft nach dem Ergebnis der Reichstagswahl am 5.4.1933 sah eine Verkleinerung der Bürgerschaft auf 96 Abgeordnete (davon acht Bremerhavener) vor. Das hatte aber keine große Bedeutung mehr, da dieses Parlament nur einmal getagt hat, nämlich am 28.4.1933, bevor die nationalsozialistische Reichsregierung am 14.10.1933 alle Länderparlamente auflöste.

Wahl am 9.3.1919 (Bremische Nationalversammlung)

Mehrheitssozialisten: August Stampe (10.4.1919 – 9.7.1920 als Senator in der vorläufigen Regierung der Freien Hansestadt Bremen), Elise Jensen, Georg Hoskamp, Wilhelm Kleemann, Anton Geiger, Heinrich Eckermanns (nachgerückt für August Stampe am 10.4.1919).
Unabhängige Sozialdemokraten: Hinrich Schmalfeldt, Karl Rogge.
Demokraten: Johannes Cordes, Waldemar Becké, Eduard Gerberding, Henny Möhring, Karl Adam.
Volkspartei (Deutsch-nationale Volkspartei und christliche Volkspartei): Georg Madrian, Wilhelm Buchholz.

Wahl am 6.6.1920

Mehrheitssozialisten: Wilhelm Kleemann, Elise Jensen, Heinrich Eckermanns.
Unabhängige Sozialdemokraten: Hinrich Schmalfeldt, Carl Rogge.
Demokraten: Waldemar Becké, Carl Adam jun.
Volkspartei: Georg Madrian, Adolf Oppermann.

Wahl am 20.2.1921

Mehrheitssozialisten: Wilhelm Kleemann, Elise Jensen, Heinrich Eckermanns.
Unabhängige Sozialdemokraten: Hinrich Schmalfeldt.
Demokraten: Waldemar Becké, Carl Adam.
Volkspartei (Deutsch-nationale Volkspartei und Deutsche Volkspartei): Georg Madrian, Adolf Oppermann, Anton Schumacher.

Wahl am 18.11.1923

Mehrheitssozialisten und Unabhängige Sozialdemokraten: Hinrich Schmalfeldt, Wilhelm Kleemann, Elise Jensen (bis zu ihrem Tod am 28.5.1924).
Demokraten: Waldemar Becké, Carl Adam jun.
Volkspartei: Adolf Oppermann, Anton Schumacher, Emil Boy-Ed.
Kommunistische Partei: Johannes Firl.

Wahl am 7.12.1924 (Wahlperiode 7.12.1924 – 31.12.1927)

Sozialdemokratische Partei: Hinrich Schmalfeldt, Wilhelm Kleemann, Heinrich Eckermanns, Helene Magarin.
Deutsche Demokratische Partei und Deutsche Zentrumspartei: Waldemar Becké.
Deutsche Volkspartei und Deutschnationale Volkspartei: Adolf Oppermann, Anton Schumacher, Diedrich Bockhoop, Heinrich Wolf.

Wahl am 13.11.1927 (Wahlperiode 1.1.1928 – 31.12.1930)

Sozialdemokratische Partei: Hinrich Schmalfeldt, Wilhelm Kleemann (Senator für das Polizeiwesen ab 17.4.1928, zurückgetreten am 6.3.1933), Heinrich Eckermanns, Helene Magarin, Gerhard van Heukelum (nachgerückt am 17.4.1928 für Kleemann).
Demokratische und Zentrumspartei: Waldemar Becké.
Bürgerliche Einheitsliste: Adolf Oppermann, Anton Schumacher, Diedrich Bockhoop, Heinrich Wolf.

Wahl am 30.11.1930 (Wahlperiode 1.1.1931 – 15.3.1933)

Sozialdemokratische Partei: Gerhard van Heukelum, Heinrich Eckermanns, Helene Magarin.
Demokratische Partei und Zentrumspartei: Waldemar Becké.
Deutsche Volkspartei: Diedrich Bockhoop.
Nationale Einheitsliste: Gerjet Poppinga.
Kommunistische Partei: Walter Werner.
Nationalsozialistische Deutsche Arbeiterpartei: Gustav Retzlaff, Georg Block.

Wahl am 5.4.1933 (Neubildung der Bürgerschaft nach dem Ergebnis der Reichstagswahl vom 5.3.1933)

Sozialdemokratische Partei: Gerhard van Heukelum, Helene Magarin (Mandat nicht angenommen), Bruno Gerstmayr, Heinrich Brandt (als Ersatz für Magarin).
Kampffront Schwarz-Weiß-Rot: Gerjet Poppinga.
Kommunistische Partei: Karl Trieschmann.
Nationalsozialistische Deutsche Arbeiterpartei: Julius Lorenzen, Walter Vaupel, Christian Brandau.

Bremerhavener Abgeordnete in der Bremischen Bürgerschaft nach 1945[5]

Nach der Eingliederung von Wesermünde/Bremerhaven in das neugebildete Bundesland Bremen am 7.2.1947 wurde eine parlamentarische Vertretung der Exklave an der Unterweser erforderlich. Die amerikanische Militärregierung verfügte daher, daß die bereits bestehende Bremische Bürgerschaft um 20 Ratsherren aus Bremerhaven ergänzt werden sollte, von denen zwei als Senatoren (Gerhard van Heukelum und Walter Ballof, → biographischer Teil) in die Landesregierung eintraten. Die anderen 18 Ratsherren wurden durch eine interfraktionelle Besprechung der Stadtvertretung vorgeschlagen. Von der 2. bis zur 15. Wahlperiode stand Bremerhaven im Rahmen des allgemeinen, gleichen, unmittelbaren und geheimen Wahlrechts nach § 5 des Wahlgesetzes ein unverändertes Kontingent von 20 Mandaten zu, das in etwa dem Einwohnerverhältnis zwischen der Stadt Bremen und der Stadt Bremerhaven entsprach. Die Bremerhavener Bürgerschaftsmitglieder bilden zusammen mit den Mitgliedern der Bremischen Stadtbürgerschaft (bis zur 15. Wahlperiode 80, jetzt 67) den Landtag (Bürgerschaft). Nach der Verkleinerung der Bürgerschaft auf 83 Mitglieder mit Beginn der 16. Wahlperiode (2003) ist Bremerhaven nurmehr mit 16 Abgeordneten in der Bürgerschaft (Landtag) vertreten.

1. Wahlperiode 1946 – 1947

Wahltag: 13.10.1946, Beginn: 13.10.1946, Ende: 12.10.1947.
Die Bremerhavener Abgeordneten traten am 13.2.1947 in die Bürgerschaft ein.

- SPD Walter Ballof, Karl Curdt, Karl Eggers, Adolf Heitmann, Gerhard van Heukelum, Otto Hoffmann, Frida Kreipe, Bernhard Lohmüller, Emil Nowatzky, Marie von Seggern, Arthur Seidel, Bernhard Vogelsang, Gustav Weißenborn, Heinrich Wenke.
- CDU Karl Klages, Richard Schulz, Franz Warnking.
- BDV (Bremer Demokratische Volkspartei, gehörte zur trizonalen FDP) Johannes Fehrmann.
- KPD Richard Podzus.
- FDP (Regionalpartei) Dr. Walter Neumann.

2. Wahlperiode 1947 – 1951

Wahltag: 12.10.1947, Beginn: 13.10.1947, Ende: 12.10.1951.

- SPD Oskar Brandes, Heinrich Grimm, Frida Kreipe, Emil Nowatzky, August Pagel, Dorothea Rahn, Marie von Seggern, Arthur Seidel, Bernhard Vogelsang, Albert Wenzel.
- CDU Franz Warnking, Karl Wilmesmeier, Hermann Wübbe.
- KPD Erwin Schmidt, Hermann Schwager.
- DP Hermann Brandt, Heinrich Kistner, Herbert Schneider.
- FDP (Regionalpartei) Dr. Walter Neumann, Hugo Lische.

3. Wahlperiode 1951 – 1955

Wahltag: 7.10.1951, Beginn: 13.10.1951, Ende: 12.10.1955.

- SPD Gerhard van Heukelum, Bernhard Vogelsang, Frida Kreipe, Arthur Seidel, Oskar Brandes, Marie Nejedlo, Albert Wenzel, Wilhelm Pape.
- CDU Franz Warnking (zurückgetreten 1952).
- FDP Dr. Walter Neumann.
- DP Herbert Schneider, Hermann Brandt, Ehrenfried Bertz, Wolfgang Uthe, Arnold Ellermann, Johannes Fehrmann.
- BHE Rudi Lill, Wilhelm Eilers.
- KPD Heinrich Sievers.
- SRP (Sozialistische Reichspartei) Dr. Paul Hecker.

4. Wahlperiode 1955 – 1959

Wahltag: 9.10.1955, Beginn: 13.10.1955, Ende: 12.10.1959.

- SPD Gerhard van Heukelum, Bernhard Vogelsang, Marie Nejedlo, Oskar Brandes, Wilhelm Eilers, Heinrich Grimm, Edith Krüger, Artur Harms, Johannes Wenke, August Pagel.
- DP Herbert Schneider, Hermann Brandt, Heinrich Kistner, Otto Friedel, Dr. Heinz Dilthey, Johannes Fehrmann.
- FDP J. Heinrich Kramer.
- CDU Hans Pusback, Leo Wilhelm, Heinrich Addicks.

5. Wahlperiode 1959 – 1963

Wahltag: 11.10.1959, Beginn: 13.10.1959, Ende: 12.10.1963.

- SPD Karl Eggers, Marie Nejedlo, Johannes Wenke, Wilhelm Eilers, Edith Krüger, Heinrich Grimm, Harry Tallert, Artur Harms, August Pagel, Werner Kiene, Käthe Hoffrage, Karl Kiel.
- DP Herbert Schneider, Otto Friedel, Georg Oltmanns, Dr. Heinz Dilthey.
- CDU Heinrich Addicks, Franz Bellenhaus, Leo Wilhelm.
- FDP Hans Otto.

6. Wahlperiode 1963 – 1967

Wahltag: 29.9.1963, Beginn: 13.10.1963, Ende: 12.10.1967.
- SPD   Artur Harms, Marie Nejedlo, Johannes Wenke, Werner Kiene, Wilhelm Eilers, Käthe Hoffrage, Karl Kiel, Erich Michalski, Linda Regul, Heinrich Grimm, August Pagel, Julius Salomon.
- CDU   Dr. Wolfram Dumas, Dr. Johannes Schäfer, Lothar Sagner, Gottfried Pönitz, Leo Wilhelm, Dieter Brauns, Heinz Kandolf.
- FDP   Hans Otto.

7. Wahlperiode 1967 – 1971

Wahltag: 1.10.1967, Beginn: 13.10.1967, Ende: 12.10.1971.
- SPD   Friedrich Pöting, Marie Nejedlo, Werner Kiene, Johannes Wenke, Wilhelm Eilers, Käthe Hoffrage, Walter Würdemann, Karl Heiber, Ursula Kaltenstein, Wolfgang Grantz, Walter Hübenthal.
- CDU   Dr. Johannes Schäfer, Lothar Sagner, Dieter Brauns, Gottfried Pönitz, Egon Kauffmann, Heino Hinz, Curt Hellweg.
- FDP   Georg Oltmanns.
- NPD   Heinz Wolff.

8. Wahlperiode 1971 – 1975

Wahltag: 10.10.1971, Beginn: 13.10.1971, Ende: 12.10.1975.
- SPD   Werner Kiene, Käthe Hoffrage, Dieter Tiedemann, Friedrich Pöting, Ursula Kaltenstein, Marie Nejedlo, Johannes Wenke, Walter Würdemann, Karl Heiber, Horst von Hassel, Hildegard Piesker, Erich Michalski.
- CDU   Egon Kauffmann, Dr. Johannes Schäfer, Heinz Kandolf, Lothar Sagner, Udo Blöchl, Dr. Werner Foth, Dieter Brauns.
- FDP   Friedrich Franz.

9. Wahlperiode 1975 – 1979

Wahltag: 28.9.1975, Beginn: 13.10.1975, Ende: 12.10.1979.
- SPD   Käthe Hoffrage, Friedrich Pöting, Werner Kiene, Horst von Hassel, Erich Michalski, Ursula Kaltenstein, Hildegard Piesker, Walter Würdemann, Werner Wilken, Wilfried Töpfer, Uwe Beckmeyer.
- CDU   J. Henry Wilhelms, Bernd Ravens, Udo Blöchl, Dr. Werner Foth, Heinz Kandolf, Dieter Brauns, Egon Kauffmann.
- FDP   Friedrich Franz, Dr. Heinz Illigner.

10. Wahlperiode 1979 – 1983

Wahltag: 7.10.1979, Beginn: 13.10.1979, Ende: 12.10.1983.

SPD Uwe Beckmeyer, Fritz Fischer, Ursula Kaltenstein, Dr. Lothar Koring, Hildegard Lenz, Friedrich Pöting, Dieter Tiedemann, Wilfried Töpfer, Karin Tuczek, Dieter Wilhelmi, Werner Wilken.

CDU Egon Kauffmann, Rolf Lüerssen, Thorolf Oeing, Bernd Ravens, Lothar Sagner, Wolfgang Schröter, J. Henry Wilhelms.

FDP Harald Neujahr, Manfred Richter.

11. Wahlperiode 1983 – 1987

Wahltag: 25.9.1983, Beginn: 13.10.1983, Ende: 12.10.1987.

SPD Uwe Beckmeyer, Wilfried Filter, Werner Hoyer, Ursula Kaltenstein, Dr. Lothar Koring, Hildegard Lenz, Friedrich Pöting, Dieter Tiedemann, Wilfried Töpfer, Karin Tuczek, Heinz Wenke, Dieter Wilhelmi.

CDU Ralf Bergen, Lydia Bohling, Thorolf Oeing, Rudolf Polley, Bernd Ravens, Michael Teiser, J. Henry Wilhelms.

Grüne Hans-Peter Wierk.

12. Wahlperiode 1987 – 1991

Wahltag: 13.9.1987, Beginn: 13.10.1987, Ende: 12.10.1991.

SPD Werner Hoyer, Ilse Janz, Dr. Lothar Koring, Hildegard Lenz, Günter Linde, Marlies Marken, Dieter Tiedemann, Wilfried Töpfer, Heinz Wenke, Dieter Wilhelmi.

CDU Ralf Bergen, Lydia Bohling, Bernd Ravens, Michael Teiser, J. Henry Wilhelms.

DVU Hans Altermann.

FDP Fred Jungclaus, Harald Neujahr.

Grüne Manfred Schramm, Hans-Joachim Sygusch.

13. Wahlperiode 1991 – 1995

Wahltag: 29.9.1991, Beginn: 13.10.1991, Ende: 7.6.1995.

SPD Gerlinde Berk, Norbert Bloch, Werner Hoyer, Hildegard Lenz, Marlies Marken, Wilfried Töpfer, Karin Tuczek, Heinz Wenke, Dieter Wilhelmi.

CDU Ralf Bergen, Lydia Bohling, Bernd Ravens, Thomas Rövekamp, Michael Teiser, J. Henry Wilhelms.

o.F. (fraktionslos) Hans Altermann.

DVU Marion Blohm.

FDP Fred Jungclaus, Harald Neujahr.

Grüne Manfred Schramm.

14. Wahlperiode 1995 – 1999

Wahltag: 14.5.1995, Beginn: 8.6.1995, Ende: 7.6.1999.
- SPD   Hilde Adolf, Gerlinde Berk, Werner Hoyer, Marlies Marken, Frank Schildt, Wilfried Töpfer, Heinz Wenke, Edith Wilts.
- CDU   Ralf Bergen, Catrin Hannken, Erwin Knäpper, Bernd Ravens, Thomas Röwekamp, Karin Tuczek, Evelyn Waidelich, J. Henry Wilhelms.
- Grüne (Bündnis 90/Die Grünen) Gerhild Engels, Manfred Schramm.
- AFB   (Arbeit für Bremerhaven) Werner Lenz, Albert Marken.

15. Wahlperiode 1999 – 2003

Wahltag: 6.6.1999, Beginn: 8.6.1999.
- SPD   Hilde Adolf (bis 7.7.1999, Wahl in den Senat), Uwe Beckmeyer, Gerlinde Berk, Michael Blank (ab 18.1.2002, nachgerückt für Wilfried Töpfer), Ulrich Freitag, Martin Günthner, Werner Hoyer, Marlies Marken, Frank Schildt, Wilfried Töpfer (bis 7.1.2002, Wahl zum hauptamtlichen Stadtrat in Bremerhaven), Edith Wilts.
- CDU   Ralf Bergen, Catrin Hannken, Erwin Knäpper, Wolfgang Pfahl, Bernd Ravens, Thomas Röwekamp, Michael Teiser, Karin Tuczek.
- Grüne (Bündnis 90/Die Grünen) Doris Hoch, Manfred Schramm.
- DVU   Siegfried Tittmann.

16. Wahlperiode 2003 – 2007

Wahltag: 25.5.2003, Beginn: 8.6.2003
- SPD   Gerlinde Berk, Paul Bödeker, Sybille Böschen, Siegfried Breuer, Martin Günthner, Marlies Marken, Frank Schildt.
- CDU   Silke Allers, Erwin Knäpper, Wolfgang Pfahl (ab 7.7.2003, nachgerückt für Thomas Röwekamp), Bernd Ravens, Thomas Röwekamp (bis 4.7.2003, Wahl in den Senat), Michael Teiser (bis 3.8.2003, Wahl zum hauptamtlichen Stadtrat in Bremerhaven), Karin Tuczek (ab 15.8.2003, nachgerückt für Michael Teiser).
- FDP   Willy Wedler.
- Grüne (Bündnis 90/Die Grünen) Doris Hoch, Peter Lehmann.
- DVU   Siegfried Tittmann.

Bremerhavener Senatoren in der bremischen Landesregierung[6]

Nachdem zwischen 1918 und 1933 erstmals Bremerhavener Politiker in den Bremischen Senat eingetreten waren, verfügte nach der Eingliederung Wesermünde/Bremerhavens in das im Februar 1947 neugebildete Bundesland Bremen die amerikanische Militärregierung, daß die bereits bestehende Bremische Bürgerschaft durch 20 Ratsherren aus Bremerhaven ergänzt werden sollte; zwei von ihnen, der Oberbürgermeister und sein Stellvertreter, sollten als Senatoren Sitz in der Landesregierung haben. Diese Regelung endete mit dem Erlaß der Bremischen Verfassung am 21. Oktober 1947. Mit der Wahl von Gerhard van Heukelum (→ biographischer Teil) wurde es seit 1948 jedoch allgemein akzeptierter politischer Usus, daß mindestens ein in Bremerhaven beheimateter Politiker Mitglied der Bremischen Landesregierung ist. Dieser Brauch wurde lediglich nach dem Unfalltod von Hilde Adolf (→ biographischer Teil) für gut ein Jahr unterbrochen.

August Stampe (SPD) (ernannt 10.4.1919, ausgeschieden 9.7.1920)	1919 – 1920
Johann Wilhelm Karl Kleemann (SPD) (ernannt 17.4.1928, zurückgetreten 6.3.1933)	1928 – 1933
Gerhard van Heukelum (SPD) (ernannt 11.2.1947, ausgeschieden 24.10.1947)	1947
Walter Ballof (SPD) (ernannt 11.2.1947, ausgeschieden 24.10.1947)	1947
Gerhard van Heukelum (SPD) Senator für Arbeit und Wohlfahrt	1948 – 1959
Karl Eggers (SPD) Senator für Wirtschaft und Außenhandel	1959 – 1970
Oskar Schulz (SPD) Senator für Wirtschaft und Außenhandel Senator für Finanzen	1970 – 1971 1971 – 1975
Karl Willms (SPD) Senator für Bundesangelegenheiten	1971 – 1979
Dieter Tiedemann (SPD) Senator für Wirtschaft und Außenhandel	1975 – 1979
Horst von Hassel (SPD) Senator für Bildung	1979 – 1983
Karl Willms (SPD) Senator für Arbeit, Wirtschaft und Außenhandel	1979 – 1983
Werner Lenz (SPD) Senator für Wirtschaft und Außenhandel	1983 – 1987
Uwe Beckmeyer (SPD) Senator für Wirtschaft, Technologie und Außenhandel Senator für Häfen, Schiffahrt und Außenhandel Senator für Arbeit, Häfen und überregionalen Verkehr	1987 – 1991 1991 – 1995 1995 – 1999

Hilde Adolf (SPD)
Senatorin für Arbeit, Frauen, Gesundheit, Jugend und Soziales 1999 – 2002
(Unfalltod am 16.1.2002)

Dr. Ulrich Nußbaum (parteilos)
Senator für Finanzen seit 2003

Thomas Röwekamp (CDU)
Senator für Inneres seit 2003

Bremische Amtmänner in Bremerhaven[7]

Bremerhaven, das sich erst im Laufe der Jahre zu einer Ansiedlung entwickelte, wurde zunächst von einem bremischen Amtmann verwaltet. Dieser allzuständige Beamte war Verwaltungs- und Ordnungspolizei, Strafverfolgungsbehörde und Richter in einer Person. Auch als Bremerhaven 1851 eine städtische Verfassung erhalten hatte, oblagen dem Amtmann weiterhin wichtige Funktionen der Stadtverwaltung. Nachdem diese mit der städt. Verfassung vom 1.10.1879 auf die Stadtgemeinde übergegangen und zur selben Zeit mit der Bildung eines eigenständigen Amtsgerichts die Funktionen der Rechtsprechung verselbständigt worden waren, bedurfte es eines höheren Beamten als Vertreter der bremischen Staatsgewalt in Bremerhaven nicht mehr. Die nach der Wahl des Amtmanns Schultz zum Senator seit 1878 vakante Stelle wurde daher nicht wieder besetzt; die staatlichen Belange nahm kommissarisch der Leiter der Polizeiverwaltung wahr. Wachsende Aufgaben und die Notwendigkeit stärkerer staatlicher Repräsentanz, insbesondere auch gegenüber den an der Unterweser zuständigen preußischen Landräten, ließen es 1894 wieder geraten erscheinen, einen juristisch gebildeten höheren Beamten einzusetzen. Diesem oblagen dann auch die Aufgaben der Beschwerdeinstanz (u.a. für die Angelegenheiten der vom Amt seit langem unabhängigen Hafenbauverwaltung) sowie der Vorsitz im Strandamt, im Quarantäneamt, im Hafenamt und im Seeamt. 1899 wurde zudem die Stelle einer juristischen Hilfskraft (Amtsassessor) geschaffen. Nach der Amtsenthebung von Dr. Helmuth Koch (→ biographischer Teil) durch die Nationalsozialisten wurde die Position des Amtmanns (Amtshauptmanns) bis zur Eingliederung Bremerhavens in die Stadt Wesermünde (1939) nicht wieder besetzt.

Dr. Johann Heinrich Castendyk 1827 – 1832
(* 29.12.1795 Bremen, † 31.12.1833 Baden-Baden)

Dr. Johann Daniel Thulesius 1832 – 1850
(* 9.8.1800 Bremen, † 12.7.1850 Bremerhaven)

Dr. Wilhelm Gröning 1850 – 1871
(* 27.2.1817 Bremen, † 31.3.1871 Bremerhaven)

Friedrich August Schultz 1871 – 1878
(* 5.1.1835 Lüchow, † 2.4.1905 Bremen)

Vakanz

Dr. Eduard Heinrich Herman Friedrich Dommes 1894 – 1901

Dr. Caspar Hermann Heye 1901 – 1912

Waldemar Becké 1912 – 1913

Erich von Seelen 1913 – 1923

Dr. Helmuth Koch (1923 – 25 stellv., 1925 – 27 kommiss.) 1923 – 1937

Landräte und Oberkreisdirektoren der Kreise Geestemünde, Lehe und Wesermünde[8]

Mit dem Inkrafttreten der preußischen Kreisordnung am 1.4.1885, mit der die Landdrosteiverfassung und die alte Ämterstruktur abgeschafft wurde, wurden im neu geschaffenen Regierungsbezirk Stade vierzehn neue Kreise gebildet, u. a. auch Lehe und Geestemünde. Der Kreis Lehe bestand aus dem nördlich der Geeste gelegenen Teil des alten Amtes Lehe und aus dem alten Amt Dorum. Der Kreis Geestemünde setzte sich aus dem südlich der Geeste gelegenen Teil des alten Amtes Lehe und dem alten Amt Hagen zusammen. Für den Kreis Geestemünde wurde 1888 als Verwaltungsgebäude das Kreishaus in der Borriesstr. 48/50 in Geestemünde errichtet. Der Kreis Lehe kam in dem Gebäude des Amtsgerichts in der Langen Str. 121 in Lehe unter. Am 1.10.1932 wurden die Kreise Geestemünde und Lehe zum Kreis Wesermünde zusammengeschlossen. Als Kreissitz diente das Kreishaus des ehemaligen Kreises Geestemünde in Wesermünde. Nach dem Ende des Zweiten Weltkrieges änderte sich die Verfassung und Verwaltung der Landkreise aufgrund der revidierten Deutschen Gemeindeordnung. Nachdem bis 1946 ein staatlicher Landrat als preußischer Hauptverwaltungsbeamter an der Spitze eines Kreises gestanden hatte, fungierte nun der vom Kreistag gewählte Oberkreisdirektor als Leiter der kommunalen Kreisverwaltung. Ebenfalls vom Kreistag gewählt wurde nun der Landrat, der ehrenamtlicher Vorsitzender des Kreistages ist. Infolge der niedersächsischen Kreisreform ging der Landkreis Wesermünde am 1.8.1977 in dem neugebildeten Landkreis Cuxhaven auf. Der Sitz der Kreisverwaltung wurde von Bremerhaven nach Cuxhaven verlegt.

Landräte des Kreises Geestemünde

Dr. Ludwig Brandt (* 27.3.1850 Bodenwerder, † 4.8.1907 Ragaz)	1885 – 1891
Dr. Albert Dyes (* 1.2.1859 Bremen, † 7.2.1938 Kassel)	1891 – 1910
Leopold Rademacher (* 5.7.1864 Werl, † 7.4.1935 Wiesbaden)	1910 – 1929
Dr. Walter zur Nieden (* 23.12.1869 Berlin, † 12.12.1937 Berlin)	1929 – 1932

Landräte des Kreises Lehe

Eduard Geiger (* 12.4.1854 Krone, Kr. Bromberg, † 27.2.1922 Göttingen)	1885 – 1917
Theodor Pieschel (* 23.7.1877 Eckartsberga, † 13.11.1960 Leteln)	1918 – 1932

Landräte des Kreises Wesermünde

Dr. Walter zur Nieden (* 23.12.1869 Berlin, † 12.12.1937 Berlin)	1932 – 1935
Theodor Mahler (* 13.3.1901 Suderbruch, † 24.9.1987 Buchholz)	1935 – 1945
Dr. Ludwig Arps (* 26.6.1907 Padingbüttel, † 24.3.1974 Gräfelfing)	1945 – 1946
Dr. Rudolf Böhm (* 17.1.1907 Kirchensall)	1946
Theodor Allmers (* 3.1.1892 Sandstedt, † 6.4.1981 Sandstedt)	1946 – 1952
Martin Döscher sen. (* 18.10.1905 Köhlen, † 12.3.1993 Köhlen)	1952 – 1972
Hinrich Schniedewind (* 22.6.1928 Kührstedt)	1972 – 1977

Oberkreisdirektoren des Kreises Wesermünde

Dr. Ludwig Arps (* 26.6.1907 Padingbüttel, † 24.3.1974 Gräfelfing)	1946 – 1951
Ernst Klemeyer (* 19.4.1904 Reer, † 14.5.1992 Langen)	1951 – 1969
Jürgen H. Th. Prieß (* 30.1.1929 Schwerin)	1969 – 1977

Stadtbaumeister und Baudezernenten[9]

Die Bauaufgaben entwickelten sich in den Unterweserorten entsprechend der kommunalen Entwicklung nur langsam und wurden z. T. im Nebenamt wahrgenommen. In Bremerhaven, wo die Freie Hansestadt Bremen vor allem im Hafenbau ein umfangreiches Bauvolumen bewältigte, nahm bis 1880 der staatliche Bauaufseher Johann Robert Walter auch die städtischen Bauaufgaben wahr. Im Flecken Lehe übte der Architekt Carl Pogge die Bauaufsicht aus. Geestendorf und Geestemünde verfügten vor ihrer Vereinigung im Jahre 1889 über keine eigenen Baubeamten; hier fielen die Aufgaben der Bauaufsicht der Kreisverwaltung zu.

Lag die Leitung der kommunalen Bauaufgaben zunächst in der Hand von technisch vorgebildeten Gemeinde- bzw. Stadtbaumeistern, so zeigte sich angesichts zunehmender stadtplanerischer Aufgaben bald die Notwendigkeit, mit der Leitung des sich differenzierenden Bauwesens akademisch gebildete Architekten und Ingenieure zu betrauen, die als Stadtbauräte dann dem jeweiligen Magistrat angehörten.

Bremerhaven

Louis Löschner, Stadtbaumeister	1881 – 1894
Martin Diekmann, Stadtbaumeister (1905-1910 zuständig für Tiefbau)	1994 – 1905
Julius Hagedorn, Stadtbaurat (Magistratsmitglied, 1933 entlassen, Stelle eingezogen, Aufgaben gehen 1939 in Wesermünde auf)	1905 – 1933

Lehe

Heinrich Lagershausen, Gemeinde- bzw. Stadtbaumeister	1892 – 1924

Geestemünde

Ludwig Eckert, Gemeindebaumeister	1889 – 1899
Hugo Pietsch, Stadtbaumeister	1899 – 1900
Martin Weiße, Stadtbaumeister	1900 – 1905
Karl v. Zobel, Stadtbaumeister	1905 – 1921
Dr. Wilhelm Kunz, Stadtbaurat (Magistratsmitglied)	1921 – 1924

Wesermünde (seit 1947 Bremerhaven)

Dr. Wilhelm Kunz, Stadtbaurat (Magistratsmitglied)	1924 – 1933
Heinrich Mangel, Stadtbaurat (1945 entlassen auf Anordnung der amerikanischen Militärregierung)	1933 – 1945
Tillman Zentzis, Stadtbaurat (eingesetzt auf Anordnung der amerikanischen Militärregierung)	1945 – 1947
Dr.-Ing. Ernst Vieler, Stadtbaurat	1948 – 1960
Dipl. Ing. Wilhelm Aichinger, Stadtbaurat	1960 – 1972
Heinrich Korves, Stadtbaurat	1972 – 1993
Volker Holm, Stadtbaurat	seit 1993

Ehrenbürger[10]

Otto von Bismarck (* 1.4.1815, † 30.7.1898) — 1885
1862 preußischer Ministerpräsident, 1871 – 1890 Reichskanzler
1885 Ehrenbürger Bremerhavens

Bismarck trat für die Erweiterung des Bremerhavener Gebietes ein und bemühte sich im Reichstag um die Bewilligung von Mitteln für den Ausbau neuer Schiffahrtslinien.

Karl Heinrich von Boetticher (* 6.1.1833, † 6.3.1907) — 1885
1880 preußischer Staatsminister und Staatssekretär im Reichsamt des Innern
    Stellvertreter des Reichskanzlers von Bismarck
1885 Ehrenbürger Bremerhavens

Boetticher führte gemeinsam mit Heinrich von Stephan die Verhandlungen mit dem Norddeutschen Lloyd, die schließlich in dem Vertrag über die neuen Schiffahrtslinien endeten.

Ernst Heinrich Wilhelm von Stephan (* 7.1.1831, † 8.4.1897) — 1885
1876 Generalpostmeister des Deutschen Reiches
1880 Staatssekretär des Reichspostamtes und Staatsminister
1885 Ehrenbürger Bremerhavens

Stephan hatte hervorragenden Anteil am Zustandekommen der neuen Schiffahrtsverbindungen.

Hermann Henrich Meier (* 16.10.1809, † 17.11.1898) — 1885
1865 Präsident des Deutschen Handelstages, Mitglied des Reichstages und der
    Bremischen Bürgerschaft
1885 Ehrenbürger Bremerhavens

Gründer des Norddeutschen Lloyd und Vorsitzender des Verwaltungsrates.

Georg Wilhelm Claussen (* 23.1.1845, † 19.6.1919) 1919
Direktor der Tecklenborg-Werft
1919 Ehrenbürger Geestemündes

Claussen stellte den Werftbetrieb vom Holzschiffbau auf den modernen Eisenschiffbau um.

Georg Diedrich Seebeck (* 7.11.1845, † 27.2.1928) 1920
Gründer der »Georg-Seebeck AG« – Schiffswerft, Maschinenfabrik, Trockendocks – und Vorstand der AG
1920 Ehrenbürger Geestemündes

Zu seinen Lebzeiten wurden von 1879 bis 1928 insgesamt 468 Schiffe auf der Werft gebaut.

Heinrich Kuhlmann (* 24.5.1855, † 17.2.1922) 1920
1896 – 1920 Stadtverordneter, Stadtverordnetenvorsteher u. ehrenamtl. Stadtrat
1920 Ehrenbürger Bremerhavens

Kuhlmann betrieb den Erwerb von Grundstücken in Langen (Friedrichsruh) und Imsum sowie die Errichtung der Schlacht- und Viehhof Bremerhaven-Lehe GmbH. Er gründete 1912 die Viehmarktsbank in Bremerhaven.

Rudolf Mädger (* 16.12.1860, † 10.12.1928) 1924
Zimmergeselle und Gastwirt

1891 – 1911 Bürgervorsteher in Lehe
1919 – 1924 ehrenamtl. Senator im Magistrat der Stadt Lehe
1924 – 1928 Senator der Stadt Wesermünde
1924 Ehrenbürger Lehes.

Johann (Hans) Karl Harries (* 11.9.1862, † 18.5.1925) 1924
Rechtsanwalt und Notar

1900 – 1903 Bürgervorsteher
1904 – 1924 ehrenamtlicher Senator im Magistrat der Stadt Lehe
1924 Ehrenbürger Lehes.

Friedrich Timmermann (* 20.4.1855, † 12.1.1928) 1924
Landwirt

1888 – 1898 u. 1901 – 1909 Bürgervorsteher in Lehe
1909 – 1924 ehrenamtl. Senator im Magistrat der Stadt Lehe
1924 Ehrenbürger Lehes

Timmermann wirkte entscheidend bei der Erweiterung und Ausgestaltung des Speckenbütteler Parks mit. Die Stadt Wesermünde überließ ihm die Betreuung des Parks auf Lebenszeit.

Johann Hinrich Schmalfeldt (* 28.11.1850, † 30.12.1937) 1930
1895 – 1933 Mitglied der Stadtverordnetenversammlung Bremerhaven
1903 – 1907 Mitglied des Reichstages

1919 – 1930 Mitglied der Bremischen Bürgerschaft
1930 Ehrenbürger Bremerhavens
6.6.1936 Ehrenbürgerschaft durch Nationalsozialisten aberkannt, wiederhergestellt durch Beschluß der Stadtverordnetenversammlung vom 20.7.1949.

Schmalfeldt setzte sich im Reichstag für eine bessere Krankenfürsorge der Seeleute und später in der Bremischen Bürgerschaft für eine gerechte Steuerverteilung und für die Erleichterung der Belastung durch Schul- und Armenpflege sowie für die Erhöhung des Schulzuschusses ein.

August Lührs (* 23.3.1861, † 25.11.1939)   1931
Gastwirt
1895 – 1919 Bürgervorsteher in Geestemünde
1919 – 1930 ehrenamtl. Senator in Geestemünde/Wesermünde
1931 Ehrenbürger Wesermündes

Lührs war Mitbegründer des Gemeinnützigen Bauvereins Geestemünde-Süd eGmbH, der heutigen »Gemeinnützigen Wohnungsgenossenschaft«.

Otto Telschow (* 27.2.1876, † 31.5.1945 Selbstmord)   1933 u. 1937
Ab 1925 NSDAP-Gauleiter Gau Lüneburg-Stade bzw. Ost-Hannover   aberkannt 1949
Seit Sept. 1930 Mitglied des Reichstages
Seit 1933 Präsident des hann. Provinziallandtages
1933 Ehrenbürger Wesermündes
1937 Ehrenbürger Bremerhavens

Aberkennung der Ehrenbürgerwürden wegen »unwürdigen Verhaltens« durch Beschluß der Stadtverordnetenversammlung vom 20.7.1949.

Hermann Göring (* 12.1.1893, † 15.10.1946 Selbstmord)   1936
1933 – 1945 Preußischer Ministerpräsident   aberkannt 1949
Er besaß eine Schlüsselrolle beim Aufbau der nat.-soz. Gewaltherrschaft: ihm unterstand die preuß. Geheime Staatspolizei (Gestapo) und dadurch wirkte er führend an der Verfolgung polit. Gegner mit.
1936 Ehrenbürger Wesermündes

Aberkennung der Ehrenbürgerwürde wegen »unwürdigen Verhaltens« durch Beschluß der Stadtverordnetenversammlung vom 20.7.1949.

Carl Röver (* 12.2.1889, † 15.5.1942)   1937
Ab 1928 NSDAP-Gauleiter Gau Weser-Ems   aberkannt 1949
ab Sept. 1930 Mitglied des Reichstages
1932 – 1933 Ministerpräsident des Freistaates Oldenburg
1933 – 1943 Reichsstatthalter für Oldenburg und Bremen
1937 Ehrenbürger Bremerhavens

Aberkennung der Ehrenbürgerwürde wegen »unwürdigen Verhaltens« durch Beschluß der Stadtverordnetenversammlung vom 20.7.1949.

Prof. Dr. Adolf Butenandt (* 24.3.1903, † 18.1.1995) 1960
1936 – 1972 Direktor des Kaiser-Wilhelm-Instituts (seit 1948 Max-Planck-Institut) für Biochemie in Berlin, Tübingen u. München
1960 – 1972 Präsident der Max-Planck-Gesellschaft
1939 Nobelpreisträger für Chemie, zahlreiche Ehrendoktorate
1960 Ehrenbürger

Nach der Ehrenbürgerurkunde war die Verleihung »nicht nur Ausdruck des Dankes der Stadt Bremerhaven für sein verdienstvolles Wirken zum Wohl der Menschheit, sondern auch ein Zeichen der Dankbarkeit und Liebe, die er seiner Vaterstadt stets bewahrt hat«.

Wilhelm Kaisen (* 22.5.1887, † 19.12.1979) 1965
1946 – 1965 Präsident des Senats der Freien Hansestadt Bremen
1965 Ehrenbürger

In der ihm überreichten Urkunde heißt es u. a. »Die Überwindung der verheerenden Auswirkungen des Krieges und die Entfaltung neuen Lebens in unserer Gemeinde, die sich in allen Bereichen so wirksam und erfolgreich vollzogen haben, wären ohne die Hilfe und Förderung durch das Land Bremen nicht in dem erreichten Maße möglich gewesen. … Würdigung und Anerkennung der großen Verdienste um die Stadt Bremerhaven finden ihren Ausdruck in der Verleihung des Ehrenbürgerrechts.«

Gerhard van Heukelum (* 15.1.1890, † 5.5.1969) 1968
1927 – 1933 Mitglied der Bremischen Bürgerschaft
1945 – 1948 Bürgermeister bzw. Oberbürgermeister in
Wesermünde/Bremerhaven
1948 – 1959 Senator für Arbeit und Wohlfahrt
1959 – 1967 ehrenamtl. Stadtrat für das Krankenhauswesen
1968 Ehrenbürger

Seine Sorge galt der Linderung der Not und dem Wiederaufbau der Stadt. Als Oberbürgermeister setzte sich G. van Heukelum entscheidend für den Anschluß Wesermündes an Bremen ein.

Helmut Schmidt (* 23.12.1918) 1983
1953 – 1961 und 1965 – 1987 Mitglied des Bundestages
1961 – 1965 Innensenator in Hamburg
1969 – 1972 Bundesverteidigungsminister
1972 – 1974 Bundeswirtschafts- bzw. Bundesfinanzminister
1974 – 1982 Bundeskanzler
seit 1983 Mitherausgeber der Wochenzeitung »Die Zeit«
Ehrenbürger von Bonn, Berlin, Hamburg und Bremerhaven (1983)

Die Ehrenbürgerwürde der Stadt Bremerhaven erfolgte auf Antrag der hiesigen SPD. Mit ihr wurde Schmidts Eintreten für den Standort Bremerhaven als dem Zentrum der deutschen Polarforschung mit der Errichtung des Alfred-Wegener-Instituts gewürdigt.

Ingrid Ehlerding (* 4.2.1948) und *Karl Ehlerding* (* 25.7.1942) 1998
1998 Ehrenbürger
Das in Hamburg lebende Kaufmannsehepaar hat sich in herausragender und vorbildlicher Weise für das Gemeinwohl seiner Heimatstadt Bremerhaven, v.a. beim Eintreten für die Belange der Bremerhavener Jugend engagiert.

Träger der Verdienstmedaille[11]

Am 8.2.1979 beschloß die Stadtverordnetenversammlung der Stadt Bremerhaven, Personen, die sich besondere Verdienste um das Wohl und das Ansehen der Stadt Bremerhaven erworben haben, mit einer Verdienstmedaille zu ehren. Laut den »Richtlinien für die Verleihung der Verdienstmedaille der Stadt Bremerhaven für besondere Verdienste« kann die Stadtverordnetenversammlung auf Vorschlag oder nach Anhörung des Magistrats die Verdienstmedaille verleihen. Sie soll für besondere Leistungen an Persönlichkeiten vergeben werden, die sonst keine Anerkennung der Stadt Bremerhaven, z. B. als Ehrenbürger oder Stadtältester, erfahren können.

Dr. August Dierks (*19.5.1899, † 16.3.1983) 1979
1949 – 1965 Hauptgeschäftsführer der Industrie- und Handelskammer Bremerhaven.
Weitere Ehrungen: Hermann-Allmers-Preis (1977), Bremer Senatsmedaille für Wissenschaft und Kunst (1979).
Anläßlich seines 80. Geburtstages wurde Dierks mit der Verdienstmedaille für seine Verdienste um das Deutsche Schiffahrtsmuseum sowie auch für sein vielfältiges Engagement für Bremerhaven insgesamt geehrt.

Kurt Ditzen (* 15.12.1891, † 8.10.1982) 1981
Richter, Verleger und Herausgeber der Nordsee-Zeitung.
»In Würdigung seiner Verdienste um die Medienpolitik und die Öffentlichkeitsarbeit« für Bremerhaven wurde Ditzen die Verdienstmedaille zu seinem 90. Geburtstag verliehen.

Rudolf Dahmen (* 18.4.1917, † 24.1.1989) 1982
1967 – 1982 Chefredakteur der Nordsee-Zeitung.
Mit der Verdienstmedaille wurden Dahmens journalistische Verdienste um die Seestadt und sein Anteil am Aufbau eines unabhängigen Pressewesens nach dem Zweiten Weltkrieg gewürdigt.

Heinz-Günther Thees (* 24.4.1911) 1989
Dipl.-Ingenieur, Architekt, Vorsitzender des Bauernhausvereins Lehe e.V. (1967 – 1994).
Weitere Ehrungen: Walter-Kolb-Plakette des Deutschen Turnerbundes (1971), Stadtältester der Stadt Bremerhaven (1979), Bundesverdienstkreuz (1983).
»Als Dank für seine vielfältigen ehrenamtlichen Aktivitäten, insbesondere seine Verdienste um den Bauernhausverein Lehe e.V.,« wurde ihm die Verdienstmedaille verliehen.

Wolfgang van Betteray (* 1947) 1999
Diplom-Kaufmann, Rechtsanwalt.

Als Insolvenzverwalter über die zum Bremer Vulkan gehörenden Bremerhavener Schiffbaubetriebe konnte er eine bedeutende Anzahl von Arbeitsplätzen im Bremerhavener Schiffbau erhalten. Während des Insolvenzverfahrens hat er im Rahmen seiner Pflichten stets auch die Interessen der Stadt Bremerhaven beachtet und sich zum Wohle der Stadt beachtlich engagiert.

Dr. jur. Joachim Ditzen-Blanke (* 1925) 2000
Seit 1965 Mitherausgeber bzw. seit 1970 Herausgeber der Nordsee-Zeitung. 1979 – 1989 Präsident der Industrie- und Handelskammer Bremerhaven.

Die Auszeichnung erfolgte in Anerkennung der großen Verdienste, die er sich um die Stadt, nicht nur als erfolgreicher Unternehmer und einer der größten Arbeitgeber in der Stadt, sondern auch wegen seines großen Einsatzes für Bremerhaven erworben hat.

Träger des Jeanette Schocken Preises[12]

Der Jeanette Schocken Preis wurde 1989/90 von Bremerhavener Bürgern gestiftet, um an die Verbrechen des Nationalsozialismus zu erinnern und um ein Zeichen für Toleranz, Weltoffenheit und Solidarität zu setzen. Für die Namensgebung stand die von den Nationalsozialisten ermordete jüdische Geschäftsfrau Jeanette Schocken (→ biographischer Teil) Pate, die sich in besonderer Weise für ihre Mitmenschen eingesetzt hat. Der mit 10.000.- DM (1999: 15.000.- DM, seit 2003: 7.500.- €) dotierte Literaturpreis wird seit 1991 alle zwei Jahre jeweils am 6. Mai, dem Jahrestag der Bücherverbrennung durch die Nationalsozialisten (6.5.1933), an Schriftsteller vergeben, deren Werk sich gegen Gewalt, Haß und Intoleranz richtet. In den dazwischen liegenden (geraden) Jahren finden jeweils um dieselbe Zeit die Jeanette Schocken Literaturtage statt.

Irene Dische	1991
Hanna Krall	1993
Louis Begley	1995
Imre Kertész	1997
Tuvia Rübner	1999
Barbara Honigmann	2001
George Tabori	2003

Stadtälteste[13]

Nach § 14 Absatz 2 der Verfassung für die Stadt Bremerhaven in der Fassung vom 13. Okt. 1971 kann auf Beschluß der Stadtverordnetenversammlung Bürgern, die mindestens 20 Jahre lang Ehrenbeamte waren oder der Stadtverordnetenversammlung oder dem Magistrat ehrenamtlich angehörten und ihre Tätigkeit ohne Tadel ausgeübt haben, die Ehrenbezeichnung »Stadtältester« verliehen und ein Ehrensold bewilligt werden.

In der nachfolgenden Liste sind die Stadtältesten nach dem Datum ihrer Ehrung durch die Stadtverordnetenversammlung aufgeführt.

1. *Gustav Weißenborn* — 25.1.1952
   Stadtverordneter, ehrenamtlicher Stadtrat
2. *Marie von Seggern* — 5.9.1952
   Stadtverordnete
3. *Karl Curdt* — 30.11.1955
   Stadtverordneter, ehrenamtlicher Stadtrat, Stadtverordnetenvorsteher
4. *Diedrich Hoops* — 25.2.1960
   Stadtverordneter
5. *Georg Stichternath* — 25.2.1960
   Stadtverordneter
6. *Otto Schachtner* — 16.12.1960
   Stadtverordneter
7. *Friedrich Thiele* — 2.3.1961
   Verwaltungsdirektor a.D., früher ehrenamtlicher Senator
8. *Heinrich Addicks* — 23.1.1964
   Stadtverordneter
9. *Ilse Ring* — 23.1.1964
   Stadtverordnete
10. *Carsten Börger* — 23.1.1964
    Stadtverordneter
11. *Bernhard Vogelsang* — 14.12.1967
    Stadtverordneter, ehrenamtlicher Stadtrat
12. *Christian Hacker* — 12.2.1970
    Stadtverordneter
13. *Frida Kreipe* — 12.2.1970
    Stadtverordnete
14. *Albert Kruse* — 12.2.1970
    Stadtverordneter, ehrenamtlicher Stadtrat
15. *Willi Kuhn* — 16.12.1971
    Stadtverordnetenvorsteher
16. *Paul Mielke* — 16.12.1971
    Stadtverordneter
17. *Dr. Friedrich-Wolfgang Hagedorn* — 16.12.1971
    Stadtverordneter

18.	Else Petersen Stadtverordnete, ehrenamtliche Stadträtin	23.10.1975
19.	Frieda Oellerich Stadtverordnete	23.10.1975
20.	Max Bernhardt Stadtverordnetenvorsteher, ehrenamtlicher Stadtrat	23.10.1975
21.	Hansjörg Brauns Stadtverordnetenvorsteher, ehrenamtlicher Stadtrat	23.10.1975
22.	J. Heinrich Kramer Stadtverordneter, ehrenamtlicher Stadtrat	23.10.1975
23.	Lorenz Ströhlein Stadtverordneter	23.10.1975
24.	Richard Lahmann Stadtverordneter	25.10.1979
25.	Heinz Malicki Stadtverordneter	25.10.1979
26.	Karl Meyer Stadtverordneter	25.10.1979
27.	Heinz Günther Thees Stadtverordneter, ehrenamtlicher Stadtrat	25.10.1979
28.	Dr. Rolf Rogge Stadtverordneter, ehrenamtlicher Stadtrat	22.4.1982
29.	Hans Eggers Stadtverordneter, ehrenamtlicher Stadtrat	3.3.1983 postum
30.	Albert Fieberg Stadtverordneter	19.10.1983
31.	Werner Jacobi Stadtverordneter, ehrenamtlicher Stadtrat	19.10.1983
32.	Karl-Heinz Kortlang Stadtverordneter	19.10.1983
33.	Ernst Lange Stadtverordneter, ehrenamtlicher Stadtrat	19.10.1983
34.	Mathilde Lehmann Stadtverordnete, ehrenamtliche Stadträtin, Stadtverordnetenvorsteherin	19.10.1983
35.	Heinrich Mayerhöfer Stadtverordneter	19.10.1983
36.	Heinz Otte Stadtverordneter, ehrenamtlicher Stadtrat	19.10.1983
37.	Hildegard Reinking Stadtverordnete	19.10.1983
38.	Rudolf Sturmheit Stadtverordneter	19.10.1983
39.	Werner Lenz Stadtverordneter	9.2.1984

40.	*Paul Werner* ehrenamtlicher Stadtrat, Stadtverordneter	15.10.1987
41.	*Maria Krenz* Stadtverordnete	15.10.1987
42.	*Manfred Ebel* Stadtverordneter	15.10.1987
43.	*Wilhelm Döring* Stadtverordneter, ehrenamtlicher Stadtrat	15.10.1987
44.	*Günter Linde* Stadtverordneter	31.10.1991
45.	*Manfred Moh* Stadtverordneter	31.10.1991
46.	*Werner Rosilius* Stadtverordneter	31.10.1991
47.	*Hans-Wilhelm Schröder* Stadtverordneter, ehrenamtlicher Stadtrat	31.10.1991
48.	*Friedrich Grote* Stadtverordneter	22.6.1995
49.	*Karin Hoffmann* Stadtverordnete, ehrenamtliche Stadträtin	22.6.1995
50.	*Wolfgang Schröter* Stadtverordneter	22.6.1995
51.	*Richard Skribelka* Stadtverordneter	22.6.1995
52.	*Rolf Stindl* Stadtverordneter, ehrenamtlicher Stadtrat	22.6.1995
53.	*Alfons Tallert* Stadtverordneter, Stadtverordnetenvorsteher	22.6.1995

Präsidenten und Hauptgeschäftsführer der Industrie- und Handelskammer Bremerhaven[14]

Präsidenten

Anton Johann Julius Ferdinand Lentz, Fabrikant und Konsul	1867 – 1871
C. Heiligenstadt, Fabrikant und Konsul	1871 – 1873
Carl Welkner, Kaufmann	1873 – 1878
Anton Johann Julius Ferdinand Lentz, Fabrikant und Konsul	1879 – 1882
Kammer geschlossen	1882 – 1891
Wilhelm A. Riedemann, Reeder und Kommerzienrat	1891 – 1892
Adolf Schmidt, Kaufmann und Senator	1892 – 1898

Wilhelm Bade, Kaufmann und Senator	1898 – 1907
Christian Külken, Kaufmann	1907 – 1911
Johann Stadtlander, Reeder und Konsul	1911 – 1920
Friedrich Albert Pust, Reeder und Konsul	1920 – 1928
Ferdinand Kreymborg, Kaufmann	1928 – 1933
Richard Jung, Generaldirektor	1933
Hans Kohnert, Kaufmann (1943-1945 Präsident der Gauwirtschaftskammer Ost-Hannover) (Ehrenpräsident 17.2.1951)	1933 – 1945
Dr. Gustav Meyer, Reedereidirektor	1945 – 1953
Dr.-Ing. Gustav W. Rogge, Unternehmer	1953 – 1958
Herbert Fornell, Reedereidirektor	1958 – 1959
Horst Janson	1959 – 1961
Horst Külken, Kaufmann	1961 – 1966
Heinz Sieghold, Bankdirektor	1966 – 1967
Friedrich Carl Busse, Reeder	1968 – 1974
Hermann Noé, Unternehmer	1974 – 1979
Dr. Joachim Ditzen-Blanke, Verleger (Ehrenpräsident 14.10.1992)	1979 – 1989
Hans-Dieter Brünjes, Kaufmann	1989 – 1993
Rudolf Hübenthal, Kaufmann	1993 – 1995
Ingo Kramer, Unternehmer	1996 – 2002
Peter Greim, Manager	seit 2002

Hauptgeschäftsführer

A. Meyer, Rechtsanwalt (Syndikus im Nebenamt)	1891 – 1893
Dr. Karl Buddeus (Syndikus)	1893 – 1900
Dr. Adolf Prost (Syndikus)	1901 – 1909
Dr. Wilhelm Reisner (Syndikus)	1909 – 1914
Dr. Johann Jung (1. Syndikus)	1914 – 1943
Dr. August Dierks (1932 gleichberechtigter Syndikus, 1943 – 1945 Hauptgeschäftsführer der Gauwirtschaftskammer Ost-Hannover)	1932 – 1945
Dr. Johann Jung (Hauptgeschäftsführer)	1945 – 1949
Dr. August Dierks (Hauptgeschäftsführer)	1949 – 1965
Dr. Werner Foth (Hauptgeschäftsführer)	1965 – 1982
Dr. Gerhard Fricke (Hauptgeschäftsführer)	1982 – 1998
Michael Stark (Hauptgeschäftsführer)	seit 1998

Intendanten des Bremerhavener Stadttheaters[15]

Gustav Burchard	1911 – 1931
Adolph Rampelmann	1931 – 1933
Gustav Deharde	1933 – 1935
Edwin Burmester	1935 – 1937
Dr. Hans Press	1937 – 1945
Karl Georg Saebisch	1945 – 1951
Hans Herbert Pudor	1951 – 1961
Erich Thormann	1961 – 1967
Dr. Jürgen-Dieter Waidelich	1967 – 1974
Walter Ruppel	1974 – 1981
Siegfried Wittig	1981 – 1988
Dr. Dirk Böttger	1988 – 1994
Peter Grisebach	seit 1994

Musikdirektoren und Leiter des Städt. Orchesters[16]

Otto Albert	1911 – 1928
Philipp Wüst	1928 – 1932
Eugen Mürl	1932 – 1933
Friedrich Mario Müntefer	1933 – 1935
Helmut Schlawing	1935 – 1938
Siegfried Meik	1938 – 1945
Hans Segelken	1947 – 1948
Hans Kindler	1948 – 1975
Ulrich Weder	1975 – 1978
Leo Plettner	1978 – 2000
Stephan Tetzlaff	seit 2000

Superintendenten der Ev.-luth. Kirche[17]

Kirchenkreis Geestemünde

Georg Johann Wilhelm Behn (* 4.8.1810, † 19.7.1877)	1867 – 1868
Konrad Bernhard Vogelsang (* 17.5.1819, † 29.3.1887)	1868 – 1871

Kirchenkreis Wulsdorf

Konrad Bernhard Vogelsang (* 17.5.1819, † 29.3.1887)	1871 – 1887
Andreas Julius Edel Schroeder (* 22.1.1829, † 31.10.1895)	1888 – 1895
Cornelius Gustav Karl Christoph von Hanffstengel (* 27.1.1844, † 1.8.1931)	1896 – 1921
Hermann Nicolaus (Niclas) Uphof (* 23.3.1876, † 1.12.1938)	1921 – 1931
Ludwig Holtermann (* 7.2.1864, † 15.1.1946)	1931 – 1934
Hermann Wilhelm Wendebourg (* 17.9.1887, 19.3.1969)	1935 – 1940

Kirchenkreis Lehe

Heinrich Wilhelm Dieckmann (* 27.4.1828, † 16.11.1903)	1874 – 1884
Johannes Heinrich Friedrich von Rechtern (* 14.5.1836, † 1.8.1921)	1884 – 1907
Johann Heinrich Paulus Dieckmann (* 14.5.1866, † 17.1.1927)	1907 – 1927
Christoph August Ostermann (* 3.10.1870, † 27.2.1960)	1927 – 1940

Kirchenkreis Wesermünde-Stadt bzw. Bremerhaven

Hermann Wilhelm Wendebourg (* 17.9.1887, † 19.3.1969)	1940 – 1959
Siegfried Dietrich Meyer (* 11.4.1916, † 30.1.2003)	1959 – 1980
Ernst-Michael Ratschow (* 1.3.1941)	seit 1981

Dechanten in der Bremerhavener Katholischen Gemeinde[18]

Johannes Hellmold (* 18.7.1913, † 23.1.1981) Amtszeit: 1.11.1969 – 31.1.1975	1969 – 1975
Arnold Fricke (* 29.7.1926, † 20.11.1991) Amtszeit: 1.2.1975 – 1.2.1985	1975 – 1985
Georg Danel (* 5.3.1929) Amtszeit: 4.6.1985 – 8.10.2000	1985 – 2000
Wigbert Schwarze Amtszeit: ab 25.5.2001	seit 2001

Kommandeure der in Bremerhaven stationierten US-Einheiten[19]

Bremerhaven war als Teil der amerikanischen Enklave Bremen seit 1945 Nachschubhafen für die amerikanischen Truppen in Deutschland und behielt diese Funktion auch nach dem Ende der Besatzungszeit. In diesem Rahmen waren mehrere tausend Soldaten mit ihren Familien und deutsche Zivilangestellte tätig. Die folgende Aufstellung enthält die Namen der verantwortlichen Kommandeure der in Bremerhaven stationierten militärischen Einheiten, die unter wechselnden Bezeichnungen und Zuständigkeiten firmierten, zuletzt als 543. Area Support Group. Nachdem im Zuge der Ost-West-Entspannung seit 1990 die amerikanische Präsenz in Deutschland reduziert worden war, wurden die amerikanischen Dienststellen in Bremerhaven 1992 und 1993 weitestgehend aufgelöst und die Einrichtungen an deutsche Dienststellen übergeben; die 543. Area Support Group stellte am 14.4.1993 offiziell ihre Tätigkeit ein. Seither besteht in Bremerhaven unter der heutigen Bezeichnung 950. Transportation Company nur noch eine untergeordnete kleine amerikanische Transporteinheit.

Col. John Herman	1946 – 1949
Col. Marco Bonsignore	1949 – 1951
Lt.-Col. Laurence M. Hursh	1951 – 1953
Lt.-Col. Martin Putnoi	1953 – 1955
Col. Bingham Boyce	1955 – 1957
Col. John F. Breslin	1957 – 1959
Col. Richard K. Hutson	1959 – 1962
Col. Henry C. Hatchell	1962 – 1964
Col. Jack L. Bailey	1964 – 1967
Col. Charles L. Anderson	1967 – 1968
Col. H. S. Huff	1968 – 1969
Col. Joseph D. Hughes	1969 – 1970
Col. Robert J. McKay	1970 – 1971
Col. Irving R. Wendt	1971 – 1973
Col. Robert E. Spiller	1973 – 1975
Col. Merritte Ireland	1975 – 1978
Brig.-Gen. James Armstrong	1978 – 1980
Col. Gerald B. McConnell	1981 – 1982
Col. Carl S. Gustafson	1982 – 1984
Col. Donald L. Woodhouse	1984 – 1986
Col. Richard O. Hahn	1986 – 1988
Col. James W. Becker	1988 – 1990
Col. Franklin J. McGlynn	1990 – 1992
Col. Jules W. Hampton	1992 – 1993

Kommandeure der Marineschulen Wesermünde/Bremerhaven[20]

1935 wurde Wesermünde Garnisonsstadt, nachdem im Rahmen der Aufrüstung des Nationalsozialismus auf dem Gelände der ehemaligen Tecklenborg-Werft Kasernenanlagen errichtet und eine Marineschule eingerichtet worden war. Diese war für die fachliche Ausbildung von Maschinenpersonal aller Mannschafts- und Unteroffiziersdienstgrade zuständig. Nach der Kapitulation im Mai 1945 wurden die Anlagen von amerikanischen Besatzungseinheiten unter Verantwortung der US-Navy vor allem als Unterkünfte genutzt. Als 1956 die Bundesmarine gegründet wurde, zogen auf dem Gelände der ehemaligen Marineschule neue militärische Dienststellen und Ausbildungsstätten ein, deren wichtigsten die Technische Marineschule II (TMS II) und die Marineortungsschule (MOS) waren. Die TMS II Bremerhaven, bis 1959 eine Zweigstelle der TMS Kiel, wurde 1982 aufgelöst, während die Marineortungsschule, die seither das gesamte Gelände umfaßt, nach wie vor Ausbildungsaufgaben für Offiziere, Unteroffiziere und Mannschaften der Bundesmarine in den Bereichen Ortung, Navigation, Elektronik, Führungsmittel und Waffeneinsatz wahrnahm; seit 1997 fungiert die MOS unter dem Namen Marineoperationsschule als Zentrum der operativen und taktischen Ausbildung der Bundesmarine. Der jeweilige Kommandeur der Marineortungsschule bzw. Marineoperationsschule wurde seit 1956 in der Regel auch mit den Aufgaben des Standortältesten in Bremerhaven betraut.

Marineschule Wesermünde

KKpt. (Ing.) Zieb (1.4.1935-30.9.1936)	1935 – 1936
Kpt. z.S. (Ing.) Alfred Schirmer (7.10.1936-23.11.1939)	1936 – 1939
KAdm. (Ing.) Karl Kaufmann (24.11.1939-26.8.1942)	1939 – 1942
KAdm. (Ing.) Wilhelm Tackenberg (7.9.1942-30.11.1943)	1942 – 1943
Kpt. z.S. (Ing.) Wilhelm Fischer (Jan. 1944-7.5.1945)	1944 – 1945

Technische Marineschule II

FKpt. Werner Jochmann (1.6.1956-30.4.1959 Leiter der Zweigstelle Bremerhaven der TMS II, 1.10.1959-31.3.1962 Kommandeur m.d.W.d.G.b.)	1956 – 1959
FKpt. August Wilhelm Heye (1.10.1959-31.3.1962)	1959 – 1962
FKpt. Riemenschneider (1.4.1962-30.9.1963)	1962 – 1963
Kpt. z.S. Schubert (1.10.1963-15.6.1966)	1963 – 1966
Kpt. z.S. Herbert Panknin (16.6.1966-31.3.1972)	1966 – 1972
Kpt. z.S. Heinz Lang (1.4.1972-31.8.1973)	1972 – 1973
Kpt. z.S. Wolfgang Beyer (1.9.1973-31.3.1981)	1973 – 1981
Kpt. z.S. (Dipl.-Ing.) Hans-Achim Romer (1.4.1981-30.9.1982)	1981 – 1982

Marineortungsschule/Marineoperationsschule

FKpt. Robert Kopp (m.d.W.d.G.b., 23.4.1956-30.11.1956)	1956
Kpt. z.S. Hermann Alberts (1.12.1956-31.3.1963)	1956 – 1963
Kpt. z.S. Heinrich Hoffmann (1.4.1963-30.9.1968)	1963 – 1968
Kpt. z.S. Dr. Otto Ites (1.10.1968-31.3.1971)	1968 – 1971
Kpt. z.S. Jürgen Goetschke (1.4.1971-31.3.1973)	1971 – 1973
Kpt. z.S. Karl-Theodor Raeder (1.4.1973-30.9.1977)	1973 – 1977
Kpt. z.S. Heinz-Eugen Eberbach (1.10.1977-29.9.1980)	1977 – 1980
Kpt. z.S. Klaus-Dieter Sievert (1.10.1980-31.3.1984)	1980 – 1984
Kpt. z.S. Hans-Dietrich Meiburg (1.4.1984-31.3.1986)	1984 – 1986
Kpt. z.S. Karlheinz M. Reichert (1.4.1986-15.12.1989)	1986 – 1989
Kpt. z.S. Hans Joachim Petersen (16.12.1989-23.9.1994)	1989 – 1994
Kpt. z.S. Hans-Joachim Oels (14.9.1994-30.9.1997)	1994 – 1997
Kpt. z.S. Stefan Lang (1.10.1997-18.3.2002)	1997 – 2002
Kpt. z.S. Jörg Owen (seit 19.3.2002)	seit 2002

Anmerkungen

*   Zusammengestellt von Hartmut Bickelmann und Daniela Deckwart unter Mitarbeit von Uwe Jürgensen, Hans-Dieter Haufschildt, Karl Heinz Windhorn und Lothar Wolf.

1   Quellen: Gabcke (s. Lit.verz.), Bd. 1-3; Scheper, Jüngere Geschichte (s. Lit.verz.), Anhang, S. 28-29; StadtA Brhv., Bestand Wesermünde, insbes. 004/2 u. 004/10/1; Ev.-luth. Kirchenkreisamt Bremerhaven, Kirchenbücher; Gemeindeamt d. Ev.-ref. Kirchengemeinde Bremerhaven, Kirchenbücher; Auskunft Archiv d. Hansestadt Lübeck.

2   Quellen: Scheper, Jüngere Geschichte (s. Lit.verz.), Anhang, S. 31; StadtA Brhv., Zeitungsausschnittsammlung.

3   Quellen: Scheper, Jüngere Geschichte (s. Lit.verz.), Anhang, S. 31-32; Amtsblatt d. Freien Hansestadt Bremen, Bekanntmachung des endgültigen Wahlergebnisses der Bundestagswahl im Lande Bremen (jeweiliges Wahljahr); Biogr. Hdb. Bundestag (s. Lit. verz.); Datenhandbuch zur Geschichte des Deutschen Bundestages 1949 bis 1999, Baden-Baden 1999, Bd. 3; StadtA Brhv., Zeitungsausschnittsammlung.

4   Quellen: Elisabeth Hannover-Drück, Die Ausübung des Frauenwahlrechts in Bremen 1918-1933, Br. 1991, S. 134-135; Fritz Peters, Zwölf Jahre Bremen 1933-1945, Br. 1951, S. 11-22; Peters, Herkunft (s. Lit.verz.); Günther Rohdenburg, Wahlen in Bremen 1848-1987, Br. 1987, S. 16; Schröder, Parlamentarier (s. Lit.verz.); Herbert Schwarzwälder, Geschichte der Freien Hansestadt Bremen, Bd. 2, S. 216-218, 322, Bd. 3, S. 69 u. 266ff., Bd. 4, S. 55, 66-68; StadtA Brhv., Adreßbücher Bremen u. Brhv., Bestand Alt-Bremerhaven, 268/2, 5, 7, u. 365/2.

5   Quellen: Handbuch der Bremischen Bürgerschaft, 1.-16. Wahlperiode; Scheper, Jüngere Geschichte (s. Lit.verz.), Anhang, S. 29-31.

6   Quellen: Peters, Herkunft (s. Lit.verz.), S. 214, 220, 230-231; Scheper, Jüngere Geschichte (s. Lit.verz.), Anhang, S. 31; StadtA Brhv., Zeitungsausschnittsammlung.

7   Quellen: zu Castendyk, Thulesius, Gröning, Becké und Koch vgl. die Einzelbiographien im biographischen Teil; zu Schultz vgl. Peters, Herkunft (s. Lit.verz.), S. 204; danach vgl. StABr., Findbuch Bestand 2-Q 9, Vorwort und Akte Nr. 161, sowie StABr. 4,14 Erich von Seelen u. Helmuth Koch.

8 Quellen: Gabcke (s. Lit.verz.), Bd. 1, S. 135, u. Bd. 2, S. 69; Rudolf Lembcke, 100 Jahre Kreise an Elb- und Wesermündung 1885-1985, Cuxhaven 1985, S. 211-212; StadtA Brhv., Einwohnermeldekarteien, Zeitungsausschnittsammlung; Auskunft Archiv des Landkreises Cuxhaven, Otterndorf und StA Stade sowie aus weiteren Staats-, Stadt-, Kreis- und Kirchenarchiven in Deutschland.

9 Quellen: Zusammengestellt anhand von Adreßbüchern, Verwaltungsberichten und Personalakten.

10 Quellen: Meyer, Ehrenbürger (s. Lit.verz.); Scheper, Jüngere Geschichte (s. Lit.verz.), Anhang, S. 33-36; Karlheinz Spielmann, Ehrenbürger u. Ehrungen in Geschichte u. Gegenwart, Bd. 1 (A-K), Dortmund 1967, S. 128-130; StadtA Brhv., Adreßbücher, Zeitungsausschnittsammlung, Protokolle Wesermünde, Akten Bestand Hauptamt; Auskunft Personal- und Organisationsamt der Stadt Brhv.

11 Quellen: StadtA Brhv., Bestand Hauptamt sowie Zeitungsausschnittsammlung; Auskunft Personal- und Organisationsamt der Stadt Bremerhaven.

12 Quellen: 10 Jahre Jeanette Schocken Preis. Bremerhavener Bürgerpreis für Literatur. Eine Dokumentation, Brhv. 2000; Jeanette Schocken Preis 2001, Brhv. 2001, u. 2003, Brhv. 2003.

13 Quellen: Scheper, Jüngere Geschichte (s. Lit.verz.), Anhang, S. 36-37; StadtA Brhv., Bestand Hauptamt sowie Zeitungsausschnittsammlung; Auskunft Personal- und Organisationsamt der Stadt Brhv.

14 Quellen: August Dierks, Tätige Stadt im Nordseewind, Brhv., 1. Aufl. 1951, S. 106-111; IHK Bremerhaven, Rundschreibedienst Nr. 9, 25.3.1948, u. Nr. 42, 15.11.1949; Wirtschaft an Strom und Meer (Mittbl. der IHK Brhv.), mehrere Jahrgänge; StadtA Brhv., Zeitungsausschnittsammlung; Auskunft IHK Brhv.

15 Quellen: 100 Jahre Stadttheater Bremerhaven, Brhv. 1967, S. 45, StadtA Brhv., Zeitungsausschnittsammlung.

16 Quellen: Fritz Ernst, Das Bremerhavener Theater, Brhv. 1981, S. 84; StadtA Brhv., Zeitungsausschnittsammlung.

17 Quellen: Chronik von Wulsdorf, Brhv. 1990; Meyer, Pastoren (s. Lit.verz.); 50 Jahre Kirchenkreis Wesermünde-Nord, Dorum 1990, S. 8-11; Wulsdorf, älter als 850 Jahre, Brhv. 1989, S. 65-67; StadtA Brhv., Adreßbücher, Meldekarteien, Bestand; Wesermünde 360/7/3; Auskunft Landeskirchliches Archiv Hannover, Dr. Hans Otte.

18 Quellen: 75 Jahre Herz-Jesu Bremerhaven-Lehe, Brhv. 1986, S. 20-30; StadtA Brhv., Zeitungsausschnittsammlung.

19 Quelle: Namenstafel im StadtA Brhv., übergeben 1993 an Bürgermeister Heinrich Brandt durch einen Beauftragten des Military Traffic Management Command Bremerhaven.

20 Quelle: Zusammenstellung von Lothar Wolf, Bremerhaven, nach amtlichen Unterlagen.

Verzeichnis der abgekürzt zitierten Literatur

ADB Allgemeine Deutsche Biographie. Hrsg. v. d. Hist. Commission bei der kgl. Akademie d. Wissenschaften. 55 Bde. u. 1 Bd. Generalreg., München/Leipzig 1875-1912.

Allg. Hann. Biogr. Allgemeine hannoversche Biographie. Hrsg. v. Wilhelm Rothert, 3 Bde., Hannover 1912-1916.

Aufbauarbeit Bremerhaven. 5 Jahre Aufbauarbeit. Ein Zeitdokument von 1948 bis 1952. Hrsg. v. Magistrat der Stadt Bremerhaven. Bremerhaven 1952.

Bartel, Mietwohnungsbau Horst Bartel, Der Mietwohnungsbau der Stadt Bremerhaven. Ein Vergleich seiner Entwicklung in den Siedlungskernen Lehe, Bremerhaven, Geestemünde und Wulsdorf bis zum II. Weltkrieg. Staatsexamenarbeit im Fach Geographie, Univ. Göttingen 1978 (masch.schr.) (1 Ex. im StadtA Brhv.)

Beckmann, Reedereien Werner Beckmann, Die Reedereien der Hochsee- und Heringsfischerei in Bremerhaven. Bremerhaven 2003.

Beckmanns Sport-Lexikon Beckmanns Sport-Lexikon A-Z. Leipzig/Wien 1933.

Behrens Georg Behrens, Geschichte der Stadt Geestemünde. Wesermünde 1928.

Bessel Georg Bessel, Geschichte Bremerhavens. Bremerhaven 1927.

Bickelmann, Geestendorf Hartmut Bickelmann, Von Geestendorf nach Geestemünde. Räumlicher, gewerblicher und sozialer Strukturwandel im Umkreis des Geestemünder Holzhafens, in: Jb. M.v.M. 75 (1996), S. 149-235.

Bickelmann, Gewerbeansiedlung Hartmut Bickelmann, Zwischen Gewerbeansiedlung und Wohnungsbau. Die südliche Hafenstraße und ihr Umfeld bis zum Ersten Weltkrieg, in: Brhv. Beitr. II, S. 97-200.

Bickelmann, Hafenfunktionen Hartmut Bickelmann, Stadtbezogene Hafenfunktionen in Bremerhaven, in: Hafenlandschaft im Wandel. Beiträge u. Ergebnisse der Tagung z. Industriekultur u. Denkmalpflege im Dt. Schiffahrtsmuseum Bremerhaven am 17. u. 18. Sept. 1999. Bremerhaven 2000 (Veröff. d. Stadtarchivs Bremerhaven, Bd. 14).

Bickelmann, Lune Hartmut Bickelmann, Bremerhaven und die Lune. Räumliche und wirtschaftliche Beziehungen zwischen Stadt und Umland im 19. und 20. Jahrhundert, in: Jb. M.v.M. 77/78 (1998/99), S. 121-209.

Biogr. Jb. u. Dt. Nekr. Biographisches Jahrbuch und deutscher Nekrolog. Hrsg. v. Anton Bettelheim. 5 Bde., Berlin 1897-1903.

Biogr. Hdb. Bundestag Biographisches Handbuch der Mitglieder des Deutschen Bundestages 1949-2002. Hrsg. v. Rudolf Vierhaus u. Ludolf Herbst unter Mitarb. v. Bruno Jahn. 3 Bde., München 2002.

Biogr. Hdb. Emigr. Biographisches Handbuch der deutschsprachigen Emigration. Hrsg. v. Werner Röder u. Herbert A. Strauss. 3 Bde., München 1980-1983.

Biogr. Hdb. Oldbg. Biographisches Handbuch zur Geschichte des Landes Oldenburg. Im Auftrag der Oldenburgischen Landschaft hrsg. v. Hans Friedl, Wolfgang Günther, Hilke Günther-Arndt, Heinrich Schmidt. Oldenburg 1992.

Biogr. Hdb. Preuß. Abgh. Biographisches Handbuch f. d. Preußische Abgeordnetenhaus 1867-1918. Bearb. v. Bernhard Mann. Düsseldorf 1988 (Handbücher z. Geschichte d. Parlamentarismus u. d. polit. Parteien, Bd. 3).

Biogr. Hdb. SBZ/DDR Biographisches Handbuch der SBZ/DDR 1945-1990. Hrsg. v. Gabriele Baumgartner u. Dieter Hebig. 2 Bde., München 1996 u. 1997.

Brhv. Beitr. (I) Bremerhavener Beiträge zur Stadtgeschichte. Hrsg. von Hartmut Bickelmann. Bremerhaven 1994 (Veröff. d. Stadtarchivs Bremerhaven, Bd. 9).

Brhv. Beitr. II Bremerhavener Beiträge zur Stadtgeschichte II. Hrsg. von Hartmut Bickelmann. Bremerhaven 1996 (Veröff. d. Stadtarchivs Bremerhaven, Bd. 11).

Brhv. Beitr. III Bremerhavener Beiträge zur Stadtgeschichte III. Hrsg. von Hartmut Bickelmann. Bremerhaven 2001 (Veröff. d. Stadtarchivs Bremerhaven, Bd. 15).

Br. Biogr. 1912-62 Bremische Biographie 1912-1962. Hrsg. v. d. Historischen Gesellschaft zu Bremen u. d. Staatsarchiv Bremen, bearb. v. Wilhelm Lührs. Bremen 1969.

Br. Biogr. 19. Jh. Bremische Biographie des 19. Jahrhunderts. Hrsg. v. d. Historischen Gesellschaft des Künstlervereins. Bremen 1912.

Br. Jb. Bremisches Jahrbuch. Hrsg. v. d. Historischen Gesellschaft, seit 1975 v. Staatsarchiv Bremen in Verb. m. d. Hist. Gesellschaft. Bremen 1863-2002.

Br. Pfarrerbuch Bremer Pfarrerbuch. Die Pastoren der Bremischen Evangelischen Kirche seit der Reformation, Bd. 2: Die Pastoren, biographische Angaben, bearb. v. Hartwig Ammann. Bremen 1996.

Brockhaus Brockhaus Enzyklopädie in 24 Bänden. 19., vollst. neu bearb. Aufl. Mannheim 1986-1994.

DBA Deutsches Biographisches Archiv. Mikrofiche-Edition.

DBE Deutsche Biographische Enzyklopädie. Hrsg. v. Walther Killy. 10 Bde., 2 Bde. Nachträge u. Register, München/New Providence/London/Paris 1995-2000.

DBI Deutscher Biographischer Index, 2. kumulierte und erweiterte Ausgabe. 8 Bde. München 1998.

Dt. Führerlexikon Das Deutsche Führerlexikon 1934/1935. Berlin 1935.

Dt. Musiker-Lexikon Deutsches Musiker-Lexikon. Hrsg. v. Erich H. Müller. Dresden 1929.

DSA Deutsches Schiffahrtsarchiv. Wiss. Zeitschrift d. Deutschen Schiffahrtsmuseums. Bremerhaven 1975-2000.

100 Jahre STG 100 Jahre Schiffbautechnische Gesellschaft. Biographien zur Geschichte des Schiffbaus, verfaßt zum Anlaß des hundertjährigen Bestehens der Schiffbautechnischen Gesellschaft von Eike Lehmann. Hamburg 1999 (Jb. d. Schiffbautechn. Ges., Suppl. 2).

Ernst, Aufrechter Gang Manfred Ernst, Der Aufrechte Gang. Widerstand und Verweigerung in Bremerhaven 1933-1945. Bremerhaven 3., überarb. Aufl. 1985.

Ernst, Colonie Manfred Ernst u. Albrecht Willer, Von der Colonie zur Hafenstadt. Die Emanzipation Bremerhavens von Bremen im 19. Jahrhundert. Bremerhaven 2001.

Ernst, Marktplatz Manfred Ernst, Der Marktplatz. Stadtgeschichte im Zentrum Bremerhavens seit 1827. Bremerhaven 1988.

Ernst, Theater Fritz Ernst, Das Bremerhavener Theater. Ein Beitrag zu seiner Geschichte von den Anfängen bis zur Wiedererrichtung nach dem Zweiten Weltkrieg. Bremerhaven 1981.

Fisser Marc Fisser, Der Seeschiffbau an der Unterweser in der Weimarer Zeit. Bremerhaven 1995 (Veröff. d. Stadtarchivs Bremerhaven, Bd. 10)

Fschr. Gymn. Brhv. Festschrift 80 Jahre Realschule, 50 Jahre Gymnasium Bremerhaven. Bremerhaven 1938.

Gabcke Harry Gabcke u. a., Bremerhaven in zwei Jahrhunderten. 3 Bde., Bremerhaven 1989-1992.

Grapenthin Elke Grapenthin, Künstler und Künstlerinnen in Bremerhaven und Umgebung 1827-1990. Bremen 1991.

Gr. Bremen-Lexikon Herbert Schwarzwälder, Das Große Bremen-Lexikon. Bremen 2002.

Hdb. Br. Bgsch Handbuch der Bremischen Bürgerschaft. 1.-4. Wahlperiode, Br. 1950-1960; desgl. 5.-16. Wahlperiode (Personalien), Br. 1960-2003.

Hansen, Plattdt. Theater Heinrich E. Hansen, Plattdeutsches Theater an der Unterweser, in: Jb. M.v.M. 73 (1994), S. 413-443.

Heimatchronik Heimatchronik der Stadt Bremerhaven. Von Georg Bessell, mit Beiträgen von August Dierks, Hermann Hans Fettweis, Gert-Dietrich Schneider. Köln 1955.

Herbig Rudolf Herbig, Wirtschaft, Arbeit, Streik, Aussperrung an der Unterweser. Wolframs-Eschenbach 1979.

Höver, Hochseefischerei Otto Höver, Deutsche Hochseefischerei. Oldenburg 1936.

Jb. M.v.M. Jahrbuch der Männer vom Morgenstern. Bremerhaven 1898-2002.

Jb. STG Jahrbuch der Schiffbautechnischen Gesellschaft. Hamburg.

Kellner-Stoll Rita Kellner-Stoll, Bremerhaven 1827-1888. Politische, wirtschaftliche und soziale Probleme einer Stadtgründung. Bremerhaven 1982 (Veröff. d. Stadtarchivs Bremerhaven, Bd. 4).

Killy Literatur-Lexikon. Autoren und Werke in deutscher Sprache. Hrsg. v. Walther Killy. 12 Bde., Gütersloh/München 1988-1992.

Kludas, Seeschiffe Arnold Kludas, Die Seeschiffe des Norddeutschen Lloyd. 2 Bde., Herford 1991-1992.

Körtge, Morgenstern-Museum Herbert Körtge, Zur Geschichte des Morgenstern-Museums in Bremerhaven, in: Jb. M.v.M. 75 (1996), S. 251-303.

Körtge, Schulwesen Herbert Körtge, Das Schulwesen in Alt-Bremerhaven von der Gründung der ersten Schule 1831 bis zur Eingliederung der Stadt in Wesermünde 1939. Bremerhaven 1999.

Körtge, Straßennamen Herbert Körtge, Die Straßennamen der Seestadt Bremerhaven. 3. verbesserte u. erw. Ausgabe Bremerhaven 1992.

Krawietz Walter Krawietz, Die wirtschaftliche Entwicklung des Schiffbaus an der Unterweser von 1800 bis 1960. Diss. rer. pol. Univ. Erlangen-Nürnberg 1966 (masch. schr.) (1 Ex. im StadtA Brhv.)

Kürschner G Kürschners Deutscher Gelehrten-Kalender.

Kürschner L Kürschners Deutscher Literatur-Kalender.

Kürschner Th Kürschners biographisches Theater-Handbuch. Schauspiel, Oper, Film, Rundfunk. Deutschland, Österreich, Schweiz, Hrsg. v. Herbert A. Frenzel u. Hans-Joachim Moser. Berlin 1956.

Lebensläufe Lebensläufe zwischen Elbe und Weser. Ein biographisches Lexikon. Im Auftrag des Landschaftsverbandes der ehemaligen Herzogtümer Bremen und Verden hrsg. von Brage bei der Wieden und Jan Lokers, Bd. 1. Stade 2002 (Schriftenreihe d. Landschaftsverbandes d. ehem. Herzogtümer Bremen u. Verden, Bd. 16).

Linder Hans Linder. Wie unser Musikleben wurde. Eine kleine Musikgeschichte Bremerhavens. Bremerhaven 1959.

Lübben Jost Lübben, Die Nordwestdeutsche Zeitung 1895 bis 1933/45. Ein Beitrag zur Entwicklung und politischen Ausrichtung der Generalanzeigerpresse in Deutschland. Bremerhaven 1999 (Veröff. d. Stadtarchivs Bremerhaven, Bd. 13).

M.d.L. M.d.L. Das Ende der Parlamente 1933 und die Abgeordneten der Landtage und Bürgerschaften der Weimarer Republik in der Zeit des Nationalsozialismus. Düsseldorf 1995.

Meyer, Ehrenbürger August Meyer, Verleihung des Ehrenbürgerrechts durch die Stadt Bremerhaven und ihre Vorgängergemeinden (1885-1965), in: Jb. M.v.M. 48 (1967), S. 55-117.

Meyer, Pastoren Die Pastoren der Landeskirchen Hannovers und Schaumburg-Lippes seit der Reformation. Hrsg. von Philipp Meyer. 3 Bde., Göttingen 1941-1942.

MGG Die Musik in Geschichte und Gegenwart. Allgemeine Enzyklopädie der Musik. Hrsg. v. Friedrich Blume. 14 Bde., 2 Bde. Supplement, 1 Bd. Register, Kassel/Basel 1949-1986.

NDB Neue Deutsche Biographie. Hrsg. v. d. Hist. Kommission b. d. Bayerischen Akademie der Wissenschaften. Bisher 20 Bde., Berlin 1953-2001.

Nds. Lbb. Niedersächsische Lebensbilder. Hrsg. v. Otto Heinrich May, ab Bd. 6 Edgar Kalthoff. 9 Bde., Hildesheim 1939-1976 (Veröff. d. Hist. Kommission f. Niedersachsen u. Bremen, Reihe 22).

Ndt. Hbl. Niederdeutsches Heimatblatt. Monatliche Beilage zur Nordsee-Zeitung. Bremerhaven 1921-2002.

NVSt. Norddeutsche Volksstimme. Bremerhaven 1895-1933.

NWZ Nordwestdeutsche Zeitung. Bremerhaven/Wesermünde 1895-1945.

NZ Nordsee-Zeitung. Bremerhaven 1947-2002.

Peters, Herkunft Fritz Peters, Über die Herkunft der bremischen Senatoren, in: Jb. d. Brem. Wissenschaft, Bd. 1, Bremen 1955 (Schriften der Wittheit zu Bremen), S. 189-240.

Peters, Seeschiffbau Dirk J. Peters, Der Seeschiffbau in Bremerhaven von der Stadtgründung bis zum Ersten Weltkrieg. Bremerhaven 1987, 2. unveränd. Aufl. 1992 (Veröff. d. Stadtarchivs Bremerhaven, Bd. 7).

Peters, Spezialhafen Dirk J. Peters, Der wichtige Schritt zum Spezialhafen, in: 100 Jahre Fischereihafen Bremerhaven, Bremerhaven 1998, S. 9-44.

Porsch Monika Porsch, Bremer Straßennamen. Gesamtverzeichnis. Bremen 2000.

PZ Provinzial-Zeitung. Geestemünde 1853-1925 (ab 1926 Wesermünder Neueste Nachrichten).

Reichshandbuch Reichshandbuch der deutschen Gesellschaft. Das Handbuch der Persönlichkeiten in Wort und Bild. 2 Bde., Berlin 1930-1931.

Riemann Riemann Musik Lexikon. Mehrere Aufl., Berlin u. Mainz.

Riensberg Friedhöfe in Bremen: Riensberg. Bremen 1995.

Roß, Biogr. Hdb. RRK Biographisches Handbuch der Reichsrätekongresse 1918/19. Bearb. v. Sabine Roß. Düsseldorf 2000 (Handbücher z. Geschichte d. Parlamentarismus u. d. polit. Parteien, Bd. 11).

Sachau Theodor Sachau, Die ältere Geschichte der Stadt Bremerhaven. Bremerhaven 1927.

Scheper, Jüngere Geschichte Burchard Scheper, Die jüngere Geschichte der Stadt Bremerhaven. Hrsg. vom Magistrat der Stadt. Bremerhaven 1977.

Schröder, Lehe Hermann Schröder, Geschichte der Stadt Lehe. Wesermünde-Lehe 1927.

Schröder, Parlamentarier Wilhelm Heinz Schröder, Sozialdemokratische Parlamentarier in den deutschen Reichs- und Landtagen 1867-1933. Düsseldorf 1995 (Handbücher z. Gesch. d. Parlamentarismus u. d. polit. Parteien, Bd. 7).

Schwarz, MdR Max Schwarz: MdR. Handbuch der Reichstage. Hannover 1965.

Schwarzwälder, Vorgängergemeinden Herbert und Inge Schwarzwälder, Bremerhaven und seine Vorgängergemeinden. Ansichten, Pläne, Landkarten 1575 bis 1890. Bremerhaven 1977 (Veröff. d. Stadtarchivs Bremerhaven, Bd. 2).

Schumacher, M. d. B. Martin Schumacher, M. d. B. Volksvertretung im Wiederaufbau 1946-1961. Bundestagskandidaten und Mitglieder der westzonalen Vorparlamente. Eine biographische Dokumentation. Düsseldorf 2000.

Schwemer Gerd Schwemer, Der Bremerhavener Friedhof in Wulsdorf. Geschichte – Natur – Kultur. Bremerhaven 1998 (Kl. Schriften d. Stadtarchivs Bremerhaven, Bd. 12).

Siebs, Grauer Strand Benno Eide Siebs, Am Grauen Strand ... Erkundetes und Erlebtes aus Alt-Bremerhaven. Bremerhaven 5. Aufl. 1958.

Siebs, Lebensbilder Benno Eide Siebs, Lebensbilder von der Elb- und Wesermündung. Ein Querschnitt durch acht Jahrhunderte. Bremerhaven 1966.

Skizzen u. Porträts Wolfgang J. Schmidt-Reinecke, Skizzen und Porträts aus Bremerhaven. Freiburg 1994.

Sowinski Bernhard Sowinski (Hrsg.), Lexikon deutschsprachiger Mundartautoren. Hildesheim/New York 1997.

Stein, Klassizismus Rudolf Stein, Klassizismus und Romantik in der Baukunst Bremens, Bd. 2: Die Vorstädte und die Stadt-Landgüter, Vegesack und Bremerhaven. Bremen 1965.

Stein, Tagespresse Peter Stein, Die nordostniedersächsische Tagespresse. Von den Anfängen bis 1945. Ein Handbuch. Stade 1994.

Stockhorst Erich Stockhorst, 5000 Köpfe. Wer war was im Dritten Reich. Velbert 1967.

Thieme/Becker Ulrich Thieme u. Felix Becker (Hrsg.), Allgemeines Lexikon der bildenden Künstler von der Antike bis zur Gegenwart. 37 Bde., Leipzig 1907-1950.

Thienst Fritz Thienst, Aus der Geschichte der Arbeiterbewegung in den Unterweserorten. Wesermünde 1930.

Vollmer Hans Vollmer, Allgemeines Lexikon der Bildenden Künstler des 20. Jahrhunderts. 5 Bde., Leipzig 1907-1908.

Weiher, Jüd. Gemeinde Uwe Weiher, Die jüdische Gemeinde an der Unterweser. Vom »deutschen Staatsbürger jüdischen Glaubens« zum »Feind im eigenen Land«. Bremerhaven 1989 (Kl. Schriften d. Stadtarchivs Bremerhaven, Bd. 7).

Wenzel Deutscher Wirtschaftsführer. Lebensgänge deutscher Wirtschaftspersönlichkeiten. Hrsg. v. Georg Wenzel. Hamburg/Berlin/Leipzig 1929.

WK Weser-Kurier. Bremen 1945-2002.

WNN Wesermünde Neueste Nachrichten. Wesermünde 1926-1942 (bis 1925 Provinzial-Zeitung).

Wolff, Friedhöfe Willy Wolff, Alte Friedhöfe in Lehe. Aus der Geschichte, Denkmäler und Persönlichkeiten. Bremerhaven 3. Aufl. 1998.

Wortmann Wilhelm Wortmann, Bremische Baumeister des 19. Jahrhunderts. Bremen 1988.

Verzeichnis der sonstigen Abkürzungen

* geboren
† gestorben
□ beigesetzt
→ Verweis auf einen anderen Personenartikel
Abb. Abbildung(en)
abgeb. abgebildet
Abh. Abhandlung(en)
Abl. Ablichtung
AG Aktiengesellschaft
Akad. Akademie
allg. allgemein
Anh. Anhang
Anm. Anmerkung
AOK Allgemeine Ortskrankenkasse
apl. außerplanmäßig
Aufl. Auflage
Bd(e). Band, Bände
Bearb., bearb. Bearbeiter, bearbeitet
Beih. Beiheft
Beil. Beilage
Beitr. Beiträge
Ber. Bericht(e)
Bgm. Bürgermeister
Bgsch. Bürgerschaft
BHE Block der Heimatvertriebenen und Entrechteten
Bl(l). Blatt, Blätter
Bln. Berlin
Br. Bremen, bremisch
Brhv. Bremerhaven(er)
CDU Christlich Demokratische Union
DAF Deutsche Arbeitsfront
DDP Deutsche Demokratische Partei
Depos. Depositum
DGB Deutscher Gewerkschaftsbund
Diss. Dissertation
ders., dies. derselbe, dieselbe
d. h. das heißt
DNVP Deutsch-nationale Volkspartei
DP Deutsche Partei
DSM Deutsches Schiffahrtsmuseum

dt. deutsch
DVP Deutsche Volkspartei
ebd. Ebenda
EKD Evangelische Kirche Deutschlands
engl. englisch
erw. erweitert
ev. evangelisch
ev.-luth. evanglisch-lutherisch
ev.-ref. evangelisch-reformiert
Ex. Exemplar
FDP Freie Demokratische Partei
Ffm. Frankfurt a. Main
Fschr. Festschrift
Forsch. Forschung(en)
Geb. Geburt(en)
gef. gefallen
Ges. Gesellschaft
Gesch., gesch. Geschichte, geschichtlich
Gestapo Geheime Staatspolizei
get. getauft
Gmde. Geestemünde
grhzgl. großherzoglich
H. Heft
Hann. Hannover, hannoverisch
Hbg. Hamburg, hamburgisch
h.c. honoris causa (ehrenhalber)
Hdb. Handbuch
HK Handelskammer
Hrsg., hrsg. Herausgeber, herausgegeben
hist. historisch
hzgl. herzoglich
Hzgt. Herzogtum, Herzogtümer
Hwb. Handwörterbuch
IHK Industrie- und Handelskammer
insbes. insbesondere
isr. isrealitisch (Konfession)
Jb. Jahrbuch
Jber. Jahresbericht(e)
Jg. Jahrgang
Jh. Jahrhundert

kath. Römisch-katholisch
kaufm. kaufmännisch
kgl. königlich
kommiss. kommissarisch
KPD Kommunistische Partei Deutschlands
Kr. Kreis
Lex. Lexikon
Lic. Licentiat (Titel)
Lit. Literatur
Lpz. Leipzig
masch.schr. maschinenschriftlich
Mat. Materialien
Med. Medaille
Mitt. Mitteilung(en)
Mskr. Manuskript
MSPD Mehrheitssozialdemokraten
Mus. Museum
M.v.M. Männer vom Morgenstern
Mchn. München
NDL Norddeutscher Lloyd
Ndr. Neudruck
Nds., nds. Niedersachsen, niedersächsisch
n. erm. nicht ermittelt
N.F. Neue Folge
NSDAP Nationalsozialistische Deutsche Arbeiterpartei
Oldbg. Oldenburg
o. J. ohne Jahresangabe
o. Konf. ohne Konfession
o. O. ohne Ortsangabe
ord. ordentlich
o. S. ohne Seitenzählung
PH Pädagogische Hochschule
Pr. Preis
Prof. Professor
Prot. Protokoll(e)
Prov. Provinz
Pseud. Pseudonym
Reg. Register

S. Seite
s., s. a. siehe, siehe auch
Schr. Schrift(en)
Slg. Sammlungen
sp. später
Sp. Spalte(n)
SPD Sozialdemokratische Partei Deutschlands
SPÖ Sozialdemokratische Partei Österreichs
St. Sankt
StA Staatsarchiv
StadtA Stadtarchiv
stellv. stellvertretend
Stud. Studien
TH Technische Hochschule
TU Technische Universität
ungez. ungezählt
Univ. Universität
Unters. Untersuchungen
USPD Unabhängige Sozialdemokratische Partei Deutschlands
u.a. unter anderem
u.s.w. und so weiter
v. a. vor allem
VEB Volkseigener Betrieb
Verf. Verfasser
Veröff. Veröffentlichung(en)
Verz. Verzeichnis
vgl. vergleiche
Vjh. Vierteljahrshefte
Vjschr. Vierteljahrschrift
wiss. wissenschaftlich
Wmde. Wesermünde
Zschr. Zeitschrift
Zivilst.reg. Zivilstandsregister
z.B. zum Beispiel
z.T. zum Teil
Ztg. Zeitung
Ztrbl. Zentralblatt

Abbildungsnachweis

Adickes Bernd Haunfelder u. Erich Pollmann, Reichstag des Norddeutschen Bundes 1867-1870, Düsseldorf 1989, S. 52.

Adolf Archiv Nordsee-Zeitung.

Agatz Wortmann (s. Lit.verz.), S. 80.

Ahrens Adolf Ahrens, Die BREMEN. Aufgezeichnet von Christian Hilker, Essen 1956, nach S. 16.

Albert Linder (s. Lit.verz.), vor S. 17.

Allmers Archiv des Landkreises Cuxhaven, Otterndorf, Nachlaß H. Allmers (Rötelzeichnung v. Otto Knille, 1864).

Andersen Lale Andersen. Portrait in Schwarzweiß. Ein Photobuch, hrsg. v. Dirk Ahlborn-Wilke, Berlin 1986, S. 48 (Ausschnitt).

Arp Privatarchiv Dr. Schenk, Stotel.

Aust Jb. d. Männer v. Morgenstern 74 (1995), S. 272.

Bade StadtA Brhv., Bildarchiv.

Ballehr Elisabeth Rogge-Ballehr, Schule der See. Viermastbark HERZOGIN CECILIE, Oldenburg 1987, S. 121.

Barkhausen Richard Duckwitz, Aufstieg und Blüte einer Hansestadt. Bürgermeister Barkhausen und seine Zeit, Bremen 1951, S. 202.

Baumgarten Archiv Nordsee-Zeitung.

Bautze Archiv Nordsee-Zeitung (Foto: Wolfhard Scheer).

Becké StadtA Brhv. Bildarchiv.

Becker Archiv Nordsee-Zeitung.

Bellmer Verlagsarchiv Ditzen (Nordsee-Zeitung).

Blum Archiv Nordsee-Zeitung.

Bohls StadtA Brhv., Depos. M.v.M. (Foto: Toni Stindt 1951).

Brandes Thienst (s. Lit.verz.), vor S. 49.

Braun Archiv Nordsee-Zeitung.

Brinkmann StadtA Brhv., Bildarchiv.

Brockmann Abhandlungen des naturwissenschaftl. Vereins Bremen 36 (1964), S. 192.

Brokgertken StadtA Brhv., Bildarchiv.

Brommy StadtA Brhv., Bildarchiv (Foto von Lithographie).

Brust StadtA Brhv., Personalakte.

Buchholz, Adolf StadtA Brhv., Bildarchiv.

Bucksath Grapenthin (s. Lit.verz.), S. 106.

Burchard 20 Jahre Bremerhavener Stadttheater, Programmheft Spielzeit 1930/31, S. 3.

Busse August Dierks, Männer-Trawler-Meere, Brhv. 1961, S. 125.

Butenandt StadtA Brhv., Bildarchiv.

Cappelle StadtA Brhv., Bildarchiv.

Claas Uwe Weiher, Architektur und Wohnungsbau der 20er Jahre. Am Beispiel der Stadterweiterung in Bremerhaven-Geestemünde, Brhv. 1995, S. 25.

Claussen, Federico Staatsarchiv Bremen, 10, B-22 (1933-38).

Claussen, Georg W. Ölgemälde im Deutschen Schiffahrtsmuseum (Foto im StadtA Brhv.).

Claussen, Johann Georg StadtA Brhv., Bildarchiv.

Coldewey StadtA Brhv., Bildarchiv.

Cordes, Joh. Jakob Jb. d. Männer v. Morgenstern 38 (1957), Bildtafeln nach S. 32.

Cronemeyer StadtA Brhv., Bildarchiv.

Curdt StadtA Brhv., Bildarchiv.

Dahmen Rudolf Dahmen, Denkt selber! 30 Jahre Gedanken und Notizen zur Zeit 1947-1977, Brhv. 1977, S. 6.

Dee Archiv Nordsee-Zeitung (Foto: Ewald Perret).

Delius Gretel Warncke, Lübeck.

Dierks Archiv Nordsee-Zeitung.

Dinklage Grapenthin (s. Lit.verz.), S. 103.

Dittmann Thienst (s. Lit.verz.), vor S. 57.

Ditzen, Josef Verlagsarchiv Ditzen (Nordsee-Zeitung).

Ditzen, Kurt Verlagsarchiv Ditzen (Nordsee-Zeitung).

Dräger Ndt. Hbl. Nr. 498 (Juni 1991).

Drobe Archiv Nordsee-Zeitung (Foto: Wolfhard Scheer).

Duge Hans-Wilhelm Heins, Bremerhaven.

Ehlers StadtA Brhv., Personalakte.

Engelmeyer Sigrid u. Klaus-Peter Kiedel, Fernwehbilder. Hans Engelmeyer, Bordphotograph auf Passagierschiffen des Norddeutschen Lloyd 1930 bis 1939, Hamburg 1989, Vorsatz.

Ernst Dr. Manfred Ernst, Bremerhaven.

Eschemann StadtA Brhv., Bildarchiv.

Esders August Twiehaus, 95 Jahre Kolping-Werk an der Unterweser, Brhv. (1975), S. 43.

Eyo Archiv Nordsee-Zeitung.

Fellmer StadtA Brhv., Personalakte.

Flach Gralf Sieghold, Bremerhaven (Ablichtung im StadtA Brhv.).

Fock Gorch Fock und seine Heimat. Von Deich und Dünung, Berlin 1937, Vorsatz.

Fornell Archiv Nordsee-Zeitung.

Foth Archiv Bremische Bürgerschaft.

Franzius Staatsarchiv Bremen.

Freudenberger Hermann Freudenberger. Meine Liebe zu Bremerhaven. Zusammengestellt von Claus Petersen, Brhv. 1992, S. 9.

Friedrich 50 Jahre Institut für Seefischerei Geestemünde. Institut für Meeresforschung Bremerhaven 1919-1969, Brhv. 1969, S. 20.

Gabcke Renate Gabcke, Bremerhaven.

Gaede Hannah Gaede, Wolfgang Gaede. Der Schöpfer des Hochvakuums, Karlsruhe 1954, Vorsatz.

Gebhard Jb. d. Männer v. Morgenstern 38 (1957), Bildtafeln nach S. 32.

Georg Verlagsarchiv Ditzen (Nordsee-Zeitung).

Gevekoht Ölgemälde im Besitz der Handelskammer Bremen (Foto: Frank Pusch, Bremen).

Gill StadtA Brhv., Nachlaß Gill.

Glahn StadtA Brhv., Bildarchiv.

Goerge 75 Jahre Herz-Jesu-Kirche Bremerhaven-Lehe 1911-1986, Brhv. 1986, S. 14.

Gording StadtA Brhv., Bildarchiv (Postkarte).

Grauerholz StadtA Brhv., Nachlaß Grauerholz.

Griebeling Herbert Körtge, Das Schulwesen in Alt-Bremerhaven, Brhv. 1999, S. 75.

Gröschel 50 Jahre Hochseefischerei Grundmann & Gröschel, Brhv. 1954, o. S.

Grundmann Herbert Grundmann, Bilanz, Bonn 1982, Umschlag.

Gullasch StadtA Brhv., Bildarchiv.

Gummel Jb. d. Männer v. Morgenstern 43 (1962), nach S. 184.

Hanckes Niedersächsische Lebensbilder, Bd. 4, Hildesheim 1960, nach S. 136.

Hansen, Heinrich E. Heinrich E. Hansen zum Gedächtnis, Brhv. 1996, Vorsatz.

Hartwig Nordsee-Kalender 1964, S. 40.

v. Heukelum Niedersächsische Lebensbilder, Bd. 8, Hildesheim 1973, vor S. 133.

Hindrichson Peter Bussler, Historisches Stadtlexikon für Cuxhaven, Brhv. 2002, S. 174.

Hinsch, Heinrich »Es war einmal…« Das Dorf Langen in den 1920/30er Jahren, Langen 2001, S. 22.

Hoebel 100 Jahre Fischereihafen Bremerhaven. Rückblick-Einblick-Ausblick, Brhv. 1996, S. 18.

Höver Archiv Nordsee-Zeitung.

Hoff 50 Jahre Geestemünder Bürgerpark in Bremerhaven, Brhv. (1957), vor S. 9.

Hoffmeyer (Dieter Riemer) 75 Jahre Rechtsanwaltskanzlei Lange Straße 155 in Lehe, Brhv. (1987), S. 24.

Hoffrage Archiv Bremische Bürgerschaft.

Holle, Otto Verlagsarchiv Ditzen (Nordsee-Zeitung).

Husmann Archiv Nordsee-Zeitung.

Illigner Archiv Nordsee-Zeitung.

Jacobs Archiv Nordsee-Zeitung.

Janssen StadtA Brhv., Bildarchiv.

Jeffs Staatsarchiv Bremen.

Jensen Thienst (s. Lit.verz.), nach S. 208.

Johnsen Archiv Deutsches Schiffahrtsmuseum.

Jungclaus 50 Jahre Seefahrtschule Wesermünde-Geestemünde, Wesermünde (1929), S. 11.

Kämpf, Helmut C. 75 Jahre Hochseefischerei Kämpf, Brhv. 1964, o. S.

Kaisen StadtA Brhv., Bildarchiv.

Kappenberg 50 Jahre Volkshochschule Bremerhaven, Brhv. 1997, S. 17.

Kindler Archiv Nordsee-Zeitung.

Kircheiss Carl Kircheiss, Wasser, Wind und weite Welt, Gütersloh 1954, Vorsatz.

Kirchheimer Archiv Nordsee- Zeitung.

Kistner, Carl 100 Jahre Bauen. Eine Festschrift zum 100jährigen Bestehen der H. F. Kistner Baugesellschaft, Brhv. 1953, nach S. 18.

Kistner, Heinrich 100 Jahre Bauen, vor S. 29.

Kistner, H. F. 100 Jahre Bauen, vor S. 7 (Ausschnitt).

Klemeyer Archiv des Landkreises Cuxhaven, Otterndorf.

Koch, Helmuth Archiv Lüneburger Landeszeitung, Lüneburg (Foto: Josef Marcovec).

Koch-Weser Harry Gabcke, Erich Koch-Weser (1875-1944). Kommunalpolitiker-Reichsminister-Vizekanzler, Brhv. 1986, S. 18.

Köster, August Niedersächsische Lebensbilder, Bd. 1, Hildesheim/Leipzig 1939, nach S. 256.

Kohnert Archiv Nordsee-Zeitung.

Koldewey Dr. Reinhard A. Krause, Bremerhaven.

Kollakowsky Petra Kollakowsky, Bremerhaven.

Kramer Archiv Nordsee-Zeitung.

Kreipe Archiv Bremische Bürgerschaft.

Kroll Archiv Nordsee-Zeitung.

Krudewolf StadtA Brhv., Bildarchiv.

Külken Chr. Külken 1872-1972, Brhv. 1971, Vorsatz.

Kuhlmann StadtA Brhv., Bildarchiv.

Kunze StadtA Brhv., Personalakte.

Lang Archiv Nordsee-Zeitung (Foto: Ewald Perret).

Lange, Johann 100 Jahre Schiffbautechnische Gesellschaft (s. Lit.), S. 260.

Last Otto-Ernst Last, Bremerhaven.

Lechnir Archiv Nordsee-Zeitung (Ausschnitt).

Leifermann Marianne Leifermann, Bremerhaven.

Lentz, Ferdinand H. Kypcke, Chronik des alten Adelsgeschlechtes der von den Lentzce nebst den bürgerlichen Abzweigungen der Lenz (Lentz, Lentze), Halle 1904, S. 235.

Lion StadtA Brhv. (Lithographie).

Lische Archiv Bremische Bürgerschaft.

Lommatzsch Archiv Nordsee-Zeitung.

Lorenz Archiv Deutsches Schiffahrtsmuseum.

Lorenzen Nordwestdeutsche Zeitung, 23.3.1934.

Luckner Felix Graf von Luckner, Seeteufels Weltfahrt, Gütersloh 1957, Vorsatz.

Lübben Staatsarchiv Bremen, 10, B-22 (1919-32).

Lücke StadtA Brhv., Bildarchiv.

Lukas Archiv Nordsee-Zeitung (Foto: Ewald Perret).

Maassen Uwe Weiher, Architektur und Wohnungsbau der 20er Jahre. Am Beispiel der Stadterweiterung in Bremerhaven-Geestemünde, Brhv. 1995, S. 27.

Mädger Thienst (s. Lit.verz.), nach S. 192.

Mahn N. Ebeling Hochseefischerei 1905-1955, Brhv. 1955, S. 10.

Mattfeld Botanisches Jahrbuch 75 (1952), S. 425.

May Elke Juliane Hörtreiter, Kassel.

Mehrtens, Carsten Nordwestdeutsche Zeitung, Jubiläumsausgabe 30.4.1927, Bl. 9.

Meier, H. H. Staatsarchiv Bremen, 10, B-22 (1870-1913).

Meyer Archiv Nordsee-Zeitung (Foto: Ewald Perret).

Meyeringh Burchard Scheper, »... you must learn democracy«. Ende und Anfang 1944-1945, Brhv. 1995, S. 36.

Mügge Norbert Mattern, Bremerhaven.

Müller-Hanssen Ingrid Müller-Hanssen, Bremerhaven.

Muschkeit Archiv Nordsee-Zeitung (Foto: H. D. Ehrhardt).

Neisen Paul-Elmar Hagedorn, Bremerhaven.

Nejedlo Archiv Bremische Bürgerschaft.

Neumann Archiv Bremische Bürgerschaft.

Neynaber Heimatchronik (s. Lit.verz.), S. 270.

Niedermeyer 75 Jahre Seebeckwerft 1876-1951, Brhv. 1951, o. S.

Nixdorf Institut für Auslandsbeziehungen, Stuttgart.

Noé A. Bihl (Bearb.), 100 Jahre Schichau 1837-1937, Elbing 1937, nach S. 118.

Nölke Archiv Nordsee-Zeitung (Foto: Ewald Perret).

Noelle Archiv Nordsee-Zeitung (Foto: Wolfhard Scheer).

Nonnen, Johann Staatsarchiv Bremen, 10, B-22.

Oellerich Thienst (s. Lit.verz.), nach S. 32.

Olberg-Lerda Österreichische Nationalbibliothek, Bildarchiv, Wien.

Ordemann, Nikolaus Verlagsarchiv Ditzen (Nordsee-Zeitung).

Peine Thienst (s. Lit.verz.), vor S. 25.

Petersen Archiv Nordsee-Zeitung.

Philippi Scherenschnitt im Besitz von Dr. Manfred Ernst, Bremerhaven.

Plettke Wesermünder Kreiskalender 1937, S. 63.

Polack Archiv Deutsches Schiffahrtsmuseum.

Potrykus Dr. Manfred Ernst, Bremerhaven.

Press StadtA Brhv., Bildarchiv.

Puckhaber Archiv Nordsee-Zeitung (Foto: Jens Rilke).

Pust, Friedr. Albert 75 Jahre Johannis Loge »Zum rechtweisenden Kompaß« im Orient Bremerhaven, Brhv. 1976, S. 3.

Pust, Max Archiv Nordsee-Zeitung.

Raschke 100 Jahre Bürgermeister-Smidt-Gedächtniskirche in Bremerhaven, Brhv. 1955, Bildtafeln nach S. 38.

Rehm Archiv Nordsee-Zeitung (Ausschnitt) (Foto: Ewald Perret).

Rickmers, Andreas 100 Jahre Rickmers. Ein Buch von deutscher Art, Hamburg 1934, nach S. 40.

Rickmers, Bertram Arnold Kludas, 150 Jahre Rickmers, Herford 1984, S. 100.

Rickmers, Paul 100 Jahre Rickmers. Ein Buch von deutscher Art, Hamburg 1934, nach S. 50.

Rickmers, Peter 100 Jahre Rickmers, nach S. 34.

Rickmers, R. C. 100 Jahre Rickmers, Vorsatz.

Rickmers, Willi Willi R. Rickmers, Querschnitt durch mich, München 1930, Vorsatz.

Riedemann Benno Eide Siebs, Lebensbilder von der Elb- und Wesermündung, Brhv. 1966, S. 81.

Rogge, Gustav W. 100 Jahre Rogge. Bauen in drei Generationen, Brhv. 1960, S. 21.

Rogge, Wilhelm 100 Jahre Rogge. Bauen in drei Generationen, Brhv. 1960, S. 5.

Van Ronzelen StadtA Brhv., Bildarchiv (Foto von Ölgemälde).

Rosenthal Dr. Peter-Michael Pawlik, Bremen.

Rudolph (Dieter Riemer) 75 Jahre Rechtsanwaltskanzlei Lange Straße 155 in Lehe, Brhv. (1987), S. 16.

Rupperti Archiv Nordsee-Zeitung.

Rutenberg Wortmann (s. Lit.verz.), S. 20.

Saalfeldt Archiv Nordsee-Zeitung (Foto: Wolfhard Scheer).

Sachau StadtA Brhv., Bildarchiv.

Saebisch StadtA Brhv., Bildarchiv.

Sander Michael Wolff Graf Metternich, Deutsche Raketenfahrzeuge auf Straße, Schiene und Eis 1928-1931, Lorch 1997, S. 85.

Scharf Archiv Deutsches Schiffahrtsmuseum.

Scharoun Hans Scharoun. Chronik zu Leben und Werk. Johann Friedrich Geist, Klaus Kürvers, Dieter Rausch. Berlin 1993, S. 135.

Schau, Franz 50 Jahre Norddeutsche Hochseefischerei, Brhv. 1957, S. 25.

Schlechtriem Jb. d. Männer v. Morgenstern 72 (1993), S. 10.

Schleufe 100 Jahre Schiffbautechnische Gesellschaft (s. Lit.verz.), S. 431.

Schlienz Archiv für Hydrobiologie 84 (1978), S. 256.

Schmalfeldt Thienst (s. Lit.Verz.), nach S. 16.

Schmidt 100 Jahre Bürgermeister-Smidt-Gedächtniskirche in Bremerhaven, Brhv. 1955, Bildtafeln nach S. 38.

Schnackenberg 100 Jahre Ev.-luth. Gemeinde zur Kreuzkirche Bremerhaven, Brhv. 1962, nach S. 16.

Schocken, Jeanette Hans-Eberhard Happel u. Uwe Weiher, Schocken – eine deutsche Geschichte, Brhv. 1988, S. 24.

Schocken, Julius Hans-Eberhard Happel u. Uwe Weiher, Schocken – eine deutsche Geschichte, Brhv. 1988, S. 8.

Schönewald StadtA Brhv., Bildarchiv.

Schröder Staatsarchiv Bremen, 10, B-22 (1919-32).

Schuchmann, Behrend Ullstein Bild, Berlin.

Schuchmann, Wilhelm August Dierks, Bremerhaven, tätige Stadt im Nordseewind, Brhv. 6. Aufl. 1965, S. 141.

Schütte Dr. Jandirk Schütte, Oldenburg.

Schwarz, Elisabeth StadtA Brhv., Personalakte.

Schwoon, Melchior (sen.) StadtA Brhv., Bildarchiv.

Schwoon, Melchior (jun.) StadtA Brhv., Bildarchiv.

Seebeck 75 Jahre Seebeckwerft 1876-1951, Brhv. 1951, Vorsatz.

v. Seggern Archiv Nordsee-Zeitung (Foto: Ewald Perret).

Selge StadtA Brhv., Bildarchiv.

Siebs, Benno Eide Jb. d. Männer vom Morgenstern 38 (1957), Bildtafeln nach S. 32.

Sieghold, Max Gralf Sieghold, Bremerhaven (Ablichtung im StadtA Brhv.).

Smidt, Johann Johann Smidt. Ein Gedenkbuch zur Säcularfeier seines Geburtstags, Bremen 1873, Vorsatz (Lithographie).

Smidt, Udo Manfred Ernst, Der aufrechte Gang. Widerstand und Verweigerung in Bremerhaven 1933-1945, Brhv. 1885, S. 79.

Soltziem Die Hein Mück Story, Brhv. 1979, o.S.

Steinmeier Archiv Nordsee-Zeitung.

Stölting Dr. Siegfried Stölting, Bremerhaven.

Strate StadtA Brhv., Personalakte.

Strunk Jb. d. Männer v. Morgenstern 38 (1957), Bildtafeln nach S. 32.

Tecklenburg, Franz StadtA Brhv., Bildarchiv (Foto von Ölgemälde).

Telschow Lebensläufe (s. Lit.verz.), S. 323.

Terheyden Archiv Nordsee-Zeitung (Foto: Ewald Perret).

Thiele, Georg, Grete u. Gustav StadtA Brhv., Bildarchiv.

Thienst Thienst (s. Lit.verz.), nach S. 64.

Thomas StadtA Brhv., Bildarchiv.

Thulesius Dr. Manfred Ernst, Bremerhaven (Foto von Daguerrotypie).

Twiehaus StadtA Brhv., Personalakte.

Ulrichs Staatsarchiv Bremen (Ausschnitt).

v. Vangerow StadtA Brhv., Bildarchiv.

Vogelsang Archiv Bremische Bürgerschaft.

Volbehr 100 Jahre Kunstverein Bremerhaven, Brhv. 1986, o. S.

Vollmers StadtA Brhv., Bildarchiv.

Waidelich Archiv Nordsee-Zeitung (Foto: Wolfhard Scheer).

Warnken-Piorkowski Reichshandbuch der Deutschen Gesellschaft, Bd. 2, Berlin 1931, S. 1988.

Warrings 75 Jahre Warrings 1909-1984, Brhv. 1984, o. S.

Wehr Deutscher Bundestag, Parlamentsarchiv, Bonn.

Wencke-Meinken Deutschlands, Österreich-Ungarns und der Schweiz Gelehrte, Künstler und Schriftsteller in Wort und Bild, Hannover 3. Ausg. 1911, S. 656.

Wendebourg Kirchenkreis Bremerhaven, Superintendentur (Abl. im StadtA Brhv.).

Wendt Staatsarchiv Bremen.

Werner StadtA Brhv., Bildarchiv.

Wiegand Staatsarchiv Bremen, 10, B-22 (1908).

Wilke StadtA Brhv., Bildarchiv.

With Jb. d. Männer v. Morgenstern 38 (1957), Bildtafeln nach S. 32.

Wode Harry Gabcke, Walter Komber u. Mareike Oltmann, Das Bremerhavener Schullandheim in Barkhausen, Brhv. 1988, S. 60.

Wolf 100 Jahre Bürgermeister-Smidt-Gedächtniskirche in Bremerhaven, Brhv. 1955, Bildtafeln nach S. 38.

Wollmeyer »Nordsee«-Nachrichten H. 1/1963, S. 5.

Zander Nordwestdeutsche Zeitung, 26.6.1930.

Ziegenbein Deutsches Schiffahrtsmuseum (Slg. Dr. Dirk J. Peters).

Zimmermann Heinrich Schulte am Hülse, Pädagogisches Seminar Wesermünde/Bremerhaven 1945-1948, Brhv. 1992, S. 22.

Zitzlaff Industrielle. Vertreter deutscher Arbeit in Wort und Bild. Biographische Sammlung, Berlin (um 1915), o. S. (Art. Erste Deutsche Stock- und Klippfischwerke).

Siglen der Autorinnen und Autoren

A. B. Dr. Axel Behne, Otterndorf

G. B. Günter Bastian, Bremerhaven

R. B. B. Rinje Bernd Behrens, Langen

W. B. Dr. Werner Beckmann, Bremerhaven

G. Be. Günther Behrmann, Bremerhaven

H. Bi. Dr. Hartmut Bickelmann, Bremerhaven

B. Bo. Beate Borkowski M.A., Bremerhaven

H. Br. Heinrich Brandt, Bremerhaven

H. C. Helmut Coldewey, Bremerhaven

D. D. Daniela Deckwart, Bremerhaven

R. D. Rainer Donsbach, Bremerhaven

D. E. Prof. Dr. Detlev Ellmers, Bremerhaven

M. E. Dr. Manfred Ernst, Bremerhaven

E. G. Elke Grapenthin, Bremerhaven

H. H. Hans-Eberhard Happel, Bremerhaven

K. H. Dr. Katharina Hoffmann, Oldenburg

P.-E. H. Paul-Elmar Hagedorn, Bremerhaven

S. H. Sönke Hansen, Bad Bederkesa

U. J. Uwe Jürgensen, Bremerhaven

H. K. Herbert Körtge †, Bremerhaven

K. K. Kai Kähler M. A., Bremerhaven

R. A. K. Dr. Reinhard A. Krause, Bremerhaven

R. K. Rosi Kruse, Bremerhaven

G. L. Dr. Gisela Lehrke, Bremerhaven

J. L. Dr. Jost Lübben, Bremerhaven

H. G. M. Hans-Georg Mildner, Bremervörde

E. N. Eberhard Nölke, Langen

Chr. O. Dr. Christian Ostersehlte, Bremen

D. J. P. Dr. Dirk J. Peters, Bremerhaven

G. R. Georg Riensberg, Bremerhaven

S. R. Suse Rebehn, Bremerhaven

I. B. S. Imke Schwarzrock, Bremen

L. U. S. Prof. Dr. Lars U. Scholl, Loxstedt

U. S. Dr. Uwe Schnall, Loxstedt

M. Sch. Dr. Monika M. Schulte, Minden

N. Schw. Nora Schwabe, Langen

E. St. Egon Stuve, Bremerhaven

P. U. Dr. Peter Ulrich, Bremen

A. W. Albrecht Willer, Bremerhaven

B. W. Bernhard Wessels, Bremerhaven

L. W. Lothar Wolf, Bremerhaven

U. W. Dr. Uwe Weiher, Loxstedt

W. W. Willy Wolff, Bremerhaven

Kl. Zi. Klaus Zisenis, Bremerhaven

P. Zo. Peter Zocher, Bremerhaven

Index der beruflichen und außerberuflichen Zuordnungen

Admiralitätsrat Buchholz (Adolf)
Agrarökonom Wöhlken
Alpinist Rickmers (Willi)
Altertumsforscher Hindrichson, Mushard, Plettke; s. auch Archäologe
Amtmann Becké, Castendyk, Gröning, Koch, Schönian, Thulesius
Apotheker Neynaber, Volbehr
Arbeiter Heukelum, Potrykus, Rattay, Turek
Arbeiterratsmitglied Stampe
Arbeiterschriftsteller Turek
Archäologe Aust, Gummel, Köster (August), Schübeler; s. auch Altertumsforscher
Architekt Claas, Eelbo, Hagedorn, Jäger, Kunz, Lagershausen, Löschner, Loschen, Maassen, Mangel, Ostermeyer, Scharoun, Stindt
Artist Jacobs
Arzt Hartwig, Lechnir, Panzer, With; s. auch Augenarzt, Chefarzt, Chirurg, Gynäkologe, Kinderarzt, Militärarzt, Neurologe, Orthopäde, Röntgenologe
Assekuranzmakler Wendt
Attentäter Thomas
Augenarzt Braun
Auswanderer Bartel, Glahn, Harms (Alfred), Jacobs, Kirchheimer, Koch-Weser, Nixdorf, Roehrich
Autor s. Kochbuchautorin, Schriftsteller, Übersetzer
Bäckermeister Wicht
Bankdirektor Ernst, Schroeder, Sieghold (Heinz); s. auch Sparkassendirektor
Bankkaufmann Ernst, Meiners, Sieghold (Heinz), Wollmeyer
Bauingenieur Agatz, Arp, Claussen (Federico), Kistner (Heinrich), Lorenzen, Rogge (Gustav W.), Rudloff; s. auch Hafenbaudirektor, Wasserbauingenieur
Baumeister Kistner (Carl u. H. F.), Rutenberg
Baumschulenbesitzer Hoff
Baureferent Eelbo, Mehrtens (Georg Chr.)
Bausachverständiger Löschner, Mangel
Bautechniker Lagershausen
Bauunternehmer Kistner, Rogge
Beamter s. Kommunalbeamter, Marinebeamter, Polizeibeamter, Verwaltungsbeamter

Berufsschullehrer Ballof, Dreyer, Schwarz
Besatzungsoffizier Ballin, Jeffs
Bibliothekar Höver, May, Rodenberg
Bildhauer Grygo, Hartmann (Fritz), Hentschke, Ohler, Thiele (Gustav), Thienst
Biochemiker Butenandt
Biologe Friedrich, Panzer, Schlienz
Botaniker Mattfeld
Boxer Thiel
Brückenkonstrukteur Herrmann, Mehrtens (Georg Chr.)
Buchdrucker Bartz, Lamberti, Vangerow
Buchhalter Fock, Niedermeyer, Richardson
Buchhändler Eschemann, Grundmann, Jelten, Lähn, Lamberti, Mügge, Vangerow
Buchwissenschaftler Grundmann, Rodenberg
Büchsenmacher Cordes (H. G.)
Bühnenbildner, -maler Kleine, Lukas, Viehweger
Bühnenleiter Rahmeyer, Reitmann, Rickmann; s. auch Intendant
Bürgermeister Barkhausen, Heider, Kaisen, Smidt; s. auch Oberbürgermeister
Chefarzt Bacmeister, Becker, Braun, Hohl, Nölke, Noelle, Seggel (Rudolf), Wieting, With, Zietzschmann
Chefredakteur Bellmer, Dahmen, Ditzen (Joseph), Georg, Kaisen, Nikolei, Ordemann (Nikolaus), Senst, Stöwsand, Welk
Chemiker Butenandt, Kölbel
Chirurg Seggel (Rudolf), Wieting
Chordirektor Fellmer, Kindler, Last
Choreograph Grauerholz
Clown Jacobs
Dekorateur Jacoby
Dekorationsmaler Bucksath, Wilking
Direktor der Militärregierung Jeffs
Dirigent s. Kapellmeister, Musikdirektor
Dozent Lücke, Simoleit, Schiebel, Schlienz; s. auch Hochschullehrer
Dramaturg Waidelich
Drogist Flach, Stahmer
Einzelhandelskaufmann Ketelsen, Oss
Ernährungswissenschaftler Noelle
Fabrikant Achgelis, Cordes (H. G.), Flach, Freese, Kohnert, Külken, Kuhlmann,

Lentz (Ferdinand), Mehrtens (Carsten), Neynaber, Rickmers, Riedemann, Rogge, Sander, Schlotterhose, Schlüter, Tecklenborg (Fritz), Warrings, Zitzlaff
Fährpächter Siebs (Eide)
Festungsbaumeister Dahlbergk
Festungskommandant Peters
Filmkaufmann Marseille
Filmliebhaber Illigner
Filmschaffender Dreyer, Stindt
Fischauktionator Müller
Fischdampferkapitän Muschkeit
Fischereidirektor Duge, Meiners, Reisner, Schau (Franz), Senst
Fischgroßhändler Bade, Busse, Kämpf, Pust
Fischindustrieller Baumgarten, Wollmeyer, Zitzlaff
Fleischwarenfabrikant Kuhlmann
Förderer von Heimatpflege und Regionalgeschichte Allmers, Ernst, Gebhardt, Hansen (Heinr. E.), Plettke, Rahmeyer, Siebs (Benno E.), With; s. auch Heimatforscher, Heimatschriftsteller, Regionalforscher
Förderer von Kunst und Kultur Allmers, Dierks, Ernst, Gebhardt, Leist (Otto), Volbehr, With
Förderer des Sports Kramer
Förderer der Völkerverständigung Ballin, Busse (Margarete), Leist (Otto), Seggel (Sophie), Werner
Förderer der Wirtschaft Dierks, Foth, Kohnert; s. auch die beruflichen Zuordnungen einzelner Wirtschaftsbereiche
Forschungsreisender Dallmann, Koldewey, Rickmers (Willi), Wendt; s. auch Weltreisender
Fotograf Engelmeyer, Thiele (Georg, Gustav)
Frauenrechtlerin Adolf, Jensen, Olberg-Leda, Seggel (Sophie), Seggern
Freiheitskämpfer Biehl
Fürsorgerin, ehrenamtliche Rupperti, Seggel (Sophie), Seggern
Fuhrhalter Bülken, Siebs (Eide)
Fußballspieler Lang, Pendorf
Gärtner Brinkmann, Hoff
Gartenbauingenieur Hoff
Gastronom, Gastwirt Bülken, Cornelius, Eits, Eyo, Kaiser, Mädger, Mehrtens (Carsten u. Metta), Schmalfeldt, Schwiefert
Gauleiter Röver, Telschow

Geistlicher s. Pastor, Priester, Theologe
Gemeindevorsteher Brakhahn, Gissel
Generaldirektor Lohmann, Noé, Wiegand
Generalgouverneur Dahlbergk
Generalmusikdirektor Kindler; s. auch Musikdirektor
Genossenschaftsfunktionär Eckermanns, Peine, Vieth, Vogelsang
Genremaler Flatters
Geschäftsfrau Blumenthal, Luerssen, Mehrtens (Metta), Roberts, Schocken (Jeanette)
Geschäftsführer Eckermanns, Genschow, Vieth, Vogelsang, Waidelich
Gewerbelehrer s. Berufsschullehrer
Gewerkschafter Brandes, Eckermanns, Gabcke, Haltenhof, Harms (Artur), Heukelum, Hoffrage, Lohmüller, Oellerich, Salomon, Schmalfeldt, Vieth, Vogelsang, Warnken-Piorkowski
Gewerkschaftsfunktionär Peine, Stampe, Warnken-Piorkowski, Ziegler
Gouverneur s. Generalgouverneur
Graphiker Engelmeyer, Hermann, Jacoby, Kirchheimer, Kunze, Marutzky, Müller-Hanssen, Rapp, Schiebel
Graphologin Warnken-Piorkowski
Grundeigentümer Bülken, Dählmann, Rutenberg, Wicht
Gutsbesitzer, -verwalter Adickes, Lentz (Ferdinand)
Gynäkologe Hohl, Zietzschmann
Hafenbaudirektor Agatz, Claussen (Federico), Hanckes, Ronzelen, Rudloff; s. auch Bauingenieur, Wasserbauingenieur
Hafenkapitän Scharf
Hafenmeister Deetjen, Duge
Handarbeitslehrerin Lobeck
Haushälterin Blumenthal
Heimatforscher Bohls, Cordes (Joh. Jac.), Gabcke, Hansen (Heinr. E.), Hindrichson, Jelten, Plettke, Sachau, Schröder; s. auch Historiker, Regionalforscher
Heimatschriftsteller Husmann, Lähn, Leifermann
Historiker Bessell, Cappelle, Höver, Köster (August), May, Schlechtriem, Strunk
Hobbymaler Stahmer
Hochschullehrer Agatz, Butenandt, Franzius, Fricke, Friedrich, Gaede, Hansen (Max), Hermann (Carl H.), Kölbel, Mattfeld,

Mehrtens (Georg Chr.), Noelle, Reichert-Facilides, Scharoun, Schütte, Terheyden, Waidelich, Wöhlken
Hofbesitzer Allers, Allmers, Biehl, Brinkama, Schroeder; s. auch Gutsbesitzer, Landwirt
Holzhändler Kohnert, Külken
Hormonforscher Butenandt
Hotelier Eits, Lüerssen, Mehrtens (Carsten u. Metta)
Ingenieur Achgelis, Dreyer, Heider, Herrmann, Kunz, Mehrtens (Georg Chr.), Rindfleisch, Sander, Sieghold (Max), Wach; s. auch Bauingenieur, Hafenbaudirektor, Schiffsingenieur, Wasserbauingenieur
Inhaber einer Privatklinik Hohl, Zietzschmann
Inhaberin einer Privatschule Gill, Griebeling, Wunnenberg
Institutsleiter Butenandt, Friedrich, Lücke
Intendant Burchard, Press (Hans), Pudor, Saebisch, Waidelich; s. auch Bühnenleiter
Jazzmusiker Eyo
Journalist Bartz, Bellmer, Dahmen, Ditzen, Freudenberger, Geißler, Georg, Kaisen, Nikolei, Olberg-Lerda, Ordemann (Nikolaus), Senst, Stölting, Stöwsand, Thienst, Welk; s. auch Chefredakteur, Redakteur, Reporter, Sportjournalist
Jurist Adolf, Becké, Delius, Ditzen, Ernst, Gebhard, Gröning, Illigner, Klemeyer, Koch, Reichert-Facilides, Ribbentrop, Schönewald, Seggel (Rolf), Selge, Siebs (Benno E.), Wiegand; s. auch Amtmann, Notar, Rechtsanwalt
Kapellmeister Fellmer, Kindler, Last, Linder, Steinmeier; s. auch Musikdirektor
Kapitän Ahrens, Ballehr, Dallmann, Dee, Deetjen, Ebeling, Freese, Gording, Hinsch, Ihlder, Johnsen, Kircheiss, Koldewey, Leist (Christoph), Lorenz, Muschkeit, Polack, Rosenthal, Scharf, Terheyden, Thomas, Vollmers, Wendt, Zander, Ziegenbein; s. auch Navigationslehrer
Karikaturist Kirchheimer
Kauffrau Nonnen (Rebecka)
Kaufhausbesitzer Schocken
Kaufmann Bade, Bartel, Baumgarten, Claussen (Joh. G.), Degener, Fornell, Genschow, Gevekoht, Ihlder, Janssen, Kämpf, Ketelsen, Kirchheimer, Kohnert, Krudewolf, Külken, Lentz (Peter), Lohmann, Mahn, Meier, Niedermeyer, Nonnen (Johann), Oss, Pust, Reitmann, Richardson, Rickmers, Riedemann, Röver, Schlüter, Schuchmann, Schwoon, Seggel (Rolf), Siebs (Eide), Tecklenborg, Thorner, Vogelsang, Warnking, Wollmeyer, Zitzlaff; s. auch Bankkaufmann, Fabrikant, Filmkaufmann, Fischgroßhändler, Reeder
Kinderärztin Becker
Kinobesitzer Marseille
Kirchenvorsteher Gissel
Klubbesitzer Eyo
Kochbuchautorin Holle (Luise)
Koloniegründer Koch-Weser, Nixdorf
Kommodore d. Norddt. Lloyd Ahrens, Johnsen, Ziegenbein, (auch Polack)
Kommunalbeamter Ernst, Gullasch, Harms (Artur)
Kommunalpolitiker Ballof, Börger, Bohnsack, Brinkmann, Claussen (Joh. G.), Curdt, Ebel, Eckermanns, Eits, Foth, Haltenhof, Hoffmeyer, Hoffrage, Illigner, Kaune, Kistner (Heinr.), Kohnert, Kramer, Kuhlmann, Kreipe, Lische, Lohmüller, Mädger, Mangel, Möller, Neumann, Oellerich, Petersen, Potrykus, Reinking, Rogge (Wilh.), Rudolf, Salomon, Schau (Franz), Schmalfeldt, Schroeder, Schwoon, Seggern, Senst, Thienst, Vangerow, Vogelsang, Warnking, Wehr, Werner, Wicht, Ziegler
Komponist Brust, Last, Leifermann, Wiemann
Konstrukteur Gaede, Herrmann, Mehrtens (Georg Chr.), Sander, Schleufe, Schütte, Wach
Konzertagent Grevesmühl
Konzertmeister Grevesmühl
Kreishandwerksmeister Lische
Kreishauptmann Schönian
Kristallograph Hermann (Carl H.)
Kulturmanager Puckhaber
Kulturredakteur Freudenberger
Kunsterzieher Dräger, Hartmann (Fritz), Kunze, Marutzky, Querfeld, Rapp, Schiebel, Thies; s. auch Zeichenlehrer
Kunstförderer s. Förderer von Kunst und Kultur
Kunsthandwerker Schiebel, Wencke (Clara)
Kunsthändler Eschemann
Kunsthistoriker Höver, Krudewolf
Kunstkritiker Hartmann (Fritz)
Kunstmaler s. Maler

Kunstsammler Bernartz
Kunstschulenleiter Schiebel
Kunstspringer Lechnir
Kupferschmied Seebeck
Kupferstecher Fedeler
Kustos Köster (August), Mattfeld
Kältetechniker, -wissenschaftler Flach, Schlienz
Laienschauspieler Dräger, Hansen (Heinr. E.), Press (Erika), Reitmann, Rickmann, Saalfeldt
Landesarbeitsamtspräsident Ordemann (Bernhard)
Landespolitiker Kaisen, Koch (Helmuth), Röver
Landessuperintendent Smidt (Udo)
Landrat Mahler, Siebs (Benno E.); s. auch Oberkreisdirektor
Landschaftsmaler Harms (Alfred), Kleine, Wilke
Landwirt Börger, Brakhahn, Gissel, Nixdorf; s. auch Gutsbesitzer, Hofbesitzer
Lebensmitteltechniker Flach, Schlienz
Lehrer Aust, Ballof, Brockmann, Cordes, Gabcke, Gabrich, Gill, Grauerholz, Griebeling, Hansen (Heinr. E.), Hartmann, Husmann, Klie, Leifermann, Lion, Marutzky, Mehnert, Plettke, Rademacher, Rahmeyer, Schröder, Steffens, Wunnenberg, Zimmermann; s. auch Berufsschullehrer, Kunsterzieher, Pädagoge, Sprachlehrer, Turnlehrer, Werklehrer, Zeichenlehrer
Leistungsschwimmer Fischer
Leiter eines Forschungsinstituts s. Institutsleiter
Limnologe Klie, Schlienz
Lithograph Fedeler, Geißler, Lamberti
Lotse Deetjen (Ludwig)
Luftschiffkonstrukteur Schütte
Mäzen Bartel, Glahn, Kistner, Krudewolf, Rickmers (R. C.), Riedemann, Roberts, Roehrich, Schlienz, Wulfes
Magistratsdirektor s. Verwaltungsdirektor
Maler Bemmer, Blum, Bucksath, Dräger, Engelmeyer, Fedeler, Flatters, Giebel, Groth, Harms (Alfred), Hartmann (Fritz), Hentschke, Hermann (Hein), Jacoby, Köster (Friedr.), Kunze, Landgrebe, Lobeck, Marutzky, Müller-Hanssen, Ohler, Querfeld, Rapp, Schiebel, Scholz-Sende, Schriever, Simoleit, Stahmer, Tecklenborg

(Johanna), Thiele (Georg, Grete), Thies, Viehweger, Wencke (Clara), Wencke-Meinken, Wilking; s. auch Graphiker, Landschaftsmaler, Lithograph, Zeichner
Malergeselle, -meister Groth, Stahmer
Manager Fornell, Hansen (Max)
Marinebeamter Buchholz (Adolf)
Marinemaler Fedeler
Marineoffizier Brommy, Buchholz (Oltmann), Jeffs, Kircheiss, Luckner, Peters, Schau (Hans Sonne)
Maschinenbauingenieur Noé, Wach
Maschinist Gröschel, Schlotterhose
Mathematiker Fricke
Maurer Curdt
Maurermeister Eits, Kistner (H. F.), Lische
Mediziner s. Arzt, Chefarzt
Medizinwissenschaftler Braun, Lechnir, Noelle
Meeresforscher Friedrich, Lücke; s. auch Polarforscher
Militärarzt Hartwig, Wieting
Militärwissenschaftler Soldan
Ministerialbeamter Arp, Peters
Modezeichnerin Scholz-Sende
Möbeldesigner, -fabrikant Schlüter, Warrings
Mundartdichter s. Heimatschriftsteller
Museumsleiter Aust, Friedrich, Gummel, Köster (August), Mattfeld, Plettke, Schiebel, Schlechtriem, Schübeler
Musikdirektor Albert, Kindler, Last, Wiemann
Musiker Albert, Brust, Eyo, Fellmer, Grevesmühl, Kaiser, Lafayette, Leifermann, Rademacher, Rubardt, Schwiefert, Thiele (Gustav); s. auch Kapellmeister
Musikkritiker Linder, Steinmeier
Musikliebhaber Hohl
Musikpädagoge Linder, Steinmeier, Warnken-Piorkowski
Musikschriftstellerin Warnken-Piorkowski
Musikwissenschaftler Grundmann, Rubardt
Mühlenbesitzer Brakhahn
Naturforscher Brockmann, Klie, Mattfeld, Plettke
Naturschützer Panzer
Naturwissenschaftler Bohls, Holle (Gustav), Koldewey; s. auch Biologe, Biochemiker, Botaniker, Chemiker, Limnologe, Meeresforscher, Physiker, Zoologe
Nautiker Ahrens, Ballehr, Coldewey, Dee, Duge, Ebel, Gording, Johnsen, Jungclaus, Koldewey, Leist (Christoph), Lorenz,

Luckner, Muschkeit, Polack, Salomon, Scharf, Terheyden, Vollmers, Zander, Ziegenbein
Navigationslehrer Coldewey, Jungclaus, Terheyden
Neurologe Noelle
Niederdeutscher Schriftsteller s. Heimatschriftsteller
Nonkonformist Mehnert
Notar Hoffmeyer, Neumann, Philippi, Rudolph
NS-Funktionär Heider, Lorenzen, Mahler, Röver, Schlüter, Telschow
Oberbaudirektor Franzius
Oberbürgermeister Becké, Delius, Gullasch, Heukelum, Koch, Koch-Weser, Lorenzen, Schönewald, Selge, Ziegler; s. auch Bürgermeister
Oberdeichgräfe Callenius
Obergerichtsanwalt Thulesius
Oberingenieur Cordes (Joh. T.), Dreyer, Rindfleisch, Schleufe
Oberkreisdirektor Klemeyer; s. auch Landrat
Oberlotse Deetjen (Ludwig)
Oberstadtdirektor Gullasch; s. auch Oberbürgermeister
Offizier Dahlbergk, Homann, Soldan; s. auch Marineoffizier, Schiffsoffizier
Opfer des Nationalsozialismus Blumenthal, Goerge, Manecke, Meyeringh, Neumann, Rattay, Schocken, Strate; s. auch Widerstandskämpfer
Organist Brust, Last, Rademacher
Original Gröschel, Soltziem
Orthopäde Wieting
Orthopädischer Schuhmachermeister Kaune
Pädagoge Alpers, Bessell, Cappelle, Hindrichson, Holle, Junker, Kappenberg, Lübben, Meyeringh, Schübeler, Schwarz (Elisabeth), Strate, Strunk, They, Wode; s. auch Lehrer, Schulleiter
Parlamentarier Adickes, Adolf, Ahrens, Alpers, Ballof, Bartz, Becké, Brandes, Claussen (Joh. G.), Dittmann, Ebel, Eckermanns, Foth, Gebhard, Gevekoht, Harms (Artur), Hoffrage, Illigner, Jensen, Kaune, Kistner (Heinrich), Koch-Weser, Kramer, Kreipe, Lentz (Ferdinand), Lische, Lohmüller, Meier, Nejedlo, Neumann, Oellerich, Peine, Rickmers (Peter), Rudolf, Schmalfeldt, Seggern, Stampe, Tecklenborg (Franz), Vieth, Vogelsang, Wehr, Ziegler

Parteifunktionär Brandes, Heider, Homann, Stampe
Pastor Brokgertken, Cronemeyer, Esders, Goerge, Manecke, Mushard, Neisen, Raschke, Sachau, Schmidt, Schnackenberg, Smidt, Wendebourg, Wolf
Pazifist Meyeringh, Wehr
Pfarrer s. Pastor
Pferdezüchter Brinkama
Philosoph Raschke
Physiker Gaede, Hansen (Max), Hermann (Carl H.)
Pianistin Warnken-Piorkowski
Planktonforscher Brockmann
Polarforscher Dallmann, Koldewey, Rosenthal; s. auch Meeresforscher
Politiker Adolf, Alpers, Dittmann, Foth, Heider, Homann, Koch-Weser, Olberg-Lerda, Röver, Strunk; s. auch Kommunalpolitiker, Landespolitiker, Parlamentarier
Polizeibeamter Schwarz (Gerhard), Telschow
Polstermeister Schlüter
Porträtmaler Flatters
Porzellanmalerin Wencke (Clara)
Priester Brokgertken, Goerge, Neisen, Twiehaus
Privatgelehrter Bohls, Lommatzsch, Rickmers (Willi)
Professor s. Hochschullehrer
Prokurist Schleufe
Raketenpionier Sander
Ratsherr Nonnen (Joh.); s. auch Bürgermeister
Rechtsanwalt Adolf, Ballin, Barkhausen, Bernartz, Castendyk, Gröning, Hoffmeyer, Koch-Weser, Leist (Otto), Neumann, Philippi, Rudolph, Thulesius, Wiegand
Redakteur Dittmann, Heukelum, Kaisen, Lähn, Lamberti, Potrykus, Steffens; s. auch Chefredakteur, Journalist, Kulturredakteur, Wissenschaftsredakteur
Reeder Bade, Baumgarten, Busse, Degener, Ebeling, Freese, Gröschel, Ihlder, Janssen, Kämpf, Luerssen, Mahn, Meier, Nonnen, Pust, Richardson, Rickmers, Riedemann, Rosenthal, Schlienz, Schuchmann, Siebs (Eide), Sieghold, Tecklenborg
Reederei-Inspektor Dee, Muschkeit, Zander
Reedereidirektor Lohmann, Schau, Senst, Wiegand
Regisseur Burchard, Dreyer, Kollakowsky,

Press, Pudor
Reichsminister Koch-Weser
Reichsstatthalter Röver
Reiseleiter Rehm
Reiskaufmann Rickmers (Andreas, R. C. u. Willy)
Rektor s. Schulleiter
Religionslehrer Twiehaus
Reporter Maibohm
Revolutionär Turek
Rezitator Kroll, Rahmeyer
Richter Ditzen (Kurt), Ribbentrop, Siebs (Benno E.)
Rockmusiker Kaiser, Lafayette
Röntgenologe Nölke
Schauspieler Andersen, Burchard, Kollakowsky, Kroll, Press, Pudor, Saebisch; s. auch Laienschauspieler
Schiffahrtshistoriker Höver, Köster (August), Rehm, Schlechtriem
Schiffahrtsschriftsteller
  s. Seefahrtschriftsteller
Schiffbauer Claussen (Georg W.), Rickmers (Andreas, Peter, R. C.)
Schiffbauingenieur Bautze, Claussen (Georg W.), Cordes (Johann T.), Kuhr, Schleufe, Schütte
Schiffbaumeister Cornelius, Lange, Oltmanns, Schau, Tecklenborg, Ulrichs, Wencke (Friedrich W.)
Schiffsarzt Noelle
Schiffsausrüster Ihlder
Schiffsingenieur Gröschel, Schau (Franz), Sieghold (Max)
Schiffsoffizier s. Kapitän, Marineoffizier, Nautiker
Schiffszimmermann Soltziem
Schlachtermeister Kuhlmann
Schmied Mehrtens (Carsten), Peine
Schneider s. Textilhersteller
Schriftsetzer Holle (Otto)
Schriftsteller Allmers, Andersen, Bessell, Blum, Burchard, Drobe, Eelbo, Fock, Freudenberger, Geißler, Gording, Höver, Husmann, Kircheiss, Lommatzsch, Luckner, Olberg-Lerda, Plettke, Rapp, Rehm, Schmidt, Stindt, Stölting, Turek, Welk, Wode
Schulleiter Ballof, Gabcke, Gill, Griebeling, Hartmann (Emma), Kappenberg, Schwarz (Elisabeth), Strate, They, Twiehaus, Wode,

Wunnenberg
Schulrat Hansen (Heinr. E.), Strunk, Zimmermann
Schwimmer Fischer, Kühnel, Lechnir
Seefahrtschuldirektor Jungclaus, Terheyden
Seefahrtschriftsteller Fock, Gording, Kircheiss, Luckner, Rehm
Segelmacher Pust, Tecklenborg
Seminarleiter Zimmermann
Senator Adolf, Barkhausen, Heukelum, Kaisen, Smidt, Stampe; s. auch Kommunalpolitiker
Soldat s. Marineoffizier, Offizier
Sondergesandter Gevekoht
Sonderschulpädagoge Ennen
Sozialpolitiker Gebhard
Sozialreformer Cronemeyer, Ennen
Sparkassendirektor Möller; s. auch Bankdirektor
Spediteur Claussen (Joh. G.), Ihlder, Schwoon
Sportfunktionär Gabrich, Kramer, Schwarz (Gerhard), Thiele
Sportjournalist Maibohm
Sportler Fischer, Lang, Lechnir, Kühnel, Pendorf, Thiele (Bernhard); s. auch Turnlehrer
Sprachlehrer Lommatzsch
Staatsmann Smidt (Johann)
Staatssekretär Salomon
Stadtarchivar Stölting
Stadtbaumeister Lagershausen, Löschner
Stadtbaurat Hagedorn, Kunz, Mangel
Stadtbibliothekar Höver
Stadtdirektor Becké, Gebhard, Koch-Weser; s. auch Oberbürgermeister
Stadtkämmerer Ernst, Riemenschneider
Stadtrat Illigner, Neumann, Scharoun; s. auch Kommunalpolitiker, Stadtbaurat
Stadtrendant s. Stadtkämmerer
Stadtverordnetenvorsteher Curdt
Staustereiunternehmer Hinsch
Steuereinnehmer Riemenschneider
Straßenbahndirektor Schönewald, Seggel (Rolf)
Superintendent Wendebourg
Synagogenvorsteher Schocken (Jul.), Thorner
Syndikus Dierks, Foth, Neumann, Reisner
Sängerin Andersen
Tanzpädagoge Grauerholz
Telegraphenunternehmer Wendt
Teppichhändler Schlüter
Theaterbesitzer Cornelius, Schwiefert
Theaterintendant s. Intendant

Theaterpädagoge Rapp
Theaterwissenschaftler Waidelich
Theologe Brokgertken, Cronemeyer, Esders, Goerge, Manecke, Mushard, Neisen, Raschke, Sachau, Schmidt, Schnackenberg, Smidt, Strunk, Twiehaus, Wendebourg, Wolf
Tierarzt Ehlers
Tiermaler Harms (Alfred)
Töpfer Ohler, Wencke (Clara)
Tourismusförderer Rehm
Tropenlandwirt Nixdorf
Turbinenkonstrukteur Wach
Turnlehrer Landgrebe, Lion, Lobeck, Kunze, Thies
Übersetzer Kollakowsky, Rickmers (Willi), Stindt
Unternehmer Adickes, Allers, Busse, Claussen (Georg. W.), Glahn, Hinsch, Kistner, Kramer, Noé, Roehrich, Rosenthal, Rutenberg, Schlienz, Schroeder, Wendt, Wollmeyer; s. auch Fabrikant, Fischgroßhändler, Kaufmann, Reeder
Verbandsfunktionär Fornell, Genschow, Kistner (Carl)
Verlagsleiter Ditzen, Holle (Otto), Stöwsand
Verleger Ditzen, Grundmann, Hermann (Hein), Lamberti, Vangerow
Versicherungsbetrüger Thomas
Versicherungsmakler Wendt
Vertriebenenfunktionär Stölting
Verwaltungsbeamter Becké, Klemeyer, Koch (Helmuth), Ordemann, Ribbentrop, Schönian, Selge, Siebs (Benno E.), Thiele (Bernhard), Werner; s. auch Amtmann, Kommunalbeamter, Polizeibeamter
Verwaltungsdirektor Harms (Artur)
Volkshochschulleiterin Kappenberg
Volkskundler Schlechtriem
Volksschauspieler s. Laienschauspieler
Wasserbauingenieur Buchholz, Callenius, Dinklage, Franzius, Hanckes, Hoebel, Ronzelen
Wasserwerksbesitzer Claussen (Joh. G.), Eits, Schwoon
Weltreisender Kircheiss, Wendt, s. auch Forschungsreisender, Polarforscher
Werbegraphiker Hermann (Hein), Kirchheimer
Werftbesitzer Cornelius, Kuhr, Lange, Oltmanns, Rickmers (Andreas, Bertram, Paul, Peter, R. C.), Rosenthal, Schau, Seebeck, Sieghold (Max), Tecklenborg, Ulrichs, Wencke (Friedrich Wilhelm); s. auch Schiffbauer
Werftdirektor Bautze, Claussen (Georg W.), Cordes (Joh. Tönjes), Niedermeyer, Noé, Rindfleisch; s. auch Schiffbauer
Werklehrer Dräger, Schiebel
Widerstandskämpfer Haltenhof, Mehnert, Potrykus, Rupperti, Salomon
Wintersportler Rickmers (Willi)
Wirtschaftsprüfer Schwoon (Melchior jun.)
Wirtschaftswissenschaftler Foth
Wissenschaftsförderer s. Förderer der Wissenschaft
Wissenschaftspolitiker Butenandt
Wissenschaftsredakteur Rodenberg
Zeichenlehrer Hentschke, Landgrebe, Lobeck, Schriever; s. auch Kunsterzieher
Zeichner Allmers, Bemmer, Dahlbergk, Geißler, Giebel, Köster (Friedr.), Leifermann, Marutzky, Scholz-Sende, Schriever, Thies; s. auch Lithograph, Maler
Ziegeleibesitzer Allers, Brakhahn, Schroeder, Wicht
Zigarrenmacher Schmalfeldt
Zimmermann Mädger, Soltziem
Zimmermeister Rogge (Wilhelm), Wehr
Zollbeamter Giebel
Zoodirektor Ehlers, Junker, Lübben
Zoologe Lübben

Ortsindex

Aachen 84, 218, 262
Aberdeen (Schottland) 230
Absen b. Rodenkirchen 204
Achim 76, 185, 186
Ahlen (Westf.) 34
Ahrenswolde (Kr. Stade) 350
Allendorf b. Kirchhain 111, 112
Arlington, D.C. (USA) 149
Alsum 57
Altenberge b. Münster (Westf.) 354, 355
Altenburg (Thür.) 94, 197
Altona 84, 119, 120, 128, 210, 242, 254, 259, 302, 358, 359
Amsterdam (Niederlande) 279
Andernach 78
Anger b. Leipzig 47
Ankara (Türkei) 94
Antarktis 71
Antwerpen (Belgien) 74
Arktis 71, 174
Arnsberg 322
Artlenburg (Elbe) 76
Aumund 111, 114, 261
Aurich 98, 295
Auschwitz (KZ) 39, 40, 260
Bad Bederkesa s. Bederkesa
Bad Doberan 367
Bad Harzburg 154, 284
Bad Homburg 108, 374
Bad Kissingen 108
Bad Kreuznach 200
Bad Lausigk 18
Bad Münster am Stein 200, 201
Bad Oldesloe s. Oldesloe
Bad Pyrmont 167
Bad Reichenhall 319
Bad Soden (Taunus) 126
Bad Wildungen 18
Baden-Baden 58, 159, 160
Bahia (Brasilien) 198
Ballenstedt (Harz) 380
Baltimore (USA) 108
Bardowik 196
Barga (Ostpr.) 346
Barkhausen 379
Barnkrug (Niederelbe) 24
Barr (Elsaß) 95

Barsinghausen 39
Bautzen 307
Bayreuth 51, 94
Bederkesa 24, 25, 172, 174, 227, 277
Bendeleben (Thür.) 314
Berchtesgaden 191
Berlin 16, 22, 23, 30, 31, 38.43, 47-50, 52, 53, 55, 71, 77, 81, 85, 94, 95, 98, 110, 126, 130, 132, 136, 143, 160, 170, 171, 183, 199, 200, 209, 211, 214-216, 218, 239, 244, 253, 275, 276, 283, 288, 290-292, 304, 313, 321, 316, 317, 322, 330, 331, 335, 353, 358, 363, 364; s. auch Lichtenberg
Berndorf b. Wien (Österr.) 207
Beuthen 262, 287
Beverstedt 55
Beverwijk (Niederlande) 230
Biesenbrow 367
Billerbeck (Kr. Höxter) 157, 158
Bitterfeld 294
Blankenburg (Harz) 227
Blumenthal b. Bremen 71; s. auch Flethe, Rönnebek
Bochum 175, 364
Bockhorn (Oldbg.) 315
Bodenburg 42
Bokel (Amt Hagen i. Br.) 257
Bonau 116
Bonn 70, 118, 241, 244, 245
Boppard 234
Borkum 36, 74, 75
Borntuchen 190
Bovenden 280
Brake 48, 61, 62, 135, 196, 240, 283, 292, 315, 317, 360
Brasilien 170, 232
Braunsberg 372
Braunschweig 85 105, 106, 186, 244, 263
Breklum 302
Bremen (Land) 14, 15, 29, 36, 59, 60, 88, 89, 97, 105, 128, 132-134, 140, 151, 164, 174, 177, 178, 197, 228, 229, 278, 301, 321, 344, 360, 364
Bremen 15-17, 19, 26-30, 33, 37, 40, 51, 52, 57, 58, 60, 62, 63, 70, 72-74, 78, 81, 85, 87, 93, 98-100, 102, 107, 109, 114-116, 124, 128, 130-132, 135, 137, 145, 146, 149, 154-157, 160, 168, 169, 179,185, 188, 192-195, 197,

198, 200, 202, 205, 213, 214, 218, 219, 223, 225, 226, 231, 233, 234, 236, 237, 241, 243, 244, 249, 250, 258-261, 265-267, 270-275, 279, 280, 283-285, 288-290, 298, 317-319, 327-329, 333, 336, 340-342, 344-347, 352, 356-359, 363, 363, 365, 368, 369, 371, 372, 374, 375, 380-383, 387; s. auch Aumund, Burg, Grohn, Hemelingen, Neu-Fähr, St. Magnus, Stadtbremisches Überseehafengebiet, Vegesack.
Bremervörde 21, 65
Breslau 241, 253, 291, 301, 131, 385
Bromberg 109, 218
Brooklyn (USA) 149, 152, 350
Brunsbüttelkoog 23
Brüssel (Belgien) 95
Buchholz (Nordheide) 209, 210, 343
Bückeburg 282, 283
Bücken (Kr. Hoya) 174
Buenos Aires (Argentinien) 239, 240
Bunde (Kr. Leer) 221
Burg (zu Bremen) 246
Buxtehude 307
Calabar (Nigeria) 91
Calförde b. Braunschweig 167
Celle 90, 107, 384
Chemnitz 197, 199, 233
Chicago (USA) 111, 127
Chile 28, 47
China 50, 51
Clarens b. Lausanne (Frankr.) 267
Clausthal (Harz) 134, 174, 186, 306
Cranz (Elbe) 84
Cuxhaven 57, 82, 83, 125, 134, 160, 207, 225, 243, 248, 336, 337, 375
Dagneux b. Lyon (Frankr.) 87
Dalsper 64
Dänemark 337-338
Danzig 55, 62, 97, 104, 119, 168, 233, 234, 242, 243, 312, 313, 338, 339
Darmstadt 131
Debstedt 351
Dedesdorf 154
Deichsende b. Nordholz 384, 385
Dellhofen 234
Delmenhorst 44, 169
Dessau 191, 288
Detmold 59, 67, 331
Diessen (Ammersee) 253
Dingen b. Bremerhaven 38, 41, 248
Dissen (Teutoburger Wald) 117

Dobien b. Wittenberg (Elbe) 338
Donnern 216, 262, 263
Donnerschwee (Oldbg.) 199
Dortmund 163, 183, 252
Dorum 13, 69, 125, 220, 324
Drangstedt 34, 190, 191, 220
Dransfeld 136
Dresden 85, 93, 202, 209, 218, 312, 351, 360
Drochtersen 21
Düben a. d. Mulde 294
Duisburg 114
Düren (Rheinl.) 36
Düring 67
Düsseldorf 78, 230, 258, 321, 322
Eberswalde 366
Eckernförde 292
Eichwalde b. Berlin 288
Elbing 234, 322
Elmshorn 97
Elsfleth 63, 84, 181, 360
Emden 23, 33, 49, 76, 264, 330
Erfurt 282
Essen (Oldbg.) 229
Essen (Ruhr) 101, 160, 195, 251, 363, 364
Eutin 77
Falkau (Schwarzwald) 298
Fedderwardersiel 347
Finkenwerder 95
Fintel 45
Flatow (Grenzmark) 337
Fleeste 327
Flensburg 60, 159, 201
Flethe b. Blumenthal 71
Flinten 247
Flögeln 24
Florida (USA) 275, 276
Frankenhausen (Kyffhäuser) 375
Frankfurt (Main) 77, 109, 127, 211, 243, 328, 333, 385; s. auch Höchst
Frankfurt (Oder) 218
Frederikshavn (Dänemark) 373
Freiburg (Breisgau) 26, 105, 120, 121, 298
Fulda 225
Gaarden (zu Kiel) 23, 292
Gaggenau 35
Geestendorf 13, 30, 52, 69, 72, 148, 225, 226, 325, 351
Genf (Schweiz) 200
Georgenthal (Thür.) 136
Gera 97, 187
Geversdorf (Oste) 23, 263

Gießen 215, 235, 236, 379, 380
Glatz 288
Gleiwitz 178
Glückstadt 138
Gnarrenburg 76
Golzwarden 275
Göttingen 55, 107, 141, 195, 263, 264
Granzin (Meckl.-Schwerin) 262
Graudenz (Westpr.) 314
Gravenstein (Nordschleswig) 60
Greenock (Schottland) 61
Griechenland 47
Grimma 248
Grimsby (England) 254
Grohn 17, 188, 189, 342
Groothusen 330
Groß Steinrade 151, 152
Groß-Berkel 130
Groß-Dohren (Kr. Meppen) 46
Groß Schneen b. Göttingen 107
Groß-Lukow (Meckl.-Schwerin) 331
Grünendeich 152
Guben 130
Güdingen (Saar) 142
Guhden 274
Gustavsburg 132
Gut Ellernwurth 136
Gut Heuhausen 13
Gut Hovedissen s. Hovedissen
Gut Kremsdorf s. Kremsdorf
Gut Rosengarten 13
Hadersleben 109, 286
Halle (Saale) 108, 140, 158, 203, 213, 294, 303, 386
Hambergen 109
Hamburg 21, 22, 31, 32, 38-40, 52, 57, 62, 63, 66, 82, 91, 93, 94, 96, 107, 119, 120, 128, 134, 136, 147, 150, 155, 161, 162, 175, 182, 185, 202, 206, 211, 213, 221, 242, 262, 266-268, 273, 281, 297, 309-311, 328, 343, 358, 359, 368, 370, 375, 383; s. auch Altona, Finkenwerder, Harburg, Ottensen, Wandsbek
Hameln 49, 50, 192
Hamelwörden (Niederelbe) 11
Hamm (Westf.) 34
Hammelwarden 317; s. auch Kirchhammelwarden, Oberhammelwarden
Hanau 238
Hann. Münden 187, 192, 270

Hannover 13, 15, 33, 34, 50, 81, 85, 98, 108, 121, 129, 169, 170, 172, 186, 205, 212, 213, 216, 218, 220, 235, 305-307, 334, 371, 382
Hanstedt I (Kr. Uelzen) 211
Harburg 33, 138, 161, 209, 309, 343
Harmstorf (Kr. Harburg) 205
Harpstedt 26
Harsefeld 308
Hassel (Kr. Hoya) 129
Havanna (Kuba) 201
Havixbeck 298
Heidelberg 179
Heilbronn 385
Helgoland 45, 48, 243, 269, 270
Hemelingen 227
Henfenfeld 385
Henningsdorf (Schlesien) 260
Herford 67, 357
Hetthorn 308
Hildesheim 40, 57, 101, 102, 345, 378
Hirschberg (Riesengeb.) 84
Höchst (zu Frankfurt a.M.) 363
Holßel 113
Homberg b. Moers 171
Hooksiel 66
Hovedissen 67
Huddestorf 165
Ijmuiden (Niederlande) 254
Ilten 168, 278
Innsbruck (Österr.) 262
Insterburg 291
Issendorf 226
Italien 20, 239, 240
Jagenkamp (Pomm.) 206
Jena 327, 386
Jever 31, 238
Jühnde 229
Kalkutta (Indien) 271
Karlsruhe 95, 105, 297
Karolinenkoog 208
Kassel 109, 120, 170, 215, 216, 326
Kaukasus 271
Kiel 23, 50, 101, 102, 150, 205, 235, 286, 297, 335, 363, 380; s. auch Gaarden
Kilchberg b. Zürich (Schweiz) 363
Kirchhammelwarden 47
Kitzbühel (Österr.) 271
Kleinheide (Kr. Güstrow) 213
Koblenz 252
Köln 36, 235

Königsberg (Ostpr.) 29, 48, 49, 182, 307, 323, 327
Königshütte (Oberschlesien) 74
Konstantinopel (Türkei) 187, 375
Konstanz 298
Köslin 190
Krefeld 128, 175, 213
Kremsdorf 193, 194
Kronberg (Taunus) 127
Krummendiek 380
Kührstedt 220
Laak b. Geversdorf (Oste) 263
Lage b. Detmold 67
Land Wursten 13, 14, 24, 38, 57, 111, 373
Langen b. Bremerhaven 32, 33, 74, 118, 127, 135, 207, 295, 347, 369, 384, 385
Langenriep (z. Nordenham) 204
Langeoog 22, 379
Lanhausen 260, 301
Le Mans (Frankreich) 145
Leer (Ostfriesl.) 76, 153, 187, 221
Leherheide 63, 103, 127, 144, 212, 227, 330, 347-349
Leipzig 85, 145, 179, 195, 196, 244, 275, 282, 294
Lemwerder 276
Lich (Hessen) 153
Lichtenberg b. Berlin 243, 283
Liegnitz 349
Lilienthal b. Bremen 158, 159, 376
Limbach (Sachsen) 200
Loccum 129
Loxstedt 225, 230; s. auch Düring, Lanhausen, Nesse
Lübbenau 119
Lübeck 44, 106, 134, 151, 194, 221, 328, 354; s. auch Groß Steinrade
Ludwigshafen 131
Ludwigslust (Meckl.) 221
Lugano (Schweiz) 272, 273
Lüneburg 169, 307, 311, 312, 343, 344
Lunestedt 35, 36, 76, 221
Lünzen 308
Luxemburg 124
Lyautey b. Marseille (Frankr.) 87, 88
Magdeburg 37, 108, 142, 255, 323
Malchin 82
Malente 171
Malmö (Schweden) 202, 204
Mannheim 313
Marburg (Lahn) 131

Margonin (Posen) 304
Marienburg (Westpr.) 32
Marienthal b. Helmstedt 263
Markoldendorf 378
Marl (Westf.) 89
Meiningen 96
Melle 173
Meppen 46, 91, 272, 273
Mewe (Weichsel) 307
Mexico City (Mexico) 60
Midlum (Land Wursten) 13
Minden (Westf.) 244, 337, 338
Minsk (Weißrußland) 303, 304, 305
Misselwarden 325
Moers 344
Mopelia (Insel in der Südsee) 161, 203
München 20, 22, 51-53, 55, 56, 104, 105, 118, 179, 200, 211, 271, 319, 343, 366
Münden s. Hann. Münden
Münster (Westf.) 23, 130, 241, 298
Muschwitz (Thür.) 197
Neapel (Italien) 179
Neersen s. Schloß Neersen
Neisse (Schlesien) 287, 289
Neritz (Holstein) 300
Nesse 327
Neu-Buckow (Meckl.-Schw.) 52
Neu-Fähr b. Bremen 57
Neufirrel 257
Neuharlingersiel 66, 310
Neukuhren 49
Neuland (Kr. Kehdingen) 171
Neulandermoor 152
Neu-Passarge 372
Neuss 383
Neuwied 70
New Orleans (USA) 28
New York (USA) 17, 108 149, 151, 152, 162, 163, 200, 249, 290, 329, 350, 383, 384; s. auch Brooklyn
Niedersachswerfen 371
Nienburg (Weser) 32, 122
Nipperwiese 260
Nordholz (Kr. Cuxhaven) 385
Nordenham 121, 154, 198, 204, 374, 379, 386
Norderney 249
Nordhorn 46
Nordstrand 132
Norkitten 326
Nürnberg 132, 213, 253, 385
Oberhammelwarden 99

Oberndorf (Kr. Neuhaus, Oste) 333
Obernkirchen 111
Old Byland (Yorkshire, England) 275
Oldenburg (Oldbg.) 71, 95, 160, 169, 175, 204, 229, 231, 252, 276, 312, 335; s. auch Donnerschwee, Osternburg
Oldendorf (Kr. Osterholz) 210, 211
Oldesloe 300, 377
Oppeln (Oberschlesien) 178
Osnabrück 121, 307, 308, 354, 375
Osternburg (Oldbg.) 312
Osterholz-Scharmbeck 81, 88, 265, 298
Ostpreußen 46, 48, 49
Ottensen (Hamburg) 300
Oythe 364
Padingbüttel 119, 220
Pamir (Gebirge) 271
Paraguay 40
Paris (Frankr.) 95, 216
Peking (China) 50, 51
Penzlin (Meckl.) 331, 332
Piräus (Griechenland) 47
Platjenwerbe 35
Plauen (Vogtland) 187
Potsdam 121, 288
Prerow (Darß) 185
Putzig (Danzig) 96
Rahden (Westf.) 80
Rastatt 35
Rathenow 85
Rechtenfleth 19
Reer (Kr. Verden) 166
Rehme 231
Reinbek 91
Reißig (Vogtland) 187
Rio de Janeiro (Brasilien) 180, 211
Ritterhude 35, 298
Ritzebüttel s. Cuxhaven
Röddensen 278
Rolandia (Brasilien) 169, 170, 232
Rom (Italien) 20
Rönnebeck (Amt Blumenthal) 72
Rositten (Ostpr.) 225
Rostock 43, 44, 66, 160, 253-255
Rotenburg (Fulda) 115
Rotenburg (Wümme) 318, 319
Rottach-Egern 55, 366, 367
Rysum 330
Saarbrücken 142, 183
Salzgitter 255, 256
Sandstedt 13

Sarasota (Florida) 146
Schiffdorf 33, 49, 68, 74, 113, 125, 136, 226, 367
Schiffdorferdamm 68, 140, 191
Schleswig-Holstein 46
Schloß Neersen 175, 176
Schneidemühl (Posen) 231
Schönfeld (Meckl.) 221
Schwanewede 14
Schwenningen s. Villingen-Schwenningen
Schwerin 262
Seelze 211
Sehlen (Westpr.) 104
Selb 368, 370
Sibbesse 53
Siedenburg 143
Siegen 73
Skagerrak 95
Solingen 77
Soltau 147, 264
Spaden 213, 214, 227
St. Arnual 183
St. Blasien 26
St. Magnus 47, 48, 265
Stade 70, 80, 184, 263, 300, 306, 334, 346
Stadtbremisches Überseehafengebiet Bremerhaven 14
Stargard (Pomm.) 190
Steensholm (dänische Insel) 95
Steinkirchen (Kr. Jork) 65
Steinort (Ostpr.) 182
Stellenfleth 238
Stendal 353
Stettin 232, 375
Stockelsdorf 151
Stockholm (Schweden) 69
Stralsund 120, 212
Straßburg (Elsaß) 114
Stuttgart 100, 101, 131, 218, 363
Südamerika 28
Suderbruch 209
Südsee 71, 203; s. auch Mopelia
Sumatra 233
Tangermünde 30
Tann (Rhön) 365
Tharandt 101
Theresienstadt (KZ) 228
Tientsin (China) 50
Timmendorfer Strand 44
Tokio (Japan) 94
Tondern 29

Toulon (Frankr.) 87
Tübingen 56, 113, 114, 330
Uelzen (Lüneburger Heide) 150
Uetersen 171
Ulm 100
Ürdingen 95
USA s. Vereinigte Staaten von Nordamerika
Usingen 114
Varrel (Kr. Sulingen) 370
Vegesack 27, 57, 72, 76, 77, 114, 141, 142, 145, 180, 187-189, 356, 357
Verden (Aller) 166, 181, 246
Vereinigte Staaten von Nordamerika 17, 28, 29, 30, 108, 109, 111, 146, 149, 203, 204, 216, 218, 219, 272, 273, 329
Vienenburg 205
Villingen-Schwenningen 223, 224
Völklingen 143
Volkmarst 158
Walchsee Schwaigs (Österr.) 313, 314
Waldenburg (Schlesien) 180
Walsall (Staffordshire, England) 264
Wandhofen 97
Wandsbek 333, 359
Warstade 371
Wartenburg (Elbe) 358
Weberkuhle 57
Weddewarden 33, 44, 74, 213
Weener 115, 150, 323, 324
Weida (Thür.) 18
Weiden (Oberpfalz) 260

Weimar 85, 94
Weißenfels (Saale) 228
Wendischhäger Damm (Meckl.) 82
Westerwanna 248, 309, 310
Wetteborn 211
Wien (Österr.) 22, 23, 28, 207, 240, 328
Wiesbaden 183
Wilhelmshaven 24, 32, 50, 82, 116, 235, 258, 282, 324
Willich b. Krefeld 175, 176
Wilstedt (Kr. Zeven) 45
Winsen (Luhe) 311
Wismar 44
Wittenberg (Elbe) 358
Wittenberge 343
Wittmund 98
Wolfenbüttel 105, 211, 370
Worpswede 159, 238, 239, 368-370, 376, 377
Wremen 38, 136,
Wulsdorf 18, 19, 40, 42, 103, 110, 125, 170, 197, 278, 308, 365, 366, 371
Wunstorf 192
Wuppertal 195, 330, 331
Wüstewohlde 246
Zawadsky (Schlesien) 94
Zeesen 313
Ziegenort b. Stettin 107
Zürich (Schweiz) 22
Zweibrücken 233
Zwickau 304

Veröffentlichungen des Stadtarchivs Bremerhaven
Hrsg.: Burchard Scheper, seit 1992 Hartmut Bickelmann

Bibliographie zur Geschichte der Stadt Bremerhaven.
Hrsg. u. bearb. von *Burchard Scheper*.
Bremerhaven 1973. 128 S., € 5,00.

Bd. 1 *Herbert Schwarzwälder:* Das Ende an der Unterweser 1945.
Bremerhaven (Wesermünde und Umgebung am Kriegsende
Bremerhaven 1974. 177 S. zahlr. Abb. (vergriffen)

Bd. 2 *Herbert und Inge Schwarzwälder:* Bremerhaven und seine Vorgängergemeinden.
Ansichten, Pläne, Landkarten 1575 bis 1890.
Bremerhaven 1977, 274 S., 450 Abb. (vergriffen).

Bd. 3 *Urkundenbuch zur Geschichte der Stadt Bremerhaven I. Lehe und Vieland im Mittelalter 1072-1500.* Bearb. von *Jürgen Bohmbach* und *Bernd-Ulrich Hucker*.
Bremerhaven 1982. 170 S., € 20,00.

Bd. 4 *Rita Kellner-Stoll: Bremerhaven 1827-1888. Politische, wirtschaftliche und soziale Probleme einer Stadtgründung.*
Bremerhaven 1982,.XIV, 450 S., € 24,00.

Bd. 5 *Wolfgang Wippermann:* Jüdisches Leben im Raum Bremerhaven. Eine Fallstudie zur Alltagsgeschichte der Juden vom 18. Jahrhundert bis zur NS-Zeit.
Bremerhaven 1985. 222 S. (vergriffen).

Bd. 6 *Lina Delfs:* Schiffahrt auf der Geeste. Ein norddeutscher Fluß erschließt eine Region.
Hamburg: Ernst Kabel Verlag 1986 (zugleich: Schriften des Deutschen Schiffahrtsmuseums, Bd. 17), 316 S. (vergriffen).

Bd. 7 *Dirk J. Peters:* Der Seeschiffbau in Bremerhaven von der Stadtgründung bis zum Ersten Weltkrieg.
Bremerhaven 1987. 2., unveränderte Aufl. 1992. 221 S., zahlr. Abb. u. Skizzen, € 15,00.

Bd. 8 *Uwe Weiher:* Die Eingliederung der Flüchtlinge und Vertriebenen in Bremerhaven 1945-1960.
Bremerhaven 1992. 126 S., € 10,00.

Bd. 9 Bremerhavener Beiträge zur Stadtgeschichte.
Hrsg. von *Hartmut Bickelmann*.
Bremerhaven 1994. 224 S., zahlr. Abb., € 15,00.

Bd. 10 *Marc Fisser: Seeschiffbau an der Unterweser in der Weimarer Zeit.*
Bremerhaven 1995. 160 S., zahlr. Abb., Skizzen und Tab., € 12,50.

Bd. 11 Bremerhavener Beiträge zur Stadtgeschichte II.
Hrsg. von *Hartmut Bickelmann*.
Bremerhaven 1996. 315 S., zahlr. Abb., € 17,50.

Bd. 12 Verfassung, Verwaltung und Demokratie. Beiträge zum 50. Jahrestag der Verabschiedung der Bremerhavener Stadtverfassung.
Hrsg. von *Hartmut Bickelmann*.
Bremerhaven 1997. 172 S., € 19,50.

Bd. 13 *Jost Lübben:* Die Nordwestdeutsche Zeitung 1895-1933/45.
Ein Beitrag zur Entwicklung und politischen Ausrichtung der Generalanzeigerpresse in Deutschland.
Bremerhaven 1999. 222 S., Abb., € 19,00.

Bd. 14 Hafenlandschaft im Wandel. Beiträge und Ergebnisse der Tagung zur Industriekultur und Denkmalpflege im Deutschen Schiffahrtsmuseum Bremerhaven am 17. und 18. September 1999.
Hrsg. von *Dirk J. Peters* und *Hartmut Bickelmann*.
Bremerhaven 2000. 224 S., zahlr. Abb., € 19,50.

Bd. 15 Bremerhavener Beiträge zur Stadtgeschichte III.
Hrsg. von *Hartmut Bickelmann*.
Bremerhaven 2001. 285 S., zahlr. Abb., € 19,00.